Veit Valentin

GESCHICHTE DER DEUTSCHEN

Von den Anfängen bis 1945

Erhard Klöss

DEUTSCHE GESCHICHTE

1945 bis zur Gegenwart

Genehmigte Lizenzausgabe für den Parkland Verlag, Köln 1999.
Der Text von Veit Valentin folgt der in erster Auflage
1947 im Pontes-Verlag, Berlin, erschienenen Ausgabe
Umschlaggestaltung: Rudolf Linn, Köln
Druck und Bindung: Graphischer Großbetrieb Pößneck GmbH
Printed in Germany · ISBN 3-88059-966-1

Für J. K. de R.

Inhalt

ERHARD KLÖSS: DEUTSCHE GESCHICHTE 1945 bis zur Gegenwart

Vorwort

Am 24. Juni 1933 wurde mir das folgende Schreiben in meinem Amtszimmer im Reichsarchiv zugestellt:

»Der Reichsminister des Innern
Nr. H. B.-125-XXVI/20. 6

Berlin NW 40, Königsplatz 6, 22. Juni 1933

An den Oberarchivrat
Herrn Professor Dr. Veit Valentin
in Potsdam

Da Sie nach Ihrer bisherigen politischen Betätigung nicht die Gewähr dafür bieten, daß Sie jederzeit rückhaltlos für den nationalen Staat eintreten, entlasse ich Sie hiermit gemäß § 4 des Gesetzes zur Wiederherstellung des Berufsbeamtentums vom 7. April 1933 (Reichsgesetzblatt I S. 175) aus dem Reichsdienst.
Wegen Ihrer weiteren Bezüge, die sich nach § 4 Satz 2 und 3 a.a.O. ergeben, wird Ihnen demnächst Mitteilung zugehen.

gez. Frick.«

Damit war meine Tätigkeit am Reichsarchiv in Potsdam abgeschlossen – einer Behörde, der ich seit 1920 zuerst als Archivrat, dann als Oberarchivrat und Leiter der Arbeitsgemeinschaft für Kulturgeschichte angehört hatte. Auch meine Lehrtätigkeit an der Berliner Handelshochschule, wo ich seit 1919 gewirkt hatte, ging nunmehr zu Ende. Schon vor dieser Entscheidung waren meine Telefongespräche abgehört, meine Briefe geöffnet und meine Bücher vom Buchhandel zurückgezogen worden. Mündlich wurde mir von meinem damaligen Vorgesetzten, dem Präsidenten des Reichsarchivs, General von Haeften, eröffnet, daß meine Entlassung wegen meiner Zugehörigkeit zu einer Anzahl von friedensfreundlichen Verbänden erfolgt sei. Die Pension, die mir die Hitler-Regierung zubilligte, wurde bereits nach einem Jahre suspendiert und ist nicht mehr ausgezahlt worden.
Ich hatte nämlich den Entschluß gefaßt, weitere Schwierigkeiten in Deutschland nicht mehr abzuwarten, sondern zunächst gesundheitshalber nach Italien zu gehen. Hier traf mich die Einladung der Universität London, sofort zu Forschungszwecken dorthin zu kommen. Gleich nach meiner Ankunft erhielt ich einen Lehrauftrag an dem ältesten Institute der Universität London, University College, dem ich bis 1941 angehörte. Ich hielt dort mehrere Vorlesungen über deutsche Geschichte, darunter auch

eine in deutscher Sprache für die englischen Germanisten. Aus diesen Vorlesungen ist das gegenwärtige Buch hervorgegangen. Im Frühjahr 1939 erhielt ich eine Einladung des Institute of International Education, New York, in den Vereinigten Staaten eine Anzahl von Vorlesungen über Probleme der deutschen Geschichte zu halten. Daran schloß sich eine Aufforderung der Carnegie Foundation for International Peace, weitere amerikanische Universitäten und Colleges zu besuchen. So wirkte ich seit September 1939 in den Vereinigten Staaten. Ich habe die Gastfreundschaft von fünfunddreißig amerikanischen Universitäten und anderen Lehranstalten genossen, manchmal nur wenige Tage, manchmal ein Jahr. Da ich auch in England Gast von Oxford, Cambridge und mehreren neueren Universitäten war sowie viermal Canada besuchen durfte, erlangte ich während meiner Exilzeit einen ziemlich guten Überblick über das Universitätswesen der englischsprechenden Länder. Für alle mir gewordene Förderung bin ich tief dankbar. Gegenwärtig bin ich als Inhaber einer Rockefeller Research Fellowship der Congress Bibliothek beigegeben.

Die erste Fassung dieses Buches habe ich als das Ergebnis vielfacher Erfahrung mit ausländischen Studenten im Jahre 1940 in New York niedergeschrieben; dieses Manuskript ist aber wiederholt umgearbeitet worden, und der Rat sachverständiger amerikanischer Kollegen war mir von hohem Werte. Die amerikanische Ausgabe ist 1946 bei Alfred A. Knopf, New York, erschienen. Nach zwei Monaten ist bereits eine neue Auflage nötig. Die spanische Ausgabe ist im Begriff zu erscheinen. Übersetzungen ins Schwedische und Holländische sind in Vorbereitung.

Vierzig Jahre meines Lebens habe ich vorzugsweise der Erforschung und Darstellung der deutschen Geschichte gewidmet. Die gegenwärtige Gesamtdarstellung ist im Auslande geschrieben. Diese Entfernung vom Schauplatz der Ereignisse mag als ein Nachteil angesehen werden. Ich habe sie vielmehr als einen großen Vorzug betrachtet. Das Leben in einer großen fremden Welt hat mir, so denke ich, in vielem die Augen geöffnet oder wenigstens geschärft. Ein deutscher Patriot bin ich immer gewesen. Ich mag in manchem geirrt haben, ich habe zu meinem eigenen tiefen Schmerze in vielem recht behalten. Die Gastfreundschaft des Auslandes ist von mir niemals zu einer politischen Tätigkeit verwertet worden. Die hohe Gesinnung der englischsprechenden gelehrten Welt hat mir immer eine Betätigung als Gelehrter, entsprechend meiner Fachkunde und meiner Gesinnung als Wissenschaftler, ermöglicht.

Drei Punkte sollten bei meiner Darstellung der deutschen Geschichte besonders beachtet werden. Die Geschichte des deutschen Volkes beginnt nicht mit den Cimbern und Teutonen und auch nicht mit Hermann, dem Cherusker. Es ist Zeit, mit den alten Legenden aufzuräumen. Das deutsche Volk, wie es heute besteht, ist ein verhältnismäßig spätes Erzeugnis der Mischung verschiedenster ethnischer Bestandteile, wobei das germanische Element nur eines von verschiedenen gleichwertigen Elementen gewesen ist. Das deutsche Volk ist zusammengeschmiedet worden von einer sehr farbig zusammengesetzten Herrenschicht, ein langer Prozeß, der den ständischen Aufbau der Deutschen bestimmte. Dies ist unser erster Punkt. Was die Fürsten und Herren in Deutschland für sich und das Volk getan haben, zusammen mit der Kirche, ist der wesentliche Inhalt der älteren deutschen Geschichte, vielfach vom Mythos überwuchert, aber doch durch die kritische Forschung mehr und mehr geklärt. Bei aller Begabung, bei aller Leistung im einzelnen, selbst angesichts einer überragenden mitteleuropäi-

schen Machtstellung war das Ergebnis für das deutsche Volk sehr lange nichts als Bruderkrieg und Selbstsucht. Die alte Herrenschicht formte die Stämme zum Volk im Ständestaat, aber dieser Ständestaat war durch den Dualismus des Verfassungswesens gespalten, durch den Partikularismus der Fürstenhäuser zersplittert, durch den Universalismus der Kaiseridee mehr übersteigert als gestärkt. Das Ende war der Aufstieg der Territorien, der Landesherrschaften, die wenigstens Teile des deutschen Volkes kräftig ausbauen konnten. Der Aufruhr der Kurfürsten und anderer Herren gegen den Kaiser zerstörte die Reichsidee. Dies ist mein zweiter Punkt. Die Reformation, deren überragende Bedeutung bis heute noch mächtig zu spüren ist, bedeutet im Innersten den Versuch, das Deutschtum vom Religiös-Sittlichen her auch politisch und geistig-gesellschaftlich zu einigen. Das Scheitern dieses Versuches ist niemals überwunden worden. Die Nachbarn der Deutschen schufen sich den Nationalstaat mit starker weltlicher Expansionsgewalt. Das deutsche Volk stand zurück. Die religiöse Erwekkung, die mit der Kirchenspaltung geendet hatte, fand aber ihre Ergänzung durch die philosophisch-künstlerische Erweckung des achtzehnten Jahrhunderts. Vom Geiste her fand sich das Deutschtum selbst und bildete sich eine neue Lebensform. Dadurch wurde das deutsche Volk befähigt, auch das staatliche Dasein des Vaterlandes vom Volke selbst her aufzubauen. Dies ist mein dritter Punkt. So habe ich versucht zu zeigen, wie aus ethnischen Splittern die sprachlich und kulturell zusammengefaßte Untertanenschaft, wie aus der Untertanenschaft die Fülle der territorialen Sonderbildungen, wie aus dem zersplitterten Ständestaat die geistig reifende, die volle Zusammenarbeit und Einigkeit, die europäische, ja die Weltmachtstellung wollende Nation entstand. Immer verwoben sich Innenpolitisches und Außenpolitisches. Aus den Volkssplittern wurden Stände, aus Untertanen Bürger, Parteigruppen, Patrioten, Nationalisten, Imperialisten.
Ich habe meine Auffassung der Geschichte des deutschen Volkes bis in die jüngsten Tage durchgeführt und sie mit einer Analyse des deutschen Nationalcharakters abgeschlossen. Alles, was ich geschrieben habe, ist eingegeben von der Liebe zu dem besten Deutschland von ehemals, dem ich meinen Ursprung und meine Bildung verdanke. Ich bin der Meinung, daß große Nationen sich wandeln können – sie können schwere schuldvolle, verirrte Zeiten durchmachen. Sie können sich und andere in Wahn und Unheil verstricken. Aber es gibt etwas Unsterbliches im Deutschtum, zu dem es doch am Ende zurückfinden soll und muß. Das ist wenigstens die persönliche Überzeugung, die ich hier zum Ausdruck bringen möchte, in dem Augenblicke, da es mir vergönnt ist, zum ersten Male nach dreizehn Jahren wieder zu einem deutschen Publikum zu sprechen.

Library of Congress, Washington D. C.,
4. Oktober 1946

Veit Valentin

I. Einleitung

Die deutschen Grenzen – Das deutsche Heimatgefühl – Die ethnischen Bestandteile des deutschen Volkes – Deutschland hat zahlreichere und labilere Grenzen als irgendein europäischer Nachbar – Das deutsche Volk besteht aus mehr ethnischen Faktoren als irgendein vergleichbares europäisches Volk – Es ist das jüngste von allen europäischen Völkern und erstmals ausgereift um die Mitte des 13. Jahrhunderts

Deutsche Geschichte ist schwer zu verstehen. Deshalb ist sie schwer zu schreiben. Warum? Irgendwo in Mitteleuropa liegt Deutschland. Jede genauere Bestimmung verwirrt mehr, als sie erklärt. Deutschland hat schwankende, fliehende Grenzen wie kein anderes Land. Die Briten sind in ihre große Insel hineingewachsen. Die geopolitische Vereinheitlichung dieser und der benachbarten anderen kleineren Insel war der Beginn einer fast absoluten Sicherheit und Klarheit der Grenzen Großbritanniens. Und damit begann seine geschichtliche Größe. Die Italiener sind eine Nation geworden, indem sie ihre Halbinsel ausgefüllt und politisch wirksam gemacht haben. Kein Einsichtiger wird diese Halbinsel wieder zerstückeln wollen. Frankreich hat mindestens nach drei Seiten hin klare, scharfe Grenzen. Es mußte sie gewiß politisch sichern, aber das Ergebnis war so endgültig, daß in Frankreich das Schlagwort von den natürlichen Grenzen entstehen konnte. In Wahrheit gibt es außer der Meeresküste keine Grenze schlechthin. Weder Flüsse noch selbst hohe Gebirge sind von dem geschichtlichen Werden als »ewige« Grenzen anerkannt worden.

Die deutschen Grenzen

Deutschland hat als mitteleuropäisches Herzland mehr Grenzen denn irgendein anderes vergleichbares großes Land. Es hat mehr Nachbarn. Nur zum kleinsten Teile sind diese Grenzen Küsten. Die Ostsee ist ein kleines Binnenmeer, dessen Küsten die Zahl der Nachbarn vermehrt, statt sie zu vermindern. Die deutsche Nordseeküste ist durch zahlreiche Inselgruppen zerfetzt und vermorscht. Deutschland saß in der Hinterhand gegenüber England, den Niederlanden und Dänemark. Es fand bei diesen Nachbarn sofort lebhaften Widerstand, wenn es diese ungünstige Sachlage ändern wollte. Die Nordseeküste bedeutete mehr Belastung als Sicherheit.

Europa beim Tode Karls des Großen (814)

Alle deutschen Landgrenzen haben im Laufe der Jahrhunderte hin und her geschwankt. Rein geschichtliche Zufallsmomente haben diese Grenzen festgelegt, und immer für kurze Zeit nur. Eroberung, Kolonisation, Erbgang, Teilung, Kauf und Tausch bestimmten die jeweilige Zugehörigkeit. Die Grenzen widersprachen häufig den geographischen Gegebenheiten und den wirtschaftlichen Interessen. Militärische und dynastische Erwägungen verwirrten die Verhältnisse noch mehr.

Die Uneinheitlichkeit und Ungewißheit des geopolitischen Gebildes Deutschland fand ihr Gegenstück in der Bodengestaltung des Landes. Die Länder am Rhein und Main gehören zu den schönsten und gesegnetsten Europas, ja der Welt. Deutschland war von alters her auch ein Waldland. Es hat den Ruhm und die Fülle seiner Mittelgebirgswälder bis heute bewahrt. Aber eine wirksame Bodenausnutzung war dadurch gehemmt. Erstklassiger Boden für Ackerbau war überhaupt nur in wenigen Gegenden des Westens und Nordwestens zu finden. Osten und Nordosten litten unter den leichten Sandböden. Dies hatte wirtschaftliche, politische und soziologische Folgen, die hingenommen werden mußten. Der Rhein und die Weser nebst ihren Nebenströmen wiesen ihr Gebiet nach dem Westen und Nordwesten. Dieses Herzstück von Europa gehörte zum weströmischen Kulturkreise. Die Nachwirkung imperialer und humanitärer Gesinnung war hier deutlich zu spüren. Die Donau mit ihren Nebenflüssen verband Süddeutschland mit dem Alpengebiet und dem Balkan, dieser Teil Deutschlands strebte auch triebhaft zum Mittelmeer. Die Elbe ihrerseits verbindet und trennt den altkultivierten Nordwesten von dem kolonisierten Nordosten. Oder und Weichsel endlich, beide dem slawischen Lande entsprungen, gaben dem Nordosten und Osten schon geopolitisch seine besondere Aufgabe, seinen Gefühls- und Wirkungskreis, der, vom Westen abgekehrt, mit verdoppelter Energie in den Wettbewerb mit dem Donauland trat. Es gab nichts, was diese auseinanderstrebenden Gebiete Mitteleuropas zusammenhielt, wenn es nicht ein politischer Wille war.

Der große Napoleon hat einmal gesagt: Die Geographie ist das Schicksal. Dieses Wort ist offenbar von einer gegenwärtig modernen Schule mißverständlich ausgebeutet worden. Die Geopolitiker pflegen geschichtliche und politische Probleme aus geographischen Gegebenheiten mit einer Art von naturwissenschaftlichem Fatalismus abzuleiten. Wirkliche Geschichte ist aber nicht die einfache Erfüllung eines unabwendbaren Geschickes, sondern der Kampf gegen das Anonyme, gegen das Materielle, gegen die unpersönliche Brutalität gegebener Verhältnisse. Das Ergebnis des Konfliktes zwischen verschiedenen Möglichkeiten ist dann eine Angleichung, eine verständnisvolle Einfügung, eine Harmonie. Der bitterste Vorwurf, den man dem Nationalsozialismus in Deutschland wahrscheinlich wird machen können, ist: er hat aus der deutschen Geographie falsche geschichtliche Schlüsse gezogen.

Wie lagen die Dinge in Wirklichkeit? Wenn der eigenwillige Fluß der großen deutschen Ströme das Land auseinanderriß, statt es zusammenzubinden, so förderten jene zahlreichen Mittelgebirge mit ihren weiten Wäldern das Sondertum der Stämme und Gaue. Täler und Hochebenen, Flußmündungen, Schluchten und Senken schufen örtliche Mittelpunkte, Herrschaften und Märkte, die an sich etwas waren und sich durch die Jahrhunderte zu behaupten wußten, fern von jedem größeren vaterländischen Zusammenhang. Thüringen und Württemberg sind die besten Beispiele solch eigensinniger Sondertümelei, die aber ihren praktischen Sinn hatte und deshalb mit Zähigkeit zu leben und zu überleben verstand. Auch hier im Kleinsten gab es den Zank um die Grenze. Der Graf haderte mit dem Bischof, der Abt mit der Freien Stadt – jeder hatte seine Rechte, und die Rechthaberei fraß alle anderen Leidenschaften auf.

In diesen Verhältnissen liegt wahrscheinlich die Wurzel für eine der seltsamsten Erscheinungen der deutschen Geschichte. Die Deutschen zeichnen sich durch ein besonders starkes Heimatgefühl aus. Die Stadt mit ihren Brunnen und Kneipen, die lustigen Gassen mit ihrem Handwerker- und Krämergetümmel, die Schelt- und Witzworte in der frechen, saftigen Sprache der Alteingesessenen – das pflegt dem Deutschen ans Herz zu gehen. Das war ein Stück seiner selbst, da schwang etwas vom Elternhaus, vom Jugendglück, von Sorge, Kampf und Hoffnung. Und wenn er gar in den Weinbergen der Mosel, an den Abhängen des Schwarzwaldes, in einem Heidedorf Niedersachsens oder bei einem bayerischen oder märkischen See zu Hause war – dann zitterte durch sein ganzes Leben der frische Hauch der echten deutschen Landschaft. Man könnte nicht sagen, was allen diesen Landschaften gemeinsam war – es hatte ja auch mit der äußeren Erscheinungsform wenig zu tun. Das Wesentliche war das Gefühl der Verwurzelung und der Verbundenheit. Die deutsche Seele klammerte sich an die mütterliche Wärme gerade dieses Flecks Erde, ihre Sehnsucht fand sich selbst und beruhigte sich an der Schlichtheit, der ewigen Echtheit des Heimatbodens.

So ein lebendiges, von den Poeten und Musikern gesteigertes und geformtes Gefühl vermochte sich wohl auf die lokale Herrschaft auch in einem politischen Sinne zu übertragen – es versagte aber gerade gegenüber derjenigen staatlichen Bildung, die nun einmal das deutsche Schicksal wurde, gegenüber der Territorialherrschaft. Ein paar Beispiele für viele: die Leute am Niederrhein, in Cleve und in der Grafschaft Mark, oder die Leute in Ostfriesland empfanden eine bestimmte Sympathie für die angestammten Fürstenhäuser, die auf eine natürliche Weise zum Lande gehörten – aber die Hohenzollern, die plötzlich als Erben auftraten, waren ihnen höchst gleichgültig, ja als Fremde verhaßt und verdächtig. Die Bürger von Nürnberg liebten ihre ehrwürdige Stadt einschließlich mancher zopfiger Mißbräuche eines alteingewurzelten Regimentes – die Könige von Bayern, die aber aus irgendeinem Grunde die Herrschaft zu übernehmen beanspruchten, waren Eindringlinge. Das deutsche Heimatgefühl blieb wohl gerade deshalb so mächtig, weil es lange keine gesamtdeutsche politische Form gab, an der ein Nationalgefühl hätte erstarken können. Die Preußen verlangten dann einen königlich preußischen, die Hessen einen großherzoglich hessischen Patriotismus – kein Wunder, daß sich gegen solche Künstlichkeiten das Gefühl sperrte. Es brauchte etwas Weiteres, Höheres. Und so entwickelte sich als das Gegenstück zum starken Heimatgefühl bei den Deutschen die Sehnsucht nach dem Kaisertum als etwas Allumfassendem. Nur wenige wußten, was das Kaisertum in alten Zeiten wirklich gewesen und was es nicht gewesen war. Die Zersplitterung war groß, deshalb mußte die letztliche Erfüllung überwältigend sein.

Die ethnischen Bestandteile des deutschen Volkes

Das deutsche Land brauchte lange, um deutsch und nichts anderes zu werden. Die deutschen Menschen brauchten lange auf ihrem Werdegange zum deutschen Volke. Die deutsche Geschichte beginnt nicht mit den Cimbern und Teutonen, sie beginnt auch nicht mit Hermann den Cherusker. Es gab damals Germanen, Kelten, Römer, aber noch keine Deutschen. Die Germanen sind keine Deutschen, und die Deutschen sind keine Germanen. Nur ein kleiner Teil der Deutschen ist überwiegend germanischen Ursprungs.

Das deutsche Volk ist aus den verschiedensten Bestandteilen zusammengewachsen, im vollen Lichte der Geschichte. Die vier Hauptbestandteile des deutschen Volkes sind: die Überreste der vorindoeuropäischen Urbevölkerung, die Kelten, die Germanen und die Slawen. Dazu kommen als Nebenbestandteile die »Römer«, die Skandinavier, die Litauer und, seit der Mitte des achtzehnten Jahrhunderts, die bis dahin praktisch abgeschlossen lebenden Juden. Die aus Frankreich eingewanderten Hugenotten waren selbst kelto-germanisch oder kelto-römisch, stellen also nur kulturell einen neuen Faktor dar. Über die Hauptbestandteile des deutschen Volkes mag noch gesagt werden, daß die Überbleibsel der vorindogermanischen Urbevölkerung nicht unterschätzt werden dürfen.

Die sogenannten Völkerwanderungen waren tatsächlich Eroberungszüge, die mit der Vernichtung der bis dahin herrschenden Oberschicht und der Versklavung der Unterschicht sowie der Frauen und Kinder der Oberschicht endeten. Tötung beschränkte sich meist auf Vernichtung und Opferung der Gefährlichen. Diese Tatsachen müssen auch bei der Kolonisation des slawischen Ostens beachtet werden. Es lag im Vorteil der neuen Herrenschicht, sich Arbeitskräfte möglichst zu erhalten. Was die »Römer« in Deutschland jeweils gewesen sind, müßte, wenn überhaupt, von Fall zu Fall ausgemacht werden. Während der Römerzeit sind in West- und Süddeutschland Syrer und Spanier, Afrikaner und Illyrer angesiedelt worden. Sie machten die Urbestandteile der deutschen Städtebevölkerung aus. Andererseits erhielten sich die Reste der vorindogermanischen Urbevölkerung vorzugsweise in den Gebirgen, ebenso die slawischen Bestandteile überwiegend auf dem Lande. Die scharfen Gegensätze zwischen Stadt und Land, zwischen Osten und Westen mögen dadurch mit verursacht sein.

Allgemein läßt sich sagen, daß der Westen und Südwesten Deutschlands keltorömischen, der Nordwesten germanischen, die Mitte und der Süden kelto-germanischen, der Südosten kelto-slawischen, der Osten germano-slawischen Charakter trägt. Der vorindoeuropäische Einschlag kam besonders in den Alpenländern und im Mittelgebirge, der skandinavische Einschlag in Schleswig und Pommern, der litauische Einschlag nur in Ostpreußen zur Geltung. Kein großes europäisches Volk ist aus so vielen Bestandteilen zusammengesetzt wie das deutsche.

Hier liegt wohl der psychologische Grund für die Tatsache, daß der Rassegedanke in Deutschland neuerdings einen so großen Erfolg gehabt hat. Erörterungen über Rassefragen werden in einem historischen Buche, das Anspruch auf Wissenschaftlichkeit macht, am besten vermieden. Wie viele Rassen es gibt, was die entscheidenden Rassemerkmale sein mögen, wird zweckmäßig nur von zuständigen Naturwissenschaftlern erforscht. Für uns genügt die Feststellung, daß sich unzweifelhaft im deutschen Volke ein kleinerer vorindoeuropäischer Faktor mit einer sehr großen Anzahl von verschiedenen indoeuropäischen Faktoren verbunden hat. Die Mischung war mannigfaltig wie nirgends sonst, und zwei wichtige Tatsachen folgten daraus.

Deutschland hat mehr Grenzen und deshalb mehr Grenzlandbewohner als irgendein anderes europäisches Volk. Diese Grenzlandbewohner, die ja tatsächlich immer hin und her gerissen worden sind, haben eine auffallende Ähnlichkeit mit ihren Nachbarn auf der anderen Seite – oft eine größere als mit den innerdeutschen Nachbarn. Die Keltoromanen des Rheinlandes sind die nächsten Vettern der Keltoromanen in Lothringen, Burgund und anderen ostfranzösischen Bezirken, aber sie sind fremd den Westfalen und den Hessen. Die Ostfriesen und die niederrheinischen Franken ähneln den Niederländern, die Alemannen des Breisgaues den Schweizern und Elsässern. Die Deutschböhmen und Tschechen, die Ostdeutschen und die Westpolen sind Blutsverwandte, die sich dementsprechend kennen und nicht leiden mögen. Viele der genannten Gebiete gehörten ja in alten Zeiten zu den Nachbarstaaten jenseits der Reichsgrenze, die nahe Ähnlichkeit zwischen den Einwohnern, die auf der gleichartigen ethnischen Zusammensetzung beruht, hat politisch überwiegend Reibungen zur Folge gehabt, sie hat – das ist entscheidend – zentrifugal gewirkt.

Das zweite Moment, das sich aus der ungewöhnlichen ethnischen Vielfältigkeit der Deutschen ergibt, erschließt eines der bedeutungsvollsten Probleme der deutschen Geschichte überhaupt. Die deutschen Stämme sind sich fremder als anderswo, das Sondertum hat sich stärker entwickeln können, die Spannung zwischen den Stämmen verschärfte sich durch das tiefe Heimatgefühl. Bruderkriege waren deshalb besonders häufig und langwierig, die einzelnen Stämme wandelten sich wohl in sich, glichen sich aber ungern einander an. Dieses Moment wesenhafter physisch-psychischer Unstimmigkeit verursachte die Bitterkeit des Religions-, Standes-, Parteien- und Klassenhasses – eine Erscheinung, die bis in unsere Zeit bezeichnend für die deutschen Schicksale geblieben ist. Es erwies sich, daß die Deutschen nur dann zu einer Art Einigkeit gezwungen werden konnten, wenn es gegen einen inneren oder einen äußeren Feind ging. Die Römerzüge der Kaiser einigten die Vasallen zu einem großen Zwecke, die Kreuzzüge beschwichtigten die Fehden der Nachbarn, Reformation und Gegenreformation spalteten Deutschland in zwei Lager anstatt in zwanzig, der Freiheitskrieg gegen Napoleon einigte Deutschland in einem Maße wie seit langem nicht.

Die ethnische Vielfältigkeit der Deutschen ist die Ursache für ihre besten und ihre verhängnisvollsten Eigenschaften. Kein europäisches Volk hat den Universalismus der Spätantike so innerlich erfaßt. Er wurde in Deutschland ein natürlicher Bestandteil des Fühlens wie des Handelns. Der Kaisergedanke, die Romidee, der Weltherrschafts-, ja der Welterlösungsanspruch gehören zur deutschen Geschichte, diese Ideologien wurden auch immer wieder verwertet, um jene Geister eingeborener Zwietracht zu beschwören. Der Partikularismus der Stämme, Dynastien, Städte, der Dualismus zwischen Westen und Osten, zwischen Protestanten und Katholiken, zwischen Lutheranern und Reformierten, zwischen Preußen und Österreich, zwischen Reichspatriotismus und Kolonialdeutschtum, zwischen Mystik und Scholastik, Rationalismus und Gläubigkeit, Adel und Bürgertum, Zivil und Militär, Bürokratie und öffentlicher Meinung, Kapital und Arbeit – all diese Spannungen der deutschen Geschichte bedurften der Überwindung. Sie wurde zuerst jeweilig gesucht im Herrschaftsanspruch, der als Missionsidee aufzutreten pflegte, und erst in Zeiten des Rückschlages sich vollzog in einem Kompromiß.

Physisch gibt es keinen deutschen Typus. Es gibt einen deutschen Gesichtsausdruck, es gibt eine deutsche seelische Haltung, es gibt ein deutsches Schicksal. Das deutsche Volk ist ein innerlich zerrissenes, glücklich-unglückliches Volk. In Musik und Gedankenschöpfung hat es Mächtigeres, Tieferes hervorgebracht als irgendein anderes großes Volk, seine Soldaten und Bürokraten waren ausgezeichnet, viele seiner Kaufleute und Gelehrten genossen und verdienten höchstes Ansehen. Oft wurde es von Schwächlingen regiert und allzu häufig von Tyrannen. Seine zweifellos politische Begabung erschöpfte sich in der Organisation und gelangte nur selten zur selbstsicheren Freiheit. Leicht berauscht vom Erfolge, wagten sich die Deutschen vermessen an das Grenzenlose. Das Unglück aber pflegten sie selbstquälerisch auszukosten, und sie ergriffen die Flucht, so tapfer sie im Kampfe selbst waren, die geistige Zuflucht in die andere Welt, die ihnen immer nahe war, jene geheimnisvolle Provinz seherischer und schöpferischer Erregbarkeit. Die Deutschen waren niemals bequeme oder behagliche Nachbarn. Sie wollten nicht beliebt sein und hatten im allgemeinen wenig Begabung, solche Gefühle zu erwecken, sie hatten gerne recht und vermochten dem lehrhaften Bedürfnis nicht zu widerstehen, anderen zu zeigen, wie man es am besten macht. Einzelne Deutsche waren der Anerkennung, ja der Bewunderung der Kulturwelt sicher. Die Nation als Ganzes wurde im Laufe der letzten Entwicklungen immer mehr umstritten. Heute steht sie im Mittelpunkte des Weltinteresses als Mutter einer Bewegung, von der schon jetzt unabsehbare Wirkungen ausgegangen sind. Die Welt hat einen Grund mehr, sich mit diesem Volke zu beschäftigen. Es ist das problematische Volk unseres Zeitalters.

II. Von der Entstehung des Deutschtums

Die Erbschaft des Frankenreiches – Die Entstehung der deutschen Sprache – Die Deutschen sind weder Arier noch Germanen – Die Entstehung des ostfränkischen Königtums – Zuerst gab es das Königtum, dann die Sprache, dann durch die Vermischung der Stämme und Volkssplitter das deutsche Volk, zuletzt, ganz spät, etwas wie einen deutschen Staat – Hatte der Stammespartikularismus Aussicht, sich durchzusetzen? Konnte sich ein mitteleuropäisches Reich aus eigener Kraft bilden?

Die Deutschen sind keine Arier. Nur Perser und Inder können wissenschaftlich als Arier bezeichnet werden. Die Deutschen sind keine Indogermanen. Die Bezeichnung Indogermanen ist irreführend und deshalb von der Wissenschaft aufgegeben worden. Die Deutschen gehören zur *indoeuropäischen* Völkerfamilie, wenn auch der vorindoeuropäische Einschlag wahrscheinlich stärker bei den Deutschen ist als bei den westeuropäischen Völkern. Die Deutschen sind keine reinen Germanen, aber ihr Volkstum enthält eine starke germanische Komponente. Soll man eine Schätzung wagen, so dürften noch nicht vierzig, wahrscheinlich kaum dreißig Prozent des heutigen deutschen Volkstums als vorwiegend germanisch bezeichnet werden. Die nächststärkste Komponente ist die keltische, dann folgt die slawische. Das Wachstum des Deutschtums ist langsam vonstatten gegangen – die Anfänge liegen in der Zeit Karls des Großen. Fertig ist das deutsche Volk geschichtlich erst um 1300, und es hat nachher noch, wie selbstverständlich, große Veränderungen seines ethnischen Aufbaues durchgemacht. Die Entstehung einer deutschen Sprache und die Entstehung einer deutschen Königsherrschaft sind die beiden Tatsachen, die am Beginn der deutschen Geschichte stehen.

Die Erbschaft des Frankenreiches

Die deutsche Geschichte wurzelt in der Geschichte des Frankenreiches; hier war eine Erbschaft, ein Anspruch, aber auch eine Gegnerschaft. Die Frage erhebt sich, was das zu bedeuten hatte. Unter allen Reichen, die von den Germanen und den mit ihnen wandernden Stämmen gegründet worden sind, hat nur das Frankenreich Dauer gehabt. Dies lag an seinen günstigen geographischen und ethnischen Daseinsbedingungen, vor allem aber an dem Bündnis mit der strenggläubigen athanasianischen Form des Christentums, die Christi reine Gottesnatur verfocht. Hier lebte der römische Reichs- und Kulturgedanke fort – die Verschmelzung von Altem und Jungem zu einer neuen kräftigen Daseinsform konnte sich vollziehen. Das ketzerische, die reine Gottesnatur Christi bestreitende arianische Christentum ging zugrunde, mehr noch an der rechtgläubigen Bischofshierarchie als an der Dogmatik selbst. Der katholische, das heißt römisch-universale und rechtgläubige Geist des Frankenreiches ermöglichte seinen Königen die siegreiche Ausdehnung ihrer Herrschaft und die Bildung des neuen karolingischen Imperiums.

Karl der Große war weder Deutscher noch Franzose, weil es damals weder Deutsche noch Franzosen gab. Er ist aber der Vater der deutschen, der französischen und auch der italienischen Geschichte. Die Nachwelt stellte sich ihn als die verkörperte kaiserliche Majestät vor – auf dem gewaltigen Haupte, dem der lang wallende Bart noch mehr Würde verlieh, ruhte die heilige Krone des unsterblichen römischen Weltreiches. Die Lebenswirklichkeit dieses derben herrscherfrohen Frankenfürsten sah ganz anders aus. Die berühmte Reiterstatuette im Museum Cluny bezeugt die wahre Erscheinung Karls – schnurrbärtig, kurznackig, fest und kraftvoll, ein Mann des Diesseits und der Organisation: so »schwang sich dieser Frankenkönig auf das Roß der römischen Imperatoren«, um aber immer ganz er selbst zu bleiben. Zum Heiligen hat ihn erst die romantische Bewunderung der Hohenstaufenzeit gemacht. Das Große des Karolingertums war die Einheitlichkeit der weltlichen und geistlichen Interessen. Sie hat bis Martin Luther das Abendland beherrscht. Mochte auch die Bekehrung zum Christentum oft sehr oberflächlich sein, mochte sich der heidnische wilde Geist noch lange erhalten, eigentlich bis zum Siege der cluniazensischen Reformbewegung (vgl. S. 50 ff.), politisch war die Zusammenarbeit der weltlichen Herrscher mit der Geistlichkeit die Grundlage des Lebens – kein Wunder, daß das Selbstbewußtsein der Geistlichkeit, als der Trägerin der Idee der Reichseinheit, sich so durchprägte, zum Ärger mancher Herzöge und Stämme. Kulturell entsprach die sogenannte karolingische Renaissance durchaus nicht diesem politischen Tatbestande. Die erhoffte Versöhnung und die erlösende Durchführung einer einheitlichen christlich römisch-germanischen Idee ist immer ein Wunschtraum geblieben.

Einbezogen wurden in das Frankenreich auch die Gebiete östlich des Rheines, die der Schauplatz der deutschen Geschichte werden sollten. Die Bayern, die Alemannen, die Thüringer, endlich die Sachsen wurden von diesem wachsenden Frankenreiche ergriffen, bekehrt, unterjocht, nach Möglichkeit versöhnt. Die Franken bewährten sich unter allen Germanen als die geschicktesten Kolonisatoren, ihre zähe, gesellige Art lernte von den Römern in Gallien eine herrschaftliche, aber doch auch schonende Form der Organisation. Wer sich ehrlich vertragen wollte mit der fränkischen Hoheit, der konnte persönliche Freiheit und Grundbesitz behalten. Die Römerstädte im Rheinland konnten weiterleben, genauso gut, wie es die in Gallien taten, es gab keinen wirklichen Kulturbruch. Die keltische Unterschicht im Rheinlande und im römisch besiedelten Teile Süddeutschlands ermöglichte es der alten Oberklasse, ihren Frieden mit den fränkischen Königen zu machen. Die Bischöfe und der fränkische Beamtenadel beanspruchten einen angemessenen Landteil, dann ließen sie die Germanen und Kelten ruhig leben. Schwierig wurde die fränkische Herrschaftsgewinnung nur in den

Karl der Große und Papst Leo III.

Gebieten, in denen es weder Römerstädte noch eine keltische Unterschicht gab – im Sachsen- und im Chattenlande. Die harten blutigen Sachsenfeldzüge Karls des Großen (772–804) stellen aus mehreren Gründen die wichtigste Vorstufe der deutschen Geschichte dar. Auch diese rein germanische Gruppe, die Sachsen, wurde durch die Franken für ihr rechtgläubiges Christentum gewonnen – damit war die Voraussetzung gegeben für ein Zusammenwachsen der Sachsen mit anderen germanischen Stämmen. Andererseits ist die Grausamkeit dieser Bekehrung und Eroberung nie vergessen worden – das Sondertum bekam so im zukünftigen Deutschland einen starken Antrieb. Ein Menschenalter später wäre die Bekehrung der Sachsen in milderer Form erfolgt, so wie es mit den skandinavischen Völkern geschah – aber es hätte leicht sein können, daß die Sachsen sich dann dieser Völkergruppe angeschlossen und ihre Unabhängigkeit von dem werdenden deutschen Staate bewahrt hätten. Dann wäre ein Deutschland in der geschichtlichen mitteleuropäisch bestimmten Form gar nicht entstanden – denn politisch ist es ja das Werk der Sachsenherzöge geworden.

Die Entstehung der deutschen Sprache

Die Zwangssiedelungen, die zur Zähmung der widerspenstigen Sachsen vorgenommen wurden, bedeuten den Beginn der Vermischung der deutschen Stämme und damit ein weiteres Moment der Entwicklungsgeschichte des deutschen Volkes. Alle diese Stämme sprachen ihre heimische Sprache – Abwandlungen dessen, was man Althochdeutsch und Altniederdeutsch nennt. Die Amtssprache war natürlich noch lange das Lateinische. Als die Söhne Ludwigs des Frommen, Karl und Ludwig, sich gegen ihren älteren Bruder Lothar durch die Straßburger Eide (842) verbündeten, schwor jeder von beiden in der Sprache der Mannen seines Partners – es gab also in der fränkischen Welt keine einheitliche Volkssprache, es gab ostfränkisch und westfränkisch: urdeutsch also und urfranzösisch. Was damals die Könige bei ihrer Eidesleistung sprachen, war ein Idiom, das von der Gegengruppe allgemein verstanden wurde, es wurde natürlich nicht so allgemein gesprochen, geschweige denn geschrieben. Karl der Große hatte Sinn und Liebe gehabt für die alte poetische Volkssprache und hatte Sorge dafür getragen, die literarischen Denkmäler sammeln zu lassen. Ludwigs des Frommen kirchliche Engherzigkeit erlaubte priesterlichen Eiferern, diese heidnischen Schätze zu vernichten. Die Klöster in Ostfranken waren zugleich Kunstschulen, Universitäten und Wirtschaftszentren. Westfranken hatte ein reicheres geistiges Leben, vornehme Laien taten hier viel, die Dom- und Klosterschulen verbreiteten hohe Bildung, das Romanische hatte es nicht schwer, Altrömisches fortzusetzen. Dies war in Ostfranken nur begrenzt möglich. Das germanisch-keltische Volkstum blieb spröde und wollte umworben werden. Sitte und Brauch behielten noch lange wesentliche Züge der alten heidnischen Lebensführung bei. In den lockeren Ehesitten etwa lebte die vorchristliche Rechts- und Gesellschaftsanschauung unbekümmert weiter. Es handelt sich hier nicht um Unmoral, sondern um eine andere, primitive und naive Moral, die sich sehr wohl ihrer eigenen Normen bewußt war. Die Christianisierung war wesentlich von irischen Mönchen durchgeführt worden, die irrtümlich als die Schotten bezeichnet wurden. Das Schottenkloster in Wien kennzeichnet bis heute die Bedeutung dieser Missionen. In Wahrheit wurden aber die ostfränkischen Menschen keine Christen im religiös-seelischen Sinne. Vielmehr verwandte ihr ungebrochenes ursprüngliches Empfinden und Handeln die christlichen Symbole, Worte und Riten als den neuesten und wirksamsten Zauber, den es gab und der sich der Heidenwelt als überlegen gezeigt hatte. Aber Götter- und Hexenglauben lebten, gewandelt mit heimlicher Zähigkeit, weiter. »Hexe« war ja ursprünglich ein menschenfeindlicher Waldgeist. Nun entdeckte man, angesteckt von der Frauenverachtung des Orients, die höllische Dämonie in der Weibesnatur – was der germanischen Auffassung völlig fremd war.

Das Wort »Deutsch« (theod) erscheint zuerst 786 als die Bezeichnung für die Sprache des Volkes der Ostfranken. Erst Mitte des zwölften Jahrhunderts wurden die Begriffe »Deutsch« (dieutsch) und »Deutschland« (Diutiskland) geläufige Bezeichnungen für die Bewohner und das Land des Ostfrankenstaates. Von einer »deutschen Nation« wurde zuerst unter Friedrich Barbarossa gesprochen. Die lateinische Lyrik und Epik der Frühzeit Ostfrankens war von Geistlichen verfaßt und wurde von solchen genossen, außerdem nur von den wenigen Laien, die sich der gelehrten Bildung bemächtigten. Das Hildebrandslied ist das einzige Überbleibsel echter altdeutscher Volkspoesie. Es erzählt, bezeichnend genug für den Selbstvernichtungstrieb der Deutschen, die erschütternde Geschichte von dem Vater, dem sich sein eigener Sohn kämpfend gegenüberstellt. Merkwürdiger noch ist die geistliche Dichtung, die in der Volkssprache den Laien seelisch gewinnen wollte. So versuchte der Verfasser des »Heliand« die christliche Lehre den Begriffen seiner Hörer und Leser anzupassen. Da war Christus kein jüdisch-orientalischer Asket mehr, der die Welt flieht und ihre Not durch vorbildliches geistig-seelisches Leid zu überwinden weiß. Christus war vielmehr der Volkskönig, dem man in der Taufe die Treue schwur, ein tapferer Krieger, der sich aufopfert und so den Sieg seiner Mannen sichert.

Die Entstehung des ostfränkischen Königtums

Mit den Sachsenkriegen und dem Heliand setzt die deutsche Geschichte ein – noch immer blieb es eine Vorbereitungszeit. Wenn einer der Söhne Ludwigs des Frommen den Namen Ludwig der Deutsche trägt (Germanicus; † 876), so liegt darin etwas Irreführendes. Dieses Ostfrankenland, das Land östlich von Aare und Rhein, war ein Teilreich, das noch nichts Neues bedeutete, über dessen Grenzen Ludwig selbstsüchtig hinausstrebte, das auch innerlich etwas Zufälliges besaß und durch die streitenden Söhne des Königs in seiner provisorischen Existenz gefährdet schien. Zerrütteter noch sahen die Zustände im Westfrankenreiche aus, und das Mittelreich Lothars zerbrach in die drei Teile Lothringen, Burgund und Italien. Lothringen fiel nach und nach ganz dem Ostfrankenreiche zu, das sich somit tief in das romanische Sprachgebiet eindrängte. Teilungen, Zwiste, Verrat und Frontwechsel kennzeichnen das Ende der Karolingerzeit. Der Gedanke der Reichseinheit, das dynastische Interesse des karolingischen Hauses, der Anspruch der Träger der Kaiserkrone, eine Oberhoheit auszuüben – und dagegen die Neigung der Stämme, ihren örtlichen Führern zu folgen und so eine Sicherheit in all diesen Wirren zu gewinnen: das sind die leitenden Kräfte der Übergangszeit. Die Reichsgewalt schwand mehr und mehr hin, sie konnte selbst von einem so tüchtigen, ehrlichen Manne wie Arnulf von Kärnthen nicht mehr neu aufgebaut werden. Feinde von außen bedrängten die Ostfranken – die Normannen, die Mähren, die Ungarn. Jeder Reichsteil sah sich in die Notwendigkeit versetzt, seine Interessen selber zu verteidigen. Damit ging die karolingische Herrschaftsidee innerlich zugrunde. Ein letzter Versuch ist noch einmal von dem Frankenherzog Konrad gemacht worden (911–918). Sein Königtum, das mit Hilfe des Episkopats den Zentralismus gegen die Stammesherzöge durchsetzen wollte, scheiterte kläglich. Die Frankenzeit war vorbei. Entweder siegte nun der eingewurzelte volkstümliche Partikularismus – viele Momente sprachen dafür – oder es bildete sich im Osten ein Reich aus eigener Kraft, das auf der Zusammenarbeit und der Verschmelzung der Stämme zu einer neuen Einheit beruhte. Dies geschah, und damit hebt die eigentliche Geschichte Deutschlands an.

III. Die Sachsenkaiser

Die Stammesherzogtümer – Heinrich I. – Otto der Große – Kampf der Zentralgewalt mit den partikularistischen Kräften – Die Kirche hilft dem Königtum mit ihrem entwickelten Verwaltungsapparat – Die Wiedererneuerung des römischen Kaisertums – Die Kaiseridee als Mission und politische Pflicht – Burgund und Reichsitalien – Der Mitteleuropagedanke – Soll sich seine Basis nach dem slawischen Osten ausdehnen oder sich ins Mittelmeergebiet erstrecken? – Das Ende der Ottonen – Die Kultur der Sachsenzeit – Lehnswesen, Städtegründung, Volksrecht, Heidentum, Kirchenwesen

Die Stammesherzogtümer. Heinrich I.

Das Reich Karls des Großen zerfiel nicht nur wegen der persönlichen Schwäche seiner Nachfolger. Dies Reich war etwas Einmaliges, zusammengezwungen von einer fast übermenschlichen Gestalt, die schon bei Lebzeiten durch den Zauber ihres Mythos wirkte. Praktisch angesehen blieben die Verkehrs- und Wirtschaftsverhältnisse des Karolingerreiches viel zu unentwickelt, um auf die Dauer eine imperiale Herrschaft zu ermöglichen, die solchen Namen verdiente. Jede kräftige Lokalgewalt mußte diesem entfernten, hin und her wandernden Oberhaupt und seinen plötzlich erscheinenden und ebenso verschwindenden Generalbevollmächtigten überlegen sein.

Die Grenzen des Reiches bedurften dauernden Schutzes. Welch eine Aussicht für junge Vornehme, sich verdient zu machen! Die Markgrafengeschlechter sammelten an diesen Grenzen Macht und Kriegsvorräte – was so entstand, wirkte nach innen und forderte die Zentralgewalt mehr und mehr heraus. Der einzig wichtige und dauerhafte Vermögenswert lag damals im Grund und Boden. Mit ihm sah sich die Beamtenschaft des Königs ausgestattet – die Grafen entwickelten ihre Dienstlehen zu erblichem Großbesitz. Die Masse der Freien verlor mehr und mehr politische Geltung. Der König verminderte sein Gut, um Treue zu belohnen, aristokratische Geschlechter entstanden, die mehrere Ämter und viel Besitz in ihrer Hand vereinigten, die sich untereinander durch Heirat verbanden und so eine territoriale Machtstellung entwickelten.

Diese Gruppen schoben sich zwischen den König und seine Beamten ein – das neue, im Boden, in der örtlichen Überlieferung und in der Leistung wurzelnde Stammesherzogtum entstand. Es erneuerte auf seine Weise das altgermanische Gaukönigtum.

In diesem werdenden Deutschland erhielten sich immer noch viele freie Bauern. Auch wo Großgrundbesitz vorherrschte, gab es noch keinerlei Großbetrieb. Das Land

Deutsche Juden des 12. Jahrhunderts in der sie kenntlich machenden Tracht mit dem spitzen »Judenhut«

wurde an Leute ausgetan, die es bearbeiten mußten, zum Teil an ethnisch mindere Unfreie und Hörige, zum Teil an Freie, die ihr Land verloren hatten, zum Teil endlich an Freie, die Besitzer waren, aber mehr Land zum guten Leben brauchten, und die es gern von der Kirche nahmen. Die Abhängigkeit schien hier am wenigsten mißlich. Kirchen und Klöster förderten die Rodung und sorgten für die Anpflanzung von Obstbäumen, besonders auch von Wein, den ja der christliche Kult für die Messe benötigte. An den Marktplätzen, besonders im Rheinlande, gab es genug unabhängige Handwerker, während in den rein agrarischen Gebieten der Handwerker zur Gutswirtschaft als Untertan zählte. Handelsbeziehungen liefen entlang den alten Straßen, im Rheingebiet und über die Alpen; auch hier brach die römische Überlieferung nie ganz ab. Reisende Händler besuchten die slawischen und nordischen Gebiete mit zunehmender Regelmäßigkeit. Im Seehandel taten sich die Friesen hervor, wetteifernd mit Normannen und Angelsachsen. Am Rhein ging vieles durch die Hand der Juden, die schon seit dem zweiten und dritten Jahrhundert dort ansässig waren. Ihre Gemeinden überdauerten die Völkerwanderungsstürme und waren den neuen Herren so dienlich wie den alten.

Zu Beginn der Sachsenkaiserzeit war dieses werdende Deutschland ein völlig uneinheitliches Gebilde inmitten von Mitteleuropa. Es sah eine Zeitlang so aus, als ob sich ein Königtum überhaupt nicht mehr durchsetzen wollte. Die Stammesherzogtümer trugen ihr eigenes, scharf geprägtes Gesicht. Sie lebten für sich als politische Formungen des Stammespartikularismus. In Sachsen und in Bayern rissen die Herzöge fast alle königlichen Befugnisse an sich. In Lothringen, Schwaben und Franken stritten mehrere große Familien um die Macht und hielten sich gegenseitig in Schach. Die sächsischen Liudolfinger waren Edelinge der Harzgegend, die markgräfliche Befugnisse erhielten und im Kampfe mit den Slawen ihr Heerführertum bewährten. Sie verhinderten die Bildung eines thüringischen Herzogtums, gliederten sich dieses Land an und behaupteten so in Nord- und Mitteldeutschland eine Machtstellung, gegen die das Frankentum nicht aufkam.

Der erste deutsche Sachsenkönig Heinrich stand fremd zur gelehrten Bildung der Zeit und kühl zur Kirche. Seine beiden Ehen hatten ihm reichen Zuwachs an Landbesitz gebracht, nur die Friesen hielten sich selbständig gegenüber der norddeutschen Herrschaft des Herzogs. Der sterbende Franke König Konrad I. hatte diesem seinem erbittertsten und zähesten Gegner durch seinen Bruder Herzog Eberhard von Franken die Zeichen der Königswürde, Lanze, Mantel, Krone und Schwert, übersandt und ihn so als den allein möglichen Nachfolger bezeichnet. Auch die angebliche Abstammung von Karl dem Großen half dem Sachsenherzog. Das Bedürfnis nach Legitimität bedeutete noch viel, es umrankte die politische Notwendigkeit. Das alte böse Unheil der Sachsenkriege fand nun eine späte Sühne. Konnten die Sachsen ein wahrhaft ostfränkisches, ein deutsches oder wohl gar ein neues karolingisch-römisches Reich schaffen? Heinrich I. blieb zeitlebens ein sächsischer Bauernherzog – nüchtern, ruhig, soldatisch, gelassen, stark, hoheitsvoll –, allem Schwärmen, Werben und Pläneschmieden feind. Zunächst galt es, anerkannt zu werden. Bayern und Schwaben waren kühl, sie beschränkten sich auf bloße Lehnshuldigung. In Westfranken herrschte noch das Karolingerhaus. Dank seiner geographischen Lage vermochte Lothringen zwischen Westfranken und Ostfranken hin und her zu pendeln. Heinrich I. gab zuerst Lothringen preis, um von den westfränkischen Karolingern anerkannt zu werden, dann benutzte er die Schwäche des westfränkischen Königtums, um Lothringen unter seine Oberhoheit zu bringen. Der lothringische Herzog fuhr besser mit dem werdenden Deutschland als mit dem werdenden Frankreich, als Symbol seiner Loyalität nahm er eine der Töchter Heinrichs zur Frau. Die rheinischen Bistümer erhielten nun politisch, wenn auch nicht sprachlich, rein deutsche Sprengel. Vom Westen drohte dem Königtum der Sachsen keine Gefahr, sie kam vom Osten. Die immer wiederholten Einfälle der wilden Ungarn plagten Ostfranken furchtbar. Heinrich mußte langsam vorgehen. Zuerst schloß er mit den Ungarn einen Vertrag, der gegen Tributzahlung Sachsen und Thüringen auf neun Jahre schützte, das übrige Deutschland aber preisgab. Nach Ablauf des Waffenstillstandes erschienen die Ungarn auch in Norddeutschland wieder. Heinrich zahlte nun keinen Tribut mehr, sondern schlug, militärisch fertig gerüstet, den bösen Gegner in zwei Treffen, die freilich nur eine kurze Atempause brachten. Als bedeutungsvoller erwiesen sich Heinrichs Erbfolge gegen die Slawen. Während des Waffenstillstandes sicherte der König sein Sachsenland durch die Einrichtung von Burgen. Das waren noch keine Städte, dazu fehlte die wirtschaftliche Reife. Es waren vielmehr befestigte Zufluchtsorte für die Landbevölkerung – große Festungsanlagen ohne eigene Rechtsstellung. Vielfach benutzte man vorhandene Bischofssitze, Klöster und Pfalzen. Als ständige Besatzung der neuen Plätze siedelte Heinrich jeden neunten Mann seiner Dienstleute dort an. Wichtig war bei der Schaffung dieses neuen Wehrsystems das Beispiel des angelsächsischen Königs Edward, mit dem sich Heinrich auch verwandtschaftlich verband durch die Verheiratung seines Sohnes Otto mit der angelsächsischen Königstochter Edith. Die Ungarneinfälle hatten die slawische Nachbarschaft des werdenden Deutschland in zwei Hälften gespalten – ein Vorgang, der das Slawentum entscheidend schwächte. Nun gab es eine nördliche Gruppe, die aus Sorben, Tschechen und Polen bestand, und eine südliche. Heinrich hatte nur mit den Nordslawen zu tun. Er unterwarf kleinere Stämme im späteren Brandenburg und gründete die Mark Meißen. Mit dem bayerischen Herzog zusammen griff er dann Böhmen an, wo die Premysliden ihre Herrschaft errichtet hatten. Das tschechische Herzogshaus mußte die Oberhoheit des deutschen Königs anerkennen und die Zahlung von Tribut auf sich nehmen, zur Freude des schwierigen Bayernherzogs. Der Kampf gegen das Slawentum bleibt Heinrichs bedeutendste Leistung – er führte keinen Kreuzzug, im Sachsenland selbst gab es noch zuviel urwüchsiges Heidentum. Aber aus den örtlichen Fehden des sächsischen Adels hob Heinrich als erster den Kampf gegen die Slawen in die Ebene einer deutschen Aufgabe empor. Es gab keine Ausrottung der Slawen mehr, sie behielten ihre Fürsten, hatten aber deutsche Kaufleute, Helfer und Siedler aufzunehmen. Auch gegen die Dänen errang Heinrich gewisse Erfolge. Das Ergebnis seines Wirkens war eine Befriedung in den letzten Jahren, ein freundliches oder wenigstens leidliches Zusammenarbeiten mit den Fürsten und den Bischöfen. Die Kirche achtete den nüchternen stillen Mann, er ließ sich die Unterstützung schmunzelnd gefallen, versprach auch gerne die Abstellung von Mißbräuchen. Er sah die Lage im Reich als so gesichert an, daß er einen Zug nach Italien erwog. Die Beziehungen Süddeutschlands zu Italien waren immer nahe geblieben, näher als die zwischen Süd- und Norddeutschland. Wer deutscher König sein wollte, mußte an diesem Interessenkreis teilnehmen. Heinrich I. war dazu bereit, nicht als ein

Schwärmer, sondern als Tatsachenmensch. Da raffte ihn ein früher Tod hinweg (936). Keiner der Herrscher aus dem sächsischen und dem salischen Hause außer Otto I. hat die sechzig erreicht. Beide Geschlechter starben schnell aus. Sie brachten eine Reihe von außergewöhnlichen Persönlichkeiten hervor, die ihre Lebenskraft schnell verzehrten. In diesen Herrschern wallte etwas von jugendlichem Überschwang. Begabung, Glaube, Aufgabe und Schicksal, Umwelt und Gegnerschaft – alle diese Momente geben ihnen einen Zug von Größe, belasten sie aber auch mit dem Fluche der Kräfteverschwendung und der vorzeitigen Erschlaffung. Die Natur der Quellen zwingt den späten Betrachter, sehr viel von diesen Herrschern selbst zu sprechen. Schon ihre Gegner und Gehilfen erscheinen matt und verwischt im Umriß. Die breitere Masse der Regierten führt unterhalb ein namenloses Dasein, in dem sich bestenfalls das Typische erkennen läßt. Der wirkliche Hergang lief weniger einfach und weniger heroisch ab. Man muß vermuten, da man nicht viel wissen kann.
Nach altgermanischem Recht wurde der König gewählt. Die führenden Geschlechter liebten diese Form nicht, denn sie wollten zu Dynastien ansteigen. Einschränkend wirkte auch das Vorrecht des hinscheidenden Herrschers, seinen Nachfolger zu bestimmen, den Berufensten also, den Würdigsten, den Fortsetzer seines Werkes.

Otto der Große

König Heinrich hatte seinen ältesten Sohn aus zweiter Ehe zur Nachfolge bestimmt – nicht den Sohn Thankmar aus der ersten Ehe, die aufgelöst wurde, weil die erste Gattin, die Gräfin von Merseburg, schon einmal verheiratet gewesen war und dann den Schleier genommen hatte. Otto, der älteste Sohn aus der zweiten Ehe, behielt nach der Meinung des Vaters den besten Anspruch, obgleich Heinrich, der jüngere Sohn, im Purpur, ins Königsrecht hineingeboren war, das heißt zu der Zeit, als der Vater schon König war – ein für die mystische Anschauung der Periode wesentliches Moment. Ottos Wahl schien also von Anfang an mit einem Zweifel, ja mit einer Rechtsverletzung belastet. Die Wahl selbst vollzog sich glatt, nur Laienfürsten wirkten mit, aber der junge König ließ sich in Aachen vom Erzbischof von Mainz salben und krönen. Bei dem darauffolgenden Krönungsmahle taten die Herzöge Hofdienste, als Kämmerer, Marschall, Truchseß und Schenk. Das Wesen der neuen Regierung ist gut gekennzeichnet durch diese Vorgänge. Otto I. wollte mehr sein denn ein sächsischer Herzog. Er machte den Versuch, eine wirklich zentralisierte monarchische Gewalt im ostfränkischen Reiche, dem werdenden Deutschland, zu begründen. Der Partikularismus der Stämme wehrte sich dagegen. Ottos Zwist mit seinen Brüdern wuchs sich aus zu einem großen politischen Kampfe, der die Kräfte des Königtums jahrelang in Anspruch nahm. Herzog Thankmar ging früh zugrunde. Herzog Heinrich aber erhob sich immer wieder gegen den königlichen Bruder, dem er eben nicht verzeihen konnte, daß er der ältere und viel begabtere war. Heinrich selbst war ein eitler und schwacher, von Schmeichlern aufgehetzter, persönlich freilich sehr anziehender Mensch, der es nicht

merkte oder nicht merken wollte, wie sehr die bayerischen, fränkischen, schwäbischen und lothringischen Sonderinteressen sich seiner Eifersucht auf Otto bedienten. Otto blieb Sieger und zeigte gegenüber dem verblendeten Bruder Großmut. Das fränkische Herzogtum ließ der König eingehen – eine wahre Genugtuung für den sächsischen Geist. Die übrigen Herzogtümer gab Otto an Familienmitglieder. In Sachsen übertrug er dem tapferen und treuen Hermann Billung markgräfliche Befugnisse – eine neue, örtlich verwurzelte Herzogsfamilie sollte hier entstehen, während die Ottonen ins Weite hinausstrebten. Der Kampf gegen die slawischen Stämme wurde von Otto I. in neuer Weise fortgesetzt. Zum Ärger des sächsischen Adels, der sich gerne durch Raubzüge ins Slawenland bereicherte, begann Otto I. über die rein militärischen Schutzmaßnahmen hinaus eine politische und kirchliche Organisation des Neulands. Marken und Bistümer wurden errichtet, das eingesessene slawische Fürstentum oft in häßlicher Weise ausgerottet, deutsche Herrschaft und die Christianisierung durchgesetzt, unter Ausbeutung und Eindisziplinierung der slawischen Eingeborenen. Weitgehende Bevölkerungsvermischung fand statt, bis in den Kreis der Herrenschicht hinauf. Gar manche slawische Fürstentochter wurde die Gattin eines kecken Junkers (adligen Jungherrn, jüngeren Sohnes).
Ottos I. hochfliegender Geist zog Burgund, Frankreich und Italien in den Kreis seiner Pläne. Über das Deutschtum und seine Lebenssphäre hinaus entstand so zum ersten Male der Gedanke einer mitteleuropäischen Machtstellung, nicht im Sinne der Eindeutschung der Nachbarn – dies war dem Zeitgeiste ganz fremd –, sondern viel einfacher und urwüchsiger als die Durchführung einer Herrschaftsidee. Sollte sich eine solche Idee verwirklichen, so mußte das deutsche Königtum vor allem Ruhe haben vor dem gefährlichsten Feinde im Osten, den Ungarn. Die Bedrohung der Ungarn traf den Lebensnerv des werdenden Ottonischen Reiches, weil sich der deutsche Partikularismus mit diesen Fremden verband. Auf den Aufstand der Brüder Ottos folgte der Aufstand der Söhne aus der ersten Ehe Ottos mit der Angelsächsin Edith. Liudolf und Konrad fühlten etwas in sich von dem angelsächsischen Sondertum und verfolgten mit glühendem Hasse ihre Stiefmutter Adelheid, die hochgebildete, weltgewandte burgundische Prinzessin, die zweite Gemahlin, die einen großen Einfluß auf Otto I. im Sinne des Universalismus ausübte. Blutmäßig war Adelheid genauso germanisch wie Edith, der Gegensatz war geistig und politisch. Hinter solchen persönlichen Zwisten standen eben die großen sachlichen Konflikte der Epoche. Der älteste Sohn, Herzog Liudolf von Schwaben, fühlte sich besonders zurückgesetzt und offenbar auch in der Erbfolge bedroht – da er nicht purpurgeboren war, im Gegensatz zu Adelheids Sohn Otto, dem späteren Otto II. Die Gefahr dieses Bürgerkrieges war groß, größer als jemals vorher. Das Zusammenwirken der Rebellen mit den Ungarn erschütterte die Einheit und Zukunft des Ottonischen Deutschland. Otto I. wurde in gewaltiger Anstrengung Herr der widerstreitenden Kräfte und verhängte ein hartes Strafgericht. Die Herzogtümer mußten von neuem verteilt werden, diesmal bevorzugte Otto I. seine klerikalen Familienangehörigen, von denen keine partikularistisch-dynastischen Interessen zu erwarten waren. Nun konnte Otto alle zentralen und volklichen Machtmittel sammeln zu dem großen Schlage gegen die Ungarn, dem glänzenden Siege auf dem Lechfelde bei Augsburg (955). Dieser Triumph brachte Otto Ansehen und Volkstümlichkeit wie nichts sonst. Die kleinen Leute nannten ihn seitdem den Gro-

ßen; die Ungarnschlacht bedeutet einen Wendepunkt hohen Ranges. Mitteleuropa war eine schwere Sorge los, der deutsche Südosten konnte sich nun frei entwickeln, die Ungarn selbst mußten sich zur Seßhaftigkeit bequemen, sie blieben ein wichtiger Nachbar und ein ernsthafter Mitspieler in allen deutsch-slawischen Konflikten der Zukunft.
Die Bürgerkriege der Ottonenzeit spielten sich ganz als persönliche Kämpfe ab, sie waren geladen mit Leidenschaft, Eifersucht, Machtgier. Treubruch, Verrat und Haß verleihen diesen Vorgängen etwas menschlich Ergreifendes, in dem tragischen Stile des Nibelungenliedes. Ein gesamtdeutsches Nationalgefühl gab es nicht und konnte es noch nicht geben. In den Stämmen bäumte sich etwas sehr Echtes auf gegen die Tyrannei und Bevormundung der neuen Zentralgewalt, gegen das Christliche sowohl wie gegen den cäsarisch-universalistischen Herrschaftsanspruch. Die Stämme wollten auf eine heidnisch-ursprüngliche Art sie selber sein, sie fühlten sich als lebendige Einheiten, und deshalb fanden die aufständischen Herzöge immer wieder viel ortseingesessene Anhängerschaft gegen die Unterdrückung. Diese Umstände ermöglichen auch eine gerechte Deutung der Wiedererneuerung des römischen Kaisertums.

Die Wiedererneuerung des Kaisertums

Vom Standpunkte einer viel späteren politischen Entwicklungsstufe fanden die Römerzüge der deutschen Könige und ihr Kampf um das Kaisertum immer wieder herben Tadel. Es gibt dafür nur eine angemessene Beurteilung, die rein geschichtliche, die alle Verhältnisse von damals treu wiederzubeleben und verständlich zu machen versucht. Kaisertum und Papsttum taumelten seit dem Ende der ostfränkischen Karolinger abwärts in einem beklagenswerten Niedergange. Italien zitterte in Verwirrung, Magyaren und Sarazenen suchten das unglückliche Land heim. Es gab keine ernsthafte Widerstandskraft gegen Fremde, genau wie nördlich der Alpen bildeten sich Sonderherrschaften örtlichen Charakters. Die päpstliche Krone flog als Spielball herum beim römischen Stadtadel, durch den das eingeborene Römertum ungebrochen die spätantike Überlieferung aufrechterhielt. Abenteuerliche Frauen übten schlimmen Einfluß und beförderten die allgemeine moralische Verwilderung. Die Kaiserkrone kam an die Herrscher von Friaul, dann an die Herzöge von Niederburgund. So gering war das Ansehen dieser Kaiser, daß westgotische und angelsächsische Herrscher sich einen römisch nicht gebundenen Kaisertitel zulegen konnten. Maßgebend für die Zukunft blieb aber die Haltung der Ostfranken. Der schwäbische und der bayerische Adel pflegte, alter Überlieferung treu, nach Italien zu ziehen, um Beute zu machen und, wenn möglich, bei den dortigen Irrungen zu einer Machtstellung zu gelangen. Die Zusammenhänge zwischen dem Süden und Südwesten Deutschlands und Oberitalien waren damals viel näher als die Beziehungen zwischen Nord- und Süddeutschland. Die weiterentwickelte Wirtschaftsverfassung und die alten Kulturzusammenhänge wirkten sich in der gleichen Richtung aus. Die Italienpolitik war also keine Improvisa-

tion, sie setzte alte Interessen fort, sie gab den Süddeutschen ein wohlbekanntes Ziel, sie lockte dann auch die Norddeutschen, sie faßte also die deutschen Stämme zu einem hohen politischen Zwecke zusammen.
Hoch- und Niederburgund standen zwischen Italien und dem werdenden Frankreich, durch Lothringen war das deutsche Königtum grenznachbarlich an den burgundischen Verhältnissen interessiert. Die Zusammenarbeit der italienischen und burgundischen Herrscherhäuser ließ eine Wiederaufrichtung jenes alten Zwischenreiches karolingischen Angedenkens befürchten, das dem erstarkenden deutschen Interesse empfindlich zuwiderlief.

Siegel Ottos I.

Diese machtpolitischen Momente fanden eine Verstärkung wiederum im Dynastischen. Wenn die burgundische Prinzessin Adelheid, die Witwe des italienischen Königs Lothar, sich nach kräftigem männlichen Schutz umsehen mußte, so konnte sie sich nur an den mächtigsten Herrscher nördlich der Alpen wenden, an König Otto.

Otto zog 951 zum ersten Male nach Italien; ohne Krönung nannte er sich König der Langobarden, selbst früh verwitwet, heiratete er die schöne und gescheite Adelheid. Die italienische Krone war für Otto ein Bestandteil der karolingischen Erbschaft; diese geschichtliche Überlieferung, nicht die Zufälligkeit des Augenblicks entschied. Eine besondere Kanzlei wurde für Italien errichtet, an eine Verschmelzung des deutschen und des italienischen Herrschaftsgebietes hat also Otto nicht gedacht.
Schon damals bot der Papst dem König Otto die Kaiserkrönung an. Das Verhältnis zum Papsttum erschließt die tiefsten Bedingungen von Ottos Laufbahn. Ursprünglich stand er allem Geistlichen beinahe so kühl gegenüber wie sein Vater, dann aber trat notgedrungen die Wendung ein. Auf dem Königsgute war in Deutschland eine Zentralgewalt wirtschaftlich kaum aufzubauen. Es fehlte an Beamten, die Verkehrsmittel genügten nicht. Die Kirche aber stand da, als die einzig vorhandene starke Organisation, mit ihr mußte sich der König verbünden, sie lieferte den notwendigen Ersatz für einen nicht ausreichend vorhandenen weltlichen Verwaltungskörper, es gab keine Wahl. Die fränkische Herrscheridee lebte so wieder auf – im Frankenreiche war ja der König auch der oberste Herr der Kirche und der Priester. Die Kirche erhielt von Otto reiche Ausstattung, die gebildeten Geistlichen bewährten sich als die gegebenen Berater und besten Gehilfen, weil ihre Selbstzucht ja den überpersönlichen Zug besaß. Wenn die Kirche Königsgut erhielt, dann war es nicht verloren, wie meist bei der Verleihung an Laien, die Kirche machte es nutzbar für sich und damit für die Allgemeinheit. Die Zusammenarbeit ging gut, solange die Kirche loyal war. Es wurde die Daseinsfrage für den König, die Kirche in der Hand zu behalten: er ernannte die Bischöfe und Äbte, er übertrug ihnen ihr Amt durch Ring und Stab, vor der Weihe; niemand fand das damals unkanonisch, die Bischöfe unterstanden dem königlichen Gerichte; die königliche Kanzlei gedieh zu einer Pflanzschule sittlich hochstehender, königstreuer und gebildeter Kleriker, die zusammen mit den Frauen der fürstlichen Familie am Hofe eine geistige Kultur von hohem Range entwickelten. Die Stellung der Kirche hing aber auch von dem Papsttum ab. Konnte der deutsche König es verantworten, daß das Haupt der Christenheit von römischen und italienischen Lokalgewalten beherrscht, daß von dorther die Geistlichkeit beeinflußt und in ihrem Verhältnisse zum Königtum erschüttert wurde? – Die weltlichen Interessen des Papsttums verlangten Schutz auch gegenüber den Sarazenen und Byzanz. Wenn sich der deutsche König des Papsttums nicht annahm, so war damit zu rechnen, daß dies eines Tages der französische König tun würde. Schon einmal hatte es ja einen westfränkischen Kaiser gegeben (Karl den Kahlen). Das Königreich Italien war gegenüber den örtlichen Dynasten nicht zu halten, wenn nicht die Kaiserkrone erworben und damit in Zusammenarbeit mit dem Papsttum eine abendländische Autorität neu aufgerichtet wurde. Nur die christliche Missionsidee des Kaisertums vermochte der mitteleuropäischen Machtstellung des Ottonenreiches den inneren Halt zu geben, dessen diese politische Bildung gegenüber ihren Nachbarn bedurfte. Ohne den Papst und seinen Segen konnte sich zum Beispiel das neugegründete Erzbistum Magdeburg nicht in das heidnische Slawenland ausdehnen. Polnische und tschechische Gaufürsten wollten sich dem Kaiser lieber lehnsmäßig verpflichten als einem Könige. Der römische Gedanke lebte fort als eine ernsthafte politische Macht. In der Christianisierung, in der Heidenmission arbeitete die mitteleuropäisch unterbaute imperialistische Idee. Das gerechte, friedenbrin-

gende Gottesreich auf Erden bot die notwendige Vorbereitung für die Ewigkeit in der willkommensten Form. König Otto fühlte sich persönlich ganz in die karolingische Gedankenwelt ein. Das Kaisertum war eine Begnadung, eine weltlich-geistliche Forderung. Wie hätte sich ein fromm gewordener Herrscher seiner Art dieser feierlichsten und tiefsten Segnung entziehen können?

Der Papst mußte in verschiedener Beziehung die Krönung des deutschen Königs zum Kaiser vorteilhaft finden. Das Papsttum brauchte weltliche Territorien als Grundlage seines politisch-wirtschaftlichen Daseins. Je näher der Kaiser saß, je mehr den Kaiser eine örtliche Machtstellung in Italien interessierte, desto mehr fühlte sich das aufstrebende Papsttum gestört. Ein Kaiser, der über die Alpen nach Italien zog, erschien plötzlich und verschwand auch wieder schnell. Das Papsttum konnte sich der Autorität eines solchen Kaisertums bedienen, ohne dauernd von ihm beherrscht zu werden. Hier lag der erste große Irrtum der deutschen Kaiserpolitik. Als sich Otto I. krönen ließ, mußte der Papst schwören, nie von ihm abzufallen; in dem sogenannten ottonischen Privilege erhielt der Papst die Garantie seiner weltlichen Besitzansprüche, es war aber für die Papstwahl als die Bedingung der Weihe festgesetzt, daß der zukünftige Papst dem Kaiser Treue zu schwören hätte. Ebenso schworen die Römer, sie wollten keinen Papst einsetzen, ohne vorherige kaiserliche Willensäußerung – was später als unkanonisch und deshalb nicht verpflichtend angesehen wurde (962). Dies ist der zweite entscheidende Irrtum der deutschen Kaiserpolitik – sie war nur sinnvoll, wenn es dem Kaiser gelang, das Papsttum und die Römer dauernd politisch zu beherrschen.

Immer mehr wuchs Kaiser Otto in den karolingischen Stil hinein. Die Gestalt des großen Kaisers Karl bekam in ihrem legendären Nachleben Züge des Sachsenfürsten. Das Blitzende, Rastlose und Jugendliche selbst in reiferen Jahren, die löwenhafte Gewalt des Zornes, die Würde und die hartnäckige Haltung im Verhandeln, der unermüdliche Schwung hohen leidenschaftlichen Wollens haben den ersten Otto dem Volke vertraut gemacht. Es gab unter den deutschen Herrschern größere Soldaten, klügere Rechner, vorsichtigere Verwaltungsleute, aber es gab kaum einen zweiten, der so unmittelbar von sich und seiner Sache zu überzeugen verstand.

Das Ende der Ottonen

Die Mitlebenden mögen im politischen Werke Ottos den Anfang einer großen Zeit gefühlt haben. Der Rückschlag begann sofort. Die Dynastie war gesichert. Otto II. folgte seinem Vater. Als Siebenjähriger war er schon zum König gewählt und gekrönt worden, was offenbar dem Wesen des Wahlkönigtums widersprach. Dann war er noch zu Lebzeiten des Vaters zum Kaiser gekrönt worden und hatte durch seine Heirat mit der Prinzessin aus Byzanz, der klugen, frühreifen, verwöhnten Theophanu, dem Westreiche die Anerkennung des Ostreiches gesichert. Otto selbst hatte mehr abwägende Intelligenz als sein Vater, entbehrte aber der bezwingenden Kraft. Die

Erbfolge vollzog sich also glatt, aber das Erbe lastete schwer. Die süditalienischen Dynasten in Capua und Benevent, vor allem aber die byzantinische Herrschaft über Apulien und Kalabrien, hatten schon auf den ersten Otto als Herausforderung gewirkt. Gehörte nicht ganz Italien zusammen, so wie es in der Antike gewesen war? Gab es eine ruhige Herrschaft in Ober- und Mittelitalien, gab es ein gesundes Verhältnis des Kaisertums zum Papsttum, wenn nicht die ganze Halbinsel einem politischen Willen gehorchte? Die deutschen Herrscher erstrebten also ein geeinigtes Italien, aber dieser italienische Staats- und Kulturgedanke sollte sich feindlich gegen die Fremden wenden. So wurde Italien dem deutschen Königtume zum Schicksalsland.

Von Deutschland aus konnte das nördliche Mitteleuropa beherrscht werden. Wer ganz Italien besaß, hatte die Grundlage gewonnen für die Beherrschung des Mittelmeers. Wo war da Maß und Grenze?

Wäre es möglich gewesen, die deutschen Stammesherzogtümer ganz zu beseitigen und die deutschen Stämme zu einem festgefügten Staatswesen zusammenzuzwingen, dann hätte dieser ottonische Imperialismus Aussicht auf Erfolg gehabt. Otto II. machte sich zunächst daran, das übermäßig angeschwollene Bayern zu züchtigen. Ein neues Herzogtum Kärnthen wurde abgetrennt, es umfaßte das eigentliche Kärnthen, die Steiermark und Krain, dazu die Mark Verona. Die auch als Ostmark bezeichneten Lande Ober- und Niederösterreich machten sich von den Bayern mehr und mehr unabhängig. Hier liegen die Anfänge des Sondertums Österreichs – Zusammengehörigkeit mit Bayern und Gegensatz zu Bayern gehörten zu den wesentlichen Merkmalen seiner Geschichte. Das Babenberger Haus übernahm die Ostmark. Eine Ausnahmestellung Bayerns und seiner Dynasten konnte von dem Standpunkte des sächsischen Kaiserhauses nicht geduldet werden, in seinem eigensten Familieninteresse. Zersplitterung der Stammesherzogtümer lag also im Vorteil der Suprematie eines Hauses.

Nunmehr traute sich Otto II. Kraft genug zu, um in Italien einzugreifen. Hier hatte sich das nordafrikanische Fatimidenreich eingenistet und bedrohte die Stellung von Byzanz in Unteritalien. Sogar in Südfrankreich gab es ein arabisches Raubnest. Konnte sich Kaiser Otto II. mit den Mohammedanern gegen Byzanz verbünden? Das wäre vielleicht das Gescheiteste gewesen, kam aber für den Gemahl der Theophanu nicht in Betracht. Otto griff die seegewaltigen Araber an, fand aber nicht die erwartete Unterstützung von Byzanz – die Verschwägerung brachte ihm nichts als Unfreundlichkeit und Schwierigkeiten. Als der Kaiser sich eine schwere Niederlage bei Cap Colonne holte, brach in ganz Italien eine deutschfeindliche Stimmung aus. Dennoch setzte Otto auf dem Reichstage in Verona die Wahl seines kleinen Sohnes zum deutschen und italienischen König durch. Ehe er aber den Kampf gegen die Araber und die Verhandlungen mit den Griechen wiederaufnehmen konnte, starb er in Rom, 28 Jahre alt (983).

Kaiser Ottos II. Mißerfolg in Italien ließ den lang vorbereiteten Slawenaufstand in Ostdeutschland furchtbar ausbrechen. Uneinigkeit und Fehlgriffe der deutschen Verwaltung hatten die unterdrückten slawischen Stämme zur äußersten Erbitterung angestachelt. Märkte und Klöster wurden geplündert und vernichtet, die Christianisierung der letzten zwei Menschenalter ausgetilgt. Die Versöhnungspolitik des hohen Verwaltungsklerus schien damit gleichfalls gescheitert zu sein, alles war nun wieder wie früher auf rohe Gewalt gestellt.

Christus segnet Otto II. und seine Frau Theophanu als Zeichen der von Gott gegebenen Herrschergewalt

Die Regentschaft der beiden Kaiserinnen Adelheid und Theophanu für Otto III. stützte sich auf den hohen Episkopat und konnte deshalb erfolgreich zurück in die Bahnen Ottos des Großen lenken. Die Eifersucht der bayerischen Nebenlinie der Liudolfinger fand Beschwichtigung, Süditalien fiel wieder an die Griechen, innere Schwierigkeiten lähmten die Stoßkraft der Araber – Vernunft herrschte in dieser Übergangszeit, noch war nichts Entscheidendes verloren, außer im slawischen Osten. Theophanu war besonders erfolgreich, in Italien nannte sie sich als alleinige Trägerin der kaiserlichen Gewalt selbst Kaiser. Bei den Deutschen war die Griechin gerade wegen ihrer menschlichen und kulturellen Überlegenheit nie beliebt. Es hätte so wohl eine Zeitlang gutgehen können – da starb Theophanu vor der Zeit, und die schwach gewordene Hand der großmütterlichen Kaiserin Adelheid mußte noch einmal aushelfen. Mit vierzehn Jahren übernahm Otto III. die selbständige Regierung (994) – ein frühreifer Jüngling, dem die feinste griechische und römische Bildung zuteil geworden war. Von seinen Erziehern hatte besonders der kunstfrohe Bischof Bernward von Hildesheim tief auf ihn eingewirkt. Bernward gehörte der strengsten kirchlichen Richtung an, die vom 910 gegründeten Kloster Cluny ausgegangen war und auf strenge sittliche Haltung sowie bedingungslose Unterordnung der Mönche unter den Abt hinzielte. Burgund und Lothringen wurden die Heimat dieser Bewegung. Zurückdrängung der Laien und ihres Lebensgefühles, rationelle Verwaltung, Autoritätsgeist, Vermehrung des kirchlichen Besitzes waren Züge, die sich in eigenartiger Weise mit dem Gedanken frommer Weltflucht und eines feierlichen, durch ernste Musik geheiligten Gottesdienstes verbanden. Die Todesseligkeit um das Jahr Tausend rechnete mit dem bevorstehenden Weltuntergange und drängte alle weltlichen Interessen in den Hintergrund. Von den Klöstern wirkte die neue Richtung auf die Weltgeistlichkeit ein, sie beanspruchte, zuerst den wahrhaft christlichen Geist praktisch durchzusetzen, sie forderte im Gegensatz zur üblichen Lebensbejahung nunmehr Askese und strenge Disziplin. Geradezu weltfeindlich stellte sich eine besonders in Italien auftretende mystische Richtung, die altchristliche und spätantike Motive wiederaufnahm: Weltentsagung, Kasteiung, völlige Lebensumkehr, neues Menschentum. Der leidenschaftliche Böhme Adalbert von Prag, der es bis zum Erzbischof von Prag brachte, hing dieser Schule an. Er war in schwärmerischer Freundschaft dem jungen Kaiser verbunden, und der Märtyrertod, den er in Preußen als Missionsapostel fand, konnte das Ansehen dieser merkwürdigen faszinierenden Gestalt nur steigern. Ein anderer Freund Ottos war der überlegen feine Franzose Gerbert, der bald als Papst Sylvester II. für die neuen Ideen vom Stuhle Petri aus wirkte. So wie der Abt den Mönchen, so wie der Bischof den Laiengewalten übergeordnet sein sollte, so beanspruchte nun auch der Papst seine geistliche Gewalt als das oberste universale, allem Weltlichen schlechthin überlegene Prinzip. Otto III. wollte Rom und die römische Herrschaft – Rom sollte der Mittelpunkt des erneuerten Imperiums werden, von dem Deutschland nur ein Teil wie andere Teile war. Kaiser und Papst erschienen als die gemeinsamen Träger der einen unteilbaren hohenpriesterlichen Gewalt, die auf Erden herrschen sollte in einem Reiche des Friedens, der Gerechtigkeit, der Frömmigkeit, als Vorbereitung des ewigen Rom-Jerusalem, als Verwirklichung des letzten Weltreichs der danielischen Weissagung. Kaiser Otto wollte kein Deutscher mehr sein, er sprach verächtlich von der sächsischen Unbildung, der Gedanke des wiedererstandenen Römertums benahm ihn

Die Stephanskrone, die Heilige Krone Ungarns

vollkommen, bei der Aufzählung seiner Länder setzte er Roma und Italia vor Germania und Gallia. In seinem Hofstaate führte er byzantinische Einrichtungen, Titel und Zeremonien ein. Die alten bewährten Führer der ottonischen Verfassungskirche sahen diesem Treiben mit Besorgnis zu. Aber es wäre irrig, in dem Kaiser nur einen Phantasten zu erblicken. Er wie sein päpstlicher Freund waren sehr wohl imstande, ihre greifbaren Interessen zu wahren und tatkräftig zu handeln. So sollte das Papsttum in die Reichskirche eingegliedert werden, und die konstantinische Schenkung wies Otto III. als Fälschung scharf zurück. Auch der Entschluß des Kaisers, Polen selbständig werden zu lassen, war sicher politisch weise. Polen erhielt Erlaß des Tributes; formell blieb die Vasallität wohl bestehen, aber kirchlich sah sich Polen aus der Obhut des Magdeburger Erzstiftes gelöst, ein eigenes Erzbistum Gnesen wurde der Mittelpunkt der polnischen Kirchenorganisation. Damals fand auch Ungarn seine Anerkennung als ein selbständiges Königreich, Papst Sylvester sandte dem Schwiegersohne des Herzogs von Bayern, dem neuen Könige Stephan, die Königskrone. Es ist das erstemal, daß das Papsttum in dieser Weise eine weltliche Entscheidung mit herbeiführte. Der Vorgang erhielt in den Augen der Kurie etwas Vorbildliches als Mehrung ihres Ansehens. Die Stephanskrone und das unabhängige ungarische Königtum waren deshalb in einem besonderen neuen Sinne heilig. Auch Böhmen machte sich jetzt tatsächlich selbständig. So verlor das deutsche Königtum seinen Einfluß auf die Staaten Osteuropas – als Helfer, Berater und Siedler betätigten sich Gruppen von Deutschen aber weiter in allen diesen Staaten. In Rom, in Süditalien, in der Lombardei regte sich der Widerstand gegen Ottos Imperialismus – aber nicht einmal Deutschland stand geschlossen hinter ihm: die ottonische Verfassungkirche mißtraute dem universalistischen, halbwegs verweltlichten Papsttum genauso wie dem halbverkirchlichten Kaisertum. Mit der deutschen Kirche gingen diesmal alle partikularen Gewalten. Zum ersten Male entstand etwas wie eine nationaldeutsche Opposition. Mit 22 Jahren starb Kaiser Otto III. (1002).

Der letzte Sachsenkaiser Heinrich II. übernahm eine schwierige Aufgabe. Er war ihr nur halbwegs gewachsen. Endlich kam nun die jüngere Linie der Liudolfinger an die Reihe, nachdem sie der älteren seit Jahrzehnten das Leben so schwer gemacht hatte. Alle diese Heinriche hätten den Beinamen des einen, Heinrich des Zänkers, führen können – so stark gärte in ihnen die Leidenschaft der Rebellion. Aber der letzte Heinrich war weich und milde. Er war die späte Blüte des vornehmen Stammes. Etwas besaß er von der gediegenen Anständigkeit des ersten Heinrich, in der Kunst des Verhandelns mochte er an den großen Otto erinnern, er war gebildet wie Otto II., mystisch fromm wie Otto III. – in allem bleibt er aber eine Wiederholung und ein Nachspiel, anziehend und echt, aber nicht schöpferisch. Während seiner Regierung herrschte nie wirkliche Ruhe in Deutschland. Die Laienfürsten gebärdeten sich, wie es ihnen behagte, die zunehmende Erblichkeit der Lehen machte ihre Stellung unerschütterlich, sie pochten auf ihre tätige Mitwirkung, auf ihr Beratungsrecht. Die Verfassungskirche half in der überlieferten Weise und sorgte für Ordnung, so gut es ging – Heinrich II. reizte aber die ältere Bischofsschule durch seine Sympathien für die Reform von Cluny. In dem neuen Bistum Bamberg schuf sich der Kaiser an der strategischen Schlüsselstellung der nord-süddeutschen Verbindungslinie eine fromme Residenz. Von hier begann die Missionierung des Slawentums am oberen Main. Hier führten Heinrich und seine Gemahlin Kunigunde, in einer Josefsehe keusch und tief verbunden, schon im Diesseits ein heiliges Leben, umgeben von treuen Zöglingen und gelehrigen Schülern der überreich gemachten Stiftung. So sah die Zuflucht eines edlen, etwas müden Kämpfers aus, dem Mißerfolge der Politik wenig bedeuteten inmitten dieser schön geformten Welt. Bamberg wurde Kaiser Heinrichs II. irdisches Rom-Jerusalem.

In Polen hatte sich unter Herzog Boleslav Chroby (dem Kühnen) ein kräftiges Staatswesen gebildet, das sich, ganz ähnlich wie in Deutschland, der Unterstützung der Kirche erfreute. Mit diesem Polenherzog schlug sich nun Kaiser Heinrich Jahre hindurch herum, ohne seine Macht brechen zu können. Ein merkwürdiger Einzelzug in diesen Kämpfen ist der Vertrag Kaiser Heinrichs mit den Liutizen (Einwohnern der nach ihnen genannten Lausitz) – er gewann sie gegen die Polen, ihre nächsten Vettern, indem er ihnen ihren heidnischen Gottesdienst gestattete. Selbst dieser fromme Kaiser fand sich mit dem Götzendienste ab, wenn er so die Stammeszwiste der Slawen fördern konnte. Nur mit Mühe hielt Heinrich seine Schwäger, die Grafen von Luxemburg, beim Reich. Bedeutungsvoll für die Zukunft war die Anwartschaft auf Burgund. Die Ostgrenze zerbröckelte, ein Ersatz schien sich im Westen zu bieten. Nur darauf konnte ja eine Italienpolitik erfolgreich aufgebaut werden. Gerade in Italien erhoben sich aber schon starke volkstümliche Kräfte gegen die deutsche Fremdherrschaft. Das Patriziergeschlecht der Crescentier beherrschte Rom und das Papsttum. Markgraf Arduin von Ivrea erwarb die italienische Königskrone, die Städte und der Landadel standen hinter ihrem Landsmann, die Bischöfe aber erhofften sich mehr von den Deutschen. Heinrich holte sich selbst in Pavia die italienische Krone, in Rom die Kaiserkrone, aber über eine formelle Oberhoheit ließ sich auch auf späteren Zügen die Stellung in Italien nicht entwickeln. Neue Machtfaktoren bildeten sich hier. Die Seestädte Genua und Pisa halfen dem Papsttume, sobald es sich zu einer national-italienischen Politik entschloß. Gegen Griechen und Sarazenen gewann das Papsttum einen neuen Verbündeten in den Normannen. Ein neuer Trupp landete auf der Rückkehr von Jerusalem, von einer Pilgerfahrt. Eine größere Gruppe von zweihundertundfünfzig Rittern folgte; ein neues, scharf politisch ausgeprägtes Element griff in die mitteleuropäischen Geschicke ein. Es war ein Ereignis von größter Tragweite. Heinrich II. brachte jetzt die Volksbewegung in Italien für den Augenblick zum Schweigen. Er arbeitete mit dem Papst gegen seine eigenen deutschen Kirchenfürsten; aber das waren nur taktische Erfolge. Der Tod bewahrte den Kaiser vor weiteren ernsten Zwisten und empfindlichen Rückschlägen (1024).

Die Kultur der Sachsenzeit

Über dem Deutschland der Sachsenzeit liegt ein Frühlingsschimmer. Die Bevölkerung war gering, der Raum weit. Keiner brauchte zu hungern. Wer Neuland suchte, fällte ein Stück Wald und lebte vom Wild. Diese Rodungen sind die Großtat des zehnten und elften Jahrhunderts. Das Lehnswesen erfaßte mehr und mehr die Gesamtheit der Bevölkerung. In dieser Anfangszeit wirkte es sich als ein gesellschaftlicher Fortschritt aus. Die Unfreien, die Armen, die Versprengten, die Erdgebundenen erhielten erst jetzt die Möglichkeit des Anschlusses an die oberen Gewalten. Das bedeutete die Aussicht auf Lebenssicherheit, Schutz, Arbeit und vielleicht Aufstieg. Im Lehnswesen verbanden sich drei Elemente: das germanische Element der Landleihe (beneficium), die römisch-fränkische Form der Grundherrschaft und endlich die keltische Einrichtung der Vasallität. Die Vasallität war ein persönliches Gefolgschafts- und Treueverhältnis, auf dem die Verpflichtung zum Kriegsdienst beruhte, diese Verpflichtung wiederum entstand aus dem Privatsoldatentum des Grundbesitzes. Militärwesen, Verwaltung und Kirchenregiment bedienten sich der Form des Lehnswesens zur Erschließung des Landes und zur Erfassung der Leute. Das Lehnswesen lockerte so die Gesamtheit des öffentlichen und privaten Lebens auf, es formte sie völlig neu. Der Stufenbau der werdenden Gesellschaft bekam von daher seine Gestalt. Tatsächlich gab es immer noch zweierlei Deutschland: einen frommen römisch-fränkischen Kirchenstaat und unterhalb ein heidnisch-wildes Volkstum, tief verwurzelt in allen nicht-fränkischen Stämmen. Die Spannungen zwischen diesen zwei Machtprovinzen machten den eigentlichen Inhalt der Geschichte des werdenden deutschen Volkes aus.

Das Bauernland nahm allmählich an Umfang ab. Nur in den Alpen, in den nordwestdeutschen Marschländern, in Westfalen hielt sich das Bauerntum vorwiegend als freier Stand. Die landwirtschaftliche Arbeit im Herrenland lag den Zinsbauern ob, ihre Naturallieferungen und Dienste erhielten den Herrenhof. Die Träger des Krummstabs, also die geistlichen Herren, standen in dem berechtigten Rufe, milder zu sein als die weltlichen Herren, ein Grund mehr für die Zunahme der wirtschaftlichen und moralischen Macht der Kirche. Besonders weise war die Geistlichkeit in der Frage des Blutbannes. Die Kirche bekämpfte das Unrecht, wo sie es fand, sie stützte zu diesem Zwecke den weltlichen Arm. Der geistliche Arm vergoß selbst kein Blut. Die Kirche stützte den weltlichen Arm, sie übergab ihm den Verbrecher zur Hinrichtung.
Wie bemerkt, erschütterte das Jahr Tausend die Gläubigen tief durch die Vorstellung des kommenden Weltunterganges – die Zahl der Schenkungen aus Angst und Reue nahm sichtbar zu. Fromme Fälschungen halfen, wenn nötig, nach. Die ältere Generation der Kleriker stand dem heidnischen Volkstum nahe in Geschmack und Sitte. Noch war die Priesterehe allgemein beim niederen Klerus verbreitet. Die starken weltlichen Interessen der Kirche zwangen viele Kleriker dazu, selbst die Dienste der Schreiber, Schulzen, Schatzmeister zu tun, sie verstanden diese Geschäfte am besten, sie genossen das natürliche Vertrauen des Laientums, das von wilder und böser Selbstsucht hin und her gerissen war. Die Städte waren zum Teil Siedlungen römischen Ursprungs, zum Teil Pfalzen und Burgen, um die sich ein Markt gebildet hatte, zum Teil zusammengewachsene Dörfer, die Stadtrecht erhielten. Die Befestigung entschied den politischen Charakter der Stadt. Genau wie auf dem Lande die Herrensitze und Klöster sich mit Wall und Graben ausstatteten, wozu dann bald der steinerne Wachtturm römischen Ursprungs trat. Unter Kaiser Otto III. entstanden über zweihundert neue Märkte in Deutschland. Die städtischen Einwohner waren Handwerker und Händler, wesentlich wurde für ihre Stellung die nicht-landwirtschaftliche Betätigung im Hauptberuf, was aber natürlich nicht ausschloß, daß diese Bürger ihr gemeinsames Wiesenland, die Allmende, besaßen, daß sie Haustiere hielten und einen Garten bestellten. Innerhalb der Stadt herrschte Burgfriede, ursprünglich eine rein wirtschaftliche Maßnahme zur Sicherung freien Gewerbes und Handels, bald ausgedehnt auf die Rechtsstellung der Bürger überhaupt. Unterschiede im persönlichen Freiheitsverhältnis, persönliche und ständische Spannungen hätten das städtische Leben schwer belastet; Stadtluft machte frei, weil die Gleichheit der Bindung die städtische Arbeit erst ermöglichte. Die Städte waren königlich, bischöflich oder herzoglich, die Bürger unterstanden keinem anderen Feudalherrn als diesen obersten Spitzen der Lehnspyramide, die Städte bekamen ihre Privilegien und gediehen zum Asyl für wirtschaftlich Verunglückte, kirchlich oder politisch Verfolgte – hier zählte allein die Persönlichkeit und ihre Leistungskraft, die Zugehörigkeit zur Gruppe löste sich auf, um freilich bald neuer Gruppenbildung Platz zu machen.
Es gab viel Kraft und Lebensfreude in diesem werdenden deutschen Volke. Noch wirkte das alte Volksrecht, niedergelegt in den Weistümern; Volksprediger pilgerten durch das Land und redeten in der alten Sprache, die Spielleute unterhielten das Dorf und den Herrenhof, sie zogen von Stadt zu Stadt. Was sie sangen, waren die alten Heldenlieder, die Rätsel-, Spott- und Lügenlieder, also die sogenannten Volkslieder – lokker gefügte, immer abgewandelte Schöpfungen, bei denen die poetische Kraft des Vor-

tragenden mit der seiner Hörer fruchtbar zusammenwirkte. Die Kirche fand diese Erzeugnisse verwegen, unsittlich, ja einfach sündhaft – allerhand alte Götter, Gespenster und Zaubergeister führten ja ein heidnisch geheimnisvolles Leben weiter. Ländliche Medizinmänner und wissende alte Weiber erteilten den Bresthaften, Ausgestoßenen und Verfolgten ihre Ratschläge, sie begabten sie mit Kräutertränken und Zauberfetischen, von denen der Pfaffe nichts wissen durfte. Dies urwüchsige Heidentum lebte noch lange ein verschämtes, aber saftiges Dasein fort, sosehr sich auch die Kirche bemühte, mit ihren Festen, Reliquien und Heiligenkulten den Volksbedarf aufzufangen und zufriedenzustellen.

Die Geistlichen wirkten als Pädagogen, Ärzte, Dichter, Künstler und Geschichtsschreiber der herrschenden Schicht. Sie legten Bibliotheken an, berieten die vornehmen Frauen, gewannen die Kinderstube für feinere Bildung und Sitte, und rührten so selbst das Herz der rauhen widerspenstigen Herren. Wenn ein Kind zur Welt kam, dann besorgte ihm die Kirche einen guten christlichen Namen, das heißt also einen lateinisch-biblischen – denn was sollte ein junger Mensch ohne einen guten Namensheiligen anfangen? Für die volkstümlichsten deutschen Namen bestellte die Kirche neue Heilige. Weniger geläufige Namen starben aus. Klöster wie St. Gallen und Quedlinburg haben die Kultur der Sachsenzeit wesentlich geformt. Hildesheim rühmt noch heute seinen großen Abt Bernward, den heiligen Baumeister und Erzbildner. Die Kunstpflege war lateinisch, antikisierend, »romanisch«, wie man sie irreführend genannt hat, im Gegensatz zu der griechischen Kultur von Byzanz. In vielen Zügen war diese Kunst echt sächsisch oder fränkisch, die übernommene Bauform erfuhr volksmäßige Abwandlung. Das Derbe, Wuchtige, Diesseitige dieser Bauten, die trotzige Art der Gestaltung der Steinmasse hat wesentlich beigetragen zur Entstehung eines deutschen Lebensgefühls von bewußter Prägung.

IV. Die Salier

Konrad II. – Befestigung der Zentralgewalt – Heinrich III. – Die Reformbewegung von Cluny – Erst jetzt wird Deutschland wirklich christianisiert – Heinrich IV. – Der Kampf mit dem Papsttum – Der Papst versucht durch seine Bischofskirche den Gang der weltlichen Herrschaft zu bestimmen – Gregor VII. – Der ostfränkische König beansprucht als römischer Kaiser die Oberherrschaft über das gesamte Römische Reich – Verbindung des antiken Universalismus mit der mittelalterlichen Lehnsidee – Heinrich V. – Das Wormser Konkordat – Triumph des Papsttums – Der Kreuzzugsgedanke – Versuch einer geistlichen Einigung des zerrissenen Europa – Die Ritterklasse – Geistliches und weltliches Fürstentum – Bündnis des Papsttums mit allen nationalen und partikularen Kräften zur Schwächung des Kaisertums

Konrad II.

Die deutsche Kaisergeschichte erreicht ihren Höhepunkt unter dem fränkischen Hause der Salier. Nicht als Herzöge des gesamten Franken – denn dieses dem Zentralismus gefährlichste Herzogtum war ja aufgelöst –, sondern als Verwandte des sächsischen Hauses kamen die Salier auf den Thron. Das Erbrecht war unter den verschiedenen Faktoren das maßgebendste geworden. Zwischen den beiden Vettern, den Herzögen Konrad aus der weiblichen Linie der Liudolfinger (vgl. Stammbaum), bestand ein scharfer Wettstreit. Aber nicht der jüngere Konrad, der den größten Teil des fränkischen Familiengutes besaß, sondern der ältere Konrad von Rheinfranken wurde gewählt. Die sächsischen Großen wirkten dabei nicht mit. Auch der jüngere Konrad blieb der Wahl fern, nachdem ihn sein Vetter durch die Zusage reichlicher Entschädigung zum persönlichen Verzicht bewogen hatte. Konrad II. selbst war ein armer Fürst, der die Witwe des Herzogs von Schwaben, Gisela, geheiratet hatte, eine nach kirchlicher Auffassung zu nahe Verwandte. Im Herzogtum seiner Frau machte Konrad ohne viel Glück seine ersten Versuche, kraftvoll zu regieren. Der Beginn der neuen Dynastie erschien also nicht gerade vielversprechend. In Wahrheit begann eine große Zeit. Alles, was Konrad II. erreichte, verdankte er sich selbst. Immer behielt er etwas vom Emporkömmling, der mit zäher Klugheit sich den Platz erarbeitete, auf den ihn eine außergewöhnliche Begabung rief. Persönlich mag er wenig angenehme Züge gehabt haben. Es blieb ihm nichts anderes übrig, als hart zu sein. Er wirkte ganz und gar als ein Mann des Diesseits. Der Kirchenreform von Cluny stand er mit ausgesprochener Abneigung gegenüber, ihm lag weder Askese noch Mystik. Konrad war der erste rein staatsmännisch begabte und interessierte König in Ostfranken. Wer mit ihm per-

Konrad II. und seine Frau Gisela empfangen die Gnade Gottes

sönlich zu tun hatte, konnte diese brutale Natur nicht lieben. Sein grimmiger Humor, seine derben bösen Späße fanden nur begrenzten Beifall. Vom Standpunkt der Beherrschten aus gesehen, im Vergleich mit Vorgängern und Nachfolgern, mußte dieser Fürst mehr und mehr ins Große wachsen. Die Gegnerschaft, die sich wie üblich nach der Wahl gegen Konrad erhob, erwies sich in erster Linie als eine fürstliche Fronde, mehr getragen von Eifersucht als von dem alten Stammespartikularismus. Die Zeiten wandelten sich – die Herzogtümer waren so häufig von Hand zu Hand, von Familie zu Familie gegangen, daß die Herzogsgeschlechter aufhörten, als Vertreter des eingewurzelten Sondertums zu gelten. Das Hauptopfer von Konrads Rache war sein Stiefsohn Herzog Ernst von Schwaben, dessen vielumstrittene Figur die Legende mit Ottos des Großen Sohn Liudolf (vgl. oben S. 34) verschmolz. Die Volksdichtung konnte den ritterlichen und liebenswürdigen, aber unbesonnenen Prinzen nicht vergessen; sein Rechtsanspruch und menschliches Glück scheiterten an der überlegenen stiefväterlichen Autorität – er wuchs sich so zum Helden der Jugend aus, der kleinen Leute, des Unabhängigkeitsdranges der Unterdrückten. Seines Erbes für verlustig erklärt, im Kirchenbann, verjagt und verketzert – so endete Ernst als Rebell und Räuberhauptmann in den Hochtälern des Schwarzwaldes, zertreten von den Gewalten der bestehenden Gesellschaft.

Die Fürstenfehde war um Burgund entbrannt. Konrad erhob Ansprüche auf den dortigen Thron, fußend auf den Vorbereitungen seines Vorgängers; der letzte König von Burgund übersandte sterbend Konrad seine Krone; gegen die Interessen des benachbarten westfränkischen Herzogs von der Champagne sicherte sich Konrad gewaltsam das Land. Es wurde nicht mit Ostfranken vereinigt, die Kanzlei für Burgund mit unabhängigem Erzkanzleramt blieb bestehen; Burgund, ein stattliches Reich, von Oberlothringen ausgedehnt bis zum Mittelmeer, galt als Land mit eigenen Gesetzen und

Grenzen. Es litt unter dem Gegensatz zwischen dem romanisierten Niederburgund, dem Arelat (Provence) und dem stark kelto-germanischen Hochburgund. Die burgundische Krone war die dritte Krone, die das ostfränkische Königtum erwarb (1034). Die deutsche Stellung in Burgund trennte Frankreich von Italien, die Alpenpässe fielen nun völlig in die Hand des mitteleuropäischen Herrschers. Der Besitz von Burgund erleichterte wesentlich die Fortsetzung der Italienpolitik. Die Magnaten von Burgund zeigten sich nicht unzufrieden mit einem Königtum, dessen Vertreter nur von Zeit zu Zeit erscheinen konnte. Das geringe Krongut wog leicht, der landesfremde König konnte nicht daran denken, die Machtstellung der örtlich verwurzelten Aristokratie zu bedrohen. Burgund war wie Lothringen erfüllt von jener Kirchenreformbewegung von Cluny – eine Verstärkung dieser Partei mußte also das deutsche Königtum für die neue Erwerbung in Kauf nehmen.
Konrad II. selbst ließ die Kirche in keiner Weise hochkommen. Er ernannte, die Bischöfe nach seinem Gutdünken und erhob die üblichen Abgaben, die später als Simonie so streng verurteilt worden sind. Verschenktes Reichsgut versuchte er möglichst wieder zurückzugewinnen. Die königliche Finanzwirtschaft wurde unabhängig von der Kirche organisiert, der Stand der königlichen Ministerialen wurde möglichst gefördert, hier fand der König das ihm und seinen Interessen treu verbundene Beamtentum. Diese Leute kamen von unten, aus dem Stande der ärmeren Freien, ja der Unfreien, Konrad förderte die kleinen Vasallen gegenüber den großen. Auch ihre Lehen wurden jetzt erblich gemacht, damit stiegen sie auf, wurden unabhängig von den großen Lehnsträgern, und traten in ein direktes Verhältnis zum Königtum. Der Zentralismus gewann so an Boden, Konrad tat alles, um die Stammes-Herzogtümer zu schwächen. Mit einer Ausnahme gab er keines an seine Verwandten, es war ihm lieber, wenn diese die Tonsur nahmen, er war mißtrauisch gegen jeden, weil er sich selber kannte. Bayern und Schwaben erhielt sein Sohn Heinrich.
Die Frage der Stellung der Vasallen bestimmte auch die italienische Politik des Kaisers. Die italienischen Großen hatten die deutsche Herrschaft satt und boten die Königskrone erst dem König von Frankreich, dann dem König von Acquitanien an (vgl. Karte), der sie für seinen Sohn annahm. Dieser verzichtete aber bald, die italienischen Bischöfe stellten sich auf die Seite des deutschen Königs, Konrad II. holte sich die italienische Königs- und die römische Kaiserkrone. In Unteritalien begnügte er sich weislich mit der Huldigung Benevents und Capuas. Die Kirchenfürsten belohnte der Kaiser, im Gegensatz zu seiner Gepflogenheit in Deutschland, durch große Schenkungen. Mit den örtlichen Dynasten verfuhr er milde. Die alten Grafengeschlechter in Ober- und Mittelitalien sammelten damals viel Macht und Land in ihrer Hand, sie nannten sich Markgrafen zur Kennzeichnung ihres erhöhten Einflusses, es war schwer gegen sie aufzukommen. Konrad II. gab nun den kleinen Lehnsträgern (valvassoren) die Erblichkeit, er gewann so diese Gruppe gegen die großen Lehnsträger (capitani). Die Maßnahme war ein Erfolg trotz allerhand Widerstand und Verschwörung. Dem ehrgeizig betriebsamen Normannenfürsten Rainulf gab Konrad die Grafschaft Aversa als Afterlehen. So hoffte er die neue Normannenmacht in Süditalien zu legitimieren und gegen die Lombarden sowie die Bischöfe auszuspielen. Mit dem Papsttum hatte Konrad keine Schwierigkeiten – es war ihm nicht unlieb, wenn die Päpste unfähig waren oder unmoralisch lebten; das schmerzte die fromme Reformpartei, ärgerte aber den weltlichen Kaiser durchaus nicht.

Heinrich III. Die Reform von Cluny

Gerade von dieser Seite kam der Rückschlag gegen die offenbar so gewaltigen Erfolge der Regierung des zweiten Konrad († 1039). Sein Sohn Heinrich III. war der erste König in Ostfranken, dessen Thronbesteigung nicht mit Aufständen verbunden war. Süddeutschland war fast völlig als Hausmacht in seiner Hand. Wenn man Konrad II. mit dem ersten Sachsenherrscher Heinrich vergleichen kann, so erinnert der feingebildete Bücher- und Musikfreund Heinrich III. an die späteren Ottonen. Die Ostpolitik sowohl des ersten wie des zweiten Saliers zeigt, wie irrig es ist, die Ausdehnung auf Burgund und Italien als Grund einer Schwächung im Osten zu deuten. Die imperialistische Machtstellung, die die deutschen Könige in Anspruch nahmen, beruhte auf der Schwäche des benachbarten westfränkischen, des werdenden französischen Königtums, ferner auf Zersplitterung der slawischen Stämme und der schwierigen Stellung des Papsttums in Italien. Sobald sich nur einer dieser Faktoren änderte, sobald auf irgendeiner dieser Seiten eine Machtzusammenballung eintrat, kam die von einem beherrschten Mitteleuropa ausgehende deutsche Hegemonie ins Schwanken. Dies hatte sich deutlich während der Regierungszeit des polnischen Herzogs Boleslav Chrobry gezeigt. Als unabhängiger König war er gestorben. Schon sein Nachfolger konnte sich nicht auf diesem Stande behaupten. Er huldigte wieder dem Kaiser als Vasall, die Ober- und die Niederlausitz wurden noch unter Konrad dem Reiche angegliedert, auch der Herzog von Mähren und Böhmen erkannte die Oberhoheit des Kaisers an. Die Vereinigung von Polen und Böhmen nebst Nebenländern würde für Deutschland eine gewisse Bedrohung bedeutet haben. Böse polnische Wirren machten eine solche Lösung wahrscheinlich – da griff Heinrich III. ein. Er zwang den Böhmenherzog, seine polnischen Eroberungen größtenteils herauszugeben, und versicherte sich seiner Gefolgschaft für den Kampf mit den Ungarn, gegen die er schon als Thronfolger ohne Erfolg gefochten hatte. Drei Feldzüge waren nötig, um den deutschfreundlichen Herrscher Peter wenigstens für eine Zeitlang in Ungarn einzusetzen. Peter war der Sohn eines venezianischen Dogen, er huldigte dem Kaiser durch Überreichung einer goldenen Lanze, die der Kaiser zum Beweise nach Rom an den Papst schickte; der gab diesem Akt freilich eine unerwartete Deutung, indem er ihn als eine Huldigung des Kaisers auffaßte. Dem unglücklichen König Peter brachte die deutsche Einmischung kein Glück. Die Anhänger der ungarischen Unabhängigkeit blendeten ihn und kerkerten ihn ein. Kaiser Heinrich richtete neue Marken ein, zur Verteidigung des Gewonnenen. Neben die erweiterte Mark Österreich traten nun die Marken Steiermark und Krain, Gebiete mit stark slawischer und keltisch-vorindoeuropäischer Bevölkerung. Auch im Norden und Nordosten erweiterte sich der deutsche Einfluß.

Da die sächsischen Herzöge von den heidnischen Slawen einen besonderen Tribut erhoben, begünstigte das Haus Billung im Interesse seiner Finanzen die christliche Missionierung nicht, wobei auch Sympathien altsächsischer Natur für das Heidentum mitgesprochen haben mögen. Da nahm mit erstaunlicher Energie der Erzbischof von Bremen das Werk auf – Adalbert von Goseck, der Sprößling eines alten Grafenhauses, eine glanzvolle überragende Persönlichkeit, in dem sich zum ersten Male etwas von dem Bremischen, ins Weite strebenden Geiste verkörperte gegenüber sächsischen Lokalinteressen. Er zielte auf die Errichtung eines nordischen Patriarchates. Bis nach Island, Grönland, den Orkneys und Kurland stieß er vor. Weder der Papst noch der sächsische Adel zeigte sich von diesen Plänen begeistert – aber es bestand Aussicht auf Erfolg, weil das nordische dänisch-englische Großreich nach Knut des Großen Tode († 1035) auseinanderfiel. Konrad II. hatte sich mit diesem Herrscher vorsichtig gestellt, ihn durch Zugeständnisse an der Nordgrenze gewonnen, auch Heinrich III. mit einer Tochter Knuts vermählt, die aber früh starb. Nun war die Bahn für eine neue deutsche Ausdehnung frei, Heinrich III. begünstigte Adalbert, wo er konnte, hielt sich auch selbst gerne in Sachsen auf, erbaute eine neue Pfalz in Goslar und gewann so Boden in Norddeutschland, zum Ärger der Alteingesessenen. Das freundliche Verhältnis zu Dänemark und England wirkte sich bei den lothringischen Wirren günstig aus – es gelang Heinrich mit diesen Verbündeten, zu denen auch noch der König von Frankreich trat, den widerspenstigen Herzog von Lothringen zum Gehorsam zu zwingen, während die tatsächlich schon unabhängige Machtstellung Flanderns nicht mehr zu brechen war. Zwischen der lothringischen Opposition und den italienischen Dynasten spannen sich auch weiterhin Fäden des Einvernehmens und der gemeinsamen Arbeit gegen die deutsche Machtstellung.

Heinrich öffnete durch seine zweite Heirat mit der frommen, fast nonnenhaften burgundischen Prinzessin Agnes der Reformpartei am Hofe Tür und Tor. In Frankreich hatte sich damals unter der Einwirkung von Cluny die Einrichtung des Gottesfriedens durchgesetzt, der *treuga dei* – die unausgesetzten Fehden des Laienadels bedeuteten eine solche Belastung und Ausbeutung für die Kirche sowohl wie für die aufstrebenden unteren Schichten, daß die Waffenruhe von Mittwochabend bis Montag früh als ein großer Gewinn erschien. Heinrich griff den Friedensgedanken in seiner Weise auf, er erteilte auf der Synode in Konstanz 1034 allen seinen Feinden Verzeihung, veranlaßte auch seine Lehnsleute dazu und wiederholte den seltsamen, persönlich sehr ernst gemeinten Versuch mehrmals. Ihm schwebte ein allgemeiner Reichsfriede vor. Praktischer wäre es gewesen, sich mit dem weniger anspruchsvollen Ziel der *treuga dei* zu begnügen. Diese Vorgänge sind bezeichnend für den Herrscher – er war eine grüblerische, echt religiöse Natur, menschenscheu, hochfliegenden Träumen nachhängend. In den Beziehungen zur Kirche einen Machtkampf weltlicher Natur zu sehen, wäre ihm sündhaft erschienen. So trat denn unter ihm, der wie kein deutscher Herrscher vor ihm unbestritten und anfänglich erfolggekrönt war, die große Wende ein. Heinrich III. verzichtete auf die „Simonie", die doch gar nichts mit Ketzerei oder Bestechung zu tun hatte, sondern als Finanzabgabe eine reine Verwaltungsmaßnahme war, über deren Wert man verschiedener Meinung sein konnte, deren Wegfall aber einen großen moralischen Triumph und auch einen erheblichen wirtschaftlichen Vorteil für die Hochkirchlichen bedeutete (vgl. oben S. 49). Heinrich III., der auf der Synode in Sutri drei Päpste absetzte, der sich zum patricius (Stadtherrn) von Rom ernennen ließ, um die Papstwahl völlig in seine Hand zu bekommen – derselbe Heinrich übertrug die päpstliche Krone einem burgundischen Kleriker, der sie nur annehmen wollte mit der Zustimmung des römischen Klerus und Volkes! Als Leo IX. legte dieser Mann den Grundstein zu einem neuen Papsttum – mit dem vollen Eifer des Reformers, dem Zauber des geborenen Redners und dem scharfen Verstand des geschulten kanonischen Juristen. Das Kardinalskollegium wurde umgestaltet, der Episkopat zum Ge-

Die Abtei des Klosters Cluny. Von hier gingen die Cluniazensischen Reformen aus.

horsam angehalten, zahlreiche Synoden fanden statt, nach Unteritalien wurde die weltliche Macht des Papstes ausgedehnt. Wer Unteritalien besaß, bedrohte Reichsitalien und beanspruchte die Schlüsselstellung im Mittelmeer. Dies war der Geist der Zukunft – als Subdiakon diente dem Papst Leo der Mönch Hildebrand, der spätere Gregor VII. So vermachte der Papst, persönlichen Mißerfolgen zum Trotz, seine Ideen den späteren Nachfolgern. Kaiser Heinrich III. hat selbst diese Entwicklung zugelassen, ja in fatalistischer Lässigkeit gefördert. So endete diese so vielversprechende Regierung mit Enttäuschung auf allen Seiten – Ungarn machte sich wieder ganz selbständig, Sachsen und Bayern wetteiferten in Opposition, neue Verschwörungen gegen die Herrschaft, ja das Leben Heinrichs fanden statt. Der Laienadel litt unter dem wirtschaftlichen Aufschwung der Städte wie Köln, Bremen, Nürnberg; er haßte die einflußreichen Ministerialen (Dienstleute unfreier Herkunft), mit denen sich der König umgab – er haßte ebenso die Hochkirche, die ihm sein Fehde- und Beuterecht verkümmern wollte. Auch die Laienfürsten fühlten sich persönlich zurückgesetzt. Der Kaiser wurde schlaffer; so stärkte er, im Vorgefühl eines frühen Endes, während dieser letzten Jahre wieder das Herzogtum, um ja die Thronfolge seines unmündigen Sohnes zu sichern. Schwermütig, am Leben leidend, ja zu Bußübungen und Kasteiungen bereit, konnte Heinrich III., dieser pflichtbewußte und hohepriesterliche Fürst, gegenüber Widerstand und Kritik doch auch etwas von der blinden Härte seines Vaters Konrad zeigen. So fällt ein Schatten auf diese reine Gestalt († 1056).

Heinrich IV. Der Kampf mit dem Papsttum

Als der dreijährige Heinrich IV. auf den Wunsch seines Vaters zu Tribur zum König gewählt wurde, gelobten die Fürsten Gehorsam unter der Bedingung, daß er ein gerechter König sein werde. Dies war noch nie zuvor geschehen. Es sah aus, als ob sich der Instinkt der Vasallen wehrte gegen den Prinzen, der nun im Alter von sechs Jahren seinem Vater folgte und wohl der unglücklichste deutsche Herrscher gewesen ist. Zum zweiten Male in einem Zeitraum von knapp hundert Jahren stand Deutschland unter einer Regentschaft. Die weltfremde Kaiserin Agnes und ihre bischöflichen Berater zeigten sich der schweren Aufgabe nicht gewachsen. Nach allerlei Zwisten entführte eine Fürstengruppe den jungen König. Die Gelegenheit sollte zur Stärkung der Territorialgewalt ausgenutzt werden. Demgegenüber vertrat den Reichsgedanken und die Idee der Nationalkirche am kräftigsten der große Erzbischof Adalbert von Bremen. Aber die Eifersucht der sächsischen Herzöge und ein erneuter Aufstand der heidnischen Slawen führten seinen Sturz herbei (1066). Adalberts Nebenbuhler, der zornmütige Erzbischof von Köln, hatte eine viel weniger glückliche Hand. Schlankweg jagten ihn seine Kölner Bürger einmal aus der Stadt.
Man mag Heinrich III. wegen seiner Schwäche gegenüber der kirchlichen Reformpartei tadeln – die Bewegung arbeitete so stark, daß sie auf alle Fälle bald an die Reihe kommen mußte, besonders während der Minderjährigkeit König Heinrichs IV. Zwei-

fellos hatte die Bewegung ursprünglich etwas Undeutsches an sich – der hierarchische Charakter, die absolutistische Straffheit der Zucht, der mönchische Geist waren lateinisch-orientalisch, alles das verletzte die lebensfrohe, behagliche und individualistische Gesinnung im deutschen Kirchenwesen. Der schließliche Erfolg auch in Deutschland beruhte auf einem sozialen Moment. Das Kloster Hirsau (Schwaben) etwa, von dem die Hirsauer Regel sich durch ganz Deutschland verbreitete, wandte sich mit Nachdruck an die Laienwelt, es gründete Laienvereine mit asketischer Richtung, die sich auf dem Lande überraschend schnell verbreiteten, denn solche zeitgemäße Seelsorge tat wohl. Die neuen Klosterleute stammten aus der unteren Schicht, sie sprachen die Sprache ihrer Klasse und wurden deshalb gut verstanden. Die erste religiöse Volksbewegung entstand. Die alten Klöster wirkten als Hochburgen des Adels, überhaupt der besitzenden Freien. Nun hörte man die neue Forderung der Gleichheit: alt- und urchristliche Ideen fanden Anwendung auf die ständische Umbildung, Ministeriale, minderfreie Lehnsleute, städtische Bürger zumeist unfreier Herkunft drangen in die Klöster ein und formten sie um: Wenn die alte Herrenschicht überwiegend germanischen Charakter getragen haben mochte, so meldeten sich nun die keltisch-römisch-vorindoeuropäischen Mischlinge, sie standen schon rein gefühlsmäßig den neuen Ideen nahe, deren Durchführung sich auswirkte als eine Demokratisierung der Kirche. Der Sieg der Reformbewegung bedeutete die endgültige Christianisierung der Deutschen, soweit eine solche praktisch durchführbar war, aber sie zerstörte die Möglichkeit einer deutschen Staatskirche. Die ständige Verletzung des Gottesfriedens durch die Fehden machte freilich die frommen Führer der Reform ernstlich besorgt – da bot sich die Kreuzzugsbewegung als eine willkommene Hilfe dar. Hier war noch einmal die Möglichkeit gegeben, die geläuterte Christenheit zusammenzufassen. Die große gemeinsame Aufgabe überbrückte die entstehenden nationalen und sozialen Gegensätze – die Kampflust des neuen Ritterstandes fand ein großes, zugleich christliches und hochpolitisches Ziel.

Während der Regentschaft der Kaiserin Agnes ging Italien völlig verloren. In Rom herrschte die Reformpartei. Ihre Forderungen gingen immer weiter – das geistige Haupt, Kardinal Humbert, bezeichnete die Laieninvestitur der Bischöfe, also die vom König vorgenommene Einsetzung, als simonistische Ketzerei – eine folgenreiche Streitfrage war damit angeschnitten. Maßgebenden Einfluß auf die Ereignisse übte mehr und mehr jener Mönch Hildebrand aus, der Sproß einer bäuerlichen Familie aus der Romagna und deshalb als ein echter Römer angesehen. Er war nun aufgestiegen zum Archidiakon der Kirche, er hatte die Energie und die Überzeugungskraft, Humberts Anschauungen in die Tat umzusetzen. Epochemachend war das Pontifikat Nikolaus' II. († 1091) aus drei Gründen. Die Verbindung mit den Normannen wurde jetzt amtlich hergestellt. Apulien und Calabrien, die bis dahin noch als Reichslehen galten, wurden vom Papst dem skrupellosen Normannenherzog Robert Guiscard als päpstliches Lehen übertragen. Die Volksbewegung in der Lombardei, vor allem in Mailand, die nach dem Lumpenmarkte sogenannte Pataria, verband sich mit der religiösen Reformbewegung, sie wandte sich gegen den zumeist noch deutschfreundlichen, kaisertreuen hohen italienischen Klerus. Hier regte sich, genau wie in Rom, bereits etwas Demokratisches und Nationalitalienisches. Der Papst unterstützte diese Bestrebungen, hier bot sich Hilfe gegen die Bischöfe und die Deutschen. Die Lateransynode (1059) wandte sich gegen die Priesterehe und die Laieninvestitur, vor allem aber setzte sie neue Regeln für die Papstwahl fest – diese sollte allein durch die Kardinal-Bischöfe vorgenommen werden, der römische Stadtadel und der Kaiser wurden so ausgeschaltet. Eine kuriale Fälschung machte dann alle Kardinäle, also auch die Kardinalpriester und Kardinaldiakone, wahlberechtigt. Auf der Lateransynode erschien zum ersten Male der Papst mit der Doppelkrone, er bezeichnete sich als Kaiser und König. Der dritte Reif wurde der päpstlichen Tiara später beigefügt, wahrscheinlich um die drei Reiche (Hölle, Fegefeuer und Erde) zu symbolisieren. Der römische Stadtadel war äußerst erbittert über das päpstliche Dekret. Die Kardinäle stellten eine neue Kirchenaristokratie dar, die ihm bedrohlich erschien. So knüpfte er mit den Deutschen politische Verbindung an, ein Gegenpapst wurde aufgestellt, leidenschaftliche Flugschriften erörterten das Für und Wider der beiderseitigen Ansprüche. Die Zwiste wurden in die breite Öffentlichkeit getragen – die Zeit war voll Gärung, vom Orient zitterte ein Beben durchs Abendland, Pilgerfahrten nach Jerusalem wurden üblich bei den Frommen und nahmen großen Umfang an, die Normannen vertrieben die Sarazenen aus Unteritalien und Sizilien. Der Kampf gegen die Ungläubigen weckte Begeisterung, der Kreuzzugsgedanke erwachte von neuem.

Heinrich IV., großjährig geworden, begann voll von hochfliegenden Plänen seine Regierung. Leidenschaftlich von Natur, hatte er sich viel Unterdrückung und Unrecht gefallen lassen müssen – nun stürmte er voran, ohne viel Bedenken, ohne viel Glück, ohne sichern Instinkt, aber kraft einer außergewöhnlichen Intelligenz immer imstande, selbst aus den verfahrensten Lagen einen Ausweg zu finden. Als natürliche Verbündete des jungen Königs standen die Ministerialen und die Bürger bereit, auch der niedere Klerus. Mit Hilfe der aufsteigenden demokratischen Schichten, für die Heinrich IV. immer Mitgefühl zeigte, schien es möglich, die Fürstengewalt zu schwächen, die königliche Herrschaft aber auszubreiten und neu einzuwurzeln. Insofern ist Heinrich IV. einer der frühesten Vertreter der königlichen Machtfülle, die sich gegen den hohen Adel in der absolutistischen Richtung durchzusetzen versuchte. Persönlich verhielt sich Heinrich IV. durchaus laienhaft, er lebte sich aus in der unbekümmerten Weise eines deutschen Vornehmen der Zeit. Die Geschichte seiner ersten Ehe bleibt freilich von jedem Standpunkte aus unerfreulich, nicht nur in den Augen hochkirchlicher Chronisten. Zweifellos hat Heinrich gerade bei den religiös erweckten Schichten Anstoß erregt, er entfremdete sich also menschlich eben die Gruppen, auf die er politisch angewiesen war.

Wenn die Sachsenkaiser sich immer besonders um das widerspenstige Bayern kümmern mußten, so hatten die Salier ihre Sorgen mit den Sachsen. Das Kaisertum und Königtum bekam jetzt einen süddeutschen Charakter. Norddeutschland entwickelte sich in einer Art von Autonomie fort, und dieser Riß ist eigentlich nie mehr überwunden worden. In Sachsen war die Lage ernst. Das Missionswerk des großen Adalbert brach nach seinem Tode zusammen, Hamburg wurde von den Dänen verbrannt, in Nordalbingien ging das Christentum zugrunde. Der sächsische Adel hatte den größten Teil des Reichsgutes und der Regalien an sich gerissen, Heinrich IV. versuchte, das Verlorene zurückzugewinnen. Durch Anwendung des Inquisitionsverfahrens verletzte Heinrich aber das alte sächsische Volksrecht, die Konfiskationen, zu denen er schritt, die Forderungen auf Hand- und Spanndienste, auf Abgabe von Wald und

Weide erbitterten die freien Bauern so gut wie den Kleinadel. Die Zwingburgen, die Heinrich in Sachsen anlegte und mit landfremden süddeutschen Ministerialen besetzte, machten ihn noch verhaßter. Diese Burgen zu schleifen, war eines der Hauptziele des großen Sachsenaufstandes, der sich jetzt gegen den König erhob. Wiederum führte ein Frankenherrscher einen Sachsenkrieg – es war der letzte dieser Art. Wenn wir lesen, daß die Sachsen auf der Harzburg nicht nur die Zwingmauern niederlegten, sondern auch die Kirchen und die christlichen Grabstätten zerstörten, so erscheint dieser Ausbruch besonders bedeutungsvoll. Der alte heidnische, im Boden und in der Überlieferung wurzelnde Sondergeist wehrte sich gegen alles Fremde, ob es nun Königsgewalt oder christliche Lehre hieß. König Heinrich konnte nicht nachgeben. Und er rang tatsächlich diesen Sondergeist für beschränkte Zeit nieder, indem er die Gegner trennte. Die sächsischen Bauern verließen ihren Adel, die Großen hatten sich bedingungslos zu unterwerfen. Die eingezogenen Lehen in Sachsen wurden neu ausgetan an schwäbische und rheinische Ministeriale.

Gregor VII.

In Rom hatte inzwischen Hildebrand den päpstlichen Stuhl bestiegen. Das römische Volk rief ihn aus, die Kardinäle stimmten erst nachträglich zu. Trotz solcher Unregelmäßigkeit erkannte König Heinrich die ihm angezeigte Wahl an. Gregor VII. war der Name des neuen Nachfolgers Petri. Er nahm die Kirchenreform mit Energie auf. Wichtig erschien ihm vor allem die Durchführung des Zölibats. Dies ärgerte den niederen Klerus und war den Bischöfen wenig willkommen. Der Episkopat konnte über einen verheirateten Priesterstand viel bequemer verfügen, während die Zölibatäre ehrgeizig nach oben strebten. Das Vorgehen Gregors machte viel böses Blut, der Papst setzte sogar mehrere Erzbischöfe ab. So entwickelte sich der Zwist zu einem Kampfe um die Laieninvestitur: sollte der Papst oder der weltliche Herrscher über die Bischofssitze verfügen? Ring und Stab waren die beiden Symbole des Lehramtes und des Hirtenamtes – Investitur galt somit als ein geistlicher Akt –, vollzog ihn ein Laie, so war das eine neue Form der Simonie. König Heinrich liebte an sich den Episkopat so wenig, als es seine Laienfürsten taten – der niedere Klerus war mit beiden Gruppen verfehdet und neigte dazu, dem König zu helfen. Keinesfalls wollte es sich der König gefallen lassen, daß die Zusammensetzung des deutschen geistlichen Fürstentums von einer außerdeutschen Macht entschieden wurde. Wer das Papsttum in der Hand hatte, beherrschte Mitteleuropa, ja das Abendland – nun baute sich das Papsttum eine eigene geistig-weltliche Machtstellung auf und unternahm den Angriff auf die herkömmlichen Rechte des deutschen Königtums. Das neue »kanonische« Recht der Kirche bedeutete ihre Freiheit von der kaiserlichen Autorität, also die Suprematie des Papsttums.

Sollte Heinrich IV. verzichten und seine politische Kraft ganz auf den Neubau der Herrschaft in Deutschland verlegen? Sollte er das absolutistische Programm durch-

Heinrich IV. kniend vor der Markgräfin Mathilde in Canossa

führen, Verwaltung und Wirtschaft umformen, seine Autorität begründen auf die verbeamteten Ministerialen und die Besteuerung der wirtschaftlich stärksten Elemente, also der Städte? Sollte er also Italien und Burgund sich selbst überlassen und sich auf die dringendsten Aufgaben der werdenden deutschen Nation beschränken? Vielleicht schien eine solche Politik weiser Beschränkung einem deutschen König des elften Jahrhunderts praktisch unmöglich – selbst ein so laienhafter Herrscher wie Heinrich IV. stand unter dem Banne der kirchlichen Bindung und der sakramentalen Begnadung der kaiserlichen Mission. Er nahm also den Kampf mit dem Papsttum auf, aber mit stumpfen Waffen, weil seine Stellung in Deutschland jeder Festigung entbehrte. Gregor drohte dem König mit dem Banne, die Synode in Worms erklärte den Papst für abgesetzt, darauf exkommunizierte Gregor den König, entband die Untertanen vom Eide und untersagte ihm die Fortsetzung der Regierung. Es lag auf der Hand, daß die partikularistische Fürstenopposition in Deutschland sich diese völlig neue Sachlage zunutze machte. Diese Herren dachten gewiß nicht zu freundlich über die demokratisch gefärbte Kirchenreform – nun bot gerade sie eine Waffe gegen den königlichen Machtanspruch. Heinrich fand einen überraschenden Ausweg aus der verfahrenen Lage – er ging nach Italien, aber als Büßer, er zwang in Canossa den Papst, ihn vom Kirchenbann zu lösen, er erreichte durch die persönliche und moralische Demütigung, daß der Papst ihn wieder als Herrscher anerkennen und politisch mit ihm verhandeln mußte (1077). Die Frommen der Zeit sahen in solchem Akt der Demütigung etwas Lobenswertes, es steht auch außer Zweifel, daß Gregor den taktischen Sieg des Gegners als mißlich empfand. Ein vom Kirchenbanne ordnungsgemäß befreiter König genoß bei den unteren Schichten in Deutschland genausoviel Ansehen wie vorher. Anders stand es bei den Fürsten und dem Adel. Das altgermanische Ehr- und Selbstgefühl wehrte sich gegen eine solche Handlungsweise des Königs, die eben doch schlauer Berechnung entsprang. Gerade die vornehmen Laien, die von der religiösen Reformbewegung nicht allzuviel hielten, verachteten den König, weil er sich dieser Ideologie zu politischen Zwecken bediente. Andererseits empfand man die Macht des Papsttums doch als so überragend, daß sich jeder Weltliche irgendwie damit vertragen mußte. Es war etwas Unechtes in Heinrich IV., auf ihm lastete der Fluch des Allzugescheiten, der nicht mehr aus naiven Instinkten heraus zu handeln weiß, der sich deshalb von Einzelerfolg zu Einzelerfolg weiterschleppt und sich immer mehr wundert, daß der wirkliche Sieg ihm versagt bleibt. Aber wieder und wieder machte Heinrich IV. seine Versuche, durchzukommen; sie haben etwas Erschütterndes, weil der König mit zunehmender Reife immer ehrlicher und mannhafter sein Bestes einsetzte. Aber er erntete dafür wachsende Verwirrung, den Widerstand, ja den Verrat selbst der Allernächsten.

In Deutschland wurde von den partikularistischen Feinden der salischen Autokratie der unbedeutende, gefügige Herzog Rudolf von Schwaben als Gegenkönig gewählt (1077), gerne förderte der Papst diese offenbare Schlappe des Gedankens der Erbdynastie; ein böser Bürgerkrieg begann. Heinrich IV. antwortete mit der Einsetzung eines Gegenpapstes, neue Bannflüche und Absetzungen erfolgten, der Bürgerkrieg erfaßte Italien. Der Papst bot seine Lehnsleute, die Normannen, auf, die benutzten aber die Gelegenheit zur Machterweiterung und erschienen als Plünderer in Rom. Gregor VII. tat nichts dagegen, die Römer verziehen ihm das nie; ohnmächtig starb er in der Fremde. Sein Traum von der Universalkirche, die sich auf eine eigene starke weltliche Macht in Italien stützt, sollte aber die Zukunft beherrschen.

Auch charakterlich war Papst Gregor das Widerspiel König Heinrichs – dem geschmeidigen Taktiker trat die Härte eines großen Willens entgegen. Der König war ideenreich und nie um einen diplomatischen Ausweg verlegen, mochte er auch noch so krumm sein. Der Papst übernahm wohl die Ideen anderer, hauchte ihnen aber die Glut und den mitreißenden Schwung seiner Dämonie ein. Heinrich wog immer viele Möglichkeiten ab, er war stets überzeugt, das Gescheiteste zu tun, aber das Trübe und Gespaltene seines Wesens verwirrte selbst seine Freunde, und zum Schlusse ging jeder seinen Weg und verließ ihn. Gregor mußte diese Art des Königs auch persönlich ganz von Herzen verachten, niemals gab der Papst etwas auf von seinen besten Überzeugungen, wie es der König notgedrungen tat. Je mehr Mißerfolge das Werk Gregors bedrohten, desto zäher hing er an der überwältigenden Aufgabe seines Lebens. Als Schüler Augustins kämpfte er für den Sieg des Gottesstaates der Kirche über das Teufelswerk der weltlichen Tyrannis. Selbst einen verhaßten Häretiker mochte der Papst schonen, wenn es bloß galt, der weltlichen Herrschaft Abbruch zu tun. Die Romidee Kaiser Ottos III. erschien wieder bei Papst Gregor in seltsamer Abwandlung. Sie verband sich jetzt mit dem Lehnsgedanken, der ja die ganze diesseitige Welt durchdrang: das Papsttum selbst errichtete sich imperatorisch ein Herrschaftssystem über ganz Europa – viele Herzöge und Grafen in Frankreich und Spanien, die Herzöge von Böhmen und Polen, die Könige von Ungarn und Kroatien-Dalmatien leisteten dem Papste Treuschwüre oder erkannten unmittelbar die Lehnsbindung an – Herzog Wilhelm von der Normandie eroberte mit päpstlicher Anerkennung England. Für die europäischen Fürsten war diese Anerkennung des Papstes ein wirksames Mittel, sich der viel unbequemeren, mindestens theoretisch bestehenden Lehnsoberhoheit des römischen Kaisers zu entziehen. Gregor VII. sah das nicht oder wollte es nicht sehen. Er war der erste päpstliche Absolutist – als Vertreter des heiligen Petrus sah er sich als den rechtmäßigen Herrn der irdischen Welt an. König Heinrich IV. schadete sich und der Sache durch seine Wendigkeit – die grausame, ja wilde Art Gregors, sein undiplomatisches Schelten und Zürnen, seine Friedlosigkeit, sein Toben und Hassen mochten wohl seine Umgebung entsetzen, erfüllten aber sein Werk mit einem Kraftstrom, gegen den es keine Abwehr gab († 1085). Was konnte von der mitteleuropäischen Herrschaftssphäre der deutschen Herrscher übrigbleiben? Heinrich IV. ließ sich von seinem Gegenpapste in Rom krönen, er versuchte im Reiche den Gottesfrieden durchzuführen, die Bürgerkriege verwirrten und verwüsteten das Land, ein neuer deutscher Gegenkönig trat auf. Der Kaiser mußte jetzt froh sein, Anhänger im Episkopat und im Laienfürstentum zu sammeln, wo immer er konnte, und er machte jedes noch eben mögliche Zugeständnis. Das ottonische System wurde wieder ausgegraben, aber es half nur für kurze Zeit. Reichsitalien ging verloren, die lombardischen Städte schlossen ein Bündnis gegen die Fremden, die Machtstellung der tuskischen Markgräfin Mathilde, Heinrichs alter Gegnerin, die ihn auch so recht als Mann haßte, weil sie sich vielleicht Hoffnungen auf ihn gemacht hatte – diese Machtstellung erfuhr eine überraschende Verstärkung durch die wunderliche Verbindung der angejahrten frommen Dame mit dem siebzehnjährigen Sohne des schwäbischen Herzogs Welf. Mathilde hatte ihre Güter dem Papste übergeben und als Lehen zurückgenommen – der Kaiser sah den Besitz als Reichsgut an und wollte diesen Streich nicht anerkennen. Nun verbanden sich die päpstlichen Interessen mit den tuskischen und welfischen – ein Streit begann, der durch Menschenalter dauerte.

Sogar Heinrichs Sohn Konrad ging zur päpstlichen Partei über, billigte das tuskisch-welfische Geschäft und empfing die italienische Königskrone. Der neue Papst Urban II. war ein Franzose, er war selbst Cluniazenser gewesen, vertrat die strengste Richtung des Ordens und übte weiten Einfluß in Frankreich und den romanisierten deutschen Grenzgebieten aus. So konnte er den ersten Kreuzzug vorbereiten (1096) – Deutschland nahm nicht daran teil, es war isoliert und zerrissen, es wurde überschattet, alle Nachbarn kräftigten sich und vertraten die neuen Zeitgedanken. Das deutsche

Königtum erfuhr nur insofern eine Entlastung, als viele abenteuerliche und rauflustige Elemente des Adels sich nun beschäftigt sahen, und weil die Führer der Reformbewegung ein hohes, fernliegendes Ziel ihres Tatendranges zu verfolgen hatten. Kaiser Heinrich IV. bemühte sich redlich um den allgemeinen Reichsfrieden, dem diese Umstände günstig zu sein schienen. Aber er hatte auch jetzt kein Glück. Wiederum schadete ihm sein Privatleben. Seine erste Gemahlin Berta war gestorben. Er hatte einstmals sie loswerden wollen, erklärte öffentlich, kurz nach der Heirat, er habe sie nie berührt, versuchte die Scheidung zu erreichen, lebte aber dann wieder mit ihr zusammen. Sie schenkte ihm die beiden Söhne Konrad und Heinrich, die sich gegen den Vater wandten und so die unglückliche Mutter auf ihre Art rächten. Nun hatte der Kaiser als zweite Gemahlin die Tochter des ukrainischen Großfürsten von Kiew genommen, Prinzessin Praxedis. Diese offenbar launische und explosive Dame wandte sich nach kurzer Zeit mit der aufsehenerregenden Anschuldigung gegen den Kaiser, er habe sie zum Ehebruch veranlaßt. Der Kaiser mußte diese dunkle Geschichte in einer öffentlichen Erklärung zugeben und versuchte durch Reue und Demütigung, der Methode von Canossa entsprechend, seine empörten Gegner zu entwaffnen. Das war diesmal weniger erfolgreich. Der zweite Sohn, nach Konrads Tode der Thronfolger, der spätere Heinrich V., nahm jetzt den Kampf gegen den Vater auf, gebärdete sich als Vorkämpfer der kirchlichen Sache, verschwor sich mit dem Papste und den zahlreichen mißvergnügten Fürsten, betrog den Vater in schnöder Weise und nahm ihn sogar gefangen. Der Kaiser entwich und versuchte noch einmal aus dem Zusammenbruche zu retten, was zu retten war. Erstaunlich ist, daß selbst die bittersten Erfahrungen die Beweglichkeit und Findigkeit dieses Fürsten nicht zu lähmen vermochten. Da nahm den Sechsundfünfzigjährigen ein schneller Tod in Lüttich hinweg (1106).

Heinrich V. Das Wormser Konkordat

Heinrich V. ist der unsympathischste von allen deutschen Herrschern. Gewiß wuchs er unter besonders schwierigen Verhältnissen auf, aber die Art, wie er sich zu seinem unseligen Vater stellte, erfüllte schon die Zeitgenossen mit Abscheu. Der letzte Salier wurde niemals volkstümlich, was doch damals verhältnismäßig leicht durch Schenkungen und Leutseligkeit zu erreichen war. Freigebig war Heinrich nun gerade nicht. Seine hervorstechendste Begabung war sogar die Geldgier. Notgedrungen versuchte er sich neue Einnahmequellen zu erschließen, da die kirchlichen Einkünfte infolge des Wegfallens der als Simonie verdammten Gebühren arg zusammenschrumpften. Aus Hausgut, rheinischen Domänen und Besteuerung der Städte hoffte er, sich die Mittel für größere wirtschaftliche Beweglichkeit zu schaffen. Er faßte sogar den kühnen Gedanken einer allgemeinen Reichssteuer. Die alte Machtstellung im Osten war nicht mehr zurückzugewinnen. Mehrere Feldzüge blieben ohne wesentliches Ergebnis – Polen und Ungarn erhielten ihre völlige Unabhängigkeit, Böhmen mit Einschränkung. Heinrich war als Schwiegersohn König Heinrichs I. von England auch an den westlichen Verhältnissen stark interessiert, sein Versuch, englische Ansprüche durch einen Einmarsch in Frankreich zu unterstützen, blieb aber ergebnislos. Niemals hat Heinrich die volle Königsgewalt im deutschen Reiche selbst ausüben können, da der Erbe des letzten Billungers, Herzog Lothar von Supplinburg, eine geschlossene und unabhängige Macht in Sachsen ausübte. Das Erzbistum Bremen bedeutete nichts mehr, bis nach Holstein und ins Slawengebiet reichte Lothars Arm. Gegenüber der sächsischen Opposition hielt das emporkommende Staufergeschlecht in seinem Herzogtum Schwaben treu zum König. Die Reichsministerialität entwickelte sich kräftig. Neben die Herzogsgeschlechter trat ein neues Reichsfürstentum, das als Träger der Gerichtshoheit, der Finanzverwaltung und der Militärorganisation zu Ansehen und Reichtum gelangte – es waren die Pfalzgrafen, Markgrafen, Burggrafen und Landgrafen. Das Königtum mußte sich mit dieser Entwicklung abfinden. Die Territorialgewalten waren fest eingewurzelt und wirkten zusammen, Deutschland begann in kleinere Herrschaften zu zerfallen. Die Stammesherzogtümer waren dem ottonischen Zentralismus gefährlich gewesen, sie wurden deshalb gespalten und geschwächt. Nun sah sich die Zentralgewalt einer Hydra von vervielfältigter Macht des hohen Adels und seiner Gehilfen gegenüber – dagegen war nicht mehr anzukommen.

Wie sollte nun der Streit um die Investitur geschlichtet werden? Ein merkwürdiger Vorschlag des Papstes eröffnete neue Möglichkeiten. Wenn der Kaiser auf die Investitur verzichtete, dann sollten die Bischöfe auf die Regalien verzichten. Die Kirche wäre also entweltlicht worden, sie hätte das seit Jahrhunderten erhaltene Reichsgut zurückzuerstatten gehabt, die religiöse Reformbewegung hätte dann über eine von weltlichen Interessen gereinigte Kirche verfügt, der deutsche König wäre in den Besitz einer großen Ländermasse gekommen, auf der er eine neue Hausmacht hätte aufbauen können. Weder der Episkopat noch das Laienfürstentum hatte ein Interesse an einer solchen Lösung, der Plan wurde fallengelassen, mag aber fruchtbar geworden sein für den alsbaldigen Ausbau des Regalienrechtes. Nach vielerlei Wirren – Heinrich V. nahm einmal in Rom den Papst samt seinen Kardinälen gefangen! – kam es zur Einigung über die Investitur in dem Wormser Konkordat (1122). Der König verzichtete auf die Investitur, dafür sollte die Wahl in Gegenwart des Königs oder seines Bevollmächtigten stattfinden. Ein gewisser Einfluß konnte dabei geltend gemacht werden. Den Gewählten sollte der König mit den Regalien durch das Szepter belehnen – damit war eine neue weltliche Investitur geschaffen. Diese Belehnung sollte in Deutschland der kirchlichen Weihe durch Ring und Stab vorausgehen, in Italien und Burgund ihr folgen. Die Bischöfe des päpstlichen Kirchenstaates waren von der Belehnung durch das Szepter ausdrücklich ausgenommen, was eine besonders weittragende Bestimmung war. Nach päpstlicher Auffassung war diese neuerfundene Regalieninvestitur nur ein persönliches Zugeständnis an Kaiser Heinrich V. War sie vielleicht gedacht als einmaliger Akt jeweils bei der fälligen Neubesetzung eines Bistums? Die königliche Seite versuchte gleichfalls durch gewandte Auslegung Vorteile zu erlangen. So nahm sie die Entscheidung bei strittigen Wahlen für den König in Anspruch, während das Konkordat einen gütlichen Vergleich durch den Erzbischof und die anderen Bischöfe vorsah. Nur wenn dieser Vergleich nicht zustande kommen sollte, war ein Schiedsspruch ins Auge gefaßt. Das Wormser Konkordat bedeutet eine Niederlage des Kaisertums, die aber in geschickter Weise erträglich gemacht war. Italiens und Burgunds Episkopat war nun

Ausrüstung und Kampfmethoden deutscher Ritter im 12. Jahrhundert

tatsächlich für den weltlichen Einfluß verloren. In Deutschland konnte wohl der König einen ganz unpassenden Kandidaten ausschließen, aber die Kirche sah sich in der Lage, einen ihr unbequemen Mann überhaupt nicht an den Bischofsstuhl heranzulassen. Dies besiegelte das Ende der ottonischen Verfassungskirche. Der König mußte sich jetzt mit dem Episkopat so gutstellen, wie es ging, Werkzeuge königlicher Gewalt waren die Bischöfe nicht mehr. Am besten tat das Königtum daran, die Bischöfe zu behandeln, wie es jetzt die Fürsten zu behandeln hatte – als Machtfaktoren, die man durch Zugeständnisse gewinnen mußte. Es erhob sich die Frage, ob die mitteleuropäische Machtstellung des deutschen Königtums unter diesen Umständen noch fortzuentwickeln oder auch nur aufrechtzuerhalten war.
Die Salierzeit ging mit dem kinderlos hinscheidenden Heinrich V. unerfreulich zu Ende (1125). Die Königsgewalt mußte sich nach einem großen Aufschwung mit einem schlechten Kompromiß abfinden. Das gesamtdeutsche Leben aber war durch die Erfahrungen der letzten beiden Menschenalter unendlich bereichert. Der Kampf zwischen cluniazensischer Frömmigkeit und der bodenständigen altgermanischen Lebenskraft endete in einer soziologisch und geistesgeschichtlich gleich merkwürdigen Neubildung – der Entstehung der Ritterklasse. Sie ist ja eine gesamteuropäische Er-

scheinung, die sich gleichartig, wenn auch mit Abwandlungen und in zeitlich verschiedenen Etappen, im ganzen Abendlande durchsetzte. Die Wehrhaftigkeit jedes freien Mannes hörte auf, die tatsächliche Grundlage der Heeresverfassung zu sein. Nur gegen volksfremde Eindringlinge, wie die Ungarn oder die Slawen, ließ sich der deutsche Landmann aufbieten und zum Verlassen der Scholle bestimmen. Die Fehden mit den Herzögen, die Bürgerkriege mit den Verwandten, die Züge nach Italien, Burgund und Frankreich mußten von den Königen mit kleinen Haufen bestritten werden, die zumeist aus unfreien Leuten bestanden – aus Waffenknechten, deren Beruf es war, den Kriegsdienst zu betreiben, mit einer gewissen Aussicht auf Aufstieg und Versorgung. Die ersten Ritter waren also arme Ritter, Glücksritter, sie trugen ihre Haut zu Markte. Zahlenmäßig stellen diese Elemente offenbar den stärksten Bestandteil dar. Es verbanden sich mit ihnen natürlich viele freie Leute, Angehörige des alten Adels, jüngere und außereheliche Söhne: der Hofdienst und die Kriegszüge brachten den Ministerialen Ehre, außer dem selbstverständlichen Gewinn an Land und Beute, die gesellschaftliche Umschichtung eröffnete dem Tatkräftigen große Möglichkeiten. Der Segen der Kirche konnte nicht ausbleiben, weil diese neue Schicht sich in den Dienst auch der Kirchenideen, vor allem des Kreuzzugsgedankens, stellte. Diese Schicht diente den beiden wetteifernden Mächten, der weltlichen Herrschaft und dem Hohepriestertum, dem Imperium und dem Sacerdotium. Der Aufbruch der ecclesia militans ist universalgeschichtlich eine Antwort auf den heiligen Krieg des Islams. Karl der Große ist der erste Kreuzzugsritter, auf die Kämpfe in Spanien und in Sachsen folgte die kämpferische Ausbreitung des Christentums im Slawenland. Die cluniazensische Reform betonte die Zusammenarbeit von Kreuz und Schwert mit besonderem Nachdruck. Schon Gregor VII. wollte zu Beginn seines Pontifikats die abendländische Kirche zum Kampfe gegen den Islam vereinigen und das heilige Land befreien. Urban II., ein geborener Franzose, der erste wirkliche Staatsmann der Reformbewegung, nahm die alte Idee der Wiedervereinigung der westlichen mit der östlichen Kirche wieder auf, er fand in Konstantinopel freundliche Antwort, denn der byzantinische Kaiser brauchte Hilfe gegen die Seldschuken. Die stattlichen Erfolge des ersten Kreuzzuges mehrten die Macht des Papstes und der Byzantiner – das deutsch-römische Kaisertum saß in der Hinterhand. Er sah sich zum ersten Male außerstande, seinen mitteleuropäischen Herrschaftsanspruch zu behaupten – wie weitete sich doch die Welt! Konnte die bis dahin stärkste Macht des Abendlandes verzichten und sich lediglich der Beilegung häuslicher Schwierigkeiten widmen? Oder sollte sich das deutsche Königtum noch einmal hinauswagen und die Führung der vom Kreuzzugsgedanken erweckten, ritterlich betonten, national erwachenden europäischen Staatengesellschaft universalistisch in Anspruch nehmen? Dies war die Schicksalsfrage der Hohenstaufenzeit.

V. Die Hohenstaufenzeit

Lothar von Sachsen – Konrad III. – Der Episkopat und die weltlichen Territorialfürsten wünschen sich schwache Könige und Wechsel der Dynastien – Der Partikularismus erstarkt in Deutschland, weil die kaiserliche Universalherrschaftsidee die Kräfte zersplittert – Friedrich Barbarossa – Die lombardischen Städte – Geldwirtschaftliche Kultur und italienischer Nationalismus wehren sich gegen das Kaisertum – Heinrich der Löwe – Die Germanisierung des slawischen Ostens – Widerstreit der norddeutschen und der süddeutschen Interessen – Beginn einer absoluten Fürstenherrschaft – Nicht der König, sondern die Territorialfürsten ergreifen in Deutschland diesen Gedanken – Das Papsttum bemächtigt sich der weltlichen Herrschaftsidee und verbündet sich mit allen Gegnern des staufischen Universalismus – Heinrich VI. – Die Verbindung mit Sizilien – Doppelwahl und Bürgerkrieg – Kaiser Friedrich II. – Der Kreuzzugsgedanke vermag die Christenheit des Abendlandes nicht zu einigen, er verursacht nur neuen Zwiespalt – Der Kampf um Italien – Der Untergang der Hohenstaufen

Lothar von Sachsen

Die Hohenstaufen waren ein altadeliges Geschlecht, das aus kleinem Besitz in Lorch und am Staufen emporkam und unter den Saliern die schwäbische Herzogswürde erhielt. Friedrich von Schwaben, der Neffe Kaiser Heinrichs V., war von ihm mit der Fürsorge für seine Witwe und das Reichsgut betraut, also als der gegebene Nachfolger angesehen worden. Die Kirchenfürsten wünschten aber keine Fortsetzung der salischen Politik, der Gedanke einer Einschränkung des freien Wahlrechts erschien auch den meisten weltlichen Fürsten unwillkommen, und so wurde überraschenderweise der Todfeind der Salier, der ältliche Herzog Lothar von Sachsen-Supplinburg, gewählt, der sich besonders durch den Umstand empfahl, daß er keinen Sohn hatte. Seine Tochter und Erbin versprach er dem Bayernherzoge, dem Welfen Heinrich dem Stolzen, zur Frau. Damit bereitete sich die sächsisch-bayerische Machtstellung des welfischen Hauses vor, als Gegengewicht zur fränkisch-schwäbischen Machtstellung der Staufer. Dynastische und Hausmachtsinteressen verdrängten jetzt schon die höheren Gesichtspunkte der Reichspolitik. Das Reichsfürstentum besaß Kraft genug, um eine Erbdynastie mit zentralistischen Absichten zu verhindern, die Kirchenfürsten insbesondere förderten die Spaltung Deutschlands in zwei Lager, zwischen denen der Episkopat dann erfolgreich vermitteln konnte. Lothar war ein unbedeutender, beinahe törichter Mann, der nie über die Belastung seiner Herkunft und der Umstände seines Aufstieges hinwegkam. Man mag ihn den ersten deutschen Pfaffenkönig nen-

Abt Bernhard von Clairvaux führt eine Prozession der Mönche von Citeaux an.

nen. Den Papst bat er um Bestätigung seiner Wahl, was noch nie vorgekommen war. Das Investiturrecht, wie es seinem Vorgänger persönlich zugestanden war, vermochte er trotz wiederholter Bemühung nicht zu erhalten, bei seiner Kaiserkrönung wurde das Wormser Konkordat nur in ganz allgemeinen Wendungen von der Kurie bestätigt. Die Mathildische Erbschaft, deren Schenkung an die Kurie nie vom Kaiser anerkannt worden war, nahm nun Lothar als zinspflichtiges Leben vom Papst! Auch in den so wichtigen äußerlichen Dingen machte Lothar die größten Zugeständnisse – bei der Zusammenkunft in Lüttich hielt er dem Papste den Steigbügel, wie es der Vasall gegenüber dem Lehnsherrn tat. Ebenso wurde der Normannenfürst Rainulf beim zweiten Römerzuge Lothars mit Apulien in der Weise belehnt, daß der Papst die Spitze, der

Kaiser das Ende der Fahnenstange hielt! Die Staufer wollten sich zuerst dem neuen Herrn nicht unterordnen, es kam zum Bürgerkriege, der jüngere Bruder Friedrichs von Schwaben, der Hohenstaufe Konrad, ließ sich in Italien zum König krönen – erst nach Jahren kam ein Vergleich zustande, wesentlich unter dem Einfluß des großen Bernhard von Clairvaux, dessen mächtige Figur alle zeitgenössischen Fürsten überragte. Seine Predigt für friedlichen Zusammenschluß der Christenheit versöhnte auch die trotzigen italienischen Kommunen mit Lothar und bereitete den neuen Kreuzzug vor, der diesmal im Gegensatze zum ersten von den vornehmsten Fürsten des Abendlandes geleitet werden sollte. Wirklichen Erfolg erntete Lothar nur im Norden und im Osten – der König von Dänemark huldigte dem Kaiser als Vasall, und die Germanisierung sowie Christianisierung des Ostens setzte wieder kräftig ein. Lothar wurde hier der Vorläufer seines Enkels, Heinrichs des Löwen. Der König von Polen nahm Rügen und Pommern als Lehen vom Kaiser, zahlte den rückständigen Tribut nach und trug dem Kaiser als Zeichen seiner Untertänigkeit das Schwert beim Kirchgang vor. Die Askanier und die Wettiner wetteiferten in der Erschließung von Neuland – die Priegnitz, das Havelland, die Lausitzen, die Lübecker Gegend und die Pommern wurden jetzt missioniert. Wiederum verbreiterte sich so die mitteleuropäische Basis des Kaisertums.

Konrad III. Die Kreuzzugsbewegung

Nach Lothars Tode wiederholte sich dasselbe Spiel bei der Neuwahl. Der sterbende Kaiser hatte die Reichsinsignien seinem Schwiegersohne, Heinrich dem Stolzen, übergeben, aber die Macht dieses Herzogs, der zwei Herzogtümer mit den Markgrafschaften Verona und Tuszien vereinigte, erschien den Fürsten viel zu bedrohlich. Der Trierer Erzbischof brachte die Wahl des Staufers Konrad in hastiger, ungesetzlicher Weise zustande, ein Kardinallegat vollzog die Krönung in Aachen. Es war der böse Anfang einer schwachen Regierung.

Der reizbare Welfe wollte sich den Betrug nicht gefallen lassen, neuer Bürgerkrieg begann. Trotz des vorzeitigen Todes Herzog Heinrichs des Stolzen ging der Kampf lange weiter – der zehnjährige Sohn, Heinrich der Löwe, war nun der welfische Erbe. Die Staufer wurden auch Waiblinger genannt nach ihrem Stammgute Waiblingen an der Rems in Schwaben – so entstand der Schlachtruf: Hie Welf, hie Waiblingen! Bei der Belagerung von Weinsberg in Schwaben ereignete sich die berühmte, wohlverbürgte Geschichte: König Konrad III. gewährte den Frauen freien Abzug unter der Bedingung, daß sie das ihnen Teuerste persönlich aus der Stadt tragen dürften, worauf sie ihre Männer herausschleppten. Der überraschte König wollte sich dieser kühnen Ausdeutung seines gegebenen Wortes nicht widersetzen – die Ehemänner wurden nicht niedergemetzelt.

Ein Vergleich mit den Welfen half dem staufischen Könige nicht viel. Die welfische Machtstellung erhielt sich, ja erweiterte sich nach Österreich hin, schon spannen sich

die politischen Fäden nach Ungarn und nach Sizilien. Sogar der Neffe Konrads, Herzog Friedrich von Schwaben, der spätere Kaiser Friedrich Barbarossa, verschwor sich gegen den König mit den Welfen. Jeder Gegner Konrads fand die tatkräftige Unterstützung der welfischen Opposition. Die Fehden gingen weiter, Konrad meisterte sie nie. Wie alle schwachen Könige hoffte er die Großen durch Gunsterweisungen zu kirren. Er wurde aber dadurch nur ärmer, ohne an Sicherheit zu gewinnen. Das Reichsgut schwand, der Partikularismus gedieh. Trotzdem ließ sich Konrad III. durch Bernhard von Clairvaux bestimmen, an dem neuen Kreuzzuge teilzunehmen – eine neue mächtige religiöse Bewegung griff von Frankreich her auf das Rheinland über. Konrads Hauptberater war der Abt von Stablo und Corvey, der König vermochte sich der Wucht dieser Gedanken nicht zu entziehen. Da zeigte sich, wie tief gespalten Deutschland schon war. Die norddeutschen Fürsten und Herren erklärten, nähere Interessen im deutsch-slawischen Osten zu haben, sie wünschten nicht nach dem Orient zu ziehen. Auch bei diesem Zwiespalt vermittelte der weise Bernhard, wenn auch mit schmerzlicher Enttäuschung. Er erwirkte die Zustimmung des Papstes. Während Konrad III. mit einem stattlichen Heere die ungarische Grenze überschritt, begann ein Kreuzzug gegen die heidnischen Slawen im Osten (1147). Der Kreuzzug ins Heilige Land endete mit einem völligen Mißerfolg, aber die Wendenfahrt brachte den norddeutschen Herren zwar nicht den vollen Siegespreis, aber doch Zuwachs an Land und Macht. Die königliche Zentralgewalt hatte die Folgen der Zersplitterung zu tragen. Alle Unternehmungen König Konrads gegen Ikonium, Damaskus und Askalon scheiterten, die Verluste waren erheblich. Die Christenheit stellte genausowenig etwas militärisch oder politisch Einheitliches dar wie Deutschland oder Mitteleuropa. Zwei europäische Gruppen bildeten sich: König Roger von Sizilien fand sich mit Frankreich und den Welfen zusammen, während Konrad mit dem byzantinischen Kaiser Manuel und den italienischen Seestädten Venedig und Pisa ein Bündnis schloß.
König Konrad plante jetzt den notwendigen Zug nach Italien. Das Papsttum bedurfte dringend der Hilfe. Die römische Stadtbewegung hatte durch den Priester Arnold von Brescia einen mächtigen Auftrieb erhalten. Altrömisches, Nationalitalienisches und Demokratisches verbanden sich bei diesem bedeutenden Manne mit christlichen Reformideen. Da starb König Konrad, ehe er auf irgendeinem Schauplatze vorangekommen war – ein liebenswürdiger, tapferer Fürst, strahlend von der Anmut höfischer Kultur, aber kein Staatsmann († 1152).
Der alte Kern des deutschen Herrschaftsgebietes war in Auflösung. Aber Heinrich der Löwe und seine Verbündeten zwangen die Abotritenfürsten in Mecklenburg zur Tributzahlung und Annahme des christlichen Glaubens. Graf Albrecht der Bär aus dem Hause Askanien erhielt den Besitz der neubegründeten Mark Brandenburg, die er mit Hilfe der Prämonstratenser und der Bischöfe von Havelberg und Brandenburg energisch dem Christentum gewann. Aus Flandern und Holstein kamen die Siedler zur Kultivierung des halbleeren slawischen Ostens, sie ritten »nach Ostland«, wie es in dem alten Volksliede heißt. Vielleicht waren es gerade diese erheblichen kolonisatorischen Erfolge, die den Welfen Heinrich den Löwen bei der Neuwahl von der Nachfolge König Konrads ausschlossen. Die Hohenstaufenherrschaft war ein entschiedener Mißerfolg gewesen. Es war schon so weit, daß die Fürsten ein schwaches Königtum einem starken vorzogen. Konrad III. bezeichnete auf dem Totenbette, hochher-

zig, wie er war, nicht seinen unmündigen Sohn, sondern seinen Neffen, Herzog Friedrich, zur Nachfolge, obgleich dessen politische und menschliche Haltung gewiß nicht einwandfrei gewesen war. Der erste Hohenstaufenkönig erhoffte von Friedrichs Begabung die Rettung des Reiches. Darin wenigstens irrte er nicht.

Friedrich Barbarossa

Friedrich Barbarossa ist der volkstümlichste der deutschen Kaiser geworden – Geschichtsschreibung und Legende haben seine Gestalt verklärt und zu einem Symbol deutscher Macht und Größe gemacht. Auch eine kritische Betrachtungsweise wird genug von dieser Überlieferung übriglassen. Er war eine überaus gewinnende Persönlichkeit – gesund und anständig, harmonisch ausgewogen, gewandt und ritterlich, ein wenig überbetont dabei wie eine Romanfigur. Vor allem war er eben der Ritter, der oberste und vollendetste Vertreter des neuen Standes und seines Lebensgefühls – also weltfromm, loyal, ein guter Krieger, wenn auch kein Feldherr, ein Mann der Ordnung, des Rechtes, der korrekten Sitte. Friedrich besitzt nichts von der Dämonie, die in den Saliern steckte – er ist heiter, selbstgewiß, naiv – seine Treubrüche und Eidesverletzungen schmerzen ihn selbst, aber seine Energie und sein staatsmännischer Wille zögern nie, Notwendigkeiten zu gehorchen. Auch dieses Staatsmännische hat etwas Begrenztes – Friedrich erschien merkwürdig blind für die Kräfte der Zukunft, er blieb gegenwartsgläubig mit einer leisen Wendung rückwärts – er brauchte die Überlieferung, weil sich ihm das wirklich Schöpferische versagte – und deshalb klammerte er sich auch an das Recht. Er sprach gerne Recht, er wollte Recht haben, er glaubte an die richterliche Gewalt des Kaisertums mehr als an irgend etwas sonst, und dieses selbstgewisse Rechtsgefühl ließ ihn rasch über Niederlagen und Kompromisse hinwegkommen.

Erstaunlich schnell gelang es dem neuen Herrscher, Friede und Ordnung in Deutschland und Mitteleuropa wiederherzustellen. Er gewann die Welfen durch Anerkennung der Ansprüche Heinrichs des Löwen auf Bayern und durch Verleihung von Tuszien und Spoleto an den Grafen Welf; Dänemark, Burgund und Böhmen erkannten den König als Oberlehnsherrn an, das große Reichslandfriedensgesetz entsprach einem Bedürfnis und setzte sich einigermaßen durch. Sollte Friedrich die italienische Politik wiederaufnehmen? Konrad III. hatte sich ja nicht die Kaiserkrone in Italien geholt, als der erste deutsche Herrscher seit Otto dem Großen. An sich war es durchaus möglich, Italien sich selbst zu überlassen und die deutsche Kraft auf die näheren deutschen Aufgaben zu wenden. Die Italienpolitik war aus vielen Gründen schwieriger geworden seit der Zeit der Sachsenkaiser. Roger, der Herzog, dann der erste König von Sizilien, »der Meister strenger und klarer Regierungskunst«, nahm eine überragende Stellung im Mittelmeer ein, er bedrohte das Papsttum in seiner weltlichen Herrschaft, er unterstützte alles Nationale und Demokratische in Mittel- und Oberitalien. Rom selbst zeigte unter der Einwirkung jenes tapferen Arnold von Brescia den alten Quiriten-

Kaiser Friedrich I. (Barbarossa).
Versilberte Bronzebüste

geist, es wählte einen Senat und einen in Rom geborenen Patrizius, es baute ein neues Kapitol, in romantischer Erneuerung des alten. In Oberitalien beanspruchte das urban und republikanisch gesonnene Mailand die Vormachtstellung über die Nachbarstädte, besonders die alten kaisertreuen Plätze wie Pavia und Cremona hatten bittere Unterdrückung zu leiden. Endlich gab es jetzt zum ersten Male in Europa etwas wie eine auswärtige Politik. Die Staaten entwickelten Persönlichkeit, sie näherten sich und entfremdeten sich, Reibungen, Interessengemeinschaften, ja Freundschaften entstanden, Bündnisse wechselten ab, Spannungen und Annäherungen beschäftigten die beginnende Diplomatie. Von der Beobachtungsgabe, Klugheit und Energie der Diplomaten hingen große Entscheidungen ab. Das Königreich Frankreich erstarkte, es wurde seiner inneren Schwierigkeiten Herr, es entwickelte neue Machtziele gegenüber seinen Nachbarn, bald genug erfolgte der Zusammenstoß mit England. Die Verhältnisse der beiden Westmächte bekamen Wichtigkeit für einen jeden deutschen Herrscher und ebenso für die Kurie in Rom. Kaiserliche und päpstliche Machtansprüche hatten sich auf diese neue Lage einzustellen. Jetzt suchte der Papst selbst um die Hilfe des deutschen Königs als des Vogtes der römischen Kirche nach. Friedrich Barbarossa konnte sich einer solchen Aufforderung unmöglich entziehen. Der karolingische Geist war mächtig in ihm, er ließ ja später Karl den Großen heiligsprechen. Historisch-romantische Erneuerungsideen beherrschten sein Denken, er glaubte, die Lage von damals habe sich nun wiederholt, eine Mission sei fortzusetzen. Dazu kam, daß ja Italiens entwickelte, geldlich ausgereifte Wirtschaft das deutsche Königtum als die wesentlichste Finanzquelle speiste und zu speisen versprach. Da war gewiß mehr zu holen als im slawischen Osten! Der deutsche König glaubte es nicht verantworten zu können, daß sich das Papsttum mit Sizilien verband, daß womöglich die reichen oberitalienischen Städte sich einer solchen Gruppe anschlossen, oder daß der König von Frankreich sich ihnen näherte. Auch die byzantinischen Fortschritte in Süditalien mußten beachtet werden – Friedrich konnte es nur angenehm sein, wenn zwischen den Normannen und den Griechen Reibungen entstanden, eine neue Machtstellung des oströmischen Kaisertums in Italien schien aber unerwünscht, hier drohte eine weitere Gefahr für das Papsttum und die westliche Kirche. Der Papst, nunmehr Hadrian IV., der einzige Engländer auf dem Heiligen Stuhl, brauchte den deutschen König als weltliche Hilfe, wollte aber als treuer Schüler Gregors VII. keineswegs kirchliche Rechte preisgeben, und Friedrich pflegte sehr selbstherrlich mit dem Episkopat umzugehen. Der erste Römerzug brachte Friedrich die Kaiserkrone, aber sonst war nichts erreicht (1155). Die oberitalienischen Städte hätten Friedrich beinahe den Rückzug nach Deutschland abgeschnitten, die Normannen blieben ungestört, die Römer rebellierten, der Papst ließ sich vom Kaiser den Volksführer Arnold von Brescia zur Hinrichtung ausliefern – ein wenig würdiger Vorgang – und erreichte es sogar, daß der Kaiser ihm den Steigbügel hielt, nachdem dies als alte Sitte und unverfänglicher Ehrendienst erklärt worden war. Dagegen wurde jetzt das aus der Zeit Lothars stammende Bild entfernt, das den Kaiser als huldigenden Lehnsmann des Papstes darstellte. Denn Friedrich leitete im Geiste der Spätantike sein Imperium unmittelbar von Gott ab. Es gelang dem Kaiser, seine Stellung in Deutschland so zu befestigen, daß er die Italienpolitik bald mit größerer Energie fortführen konnte. Herzog Heinrich der Löwe bekam jetzt Bayern, die österreichische Mark wurde abgetrennt und zum Herzogtum erhoben, das Babenberger Haus erhielt dort das Recht der männlichen und weiblichen Erbfolge. Weitere Privilegien, die von ihm in Anspruch genommen wurden, beruhen auf gefälschten Urkunden späterer Zeit. Bewiesen wird freilich durch diese Bemühungen, wie stark der Unabhängigkeitswille dieser Familie vordrängte. Sie versuchte, aus ihrer Ostmark ein Ostreich mit eigenen Interessen und Bindungen zu machen, höchstens mit Bayern verknüpft, aber den allgemeinen Reichsbelangen mehr und mehr entfremdet – von Mitteleuropa ab- und Osteuropa zugewandt. Von dem eigenwillig sich gebärdenden Polen trennte Kaiser Friedrich die schlesischen Herzogtümer ab und gab sie an zuverlässige polnische Magnaten. Schlesien blieb formalrechtlich ein Teil Polens, wurde aber dem Deutschtum mehr und mehr angenähert und entwickelte sich zu einem besonders aufnahmefähigen und blühenden Kolonialland.

Wie Kaiser Otto der Große gab Friedrich I. durch eine burgundische Heirat seiner Politik eine besondere Richtung. Die Erbin des burgundischen Königreiches, Prinzessin Beatrix, wurde durch ihren Oheim gefangengehalten, der das Land in der Gewalt der eingeborenen Aristokratie zu halten versuchte. Kaiser Friedrich gewann aber die Hand der Prinzessin, sie wurde ihm eine lebenslange treue Gefährtin. Die alte Personalunion des burgundischen Königreiches mit Ostfranken wurde wiederhergestellt,

Das Zisterzienserkloster Oliva (b. Danzig). Vorgeschobener Außenposten zur Christianisierung des Ostens

die örtlichen Interessengruppen mußten sich fügen. Schwer verletzt durch diese Regelung war der König von Frankreich, der die Gelegenheit benutzte, wenigstens seine Souveränität scharf zu betonen und jeden Anschein einer kaiserlichen Oberlehnsherrschaft abzulehnen (1156).

Die Entfremdung mit Frankreich hatte eine Annäherung an England zur Folge. In der ersten Periode seiner Regierung hatte Friedrich das große Glück, den Rat eines Staatsmannes von großem Stil zu genießen – dieser Kanzler, Graf Reinald von Dassel, wurde Erzbischof von Köln. Seiner Weisheit und Tatkraft sind die anfänglichen Erfolge des Kaisers zu danken, die später nicht in gleicher Weise fortgesetzt werden konnten. Es gelang dem Grafen, die gefährliche Verbindung der beiden Westmächte zu verhindern, er ging nach England, um über ein Bündnis zu verhandeln – die antiklerikale Haltung des englischen Königs Heinrich II. fand die Sympathien Friedrichs I. Ein großer Erfolg dieser Reise war die Verheiratung des Vetters Friedrichs, des welfischen Herzogs Heinrich des Löwen, mit der englischen Königstochter Mathilde. Friedrich und sein Kanzler taten also alles, um dem Welfen eine starke Stellung in Europa zu schaffen, nur so war eine erfolgreiche Italienpolitik möglich. Hätte der Kölner Erzbischof länger gelebt († 1168), so wäre diese weise Politik der Zusammenarbeit mit den Welfen und mit England sicher fortgesetzt worden.

Heinrich der Löwe unterhielt auch gute Beziehungen zu Byzanz, seine Stellung hatte europäisches Maß, er waltete wie eine Art Vizekönig über dem Norden, dem Osten und Südosten Deutschlands. Menschlich war er viel spröder und herber als Friedrich, eine Persönlichkeit ganz ohne romantischen Reiz, aber ein echter Herrscher. Beamtentum, Söldnerwesen, geldwirtschaftliche Ökonomie und großangelegte Handelspolitik machten den Herzog zu einem der bedeutendsten Führer absolutistischer Staatsgesinnung. Rügen, Mecklenburg, Pommern wurden unter seiner Leitung christianisiert, Kammin wurde Bistum mit unmittelbarer Unterstellung unter den Papst, das Zisterzienserkloster Oliva wurde gegründet. Gewiß machte sich Heinrich der Löwe durch seine hochfahrende Art viele Feinde, die Städte besonders fürchteten seine harte Hand, aber ohne diese betonte Vormachtstellung gegenüber Dänemark und den slawischen Nachbarreichen wären die langjährigen Kämpfe Friedrich Barbarossas in Italien nicht durchführbar gewesen.

Die lombardischen Städte

Der Konflikt Kaiser Friedrichs I. mit dem Papsttum brach voll aus, als Papst Hadrian IV. den Kaiser als seinen Lehnsmann, die Kaiserkrone doppeldeutig als ein päpstliches »beneficium« bezeichnete. Der Machtkampf zwischen den beiden universalen Autoritäten bekam den Charakter eines Lehnskonfliktes – gerade darum verstand jeder Zeitgenosse den Zwist und nahm ihn bitterernst. Friedrich glaubte, keine Wahl mehr zu haben, der Weg nach Rom führte durch die Lombardei, man konnte das Papsttum und Italien nicht beherrschen, wenn man die lombardischen Städte in ihrer Selbstherrlichkeit beließ. Sie hatten die alten Regalien, die ehemals von Bischöfen und Grafen verwalteten königlichen Herrschaftsrechte, an sich genommen und regierten sich selbst durch ihre Konsuln; dies bedeutete den Durchbruch bürgerlicher und nationaler Freiheit in Italien. Städtisches Selbstgefühl, städtische Selbstbestimmungs- und Selbstregierungsrechte wandten sich überall in Europa gegen die Fürsten und Bischöfe. In Italien bekam dieser Kampf einen großen nationalen Schwung, weil er sich gegen die deutsche Fremdherrschaft und die Bevormundung Mitteleuropas aufbäumte. Kaiser Friedrich versuchte, diesen auch wirtschaftlich modernen und kräftigen Geist durch neue Mittel zu unterdrücken, im Interesse seiner geschichtlich gewordenen kaiserlichen und königlichen Machtansprüche. Vier Doktoren des römischen Rechtes von Bologna stellten die Regalien zusammen, die vom Kaiser zurückverlangt wurden, falls ihr Erwerb durch die Städte nicht urkundlich nachweisbar war. Der römische Herrschaftsgedanke, die lombardische königliche Autorität, beides lehnsrechtlich unterbaut, arbeiteten gemeinsam mit allen Mitteln des geschriebenen römischen und des historischen germanischen Rechts daran, die lebendig fortschreitende Entwicklung moderner Kommunen zu vernichten, die ihrerseits das Naturrecht einer gereiften individuellen Kraft mit den geheiligten politischen Formen der Antike ausstatteten. Noch einmal kämpfte römisches Republikanertum gegen Cäsar. Aber es kämpfte auch die erwachende Demokratie gegen den Feudalismus.

Die ronkalischen Beschlüsse zur Wiederherstellung der italienischen Königsrechte Kaiser Friedrichs sollten durch Kommissionen und kaiserliche Beamte, die Rektoren oder Podestas, zur Durchführung kommen. Ein überaus bitterer Kampf begann – Crema und dann das stolze Mailand wurden zerstört. Aber es fruchtete nichts – der städtische Geist ließ sich nicht bezwingen – von der Republik Venedig ging die Gründung eines Abwehrbundes aus, Sizilien und der griechische Kaiser halfen nach, selbst so kaiserfreundliche Städte wie Verona und Padua zeigten Unruhe. Mit Gewalt konnte sich der Kaiser nicht in Oberitalien durchsetzen. Dieselbe Erfahrung machte Friedrich I. mit dem Papsttum. Nach Hadrians IV. Tode entstand ein Schisma, es gab eine sizilische und eine kaiserliche Partei – Alexander III., der kaiserfeindliche Papst, weigerte sich, auf der Kirchenversammlung zu Pavia zu erscheinen und sich einem Urteil rechtgläubiger Männer zu unterwerfen – es war schon Gregors VII. Grundsatz, daß ein Papst von niemandem gerichtet werden konnte. Das Schisma zerklüftete das ganze Abendland, der byzantinische Kaiser plante, alle Feinde Friedrichs zu einer großen Bündnisgruppe zu vereinigen, die lombardischen Städte erhoben wieder ihr Haupt, der Veroneser Bund breitete sich aus, die Bundeshauptstadt Alessandria erhielt ihren Namen dem Papste zu Ehren. Friedrich belagerte sie vergeblich, das Glück versagte sich ihm, beim vierten Romzug ging die Mehrzahl des Heeres an Seuchen zugrunde.

Heinrich der Löwe

Es war schon nicht mehr leicht, genügend Truppen für die italienischen Unternehmungen zusammenzubekommen, Friedrich mußte sich Söldner besorgen, die viel Geld kosteten, die Volksbewegung in Italien fand es leicht, eine Abwehr dagegen aufzubauen. Als 1176 der Kaiser Hilfe aus Deutschland verlangte, weigerte sich der mächtigste Reichsfürst, Heinrich der Löwe, der Aufforderung zu entsprechen. Nach Lehnsbrauch war er zur Hilfeleistung in Italien nicht verpflichtet. Es handelte sich also um eine rein politische, keine lehnsrechtliche Frage. Der Löwe schien auch nicht abgeneigt, zu Hilfe zu kommen, es ist keine Rede davon, daß er grundsätzlich die italienische Politik mißbilligte, sie war ihm sogar in vieler Beziehung, schon wegen der Verteilung des politischen Druckes, angenehm – aber er verlangte seinen Preis: die Reichsstadt Goslar, die er schon einmal besessen hatte, bis sie der Kaiser ihm abnahm. Kaiser Friedrich wollte in dieser Weise nicht mit sich handeln lassen; es kam ihm bei seiner Weigerung wahrscheinlich nicht so sehr auf Goslar an, rein gefühlsmäßige Erwägungen pflegte er trotz etwaiger ritterlicher Skrupel schließlich doch zu unterdrücken. Entscheidend für den Kaiser war wohl das Mißtrauen, das er gegenüber der Machtstellung Heinrichs überhaupt empfand. Es konnten Nachforschungen kommen, ein Abhängigkeitsverhältnis konnte entstehen. Es arbeitete eine unbewußte Eifersucht bei Friedrich gegen den Löwen, und gerade das konnte er dem Vetter nicht verzeihen. Politisch gesehen, war Friedrichs Entscheidung sehr unweise, sie hatte die verhängnisvollsten Nachwirkungen. Konnte er später dem Löwen nicht Goslar zum zweiten

Male abnehmen, konnte er ihn nicht in anderer Beziehung schädigen, wenn es nötig war? Als Staatsmann mußte er die im Augenblick vorteilhafteste Lösung treffen. Von Heinrich dem Löwen im Stich gelassen, war das Ritterheer des Kaisers zu schwach, es erlitt bei Legnano im Kampfe mit dem zahlenmäßig vielfach überlegenen Mailänder Fußvolk eine schwere Niederlage. Jetzt begann Friedrich I. Verhandlungen mit dem Papste Alexander, es kam zum Frieden von Venedig, der noch leidlich ausfiel (1178). Friedrich konnte wenigstens für fünfzehn Jahre die Nutznießung der mathildischen Güter behalten, dagegen gab er die Reichshoheit über den Kirchenstaat preis, unter Eidbruch ließ er seinen Gegenpapst fallen, mit den Lombarden und mit Sizilien schloß er langfristige Waffenstillstände. Nun herrschte wenigstens für eine gewisse Zeit endlich einmal Ruhe in Italien. Der Kaiser konnte in Deutschland Ordnung schaffen. Der Sieg in Italien war ihm versagt – in Deutschland wenigstens wollte er der Herr sein. Ein land- und lehnsrechtliches Verfahren wurde gegen Herzog Heinrich den Löwen eröffnet. Der Angeklagte erschien zu keiner Ladung. Die Anklage lautete auf Landfriedensbruch, Mißachtung und Hochverrat, die vorgebrachten Fälle beschränkten sich auf die Zwiste Heinrichs mit seinen Nachbarn. Der Herzog wurde in die Acht und dann in die Aberacht erklärt, seiner Lehen wurde er beraubt, der Reichskrieg gegen ihn wurde erklärt. Das war der erste hochpolitische Prozeß in Deutschland – unter strenger Wahrung der Rechtsformen vernichtete der Kaiser und König die übermächtige Stellung des vornehmsten Reichsfürsten (1181). Der eigentliche Anlaß des Verfahrens, die Verweigerung der militärischen Hilfe für Italien, blieb in dem Prozeß völlig unerwähnt. Aber noch mehr – Friedrich vernichtete nicht nur eine Einzelperson. Er beglich die Rechnung mit den Stammesherzogtümern. Beide Herzogtümer Heinrichs des Löwen, Sachsen und Bayern, wurden aufgeteilt. Sie waren, wie gezeigt, die Sitze des hartnäckigsten Partikularismus in Deutschland. Den westlichen Teil von Sachsen erhielt als neues Herzogtum Westfalen der Erzbischof von Köln. Der östliche Teil kam an den Grafen von Anhalt. Bayern wurde an den Pfalzgrafen Otto von Wittelsbach gegeben, aber die Steiermark abgetrennt und als selbständiges Herzogtum eingerichtet. Von den alten Stammesherzogtümern bestand jetzt nur noch Schwaben. Die Zerschlagung Sachsens verschärfte den Gegensatz zwischen dem Rheinland und dem Osten, die Schmälerung Bayerns stachelte sowohl den bayerischen wie den österreichischen Ehrgeiz an. Neue Reibungen entstanden.

Heinrich der Löwe, der sich nach drei Jahren unterwarf, erhielt seine Allodien (den Hausbesitz der Welfen) Braunschweig und Lüneburg zurück, mußte aber in die Verbannung gehen. Erst 1185 kehrte er mit Erlaubnis des Kaisers aus England zurück. Der Löwe konnte die furchtbare Demütigung nie vergessen, mit seiner Rache mußte man rechnen. Der alte Zwist zwischen Staufern und Welfen war nun ganz unversöhnlich geworden. An Stelle einer gesunden Entwicklung, die zu einem Nordreich und einem Südreich in Mitteleuropa geführt haben könnte, trat als Ergebnis allseitige Zersplitterung und Verwirrung. Die Kolonisation im Osten stockte, alle kleineren Herren lehnten sich gegen die größeren auf, alle Großen wappneten sich gegen das Oberhaupt mit Vorsicht und Mißtrauen, eingedenk des Schicksals des Löwen. Der König von Dänemark, der Schwiegersohn Herzog Heinrichs, versagte dem Kaiser die Huldigung. Wohlweislich verzichtete Friedrich auf Zwang.

Kaiser Friedrich Barbarossa war eine optimistische Natur. Er pflegte seine Kompromisse als Siege zu feiern, und je mehr er hatte preisgeben müssen, desto glänzender fiel das Fest aus. Der Konstanzer Friede, der endlich die Versöhnung mit den Lombarden brachte, gab die ronkalischen Beschlüsse völlig preis. Die Städte erhielten die vielumstrittenen Regalien, der Kaiser mußte sich mit der Investitur der von den Bürgern gewählten Konsuln und mit der Einrichtung eines Appellationsgerichtes für Kompetenz- und Finanzstreitigkeiten begnügen. Wenn der Kaiser in Italien war, hatten die Städte für den Unterhalt des Kaisers und seinen Transport aufzukommen – ein mageres Entgelt für den verlorenen Rechtsanspruch (1183). Nie vorher hatte ein deutscher Herrscher Frieden geschlossen mit dem Papst und widerspenstigen Lehnsträgern. Die Form des Friedensschlusses als solche bedeutete, daß der Kaiser es nun mit Mächten zu tun hatte, die sich ebenbürtig neben ihn stellten. Der universalistische Kaisertraum zerging mehr und mehr. Was immer auch weiterhin möglich schien, war eine hegemoniale Stellung in Europa auf Grund geschickter Außenpolitik und angemessener Machtansammlung. Dafür sorgte nun Friedrich Barbarossa auf seine Art. Seine eigene Heirat hatte ihm Burgund gebracht – es war eine glückliche Ehe und ein vorteilhaftes politisches Geschäft. Nun verlobte er seinen Sohn Heinrich mit der Erbin des gefährlichen sizilianischen Königreiches – mit der nicht mehr ganz jungen und durchaus nicht schönen Tante des letzten Königs, der Prinzession Konstanze. Diese Verbindung hatte überwiegend den Charakter eines politischen Arrangements und wurde dem Hohenstaufenhause zum Verhängnis. Bei der Vermählung verlieh Friedrich I. seinem Sohne den Titel Cäsar (Unterkaiser), nach römisch-byzantinischem Brauch. Diese ganzen Vorgänge wirkten auf das Papsttum als Herausforderung. Vom Süden her griff nun die hohenstaufische Politik in die italienischen Verhältnisse ein, von einem politischen Lebenskreise, den die Kurie als ihr besonderes Interessengebiet anzusehen gewohnt war. Sie blieb die Antwort nicht schuldig. Der Papst knüpfte wieder mit den lombardischen Städten und der deutschen Fürstenopposition an, aber es gelang Friedrich I., diesen Schwierigkeiten einigermaßen zu begegnen. So konnte er das Kreuz nehmen und nach dem heiligen Lande ziehen. Er sollte nicht mehr von dort zurückkehren. Beim Baden oder auch nur beim Durchreiten fand er den Tod in dem kleinasiatischen Fluß Salef, rechtzeitig bewahrt vor Scheinerfolg oder Mißerfolg (1190). Wie immer hatte der Kaiser auch für den lange geplanten Kreuzzug ein weitgehendes Programm gehabt, was sich dann nur zum Teil verwirklichte. Vor dem Auszug hatte Friedrich I. eine Versöhnung mit Heinrich dem Löwen versucht – noch einmal begegneten sich die beiden fürstlichen Vettern persönlich, und gerade in dem umstrittenen Goslar. Der Kaiser stellte dem ehemaligen Freund die Wahl: entweder teilweise Wiedereinsetzung unter Verzicht auf den Rest des ehemaligen Lehnsgutes und Teilnahme am Kreuzzug oder erneute Verbannung für drei Jahre. Der Kaiser wollte den alten Feind nicht in Deutschland zurücklassen, wenn er nach dem Orient ging. Der Löwe war aufrichtig genug, die Verbannung zu wählen. Vom Exil kam man leichter zurück als vom Kreuzzug. Nicht Heinrich der Löwe, weder England noch Frankreich, ja nicht einmal alle erwarteten deutschen Teilnehmer folgten dem alten Kaiser ins Morgenland – er ließ ein uneiniges Abendland hinter sich. Immerhin zählte sein Heer zwanzigtausend Ritter, er errang in Iconium einen schönen Sieg. Aber nach seinem Tode löste sich das Unternehmen auf, ohne großes Ergebnis. Friedrich Barbarossa gehörte zu den glückhaften Naturen, an deren Mißerfolg oder Niederlage man nicht glauben möchte, da sie selbst nicht daran glauben können. Und so paßt dieser Tod an entferntem Ort, ein Ende inmitten jugendlich kraftvoller Betätigung, in seiner einfachen unwahrscheinlichen Tatsächlichkeit zu diesem Manne. Mit gutem Grunde hat das Volk die Kaisersage von seinem Enkel auf ihn übertragen – er war kein großer unheimlicher Zauberer wie Kaiser Friedrich II., sondern er war eben ein tapferer, braver Ritter, von dem man sich ein Friedensregiment in alle Ewigkeit gern hätte gefallen lassen.

Kaiser Heinrich VI.

Friedrich Barbarossa hatte noch die Wahl gehabt zwischen einer nationaldeutschen Politik und dem imperialistischen Anspruch. Für seinen Sohn Heinrich VI. gab es keine Wahl mehr, weder politisch noch persönlich. Er war der geborene schroffe Absolutist, er strebte ganz offen nach der europäischen, übereuropäischen Universalherrschaft – seine Regierung blieb zu kurz, um irgendeinen Dauererfolg zu erzielen, sie währte aber lang genug, um ihn tief verhaßt zu machen, selbst bei seinen nächsten Angehörigen und Anhängern. Kein versöhnender Zug ist in seinem Charakterbild zu entdecken. Aber selbst von einem rein machtpolitischen Standpunkt dürfen die Ergebnisse seines verwegenen Planens nicht überschätzt werden. Zunächst sah sich Heinrich ungeheuren Schwierigkeiten gegenüber. Unter Bruch des Eides erschien Heinrich der Löwe in Deutschland, um das sächsische Herzogtum zurückzuerobern, er fand allerlei Helfershelfer, der König sagte die Heerfahrt gegen den Friedensbrecher an, aber es kam bald zu einem Friedensschluß, der freilich nicht lange dauerte. In Sizilien erhob sich eine nationale Partei gegen die deutsche Fremdherrschaft, Graf Tankred von Lecce, der Halbbruder des letzten Königs, wurde als Herrscher eingesetzt, zum Ärger der apulischen Barone, die einen eigenen Kandidaten stützten, zur Freude aber der römischen Kurie, die nichts gefährlicher fand als eine Hohenstaufenherrschaft in Süditalien. König Richard Löwenherz von England war durch seine Verwandtschaft mit dem sizilianischen Königshause und durch gemeinsame normannische Interessen an diesen Vorgängen stark beteiligt, er schloß mit Tankred ein Bündnis unter Zustimmung der Kurie. Vom heiligen Lande zurückkommend, landete er in Sizilien und dachte eine Zeitlang daran, sich selbst dort für die Dauer festzusetzen. Kaiser Heinrich VI. hatte es also schwer in Italien, die alten Zwiste mit den Lombarden lebten wieder auf, Tankreds Stellung befestigte sich, durch Verrat bemächtigte er sich sogar der Person der Kaiserin Konstanze – vielleicht nicht ganz ohne Zutun der intriganten Frau –, die Kaiserkrone vermochte Heinrich nur durch schärfsten Druck auf den widerspenstigen Papst zu erlangen und indem er den Römern das kaisertreue Städtchen Tuskulum preisgab. Die völlige Zerstörung und Ausmordung dieses Ortes wirkte als eine eigenartige Feier der österlichen Kaiserkrönung – der Zynismus solcher Handlungsweise blieb dem Kaiser unvergessen. Zu der ostdeutschen Fürstenopposition in Deutschland gesellte sich nun eine westdeutsche – wesentlich zusammengebracht unter dem Eindruck der Ermordung des Bischofs von Lüttich, deren Urheberschaft man dem Kaiser zuschob. Wohl schwor Heinrich VI. den Reinigungseid, aber er bestrafte die ritterlichen Mörder nur mit Verbannung und belohnte sie später. Der Verdacht blieb also auf ihm sitzen, die Zeitgenossen trauten ihm die Mordanstiftung ebensogut zu wie den Meineid. In seiner bösen Bedrängnis half dem Kaiser ein Glücksfall. Heinrich VI. benutzte die Spannung zwischen den Westmächten, um mit König Philipp Augustus von Frankreich ein Bündnis gegen England zu schließen – er verpflichtete sich, den englischen König Richard Löwenherz bei seiner Rückkehr vom Orient festzunehmen. Der Anschlag gelang, Richard wurde von dem Herzog Leopold von Österreich, mit dem er sich persönlich verfeindet hatte, gefangengenommen. Heinrich nützte die Lage voll aus – er erpreßte von König Richard nicht nur ein gewaltiges Lösegeld, das ordnungsmäßig von den Engländern abgezahlt wurde, sondern sogar die Anerkennung der kaiserlichen Lehnshoheit über England. Er verwendete auch Richards Person und Einfluß zur Verständigung mit den gegnerischen deutschen Fürsten. Die dem Kaiser unerwünschte Heirat zwischen dem Sohne Heinrichs des Löwen und der Erbin der Rheinpfalz ermöglichte dann sogar die Versöhnung mit den Welfen, für welche die Anwartschaft auf die Pfalz eine befriedigende Entschädigung bedeutete. Wie gründlich gestaltete sich Friedrich Barbarossas Werk um! Sein Sohn traf nun persönlich mit dem alten Herzog Heinrich dem Löwen zusammen, die Welfen standen wieder groß da. Dänische Eroberungspläne fanden freilich jetzt keinen Widerstand, der Kaiser kümmerte sich nicht um Schleswig und Holstein, Sizilien war ihm wichtiger. Hier war König Tankred gestorben. Mit einem stattlichen Heer, unterstützt von den Flotten Genuas und Pisas, eroberte Heinrich das Normannenreich, ließ sich in Palermo krönen, bemächtigte sich des märchenhaften Normannenschatzes, den er auf den Trifels, die rheinpfälzische Burg, brachte, unterdrückte Verschwörungen unzufriedener Barone und verlieh seinen treuesten deutschen Ministerialen süditalienisches Land als Erbgut, zur Empörung der Eingesessenen. Der Erfolg ließ Heinrichs Pläne schwellen: auch Frankreich und Kastilien wollte er in sein Imperium ziehen, den König von Aragon betrachtete er als seinen Vasallen und hetzte die Genuesen gegen ihn, Armenien und Zypern huldigten dem Kaiser, die oströmischen Wirren gaben ihm Hoffnung auf weiteren Zuwachs, er machte Anspruch auf die nordafrikanische Küste, auf Tunis und Tripolis, die Roger II. von Sizilien unterworfen hatte, er empfing tatsächlich eine Zeitlang Tribute aus Nordafrika und von den Balearen. Der Papst, dessen Lehnsanspruch über Sizilien der Kaiser durchaus nicht anerkannte, fügte sich trotzdem einer so gewaltigen imperialen Machtfülle. Heinrich VI. nahm ja das Kreuz, und so schien sich wirklich die west-östliche Christenheit noch einmal einigen zu sollen. Die Voraussetzung dazu war freilich die Sicherung der staufischen Herrschaft in Deutschland für die Zukunft. Sizilien war eine absolute Erbmonarchie. In Deutschland war dergleichen schon nicht mehr möglich. Das Reichsfürstentum bestand, man hatte sich damit abzufinden. Aber konnte nicht das Königtum erblich in einem Herrscherhause werden? Auf diesem Wege hoffte Heinrich die welfische und sonstige Nebenbuhlerschaft loszuwerden. Der Kaiser war bereit, einen hohen Preis zu bezahlen. Er bot den Reichsfürsten dasselbe, was er für das Königtum beanspruchte – die Erblichkeit ihrer Lehen in männlicher und sogar in weiblicher Linie, die Anwartschaft der Nebenlinien nach Erbrecht, Entschädigung der geistlichen Fürsten durch Verzicht auf das königliche Spolienrecht zu ihren Gunsten (Spolienrecht ist die bei der Neueinsetzung eines geistlichen Fürsten erhobene Gebühr). Der kaiserliche Plan hatte viel Verlockendes, auch vom rein selbstischen Standpunkt der Fürsten; trotz allerlei Bedenken im einzelnen fand er eine Mehrheit auf dem Würzburger Reichstage. Nun ging Kaiser Heinrich nach Italien, um die Zustimmung des Papstes zu erwirken – er bot ihm die finanzielle Sicherstellung der Kurie durch dauernde Überweisung ertragsfähiger Pfründen an, ohne freilich damit durchzudringen. Heinrichs Pläne flogen immer weiter und höher. Sogar der byzantinische Kaiser verstand sich zur Tributzahlung – ein Kreuzzug sollte die staufische Weltmonarchie vollenden. Da starb Heinrich VI. in Messina am Sumpffieber, 32 Jahre alt. Der Papst nannte ihn einmal erbittert: »Die Wut des Nordsturms« – diese Wut hatte nun ausgetobt. Sofort brach die deutsche Fremdherrschaft in Sizilien zusammen. Mit Grausamkeit hatte Kaiser Heinrich VI. jeden Widerstand unterdrückt, seine eigene Gemahlin Konstanze, die ihm entfremdet war, konnte dem Freiheitswillen ihrer Landsleute das Mitgefühl, ja sogar heimliche Unterstützung, nicht versagen. Der verhaßte Gewaltherrscher war nun tot – was sollte werden?

Doppelwahl. Philipp von Schwaben und Otto IV.

Es zeigte sich bald, wie schwach die Grundlagen der staufischen Weltmonarchie überall waren. Bei längerem Leben hätte eine überragende Persönlichkeit wie Heinrich VI. vielleicht eine gewisse Sicherheit erreichen können, freilich nicht ohne schwere Kämpfe und Opfer. Jetzt nahmen die deutschen Geschicke ihre entscheidende Wendung. Universalismus und Zentralismus besaßen keine praktische Aussicht mehr. Heinrichs VI. Sohn, der bedeutendste Hohenstaufe, Kaiser Friedrich II., kämpfte zeitlebens für eine verlorene Sache.
Er war ein unmündiges Kind, als der Vater starb. Sollte sich alles Unerfreuliche der Minderjährigkeitsregierungen aus den Zeiten Ottos III. und Heinrichs IV. wiederholen? Dazu gebrach es den Zeitgenossen an Geduld, ein wilder und schlimmer Ablauf der Ereignisse begann. Der sterbende Kaiser Heinrich VI. hatte ein politisches Testament gemacht. Es zeigte, wie klar er die Lage sah. Der Kaiser empfahl als das einzige Rettungsmittel die sofortige Versöhnung mit der Kurie, selbst für den höchsten Preis, die Herausgabe der mathildischen Güter sowie die Anerkennung der päpstlichen Lehnshoheit über Sizilien und Mittelitalien. Das kaiserliche Testament verschwand. Niemand dachte daran, seine Bestimmungen auszuführen, aber die von Heinrich VI. gekennzeichnete Entwicklung der Verhältnisse erwies sich als unaufhaltsam. Die Regentin, Kaiserin Konstanze, entfernte alle Deutschen aus Sizilien, die sizilianische Nationalbewegung setzte sich siegreich durch, sie erkannte die päpstliche Lehnshoheit an – das galt als der beste Schutz gegen die Ansprüche der Deutschen. In ganz Mittel- und Oberitalien erhoben sich die örtlichen Gewalten gegen die deutsche Fremdherrschaft. Die Mitteleuropa-Idee zerbarst. Die italienischen Städte verbündeten sich miteinander, das Reichsgut wurde von ihnen in Anspruch genommen, auch die römische Kurie

Papst Innozenz III. übergibt einem Prior eine Bulle

beteiligte sich an diesen »Rekuperationen«, das neue Gefühl italienischer Volksgemeinschaft gab diesen Vorgängen eine besondere Wucht.

In Deutschland konnte man einen dreijährigen König nicht gebrauchen. Die rechtmäßige Wahl Friedrichs II. war nicht aufrechtzuerhalten – der überkommene Gegensatz von Welfen und Waiblingern brach voll aus und führte zu der Doppelwahl von 1198. Die staufische Partei kürte den jüngsten Bruder Heinrichs VI., Herzog Philipp von Schwaben und Tuszien, und zwar zum ersten Male in der deutschen Geschichte, zum Kaiser, damit sollte jeder päpstliche Anspruch auf Einmischung grundsätzlich ausgeschaltet sein. Die welfische Partei, vom Erzbischof von Köln geleitet, wählte den jüngeren Sohn Heinrichs des Löwen, Otto, zum König – er war der Liebling seines Onkels Richard Löwenherz, der ihn mit der Grafschaft Poitou belehnt hatte –, der König von England nahm nun eine späte Rache an den Hohenstaufen, wenn er diesen Welfen unterstützte. Ohne englische Subsidien hätte Otto IV. seinen Weg nicht machen können.

Eine böse Zeit des Bürgerkrieges begann nun in Deutschland. Die Rheinlande, Thüringen und Sachsen waren die Hauptschauplätze. Beide Könige gewannen sich Anhänger durch Verteilung des Reichsgutes und Preisgabe der Kronrechte. Otto machte den Anfang – der Kölner Erzbischof verlangte Belohnung, das Spolien- und Regalienrecht erwies sich als eine fette Beute. Wenn England den Welfen half, so verbündeten sich die Staufen wie herkömmlich mit dem König von Frankreich, der deutsche Bürgerkrieg bekam durch den englisch-französischen Gegensatz Weite und europäische Spannung, auch Flandern wurde Kampfpreis und Kriegsschauplatz.

Die deutsche Doppelwahl gab endlich dem Papsttum die willkommene Rolle des Schiedsrichters. Innozenz III. war ein Staatsmann hohen Ranges, der Recht und Geschichte zu deuten vermochte – er nutzte den Augenblick mit diplomatischer Kunst. Nach wohlberechnetem Zögern gab er seine Entscheidung für den Welfen Otto: der Papst habe, so entwickelte er, bei einem Zwiespalt der Wahl das letzte Wort, er allein verleihe die Kaiserkrone, er sei der Fürsorger des Kaisertums; wenn die Fürsten einen Kandidaten wählen durften, so sei es die Sache der Kurie, diese Wahl zu bestätigen und durch die Krönung zu vollenden. Diese päpstliche Wendung bediente sich also des staufischen Kaiseranspruchs, um ihn zu widerlegen. Otto wurde von Innozenz III. als der zum römischen Kaiser gewählte König anerkannt. Zum Dank verzichtete Otto auf die Reichsrechte in Mittelitalien. Seine Partei wuchs, Böhmen stellte sich zu ihm, gegenüber den staufischen Anhängern betonte der Papst nochmals aufs schärfste den päpstlichen Entscheidungsanspruch – der Papst habe den Fürsten das Wahlrecht verliehen, der Papst habe das Kaisertum von den Griechen auf die Germanen übertragen, der Papst habe deshalb das Prüfungsrecht, er habe ja den Gewählten verantwortlich zu krönen. Bald erfolgte aber ein Rückschlag – Kaiser Philipp befand sich im vollen Aufschwung, als er vom Pfalzgrafen Otto von Wittelsbach in Bamberg ermordet wurde. Der Wittelsbacher hatte sich vergebens um eine Tochter Philipps beworben, er glaubte auch bei anderen Heiratsplänen Philipps Widerstand zu begegnen – sicher zu Unrecht, denn Philipp, der ursprünglich zum geistlichen Stande bestimmt gewesen war, galt als der ritterlichste, gütigste Fürst der Zeit, die Dichter rühmen seine Milde und die Vornehmheit seiner Gesinnung: der sympathischste unter den Hohenstaufen verschwand wie ein edler Schatten, ohne Nachwirkung in der deutschen Geschichte (1208).

Der Welfe Otto IV. vermochte das unverhoffte Glück nicht zu nutzen. Er stellte sich zu einer neuen Wahl, erkannte also nachträglich seinen verstorbenen Nebenbuhler an, verlobte sich mit der elfjährigen Tochter Kaiser Philipps – das gewann besonders die mächtige staufische Ministerialität –, er bestrafte den Mörder Philipps, er verkündete einen strengen Landfrieden. Ein paar Jahre herrschte Ruhe in Deutschland. Dem Papste machte Otto IV. im Interesse der Kaiserkrönung die wichtigsten Zugeständnisse: Verzicht auf das Regalien- und Spolienrecht, Anerkennung des von Innozenz geschaffenen mittelitalienischen Kirchenstaates, Bewilligung der unbedingten Appellation in allen Kirchensachen an die Kurie und volle Freiheit der kirchlichen Wahlen. Dies bedeutete die klare Überlegenheit des Papsttums, sein Übergewicht sowohl an weltlicher Macht in Italien wie an kirchlicher Autorität im ganzen Reichsgebiet. Das Wormser

Konkordat bestand ja praktisch schon lange nicht mehr – es war nun auch rechtlich vom Kaisertum aufgegeben.

Otto IV. holte sich die Kaiserkrone in Rom – sie war teuer erkauft. Vom Sohne Heinrichs des Löwen hätte man die sofortige Rückkehr nach Deutschland erwarten können, wo genug große Aufgaben auf ihn warteten. Aber gerade dieser Welfe übernahm die staufische Erobererpolitik in dem immer mehr bewußt italienisch werdenden Italien! Er widerrief seine Versprechungen, er beanspruchte alle alten Reichsrechte in Ober- und Mittelitalien, ja er griff Sizilien an, auf das doch nicht einmal ein formaler Rechtsanspruch des welfischen Hauses bestand. Nun bannte der Papst diesen Welfen genauso, wie er die Staufer gebannt hatte, mit Hilfe Frankreichs gewann Papst Innozenz III. die deutschen Fürsten für den jungen Friedrich, den sizilianischen Thronerben, den »Knaben von Apulien«. Der Bürgerkrieg in Deutschland begann von neuem, getreu dem päpstlichen Programm wurde Friedrich in Nürnberg zum König gewählt. Er nahm Sizilien vom Papste zu Lehen, verbündete sich mit Frankreich, empfing französische Subsidien und erschien als der »Pfaffenkönig« in Deutschland – der seltsame Anfang einer großen Laufbahn. In der Goldenen Bulle von Eger bewilligte Friedrich II. dem Papste formell alle Zugeständnisse, die Kaiser Otto gemacht hatte, diesmal nahmen die deutschen Fürsten an der Bewilligung durch Zeugnis und Mitbesiegelung teil. In Frankfurt wurde Friedrich zum König gekrönt, am unrechten Orte von unrechter Hand und mit unechten Insignien!

Die Schlacht von Bouvines (1214) entschied die Niederlage der niederrheinisch-welfisch-englischen Allianz gegenüber Frankreich. Kaiser Otto hatte keine Aussichten mehr, er starb, fast vergessen, 1218. Der einzige welfische Kaiser hatte das Glück seines Hauses verspielt. Wohl besaß er den Stolz und den Löwenmut seiner Vorfahren – sein Draufgängertum verschaffte ihm Freunde, wenigstens solange er jung war. Maß in Entwürfen, gewinnende Behandlung Untergebener hätte man von dem reifenden Manne vergebens erwartet. Er wirkte eigentlich immer unfertig, doch nun war der Reiz vorbei, unstet und unberechenbar mußte er vereinsamen. Bei etwas mehr Klugheit hätte er den Fehler in sich selbst gefunden – so aber klagte sein Trotz die Freunde an, die Welt überhaupt, ja Gott selber.

Kaiser Friedrich II. Sizilien. Der Kreuzzug

Der niedersächsische Otto griff nach Sizilien – nur der Besitz ganz Italiens schien die Mitteleuropa-Idee, die deutsche Hegemoniestellung zu sichern. Der Sizilianer Friedrich ging aus von seinem heimatlichen ererbten Königtum, er war durchaus ein romanisierter Normannenfürst, undeutsch an Geist, mit geringem deutschen Blutanteil, wenn auch staufisch in der äußeren Erscheinung. Die früheren Kaiser hatten Römerzüge gemacht – dieser nun kam nach Deutschland als ein Fremder, als Schutz- und Zwingherr, als Friedensstifter, er unternahm diese Deutschlandzüge, weil er Deutschland brauchte, sein Schwerpunkt lag aber in Italien, Deutschland mußte sich mit

Reichsverwesern behelfen und war ja schon so weit, sich einen starken Kaiser gar nicht mehr zu wünschen. Das Papsttum freilich nahm eine besondere Haltung hierzu ein. Rom wünschte Sizilien und Deutschland zu trennen – saßen beide in einer Hand, dann stak das Papsttum in der Zange. Also ließ sich Papst Innozenz III. versprechen, daß Friedrich Sizilien seinem jungen Sohne Heinrich überlassen würde – nach der Kaiserkrönung! Dies war ein unmögliches Verlangen, der neue Papst Honorius verzichtete auch auf die Erfüllung, Heinrich wurde zum deutschen König gewählt: Sizilien war Friedrichs Erbreich und Machtzentrum, um Siziliens willen sollte nun auch Friedrich, in seinen Anfängen eine päpstliche Kreatur, in unversöhnlichen Konflikt mit der Kurie geraten. Die Kreuzzugsfrage trat als aktueller Streitpunkt hinzu. Bei seiner zweiten, der korrekteren Aachener Krönung, nahm Friedrich das Kreuz (1215), die Kurie hatte allen Grund, auf die Erfüllung dieses Gelübdes zu drängen. Denn die orientalische Welt hatte sich infolge des sogenannten vierten Kreuzzuges (1202–1214) völlig verwandelt. Der Geschäftssinn der Venezianer hatte die Bewegung auf Byzanz abgelenkt, das byzantinische Reich erlag dem fränkischen Ansturm, ein lateinisches Kaiserreich im Osten mit vielerlei Nebenerzeugnissen entstand, westlich, lehnsrechtlich organisiert auf dem Boden des so gänzlich verschiedenen griechischen Gesellschaftskörpers. Das Papsttum triumphierte, Westrom und Ostrom schienen sich wiederzufinden, niemals hatte ein Papst größer dagestanden als Innozenz III. auf dem Laterankonzil 1215: seiner weltlich-geistlichen Oberherrschaft beugte sich eine vereinte und vereinheitlichte Christenheit – vom Spirituellen her baute sich ein neues Konstantinisches Imperium auf. Es fehlte nur noch die Wiedereroberung des heiligen Landes selbst – kein Wunder, daß das Papsttum sich so ereiferte; vom lateinischen Kaisertum, das mit sich und seinen neuen Aufgaben nur zu schwer rang, konnte der Angriff nicht erwartet werden, Venedig interessierte sich allein für sein neues Handels- und Kolonialreich im östlichen Mittelmeer, gerade der große Gewinn des vierten Kreuzzuges schien die eigentliche Kreuzzugsidee zu ersticken.

Kaiser Friedrich II. hat den Kreuzzug ehrlich gewollt, aber er mußte zuvor sein Haus bestellen. In Sizilien vollendete er die erste moderne absolutistische Königsgewalt – der autokratische Geist von Cluny war hier säkularisiert: eine streng gegliederte Beamtenhierarchie saugte alle Gerechtsame auf und erfüllte die Autorität der Krone mit einer uneingeschränkten Macht – es gab nur noch königliches Recht, königliche Verwaltung, königliche Soldaten und Finanzleute; auch die eigenwilligsten Barone fügten sich ein als Untertanen, denen der königliche Dienst allein den Weg zu neuer Herrenstellung öffnete. Heinrich VI. konnte noch daran denken, Deutschland zu einer Erbmonarchie zu entwickeln –, Friedrich II. mußte froh sein, die Königskrönung seines jungen Sohnes Heinrich durch weitgehende Zugeständnisse an die deutschen geistlichen Fürsten zu erkaufen. Zum ersten Male nannte der Kaiser 1220 die geistlichen Herrschaften »Territorien«, er gab die königliche Gerichtsbarkeit in diesen Gebieten bis auf geringfügige Reste auf, er verbot Burgen- und Stadtbau auf geistlichem Boden. Bei der Kaiserkrönung erließ Friedrich eine Reihe von Gesetzen zugunsten der Steuer- und Gerichtsexemtion der Geistlichen; in dem Ketzeredikt stellte er der Kirche den weltlichen Arm bei der Verfolgung ihrer gefährlichsten Feinde zur Verfügung. Das Verhältnis zur Kurie war also gut und blieb es auch für einige Zeit – bemühte sich der Papst doch, zwischen dem Kaiser und den lombardischen Städten zu vermitteln. Als

Alpenüberquerung eines kaiserlichen Heeres zur Zeit Friedrich II.

aber die Ausfahrt nach dem heiligen Lande durch Krankheit und Unglücksfälle ins Stocken geriet, sprach Papst Gregor IX. den Bann über Friedrich II. aus – der Konflikt zwischen Papst und Kaiser entbrannte von neuem. Friedrich II. ging trotz des Bannes nach dem Orient und erreichte durch geschickte Verhandlungen mehr als irgendein Kreuzfahrer vor ihm. Jerusalem außer der Omarmoschee, Bethlehem, Nazareth und ein Küstenstreifen wurden abgetreten; Friedrich, der sich als Schwiegersohn des Königs von Jerusalem bereits vorher König von Jerusalem nannte, krönte sich selbst dort zum König – worauf der Patriarch die Stadt wegen der Anwesenheit des gebannten Kaisers mit dem Interdikt belegte (1229).
Der Zwist zwischen Kaiser und Papst stürzte Deutschland und Italien in erneuten Bürgerkrieg, Gregor schaute sich bereits nach einem Gegenkaiser um – der Welfe, Herzog Otto von Lüneburg, Kaiser Ottos IV. Neffe, biß nicht an, der Reichsverweser Herzog Ludwig von Bayern aber ließ sich auf hochverräterische Verhandlungen ein; sogar in sizilianisches Gebiet fielen päpstliche Truppen ein –, da gelang es der diplomatischen Kunst Friedrichs bei seiner Rückkehr vom Orient, den Kompromißfrieden von San Germano mit Gregor abzuschließen. Der Kirchenstaat wurde erneut anerkannt, aber die päpstlichen Forderungen hinsichtlich der Stellung der sizilianischen Geistlichkeit wurden nur zum kleineren Teile bewilligt (1230).

Neuordnung in Deutschland

Neue Störung kam vom Norden, von den Lombarden und von Deutschland. Solange Erzbischof Engelbert von Köln seine strenge und scharfe Regentschaft für den jungen König Heinrich geführt hatte, herrschten Friede und Ordnung. Die norddeutschen Fürsten vermochten Erfolge gegen Dänemark zu erringen. König Waldemar II. saß eine Zeitlang gefangen. Nach Engelberts aus Rachgier erfolgter Ermordung entstanden wieder Irrungen. Damals bildete sich zum ersten Male ein Städtebund am Mittelrhein – die kleinen Leute, im Stiche gelassen von den Großen, hin und her geschoben von selbstischen Interessen, die sie nicht teilten, mußten zu der Erkenntnis kommen, daß nur Selbsthilfe eine gewisse Lebenssicherheit bringen konnte, und handelten danach. Die politische Kraft des Stammes Deutschland ging nun einmal in die Zweige. Der junge König Heinrich, der seit 1228 in Deutschland selbständig regierte, mußte sich die Freundschaft der Fürsten durch weitgehende Privilegien erkaufen, die sein Vater in der Hauptsache bestätigte. Das große Wormser Privileg von 1231 überließ den Fürsten die Gerichtsbarkeit in den Territorien, einschließlich der Einsetzung der unteren Gerichte und der Bestimmung des Gerichtsortes; die Sonderstellung der sogenannten Pfahlbürger wurde aufgehoben, das heißt der Bürger, die den Schutz und die Rechte einer Stadt genossen, ohne in ihr zu wohnen; die Gerichtsbarkeit der Städte sollte sich in Zukunft auf ihre Bannmeile beschränken, Landleute sollten keine Abgaben mehr an die Städte bezahlen; die Städte sollten Lehen aus weltlicher oder geistlicher Fürstenhand zurückgeben; die Fürsten sollten ihre Städte befestigen dürfen, sie erhielten das Recht zur Anlage von Straßen und Märkten, auch das Münzrecht der Fürsten sollte dem kaiserlichen vorangehen. So wurden entstandene Rechte und Ansprüche gesetzlich anerkannt, die Verwandlung des Reichsfürstenstandes in die Landesherrschaft war vollendet. Jetzt zum ersten Male wurden die Fürsten als Landesherren bezeichnet. Ein kaiserlicher Spruch setzte zugleich die Rechte der Landstände in den Territorien fest. Nur nach Befragung der Herren Stände durfte die Landesherrschaft neue Verordnungen erlassen, insbesondere neue Steuern ausschreiben.

König Heinrich war nicht mit der städtefeindlichen Richtung der Neuordnung einverstanden, er intrigierte auch mit den Lombarden gegen seinen kaiserlichen Vater. Plante der junge Heinrich ein demokratisches Erbkönigtum deutscher Nation, also den Verzicht auf die Hegemonie in Mitteleuropa? Ein neuer Geist war erwacht, er lebte in den Städten Italiens wie Deutschlands, er lebte auch in den kleinen religiösen Gruppen sektiererischen Charakters, die als Ketzer grausam verfolgt wurden. Heidnischer Glaube und Volksbrauch, den es immer noch gab, verbanden sich mit urchristlichem Antiklerikalismus und Antidogmatismus. Das reizte die Selbstherrlichkeit des neuen Fürstentums, das sich des Kreuzzugsgedankens bediente, um jedes Sondertum, jede freiheitliche oder unabhängige Neubildung, jeden kirchlichen oder politischen Individualismus auszurotten. Als der böseste von den zahlreichen Ketzerrichtern galt mit Recht Konrad von Marburg, ein Magister und Geistlicher Rat, der sich am Thüringer Landgrafenhofe einnistete. Hier tyrannisierte der engstirnige, sadistisch-grausame Emporkömmling die kindlich gute und rührend wohltätige Landgräfin Elisabeth, die später heiliggesprochen wurde. Vor der rauhen Kraft des derb zufahrenden Gemahls

Elisabeth von Thüringen verteilt Nahrung unter den Armen

flüchtete sich diese weiche Seele in die süße Ruhe mystischer Versenkung, vermochte aber in ihrer Inbrunst die recht praktischen Ziele nicht zu durchschauen, die ein Mann wie Konrad verfolgte.
Mit Hilfe der neuentwickelten fürstlichen Machtmittel, unterstützt von den Ordensorganisationen der Dominikaner, zog der wütige Geselle durchs Land und ließ die Scheiterhaufen brennen. König Heinrich trat dem krankhaften Fanatismus dieses Mannes und seiner Helfershelfer mit Erfolg entgegen. Nicht verhindern konnte er freilich die entsetzliche Vernichtung der Stedinger Bauern, deren Ketzerei darin bestand, daß sie ungestört von Geldansprüchen der Fürsten und Bischöfe, auf ihre Art, nach überkommenem Brauch und Sitte leben wollten, wobei gewiß allerlei abergläubisches Heidentum mitspielen mochte. Diese späte Gruppe freien niedersächsischen Bauerntums fiel einem Kreuzzuge zum beklagenswerten Opfer. König Heinrichs schließliche Empörung gegen seinen kaiserlichen Vater erwies sich als ein schlecht vorbereitetes und übel geleitetes Unternehmen. Heinrich hatte ernsthaften Anhang nur im deutschen Südwesten, unter den staufischen Ministerialen, die mit der Italienpolitik unzufrieden waren. Auch ein paar mißvergnügte Bischöfe schlossen sich an. Kaiser Friedrich brauchte nur in Deutschland zu erscheinen, da brach die Bewegung

schon in sich zusammen. König Heinrich wurde nach Apulien gebracht und bis zu seinem Tode in strenger Haft gehalten.

Friedrich II. vollzog jetzt seine dritte Vermählung, mit der englischen Prinzessin Elisabeth. Diese geschickt vorbereitete Annäherung an England sollte aber keinen Bruch mit dem alten französischen Verbündeten des Kaisers bedeuten, Friedrich hatte gute Beziehungen zu beiden Westmächten bitter nötig.

Das große Reichsgesetz von 1235, gegeben in einem glücklichen Augenblicke außenpolitischer Entspannung auf dem Reichstage zu Worms, ist das älteste Reichsgesetz in deutscher Sprache. Es stellt die Krönung von Friedrichs deutscher Politik der Sammlung, Ordnung und Versöhnung dar. Außer Bestimmungen über die Pfahlbürger, Geleit (Schutz der städtischen Messebesucher), Zölle, Straßenbau und Münzwesen regelte dies Gesetz mit besonderem Nachdruck den Landfrieden. Fehden sollten nur noch stattfinden im Falle der Notwehr oder der ausdrücklichen Rechtsverweigerung, sie sollten auch förmlich angesagt werden. Als den Träger der Rechtsprechung, in seiner Vertretung, setzte der Kaiser den Reichshofjustitiar; eine Sammlung der Reichsgesetze war angekündigt. So stellte sich dem deutschen Stammes- und Fürstenpartikularismus, der hingenommen werden mußte, ein betonter deutscher Rechtszentralismus entgegen. Es war eine vielversprechende Bekrönung, ein Anfang für mehr – der Zusammenbruch der Hohenstaufen verhinderte eine günstige Weiterentwicklung.

Kaiser Otto IV., der Welfe, hatte der Versuchung nicht widerstehen können, staufische Politik in Italien zu machen. Umgekehrt hat der Hohenstaufe Friedrich II. herkömmliche welfische Politik getrieben, wenn er die Ausbreitung des Deutschtums nach dem slawischen und litauischen Osten möglichst förderte. Die Christianisierung des Preußenlandes, die das führende Zisterzienserkloster Oliva bei Danzig betrieb (vgl. oben S. 72) hatte unter schweren Rückschlägen zu leiden. Ein Kreuzzug des Herzogs Konrad von Masovien mißglückte. Da wandte sich der Herzog an den Großmeister des Deutschen Ordens, Hermann von Salza, um Hilfe und trug ihm als Lohn dafür das Kulmer Land an. Der Großmeister nahm das Land zuerst vom Kaiser, dann, um nach bekanntem Muster möglichst unabhängig zu sein, vom Papste zu Lehen. Der Sitz des Metropolitanen im neugegründeten Erzbistum wurde Riga. Der Deutsche Orden verließ bald den Orient völlig und begann eine geistlich-ritterliche Kolonisationstätigkeit im Osten. Der Orden der Schwertbrüder in Livland sowie der König von Böhmen unterstützten seine Arbeit. Zum deutschen Königreiche hat das von den Deutschherren gewonnene Neuland Preußen rechtlich nie gehört. Dagegen wurde der Bischof von Livland zum Reichsfürsten, sein Land zur Mark erklärt. Später erhielt der Großmeister des Deutschen Ordens persönlich den Reichsfürstenstand.

Schwierigkeiten entstanden in Österreich. Der letzte Babenberger wurde wegen Teilnahme an der Verschwörung König Heinrichs geächtet. Er hatte den Plan verfolgt, seine Länder, die beiden Österreich, die Steiermark und Krain, zu einem Königreiche zu erheben, nur mit loser Unterordnung unter das Reich. Die Nachbarschaft der Königreiche Böhmen und Ungarn mochte solche Gedanken nahelegen. Nun nahm der Kaiser die Lande als heimgefallene Lehen zurück an das Reich, Wien erhielt die Reichsunmittelbarkeit, in Wien erfolgte die Wahl von Friedrichs neunjährigem Sohne Konrad zum König. Nach dem Tode des letzten Babenberger Herzogs ließ der Kaiser die Lande durch Generalkapitäne verwalten.

Der Kampf um Italien

Kaiser Friedrich II. hätte dem aufständischen Sohne Heinrich seine Sympathien mit den ansteigenden Volkskräften in Deutschland verzeihen können – aber niemals das Zusammenspiel mit den Lombarden. Der König von Sizilien *mußte* die oberitalienischen Alpenpässe beherrschen, wenn er nach Deutschland ziehen wollte. Es war ein besonders beliebter Kunstgriff der Veroneser, den Deutschen ihre Klause zu verschließen. Deshalb setzte der Kaiser den wildesten Podesta, einen wahren Blutsäufer, Ezzelino da Romano, an diesen strategischen Punkt. Um ihn ganz an sich zu fesseln, gab er ihm auch eine seiner Töchter zur Frau. Vergebens versuchte Papst Gregor IX. zwischen Friedrich und den Lombarden zu vermitteln. Der Kaiser wollte von einem Schiedsgericht nichts wissen und erfocht den glänzenden Sieg bei Cortenuova. Brescia widerstand aber der Belagerung, die wichtigsten anderen Städte blieben unbezwungen – wie Mailand, Alessandria, Bologna. Der Papst fühlte und handelte als italienischer Fürst. Die Interessen der Kurie sahen sich empfindlich verletzt, als der Kaiser seinen natürlichen Sohn, den bezaubernden Prinzen Enzio, den Gemahl der Erbin von Sardinien, zum König dieses Landes erhob. Der Papst sah die Insel als seinen Lehnsstaat an. So häuften sich die Konflikte – bitter beschwerte sich Gregor IX. über die kaiserlichen Übergriffe, auch gegen Kleriker und Ordensleute, er beklagte die Unsicherheit der Verhältnisse im heiligen Lande. Konnten nicht diese Punkte geschlichtet werden? Die Zeit hochkirchlichen Prinzipienstreites war vorbei. In der Salierzeit führte man den geistlichen Streit mit weltlichen Mitteln. Jetzt war es umgekehrt. Tatsächlich handelte es sich um Italien. Der König von Sizilien stand in Feindschaft dem Herrn des Kirchenstaates und den Lombarden gegenüber. Friedrich, der erste italienische Mensch voll eines neuen Kulturgefühls, ging als Herrscher zugrunde an dem erwachenden italienischen Nationalgedanken.

Der neue Papst Innozenz IV. war ein Fiesco aus dem genuesischen Grafengeschlecht von Lavagna. Genua sowohl wie Venedig verhielten sich antikaiserlich. Man verhandelte, aber der Kaiser lehnte die päpstliche Entscheidung über den Konflikt mit den Lombarden ab. Er befürchtete die Hegemonie der Kurie in Italien, also etwas Untragbares für den König von Sizilien. Der Kampf ging weiter mit steigender Bitterkeit, weltlich und grausam. Konnte es doch geschehen, daß einem auf der Folterbank sterbenden Bischof die letzte Ölung verweigert wurde! Der Kaiser war nun wiederholt, zuletzt auf dem Konzil von Lyon, vom Papste gebannt und exkommuniziert worden. Friedrich II. seinerseits protestierte gegen die angemaßte Strafgewalt des Papstes, er erklärte den Spruch gegen ihn schon aus formalen Rechtsgründen für nichtig, er beschuldigte die Kirche der völligen Entartung und forderte von ihr den Verzicht auf ihre irdischen Güter und Länder; so wuchs der Kampf in die grundsätzliche Sphäre der Kirchenreform und nahm insofern viel spätere Zwiste prophetisch voraus. Nun spielte sich der Konflikt nach Deutschland hinüber. Zwei Gegenkönige vermochten freilich nur örtliche Bedeutung zu erlangen. Kaiser Friedrich erlitt viele Schicksalsschläge. Der hervorragendste seiner so wohl geschulten und beaufsichtigten Beamten, der Kanzler Petrus de Viena, wurde jahrelanger Untreue, der Unterschlagung und verräterischen Doppelspiels überführt. Der auch menschlich tief verletzte Kaiser ließ den ehemaligen Freund elend im Kerker verenden. Die Bologneser nahmen Friedrichs Lieblingssohn, den Sproß eines Abenteuers mit einem wunderschönen deutschen Mädchen, den König Enzio, gefangen und gaben ihn trotz hoher Angebote nicht mehr heraus. Bei einem Fluchtversuch wurde der arme prinzliche Poet an einer blonden Locke erkannt, die aus dem Fasse hervorquoll, in dem er sich verborgen hatte.

Das Kriegsglück wandte sich von dem Kaiser ab. Er verlor das wichtige Parma und holte sich bei der Belagerung dieses strategischen Knotenpunktes eine böse Schlappe. Noch war der Kaiser nicht geschlagen, aber er war wohl kaum mehr imstande, irgendwo zu siegen. Da nahm ihn ein plötzlicher Tod hinweg (1250). Nach einer Weissagung sollte er in der Blumenstadt sterben, weshalb er ängstlich Florenz mied. Nun behielt das Orakel recht – das Schicksal ereilte ihn in dem apulischen Städtchen Fiorentino. Begraben ist Kaiser Friedrich II. in Palermo, in dessen seltsamer Mischkultur der Knabe zu gefährlicher Frühreife gediehen war. Ein gütiger und warmherziger Mensch konnte in der Schwüle dieser westöstlichen Welt nicht wohl groß werden. Dem Orientalischen blieb Friedrich zeitlebens vertraut und zugeneigt – sultanische Lebensformen gehörten ja zur sizilianischen Hofüberlieferung. Friedrich besaß Harems, seine drei legitimen Gemahlinnen ließ er von Eunuchen bewachen, die letzte, die Prinzessin aus England, litt besonders unter solcher Behandlung. Der Kaiser liebte Tiere, aber seine Elefanten, Löwen und Panther, die alle nordischen Menschen entsetzten, blieben nicht bloß Schaustücke einer fürstlichen Menagerie. Friedrich beobachtete und forschte – sein Buch über die Jagd mit Vögeln verbindet ernsten Sport mit ernster Wissenschaft. So zeigt ihn denn auch das liebenswürdige Bild im Frankfurter Kaisersaale als den Falkenjäger.

Der Kaiser sprach viele Sprachen, förderte Übersetzungen, entwarf und vollendete Bauten, sammelte kostbare Dinge und liebte ein kluges Gespräch – mit jedem, der etwas zu sagen wußte, ohne Vorurteil wie kein anderer mittelalterlicher Mensch. Konnte er doch einen jüdischen oder sarazenischen Arzt neben sich sitzen und einen Trunk in seiner Gegenwart nehmen lassen! Es gab keine Frage in Zeit und Ewigkeit, die den Kaiser nicht fesselte – seiner Spötterzunge war freilich auch nichts heilig. Gegebene geschichtliche Mächte, wie die christliche Kirche, achtete er, wenn auch nicht gerade aus Liebe, so doch aus Klugheit. Friedrich dichtete Kanzonen in der italienischen Volkssprache und setzte sie selbst in Musik, er suchte und verlebendigte die Antike als Mission und Kulturprinzip, er fühlte sich als Träger heiliger Majestät, als Heilsbringer und Triumphator – die sizilianische Erbschaft, die französisch-norditalienische Kulturbewegung, das spanische Beispiel – alles das macht erst vieles verständlich in der Geistigkeit seines politischen Werkes. Die persönliche Ausprägung, die er ihm gab, behält doch etwas einziges. Verführerisch, unheimlich, gefährlich schritt er durch seine Zeit. Er konnte beglücken und vernichten, etwas von der Laune der Götter stak in ihm, er betäubte und berückte als ein großer Zauberer, er beschäftigte das Gefühl und die Teilnahme und auch die Neugier im Augenblicke vollkommen, um dann etwas zu hinterlassen, was sich mischte aus Bewunderung, Grauen und Haß. Die Kirche bekämpfte zuletzt in ihm den Antichrist – damit traf sie ganz scharf und tief die kalte Weltlichkeit des »Terribile« –, des dämonisch grausamen, vielgewandten, maskenhaft lächelnden Weltimperators. – Als Kind hatte er in der Taufe den byzantinischen Kaisernamen Konstantin erhalten sollen. Sterbend ließ er sich in die

König Wenzel von Böhmen verleiht die Insignien des Mundschenk-Amtes

Franziskanerkutte hüllen – eine letzte halb reuige, halb ironische Pose dieses glaubenslosen Principe. Der Sohn aus der unglücklichen Ehe zwischen dem härtesten und hochmütigsten deutschen Hohenstaufen und der vom Fluche der Häßlichkeit und Falschheit gebrandmarkten Sizilianerin – so hatte er sein Leben voll genug auf seine Art ausgelebt, um die Wonne der Vernichtung auszukosten, in der frommen Müdigkeit wissenden Verzichtes.

Kaiser Friedrichs II. Tod bedeutet das Ende des auf den Besitz von Mitteleuropa politisch aufgebauten staufischen Weltkaisertums – alle Teile der imperialen Herrschaft gingen nun ihren eigenen Weg. Deutschland wurde gerade noch vor dem Mongolensturm bewahrt durch die tapfere Abwehr des Böhmenkönigs Wenzel und des niederschlesischen Herzogs Heinrich (gefallen bei Liegnitz, 1241).

Nun verzehrte sich das unglückliche Reich in dauerndem Bürgerkriege. König Konrad (IV.) starb vor der Zeit, unfähig, das Chaos des drohenden Interregnums zu bannen († 1254). Jerusalem ging an die Sarazenen verloren. Der Papst, die Seestädte und die Lombarden herrschten in Ober- und Mittelitalien. Frankreich, lange durch Englands Festlandsinteressen gelähmt, erstarkte nun gerade in der Abwehr. Das französische Königtum wurde mehr und mehr zentralistisch, die Vasallen der Krone fügten sich murrend ein, die Städte durften keine Republiken werden wie in Deutschland, die königliche Gerichtsbarkeit faßte das lehnsmäßig vielgestaltete Land energisch zusammen. Bescheiden, geduldig, von dem natürlichen und unvergleichlichen Zentrum Paris allmählich fortschreitend – so baute der König von Frankreich ein politisches Franzosentum auf, das seine Grenzen gegenüber England und Deutschland mehr und mehr zu seinem Vorteil verschob. Die Außenpolitik verlagerte sich. Burgund zerfiel, der Bruder König Ludwigs IX., des Heiligen, von Frankreich, der Herzog Karl von Anjou, erbte durch Heirat die Provence. Dieser fromme französische Ludwig wurde von der Kirche gerne gegen den unheiligen Kaiser Friedrich II., gegen den Ketzer und Sohn der Hölle, ausgespielt. Klug genug, ließ sich aber der König von Frankreich nicht in einen politischen Gegensatz zu den Hohenstaufen drängen und unternahm seine Kreuzzüge nach Nordafrika, innerhalb der gegebenen französischen Interessenzone im Mittelmeer. Mit seinem Bruder ging es anders. Karl von Anjou nahm vom Papste das Königreich Sizilien zu Lehen und erkämpfte es sich mit französischem Gelde und französischen Rittern, gegen Kaiser Friedrichs natürlichen Sohn König Manfred. Auch das nannte sich Kreuzzug! In Wahrheit begann damit das Ringen zwischen Deutschen und Franzosen um die Hegemonie in Mitteleuropa. Die italienische Volksleidenschaft gab nicht Ruhe, ehe nicht die ganze »Hohenstaufenbrut« ausgerottet war. Der letzte des Hauses, Herzog Konradin von Schwaben, König Konrads (IV.) Sohn, der Enkel Kaiser Friedrichs II., wollte sich sein Erbe Sizilien ertrotzen, das freilich nunmehr unbestritten päpstliches Lehen war. Mit schwacher Macht zog er nach dem gefährlichen Süden. Als ein Rebell und Landräuber wurde er öffentlich in Neapel hingerichtet (1268). Der Papst triumphierte. Die treuen Söhne der Kirche, die französischen Könige, beanspruchten ja keine kaiserliche Universalgewalt. So konnte die Kurie in Rom hochfürstlich über Italien, hochpriesterlich über dem Abendlande walten. Das Ende des hohenstaufischen Weltkaisertums bedeutete den Beginn einer päpstlich-französischen Interessengemeinschaft.

VI. Die deutsche Kultur des Hochmittelalters

Verfassungs- und Stände-Entwicklung – Der Kaiser-König und die Fürsten – Das Rittertum und das Bürgertum – Der Lehnsstaat – Die neue Grund- und Landesherrschaft – Der Untergang der alten Freien – Herrenstand und Ritterstand – Schollengebundenheit der Bauern – Vorteile des Lehnsverhältnisses – Hoher und niederer Adel – Die Ministerialen – Sieg der ritterlichen Kultur und Sitte – Deutsche Abwandlung gesamteuropäischer Lebensformen – Absonderung der Städte – Reichsstädte und Landstädte – Fränkisches und sächsisches Recht – Der Sachsenspiegel – Kaiserrecht ist römisches Recht

Die Geschichte des römischen Kaisertums und des ostfränkisch-deutschen Königtums ist die Geschichte seiner Zerrüttung. Die Verbindung der drei Reiche Ostfranken-Deutschland, Italien (Reichsitalien mit der Lombardenkrone) und Burgund blieb immer etwas Zufälliges und Personelles. Kein Staatsmann schuf daraus eine politische Gesamtheit, kein Kronjurist dachte auch nur daran, diese Ländermassen zu einer rechtlich durchgeformten Herrschaftseinheit zu gestalten. Der Oberstaat wurde nie verwirklicht. Die Päpste besaßen gegenüber den Kaisern schon die Überlegenheit ihrer sorgfältig gehaltenen Archive und ihrer juristisch geschulten Berater, die auf römische Art aus Urkunden etwas zu machen verstanden. Die universale Machtfülle des vereinigten Kaisertums und Königtums, seine überragende Würde, die mehr Autorität als wirkliche Befehlsgewalt war, behielt etwas Unbestimmtes auch gegenüber lokalen Mächten. Deren Dasein beruhte wohl auf Verleihungen der obersten Stelle, aber praktisch sah sich diese Stelle in die Verteidigung gedrängt und half sich von Zugeständnis zu Zugeständnis. Das ostfränkische Königtum, das volkstümlich das deutsche Königtum genannt wurde, rang vergebens um die Erblichkeit – die Regel blieb die Wahl nach Erbrecht, also die Wahl innerhalb des thronfolgeberechtigten Geschlechtes, meist auf Grund der Designation des letzten Herrschers. Der Wahlgedanke war altgermanisch, die Erbdynastie wurde als römisch-orientalischer Despotismus empfunden. Wähler war an sich jeder Freie, die Königswahl wurde dann schon aus äußeren Gründen aristokratisiert, der Wahlspruch der Großen beruhte auf ihrer örtlichen Führerstellung, er galt als Rechtshandlung des ganzen Volkes, dessen Akklamation als Überbleibsel des ursprünglichen Wahlrechtes angesehen werden mag.
Die Autorität des Königs besaß überhaupt etwas Stoßweises, Zufälliges. Der König griff nur ein, wenn es nötig war – ganz im Gegensatz zum Kaisertum der Spätantike, dessen prohibitiver Charakter durch ein tatendurstiges Beamtentum starke Betonung erfuhr. Der alte deutsche Freiheitsgeist wollte einen König haben, er wollte ihn ehren, aber nicht zu nahe und zu tief spüren, er half sich am liebsten selber auf dem Wege ge-

nossenschaftlicher Regelung und Rechtsbildung. Zu den weltlichen Fürsten, den Laienfürsten, die den König kürten, d. h. wählten, gesellten sich die geistlichen Fürsten, die Pfaffenfürsten; es entwickelte sich allmählich ein Vorstimmrecht, denn eine Wahl war entschieden, wenn gewisse mächtige Fürsten ihre Ansicht ausgesprochen hatten. Aus dem Brauch und der Erfahrung erwuchs Recht, das Vorstimmrecht von vier weltlichen und drei geistlichen Fürsten – nämlich der Inhaber der vier alten, bei der Krönung von ihnen selbst ausgeübten Erzämter, und der drei Erzkanzler. Die Erzämter waren: der Pfalzgraf bei Rhein (Erztruchseß), der König von Böhmen (Erzschenk), der Herzog von Sachsen (Erzmarschall) und der Markgraf von Brandenburg (Erzkämmerer). Die drei Erzkanzler waren die Erzbischöfe von Mainz (Deutschland), von Köln (Italien) und Trier (Burgund, später »Gallien«, das heißt das gesamte Rheinland). Die sieben Vorstimmer sind zuerst 1220 als electores, als Wahlfürsten, bezeichnet worden. Das Kurfürstentum entstand so. Der Wahlort wechselte, bevorzugt wurde ein Ort fränkischer Erde, seit den Staufern war Frankfurt üblich. Als Krönungsort setzte sich Aachen durch, in Erinnerung an die Krönung Ottos des Großen am Grabe des großen Karl. Eine Residenz des Königs gab es nicht, er zog herum, er war überall und – nirgends. Wichtig für die Thronfolge war der Besitz der Reichskleinodien, sie wurden bei der Designation oft persönlich übergeben. Krone, Szepter, der Mantel, die heilige Lanze verliehen ihrem Besitzer eine Art Begnadung, deren dinglicher Kraft sich die Wähler ungern entzogen. Die Macht dieser greifbaren Symbole war oft erfolgreicher als politische Berechnung und das Interesse Ehrgeiziger. Der Charakter des Kaisertums war durchaus sakral. Vogt, Schutzherr und Ausbreiter der christlichen Kirche, ein Missionar und Heiland – so waltete der Kaiser über der Christenheit, priesterlich er selbst. Seit Friedrich Barbarossa sprach man vom »Heiligen Reich«. Kaisertum und Papsttum waren eine Zweiheit, die eine Einheit ausdrücken sollte, jede Hälfte nahm Anteil an der Divinität des Ganzen. Die Kaiserkrönung war zugleich Weihe, Belehnung und Sakrament, ein einziger Akt, der den Träger der Krone aus der übrigen Menschheit emporhob in eine höhere Zelle. Sich dieser leiblich-seelischen Erhebung und Heiligung zu entziehen, wäre dem Berufenen als Todsünde erschienen.

Die römische Reichsidee der Antike, die Summe der Überlieferung von Augustus bis Konstantin, wie sie noch Karl der Große lebendig gefühlt hat, ist zweifellos seit dem Beginn des elften Jahrhunderts verblaßt. Sowohl der römische Universalstaat wie die römische Kirche wandelten sich. Der kaiserliche Weltreichsgedanke ermattete an der Erstarkung der Fürstengewalt, das kosmopolitische imperialistische Papsttum vermochte die Erbschaft nicht anzutreten, sein Übernationalismus mußte sich spiritualisieren, wenn er sich wenigstens kirchlich erhalten wollte. Kaisertum und Papsttum hatten sich als politisch-geistige Machtfaktoren wechselseitig zerstört, als Institutionen sollten sie ihren tatsächlichen Verfall noch lange überleben, kraft der zähen Wandelbarkeit, die Einrichtungen von »heiligem« Charakter eigentümlich ist.

Zwischen dem König und dem Volk bestand keine unmittelbar rechtlich-politische Beziehung. Als Vermittler schob sich das Fürstentum ein, als die vielfach abgestufte, bevorrechtete Klasse der Herrschaftshelfer (Coadjutores Imperii). Den Amtsadel, dem es vorging, verwandelte das Lehnswesen vollkommen, aus dem geistlich-weltlichen Beamtenstaat wurde der Lehnsstaat. Auf ihm beruhte die neue Grund- und Landesherrschaft, die unter dem Könige stand und über dem Volk waltete. Seinem militä-

Erntearbeiten. Die Darstellung stammt aus dem sogenannten ›Jungfrauenspiegel‹ (12. Jh.)

rischen Ursprung entsprechend gliederte sich der neue Lehnsadel in Heerschilde. Von einem Heerschildgenossen durfte kein Lehen genommen werden, geistliche Fürsten wurden nur Lehnsleute des Königs, weltliche nahmen aber Lehen von geistlichen, weiter nach unten in der Pyramide kamen die freien Herren, dann die Ministerialen. Verletzung der Lehnstreue zog Verlust des Lehens nach, aber nur nach Urteil der Standesgenossen. Auch Frauen konnten Lehen nehmen, wurden aber beim Belehnungsakte vertreten. Die Herzöge stiegen auf als Heerführer der Stämme, die Grafen als Gerichtsherren der Gaue – Ansammlung von Gerechtsamen und Landbesitz unter verschiedenen Titeln ließ die Territorialgewalten entstehen –, die Herzoge und die mächtigsten Grafen bildeten dann den Reichsfürstenstand, die kleineren Grafen traten als Magnaten zwischen Fürsten und Freiherren. Die Pfalzgrafen stellten ein Gegengewicht dar gegenüber den Herzögen als Vertreter der königlichen Rechte und Verwalter seiner Einkünfte. Unter den vier Pfalzgrafen brachte es der von Lothringen und Franken, der Pfalzgraf »bei Rhein«, zu überlegener Stellung. Er wurde der erste weltliche Reichsfürst, später der Reichsvikar bei Thronvakanzen und der Oberrichter in einem Prozesse gegen den König. Ursprünglich war der König von Böhmen der erste in der Reihe der weltlichen Fürsten, trat aber dann, weil slawischen Blutes, hinter die Träger der anderen drei Erzämter. Der Königstitel, zunächst eine persönliche Verleihung Kaiser Heinrichs IV., war seit 1198 dauernd mit Böhmen verbunden. Es entstand der Begriff der Wenzelskrone – sie umfaßte Böhmen und seine Nebenländer Mähren, später auch Schlesien, und die beiden Lausitzen. Dies war ein einziger Fall von Halbsouveränität, denn der Böhmenkönig war innerhalb seines Herrschaftsgebietes völlig unabhängig, er hatte aber sein Land als Lehen genommen von dem ostfränkischen Könige. Kaiser Friedrich II. beschränkte die Hoffahrtpflicht Böhmens auf den Besuch der Hoftage, die in den drei dem Königreiche Böhmen nächstbenachbarten Städten stattfinden würden (1212). Eine Lehnsabhängigkeit Polens bestand seit dem Tode Friedrich Barbarossas nicht mehr, ebensowenig die von Dänemark. Ungarn wurde nach mancherlei Schwankungen vom Papste Innozenz IV. ausdrücklich von jeder Lehnspflicht gegenüber Deutschland entbunden. Viele getaufte slawische Fürsten traten als Lehnsleute in den Reichsverband. Pommern, Mecklenburg, Rügen wurden so Reichsgebiet, der slawische Bevölkerungsanteil vermehrte sich stark. Am Ende der Hohenstaufenzeit prägte sich zum ersten Male das Herrschaftsgebiet des deutschen Volkes klar aus, erst jetzt konnten das Ineinanderwachsen und die Vereinheitlichung der zukünftigen Nation beginnen. Die eingedeutschten Westslawen, die bald ganz ihre slawischen Dialekte verloren, von wenigen unbedeutenden Inseln (Spreewald und Lausitz) abgesehen, waren am Ende genauso gute Deutsche wie die Keltoromanen des Rheinlandes. Burgund löste sich auf, das rein romanische Niederburgund wandte sich von Deutschland ab, Hochburgund (Franche Comté) behielt seine Mischkultur und schwankte politisch. Der Abbröckelungsprozeß ergriff die ganze deutsche Westgrenze, ihre Gestalt richtete sich nach den jeweiligen dynastisch-militärischen Umständen, durchaus nicht nach sprachlichen oder volklichen Verhältnissen. Für die Verluste im Westen boten die Gewinne in den slawischen Ostgebieten einen Ersatz, der Schwerpunkt Mitteleuropas verschob sich.

Das Rittertum

Die Aufsaugung des Herrschaftsgedankens durch das Lehnswesen war zum guten Teile militärtechnisch begründet. Feudalismus bedeutete eigentlich die Organisation der Gefolgschaft eines Herrschers und Heerführers. Der Heerbann bestand aus den sämtlichen Lehnsträgern. Das Heerwesen änderte sich aber technisch. Die Bewaffnung wurde schwer und verwickelt, kampfentscheidend war nur noch die vollausgerüstete Reiterei. Ein solcher Reiter war kostspielig, er mußte lange geübt sein, er brauchte Pferde und Bedienung. Wer einen solchen Reitersmann aufbot, mußte ihm auch etwas bieten – aus dem Reiter wurde der Ritter. Troß und Verpflegung solcher Ritterheere stellten die königliche Verwaltung vor schwere Aufgaben. Der kriegerische Beruf verschmolz die freien Herren und die unfreien Ministerialen zu einer neuen Gruppe, die nach französischem Vorgange in ganz Europa eine eigene Ehre und Sitte, ihre eigene Sprache und Lebenskultur entwickelte. Herrenstand und Ritterstand blieben verschieden an Ansehen und Besitz, einzelne unfreie Ritter klommen schon frühe in den Herrenstand hinein, wegen besonderer Verdienste – soziologisch war die neue Schicht durch ein eigenes Lebensgefühl einheitlich zusammengehalten.
Scharf war die Abgrenzung nach unten. Der Ritter konnte und wollte nicht mehr als Landmann, als Bauer leben, was viele Ministeriale ja ursprünglich gewesen waren. Der Bauer durfte nun keinen Rittergürtel mehr tragen, dies Verbot von 1186 schloß den Ritterstand schroff nach unten ab. Der freie Landmann sah sich mit einem Male standesmäßig übervorteilt durch den Aufstieg so zahlreicher Dienstmannen, die im Gegensatze zu ihm turnierfähig waren. Wo das Ritterheer für kriegerische Zwecke nicht ausreichte, mußten Söldner helfen; Bürger und Bauern blieben zu Hause, sie versuchten möglichst unberührt zu bleiben von Fehden und Kriegszügen – die Städte hatten freilich bald genug zu tun, ihre eigenen Zwiste auszufechten. Solche Verhältnisse trugen wesentlich dazu bei, die Stände voneinander abzugrenzen und einander zu entfremden. Die höfische Kultur, die sich jetzt auch in Deutschland entwickelte, war deshalb wesentlich eine Standeskultur. Arabische, byzantinische, provenzalische Einflüsse haben den neuen Berufskriegerstand geformt. Der abendländische Ritter begegnete zu seiner Überraschung einem sarazenischen Ritter und lernte von ihm Waffentechnik sowohl wie Geschmack, Lebensstil und Sitte. Der Ritter war »erfahren«, das heißt vielgewandert, von Abenteuer zu Abenteuer, von Heldentat zu Heldentat, er war ein Glückssucher, der an die Macht Gottes und den Wahn der Menschen glaubte, der ewig schwankte zwischen Weltfreude und Weltentsagung, zwischen derber Ausschweifung und liebesweher Huldigung für die Frau als die Lehnsdame seines Herzens. Eine besondere Standessprache, ein Kodex des Möglichen und Unmöglichen, Turniergebräuche und Minnedienst entwickelten sich. Vom deutschen Standpunkte bedeutete das alles viel Künstliches, viel Fremdes – die provenzalische Sprache wurde im ganzen Abendlande, also auch in Deutschland, von allen kultivierten Hofleuten gesprochen. Empfindelei, Spitzfindigkeiten und Sentimentalität waren die Kennzeichen solch geschraubten Wesens, gegen das sich nicht nur alle wehrten, die eben nicht dazugehörten, also die derben Bauern und Handwerker, sondern auch gar mancher urwüchsige Adelige, der lieber redete, wie ihm der Schnabel gewachsen war, und der sich

Walther von der Vogelweide

deshalb genauso vornehm dünkte, wenn nicht vornehmer als irgendein schleimiger Streber.

Es war zuviel natürliche rauhe Kraft in der deutschen Art, als daß nicht eine echte Dichtkunst aufgeblüht wäre. Schon unter den lateinisch dichtenden Vaganten gab es eine so prachtvolle Figur wie den Archipoeta. Nun zeigte Herr Walther von der Vogelweide, daß auch in der mittelhochdeutschen Sprache die Kraft und die Anmut, viel Schalkerei und Patriotismus, Liebeswerbung und Bekenntnis frei und schöpferisch geformt werden konnten. Zahlreiche Lyriker stehen neben Walther – besonders der Babenberger Hof in Österreich gedieh zu einem Mittelpunkt dichterischer Betätigung. In der Epik waren Nibelungenlied und Gudrunlied, beide um 1200 entstanden, Offenbarungen des Deutschtums, wie es sich selbst gerne sah – wacker und kampfesfroh, zäh und selbstgewiß, von Leidenschaften und Pflichten hin und her gerissen, wobei sich dann die vielberufene Mannestreue als die vornehmste Tugend durchsetzte. Schicksale der Völkerwanderungszeit, geschichtliche Erinnerungen, Einfälle fahrender Sänger, uraltes Märchen- und Sagengut verbanden sich in diesen Schöpfungen zu einem wundersamen Zeugnis der Frühentwicklung des deutschen Geistes. Das ritterliche Epos wurzelte in Nordfrankreich, von dort übernahmen die Deutschen die alten

Stoffe von Kaiser Karl und seinen Gefährten, von Rolands Taten, vom Zauberer Merlin, von König Artus und seiner Tafelrunde – Gottfried von Straßburg, der liebenswürdige Freigeist voll von städtischer Beweglichkeit, wetteiferte mit dem Ministerialen Wolfram von Eschenbach, der wohl als der tiefste und mächtigste unter den Dichtern der höfischen Kultur wird gelten müssen.
Der ältere deutsche Adel hatte ein saftiges Leben geführt, ohne allzu viele Skrupel, dem Kirchlichen respektvoll verbunden, aber doch unbelastet und ungebrochen in seiner naiven, oft rohen kriegerischen Daseinserfassung. Diese Überlieferung wirkte auch noch in die Zeit der höfischen Dichtung hinein – sie pries die Freude am Genuß, ein glanzvolles Sichausleben. Daneben trat aber etwas Neues – der echte Ritter soll die »Mâze« üben, er soll sein Instinkt- und Gefühlsleben beherrschen, er soll innerlich ausgewogen sein, er soll sich erziehen, er soll die Formen wahren, aber mehr noch: er soll freigiebig, mitleidig, hochherzig sein, er soll Untreue und Wankelmut meiden. Der Ritter nahm also viel Humanistisch-Geistliches in sich auf. Nicht nur äußerlich sollte er das Kreuz an seine Brust heften. Es war das Größte, was die Erziehungskunst der asketischen Geistlichkeit erreichen konnte, daß in dem Kreuzritterideal die alte Weltlichkeit sich so sehr vergeistigte. Als in der zweiten Hälfte des zwölften Jahrhunderts die cluniazensische Richtung erlahmte, setzten neue Ordensgründungen ein – die Zisterzienser, die sich besonders verdient um die Kolonisation der Slawenländer machten, die Prämonstratenser, die mit ihnen wetteiferten im Ausroden von Wäldern und Verbreiten von Obstzucht, Weinbau und Viehhaltung, endlich die beiden Bettelorden. Die Wirksamkeit der Franziskaner und Dominikaner spielte sich überwiegend in den Städten ab.

Das Bürgertum

Die Ritter waren die Bürger des flachen Landes, die Bürger waren die Ritter der Städte. Beide Stände waren neu, sie hatten viel Gemeinsames im soziologischen Aufbau, sie schmolzen ältere Bevölkerungselemente um. Der Ritterstand war nach oben gewendet, er gab allem Herrenwesen Stil und Lebensrhythmus – eine Kluft trennte diese Schicht von den unteren Klassen auf dem Lande, den unfreien Knechten, den Zinsleuten, den Resten der Gemeinfreien, die jetzt zusammenwuchsen, weil sie unritterlich waren, das heißt zum rittermäßigen Kriegsdienst untauglich: damit waren sie sozial herabgedrückt, gleichviel welcher Herkunft sie ursprünglich gewesen sein mochten. Umgekehrt verhielt es sich nun mit den Städten – sie öffneten ihre Tore gerade den Angehörigen der unteren Schichten. Sicher war eine starke Gruppe auch in den Städten von Anfang an frei, es gab eine freie Handwerkerschaft, das Schmiedehandwerk etwa blieb sogar Freien vorbehalten. Sobald der Handwerker aus der Hausgenossenschaft und der Grundherrschaft heraustrat und sich selbst als Verkäufer seiner Erzeugnisse betätigte, stand der Beruf jedem Freien ohne Minderung seines Standes offen. Die Stadt bot unabhängige Arbeit, eine höhere Lebens- und Gewinnsicherheit, sie gewährte dauernden Burgfrieden; kein Wunder, daß eine wahre Landflucht einsetzte – Ströme von Unfreien vom Lande suchten die städtische Freiheit. Deutschland trat jetzt ein in das System der internationalen Handelswege, oberdeutsche Kaufleute besuchten die berühmten Messen der französischen Champagne, eigene deutsche Messen, wie vornehmlich die von Frankfurt, wagten den Wettbewerb, die süddeutschen Städte verkehrten mit den oberitalienischen über die Alpen, Waren des Orients und ferneren Ostens gelangten über Rußland zur Ostsee, über Italien, Spanien und Portugal nach England und den Niederlanden. Köln blühte auf als Vermittlerplatz für den Handel rheinauf- und -abwärts, Mainz bekam überragende Bedeutung für Südwestdeutschland, Leipzig für den gesamten Osten. Man brauchte Kredit, Kapital bildete sich, die Geldwirtschaft setzte sich durch, der frühe Handelskapitalismus tauschte und schuf Werte. Da den Christen das Zinsnehmen nach kanonischem Rechte verboten war, traten die Juden notwendig als Geldgeber hervor. Die Juden gehörten nicht zu den Gilden und Zünften der Städte, sie wahrten in Stadt und Land ihre eigene religiös und gesellschaftlich abgeschlossene Lebensform. In den rheinischen Städten saßen die Juden seit der Spätantike ohne Unterbrechung – sie, die ältesten Einwohner, lebten nach Fremdenrecht ein geduldetes, halb beargwöhntes, halb neugierig beobachtetes Dasein. Die Kirche und der Adel kamen mit den Juden meistens gut aus, die Verfolgungen waren getragen von den unteren und mittleren Schichten, die ebenso leichtgläubig wie intolerant waren. Nunmehr nahmen die Fürsten die Juden in Schutzhörigkeit und erhoben dafür Abgaben. Auf dem platten Lande wurde es den Juden unheimlich, sie zogen zumeist in die kleineren und größeren Städte, wo sie als anerkannte Minderheit sich zu behaupten hofften. Friedrich Barbarossa bezeichnete zuerst 1182 die Regensburger Juden als seine Kammerknechte und schützte sie so. In den Städten vermochten die Juden nun viel Edelmetall anzuhäufen, sie machten sich nützlich durch die Finanzierung von Verpflegung und Bewaffnung – kein Wunder, daß sie als ein besonders dankbares Objekt fürstlicher Geldbedürfnisse erschienen – die Zinsen waren hoch, bei der Unsicherheit ausgeliehener Kapitalien mußten sie es sein. Die italienischen Bankiers, die fromme christliche Leute waren und deshalb das Zinsverbot zu umgehen wußten, gerieten genau in denselben Ruf, Wucherer zu sein, wie die Juden. Von Zeit zu Zeit machten sich dann die Fürsten durch besondere Besteuerung oder besser Brandschatzung der Juden für eine Zeitlang gesund. Den naturalwirtschaftlich gebundenen Ständen erschien dieses ganze Gehaben als ein Dienst des Teufels, und reiche Juden zu plündern oder gar totzuschlagen, wurde ein gottwohlgefälliges Werk. Dies wirtschaftliche Motiv erscheint bei den Judenverfolgungen des deutschen Mittelalters doch wohl das Entscheidende zu sein. Natürlich wurden die Juden, die Mörder Christi, als verfluchtes Volk angesehen und dementsprechend sowohl verachtet wie gefürchtet. Natürlich waren sie als Fremde mit fremder Sprache und Sitte jeder Verdächtigung ausgesetzt; allen Fremden trauten ja die Eingesessenen das Schlechteste zu – von der Brunnenvergiftung bis zur Verbreitung der Pest. Diese latenten Vorurteile hinderten aber die christliche Bevölkerung nicht, viele Jahre lang mit den Juden friedlich zusammenzuleben, oft mit einer naiven, humoristischen, wenn auch nicht immer taktvollen Freundlichkeit. Der religiöse und soziale Abstand war groß, er führte zu Gleichgültigkeit und mißtrauischer Ablehnung. Die Verachtung galt in erster Linie der geldwirtschaftlichen Betätigung der Juden, in die die christliche

Judenpogrom

Gesellschaft sie doch gerade hineingedrängt hatte, indem sie ihnen Landbesitz und Kriegsdienst versagte. Rassehaß ist eine viel spätere Erscheinung – das ausschlaggebende Motiv war die wirtschaftliche Eifersucht: die Juden mußten unter allerlei Vorwänden für ihre Erfolge auf finanziellem Gebiet büßen.
Die Einnahmen des Königs in Ostfranken aus den drei Quellen: Reichsgut, Reichskirchengut und Reichslehensgut schwanden dahin mit der Zerrüttung seiner Macht. Die Hausmachtsbestrebungen der deutschen Dynastien stellten ganz wesentliche Versuche dar, aufgrund königlichen Hausgutes (Familienbesitzes, Allods) eine auch materiell gesicherte neue Grundlage der Herrschaft zu schaffen. Vor Kaiser Sigismund gab es keine Reichssteuern in Deutschland.
Der Reichtum der deutschen Städte hatte seinen tieferen Grund in der Zersplitterung der obrigkeitlichen Funktionen. Alle diese neuen Autoritäten drückten auf die Beherrschten und preßten in dieser oder jener Form Abgaben aus ihnen heraus. Nun stellte sich der bürgerliche Geist politisch und wirtschaftlich dem ritterlichen gegenüber. Die Städte lösten sich möglichst aus den herrschaftlichen Bindungen und schätzten dafür kein augenblickliches Opfer zu hoch. Sie bildeten ihre eigene, möglichst autonome Rechts- und Wirtschaftssphäre. Sie entwickelten von der Handelsgerichts-

barkeit her ihren eigenen Rechtskreis, dem geltenden städtischen Amtsrecht entsprach dann die Ausbildung einer allgemeinen Wehr- und Steuerpflicht. Träger der neuen Hoheitsrechte wurde der nach italienischem Vorbild eingesetzte Rat. Der Rat saugte alle alten Gerechtsame der Stadtvogtei der Anfangszeit auf – die Städte brauchten eigene starke Regierungsorgane im Interesse ihrer Wirtschaftsblüte, sie ließen sich deshalb Privilegien vom König erteilen, dessen Kampf gegen die Bischöfe sie aus voller Überzeugung unterstützten. Die Selbstverwaltungsrechte der Städte sind Ergebnisse revolutionärer Erhebungen gegen die Stadtherren. Die erste deutsche Stadt im Rechtssinne ist Worms, das 1073 seinen Bischof vertrieb, andere Bischofsstädte taten dasselbe. Städte, die außer dem König keinen anderen Herrn über sich hatten, sind die späteren Reichsstädte, Städte, die dem Stadtherrn noch wenigstens einen Teil der Befugnisse lassen mußten, sind die Landstädte, meist unter weltlichen Herren, die sich nicht so viel gefallen ließen wie die geistlichen. Das Bürgerrecht blieb an Grundbesitz in der Stadt gebunden, wer auf fremdem Grund und Boden saß, galt nur als ein Einwohner, ein Hintersasse ohne volle bürgerliche Rechte. Persönlich frei waren *alle* Städter, der Herr außerhalb verlor sein Recht auf den Hörigen, wenn sich dieser ein Jahr innerhalb der Stadtmauern aufgehalten hatte. Die Einwohnerschaft der Städte war also abgestuft, bald bildete sich auf Grund von Kapitalansammlung ein Patriziat, das sich die Ratsverwaltung vorzubehalten versuchte – dagegen wehrten sich die Genossenschaften der Handwerker, die Zünfte, Berufs- und Wohngemeinschaften, zusammengehalten durch religiöse und soziale Momente, erfüllt vom Geiste hilfsbereiter Brüderlichkeit. Worms errichtete zuerst ein Rathaus – in den Wällen und Türmen prägte sich der städtische Stolz und Unabhängigkeitssinn schon lange sichtbar aus. Nun stellte sich neben das Rathaus die Ratskapelle; die breite Mittelstandsschicht, die für die Städte so bezeichnend war, erfuhr durch die Predigten der Bettelorden, durch ihre Lehre und ihre Beispiele die tiefsten seelischen Erschütterungen: Arme sprachen zu Armen, Bedrückte zu Bedrückten, das Gemeingefühl wurde geweckt, die städtischen Kirchen der Franziskaner und Dominikaner mit ihren hohen gotischen Hallen, die Erziehungsanstalten, Findel-, Waisen- und Armenhäuser sind Zeugnisse neuer opferbereiter Gesinnung innerhalb einer bewegten Masse. – Wiederum war Worms der Platz, an dem der neue rheinische Städtebund 1254 zum Abschluß kam – er bestand aus allen größeren Städten des Rheinlandes und zählte auch viele weltliche und geistliche Fürsten unter seinen Mitgliedern. König Wilhelm von Holland erkannte diesen Landfriedensbund an – er war eine Macht im Reich –, fast schien es, als ob der Geist der Selbsthilfe aus den städtischen Mauern in die Reichspolitik hineinwachsen wollte. Wenn die universalen Mächte versagten, dann mußten sich die Gewalten der örtlichen Freiheit ihren Frieden selber schaffen. Aber der Bund zerfiel schnell, nach der Doppelwahl von 1257 verfolgten die Fürsten ihre eigenen Interessen.

Rechtsverhältnisse

Das deutsche Königtum war mit seinen großen außenpolitischen Unternehmungen gescheitert – das lange Interregnum machte ein Wiedererstarken des Kaisertums unwahrscheinlich. Graf Richard von Cornwall war als Schwager Kaiser Friedrichs II. gewählt worden, König Alfons von Kastilien war ein Enkel Philipps von Schwaben. Alfons betrat nie das Reich, Richard wurde in Köln zum König gekrönt, er kam noch öfter nach Deutschland, erlangte aber keinen Einfluß. Beide Könige waren vor allem an Italien interessiert. Die Hohenstaufenüberlieferung zerging. Alle Rechtsnormen der alten Zeit verloren an Geltung. Die Kapitulariengesetzgebung fränkischer Herkunft war in Vergessenheit geraten. Was das Königtum an neuem Recht schuf, diente mehr der Auflösung der Zentralgewalt als ihrer Erhaltung. Das Gewohnheitsrecht herrschte, es entsprach den örtlichen und persönlichen Bedürfnissen, es war ausdeutbar und entwicklungsfähig, es diente der Standeszerklüftung und erlangte deshalb Volkstümlichkeit. Fränkisches Recht war Königsrecht, es herrschte auch in Bayern und Schwaben. In Sachsen, Thüringen und Ostfriesland behauptete sich das sächsische Recht – staufisches und welfisches Deutschland standen sich also ganz klar auch hier einander gegenüber. Das älteste aufgezeichnete Landrecht war das friesische. Der neue Ministerialenstand, den das Landrecht gar nicht kannte, verlangte eine schriftliche Niederlegung seines Dienstrechtes – es geschah durch die Aufzeichnung von Weistümern, das heißt von obrigkeitlichen Auslegungen geltenden Rechtes. Das bäuerliche Recht wurde in Hofrechten niedergelegt, die ältesten sind die Wormser und Limburger Hofrechte – sie sind sehr zersplittert, zeigen aber oft typische Züge: unter gleichen Verhältnissen entstand eben gleiches Recht. Am fortgeschrittensten in der Rechtsbildung waren die Städte – aus Privilegien, Marktrecht und Ortsrecht entwikkelte sich eine wirkliche Rechtssphäre schöpferischer Art; die Verordnungen der Räte entstanden daraus, sie wurden mit dem übrigen Stoff gesammelt, die Stadtrechtsbücher bewährten sich als das Ergebnis notwendig erscheinender Festlegung und vernünftiger Regelung. Neugegründete Städte übernahmen bewährte Rechtsformen älterer Schwestern, Gruppen gemeinsamen Rechtes bildeten sich auf diese Weise, Magdeburg und Lübeck zeigten sich besonders fruchtbar. Da das Reich das geltende Recht nicht zu kodifizieren vermochte, mußte dies durch Privatleute geschehen. Das älteste und zugleich kostbarste deutsche Rechtsbuch ist der Sachsenspiegel, das Werk des in den Ministerialenstand übergetretenen Freiherrn und Schöffen Eike von Repgow, der es zwischen 1210 und 1220 verfaßte, in niederdeutscher Sprache, aufgrund eines lateinischen Entwurfes.

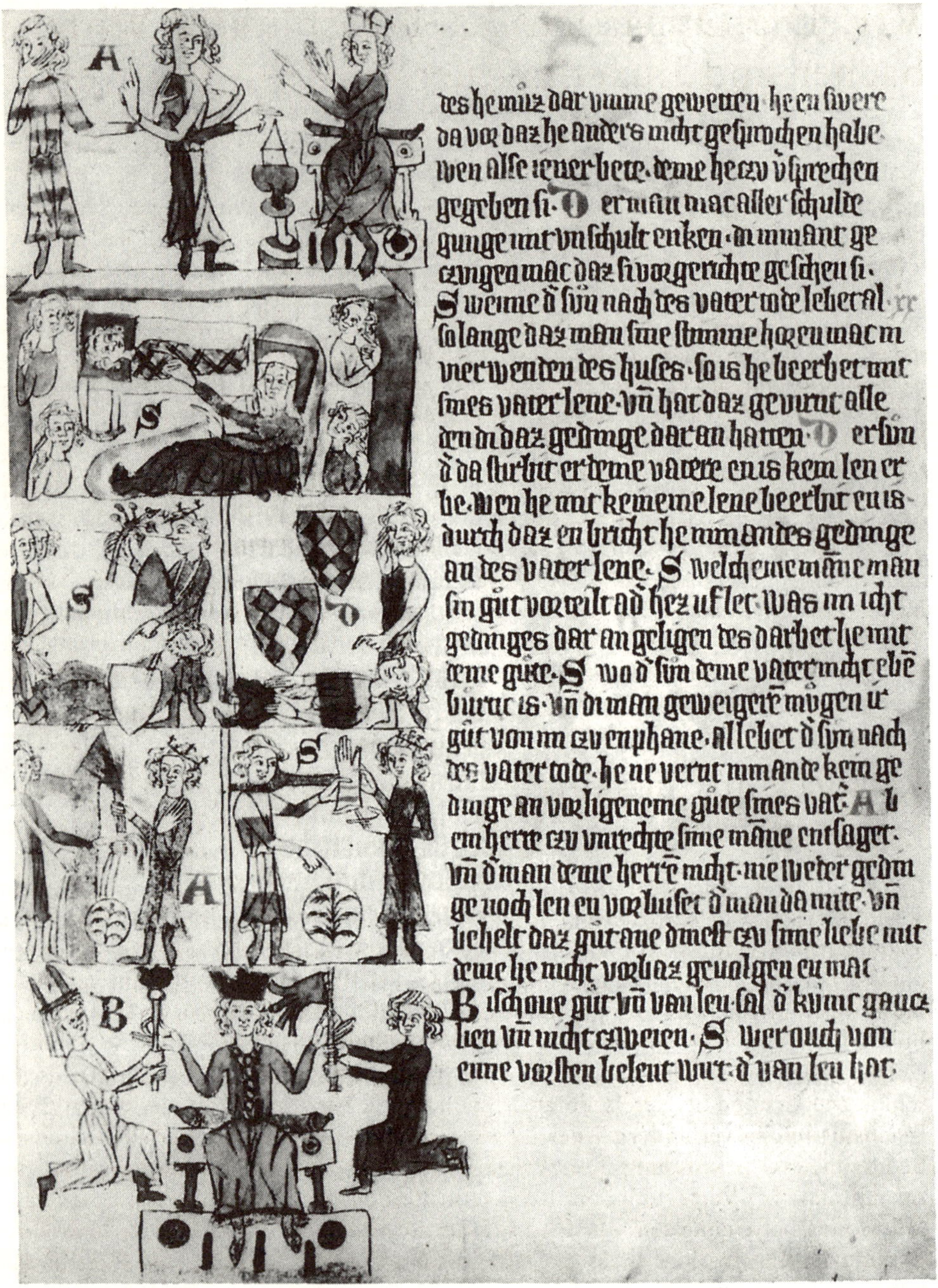
des he muz dar vmme gewetten· he en swere
da vor daz he anders nicht gesprochen habe
wen alse iener bete· deme he czu v̄sprechen
gegeben si· D er man mac aller schulde
gunge mit vnschult enken· dī nimant ge
czugen mac daz si vorgerichte geschen si·
S weme d' sun nach des vater tode lebet al
so lange daz man sine stimme horen mac in
vier wenden des huses· so is he beerbet mit
sines vater lene· vn̄ hat daz gevirnt alle
den di daz gedinge dar an hatten· D er sun
d' da stirbit er deme vatere en is kein len er
be· wen he mit keineme lene beerbit en is·
durch daz en bricht he nimandes gedinge
an des vater lene· S welcheme manne man
sin gut vorteilt ad' hez uf let· was im icht
gedinges dar an geligen des darbet he mit
deme gute· S wa d' sun deme vatere nicht ebe
burtic is· vn̄ di man geweigeret mugen ir
gut von im czu enphane· alle bet d' sun nach
des vater tode· he ne verut nimande kein ge
dinge an vorligeneme gute sines vat'· A n
en herre czu vnrechte sine manne entsaget·
vn̄ d' man deme herre' nicht me weder gedin
ge noch len en vorluset d' man da mite· vn̄
behelt daz gut ane dinest czu sine liebe mit
deme he nicht vor daz gevolgen en mac
B ischove gut vn̄ van len· sal d' kunic gancz
lien vn̄ nicht czweien· S wer ouch von
eime vorsten belent wirt· d' van len hat

Der ›Sachsenspiegel‹, das erste niedergeschriebene Recht. Die Bilder geben den Text vereinfacht wieder. Auf dem zweiten Bild von oben wird z. B. gezeigt, daß ein Kind als rechtmäßig anerkannt ist, wenn es in der Wiege nach allen vier Himmelsrichtungen geschrien hat.

VII. Die Dynastien der Habsburger, Wittelsbacher und Luxemburger

Rudolf von Habsburg – Ottokar von Böhmen als Hauptnutznießer des Interregnums – Die Oststellung und die Weststellung der Habsburger Dynastie – Die Kurfürstengruppe – Das Kaisertum wird ein Mittel für kleine Herren, zu Hausmacht zu kommen und eine Dynastie zu gründen – Adolf von Nassau – Albrecht I. – Die päpstlich-französische Interessengemeinschaft – Der Konflikt und das schließliche Erstarken der Westmächte, England und Frankreich, befördert die Zerrüttung des Reiches – Sonderbildungen und Absplitterungen – Die Luxemburger – Heinrich VII. und Dante – Ludwig der Bayer und Friedrich der Schöne – Bettelorden und Mystik – Neuer Streit zwischen Kaisertum und Papsttum – Reform der Kirche? – Das Papsttum ist den neuen nationalen, provinzialen und lokalen Kräften nicht mehr gewachsen – Die religiöse Bewegung erschüttert die Autorität und Organisation der Kirche – Die Schweizer Landgemeinden – Die Hanse – Der Kurverein von Rense – Kaiser Karl IV. – Böhmens Macht – Die Goldene Bulle – Befestigung der kaiserlichen Oststellung

Rudolf von Habsburg

Das deutsche Territorialfürstentum zeigte sich ganz zufrieden mit einem fremden Schattenkaiser. Auf den Italiener Friedrich waren nun der Engländer Richard, der Spanier Alfons gefolgt. König Karl von Neapel, dessen Einfluß bis nach Oberitalien reichte, betrieb die Wahl seines Neffen, des Königs Philipp III. von Frankreich. Seltsamerweise ging gerade vom Papsttum der Anstoß aus zur Neuwahl eines deutschen Fürsten, weil die Kurie im Interesse des Kreuzzugsgedankens die völlige Zersplitterung Mitteleuropas nicht wünschte. Zum ersten Male traten nun die Kurfürsten als geschlossene Gruppe bei der Wahl auf. Ihr Hauptziel war, die Wahl des mächtigsten Reichsfürsten zu verhindern – des Königs Ottokar von Böhmen. Ferner stellten sie Bedingungen – Bestätigung ihrer Privilegien, Ersatz der Wahlkosten, kurfürstliche Zustimmung bei Verfügung über Reichsgut. Nur ein kleinerer Herr konnte sich auf solche Geschäfte einlassen – er fand sich leicht (1273). Graf Rudolf von Habsburg stammte aus einem alten elsässischen Dynastengeschlecht, das mit dem Grafenamte ständig wachsenden Eigenbesitz, besonders in der Schweiz, zu vereinigen verstand. Die Familie war gut staufisch gesonnen, Rudolf war ein Patensohn Kaiser Friedrichs II. Mit den Herzogsfamilien konnte er sich an Macht nicht messen, er war aber kein armer Graf, sondern ein recht modern gesinnter Territorialherr, der seinen Besitz, nach dem Beispiel des letzten staufischen Kaisers, vortrefflich verwaltete, der eine beamtenmäßige Organisation und ein ertragsfähiges Steuersystem durchführte. Sorgsam und nüchtern, vorsichtig und berechnend, gescheit und schlicht – so bewährte sich Rudolf auch als deutscher Herrscher. Er wirkte als ein guter, wenn nötig strenger Haus- und Landesvater, der seine Töchter gut zu verheiraten, seine Söhne wohl zu versorgen wußte. Schon bei der Wahl spielte ein solches Eheversprechen mit.

Rudolf lag zuerst die Auseinandersetzung mit dem Böhmenkönig ob, der trotzig der Wahl fernblieb. Auch Ottokar konnte sich als Enkel Kaiser Philipps von Schwaben auf staufische Überlieferung berufen. Seit Heinrich dem Löwen hatte kein Reichsfürst eine so überragende Stellung eingenommen, und er, der Hauptnutznießer des Interregnums, sollte nun das welfische Schicksal erleiden.

Die Staufer hatten versucht, die Babenbergische Erbschaft, die Ostmark, ihrem Hause zu erhalten – vergebens. Ottokar brachte sie in seinen Besitz und erwarb auch die babenbergischen Allodialgüter durch die seltsame Heirat mit der Witwe König Heinrichs III., der Babenbergerin Margarete, die doppelt so alt war wie er. Ottokars Pläne gingen sehr weit – er wollte Polen und die neugewonnenen Länder im Osten lehnspflichtig machen, zweimal zog er nach dem Lande des Deutschen Ordens, das preußische Königsberg ist seine Gründung. Litauen faßte er auch ins Auge. Er bemächtigte sich Kärntens und Krains sowie des freien Reichsgebietes von Eger und mischte sich in Ungarn ein. Vom Riesengebirge bis zur Adria dehnte sich dieses Reich, zum ersten Male sahen sich die Länder des späteren »cisleithanischen« Österreich unter einem Szepter vereinigt. Ottokar war ein energischer, glanzvoller Herrscher, der den fehdelustigen Adel niederhielt, die Städte förderte, Handel und Industrie, Bergbau und alle Künste zur Blüte brachte. Er zog viele Deutsche nach Böhmen; hätte er seine Herrschaft behaupten und entwickeln können, wäre Böhmen wahrscheinlich dem deutschen Sprachgebiet gewonnen worden, so wie es mit Schlesien geschah. Eine völlige ethnische Durchmischung Böhmens wäre ein Glück für Mitteleuropa gewesen. Der slawische Faktor blieb ja auf alle Fälle wesentlich im ostdeutschen Kolonialgebiet. Wenn Rudolf von Habsburg Ottokars Machtstellung anerkannt hätte, dann wäre Deutschland in eine Osthälfte und eine Westhälfte zerfallen – dauernde Unruhe wäre die Folge gewesen. Wäre Ottokar selbst Kaiser geworden, hätte er vielleicht die Macht des Territorialfürstentums brechen können. Nun wurde er selbst vernichtet. Zuerst verstand sich Ottokar zur Herausgabe der angemaßten Reichslehen – in erneutem Kriege verlor er dann Schlacht und Leben bei Dünkrut (1278). Eine große Wendung trat ein. Rudolf zeigte Maß als Sieger – er beließ den Erben Ottokars den Besitz Böhmens und Mährens nebst Nebenländern, sogar dem Egerland; die österreichischen Gebiete verlieh Rudolf aber an seine Söhne, der Grundstein zu der habsburgischen Machtstellung in Ostdeutschland war damit gelegt – eine Heiratsverbindung mit der böhmischen Fürstenfamilie bereitete Späteres vor. Der Hausmachtgedanke hatte das deutsche Königtum ergriffen, er ließ es nicht mehr los. Der Streit zwischen territorialfürstlichen, besonders kurfürstlichen Interessen und dem königlichen Hausmachtsprinzip erfüllte die nächsten Menschenalter. Einer wirklich überragenden Hausmacht konnten sich die Kurfürsten nicht versagen, vorausgesetzt, daß sie in ihren Privilegien keinen Schaden erlitten. Diesen Wettlauf um Vormacht und Ausgleich sollten schließlich die Habsburger gewinnen. Rudolf fand es leicht, sich mit dem Papsttum zu verständigen, da er ihm in Italien völlig freie Hand ließ – die Kurie bewog deshalb König Alfons von Kastilien zum Verzicht auf die ostfränkische Königskrone und erkannte Rudolf ausdrücklich als römischen König an. Weder die Kurfürsten noch der neue König hatten den Papst um eine Bestätigung der Wahl ersucht. Aber Rudolf bat um die Kaiserkrönung, der Papst berief den König zum Kaisertum, vorausgesetzt, daß er seine Versprechungen erneuerte, unter denen sich auch die Kreuzzugsverpflichtung befand. Sowohl die Kreuzfahrt wie die Romfahrt hat Rudolf immer wieder erwogen, aus Geldmangel kam er weder zu der einen noch zu der andern, er blieb ein ungekrönter Kaiser. Gewiß war Rudolf sparsam bis zum Geiz, mindestens nach Italien hätte er aber wohl gelangen können, wenn es ihm wirklich darauf angekommen wäre. Er dachte aber nicht daran, die Hohenstaufenpolitik wiederaufzunehmen – er hegte andere Pläne; die Verbindung mit Ungarn schien ihm erwünscht, er versuchte das Land als Reichslehen einzuziehen, begegnete aber kraftvoller nationaler Opposition. Es ist immerhin bemerkenswert, daß Rudolf von dem Besitz der österreichischen Lande aus diese Ausdehnungspläne seines Feindes Ottokar wiederaufnahm. Gescheitert sind auch Rudolfs Bemühungen um Niederburgund. Diese doppelte Tendenz zum Wachstum, im Südwesten und im Südosten, bleibt ein Merkmal der habsburgischen Politik für die ganze Folgezeit. Die Oststellung brachte das Haus in Verbindung mit Ungarn, Böhmen, Polen und dem Ottomanischen Reich. Die Weststellung erzeugte Zusammenarbeit und Gegensatz mit der Schweiz, mit Burgund, mit Savoyen und mit Frankreich. Schon die Babenberger hatten ja an die Begründung eines Königtums Österreich gedacht – die Ostmark mit ihren Nebenländern befand sich in der Nachbarschaft aufstrebender Königreiche halbfremden oder ganz fremden Volkstums – sie bedurfte stärkerer politischer Betonung als sonst ein Territorium im Interesse der Selbstbehauptung; von dem eifersüchtigen und immer mißtrauisch bleibenden stammesverwandten Bayern abgekehrt, ergriff Österreich unter den Habsburgern als seine besondere Sendung diese nachbarschaftliche Zusammenarbeit mit Böhmen und Ungarn. Im Innern bemühte sich Rudolf besonders um die Rückgewinnung des verlorengegangenen Reichsgutes; dieser sogenannten Revindikation diente die Wiedereinsetzung der vielfach erloschenen Landvogteien, aber große Erfolge blieben aus. Gemäß seiner Verpflichtung bei der Wahl benutzte Rudolf die sogenannten Willebriefe (Beteiligungsvollmachten), um sich der notwendigen Zustimmung der Kurfürsten bei Verfügungen über das Reichsgut zu versichern. Solche Maßnahmen brachten eine städtische Unruhebewegung hervor, in deren Verlauf die Erscheinung des Tile Kolup als des wiedergekehrten Kaisers Friedrich Bedeutung gewann. Unter den zahlreichen falschen Friedrichen, die im Laufe der Zeit auftauchten, ist dieser Mann der erfolgreichste gewesen, wurde aber schließlich als Ketzer verbrannt. Der Kaiser war an sich städtefreundlich, er schützte die Bürger vor ihren schlimmsten Feinden, den Landrittern, denen der Landfriede ein Ärgernis gab und die die Ungunst der Zeit durch Besteuerung des städtischen Überlandhandels zu bekämpfen versuchten. Das artete bald in Wegelagerei und Straßenraub aus. Dutzende von Raubburgen wurden zerstört und ihre Besitzer bestraft. In den Reichsstädten aber legte der Kaiser selbst Burgen an, um seine Steuern einzutreiben. So hatten die beiden neuen Stände der Stauferzeit, die Ritter und die Bürger, zu leiden. Kein Wunder, daß in den bedrückten Schichten die Erinnerung an die Staufer die Form sehnsüchtig romantischer Sage annahm. Zuerst war es Friedrich II., dann Friedrich Barbarossa, den sich das Volk als unsterblichen und einstmals wiederkehrenden Träger der kaiserlichen Idee im Kyffhäuser wartend vorstellte. Am wenigsten Einfluß übte das Habsburger Kaisertum im Norden und Nordosten Deutschlands aus. Der Gedanke der bundesmäßigen Zusammenarbeit wurde hier von den Handelsstädten der Nordsee und Ostsee aufgenommen, 1280 schloß Lübeck mit Wismar und Riga ein Bündnis, schon vorher hatten sich die Beziehungen zu Hamburg, Bremen und mehreren westfälischen Städten enger gestaltet. Aus dem wirtschaftlichen Interesse wuchs politische Gemeinsamkeit und die Schaffung von Rechtsnormen. Die alten Autoritäten standen neben dieser Entwicklung, ohne sie hindern zu wollen oder sie fördern zu können. Hier liegt der Ursprung der Hanse. Rudolf starb 1291 in Speyer und ließ sich neben den Saliern und ersten Hohenstaufen beisetzen. Er stand zwischen zwei Zeiten – im Tode wollte er doch zu den großen Vertretern der kaiserlichen Überlieferung gehören. Im Leben hatte dieser kaufmännische Rittersmann mit dem humoristischen Sinn etwas Neues begonnen, ohne viel Pathos, schlicht, geschäftlich und tüchtig – die Begründung einer Dynastie. Der Universalismus war ihm persönlich fremd und unfaßbar gewesen. Seine Dynastie sollte aber auf ihre Art den Universalismus wiederaufnehmen. Die Hohenstaufen lebten gespenstisch im Kyffhäuser weiter – der Berg öffnete sich nie. Der tote Rudolf ruhte aus im kaiserlichen Speyer – seine Enkel beherrschten Europa, ja den Erdkreis.

Die Kurfürstengruppe. Adolf von Nassau. Albrecht I.

Einstweilen hing freilich Deutschlands Schicksal von der Kurfürstengruppe ab. Sie hatte das gemeinsame Interesse, keinerlei Erbrecht aufkommen zu lassen – verstieg man sich hier ja sogar zu dem Satze, die Nachfolge des Sohnes auf den Vater sei wider das alte Recht! Die Kurfürsten waren sich stillschweigend darüber einig, daß keiner aus ihrem eigenen Kreise König werden sollte, denn das hätte Unfrieden und Schwächung hervorgerufen. Man brauchte einen kleineren Herrn, der dann während seines Königtums größer wurde – diesem Emporkömmling setzte man dann bei der nächsten Wahl einen andern kleinen Herrn entgegen. So kamen immer neue Häuser auf, der eifersüchtige Wettkampf zwischen älteren und jüngeren Häusern erfüllte das deutsche Geschehen mit ermüdender und aufreizender Eintönigkeit. Die Kurfürsten beherrschten das beste und älteste Reichsgebiet – jedes neue Herrscherhaus wurde durch diesen kurfürstlichen Block sozusagen an den Rand des Reiches getrieben, ja auf die Verbindung mit dem Auslande angewiesen. Hier liegt der Grund für die Tatsache, daß wie vormals Italien nun weiterhin Böhmen, Ungarn und Burgund maßgebende Bedeutung für die deutschen Geschicke gewannen. Mitteleuropa war keine politische Einheit mehr, aber mehr als je eine tatsächliche Lebensgemeinschaft.
Also nicht Rudolf von Habsburgs Sohn Albrecht wurde der nächste Nachfolger, sondern Graf Adolf von Nassau, eine Puppe des eifersüchtigen Böhmenkönigs. Adolf war ein kleiner Dynast, nicht ungebildet, mit einer großen Kinderschar belastet und des-

halb darauf angewiesen, als fahrender Landsknecht Geld zu machen. Das »Gräflein« war unbelastet von Überzeugungen oder Ideen – es setzte einfach seine Condottierelaufbahn als König fort. Seinen fürstlichen Wählern überlieferte er Rechte und Besitztümer, soviel sie verlangten – den Löwenanteil bekam der Kurfürst von Köln, sah sich aber nach der Wahl einigermaßen geprellt. König Adolf war ein Geschäftsmann, aber kein sonderlich zuverlässiger. Der Krieg zwischen England und Frankreich bot allerlei Möglichkeiten, zu etwas zu kommen. Da Frankreich in Burgund, Lothringen und den Niederlanden vorstieß, schloß Adolf ein Abkommen mit England, worin er sich eine Subsidie in der stattlichen Höhe von zehntausend Pfund Sterling zusichern ließ. Adolf stellte damit Truppen auf die Beine, dachte aber nicht daran, gegen Frankreich zu marschieren, sondern knüpfte Verhandlungen mit dem französischen König an und nahm Geld auch von diesem. Kein Wunder, daß sich die Zahl der Gegner vermehrte, der Böhmenkönig ließ Adolf fallen und vertrug sich mit den Habsburgern, die geistlichen Fürsten verließen ihn, der Prozeß wurde gegen ihn eröffnet. Da er nicht erschien, wurde König Adolf von den Kurfürsten wegen Regierungsunfähigkeit und mangelnder Wahrung der Reichsrechte des Thrones entsetzt. Die deutschen Fürsten nahmen ein solches Absetzungsrecht für sich in Anspruch, zum Mißvergnügen der päpstlichen Kurie, die auf ihrem alleinigen Absetzungsrecht bestand. Am Tage nach der Absetzung König Adolfs wurde Herzog Albrecht von Österreich zum römischen König ausgerufen. Das Rechtsverfahren mag seine Schwächen gehabt haben – politisch war Adolf ein verlorener Mann; er starb in der Schlacht von Göllheim wenigstens einen ehrlichen Soldatentod (1289).

König Albrecht errang rasch große Erfolge. Auch er hatte den Kurfürsten große Zugeständnisse machen müssen – jetzt, als Herrscher, schränkte er sie ein. Besonders bemühte er sich, die unerträglich gewordenen Rheinzölle der geistlichen Kurfürsten abzubauen – diese Schröpfung des aufblühenden Handels durch die tote Hand erbitterte das Bürgertum.

»Hätt' ich den Zoll am Rhein,
Und wär' Venedig mein –«

so kennzeichnete ja das Volkslied unerhörten Reichtum. König Albrecht zeigte seine fortschrittliche Gesinnung auch dadurch, daß er für eine menschliche Behandlung der Juden eintrat. Mit Energie hielt er die öffentliche Ordnung und den Reichsfrieden aufrecht. Ein großer Glücksfall, vom deutschen Standpunkte aus, war das Aussterben des böhmischen Königshauses der Premysliden, das Böhmen, Polen und Ungarn vereinigt hatte. Im Osten baute sich ein mächtiger Territorialkomplex auf – weit über das Dynastische hinaus waren diese Länder aufeinander angewiesen. Der letzte Herrscher, Wenzel III., wurde ermordet, er hinterließ keine Erben – König Albrecht zog Böhmen und Mähren als Reichslehen ein und übergab sie seinem Sohne Rudolf, der Wenzels Witwe heiratete. Eger und das Vogtland wurden wieder zum Reich genommen. Albrechts außenpolitische Stellung beruhte wesentlich auf dem Bündnis mit Frankreich, das eine gewisse Stärkung des deutschen Einflusses in Burgund zur Folge hatte. Auch hier bekräftigte eine Heiratsverbindung die eingeschlagene politische Richtung.

Die päpstlich-französische Interessengemeinschaft, die eine Folge des Zusammenbruches der Hohenstaufen gewesen war, hatte sich inzwischen in ein Verhältnis gefährlicher Spannung verwandelt. Auch der französische König wollte Herr über seine Geistlichkeit bleiben, auch er ließ sich Eingriffe der Kurie nicht gefallen. Der französische Einfluß in Italien begann dem Papsttume genauso lästig zu werden wie einstmals der deutsche. Papst Bonifaz VIII. verkündete den päpstlichen universalen Machtanspruch mit einer Übersteigerung, die nicht nur den König von Frankreich herausfordern mußte. Konnte nicht Deutschland ein Verbündeter der Kurie in diesem Konflikte werden? Bonifaz hatte zuerst Albrecht das Königtum abgesprochen und die Kaiserkrone versagt – nun schwenkte er um, erkannte ihn an, stellte ihm die Kaiserkrone in Aussicht, verlangte aber die Lösung des Bündnisses mit Frankreich. Albrecht näherte sich dem Papsttum, er versprach, einen Reichsvikar für die italienischen Reichsgebiete nur mit päpstlicher Genehmigung zu ernennen sowie die Gegner der Kurie militärisch zu bekämpfen. Nur mit päpstlicher Genehmigung sollte einer seiner Söhne Nachfolger im Reiche werden. Ja, noch mehr: er erkannte ausdrücklich an, daß das Papsttum das Kaisertum auf Karl den Großen übertragen und den Kurfürsten das Wahlrecht verliehen habe. Und als einziger deutscher König der Geschichte schwur Albrecht dem Papste einen förmlichen Eid, den die Zeitgenossen wie selbstverständlich als Lehnseid auffaßten, wenn ihm auch wesentliche formelle Bestandteile fehlten. Die Expansionspolitik der Franzosen in den Niederlanden und Burgund, die beginnende Zahlung von französischen Pensionen an westdeutsche geistliche und weltliche Fürsten machten es Albrecht leicht, von Frankreich abzurücken, wenn er es auch nicht zu einem Bruche kommen ließ. Mit Hilfe des Papstes hoffte er doch noch zu der Begründung einer habsburgischen Erbmonarchie zu kommen. Diesem Gedanken dienten alle großen und kleinen Unternehmungen des zähen und staatsmännisch hochbegabten Mannes, dessen unverbindliche Art freilich sachliche Gegnerschaften zu böser persönlicher Feindschaft verschärfte. So fiel er denn 1308 einem Anschlag seines übel behandelten Neffen und Mündels, des Herzogs Johann, zum Opfer, den die Geschichte als Parricida gebrandmarkt hat.

Die Luxemburger

König Philipp IV. von Frankreich fühlte sich nun stark genug, um die Königs- und Kaiserkrone für seinen Bruder, den Herzog Karl von Valois, zu erstreben. Das Papsttum war nach Avignon übergesiedelt, die Macht des Königtums war in Frankreich erheblich gewachsen – die Überlieferung Karl des Großen wurde lebendig: konnte nicht vom Westen aus ein Imperium neugebildet werden, das nach Italien und Deutschland hineingriff, das zudem, was den deutschen Königen nie ganz und nie dauernd gelungen war, über die Kirche verfügte? Den eifrigen Bemühungen des Erzbischofs von Trier gelang es aber zuletzt, seinen Bruder, den Grafen Heinrich von Luxemburg, durchzubringen. Balduin verdankte selbst den erzbischöflichen Stuhl der Hilfe Heinrichs und stattete nun großartig seinen brüderlichen Dank ab. Heinrich war wie Adolf

Der Palast des aus Rom geflohenen Papstes in Avignon

von Nassau ein kleiner Herr, der seine Grenzgrafschaft trefflich verwaltete. Seine Muttersprache war französisch, er war Lehnsmann König Philipps von Frankreich, von dem er auch den Ritterschlag empfangen hatte. Frankreich durfte also hoffen, in dem neuen deutschen Königtume keiner Gegnerschaft ausgesetzt zu sein. Der Papst wurde von Heinrich um seine Gunst angegangen, die Eidesleistung versprochen, die Kaiserkrone erbeten – die Kurie sagte zu. Der neue Herrscher stellte sich mit den Reichsfürsten so gut es ging. Sein Hauptschlag war die Gewinnung Böhmens – es gelang ihm, die Habsburger aus dem Lande zu verdrängen, seinen Sohn Johann mit der letzten Premyslidenprinzessin zu vermählen und so die luxemburgische Dynastie in Böhmen zu begründen. Wer die Festung Böhmen besaß, herrschte in Ostdeutschland, wer Ostdeutschland besaß, herrschte in Mitteleuropa – immer maßgebender wurde die strategische und wirtschaftliche Bedeutung des Erzlandes Böhmen für die deutschen Verhältnisse. In dem eifersüchtigen Wettbewerb der Habsburger und Luxemburger stak zum guten Teile ein Kampf um Böhmen. Am wichtigsten zeigte sich aber für Heinrich die Italienpolitik. Als erster deutscher König nach dem Interregnum zog er wieder nach dem Süden, erfüllt von dem Traume einer besonderen kaiserlichen Mission. An der Spitze eines kleinen Heeres, das unter seinen dreitausend Reisigen nur wenig Deutsche zählte, also in seiner Mehrheit französisch sprach wie Heinrich

Die Langobardenkrone, die sogenannte Eiserne Krone

selbst – so erschien der Luxemburger in einem parteienmäßig völlig zerrissenen Italien. Unter den alten Parteinamen der Ghibellinen und Guelfen bekämpften sich die Gruppen in den reif gewordenen, wirtschaftlich und kulturell aufblühenden Kommunen. Weder der Papst noch die Anjou im Königreiche Neapel wurden der großen Stadtfamilien Herr. An vielen Orten hatte sich die Signorie aus den Podestà-Ämtern und Generalvikariaten der Hohenstaufenzeit entwickelt. Friedlosigkeit und Selbstsucht, Haß und Grausamkeit herrschten – so erschien vielen ghibellinischen Patrioten die alte deutsche Kaiserzeit in verklärtem Licht. Sie begrüßten den neuen Kaiser Heinrich VII. als Friedens- und Heilbringer. Der große Dichter Dante predigte die Idee der Universalmonarchie, er glaubte an die schöpferische Kraft eines friedlichen Zusammenarbeitens von Papst und Kaiser. Aber wie sollte Kaiser Heinrich VII. mit seinen schwachen Kräften weltgeschichtliche Pläne von solchem Ausmaße durchführen? Er setzte Statthalter in Oberitalien ein, er empfing die eiserne Krone der Lombarden in Mailand. Aber gerade Mailand erhob sich zuerst gegen ihn, in vielen Städten kam es zu einem Bündnis der Ghibellinen und Guelfen, um zunächst einmal die »Barbaren« auszutreiben. Der Kaiser konnte nicht mehr der unabhängige gerechte Richter sein, wie er es zuerst wollte, er mußte sich der Ghibellinen versichern, solange es noch ging, nun schlug ihm der glühendste Hader um die Ohren. Florenz stiftete einen Bund gegen ihn, nur Pisa hielt treu bei ihm aus. Mit dem Könige von Neapel entstand heftige Feindschaft um das Arelat (Niederburgund). Heinrich ließ den König als Aufrührer und Majestätsverbrecher zum Tode verurteilen. Darauf drohte der Papst mit Exkommunikation. Heinrich gewann Sizilien gegen die Anjou in Neapel, er dachte ihnen das Schicksal des letzten Hohenstaufen Konradin zu – da rief ihn aus großen Plänen der Tod ab (1313). In Pisa liegt er begraben.

Wenn man von den Saliern und den Hohenstaufen sagen kann, daß sie sich der überkommenen Rompolitik praktisch kaum entziehen konnten, so ist der Fall des Luxemburgers Heinrich als ein merkwürdiges Beispiel von romantischem Dilettantismus anzusehen. Er wollte das schaffen, was Kaiser Friedrich Barbarossa vollbracht hatte und was König Philipp der Schöne und sein Bruder Karl mit stärkeren Kräften unternommen haben würden, wenn der Franzose König und Kaiser geworden wäre. Heinrichs Geschick wirkte als Warnung sowohl für das starke französische wie für das zerrüttete deutsche Königtum.

Um 1300 war das deutsche Volk ethnisch und kulturell reif für ein einheitliches politisches Schicksal. Es ist erschütternd zu sehen, wie die partikularen Kräfte dieses Volk auseinanderrissen. Der Norden und Nordosten lebten ganz für sich, beschäftigt mit den Spannungen, die der Aufschwung der skandinavischen und der slawischen Länder hervorbrachte. Niemand würde daran gedacht haben, einen norddeutschen oder nordostdeutschen Fürsten zum König und Kaiser zu küren.

Leichten Herzens unterstellte etwa König Albrecht der dänischen Lehnshoheit die Länder Holstein, Mecklenburg und Pommern. Nur eine Dynastie des Westens, Südens oder Südostens kam für das Königtum in Betracht – der Schwerpunkt der Kurfürstengruppe lag ja selbst im Westen. Die drei geistlichen Kurfürsten des Rheinlandes und der erste weibliche Kurfürst, der Pfalzgraf bei Rhein, bildeten schon die Mehrheit, Sachsen versuchte immer wieder eine hoffnungslose Opposition, Brandenburg lief schwach und unselbständig mit, mit Böhmen mußte mehr denn je gerechnet werden. Es stand in einem Verhältnis ständig zunehmender Reibung mit allen seinen Nachbarn – Österreich, Sachsen und Bayern. Bei der Suche nach einem Nachfolger für Heinrich VII. schied sein Sohn, König Johann von Böhmen, schnell aus – das hätte nach Erbrecht ausgesehen. Der König von Frankreich arbeitete für seinen Sohn, der Papst half, aber wiederum vergebens. Die habsburgische Partei setzte sich ein für den Habsburger Friedrich den Schönen, Herzog von Österreich, die böhmisch-rheinische Gruppe kürte den erbittertsten Feind der Habsburger, den Herzog Ludwig von Oberbayern. Wiederum traf Deutschland das schwere Unglück einer Doppelwahl.

Ludwig der Bayer und Friedrich der Schöne

Ludwig heißt in der Geschichte: der Bayer – er ist wenigstens ein guter bayerischer Landesvater gewesen. Gewiß war er kein unbedeutender Mann, aber sanguinisch, vielgeschäftig, wankelmütig, immer geneigt, kleine Mittel anzuwenden und sich durch pfiffige Unterwürfigkeit Augenblicksvorteile zu verschaffen. Glückte ein solches Spiel nicht, so versuchte er mit mehr Unverdrossenheit als Ehrgefühl andere Wege. Es gibt keine Klarheit in dieser Regierung, sie ist dennoch eine der merkwürdigsten des späteren Mittelalters. Denn jetzt zum ersten Male regten sich mächtige Volkskräfte in Deutschland.

Jahrelang zog sich der Bürgerkrieg hin. Entscheidend wurde die Schlacht von Mühldorf, eine der größten des Mittelalters (1322). Friedrich der Schöne, den die Geschichte auch den Dummen hätte nennen können, wurde geschlagen und saß jahrelang gefangen auf der bayerischen Feste Traußnitz bei Landshut. Ludwig benutzte den Sieg wie natürlich zur Befestigung seiner Hausmacht – er sicherte die Mark Brandenburg für seinen Sohn und gewann damit seiner Dynastie eine Kurstimme. Er selbst heiratete eine junge holländische Grafentochter in zweiter Ehe.

Alles ließ sich günstig an – da entbrannte ein neuer erbitterter Kampf zwischen Ludwig und der Kurie. Ludwig hatte der Mailänder Dynastie, der Familie der Visconti, einen Reichsstatthalter nach Italien zu Hilfe gesandt – der neue Papst in Avignon, Johann XXII., wollte aber Italien dem Papsttum zurückgewinnen und keinerlei deutschen Einfluß dulden. Durch Anschlag an der Türe der Hauptkirche in Avignon eröffnete der Papst seinen ersten Prozeß gegen Ludwig, den er der Anmaßung des kaiserlichen und königlichen Titels beschuldigte, der Unterstützung der »ketzerischen« Visconti zieh, und dem er aufgab, bei Strafe des Bannes binnen drei Monaten von der Regierung abzustehen. Ludwig wehrte sich – er legte Berufung ein an den apostolischen Stuhl, verlangte die Einberufung eines Konzils, bestand auf der Rechtmäßigkeit seiner Wahl – und wandte sich vom schlecht unterrichteten Papst an einen besser zu unterrichtenden. Ludwig trat in seiner Antwort auch für die Weltgeistlichkeit ein, die unter der Tätigkeit der eifrigen und erfolgreichen Minoriten allerlei zu leiden hatte. Dadurch bekam der Streit etwas allgemein Wichtiges – die Mißstände der Kirche, ihre Reformbedürftigkeit und ihre inneren Zwiste wurden hineingezogen. Der Papst bannte nun den Kaiser, er beanspruchte die Reichsverweserschaft und eröffnete einen zweiten Prozeß gegen ihn. Da vollzog Ludwig eine für ihn bezeichnende Schwenkung – er verbündete sich nun gerade mit den Minoriten und den ihnen nahestehenden radikalen Gelehrten, weil von dort das Papsttum am schärfsten und wirksamsten kritisiert wurde: der Franziskanerorden, die Sekten geißelten ja die Verweltlichung, das Herrendasein der Geistlichkeit, die Besitzgier der Kurie, sie appellierten von der spitzfindigen Juristerei und den papierenen Finanzkünsten des machtfreudigen Papsttums an die Überlieferung von der Armut Christi und an die Kraft des religiösen Erlebnisses, wie es sich in der Askese und der Lehre der Mystik offenbarte.

Bettelorden und Mystik

Der Franziskanerorden selbst spaltete sich in zwei Gruppen, welche die Armut als den maßgebenden Grundsatz verschieden auslegten. Der Papst stellte sich auf die Seite der Gemäßigten und wurde deshalb von den Radikalen der Ketzerei beschuldigt. Solche Zwiste schädigten das Ansehen der Kirche erheblich. So wandten sich viele völlig von den kirchlichen Einrichtungen ab und fanden ihren Frieden im unmittelbaren Leben in Gott, so wie es die deutschen Mystiker, Meister Eckart an der Spitze, ergreifend verkündigten. Konnte dieser religiösen, seelisch beschwingten Leidenschaft, der devotio moderna, der neuen Gottverbundenheit, die via antiqua standhalten, der alte Weg, wie ihn Albertus Magnus († 1283) gelehrt hatte? Der Erhabenheit der vernunftbestimmten

Würde aristotelischer Scholastik trat so die milde Weisheit der Mystik gegenüber. Der städtischen Bürgerschaften bemächtigte sich eine große Erregung. Von der politischen und kirchlichen Seite her entstand zum ersten Male in Deutschland etwas wie eine nationale Bewegung gegen den landesfremden Papst und seinen Schutzherrn, den König von Frankreich. Reichsstädte, Adel, der niedere Klerus und die Domkapitel standen auf der Seite des Kaisers. Episkopat und Fürstentum waren nach ihren Interessen geteilt, ebenso die Mönchsorden. Publizisten und Gelehrte lieferten Waffen zum Kampfe, an der Spitze der große Marsilius von Padua, der eine Zeitlang am Hofe Kaiser Ludwigs lebte. In seinem Defensor Pacis (der Friedensverteidiger, vollendet 1324) baute er zum ersten Male ein ganz neues Staats- und Kirchensystem auf: Kirche und Papsttum sollen apostolisch arm sein, der Staat hat ihre äußeren Angelegenheiten zu betreuen, ihr Vermögen zu verwalten, die Stellen zu besetzen; die Konzilien sind die oberste Instanz in allen geistlichen Dingen, die Gemeinschaft der Gläubigen bildet die Grundlage des kirchlichen Lebens, die heilige Schrift ist die alleinige Quelle des Glaubens, der Papst ist gar nicht der Nachfolger Petri, er kann abgesetzt werden, es gibt auch keine Weltmonarchie des Kaisertums – die Grundlage aller Herrschaft ist die Volkssouveränität, den vom Volke gewählten Vertretern stehen Gesetzgebung, Beamtenernennung und Wahl des absetzbaren Monarchen zu. Kaiser Ludwig war weit davon entfernt, die Tragweite dieser Gedanken einzusehen oder sich gar für alle Folgerungen einzusetzen. Ihm genügte es, wider das Papsttum Hilfe zu erhalten. Er stand in Verbindung mit den Führern der Ghibellinenpartei in den italienischen Städten und mit dem König von Sizilien, dem Feinde Neapels. So entschloß er sich zum Romzuge – in Mailand empfing er die eiserne Krone, in Rom wurde er zugleich mit seiner Gemahlin in St. Peter gekrönt – vier Syndici und der Stadtpräfekt übertrugen ihm die Kaiserkrone, als die Vertreter des römischen Volkes; es war die erste Kaiserkrone, die nach des Dichters L. Uhlands Wort (1848) »mit etwas demokratischem Öle gesalbt« (1328) war! Der greise Papst Johann XXII., tatenwütig wie immer, verfluchte den Kaiser, verurteilte ihn als Ketzer, entsetzte ihn aller Würden und predigte das Kreuz gegen ihn. Dem König von Frankreich bot der Papst das lombardische Reichsgebiet als Lehen an. Kaiser Ludwig seinerseits erklärte den Papst, als der Ketzerei verfallen, für abgesetzt und schritt zur Einsetzung eines Gegenpapstes. Der Umschwung kam bald – unter den Verwünschungen der Römer verließ Ludwig die Stadt, samt seinem neuen Papste, er fand Zuflucht in dem kaisertreuen Pisa. Das nunmehr wiederholte Urteil über Johann XXII. wurde von den Pisanern sofort auf ihre Art vollstreckt, das Volk verbrannte öffentlich eine Strohpuppe, die den Papst darstellte. Aber Johann gab nicht nach, er exkommunizierte den Gegenpapst nebst allen seinen und des Kaisers Anhängern. Die ganze Rompolitik Ludwigs brach jammervoll zusammen.

Die Schweizer Landgemeinden. Die Hanse

Der Gedanke der Selbstbestimmung erhob sich allenthalben. Vornehmlich die Habsburger hatten es zu spüren. Rudolf von Habsburg hatte auch als Kaiser die Landgrafschaft in der Schweiz nicht aus der Hand gegeben, die Alpenpässe waren ihm doch zu wichtig. Die Schweizer Landgemeinden wurden also jetzt tatsächlich reichsunmittelbar, sie erhielten wichtige Vergünstigungen in der Gerichtsbarkeit, sie organisierten sich und vereinheitlichten die Verwaltung. Schon zur Zeit des Interregnums hatte ein Bund bestanden, wie ja auch sonstwo, der Bundesgedanke wurde von den Schwyzern aufgegriffen, von König Adolf von Nassau erhielten die Urner und Schwyzer die Verbriefung ihrer Reichsunmittelbarkeit. Der Luxemburger Kaiser Heinrich VII. erweiterte und bestätigte diese Privilegien in einem besonderen Briefe an die Unterwaldner. Nur einem *Reichsvogt* sollten die Gemeinden unterstellt sein. Immer mehr lösten sie sich also von der österreichischen Landesherrschaft los, begünstigt von allen Gegnern der Habsburger. König Friedrich der Schöne verhängte über die Schweizer die Reichsacht, als aber sein Bruder Herzog Leopold sie vollziehen wollte, wurde er bei Morgarten entscheidend geschlagen (1315). Die Waldstädte erneuerten nun den ewigen Bund von 1291 in Brunnen. Kaiser Ludwig der Bayer bestätigte die alten Rechte

Siegel der Danziger Hanse aus dem Jahre 1376

durch neue Freiheitsbriefe. Die Schweizer Eidgenossenschaft war so entstanden, die Tellsage hat später diesen Vorgängen den Zauber eines allgemein gültigen Mythos verliehen. Überall gab es in deutschen Landen jetzt Bemühungen, auf genossenschaftlichem Wege zu Friede, Ordnung und Entwicklungsmöglichkeiten zu kommen. Kaiser Ludwigs Reichslandfriedensgesetze waren gewiß gut gemeint – die Straßen sollten befriedet werden, ungerechte Zölle waren verboten, Räuber und andere Unruhestifter sollten sofort festgenommen und abgeurteilt, bei Friedensstörung sollte zu gemeinsamer Handlung geschritten werden. Hier war der Weg der Selbsthilfe gewiesen, er entsprach der ansteigenden Volksbewegung. Am Rhein, in der Wetterau, an der Saar und Mosel, in Lothringen entstanden Landfriedensbünde. 1331 schlossen zweiundzwanzig schwäbische Städte den ersten großen süddeutschen Landfriedensbund, an dem auch Bayern und Brandenburg teilnahmen. Ähnliche Bildungen entstanden am Rhein und in Franken.
Der Nordosten Deutschlands hatte schon lange den genossenschaftlichen Weg beschritten. Lübeck und seine Schwesterstädte wahrten die Sicherheit des Seeverkehrs gegenüber dänischen Übergriffen, hinter denen der Traum eines Nordreiches stand – sie unterdrückten den Seeraub in der Ostsee und schlossen mit Schweden entsprechende Verträge. Hier, 1344, tauchte zum ersten Male der Name der Deutschen Hanse urkundlich auf. In Brügge entstand das Kontor des »Gemeinen deutschen Kaufmanns« – drei Gruppen von Städten des Nordens und Ostens traten hier auf: die wendisch-sächsische, die westfälisch-preußische und die gotisch-livländische. Über das Reichsgebiet hinaus griff der deutsche Unternehmungsgeist in die nördlichen und östlichen Bezirke ein, wirtschaftlich schöpferisch und demgemäß bald auch politisch einflußreich.

Der Kurverein zu Rense

Schon vor seinem Romzuge hatte Ludwig der Bayer eine Annäherung an die Habsburger versucht. Er wandte sich von dem Böhmenkönig ab und überließ Friedrich dem Schönen eine Art Mitregentschaft, die ja ungefährlich genug war. Friedrich, gebrochen von der langen Gefangenschaft, starb früh (1330). Böhmen und Frankreich fanden sich wieder zusammen. Ludwig beantwortete diesen Flankendruck auf das Reich durch ein Bündnis mit England. Sein Schwager, König Edward III., versprach ihm Subsidien in der Höhe von 300000 Goldgulden und erhielt dafür das Reichsvikariat für die Länder westlich des Rheins.
Selbst die Kurfürsten wurden von dem neuen Geiste des genossenschaftlichen Nationalismus ergriffen. Sie verbündeten sich zur Aufrechterhaltung der Ehre des Reiches. Auf der Zusammenkunft zu Rense am Rhein, 1338, gaben sie eine bedeutsame Erklärung ab: dem Herkommen entsprechend, überträgt die Wahl der Kurfürsten dem Erkorenen die königlichen Rechte nebst dem Königstitel; damit werden auch die kaiserlichen Regierungsrechte verliehen. Der kaiserliche Titel aber wird erst erworben durch

die Krönung durch den Papst. – Im Kampfe mit der Kurie stellten sich die Kurfürsten also rückhaltlos auf die Seite des Kaisers. Darüber hinaus ging das jetzt gegebene Reichswahlgesetz: Wer durch die Mehrheit oder Gesamtheit der Kurfürsten gewählt ist, ist allein schon durch diese Wahl für den wahren Kaiser und König der Römer zu halten. Ludwig war nicht der Mann, seine große europäische Stellung richtig auszunutzen. Im englisch-französischen Kriege verhielt er sich schwankend, er ließ das englische Bündnis fallen und knüpfte mit den Franzosen an, verärgerte dann den englischen Schwager endgültig durch seine Ansprüche auf Holland. Der Böhmenkönig konnte ihm nicht die Art verzeihen, wie er Tirol an sein Haus brachte. Die Erbin von Tirol, Margarete, erhielt wegen ihrer ungewöhnlichen Häßlichkeit den Namen »Maultasch«. Nach Art der von der Natur vernachlässigten Frauen machte sie keinen Versuch, ihr Bedürfnis nach Lebens- und Liebeserfüllung zu verbergen. So beschuldigte sie ihren ersten Gemahl, einen Luxemburger Prinzen, vor offenem Landtage der Impotenz und erreichte die Nichtigkeitserklärung der Ehe. Kaiser Ludwig sorgte nun dafür, daß diese Frau seinen Sohn heiratete. Solche Machenschaften verdarben mehr und mehr sein Ansehen. Der König von Böhmen, Johann, stellte den Kaiser mehr und mehr in den Schatten – er zog nach Italien, erwarb die Signorie in mehreren Städten, ließ seinen Sohn, den Markgrafen Karl von Mähren, als Statthalter in der Lombardei zurück und brachte durch sein Bündnis mit Frankreich und der Kurie eine Front gegen Ludwig den Bayern zustande, der dieser nicht gewachsen war. Der Papst verfluchte ihn, die Kurfürsten wählten Karl von Mähren. Ludwigs plötzlicher Tod auf der Bärenjagd rettete ihn vor weiteren Demütigungen (1347).

Karl IV. Böhmens Machtstellung

Ein besonders erfolgreiches Regiment begann. Nach langer Zeit waltete über Deutschland wieder ein bedeutender, ja ein ganz ungewöhnlicher Herrscher. Karl IV. ist vielleicht der klügste Träger der deutschen Königskrone. Französisches, tschechisches und deutsches Blut hatten sich in seiner Person wunderlich gemischt – die kleine, schwächliche Figur bekam etwas Besonderes durch den dunklen Bart und das lebhafte Spiel der schwarzen Augen. Im Geiste der französischen Scholastik aufgewachsen, vermochte er wie ein gewandter Theologe die Schrift vielfältig auszulegen, er war aber trotz aller moralisierenden Gelehrsamkeit im Grunde eine religiöse Natur – er lebte in frommer Demut, deutete sinnvoll seine lebhaften Träume, las seine Stundengebete, sammelte seine Reliquien, beglückt in erbaulicher Einsamkeit. Gewohnt, sich selber zu beobachten, schrieb er sein eigenes Leben – sehr sachlich und packend, eine Art Fürstenspiegel, voll von Menschenkenntnis und politischer Weisheit. Der Enkel des Romantikers, Kaiser Heinrich VII., der Sohn des fahrenden Ritters, Verschwenders und genialischen Dilettanten Johann, hieß eigentlich Wenzeslaus; nun trug er zu Ehren des französischen Königs Karl VII. den großen Kaisernamen und fühlte die darin liegende universal-sakramentale Forderung – vom böhmischen Wenzel behielt er aber noch genug. Er schuf sich einen böhmischen Staat, auf den bankrotten Trümmern des väterlichen Erbes und im Kampfe mit dem selbstsüchtigen Adel. Karl liebte seine Hauptstadt Prag, er baute den Hradschin, die Neustadt, die Karlsbrücke, er gründete die Universität und stattete sie reichlich aus – sie war das erste »Generalstudium«, das sich vom kanonischen Gelehrtenwesen losmachte: eine deutsch-slawische Einrichtung mit den vier Landsmannschaften, den Bayern, Sachsen, Böhmen und Polen. Befruchtet von den Deutschen, entwickelten die Tschechen damals als erstes slawisches Volk eine eigene Literatur – Karl warb um die Kraft des eingewurzelten Volkstums und wollte sie wirksam machen in einem deutsch-tschechischen Gedankenaustausch und Wettbewerb. Die Überlieferung König Ottokars wurde von Karl aufgenommen und den Habsburgern vererbt – Böhmen als die Festung und das wirtschaftlich-geopolitische Zentrum Mitteleuropas, Böhmen, das reiche Erz-, Wald- und Ackerland, konnte der Eckstein werden für eine dauerhafte Hausmachtgründung und Reichsführerschaft, wenn es gelang, die Tschechen und die Deutschen zur friedlichen Zusammenarbeit zu erziehen. Die Prager Häuser und Klöster, unter den Kirchen vor allem der St.-Veits-Dom, glänzten im Schimmer spätgotischer Formenfülle, das Schloß Karlstein baute sich auf als ein Heiligtum begnadeter Herrschaft, ein Schatzhaus goldener Geheimnisse – die Reichskleinodien selbst konnten keinen würdigeren Aufenthaltsort finden. Die Prager Malerzeche vereinigte Künstler aus Deutschland, Italien, Frankreich und Ungarn zum Dienste an diesem stolzen und weisen Königtum.

Karl IV. erwies sich als ein vorsichtiger Finanzmann und zäher Diplomat. Seines Gegenkönigs Günther von Schwarzburg, des machtlosen Kandidaten der Wittelsbacher Partei, entledigte er sich durch eine Abfindungssumme. In einer geldarmen und sehr geldbedürftigen Zeit verstand es Karl, immer bei Kasse zu sein – er nutzte den böhmischen Silberbergbau aus, er schuf Geld durch Förderung der neuen Industrien in Böhmen, der Glasbereitung, Färberei, Zinngießerei und Papiererzeugung, er beutete jede politische und wirtschaftliche Notlage seiner Nachbarn aus, er kannte von Italien und Frankreich her die Grundsätze kapitalistisch geschulter Verwaltungs- und Steuerpraxis – kurz: er kam vorwärts, Schritt für Schritt, ganz unpathetisch, mit viel Ruhe und Geduld, ohne Sentimentalität und ohne Illusionen. Die diesseitigen und die jenseitigen Interessen liefen bei ihm ungestört nebeneinander her – Karl hörte viele Menschen, er verhandelte mit jedem, der etwas zu bieten hatte –, was er schließlich tat, war ganz und gar sein Werk, er freute sich seiner Erfolge, aber sie brachten ihn nicht aus dem Gleichgewicht. So fügte er eine Hausmacht zusammen wie nie ein deutscher König vor ihm – Böhmen nebst dem Egerland, dem Vogtland, den Lausitzen, der Oberpfalz, die Mark Brandenburg, zahlreiche Gebiete in Franken und im Mainland, dazu Schlesien, auf das der polnische König verzichten mußte – die piastischen Fürsten wurden böhmische Vasallen. Karl beherrschte durch diesen Machtkomplex die ganze Oder, die Elbe fast völlig und den Main; alle Wettbewerber der Luxemburger, die Wittelsbacher in Bayern, die Habsburger in Österreich, standen unter dem Druck dieses Ostwalles, diese Reichsbildung wog die rheinische Kurfürstengruppe auf. Und gerade mit dieser Gruppe schloß der Kaiser das geschichtliche Bündnis durch sein epochemachendes Reichsgesetz, die Goldene Bulle (1356).

Die Goldene Bulle

Die Zahl der Kurfürsten wurde nun endgültig auf sieben festgesetzt, die Habsburger gingen ganz leer aus, nach wittelsbachschem Hausvertrage sollte die Kur zwischen Bayern und der Pfalz wechseln, dies war nun nicht anerkannt, die Kur blieb dauernd bei der Pfalz, die bayerischen Wittelsbacher hatten das Nachsehen. Diese Vernachlässigung von Bayern und Österreich zeitigte weitgehende geschichtliche Folgen. Der Mainzer Erzbischof erhielt wie schon herkömmlich das Recht zur Berufung der Wahl und die Stimmabfragung. Er stimmte zuletzt, was ausschlaggebend sein konnte, Trier zuerst, Köln zu zweit. Unter den weltlichen Kurfürsten erhielt der König von Böhmen wieder den ersten Rang, er stimmte zuerst. Die Länder der Kurfürsten sollten unteilbar sein und nach dem Rechte der Erstgeburt vererben. Gegenüber allen anderen Reichsfürsten erhielten die Kurfürsten eine Stellung hervorragender Art – ihre Hauptprivilegien waren: Bergwerks-, Münz-, Salzhoheit und Judenschutz, dazu das bis dahin nur Böhmen zustehende Recht, daß kein Landeingesessener vor ein fremdes Gericht gezogen werden sollte und daß von einem einheimischen Gerichte nicht an ein fremdes appelliert werden konnte. Im Falle des Aussterbens einer Kur sollte sie neu vergeben werden durch den König, nur für Böhmen blieb das alte Wahlrecht der Untertanen ausdrücklich vorbehalten. Die Städte erfuhren keine freundliche Behandlung in der Goldenen Bulle – die Innungen waren untersagt, städtische Bündnisse sollten nicht geschlossen werden, Pfahlbürger, das heißt auf dem Lande wohnende Personen ohne dauernden städtischen Aufenthalt, sollten keine Aufnahme mehr in den Städten finden. Wahlort wurde die Bartholomäuskirche in Frankfurt, Krönungsort wurde Aachen, der erste Reichstag sollte in Nürnberg statthaben. Reichsverweser wurde im Gebiet sächsischen Rechts der Kurfürst von Sachsen, im Gebiete fränkischen Rechts der Kurfürst von der Pfalz. Die landesherrliche Stellung der Kurfürsten schien jetzt völlig gesichert: nunmehr vermochte einer von ihnen die praktische Erbmonarchie zu begründen ohne Gefahr für die andern – das Luxemburger Haus übernahm diese Rolle, gemäß verwandtschaftlicher Erbfolge kamen die Habsburger nach ihnen, und sie hielten sich bis zum Ende des alten Reichs. Von irgendwelchen päpstlichen Rechten ist in der Goldenen Bulle nicht die Rede. Dies war das Meisterstück Karls IV. Seine Abmachungen mit der Kurie vor seiner Wahl gingen sehr weit. Er verzichtete damals auf alle Rechte des Reichs am Kirchenstaat, der Grafschaft Venaissin, an Sardinien, Sizilien und Korsika, er erkannte den Papst als Schiedsrichter in allen Streitigkeiten mit dem Könige von Frankreich an, er versprach, Rom nur am Tage seiner Krönung zu betreten und an dem gleichen Tage zu verlassen, erst nach der päpstlichen Approbation sollte der Kaiser Ansprüche auf die Verwaltung in Reichsitalien machen dürfen. Die Approbation der Königswahl war allgemeiner Natur, sie war keineswegs auf Reichsitalien beschränkt. Wenn also die Goldene Bulle die päpstliche Approbation überhaupt totschweigt, so lag darin ein schwerer Angriff auf alte kuriale Ansprüche. Andererseits dachte Karl, der als Feind der Ghibellinen hochgekommen war, nun keineswegs daran, die alte Italienpolitik wiederaufzunehmen – insofern hat dieser Guelfe folgerichtiger gehandelt als alle echten Welfen vor ihm.

Verlegung des Schwerpunkts nach Osten

In Rom hatte Cola di Rienzo einen freien Volksstaat begründet, der die alten Ideen der römischen Republik wieder erneuern sollte († 1354). Der große Dichter Petrarca begrüßte Karl mit Begeisterung – aber dieser nahm Ratschläge weder von dem Humanisten noch von dem Tribunen entgegen. Karl ging nach Italien wie ein interessierter Reisender, Rom besuchte er vor seiner Krönung als Pilger verkleidet, offiziell hielt er sich tatsächlich nur einen Tag in der heiligen Stadt auf – in italienische Parteikämpfe mischte er sich überhaupt nicht. Auf seinem zweiten Zuge nahm er im Grunde dieselbe Haltung ein – wohl lag ihm daran, daß das Papsttum nach Rom aus Avignon zurückkehrte, aber mehr als eine nominelle Oberhoheit erstrebte er nicht in Italien. Wegen des Arelats drohte Verstimmung mit Frankreich, was Karl zu vermeiden wünschte. Er ließ sich zwar zum König auch dort krönen, aber übertrug bei seinem Besuch in Paris 1378 dem Delphinus (Dauphin), dem französischen Thronfolger, die Statthalterschaft im ganzen Königreich Arelat. Damit war unter Wahrung lehnsrechtlicher Formen die burgundische Stellung tatsächlich aufgegeben und dem vordringenden französischen Königtum überlassen – einer der zahlreichen Schritte, die den Abbau der deutschen Einflußzone an der Westgrenze kennzeichnen. Ganz entsprechend seiner östlich gerichteten Hausmachtspolitik gewann der aus dem Westen stammende, selbst so stark französisch interessierte Luxemburger Karl einen Ersatz auch weiterhin im Osten. Der König Ludwig von Ungarn aus dem Hause Anjou arbeitete stark gegen Karl – er schwenkte aber um, da er in Italien die kleineren Herren gegen die Mailänder Visconti schützen wollte und weil sich die Türken 1363 Adrianopels bemächtigt hatten. Hier lag eine Bedrohung auch Ungarns. Karl erreichte ein Bündnis mit Ungarn. Die ungarische Erbtochter Maria wurde dem Sohne Karls, Sigismund, verlobt.
Der Balkan, die Adria, das östliche Mittelmeer traten damit in den Gesichtskreis des Luxemburger Hauses – auch darin arbeitete es den Habsburgern vor. Ungebrochen erhielt sich die Macht der Visconti in Mailand – von dort setzte ein so starker Druck auf den Kirchenstaat ein, daß es das Papsttum wenig anziehend fand, sein Leben in Rom neu zu beginnen. Die Römer wollten aber nach Rienzos Zusammenbruch wieder einen Papst haben, und es lag entschieden im deutschen Interesse, die Kurie aus der französischen Vormundschaft zu entfernen. Das Ergebnis war der Beginn des abendländischen Schismas der Kirchenspaltung. Karl legte großen Wert darauf, seinem Sohne Wenzel noch bei seinen Lebzeiten die Thronfolge zu sichern – um ganz sicher zu gehen, verschaffte er ihm die Approbation durch beide streitenden Päpste – das Prinzip der Goldenen Bulle wurde also aus taktischen Gründen in diesem Falle von ihrem Schöpfer selbst aufgegeben.
Gerade dieser Einzelzug kennzeichnet den Kaiser wie nichts anderes. Er war kein Prinzipienreiter. Im Anfange seiner Regierung bediente er sich des falschen Waldemar gegen die Wittelsbacher, obgleich er sicher nicht an die Rechte dieses brandenburgischen Prätendenten geglaubt hat (1348). Ebenso unbekümmert gab er ihn später preis. Solche Zwischenfälle störten nicht die Gemütsruhe des frommen kaiserlichen Geschäftsmannes, der das brandenburgische Tangermünde zu einem blühenden Klein-Prag machte: Venedig und Hamburg, Frankfurt und Prag und Brügge sollten sich zu

fruchtbarem Austausch verbinden: Straßen und Flüsse und Brücken hatten alle den Plänen eines Herrschers zu dienen, der mehr als irgendeiner seiner fürstlichen Zeitgenossen große Zusammenhänge sah, über die herkömmlichen dynastischen und feudalen Bindungen hinweg. Mit der Hanse und ihren Interessen sympathisierte der Kaiser besonders, wenn seine Macht auch nicht ausreichte zu tatkräftiger Hilfe: oder besser – er fand diese städtischen Gemeinwesen schon gerade mächtig genug und sah es nicht ungern, wenn sie in Schwierigkeiten gerieten. So hat er sich auch mit dem schwäbischen Städtebund schließlich vertragen müssen. Ein Landfriedensbündnis in Bayern und in Franken wurde von Karl und seinem Sohne Wenzel selbst als Gegengewicht zum Schwäbischen Bunde ins Leben gerufen. Der Vater der Goldenen Bulle konnte die Bewegung der Städte praktisch doch nicht unterdrücken.

Karls IV. Regierung ist der Höhepunkt und Wendepunkt der deutschen Geschichte nach dem Zusammenbruch der Hohenstaufen. Deutschland besaß eine neue erfolgreiche Dynastie, es besaß eine Verfassung, es gab unhaltbare Stellungen wie Italien und Burgund auf, es wich im Westen zurück und drang vor im Osten Europas. Dynastische Hausmachtpolitik auf dem Kolonialland ersetzte die Mitteleuropaidee.

VIII. Das Ende des deutschen Mittelalters

Die Wirtschaftsblüte – Vollreife der deutschen Kultur – Ostkolonisation – Fortentwicklung der Hanse – Die Städtebewegung – Geldwirtschaftliche Macht des Bürgertums – Absetzung König Wenzels – Rupprecht von der Pfalz – Kaiser Sigismund – Das Konstanzer Konzil – Johann Hus – Die Hussitenkriege – Vergeblicher Kampf um die Reichsreform – Reform der Kirche an Haupt und Gliedern? – Die neue religiöse Bewegung erschüttert die Lehre und die Verwaltung der Kurie – Dynastische Interessenpolitik der Habsburger – Das Neuburgundische Reich – Kaiser Maximilian I. – Die Rheinische Reichsidee – Die Reichskreise – Die Landesherrschaften – Der deutsche Humanismus – Kirchliche Mißstände – Säkularisation? – Nationalkirche? – Gefühl, Vernunft, Kunstschöpfung kennzeichnen nationales Wollen und volkliche Kraft in Deutschland

Die Wirtschaftsblüte. Ostkolonisation

Das deutsche Spätmittelalter war keine Verfallszeit. Gewiß wurde das Königtum immer schwächer, die staatliche Kraft ging in die Territorien. Aber das deutsche Volk erwachte und entwickelte ein Leben voll Glanz und Fülle. Damals bauten sich die geldwirtschaftlich gereiften Städte ihre stolzen Rathäuser, Mauern und Türme, damals schuf sich der Bürger in dem Gassengewirr sein Heim und seine Werkstatt. Die Brükken und die Burgen, die Wälle und die Rüstungen, die Feste, Umzüge und Hinrichtungen, die Buntheit der Trachten, die Saftigkeit der gewachsenen Sprache und die seelische Leidenschaft dichterischen und religiösen Erlebens haben dem Spätmittelalter etwas einziges gegeben in der Erinnerung – Selbstgefühl und Sehnsucht strebten später doch immer zurück zu dieser Zeit des Überschwangs, des ungebrochenen Lebensmutes, der Farbigkeit und der heiter zupackenden Kraft. Es gab in Deutschland viel Kleinmeisterei und Engigkeit, aber innerhalb der selbstgesetzten und eigensinnig betonten Schranken auch eine Freude am Sonderleben, eine Fähigkeit origineller Vertiefung und Verfeinerung, einen Stolz des persönlichen Lebensstiles – also Eigenschaften, die alle Voraussetzungen wirklicher Schöpferkraft enthielten. Das Große und Universale durfte ja nie vergessen werden – nicht umsonst prangte an dem Brückenturm des winzigsten Reichsdorfes der kaiserliche Adler.
Erst jetzt nationalisierte sich das deutsche Volk. Die politischen Grenzen wurden klarer und schärfer, innerhalb der Grenzen entwickelte sich trotz der territorialen Zersplitterung eine neue Einheitlichkeit des Fühlens und Empfindens. Die deutsche Sprache drang in die Gerichte und Regierungsstellen ein, es entstand zum ersten Male et-

Das Greifswalder Rathaus, erbaut Mitte des 14. Jahrhunderts

was wie eine volkstümliche deutsche Kultur, getragen von den aufstrebenden Städten, also bürgerlich, weltlich, laienhaft, praktisch und sachlich.

Europa erfreute sich im Spätmittelalter einer allgemeinen Wirtschaftsblüte, die vom Bürgertum getragen war, zum Nachteil des absinkenden Landadels. Diese Blüte erleichterte den Vorgang der bürgerlich betonten Nationalisierung. In Frankreich und England brachte das Bündnis von Königtum und Bürgertum eine starke monarchische Gewalt hervor, die den absolutistischen Einheitsstaat vorbereiten konnte. In Deutschland war diese Möglichkeit seit Kaiser Karl IV. aufgegeben. Aber inmitten von Hausmachtskämpfen und Bürgerkriegen blieb das Kernstück von Mitteleuropa eben doch ein unerschöpfliches Kraftzentrum, das sich aus sich selbst immer verjüngen konnte. Wenn im Westen die Grenze zerbarst und immer mehr unter französischem Druck zurückwich, so fand das Deutschtum in der Kolonisation des Ostens einen denkwürdigen Ersatz. Das agrarische Deutschland des Frühmittelalters hatte sich nun mit Hunderten von blühenden, gewerbefleißigen, werteschaffenden Städten bedeckt – sie wurden die wirtschaftlichen und politischen Wettbewerber des Territorialfürstentums –, ein neues breites landwirtschaftliches Gebiet wurde im slawischen Osten dazu gewonnen. Die innenpolitischen Gegensätze und die wirtschaftlichen Ergänzungsmöglichkeiten bekamen dadurch eine neue Spannung von großer geschichtlicher Tragweite.

Zweierlei Formen von Siedlungen im Osten sind vorgekommen: das langsame und stetig anwachsende Vordringen des geschlossenen deutschen Volkstums, das oft unmittelbar auf die Eroberung der neuen Gebiete durch bewaffnete Hand folgte; und die Festsetzung einzelner Gruppen von deutschen Siedlern in weiter Entfernung, inmitten eines volksfremden und immer fremd bleibenden Herrschaftsgebietes. In der ersten Form haben die Bayern die Donau- und Alpenländer seit dem achten Jahrhundert besiedelt. Bis 1200 wurden dann Holstein, die Mark Brandenburg bis zur Havel, der größere Teil von Mecklenburg, die beiden Lausitzen zur westlichen Hälfte, der südliche Teil von Böhmen und Mähren, die Länder bis zur March, oberen Raab und Drau gewonnen. Alle diese Kolonien standen in dauerndem Zusammenhang mit dem Mutterlande, sie ähnelten sich ihm an, um so mehr, als ja das Mutterland selbst entsprechende Züge der ethnischen und wirtschaftlichen Zweischichtigkeit oder Mehrschichtigkeit zeigte. Ganz anders verhielten sich die Dinge bei dem zweiten Typus von Siedlung. Um 1250 rief der König von Ungarn Deutsche von der Mosel nach Siebenbürgen, diese Siedler wurden in der neuen Heimat Sachsen genannt. Sprunghaft wie dort verlief die Siedlung von Kaufleuten, Rittern und Bergleuten im Baltikum, später im preußischen Ordensland – deutsche Minderheiten setzten sich hier fest, mit Privilegien ausgestattet, sie kamen meist zu Schiff nach den Ostseelanden, es gab keine breite Bauernsiedlung und konnte sie nicht geben, das Meer, nicht das Land war die Brücke. Entsprechend vollzog sich die Siedlung in Polen. Nach dem Mongolensturm riefen die Herrscher die Deutschen ins Land, diese gründeten Städte mit deutschem Recht, neben den rein deutschen Gemeinden gab es weiter dort rein slawische Gemeinden – das deutsche Recht und die deutsche Kultur, der deutsche Handel und Gewerbefleiß reichten also viel weiter als das deutsche Volkstum. Deutsche Bergleute fanden Arbeit bis nach Bosnien. Bäuerliche Siedlungen blieben durchaus selten, die Gemeinde Gottschee in Slowenien ist einer dieser Sonderfälle. Die deutschen Siedler waren willkommene Gäste, weil sie die Ostländer wirtschaftlich entwickelten, sie ordneten sich ein als loyale Untertanen der örtlichen slawischen Gewalten, und sahen ja auch keine andere Wahl.

Ein Mischtypus von Siedlung entwickelte sich in den ostelbischen Ländern, die weiter von slawischen Fürsten regiert wurden, wie im östlichen Mecklenburg, in Pommern, Schlesien, Mähren. Ritter- und Bauernsiedlung vollzog sich hier unter der Leitung der Kirche, das slawische Element erfuhr möglichste Schonung, das deutsche Dorf legte sich neben das slawische, die fürstlichen Domänen bauten Musterwirtschaften mit Hilfe der Deutschen auf, die dann Nachahmung bei den Slawen fanden. Austausch und ethnische Vermischung traten weitgehend auf. Wenn die slawischen Dialekte bis auf wenige Reste verschwanden, so verschwand doch durchaus nicht das slawische Volkstum.

Der Deutsche Orden in Preußen entwickelte seine eigenen Methoden. Es handelte sich hier um eine Eroberung in Kreuzzugform; die Aufstände der heidnischen Preußen wurden niedergetreten, die Reste der Bevölkerung versklavt. Zunächst gründete der Orden Rittergüter, erst allmählich Dörfer und Städte. Auch die Städte behielten akkerbürgerlichen Charakter, ihre Patrizier blieben Grundherren mit ritterlichen Anschauungen und Lebensformen. Die Einwohner der Städte wirkten als Händler und Handwerker, sie hatten meist auch Landbesitz außerhalb der Mauern und bewirtschafteten ihn mit Leibeigenen. Gegenüber der Ordenstyrannei entwickelte die Landesaristokratie so gut wie das städtische Patriziat einen bodenständigen, persönlich und familienhaft gebundenen Interessenkreis, dessen Förderung diese Schichten mehr von den Polen als von dem mönchisch harten Orden erwarteten. Die Niederlage des Deutschen Ordens bei Tannenberg (1410) war teilweise begründet in dieser Sonderpolitik des im Eidechsenbund zusammengefaßten, für Polen interessierten Land- und Stadtadels. Durch den zweiten Thorner Frieden wurde der König von Polen Oberlehnsherr des Ordens (1460) – schon vorher hatte eine starke polnische Einwanderung eingesetzt. Sie verstärkte das nichtdeutsche Element wesentlich. 1515 wurde der Hochmeister des Deutschen Ordens auch formell aus dem Reichsverband entlassen, dem er nur für seine Person, nicht für den Ordensstaat angehört hatte (vgl. oben S. 86).

In Böhmen und Mähren ist die deutsche Siedlung durch die Könige sowohl wie durch die geistlichen Orden energisch im wirtschaftlichen Interesse des Landes gefördert worden. Deutsche kamen vom Erzgebirge her unmittelbar herüber; andere wurden gruppenweise von weiterher, von Bayern, der Oberpfalz, ja von Niederdeutschland hergeholt. Manche dieser Gruppen hielten sich dauernd abseits von den Tschechen und erwarben sich so deren Abneigung, ein ungewöhnlicher Vorgang in dieser Frühzeit, deshalb auffällig und von den Zeitgenossen bemerkt. An sich blieb die Vermischung der Bevölkerungsgruppen auch hier das Übliche. Die Deutschen kamen im allgemeinen nicht als Habenichtse in das Neuland – sie brachten ihre guten landwirtschaftlichen Geräte mit, deren Gebrauch die Slawen lernten; der Leiter der Siedlung verfügte über das begehrte Bargeld, um Gebäude zu errichten und Privilegien zu sichern. Der deutsche Einwanderer wünschte sich eine unabhängigere Lage als in der Heimat und gelangte in den meisten Fällen dazu. Wer seinen Heimatboden verließ, nahm nicht viel Rücksicht und pochte auf seine Kraft. Der Kampf in dem Neuland ging hart her und kannte wenig Rücksicht, die Slawen spürten das und hatten sich danach zu richten. Noch immer sahen sich die deutschen Städte ja in der Lage, ländlichen Bevölkerungsüberschuß aufzunehmen, besonders nach Seuchen und Kriegen; mehr lockte aber den freiheitliebenden deutschen Bauern das Neuland im slawischen Osten, und der Kaufmann konnte dort schneller und reichlicher verdienen als zu Hause: Grund genug für dieses Wachstum, auf dem die Bildung der kräftigsten Staatswesen der deutschen Geschichte, Österreich und Preußen, beruhen sollte.

Die deutsche Kolonisation des Ostens wandelte sich im Spätmittelalter immer mehr von bewußter Eroberung zu wirtschaftlicher Erschließung. Die Deutschen wirkten als die Techniker, die Handwerker, die Schulmeister und Organisatoren des Ostens – Litauer und Letten, Ungarn und alle süd- und westslawischen Stämme lernten die Deutschen als Unternehmer und Führer auf allen diesen Gebieten schätzen, wenn auch nicht lieben – später wartete auf die Deutschen im wachsenden Rußland die gleiche Rolle. Der Geschichtsschreiber hat diese Zusammenhänge sachlich hinzunehmen und auf einer möglichst genauen Tatsachengrundlage zu beschreiben. Es ist ebenso falsch, die Ostkolonisation in hohen Tönen als eine kulturelle Großtat zu preisen, wie sie als ein Verhängnis für die betroffenen nichtdeutschen Völkerstämme hinzustellen. Die Ostkolonisation war unter den gegebenen Zeitverhältnissen etwas Natürliches, sie bestand aus einer Reihe von Einzelvorgängen nüchterner Natur, sie war eingegeben von sehr sachlichen Erwägungen bei allen Beteiligten. Je weiter sich eine deutsche Gruppe vom Mutterlande entfernte, desto reiner konnte sie sich ethnisch und kulturell erhalten. In allen unmittelbar mit dem deutschen Kernlande zusammenhängenden Gebieten blieb die Mischung die überwältigende Tatsache – wobei die deutsche Sprache über die slawische, aber die slawische Denk- und Empfindungsweise oft über die deutsche siegte. Das Ergebnis war der Typus des Ostdeutschen, der im ganzen ostelbischen Lande zur Herrschaft gelangte, mindestens in der Mittel- und Unterschicht. Der Gegensatz zwischen Norddeutschen und Süddeutschen hatte sich schon am Ende des Mittelalters voll ausgeprägt – sprachlich und kulturell, politisch und soziologisch gab es ein oberdeutsches und ein niederdeutsches Gebiet. Nun trat das ostdeutsche Wesen als ein drittes Element diesen beiden zur Seite – beeinflußt von beiden, weil von beiden Gruppen gespeist: in Böhmen, Schlesien und Mähren, in allen österreichischen Ländern dem süddeutschen Wesen verwandt und benachbart; in der Mark Brandenburg, Ost-Holstein, Mecklenburg, Pommern und Preußen norddeutsch geprägt, aber mehr und mehr eigenartig fortentwickelt, kräftiger und bewußter als im Südosten. Der ostdeutsche Kolonialmensch zeigte sich härter und weniger freiheitlich als der eigentliche Deutsche, er war in den Anschauungen bewußter Herrschaftlichkeit groß geworden, er glaubte an Disziplin und an Kommando mehr als an die altdeutschen Gewohnheiten der Meinungsäußerung, der Abstimmung und Wahl, der Selbstregierung und der Unabhängigkeit nach Herkommen.

Entwicklung der Hanse. Städtebewegung

Die deutsche Hanse und ihre Geschichte gehören in den Zusammenhang der ostdeutschen Kolonisation. Städte, die später zur Hanse gehörten, wirkten bei der Gründung der neuen östlichen Städte mit. Die alte Hauptader der deutschen Wirtschaft lief nordsüdlich – der Rhein verband Flandern und Brabant mit den Alpenpässen und dem Weg nach Oberitalien. Durch die Ostkolonisation erlangten nun die baltischen und skandinavischen Märkte besonderes Gewicht. Norwegen blühte auf als das Land des Schellfischs, von Bergen holten die deutschen Kaufleute den kostbaren Fang und brachten ihn nach ganz Europa. Durch den Heringshandel beherrschten die Dänen die Ostsee. Die Insel Gotland entwickelte sich zum Umschlagplatz des Handels mit Rußland, vor allem im Pelzwerk. Das preußische Ordensland und bald auch Polen führten Getreide aus nach dem Westen, nach England besonders und Flandern. So entstand ein neuer Ost–West-Verkehr, der zahlreiche Städte im Binnenlande und an der Küste beschäftigte. Zwischen Brügge und Nowgorod fuhren die deutschen Kaufleute hin und her. Tuch, Metallwaren und Waffen, auch Wein und Bier bildeten die Gegenfracht für die Fische. Bald stellten sich zu heißem Wettbewerb die Holländer ein. Die Fahrt von der Nordsee nach der Ostsee galt als ein schweres und gefährliches Unternehmen. Für hochwertige Waren erhielt deshalb der Landweg den Vorzug. So erhielt Lübeck eine Schlüsselstellung. Die Stadt stieg auf zur Herrin des niederdeutschen Städtebundes. Zur Verteidigung seines Außenhandels mußte dieser Bund bald zum Selbstschutz greifen. »Hanse« heißt Schar. Wo sich Kaufleute in der Fremde zusammenfanden, scharten sie sich zusammen, es entstanden Hansen. Durch Aufrechterhaltung eines möglichst günstigen Fremdenrechtes förderten und sicherten diese hansischen Genossen das Zunftinteresse mit wachsendem Erfolg. Am Ende des dreizehnten Jahrhunderts bildete sich aus den vielen zersplitterten Hansen eine gesamtdeutsche Hanse. Lübeck wurde das Haupt dieser Flandern- und Ostlandfahrer. Die Stadt nahm den Kampf auf, mit den skandinavischen Herrschern vor allem, die alle Rechte der Kaufmannschaft vom Standpunkte ihres politischen Interesses zu regeln versuchten. Es war nur natürlich, daß die nordischen Reiche einer deutsch geleiteten internationalen Organisation voll Mißtrauen gegenüberstanden. Sie sahen in ihr eine politisch gefährliche Profitmachereigesellschaft. Eine Zeitlang vermochte die Hanse den Sund völlig zu beherrschen, eine Hanseflotte eroberte Kopenhagen, König Waldemar von Dänemark floh aus seinem Lande. Aber seit dem Abschluß der Kalmarischen Union, die die drei nordischen Reiche vereinigte (1397), sahen sich die Hansen genötigt, politische Ziele hintanzustellen und sich auf ihre wirtschaftlichen Privilegien zu beschränken. Eine kurze Zeit drohte die Vereinigung Mecklenburgs mit Dänemark, was die Hansen in eine sehr schwierige Lage gebracht hätte. Damals machte eine Seeräubergenossenschaft im mecklenburgischen Dienste die Meere unsicher – die Kämpfe der Vitalienbrüder gegen die Engländer und die Hansen beschäftigten die Zeitgenossen als eine Art örtliche Protestbewegung gegen Übergriffe von Fremden und Reichen. Ihr Führer, der Seeheld Klaus Störtebecker, der 1401 hingerichtet wurde, lebte im Volke weiter als ein braver, herzhafter Beschützer der Schwachen und der Ausgebeuteten.

Die Hanse gehört sowohl der ostdeutschen Kolonisation wie der Städtebewegung an; nimmt man noch die Kirchenreformbewegung hinzu, so zeigen sich die stärksten Triebkräfte des deutschen Spätmittelalters, im Gegen- und Zusammenspiel nebeneinanderstehend. Das Deutschland der Reformation ist daraus erwachsen.

Deutschland hat eine junge Städtekultur. Anders als in dem alten Städteland Italien, wo der Adel großenteils stadtmäßig war, standen sich der wohlhabend werdende deutsche Städter und der agrarisch lebende, verarmende Adlige fremd und verständnislos gegenüber, bis zum Haß. Die deutsche Stadt stellt sich dar als ein privilegienumgürteter Fremdkörper, wie eine Insel, umgeben von den Trägern der Hoheitsrechte, geistlichen und weltlichen, also den werdenden Territorialherren. Die städtischen Finanzen arbeiteten stetig und ordentlich, sie erzeugten Bargeld und gerieten so in Gegensatz zu der Raubwirtschaft der metallarmen, pfandgierigen Territorialherren. Die Stadt strahlte hinaus ins Land, der Landesherr regierte in die Städte hinein, er ließ sie seine Hand spüren, er baute Burgen in der Stadt, beanspruchte Gericht und Zoll, beaufsichtigte den Markt. Der Pfahlbürger (Falschbürger, vgl. oben S. 118) war der böse Feind, den der Landesherr verfolgte, denn diese Leute entliefen der Herrschaft des Herrn, um sich der städtischen Freiheit zu erfreuen, ohne aber das Land aufgeben zu wollen. Die Landflucht vergrößerte und stärkte die Städte, die lebendigsten und fruchtbarsten Volkselemente wollten eben Städter sein. Den Städtern schwoll nun der Kamm, sie strebten ins flache Land, sie erwarben das Bannmeilenrecht (Herrschaftsgebiet außerhalb der Stadtmauern) und damit das Wirtschaftsmonopol für ihre Manufakturen in einem gesicherten Absatzgebiet. Der immer weiter greifende Handel verwickelte die Städte in ständige Kämpfe um Zollfreiheit und Geleitsrecht – Reichtum brachte Macht, aber mit der Macht größere Gefahr. Privileg stand gegen Privileg, Anspruch gegen Anspruch. Die Bünde der Städte schufen größere Wirkungsräume, aber nicht größere Sicherheit. An Stelle der üblichen örtlichen Fehden traten größer angelegte Kriege.

Die Geschichte nennt König Wenzel den Faulen. Er war der begabte, aber energielose und unstaatsmännische Sohn eines bedeutenden Vaters. Das Reich verfiel unter ihm in einen erneuten Zustand der chaotischen Auflösung. Bis 1385 wuchs der schwäbische Städtebund auf vierzig Bundesmitglieder an, er dehnte sich bis in die deutsche Schweiz. Mit ihm hingen zusammen der elsässische und der rheinische Städtebund – alle drei bildeten den großen süddeutschen Bund der Städte. In Norddeutschland entstand der sächsische Städtebund – die Bewegung war nicht aufzuhalten, sie ergriff in gleicher Weise die Ritterschaft. Alle in der Goldenen Bulle benachteiligten Klassen meldeten sich und zeigten ihre Lebendigkeit. Die Territorialherren selbst verbündeten sich mit diesen mächtigen Gruppen, zum Schaden ihrer weniger vorurteilsfreien Nebenbuhler.

Als eine Belastung für die Städte wirkten die inneren Kämpfe, in die sie vielfach das Emporstreben der Zünfte verwickelte. Das alte grundbesitzende Patriziat fand es immer schwerer, sich gegenüber den wohlhabend werdenden Zünften zu behaupten. Die Geschlechter übten seit alters die politische Macht aus, sie bestritten die Ausgaben durch die direkte Verbrauchssteuer. Sobald diese Einnahmequelle für die zunehmenden Rüstungen und Befestigungen nicht mehr ausreichen wollte, schritten die Geschlechter zu neuen Auflagen, die von der breiten Masse der Einwohner getragen werden sollten. Die Zünfte empörten sich gegen die Privilegien und die Ausbeutungspolitik des Patriziats, sie verlangten gleichmäßige Verteilung der Lasten. In zahlreichen führenden Städten erhoben sich die Zünfte gegen die Herren, sie erlangten zumeist Zutritt zum Rat. In Köln herrschte eine Zeitlang die Weberzunft allein, bis sie durch die blutige Weberschlacht niedergeworfen wurde (1370). In Norddeutschland behaupteten sich die Patrizier kraft der überlegenen Macht ihres Großhandels, während in den gewerbetreibenden süddeutschen Städten die Zünfte sich einen wesentlichen Anteil am Regiment sicherten. Einer der größten Erfolge der Städtebünde war die Schlacht von Sempach, in der Schweizer Eidgenossen den österreichischen Herzog von neuem gründlich schlugen (1386). So ist denn auch der Landfriede von Eger (1389), der den großen Städtekrieg zum Abschluß bringen sollte, nur ein Waffenstillstand gewesen, der über den Augenblick keine Bedeutung behauptete. Die Städte lösten unter dem Druck des Territorialfürstentums ihre Bünde auf, um sie sofort wieder zu bilden. Das Königtum Wenzels zeigte sich unfähig, eine befriedigende Dauerlösung zu finden. Der Landfriedensentwurf von 1381 war nur ein kraftloser Ansatz zur Neubildung der Reichsverfassung.

Absetzung König Wenzels. Rupprecht v. d. Pfalz. Kaiser Sigismund

König Wenzel machte sich persönlich verhaßt durch die von ihm veranlaßte Ermordung des erzbischöflichen Generalvikars Johann von Pomuk, der später von der Legende zum Märtyrer des Beichtgeheimnisses gemacht und als gut katholischer Heiliger Johann Nepomuk dem »ketzerischen« Johann Hus (vgl. unten) entgegengestellt worden ist. Außenpolitisch verhielt sich Wenzel trotz seines 1381 mit England geschlossenen Bündnisses tatenlos gegenüber den französischen Ausdehnungsbestrebungen und den bedrohlichen Anfängen eines selbständigen und bald ehrgeizig hochstrebenden neuburgundischen Herzogtums. Das wieder an König Wenzel zurückgefallene Stammland Luxemburg hätte ihn an dieser Entwicklung der deutschen Westgrenze allein schon mehr interessieren müssen. Sein Bruder Sigismund dagegen gewann jetzt das Königreich Ungarn, während ihm die Herrschaft in Polen entging. Neapel und der venezianisch-genuesische Gegensatz traten jetzt in den Wirkungskreis des luxemburgischen Hauses ein. Die Dynastie hätte groß dagestanden, wäre sie nicht geschwächt worden durch die Eifersucht der verschiedenen Familienmitglieder, die alle mit Land ausgestattet worden waren. König Sigismund und Markgraf Jobst von Mähren verbanden sich mit den Feinden ihres Bruders Wenzel, dieser wurde gefangengesetzt, damals erörterte man zuerst den Gedanken einer Absetzung oder Abdankung, Wenzel ernannte Sigismund zum Reichsverweser, um die Stellung der Dynastie im Reiche auf alle Fälle zu retten. Eine andere Ernennung aber verletzte die Kurfürsten tief und beschleunigte den Zusammenbruch – Gian Galeazzo Visconti wurde zum Herzog von Mailand gemacht. Man erblickte in der Erhebung der Visconti eine Schmälerung des Reiches – die geistlichen Kurfürsten und der Kurfürst von der Pfalz brachten einen Fürstenbund gegen Wenzel zustande und setzten ihn ab (1400). Gewählt wurde der einzige weltliche Kurfürst, der sich an der kaum rechtsgültigen Absetzung Wenzels beteiligt hatte, Rupprecht von der Pfalz – ein redlicher Mann, der aber ebensowenig wie der erste Wittelsbacher, Ludwig der Bayer, auf dem deutschen Throne zu wirklichem Erfolg gelangte. Rupprecht stieg auf als der Kandidat des Rheinlandes, des alten west- und süddeutschen Reichskernes – sein Scheitern beweist, daß man von da aus eine wirkliche Reichsgewalt nicht mehr aufbauen konnte. Sobald er sich Süddeutschlands einigermaßen sicher glaubte, zog Rupprecht nach Italien. Der neue Herzog von Mailand war drauf und dran, König von Italien zu werden – der Papst und Florenz, die eine solche Lösung fürchteten, unterstützten deshalb Rupprecht. Als dieser aber in Italien erschien, türmten sich die Schwierigkeiten hoch, die Mittel gingen ihm aus, er mußte ruhmlos umkehren und konnte sich von den Folgen dieses beinahe lächerlichen Fehlschlages politisch nie erholen. König Rupprecht versuchte vergebens, seine Stellung gegenüber neuen Landfriedensbünden durchzusetzen, er wehrte sich auch gegen den Konzilsgedanken, der die ganze abendländische Christenheit ergriff – König Rupprechts Tod (1410) machte dem Hause Luxemburg wie selbstverständlich wieder Platz. War der neue König Sigismund die Persönlichkeit, von der eine Lösung der schwierigsten Zeitfrage, der Frage der Kirchenreform, erwartet werden konnte?

Sigismund besaß viel von der Klugheit seines Vaters Karl und ein gutes Stück von dem Schwung, der Unermüdlichkeit, der Weltläufigkeit seines Großvaters Johann. Als Herrscher von Ungarn hatte er sich tapfer mit den Türken herumgeschlagen, er kannte auch die Tücken der italienischen Politik; gerade in Italien war er zum diplomatischen Meister eines Kräftespiels des Ausgleiches, des sich aufhebenden und erhaltenden Gleichgewichts gereift. Dalmatien und Byzanz, Kreuzzug und Kirchenreform, Befriedung der Böhmen und Angliederung der Ostkirche – das sind die widerstreitenden Probleme dieses Herrscherlebens, das Sigismund als ein skeptischer Genießer geführt hat, weltmännisch, glanzvoll und unbekümmert, ein Künstler des entwaffnenden Witzes, ein unermüdlicher Frauenfreund und selbst in der theologischen Debatte ganz wohl beschlagen, wie es sich für einen Kirchen- und Konzilsvogt ziemte; dieser Kaiser stellte die Einheit der Kirche noch einmal wieder her.

Das Konstanzer Konzil. Johann Hus

Immer unerträglicher lastete auf allen Gläubigen das Schisma der Kirche. Avignon und Rom standen sich lange gegenüber. Die Stadt Rom wünschte sich das Papsttum zurück, alle Gegner des französischen Einflusses verlangten diese Lösung. Der Streit hatte sich völlig festgefahren – die Forderung nach einem Konzil erhob sich laut und lauter. In Anlehnung an Gedanken des Marsilius von Padua (vgl. oben S. 113) hatte zuerst der Kleriker von Gelnhausen in zwei an den König von Frankreich gerichteten Gutachten die Auffassung vertreten, daß im Falle eines Schismas, also eines durch den Papst selbst nicht zu beseitigenden Notstandes, ein Konzil auch ohne Berufung durch den Papst zusammentreten müßte. Die Idee von der Superiorität eines Konzils entwickelte sich und vermochte sich allmählich durchzusetzen. Frankreich selbst arbeitete jetzt für baldmögliche Beilegung des Streites. Die Kardinäle empfanden ein dringendes Interesse an der Klärung der Verhältnisse, und deshalb einigten sich die beiden Kardinalsgruppen dahin, daß ihre Päpste sich persönlich begegnen und beide ohne Ernennung neuer Kardinäle nach einem bestimmten Zeitabschnitte zurücktreten sollten. Da die beiden Päpste trotz vorheriger Versicherung nicht den Beschlüssen gemäß handelten, einigten sich die beiden Kardinalskollegien auf die Berufung eines allgemeinen Konzils nach Pisa. Dies setzte beide Päpste ab und wählte einen neuen. Die beiden Päpste aber beriefen selbst Konzilien und weigerten sich, dem Spruche von Pisa zu gehorchen. Es gab also nunmehr drei Päpste gleichzeitig. Rupprechts beste Tat war die Neugründung der Universität Heidelberg gewesen (1386). Von einem Heidelberger Professor sind auch die sogenannten Heidelberger Postillen verfaßt, Glossen zu dem Konzilsausschreiben der Kardinäle: die päpstliche Gewalt ist göttlich, der französische revolutionäre Geist greift sie an; wird dem Papste der Gehorsam entzogen, dann schwindet alle Rechtssicherheit, das politisch zerklüftete Deutschland braucht die päpstliche Autorität, sonst fällt es völlig auseinander; Reform tut der Kirche bitter not, sittliche und rechtliche Reform, vor allem Reform des ganz verweltlichten Kardinalskollegiums; ein Jahrhundert vor Luther zeigten also gerade die Deutschen, wie wich-

Johannes Hus wird auf dem Konstanzer Konzil verhaftet und verbrannt

tig ihnen die Kircheneinheit war. Der Konzilsgedanke war französisch, ein neues Konzil sollte jetzt in Konstanz die Entscheidung bringen. Die Idee der Kirchenreform vertrat dort am schärfsten nicht ein Deutscher, sondern ein Tscheche – Johann Hus. Der Fall des Prager Magisters und Predigers Hus verband das Problem der Kirchenreform mit den böhmischen Sorgen des Luxemburger Hauses. Hus gehört zu der

Gruppe von religiösen Denkern, die auf dem Kontinent, unter dem maßgebenden Einflusse des großen Engländers Wiclif († 1384), Augustin und die Bibel als die wahren Quellen des Christentums aufzeigten. Papsttum, Sakramentslehre, Heiligenverehrung, Reliquiendienst wurden angegriffen, kritisiert, teilweise verworfen oder umgedeutet. Hus war ein vorsichtiger Schüler Wiclifs, der nach mittelalterlicher Schriftstellerart manches wörtlich vom Meister übernahm, in vielem aber eine ruhigere Haltung vorzog. Das wichtigste schien ihm die angemessene Verehrung des Altarsakraments – Gehorsam gegenüber der Kirche, Heilswirkung auch der Sakramente sollten abhängig sein von der persönlichen Berufung, von dem innern Wert der Priester. Auch Hus wollte, daß die Kirche arm sein sollte, in der apostolischen Art – seine Angriffe auf die fette Prälatur, auf die kirchlichen Rechtstüfteleien und Finanzkünste, auf die Verfilzung mit den örtlichen Adelsgruppen atmeten echte politische Leidenschaft. Denn hier flammte ja das tschechische Nationalgefühl auf – die vorhandenen geistigen und sozialen Gegensätze verbitterten sich an dem modernen Nationalhasse. Sollte nicht der besitzlose tschechische Handwerker mit Neid auf die Wohlhabenheit der deutschen Bürgerschaften blicken? Sollte nicht der tschechische Kleinadel den landerwerbenden deutschen Patrizier als Eindringling verabscheuen? Wurde die Kirche ihres Grundbesitzes ledig, dann konnte sich der eingesessene böhmische Herrenstand auch wieder etwas verbessern, und der hergelaufene Deutsche sollte dabei keinen Anteil haben. Der deutsche und tschechische Hochadel Böhmens blieb einigermaßen unberührt von diesen Stimmungen. Die Bewegung war demokratisch und radikal, es vollzog sich ein Aufstand der Geknechteten und Ausgebeuteten gegen die Oberschicht, der niedere Klerus hetzte die kleinen Leute gegen die Deutschen, auch er dachte, seine Stunde wäre nun gekommen. Hieronymus von Prag, ein Gelehrter halb und halb ein Ritter, volkstümlich beim niederen Adel, politisierte die Bewegung, zum Ärger von Johannes Hus – aber es gab nun kein Zurück mehr. Der alte König Wenzel zeigte sich zunächst freundlich, aus Sympathie für die Tschechen, nun schwankte er voll Bedenken. Hus griff das Dogma an, der Kirchenbann traf ihn. Der Reformator legte Berufung ein bei einem allgemeinen Konzil und entfernte sich aus der Stadt. Das Konstanzer Konzil lud ihn vor sich. Hus erschien.

Das Konzil (1414–1418) hatte drei Aufgaben: die Beseitigung des Schismas, die Reformation der Kirche an Haupt und Gliedern, endlich die Unterdrückung der wiclifitischen Irrlehren. Das außerordentliche konstituierende Parlament der westlichen Christenheit war eine Versammlung von unerhörtem Ausmaße. An 72000 Fremde sollen auf einmal in der Stadt Konstanz zusammengewesen sein. Über 500 geistliche Fürsten, 37 Universitäten, an der Spitze die reformeifrige Universität Paris, waren vertreten. Kaiser Sigismund erschien in Person. Das Konzil löste die Papstfrage, indem es alle drei Päpste absetzte und einen vierten wählte, der sich dann bald allgemeine Anerkennung errang. Johann Hus wurde verhört und nach allerlei wenig erfreulichen offenen und geheimen Kämpfen feierlich als überführter Ketzer dem Flammentod überantwortet. Diese Lösung war vom Standpunkte der Kirche natürlich und bequem. Der Kaiser hatte Hus mit einem Geleitsbriefe begabt. Das war mehr als ein rein politischer Reisepaß, er bedeutete Schutz vor Gericht. Die von der höchsten geistlichen Autorität ausgesprochene Verurteilung wegen Ketzerei brach freilich nach geltender Anschauung jedes andere Band. Der Kaiser hatte ein menschliches Anstandsgefühl gegenüber dem Reformator, dessen Charakterstärke ihm Eindruck machte, und so versuchte er Hus zu retten, wich aber unter dem Drucke des Konzils zurück. Sigismund war ein rein politischer Mensch, eine andere Haltung war nicht von ihm zu erwarten. In der Frage der Kirchenreform tat das Konzil am wenigsten. Es gab neue Regeln für die Papstwahl und die päpstlichen Befugnisse. Diese Nebenfragen waren leicht zu regeln, der Kern der Beschwerden war davon nicht getroffen. Konzilien sollten jetzt regelmäßig stattfinden – aber der Gedanke des Papsttums hatte noch einmal gesiegt.

Die Hussitenkriege

Die mannhafte Art, mit der Johann Hus sein Schicksal auf sich nahm, machte tiefen Eindruck in Böhmen. 451 Mitglieder des tschechischen Kleinadels protestierten auf ihrem Ständetag (1415). Eine revolutionäre Bewegung setzte ein. Nach dem Tode Wenzels (1419) brauste das ganze Land Böhmen wild auf. Der Mörder von Johann Hus – Sigismund – war ja nun König von Böhmen! Vergebens hielten die Böhmen nach einem anderen König Umschau. Verschiedene Parteien hatten sich unter den böhmischen Wiclifiten gebildet. Es gab da die kommunistisch gesinnten Adamiten, eine kleine Minderheit nur. Es gab die Gemäßigten im Adel und im gebildeten vermöglichen Bürgertum. Die Hauptforderung dieser Gruppe war der Laienkelch beim Abendmahl, also die Spende auch des Weines, nicht nur des Brotes an Laien. Deshalb hießen sie die Kelchner (Calixtiner) oder Utraquisten, als Befürworter des Abendmahls in beiderlei Gestalt, Brot und Wein. Es gab endlich die Radikalen unter der Führung des grimmigen einäugigen Ziska. Sie erhielten den Namen Taboriten, nach der Stadt Tabor, die sie sich erbauten. Die Taboriten lehnten die Hierarchie und die überlieferten Kultformen der Kirche ab, sie bekannten sich zum allgemeinen Priestertum der Laien. Wesentlich auch von den Waldensern beeinflußt, den Anhängern des Reformers Petrus Waldus in Südfrankreich, verfolgten sie vor allem die Üppigkeit und Weltlichkeit im kirchlichen Leben, womit sich denn leicht eine Feindseligkeit gegen den Mammonismus überhaupt verband. Ziska organisierte in Prag die Herrschaft der kleinen Leute, viele wohlhabende Bürger wanderten aus, Prag wurde für viele Jahre eine hussitische, also eine tschechische Stadt. Kaiser Sigismund verkündete den Kreuzzug gegen die Hussiten. Nun gerieten erst recht die Massen in Bewegung. Ziska erwies sich als großer Soldat. Er baute ein Volksheer auf, einen gewaltigen, mit Morgensternen und Sensen wohlbewaffneten Haufen, der ganz in der Art der Schweizer Bauern die schwerfälligen Ritterheere in die Flucht schlug. Durch die Trennung in eine Feldgemeinde und eine Hausgemeinde gelang es den hussitischen Führern, den Krieg und die heimische Landwirtschaft zugleich wirksam aufrechtzuerhalten. Böhmen verwandelte sich in eine Art von kirchlich-demokratischer Republik – es geschah zum ersten Male, daß in Mitteleuropa solche Kräfte zu großer geschichtlicher Wirkung kamen. Schon fielen die Hussiten aus ihrer böhmischen Festung in die Nachbarländer ein – Ziskas Nachfolger Prokop machte seinen Namen zu einem Schreckgespenst in

Österreich, Bayern, der Mark Meißen und Schlesien. Bald zeigte sich, daß sich eine vertragsmäßige Einigung mit den aufständischen Böhmen gebot. Ihre innere Spaltung erleichterte die Lage.
Die böhmischen Wirren bewiesen, daß das Papsttum dem Reformbedürfnis der Zeit nicht entgegenzukommen verstand. Martin V. berief ein neues Konzil nach Basel (1431–1449). Sein Nachfolger versuchte vergebens, ein anderes in Bologna abzuhalten, also mehr im Machtbereich der Kurie. Das Baseler Konzil ließ sich solche päpstliche Willkür nicht gefallen. Päpstlicher Autokratismus hatte sich dem konziliaren Gedanken zu fügen. Die vornehmsten Geister der Zeit trafen sich in Basel. Niemals ist der Reformwille so würdig und eindringlich vertreten gewesen. Der große deutsche Denker Nikolaus von Cues († 1464), bald Kardinal der römischen Kirche, legte ein weittragendes Reformprogramm vor: Kirche und Reich, Papsttum und Kaisertum sollten sich in gleicher Weise auf neue Grundlagen stellen; dem kirchlichen Konzil entsprach der weltliche Reichstag – beide ständisch aufgebauten Körperschaften sollten Gegengewicht und Kontrolle gegenüber den Zentralgewalten darbieten. Theologie und Staatsrecht bemühten sich also um eine praktische, in die Zukunft weisende Lösung, jenseits des überkommenen Dogmatismus, dem schlimmsten Feinde lebendiger Entwicklung.
Alle diese Gedanken blieben aber akademisch, da Papst Eugen IV. an dem schroffen kurialen Standpunkt festhielt und dabei auch die Unterstützung Sigismunds fand, dem das wichtigste seine Kaiserkrönung war. Die Böhmen machten ähnliche Erfahrungen – sie hatten militärisch eine so glänzende Stellung, daß sie schon etwas zäher hätten verhandeln können. Aber die Gemäßigten brauchten Frieden, und gerade sie wurden von der Kurie gewonnen durch das Angebot des Abendmahls in beiderlei Gestalt. Die Kirche konnte dieses Zugeständnis um so eher machen, als der Laienkelch ja bis zum 13. Jahrhundert üblich gewesen war. Ketzerei durfte darin also wohl nicht erblickt werden. Nun kam es zum Bürgerkriege in Böhmen – die kalixtinischen Adligen schlugen die Taboriten, Prokop fiel. Der Friede war ein echter Kompromiß – Sigismund wurde als König anerkannt, Prag bekam einen utraquistischen Erzbischof (1436). Böhmen hatte sich seine staatskirchliche Sonderstellung erstritten, der tschechische Einfluß drängte den deutschen zurück, aber die drohende demokratisch-soziale Revolution war abgewendet. Die echt religiösen Kräfte des Hussitentums lebten fort in der Sekte der Böhmischen Brüder – ihre Verwandtschaft mit den deutschen Mystikern und Pietisten bereitete weiter den Boden für die Reform der christlichen Lehre in Mitteleuropa: neue Bewegungen mußten aus dieser geistig-seelischen Haltung entstehen. Politisch wirkte der Friede mit den Hussiten als ein unzweifelhafter Erfolg des slawischen Volkstums. Es holte aus zu neuem Schlag in den ostelbischen Ländern. In den gleichen Zusammenhang gehört jener Zusammenbruch des Deutschen Ordens – sein kunstvoll aufgebauter Priesterstaat, der Urtypus eines politisch-wirtschaftlichen Militärabsolutismus, wurde von Polen vernichtet, weil es dem Orden nicht gelungen war, die neuen Kräfte im preußischen Landadel, in den Städten und in der ländlichen Untertanenschaft für sich zu gewinnen.

Reichsreform? Dynastische Interessenpolitik der Habsburger

Kaiser Sigismund zeigte viel Interesse für die Reichsreform und war dabei der Unterstützung der Städte sicher. Die Kurfürsten freilich wollten ihre Stellung behaupten und vereinigten sich in einem besonderen Kurfürstenbund gegen den Kaiser (1424). In Basel kam auch die Reichsreform zur Verhandlung, ein Entwurf von sechzehn Artikeln lag vor. Die Hauptpunkte waren: Verbesserung der Polizei, Sicherung des Landfriedens, Einteilung des Reiches in Kreise, Linderung der Wirtschaftsnot, Münzverbesserung. Das Ergebnis war Null. Aber die Gedanken wirkten weiter. Erhebliche Werte sammelten sich in den Händen des Großbürgertums, die Armut in anderen Schichten machte sich doppelt fühlbar. Ein Konstanzer Patrizier hinterließ um 1447 schon ein Vermögen von über 70000 Pfund (Geldwert: sieben Millionen Dollar). Unter dem Eindruck solcher vielfältiger Mißstände entstand eine merkwürdige Reformschrift: Die Reformation Kaiser Sigismunds (nach 1439). Der unbekannte Verfasser gehörte wahrscheinlich dem geistlichen Stande an. Er verlangte Säkularisation (Verweltlichung) der deutschen geistlichen Fürstentümer, Beschränkung der Geistlichen auf ein bestimmtes Einkommen, strenge Klosterzucht, möglichste Gleichheit des Einkommens für alle weltlichen Berufsgenossen, Abschaffung der Hörigkeit, der Zünfte und der Gilden, der Bann- und Geleitsrechte, Freiheit der Einwanderung in allen Territorien des Reichs, Erleichterung des Erwerbs des Bürgerrechts, obrigkeitliche Festsetzung der Lebensmittelpreise. Kirchen-, Staats- und Gesellschaftsreform vereinigten sich hier in denkwürdiger Weise: das erwachende deutsche Volk verlangte einen neuen deutschen Staat, die Verwirklichung bürgerlicher und sozialer Gerechtigkeit – also das, was man später Demokratie nannte. Es war aber niemand da, der solche Forderungen hätte erfüllen können.

Nach dem Tode Kaiser Sigismunds bemühte sich der Kurfürst Friedrich I. von Brandenburg um die Nachfolge. Er hatte Sigismund bei seiner Wahl wesentliche Dienste geleistet – dieser Burggraf von Nürnberg aus dem Hause Hohenzollern, der sich in der Mark schnell eine starke Stellung gemacht hatte und nun glaubte, zum höchsten Amte berufen zu sein. Die Hohenzollern saßen als Burggrafen in Nürnberg seit der Zeit des Hohenstaufenkaisers Heinrich VI., Kaiser Karl IV. hatte ihren reichsfürstlichen Stand bestätigt und sie rechtlich den Kurfürsten gleichgestellt – ein Beweis für die angesehene und einflußreiche Rolle, die diese Familie in Franken spielte; die ältere Linie hatte die Ansbachischen und Bayreuther Lande erworben, die jüngere war nun nach der Mark gegangen und stand am Beginn einer großen Laufbahn. Jetzt bei der Königswahl 1438 begegneten sich die Hohenzollern und die Habsburger zum ersten Male als Nebenbuhler. Sigismunds Schwiegersohn, der Habsburger Albrecht, war sicher der mächtigste Reichsfürst – er vereinigte die Ansprüche des Luxemburger Hauses mit seinen eigenen: ihn zu übergehen, hätte die Trennung Böhmens und Österreichs vom Reiche bedeutet. Er wurde also gewählt, auch der Hohenzoller gab ihm am Ende doch seine Stimme – und so beginnt die lange Reihe der Habsburger Könige und Kaiser, die bis zum Ende des alten Reiches nur einmal unterbrochen worden ist. Viel konnte von dem

Ernst und der Energie Albrechts II. erwartet werden – er griff sofort die Reichsreform an –, da begannen die Türken Ungarn zu bedrängen, und in Böhmen wandten sich die anti-österreichischen Taboriten gegen die loyalen Kalixtiner und Katholiken, sie übertrugen dem polnischen Prinzen Kasimir die böhmische Krone. Die slawische Gemeinsamkeit wehrte sich gegen alles Deutsche. Der Bürgerkrieg begann, da wurde der zweiundvierzigjährige König Albrecht von der Ruhr hinweggerafft. Auf die kürzeste folgte die längste Regierung der deutschen Kaisergeschichte – Herzog Friedrich von der Steiermark galt als der natürliche Erbe der habsburgischen Hausmachtstellung, alle Kurstimmen einigten sich auf ihn. Aber diese Regierung erwies sich als eine bittere Enttäuschung, und nur eine Anzahl von Glücksfällen rettete zum Schluß die habsburgische Hausmacht vor der gänzlichen Auflösung. Friedrich III. (1440–1493) war eine milde und edle Persönlichkeit, abgeneigt kriegerischen Kämpfen, ein Freund der Wissenschaften und Künste, geneigt zu diplomatischen Verhandlungen, wobei er denn die ihm eigene Geduld und Kunst des Abwartens bewähren konnte. Was während seiner Regierung geschah, vollzog sich aber mehr trotz, als wegen seiner politischen Haltung. Im Alter erging er sich in alchimistischen und astrologischen Spielereien, weshalb er in den unberechtigten Ruf eines Weisen kam. – Die Kirchenreformfrage stand an der Spitze der übernommenen Aufgaben. Das Baseler Konzil, mehrfach verlegt, wurde von der Kurie mit Absicht um sein Ansehen gebracht. Die Kurfürsten zeigten sich uneinig, der König schwach und hauptsächlich an seiner Krönung interessiert, *eine* gewichtige Forderung fiel nach der anderen. Das Ende war, daß der schnell zum Papst aufgestiegene Enea Silvio Piccolomini, der sich Pius II. nannte, die konziliare Reform ein für allemal verwarf. Er verdammte den Satz, daß die Konzilien über dem Papste stünden, als ketzerisch. Damit schloß die ganze Bewegung ohne wesentliches Ergebnis ab, die päpstliche Omnipotenz war noch einmal festgelegt.

Verlust über Verlust hatte jetzt das Reich zu erleiden. Luxemburg, das Karl IV. pietätvoll für immer mit der Krone Böhmens hatte verbinden wollen, ging durch Kauf an die französische Krone über, um dann in die Hand Herzog Philipps von Burgund zu gelangen. Burgund baute sich ja zwischen Frankreich und Deutschland als ein neues Mittelreich auf – durch Erbschaft, Lehnsnahme und geschickte Verträge gelang es den Herzögen, ein Reich zusammenzubringen, das von der Nordsee bis an den Jura und die Alpen reichte. Es umfaßte die reichsten und gewerbefleißigsten Lande des damaligen Europa, also Flandern und das Elsaß. Obgleich Vasall des Kaisers und des Königs von Frankreich, überragte der Herzog von Burgund seine Nachbarn erheblich durch die Geschlossenheit und die Wirtschaftskraft seines Landes – er durfte seine Augen zu den höchsten Würden und Ehren erheben.

Friedrich III. war der letzte Kaiser, der in Rom gekrönt worden ist. Aber das Reich und die habsburgische Hausmacht gingen beide aus den Fugen unter seinem elenden Regiment. Der nachgeborene Sohn König Albrechts II. konnte von seinem kaiserlichen Vormunde nicht als Herrscher von Ungarn und Böhmen durchgesetzt werden. In Böhmen übernahm die Regierung Georg Podiebrad, Abkömmling einer hussitischen Familie, zuerst Gubernator, dann zum König gewählt und vom Kaiser als Kurfürst des Reiches anerkannt. Böhmen hatte wieder eine nationale Regierung, und alte Herrschaftsansprüche erwachten neu. König Georg plante sogar, als Herr der Festung Böhmen, einen europäischen Staatenbund, mit Bundesgericht und Bundesparlament.

Auch Ungarn wählte sich ein Landeskind zum König, Matthias Corvinus, der die Wirren des Bruderkrieges in Österreich benutzte, um sich fast ganz Ober- und Niederösterreichs, Kärntens und der Steiermark zu bemächtigen. In Wien nahm er seinen Wohnsitz († 1490). Dies war der Tiefstand der Habsburger – ein neues Ostreich entstand, aber unter einer undeutschen Dynastie.
Unter französischer Vermittlung mußte sich Kaiser Friedrich III. zu einem Frieden mit den Schweizer Eidgenossen verstehen, in dem er alle Forderungen preisgab. Vergebens waren also die berüchtigt rohen Söldner des Grafen von Armagnac, die Armagnaken, im Volksmund arme Gecken genannt, vom König von Frankreich im Einverständnis mit dem Kaiser auf die unglücklichen süddeutschen Lande losgelassen worden.
Der Niedergang der Hanse und des Deutschen Ordens hatte die personelle Vereinigung der Grafschaft Holstein und des Herzogtums Schleswig mit der dänischen Krone zur Folge, unter Vorbehalt der lehnsrechtlichen Verhältnisse selbstverständlich: beide Lande sollten zusammenbleiben, nicht geteilt werden, Holstein blieb deutsches Reichsgebiet, was Schleswig nie war und wurde. Der dänische Einfluß schob sich jedenfalls tief nach Norddeutschland vor. Im Reiche selbst bildete sich angesichts des völligen Versagens der Reichsgewalt der Schwäbische Bund, der den Übergriffen des Wittelsbacher Hauses entgegenwirken wollte (1488). Anders als die alten Städtebünde umschloß er auch Fürsten und Ritter. Der Schwäbische Bund wahrte den Frieden von Süddeutschland mit Erfolg, ließ sich aber auf auswärtige Abenteuer vorsichtig genug nicht ein. Wiederholt erörterte man den Gedanken, Kaiser Friedrich III. abzusetzen oder ihm einen römischen König als Koadjutor zur Seite zu stellen. Es gelang aber dem Kaiser, seinen Sohn Maximilian als römischen König durchzusetzen. Wenn er schon beiseite geschoben werden sollte, geschah es am besten durch den eigenen Sohn. Maximilian brachte einen frischen Zug in die Geschäfte. Er war der Gemahl der Prinzessin Maria, der Erbtochter Karls des Kühnen von Burgund, und aus dieser Verbindung ergab sich eine völlige Neugestaltung der Verhältnisse.

Das Neuburgundische Reich. Kaiser Maximilian I.

Es war ein Habsburger, der Herr der vorderösterreichischen Lande am Oberrhein, der die Schweizer Eidgenossenschaft auf den Herzog von Burgund, Karl den Kühnen, hetzte – in der Hoffnung, sich so der beiden angriffslustigen Nachbarn zu erwehren. Karl der Kühne schloß einen Freundschaftsvertrag mit Frankreich und nahm den Kampf mit den Schweizern auf – zu seinem Unheil. Er war eine glänzende Persönlichkeit, voller Pläne, anziehend und geschickt, sein Hof vereinigte allen Reiz einer überreifen ritterlichen Kulturperiode in sich – aber dieses schwerfällige, verwöhnte Ritterheer, belastet wie es war mit seinem Troß und Anhang, zeigte sich dem Ansturm des geschlossen operierenden, rücksichtslos draufgängerischen Schweizer Fußvolks nicht gewachsen: die militärische Zukunft gehörte der wohlorganisierten und disziplinier-

Karl der Kühne

ten, angemessen bewaffneten Infanteriemasse. Karls des Kühnen Untergang († 1477 in der Schlacht von Nancy) rückte Burgund in den Mittelpunkt der großen europäischen Politik. Frankreich, die Eidgenossen, die vorderösterreichischen Habsburger und natürlich die Tochter Maria von Burgund und ihr Gemahl Maximilian begannen den Streit um die Erbschaft. Französische und habsburgische Interessen prallten aufeinander – von diesem auch ganz persönlich gefärbten Gegensatz zwischen König Maximilian und dem König Ludwig XI. von Frankreich ging der Kampf zwischen den beiden

Selbstporträt
Albrecht Dürers

großen Dynastien, den Habsburg und den Valois, aus, der die europäischen Geschicke für Menschenalter bestimmen sollte. Weder die Hohenstaufen noch die Luxemburger kannten einen Gegensatz zu Frankreich, die antifranzösische Haltung der Welfen und der Wittelsbacher wechselte oft und hatte nichts Grundsätzliches oder Erbfeindliches. Jetzt zum ersten Male entstand vom Dynastischen her ein tiefer und dauernder Konflikt der Staaten.

Kein Wunder, daß der alte, lahme Kaiser Friedrich mit Eifersucht auf seinen Sohn blickte: es blitzte ein Glanz und eine Jugendlichkeit um diesen Prinzen, die alle Welt bezauberte. Unverdrossen, voller Freude am Abenteuer, als ein echter Turnierheld schlug er sich mit den flandrischen Städten herum – von deren Wirtschaftskraft und Weltbedeutung er nicht allzuviel begriff. Für ihn waren diese stolzen Bürger feige Pfeffersäcke und falsche Bösewichter, die einen energischen Herrn brauchten. Mit Inbrunst und Unverwüstlichkeit genoß Maximilian alle Herrlichkeiten des reichsten Hofes der Christenheit, er wetteiferte mit seiner jungen Frau in Jagd und Tanz, er

Bergbau im Mittelalter

suchte sich die besten Falken und Windspiele aus – um dann bald in schreckliche Zwiste zu geraten, die durch steigende Geldverlegenheit nicht bequemer wurden. Aber er machte aus der Rolle des Prinzgemahls, was daraus zu machen war – er ließ sich nichts verdrießen; einmal nahmen ihn die Bürger von Brügge sogar gefangen und erpreßten ein hohes Lösegeld. Maximilian sprach viele Sprachen, er zeigte sich in allerlei Künsten und Fertigkeiten geschickt, er kannte alle Gesteinsarten, wenn er als Gemsjäger sich hoch ins Gebirge verlor, er förderte, liebte und verstand den deutschen Meister Albrecht Dürer. Sein Leben verlief in Plänen und Entwürfen, er fing allzuviel an, ließ sich nicht warnen durch Erfahrenere, aber gab schnell seine Phantasien auf, um neuen nachzuhängen. So blieb er immer fragmentarisch. Was ihn eigentlich trieb, war der Gedanke des Nachruhms im Geiste der Antike, er warb um die Gunst der Geschichtsschreibung und der Nachwelt, er tat alles, um sie zu beeinflussen: als ein untadeliger Ritter, als ein frommer, tapferer Held wollte er in die Ewigkeit eingehen. Das hinderte den »letzten Ritter« freilich nicht, seine Kriege mit Landsknechten und den neuaufkommenden Geschützen zu führen. Alles technisch Moderne fesselte ihn, wie etwa auch Bergbau und Münzprägung. War er kein Staatsmann, so blieb er doch immer ein echter, warmer Mensch, dessen naiver Schwung entwaffnete und alle Schwankungen, Wunderlichkeiten und Dilettantismen vergessen ließ.

Maximilian versuchte, seinen Verpflichtungen im Osten und im Westen nachzukommen – beides gehörte zusammen, es war die Erbschaft des Luxemburger Hauses. Diese Mitteleuropa-Mission wurde das Schicksal der Habsburger Dynastie – mit allen europäischen und Weltinteressen verflocht sich ihr Schicksal. Unter Maximilian geschahen die Schritte, die die große Wende entschieden. Er sicherte die burgundische Erbschaft, er gewann die österreichischen Lande zurück. Er verheiratete seinen Sohn Philipp mit der spanischen Erbin Johanna. Wiederum durch eine Doppelheirat (Vertrag von 1515) bereitete er die spätere Wiedervereinigung der habsburgischen Erblande mit Ungarn und mit Böhmen vor.

Große Erwartungen empfingen Maximilian bei seiner Thronbesteigung (1493). Im Vordergrunde stand der Gedanke der Reichsreform. Der Kurfürst von Mainz, Graf Berthold von Henneberg, vertrat ihn mit besonderem Nachdruck. In vielem war dieser Staatsmann Maximilians persönlicher und sachlicher Gegenspieler – keine reiche und fesselnde Persönlichkeit, sondern ein zusammengefaßter, sachlich betonter, herrschsüchtiger Charakter, der seine Pläne mit erstaunlicher Zähigkeit verfolgte und deshalb politisch den unberechenbaren Maximilian weit überragte. Als letztes Ziel schwebte Berthold die Schaffung eines Reichsregimentes vor – ein ständischer Ausschuß sollte die eigentlichen Reichsgeschäfte führen, den Frieden wahren, Bündnisse schließen, die Steuern verwalten. Maximilian wollte sich nicht so völlig ausschalten lassen, er verpflichtete sich aber einstweilen, einen periodisch zusammentretenden Reichstag als Träger der Exekutive anzuerkennen. War das der Weg, um das Reich aus seinem politischen Ruin zu retten?

Weitere Reformpunkte der rheinischen Reichsideologen waren die Landfriedensordnung, die Kammergerichtsordnung und die Ordnung des gemeinen Pfennigs. Am bedeutungsvollsten und dauerhaftesten war die Einsetzung des Reichskammergerichts – abgeschafft sollte nun jede Art von Fehderecht sein, jeder Streit, jedes Verbrechen sollte Ausgleich und Sühne finden durch ein ordentliches Gerichtsverfahren. Sogar die

Reichsacht sollte das Kammergericht, wenn auch im Namen des Königs, verhängen dürfen. Die Reichsstände ernannten die Beisitzer, der König den Vorsitzenden des Kammergerichts. Die Reichssteuer, die zum Unterhalt des Kammergerichts und zur Finanzierung auswärtiger Unternehmungen zu dienen hatte, war als eine gestaffelte Kopfsteuer für jeden Einwohner von über 15 Jahren gedacht, je 24 Personen hatten zusammen einen Gulden aufzubringen. Kaiser Maximilian tat alles, um die Reichsreformidee zu schädigen, da er in ihr einen Aufruhr der ständischen Interessen sah. Er brauchte die Stände bitter nötig, angesichts der Türkengefahr und des epochemachenden Einfalls König Karls VIII. von Frankreich in Italien – ohne Geld war kein modernes Söldnerheer aufzustellen, und nur auf Grund der Reichssteuern konnte Geld durch Vorschuß beschafft werden. Sogar den Dauerausschuß der Stände, das zwanzigköpfige Reichsregiment, das sich »das Reiches Regenten« nennen durfte, bewilligte der Kaiser in Augsburg 1500, bloß um außenpolitisch vorwärtszukommen. Da der Kurfürst von Mainz jetzt starb, konnte Maximilian die Reichsreformsache selbst behandeln und sie so ihrer gefährlichsten Nachwirkungen entkleiden. 1508 nahm er den Titel eines erwählten römischen Kaisers an, die Krönung durch den Papst erschien nunmehr überflüssig. So hielten es auch seine späteren Nachfolger, sie nannten sich Kaiser sofort nach der Krönung in Aachen – die neue Zeit konnte sich nicht bedeutungsvoller offenbaren. Maximilians Enkel Karl V. wurde als letzter Kaiser persönlich vom Papste in Bologna gekrönt.
Alle diese Kämpfe in Italien und an der Westgrenze, die Maximilian mit Reichsmitteln und Reichstruppen durchzufechten versuchte, waren schließlich doch nur Splitterhandlungen einer dynastischen Politik. Ihr universaler Charakter beruhte lediglich auf dem universalen Charakter der Dynastie, nicht aber auf einem universal geschauten Reichsprogramm. Heirats- und Bündnisprojekte, sogar mit dem großen Gegner Frankreich, haben den Kaiser noch am Ende seiner Tage beschäftigt.

Die Reichskreise

Die bedeutungsvollste Schöpfung der Reichsreform waren die Reichskreise. Sie zeigen uns, welchen Umfang und welchen Charakter das Deutschland des ausgehenden Mittelalters tatsächlich hatte. Das Heilige Römische Reich und das ostfränkische Königreich waren ja ursprünglich zwei völlig verschiedene Bildungen. Das Römische Reich umfaßte in der Theorie die ganze bekannte Welt, es war so universal wie das Papsttum. Zugehörigkeit zum Heiligen Römischen Reiche konnte niemals Zugehörigkeit zu Deutschland oder zum Deutschtum bedeuten. Seit der Zeit Kaiser Sigismunds trat an die Stelle des alten einköpfigen Adlerwappens des Reiches der Doppeladler, der mit einem Heiligenschein versehen war. Diese west-östliche Gestalt des Wappentieres symbolisiert den alten universalen und sakralen Charakter der römischen Reichsidee. Am Ende des Mittelalters kam dann die Bezeichnung: Heiliges Römisches Reich Deutscher Nation auf. Sie zeigt, wie die Vorstellungen vom Römischen Reiche und

Wapen.
Des heyligen Römischen Reichs Teütscher nation. Der Churfürsten/Fürsten Grauen Freiben/Rittern/ Auch der merer theil Stett so zů dem Reich (in Teutschem land gelegen) gehören vnd gehört haben.
Auch wie/wo/vnd durch Wen/die erwölung vñ krönung eynes Römischen Künigs vnd Keysers geschehen soll.

Mit einer erclerung / zů ende dises bůchs wie ein jedes wapen gefärbt oder gemalt werden sol.

Mit Keyserlicher freiheit nit nach zů Trucken.

Das Reichswappen.
Der doppelköpfige Adler
mit den Heiligenscheinen
symbolisiert
die Verbindung
zweier Reiche
unter dem Schutze Gottes

vom ostfränkischen, praktisch also dem deutschen Reiche, ineinander übergingen. Gemeint war das Römische Reich, wie es von der deutschen Nation getragen und aufrechterhalten wurde. Dieses Reich hatte aber gar nichts Nationalistisches. Der übernationale Charakter des Reiches blieb immer erhalten. Burgund und Reichsitalien, also Länder außerhalb des deutschen Sprachgebietes, rechneten auch zum Heiligen Römischen Reiche Deutscher Nation. Die politische und Verfassungsentwicklung brachte es aber mit sich, daß sich Römisches Reich und ostfränkisches, also deutsches Königreich, mehr und mehr deckten. Man gewöhnte sich auch daran, vom Kaiser und Reich zu sprechen als einem Doppelwesen, analog den beiden Adlerköpfen. Das Kurfürstenkollegium beanspruchte, die Reichsinteressen zu vertreten. Die Reichsreform der

Zeit Maximilians zeigt deutlich, was letztlich damit gemeint war: die Stände des Reiches verlangten ihren Anteil am Reichsregiment. Sobald sich der Kaiser endgültig von der päpstlichen Krönung und dem damit verbundenen politischen Zwange freigemacht hatte, verschwand der Begriff des ostfränkischen, praktisch deutschen Königtums mehr und mehr. Für den Thronfolger bürgerte sich die zuerst unter Kaiser Heinrich IV. vorkommende Bezeichnung Rex Romanorum, Römischer König, ein – er wurde genau wie der Kaiser gewählt von den Kurfürsten. Die unter Maximilian vorgenommene Einteilung des Reiches, das heißt des ostfränkischen Königreichs in Reichskreise, stellt den beinahe verzweifelten Versuch dar, das durch die Territorialentwicklung auseinandergesprengte Deutschland noch einmal für Steuer- und Heereszwecke zusammenzufassen. Es gab zehn Reichskreise. Zwei davon umfaßten das habsburgische Hausgut, es waren der österreichische und burgundische Kreis. Dann kam die Kurfürstengruppe. Der kurrheinische Kreis umfaßte das Gebiet der drei geistlichen Kurfürsten und des Kurfürsten von der Pfalz. Hier wurzelte der rheinische Reichsgedanke, der freilich durch die endlosen Zwiste zwischen Kurmainz und Kurpfalz politisch gelähmt wurde. Die beiden östlichen Kurfürstentümer Brandenburg und Sachsen waren im obersächsischen Kreise vereinigt. Auch kleinere Gebiete gehörten zu diesen Kreisen. Die Namen der alten Stammesherzogtümer lebten noch einmal auf im bayerischen, schwäbischen und fränkischen Kreise. Der westfälische, der niedersächsische und der oberrheinische Kreis umschlossen die anderen westdeutschen Gebietsteile. Nicht eingefügt in die Kreiseinteilung waren die Länder der Wenzelskrone Böhmen. Böhmen hatte ja schon immer eine Sonderstellung eingenommen, es gehörte wohl zur Reichsmatrikel, zahlte aber keine Reichssteuern, an den Kurfürstenvereinen nahmen die Könige von Böhmen seit 1424 nicht mehr teil, die Wahlkapitulationen wurden von Böhmen nicht mitberaten. Da 1708 die Readmission der böhmischen Kur zum Reich stattfand, so galt es tatsächlich seit dem Tode Georg Podiebrads als ausgeschieden. Die schlesischen Herzöge saßen als Träger mittelbarer Reichslehen überhaupt nie im deutschen Fürstenrate. Preußen (Ostpreußen) erkannte wie erwähnt 1466 die polnische Lehnshoheit an. Die früher als Reichsfürsten geltenden Bischöfe von Reval, Ösel und Kurland blieben außerhalb der Reichskreiseinteilung, hatten also mit Deutschland nichts mehr zu tun. Kammin war dem Papste unmittelbar unterstellt, hat also ebensowenig wie das Ordensgebiet zum Reiche gehört. Deutsche Kultur und deutsche Rechtsideen griffen also weit über die politischen Reichsgrenzen hinaus. Im Westen löste sich die schweizerische Eidgenossenschaft tatsächlich vom Reiche – sie zahlte keine Reichssteuern und erkannte das Kammergericht nicht an. Die Schweizer trieben ihre eigene Politik, vielfach in enger Anlehnung an Frankreich. Weder Wallis noch die Herzöge von Savoyen kümmerten sich um das Reich, in dessen Matrikel sie aber weiter geführt wurden. Bei den einzelnen Territorien im Westen blieb es oft unklar, ob sie zum Reich gehörten oder nicht, weil der Adel des Reichsgebietes oftmals auch in einen französischen Lehnsverband eintrat. Dazu kamen Heiratsverbindungen, über die Grenze hinweg, und die daraus entspringenden Erbschaften, die entwickeltere französische Sprache drang nach Osten vor, dies half bei der Grenzzerbröckelung mit. Die Landstände und bäuerlichen Schichten hielten oft lange noch an der alten deutschen Volkssprache fest – die ritterliche Schicht, die Patrizier, die Domherren und Juristen sprachen französisch und lernten bald, irgendwelche sonderrechtlichen Bindungen im Interesse der französischen Politik auszulegen, die zur Rheingrenze drängte.

Die Reichsreform erwies sich als ein Fehlschlag, die Reichskreise insbesondere bedeuteten, soweit sie überhaupt zur Wirksamkeit kamen, eine Vermehrung der örtlichen Zwiste und damit eine Verstärkung der partikularen Machtbestrebungen. Wer immer militärisch oder finanztechnisch die Kreisgeschäfte zu wahren versuchte, hatte mit dem Widerstand und der gegnerischen Gruppenbildung der Kreisgenossen zu rechnen. Die große politische Tatsache der deutschen Geschichte beim Ausgange des Mittelalters war und blieb eben die Landesherrschaft.

Die Landesherrschaft

Sie beruhte reichsrechtlich auf der Erwerbung der Hohen Gerichtsbarkeit, der Blutgerichtsbarkeit, durch die Landesherren, mit ihr verbanden sich alle sonstigen Rechte, die sich von der Königsgewalt und der Gewalt der alten Stammesherzöge abspalteten, also Zoll, Lehen, Pfandschaft, Kirchvogtei. Öffentliche und private Gewaltrechte wurden erfolgreich vermengt, der Beherrschte wurde einfach als Untertan behandelt. Bis in die alten Gemeinderechte der Freien, in Allmend, Wald und Weide drangen so die Herren ein. Adelig ihrer ganzen Gestalt nach und durch unzählige Bande mit dem Adel verknüpft waren die geistlichen Fürstentümer des Reiches, gerade sie gediehen zu besonders wertvollen Stützpunkten der neuen Klasse der Landesherren. Die Landesherren entwickelten eine ordentliche Verwaltung, sie teilten ihre Gebiete in Vogteien, Ämter und Oberämter ein, die Beamten lebten von ihren Anteilen an der Staatsgewalt und ihren Lehen, erst mit der Entwicklung von Geldeinnahmen ermöglichte sich Barentlohnung aus einem angesammelten Schatz. Alle Landesherren staken schwer in Schulden, sie mußten Raubbau treiben, Wucherzinsen bezahlen, Besitz und Ämter verpfänden. Die richterliche Gewalt der Landesherren zerbrach an dem feudalen Privileg, daß niemand von einem »Ungenossen«, jeder also nur von einem Standesgenossen gerichtet werden sollte.

Der Landesherr schuf sich einen »Geheimen Rat«, der aus seinen obersten Beamten bestand, er bildete das landesherrliche Kammergericht aus, das sich über die Idee des ständischen Gerichts hinwegsetzte und die alte Trennung des vorsitzenden Richters von der urteilenden Laiengemeinde überwand. Sehr willkommen bei dieser Entwicklung war das Römische Recht, das in seiner Einheitlichkeit, Schärfe und Klarheit eine wahre Rettung aus dem Durcheinander des Privilegienwesens bedeutete. Alle Schreiber und Räte studierten dieses Recht, besonders den kanonisch-römischen Prozeß an den Universitäten, gemäß der lebendigen Lehre der Postglossatoren, der Nachfolger der großen byzantinischen Juristen. Der Humanismus und das Reichskammergericht vollendeten die Romanisierung des deutschen Rechtslebens. Sie reichte freilich zunächst nur bis zu den Obergerichten und den städtischen Gerichten. Die Gerichte auf dem Lande hielten an dem alten Recht noch lange fest. Auch die sogenannten Femge-

Gerichtsverhandlung
unter der Dorflinde

richte lebten weiter bis ins sechzehnte Jahrhundert hinein. Sie waren im Gegensatz zu den territorialen Landgerichten kaiserliche Freigerichte, in denen neben dem Adel die freien bäuerlichen Grundbesitzer, besonders Westfalens, ihren vollen Gerichtsstand und ihre Schöffenbarkeit (Befähigung, als Schöffe mitzurichten) behaupteten. In ihrer besten Zeit diente die Feme – das Wort heißt ursprünglich Genossenschaft – dem Landfrieden und einer Gerichtsbarkeit, die kein Ansehen der Person kannte. Übergriffe der Stuhlherren (Obersten Richter) und Wettbewerb der Freigrafen (Vorsitzende der Gerichtshöfe) minderten dann aber das Ansehen dieser volkstümlichen und von allerlei Geheimnissen der Tracht und des Verfahrens umkleideten Einrichtung.

Der Dualismus, der Gesamtdeutschland in Kaiser und Reich aufspaltete, ergriff auch die Landesherrschaften und diente hier dazu, beginnende absolutistische Neigungen auszugleichen. Die Stände der Landesherrschaften vertraten sowohl die einzelständischen Interessen – also die der Ritter, Prälaten und Bürgerschaften – als die Interessen des Gesamtlandes. Gegenüber den Launen, der Verschwendungssucht, den Familienbindungen des Landesherrn betonten die Stände doch das dauerhaft Gemeinsame, wobei sie gewiß nicht ihre eigenen Freiheiten und Privilegien vergaßen. Die Befestigung der Landesherrschaften ist also gerade durch diesen Wettbewerb von Fürsten und Ständen gefördert worden. Der Landesherr blieb von den Ständen und ihrer Einwilligung abhängig, wenn er über die übliche »Bede« hinaus Geld brauchte, wenn er von der Kirche Steuern erheben wollte. Der Grund war zumeist die Notwendigkeit stärkerer Bewaffnung – die neuen Pläne und der neue Kriegsstil wuchsen über das hinaus, was die lehnsverpflichtete Ritterschaft leisten konnte. Das alles bedeutete ein Verhandeln, die Stände stellten ihre Bedingungen, sie formten sich nach ihrem Rang in Kurien (Abstimmungsbänke) und kämpften um jeden Bruchteil ihrer überkommenen alten Rechte. Besonders mächtig waren die Herrenstände in den geistlichen Fürstentümern, da diese keine Dynastie entwickeln konnten und somit dieses Gegengewicht wegfiel. In den Ständen lebte der altgermanische »Ding«, das niemals aufgehobene

Allegorische Darstellung des Ständesystems. Auf der untersten Stufe Kinder und Narren

Mitbestimmungsrecht der Freien, kurz der echte Volksstaatsbegriff, weiter. Kluge Landesherren wußten sich mit ihren Ständen zu stellen wie in Württemberg. Andere Landesherren, wie in Bayern, spielten die ständischen Gruppen gegeneinander aus. Am bequemsten schien den meisten Fürsten das Leben ganz ohne Stände. Die Bauern waren als gleichberechtigter freier Stand nur noch vertreten in Tirol, in Kempten, in Dithmarschen und in Holstein (vgl. Karte). Die Geschichte der deutschen Landesherrschaften beginnt jetzt immer reicher zu werden an kraftvollen Fürstengestalten – Kurfürst Friedrich der Siegreiche, der dem päpstlichen Banne wacker trotzte, der ritterliche Kraftmeier und Tausendsassa Kurfürst Albrecht Achilles von Brandenburg, die Landshuter Herzöge aus dem Hause Wittelsbach, die sich in drei Generationen den Beinamen der »Reichen« verdienten, stehen da als Figuren von breitbeiniger Fülle und fröhlich dreinschlagender Kraft.

Der deutsche Humanismus

Deutschland, schon lange ein blühendes Land, wurde nun auch sehr gebildet. Die italienische Renaissance wirkte über die Alpen hinweg; sie war ja ihrem eigentlichen Sinne nach eine Neugeburt des italienischen Volkstums, ein Erwachen bürgerlich-freiheitlicher Gesinnung, weltanschaulich begründet und verwurzelt durch das betonte Recht auf persönliches Leben, im Gegensatz zu den Gebundenheiten von Kaisertum, Kirchenwesen, Lehnsverfassung, klösterlicher Bildung. Die Antike war in Italien ja noch viel weniger als sonst im Abendlande »untergegangen«, sie hatte in gewandelter Gestalt weitergelebt – eine neue Generation sollte sie aber nun bewußt entdecken und verabsolutieren, aus ihren geschichtlichen Bedingungen und Begrenztheiten herauslösen und sie so zu einem Idealwert vollendeten Menschentums machen, dem sich das neugeborene Italienertum anzugleichen hätte. In Italien vollzogen sich diese Entwicklungen spontan, sehr künstlerhaft, örtlichen Bedingungen entsprechend abgewandelt – im ganzen äußerst fruchtbar und über alles Gelernte und Gelehrte hinweg lebendig als Offenbarung eines neuen schöpferischen Kulturgefühls. In Deutschland behielt die Bewegung einen viel gelehrteren Charakter. Die Frühhumanisten von der Mitte des fünfzehnten Jahrhunderts waren meist recht unselbständige Gesellen, Wanderlehrer, die im städtischen Patriziat Eingang fanden und dort eine Gemeinde zu sammeln versuchten für die alten Schriftsteller und ihre neuitalienischen Dolmetscher. Solche Nachahmung südlichen Geistes und Witzes, romanischer Formgewandtheit und all des verführerischen Glanzes einer wahrhaft kritischen Geisteshaltung konnte diesen deutschen Scholastikern kaum je glücken. Bald gab sich aber auch in Deutschland der Humanismus freier und bestimmter. Die Philologen bemühten sich um die Herstellung reiner Texte, und durch den echten Wortlaut gelangten sie zu einer angemessenen Deutung. Der Weg zur wahren Quelle führte weiter zur Ethik, zur Geschichtsbetrachtung, zur Naturwissenschaft und Mathematik. Das Ergebnis war ein echtes Ringen um die Wahrheit, um den Wert wissenschaftlicher Erkenntnis, um den

Erasmus von Rotterdam

Sinn der Welt, wie sie sich einem unbelasteten, möglichst vorurteilsfreien Blick darbietet. Wenn sich die Italiener auf das alte Rom bezogen und sich selbst als seine echten Erben und Nachfolger hinzustellen liebten, so wandte sich der Patriotismus der deutschen Humanisten zurück in die eigene Vergangenheit. Die in einem deutschen Kloster entdeckte »Germania« des Tacitus diente als eine wahre Fundgrube der ersten germanisch-deutschen Romantik. Damit begann jene verhängnisvolle Gleichsetzung von Deutschtum und Germanentum, damit begann auch die Lobpreisung germanischer Tugendhaftigkeit gegenüber dem sittlich und geistig zerrütteten Rom – eine Bewertung, die bei Tacitus ihren inneren politisch-pädagogischen Sinn gehabt hatte, weit über die Tatsächlichkeit der Verhältnisse hinaus, an der dem Römer der Kaiserzeit weniger liegen konnte, als es den angeblichen Nachfahren seiner germanischen Idealgestalten zu wünschen gewesen wäre. Wimpfeling etwa versuchte sich stolz an der ersten Gesamtdarstellung der deutschen Geschichte – überall sammelte man Quellen der alten Zeit, Römisches und Mittelalterliches. Eine Germania Illustrata wurde wenigstens in den Ansätzen versucht, Nürnbergs Größe und Glanz erfuhr besonders liebevolle Betrachtung, die deutschen Sprichwörter wurden zusammengestellt. Willibald Pirk-

heimer führte den Nürnberger Humanismus, Konrad Celtes vereinigte wohl wie kein anderer den Unabhängigkeitsdrang, den Universalismus und die patriotische Gesinnung der Besten der Bewegung. Der vornehmste und reinste Geist bleibt freilich der große Erasmus (1465–1536). In ihm war die spätmittelalterliche Frömmigkeit tief lebendig, und so konnte er den bedeutungsvollen Versuch machen, diese neue stolze universale Bildung zu versöhnen mit einem vermenschlichten Christentum.
Milde und ironisch, über alle Tüfteleien gelehrten Spieles hinaus entwickelt zu echter dauerhafter Weisheit, verwöhnt und gepriesen, aber immer bescheiden und seiner selbst gewiß im Wahrheitsgefühl – so steht Erasmus von Rotterdam an der Zeitenwende, zu human, um den Kampf mit der schlimmen Welt aufzunehmen, aber so reif in seiner Versöhnlichkeit, daß jede spätere Glaubens- und Gewissensnot sich wieder zurückwenden muß zu dieser unvergeßlichen Gestalt.

Kirchliche Mißstände

Die Humanisten gehörten der herrschenden Schicht an oder wuchsen doch in sie hinein. Diese Lehrer des Griechischen konnten Stiftsherren oder gar Gesandte werden, sie belebten jedes Gespräch und würzten jeden Schriftsatz. Ihr Einfluß und ihre Lebensführung vermittelten der deutschen Oberklasse die Bildung der Latinität. Auch in einer zunehmend laienhaften Zeit gab es bald keine andere mehr, die zählte. Das erhöhte die Ehrfurcht, aber es befestigte die Kluft, diese gescheiten und vielerfahrenen, diese gereisten und geschliffenen Humanisten hatten sich von der deutschen Volksmasse entfernt, sie waren gestiegen und wollten nun ungern etwas mit ihr zu tun haben. So geschah es, daß die begabtesten Söhne der Unterschicht ihr untreu wurden. In dieser Unterschicht schrie die religiöse und soziale Not – wer sollte sich ihrer annehmen? Überall in Europa erfaßte der beginnende Nationalismus gerade am stärksten die kirchlich-religiösen Verhältnisse. War keine nationalkirchliche Entwicklung möglich? Sie vollzog sich jetzt gerade in Frankreich – entweder wurde der Papst in Avignon beaufsichtigt, oder die Kirche wurde gallikanisch. Auch in Deutschland hegten schon früh gar manche Kirchenfürsten nationalkirchliche Gedanken. Jetzt wurden aber nicht der Kaiser oder die Bischöfe Träger dieser Idee. Die Landesherren rissen sie an sich. Beschwerden über kirchliche Mißstände hörten seit der Konzilszeit nicht mehr auf. Es entstand der Brauch, diese »Gravamina« (Klagepunkte) der deutschen Nation zusammenzustellen und zu verbreiten. Mit Erbitterung geißelten die Kundigen die Mißbräuche in der Stellenbesetzung, im Gerichtswesen und in der Finanzverwaltung der Kirche. Das Vermögen der toten Hand wuchs gewaltig, der Besitz der Kirche blieb steuerfrei und erfreute sich eines besonderen Gerichtsstandes – jeder freie wirtschaftliche Wettbewerb mußte daran ersticken. Viele verlangten immer wieder die Säkularisation des Kirchengutes, also die Überführung in den weltlichen Besitz. Vor allem sollten aber keine Gelder aus Deutschland in die Taschen des welschen Papstes fließen! Dieser nationalwirtschaftliche Gesichtspunkt war echten Beifalls sicher. Das Ärgernis, welches der gute Deutsche an der römischen Kirche zu nehmen pflegte, bekam seine eigentliche Bitterkeit durch ein Gefühl tiefster Enttäuschung. Niemals war die religiöse Erregung der Massen so stark wie um das Jahr 1500. Die herkömmlichen Organe der Kirche zeigten sich diesem Ansturm nicht mehr gewachsen. Es gab Wallfahrten, Reliquienfeste, die Laienbruderschaften ereiferten sich in Umzügen und besonderer Heiligenverehrung – aber das Volk wünschte etwas mehr als üblichen Sakramentsdienst. Die neue Buchdruckerkunst, Johannes Gutenbergs große Erfindung, hatte viele lesen und manche denken gelehrt. Auch im Kirchenwesen wollte man denken, forschen, lernen, lehren, die Wahrheit erkennen und verkünden. Der Bildungsdrang erfuhr hier eine denkwürdige Demokratisierung. Damit nicht genug – die Zeiten waren apokalyptisch, die seelische Angst war ernst und groß – eine allgemeine Auflösung schien bevorzustehen. Wer anders als die christliche Kirche konnte Sicherheit gewähren. So vereinigten sich die sozialen und die humanistischen, die verfassungspolitischen und die nationalen, die dynastischen und die religiösen Momente zu einer gewaltigen Umwälzung in Deutschland. Man nennt sie die Reformation.

IX. Die deutsche Reformation

Martin Luther – Der Ablaßstreit – Karl V. – Luthers Lehre – Wormser Reichstag – Revolutionäre Erschütterung – Die Reformation entbindet religiöses Bedürfen und weltliches Wollen – Der Kampf der Stände um ihr Lebensrecht – Die Bewegung der Ritter – Der Bauernkrieg – Der Ritterstand erschlafft in Verarmung und veralteter Lebensform – Der Bauernstand geht unter in Versklavung und Gebundenheit an der Scholle – Der Protestantismus erzeugt eine Oppositionskirche und keine Sekte, weil sich der Unabhängigkeitsdrang der Territorien seiner bemächtigt – Das Papsttum ist unfähig, die Bewegung zu meistern, weil ihm die religiöse Kraft und die alte universale Autorität abgeht – Die Schweizer Reformation – Kaiser Karls V. Weltstellung wird behauptet, der Kaiser muß aber die konfessionelle Spaltung Deutschlands hinnehmen – Der Reichstag zu Augsburg – Sozialer Charakter der Reformation – Die Wiedertäufer – Der Schmalkaldische Krieg – Abdankung Karls V. – Der habsburgische Familienvertrag – Der Augsburger Religionsfrieden – Das deutsche Territorialfürstentum siegt und mit ihm die Kleinmeisterei, der wirtschaftliche Stillstand und die gesellschaftliche Erstarrung

Martin Luther

Martin Luther war ein Thüringer mit fränkischem und slawischem Bluteinschlag (* 1483). Seine Vorfahren saßen als Zinsbauern auf ihrer Scholle, ungeteilt vererbte sich der Hof seit Menschenaltern immer auf den jüngsten Sohn – die älteren Söhne mußten sich anderswo ihr Glück suchen. Hans, der Vater des Reformators, arbeitete als Bergmann in den Kupferbergwerken der Grafschaft Mansfeld, er pachtete bald selbst ein bescheidenes Hüttenwerk, machte also den Aufstieg zum Kleinunternehmer, praktisch ein freier Mann, der sich im kleinen Mittelstande behauptete, in dem er geboren war. Der Sohn Martin wuchs in der strengen Zucht der Zeit auf, unter schlichten, aber nicht ärmlichen Lebensverhältnissen. Er war ein junger Mensch, der am Dasein und an der Wirklichkeit früh litt, der mit empfindlicher Seele alles schwer und tief nahm, und der sich zu einem Gleichgewicht nur noch durchzuringen verstand durch das religiöse Erleben. Martin Luther war das große religiöse Genie der Deutschen an dieser Zeitwende. Alles, was er tat, tat er von innen heraus, aus seelischen unabweisbaren Notwendigkeiten – diese Tat entstand aber als ein Ergebnis von Kämpfen mit der Umwelt, mit der Überlieferung, mit dem Willen und den Sinnen seines eigenen mächtigen Leibes. Luther neigte nie zur Muckerei – der Student wird geschildert als ein hurtiger fröhlicher Gesell, der die Laute zu schlagen wußte und den Degen trug, ein guter

Kumpan seiner Freunde. Dann kam die Wendung und Wandlung – der Ekel vor der Wirklichkeit erfaßte ihn, das Unglück über die Welt und die Angst vor der Ewigkeit, er gelobte, ein Mönch zu werden, und trat in das Erfurter Augustinerkloster ein, ohne die Einwilligung seines Vaters einzuholen – er rechnete also sicher damit, daß sie verweigert worden wäre.

Luther war der letzte große mittelalterliche Mönch. Als die spätgotische Seelengeschichte eines Mönches beginnt die deutsche Reformation. Denn im Kloster hatte Luther die Muße, sich auseinanderzusetzen mit der großen Überlieferung, nun kämpfte er ganz von sich aus, mit einer eingeborenen Selbständigkeit und unerschütterlichen Liebe zur Wahrheit, den Weg der Kirche in seinem Innern noch einmal durch – die Entwicklung von Paulus zu Thomas von Aquino († 1274) und dann den Ansturm auf das gewaltige Lehrgebäude der thomistischen Vernunftsmetaphysik, wie er mit Wilhelm von Occam († 1349) einsetzte und mit dessen Vorstellung von der Alleinmacht des Glaubens, von der absoluten Bedeutung der Bibel und der Vernunft, der gigantischen Unumschränktheit Gottes. Luther machte einen rechten wissenschaftlichen Theologen aus sich, er stieg auf zur Wittenberger Professur für Bibelerklärung, die er dreißig Jahre innehatte, seine Oberen vertrauten ihm vielerlei wichtige Ämter an, er wirkte praktisch und hilfreich in der Universitäts- und Klostergemeinschaft, durchaus nicht als ein einsamer Grübler, sondern als ein hochgeachtetes Mitglied der Fakultät – nach außen fest und sicher, im Innern aber weiterhin erschüttert durch die steigende Unmöglichkeit, seine Seele mit Gott wirklich zu versöhnen. Im Auftrage des Ordens reiste er nach Rom, blieb dort vier Wochen, von allem Gewaltigen innerlich ergriffen und durch die offenbaren Mißbräuche noch keineswegs gefährdet in seinem Loyalitätsgefühl gegenüber den Machthabern der Kirche. Die Freundschaft mit seinem Vorgesetzten, dem Ordensprovosten Johann von Staupitz, machte Luther vertraut mit den edlen Früchten umfassender Bildung – von der christlichen Antike bis zum zeitgenössischen Humanismus: alle diese Schulen und Meinungen haben Luther nicht anders gemacht, als er war, sie haben sein eigentliches Werk nicht maßgebend beeinflussen können. Er errang sich seine Wahrheit und seinen Glauben aus der Bibel selbst – es ist die Vorstellung von der Gerechtigkeit, zu der sich der sündige Mensch durchzukämpfen hat durch die innerliche Erfassung Gottes mittels des schöpferischen Glaubensvorganges. Nur der aber vermag Gott zu erfassen, der sein Wort versteht – Luther war überzeugt, als strenger und harter Verkündiger der Bibelweisheit alte Wahrheiten wiederzuentdecken – wie sie Augustin und die deutschen Mystiker vor ihm verkündet hatten. Persönlich blieb Luther zu kämpferisch-theologisch, zu leidenschaftlich auf das Recht seiner errungenen Wahrheit erpicht, um die Mystik ebenbürtig fortzusetzen. Aber er hat doch gerne das Büchlein des unbekannten Frankfurter Gottesfreundes neu herausgegeben, die Theologia deutsch, und hat sich selbst und seine Gottesidee in dieser deutschen Lehre gefunden. Luthers neue Deutung der Buße und der durch sie zu gewinnenden seelischen Erneuerung machte aus dem Mönch und Theologen den Propheten der Reformation. Um der Buße willen erfolgte denn auch sein Zusammenstoß mit den Einrichtungen der Kirche, der so weltgeschichtliche Folgen haben sollte.

Der Ablaßstreit

Das Bußsakrament zerfiel seit Papst Gregor dem Großen in die vier Hauptstücke: Reue, Beichte, Absolution und Genugtuung. Diese letztere wurde entweder im Diesseits durch zeitliche Strafen geleistet oder im Fegefeuer durch Reinigungsstrafen ebenfalls zeitlich begrenzter Natur. Die Fegefeuerstrafen konnten nun von der Kirche erlassen werden im Hinblick auf den durch Christus und die Heiligen angesammelten Gnadenschatz. Der Erlaß knüpfte sich an Leistungen des Sünders, ursprünglich an die Teilnahme an einem Kreuzzug, bald an Geldablösungen dafür. Die Angst vor dem Fegefeuer machte die Gläubigen opferwillig, der Ablaßhandel entwickelte sich zu einem blühenden Geschäft der Kirche – untere Organe entwickelten allerhand bösen Mißbrauch, so die Ablaßzettel zugunsten Verstorbener, über deren Bußfertigkeit man doch nichts wissen konnte, und die Blankovollmachten auf Ablaß, die nach erfolgter Barzahlung überall eingelöst werden konnten, ohne daß sich jemand um Buße und Sündenbekenntnis kümmerte, in der Praxis also zur Abgeltung inzwischen neu begangener Sünden, die gar nicht gebeichtet waren.

Der Hohenzollernprinz Albrecht von Brandenburg hatte infolge seiner ungewöhnlichen Häufung hochkirchlicher Ämter – drei Bischofssitze! – an die Kurie große Summen abzuführen, die er sich mit Hilfe des Bankhauses Fugger in nicht unüblicher Weise durch einen Ablaß zu verschaffen versuchte. Mit dem Vertrieb betraute er die Dominikaner; der dominikanische Geschäftsführer, der Theologieprofessor Johann Tetzel, tat sich durch besonders derbe und anstößige Anpreisung hervor. Luther kannte diese unerfreulichen Einzelheiten nicht, er nahm aber Anstoß an der Tatsache, daß laut Anweisung Erzbischof Albrechts der Ablaß für Verstorbene erworben werden konnte, ohne daß der Käufer selbst Bußfertigkeit gezeigt hatte. Luther, der keinen

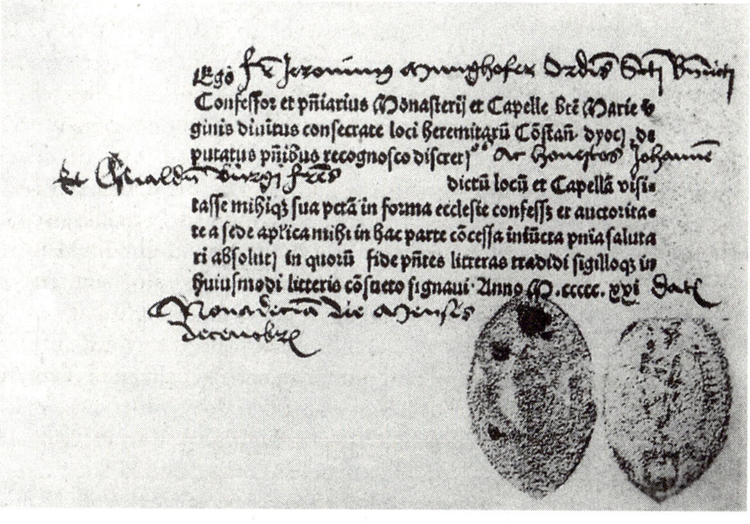
Ego
Confessor et pñiarius Monasterij et Capelle btẽ Marie v
ginis diuinitus consecrate loci heremitarũ Cõstañ dyoc) de
putatus pñibus recognosco discret)
dictũ locũ et Capellã visi
tasse mihiqz sua pctã in forma ecclesie confessz et auctorita
te a sede aplica mihi in hac parte cõcessa iniũcta pnia saluta
ri absolut) In quorũ fide pñtes litteras tradidi sigilloqz in
huiusmodi litteris cõsueto signaui · Anno M.ccccc. xxi

Ablaßzettel von 1521

fragte, entschloß sich, seinen Standpunkt in der üblichen akademischen Weise durch den Anschlag von öffentlichen Thesen festzulegen (1517). Er lud ein zur Diskussion von 95 Thesen über die Heilskraft der Ablässe – die Ablässe zögen nach Luthers Überzeugung eine falsche Frömmigkeit groß. Etwas Revolutionäres klang in diesen Sätzen, die unsichtbare Gemeinde der Gläubiger trat an gegen die sichtbare Kirche, die Armut der Laien gegen den Reichtum des römischen Papstes, der gemeine Verstand gegen die theologische Wissenschaft.

Die Thesen wurden das Ereignis der Zeit, jeder las sie, jeder diskutierte sie, sie flogen durch Europa. Luther war selbst fast erschrocken, aber er nahm den Kampf tapfer auf – er griff die Kirchenverfügungen als ungültig an, soweit sie nicht mit der Bibel übereinstimmten, er appellierte gegenüber der Kurie an die göttliche Wahrheit als die allein maßgebende Gewalt, er warf die Frage auf, ob der Papst nicht wohl der Antichrist sein könnte. Die Kurie wußte genug von Luthers Lehre, um ihn vor das Ketzergericht zu laden – das summarische Verfahren gegen ihn wurde angeordnet, Luther als notorischer Ketzer bezeichnet, zum bedingungslosen Widerruf aufgefordert, im Weigerungsfalle mit sofortiger Verhaftung bedroht. Luther fand die beste Antwort, die es gab – er stellte sich unter den Schutz seines Landesherrn, des Kurfürsten Friedrich des Weisen von Sachsen. Schon deshalb konnte sich der Fall von Johannes Hus nicht wiederholen – das landesherrliche Interesse sah sich in Anspruch genommen. Der sächsische Kurfürst war ein frommer Sammler von Reliquien, nur ganz allmählich gewöhnte er sich an die neue Lehre und hielt bis zuletzt an bestimmten Bräuchen der alten Kirche fest – aber dieser Wittenberger Professor war sein Untertan, er lieferte ihn nicht aus, er haßte das Unrecht und dachte, dieser Luther hatte vielleicht doch recht. So wuchs sich die zögernde Anständigkeit eines durchschnittlichen Fürsten aus zum geschichtlichen Motiv. Damit verbanden sich wesentliche Gegebenheiten der großen europäischen Politik.

Karl V.

Der alte Kaiser Maximilian hatte die Sforza zu Herzögen von Mailand gemacht und noch auf seine späten Tage die junge Prinzessin Bianca Sforza geheiratet. So wichtig schien ihm die italienische Stellung des Hauses Habsburg, die von Frankreich bedroht wurde. König Franz I. von Frankreich schlug die Schweizer bei Marignano (1515) und nahm Mailand. Dies war der entscheidende Auftakt zu einer neuen, ganz Europa umspannenden Kriegsepoche. Vergebens bemühte sich Kaiser Maximilian um die Wahl seines Enkels Karl zum römischen König, noch zu seinen Lebzeiten. Die Kurie, viele Reichsfürsten, der sächsische Kurfürst an der Spitze, der König von Frankreich befürchteten die Übermacht des Hauses Habsburg. Der junge Karl erbte ja alle Kronen zusammen – Burgund und Kastilien, Aragon nebst Neapel und Sizilien, die neue Welt in Amerika und die österreichischen Lande. Frankreich sah sich völlig umklammert, der Papst fand es schwer, seine Unabhängigkeit als italienischer Fürst aufrechtzuerhalten. War es erstaunlich, daß sich alle gefährdeten Mächte verbanden, um nicht dem jungen Karl die Kaiserkrone zuzuwenden, sondern seinem Nebenbuhler Franz von Frankreich? Als der dritte Bewerber trat Kurfürst Friedrich der Weise auf, der freilich für eine solche Rolle weder die Gesundheit noch die Tatkraft besaß. Frankreich sparte nicht in Pensionen, Geschenken und Bestechung – die rheinischen Kurfürsten sollten Kardinalshüte erhalten, und den Kurfürst von Brandenburg gewann man durch das verlockende Angebot der Statthalterschaft für den französischen König in Deutschland. Immerhin wehrte sich das erwachende deutsche Nationalgefühl gegen eine solche Lösung. Aber die Wahl des Herzogs Karl von Burgund erwies sich als genauso verhängnisvoll vom Standpunkt der nationalen Entwicklung. Dieser burgundische Prinz mit französischer Muttersprache war ein geborener Weltherrscher, wie es vor und nach ihm keinen wieder gegeben hat. Deutschland galt für ihn nur als ein Land von vielen – sein Interesse blieb, das Imperium zusammenzuhalten und deshalb alle Kräfte zu stärken, die ihm dabei helfen konnten – also das Recht, die Verträge, die Dynastie, natürlich auch die römische Kirche. In der deutschen Reformation konnte Karl nur eine Rebellion erblicken, eine religiöse Verirrung und eine politische Missetat. Der Konflikt des Mönchs und Professors Martin Luther war dem Weltkaiser nicht nur persönlich unverständlich, er erfüllte ihn mit Grausen und mit Abscheu. Ruhig und sehr kalt, ritterlich, aber unnahbar, ein rechnender und lauernder Menschenkenner – so blieb Karl allem Bürgerlichen und Partikularistischen, aller künstlerischen Unmittelbarkeit und aller autonomen Spekulation tief fremd. Er verstand die Renaissance so wenig wie die Reformation, aber seine metaphysisch gefühlte imperatorische Gewalt vermochte beide Bewegungen tödlich zu treffen. Auch die habsburgische Partei mußte einen großen Geldaufwand für die Wahl Karls V. machen – 850000 Gulden; nach der heutigen Kaufkraft über zehn Millionen Dollar. Als der Geldgeber trat der Augsburger Jakob Fugger der Reiche auf, der erfolgreichste Bankier der Zeit, dessen Bürgschaft allein volles Vertrauen genoß. Aber Geld genügte den Wählern Karls nicht. Die Wahlkapitulation von 1519 verpflichtete den neuen Kaiser, die Rechte der Stände und der Nation zu achten – alle Regierungshandlungen sollten gebunden sein an die Zustimmung von sechs Kurfürsten. Nur geborene Deutsche sollten zu Hofämtern berufen werden, kein Reichstag sollte außerhalb der Reichsgrenzen zusammentreten, kein fremdes Kriegsvolk ohne ausdrückliche Genehmigung der Stände des Reiches deutschen Boden betreten. Kein Reichsangehöriger sollte unverhört in die Acht getan werden dürfen. Der Geist des Territorialfürstentums schützte also die deutschen Nationalinteressen vor den Fremden im Namen der aristokratischen Oligarchie – Deutschland beanspruchte, ein ständischer Verfassungsstaat zu sein, im Gegensatz zum neuen Prinzip der absoluten Fürstengewalt. Die Wahlkapitulation von 1519 machte Epoche, sie ist das Reichsrecht der Reformation – nur auf Grund ihrer Bestimmungen kam Luthers Sache zur öffentlichen Verhandlung vor Kaiser und Reich. Luthers Erfolg beruht auf seinem Bündnis mit dem Territorialfürstentum, mit dem hohen Adel der deutschen Nation, an den er sich ja ausdrücklich in einer Flugschrift wandte. Der fremde Kaiser konnte nur ein Feind sein, die deutschen Fürsten standen bereit als die natürlichen Verbündeten seiner Sache.

Luthers Lehre. Worms

Luther verkündete die Freiheit eines Christenmenschen (1520) und begründete damit die seelische Haltung des Protestantismus. Seine Arbeit verlangte die Selbstbestimmung des Seelischen – aber damit fing sie nur an. Er wollte die wahre Kirche, die neue Gemeinschaft der Gläubigen – er hatte den Papst angegriffen, nun wandte er sich auch gegen die Konzilien, ganz in Fortsetzung der Ideen von Johann Hus, dessen Schriften er kannte und benutzte. Die Kritik Luthers an dem Unwesen der Kirche, an ihren Mißbräuchen und Fälschungen fand besonders den Beifall der Humanisten. Ulrich von Hutten schrieb jetzt seine donnernden Anklagen gegen das römische Wesen – eine der seltsamsten Figuren der Zeit: er war losgerissen von den väterlichen Überlieferungen und hingegeben dem Wanderdasein eines streitlustigen, unordentlichen Reichsritters und Poeten. Leider war er in seinem erhabenen Pathos manchmal ein wenig komisch und, was schwerer wog, auch nicht immer gesinnungsstark – nach Art der gewohnheitsmäßigen Idealisten. Für Hutten war alles Römische böses Ausland, die Finanzkünste und Rechtstüfteleien der Römlinge verdarben den guten alten deutschen Brauch. Der große Cherusker Armin, der den Römer Varus im Teutoburger Wald schlug, gestaltete sich ihm dabei zur Verkörperung der echt deutschen Abwehr welscher Tücke. Mit wahrem Vergnügen stürzte sich der unverdrossene Kämpe Hutten in den Streit des großen Sprachgelehrten Reuchlin mit den Dominikanern – diesen Dunkelmännern ihre Unwissenheit, ihre Beschränktheit, ihre Selbstüberhebung aufzumutzen, beglückte Hutten. Sicher riß ein Sprung durch Huttens Charakter, die böse Franzosenkrankheit, die Syphilis, die Geißel der Zeit, zermürbte früh seine Kräfte – die Not des Lebens trieb ihn in unklare und widerspruchsvolle Handlungen: die Kampfleistung seiner besten Zeit sichert ihm doch den Lorbeer († 1523).

Martin Luther benutzte die Übergangszeit bis zur Übernahme der kaiserlichen Gewalt durch Karl V. zum Aufbau seiner Lehre in den drei großen Schriften von 1520. Die Kluft zwischen Priester und Nicht-Priester sollte sich schließen, das allgemeine Priestertum der Gläubigen sich aufbauen: der Staat hat die Kirche zu stützen, das Zusammenwirken von Priesteramt und Richteramt sichern der christlichen Gemeinschaft ihr Gedeihen, beide sind Berufe, Stand und Glaube machen die Ordnung der neuen protestantischen Welt aus; jeder Christenmensch gehört den beiden Sphären des Daseins an, dem weltlichen Stand und der Heiligkeit, der Glaubensidee. Die Obrigkeit hat deshalb Hilfe zu leisten bei der Durchführung des Heiligungsprozesses. Es lag aber Luther ganz fern, die Welt selbst moralisch-idealistisch verbessern zu wollen. Er nahm sie, wie sie war, er hoffte natürlich auf Reformen, aber sah sie nicht als wesentlich an für das Religiöse. Luther brauchte die Autorität des Staates zur Durchführung seines Werkes, dafür erbot er sich, die Diener des Staates in ihrem Berufe zu stärken, er begriff diesen Beruf als Arbeit für die Gesamtheit, als eine schöpferische Tätigkeit zum gemeinen Besten, immer entsprechend dem Worte der Bibel, das er mit unerbittlicher Strenge als die letzte und oberste Wahrheitsquelle erwies. Der Seelsorger half dem Landesvater – dies war das Schicksal und die Grenze des entstehenden deutschen Protestantismus.

Eine päpstliche Bulle von 1520 verdammte Luther von neuem als Ketzer. Der Kampf

Luthers Schutzherr, Friedrich der Weise, Kurfürst von Sachsen

schrie nach Austrag. Luther gab seine Antwort. Er verbrannte die Bannbulle des Papstes öffentlich und rief ein freies Konzil zur Entscheidung an. Persönliche Verhandlungen mit Luther brachten keinen Erfolg. Kaiser Karl, von ständigen Sorgen in Spanien und in Italien geplagt, wollte die deutsche Sache irgendwie schlichten. Dies Ärgernis wuchs sich zu einer großen politischen Bewegung aus. Alle Klassen waren von der Erregung gepackt, jede holte sich aus Luthers Lehre, was sie brauchte. Die Reichsstände waren anti-kaiserlich – sie stellten sich darum notwendig anti-römisch ein. Ein Kaiser, der jetzt die Kirchenreform auf seine Fahne schrieb, konnte das ganze Deutschland nach seinem Willen formen. Luther wurde nach Worms vor den Reichstag geladen, es war ein großes kaiserliches Zugeständnis, dem deutschen Ketzer Gelegenheit zu geben zum öffentlichen Widerruf. Der Ketzer aber widerrief nicht. Er verlangte, widerlegt zu werden, er erklärte, daß Papst und Konzilien oftmals geirrt hatten, er bekannte sich zu seiner Lehre, seinem Gewissen gehorchend. Auf den Vorwurf, daß er Deutschland in Zwietracht stürzte, gab er die Antwort – er könnte seiner deutschen Heimat seinen Dienst nicht entziehen, Streit müßte sein, nur aus dem Kampf käme die Wahrheit. Luther war kein Politiker – bei nochmaligen Verhandlungen lehnte er jedes Zugeständnis in der Linie eines praktischen Kompromisses ab: für ihn blieb seine Sache die Sache Gottes, keine menschliche Gewalt konnte ihr deshalb etwas anhaben. Luthers Sache war aber auch eine Sache der Welt, und im Diesseits mußte sie ausgekämpft werden. Das Wormser Edikt des Kaisers verhängte über Luther die Reichsacht und befahl die Vernichtung seiner Schriften. Aber die Reichsstände führten das Edikt nicht durch. Luther wurde von seinem Kurfürsten auf der Wartburg in Sicherheit gebracht, das Abendmahl in beiderlei Gestalt verbreitete sich in Sachsen, Priester begannen sich zu verheiraten. Die Reformbewegung war stark, sie wäre selbst weitergegangen, wenn Luther der Acht zum Opfer gefallen wäre. Kaiser Karl sah sich außerstande, seine volle Macht in Deutschland einzusetzen. Der König von Frankreich unterhielt Verbindung mit der spanischen Opposition, mit abtrünnigen burgundischen Vasallen, mit der Unabhängigkeitsbewegung in Neapel und Sizilien. Das Ottomanische Reich bedrohte die Stellung des Hauses Habsburg vom Osten, die Donaufestung Belgrad fiel. England und der Papst verbündeten sich mit dem Kaiser, der Krieg begann als ein Kampf um die Hegemonie in Europa, und er dauerte mit kurzen Unterbrechungen während der ganzen Regierungszeit Kaiser Karls. Der erste große Erfolg winkte in Italien. Die Deutschen und die Spanier schlugen König Franz I. von Frankreich bei Pavia und nahmen ihn gefangen (1525). Aber der Kampf ging weiter, endlos. Von Reichstag zu Reichstag behalf man sich mit Zwischenlösungen – die reformatorische Lehre drang von Territorium zu Territorium – ganz Norddeutschland fiel ihr zu. Ein Sonderbündnis der Habsburger und Wittelsbacher Fürsten mit den meisten süddeutschen Bischöfen versuchte einen Damm aufzubauen, von Süden her. Die Reformation war zur nationalen Angelegenheit angewachsen. Die Prediger zogen durchs Land, man riß sich um die Flugschriften, die Bibel drang in die bescheidensten Schichten. Martin Luther hatte ja die Bibel auf der Wartburg ins Deutsche übersetzt, er verfaßte Hunderte von Flugschriften selbst, drei Pressen arbeiteten eine Zeitlang allein für ihn. Er zeigte seinen Landsleuten, was man alles auf deutsch sagen kann, er prägte viele neue Worte – seine geschmeidige, glühende, geschmiedete Sprache lehrte ein ganzes Geschlecht reden und denken.

Revolutionäre Erschütterung. Die Bewegung der Ritter

Die Reformationsbewegung nahm mehr und mehr revolutionäre Formen an. Da empörten sich die Studenten und Handwerksgesellen gegen die Stiftsgeistlichen, da mußten die Ratsherren die Stadt verlassen, da wurden die Gemeindelasten neu verteilt. Viele Mönche verließen die Klöster, die übrigbleibenden waren bedroht an Leib und Leben. Unter der Leitung des fanatischen Wichtigmachers und Gewohnheitsrebellen, des Doktors der Theologie Karlstadt, setzte ein bitterböser Bildersturm ein – Altäre wurden zertrümmert, Wandgemälde geschändet, Heiligenfiguren geköpft und anderweit verstümmelt, Fahnen und Leuchter, ja Kruzifixe unter Geheul verbrannt, bunte Fenster zerschlagen; dazu heulte der Pöbel Triumph! Schließlich mußte ein Reformationsausschuß gebildet werden, der Ordnung schaffte und vor allem die finanzielle Grundlage für die neue Kirche legte durch Bildung eines »gemeinen Kastens«; in ihn flossen alle Vermögenswerte der Klöster, Bruderschaften, Pfründen und Stiftungen zusammen. Darauf sollten dann die Pfarrerbesoldung und die Armenfürsorge aufgebaut werden. Die Unruhe hielt noch lange an, Luther mußte persönlich von der Wartburg erscheinen und die Dinge wieder selbst in seine Hand nehmen. Die Selbstregierung der Gemeinde billigte er freilich nicht, er war kein Verfassungs- und Wirtschaftsorganisator, das Wesentliche blieb ihm Rede und Schrift. Es gab nun in einer so lebendigen Zeit vielerlei Rede und Schrift – und so vermehrte Luthers Haltung Zersplitterung und Verwirrung in der Reformbewegung.

In Zwickau etwa bildeten sich unter böhmischer Einwirkung Schwärmerkonventikel, deren Mitgliederschaft vorzugsweise aus verarmten und entwurzelten Tuchmachergesellen bestand. Sie vermochten sich in einer durch die Blüte des Silberbergbaues stark kapitalistisch betonten Wirtschaftssphäre nicht mehr zu halten und waren deshalb chiliastischen Lehren leicht zugänglich. Thomas Münzer trat hier bald in den Vordergrund, ein Mystiker, dem der strenge, in das Geschichtliche zurückgreifende Bibelglaube Luthers nicht genügen wollte für das tiefste seelische Bedürfnis. Münzer entwickelte sich immer mehr zum radikalen Sektierer, er zog im Land umher als Bote Christi, gründete einen Geheimbund der Erwählten und verbreitete seine Wiedertäuferbotschaft mit den stärksten, gegen die Obrigkeit als die Welt der Gottlosen gerichteten Wendungen. Nur eine völlige Welterneuerung wollte diesem edlen Spiritualisten genügen. Ihn riß dann das Schicksal hinein in den Bauernkrieg.

Das Landesfürstentum und die Städte waren die beiden kräftigsten Träger des deutschen öffentlichen Lebens der Zeit. Die Ritter und die Bauern hielten nur eine geschwächte Verteidigungsstellung aufrecht. Kein Stand konnte an der Reformation vorbeigehen. Das Reichsrittertum bewahrte zum großen Teile Reichsunmittelbarkeit, sein Kraftzentrum lag im deutschen Südwesten, durch genossenschaftlichen Zusammenschluß versuchte es sich zu behaupten, angesichts der zunehmenden Wirtschaftszerrüttung des Adels. Die geldwirtschaftliche Blüte der Städte, die neuen Regierungsmethoden des Fürstentums ließen dem Reichsrittertum nicht viel Wahl. Sollten sie die glücklicheren Stände plündern? Sollten sie sich als Condottiere verdingen? Soll-

Bauern bieten auf dem Markt ihre Erzeugnisse an

ten sie absinken zu der abhängigen Stellung des Landadels in den Territorien, oder sollten sie den Weg hinauf versuchen und in den Fürstenstand steigen? Die Reformation konnte den Reichsrittern vielleicht helfen – vor allem durch die Säkularisation der geistlichen Fürstentümer des Reiches. Wurden diese Gebiete in erblichen weltlichen Besitz übergeführt, dann ergab sich für die Reichsritter, die zumeist die geistlichen Fürstentümer besetzten, noch einmal eine große Möglichkeit der Verbesserung.
Der Führer der Reichsritter wurde Franz von Sickingen, einer der erfolgreichsten Landsknechtsführer der Zeit. Er verband skrupelloses Draufgängertum mit naivem Reichspatriotismus und herzhaftem Haß gegen die Geistlichkeit. Sickingens Fehde mit dem Kurerzbischof von Trier war typisch – ein untergehender Stand kämpfte mit altmodischer Waffentechnik gegen die moderne Artillerie des Landesfürstentums. Schon dachte sich die Bewunderung der Zeitgenossen den Ritter Franz als den kommenden Kaiser. Aber Sickingen ging persönlich zugrunde bei diesen Kämpfen. Und sachlich waren die Ritter ja in nichts besser als die andern – im Plündern und Sengen taten sie es jedem Gegner gleich. Politisch wäre der einzige Ausweg für Sickingen ein Bündnis mit den Bauern gewesen – er wollte aber von dem »Pöbel« des Bundschuhs nichts wissen, standesstolz, tapfer und borniert bis zum letzten Atemzuge († 1523).

Der Bauernkrieg

Das ausgehende Mittelalter steckt voll von Bauernunruhen. Das Landesfürstentum griff die Bauern an, es verletzte Herkommen und Sonderrechte, es versuchte die Bauern in die Untertanenschaft hineinzuzwingen. Die Selbstverwaltung der Dorfgemeinden wurde aufgesaugt, die Dienstleistungen erhöht, die Abgaben allgemeiner und regelmäßig gemacht. Der modern werdende Verwaltungsapparat verlangte seine Ordnung und Zucht. Fälschungen selbst seitens geistlicher Landes- und Lehnsherren kamen in vollen Schwung. Die Polizisten-Eingriffe der fürstlichen Landesherrschaften störten selbst die kleinen Gewohnheiten des Alltags. Das erbitterte die Bauern aufs äußerste. Der Überlieferung nach kam es jetzt zum großen Ausbruch, weil eine Ritterfrau ihre Bauern Schneckenhäuser suchen ließ zum Garnaufspulen!
Der Bauer kämpfte für das »alte Recht«, er glaubte die göttliche Satzung zu verteidigen gegen menschliche Willkür, er haßte die moderne Gewohnheit des Zinsnehmens und wandte sich deshalb auch gegen die jüdischen Helfer der landesfürstlichen Verwaltungen. Diese antikapitalistische Haltung ließ allerlei radikale Gleichheitsforderungen entstehen: Abschaffung aller Abgaben, gleiches Recht an Wald und Weide für alle, Zerstörung des Luxus, Tagelohn auch für Geistliche und Herren.
Der Bundschuh ist der Bauernschuh, der mit Lederriemen kreuzweise gebunden wurde – als Symbol bäuerlicher Zusammenarbeit und Zusammenscharung ist er zuerst 1443 nachweisbar. Soziale, politische und religiöse Momente verbanden sich während dieser Jahrzehnte eigenartig und brachten eine wuchtige Bewegung hervor. Der Bauer glaubte an Kaiser und Reich, er hoffte von den obersten Mächten der Christenheit, die

doch alt und verwurzelt waren wie er selbst, die Erfüllung ihrer Weltmission, also die Wiederherstellung des alten göttlichen Rechtes. Der Grundherr, der Gerichtsherr, den der Bauer vor sich sah, galt ihm als der Inbegriff teuflischen Rechtsbruches. Was es zwischen dem örtlichen Gebieter und dem fernen Kaiser noch an rechtmäßig entstandener Regierungsgewalt gab, das vermochte der Bauer nicht zu verstehen. Was er davon wahrnahm, schien ihm so hassenswert, daß er am besten losschlug. Die Reformation tat nun auf dem flachen Lande eine ungeheure Wirkung, weil sie sich gegen die Autoritäten von heute und gestern stemmte. Die Heilige Schrift als die einzige Richtschnur zu nehmen, leuchtete den Bauern ein, auch das Leben des Bauern sollte »evangelisch« werden. Der Reformator Martin Luther genoß ein ungeheures Ansehen, er war Stoff vom Bauernstoff, seiner Entscheidung vertraute der Landmann bis ins kleinste.

Acker Concz
und Klos Wuczer,
zwei Bauern
aus dem Bauernkrieg

Der Bauernkrieg begann im südwestlichen Schwarzwald und dehnte sich schnell im Breisgau und Markgräflerland aus. Ein ehemaliger Landsknecht, Hans Müller von Bulgenbach, wurde der Feldhauptmann; mit seinem roten Barett und Mantel ritt er wie der König eines kommenden Reiches durchs Land. Wer sich der »Christlichen Vereinigung« nicht anschloß, verfiel dem Bauernbann, das heißt, ihn traf der Ausschluß von jeder Gemeinschaft des Essens, Mahlens und Kaufens. Religiöses und Rechtliches verband sich in seltsamer Weise – die Bauern wollten eben das »Recht«, sie wünschten zu prozessieren, sie verlangten, nur vom Kaiser oder seinen Stellvertretern regiert zu werden, die Beamten der Grundherren sollten das Vertrauen des Volkes genießen oder verschwinden. Das sah nicht nach Umsturz aus. Viele Herrschaften einigten sich durch Vertrag mit den bäuerlichen Haufen. Die Vorgänge wiederholten sich ähnlich in Oberschwaben und in Franken. Ein schwäbischer Handwerker Ulrich Schmidt stellte mit einem bibelkundigen Kürschnergesellen die Forderungen der Bauern zusammen. Es sind die zwölf Artikel vom März 1525, die, sofort gedruckt, zum Manifest der Bauernbewegung wurden. Den Anfang machen die kirchlichen Forderungen: Recht der Gemeinden auf Pfarrerwahl, Bildung eines Kirchenvermögens zur Besoldung der Geistlichen, zur Versorgung der Armen, zur Zahlung der Steuern; als unbiblisch sollten abgeschafft werden der Viehzehnte, der »Todfall« (Steuerleistung beim Ableben eines Hintersassen) und die Leibeigenschaft; über die Rückgabe von Wiese und Wald als Gemeinbesitz an die Gemeinden, über Fisch- und Jagdfreiheit kam ein »brüderlicher« Vergleich zum Vorschlag, unter Berücksichtigung erworbener Rechte; die Dienstleistungen sollten nach Herkommen, der Pachtzins nach Billigkeit neue Festsetzung finden. Gehorsam gegen die Obrigkeit wurde als christliche Demutspflicht besonders betont. Man sollte glauben, daß dieses Programm vielen Obrigkeiten durchaus vernünftig erschienen wäre. Tatsächlich ließen sich mehrere auf Verhandlungen ein. Die meisten freilich spürten den dahinterstehenden revolutionären Geist und griffen zur Gewalt. Der Schwäbische Bund ließ seine Truppen marschieren. Nun begannen die Bauern Schlösser anzuzünden und Klöster zu plündern. In Franken schlossen sich angesehene Personen der herrschenden Schicht, Adlige sowohl wie Bürgerliche, der Bauernsache an. Da mochte manch einer die Bauern ermuntern zur Verweigerung des Zehnten oder das Zinsnehmen als unchristlichen Wucher bezeichnen. Florian Geyer, ein begüterter adliger Schloßherr und bewährter Feldhauptmann, machte aus Überzeugung die Bauernsache zu der seinigen. Er nahm es hin, daß sein eigener Besitz in Flammen aufging, mehr als ein mißtrauisch überwachter Ratgeber konnte der Abtrünnige aber nie werden. Die Tragik der Zeit fand ihr Widerspiel im Zwiespalt seines Charakters. Er tötete seine Standesgenossen, um die Bauern zu freien Menschen zu machen! Die adligen Herrensitze wurden zerstört, weil die Bauern nur dadurch den Frieden auf Straßen und Wasserwegen zu sichern hofften! Das letzte Ziel war: Aufrichtung eines Reformregimentes, gleiche Bürgerrechte für alle Volksgenossen, keinerlei Privilegien. Der Gedanke der Reformation war dadurch politisiert, auf demokratischer Grundlage sollte sich eine nur dem Volksverbande verantwortliche Obrigkeit aufbauen.

Die grausame Ermordung des mit Recht verhaßten Amtmanns Grafen von Helfenstein vor den Augen seiner jungen Frau ist glücklicherweise nur eine vereinzelte Ausschreitung. Im allgemeinen verhielt sich die Leitung der kämpfenden Bauern recht

Der Bundtschu
Diß biechlein sagt von dem bö
sen fürnemen der Bundtschuher/ wye es sich
angefengt geendet vnd aus kumen ist.

¶ Pamphilus Gengenbach R S F
Nyt me yetzundt ist mein beger
Ob yenen ainer vom bundtschu wer
Dem da für kem dieß schlecht gedicht
Bit ich er wels verachten nicht
So kumpt er nit yn solche not
Als manch er yetz ist bliben todt
Vngehorsam gou vngestrofft nit lot

Titelblatt des ›Bundschuhs‹ von Pamphilus Gengenbach

vernünftig. Unter den Rittern, die sich anschlossen, ist der bekannteste Götz von Berlichingen, ein hartgesottener, rauhbeiniger Haudegen, aus dem das Genie des jungen Goethe einen edlen deutschen Patrioten gemacht hat. Das Programm der Bauern entwickelte sich im Laufe der Kämpfe, manch alter Traum wurde aufgenommen. Die »Reformation« von 1525 enthielt als Hauptpunkte: einen allgemeinen Landfrieden, eine Gerichtsverfassung von fünf Instanzen, Säkularisation des geistlichen Besitzes, Ablösung aller Bodenzinse, deutsche Maß- und Münzeinheit. Das war trotz mancher Schwächen ein großartiger Reichsreformentwurf – wer sollte ihn verwirklichen?

Luthers Haltung entschied. Der Reformator wünschte keine Ausnutzung des reformatorischen Gedankens zu weltlichen Zwecken. Er hatte den deutschen Adel zum Maßhalten ermahnt – ohne Erfolg; er hatte von der Verstocktheit und der Wüterei der Fürsten und Herren gesprochen. Aber die Unzulänglichkeit der Oberen rechtfertigte nach seiner Ansicht keinen Aufruhr – ein Christ hat zu dulden und zu beten, wenn es gar nicht anders geht, auszuwandern, aber er darf nicht zu den Waffen greifen. Luthers Reich war nicht von dieser Welt; unpolitisch wie er war, sah er nicht, daß solche irenische Haltung die Inhaber der tatsächlichen Macht nur bestärken konnte in ihrer Selbstüberhebung. Luther wollte es verhindern, daß die Reformation zur Revolution ausartete – er stiftete so ihr Bündnis mit allen reaktionären Mächten. Als die Bauern dann geschlagen wurden, hat Luther noch ein übriges getan und hat in seiner Schrift »Wider die mörderischen und räuberischen Rotten der Bauern« die siegreichen Landesherren zum härtesten Vorgehen, zum Abwürgen der »tollen Hunde« ermutigt. Es geschah auch ohne diesen Rat des Reformators des Entsetzlichen genug.

Eine Reihe von Gefechten fand statt, die Bauernhaufen zeigten sich der überlegenen Führung fürstlicher Landsknechtsheere nicht gewachsen. Bei Frankenhausen wurden fünftausend Bauern niedergemacht, Thomas Münzer gefangengenommen und mit ausgesuchter Grausamkeit hingerichtet (1525). Mehrmals wurden auch entwaffnete Bauern unter Bruch freien Geleits hingemetzelt. Hunderte von Bauern wurden gemäß Gerichtsurteil geköpft oder durch Handabhacken oder Augenausstechen verstümmelt. Der Kampf nahm vielfach die Formen eines Kreuzzuges gegen Ketzer an, und was war dabei nicht gerechtfertigt?! Hätte sich Luther samt den protestantischen Fürsten mit den Bauern verbündet, wäre schon damals der große Krieg ausgebrochen, der hundert Jahre später um Religion und Reichsreform ausgefochten wurde. Luther gab die Bauern preis und opferte mit ihnen das allgemeine Reichsinteresse – damit war die Zukunft des Partikularismus des Territorialfürstenstandes gesichert. Die Reformation einigte also Deutschland nicht und kräftigte es nicht – sie förderte vielmehr die deutsche verfassungsrechtliche und ständische Zersplitterung.

Das deutsche Bauerntum sah sich nun für lange Zeit zur passiven Rolle einer geschichtslos vegetierenden Unterschicht verdammt. Mit wenigen Ausnahmen verschlechterte sich deren Lage nur noch. Zum Wiederaufbau der zerstörten Adelssitze erpreßte man gewaltige Summen, die Fronarbeit ergänzte dann noch die Brandschatzung. Das Recht des Waffentragens wurde den Bauern endgültig genommen, auch die Erinnerung an die ehemalige Freiheit war damit zerstört. Tiefer als je klaffte in Deutschland der Abgrund zwischen Stadt und Land, zwischen Grundherr und Untertan, zwischen Fürst und Volk.

Das unselige deutsche Bauerntum war nun auch des Rechtes der eigenen Rechtsprechung beraubt. Die alte Markgenossenschaft und ihre Verfassung brachen zusammen. Mit ganz geringen Ausnahmen (in Tirol und in Niedersachsen) versank das Bauerntum in völlige persönliche und dingliche Abhängigkeit. Der schollengebundene unfreie leibeigene Bauer war für die übrigen Stände ein Gegenstand des Spottes und der Plakkerei – war er doch unwissend, tölpelhaft, schmutzig, roh. Die Verknechtung der Landbewohnerschaft ist eine der Ursachen der unfreiheitlichen Entwicklung der deutschen politischen Verhältnisse. Es war schwer, die Bauern zu befreien, es war noch schwerer, ihnen und ihren Abkömmlingen ein natürliches Selbstbewußtsein der Freiheit zu geben. Luthers individuelle Geistesrichtung vermochte nicht die Masse zu ergreifen. Der Protestantismus Luthers wurde ein Manna der Gebildeten, er verlor viel von seiner ursprünglichen Volkstümlichkeit. Hier liegt einer der Gründe für die schnellen Erfolge der Gegenreformation, der römisch-katholischen Kirchenreform.

Die Schweizer Reformation

Schon gleich in ihren Anfängen hatte die Reformation eine Gegenreformation hervorgerufen. Der Kampf stand an sich aussichtsvoll für den Protestantismus. Aber die Zersplitterung, die er verbreitete, ergriff ihn auch selbst. In der Schweiz entstand eine eigene evangelische Bewegung unter der Führung des ehrenwerten Ulrich Zwingli, eines humanistisch durchgebildeten Jüngers des Erasmus, der als ein bibelfrommer Mann, mit der Gesundheit des freien Schweizer Bauernsohnes, die kirchlichen und politischen Verhältnisse seiner Heimat in seine feste kluge Hand nahm. In dem ruhigen, wohlausgewogenen Manne steckte ein klarer Geist. Die Eidgenossen haßten den römischen Kaiser jetzt ebenso wie den römischen Papst, aber die Reisläuferei zugunsten des Königs von Frankreich erschien Zwingli kein geringerer Greuel. Er wollte eine echt schweizerische Kirche als Helferin einer echt schweizerischen, das heißt unabhängigen und selbstsicheren Politik. Nichts von der Dämonie, nichts von der seelischen Zerrissenheit, nichts von der gewaltigen und tiefen Schöpferkraft Luthers weste in Zwingli. Er wollte seine Landsleute zu den einfachen Verhältnissen urchristlicher Lebensweise, zu einer anständigen Glaubens- und Gewissensgemeinschaft zurückführen, und die wirtschaftlichen sowie die geistigen Voraussetzungen begünstigten ein so vernünftiges Unternehmen. Auch viele oberdeutsche Stadtrepubliken, Straßburg an der Spitze, sympathisierten mit dieser Haltung. Luther dagegen argwöhnte in solcher Ablehnung des Brauchtums und des Bilderdienstes wiederum eine abscheuliche Schwarmgeisterei. Bei der Abendmahlslehre wuchs sich der Gegensatz zu erbitterter Feindseligkeit aus und führte zum traurigen Bruch. Jeder politisch Denkende mußte die Einigkeit des Protestantismus wünschen. Landgraf Philipp von Hessen hoffte, die gemeinsame Grundlage finden zu können, besonders, da ja der Kampf gegen das Wiedertäufertum die beiden Gruppen des Protestantismus zusammenführte. Das von dem Landgrafen veranstaltete Religionsgespräch in Marburg verlief aber ohne den gewünschten Erfolg. Zwingli faßte das Abendmahl lediglich als eine Feier der Erinnerung auf, bei der Christus durch die Seele glaubensmäßig ergriffen wird. Luther beharrte aber auf der tatsächlichen Gegenwärtigkeit des Erlösers. Er wollte den sakramentalen Charakter, entsprechend dem griechischen Wortlaut der wunderwirkenden Einsetzungsformel, erhalten wissen. Die geschichtliche Entwicklung sprach für Luther, der sich hier nicht grundsätzlich von der römischen Auffassung unterschied. Zwingli nahm aber für sich das Recht einer zeitgemäßen Umdeutung und der sachlichen Fortführung der Überlieferung in Anspruch. Schon aus sprachlichen Gründen war ja Vorsicht am Platze, da Christus aramäisch und nicht griechisch sprach. Das Aramäische aber besitzt das Zeitwort »sein« überhaupt nicht! (»Dies *›ist‹* mein Leib« . . .)

Die Einigung der beiden Gruppen wäre praktisch gewesen – dies wirkte als ein Grund mehr für Luther, sich gegen den Kompromiß zu wehren, der ihm als ein Gewissensopfer erschien. Zwingli nahm die ganze Frage sachlicher und menschlicher. Luthers Schroffheit wollte ihm nicht zum Geiste der Liebe passen. Luther aber handelte nach den Gesetzen seines Werkes, er wollte und konnte nichts Wesentliches aufgeben. Der Zwiespalt dauerte fort durch die Jahrhunderte. Nach Zwinglis frühem Tode (gefallen bei Kappel, 1531) einigten sich die Zwinglianer mit den Genfer Calvinisten. Die Lutheraner aber haßten die deutschen Anhänger der Schweizer Reformation, die Reformierten, noch bitterer als die Papisten. Der Kampf um die Reformation erhielt dadurch eine neue Belastung. Zum Dualismus zwischen den Katholiken und den Protestanten trat der weitere Dualismus zwischen den Lutheranern und den Reformierten.

Kaiser Karls Weltstellung. Augsburg

Inzwischen kämpfte Karl V. weiter um das Weltkaisertum. Als sein Verbündeter dabei wirkte das Bankhaus Fugger in Augsburg, dessen gewaltiges Vermögen überwiegend aus dem Bergbau stammte. Das Silber und Kupfer von Tirol und Böhmen ermöglichte der Firma einen Aufschwung von unerhörtem Ausmaß. Sogar die Medici sahen sich überflügelt. Die Fugger und ihre Geschäftsfreunde trieben die Gebührnisse der römischen Kurie ein – es gab keinen Bischofsstuhl, bei dessen Besetzung das Bankhaus nicht mitspielte. Die andere große deutsche Firma, die Welser, hielten sich mehr an den Manufakturenbetrieb und den Warenhandel. Sie machten den großen Umschwung der Zeit vom Levantegeschäft zum Handel mit Amerika und Indien erfolgreich mit – so erfolgreich, daß sie die Gewürzpreise lange Zeit völlig beherrschten. Sie gründeten sogar eine Niederlassung in Venezuela. Der internationale Handelskapitalismus und das darauf aufgebaute Geldleihgeschäft lag während der ersten Hälfte des sechzehnten Jahrhunderts überwiegend in deutschen Händen.

Die Reichsreformbewegung bekam nun auch einen nationalwirtschaftlichen Charakter. Luther selbst erhob seine Stimme gegen den Wucher, die Reichsstände versuchten den Kampf gegen die großen Handelsgesellschaften und ihre Monopolbestrebungen aufzunehmen. Es schwebte der Plan eines Reichszollgesetzes, zum Besten von

Reichskammergericht und Reichsregiment – hier lag eine schwere Gefahr für das internationale Geschäft der großen Handelshäuser. Zwei Fronten bauten sich auf: die Reformation, die Reichsreform, die Nationalwirtschaft einerseits – das übernationale Handelskapital, die Kurie, das Kaisertum andererseits. Die Habsburger blieben dauernd geldbedürftig, sie brauchten die großen Häuser; Ferdinand, Karls Bruder, erntete nun die Früchte jenes alten Erbvertrages, er wurde König von Ungarn und von Böhmen – aber er mußte seine neue Herrschaft verteidigen gegen die türkische Gefahr. 1529 erreichte Sultan Soliman die Kaiserstadt Wien. In Italien hatten die deutschen Landsknechte Rom gestürmt, gemartert und verwüstet, die französische Armee bedrängte Neapel, nur der Abfall Genuas von Frankreich ermöglichte es dem Kaiser, seine mitteleuropäische Stellung zu behaupten.

Alle diese Unternehmungen des Kaisers verschlangen gewaltige Summen, die Landsknechte streikten wiederholt, weil der Sold nicht gezahlt werden konnte – dann sprangen die Fugger noch immer ein. Der Kaiser geriet von einem Dilemma in das andere. Die Kurie ärgerte sich über die habsburgische Umklammerung in Italien, konnte aber nur von dem Kaiser die wirksame Bekämpfung der lutherischen Ketzerei erwarten. Die deutschen Landesfürsten zankten sich über die Reformation, einigten sich aber sofort gegen kaiserliche Machtansprüche. Der König von Frankreich scheute weder die Verbindung mit den ungläubigen Türken noch die mit den protestantischen Ketzern, wenn es den Kaiser schädigte. Aber der König von Frankreich hetzte auch ebenso gern den frommen Bayernherzog gegen den Kaiser auf, stellte ihm die römische Königswürde in Aussicht und versicherte sich bei dieser feinen Intrige auch der Hilfe des Papstes! Für Kaiser Karl aber war der christliche Universalismus eine heilige Tatsache – er kämpfte immer für die Einheitlichkeit des Reiches und des Glaubens. Deshalb waren die immer wieder einsetzenden Kriege mit Frankreich sein wahres Kreuz. Niemals vermochte er seine gewaltigen Kräfte wirklich zusammenzufassen, immer schleppte er sich von Waffenstillstand zu Waffenstillstand, von einem Scheinfrieden und Provisorium zum nächsten. Stets rief den ungeduldigen Kaiser ein neuer Konflikt an das andere Ende seines Reiches. Einmal dachte er daran, den Papst als Schiedsrichter aufzurufen, oder er wollte gar König Franz I. zum Zweikampf fordern – der Überlebende sollte dann ein Konzil berufen und die Heere der Christenheit einheitlich gegen die Ungläubigen führen! Der Kaiser wurde nie fertig. Sein Weltreich sollte den ewigen Frieden begründen; weil es aber so groß war, verewigte es den Krieg.

Indessen wuchs die evangelische Front von Norddeutschland immer weiter nach dem Süden. Auf dem Speyerer Reichstag (1526) erhielten die Fürsten als eine Übergangsregelung das Recht zu reformieren (jus reformandi). Weil sich die Anhänger der neuen Lehre gegen Vergewaltigung gewehrt hatten, hießen sie seitdem die Protestanten. Erst in Augsburg (1530) erschien Karl V. wieder persönlich – er wollte als unparteiischer Schiedsrichter die leidige Sache endlich schlichten. Gab es nicht eine Versöhnung im Geiste des Erasmus? Konnte man nicht die Protestanten beruhigen wie einst die Hussiten – mit Zugeständnissen, die nicht allzuviel kosteten? Ein Gefühl dafür gab es auch im Protestantismus. Philipp Melanchthon, Luthers treuer Helfer, glaubte an die Milde des römischen Stuhles und wollte keinesfalls die heilige Gemeinschaft der Kirche brechen. Dieser weise Schüler des Aristoteles, dieser erfolgreiche Lehrer der Universität Wittenberg, dieser fromme Humanist wurde der gütige Vater einer blühenden Schule von Gottesgelehrten. Mit Melanchthon, dem zarten, klugen, echten Manne, und seinen Gesinnungsgenossen wäre auch jetzt noch eine Einigung auf Grund der Priesterehe, des Laienkelches und der Änderung des Meßsakramentes möglich gewesen. Eine deutsche Nationalkirche in der Art der Englischen Hochkirche stieg am Horizont der Zukunft auf. Luther hat diese Lösung nicht gewünscht, die Gewissensfreiheit galt ihm mehr als eine weise Kirchenreform. So ging der Augsburger Reichstag aus in Zwietracht – die Lutheraner reichten ihr Bekenntnis ein, das die Grundlage ihrer Lehrmeinung geworden ist (Augsburger Konfession). Vier oberdeutsche Städte legten ihr eigenes Bekenntnis im reformierten Sinne nieder. Die Altgläubigen widerlegten beide. Der Kaiser wollte vermitteln – er stellte die Meßlehre zur Debatte, er erklärte sich bereit, die Kirchengüter in kaiserliche Verwahrung zu nehmen, er regte ein Weltkonzil der Kirche an. Die Fürsten, die Kurie widersprachen. Die Geister schieden sich. Wohl erreichte Kaiser Karl die Wahl seines Bruders Ferdinand zum römischen König. Aber die protestantischen Fürsten und Städte schlossen ein Sonderbündnis, den nach der Stadt Schmalkalden genannten Schmalkaldischen Bund. Die alte Idee der fürstlichen Libertät gewann neue Kraft durch das evangelische Interesse. Der Kaiser brauchte die Reichshilfe gegen die Türken – so sicherte er den Schmalkaldenern vorläufig ungestrafte Religionsübung zu.

Sozialer Charakter der Reformation. Die Wiedertäufer

Die Reformation half überall in den Städten den freiheitlich und sozial gesinnten neuen Schichten zum Siege. Hier stürzten die Zunftbürger das konservative pfaffenfreundliche Patriziat. In Lübeck wurde der Volksführer Jürgen Wullenwever Bürgermeister. Er nahm den alten Kampf der Hanse gegen die nordischen Staaten auf, wandte sich gegen den holländischen Ostseehandel und seine Monopolstellung, entfesselte im Baltikum eine Volksbewegung gegen Fürsten, Bischöfe und Adel, ja er plante, vielleicht unter englischem Schutz, eine Herrschaft der Bürgerschaften im ganzen Ostseegebiet. Wullenwever geriet in die Gewalt seiner Feinde und wurde enthauptet, bis zum Schafott ein aufrechter Kämpe volkstümlicher Selbstbestimmung († 1537).

Schweden und Dänemark, verbündet mit dem soeben säkularisierten, zur weltlichen Erbherrschaft erklärten Herzogtum Preußen, hielten es jetzt doch für klug, der Reformation die Tür zu öffnen. Die Säkularisation (Verweltlichung) der Kirchengüter diente natürlich der Befestigung der königlichen Gewalt. Über dieses greifbare wirtschaftliche Interesse hinaus bedeutete das Luthertum in Skandinavien den Sieg deutscher Kultureinflüsse und die Ausbildung einer besonderen nordosteuropäischen politischen Eigenart, die sich mit den norddeutschen und ostdeutschen Herrschaften zu einer neuen Lebensgemeinschaft zusammenfand. Der Rückhalt, den der Protestantismus in den skandinavischen Ländern fand, sollte sich im Dreißigjährigen Kriege hochwirksam erweisen. Der alte Zwiespalt zwischen Reichsdeutschtum und Kolonialdeutschtum wurde vertieft durch den neuen Zwiespalt zwischen norddeutschem Protestantismus und süddeutschem Katholizismus. Weil nun weite Gebiete in Norddeutschland schließlich doch altgläubig blieben, weil andererseits die Reformation vom Oberrhein auch nach der Pfalz und Württemberg drang, so ergab sich auch hier eine allgemeine Zersplitterung, mit starkem Anlehnungsbedürfnis aller Stände des Reichs an ausländische Machtfaktoren.

Der sozialrevolutionäre Charakter des Protestantismus mußte alle konservativen Zeitmächte erregen und zusammenfügen. Dies zeigte sich besonders deutlich beim Schicksal des Wiedertäufertums. Gewiß wurde das Sektenwesen von allen verantwortlichen Führern des Protestantismus gegeißelt und verdammt – die evangelische Sache hatte eben dennoch mit solcher Belastung zu rechnen. Die Bürger von Münster verjagten 1533 ihren Bischof. Zur Verstärkung lud die Zunftdemokratie der Stadt Wiedertäufer aus ganz Norddeutschland ein. Bald kam ein Schneidergeselle aus Leiden, Jan Bokelson, zu führender Stellung – ein ansehnlicher Mann von magnetischer, mitreißender Persönlichkeit. Die Wiedertäufer hingen eigentlich der Erwachsenentaufe an, sie wollten zurück zur apostolischen Urgemeinde. In vielen süddeutschen Gegenden pflegten diese Konventikel ein beschaulich frommes Dasein abseits von der Welt. Andere nahmen die radikalen Forderungen des Handwerkertums auf und verursachten vielfache grausame Verfolgung. Manche Leiter führten ein unruhiges Wanderleben, die Wiedertäuferei tauchte an vielen Orten auf. Die Zeit brodelte von apokalyptischen Vorstellungen – nun wurde das unglückliche Münster der Ort der Erfüllung. Die angeblich bevorstehende Wiederkehr Christi zwang zur Schärfe. Die reicheren Bürger von Münster wurden als Gottlose aus der Stadt gejagt, ihr Besitz wurde von den auserwählten Kindern Jakobs als den Erleuchteten zurückbehalten und zum gemeinen Besten verwaltet. Die Stadt verwandelte sich in einen christlich-kommunistischen Staat, mit Aufhebung des Privateigentums, der Einehe und aller sonstigen überkommenen Ordnung. Ein neues Jerusalem sollte entstehen. Vom Erfolg gebläht und schwach genug, ein üppiges Herrenleben zu führen, trat der Prophet Jan Bokelson auf als König von Zion. Zwölf Älteste als Vertreter der zwölf Stämme Israels standen ihm zur Seite, Apostel gingen hinaus in die benachbarten Lande. Jeder Widerstand fand jetzt blutrünstige Unterdrückung, die Vielweiberei ward zwangsweise eingeführt, Terrorismus und Willkür verhüllten sich wie üblich in phantastischen Versprechungen, pomphafte Umzüge rissen die Masse orgiastisch mit.

Alle Fürsten der Nachbarschaft vereinigten sich nun mit dem Landesherrn von Münster, Kurköln, gegen die Stadt und nahmen sie nach Aushungerung durch Verrat. Die Leichen der grausam zu Tode gefolterten Führer blieben Jahrhunderte hindurch am Turm der Lambertikirche in eisernen Käfigen aufgehängt, zur Abschreckung späterer Geschlechter (1536).

Münster wurde also wieder katholisch. Auch sonst erlebte der Protestantismus Rückschläge. Der protestantische Herzog Ulrich von Württemberg vermochte nur mit französischen Hilfsgeldern in sein Land zurückzukehren. Der Landgraf Philipp der Großmütige von Hessen tat der protestantischen Sache aber noch viel mehr Abbruch. Er war seiner ebenbürtigen Gemahlin, einer sächsischen Prinzessin, die ihm sieben Kinder geboren hatte, überdrüssig geworden, weil sie ältlich und kränklich wurde. So ergab er sich Ausschweifungen und holte sich dabei die französische Krankheit. Vom Gewissen gepeinigt, verliebte er sich in ein junges schönes Hoffräulein, deren Mutter aber nur eine rechtmäßige Ehe zulassen wollte. So wünschte der Landgraf eine Nebenehe einzugehen. Die Reformatoren fürchteten Philipps Abfall von der protestantischen Sache und gestatteten deshalb die Nebenehe mit der Begründung, daß diese von den Erzvätern geübte Sitte in der Bibel nirgends verboten wäre. Zwar sei im Matthäus-Evangelium die Einehe ausdrücklich geboten, aber ein Dispensrecht sei jedenfalls in Anspruch zu nehmen, vorausgesetzt, daß diese Nebenehe geheim bliebe. Das Beispiel König Heinrichs VIII. von England und die Wiedertäufer machten damals einen solchen Eindruck, daß sich einzelne protestantische Theologen sogar mit der Vielweiberei abfinden wollten. Jedenfalls – der Landgraf von Hessen sah sich wegen seiner Doppelehe durch die neue Halsgerichtsordnung mit schwersten Strafen bedroht und suchte sich deshalb mit dem Kaiser zu vertragen. Den Schaden von dem ganzen Handel hatte der Protestantismus.

Der Schmalkaldische Krieg. Abdankung Kaiser Karls

Kaiser Karl wollte nun durchgreifen, auch mit Gewalt. Die vielen Religionsgespräche verliefen fruchtlos.

Das Papsttum ging seine eigenen Wege – das zuerst 1539 in Trient zusammengetretene Konzil schickte sich an, das Dogmengebäude der römischen Kirche neu aufzurichten, verzichtete aber auf eine Wiederherstellung der priesterlich-kriegerischen Respublica Christiana, wie sie dem Kaiser am Herzen lag. Eine Reform der Kirche mit nationalkirchlichen Neubildungen wäre nicht wider den Geist des Imperiums gewesen. Da dieser Weg nicht mehr gangbar schien, wählte Karl V. jetzt den andern – er behandelte die deutschen Protestanten als Rebellen. Der Schmalkaldener Bund hatte die beste Zeit ungenutzt verstreichen lassen – nunmehr machte der Kaiser Frieden mit Frankreich und schloß einen fünfjährigen Waffenstillstand mit dem Ottomanischen Reich. Die Bahn war frei. Karl V. versprach den Herzögen von Sachsen und von Bayern die Kurwürde. Bayern war immer streng katholisch geblieben, der Herzog Moritz von Sachsen aber, der sich so gegen seinen Vetter, den Kurfürsten, gewinnen ließ, hing selbst der neuen Lehre an. Sein Hauptbeweggrund war ungezügelte Selbstsucht. Einen hervorragenden Diplomaten wird man ihn wohl kaum nennen dürfen – er ging schroff und unüberlegt vor, jedenfalls ungehemmt durch irgendwelche menschliche oder weltanschauliche Gesichtspunkte. Unreif und unberechenbar, spielte er eine verhängnisvolle Rolle in der deutschen Geschichte, sein früher Tod hinderte ihn, das gutzumachen, was vielleicht noch gutzumachen gewesen wäre. Der deutsche Bürgerkrieg, der jetzt begann, ging schnell zu Ende. Kurfürst Johann Friedrich von Sachsen verlor bei Mühlberg seine Freiheit und die Kurwürde (1547), die Moritz übertragen wurde, ein militärischer Erfolg der niedersächsischen Kommunen fruchtete nichts mehr. Auch der hessische Landgraf wurde gefangen. Karl V. machte sich daran, Deutschland neu einzurichten.

Luther erlebte diese furchtbare Niederlage nicht mehr, er starb 1546, gedrückt, seit langem leidend, nicht mehr imstande, über seinem Werk zu walten, wie es nötig gewesen wäre, persönlich getröstet und bis zuletzt aufgerichtet durch seine treueste Freundin, die Frau Musica. Martin Butzer, der beste Organisator der evangelischen Sache, mußte Straßburg verlassen und ging nach England. Er ist eines der wenigen großen politischen Talente des Protestantismus, der Vater des protestantischen Kirchenregimentes, des Schulwesens, der Kirchenzucht und Armenpflege. In vielen oberdeutschen Städten vollzog sich nun eine patrizische Reaktion, ebenso erhoben sich die Feudalen auf dem flachen Lande gegen den Landesherrn. Die Kontributionen waren schwer, die den kaiserlichen Truppen von den Städten gezahlt werden mußten. Kaiser Karl V. war der Sieger, aber der Neuaufbau mißlang ihm. Er wollte eine Reichsliga der Stände, eine bündische Reichsreform, er wollte eine kaiserliche Reformation, also die Wiedervereinigung aller Deutschen in einer verbesserten Kirche. Die Katholiken lehnten das ab. So blieb keine Wahl: das Augsburger Interim bewilligte den Protestanten bis zur Konzilentscheidung nochmals Laienkelch und Priesterehe, verlangte aber sonst Rückkehr zum alten Ritus, zum alten Dogma (1548).

Der Habsburgische Familienvertrag von 1551 verärgert zudem sämtliche Reichsfürsten, die katholischen so gut wie die evangelischen. Der Kaiser und sein Bruder Ferdinand kamen nämlich dahin überein, daß Philipp von Spanien, Karls Sohn, dem Kaiser Ferdinand nach dessen Tode als Kaiser folgen sollte, während der Sohn Ferdinands sich mit der römischen Königswürde zu begnügen hätte. Die spanische Herrschaft in Mitteleuropa sollte also weitergehen?! Die Deutschen haßten nun einmal das zeremonielle »arrogante« Gehaben der Spanier – nichts konnte also das deutsche Gefühl mehr herausfordern und gegen die Habsburger einnehmen. Ferdinand selbst widerstrebte den Plänen seines Bruders sichtbar, war aber nun einmal gewohnt, sich zu fügen. Jetzt stellte sich der neu eingesetzte Kurfürst von Sachsen, Moritz, an die Spitze der deutschen landesherrlichen Opposition, und schloß mit dem schlimmsten Gegner der Habsburger, dem König Heinrich II. von Frankreich, den denkwürdigen Vertrag von Chambord. Der König von Frankreich erhielt das Reichsvikariat über die lothringischen Reichsstädte Toul, Metz und Verdun sowie über das niederländische Cambrai. Dagegen verpflichtete er sich, ein monatliches Subsidiengeld von 100000 Kronen zu zahlen (1551). Um also einen spanischen Kaiser unmöglich zu machen, ließen die deutschen Landesfürsten den König von Frankreich in das Reich hinein! Selber die Kaiserkrone zu erwerben, war bis dahin den französischen Herrschern nicht gelungen. Nun fanden sie einen wirksameren Weg, die Habsburger Dynastie zu schwächen und ihre Macht zu erweitern zum Besten der deutschen Libertät. Die Zertrümmerung der deutschen Westgrenze trat in ein entscheidendes Stadium. Es wäre irrig, modernere nationale Maßstäbe an diese Vorgänge anzulegen. Die Bewohner der überlieferten Gebiete sprachen ja überwiegend französisch. Das Territorialfürstentum wünschte kein landfremdes Kaisertum, das mit den überwältigenden militärischen und finanziellen Mitteln der spanischen Monarchie in Deutschland vielleicht eine absolute Kaiserherrschaft hatte aufrichten können. Dies war der wesentliche Punkt. Von der jüngeren Habsburger Linie in Wien drohte eine solche Gefahr kaum, sie war ärmer und schwächer, zudem ja schon in Böhmen und Ungarn ständisch gebunden. Die Auslieferung der lothringischen Städte wirkte deshalb so empfindlich auf die Habsburger Machtstellung, weil nun der Zusammenhang zwischen Burgund und den Niederlanden zerriß. Kaiser Karl V. bemühte sich noch um die Wiedereroberung von Metz. Dann gab er den Kampf auf.

Durch viele Länder, über viele Meere war nun dieser Kaiser gezogen; wohin er kam, hatte er Furcht und Schrecken verbreitet, er hatte immer gesiegt, und nun sah er sich doch geschlagen. Er vermochte nicht, sein Reich als eine Einheit zu erhalten und zu vererben, er scheiterte technisch, militärisch, finanzpolitisch an den Ausmessungen und den Widersprüchen seiner Herrschaft. Er dankte ab, alle seine Kronen legte er in feierlichen Zeremonien nieder und zog sich nach Spanien zurück, wo er in der Nähe des Klosters St. Juste als ein großer Herr, in einer prachtvollen Villa, verborgen, aber doch stets verbunden mit der Welt, gelassen, in frommer Werkgerechtigkeit, auf den Tod wartete. Die Regelung der deutschen Dinge überließ er ganz dem Bruder Ferdinand. Dieser schloß einen Vorfrieden in Passau (1552), in dem er das Interim des Kaisers preisgab. Im Augenblick dieses Sieges des Protestantismus schied sein erfolgreicher Vorkämpfer Kurfürst Moritz unerwartet von der Bühne, er fiel 1553 als Opfer einer Fehde mit dem Kulmbacher Markgrafen. Auf dem Reichstag zu Augsburg kam es dann zu dem Religionsfrieden von 1555, bei dem weder Kaiser noch Papst mitwirkte. Es kam ein Vertrag zwischen König Ferdinand, als dem Führer der Anhänger der alten Religion, und den Anhängern der Augsburger Konfession, den Lutheranern, also unter Führung Kursachsens, zustande. Täufer, Zwinglianer und Calvinisten blieben ausgeschlossen. Beide Religionsgruppen sicherten sich in Augsburg ihren gegenwärtigen Bestand zu, die Bekenner der beiden Zwangskirchen hielten sich damals einigermaßen die Waage, mit einer leisen Überlegenheit der katholischen Seite wegen der vielen geistlichen Reichsstände. Die Territorialstaaten erhielten den Religionsbann, also das Recht, ihre Religionszugehörigkeit selbst zu bestimmen; wenn ein Untertan aus Gewissensgründen das nicht mitmachen zu können glaubte, so stand ihm das Auswanderungsrecht zu ohne Verlust an Hab und Gut. Nur in den Reichsstädten galt Parität, das heißt Rechtsebenbürtigkeit der Katholiken und Lutheraner. Eine besondere Klausel bestimmte, daß geistliche Reichsstände, die den Glauben wechselten, Territorium und Einkünfte verlieren sollten. Dieser »geistliche Vorbehalt« wurde zwar von den Lutheranern nicht anerkannt, aber doch kraft königlicher Verordnung in den Friedensvertrag aufgenommen. Die Klausel sollte verhindern, was tatsächlich geschehen war, daß geistliche Fürsten den Glaubenswechsel benutzten, um eine dynastische Erbherrschaft für ihre Familie zu begründen. Dafür erhielten die Protestanten die geheime, offiziell nicht als rechtsverbindlich anerkannte Zusicherung König Ferdinands, daß ein geistlicher Landesherr seine landsässigen Ritter und Städte des Glaubens wegen nicht beschweren dufte. Dieser sogenannte »ewige« Friede von Augsburg war kein Bekenntnis zur Toleranz, sondern ein politisch-juristisches Instrument, das im Interesse des allgemeinen Landfriedens in Deutschland den Tatbestand der geschichtlichen Entwicklung nur zum Teil gesetzlich festlegte. Es war ein mit den verschiedensten Unvollkommenheiten und Unzulänglichkeiten belasteter Kompromiß – die Kämpfe um den neuen Glauben fanden einen äußerlichen, keinen inneren Abschluß, sie mußten weitergehen.

Was Luther versagt blieb, gelang dem Nordfranzosen Johann Calvin – er verband das Religiöse und Politische zu einer zwingenden Einheit. Er schrieb in Basel das erste evangelische Lehrsystem, er schuf in Genf eine Theokratie geistlich-sittlich-sozialen Charakters, mit aller Starrheit, aber auch aller Werbekraft der Unduldsamkeit. Alles, was sich in Frankreich und der Schweiz dem Luthertum zugewandt hatte, fiel nun diesem neuen Geist zu, von Genf aus entwickelte sich eine erneute ermutigende Einwirkung auf die gesetzlos lebenden deutschen Reformierten. Sie mußten politisch weiterkommen. Im reichsgesetzlich anerkannten Luthertum erhielt sich immer etwas Quietistisches, eine Abkehr von der großen Welt zur kleinen Welt – die Wirklichkeit blieb eben doch ein Jammertal, und die Obrigkeit wußte sich schon mit den praktischen Dingen abzufinden, es war ihre Sache und nicht die Sache der Gläubigen.

Kultureller Stillstand

Vergleicht man das Deutschland am Anfang der Reformation mit dem Deutschland zur Zeit des Augsburger Religionsfriedens, so wird deutlich, daß sich die geistige Blüte von damals nicht hat erhalten können. Kein universaler Denker wie Nikolaus von Cues trat mehr auf – der polnische Domherr Nikolaus Kopernikus (1473–1543) fußte ja mit seiner Arbeit auf dem Werk dieses schöpferischen Naturforschers und Mathematikers. Sein Geistesverwandter war der große Theophrastus Paracelsus († 1541), der in den Weltvorgängen eine Summe von Naturprozessen sah und nur aus Erfahrung und Experiment Sicherheit der Erkenntnis gewinnen wollte. In der Dichtung wetteiferten Thomas Murner, Geiler von Kaisersberg, Sebastian Brant und Johannes Fischart – alle fröhliche Gesellen mit derbem Mundwerk, mit sprachgewaltiger Laune und unerschrockenem Kampfgeist. Wie herzhaft hat der treffliche Nürnberger Hans Sachs die »Wittenbergische Nachtigall« Martin Luther begrüßt! Die deutschen Kirchen und Bürgerhäuser strahlten zu Beginn der Epoche von allerhand Köstlichkeiten; Schnitzer und Maler, Goldschmiede und Erzgießer schufen dem Patrizier eine behagliche Stätte selbstsicheren Lebensgefühles. Die bildenden Künste hatten in Deutschland lange etwas Handwerkliches behalten, nun erreichten Matthias Grünewald, Albrecht Dürer und Hans Holbein den höchsten Gipfel unsterblicher Leistung. Viele andere kamen nach ihnen – Lukas Cranach, der die Helden der Reformation abkonterfeite, die Plastiker Peter Vischer, Veit Stoß, Adam Kraft. Von dieser sinnlich-geistigen Lebensfülle, von dieser heiteren Bejahung einer reichen Wirklichkeit ist am Ende dieser Epoche nur etwas wie ein Nachglanz übriggeblieben – alles ist gröber, gewöhnlicher, genießerischer geworden. Das Feine und Persönliche in der Geisteswelt wurde eben völlig in Anspruch genommen durch die kirchlichen Kämpfe. Sie bedeuteten für die Besten Gewissenskonflikte der ernstesten Art, das ganze Ich dieser Menschen war dabei in Mitleidenschaft gezogen. Die Reformation brachte keine wahre Befreiung für die Deutschen, sondern eine selbstgesetzte Form der Bindung. Luther und die Seinen zerstörten eine Welteinheit, aber es war ihnen versagt, das zu schaffen, was sie im Innersten ersehnten: eine deutsche Einheit. Wenn Luther am Staatlichen vorbeiging wie ein Fremder aus einer anderen Welt, so gelang es ihm doch, eine sittlich-erzieherische

Tat zu vollbringen, die alle Voraussetzungen für die weitere Entwicklung des deutschen Menschen schuf, des norddeutschen und mitteldeutschen Menschen insbesondere. Die Vorstellungen vom Beruf, vom Regiment, von der Pflicht, vom Gehorsam, wie sie aus dem Luthertum hervorgegangen sind, finden sich nicht ebenso im reformierten und katholischen Deutschland. Bestimmte Eigenheiten des norddeutschen und nordostdeutschen, aber auch des schwäbischen staatlichen Lebens, Regierens und Denkens stammen unmittelbar vom Luthertum ab. Das alte Sondertum der sächsisch-brandenburgischen Kurfürstengruppe hatte jetzt eine wirksame Verstärkung vom Kirchlich-Ethischen erhalten. Ähnliche Einflüsse übte das Luthertum in den skandinavischen und baltischen Ländern aus. Eine Weltmacht wie der Calvinismus wurde freilich das Luthertum nie. Es gab keine Nationalkirche in Deutschland – das konfessionelle Moment verstärkte deshalb jede Art von Partikularismus. Andererseits

Hans Sachs

ließ die Glaubensspaltung das deutsche Volk für die Dauer teilnehmen an den drei großen konfessionellen Kulturkreisen Europas. In diesem Reichtum fand sich gewiß eine Art Trost für die Zersplitterung.
Der Kaiser freilich, der dem Luthertum das Lebensrecht zugestanden hatte, konnte sich nicht mehr in Rom sehen lassen. Es konnte keine Kaiserkrönung mehr durch den Papst stattfinden. Denn der Kaiser war ja Vogt der Kirche, er erhielt bei der Krönung die niederen geistlichen Weihen, er trug die Alba in seinem Ornat! Aber bis zum Ende des Heiligen Römischen Reiches leistete der Kaiser den Obödienzeid und erhielt dafür vom Papste die Konfirmation. Zu solcher Geste war die alte vielumstrittene Bindung nun zusammengeschrumpft. – Karl V. hatte darauf verzichten müssen, sein Weltkaisertum durch Vererbung zu verewigen. Sein Sohn Philipp wurde nicht Kaiser, aber er erkannte innerlich diesen Verzicht nie an. Die römische Kirche verjüngte sich in ihrer eigenen Reform und versuchte die verlorenen Posten zurückzugewinnen. Spanien, nicht Österreich war dabei die helfende Macht. Madrid und Rom schlossen ihr weltgeschichtliches Bündnis. Die Gegenreformation begann ihren Angriff.

X. Gegenreformation und Dreißigjähriger Krieg

Die Gegenreformation verewigt die deutsche Religionsspaltung – Die europäischen Nachbarstaaten überflügeln Deutschland durch weltweite koloniale und handelspolitische Ausdehnung – Der spanische Einfluß – Die Jesuiten – Kaiser Ferdinand I. – Protestantische Fortschritte und Zwiste – Kaiser Maximilian II. – Kaiser Rudolf II. – Verschärfung des Konfessionalismus – Im Weltkonflikt zwischen spanisch-katholischem Absolutismus und der protestantischen Selbstbestimmungsidee eines freiheitlichen Partikularismus wird Deutschland Objekt und Schauplatz des beginnenden Kampfes – Die internationale Mächtegruppierung – Böhmische Wirren – Kaiser Ferdinand II. – Der Winterkönig – Streit um die Pfalz – Dänemark greift ein – Wallenstein – Das Restitutionsedikt – König Gustav Adolf von Schweden – Wallensteins Untergang – Der Sonderfriede von Prag – Frankreichs Eintritt in den Krieg – Der große Krieg zieht die wichtigsten europäischen Mächte in seinen Strudel – Er wird der erste, der konfessionelle Weltkrieg, er endet mit dem politischen und konfessionellen Kompromiß – Der Westfälische Friede – Die Folgen des großen Krieges – Geschlagen für lange Zeit ist die deutsche Geistes- und Wirtschaftskultur, gebrochen die politische Initiative Mitteleuropas

Der spanische Einfluß. Die Jesuiten

Der König von Spanien mußte die Kaiserwürde endgültig der jüngeren Linie des Hauses Habsburg überlassen – aber der Fortsetzer der Weltmacht Karls V. war eben doch der Sohn Philipp und nicht der Bruder Ferdinand. Spaniens Nebenländer in Europa waren jetzt: die Niederlande, die Freigrafschaft Burgund, Mailand, Neapel, Sizilien, Sardinien. Durch die burgundische Erbschaft trat Spanien formell als Reichsstand in das Reich ein, wenn auch seit 1548 die siebzehn niederländischen Provinzen der Reichsgesetzgebung entzogen waren. Durch die italienischen Besitzungen verfügte Spanien auch über diesen Teil der Erbschaft des römischen Kaisertums. Das europäische Geschehen hatte sich stark nach Westen verlagert. Spanien umklammerte Frankreich lebensgefährlich, die gewaltigen Metallschätze des amerikanischen Kolonialreiches ermöglichten es der Krone Spaniens, gewaltige Heere zu unterhalten und für weltpolitische Ziele einzusetzen. Das erste stehende Heer der abendländischen Geschichte ist das spanische in den Niederlanden. Bisher galt es beinahe als das wichtigste, wie man ein besoldetes Landsknechtsheer wieder auflöste, wenn man es einmal zusammengebracht hatte. Ein Heer als Dauereinrichtung machte den Krieg zu einer Dauereinrichtung. Je mächtiger ein solches Berufsheer anschwoll, desto mehr weitete sich der Kriegsschauplatz, desto schärfer nahm ihn die Truppe wirtschaftlich und soziologisch in Anspruch. Die Führer der spanischen Infanterie, Männer wie der eiserne Herzog von Alba und der kluge Schachstratege Prinz Alexander Farnese, haben das wohl erkannt. Auch wiederholte Staatsbankrotte erschütterten die Wucht der spanischen Weltmacht nicht. Händler und Bauern verarmten, die Krone blieb reich. Dagegen kam die österreichische Linie der Habsburger nicht auf. Es gab mancherlei Spannungen zwischen der älteren und der jüngeren Linie, im allgemeinen muß man aber sagen, daß die Habsburger wie keine andere europäische Dynastie das Hausinteresse über alle anderen Gesichtspunkte stellten. Persönliche Empfindlichkeiten ließen sich doch immer unterdrücken. So gaben der Rat, die Diplomatie und das Geld der spanischen Linie bei der österreichischen Linie die Entscheidung. Deutschland wollte nicht von den Spaniern regiert werden. Die deutschen Fürsten befanden sich völlig in Einklang mit der Volksstimmung, wenn sie sich gegen das Spanische wehrten und das Kaisertum Philipps II. ablehnten. Niemand konnte ihn aber daran hindern, der heimliche Kaiser der Gegenreformation zu werden. Deutschland spürte seinen Geist im Dreißigjährigen Kriege.

Spanien war das Mutterland der Kreuzzüge gewesen. Die Kämpfe gegen die Mauren, die Juden, die Indianer wurden als Kreuzzüge geführt. Der europäische Kreuzzug gegen den Protestantismus ging von Spanien aus. Tatsächlich erhielt sich die Kreuzzugsidee immer am Kampfe gegen die Mohammedaner lebendig. Die ständige Türkengefahr hatte ja Papsttum und Kaisertum zu verzweifelten Anstrengungen angespornt. Konnten denn beide Mächte die Christenheit nicht einigen? Vom Glaubenskriege des Islam lernte das Abendland genug an Fanatismus und Organisation. Nun wurde der Kreuzzugsgedanke von der restaurierten römischen Kirche aufgenommen zur Vernichtung der protestantischen Ketzerei. Nach dem Muster früherer Glaubenskriege verbitterte sich der Streit zwischen den Konfessionen zu einem haßerfüllten Kampf. Als ein Krieg auf Leben und Tod entwickelte er Grausamkeitszüge, die den mittelalterlichen Fehden ganz fremd geblieben waren. Spanien lieferte zu dem neuen Kreuzzug die Soldaten, die Geldmittel und einen neuen Orden, der sich als Fähnlein Gottes fühlte. Ein General stand an der Spitze und sorgte für soldatische Disziplin; Ignatius de Loyola, der Begründer der Jesuiten, war Offizier gewesen, er hatte in Nordafrika mohammedanische Orden kennengelernt. Seine Kompanie Jesu folgte nur ihm, dem Führer, verlangt wurde von den Mitgliedern der Kadavergehorsam, »als ob sie ein Leichnam wären«: der Soldat Jesu formte sich zum Werkzeug seiner Vorgesetzten, alles Private verschwand, die geistlichen Übungen zermürbten jeden Widerstand, eine scharfe Auslese und ständige Kontrolle wachten über der Stufenleiter der Ämter bis hinauf zum Ordensgeneral in Rom, der nur den Papst selber über sich anerkannte. Die Jesuiten waren keine Mönche, sie verneinten nicht das Diesseits, sie verhielten sich praktisch und weltklug, sie wünschten zu wirken, sie studierten alle Wissenschaften und Künste, sie fanden sich in alle Berufe – sie waren Politiker und wollten herrschen. Je geschliffener, je erfahrener, je rationalistischer diese Ordensmitglieder auftraten, desto besser dienten sie der großen Sache, der Autorität der römischen Weltkirche. Natürlich hatten die Jesuiten mit der Eifersucht der älteren Orden zu kämpfen, sie mußten mit dem Widerstande aller Nationalkirchen, aller bodenständigen und eingewurzelten Elemente rechnen, das Fremde und Weltgewandte ihres Vorgehens erregte

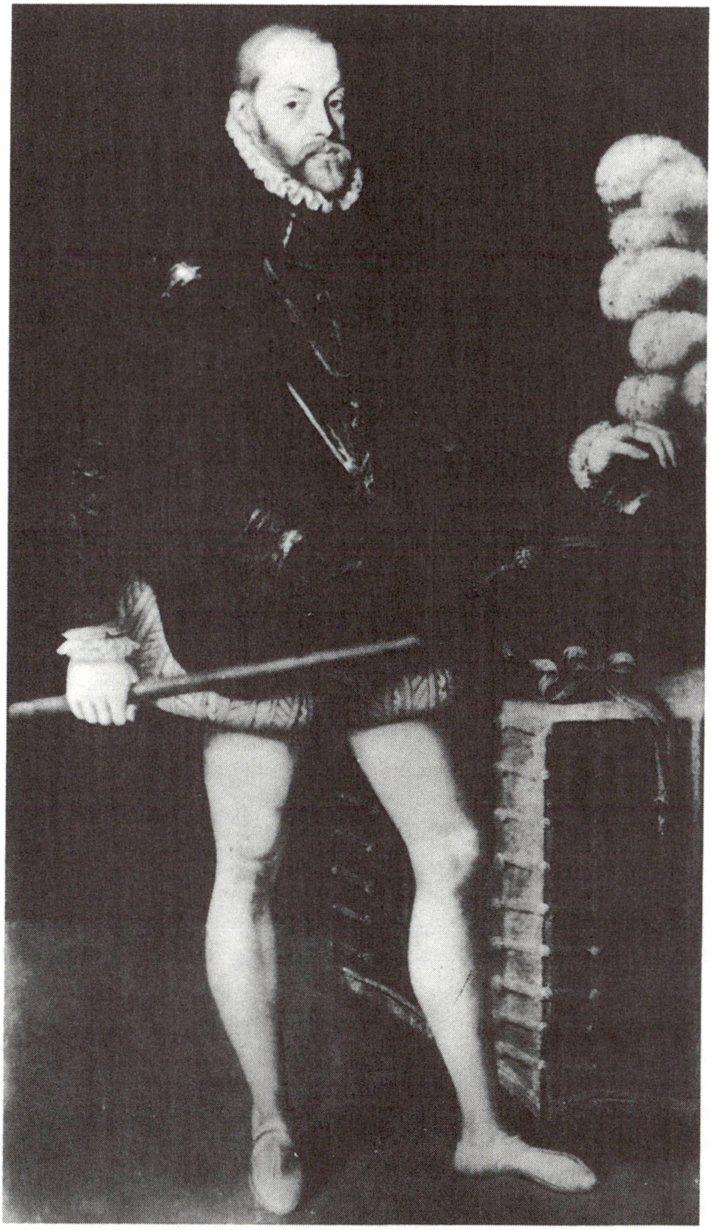

Philipp II. von Spanien

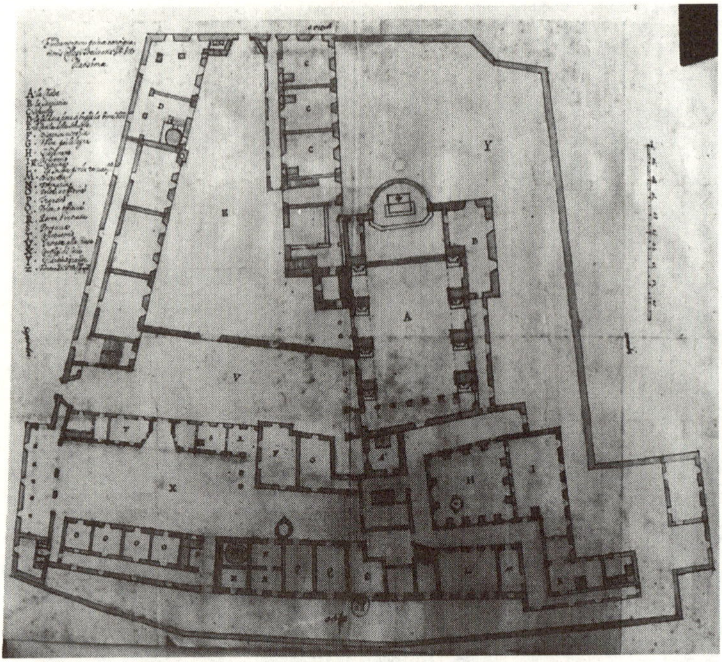

Grundriß des zerstörten Jesuitenklosters in Regensburg

tiefes Mißtrauen. Der Geist des heiligen Benedikt und der Geist des heiligen Franz wehrten sich gegen Loyola, und nun gar die gelehrten und politisch erfahrenen Dominikaner wollten sich nicht verdrängen lassen. Aber die Jesuiten waren in *einem* Punkte sicher überlegen – sie zeigten sich an Gesinnung und Arbeitsweise dem werdenden modernen Absolutismus verwandt, die Fürsten wünschten sich gerade solche Offiziere und Diplomaten, hier erbot sich die Verbindung von Intelligenz, Gehorsam und Geschmeidigkeit, die das Zeitalter brauchte.

Spanische Jesuitentheologen waren es, die den Beschlüssen des Konzils von Trient ihren unversöhnlichen Charakter gegenüber dem Protestantismus, gegenüber allem Germanisch-Ständischen aufprägten. Die Selbständigkeitsbestrebungen der Bischöfe fanden bei den Jesuiten Ablehnung. Aufs neue wurde die Allgewalt des Papstes festgelegt, unüberbrückbar weitete sich die Kluft zwischen Geistlichen und Laien. Das heilige Meßopfer sollte sich nur unter der Hand eines geweihten Priesters vollziehen dürfen. Von da ab gab es keine Verständigung mehr mit dem allgemeinen Priestertum der Protestanten. Aber auch viele katholische Fürsten in Deutschland hatten doch Laienkelch, Priesterehe und deutsche Sprache im Gottesdienst für durchaus annehmbar gehalten. Der Papst übernahm nun von Spanien die Inquisition, die geistliche Gerichtsbarkeit gegenüber Ketzern; er entsandte Nuntien, Spezialgesandte zur Beaufsichtigung der Bischöfe, woraus sich die diplomatische Vertretung der Kurie im Auslande entwickelt hat; er begründete den Index, das Verzeichnis der von der Kirche ver-

Peter Faber, einer der ersten Jesuiten in Deutschland

dammten Schriften. Segensreich war die Abschaffung von Mißbräuchen, wie Ämterkauf, Ablaß gegen Geld und Pfründenanhäufung. Ordnung und Sauberkeit, Zucht und Bildung wurden verlangt – die Folge war eine wirkliche moralische und seelische Erneuerung der römischen Kirche. In der Lehre aber beharrte die Kirche beim Althergebrachten, entsprechend der geschichtlichen Entwicklung, sie bejahte sich selbst als alleinige und bestmögliche Heilsanstalt. Die römische Kirche kehrte nicht zum Urchristentum und zum heiligen Augustinus zurück. Sie war nun einmal geformt vom heiligen Thomas von Aquino, und sie hielt an ihm fest, getreu dem Geiste der Spätantike und des orientalischen Despotismus. Andersdenkende galten als Ketzer, und für Ketzer gab es nur den Fluch der Verdammnis. Loyola zeigte früh Interesse für Deutschland, hier schien der Katholizismus besonders gefährdet, eine Niederlage in Deutschland konnte die Katastrophe einleiten. Das erste deutsche Jesuitenkolleg entstand in Köln. Auch die Gründung des Collegium Germanicum in Rom zur Ausbildung von Bekämpfern des Protestantismus in Deutschland geschah auf Anregung des Ignatius. Nach dem Augsburger Religionsfrieden nahmen die deutschen Bischöfe nicht mehr an den Sitzungen in Trient teil – alles stand also auf Kampf.

Fortschritte des Protestantismus. Kaiser Ferdinand I.

Die Fortschritte des Protestantismus in Deutschland waren bedeutend, sie wurden ihm leichtgemacht durch den Mangel an Zucht und Bildung im niederen katholischen Klerus. Der protestantische Pfarrer war im Anfange der Bewegung meist die vertrauenswürdigere Persönlichkeit. So verwaisten die theologischen Fakultäten der Universitäten Freiburg, Wien und Köln. Der Adel in Österreich nahm vielfach das jus reformandi, das Recht, das Herrschaftsgebiet zu reformieren, in Anspruch, obgleich das doch nur den reichsunmittelbaren Herren zustand. Aber so bemächtigte sich der feudale Grundbesitz des wertvollen Kirchen- und Klosterlandes. Die Domherren in den geistlichen Fürstentümern des Reiches gehörten durchweg dem alten Adel an, sie waren vielfach nur mit den niederen Weihen versehen und deshalb weltlich geblieben – nach Kräften förderten sie das Interesse ihrer Verwandten, der weltlichen Fürsten. Die Gelegenheit, zu einem Fürstentum zu kommen, war überaus günstig: jüngere Aristokraten wurden zu Bischöfen gewählt, und sogleich setzte die Verweltlichung des Besitzes ein, die hilfreichen Domherren kamen dabei nicht zu kurz, die Macht der Territorialdynastien wuchs, der Partikularismus kräftigte sich – und dies alles geschah dem geistlichen Vorbehalt des Augsburger Religionsfriedens zum Trotz. Das Reichsrecht war dadurch sicher schwer verletzt, die Nichtanerkennung des Vorbehaltes durch die Protestanten war ja rechtlich unerheblich. Glaubensüberzeugungen sprengten aber die juristische Zwangsjacke, die Protestanten hatten ein gutes Gewissen bei ihrem Vorgehen. Alle norddeutschen Bistümer außer Hildesheim wurden so verweltlicht, entweder als selbständige Fürstentümer oder mit den vorhandenen Herrschaften verbunden, und die Bewegung drang nach Süddeutschland weiter. Schon 1555 waren alle deutschen Lande außer Österreich und Bayern überwiegend potestantisch. Wenn die Habsburger und Wittelsbacher Deutschland gehindert haben, konfessionell einheitlich zu werden, so ist das eine späte, aber furchtbare Rache des vom »Reiche« vernachlässigten Südostens.

Kaiser Ferdinand I. hatte neben dem Weltkaiser Karl V. immer die Rolle des Jüngeren gespielt, der die schmutzige Arbeit tun mußte. Die Alltagsgeschäfte vermochten seinen engen Horizont nicht eben zu erweitern, das Reich und seine Schwierigkeiten kannte er nachgerade zu gut, um sich viel Hoffnungen zu machen. Er war der erste Habsburger mit ausgesprochen österreichischen, nicht mehr mitteleuropäischen Gesichtspunkten. Für die Erblande, die er nur ungern verließ, setzte er auf dem Tridentiner Konzil gewisse Sonderrechte durch, die die Trennung der österreichischen Hausmacht vom Reich kirchlich und politisch vorbereiteten. Seine Hauptsorge blieb die Türkengefahr – sie wurde von den protestantischen Reichsständen regelmäßig zur Erpressung von kirchlichen Zugeständnissen ausgenutzt. Da Ferdinand spanische militärische Hilfe nicht in Anspruch nehmen wollte, entschloß er sich 1562 zu einem auf acht Jahre festgesetzten Waffenstillstandsvertrage mit dem Ottomanischen Reiche, kraft dessen ein jährliches Ehrengeschenk von 30000 Dukaten nach Konstantinopel ging. Die Finanzierung dieses Tributs gelang freilich nicht ohne den Rückhalt König Philipps II. von Spanien – die spanische Krone erkaufte sich so die Möglichkeit ihrer katholischen Weltpolitik in Westeuropa.

Die Hugenottenkriege in Frankreich, der Aufstand der spanischen Niederlande, der Angriff Spaniens auf England – das sind die großen Kapitel des gewaltigen Kampfes zwischen der spanisch restaurierten römischen Kirche und dem Calvinismus, der alle ständischen, nationalen und individuellen Kräfte frei machte zum Widerstand gegen den katholischen Imperialismus. Der Glaubensstreit wuchs sich in allen diesen Ländern aus zu einer Sache des erwachenden Volkstums, und es ergab sich, daß überall eine national betonte weltliche Herrschaft sich eine national betonte Kirche schuf, der gegenüber die Andersgläubigen nur die Rolle einer geduldeten Minderheit spielten. Spanien und Italien waren und blieben rein katholische Länder mit geringer evangelischer Sektenbildung ohne politische Bedeutung – das Tridentinum hatte einen ausgesprochen romanischen Zug. Spanien und Italien fühlten gänzlich tridentinisch, auch wenn der italienische Papst nicht immer mit dem spanischen Könige übereinstimmte. Auf der anderen Seite wurde England überwiegend national-hochkirchlich mit kleiner römisch-katholischer Minderheit, die skandinavischen Staaten waren genau in demselben Grade lutherisch wie Spanien und Italien römisch. Frankreich rettete sich nach jahrzehntelangen Konfessions-Bürgerkriegen in eine römisch-katholische Staatskirche mit stark gallikanischen Neigungen – das politische Gesamtinteresse siegte über das hugenottische Sondertum – die Hugenotten mußten sich bescheiden, als eine geduldete, rechtlich anerkannte und privilegierte Minderheit innerhalb des Staatsorganismus weiterzuleben.
Mancher rauflustige deutsche Baron schlug sich gern für die gesinnungsverwandten Hugenotten, nur wenige machten »Fortüne«, die meisten gingen unter. Frankreich, so hieß es damals, wurde das Grab des deutschen Adels. Politisch hielten sich die deutschen Fürsten neutral. So ist die Zeit der Gegenreformation in Deutschland arm an kriegerischen Ereignissen, um so reicher aber an kirchlich-politischen Einzelkämpfen. Deutschland ist das einzige europäische Land, in dem die Glaubensspaltung nicht zu einer nationalen Kräftigung geführt hat. Überall sonst griffen die Dynastien die Kirchenreform auf und lösten sie nationalkirchlich. In Deutschland bemächtigten sich die Territorialherren der Kirchenreform und gaben ihr eine Wendung, die jede Möglichkeit einer nationalstaatlichen Vollendung tödlich bedrohte und die das deutsche Volkstum, ja den Volkstumsgedanken selbst in Stücke brach.

Protestantische Zwiste. Kaiser Maximilian II.

Für kurze Zeit hatte der Protestantismus ernste Aussicht, den größten Teil von Deutschland zu gewinnen. Er verdarb sie sich durch häuslichen Zwist. Die Bibel war die alleinige Richtschnur der protestantischen Lehre. Auf die Auslegung der Bibel kam es also an. Schon aus rein wissenschaftlichen Gründen konnte solche Auslegung grundverschieden ausfallen. Meinungsabweichungen dieser Art blieben nicht innerhalb der Schranken eines akademischen Disputs. Sie wuchsen an zu Gewissensfragen und wurden mit entsprechender Leidenschaft ausgefochten. Die Protestanten erkannten keinen Heiligen Vater, kein Konzil mehr an. Die Entscheidung in Glaubenssachen stand beim Landesherrn, der die landesbischöfliche Gewalt besaß. Ein Landesherr konnte irren, verschiedene Landesherren konnten sehr verschieden entscheiden. Hier lag ein neuer Grund für Uneinigkeit und Gewissensnot. Der »papierene Papst«, die Bibel, machte die Protestanten nicht überall glücklich. Das Sektenwesen wucherte, theologische Spitzfindigkeiten nahm man unheimlich ernst, man kämpfte um sie mit Eigensinn, ja mit Erbitterung. Wegen seiner Versöhnlichkeit hatte Melanchthon viel Anfeindung zu ertragen. Er wollte sich mit gewissen verhältnismäßig gleichgültigen katholischen Einrichtungen abfinden, wenn nur der wichtige Kern des Protestantismus Anerkennung fand. Mit Gehässigkeit verfolgten die Lutheraner alle kalvinistischen Einflüsse und umgekehrt.

Beim Austrag dieser Streitigkeiten zeigte sich solch eine Grobheit der Sprache und solch eine Roheit der Gesinnung, daß einem fein besaiteten Humanisten wie Melanchthon Hören und Sehen dabei verging, und er war froh, als ihn der Tod endlich von dem »Wüten der Theologen« erlöste. Es blieb auch durchaus nicht beim Schimpfen, Lästern und Hetzen – ein Schüler des Nürnberger Reformators Osiander, der Hofprediger Funck, ist in Ostpreußen wegen seiner Lehre von der Rechtfertigung hingerichtet worden! Das Luthertum verknöcherte, es wurde übergelehrt, rabulistisch und volksfremd. Die deutsche Freude an endlosem, pedantischem und selbstgefälligem Zanken über Theorien ist von der lutherischen Theologie in alle Geisteswissenschaften und von da in die Literatur und Politik übergegangen.

Das wichtigste Ereignis im protestantischen Lager war nun der Übergang des Kurfürsten von der Pfalz zu den Reformierten. Der Heidelberger Katechismus steht da als das klassische Dokument des deutschen Calvinismus, der sich noch genug von Luthers religiöser Innerlichkeit bewahrte und auch etwas von Melanchthons edler Klarheit aufnahm, während er die Prädestinationslehre unterdrückte. Die Haltung des vornehmsten Kurfürstenhauses stärkte den Fortschritt des reformierten Bekenntnisses in ganz Westdeutschland. Der alte Gegensatz zwischen Kurpfalz und den nord- und ostdeutschen Kurfürstentümern entzündete sich neu an der konfessionellen Frage. Kursachsen empfand den Übergang der Pfälzer zu einer reichsrechtlich überhaupt nicht anerkannten ketzerischen Sekte als eine Herausforderung. Alle Anhänger Melanchthons, die sogenannten Kryptocalvinisten, erfuhren nun böse Verfolgung in Kursachsen, die Führer kamen lebenslang ins Gefängnis, den Kanzler Krakow folterte man in rohester Weise zu Tode.

Die Zerrissenheit des deutschen Protestantismus verhinderte sein Eingreifen in Frankreich und in den Niederlanden – handelte es sich ja dort um Calvinisten, die nur bei den deutschen Reformierten wirkliche Sympathien fanden. Auch sahen die deutschen Kleinfürsten das ihnen so teure dynastische Prinzip durch den revolutionären Charakter der Aufständischen gefährdet – sogar die Tötung eines Tyrannen galt ja nach den Anschauungen der kalvinistischen Monarchomachen (Bekämpfer der Monarchie) für berechtigt, ja für geboten!

Kaiser Ferdinands Nachfolger, Maximilian II. (1564–1576), ist der einzige Habsburger, der dem Protestantismus ein gewisses persönliches Verständnis entgegenbrachte. Er konnte die Spanier nicht lieben, um so mehr, als er eine Zeitlang in Madrid am Hofe gelebt hatte. Bittere Eifersucht auf die mächtigere Linie erwachte in dem jungen Erzherzog. Maximilian las Luthers Schriften, stand im nahen Briefwechsel mit protestantischen Fürsten, fühlte sich im Innersten angewidert durch theologisches Gezänk und wäre persönlich am liebsten offener Anhänger eines echt christlichen, auf Versöhnung beruhenden Glaubens geworden. Er nahm bis zuletzt das Abendmahl in beiderlei Gestalt und lehnte auf dem Totenbett die katholischen Gnadenmittel ab. Zum Glaubenshelden und Staatsmann war aber dieser liebenswürdige Fürst nicht geschaffen, Maximilian fügte sich politischen Notwendigkeiten, er hoffte auf die spanische Erbschaft und sandte seine beiden Söhne zur Erziehung nach Madrid. Schon wegen der Türkengefahr verbot sich ein Bruch mit Madrid, militärisch kamen keinerlei Erfolge, obgleich diesmal der Reichstag mehr Geld bewilligte als je, ein Waffenstillstand erneuerte die Tributverpflichtung und erwies wiederum die Schwäche des habsburgischen Ostreiches. Die Erblande hatte Kaiser Ferdinand I. unter seine Söhne geteilt, was die Widerstandskraft nicht erhöhen konnte. Um so leichter schien es, für einzelne »Religionskonzessionen« die Zustimmung des Kaisers zu erlangen, die gegeben waren in der Hoffnung auf eine spätere Einigung der Konfessionen. Der Adel war dabei bevorzugt, er ging wie erwähnt in der Art der Reichsunmittelbaren vor, denn der Kaiser war ja nun der Landesherr. In Niederösterreich wurde auf dem Lande die Augsburger Konfession in aller Ruhe angewandt, während in den landesfürstlichen Städten die evangelische Religionsübung verboten war.

Solche Halbheiten kennzeichneten Maximilians II. Art – er war weder ein Heuchler noch ein Bekenner, sondern ein anständiger Mann, dem die Verhältnisse über den Kopf wuchsen.

Die katholische Gegenbewegung kostete die Gunst der Lage voll aus. Der dankbarste Ansatzpunkt unter den weltlichen Herrschaften war Bayern, dessen Herzöge als die einzigen deutschen Fürsten niemals in Glaubensdingen schwankten. Die Jesuiten gründeten blühende Niederlassungen in Ingolstadt und Regensburg, bayerische Prinzen erhielten Kirchenpfründen, und damit waren diese Güter geschützt vor jeder protestantischen Säkularisation. Fulda, Mainz, Jülich und Cleve wurden dann dem Katholizismus zurückgewonnen. Der Bischof von Würzburg, ein Abkömmling der vornehmsten Adelsfamilie des Spessarter Waldgebietes, der Echter von Mespelbrunn, zeichnete sich besonders aus durch seine energische Regierungskunst – so steht er an der Spitze einer ganzen Reihe von bedeutenden katholischen Kirchenfürsten als ein typischer Vertreter des neuen klerikalen Absolutismus. Zu seinem Programm gehörte auch die Verfolgung der Juden und Hexen, aber ebenso die Errichtung von Prachtbauten und die Förderung aller Gewerbe. Mehrere Wittelsbacher Prinzen vereinigten so zahlreiche geistliche Fürstentümer unter ihrem Krummstabe, daß man sich gewöhnte, von dem wittelsbachschen Bischofsreich am Rhein und in Westfalen zu sprechen. So bediente sich die Gegenreformation mit wachsendem Glück der dynastischen Interessen.

Um Köln ging jahrelang ein Kampf, dem das persönliche Moment romantischen Reiz gibt. Der Kurerzbischof Graf Truchseß von Waldburg hatte eine Geliebte, das schöne Stiftsfräulein Gräfin Agnes von Mansfeld. Die Verwandten des Mädchens drangen auf Heirat. Der Kurfürst war bereit, sich dem reformierten Bekenntnis anzuschließen – am liebsten hätte er sich mit einer angemessenen Entschädigung in ein glückliches Privatleben zurückgezogen. Die protestantischen Interessen gönnten ihm aber keine Abdankung, er mußte den Kampf aufnehmen, zu dem er nicht geschaffen war – er versuchte, das Kurerzbistum in ein weltliches Fürstentum für sein Haus zu verwandeln. Damit wäre im Kurfürstenrat eine protestantische Mehrheit entstanden, die Kaiserkrone der Habsburger war gefährdet, Spanien fühlte sich in seinem Kampf um die Niederlande von Köln her bedroht. Die Kölner Romanze wurde ein Stück Weltpolitik – das Ende war, daß Graf Truchseß mit seiner jungen Frau nach Straßburg fliehen mußte, wo er als Domdechant starb in der Vergessenheit; ein Wittelsbacher Prinz übernahm das Kurerzbistum. Der Kölner Krieg ist der Prolog eines viel schlimmeren Krieges, der dreißig Jahre dauern sollte.

Kaiser Rudolf II. Verschärfung des Konfessionalismus

Beide Lager standen sich in wachsender Kampfbereitschaft gegenüber. Es gab keine kaiserliche Autorität, die zum Vermitteln stark genug gewesen wäre. Kaiser Rudolf II., der Sohn Maximilians II., hatte sich in Madrid unter dem Einfluß des spanischen Oheims zu einem Kunstkenner und Antiquitätensammler entwickelt, der in seinem geliebten Prag, nach dem Muster des Escorial, auf dem Hradschin Kostbarkeiten und Seltenheiten aus der ganzen Welt aufhäufte. Auch die spanische Etikette nahm Kaiser Rudolf an. Inmitten seiner Schätze führte er nun das Dasein eines einsamen Menschenverächters. Im Laufe der Jahre stieg seine Unfähigkeit, politische Geschäfte zu führen, ja zu den nötigsten Unterschriften ließ er sich drängen. Der seelisch immer reizbarer werdende Fürst war für Fremde überhaupt nicht mehr zu sehen, seine Launenhaftigkeit wurde gefährlich, ja unheimlich. Die Domestiken regierten, wichtigste Staatsgeschäfte fanden mühsam Entscheidung über die Hintertreppe.
Angesichts der katholischen Erfolge versuchte jetzt Kursachsen, die Abendmahlslehre in milder lutherischer Form durch die sogenannte Konkordienformel festzulegen. Ein Konkordienbuch faßte die Formel und andere Bekenntnisschriften zusammen – so wollte man die leidigen Lehrstreitigkeiten des Protestantismus wenigstens äußerlich und praktisch aus der Welt schaffen. Eine lutherische Reaktion in der Pfalz schien diesen Plan zu begünstigen. Wichtige Reichsfürsten, wie der Landgraf von Hessen, schlossen sich aber dem Konkordienbuche nicht an, auch in der Pfalz kamen die Reformierten wieder ans Ruder. Immerhin unterschrieben schließlich 51 Fürsten und 35 Städte das Konkordienbuch. Der geplante gesamtdeutsche Generalkonvent kam nicht zustande, er wäre doch nur in Uneinigkeit auseinandergefallen. Die Reformierten versuchten, eine Gegenkonkordie zu schaffen. Im ganzen war es klar, daß die drei Parteien im Reiche sich immer mehr reizten, daß die gesamte Reichsgesetzgebung an den konfessionellen Kämpfen erlahmte, daß sogar die Reichstage völlig unfruchtbar verliefen. Der tapfere Kurfürst Johann Kasimir von der Pfalz war der einzige Reichsfürst, der die Gefahr sah, die dem Protestantismus in Frankreich und in den Niederlanden

Eigentliche Abriß der Reichstages Solennitet, so den 13=23. Juny Anno 1653. in Regenspurg auf dem gewöhnlichen grosen Rhathauß-Saal, bey eröfnung der Kayserlichen Proposition angestellet und gehalten worden.

Ihr Röm: Käyserl. Mayest.

7.	5.	1.	3.	4.	6.
Chur Brandenburgischer Abgesandter Herr Johan Friederich Freyherr von Blumenthal.	Chur Bäyerischer Abgesandter Herr Maximilian Willibald Graff zu Wolffs Eck.	Ihr Chur Fürstl. Gn. Herr Johann Philipps/ Ertz Bischoffs zu Mäintz.	Ihr Churfürstl. Durchl. Herr Carl Ludwig Pfaltzgraf bey Rhein.	Chur Cöllnischer Abgesandter Herr Frantz Egon Graf zu Fürstenberg.	Chur Sächsischer Abgesandter Herr Heinrich von Friesen der Jünger.

2.

Ihr Churfürstl. Gn. Herr Carl Caspar Ertz Bischoff zu Trier.

Geistliche Banck/

Zu der rechten Hand

8. Wegen Oesterreich/ Herr Georg Achatius/ Graf und Herr zu Losenstein/ &c.
9. Wegen Burgund. H. AURELIUS AUGUSTINUS de MALINEZ, &c.
10. Wegen Saltzburg/ H. Johann Baptista Graf zu Ladron.
11. Wegen Speyer/ Ihr Fürstl. Gn. Herr Lotharius Friederich/ Bischoff zu Speyer.
12. Ihr Fürstl. Gn Herr Dieterich Adolph/ Bischoff zu Paderborn.
13. Ihr Fürstl. Gn. H. Frantz Wilhelm Bischoff zu Regenspurg und Oßnabruck.
14. Ihr Fürstl. Gn. H. Christoff Bernhard/ Bischoff zu Münster.
15. Ihr Fürstl. Gn. H. Joachim Abbt zu Fulda.
16. Ihr Fürstl. Gn. H. Wilhelm Administrator zu Stabel.
17. Wegen Bisantz/ H. Franciscus del Ihola. H. zu Thil.
18. Wegen Teutschmeister. H. Georg Wilhelm von Elckerhausen/ genannt Klüpl.
19. Wegen Bamberg/ H. CORNELIUS GOBELIUS. L.
20. Wegen Würtzburg/ H. Wilhelm Sebastian Mehl.
21. Wegen deß Stiffts Straßburg/ H. Johan von Giffen.
22. Wegen Costantz H. Leonhard Pappus.
23. Wegen Hildesheimb/ H. Johann Godefried von Hörde.
24. Wegen Freysing/ H. Johann Georg Freyh. von Puch.
25. Wegen Passaw/ H. Johann Georg/ Graff von Herberstein.
26. Wegen Basel/ H. Nicolaus Wilhelm von Reinach.
27. Wegen Lütich/ H. Peter Buschmann.
28. Wegen Berchtoldsgaden/ H. Joh. Christoff Aldenhouen.
29. Wegen Brunn/ H. Damian Hertardt von der Leyen.
30. Wegen Corvey/ H. Dieterich Kloid auff Breitenbach.
31. Wegen der H. Prælaten, H. DOMINICUS. Abbt zu Weingarten.

A. H. Graff Kurtz Reichs ViceCanzler.
B. H. Reichs-Marschall Graff von Pappenheim.
C. H. Margraff zu Baaden.
D. H. Secretarius Schröder/ &c. benebens den Käyserlichen- Königlichen- und Reichs-Herolden.
E. H. Schenck von Limburg.

Auff der Zwerchbanck haben gesessen
Der Secularischen Stiffter Abgesandte/ als:

32. Wegen Magdeburg/ H. Friedrich Ulrich von Hagen/ sonst Geist genannt. und
33. H. Johann Grill/ D.
34. Wegen des Stiffts Lübeck/ H. Christianus CASSIUS, J. C.

Weltliche Banck/

Zu der lincken Hand

1. Ihr Fürstl. Durchl. H. Ludwig Philipps/ Pfaltzgraf bey Rhein.
2. Ihr Fürstl. Durchl. H. Philipps Wilhelm/ Pfaltzgraff bey (Rhein.
3. Ihr Fürstl. Durchl. H. Eberhard/ Hertzog zu Würtenberg.
4. Ihr Fürstl. Gn. H. Landgraf Georg zu Hessen Darmstadt.
5. Ihr Fürstl. Gn. H. Wilhelm Marggraff zu Baaden/ so im Nahmen Ihr Mayest. den Vortrag thut.
6. Wegen Bäyern/ H. Herman Ego. Graff zu Fürstenberg.
7. Wegen Pfaltz Lautern/ H. Johann Paul von Gemmingen.
8. Wegen Pfaltz Simmern/ H. Arnold Prill/ D.
9. Wegen Bremen und Verden/ H. Friederich Bohl.
10. Wegen Pfaltz Zweybrück/ Jonas Meisterlin/ D.
11. Wegen Pfaltz Lauterck/ H. Johann Conrad Vahrenbühler von und zu Hemmingen/ &c.
12. Wegen Sachsen Altenburg/ H. AUGUSTUS CARPZOVIUS, D.
13. Wegen Sachsen Coburg/ H. Johann Thomas/ D.
14. Wegen Sachsen Weimar/ H. Zacharias Pruschenck von Lindenhoffen.
15. Wegē Sachsen Gotha/ H. Georg Achatius Heher/ D.
16. Wegen Sachsen Eisenach/ H. Wilhelm Schröder/ D.
17. Wegen Brandenburg Culmbach/ H. Johann Georg Hofer/ von Lobenstein.
18. Wegē Brandenburg Onoltzbach/ H. Tobias Oelhafen/ D.
19. Wegen Braunschweig Wolffenbüttel/ H. Johann Schwartzkopf/ D.
20. Wegen Braunschweig Zell und Grubenhagen/ H. Heinrich Dieterich/ D.
21. Wegen Braunschweig Calenberg/ H. Heinrich Speyermann/ D.
22. Wegen Pommern/ H. Matthias Berrenklau.
23. Chur Brandenburg/ wegen Hinter Pommern/ H. Johann Portman/ D. (ben
24. Wegē Mecklenburg Schwerin/ H. Balthasar vō Kü-
25. Wegen Mecklenburg Gustrau/ H. Daniel Nicolai/ D.
26. Wegen Hessen Cassel/ H. Adolph Wilhelm vō Krosieg
27. Wegen Leuchtenberg/ H. Johann Ernst/ D.
28. Wegen Anhalt/ H. Marcinus Milagius, Cantzler.
29. Wegen Henneberg/ H. Johann Ernst PISTORIUS zu Seuselitz
30. Wegen Arenberg/ H. Jacob Christoff Kohler/ D.

31. Wetterauisch	Directoria.	H. Friederich Casimir Graff zu Hanaw
32. Schwäbisch		Herr Rudolph Friederich Graff von Fürstenberg
33. Fränckisch.		Herr Friederich Ludwig Graf von Löwenstein.

Auf den übrigen Bäncken als 34. biß 41. seind die Herrn Abgesandten der Reichs-Städt gesessen/ als: Wegen der Stadt Regenspurg/ Nürnberg/ Augspurg/ Ulm/ Straßburg/ Franckfurt/ Cöln/ Aachen/ und dergleichen mehr/ welche aber um ihren Nahmen hier nicht eingebracht werden können

Sitzordnung beim Reichstag zu Regensburg

drohte, und der tatkräftig einzugreifen versuchte, aber natürlich zu schwach war, um etwas auszurichten. Ein Kampf gegen den spanisch-französischen katholischen Imperialismus bot sicher zeitweise Aussichten, er hätte die kriegerische Auseinandersetzung beschleunigt und auf außerdeutschen Boden verlegt. Nichts dergleichen geschah. Die deutschen Verhältnisse verschlimmerten sich, weil jetzt die katholische Partei stark genug zu sein glaubte, um die Angelegenheit des geistlichen Vorbehalts zur Sprache zu bringen. Im sogenannten Vierklosterstreit entschied das Reichskammergericht, daß die Protestanten landsässige Klöster nicht mehr einziehen sollten; die Antwort der Protestanten war die Lahmlegung der ganzen Reichsjustiz, sie ließen sich die erworbenen Klöster nicht wieder entreißen. Auf dem Reichstag in Regensburg 1608 machten die Protestanten sogar die Türkenhilfe von einer Neubestätigung des Religionsfriedens abhängig. Darauf verlangten die katholischen Reichsstände die Herausgabe aller seit 1555 eingezogenen geistlichen Güter. Da verließen Kurpfalz, Kurbrandenburg und einige kleinere Stände den Reichstag – die Reichsverfassung arbeitete nicht mehr, ihr Zentralorgan war gesprengt. In dem gleichen Jahre schlossen sich die protestantischen Stände unter Führung von Kurpfalz, aber ohne Kursachsen, zusammen zur »Union«. Die Antwort war die Gründung der katholischen »Liga« unter der Führung des Herzogs Maximilian von Bayern. So bekam die Erbfeindschaft der beiden Wittelsbacher Linien ein großes geschichtliches Ausmaß. Der Bundesgedanke sprengte den Rest der Reichseinheit. Beide Fürstengruppen traten in Fühlung mit ihren ausländischen Religionsverwandten. Die deutsche Glaubensspaltung wuchs zum europäischen Konflikt.

Herzog Maximilian von Bayern glänzte als ein großes Verwaltungstalent. Religiöse Gewissensfragen lagen ihm fern, kriegerische Abenteuer waren ihm unbequem. Er arbeitete getreu für seine ihm von der Vorsehung anvertrauten Untertanen. Als Schüler der Jesuiten hing er rückhaltlos der restaurierten römischen Kirche an. Sie bedeutete für ihn und seinen fürstlichen Ehrgeiz die höchste Erfüllung von Selbstdisziplin, Krafteinsatz und bürokratischer Sauberkeit. Der Herzog wirkte unbekümmert als der fürsorgliche, verantwortungsbewußte Territorialherr. Für seine Familie, für seine dynastische Linie erstrebte er das Höchsterreichbare – den Kurhut, und so setzte er im Reich die alte Kurfürstenpolitik fort, schon ehe er dies Ziel erreichte. Mochte er die Protestanten noch so sehr verabscheuen – einen kaiserlichen Absolutismus des Hauses Habsburg wünschte er nicht.

Gerade dieses Motiv stand am mächtigsten hinter dem Zeitgeschehen. Bei allen europäischen Nachbarn Deutschlands hatte der Glaubenskonflikt zu einer Kräftigung der dynastischen Zentralgewalt und zu einer expansiven Außenpolitik geführt. Das wieder katholisch gewordene Königreich Polen bemächtigte sich Livlands, die lutherische Krone Schweden wurde Lehnsherrin von Estland, Dänemark legte seine Hand auf die baltischen Inseln. Hinter Polen drängte Rußland vor, mit beiden nahm Schweden den Kampf auf – bald stand es groß als überragende Ostseemacht da.

Das Reich hatte mit diesen Kämpfen nichts mehr zu schaffen, die formelle Oberhoheit des römischen Kaisers über die Ostseegebiete besaß keinerlei Bedeutung mehr. Kurbrandenburg nahm das Herzogtum Preußen von Polen zu Lehen (1618).

Auch der Freiheitskampf der Niederlande gehört nicht mehr in den Bereich einer deutschen Geschichte. Ihre Verbindung mit Deutschland hörte tatsächlich mehr und mehr auf, sie litten und stritten um das Recht auf ein eigenes historisches Schicksal. Deutschland tat nichts mehr für sie, und so gingen sie denn ihren Weg. Die spanische Weltmacht vermochte sich nur sehr schwer an den Gedanken zu gewöhnen, die aufständischen Provinzen auch nur zum Teil freizugeben. Was schließlich zustande kam, war lediglich ein Waffenstillstand auf zwölf Jahre, 1609, der die Grenze zwischen den nördlichen und den südlichen Niederlanden entsprechend der militärischen Lage am Ende des Kampfes, also völlig zufällig, zog. Neben der Schweizer Eidgenossenschaft war diese Republik der Vereinigten Niederlande nun das zweite undynastische Staatswesen, das eine wenigstens vorläufige Anerkennung erfuhr – ein kalvinistischer Ständestaat, freiheitlich und bündisch, aristokratisch-großbürgerlich und volksverwurzelt, militärisch zur Einheit zusammengezwungen durch die oranische Erbstatthalterschaft. Eine katholische Minderheit in den nördlichen Niederlanden konnte sich geduldet halten; die südlichen Provinzen rotteten den Protestantismus aus, bei den Vlamen so gut wie bei den Wallonen. Der spanische Imperialismus bereitete sich auf die Wiederaufnahme des Krieges mit den nördlichen Niederlanden vor, die Niederlande taten dasselbe – sie pflegten ihr Bündnis mit Frankreich und England, sie bekämpften die spanischen Umtriebe in Westdeutschland.

Wirtschaftlich vollendete die Republik der Vereinigten Niederlande den Zusammenbruch der deutschen Machtstellung im Welthandel, indem sie mit frischem bürgerlichem Unternehmungsgeist sich der deutschen Küsten und Stromgebiete annahm. Der deutsche Binnenhandel schrumpfte zusammen, Bergbau und Industrie gingen zurück, ein Rückfall in naturwirtschaftliche Zustände vollzog sich vielfach, befördert durch die Verzweigung der partikularistisch-konfessionellen Interessenkreise. Der Rheinverkehr war durch die Zollhoheit der anliegenden Territorialherren lahmgelegt, bei den anderen großen deutschen Strömen lag es ähnlich. Handelspolitisch war die Reichsmaschinerie völlig impotent. Konnte sich der Bürger selbst helfen? Viele Sprößlinge alter Kaufmannsfamilien nahmen jetzt Hofdienste. Der einstmals blühende deutsche Geldhandel ging an der spanischen Weltpolitik zugrunde. Die neuen Welthandelswege ließen keine erneute Erstarkung des deutschen Handelskapitals aufkommen, der Warenhandel brach im Dreißigjährigen Kriege zusammen. Die Manufakturen verknöcherten und verzettelten sich, die bald einsetzende französische Einfuhr gab ihnen den Gnadenstoß. Die deutschen Dynastien dachten nur an sich, an ihren Landerwerb und die Versorgung ihrer Familien, die Städte litten darunter schwer, ihre alten Verfassungen erstarrten, und um den Landmann kümmerte sich niemand. Diese Schwächung des Reiches mußte die Nachbarn ermutigen, sich unter dem Deckmantel konfessioneller Interessen in die deutschen Angelegenheiten zu mischen. So, wie die Niederlande an der Nordseeküste und am Rhein vordrangen, so machte sich die schwedische Handelspolitik in der Ostsee breit. Die Habsburger Hausmacht nahm an diesen Entwicklungen nur noch ein geringes Interesse. Auch zollpolitisch schloß sich das werdende Österreich gegenüber dem Reiche ab.

Nach langen Wirren zeigte sich ja auch Frankreich wieder bereit, europäische und mitteleuropäische Politik zu machen. Geeinigt unter seinem großen König Heinrich IV. schickte es sich an, den Kampf gegen den spanisch-römischen Imperialismus der Habsburger Dynastie mit voller Kraft aufzunehmen. Jede gefährdete kleinere Nation, jede bedrohte Glaubensgenossenschaft konnte auf französische Hilfe zählen. Die

französische Außenpolitik ist die erste, die sich im Gegensatz zu Spanien von dem reinen Konfessionalismus loszumachen vermochte. Dies war schon der Vorteil König Franz' I. gewesen – Heinrich IV. und seine Nachfolger brachten das neue Prinzip zur vollen Auswirkung. Sie schützten Florenz und Venedig, die protestantischen Kantone der Schweiz, die Vereinigten Niederlande, die deutschen Fürsten gegen Madrid und Wien, sie verwandten das Ottomanische Reich, alter Überlieferung entsprechend, als Gegenspieler zur Schwächung der Ostposition der Habsburger Dynastie, sie knüpften an mit der aufstrebenden Großmacht des Nordostens, mit Schweden.
Die Ermordung König Heinrichs IV. (1610) hat diese Politik nur kurze Zeit unterbrechen können. Das verjüngte Frankreich erwies sich national und universal auf eine neue Art. Heinrich IV. erstrebte alle französisch sprechenden Lande für sein Reich – also Savoyen, Lothringen, die Wallonie; da die französische Sprache seit dem ausgehenden Mittelalter als literarisch und juristisch ausgereiftes Idiom im Vordringen war, sah sich die zerrüttete deutsche Westgrenze hier bedroht durch ein lebensgefährliches Prinzip. Und darüber hinaus hing Heinrich IV. großen Plänen nach, die auf die französische Hegemonie in Europa hinausliefen, was auch im einzelnen ihr Sinn gewesen sein mag. National, dynastisch, diplomatisch – so trat das moderne Frankreich an zum Kampf gegen den habsburgischen klerikalen Imperialismus.
Der Streit um die Nachfolge in dem niederrheinischen Herrschaftsgebiet Jülich-Cleve schien bereits den großen Ausbruch herbeiführen zu sollen. Alle berechtigten Erbanwärter waren evangelisch, es handelte sich auch um eine strategische Schlüsselstellung ersten Ranges. Frankreich, die Niederlande und die evangelische Union einigten sich dahin, keine Festsetzung katholischer Truppen hier dulden zu wollen. Da trat der eine Anwärter, der Pfalzgraf von Neuburg, zum Katholizismus über, um sich die Hilfe der Habsburger zu sichern. Prompt bekehrte sich der Kurfürst von Brandenburg zum reformierten Bekenntnis, um den Niederländern willkommener zu sein. Die Lutheraner waren begreiflicherweise über so viel Gesinnungswandel tief verstimmt, die Gegensätze verschärften sich in allen Lagern. Der Erbstreit endete vorläufig in einem schäbigen Kompromiß: eine brandenburgisch-pfalz-neuburgische Gemeinschaftsregierung wurde eingesetzt, die schon zusammengetrommelten Soldaten nach Hause geschickt. Die Ohnmacht der Reichsgewalt wirkte ebenso traurig wie lächerlich.

Böhmische Wirren. Kaiser Ferdinand II.

Die Regierungsunfähigkeit Kaiser Rudolfs II. hatte inzwischen die habsburgischen Erblande in eine äußerst unerquickliche Lage gebracht. Freiwillig überließ Rudolf die Regierung in Ober- und Niederösterreich seinen Brüdern, Erzherzog Matthias, der jüngere, überlebte den älteren Ernst und ließ sich immer mehr gegen den Kaiser ausspielen. Die ungarischen und mährischen Stände drängten angesichts der Türkengefahr zur Entscheidung, auch die böhmischen Stände stießen vor. Sie wollten aber nicht die Entthronung des Kaisers, sondern preßten ihm allerlei Zugeständnisse ab. Die

Utraquisten der alten Zeit hatten durch die evangelische Bewegung der Deutschen neuen Aufschwung genommen. Tschechen und Böhmen arbeiteten zusammen – allen seinen böhmischen Untertanen gewährte Kaiser Rudolf den berühmten Majestätsbrief von 1609. Darin war zugestanden vollständige Gewissensfreiheit für alle, außerdem das Recht der öffentlichen Ausübung des evangelischen Gottesdienstes einschließlich des Kirchenbaues für alle Adligen, für die königlichen Städte und die Untertanen auf den königlichen Gütern. Zur Wahrung dieser Rechte erfolgte die Einsetzung eines ständigen, aus den sogenannten Defensoren bestehenden Ausschusses, der auch das Privileg erhielt, einen Protestantentag von sich aus einberufen zu können.
Das war mehr, als die Protestanten in irgendeinem anderen katholisch regierten Lande erreicht hatten. Innerhalb des Königreiches Böhmen bildete sich etwas wie eine protestantische Republik, in der Art der Vereinigten Niederlande. Der Streit der eifersüchtigen Erzherzöge mußte schon deshalb weitergehen. Rudolf wurde zur Abdankung in allen Erblanden gezwungen, er blieb nur noch ein Kaiser ohne Land (1612). Menschlich tief erbittert, knüpfte das schuldig-unschuldige Opfer des »Bruderzwistes im Hause Habsburg« mit der protestantischen Union an, ja dachte sogar daran, Kalvinist zu werden. Der österreichische Dichter Franz Grillparzer hat Rudolfs tragische Figur unsterblich gemacht. Der Unglückliche starb, ehe der von ihm als Hilfe berufene Kurfürstenrat zusammentreten konnte.
Erzherzog Matthias folgte nun auch als Kaiser, ein ältlicher, kinderloser, schon schwerfällig und friedliebend gewordener Mann, der sich bemühte, den bevorstehenden Ausbruch hinauszuschieben oder zu umgehen. Aber solche gutgemeinten Geschäftsbemühungen fruchteten schon nichts mehr. Die Hauptfrage war die seines Nachfolgers. Erzherzog Ferdinand von der Steiermark, der Neffe, hatte alle Aussicht, die getrennten habsburgischen Erblande wieder zusammenzuerben. Er war ein gutartiger, aber schwach begabter und völlig bigotter Fürst, braver Zögling der Jesuiten, ergebener Freund des viel gescheiteren Bayernherzogs, dazu notgedrungen dem spanischen Rat und Einfluß ausgesetzt. Seine Regierung bedeutete sicher fanatischen Glaubenskampf. Sollte Böhmen sich einen solchen Herrscher gefallen lassen?
Der spanische Unterhändler, der in tausend Intrigen grau gewordene langjährige Botschafter in Wien, Graf Oñate, brachte Erzherzog Ferdinand zum Abschluß eines Geheimvertrages (1617), in dem sich dieser verpflichtete, bei Übernahme der Erbschaft die vorderösterreichischen Besitzungen im Elsaß sowie kleinere italienische Gebiete an die Krone Spanien abzutreten. Der Sinn dieser Verabredung war deutlich – Spanien nahm seine antifranzösische Politik wieder auf, es versuchte, von den Niederlanden bis Mailand einen rheinischen Barrierestaat zur Einzwängung Frankreichs aufzubauen. Spanien drängte sich also von neuem in die deutschen Besitzverhältnisse an der Westgrenze ein. War Frankreich so von Mitteleuropa abgeriegelt, dann mußte es leicht sein, den Protestantismus und den ständischen Partikularismus im Reich gleichzeitig zu zerstören und auf den Trümmern den katholischen Absolutismus des Hauses Habsburg aufzurichten.
Die böhmische Stimmung war aus konfessionellen und ethischen Gründen besonders gespannt. Örtliche Vorgänge von minderem Gewicht, wie die Schließung der protestantischen Kirche von Klostergrab durch den Prager Erzbischof und das Verbot des Abtes von Braunau, am dortigen Platze eine evangelische Kirche zu errichten, ließen

Der Prager Fenstersturz

eine Revolution ausbrechen. Die böhmischen Defensoren griffen ein, sie beriefen einen Protestantentag und beklagten sich über die Verletzung des Majestätsbriefes. Nun ließ der Erzbischof die Kirche von Klostergrab abreißen, der kaiserliche Rat Martinitz zwang bei Geldstrafe seine protestantischen Untergebenen zum Besuch des katholischen Gottesdienstes. Kaiser Ferdinand wies die Klage der Defensoren ab, er verbot weitere Protestantentage. Jetzt führten die protestantischen Stände den Bruch herbei. Einem alten böhmischen Brauche entsprechend, wurden zwei kaiserliche Räte samt ihrem Geheimschreiber aus den Fenstern des Hradschins geworfen – sie kamen übrigens alle drei mit dem Leben davon. Eine provisorische Regierung wurde für Böhmen eingesetzt, ein Heer bereitgestellt. Das Haus Habsburg nahm den Handschuh auf. Ein kleines Heer setzte sich in den spanischen Niederlanden in Marsch und fiel in Böhmen ein. Der Tod des Kaisers Matthias verschärfte die Lage – denn nun trat die gefürchtete Erbfolge Kaiser Ferdinands II. ein, sie wurde in Böhmen nicht anerkannt, obgleich Ferdinand dort bereits 1617 als Thronfolger »angenommen« worden war. Die Böhmen beriefen sich darauf, daß Böhmen Wahlreich sei; auf einem Generallandtag der böhmischen Kronländer wurde Ferdinand abgesetzt, auch wegen rechtswidriger Einmischungen und weil er ein Erbrecht der Spanier für Böhmen anerkannt hatte, was gewiß nicht verfassungsmäßig war. Zum König wählten die Stände den kalvinistischen Kurfürsten Friedrich V. von der Pfalz, fast einstimmig.

Der Winterkönig

Kurfürst Friedrich von der Pfalz war der liebenswürdige, ritterliche Gemahl einer ehrgeizigen Frau – Elisabeth, der Tochter des ersten Königs von Großbritannien, Jakob I., aus dem Hause Stuart. Die Erbschaft der schottischen Maria, ihrer Großmutter: Schönheit und Hochmut, rissen auch diese Fürstin in Glanz und Unglück. Der Schwiegervater in London wollte nicht in kontinentale Wirren hineingezogen werden und widerriet der Annahme der böhmischen Königskrone. Eben jetzt näherte sich Jakob I. der spanischen Weltmacht, sein Sohn Karl sollte eine spanische Prinzessin heiraten, die Schwester Elisabeth mochte sich also bescheiden. Sie tat es nicht. Als einer der letzten Fürsten der deutschen Renaissance trug der nur mittelbegabte, anlehnungsbedürftige Friedrich etwas schwer an der großen Überlieferung des reformierten Heidelberg, dessen Universität den Zusammenhang mit dem westeuropäischen Kalvinismus stolz und gediegen aufrechterhalten hatte, dessen vielberühmtes Schloß in seinen verschiedenen Bauten das strahlende Bekenntnis zum niederländisch-italienischen Kunstgeschmack der Epoche ablegte. Der Pfalzgraf bei Rhein war der erste und vornehmste weltliche Reichsfürst. Die Union, deren Haupt er war, sicherte ihm den Schutz seiner Erbländer bei Übernahme der böhmischen Krone zu. Diese Königskrone war vom Standpunkt des internationalen Calvinismus nur ein Anfang. Schon früher war von Böhmen die Neuordnung des Reiches ausgegangen. Es gab nur eine einzige Antwort auf die habsburgische Angriffsstellung: ein protestantisches Kaisertum, also die Trennung der Universalgewalt von der Romidee – und die Errichtung eines ständisch-nationalkirchlichen Regiments in Deutschland, wie es den Hugenotten für Frankreich vorgeschwebt hatte, wie es in den nördlichen Niederlanden verwirklicht war, wie es in England durchgekämpft werden sollte. Kurfürst Friedrich, der Winterkönig, hatte freilich nichts von Wilhelm von Oranien, von Coligny oder von Cromwell.

Die Lage Kaiser Ferdinands II. war recht unerfreulich. Die ungarischen und die österreichischen Stände machten gemeinsame Sache mit den Böhmen. Bethlen Gabor, der Fürst von Siebenbürgen, wandte sich unabhängigkeitslüstern gegen Wien. Aber es gelang doch schnell, eine katholische Front aufzubauen. Der Führer der Liga, der Bayernherzog, wurde durch weitgehende Versprechungen, darunter vor allem der Kurwürde, zum Handeln gewonnen, Kursachsens Neutralität durch die Aussicht auf den Erwerb der beiden Lausitzen (Ober- und Nieder-Lausitz) erkauft. Lutherische Eifersucht gönnte dem reformierten Pfalzgrafen die schnelle Niederlage. Der kurze Winter der böhmischen Königsherrlichkeit gab dem unglücklichen Fürsten den geschichtlichen Namen des Winterkönigs – halb ironisch, halb mitleidig sah die Mitwelt den Zusammenbruch eines Regiments, an dessen Haltbarkeit der gesunde Instinkt Friedrichs selbst von Anfang an gezweifelt hatte.

Die Schlacht am Weißen Berge (1620) entschied das Schicksal Böhmens, ehe die Verhandlungen mit Dänemark und Schweden greifbare Ergebnisse zeitigten. Es war ein Sieg Herzog Maximilians und seines in der spanischen Schule ausgebildeten tüchtigen Generals, des Wallonen Graf von Tilly.

Ein furchtbares Strafgericht traf das unglückliche Böhmen. Die zurückgelassenen

Briefschaften der gestürzten Regierung lieferten die nötigen Beweismittel. Den Majestätsbrief zerschnitt Kaiser Ferdinand eigenhändig. Alle katholischen Adligen und Geistlichen kehrten zurück. Die Defensoren und ihre Helfer wurden verhaftet und einem außerordentlichen Gerichtshof zugeführt. 27 Führer wurden hingerichtet, alle anderen zum Güterverlust verurteilt. Die Kriegsschulden des Kaisers waren erheblich, er wollte sich auch möglichst unabhängig von spanischen Zuschüssen halten – also sah sich Böhmen in einem noch nicht dagewesenen Maße ausgeplündert. Der Grundbesitz aller Flüchtigen wurde beschlagnahmt, die meisten Städte ihrer Einnahmen beraubt. Wer nicht als Anhänger des Kaisers aufgetreten war, galt schon als verdächtig. So geschah es, daß drei Viertel des gesamten Grund und Bodens den Besitzer wechselten, daß die Bevölkerung von drei Millionen auf 800000 sank. Geldstrafen, Kontributionen, Münzverschlechterung ruinierten den Altbesitzerstand, während skrupellose Glücksritter sich bereichern konnten. Schlesien und die beiden Lausitzen blieben infolge von kursächsischer militärischer Besetzung von diesem Strafgericht verschont.

Streit um die Pfalz. Dänemark greift ein

Herzog Maximilian von Bayern pochte auf die versprochene Kurwürde. Dies wirkte als einer der Gründe für die Fortführung des Krieges. Die meisten Kurfürsten sträubten sich aus fürstlichem Solidaritätsgefühl gegen die Ächtung des Winterkönigs. Sowohl England wie Spanien arbeiteten dagegen. Die Übertragung der Rheinpfalz an Bayern schien allen Nachbarn unerwünscht. Nur Frankreich stützte Maximilian – ein starkes Bayern war ein willkommenes Werkzeug. Die protestantische Union löste sich auf. Immerhin nahmen ein paar tapfere Fürsten und Herren den Kampf auf – der Markgraf Georg Friedrich von Baden-Durlach, Ernst von Mansfeld, ein illegitimer Sproß des gräflich mansfeldischen Hauses, endlich der verwegene Christian von Halberstadt, der Administrator dieses säkularisierten Bistums, ein Braunschweiger Prinz von unverwüstlichem welfischem Unternehmungsgeist, der den Feldzug wie ein Turnierheld zu Ehren seiner Base, der schönen Winterkönigin Elisabeth, führte – ihren linken Handschuh trug er ständig an seinem Generalshut. Diese schnell zusammengelesenen Heerhaufen der Protestanten zeigten sich aber der überlegenen Führung der Spanier und Tillys nicht gewachsen. Die rechtsrheinische Pfalz wurde in bayerische Verwaltung genommen, die linksrheinische von Spanien besetzt. Kaiser Ferdinand fand eine Notlösung, indem er die pfälzische Kurwürde nur persönlich auf Maximilian übertrug, nach dessen Tode aber die Rechte den Agnaten des Winterkönigs vorbehielt. In einem Geheimvertrag sicherte er jedoch dem Bayern die erbliche Kurwürde zu! Maximilian war trotz aller Freundschaft ein strenger Gläubiger. Er besetzte die österreichischen Erblande als Pfand für seine Ansprüche. Der Kaiser sah sich genötigt, zwölf Millionen Gulden bayerische Schadenersatzforderungen anzuerkennen.

Die katholische Sache stand 1623 glänzend. Bethlen Gabor konnte noch einen leidlichen Frieden schließen, die Spanier behaupteten das Durchzugsrecht über die Grau-

bündener Pässe – diese Pässe stellten die einzige Landverbindung zwischen den italienischen Besitzungen Spaniens und den österreichischen Erblanden dar; aber der Krieg ging weiter, weil sich die örtlichen Kämpfe zu einem allgemeinen europäischen Konflikt auswuchsen. Die Schwäche des Wiener Erzhauses, die Verlagerung des europäischen Kraftzentrums nach Madrid hatten den Zerfall Deutschlands in eine südliche, eine rheinische und eine nordöstliche Staatengruppe zur politisch entscheidenden Tatsache gemacht – die Entwicklung in dieser Richtung läßt sich bis in die Tage Heinrichs des Löwen zurückverfolgen. Die Sonderrolle Kursachsens, der Widerwille des niedersächsischen Kreises, in die Kriegswirren hineingezogen zu werden, findet von diesem Standpunkt aus eine tiefere Erklärung.
Für die nordischen Staaten bedeuteten diese Umstände eine große Möglichkeit zur Machterweiterung. Dabei spielte das wirtschaftliche Moment eine ähnlich entscheidende Rolle wie bei den Römerzügen der deutschen Könige im Mittelalter. In einer verhältnismäßig langen Friedenszeit war Deutschland ein recht reiches Land geworden, die Städte strotzten von dem seit Menschenaltern aufgespeicherten Gute; das Kapital, das sich von den neuerschlossenen Weltwirtschaftswegen mehr und mehr abgeschnürt sah, flüchtete in Metallwerte, Bauten und kunstgewerbliche Erzeugung. Die nordischen Staaten blieben im Vergleich dazu zurück – das politisch zerrissene, wirtschaftlich übersatte Deutschland lockte, genau wie seinerzeit Italien seine nördlichen Nachbarn, die Deutschen, nunmehr die Skandinavier als ein Anziehungskraftfeld mit geringer Widerstandsmöglichkeit. In Dänemark herrschte als ein begabter und unternehmender Fürst König Christian IV., der seit Jahren mit den niedersächsischen Städten in Unfrieden lag. In seiner Eigenschaft als Graf von Holstein deutscher Reichsstand, versuchte er, ähnlich wie es Spanien und Frankreich taten, diese rechtmäßige Teilhaberschaft zu erweitern, also in das Reich einzudringen. So arbeitete er daran, seinem Sohne die Bistumsgebiete Bremen und Verden zu verschaffen. Säkularisationen sollten auch hier helfen, um die dänische Stellung im niedersächsischen Kreise beherrschend zu machen, zum Ärger der deutschen Mitstände. König Christian bemühte sich um den Gewinn, den später Schweden in größerem Ausmaße machen soll-

Der Straßburger Weinmarkt

te. So zerbröckelte die deutsche Grenze nun auch im Norden, genau wie sie es im Westen tat.
Die dänischen Pläne erhielten Auftrieb durch die Veränderung der außenpolitischen Lage. Großbritannien und Spanien brachen miteinander, die Heiratspläne beider Dynastien mißglückten, der englische Thronfolger Karl heiratete die Schwester des Königs von Frankreich, Kardinal Richelieu stieg auf zum leitenden Minister der französischen Krone, Frankreich und England schlossen mit Holland einen Subsidienvertrag und knüpften mit Dänemark Verhandlungen an. Im Haag fiel die Entscheidung – England und Holland verpflichteten sich, Subsidien an Dänemark zu zahlen, König Christian IV. stellte ein Heer auf. Eine nordische Front baute sich also gegen die Habsburger auf, Frankreich hatte seine geschickte Hand in diesem Spiel. Der Dänenkönig war um so tatendurstiger, als Schwedens Eingreifen zu erwarten stand. Der junge König Gustav Adolf von Schweden (1611–1632) hatte sich gegen Dänemark siegreich behauptet, gegen Rußland erfolgreich gekämpft, mit dem katholischen Polen rang er um die Ostseeherrschaft. Durch seine Heirat mit der Schwester des Kurfürsten Georg Wilhelm von Brandenburg verband sich Gustav Adolf mit dem nordostdeutschen Territorialfürstentum. Preußen, seit 1618 mit Brandenburg verbunden, war ja polnisches Lehen, Brandenburg und Schweden sahen in Polen ihren gemeinsamen Feind, das konfessionelle Moment vertiefte diesen Gegensatz.
Das schwach geleitete Kurbrandenburg wäre am liebsten aus allen diesen Kämpfen herausgeblieben. Holland und die Westmächte wünschten die Hilfe der beiden nordischen Könige. Die überkommene Eifersucht zwischen Dänemark, Norwegen und Schweden wirkte dagegen. Gustav Adolf verlangte Entschädigung und Sicherheit für sich, er beanspruchte die Stadt Wismar und das Stiftsland Bremen, um das sich auch Dänemark bemühte. Gustav Adolf griff also zunächst Polen an – viele niedersächsische Stände hätten schon damals ein schwedisches Direktorium der dänischen Führung vorgezogen. Aber es gab jetzt keine andere Lösung – der Dänenkönig erlangte seine Wahl als niedersächsischer Kreisoberst. Mit holländischem Geld frisch ausstaffiert, erschien auch der brave Haudegen Ernst von Mansfeld wieder auf dem norddeutschen Kriegsschauplatz.

Wallenstein

Von neuem sah sich Kaiser Ferdinand in schwerer Verlegenheit. Die Spanier schraubten ihre Forderungen hoch, sie verlangten jetzt Stützpunkte in Ostfriesland und an der Ostsee. Der Plan einer spanisch-deutschen Admiralität tauchte auf, denn nur zur See war der gewinnreiche Ostseehandel der Holländer und die Überlegenheit ihrer Marine zu vernichten. Die Abhängigkeit von der katholischen Liga drückte den Wiener Hof, neue bayerische Erpressungen standen bevor. Da erschien ein reicher böhmischer Edelmann auf dem Schauplatz und erbot sich zu helfen – Albrecht von Wallenstein. Wallenstein stammte aus dem kleinen tschechischen Landadel, er war von Hause aus

evangelisch. Erst als Erwachsener trat er unter den Eindrücken seiner italienischen Reise zum Katholizismus über. Konfessionelle Vorurteile blieben ihm zeitlebens fremd. Seine eigentliche Begabung lag im Mathematisch-Kalkulatorischen.
Deshalb ergab er sich astronomisch-astrologischen Studien, die in der Art der Zeit sowohl wissenschaftlich wie spekulativ abergläubischen Charakter trugen. Deshalb entwickelte er sich auch zum Finanzmann und Organisator. Wie kein anderer nutzte er den böhmischen Zusammenbruch aus, eine reiche Heirat hatte die Grundlage gewährt für ein fürstliches Vermögen. Durch eine zweite Heirat verband er sich mit den maßgebenden Kreisen des Wiener Hofes. Ein solches Verwaltungs- und Wirtschaftstalent konnte nicht im Schatten bleiben, bereits 1624 wurde Wallenstein Reichsfürst. Das größte Geschäft der Zeit war ja nun der Krieg. Die neuen stehenden Heere des spanischen Stils verschlangen Summen, denen das herkömmliche Wirtschaftssystem nicht gewachsen war. Ein Regiment aufzustellen, wurde zum Spekulationsobjekt, denn es war eine soziologisch-wirtschaftliche, erst dann eine militärisch-rechtliche Einheit. Üblich war, daß diese Regimenter von den Soldzahlungen lebten und nur im Notfalle auf die Hilfsmittel des Landes zurückgriffen; für die Rationen für Mannschaften und Pferde gab es die Geldablösung. Wallenstein wandte ein neues System an. Nach seiner Auffassung hatte das Land die Armee zu ernähren, Verpflegung und Sold wurden deshalb mittels der Kontributionen herausgepreßt. Die wallensteinische Soldateska legte sich wie ein Heuschreckenschwarm über die bürgerlich-bäuerliche Wirtschaft, sie plünderte und versklavte die Einwohnerschaft in der Art fremder Einwanderer, sie benahm sich als Herrenschicht, ohne Skrupel und ohne Scham. Das System Wallensteins hatte sich bei der Rekatholisierung von Böhmen entwickelt, antik-römische Militärerinnerungen mögen mitgeholfen haben – Wallenstein gefiel sich in cäsarisch-imperialen Träumen. Sein Heeresstaat bedeutete für diesen Heeresökonomen Macht und Zukunft, je größer die Armee war, desto besser, desto sicherer schien der letzte Gewinn. Denn der Sinn des wallensteinischen Unternehmertums war Herrschaft – als der letzte und größte Condottiere wollte er den Sprung machen zum Principe, zum absoluten Regenten. Beispiele gab es genug, die Zeit löste Überkommenes auf, eine solche Wende und Wandlung öffnete dem Geschickten und Verwegenen Aussichten wie nie zuvor. Alle diese größeren und kleineren Heerführer kämpften für die Sache, aber auch für sich selbst – der Typus des pflichttreuen, selbstlosen Offiziers wie Tilly blieb eine Ausnahme. Das Merkwürdige an Wallenstein war nur, daß er kein großer Feldherr war – er rechnete und spekulierte als Armeekommandant anstatt zu handeln. Das war mehr als gebotene Vorsicht, mehr als ein sinnvoll strategisches System, es war eine wirkliche Schwäche. Sie erklärt zum Teil Wallensteins Abhängigkeit von seinen Generalen, sie erklärt vor allem sein Friedensbedürfnis – diese Neigung zur Beilegung der vorhandenen Konflikte ohne eine innere Lösung der Probleme, einfach in Form eines vernünftigen Kompromisses, bei dem der Friedensstifter selbst auf seine Rechnung kam: diese nicht menschlichen, sondern tief selbstischen Erwägungen entsprungene Haltung Wallensteins gibt den Schlüssel zu allen Widersprüchen seiner Laufbahn und seiner Handlungsweise. Die tschechischen Patrioten wußten, daß er nie ehrlich ihre Sache fördern würde, und nannten ihn deshalb einen Schurken. Den jesuitisch erzogenen Fanatikern schien der Herzog von Friedland zu lau, zu skeptisch und lässig gegenüber Andersgläubigen, die deutschen Fürsten mußten ihn hassen, denn er

saugte ihre Länder aus und wollte werden, was sie waren, vielleicht sogar mehr. Der Krieg in Norddeutschland verlief unglücklich für die protestantische Sache. Der Dänenkönig und seine Verbündeten wurden mehrfach geschlagen, außer ein paar Fähnlein englischen Kriegsvolks kam keine Hilfe von den Westmächten. Das Haus Stuart verwickelte Großbritannien jetzt in revolutionäre Unruhen, die führende Rolle im Kampf gegen die Gegenreformation, die einem elisabethanischen England so wohl angestanden hätte, sollte nun Schweden zufallen. Dänemark ließ sich zur See nicht packen – die Flottenpläne tauchten also wieder auf, Wallenstein drückte auf die Hansestädte, baute Schiffe, sammelte in Wismar ein kaiserliches Geschwader und belagerte Stralsund. Er hatte das Fürstentum Sagan übernommen, nun ließ sich der General des baltischen und ozeanischen Meeres zum Herzog von Mecklenburg erheben, nachdem die lutherischen mecklenburgischen Landesfürsten geächtet waren. Er half den Polen gegen Schweden, Gustav Adolf andererseits schloß einen Unterstützungsvertrag mit Stralsund. Der Eintritt Schwedens in den Krieg konnte jetzt nur noch eine Frage des Zeitpunktes sein. Die alten Gegner Schweden und Dänemark näherten sich unter dem Eindruck der kaiserlichen Erfolge – da gelang es, Dänemark durch einen günstigen Frieden auszuschalten. Die kaiserlichen Truppen hatten Schleswig und Jütland besetzt, Stralsund freilich hatte sich tapfer gehalten. Im Lübecker Frieden erhielt König Christian ganz Dänemark zurück, samt seinen festländischen Besitzungen, verzichten mußte er nur auf die niedersächsische Bistumspolitik, also auf das Hineindrängen ins Reich.

Das Restitutionsedikt

Die siegreiche Gegenreformation hielt sich nunmehr bereit zu einem großen Schlage. Kaiser Ferdinand hatte schwere Jahre hinter sich. In Oberösterreich war ein böser Bauernaufstand ausgebrochen, wesentlich auch hervorgerufen durch die Bedrückungen der bayerischen Besatzungstruppen. Die Einwohner sahen sich vor die Wahl gestellt, entweder katholisch zu werden oder unter Entrichtung von schweren Abgaben auszuwandern. Ferdinand, der das Land wieder übernahm nach acht Jahren, gewährte wirtschaftliche und politische Erleichterungen, blieb aber in der Religionsfrage unerbittlich. Kurfürst Maximilian erhielt nun zuerst die Oberpfalz (an der bayerisch-böhmischen Grenze), dann auch die rechtsrheinische Unterpfalz als dauernde Entschädigung. In der Oberpfalz führte der Bayer die Rekatholisierung in scharfer Form durch: katholisch werden oder auswandern, hieß auch hier die Losung. Diese Erfolge ermutigten nun die katholische Partei zu dem als Restitutionsedikt bekannten folgenreichen, staatsrechtlichen Schritt. Die Frage der Säkularisationen war zu einem Rattenkönig von dynastischen, reichsrechtlichen, landesrechtlichen, wirtschaftlichen und sozialpolitischen Problemen angewachsen. Kaiser Ferdinand handelte wesentlich unter päpstlichem und spanischem Druck, wenn er den Versuch machte, einfach auf dem Verordnungswege die Gesamtfrage neu zu regeln. 1629 erging das Edikt: katholische Landesherren durften evangelische Untertanen austreiben; nur die Anhänger des unveränderten Augsburger Bekenntnisses sollten Religionsfrieden genießen; die seit 1552 eingezogenen Kirchengüter sollten zurückgegeben werden. Keine evangelische Landesobrigkeit fühlte sich jetzt noch sicher. Zwei Erzbistümer, zwölf Bistümer, über fünfhundert Abteien waren betroffen. Eine große Reihe norddeutscher Stifter fiel zurück in katholische Hand – Sachsen, Brandenburg und Pommern sahen sich nur durch das Erscheinen des Schwedenkönigs in Deutschland gerettet. Die beiden norddeutschen Kurfürsten wären am liebsten neutral geblieben und hätten gerne weiter verhandelt, aber die Verhältnisse spitzten sich zu. Auf der katholischen Seite gab es aber mancherlei Zwist zwischen den Jesuiten und den älteren Orden. Frankreich stärkte den Reichsständen den Rücken, sowohl den evangelischen wie den katholischen. Es fand eine Annäherung zwischen Frankreich und Bayern statt, die schließlich zu dem Verteidigungsbündnis von 1631 führte, bei dem der Nuntius als Vermittler half.

Die deutschen Fürsten sahen durch die Machtstellung des Kaisers ihre Libertät gefährdet, das Restitutionsedikt schien ein absolutistisches Reichsregiment einzuleiten. Was konnte man gar von weiteren Edikten erwarten, die schon in Aussicht standen? Sogar in Italien zeigte der Kaiser jetzt Schärfe. Das Herzogtum Mantua war erledigt, erbberechtigt war der Herzog von Nevers, Ferdinand weigerte sich aber, diesen französischen Kronvasallen zu belehnen, und vergab den Besitz an einen wesentlich entfernteren Verwandten, den Herzog von Guastalla. Dies brachte Frankreich zum Losschlagen. Auf dem Kurfürstentag in Regensburg entlud sich der ganze angewachsene Groll gegen den Kaiser. Dieser wünschte die Wahl seines Sohnes Ferdinand zum römischen König, aber die Kurfürsten stellten Bedingungen. Bitter klangen besonders die Klagen gegen Wallensteins Kriegsführung – was dahinter stand, war etwas Hochpolitisches: Wallenstein, der Emporkömmling, konnte eines Tages als das Werkzeug des Kaisers gegen die Fürsten arbeiten, dieser militärische Absolutist konnte den politischen Absolutismus herbeiführen. Deshalb mußte Wallenstein fallen. Der Kaiser opferte seinen Heeresschöpfer. Sobald er sich darauf eingelassen hatte, war seine Sache verloren – er erreichte nun gar nichts mehr, weder die Wahl des Sohnes noch die Reichshilfe gegen die Franzosen. Tilly erhielt den Oberbefehl über das kaiserliche und das Liga-Heer, nur auf Antrag des Generals sollte der Kaiser Obersten ernennen dürfen, Krieg durfte er ohne kurfürstlichen Rat nicht führen. So fielen die führenden Territorialfürsten dem Kaiser in die Arme und verdarben seinen größten Triumph. Da landete König Gustav Adolf von Schweden auf der pommerschen Insel Usedom.

Gustav Adolf von Schweden

König Gustav Adolf von Schweden steht da als die mächtigste und auch die anziehendste Figur dieser wilden Zeit. Die norddeutschen Territorialherren lernten in ihm einen Fürsten kennen, der ein genauso guter Lutheraner war wie sie selbst, und der dennoch an eine große gemeinsame protestantische Sache glaubte. Wie sticht die Einfachheit und Wucht des Schwedenkönigs ab von der Zänkerei und Völlerei, der Eifersucht und Feigheit der kleinen deutschen Dynasten! Kaiser Ferdinand besaß bei aller seiner Beschränktheit doch auch den Zauber einer echten Überzeugung, in allen nichtkonfessionellen Fragen wußte er durch Nachgiebigkeit zu verpflichten. Bei Gustav Adolf paarte sich nun die gleiche Glaubensstärke mit Tatkraft und Klugheit – es ist erstaunlich, wie der noch so junge Monarch den widerspenstigen heimischen Adel für sich gewann und so die Aufstellung des Bauernheeres durchsetzte, das seine Schlachten gewann. Erst später verwandte er Söldner, die er aus fremder Tasche bezahlte, denn Schweden blieb immer wirtschaftlich schwach, und der Glaubenskrieg wuchs sich aus zum Krieg der Eroberung und Plünderung. Endlich war Gustav Adolf ein wirklicher Feldherr, der eine neue Taktik schuf durch das Zusammenwirken der verschiedenen Waffen, der, persönlich ein unerschrockener Reiterführer, über die herkömmliche Manövrierkunst und Festungsstrategie hinausstrebte zur Bewegung, zur Operation, zum schnellen scharfen Angriff, zur Schlachtentscheidung. Er haßte den Papismus und die Jesuiten – die überkluge Frage, ob er nach religiösen oder politischen Motiven gehandelt hat, wäre ihm und seinen Zeitgenossen ganz sinnlos vorgekommen. Gustav Adolfs Charakter und sein Handeln zeigen keinen Bruch; Phrasen, Muckerei und Schwärmerei ekelten ihn, er war geradeaus und fröhlich, derb und standhaft. Sein Aufbrausen dauerte nicht lang, der Siegesruhm verblendete ihn nicht, seine Aufgabe war groß, er wollte keine Zeit verlieren bei der Erfüllung, und gerade die Nichterfüllung läßt seine menschliche und staatsmännische Bedeutung noch größer erscheinen. In dem Spiel der europäischen Politik begegnete er nur *einem* ebenbürtigen Partner, dem Kardinal Richelieu in Frankreich. Im gleichen geschichtlichen Augenblick griffen Schweden und Frankreich in die mitteleuropäischen Verhältnisse ein – sie boten dem spanisch-kaiserlichen Sieg Halt und Grenze. Die zukünftige Gestaltung des Kontinents und Deutschlands Schicksal zeichneten sich bereits deutlich ab.

Gustav Adolf deckte sich durch einen sechsjährigen Waffenstillstand mit Polen den Rücken, die norddeutschen Fürsten zwang er zum Bündnis, freilich zu spät, um den Fall Magdeburgs zu verhindern. Der Untergang dieses alten geistlich-kulturellen Zentrums Norddeutschlands rüttelte die internationale protestantische Welt auf. Die Streitfrage, wer an dem vernichtenden Brande die Schuld trägt, ist nicht zu klären – Magdeburgs Schicksal wurde zum Symbol, und darin liegt das geschichtlich Wichtige. Der Sieg über Tilly bei Breitenfeld entschied – Gustav Adolf war der Herr Norddeutschlands. Überall erhoben die Evangelischen wieder ihr Haupt, Tausende von Freiwilligen strömten in die schwedische Armee, die nun einen überwiegend deutschen Charakter erhielt. Der Schwedenkönig war ein Held und Meister auch der deutschen Geschichte geworden, er gedachte die Zukunft Mitteleuropas in seine Hand zu nehmen. Über seine letzten Ziele besteht kein Zweifel. Er fühlte die Kraft in sich, zu vollenden, was der Winterkönig in Böhmen und der König von Dänemark in Niedersachsen vergebens versucht hatten.

Mit den Reichsständen an der Ostseeküste schloß Gustav Adolf »ewige« Verträge. So fügte er sie ein in sein politisches System, das sich auf der Ostseeherrschaft aufbaute. Mit den innerdeutschen Fürsten schloß der Schwede befristete Verträge. So sicherte er sich die Militäroberhoheit, die er freilich nach dem Siege bei Breitenfeld zu dauernder Bindung erweitern wollte. Schweden sollte an der Spitze des Corpus Evangelicorum stehen, deshalb hatte es als Reichsstand in das Reich einzutreten wie vorher Frankreich, Dänemark und Spanien. Durch die Übernahme von Pommern gedachte der König dieses Ziel zu erreichen. Die deutschen Fürsten widerstrebten diesen Plänen, sie wollten sich nur auf kurzfristige Verträge einlassen. Der Kurfürst von Brandenburg regte eine Ehe des Kurprinzen mit der einzigen Tochter Christine des Schwedenkönigs an. So hätte sich die Verbindung Schwedens mit Norddeutschland verewigt, und das protestantische Kaisertum wäre möglich geworden, das am Ende aller dieser Pläne stand. Die Spaltung Deutschlands und Mitteleuropas in ein österreichisch-katholisches und ein nordisch-germanisch-protestantisches Kaisertum war auch von einem allgemeinen weltgeschichtlichen Standpunkt keine schlechte Lösung. Eine Entdeutschung Norddeutschlands hätte gewiß nicht stattgefunden, eher eine Eindeutschung Schwedens.

Gustav Adolf drang nun nach Süden vor, er besetzte die Mainlinie, residierte in Frankfurt und schlug Tilly nochmals entscheidend am Lech. Hier erhielt der alte General seine tödliche Verwundung (1632). Gustav Adolf nahm Nürnberg und München. Indessen fielen die Sachsen und die böhmischen Emigranten in Böhmen ein.

Wer konnte in so furchtbarer Verlegenheit helfen? Wallenstein lebte als ein großer Privatmann in Böhmen, im Besitz aller Ehren und Würden, also als Reichsfürst, wenn auch ohne reichsständisches Territorium, da die Kurfürsten der Übertragung Mecklenburgs an ihn widersprochen hatten. Der Kaiser fühlte sich Wallenstein von alters her persönlich verbunden, er bereute die Entlassung, offenbar auch aus menschlichen Gründen. Wallenstein stand als Macht zwischen Mächten, er wußte, was sein Name und seine Mittel bedeuteten, er wollte Rache üben am bayerischen Kurfürsten und am Kaiser. Gustav Adolf knüpfte Verhandlungen mit dem Friedländer an, Wallenstein ging darauf ein. Verrat wird man das nicht nennen können, andere Reichsfürsten verhandelten auch mit Schweden, ein Frontwechsel im eigenen Lebensinteresse kam bei deutschen Fürsten öfters vor – wie hatte Kurfürst Moritz von Sachsen sich gedreht, wie vorsichtig verhielt sich selbst der bayerische Maximilian – wir kennen seinen Rückversicherungsvertrag mit Frankreich, dem Erzfeinde des kaiserlichen Hauses! Wallenstein war freilich kein geborener, sondern ein gemachter Reichsfürst – und hier liegt in einer Zeit geheiligter Majestät und Etikette einer der tieferen Gründe seines Untergangs. Nun brauchte der Kaiser wieder seine Dienste – der Herzog stellte seine Bedingungen, sie waren die Bedingungen eines Kriegsfürsten und nicht die eines Untertans, der ein Amt übernimmt. Wallenstein bekam den Oberbefehl *in absolutissima forma*, das heißt, der Wiener Hofkriegsrat besaß kein Recht der Einmischung, die Heeresverhältnisse waren im weitesten Sinne Wallensteins Ermessen anheimgestellt, auch der Thronfolger Ferdinand sollte nicht beim Heere erscheinen, um das Offizierskorps nicht durch Streberei zu spalten. Das Recht zu Friedensverhandlungen war Wallenstein ausdrücklich zugestanden. Die Entschädigungsansprüche Wallensteins waren genau festgelegt: vorläufig das kaiserliche Erbland Glogau, später Ersatz für Mecklenburg und das höchste Regal im Reich, worunter nur ein Kurfürstentum verstanden werden kann; wichtig war noch die Wallenstein zugestandene alleinige Konfiskationsbefugnis in den eroberten Ländern und das Recht auf Quartiernahme auch in den Erblanden.

Ein solcher Vertrag konnte zu keinem guten Ende führen. Gesetzt, Wallenstein erfüllte alle Erwartungen, die in ihn gesetzt waren – Auslegung und Erfüllung der Versprechungen bedeuteten erneuten schweren Konflikt zwischen dem Kaiser und den Kurfürsten: das Territorialfürstentum oder das Kaisertum selbst konnten dabei zugrunde gehen. Aber wenn Wallenstein keinen Sieg errang? Dann bedeutete der Vertrag für ihn große persönliche Gefahr, denn es gab keinen Weg mehr für ihn zurück in eine private Lebensform. Der Herzog wußte das alles und wagte das höchste Spiel – sein Ehrgeiz gaukelte ihm die Rolle des europäischen Friedensstifters vor, er hätte am liebsten Mitteleuropa als Imperium geeinigt gegen die Türken: für einen so erfolgreichen Kriegs- und Friedensfürsten hing keine Krone zu hoch. Mit dem Kaiser und den deutschen Territorialfürsten wollte er schon fertig werden – Wallenstein kannte diese Verhältnisse gut genug; mit Schweden und mit Frankreich konnte sich ein erfolgreicher und geldmächtiger Heerführer irgendwie vertragen; Wallensteins großer Rechenfehler war die Unterschätzung Spaniens und seines Einflusses in Wien. Des Friedländers kalt rechnende Leidenschaft ist aus vielen persönlichen und sachlichen Gründen gescheitert –, den Ausschlag gab, daß seine Pläne sich mit der spanischen Weltpolitik kreuzten. Gustav Adolf hatte ihm zuerst Böhmen angeboten als Vizekönigtum. Wallenstein wollte aber mehr – es schwebte ihm das vornehmste Kurfürstentum, die rheinische Pfalzgrafschaft, vor, als Mittelpunkt eines rheinischen Reiches, und dieser Plan störte die spanische Landbarriere, die Mailand mit den Niederlanden verbinden sollte. Ein Herzogtum Franken spielte bei den Nürnberger Verhandlungen mit Gustav Adolf eine Rolle, aber Wallenstein wäre mit keinem Territorium zweiten Ranges zufrieden gewesen. Sein Sinn ergriff das Höchste – »ungesättigt strebte er immer weiter«, wie sein Dichter Friedrich von Schiller über ihn sagt.

Wallensteins Untergang. Der Friede von Prag

Die Kriegsereignisse brachten bei Lützen eine große unerwartete Wendung. Wallenstein verlor die Schlacht, aber der König von Schweden verlor sein Leben. Gustav Adolf fiel als ein Opfer seines Wagemuts und seiner kurzsichtigen Augen (1632). Er besaß keinen vollgültigen Nachfolger und konnte keinen haben. Immerhin kamen aus seiner Schule bedeutende Heerführer, und der Kanzler Axel Oxenstierna, der langjährige diplomatische Berater Gustav Adolfs, war ein wirklicher Staatsmann, der für die Erbschaft seines bewunderten Herrn scharf und zäh zu fechten wußte. Oxenstierna schloß mit den süddeutschen Protestanten den Heilbronner Bund und bereitete so den Weiterkampf vor. Das Ziel der Minderjährigkeitsregierung der jungen Königin Christine konnte nun nichts anderes sein, als zu einem Frieden zu gelangen, der Schweden für seine Opfer angemessen entschädigte – alle weiteren Pläne sanken mit dem toten König in das Grab.

Wallenstein sah den großen Augenblick seines Lebens gekommen. Er wollte persönlich schon lange Frieden, das arme Deutschland war es müde, den ständigen Kriegsschauplatz zu liefern, nur wenige Beurteiler hielten noch den vollen Triumph der einen

Partei über die andere für möglich – also warum kein Kompromiß? Spanien war freilich noch nicht zum Nachgeben bereit, es wollte die Niederlande bezwingen, es nahm den Kampf mit Frankreich auf, es bestärkte Kaiser Ferdinand in seinen fanatischen Skrupeln, man sollte den Ketzern keinen Frieden bewilligen. Eben jetzt marschierte der spanische General Feria ins Reich ein, um die Verbindung zwischen Mailand und Flandern zu decken. Wallenstein erblickte darin Herausforderung und Vertragsbruch.

Kaiser Ferdinand erwartete entscheidende Taten von seinem Generalissimus nach dem Tode des Schwedenkönigs. Aber wenig genug erfolgte. Die Donaufestung Regensburg mußte sich ergeben, der bayerische Kurfürst sah sich schnöde im Stiche gelassen, und sein böses Gewissen argwöhnte persönliche Rachegefühle des Friedländers – das Mißtrauen gegen diesen wuchs, und des Generalissimus Handlungsweise schien jeden Verdacht vielfach zu bestätigen. Wallensteins Untergang wird nur voll verständlich, wenn man sich zweier Momente bewußt ist. Seine Gesundheit war schwer erschüttert, er zeigte sich in seinen Entschlüssen nicht mehr so klar, zielbewußt und vorsichtig wie früher; ferner – er hatte sich die Armee entfremdet durch ein scharfes, an sich nicht unberechtigtes Strafgericht wegen Fahnenflucht und Ungehorsam. Seitdem wuchs die Mißstimmung gegen ihn, er fühlte sich seines Geschöpfes nicht mehr sicher, und die Friedensverhandlungen, von denen alle Welt wußte, machten ihn gerade bei der Truppe nicht beliebter, denn man fürchtete Entlassung ohne Erfüllung der Erwartungen, die jeder hegte. Die Kriegführung war völlig zum Erwerbsgeschäft der Beteiligten herabgesunken – je länger der Krieg dauerte, desto widersinniger erschien die Rückkehr zur Friedenswirtschaft. Um seine Armee bemühte sich nun gerade der seinem Verhängnis zutaumelnde Heerführer wie ein Verzweifelter, zwei Reverse der Generäle, entweder gleich oder später verfälscht, entstanden in dieser letzten Zeit in Pilsen (Böhmen). Vielfacher Verrat verwirrte die Lage selbst für Wohlmeinende. Bis zuletzt besaß der Herzog Freunde in Wien, aber der spanisch-jesuitische Einfluß brachte schließlich den widerstrebenden Kaiser dazu, Wallenstein als überführten Hochverräter zu brandmarken und seine Verhaftung, wenn nötig seine Tötung anzubefehlen.

Ermordung Albrecht von Wallensteins

Der Unglückliche verstrickte sich in immer phantastischere Projekte, nur wenige hielten noch zu ihm – die kaiserlichen Vertrauensleute entschlossen sich zum Mord als der einfachsten und sichersten Lösung, vor allem auch, um sich gleich schadlos zu halten an Wallensteins Gütern (1634).

Der geschichtliche Wallenstein ist weder ein deutscher Nationalheld noch ein Hussit, noch ein Verbrecher, noch eine hohe tragische Figur. Er war ein ganz einseitig begabter, menschlich zeitlebens einsamer, irgendwie unter einem Fluche handelnder Mensch, den aber alles europäische Denken nicht aus einer gesteigerten Ichsucht erlöste. Er wollte immer über sich hinaus, er griff in die Sterne, aber der Himmel hielt für ihn nur einen Tod bereit, der zu seinem Leben tiefer und grausiger paßte, als er schien – den Tod des Abenteurers.

Wenn die Kaiserlichen den Tod Gustav Adolfs nicht hatten ausnutzen können, so brachte der protestantischen Partei das Ausscheiden Wallensteins keinerlei greifbaren Vorteil. Zwischen den schwedischen Generälen und den deutschen fürstlichen Führern kam es zu mancherlei Reibereien. Das kaiserliche Heer stand jetzt unter dem Oberbefehl des jungen römischen Königs Ferdinand, für ihn öffnete sich nun die Bahn, jene langerstrebte Vereinigung mit den spanischen Truppen fand statt, und diese habsburgische Armee schlug nun Herzog Bernhard von Weimar und den schwedischen General Horn bei Nördlingen. Der Heilbronner Bund kam ins Wanken. Mit Freuden benutzte der sächsische Kurfürst Johann Georg die Gelegenheit zu einem Sonderfrieden, wie ihn schon Wallenstein mit dem patriotischen Vertrauensmann Johann Georgs, mit Arnim, verhandelt und vorbereitet hatte. Die Schweden behandelten die Calvinisten als gleichberechtigte Bundesgenossen – schon das wirkte als Antrieb für die sächsischen Lutheraner, sich mit dem Kaiser zu verständigen. Kurfürst Johann Georg sicherte sich die beiden Lausitzen und das Erzbistum Magdeburg für seinen Sohn auf Lebenszeit. Als Normaljahr für den Besitz der geistlichen Güter wurde 1627 angesetzt. Wenn auch die Neuregelung nur auf vierzig Jahre gelten sollte, so war doch das Restitutionsedikt des Kaisers tatsächlich aufgegeben. Kursachsen opferte in dem Prager Frieden seinerseits die Reformierten und die geächteten Reichsfürsten, es verband sich mit dem Kaiser zur Vertreibung der Schweden aus dem Reiche. Es mußte sich zeigen, ob die Grundidee des Prager Friedens (1635) ihren politischen Sinn hatte – die Zusammenarbeit des Kaisers, der von seinem gegenreformatorischen Programm sich etwas abhandeln ließ, und des Kurfürsten von Sachsen, der den Reichsfrieden und die Reichsintegrität im Interesse seiner lutherischen Führerstellung sichern wollte. Kurbrandenburg, Hessen, Weimar und Braunschweig schlossen sich nach langem Zögern und Feilschen doch dem Prager Frieden an, ebenso die wiederhergestellten Herzöge von Mecklenburg. Aber eine gemeinsame Front gegen Schweden aufzubauen, wollte nicht gelingen. Schweden befand sich wie immer in Geldnot und bestand unbedingt auf einer stattlichen Entschädigung – die Frage der schwedischen Satisfaktion wirkte als einer der Hauptgründe für den Fortgang des unseligen Krieges. Ein Angebot Oxenstiernas, sich mit acht Millionen Gulden Kriegsentschädigung zufriedenzugeben, wurde wesentlich auf Kursachsens Rat abgelehnt. Für Fortsetzung des Krieges, zum Teil aus Gründen persönlichen Ehrgeizes, setzte sich auch der Heerführer Herzog Bernhard von Sachsen-Weimar ein, er stellte die Verbindung mit den Franzosen her. Richelieu entschloß sich jetzt, aus dem verdeckten Kriege gegen die Habsburger herauszutreten. Er vermittelte den Schweden einen neuen Waffenstillstand mit Polen, er schloß ein Bündnis mit Schweden und einen Subsidienvertrag mit Herzog Bernhard, er erklärte Krieg an Spanien (1635); die formelle Kriegserklärung an den Kaiser erfolgte erst drei Jahre später.

Frankreichs Eintritt in den Krieg

Bernhard von Weimar trat für kurze Zeit in den Vordergrund – die Schweden hatten ihm das Herzogtum Franken, die Franzosen die Landgrafschaft Elsaß und die Landvogtei Hagenau zugesichert. Er erbte also etwas von den wallensteinschen Plänen und Möglichkeiten. Freilich hält er einen Vergleich mit dem Friedländer weder als Heeresorganisator noch als Wirtschaftsmeister, noch als Verschwörer aus. Als ein mittelloser jüngerer Prinz wollte Herzog Bernhard sein Glück machen, wie mancher vor ihm und nach ihm. Er war gescheit genug zu merken, daß die Franzosen ihn ausnutzen wollten, und so geriet er in Zwist mit den welschen Gönnern. Sein früher Tod bewahrte ihn vor Enttäuschungen. Ein Religionsheld oder Vaterlandsretter wäre er nie geworden.
Frankreich übernahm nun die Armee des Herzogs und begann gemeinsam mit Schweden zu operieren. Beide Mächte kamen überein, keinen Sonderfrieden zu schließen. Das war der wesentliche Punkt – man mußte einig bleiben, damit der Friede möglichst vorteilhaft ausfiel: ein Kompromiß war ja doch das unvermeidliche Ende, denn keiner war stark genug, den andern am Weiterleben zu hindern.
Die schwedischen Feldherren Banèr und Torstenson ernteten Ruhmes genug – das unglückliche Deutschland hatte noch viele Jahre weiter zu leiden; auch die Prager Friedensmächte sahen sich von neuem von der Kriegsfurie erfaßt. Schweden hatte sich sogar eines Angriffes des mißgünstigen Dänenkönigs zu erwehren, aber er mußte einen demütigen Frieden schließen. Damit war Schweden nun die überragende Ostseemacht geworden, seine deutschen Ansprüche stiegen dementsprechend. Frankreich zeigte sich besonders interessiert an der Grenze der spanischen Niederlande, pflegte aber seine Beziehungen zu den kleinen deutschen Dynasten, was sich lohnte. Erst zuletzt arbeiteten Schweden und Frankreich militärisch gegen Kurbayern zusammen – das lange geschonte Land hatte Bitteres zu leiden, zum Schmerze seines Landesvaters, des alten Maximilian, der sich zum Waffenstillstande bequemen mußte. Nun marschierten die Schweden in Böhmen ein, der Krieg schlug zum Schluß wieder in sein Ursprungsland zurück. In diesem kritischen Augenblick kam der Westfälische Friede nach fast vierjährigen Verhandlungen zustande.
Seit 1637 war Ferdinand III. seinem kaiserlichen Vater gefolgt – ein gescheiter und geschickter Fürst, dem spanischen Einfluß abhold, kritisch und auf seine Art patriotisch, bei aller Wahrung der habsburgischen Hausinteressen. Immer kräftiger kam das Friedensbedürfnis auf den Reichstagen zum Ausdruck, Kurfürst Maximilian von Bayern wirkte als der Führer einer süddeutsch-südwestdeutschen Fürstengruppe, in der die 1635 aufgelöste Liga wiederauflebte – von hier drohte eine Sonderverständigung mit Frankreich, falls kein allgemeiner Friede zustande kam.

Der Westfälische Friede

Die beiden Hauptpunkte des Kongresses von Münster und Osnabrück waren: die Ausdehnung des Augsburger Religionsfriedens mit rückwirkender Kraft auf die Reformierten und die Landanprüche der Schweden und Franzosen. Das Ergebnis war ein Vergleichsfriede – beide Parteien hatten tatsächlich ebensosehr gesiegt, wie sie geschlagen waren. Der Kaiser gab das Restitutionsedikt auf. Als Normaljahr für den kirchlichen Besitzstand galt 1624. Damit war das katholische Bekenntnis für die Erblande und die meisten geistlichen Fürstentümer des deutschen Südens und Südwestens gesichert, während in Norddeutschland der Protestantismus siegte. Die Regelung war nunmehr endgültig im Gegensatz zum Prager Frieden. Der geistliche Vorbehalt wurde für die Zukunft aufrechterhalten, immerhin mit der Einschränkung, daß Hausandachten und Kindererziehung im andern Bekenntnis geduldet waren ohne Minderung der bürgerlichen Rechte. Gegen die Einbeziehung der Reformierten legten die Gesandten von Kursachsen und Sachsen-Altenburg vergebens Protest ein. Bedeutungsvoll war, daß der Kaiser für die Erblande die Anerkennung des Normaljahres ablehnte. Kleine Vergünstigungen erhielten die schlesischen Protestanten sowie der niederösterreichische Adel. Im übrigen wurde rücksichtslos bekehrt oder aus dem Lande getrieben. Diese Momente trugen wesentlich zur Entfremdung zwischen Österreich und dem übrigen Deutschland bei.

In Religionssachen sollte es in Zukunft auf dem Reichstage keine Mehrheitsbeschlüsse geben, beide Gruppen stimmten als solche geschlossen, korporativ – ein Zugeständnis, das vom streng katholischen Kirchenstandpunkte aus untragbar schien und deshalb den grundsätzlichen Protest des Papstes gegen den Friedensschluß hervorrief. Für den weltlichen Besitz galt als Normaljahr 1618. Die Markgrafschaft Baden-Durlach, die bis zuletzt bei Schweden ausgeharrt hatte, wurde also wiederhergestellt, ebenso die beiden Mecklenburg und Württemberg. In der schwierigen Pfälzer Frage einigte man sich auf den Ausweg, daß Bayern nur die Oberpfalz behielt, während der Sohn des Winterkönigs die ganze rheinische Unterpfalz mit einer neugeschaffenen achten Kur zurückbekam. Dies zerschlug die spanischen Territorialpläne der rheinischen Barriere. Die schwedische »Satisfaktion« war zum brennendsten mitteleuropäischen Problem geworden. Schweden kämpfte mit dem ständig drohenden Staatsbankrott, seine Großmachtstellung besaß nur schwache Unterlagen, es brauchte die territoriale, das heißt kolonialwirtschaftliche Erweiterung in Deutschland, es sank zurück in seine nordische Lokalstellung, wenn es sie nicht erhielt. Das Andenken des in Deutschland gefallenen Königs Gustav Adolf, die große militärische Leistung der schwedischen Generäle wirkte viel. Schweden wurde deutscher Reichsstand, es erhielt Vorpommern mit Stettin, Wismar, die Bistumsterritorien Bremen und Verden. Dänemark sah sich nun auch hier geschlagen, Norddeutschland trat in eine politische Lebensgemeinschaft mit Schweden; Kurbrandenburg und die Braunschweiger Herzöge empfanden die schwedische Nachbarschaft als schwere Belastung, besonders Brandenburg hatte selbst ganz Pommern beansprucht, es mußte sich mit dem größeren Teil von Hinterpommern begnügen und geriet nun in lebensgefährlichen Gegensatz zu Schweden. Der schwedische Kolonialbesitz in Deutschland wurde wirtschaftlich nach

Möglichkeit ausgebeutet, das war sein Zweck; eine Unterdrückung des Deutschtums in kultureller Beziehung fand nicht statt, dies lag der Zeit durchaus fern, die germanische Blutauffrischung in dem stark slawisch gemischten Pommern bedeutete wenig. Die Schweden blieben immer fremde Herren, aber vom örtlichen pommerschen Standpunkte aus gesehen galt auch die kurbrandenburgische Herrschaft als fremd, der Unterschied war für die beherrschte Unterschicht auf dem Lande nicht nennenswert. Anders stand es mit Stettin, dessen Interessen sich mit dem deutschen Hinterlande eng verknüpften. Auch der pommersche Adel hatte auf längere Sicht doch mehr Vorteil von einer brandenburgischen als von einer schwedischen Herrschaft im Lande. Hier sammelten sich also Konfliktsstoffe für die Zukunft.

Frankreich hatte mit dem Hause Habsburg Krieg geführt und nicht mit dem Reiche, dessen Interessen es ja zu schützen beanspruchte. Es erhielt also den habsburgischen Besitz im Ober- und Unterelsaß samt dem habsburgischen Protektorate über bestimmte elsässische Reichsstände.

Die österreichischen Unterhändler übertrieben die Rechte der habsburgischen Dynastie im Elsaß, um die Zugeständnisse als möglichst bedeutend erscheinen zu lassen. Es bestand ein Gegensatz zwischen der zentralistischen Entwicklung im Oberelsaß und der föderalistischen im Unterelsaß. Frankreich trat in das Reich ein, genau wie für die jetzt endgültig aufgegebenen Bistümer Metz, Toul und Verdun, so auch für diese elsässische Oberhoheitsstellung. Frankreich versprach sogar, die Freiheiten der unmit-

Karikatur auf den Dreißigjährigen Krieg: Die Völker sind eine Geige, auf der die Fürsten jeden Tag eine andere Melodie spielen telbaren Reichsstände im Elsaß zu achten. Aber was wollte eine solche Verpflichtung bedeuten angesichts des tiefen Gegensatzes zwischen dem modernen Regiment des vordringenden französischen Absolutismus und den feudalrechtlichen Bindungen des alten Reiches, das nun den fremden Nachbar mächtig und anspruchsvoll innerhalb seiner Grenzen sah? Diese Grenzen vermorschten schon lange, nun lösten sie sich völlig auf. Frankreich griff bereits über den Rhein hinaus – es bekam die Festung Breisach und das Besatzungsrecht von Philippsburg. Aus Gründen der Dignität erklärte der französische König, seine Reichsstandschaftsrechte nicht ausüben zu wollen. Das hätte als Anerkennung der Suprematie des Kaisers gedeutet werden können. Die ganze Regelung hatte etwas Gezwungenes und Provisorisches – tatsächliche und absichtliche Unklarheiten verwirrten die Verhältnisse, eine zukünftige Klärung schien unabweislich. Der verzweifelte Friedenskompromiß enthielt also auch hier die Quelle für neue Zwiste. Der Gesamtgeist des Westfälischen Friedens kann nicht besser gekennzeichnet werden als durch die Bestimmung über das Bistum Osnabrück – es wurde bis 1803 immer abwechselnd von einem katholischen Bischof und einem protestantischen welfischen Prinzen regiert!

Für die Reichsverfassung bedeutete der Westfälische Friede den Wendepunkt – seine Bestimmungen blieben die staatsrechtliche Grundlage bis zum Ende des alten Reiches. Ein kaiserlicher Absolutismus in der Richtung des Restitutionsediktes war in Zukunft unmöglich, die Territorialfürsten hatten endgültig gesiegt, erhielten das Recht, Bündnisse unter sich und auch mit ausländischen Mächten zu schließen, vorausgesetzt, daß diese sich nicht gegen Kaiser und Reich, gegen den öffentlichen Frieden und die Eidespflicht richteten. Die alte böse Gewohnheit der Landesherren bekam also ihre juristische Sanktion, die gemachten Einschränkungen besaßen überwiegend formale Bedeutung und waren jeder beliebigen Interpretation ausgesetzt. Der Kaiser seinerseits sah sich in Sachen eines Reichskrieges, der Reichsacht und der Bündnisse des Reiches, endlich der Reichssteuern und der Reichsarmatur (Bewaffnung) an die Zustimmung der Kurfürsten gebunden. Der Souveränitätsgedanke, der das zeitgenössische politische Geschehen beherrschte, war also dem Kaiser entzogen und von den Landesfürsten in Anspruch genommen worden. Die Reichsstädte bildeten nunmehr neben den Kurfürsten und Fürsten eine eigene Kurie im Reichstag, keine der drei gleichberechtigten Reichstagskurien durfte überstimmt werden. Es mußte sich zeigen, inwieweit dieser Reichstag noch arbeitsfähig blieb.

Die Schweizer Eidgenossenschaft nahm nicht an den westfälischen Friedensverhandlungen teil, ihre staatsrechtliche und völkerrechtliche Sonderexistenz war stillschweigend anerkannt. Dasselbe gilt von den nördlichen Niederlanden. Der Krieg zwischen Spanien und den Niederlanden war noch nicht abgeschlossen, aber der Krieg zwischen Spanien und Frankreich änderte die Lage völlig. Frankreichs Vordringen gegen die spanischen Niederlande erschien der Republik der Vereinigten Niederlande so gefährlich, daß sie den alten Gegner Spanien nunmehr unterstützte gegen Frankreich. Erst der Pyrenäenfrieden (1659) schloß diese Entwicklung ab – er bedeutete das Ende der spanischen Weltmachtstellung, insbesondere das Ende aller seiner mitteleuropäischen Territorialpläne.

Im späten Mittelalter lautete eine geläufige Redensart in Deutschland: »schweizerisch werden« – das hieß: sich loslösen von Banden, sich emanzipieren, freiheitlich sein.

Nun war es aus in Deutschland für lange Zeit mit dem »Schweizerisch-Werden«. Die Schweiz und ebenso die nördlichen Niederlande standen so fremd zum Reiche wie Dänemark oder Polen. Der Traum des römischen Universalreiches ist seit dem Westfälischen Frieden tatsächlich zu Ende. Zum Reiche gehörte praktisch nur noch ein Stand, der im Reichstag mittelbar oder unmittelbar vertreten war. Frühere Zeiten gaben wohl das Rätsel auf, welche Territorien zum ostfränkischen, also deutschen Reiche, und welche darüber hinaus zum römischen Reiche gehören mochten. Nun war das römische Reich praktisch zusammengeschrumpft und deckte sich mit dem deutschen Reiche. So gewöhnte man sich daran, vom »deutschen« Kaiser und von seinem Thronfolger als dem römischen König zu sprechen. Das Reich war verwundet, entstellt, geplündert – heilig blieb es auf alle Fälle bis zu seinem Ende.
Der Westfälische Friede (1648) hat viele Probleme nicht gelöst, entweder weil die Unterhändler sie nicht übersahen, ober weil sie sich ihnen nicht gewachsen zeigten. Die Abfindung der für Friedensarbeit zunächst ganz untauglichen Söldnermassen erwies sich als recht schwierig. Schweden erhielt für seine Truppen die allen Verantwortlichen ganz unzureichend dünkende Summe von fünf Millionen Gulden, die von den protestantischen und den katholischen Reichsständen aufgebracht werden sollte. Was mit dieser Summe geschah, befriedigte wenig die Unruhe in Schweden, es machte das Land nur gieriger nach Eroberungen, der schwedische Krieg mit Polen ging ja weiter. Die übrigen Kriegführenden mußten sehen, wie weit sie selber mit ihrer Soldateska fertig wurden. Plündernde Söldnerhaufen blieben noch jahrelang eine Plage für das unglückliche Deutschland.

Die Folgen des großen Krieges

Unter den unmittelbaren Folgen des Dreißigjährigen Krieges steht an erster Stelle die tiefe Ermüdung im konfessionellen Streit. Von einer wirklichen Toleranz im ethischen und religiösen Sinne war das Jahrhundert ja noch weit entfernt. Vergebens hatten einzelne vornehme Geister sich dafür eingesetzt. Möglich und erreichbar schien aber etwas anderes – die praktische Duldung der Andersdenkenden und der Verzicht auf die Austragung weltanschaulicher Gegensätze durch die Mittel irdischer Gewaltanwendung. Das konfessionelle Moment als Anlaß und Hauptziel von Kämpfen trat also hinter anderen Gesichtspunkten zurück, es verlor seine primäre Stellung, verschwand aber niemals aus dem politischen Lebensfeld Deutschlands und seiner Nachbarn. Die Kirchenspaltung mußte nun als eine Tatsache für alle deutsche Zukunft hingenommen werden. Einigungsversuche zwischen Katholiken und Protestanten erschienen sinnlos nach den furchtbaren Geschehnissen, aber auch eine Annäherung zwischen Lutheranern und Reformierten erwies sich als noch nicht durchführbar.
Deutschland hat etwa ein Drittel seiner Bevölkerung durch den Krieg verloren. Genaue Zahlenangaben sind nur für einzelne Gebiete möglich. Weite Teile von Deutschland waren gar nicht oder nur vorübergehend vom Kriege betroffen, wie Kärnthen,

Tirol, Salzburg, Holstein, Teile des Elsaß. Die Menschenverluste sind wie in den meisten älteren Kriegen mehr durch Seuchen und Hungersnöte hervorgerufen worden als durch militärische Vorgänge. In Bedrückung und Grausamkeit taten alle verschiedenen Kriegsvölker ihr Bestes, die Spanier hatten andere Formen der Quälerei als die Schweden, die Ergebnisse standen im wesentlichen gleich. Es wäre auch ein großer Irrtum zu glauben, daß die deutschen Landsknechte milder mit dem deutschen Bauern verfahren wären als die ausländischen, oder daß die germanischen Schweden ihre Rasseverwandten geschont hätten, oder daß die protestantischen Truppen mehr Menschlichkeit gezeigt hätten als die katholischen. Der große Krieg in Mitteleuropa bekommt erst seine wahre geschichtliche Bedeutung, wenn man ihn ganz frei von nationalen oder konfessionellen Vorurteilen auffaßt als die erste große politische und soziologische Krise des Deutschtums. Das deutsche Volk verlor durch diesen Krieg die europäische Führerrolle, die es bis zum Anfang des siebzehnten Jahrhunderts immer noch behauptet hatte, trotz bestimmter Wahrzeichen des Stillstandes. Zur Bewertung der Folgen des Krieges im einzelnen muß man Fehlerquellen ausschalten. Es ist Volkssage, daß in Franken beschlossen worden wäre, jeder Mann dürfte zwei Weiber nehmen, katholische Geistliche sollten heiraten, unter sechzig sollte kein Mann Mönch werden. Spätere Klagen über Menschenverlust und Einödung wurden manchmal übertrieben, um behördliche Hilfe zu beschleunigen. Aber es bleibt doch genug des Schrecklichen übrig, was genau und quellenmäßig belegt ist. Meilenweit waren Äcker und Weinberge verwildert, die Zahl der Haushaltungen war an einzelnen Orten auf die Hälfte und weniger gesunken, der Viehstand auf ein Drittel herabgemindert. Die Zahl der Bauern ohne eigenes Gespann stieg ständig. Bezeichnend ist, daß in Württemberg der Verlust an Frauen und Kindern ungefähr dem der Männer entsprach. Ein besonderer Problemkreis betrifft die Vertriebenen – zum ersten Male sind damals in solchem Umfange Tausende von friedlichen Bürgern in die Fremde gejagt worden, wo sie sich dem Elend, der Ausbeutung und verheerenden Krankheiten ausgesetzt sahen. Achtung vor dem Eigentum kam mehr und mehr abhanden, die Polizei war unentwickelt, die Obrigkeiten zeigten sich der Bandenbildung gegenüber oft einfach hilflos, die moralisch brüchigen Bestandteile der Einwohnerschaften machten das Plündern mehr und mehr mit, die Unterschiede zwischen Kontributionen, Brandschatzungen und einfachen Räubereien verwischten sich. Die Kirchen befanden sich in einer hilflosen Lage, da sie den Vertretern ihrer guten Sache ungern Einhalt geboten; Schulzucht, geistige und künstlerische Arbeit sanken im Wert und Ansehen, die heranwachsende Generation war bestürmt von tausend Versuchungen; das Instinktleben, das Recht des Stärkeren behaupteten eine schamlose Geltung, wer sich nicht brutal durchsetzen wollte, galt von Anfang an verloren. Gewisse unheimliche Züge im deutschen Volkscharakter, die Neigung zu militaristischer Gewaltsamkeit insbesondere und die Nichtachtung der privaten Glücks- und Lebenssphäre anderer, gehören zu den verhängnisvollsten Folgen des Dreißigjährigen Krieges.

Statt eines Menschenüberschusses, der für überseeische Unternehmungen verwendbar gewesen wäre, besaß Deutschland jetzt mehr volksentleerte Räume als irgendein anderes vergleichbares europäisches Kulturland. Deutschland war jetzt kapitalsarm, es fehlte zumeist an den Mitteln zum Wiederaufbau der Häuser, und es blieben eben die Ruinen stehen. Die Edelmetallmenge sank stark, die besten Gold- und Silbergeräte der

deutschen Renaissancezeit befinden sich heute in den schwedischen Landschlössern. Neues Kapital war schwer zu bilden, die Handelswege waren meist zerstört, sogar die Binnenverbindungen arbeiteten unsicher und technisch minderwertig. Die Mündungen der deutschen Ströme ruhten in fremder Hand. Überseeische Kolonisation schuf neue Reichtümer. Wenn Holland gegen Spanien focht, wenn beide Mächte den mitteleuropäischen Krieg durch ihre Subsidien weiterbrennen ließen, so kämpfte ein Überseegebiet mit dem anderen, so maß ein Kolonialsystem seine Kräfte mit dem anderen. Deutschlands geldwirtschaftliche Entwicklung hatte einen schweren Schlag erlitten. Erfolgreiche Kriegsobersten und Kriegsunternehmer kauften das billig gewordene Land auf, vermehrten den Großbesitz und trugen so zur weiteren Erstarrung des Wirtschaftslebens bei.
Stolz hatte sich das deutsche Bürgertum neben Adel und Geistlichkeit gestellt. Seit dem fünfzehnten Jahrhundert hatte es diese älteren Stände vielfach überflügelt. Seine weltliche Lebensauffassung begegnete sich mit der modernen Staatsraison des Fürstentums. Der Glaubenskonflikt wirkte in ganz Deutschland als Antrieb für alle ständischen Interessen. Der Protestantismus hat die geistige Freiheit gewiß nicht geschaffen, hat ihr aber durch seinen kritischen Angriff auf den Autoritätsgedanken den Weg bereitet. Politisch hat der Protestantismus der ständischen Staatsidee zum Siege verholfen, dafür hat er sie geistig und geistlich engherzig gemacht. Das Reich löste sich auf. Der Territorialfürst siegte.
Kaiser und Fürsten hatten alles getan, um die freien Städte zu unterdrücken – nun erhielten diese in demselben Augenblick die Gleichberechtigung als Reichstagsgruppe, in dem der Krieg ihren wirtschaftlichen Niedergang entschied. Die politische Zukunft Deutschlands hing nunmehr ab von den Auseinandersetzungen zwischen den Fürsten und dem Bürgertum der Territorialstaaten – das Reich ragte nur noch auf als eine morsche Form. Die Mitteleuropaidee schlief für lange Zeit. Gegenüber dem Konfessionalismus und seiner Dogmatik konnte es wahre Befreiung nur in einer doppelten Richtung geben – entweder von der Religion oder von der Wissenschaft her. Die Rückkehr zu urchristlichen Anschauungen ist von den Täufern und anderen Gruppen immer wieder verlangt worden. Mystische Deuter des Religiösen, wie Angelus Silesius († 1677) oder auch die Schöpfer des Kirchenliedes wie Paul Gerhardt († 1676), versuchten im Christentum wieder die Religion der Liebe lebendig zu machen. In der Geschichtsschreibung versuchte ein Mann wie Sebastian Franck († 1543) kirchliche Vorurteile zu überwinden. Philipp Melanchthon bemühte sich um eine natürliche, unkonfessionelle Morallehre. Philosophie und Naturwissenschaft, ebenso das neue Naturrecht reiften aber nicht auf deutschem Boden zur unabhängigen Grundlegung der modernen Weltauffassung. Johannes Althusius († 1638), der als erster in Deutschland die Lehre von der Souveränität des Volkes vertrat, steht geistig in nächstem Zusammenhang mit den calvinistischen Vorkämpfern dieser Idee in Westeuropa – auf ihren Anschauungen sollte sich die Theorie des modernen Verfassungsstaates aufbauen. Deutschland ging seinen eigenen, langsamen und mühsamen Weg. Er führte weg von Westeuropa. Wieviel Aberglaube war noch zu überwinden – die Kirchenspaltung hatte ihn vermehrt und nicht vermindert. Abgesehen von der religiösen Dichtung lebte die alte volkstümliche Dichtung in entarteter und vergröberter Form weiter. Grimmelshausens Roman »Simplicius Simplicissimus“ bot ein erschütterndes Bild der mo-

Der Abentheurliche
SIMPLICISSIMUS
Teutsch /
Das ist:
Die Beschreibung deß Lebens eines
seltzamen Vaganten / genant Melchior
Sternfels von Fuchshaim / wo und welcher
gestalt Er nemlich in diese Welt kommen / was
er darinn gesehen / gelernet / erfahren und auß-
gestanden / auch warumb er solche wieder
freywillig quittirt.
Überauß lustig / und männiglich
nutzlich zu lesen.
An Tag geben
Von
GERMAN SCHLEIFHEIM
von Sulsfort.

Monpelgart /
Gedruckt bey Johann Fillion /
Im Jahr M DC LXIX.

Titelblatt einer ›Simplicissimus‹-Ausgabe von 1669

ralischen und geistigen Verwilderung der Kriegszeit. Von der humanistischen und akademischen Seite her entstanden Versuche einer Belebung und Veredelung des deutschen literarischen Schaffens. Martin Opitz schrieb sein Buch von der deutschen Poeterei, und dem Königsberger Simon Dach gelang doch schon etwas wie ein echt empfundenes, alle Schichten ergreifendes Lied, das »Ännchen von Tharau«. An den Universitäten herrschte gelehrte Pedanterie und eine abschreckende Freude an Haarspaltereien. Die Abhängigkeit von der Kirche und der hohen Obrigkeit ließ ein freies Forschen nur schwer aufkommen. Breite Schichten gefielen sich in Unflätereien, so wie sich auch der Geschmack der akademischen Jugend durchaus auf das Grobianische stimmte. Die feineren Sitten, die vom Westen eindrangen, wurden entweder sklavisch nachgeahmt oder voll Neid als undeutsch verdächtigt und abgelehnt. Diese Niedergangszeit seit dem Ende des Dreißigjährigen Krieges hat der deutschen Zukunft den verhängnisvollen Glauben vermacht, alles Derbe und Plumpe sei das wahrhaft Deutsche, und jede weltmännische Kultur bedeute schon etwas wie ein Verrat am Vaterlande.

XI. Die Entstehung der beiden deutschen Großmächte

Die Reichsstände und das Ausland – Die Nachbarstaaten treten in das Reich ein: Dänemark, Spanien, Frankreich, Schweden – Der erste Nordische Krieg – Die kräftigsten deutschen Territorialfürsten suchen Verstärkung außerhalb des Reiches – Der erste Rheinbund – Hamburg machte den Anfang – Ungarn – Der Abwehrkampf gegen die Türken – Die französische Ausdehnungspolitik – Die Reunionen – Die Aufhebung des Edikts von Nantes – Die Augsburger Koalition – Brandenburg verbindet sich mit Preußen – Die preußische Königskrone – Sachsen verbindet sich mit Polen – Das Haus Hannover erhält die neunte Kur und bereitet sich auf die Nachfolge in Großbritannien vor – Gefahr der politischen Zertrümmerung Mitteleuropas – Prinz Eugen – Die spanische Erbfolge – Die west-östliche Bedrohung durch Frankreich und die Türken – Der zweite Nordische Krieg – Der Weltkrieg der Dynastien um die spanische Erbschaft – Schwedens Kampf um seine nordeuropäische Vormachtstellung – Sonderfriedensschlüsse beendigen die Kriegsepoche – Ergebnisse der Kompromisse – Europäische Gleichgewichtsidee, vertreten durch britisch-österreichische Zusammenarbeit – Abstieg Schwedens, Aufstieg Rußlands – Die Wittelsbacher Hausunion – Kaiser Karl VI. – Die Pragmatische Sanktion – Österreichisch-preußischer Wettbewerb – König Friedrich Wilhelm I. von Preußen – Fürstlicher Absolutismus und Ständewesen – Höfe und Beamtenschaft – Aristokratie und Bürgertum – Die deutsche Aufklärung – Rationalismus und Spiritualismus

Die Reichsstände und das Ausland

Auf das spanische Jahrhundert folgte nun das französische. Vom Standpunkt der deutschen Geschichte aus gesehen, bedeutet das Zeitalter Ludwig XIV. die Entstehung eines doppelten Gegengewichts gegenüber dem französischen in Westeuropa wurzelnden Hegemonieanspruch. Das Reich selbst vermochte nicht aufzukommen gegen die scharfe absolutistische Herrschaft des Franzosentums und die überlegene Schöpferkraft seiner Kultur. Kein rein reichsdeutsches Territorium war entwickelt genug, um von sich aus Träger einer Macht zu werden, die dem Franzosentum ebenbürtig gewesen wäre. Das Ergebnis der letzten geschichtlichen Epoche war der Eintritt fremder Staaten in das Reich. Dem Wege Dänemarks war Schweden gefolgt. Was Spanien erreicht hatte, wünschte Frankreich zu übertrumpfen. Die lebendigsten deutschen Territorien wußten nur *eine* gute Antwort darauf – sie selber verbanden sich mit außerdeutschen Ländern! So bekam das heilige Reich in dieser seiner letzten Lebenszeit wieder einen römischen, das heißt universalen Charakter, in neuer Gestalt. Der Bestand als solcher erhielt sich. Die fremden Nachbarstaaten griffen in diesen Bestand hinein – die führenden Landesherren griffen ihrerseits hinaus in die Nachbarschaft. So kräftigten sie ihr Souveränitatsideal, zum Schaden der Reichsautorität, zur Erhöhung ihrer Partikularinteressen. Es entwickelte sich jetzt ein österreichischer Reichs- und Staatsgedanke – ethnisch wohlbegründet auf der deutsch-slawischen Mischung und der Verbindung mit Ungarn, dynastisch geformt durch die habsburgischen Hausinteressen, konfessionell ausgeprägt durch den betonten Katholizismus, strategisch durchgefochten in den Türkenkriegen, behördlich versinnbildlicht durch die zunehmende Bedeutung der erbländischen Hofkanzlei gegenüber der Reichskanzlei. Dieses werdende Österreich, das zugleich zu Deutschland gehörte und außerhalb Deutschlands stand, das territorialstaatlich, reichisch und universalistisch zugleich empfand, hatte lange gelitten unter der Vormundschaft der weltpolitisch und wirtschaftlich überlegenen spanischen Linie des Hauses Habsburg. Der spanische Niedergang bedeutete Österreichs Aufstieg – die spanische Erbfolge sollte Österreich eine beherrschende europäische Stellung geben. Das kaiserliche Haus kannte von der großen Kriegsepoche her die Eifersucht der Kurfürsten. Selbst das jesuitisch gelenkte Bayern stellte die landesherrlichen Interessen über die konfessionellen – im katholischen Deutschland blieb Kurbayern der einzige ernste Wettbewerber der Habsburger. Es erstrebte die erste Stellung im Reiche, griff aber nicht über das Reich hinaus. Anders Kurbrandenburg. Die Hohenzollerndynastie hatte das Glück, nach vielen schwachen Regenten in dem Großen Kurfürsten Friedrich Wilhelm einen Herrscher von außerordentlicher Begabung hervorzubringen. Zwei Momente kennzeichnen seine politische Arbeit. 1613 waren die Hohenzollern zum Calvinismus übergetreten, ohne aber an dem brandenburgischen Luthertum der Untertanen etwas zu ändern. Kurfürst Friedrich Wilhelm (1640–1688) erfüllte sich während seiner Lehrzeit in Holland mit dem politisch-wirtschaftlichen Ethos des westeuropäischen Calvinismus, seine ganze Arbeitsweise bekam das Unermüdliche, Sachliche, Zusammengefaßte dieses Geistes. Er tummelte sich als rechter tätiger Fürst, mit einem guten Glauben an den Erfolg, über die Vorurteile des Konfessionalismus wuchs er hinaus, und das half ihm hinweg auch über andere Skrupel. Der zweite gewichtige Umstand für die Zukunft von Kurbrandenburg war die obenerwähnte Verbindung mit dem Herzogtum Preußen. Brandenburg-Preußen wurde der Mitspieler von Polen und Schweden im Kampf um die Ostsee, durch diese Reibungen erstarkte das Staatswesen und erhob sich über die Beschränktheit eines rein deutschen Landesfürstentums. Vor allem war es jetzt in der Lage, den alten kursächsischen Wettbewerber zu überflügeln. Mit dem ihm eigenen Selbstbewußtsein übernahm Kursachsen das Direktorium des Corpus Evangelicorum im Reichstag, aber irgendein greifbarer Vorteil ergab sich nicht aus diesem Führertum der reichsgesetzlich anerkannten protestantischen Rebellion. Während die ältere Ernestinische Linie im zersplitterten Thüringen den deutschen Partikularismus ins Widersinnige steigerte, ließ die jüngere Albertinische Linie der Ehrgeiz nicht schlafen: sie erlangte die polnische Königskrone, baute sich also eine Herrschaft jenseits der Reichsgrenze auf, gleich den anderen, verbitterte aber eben dadurch den Gegensatz zu Brandenburg-Preußen bis zum regelrechten Haß.

Alle bedeutenderen Territorien des östlichen Deutschland fanden also eine Art Wiedergutmachung für die Zertrümmerung der deutschen Westgrenze, sie schickten sich

Der preussische Staat
im Jahre 1640.

Im Jahre 1688.

an zu einer Großmachtgründung dynastisch-absolutistischen Charakters, über die ständischen Hemmungen der Reichsverfassung hinweg. Österreich und Brandenburg-Preußen wuchsen dabei zu echten europäischen Großmächten kolonialdeutschen Charakters heran, während Kursachsen zurückblieb. Westdeutschland wies nur einen ähnlichen Fall auf. Der Aufstieg des welfischen Hauses zur Kurwürde von Hannover, die hannoversche Erbfolge auf dem britischen Thron begründeten die Fortdauer der englischen politischen Interessen an dem mitteleuropäischen Raum, zur Abwehr des französischen Hegemonieanspruches. Wenn also Frankreich mehr und mehr in das Reich hineindrängte, wenn es auf einzelne Fürsten und ganze Gruppen von Territorien Einfluß gewann, so baute die englisch-hannoversche Personalunion dagegen eine wirksame Abwehr auf. Bei den ostdeutschen Verbindungen deutscher Staaten mit außerdeutschen Gebieten verblieb der Schwerpunkt der politischen Tätigkeit immer beim deutschen Teile. Die hannoversche Politik dagegen wurde mehr und mehr von London aus geleitet. England spielte eine Zeitlang für Niedersachsen eine ähnliche Rolle wie Schweden für seine niederdeutschen Besitzungen.

Der große Staatsrechtslehrer Samuel Pufendorf († 1694) nannte die römisch-deutsche Reichsverfassung mit Recht ein Monstrum – sie sei weder monarchisch noch aristokratisch, sie enthalte alle widerstrebenden staatlichen Elemente. Kaiser und Reich standen sich jetzt wie zwei Partner gegenüber, die eifersüchtig miteinander feilschten. Eine ständische Republik und ein antik-christlich ausgestattetes, universalistisch gemeintes Kaisertum hielten einander die Waage. Dieser Gleichgewichtszustand half doch dazu, fremde hegemoniale Ansprüche abzuwehren, er faßte das auseinanderstrebende Mitteleuropa zusammen, er hemmte nicht die Schöpferkraft des einzelstaatlichen Fürstenregiments und verhinderte nicht die neue Großmachtsbildung vom deutschen Boden aus. Dieser bewahrende und stabilisierende Einfluß des Reichsmonstrums darf nicht unterschätzt werden, wenn auch alle vorwärts drängenden Geister sich den Territorien zuwandten.

Der erste Nordische Krieg

Gustav Adolfs Tochter, Königin Christine, bemühte sich vergebens, für Schweden eine Zeit des Friedens herbeizuführen. Es war leichter, die Kriegswirtschaft fortzusetzen – die Königin dankte ab, ihr Vetter Karl Gustav X. nahm den Krieg mit Polen in glänzender Weise auf. Kurbrandenburg befand sich in einer äußerst schweren Lage. Der Große Kurfürst war ehrgeizig und unternehmungslustig, sein Hauptberater Graf Georg Friedrich von Waldeck wollte ihn dafür gewinnen, das protestantische Norddeutschland zu einem Fürstenbund gegen die habsburgische Politik zusammenzuschließen. Aber Kurfürst Friedrich Wilhelm war nur ein kleiner Herr mit beschränkten Mitteln, er mußte sich bestmöglich durchwinden, und ohne taktische Manöver kam er nicht voran. Polen sah sich gleichzeitig von Rußland bedrängt, es konnte sich also des schwedischen Angriffs nicht erwehren, der schwedische König vollbrachte einen Siegeszug, den die humanistischen Schmeichler mit der Tat Alexanders des Großen verglichen. Für Kurbrandenburg war der wichtigste Punkt, die Gelegenheit zu benutzen, um die polnische Lehnshoheit für das Herzogtum Preußen abzuschütteln. Der Große Kurfürst versuchte es zuerst mit der Hilfe des Kaisers und der Holländer, dann verständigte er sich mit den Schweden, von Schweden nahm er nun Preußen zu Lehen um den Preis eines Militärbündnisses. Weitere Erwerbungen polnischen Gebietes wurden ins Auge gefaßt, zum ersten Male war von einer Teilung Polens die Rede. Da fiel Rußland in die schwedischen Ostseeprovinzen ein. Jetzt erreichte Kurfürst Friedrich Wilhelm im Vertrage zu Labiau, daß ihm Preußen als souveräner Besitz von dem schwedischen Oberlehnsherrn übertragen wurde. Es gelang aber der geschickten Wiener Politik, Polen aus seiner Bedrängnis zu retten, eine Annäherung an Brandenburg wurde vollzogen, die Stimme des Kurfürsten wog schwer bei der neuen Kaiserwahl – das Ergebnis war, daß Friedrich Wilhelm nunmehr Preußen, gleichsam in ordentlichem Erbgang, von Polen als souveränen Besitz übernahm, freilich unter der Bedingung erneuter Huldigung. Der plötzliche Tod König Karl Gustavs X. erleichterte den Abschluß des Friedens von Olivia (Kloster bei Danzig, vgl. oben S. 86); 1660. Der Große Kurfürst erhielt zwar nichts von dem erhofften Schwedisch-Vorpommern, behauptete aber die so heiß umworbene Souveränität über Preußen. Vergebens hatte er dem Wiener Hofe weitgehende Pläne vorgetragen – die Schaffung einer deutschen Flotte, deren Admiral-General er sein wollte, und die Erwerbung von konfessionell paritätischen Kolonien. Bei dem immer zunehmenden Strom von deutschen Kolonisten nach Amerika lag in solchen Ideen etwas durchaus Gesundes – aber das Haus Habsburg hatte Angst vor so viel Ehrgeiz.

Der erste Rheinbund. Die Türkengefahr

Bei der Wahl Kaiser Leopolds I. zum Kaiser kam der tiefe Gegensatz zwischen den Häusern Habsburg und Bourbon wieder scharf zum Ausdruck. Kardinal Mazarin, Frankreichs leitender Staatsmann, wollte die Wahl eines Habsburgers verhindern und arbeitete für den Kurfürsten von Bayern – sogar den jugendlichen König Ludwig XIV. hielt er in Bereitschaft. Kaiser Leopold (1658–1705) erreichte seine Wahl nur, weil er sich den Kurfürsten des Reiches gegenüber verpflichtete, die Krone Spanien nirgends in ihrem Kriege gegen Frankreich zu unterstützen. Damit waren die beiden Habsburger Linien politisch getrennt, und der Triumph Frankreichs über Spanien schien gesichert. Seit 1654 bestand eine katholische Allianz der rheinischen geistlichen Kurfürsten mit anderen westdeutschen Dynasten. Unter französischer Führung wurde dieser Bund erweitert durch den Beitritt einer Anzahl protestantischer Reichsstände.
Frankreich und Schweden traten ebenfalls bei, der Zweck war die Aufrechterhaltung des Westfälischen Friedens. Noch weitere kleinere Fürsten schlossen sich diesem ersten Rheinbund an, zuletzt auch Brandenburg. Er dauerte bis 1668, ohne aber ernste Bedeutung zu erlangen. Die französische Politik fand bald stärkere Mittel zur Befestigung ihres Einflusses im Reiche.

Zum Erlöschen des ersten Rheinbundes hat wahrscheinlich die Haltung seiner Mitglieder bei der Türkengefahr beigetragen. Die Rheinbündler und sogar die Franzosen selbst halfen nämlich dem Kaiser. 1606 hatte das Ottomanische Reich den Kaiser als den anderen Weltherrscher anerkannt, die peinlichen Tribute fielen endlich weg. Der Kaiser befriedigte den anspruchsvollen Fürsten von Siebenbürgen und befestigte die Oststellung des Hauses Habsburg dergestalt, daß weitere Angriffe der Türken während des Dreißigjährigen Krieges nicht mehr erfolgten. Siebenbürgische Thronstreitigkeiten riefen erneute Einmischung des Kaisers und des Sultans herbei. Die neue Köprülü-Dynastie der Großwesire erstrebte eine staatliche Erneuerung des Ottomanischen Reiches auf dem Wege expansiver Außenpolitik. 60000 Mann marschierten in Ungarn ein (1663); der Türkenschrecken erschütterte die Slowakei und Mähren, auch im Innern Deutschlands schmetterte wieder die Türkenglocke durchs Land. Seit den schrecklichen Tagen der Reformationszeit hatte sie geschwiegen. Gesuche um schleunige Hilfe gelangten an alle europäischen Höfe.

Ein Reichstag wurde nach Regensburg berufen, nach vielen Schwierigkeiten bewilligte er die Hilfe von fünfzig »Römermonaten«, das waren nach der Reichsmatrikel von

Großwesir Mohammed Köprülü

1521 für jeden Monat 128000 Gulden. Eine kleine Reichsarmee nahm am ungarischen Feldzug teil. Dieser Reichstag, der wegen der Türkengefahr anberaumt war, wurde nie verabschiedet, er blieb beisammen bis zum Ende des alten Reiches. Aus der mittelalterlichen Ständeversammlung entwickelte sich der dauernde Gesandtenkongreß, der den für die Zeitgenossen wehmütig-absurd klingenden Namen: »Der immerwährende Reichstag« erhielt. Hier spielten sich nun die Kämpfe um eine Reichskriegsverfassung ab, hier versuchten die deutschen Fürsten durch einen besonderen Verein die Vorrechte der Kurfürsten zu beseitigen und eine immerwährende Kapitulation für die Kaiserwahl zu erzielen, damit den Wahlschiebungen und dem Wahlkuhhandel ein Ende bereitet würde. Der Reichstag war jetzt eine geschlossene Körperschaft, die sich so bis zum Ende des alten Reiches unverändert erhielt. Er bestand aus drei Beratungskörperschaften, den sogenannten Bänken, die für sich tagten, daneben gab es Plenarsitzungen. Auf der ersten Bank saßen die Kurfürsten, auf der zweiten die Fürsten, die dritte nahmen die Städte ein. Auf der Fürstenbank gab es so viele kleine und kleinste Stände, daß nicht jeder eine Virilstimme haben konnte. Mehrere Stände wurden also zu einer Kurie zusammengefaßt, über die Kuriatstimme verfügte die einfache Mehrheit der Mitglieder. Die reichsunmittelbaren Reichsritter wurden nicht mehr zum Reichstag geladen. Bei den Kuriatberatungen nahmen auch die Vertreter der Frauenstifte teil, manche von ihnen hatten überhaupt keine Untertanen! Die kleineren Herren waren zu vier Grafenkollegien zusammengefaßt. Das Stimmenrecht entwickelte sich völlig widerspruchsvoll, es haftete ursprünglich an der Person, dann verband es sich mit dem Einzellehen, so daß also mehrere Stimmen sich in einer Standschaft vereinigen konnten. Der Einfluß der Kurfürsten überwog stark, gegenüber dem ostdeutschen Kolonialgebiet behauptete das »alte« Reich sein herkömmliches Gewicht. Es zählten nur die auf dem Reichstag tatsächlich abgegebenen Stimmen. Der Reichstag konnte Ausschüsse und Deputationen bilden; theoretisch war der Reichstag gegenüber den Territorien allumfassend zuständig, in der Praxis aber erlahmte er mehr und mehr an den Privilegien der Landesherren. Immer zahlreichere Fragen wurden den Jura Singulorum zugewiesen, also den Materien, für die Beschlüsse nur dann galten, wenn die Betroffenen selbst zugestimmt hatten.

Der ständische Gedanke konnte keine traurigere Niederlage erleben als das Schicksal des deutschen Reichstages. Diese Erfahrung mag das deutsche Vorurteil gegenüber allen ständischen Einrichtungen und dem daraus entwickelten Parlamentarismus bestärkt haben.

Den verbündeten europäischen Truppen gelang jetzt die Abwehr des Ottomanischen Heeres. Der Kaiser mußte den Umständen gemäß zufrieden sein. Der Friede von Vasvar (1664) setzte einen Waffenstillstand auf zwanzig Jahre fest, die Türken behielten ihren entscheidenden Einfluß in Siebenbürgen, kleine Landabtretungen fanden statt, der Kaiser machte ein »Geschenk« von 200000 Taler an den Sultan. Zum Ausgleich waren immerhin Handelsverträge zwischen beiden Mächten in Aussicht genommen. Das Mißtrauen gegen die mitkämpfenden Franzosen ist die eigentliche Ursache dieses Friedens, der den erheblichen Erfolgen der christlichen Mächte keineswegs entsprach. Die notwendige Atempause war bewilligt. Aber die endgültige Auseinandersetzung mit dem Ottomanischen Reich blieb die Hauptaufgabe der Regierung Kaiser Leopolds und beeinflußte alle ihre sonstigen Maßnahmen.

Die französische Ausdehnungspolitik. Der Große Kurfürst

Kaiser Leopold (1658–1705) blieb während seiner überlangen Regierung immer der ängstliche und entschlußunfähige Regent, als welcher er angefangen hatte. *Ein* Problem war es, was ihn und seine Berater in erster Linie beschäftigte – die bevorstehende spanische Erbschaft. König Karl II. von Spanien war kinderlos, seine ältere Schwester war mit Ludwig XIV., seine jüngere mit Kaiser Leopold verheiratet. Trotz des Verzichtes seiner Gemahlin auf die Erbschaft erhob der König von Frankreich Ansprüche. Die Frage stellte sich aber außenpolitisch und machtpolitisch viel mehr als familienrechtlich. Das erstarkte französische Königtum zeigte sich entschlossen, eine erneute Umklammerung durch Besitzungen des Hauses Habsburg nicht zu dulden. Hier lag die Wurzel zu einem großen europäischen Kriege. Alle Mächte waren kriegsmüde, Mitteleuropa insbesondere litt noch an der Erschöpfung, die der Dreißigjährige Krieg, der erste Weltkrieg, den man als solchen bezeichnen kann, der Weltkrieg der Religionen, hinterlassen hatte. Alle Einsichtigen waren sich eigentlich einig darin, daß eine neue Katastrophe dieses Ausmaßes verhindert werden müßte. Hier lag eine große Erfolgsaussicht für die Ausdehnungspolitik Ludwigs XIV. Was er erstrebte, waren örtliche Grenzverbesserungen aufgrund von Rechtsansprüchen, entsprechend dem legistischen Grundcharakter, den sein römisch stilisierter Absolutismus trug. Die Gegner versuchte er lange mit erstaunlichem Erfolg auseinanderzuhalten. Die Angst vor einem erneuten allgemeinen Krieg half ihm dabei entscheidend – man dachte, es sei nicht unweise, dem König von Frankreich seine örtlichen Gewinne zu gönnen, vorausgesetzt, daß die Hauptfrage, die der spanischen Erbschaft, auf diplomatischem Wege geregelt werden konnte. Wie gegen den Spruch eines griechischen Orakels kämpfte die europäische Diplomatie Jahrzehnte hindurch gegen das Gespenst eines spanischen Erbfolgekrieges – zuletzt ist dieser neue Weltkrieg der Dynastien doch ausgebrochen. Der erste Partagevertrag stammt schon aus dem Jahre 1668, zwei andere sollten folgen. Dieser erste Vertrag ist geschichtlich insofern von besonderem Interesse, als Ludwig XIV. sich hier mit der Wiedervereinigung von Spanien und Österreich einverstanden erklärte, vorausgesetzt, daß alle spanischen Nebenländer an Frankreich fielen, also die Niederlande, die Freigrafschaft Burgund, Neapel mit Sizilien, die afrikanischen Kolonien sowie die Philippinen. Das wichtigste Interesse Frankreichs, die Ausdehnung nach Osten, die Zerschlagung der alten deutschen Grenze, wäre damit erreicht gewesen. Um dieses Problem handelte es sich in den Einzelkriegen, die die große Auseinandersetzung um die spanische Erbschaft nunmehr einleiteten. Schon vor dem ersten Partagevertrag hatte Ludwig XIV. seine Aktion begonnen. Er erhob aufgrund privatrechtlicher Bestimmungen Alt-Flanderns Anspruch auf einen Teil der spanischen Niederlande, Spanien beantragte Reichshilfe für diesen bedrohten Reichsteil, den burgundischen Kreis, die Kurfürsten lehnten aber jedes Eingreifen ab, denn der König von Frankreich hatte durch Sonderabkommen mit den wichtigsten westdeutschen Fürsten Spanien und die Niederlande isoliert. Kurmainz, Kurköln, Münster und Pfalz-Neuburg, also die wichtigsten rheinisch-westfälischen

Nachbarn, waren französische Bundesgenossen. Westeuropa schickte sich an, Mitteleuropa zu zertrümmern. Holland erkannte die französische Gefahr am schärfsten – von Holland aus wurde die Tripelallianz zwischen Holland, England und Schweden zustande gebracht, eine nordisch, see- und kolonialpolitisch gefärbte Verbindung, die einen leidlichen Frieden für Spanien vermittelte. Österreich hatte sich nicht am Kampf beteiligt, da es die geheime Verständigung mit den Franzosen durch den erwähnten Partagevertrag vorzog, es sicherte Ludwig XIV. ausdrücklich Neutralität zu (1671). Dadurch war ein weiteres Vorgehen Frankreichs ermöglicht.

Eine Reihe von Verträgen Frankreichs mit deutschen Fürsten kamen nun zustande. Kurbrandenburg schloß eine Geheimallianz auf zehn Jahre, sicherte Truppenhilfe zu, versprach Mitwirkung bei der Erneuerung des Rheinbundes, erhielt Aussicht auf den spanisch gebliebenen Teil von Geldern und eine Jahresdotation von 40000 Taler sowie 150000 Taler Werbegelder. Der Kurfürst von der Pfalz verheiratete seine Tochter Elisabeth Charlotte mit dem Herzog von Orleans, dem Bruder Ludwigs XIV., er ließ sich mittels französischen Druckes das sogenannte Wildfangrecht erneuern (die pfalzgräfliche Besteuerung unehelich Geborener und Fremder im Reich) und gab gleichfalls sein Neutralitätsversprechen. Noch besser schnitt Frankreich mit den katholischen Wittelsbachern in Bayern ab. Bayern verpflichtete sich, im Falle des Akutwerdens der spanischen Erbfrage einen Reichskrieg zu verhindern, österreichischen Truppen den Durchmarsch zu verweigern, im Falle einer Kaiserwahl dem französischen König seine Stimme zu geben – der Kurfürst von Bayern selbst sollte dann römischer König werden und mit österreichischem Lande entschädigt werden, dabei war besonders an Böhmen gedacht. Von Böhmen aus waren die Habsburger am angreifbarsten. Ähnliche Verträge kamen zustande mit den rheinischen geistlichen Kurfürsten, mit Münster, Pfalz-Neuburg und den Braunschweiger Herzögen. Kursachsen nahm wenigstens ein Geldgeschenk von Frankreich an! Frankreichs militärische und wirtschaftliche Überlegenheit zersprengte das Reich, die wichtigsten Reichsfürsten befanden sich in einem mehr oder weniger öffentlichen Abhängigkeitsverhältnis zur französischen Krone. So wuchsen deutsche und französische Geschichte für eine ganze Epoche ineinander, Ludwig XIV. gehört genau so wie später Kaiser Napoleon I. der deutschen Geschichte so gut an wie der französischen. Der König von Frankreich wurde als ein Held bewundert, gefeiert, nachgeahmt, die herrschende Klasse französierte sich und entfernte sich auch darum von der mittleren und unteren Schicht. Ein gesamtdeutsches Nationalgefühl bestand ja noch nicht, leise Ansätze machten sich nur da und dort geltend. Das tiefe Mißtrauen gegen alles Spanische wirkte ungünstig für das Wiener Haus Habsburg – am Rhein und in Norddeutschland galt es als gefährlicher denn der König von Frankreich.

Es gelang der französischen Diplomatie durch die überaus geschickte Anwendung des Subsidien- und Pensionsprinzips die Tripelallianz zu sprengen und Holland völlig zu isolieren. Aber der plötzliche Überfall auf Holland veränderte die internationale Lage doch schnell. Der Große Kurfürst vollzog eine der für ihn so bezeichnenden Schwenkungen und ging zu den Holländern über. Der Wiener Hof ärgerte sich über die französische Aktivität in Ungarn und in Polen, so verständigte er sich mit Holland, Brandenburg und Dänemark über die Aufrechterhaltung des bisherigen Status. Der Große Kurfürst suchte zuerst Sonderverständigung mit Frankreich, schloß aber dann doch mit dem Kaiser ab. Nun hetzte Frankreich seinen alten Freund Schweden auf Brandenburg. Aber Schweden schnitt schlecht ab, der Krieg sprang auf die Ostseeprovinzen über. In Holland hatte sich inzwischen ein politischer Umschwung vollzogen, Prinz Wilhelm von Oranien übernahm die Generalstatthalterschaft, die Verteidigung des schwer bedrängten Landes wurde von ihm erfolgreich organisiert. Der Todfeind der französischen Hegemonialpolitik begann damit seine ruhmreiche Laufbahn. Kaiser und Reich traten nun endlich auch aktiv in den Krieg ein, die französischen Heere erwiesen sich aber als schlagkräftiger. Auf dem Friedenskongreß in Nymwegen gelang es den französischen Unterhändlern, die Verbündeten zu trennen. Holland schloß zuerst allein ab (1678) – glänzend hatte sich dieser Hauptgegner Ludwigs XIV. behauptet. Der leidtragende Teil war wiederum Spanien – es verlor weitere Plätze in den Niederlanden und die Freigrafschaft Burgund. Man sieht, wie der König von Frankreich dem Hauptziel des ersten Partagevertrages einen wesentlichen Schritt näher kam. Von einer Wahrung deutscher Reichsrechte sagte der Friedensvertrag nichts. Lothringen blieb vorläufig in französischer Hand, da sich der Herzog auf die französischen Bedingungen nicht einlassen wollte. Frankreich verzichtete auf das Besatzungsrecht in Philippsburg, erhielt aber Freiburg, so griff es über den Rhein und faßte Fuß im sogenannten vorderösterreichischen Lande (dem Breisgau). Der Kaiser verpflichtete sich auch, die noch mit Schweden kriegführenden Staaten nicht zu unterstützen. Der Kurfürst von Brandenburg, der so oft die Partei gewechselt hatte, sah sich nun also von seinen Verbündeten im Stich gelassen. Von Frankreich konnte er nach allem, was vorgegangen war, keine behutsame Behandlung erwarten – als der rechte betrogene Betrüger. Er hatte bedeutende Erfolge errungen, zu Anfang im Elsaß, wo man ihn zuerst den Großen Kurfürsten nannte, und dann gegen die Schweden. Der Sieg von Fehrbellin über die Schweden kennzeichnete den Beginn der brandenburgisch-preußischen Großmachtstellung – die Auswirkung kam aber später, im Augenblick mußte der Kurfürst die Folgen seiner diplomatischen Methoden tragen. Im Vertrag von St. Germain (1679) erhielt Brandenburg lediglich einen Landstreifen am rechten Oderufer sowie den Verzicht Schwedens auf seinen Anteil an den hinterpommerschen Seezöllen. Es blieb dem Kurfürsten nichts übrig, als reuig zur französischen Allianz zurückzukehren. Er nahm von Ludwig XIV. 300000 Taler als Kriegskostenentschädigung an – eine der wunderlichsten Zahlungen dieser Art selbst in der vorurteilslosen Barockzeit: ein deutscher Fürst ließ sich hier von Frankreich entschädigen für Kosten, die er im Kriege gegen Frankreich gehabt hatte! Die Ergänzung dieses Friedensvertrages war die sogenannte »Engere Allianz« von St. Germain. Gegen Verbürgung seines Besitzstandes und die jährliche Zahlung von 100000 Livres verpflichtete sich Kurfürst Friedrich Wilhelm, Frankreich den Durchzug durch sein Gebiet zu gestatten, seine Festungen einzuräumen, bei der polnischen Königswahl für den französischen Kandidaten, bei der Kaiserwahl für Ludwig XIV. oder den von ihm benannten Kandidaten einzutreten. Die von Jahr zu Jahr steigenden Subsidien ermöglichten es dem Kurfürsten, eine Flotte zu bauen, seine afrikanische Handelskompagnie zu begründen und einen Stützpunkt an der Guineaküste zu erwerben. Nur das Bündnis mit Kurbrandenburg ermöglichte es andererseits dem König von Frankreich, seine »Reunionen« durchzuführen.

Die Westgrenze Deutschlands befand sich in einem Zustande völliger Zersetzung.

Wirtschaftlich, verwaltungstechnisch, lehns- und privatrechtlich herrschte ein unentwirrbares Durcheinander von Beziehungen und Ansprüchen, nicht zur Freude der Einwohner und zum Ärger der Landeshoheiten. Die französische Königsgewalt stellte ein neues organisatorisch-dynamisches Prinzip dar, das jedem greifbare Vorteile versprach, der sich ihm anschloß. Der König von Frankreich gehörte tatsächlich zum Reich, er erstrebte die Kaiserkrone. Ausländer hatten sie schon früher getragen – waren doch die Habsburger mehr spanisch als deutsch. Etikettemäßig stand dem Kaiser der höchste Rang in der Christenheit zu, die Prärogative des Hauses Habsburg wurmte den König von Frankreich in einer Zeit, die wie das Barock die Etikette so wichtig nahm als das Symbol tatsächlicher Macht. Frankreich erweiterte seine Besitzungen im Reich, es klärte seine Rechtstitel – dahinter stand der militärisch-geopolitische Drang zur Rheingrenze und der dynastisch-universalistische Wille zur Kaiserkrone. Vom französischen Standpunkte aus bot die spanische Erbschaft Aussichten in dieser Richtung. Vereinigte sich noch einmal Spanien mit Österreich, dann beanspruchte Frankreich zum Ausgleich die spanischen Nebenländer und die Kaiserkrone. Das Haus Habsburg und das Reich wären damit voneinander getrennt worden, sehr zur Befriedigung vieler deutscher Reichsstände, und zwar nicht nur der protestantischen. Insofern sind die Reunionen gleichfalls geschichtlich mit der spanischen Erbschaft verbunden.

Die Reunionen. Die Türken vor Wien

Auch jetzt gab sich die französische Politik legistisch. Schon unter Philipp dem Schönen hatte es Reunionskammern gegeben – Gerichtshöfe, die eingesetzt wurden zur Schlichtung und Klärung lehnsrechtlicher Verhältnisse. Frankreich verlangte jetzt, daß alle Gebiete, die in irgendeinem solchen Abhängigkeitsverhältnis zu bereits abgetretenen Bezirken gestanden hatten, mit diesen französisch gewordenen Gebieten wiedervereinigt werden sollten. Die absichtlichen Unklarheiten des Westfälischen Friedensvertrages fanden nun eine späte Sühne. Alle Verträge seit 1552 wurden geprüft, der ganze Rattenkönig ständischer und feudaler Gerechtsame mußte sich die harte Kritik der römisch geschulten Kronjurisprudenz des allerchristlichsten Königs gefallen lassen. Die gefällten Entscheidungen wurden sofort vollstreckt, von einer Berufung war nicht die Rede, das Reichskammergericht blieb unbeachtet. Es vollzog sich eine außergewöhnliche politische Aktion unter dem Deckmantel eines Rechtsstreites. 1680 war bereits das ganze Elsaß außer Straßburg und Mülhausen der französischen Krone zugewiesen; von rheinischen Landesherrschaften waren Saarbrücken und Zweibrücken, mehrere kurtrierische und kurpfälzische Gebiete, luxemburgische Abteien und Schlösser, auch Teile des Bistums Lüttich betroffen. Die ganze deutsche Westgrenze geriet in Bewegung, viele Stände bemühten sich in Paris mit Erfolg um Sondervorteile. Steigende Entrüstung war die Gegenwirkung im Reich, sie erreichte ihren Höhepunkt, als auch Straßburg nach sorgfältiger Vorbereitung durch Frank-

Der Marktplatz von Straßburg gegen Ende des 17. Jahrhunderts

reich übernommen wurde. Die Stadt hatte in allen Wirren der Zeit immer eine straßburgische Neutralitätspolitik auch gegen das Reich zu treiben versucht, nun sah sie sich abgeschnitten und verlassen; Magistrat und Zünfte kamen überein, der überlegenen Gewalt zu weichen. Ein Verrat fand nicht statt, war auch gar nicht notwendig (1681). Ein gewisses Maß von Selbstverwaltung wurde der Stadt von den Franzosen aus Gnaden belassen.

Solche Ereignisse beschleunigten die Verabschiedung der neuen Reichskriegsverfassung. Man unterschied die armierten und die nicht armierten Stände. Die armierten Stände behielten die Verfügung über ihre Heere, es waren dies alle größeren. Die Aufgabe bestand darin, die kleineren Stände, die keine Truppen aus eigener Kraft aufbringen konnten, zu organisieren und so von Reichs wegen zu einer Reichsarmatur zu kommen. Der Kaiser schloß eine Anzahl von Verträgen mit Reichsfürsten, ebenso mit Spanien und Holland. Der König von Schweden war gekränkt, weil sein Stammland Zweibrücken den Reunionen zum Opfer gefallen war – er ließ sich gewinnen. Dagegen verpflichtete sich der Große Kurfürst gegenüber den Franzosen sogar zur Verteidigung der Reunionen! Entscheidend für die europäische Lage war, daß der auf zwanzig Jahre vom Kaiser mit den Türken geschlossene Waffenstillstand zu Ende ging. Eine große ottomanische Angriffsbewegung gegen das Haus Habsburg begann, gefördert von der französischen Diplomatie, wirksam vorbereitet durch die antihabsburgische ungarische Magnatenpartei, der sich das von Frankreich unterstützte Siebenbürgen anschloß. Die Türken drangen siegreich vor bis Wien, der Kommandant Graf Rüdiger von Starhemberg hatte wenig Truppen, selbst seine Umsicht und Tatkraft konnte nur eine kurze Zeit die Verteidigung aufrechterhalten. Gerade noch rechtzeitig erschien das Entsatzheer (1683), viele deutsche Fürsten wirkten unter dem Reichspanier zusammen mit dem König Johann III. Sobieski von Polen, der sich weitblickend seit Jahren um ein antitürkisches Bündnis bemüht hatte. Auch die römische Kurie hatte darauf hingearbeitet, der Kreuzzugsüberlieferung getreu. Frankreich aber benutzte die Augenblicke der höchsten Bedrängung Habsburgs durch den türkischen »Kettenhund«, um erneut in die spanischen Niederlande einzufallen. Der Kaiser konnte einen Zweifrontenkrieg nicht wagen – der Sieg über die Türken mußte verfolgt werden: mit Ludwig XIV. wurde deshalb ein Waffenstillstand auf zwanzig Jahre geschlossen, der diesen vorläufig im Besitze seiner Eroberungen beließ. Der Krieg im Osten gestaltete sich zu einem entscheidenden Erfolge für das Haus Habsburg. Rußland, Venedig, Schweden und nun auch Brandenburg halfen dem Kaiser – der größte Teil von Ungarn, dazu Slawonien und Siebenbürgen wurden genommen, Ungarn verzichtete auf sein Wahlrecht, es erkannte jetzt das Erbrecht der Habsburger auf die Stefanskrone an, Erzherzog Josef, Kaiser Leopolds ältester Sohn, wurde zum ungarischen Erbkönig gekrönt. So vollendete sich die allmähliche Absonderung Österreichs vom Reiche – der Schwerpunkt der Habsburger Besitzungen verschob sich nach Osten.

Die Aufhebung des Edikts von Nantes. Die Augsburger Koalition

Die erneute Schwenkung des Brandenburger Kurfürsten war auch mit beeinflußt durch die Aufhebung des Edikts von Nantes durch Ludwig XIV. (1685). Der französische König glaubte an sein Königsrecht, wozu die Bestimmung der von ihm für richtig gehaltenen Religion für seine Untertanen gehörte. Die zwei Millionen Hugenotten in Frankreich bedeuteten seit Richelieus Zeit keine politische Gefahr mehr für den französischen Staat. Die jetzt beginnende brutale Verfolgung ließ einem erheblichen Teil von ihnen keine andere Wahl als die der Auswanderung in die Fremde. Der Große Kurfürst beantwortete die Aufhebung des Edikts von Nantes durch das Edikt von Potsdam. 20000 Flüchtlinge haben in Kurbrandenburg allein Unterkunft gefunden. Andere bevorzugte Stätten der Hugenottensiedlung in Deutschland waren Erlangen, Kassel, Friedrichsdorf (im Taunus). Samt- und Seidenmanufaktur, Buchbinderei, Sprachkenntnis, Körperkultur, Fechten und Tanzen wurden durch die französischen Einwanderer in dem gastlichen Deutschland verbreitet. Ihre kaufmännische und menschliche Zuverlässigkeit stand bald in hohen Ehren. Die Berliner Geistigkeit formte sich wesentlich auch durch den französischen Einschlag. Gerade diese vertriebenen Söhne Frankreichs verbreiteten französische Kultur in Mitteleuropa. Es war freilich die Kultur der Frühzeit Ludwigs XIV., die sich in dieser protestantischen Abwandlung mehr und mehr von dem lebendigen, sich weiter entwickelnden Franzosentum entfernte. Bis zur großen Französischen Revolution haben die französischen Gemeinden in Deutschland ein ziemlich geschlossenes, eigenartig betontes, einflußreiches und geachtetes Dasein geführt. Erst später vollzog sich die völlige Eindeutschung, wenn auch viele Familien mit Stolz die Überlieferung hochhielten.

Die Austreibung der Hugenotten erwies sich als politisch sehr verhängnisvoll für Ludwig XIV., selbst abgesehen von dem Verlust an Intelligenz und Gewerbefleiß. Die Glaubensflüchtlinge verstärkten die Abwehrfront gegen die französische Hegemonie, in Schweden so gut wie in England, in Holland und in Kurbrandenburg. 1686 schloß der Große Kurfürst ein zwanzigjähriges Schutzbündnis mit dem Kaiser. Er verpflichtete sich jetzt zur Verteidigung der spanischen Niederlande und zur Wahl von Leopolds ältestem Sohne zum Kaiser. Mit sauersüßer Miene übernahm die Wiener Hofburg die fälligen französischen Subsidienzahlungen an Brandenburg. Da der Kurfürst zwei Jahre später starb, ist er diesen Verabredungen zum ersten Male treu geblieben. Das »Wechselfieber«, das dem brandenburgischen Kurfürsten spöttisch nachgesagt wurde, packte gleichfalls die andern deutschen Potentaten, wenn auch mit geringerer Heftigkeit. Kurbayern wandte sich unter dem jungen ehrgeizigen Max Emanuel dem Kaiser zu, er schloß ein Defensivbündnis und gewann die Hand der Tochter Kaiser Leopolds I. aus seiner ersten, der spanischen Ehe. Diese Verbindung bekam hochpolitische Bedeutung. Die Erzherzogin Maria Antonia verzichtete auf ihre spanischen Erbrechte zugunsten des Kaisers und seiner männlichen Nachkommen, erhielt aber für sich und ihre Erben den Anspruch auf die spanischen Niederlande oder gleichwertigen Ersatz. Damit war eine neue Lösung für das Zentralproblem des Zeitalters, die Zukunft der spanischen Niederlande, ins Auge gefaßt – sie konnten selbständig werden, unter einem eigenen Regenten: das spätere Belgien kündigte sich hier an.

König Ludwig XIV. fühlte wohl, wie sich seine europäische Stellung abschwächte. Vergebens bemühte er sich, den geschlossenen Waffenstillstand in einen wirklichen Frieden umzuwandeln. Der Kaiser und seine Verbündeten erneuerten ihre Laxenburger Allianz, seit 1686 heißt sie die Augsburger Koalition. Die Stellung des Hauses Stuart in England gestaltete sich damals immer schwieriger – die glorreiche Revolution sollte Frankreich seines jahrelangen Verbündeten berauben (1688). Ludwig versuchte die letzte noch verhältnismäßig günstige Gelegenheit zu benutzen, um eine Entscheidung herbeizuführen. 1685 starb die kurpfälzische Linie aus, Kurpfalz kam an die katholische Nebenlinie Pfalz-Neuburg. Ludwig XIV. erhob Ansprüche für seinen Bruder, den Gemahl der pfälzischen Prinzessin Elisabeth Charlotte – Ansprüche, die nach Reichsrecht nicht einmal für den Allodialnachlaß gelten konnten (Allod = Eigenbesitz, im Gegensatz zum Lehnsgut). Den unmittelbaren Anlaß zum Vorgehen bot der Streit um die Kölner Erzbischofswahl: der französische Kandidat fiel durch, der Wittelsbacher Josef Clemens siegte. Der Wittelsbacher Einflußbereich näherte sich also den Niederlanden. Kurköln war Frankreichs wichtigster Verbündeter am Rhein gewesen. Ludwig XIV. ließ seine Heere in Westdeutschland einmarschieren, er hoffte, ohne Krieg die Einsetzung seines Kandidaten in Kurköln und die Anerkennung der Reunionen zu erreichen. Der Kaiser gab aber diesmal nicht nach. Die norddeutschen Territorialfürsten schlossen sich der Augsburger Koalition an, der Reichskrieg gegen Frankreich wurde erklärt. Entscheidend für die Zukunft war, daß der Kaiser seine religiösen Bedenken zurückstellte und zum ersten Male ein Bündnis mit den Generalstaaten, den nördlichen Niederlanden, einging. In England herrschten jetzt Wilhelm von Oranien und seine stuartsche Gemahlin Mary – auch England trat nunmehr der großen Koalition bei –, das Ziel war die Wiederherstellung des Westfälischen und des Pyrenäenfriedens. Spanien und Savoyen schlossen sich im nächsten Jahr an. Frankreich sah sich umstellt, beide Lager waren jetzt aufmarschiert zu der entscheidenden weltpolitischen Auseinandersetzung. Zum ersten Male entstand in Deutschland etwas wie ein Volkshaß gegen die Franzosen – die gründliche Verwüstung der Rheinpfalz nach den neuesten Kriegsmethoden, die zweimalige Zerstörung von Schloß und Stadt Heidelberg erbitterte die öffentliche Meinung. Noch überschattete ja das dynastische Interesse das nationale Empfinden. Distrikte und Gaue wurden hin und her geschoben, ohne daß jemand nach der Meinung und dem Gefühl der Untertanen fragte. Die Obrigkeiten kümmerten sich wohl um die kirchliche Zugehörigkeit, weil sie politisch etwas bedeuten konnte, sprachliche und kulturelle Momente kamen aber kaum in Betracht, schon angesichts der vorhandenen Unbildung der unteren Volksschicht. Die Beamten Ludwigs XIV. dachten nicht daran, die neuen deutschen Untertanen ihres Königs zu französieren. Die obere Klasse der Einwohner verstand genug Französisch für die notwendigen Verwaltungsaufgaben, Französisch war ja die geläufige Sprache der europäischen Oberschicht geworden. Das Wichtigste der Staatsverwaltung blieb das Steueraufkommen und die Rekrutierung. Das lokale und private Leben der Untertanen verlief im wesentlichen ungestört, schon weil es an Beamten fehlte, dieses Leben zu begreifen und zu erfassen. Der Staat überließ die Sorge um die kleinen Leute dem Baron und dem Pfarrer. Nur das macht die zahllosen Territorialverschiebungen in der Zeit des Absolutismus verständlich. Die hohen Obrigkeiten wechselten, aber für die Masse der Untertanen veränderte sich nichts Wesentliches. Deshalb ist diese Empörung in Deutschland über das Vorgehen der Franzosen in der Rheinpfalz so etwas Neues und Bedeutsames. Die politische Anmaßung und die Brutalität der modernen Waffentechnik erweckten nicht bloß den üblichen Fremdenhaß und den Abscheu vor der Kriegsfurie. Es wallte auf ein moderneres Gefühl der Abwehrpflicht auf Grund volksmäßiger Zusammengehörigkeit. Dies Gefühl wallte freilich wieder ab – aber der politische Nationalismus hatte sich angekündigt.

Der Kaiser und seine Verbündeten sahen sich also jetzt endlich in der Lage, an zwei Fronten, im Osten und im Westen, zugleich Krieg zu führen. Mitteleuropa wappnete sich. Im Kampf gegen die Türken zeichnete sich besonders der tüchtige, nie verdrossene Markgraf Ludwig von Baden aus, dem der Volksmund den Namen des »Türkenlouis« verlieh. Noch heute sieht man seine orientalischen Trophäen im Karlsruher Schloß. Er machte sich auch verdient um die Reichsarmatur. In Südwestdeutschland entstand eine besondere Assoziation zum Unterhalt der Truppen auch in Friedenszeit – im Hinblick auf mögliche französische Überfälle. Kurfürst Max Emanuel von Bayern wurde nun Statthalter der spanischen Niederlande. Das sollte die Abwehr kräftigen, der Kurfürst hoffte daneben auch, hier Fuß fassen zu können für die kommende Erbschaftsauseinandersetzung. Im Reich erfolgte die Wahl Erzherzog Josefs zum römischen König, französische Ansprüche fielen durch. Eine Krise rief aber die Errichtung der neunten Kur hervor.

Der Herzog Ernst August von Hannover arbeitete schon lange auf diese höchste, für einen Reichsfürsten erreichbare Würde hin. Der Übergang von Kurpfalz an ein katholisches Haus förderte seine Pläne, da die Zahl der protestantischen Stimmen im Kurkollegium nunmehr auf zwei sank. Über alle westdeutschen Kurstimmen verfügten nun die Katholiken. Ernst Augusts Gemahlin war die Tochter des Winterkönigs und der stuartschen Elisabeth – so entstanden die Ansprüche der hannoverschen Fürstenfamilie auf den Thron von Großbritannien. Die hannoversche Thronfolge wurde ein Faktor der internationalen Politik, die oranische Abwehrstellung gegen Frankreich bekam von daher wirksame Unterstützung, Hannover und sein Rang im Reich erhielten deshalb eine Wichtigkeit, die sie sonst nicht gehabt hatten. Ernst August und seine Gemahlin waren energisch, hochgebildet, geschickt und weltläufig, sie machten aus ihrem Hofe einen geistigen Mittelpunkt – die Anwartschaft auf Höheres schien auch darum wohlverdient. Der Herzog hatte große Schwierigkeiten zu überwinden – die braunschweigischen Vettern, seine eigenen jüngeren Söhne, widerstrebten wegen Erbschaftsinteresse, den Kaiser quälten starke religiöse und politische Bedenken. Erst als der Herzog eine Vermittlungspartei unter den Fürsten bildete und so die erfolgreiche Durchführung des Reichskrieges gegen Frankreich gefährdete, gab der Kaiser nach (1692). Ernst August bekam die neunte Kur und erhielt das Amt des Reichserzbannerherrn – drei katholische Kurfürsten und viele Fürsten protestierten aber, ein neuer Fürstenverein gegen die Kurfürsten bildete sich, das Reich war gelähmt. Immerhin hatte der Kaiser mit Kurhannover die »Ewige Union« abgeschlossen – das Zusammengehen der Habsburger und der Welfen, besonders auch in der spanischen Erbfolgefrage, war gesichert. Diese dynastische Verbindung wirkte noch lange weiter, der Haß gegen Brandenburg-Preußen vereinigte die Interessen von Österreich und Hannover.

Beide Lager standen sich erschöpft gegenüber, ein baldiger völliger Sieg einer Seite war ganz unwahrscheinlich, die eigentliche große Streitfrage, die spanische Erbschaft, konnte doch nicht entschieden werden, da sie noch nicht fällig war, und die Hoffnung auf gütliche Regelung nahm eher zu als ab. Alle Voraussetzungen für einen Verständigungsfrieden schienen also gegeben. Ludwig XIV. sprengte zunächst den Herzog von Savoyen von der Koalition ab, indem er ihm die Festung Pignerolo überließ. Ohne Savoyen war in Italien kein Krieg mit Erfolg durchzuführen, der Kaiser und Spanien schlossen also für Italien einen Neutralitätsvertrag mit Frankreich. Nun konnte bloß der allgemeine Frieden folgen. Ludwig XIV. mußte große Zugeständnisse machen, König Wilhelm von Großbritannien, der Oranier, war sein stärkster diplomatischer Gegenspieler auf dem Friedenskongreß zu Rijswijk in Holland (1697). Frankreich erkannte den Wittelsbacher Josef Clemens als Kölner Kurfürsten an und verzichtete auf pfälzische Ansprüche; es gab Lothringen endlich heraus sowie alle durch die Reunionen besetzten Gebiete außerhalb des Elsasses einschließlich Luxemburgs; er trat Freiburg und Breisach an den Kaiser, Kehl an das Reich ab. Französisch blieben nur das Elsaß einschließlich Straßburgs und Saarlouis. Den Frieden verunzierte ein Schönheitsfehler – die sogenannte Rijswijker Klausel. Sie besagte, daß in den von Frankreich zurückgegebenen Gebieten die katholische Religion im gegenwärtigen, das heißt in dem von Frankreich hergestellten Zustand erhalten bleiben sollte. Der König von Frankreich fühlte sich jetzt als Erbe und Vollstrecker der spanischen Gegenreformation, im Gegensatz zu dem habsburgischen Kaiser, der ja Bündnisse mit Ketzern nicht scheute: dieses Motiv eines kämpferischen Klerikalismus setzte sich bei Ludwig durch, je näher die Entscheidung über die spanische Erbschaft kam.

Sachsen und Polen. Die preußische Königskrone

Frankreich erlitt eine neue Niederlage bei der polnischen Königswahl 1697. Die Nachfolge König Johanns III. Sobieski war umstritten, es kam zu einer Doppelwahl. Kurfürst Friedrich August von Sachsen trat zum Katholizismus über, um die polnische Königskrone zu erlangen. Der französische Kandidat war Prinz Conti, er erschien mit einer französischen Flotte vor Danzig – aber der sächsische Kurfürst war näher und schneller, er marschierte in das Königreich ein. Die Personalunion mit Polen änderte den lutherischen Charakter Kursachsens in keiner Weise, der Kurfürst behielt den Vorsitz des Corpus Evangelicorum im Reichstag, das Land behauptete sogar eine stärkere Unabhängigkeit als zuvor gegenüber dem katholisch gewordenen Hofe. Kulturell bedeutete die zwei Menschenalter dauernde Verbindung für beide Teile sehr viel, der deutsch-slawische Blut- und Geistesaustausch erhielt wertvolle Antriebe. Die Verlegung des Schwerpunktes der deutschen politischen Betätigung nach Osten erfuhr neue Förderung.

Die Rang- und Machterhöhung Kursachsens durch die Verbindung mit Polen erregte die Eifersucht Kurbrandenburgs. Der seinerzeit als möglich vorgesehene Rückfall des Herzogtums Preußen an Polen brachte jetzt Brandenburg in eine ungeschickte Lage gegenüber seinem alten sächsischen Wettbewerber, eine Klärung der preußischen Angelegenheit erschien dringend erwünscht. Kursachsen schien den Weg zu einer europäischen Großmachtstellung beschritten zu haben, Brandenburg gedachte nicht zurückzubleiben. Sein ganzes Leben lang hatte der Große Kurfürst für eine einheitliche Armee- und Finanzorganisation gekämpft. Um den märkischen Adel zur Bewilligung des Kriegsgefälles zu bewegen, hatte er ihn in allen seinen Privilegien, besonders in seinen gutsherrlichen Rechten über die leibeigenen Bauern bestätigt. Erbittert widerstrebten die Landstände, besonders in Cleve-Mark und im Herzogtum Preußen – im letzteren kam es zur Steuerverweigerung und zur rückhaltlosen Verfolgung der Vorkämpfer der ständischen Freiheiten, wie des Schöppenmeisters Hieronymus Roth von Königsberg. Nur durch diese harte Politik gegenüber allen örtlichen Widerständen vermochte der Große Kurfürst das Heer aufrechtzuerhalten und durch das Heer eine so bedeutende Rolle in der europäischen Politik zu spielen. Merkwürdig bleibt, daß dieser brutale Vorkämpfer des partikularen Absolutismus doch in seinem letzten Willen die Ausstattung seiner jüngeren Söhne mit Fürstentümern aus der staatlichen Erbmasse bestimmte. Der Thronfolger setzte sich freilich darüber hinweg und fand seine Stiefbrüder mit Geld ab, zum Zorne der Stiefmutter, die auf den alten Kurfürsten solchen Einfluß gewonnen hatte. Wegen eines Familienzwistes wäre also fast die Zukunft Brandenburg-Preußens gefährdet worden! Kurfürst Friedrich III. war persönlich wenig bemerkenswert. Noch einen anderen Streich hat er seinem überragenden Vater gespielt, offenbar nicht ohne eine gewisse Befriedigung. Bei den Verhandlungen mit dem Kaiser war die Zukunft der drei schlesischen Herzogtümer Liegnitz, Brieg und Wohlau ein gewichtiger Streitpunkt gewesen. Die hier herrschenden Piastenherzöge hatten eine Erbverbrüderung mit den Hohenzollern geschlossen – sie waren aber Vasallen der Krone Böhmen, ihre Lande wurden also nach dem Aussterben der Piastenfamilie ordnungsgemäß vom Kaiser als dem König von Böhmen eingezogen. Böhmen hatte die

Erbverbrüderung nie bestätigt, die Piasten hatten als Afterlehnsträger keine Reichsunmittelbarkeit, sie waren gar keine Reichsfürsten; Kaiser Leopold I. fühlte sich zudem durch den böhmischen Krönungseid zur Aufrechterhaltung der Unversehrtheit der Länder der Wenzelskrone nach seinem Gewissen verpflichtet – so beschwichtigte denn der Kaiser die brandenburgischen Ansprüche durch die Anwartschaft auf Ostfriesland und durch die Abtretung des Kreises Schwiebus. Die Rückgabe des letzteren ließ sich aber die Wiener Hofburg in einem geheimen Revers von dem damaligen Kurprinzen hinter dem Rücken seines Vaters versprechen. Nach dem Tode des Großen Kurfürsten fiel der Kreis auch wirklich zurück. Die brandenburgischen Räte erklärten aber, daß nun die schlesischen Ansprüche wieder in Kraft träten. Diese Haltung verblüffte jetzt die kaiserlichen Räte, denn da wäre ja die ganze Schiebung nicht nötig gewesen, im geheimen Revers war auch gar nicht davon die Rede, Ostfriesland blieb zudem als Entschädigung. Die Erklärung der brandenburgischen Räte wurde also nicht ins Protokoll aufgenommen. Der Zwischenfall ist wenig rühmlich für beide Teile – die schlesischen Kriege nahmen hier ihren Ursprung.

Kurfürst Friedrich III. zeigte beklagenswerte Schwäche als Regent. So ließ er sich die Gefangensetzung und Mißhandlung seines besten Ministers abpressen – des hochverdienten, auch menschlich hervorragenden Grafen von Danckelmann. Die Verschwendungssucht des kurfürstlichen Hofes brachte die bis dahin musterhaften Staatsfinanzen in jammervolle Unordnung. Das geistige Leben fand wenigstens jetzt einige Förderung. Die Kurfürstin Sophie Charlotte verpflanzte die Liebe zu allem Großen in Kunst und Wissenschaft aus ihrem heimatlichen feinen Hannover nach dem barbarischen Berlin. Der Philosoph Gottfried Wilhelm Leibniz († 1716) siedelte dahin über, nach seinen Plänen entstand die Akademie der Wissenschaften. Die Universität Halle wurde gegründet (1694), hier lehrten Samuel Pufendorf, bald zum brandenburgischen Hofhistoriographen ernannt, und der treffliche Thomasius. In der theologischen Fakultät fand der Pietismus eine Stätte schöpferischer Wirksamkeit, geduldet, ja gefördert von den verhältnismäßig vorurteilsfreien Hohenzollern.

Von Anbeginn seiner Regierung verfolgte Kurfürst Friedrich den Gedanken, die Königskrone zu erwerben. Alle Zeitumstände begünstigten den Plan – die hannoversche Kur, die Personalunion Kursachsens mit dem Königreich Polen, das Bedürfnis des Kaisers, die wetterwendischen Hohenzollern für die spanische Erbfolgefrage zu sichern. Das Herzogtum Preußen war ja souverän geworden, es stellte nur einen Teil Preußens dar, nicht ganz die Hälfte war polnisch geblieben – wollte sich der Herzog zum König machen, so brauchte er die Anerkennung des Kaisers und die Zustimmung Polens. Im Krontraktat verpflichtete sich nun der Kurfürst, die kaiserlichen Erbansprüche auf Spanien militärisch zu unterstützen. Darauf setzte er in Königsberg sich selbst und seiner Gemahlin die Königskrone auf (1701) – als souveräner König *in* Preußen. Der polnische Reichstag erhob Einsprache, die römische Kurie versagte die Anerkennung des Aktes bis 1786. Ein Übertritt der Hohenzollern zum Katholizismus nach kursächsischem Muster ist ernsthaft vom neuen König nicht in Betracht gezogen worden, wenn sich auch einige hilfsbereite Jesuitenväter in solcher Hoffnung wiegten.

Prinz Eugen

Um die Jahrhundertwende setzte sich die Erstarkung des deutschen Volkes innerhalb Mitteleuropas als eine Tatsache von überwältigender Bedeutung durch. Die Antwort auf die französische und die ottomanische Angriffsaktion war erfolgt. Im Westen stand Deutschland in aussichtsreicher Verteidigung – im Osten befand es sich mitten in glänzendem Gegenangriff. Durch den Frieden von Karlowitz erhielt der Kaiser ganz Ungarn ohne das Banat von Temesvar, ferner Siebenbürgen und den größeren Teil von Kroatien und Slawonien. Dieser triumphierende Ausgang der Türkenkriege war zum guten Teil das Werk einer Persönlichkeit, die für mehr als ein Menschenalter die militärischen und politischen Geschicke des Hauses Habsburg maßgebend beeinflussen sollte – des Prinzen Eugen von Savoyen († 1736). Er hat die neue Großmacht Öster-

Prinz Eugen von Savoyen gibt Befehle im Kampf gegen die Türken reich aus der Taufe gehoben. Seine politisch-militärische Doppelbegabung rückt ihn in die unmittelbare Nachbarschaft der größten Namen der neueren Geschichte – Friedrichs des Großen und Napoleons. Als ein jüngerer Sohn des Hauses Savoyen besaß er nur geringe Lebensaussichten – körperlich unansehnlich, ja dürftig, schien er nicht in die elegante französische Armee zu passen. In Wien herrschte damals noch der spanische Stil. Etikette, Beichtväter und Subsidien setzten die Überlieferungen König Philipps II. von Spanien fort, ohne die Weite seines politischen Wollens. Dagegen arbeitete der französische Einfluß, der sich die Träger der großen fürstlichen Namen Lobkowitz und Auersperg, die Hauptberater Kaiser Leopolds, zu sichern wußte. Gegen beide Gruppen setzte nun Eugen, dieser italienische Fürstensohn mit der französischen Vorgeschichte, etwas durch, was ausgesprochen österreichisch war – deutsch und noch etwas mehr als nur deutsch: europäisch, dynastisch, balkanisch. Das neue österreichische Staatswesen, das die Mission der Türkenvertreibung mit den europäischen Aufgaben der spanischen Erbschaft zu verbinden unternahm, mußte eine überlegene Staatsvernunft entwickeln, einen eigenen Stil, ein eigenes Personal. Prinz Eugen, der vornehmste unter den zahlreichen fürstlichen Feldherren der Türkenkriege, schuf sich eine Armee, ehe er sie führte; er sorgte, daß diese Truppe ordentliches Essen, anständiges Quartier und ausreichenden Ersatz bekam, daß sie sich gut führte, ja daß sie, wenn möglich, Siedlungsland erhielt im neuerschlossenen Osten und so das Ungarn- und Balkanland deutsch bevölkerte. Persönlich selbst gehemmt, wunderlich und ohne volle menschliche Erfüllung, einsam, kannte Eugen das Schicksal der Gedrückten und Enterbten, er wußte seine Leute durch Wort und Blick zu stärken, zur Tat bereit zu machen. Als Feldherr versuchte Prinz Eugen zur Vernichtungsstrategie fortzuschreiten, er liebte den Angriff durch Flankenumfassung. Geschichtlich steht er hier zwischen den beiden Schwedenkönigen Gustav Adolf und Karl XII. Prinz Eugen, der Rechner und Organisator, war stark interessiert an Naturwissenschaften und Künsten, er zeigte überall seinen sicheren Geschmack und Takt. Er baute sich das herrliche Belvedere-Schloß in Wien und stopfte es voll mit seinen Büchern, Stichen, zoologischen und botanischen Raritäten.

Die spanische Erbfolge

Wenn Österreich also um die spanische Erbschaft zu kämpfen hatte, dann besaß es einen Feldherrn. Brandenburg-Preußen sowohl wie Österreich gediehen zu einer ebenso deutschen wie außerdeutschen Großmachtstellung infolge des außenpolitischen Zwanges, eine große Armee zu finanzieren und mobil zu halten. Sie folgten auf diesem Wege der Militarisierung den älteren Großmächten Spanien, Frankreich, Schweden – besonders aber dem Ottomanischen Reich und seinem System des Heeresstaates. Der alte Gedanke, die spanische Erbschaft zu teilen, wurde bereits während des Krieges gegen die Augsburger Koalition von Ludwig XIV. wieder hervorgeholt, König Wilhelm III. von Großbritannien setzte sich energisch dafür ein – der allgemeine Frieden und das dem holländischen politischen Denken besonders geläufige europäische Gleichgewicht konnten nur bei einer vernünftigen Teilung gedeihen. Der zweite Partagevertrag von 1698 sah den bayerischen Kurprinzen, den Sohn Max Emanuels und der Erzherzogin Maria Antonia, als Erben Spaniens, der Niederlande und der Kolonien vor; der französische Dauphin sollte Neapel und Sizilien sowie Sardinien nebst Grenzgebieten an den Pyrenäen erhalten, für den Kaiser blieb das Herzogtum Mailand übrig. Der frühe Tod des bayerischen Kurprinzen zerschlug diese Möglichkeit. Nach dem dritten Partagevertrag trat nun Erzherzog Karl, der jüngere Sohn Kaiser Leopolds, an die Stelle des Kurprinzen, der Dauphin sollte auch noch Mailand bekommen; Spanien sollte weder mit Österreich, noch die spanischen Nebenländer mit Frankreich vereinigt werden. Beide Partageverträge blieben Verabredungen zwischen den Seemächten und Frankreich, der Kaiser trat nicht bei, er hoffte, durch das Testament des letzten spanischen Königs doch noch das ganze Erbe zu erhalten. Aber gerade in diesem Punkte sah er sich schwer enttäuscht. Die nationalspanische Hofpartei wollte überhaupt von einer Teilung nichts wissen, sie hielt patriotisch fest am Weltreichsgedanken, die französische Diplomatie benutzte diese Stimmungen bei der Bearbeitung König Karls II. – kurz, der schwerkranke spanische König setzte in seinem Testament den Herzog Philipp von Anjou, den zweiten Sohn des französischen Dauphin, also den jüngeren Enkel Ludwigs XIV., zum Erben ein. Das französische Doppelspiel schien zunächst erfolgreich zu sein – der alte spanische König starb, Philipp erschien im Lande, er fand überall Anerkennung als König. Einen billigen Ausgleich lehnte König Ludwig XIV. ab – die Seemächte schlossen nun mit dem Kaiser die große Allianz. Alle Partageverträge hatten die spanischen Niederlande von Frankreich getrennt halten wollen. Für Holland und England war dieser Punkt lebenswichtig – die beiden Seemächte versprachen dem Kaiser die spanischen Niederlande und die italienischen Besitzungen, während sie sich selbst an den spanischen Kolonien schadlos halten wollten. Ludwig XIV. mußte also für seinen Hegemonieanspruch den Kampf aufnehmen. Seiner alten Methode entsprechend gewann er sich einen hochwichtigen Verbündeten im Reich. Der dritte Partagevertrag bedeutete ebenso wie das Testament des spanischen Königs eine schwere Enttäuschung für den machtbedürftigen Kurfürsten Max Emanuel von Bayern. Er hatte sich nun gegen die Türken und in den Niederlanden treu und tapfer für die kaiserlichen Interessen eingesetzt, er wollte nicht leer ausgehen – besonders angesichts der Erfolge von Kursachsen, Kurhannover und Kurbrandenburg. Auch er hoffte auf eine Königskrone – nur Ludwig XIV. war bereit, sie ihm zu versprechen. Zunächst verpflichtete sich Kurfürst Max Emanuel zu wohlwollender Neutralität, dann ging er ein Angriffsbündnis mit Frankreich ein: gegen Subsidien wollte er ein Heer von 25 000 Mann aufstellen und zu den Franzosen stoßen, er sollte dafür die Kurpfalz und Pfalz-Neuburg als ein rheinisches Königreich erhalten, oder die Erbstatthalterschaft in den spanischen Niederlanden. Der alte westdeutsche Königstraum vom lothringisch-burgundischen Zwischenreich, mit dem auch Wallenstein geliebäugelt hatte, taucht also hier wieder auf. Von neuem erhob sich die Wittelsbacher Dynastie eifersüchtig gegen die Habsburger. Auch Max Emanuels Bruder, der Kurfürst von Köln, schloß sich an Frankreich an, das seinerzeit sich gegen seine Wahl gewehrt hatte. Die Wittelsbacher lenkten völlig zurück in ihre alte franzosenfreundliche Bahn. Strenggenommen besaß ja die österreichische Linie der Habsburger überhaupt kein Erbrecht, da Erzherzog Karl nicht ein Sohn der ersten Gemahlin Kaiser Leopolds, der spanischen Infantin, war, sondern der Sohn der dritten Gemahlin. Aber die ganze Frage war ja längst aus dem Dynastisch-Juristischen in den Bereich der großen europäischen Machtprobleme hineingewachsen. Wenn der König von Frankreich jenseits der Pyrenäenkette in Spanien und sogar jenseits der flandrischen Festungskette in den Niederlanden eine verwandte und befreundete Herrschaft sitzen hatte, dann lag ihm der Weg nach Deutschland offen, dann konnte er einen neuen Rheinbund bilden, dann konnte er Holland lähmen, England gefährden – dann besaß er die europäische Hegemonie – ja beinahe das karolingische Weltreich.

Der zweite Nordische Krieg

Gleichzeitig mit diesem Kampf Frankreichs um die Vormachtstellung in Europa focht Schweden um seine Großmachtstellung im Norden. Beide Garanten des Westfälischen Friedens hatten sich gegen feindliche Koalitionen zu behaupten. Während aber Frankreich über die früheren Erwerbungen immer weiter hinausgegriffen hatte, mußte Schweden seinen Gewinn von damals gegen die eifersüchtigen Nachbarn verteidigen. Dänemark, Polen, Rußland verbündeten sich gegen den jugendlichen Karl XII. Schwedens überragende Stellung im Norden ruhte auf schwachen Füßen. Seit Menschenaltern war nun der Krieg der eigentliche nationale Erwerbszweig gewesen, eine selbständige Entwicklung der Wirtschaft gelang noch nicht, das Land vermochte sich nicht vom beherrschenden holländischen Zwischenhandel frei zu machen. Die immer wieder drohenden Staatsbankerotte konnten nur durch ausländische Subsidien wettgemacht werden. Die Nebenländer oder besser kolonialen Ausbeutungsgebiete in Deutschland und an der baltischen Küste dienten nur zur Beschäftigung und Bereicherung unzufriedener Angehöriger der feudalen Oberklasse, das Land Schweden selbst hatte wenig Vorteil von diesem Besitz, lokale Rechte und Überlieferungen wurden überall unterdrückt, jede Selbständigkeitsregung eingesessenen Volkstums eifersüchtig überwacht. Das Rußland Peters des Großen drängte mit elementarer Wucht nach der Ostsee vor, Polen fühlte sich als alte und zu kurz gekommene Ostseemacht; es besaß nun in dem sächsischen Kurfürsten August dem Starken einen König, der gewaltige Zukunftspläne wälzte – ein mächtiges deutsch-slawisches Ostreich sollte unter seiner Herrschaft entstehen. Dänemarks alte Eifersucht auf Schweden machte es zum geschäftigen Teilhaber jeder gegen schwedische Interessen gebildeten Koalition. Lebhaft interessiert an kommenden Entwicklungen im schwedischen Kolonialbesitz zeigten sich Preußen und Hannover, die Nachbarn der schwedischen Herrschaftsgebiete auf deutschem Boden. Der zweite Nordische Krieg (1701–1721), der gleichzeitig mit dem spanischen Erbfolgekrieg und noch über ihn hinaus Europa beschäftigte, brachte den Kampf des jungen Königs Karl XII. gegen ein übermächtiges Schicksal; das Schicksalsmäßige lag freilich noch mehr in seinem Charakter als in den äußeren Umständen. Unter all den großen schwedischen Königen, die in die deutsche Geschichte mit eingegriffen haben, war dieser nun der gewaltigste und sonderbarste – ein Feldherrngenie, eine hinreißende, menschlich liebenswerte und anziehende Persönlichkeit, aber politisch unschöpferisch, ohne Instinkt für das durch den Augenblick Gebotene, ohne Augenmaß und Elastizität: ein selbstzerstörerischer Genius des Eigensinnes – im ganzen also ein Vernichter viel mehr als eine aufbauende Kraft, für Schweden zugleich Ruhm und Verhängnis. Der Niedergang der Großmacht Schweden machte die Bahn frei für eine gesunde Entwicklung des nördlichen und nordöstlichen Deutschland; die gefährlichere Nachbarschaft Rußlands mußte freilich dafür in Kauf genommen werden.

Der Weltkrieg der Dynastien

Sollte Deutschland wieder wie im Dreißigjährigen Kriege der Hauptschauplatz der militärischen Ereignisse werden? Wuchsen vielleicht die beiden großen Konflikte zusammen, trafen sie sich militärisch in Mitteleuropa, so wie sich die politischen Fäden hier kreuzten? Die frühere Interessengemeinschaft zwischen Frankreich und Schweden, die eine solche Entwicklung hätte zeitigen können, stellte sich nicht wieder her, die aus der Reunionspolitik stammende Entfremdung vertiefte sich durch die Ablehnung, die der gut lutherische Karl XII. dem gegenreformatorischen Fanatismus des französischen Königs zeigte. So spielte sich der neue Weltkrieg der Dynastien in zwei verschiedenen Lagern ab, Deutschland wurde nur teilweise berührt, deutsche Interessen standen aber im Westen wie im Osten gleichmäßig auf dem Spiele. Für die beiden werdenden deutschen Großmächte Österreich und Preußen bedeutete der neue Weltkrieg die Wachstumskrise. Der Kampf tobte lang und lastete schwer, der Kriegsschauplatz dehnte sich auch aus auf Ost- und Westindien sowie auf Nordamerika. Die volle Kraft der Völker wurde von den ringenden Dynastien eingesetzt; die Heere waren größer und beweglicher, die Infanterie trat ganz in den Vordergrund, sie wirkte als die neue Waffe des reifen Absolutismus, die gedrillte, marschierende, wuchtig zusammengeballte Untertanenschaft. Große Manöver, verwegene Schläge, Überraschungen und Überfälle wurden üblich, die Verluste stiegen dementsprechend, das Material war starkem Verschleiß ausgesetzt und verlangte beschleunigten Ersatz. Prinz Eugens Feldherrngeist fand ebenbürtige Hilfe bei dem Engländer John Churchill, dem ersten Herzog von Marlborough. Die Seemächte führten den Kampf stark als Seekrieg, Frankreich und Spanien sahen sich eingeschnürt und abgeschnitten, die Kaperei setzte ihnen unbarmherzig zu. Über See fiel die Kampfentscheidung lange vor dem kontinentalen Abschluß. Das Großbritannien der Königin Anna triumphierte über alle Meere. Das Bündnis Frankreichs mit den Wittelsbachern ermöglichte es Ludwig XIV., den Krieg zunächst nach Süddeutschland zu tragen. Der nationale Aufstand der Ungarn unter der Führung von Franz Rakoczy bedrohte sogar Niederösterreich und Mähren – die Lage des Kaisers war also im Anfang durchaus unbequem. Besser sah es in Italien aus, wo Prinz Eugen operierte. Es gelang, den Herzog von Savoyen von

Frankreich abwendig zu machen, auch der König von Portugal trat der großen Allianz bei. Damit gewann man den militärisch-politischen Ansatzpunkt auf der Pyrenäenhalbinsel. Kaiser Leopold übertrug seinem jüngeren Sohne, Erzherzog Karl, die Rechte auf Spanien, er schickte ihn nach Portugal, der Erzherzog begann von dort die Eroberung Spaniens, an der Spitze einer aus portugiesischen, englischen und holländischen Truppen zusammengesetzten Armee. Der Kaiser schloß mit seinen beiden Söhnen 1703 einen Erbfolgevertrag, wonach sowohl in Spanien wie in den Erblanden der Mannesstamm vorausgehen sollte; im Falle des Aussterbens des Mannesstammes sollte die weibliche Erbfolge nach dem Recht der Erstgeburt eintreten. Dieser Vertrag gehört zur Vorgeschichte der Pragmatischen Sanktion (vgl. S. 243) – denn sowohl der ältere Sohn Joseph wie der jüngere Karl besaß nur Töchter als erbfähige Nachkommenschaft. Das Zusammenwirken der kaiserlichen und der englisch-holländischen Truppen in Süddeutschland führte zu dem großen Siege bei Höchstädt und Blenheim

Kurutzen aus der Zeit des ungarischen Freiheitskampfes unter Führung von Franz Rakoczy

(Blindheim, 1704). Die Franzosen und Bayern mußten sich hinter den Rhein zurückziehen, beide Wittelsbacher Kurfürsten gaben ihre Länder auf, der neue Kaiser Joseph I. (seit 1705) sprach nach Zustimmung des Kurfürstenkollegiums und Beratung im Reichstag über beide Reichsfürsten die Reichsacht aus. Sie wurden aller ihrer Ämter und Würden entsetzt und aus der deutschen Reichsstandschaft ausgestoßen. Die erste weltliche Kur nebst der Oberpfalz kam jetzt an Kurpfalz zurück. Bayern wurde unter kaiserliche Verwaltung genommen, zuerst ohne, dann einschließlich der Hauptstadt München, die Söhne des Kurfürsten Max Emanuel wurden in Österreich in milder Haft gehalten. Die Energie dieses Vorgehens entsprach dem Volksempfinden im Reiche gegenüber den hochverräterischen Wittelsbachern; in Bayern freilich unternahmen die von den Österreichern hart bedrückten Bauern wiederholt Aufstände zugunsten ihres angestammten Fürstenhauses.

Kaiser Joseph I. (1705–1711) war eine frisch zupackende Persönlichkeit; in den österreichischen Erblanden gelangen ihm wesentliche Reformen, im Reich freilich ließ sich wenig erreichen. Seine wichtigste Tat hier war die Wiedervereinigung (Readmission) Böhmens mit dem Reich – die böhmische Kurstimme war ja die einzige, über die das Haus Habsburg sicher verfügte. Die Ausdehnung Preußens und Sachsens nach Osten ließ eine Klärung der Stellung Böhmens geraten erscheinen, auch die schlesischen Ansprüche Preußens mögen als Motiv gewirkt haben. Der deutsch-slawische Charakter Böhmens verstärkte weiterhin die kolonialen Züge des östlichen Mitteleuropa. Joseph I. verbesserte die Erfolgsaussichten seines Bruders in Spanien wesentlich auch durch sein kräftiges Einschreiten gegenüber dem franzosenfreundlichen Papste Clemens XI. Österreichische und preußische Truppen marschierten in den Kirchenstaat ein und bedrohten Rom. Darauf erkannte die Kurie den Erzherzog Karl als König von Spanien und Neapel an. Seit dem späten Mittelalter war kein Papst so rücksichtslos von einem Kaiser angefaßt worden. Schlecht sah es aber in Ungarn aus – Kaiser Joseph I. wurde von den aufständischen Patrioten förmlich der Stefanskrone für verlustig erklärt. Peter der Große von Rußland bot dem Kaiser jetzt ein Bündnis gegen Ungarn an, dieser wagte aber nicht darauf einzugehen. Denn es hätte Schweden zu sehr herausgefordert. Der Schwedenkönig Karl XII. stand in Sachsen, er hatte den Kurfürsten zum Verzicht auf die polnische Krone genötigt, Ludwig XIV. versuchte Karl XII. als Verbündeten zu gewinnen. Karl XII. begnügte sich aber, eine Reihe von Forderungen beim Kaiser durchzudrücken, darunter die Befreiung Schwedens von den Lasten des Reichskrieges für seine deutschen Lande und die Wahrung der Rechte der schlesischen Lutheraner. Hätte sich damals Schweden gegen Wien gewandt, so wäre das Haus Habsburg kaum zu retten gewesen.

Im ganzen machte die Große Allianz Fortschritte in den Niederlanden und in Spanien, wenn auch immer Rückschläge kamen. 1709 knüpfte Ludwig XIV. Friedensverhandlungen an. Er bot die Abtretung Straßburgs, Spanien wollte er dem Erzherzog Karl überlassen, ebenso die Nebenländer, wenn nur sein Enkel Neapel und Sizilien bekommen konnte. Die Verbündeten verlangten nun französische militärische Hilfe zur Vertreibung König Philipps V. aus Spanien, mit den von Ludwig angebotenen Subsidien wollten sie sich nicht zufrieden erklären. Frankreich war erschöpft, sein alter König innerlich gebrochen, aber zur Bekämpfung seines Enkels mit französischen Waffen wollte er sich doch nicht verpflichten. Die Verblendung der Verbündeten sollte sich schwer rächen.

Die Friedensschlüsse

Im Nordischen Kriege trat nach der Niederlage Karls XII. in Rußland und seiner Flucht in die Türkei eine Wendung zugunsten der Feinde Schwedens ein. Kurfürst August der Starke von Sachsen beanspruchte die polnische Königskrone von neuem, der nationalpolnische König Stanislaus Lescinsky zog sich mit den Schweden nach Pommern zurück, die Seemächte und der Kaiser beschlossen die Neutralisierung Norddeutschlands, eine Armee zum Schutze der Neutralität wurde aufgestellt. Nur so gelang es, Preußen und Hannover bei der Großen Allianz zu halten. Aber der plötzliche Tod Kaiser Josephs I. schuf eine ganz neue Lage. Der Erbe war sein Bruder König Karl (III.) von Spanien, der in Barcelona saß und es ungern verließ. Sollte sich nun doch unter einem Habsburger das Reich Kaiser Karls V. wieder zusammenfinden? England nahm nun die Sonderfriedensverhandlungen mit Frankreich auf neuer Grundlage in Utrecht auf. Der alte Teilungsgedanke bot die Lösung (1713). Philipp V. erhielt Spanien nebst Kolonien, eine Vereinigung mit Frankreich blieb für immer ausgeschlossen. Ludwig XIV. erkannte die hannoversche Thronfolge in England an und versprach, die Stuarts auszuweisen. Er trat an England die Hudsonbai, Neuschottland, Neufundland und St. Christoph ab, die Festungswerke von Dünkirchen sollten geschleift werden. England erhielt von Spanien Gibraltar und Minorka, es stand da als die beherrschende Kolonialmacht. Holland bekam eine Festungsbarriere in den südlichen Niederlanden, die ebenso wie Neapel und Sardinien an Österreich fallen sollten. Kaiser Karl VI., der Katalonien hatte aufgeben müssen, nahm an dem Friedenswerk nicht teil, da Frankreich sich nicht mit der Wiedereinsetzung der Wittelsbacher begnügen wollte, sondern auch noch Entschädigung für sie verlangte, außerdem seine Garantieforderungen für die italienischen Besitzungen überspannte. Günstig schnitt Preußen ab – es erhielt außer der allseitigen Anerkennung des Königtums das Fürstentum Neufchatel aus der oranischen Erbschaft und das ehemals spanische Oberquartier Geldern am Niederrhein.

Der Herzog von Marlborough war schon 1711 seines Kommandos entsetzt worden, die englische Armee schiffte sich nach Hause ein. Die von England bezahlten deutschen Soldtruppen kämpften wenigstens bis zum Abschluß des Utrechter Sonderfriedens weiter, aber dann war der Kaiser auf seine eigenen Kräfte angewiesen. Es blieb ihm nichts übrig, als sich auch zum Frieden zu bequemen, denn die Franzosen errangen neue Erfolge. In Rastatt kam der Abschluß zustande zwischen dem Kaiser und Frankreich, in Baden (Aargau, Schweiz) folgte dann zuletzt der Friede zwischen Frankreich und dem Reich (1714). Der Kaiser schloß einen durchaus österreichischen Frieden – er bekam in Italien Mailand, Neapel, Sardinien, die spanischen Küstenplätze in Toskana und die Festung Mantua, dazu die südlichen Niederlande. Das Reich ging leer aus. Von der Freigrafschaft Burgund, von Straßburg und dem Elsaß war nun überhaupt nicht mehr die Rede, die Franzosen behielten sogar noch die Festung Landau, die sie im letzten Kriegsjahre erobert hatten. Nicht einmal die Rijswijker Klausel fiel (vgl. oben S. 230). Die beiden Wittelsbacher Kurfürsten wurden in alle ihre Rechte und Besitzungen wiedereingesetzt, erhielten aber wenigstens keine Entschädigung. In diesem Punkte blieb also die Würde des Reiches gewahrt. Eine Reichsacht ist nach dieser Erfahrung nicht mehr über einen Reichsfürsten ausgesprochen worden.

Das Gesamtergebnis des weltgeschichtlichen Ringens sah für Deutschland doch nicht ungünstig aus. Frankreich hatte zwar die Pyrenäengrenze gesichert durch die Bourbonenherrschaft in Spanien, mußte aber von den Niederlanden zurückweichen. Die Seemächte waren offenbar entschlossen, dieses für Holland wie Großbritannien gleich gefährliche Aufmarschgebiet nicht in französische Hände fallen zu lassen. Für Österreich war dieser Besitz zu entlegen, er verwickelte die Habsburger in fremde weite Zusammenhänge; von Anfang an schwebten deshalb Pläne eines Austausches. Kurfürst Max Emanuel, der ungebrochene Ehrgeizling, wollte nicht ohne Königskrone sterben, er hätte gerne sein Bayern für dieses Belgien gegeben, denn in den nunmehr österreichischen Niederlanden steckte ja das zukünftige Belgien. Der Austauschgedanke tauchte während des ganzen achtzehnten Jahrhunderts immer wieder auf. Das Haus Habsburg sah sich durch die Niederlande und Vorderösterreich gezwungen, eine Rheinpolitik zu treiben, sich mit den rheinischen Kurfürsten und mit dem Königreich Preußen gut zu stellen, dessen niederrheinischer Besitz sich befestigt hatte und durch das in Aussicht stehende Ostfriesland noch ergänzen sollte. Schwerer noch als diese Aufgaben lasteten die Pflichten, die sich aus den italienischen Besitzungen der Habsburger ergaben. Die Österreicher wirkten viel fremder als die Spanier in einem Lande, das durch lange Fremdherrschaft empfindlich geworden war und einem geistig-politischen Erwachen entgegenreifte. Es lag also allerhand Problematisches in der äußerlich so glänzend erscheinenden, wieder ganz mitteleuropäisch betonten Machtstellung der casa d'Austria; mit Spanien war übrigens noch kein Friede geschlossen. Dieser erfolgte erst 1720, unter Vermittlung der Großmächte. Der Kaiser erreichte jetzt einen weiteren Erfolg – die widersinnige Trennung Neapels von Sizilien wurde rückgängig gemacht, der Herzog von Savoyen mußte sich mit dem dürftigeren und zurückgebliebenen Sardinien begnügen, Österreich übernahm nun auch Sizilien. Spanien erhielt freilich die Anwartschaft auf Parma und Piacenza. Gleichzeitig hatte Prinz Eugen nochmals im Bunde mit der Republik Venedig glänzende Triumphe über die Türken davongetragen. Im Frieden von Passarowitz trat das Ottomanische Reich den Banat mit Temesvar, Nordserbien mit Belgrad und die Kleine Walachei an den Kaiser ab (1718). Von französischen Hegemonieansprüchen war nun keine Rede mehr in Europa, die Nachfolge Ludwigs XIV. war schwach und mit einer bösen finanziellen Erbschaft belastet. Das Haus Habsburg hatte alle Aussicht auf eine hegemoniale Stellung in Europa, wenn es gelang, die Freundschaft mit den Seemächten und den Frieden im Reiche zu erhalten.

Die Weltkriegsepoche zu Beginn des achtzehnten Jahrhunderts ging erst zu Ende mit dem Abschluß des zweiten Nordischen Krieges. Die Feinde Schwedens, Dänemark und Hannover, nutzten die schwankende und zuletzt geradezu selbstmörderische Haltung Karls XII. begreiflicherweise aus. Die Russen und Polen erschienen in Vorpommern. Preußen knüpfte Verhandlungen mit Rußland zur Sicherung seiner Ansprüche, es kam zu einem Garantievertrag zwischen beiden Mächten, wonach sich Rußland dafür einsetzte, daß Preußen Vorpommern bis zur Peene erhielt, während Preußen den Russen den Besitz der bis dahin schwedischen Ostseeprovinzen zusicherte. Ohne Rußland hätte Preußen wahrscheinlich sein schon so lange erstrebtes Ziel nicht erreicht – die russische Ausdehnungspolitik, die sogar Mecklenburg in Betracht zog, erweckte Mißtrauen im Reich und bei England. Der Kurfürst von Hannover bestieg nunmehr den britischen Thron, was seinen Ansprüchen noch größeren Nachdruck gab. Nach dem Tode Karls XII. mußte sich Schweden zum Frieden verstehen – der Abschluß machte seiner überragenden Stellung, wie sie seit dem Westfälischen Frieden bestand, ein jähes Ende. Rußland erhielt also die Ostseeprovinzen (1721), Bremen und Verden fielen an Hannover, Vorpommern bis zur Peene nebst den Inseln Usedom und Wollin kam an Preußen, beide Mächte zahlten dem geldbedürftigen Schweden nicht unerhebliche Summen, was den Frieden für dieses Land eigentlich noch demütigender machte. Als einzige Entschädigung für Dänemark fiel der dem Herzog von Gottorp gehörige Teil von Schleswig ab, er wurde mit dem Hauptgebiet des Herzogtums Schleswig vereinigt und spielte bei den Kämpfen um Schleswig später eine Rolle als der »Gottorpsche Anteil«. (Friedensschlüsse von Stockholm 1719–1720.)

August der Starke, der sächsische Kurfürst, ward nun auch von Schweden als König von Polen anerkannt, Stanislaus Leczinsky erhielt ein Jahrgeld und durfte den Königstitel weiterführen.

Ähnlich wie Frankreich im Westen, so trat Schweden im Osten in den Hintergrund. Frankreichs Schwächung erwies sich freilich als nur vorübergehend, Schwedens Großmachtsperiode war abgeschlossen. Großbritannien und das mit ihm verbundene Hannover gingen als die Hauptgewinner aus der Weltkriegszeit hervor. Das Königreich Preußen hatte seine Lage wesentlich verbessert – noch konnte es keinen Vergleich mit der universalen Stellung des Hauses Habsburg aushalten, aber niemand wußte besser als der mißtrauische Kaiser Karl VI., daß mit einem Staate ernsthaft gerechnet werden mußte, den seine übergroße Armee befähigte, an dem großen Spiel der europäischen Politik ebenbürtig teilzunehmen. Die Zusammenarbeit der deutschen Großmächte Österreich und Preußen, der Säulen Mitteleuropas, hatte wesentlich zu einem günstigen Abschlusse der Weltkriegsperiode beigetragen – in diesem Erfolge wurzelte aber die Spannung der Folgezeit.

Die Wittelsbacher Hausunion. Kaiser Karl VI.

Die Wittelsbacher blieben die einzige bedeutende Dynastie im Reich, der es nicht gelungen war, einen Fuß außerhalb der Grenzen zu setzen. Um so geschäftiger zeigte sich dieses eben aus der Reichsacht losgesprochene Fürstengeschlecht. Kurfürst Max Emanuel, der Unermüdliche, beteiligte sich wieder am Türkenkriege und erlangte erstaunlicherweise für seinen Sohn Karl die Hand der jüngeren Tochter Kaiser Josephs, während die ältere den sächsischen Thronfolger heiratete. Beide Prinzessinnen mußten ihren Erbansprüchen auf die österreichischen Lande ausdrücklich entsagen, was die Häuser Wittelsbach und Wettin aber nicht hindern sollte, im gegebenen Augenblick später mit solchen Ansprüchen hervorzutreten. Mit der kurpfälzischen Linie schloß Max Emanuel die sogenannte Wittelsbachische Hausunion (1724). Wittelsbachische Fürsten beherrschten den größten Teil des katholischen Deutschland. Elf geistliche Fürstentümer waren in ihrer Hand; es sah schon beinahe so aus, als beanspruchten die Wittelsbacher den Kern des alten Reiches für sich, nachdem die glücklicheren Nebenbuhler sich Hausmacht außerhalb des Reiches gesichert hatten. Folgerichtig bereitete diese Dynastie den Kampf um die Kaiserkrone gegen die Habsburger vor.

Kaiser Karl VI. (1711–1740) war eine schwere, langsame Natur, zeremoniös, der spanischen Art angeglichen. Nie konnte er seine beste Zeit in Katalonien vergessen. Von daher besaß er einige Kenntnis moderner Handelsmöglichkeiten – er hatte genug Erfahrungen mit den Seemächten gemacht, um deren wirtschaftliche Monopolstellung ärgerlich zu finden. In Triest gründete der Kaiser eine orientalische Kompanie. Venedig sah dort, an der anderen Seite der Adria, eine Rivalin aufsteigen. Von Wien aus verfolgte der Kaiser die Donaulinie und benutzte sie möglichst für die Entwicklung nach Osten. Infolge Sperrung der Schelde lag ja Antwerpen tot. So ließ Karl VI. in Ostende eine Kompanie entstehen für den Handel nach Indien und Afrika. Aber die Eifersucht der Seemächte ließ Ostende nicht aufkommen; aufgrund der Bestimmungen des Westfälischen und des Utrechter Friedens mußte sich die Kompanie wieder auflösen. Nicht umsonst trug dieser Karl den alten großen Kaisernamen. Er wollte das wiedervereinigte Habsburger Imperium möglichst erhalten. Der spanische Erbfolgekrieg war bitter genug gewesen. Konnte man nicht um einen österreichischen Erbfolgekrieg herumkommen?

Die Pragmatische Sanktion

Der Kaiser erließ im Jahre 1713 die Pragmatische Sanktion – die feierliche Festlegung eines neuen Rechtsstatus. Das neue habsburgische Hausgesetz legte die Unteilbarkeit des Reiches, der Dynastie sowie die weibliche Erbfolge fest, gemäß Erstgeburtsrecht nach Aussterben des Mannesstammes. Der einzige Sohn Kaiser Karls VI. war kurz nach der Geburt gestorben. Somit war nun die Tochter Maria Theresia die Gesamterbin. Politisch und menschlich ist das Bestreben Karls VI. sehr wohl verständlich. Staatsrechtlich stand die Pragmatische Sanktion unzweifelhaft im Widerspruch mit dem seinerzeit geschlossenen habsburgischen Erbvertrag (vgl. oben S. 238). Wie erwähnt, hatten die Töchter Kaiser Josephs I. auf ihre Erbrechte verzichtet. Aber es erhob sich die Frage, ob diese Verzichte rechtsgültig waren, da der Kaiser die Erlaubnis zur Heirat für seine Nichten an die Anerkennung der Pragmatischen Sanktion geknüpft hatte. Das konnte man wohl als eine unangemessene Erpressung gegenüber den jungen Prinzessinnen auslegen. Die Kurfürsten von Bayern und von Sachsen, die Ehemänner der beiden Erzherzoginnen, blieben deshalb auch der 1737 beschlossenen Reichsgarantie der Pragmatischen Sanktion fern.

Für den Rest seines Lebens kämpfte der Kaiser für die Pragmatische Sanktion. Darin lag ein immer zunehmendes Element der Schwäche für Österreich. Zuerst erkannten die Stände der einzelnen Erblande die Sanktion an. Dann begannen die Verhandlungen mit allen europäischen Ländern. Die Sanktion fehlte in keinem Vertrage, den der Kaiser schloß. Der Kaiser und die Seemächte entfremdeten sich wegen der Handelspolitik (vgl. oben S. 243). Das bisherige politische System in Europa stülpte sich um. Österreich und Spanien näherten sich, Spanien erkannte die Sanktion und die Ostender Kompanie an. Die Seemächte England und Holland antworteten mit dem Bündnis von Herrenhausen, das sie 1725 mit Frankreich und Preußen abschlossen. Neuer Krieg drohte. Der Kaiser wünschte ihn zu vermeiden. Er gewann Preußen, das die Sanktion anerkannte; er opferte den Briten die Ostender Kompanie und machte ihnen Zugeständnisse in Italien – auch sie erkannten nun die Sanktion an. Einen weiteren Niedergang der österreichischen Machtstellung brachte der polnische Erbfolgekrieg, der nach dem Tode des Königs-Kurfürsten August des Starken ausbrach (1733). Frankreich setzte sich für die Wahl des ehemaligen Königs Stanislaus Lesczinski ein, der inzwischen der Schwiegervater König Ludwigs XV. geworden war. Der Kaiser ließ sich für den neuen sächsischen Kurfürsten gewinnen, der die Pragmatische Sanktion jetzt persönlich garantierte. Auch Rußland arbeitete für den Wettiner, aber Stanislaus wurde mit überwältigender Mehrheit als der national-polnische Kandidat gewählt. Frankreich schloß ein Bündnis mit Spanien und Sardinien-Savoyen, es eröffnete den Krieg mit der Besetzung Lothringens und der Lombardei. Die Seemächte ließen den Kaiser im Stich, das Reich erklärte wohl den Reichskrieg an Frankreich, aber die Wittelsbacher Fürstengruppe blieb neutral, Kurbayern erneuerte sogar seinen Freundschaftsvertrag mit Frankreich. Nur Preußen bot dem Kaiser bewaffnete Unterstützung, dieser nahm aber aus Mißtrauen lediglich ein kleines Hilfskorps an. Der Krieg verlief matt, der greise Prinz Eugen vermochte keine Erfolge am Rhein zu erzielen, bald begannen Friedensverhandlungen. Das Ergebnis war eine der verwegensten Schiebungen dieser skrupellosen Zeit. Der Kurfürst August II. von Sachsen erhielt die polnische Königskrone, gegen den Willen der nationalen Mehrheit des Landes – er versprach, die Ansprüche des Grafen Biron auf das Herzogtum Kurland zu unterstützen, dies gab den Ausschlag für die hohe Gönnerin des Grafen, die Zarin Anna von Rußland. Stanislaus erhielt als Entschädigung für Polen das Herzogtum Lothringen, der Herzog von Lothringen wurde nach Italien verpflanzt, er bekam das Großherzogtum Toskana nach dem Tode des letzten Medici. Der Kaiser endlich trat Neapel, Sizilien und die toskanischen Küstenplätze an den spanischen Infanten Don Carlos ab, außerdem einige lombardische Grenzplätze an den König von Sardinien-Savoyen. Was war der politische Sinn dieser neuen Territorialverteilung? Kaiser und Reich hatten einen wesentlichen Verlust erlitten. Das Reich büßte endgültig Lothringen ein, das ja schon lange im französischen Machtbereich lag und sich nicht mehr selbständig rühren konnte – die französische Krone sollte es nach dem Tode von Stanislaus übernehmen. Der Kaiser mußte das Wiederaufleben des spanischen Einflusses in Italien dulden, diesmal vertreten durch die Bourbonen. Die spanische Königin Elisabeth Farnese, die Gemahlin des melancholischen Philipp V., war am Ziele ihrer Wünsche – sie verband national-italienische Ideen mit spanisch-bourbonischen Interessen. Das Haus Habsburg hatte Süditalien verloren, Parma und Piacenza waren ein bescheidener Ersatz, Toskana kam immerhin hinzu, da der Herzog Franz Stephan von Lothringen, der neue Herr von Toskana, die habsburgische Erbtochter Maria Theresia heiratete. Eine weitere Schwächung der hegemonialen Stellung des Hauses Habsburg vollzog sich durch den Türkenkrieg 1737–1739. Der Kaiser hatte 1726 nun doch ein Bündnis mit Rußland geschlossen, auf Grund dessen diese vordrängende Macht Hilfe in ihrem Kriege gegen das Ottomanische Reich verlangte. Statt sich mit der Entsendung des vertragsmäßigen Hilfskorps zu begnügen, ließ der mißtrauische Kaiser sich bestimmen, den Krieg an die Pforte zu erklären. Dies ist der erste Fall eifersüchtiger österreichisch-russischer Zusammenarbeit. Der Krieg verlief unglücklich, die Türken belagerten Belgrad, vom Reich kam nur bescheidene Geldhilfe, Kaiser Karl VI. mußte froh sein, durch französische Vermittlung einen Frieden zu bekommen, in dem er auf fast alle Erwerbungen des Friedens von Passarowitz verzichtete, also Belgrad, Orsowa und die Kleine Walachei. Die Befreiung der Südslawen, die Aufschließung des Balkans wurden aufgegeben. Als Kaiser Karl 1740 plötzlich starb, stand Österreich innenpolitisch zerrüttet und außenpolitisch schwer gefährdet da, es hatte die glanzvolle Stellung von 1720 nicht behaupten können – die Pragmatische Sanktion hatte wenig Glück gebracht.

König Friedrich Wilhelm I.

Die schwersten Fehler machte Kaiser Karl VI. in der Behandlung Preußens. Hier regierte als Nachfolger des ersten Königs Friedrich I. eine der merkwürdigsten Figuren der neueren deutschen Geschichte, König Friedrich Wilhelm I. (1713–1740). Er war in scharfem persönlichem und sachlichem Gegensatz zu seinem Vater aufgewachsen, dessen Schwäche und Verschwendungssucht ihn anwiderten. Alles Fremdländische, Hochgestochene, Schwungvoll-Pathetische blieb seinem klaren und verständigen Geiste unverständlich bis zum physischen Ekel. Dabei ging freilich auch jede Sorge für edle Kunst, für tieferes Denken zugrunde. Friedrich Wilhelm I. war ein rechter Ostdeutscher, dem kolonialen Boden wesensverwandt, auf dem er lebte – derb und hart, herrisch und gewissenhaft, abhold der Geistigkeit und der seelischen Verfeinerung, wie sie im alten guten Deutschland immer noch gediehen. Französische Moden haßte dieser König geradezu, aber schon die gebildeten und verwöhnten Hannoveraner schienen ihm verdächtig, von geistreichen Rheinländern oder eleganten Österreichern ganz zu schweigen. Sympathisch berührten den grobschlächtigen König die russischen Regierungsmethoden, Peter der Große und sein Knutenregiment durften seiner Bewunderung sicher sein. So wandte sich Preußen unter diesem Herrscher mit einer gewissen Bewußtheit vom Westen und vom eigentlichen Deutschland ab. Das Beste an Friedrich Wilhelm war sein Sinn für den inneren Staatsaufbau. Jeder Überrest der ständischen Verfassung, jede Form kommunaler Selbständigkeit wurde jetzt rücksichtslos beseitigt. Gerade weil die preußischen Staaten so verstreut lagen über ganz Norddeutschland, weil es keinerlei geistige Gemeinschaft zwischen ihnen gab, deshalb galt der lokale Geist für so gefährlich, denn er schien immer mehr an der nächsten Nachbarschaft interessiert als an dem so künstlichen Gebilde des preußischen Gesamtstaates. Dieser Gesamtstaat war aber nun das Werk des Königs, er machte aus den vie-

Friedrich Wilhelm I. als Kronprinz

lerlei Landfetzen seines Erbes eine einheitliche östliche Militärdespotie, die unabhängig dastand, nicht mehr angewiesen auf die Subsidien glücklicherer Kolonialmächte, gegründet auf die erste und wichtigste Einrichtung des Staates, die Armee. Friedrich Wilhelm I. schuf einen regelmäßigen Etat, er setzte genaue Rechnungslegung durch, er tilgte nicht nur die überkommenen Schulden, er hinterließ sogar einen Schatz von sieben Millionen Taler. Nur die persönliche Kontrolle dieses arbeitswütigen Herrschers machte solche Erfolge möglich, alle wichtigen Entscheidungen kamen aus seinem Kabinett, Beamte wurden einfach durch Ordre ernannt, alle älteren Behörden sowie die Adelsgruppen wurden zur Bedeutungslosigkeit herabgedrückt, im Notfalle schufen außerordentliche Kommissionen schnell die erwünschte Ordnung. Entscheidend für die Zukunft Preußens war die Verbindung der Domänenverwaltung, als des Zentrums der unmittelbaren königlichen Einnahmen, mit der Heeresorganisation. Der König legte die verschiedenen, untereinander hadernden Regierungsstellen zusammen, er

Friedrich Wilhelm I. bei der Begutachtung von Kandidaten für die Garde der »Langen Kerls«

schuf das General-Ober-Finanz-Kriegs- und Domänendirektorium, abgekürzt das »Generaldirektorium« genannt. Hier arbeiteten die geldbezahlten, unbedingt ehrlichen und zuverlässigen, scharf kontrollierten Beamten unter der Fuchtel des Königs am Aufbau des Heeresstaates. Denn das war und wurde ja dieses Preußen immer mehr. 38 000 Soldaten übernahm König Friedrich Wilhelm von seinem Vater; er selbst hinterließ seinem Sohne mehr als das Doppelte an Truppen – und zwar eine Armee, die technisch die erste des Zeitalters war, die über ein einheitliches, hochgeehrtes, aus den jüngeren Söhnen des Adels bestehendes Offizierskorps verfügte und die nach bescheidener Schätzung zwei Drittel der gesamten öffentlichen Einnahmen verbrauchte. Die Armee hat allein das geschichtliche Bündnis zwischen den Hohenzollern und ihrem Landadel ermöglicht – auf den Rittergütern saßen die ältesten Söhne und beuteten ihre Bauern aus, die übrigen Familienmitglieder erhielten Posten in der Armee und der

Verwaltung, beide Gruppen halfen sich gegenseitig im Dienste des Königs. Vielfach war dieser preußische Kleinadel noch roh, gierig und selbstisch. Er wurde nun in den preußischen Staat mit rauher Erzieherhand hineindiszipliniert. Die jüngeren Söhne mußten im Anfang in den Offiziersdienst geradezu gepreßt werden. Später nannte sich die berühmte preußische Erziehungsanstalt für den Offiziersnachwuchs stolz nach diesen jüngeren Söhnen, den »Kadetten« – das Kadettenhaus in Lichterfelde bei Berlin.

Was es an Bauernschutz und Mittelstandpolitik in Preußen gab, diente in Wahrheit den Heeresinteressen und damit der Dynastie und der herrschenden Klasse. Friedrich Wilhelm I. nahm mancherlei Einwanderer auf. Berühmt wurden die von ihrem Erzbischof ausgetriebenen Salzburger Protestanten – sie fanden eine neue Heimat in Ostpreußen. Der König sorgte auf seine Art für die Volksschulen. Universitäten und Akademien durften nichts Gutes von ihm erwarten. Gebaut wurde praktisch und billig, alles Handwerkliche stand in Achtung. In solcher Zuchthausstimmung konnte irgendeine künstlerische oder geistige Originalität nicht gedeihen. Die Brutalität des Königs hat ja beinahe das Genie des ältesten Sohnes zertreten – verkrüppelt wurde es jedenfalls.

Viele Anekdoten erhielten das Andenken an den Soldatenkönig wach. Manche zeigen ihn als den liebebedürftigen Polterer, als den im Grunde vereinsamten, unseligen, ja elenden Menschen, der er eigentlich war. Um ihm gerecht zu werden, wird man sein Verhalten in der Spätzeit abtrennen müssen von dem während der ersten größeren Hälfte seines Lebens. Die letzten Jahre waren eben tief beschattet durch das schwere Gichtleiden, dessen Folgen er erlag. Er war der Vater des preußischen Militarismus, und deshalb ist seine geschichtliche Nachwirkung gewaltig. Dieser preußische Militarismus unterscheidet sich von allen seinen vielen Vorläufern und Nachfolgern durch zwei Momente: die Armee überwog alles Zivilistische an organisatorischem und wirtschaftlichem Gewicht; und die Armee beherrschte das gesamte staatsbürgerliche Dasein durch ihren Lebensstil. In der auswärtigen Politik sah sich König Friedrich Wilhelm I. auf die peinliche und halb komische Rolle des ewig geprellten Tölpels angewiesen. Alles Diplomatische im schlechteren aber auch im besseren Sinne blieb ihm fremd. Unschwer ließ sich sein kleinbäuerlicher Erwerbssinn hinters Licht führen. Sogar seine nächsten politischen Berater betrogen ihn und ließen sich andauernd von den Gegenspielern bestechen. Die Jülich-Clevische Erbfolgefrage war für den kaiserlichen Hof ein gefundenes Fressen. Damit konnte man Preußen ködern. Aus der Erbschaft des vor dem Verlöschen stehenden katholischen Hauses Pfalz-Neuburg (vgl. oben S. 228 u. 235) beanspruchte Preußen seinen Anteil, den der Kaiser garantierte, gegen Anerkennung der Pragmatischen Sanktion. Die Pfalz-Neuburger wünschten aber die Anerkennung der weiblichen Erbfolge und den Übergang des gesamten Territoriums an die Pfalz-Sulzbacher Nebenlinie. Die Wittelsbacher Fürstengruppe und Frankreich unterstützten diese Lösung, denn so blieb das Land dem Katholizismus und der Franzosenfreundschaft erhalten. Mit diesem Konflikt verknüpfte sich nun die alte Rivalität zwischen Hohenzollern und hannöverschen Welfen. Eine Doppelheirat war in Aussicht genommen zum Zwecke der dynastischen und politischen Annäherung. Die britische Diplomatie hätte gern diese Gelegenheit benutzt, um Preußen in die antikaiserliche Front der Seemächte England und Holland einzufügen. Nach mehrfachem dramatischem Schwanken blieb aber der König von Preußen doch der habsburgischen Seite treu. Seine Tochter Wilhelmine bekam nicht den Prinzen von Wales, sie wurde nicht Königin von England, sondern nur Markgräfin von Bayreuth. Und sein Sohn Friedrich mußte die Braunschweiger Großnichte des Kaisers heiraten. Während seiner ganzen Regierung hoffte Friedrich Wilhelm I. auf eine günstige Lösung der Jülich-Clevischen Erbschaftssache – die Hofburg führte ihn an der Nase herum. Aber auch die Seemächte begünstigten nicht die Erweiterung der preußischen Macht am Niederrhein – alle Interessenten waren gegen diesen gierigen säbelklirrenden Staat. Da gelang dem Könige kurz vor seinem Tode der Abschluß eines Geheimabkommens mit Frankreich, das ihm nun den beanspruchten Anteil garantierte. Friedrich Wilhelm I., der sich auf seine deutsche Biederkeit und den alteingewurzelten Reichsrespekt etwas zugute tat, vollzog also schon die Schwenkung ins antihabsburgische Lager. Sein Sohn machte daraus den Inhalt seines politischen Lebens.

Fürstlicher Absolutismus und Ständewesen

Die Fürsten beherrschten diese Epoche, und die Fürsten wollten vor allem sich selbst. Das war in Deutschland genau wie sonst in Europa. Der klerikale Absolutismus Spaniens und der legistische Absolutismus Frankreichs hatten das Reich nicht bezwingen können. Hier hatte das alte germanische, urdeutsche ständische Prinzip gesiegt, nach oben, aber nicht nach unten. Was der alte hohe Adel Deutschlands, was diese Reichsstände gegenüber dem Kaiser an Freiheiten beanspruchten, gedachten sie keineswegs ihren eigenen Herren Landständen zu bewilligen. Der Kaiser besaß noch gewisse Reservatrechte. Die Rechtsprechung des Reichskammergerichts und des Reichshofrates schränkten die Souveränität der Reichsstände (das jus territoriale) nicht unwesentlich ein. Die Fürsten taten alles, um auch diese letzten Fesseln ihrer Libertät zu beseitigen. So verengerte sich jetzt der Name und Begriff des Reiches im Volksmund – er heftete sich an die kleinsten Territorien im Westen und Südwesten, die über keine Auslandsverbindungen, über keine Großmachtsaussichten verfügen konnten. Aber es lag wohl ein tieferer Sinn darin, daß nun die Heimat der Salier und Hohenstaufen den alten Ehrennamen des »Reiches« in einer wunderlichen Abwandlung des ursprünglichen Sinnes fortführte. Die Landesfürsten der kräftigsten Territorialstaaten schufen sich unteilbare Herrschaftsgebiete, die nach der Erstgeburt vererbten, sie schufen sich Heer und Beamtentum nach dem großen Beispiel des französischen Cäsarismus. Preußen löste diese Aufgaben mit bezeichnender Schärfe. Ständische Verfassungen hielten sich nur noch in Württemberg, Kursachsen, Mecklenburg und den welfischen Landen. Die habsburgischen Erblande bewahrten auch ihre örtlichen Landtage. Jetzt bekam die Reichsgesetzgebung einen ausgesprochen antiständischen Charakter. Landtage durften laut der Wahlkapitulation Kaiser Leopolds I. nur mit der Genehmigung der Landesfürsten abgehalten werden. Die Fürsten wünschten den Landtagen ihr ständisches Steuerbewilligungsrecht von Reichs wegen zu nehmen und taten sich zu einem Sonderbündnis zusammen, als sich der Kaiser gegen solchen Eingriff wehrte. So riß das Fürstentum immer erfolgreicher alle geschichtlich geheiligten Rechte der Stände an sich, ohne des Widersinnes gewahr zu werden, der darin lag: seine eigene Existenz beruhte ja auf dem alten Dualismus volksrechtlichen und lehnsrechtlichen Ursprungs. Noch lange versuchte niemand in Deutschland eine Wandlung des ständischen Gedankens zu fruchtbarer parlamentarischer Arbeit. Die Erstarrung der Reichsverfassung ließ viele patriotische Denker verzweifeln. War dieses Heilige Römische Reich nicht genau das Gegenteil – eine unheilige, sehr unrömische konstitutionelle Anarchie? Als erster bestritt ein kursächsischer Rat, der auch als schwedischer Propagandist schrieb, die Souveränität des Kaisers. Er nannte das Reich eine souveräne Fürstenaristokratie und empfahl ihren Mitgliedern, sich endgültig vom Hause Habsburg loszureißen.

Auch in der Wirtschaft hing alles von den Potentaten ab. Die neuen Landstädte und Residenzen überflügelten die alten Reichsstädte.

Nürnberg oder Frankfurt vermochten wohl ihren überkommenen Charakter noch zu bewahren. Wien, Berlin und Dresden wurden völlig neu geformt durch den Bauwillen ihrer Herrscher. Ein großer Brand erleichterte in Dresden dieses Werk. Denn am liebsten schufen die Barockherren das Neue auf jungfräulichem Boden. Mit einem gewissen Eigensinn, zum Ärger und Staunen der Spießbürger, wurde so Charlottenburg neben Berlin gesetzt, Schönbrunn neben Wien, Nymphenburg und Schleißheim neben München, Ludwigsburg neben Stuttgart, Herrenhausen neben Hannover, Wilhelmshöhe neben Kassel. Das verwüstete Heidelberger Schloß wurde nicht wiederaufgebaut, der Kurfürst-Pfalzgraf bei Rhein, verärgert durch den reformierten Kampfgeist der Universität, siedelte über in die Ebene, das geradlinige, wohlgeplante Mannheim entsprach dem Herrschergefühl der Barockzeit viel besser – dasselbe gilt von der »Fä-

Dresden im 18. Jahrhundert

Friedrich II., der Große, besucht eine Manufaktur

cherstadt« Karlsruhe. Sie wurde von ihrem fächer-närrischen Gründer in Form eines Damenfächers angelegt. Bruchsal und Rastatt, vor allem aber die Residenz der Fürstbischöfe von Würzburg aus dem gräflichen Hause Schönborn zeugen von dem Geschmack, dem Stolz, dem Raumsinn und der Kunstliebe ihrer Erbauer. Damit wetteiferten die Niederlassungen der alten grundbesitzenden Orden im katholischen Deutschland – wahre Klosterschlösser entstanden in Göttweig und Melk, in St. Florian und Grüssau.

Die Fürsten setzten dann vor das Schloß oder auf den Marktplatz oder auf die wichtigste Brücke das majestätische Denkmal des vornehmsten Familienhauptes; neben die Residenz trat als Erfüllung von Gelübden, als Zeichen des Dankes für die Fortsetzung der Dynastie die Hofkirche, römisch gewaltig, mit Kuppeln und Säulen, Portalen und Statuen – festlich triumphierend, zur Ehrfurcht und vor allem zum Gehorsam zwingend. Die Theatinerkirche in München und die Karlskirche in Wien waren geistlich-weltliche Residenzen, sie ehrten den römischen Glauben, aber sie dienten der ebenso katholischen weltlichen Majestät. Zur Umformung und Neuschöpfung der barocken Stadt gehörte endlich auch die Befestigung – sie mußte den Fürsten vor der neuen Angriffstechnik sichern und seinen Soldaten Zuflucht gewähren: die Namen Bastionen und Glacis bewahren diese stattlichen Werke bis in unsere Zeit.

Peuplierung (rationelle Bevölkerungspolitik), Manufakturen, Soldatenwesen, der gutarbeitende Behördenapparat beschäftigten und belebten die neuen Städte, deren Dasein sich drehte um den einen Mittelpunkt – das Schloß. Als die Hauptsache galt, möglichst viel Geld ins Land zu bringen. Mit den ausländischen Subsidien legte man Fabriken an oder baute neue Stadtviertel, nach einheitlichem Plan. Die großen Erfolge des französischen Merkantilismus, die Weltmachtstellung der niederländischen Generalstaaten ließen die deutschen Projektemacher nicht schlafen. Diese Leute drängten sich besonders gern an die kleineren Herren heran, deren Köpfe sich nur allzuleicht durch solche afrikanischen und ostindischen Pläne in Verwirrung setzen ließen. Immerhin wurde der Gedanke einer wirtschaftlichen Einigung Deutschlands damals zuerst erörtert. Oft scheiterten ganz gesunde Pläne am gewöhnlichsten Grund – dem Geldmangel. Ein Werra-Main-Kanal (eine wirklich weitblickende Idee) wurde nicht gebaut. Versuche, die Hansa wiederherzustellen, mißlangen. Frankfurt und Breslau behaupteten sich als wohlbewährte Verkehrs- und Meßplätze.

Hamburg, von der Kriegsfurie fast ganz verschont, blühte auf, kraft seiner neutralen Monopolstellung zwischen den eifersüchtigen nordischen Mächten Dänemark und Schweden. Holländer gründeten hier die erste Girobank auf deutschem Boden, nach Amsterdamer Muster, und so begann die Stadt ihren bedeutungsvollen Eintritt in den Geldhandel. Leipzig allein stieg zu einem Umschlagsplatz von europäischer Bedeutung auf. Das Hauptgeschäft machten aber noch immer diese klugen gediegenen Holländer. Ihr Baugeschmack, ihre Lebenskultur drangen stilbildend in Niederdeutschland vor und auch rheinaufwärts. In Westdeutschland überwog der französische, in Süddeutschland der italienische Einfluß, der dann selbst im Wettkampf und in der Verschmelzung mit dem französischen Wesen weit nach Südosten und nach Osten vordrang. So blieb für das eigentlich und ursprünglich Deutsche nur wenig Platz übrig.

Das Deutschland der Barockzeit war ein empfangender, kein zeugender Organismus. Begann doch jeder junge Herr vom Stande seine männliche Reifezeit mit der Kavaliersreise, die ihn zumeist nach Italien, Frankreich und den Niederlanden führte. Kein Wunder, daß die arme deutsche Sprache, die schon vom Humanistenlatein genug verdorben war, nun auch noch durch Gallizismen vergiftet wurde. Die Eleganz fremdländischer Bildung verschärfte die Abgrenzung der Stände. Noch im siebzehnten Jahrhundert waren Ehen zwischen Adligen und freien Bürgerlichen durchaus als ebenbürtig angesehen – das wurde nun eine ganz ungebührliche Sache. Der Hofadel nahm alles Weltmännische, Vornehme, Geschliffene, jede Art von Bildung und Kunstgeschmack für sich in Anspruch – dem Bürger blieb nichts übrig als Pedanterie und Philistertum.

Die Höfe saugten das deutsche Land auch in einem tieferen Sinne aus. Alles, was gescheit und hübsch war, wurde in den Kreis des Hoflebens hineingerissen, mancher Lakai endete als Geheimsekretär oder gar Minister; die Geliebte eines Hofmannes oder gar des Fürsten selbst zu werden, bedeutete nicht nur ein üppiges Leben, sondern auch Einfluß, Macht, Rangerhöhung. Die Nähe des Fürsten übte einen unwiderstehlichen Zauber aus, man gehörte eben zu ihm, oder man zählte überhaupt nicht. Jeder ordentliche Beamte, jeder tüchtige Offizier sah als höchstes Ziel der Laufbahn die Erhebung in den Adelstand vor sich. Mit den Hofstellen und Orden waren oft Pensionen verbunden, die Ungnade des Fürsten bedeutete meist den wirtschaftlichen Ruin, deshalb empfand jeder Erfolgreiche das Bedürfnis, das moralische Recht, ja die Pflicht gegenüber seiner Familie, sich zu versorgen. Stellen- und Pfründenjägerei machte das Leben an diesen Höfen abenteuerlich und für viele reizvoll. Von der Hauptmasse des deutschen Volkes hob sich mehr und mehr diese Hofgesellschaft ab, sie stellte eine besondere, soziologisch scharf geprägte Schicht dar, sie nahm Bildung, Schliff, Weltläufigkeit, Kenntnis des Auslandes, Kunstgeschmack für sich in Anspruch, sie gewöhnte sich daran, über den Bürger die Nase zu rümpfen. »Bürgerlich« wurde die Bezeichnung für etwas Minderwertiges. Mehr als sonstwo verlor die aristokratische Schicht in Deutschland den lebendigen Zusammenhang mit dem Volke, sie wollte den Bürger und nun gar den Bauern nicht mehr verstehen, sie sah in den Angehörigen dieser mittleren und unteren Klassen Lebegeschöpfe, die unter anderen Bedingungen lebten. In Frankreich gab es nur *einen* Hof, diese Verhältnisse behielten hier etwas national Großartiges. Wenn sich nun jeder kleine deutsche Potentat sein Versailles schuf, den Theater- und Balletharem eingeschlossen, wenn er seine Untertanenschaft aus den verschiedensten Landfetzen zusammenpreßte und zu einer künstlichen Einheit zusammenprügelte, wenn er sich eine Armee hielt, bei der ein General auf je 300 Mann kam, so konnte das Ergebnis nur die tragikomische Welt sein, wie sie sich als das deutsche höfische Wesen dem späteren Betrachter darstellt. An die Stelle der früheren landesväterlichen nüchternen Art trat nun eine tolle Verschwendungssucht, eine kecke Lust an Grausamkeit und Ausschweifung, bei deren Anblick jedem anständigen Kerl der Ekel hochstieg. Natürlich ist es richtig, daß viele dieser Fürstenhöfe erfolgreich die Künste und Wissenschaften förderten. Unvergessen soll bleiben, was etwa August der Starke, der Kurfürst von Sachsen und König von Polen, seiner Residenzstadt Dresden gewesen ist, wie er sie hätschelte und pflegte. Das deutsche Fürstenwesen hat dem Vaterlande mehr Kunst- und Büchersammlungen, mehr Parks und Wasserkünste vermacht, als es in irgendeinem anderen europäischen Lande gibt. Aber das deutsche Volk erlitt durch diese ausgedehnte und vielfältige Fürstenherrschaft der Barockzeit geistig und seelisch eine Belastung, die es nur in langer Selbsterziehung überwinden sollte.

Warum sahen die deutschen Bürger so schwerfällig und gedrückt aus, abgesehen vielleicht von den führenden Schichten der großen Handelsstädte? Warum murrte der Bauer verbittert, gehemmt durch die ständige Kriegsnot, ewig gebunden an seine Bodenscholle, mundtot, anonym, geschichtslos? Warum lebte er so dahin, unbeweglich, fern von jeder Möglichkeit eines gesunden Aufstieges? Die Fürsten und der Adel, die herrschende Klasse an den Höfen, in der Verwaltung, in der Armee – sie alle hatten ein Interesse daran, diese Verhältnisse so und nicht anders zu regeln.

Die deutsche Aufklärung. Rationalismus und Spiritualismus

Damals entfremdeten sich die Deutschen der politischen Arbeit, sie kamen in den unberechtigten, aber von ihren Beherrschern gerne verbreiteten Ruf, daß sie keine politische Begabung besäßen. Gewiß, das Luthertum entfernte seine Anhänger von dieser bösen Welt und sperrte sie in ein gottgewolltes Berufsgefängnis ein. Aber was da an Haupt- und Staatsaktionen sich tat, was da unter der verführerisch klingenden Parole der Staatsraison geschah, war ja doch unchristlich durch und durch. Verträge wurden geschlossen, nur um gebrochen zu werden, fürstliche Heiraten wurden gestiftet im Interesse der Territorialvergrößerung, und je feierlicher jeder spätere Anspruch abgeschworen war, desto energischer wurde er zum gegebenen Zeitpunkt unter Verwendung von Waffengewalt erhoben; Bündnisse wurden mit den Todfeinden von gestern eingegangen, und die skrupellosesten Parteiwechsler beklagten sich am bittersten über die Verräterei ihrer Partner. War es erstaunlich, daß sich das beste Deutschtum abwandte von diesem Treiben, so wie es sich schon abgewandt hatte von dem Konfessionszank beflissener Theologen? Der Pietismus, diese zweite deutsche Reformation, bedeutete eine willkommene Zuflucht für viele, er blieb freilich eine geistig-religiöse Haltung der Abseitigen und Einflußlosen.

Eine Gruppe wie die vom Grafen Zinzendorf gegründete Herrnhuter (1722) war durchaus nicht kirchenfeindlich. Sie vertrat aber gegenüber der ausgeleierten und unfruchtbaren Dogmatik des amtlichen Luthertums einen tieferen und feineren Geist religiöser Einkehr. Hier wurde die Askese mittelalterlichen Andenkens zum persönlichen, mit Gott und dem Bösen ringenden Gebet erneuert, hier wurde die Kontemplation von ehemals verinnerlicht zu einem Bußkampf, der immer wieder die Macht der Seele dartat. Das alles vollzog sich sehr persönlich und ohne jeden äußeren Anspruch. Aber man darf doch nicht vergessen, daß die »Stillen im Lande« einen Schatz von Spiritualismus in Deutschland aufspeicherten, der gerade die mittlere und untere Schicht seelisch frisch und warm erhielt, der sie aufnahmefähig machte für tiefere geistige Erweckung, für denkerische und künstlerische Schöpfung. Die Wiedergeburt des deutschen Volkes als einer kulturellen Macht erfolgte wesentlich auch durch diese Momente. Der Irrationalismus hat also mit dem Rationalismus des neuen naturwissenschaftlich-mathematischen Denkens zusammengewirkt, um das »magische Weltbild« der Überlieferung zu ersetzen durch eine angemessenere Deutung des Daseins. Das achtzehnte Jahrhundert wurde das englische Jahrhundert. Die beiden englischen Revolutionen erzeugten eine neue Staats- und Gesellschaftsauffassung, die über Frankreich sich in ganz Europa verbreitete. Es wäre falsch, die rationalistische Seite der »Aufklärung« zu stark zu betonen. Natur und Vernunft waren die beiden herrschenden Prinzipien des Zeitalters; es handelte sich also um eine Verbindung vernunftsmäßiger Kritik an dem Überkommenen und eines geistig-seelischen Neuaufbaues im Einklang mit den ewigen Mächten der geschichtlichen und physischen Wirklichkeit. Gottfried Wilhelm Leibniz war ein wahrer Doktor Allwissend, der zuerst diese doppelte Sendung von Natur und Vernunft in seiner Weltdeutung zum Ausdruck zu bringen versuchte.

Voltaire und Friedrich der Große

Bis zu Immanuel Kant hat dieser Denker weder an Universalismus noch an Tiefe, noch an politischem Instinkt einen Nachfolger gefunden. Die deutschen Professoren im reifenden achtzehnten Jahrhundert erreichten nicht den geistigen Rang von David Hume oder Voltaire. Christian Thomasius († 1728) bewährte sich auf seine redliche Art als ein Kämpfer gegen Hexenwahn, Schwulst, Pedanterie, Hochmut der Latinität und Nachäfferei des Auslandes. Christian Wolff († 1754) wirkte gleichfalls in Halle, ein gewissenhafter Erzieher zu ehrlichem und sauberem philosophischem Denken. Es steckte allerhand Plattheit in diesen Männern, ihre Kampfweise war gelehrt und moralisch-nüchtern zugleich, sie und ihre Schüler kamen nur schwer über ein geistiges Mittelständlertum hinaus. Gemessen an der dogmatischen Bedrückung der vorhergehenden Zeit, bedeutet die Arbeit dieser Männer einen dankenswerten Reinigungsvorgang, der Besseres vorbereitete. Auch die Verballhornung der deutschen Sprache erschütterte jetzt manches gute deutsche Gewissen, besondere Gesellschaften entstanden zur Ausmerzung des Übels. Wirkliche Größe erreichte Deutschland damals nur in der Musik. Es war das Glück, die Begnadung und wahrscheinlich die eigentliche Rettung des deutschen Protestantismus, daß er sich seine Kirchenmusik erschuf. Wenn Palästrina die Gegenreformation musikalisch vollendete, so bekannte sich der evangelische Geist zu sich selbst im Kirchenliede, in der Motette, in der Passion der Meister Heinrich Schütz, Händel und Johann Sebastian Bach. Es wird immer ein Flecken auf dem deutschen Namen bleiben, daß das Vaterland einen Künstler wie Händel nicht ernähren konnte. Er mußte in England eine neue Heimat finden – sie gab ihm Bürgerrecht, Arbeit und Ruhm.

XII. Friedrich der Große und Maria Theresia

Kulturdeutschtum und Kolonialdeutschtum – Die Jugend Friedrichs des Großen – Das alte Reich und der Versuch eines Wittelsbacher Kaisertums – Der österreichische Erbfolgekrieg – Kampf um Schlesien – Preußen stellt sich als Großmacht neben und gegen Österreich – Österreichs und Preußens innerer Umbau – Der französisch-britische Weltgegensatz und seine Einwirkung auf die Geschicke Mitteleuropas – Rußlands steigender Einfluß – Der Siebenjährige Krieg – Kaiser Josef II. – Verfall der Reichsverfassung – Österreich fühlt sich von Preußen und Bayern aus dem Reich gedrängt – Schwierigkeiten der europäischen Machtstellung des Hauses Habsburg (Niederlande, Italien, Balkan) – Preußen hat den Vorteil geschlossener Staatskraft – Die erste Teilung Polens – Der bayerische Erbfolgekrieg – Der Fürstenbund – Nationalkirchliche Bestrebungen – Leistung und Schwäche des Kleinfürstentums – Fürstentum und Ständewesen – Die geistig-künstlerische Erweckungszeit Deutschlands – Die Säkularisation des Denkens – Sturm und Drang – Das Weltbürgertum – Die nationale Form wird zunächst ein philosophisch-künstlerisches Erlebnis der Deutschen – Dem deutschen Nationalismus tritt ein österreichischer, preußischer, ja bayerischer und rheinischer Nationalismus entgegen – Staatsgesinnung, Königstreue und Volkstum – Der deutsche Idealismus – Die Frühromantik

Kulturdeutschtum und Kolonialdeutschtum

Die Entstehung der beiden deutschen Großmächte Österreich und Preußen vollendete die Zerrüttung des Heiligen Römischen Reiches Deutscher Nation. Die majestätische Lebensform von ehemals wurde noch eine Zeitlang weitergeschleppt wie ein verschlissener Krönungsmantel. Die wirklichen Kräfte des deutschen Lebens waren nicht mehr reichisch, sondern großmächtlich und kleinstaatlich. Dieser Gegensatz beherrschte fortan die deutschen Geschicke. Beide Großmächte erlangten und behaupteten ihre Stellung nur durch ihre außerdeutsche, von Mitteleuropa nach dem slawischen Osten ausgreifende Machtentfaltung. Die übrigen Reichsstände versuchten nicht zurückzubleiben in der Pflege ausländischer Beziehungen – aber der Kern des guten alten Deutschtums saß doch hier, und im echt und unverfälscht gebliebenen Reichsgebiet erwachte der deutsche Geist zu neuer Tatkraft – eine große künstlerische und philosophische Blütezeit bereitete sich vor. Die Schicksalsfrage erhob sich, inwieweit dieses Kulturdeutschtum sich mit dem Kolonialdeutschtum vertragen würde, das die beiden deutschen Großmächte vertraten. Würde die deutsche Geisteskultur imstande sein, die Großmachtsbildungen zu erfassen und wirklich einzudeutschen? Oder würde das undeutsche östlich-despotische Element, das in beiden Großmächten lebendig war, eine solche Versöhnung verhindern?

Im gleichen Jahre 1740 bestiegen neue Regenten den Thron in Österreich wie in Preußen. Erzherzogin Maria Theresia, die Erbtochter, folgte ihrem kaiserlichen Vater, und das ganze mühselig vorbereitete Werk der Pragmatischen Sanktion krachte zusammen. Wiederum brach ein Erbfolgekrieg aus, der österreichische; die alten europäischen Spannungen gaben ihm, weit über die Erbfolgefrage hinweg, die Bedeutung einer großen Schicksalswende.
Maria Theresia (* 1717), die letzte Herrscherin aus dem alten Hause Habsburg und die Begründerin der neuen Linie Habsburg-Lothringen, war seltsamerweise das erste Mitglied des Hauses seit der Renaissance, das durchaus deutsche Züge trägt. Es war nichts mehr Spanisches an ihr – der braunschweigische Einschlag von der mütterlichen Seite hatte gut gewirkt. Sie war warmherzig und energisch, musikalisch und lebensfroh, wenn auch durch die strengen Überzeugungen ihres katholischen Glaubens begrenzt, aber wohl mehr an Bildung als an Lebensbekenntnis. Ihrem Gemahl war sie unverbrüchlich treu ergeben, sie gebar ihm sechzehn Kinder und hatte ihm viel zu verzeihen. Als sie am Totenbett des Kaisers dessen letzte Geliebte traf, umarmte sie die Fürstin Lobkowitz und sagte ihr: »Wir haben viel verloren!« Politisch hielt sie sich jede Einmischung des »Mitregenten« fern und überließ ihn seinen unerfreulichen Geschäftsinteressen. Lieferte doch während des Siebenjährigen Krieges der Kaiser Franz I. den Preußen Getreide! Dem unverwüstlichen Mut, der landesmütterlichen Hingabe der Kaiserin Maria Theresia sollte Österreich Großes verdanken.

König Friedrichs Jugend

Der neue preußische Herrscher, König Friedrich II., war aus ganz anderem Stoff gemacht (* 1712). Heiter und häuslich, ohne politische oder gelehrte Belastung, ohne ernsthafte Zwiste war die Erziehung der Kaisertochter verlaufen. Der Konflikt zwischen Friedrich dem Großen und seinem Vater ist aber einer der berühmtesten Fälle aus der Geschichte des Zwistes zwischen den Generationen. Kronprinz Friedrich war ungewöhnlich begabt – ein geistiger Mensch durch und durch, sehnsüchtig nach dem Ruhme des Künstlers und Schriftstellers, kritisch bis zur tödlichen Ironie allem Herkömmlichen und Sentimentalen gegenüber: also im Grunde eine kalte Natur, selbstsüchtig, narzistisch in ihr Ich verliebt, nach Geltung gierig, von jeder Verwöhnung, von jeder Verfeinerung zu einem erlesenen Genuß, zu einer noch unerhörteren Erfüllung strebend. Friedrich Wilhelm I., der Soldatenkönig, vermochte eine so verwickelte, undurchsichtige, vorzeitig brüchige, vom Egoismus des Leidenden erfüllte Persönlichkeit nicht zu verstehen. Er scheiterte ja schon an einfacheren Problemen. Mit seiner ganz kolonialdeutschen, borussisch-russischen Brutalität versuchte nun Friedrich Wilhelm I. den Kronprinzen nach seinem eigenen Bilde zu formen, durch Tyrannei, durch Drohungen, durch Prügel. Er zermalmte alles, was dem Sohne lieb oder gemäß war, und bot ihm seine eigene Welt. Sie reizte den Sohn nicht. Friedrichs kecke Klugheit, seine respektlose Spottsucht mußte freilich den Vater reizen und erbosen. Auch ein besserer Pädagoge hätte diese Aufgabe schwer gefunden. Der Zank nahm die schlimmsten Formen an, er endete mit dem Fluchtversuch des Sohnes. Friedrich, der »Deserteur«, mußte der Hinrichtung seines besten Freundes und Helfers, des Leutnants von Katte, beiwohnen. Den seelischen Stoß dieses Erlebnisses hat der Prinz nie ganz überwunden. Die verfehlte Heiratsgeschichte tat dann noch ein übriges (vgl. oben S. 249). Seelisch und charakterlich war Kronprinz Friedrich seitdem irgendwie verbogen. Verstellung und Doppelspiel wurden ihm geradezu aufgezwungen. Die Wiederaussöhnung mit dem Vater blieb immer äußerlich, wenn er auch als Soldat und Staatsmann die Leistung des »Roi Sergeant« zu schätzen wußte. Er selbst wurde ja nun der »Roi Connétable«!

Der Schöngeist und Philosoph lernte die Regierungskunst und das Kommando. Er war dazu geboren. Auch in einer weniger harten Schule hätte er freilich die Äußerlichkeiten des Betriebes gelernt. Die Größe seiner späteren Leistung rechtfertigt nicht die Vergewaltigung seiner Jugendzeit. Erst in Rheinsberg fand sich der Kronprinz wieder ganz. Rheinsberg ist ein Schlößchen in der Mark, das er sich nach persönlichem Geschmack ausstatten und ausbauen konnte. Da pflegte er heitere Geselligkeit, da wetteiferte er mit gelehrten und vielgereisten Freunden in der Deutung der Welt. Er las unendlich viel, er schrieb und begegnete hier zuerst dem König der Schriftsteller des Jahrhunderts – dem Franzosen Voltaire († 1778). Unter Friedrichs Jugendschriften ist der Antimachiavell am berühmtesten geworden. Die Schrift stellt eine Kritik des Buches des großen Florentiner Staatsmannes Niccolo Machiavelli dar. Gegenüber dem Soldatenkönig, wie ihn der Vater darstellte, beschreibt der Sohn den neuen Typus des Herrschers. Er wollte etwas bewußt Neues, die Versöhnung des Fürsten, wie er von der Renaissance geprägt war, mit dem Geist des philosophischen Jahrhunderts – die Einfügung des Regenten in die entstehende Welt der Freiheit, der Selbstbestimmung, der geistigen Unabhängigkeit. In einem aus freien Persönlichkeiten bestehenden, reif gewordenen Staatsgebilde gab es für den Fürsten keinen anderen Platz als den des obersten Dieners. Dieser Wunschtraum des Kronprinzen war gedanklich nicht originell, wie Friedrich ja nie ein Philosoph eigener Prägung geworden ist, nicht einmal in beschränktem Sinne des achtzehnten Jahrhunderts. Der Antimachiavell behält etwas Spielerisches und Improvisiertes, er entsprang einer fürstlichen Laune, das Beste an ihm ist jene persönliche Abkehr von der väterlichen Überlieferung – das Neue, was Friedrich zu geben hatte, liegt nicht im seichten Tugendgeschwätz, das der Epoche so geläufig war, sondern in seiner politischen Tat. Der Widerspruch zwischen der Theorie, in der er sich gefiel, und der Wirklichkeit, wie er sie bald anpacken sollte, sprang so in die Augen, daß sich schon bei den Zeitgenossen die am nächsten liegende Erklärung unmittelbar einstellte: vollendeter, von Heuchelei schlecht verdeckter Zynismus. In Wahrheit liegt das Problem doch etwas tiefer – es handelt sich um ein ständiges Ringen zwischen dem Schriftsteller und dem Staatsmann. Friedrichs seltsamer Geist pendelte zwischen den zwei Welten der Tat und der Betrachtung; auf alle Fälle wollte er den Ruhm, den Erfolg, den großen Namen – er wünschte mehr zu sein als Voltaire und mehr als der mazedonische Alexander. Seine Unzulänglichkeit als Denker und Dichter, die ihm im Innersten bewußt war, glich Friedrich aus, wenn er mit überlegener Kraft eingriff in die europäische Politik – seine Mißerfolge als Staatsmann und Feldherr überwand er durch seine geschichtliche und poetische Betrachtungsweise; so gelang es diesem zwiespältigen, ruhelosen, von Haßliebe gepeinigten und im Grunde unglücklichen Menschen immer wieder hochzukommen, immer wieder neue Lösungen zu finden, sich gegen ein übermächtig scheinendes Schicksal zu behaupten und die Epoche umzuformen durch die magische Kraft seines Namens.

Der österreichische Erbfolgekrieg. Schlesien

Preußen besaß beim Tode Friedrich Wilhelms I. einen vollen Staatsschatz und ein Heer von achtzigtausend Mann – der Soldatenkönig hatte diese Macht aufzubauen, aber nicht zu verwenden verstanden. Schon in den ersten Monaten zeigte Friedrich, daß es nun anders werden sollte – er schüchterte den eigensinnigen Bischof von Lüttich durch die Schroffheit seines Vorgehens dermaßen ein, daß ein alter Grenzstreit schnelle Regelung fand. Wichtigeres sollte folgen. Die Thronbesteigung Maria Theresias erweckte Erbansprüche in halb Europa. Kurfürst Karl Albert von Bayern berief sich nicht nur auf den Familienvertrag zwischen den habsburgischen Brüdern (vgl. oben S. 172), sondern auch auf das Testament Kaiser Ferdinands I., von dessen Tochter er abstammte. Diese Erzherzogin hatte sich und ihren Nachkommen alle Rechte für den Fall des Aussterbens des habsburgischen Mannesstammes vorbehalten. Auch der Kurfürst von Sachsen stellte sich fordernd ein, die spanischen Bourbonen erhoben Erbansprüche als Rechtsnachfolger der spanischen Habsburger – hier verknüpfte sich die österreichische Erbfolge mit dem spanischen Erbfolgekrieg, dessen Ergebnisse das spanische Nationalgefühl so tief verletzt hatten. Für Frankreich bot sich angesichts aller dieser Umstände eine große Gelegenheit, endlich Revanche zu nehmen und die schon schwankende österreichische Hegemoniestellung in Europa umzustoßen. Da verblüffte der preußische König die Zeitgenossen durch die Schnelligkeit und Skrupellosigkeit seines Vorgehens. Rechtlich waren ja die Ansprüche Preußens auf Schlesien sehr zweifelhaft, nur Teile von Schlesien wurden überhaupt davon berührt (vgl. oben S. 231). Friedrich setzte sich unbekümmert darüber hinweg. Ohne Verhandlungen, ohne Kriegserklärung marschierte der König in Schlesien ein; gleichzeitig bot er in Wien die Garantie der österreichischen Erblande für Maria Theresia gegen Abtretung von ganz Schlesien an. Preußen hatte sich allerhand gefallen lassen müssen von Österreich zur Zeit seiner beiden ersten Könige – die Abrechnung sollte nun kommen. Maria Theresia lehnte voll tiefer Empörung Verhandlungen ab, der Krieg brach aus. England versuchte zu vermitteln, es baute eine Koalition zugunsten Österreichs auf – Holland, Rußland, Kursachsen nahmen teil. Friedrich sah sich umstellt, er schloß nun ein Bündnis mit Frankreich, Kurbayern trat bei. Man einigte sich auf französische finanzielle und militärische Hilfe, Kaiser sollte der bayerische Kurfürst werden – Kurköln, Kurmainz, Kursachsen verpflichteten sich, ihm ihre Stimme zu geben. Als Karl VII. erlangte so dieser Wittelsbacher die Kaiserkrone. Der Sohn des einstmals geächteten Kurfürsten Max Emanuel verfocht jetzt den Reichsgedanken und die Interessen des alten Reichskernes gegen Österreich! Das Peinliche bei dieser merkwürdigen Episode blieb, daß ohne französische und spanische Hilfe dieser Versuch nicht hätte gemacht werden können und daß der preußische Großmachtsegoismus der gewinnende Partner war. Friedrich errang ansehnliche militärische Erfolge, zu seiner Genugtuung schloß England-Hannover einen Neutralitätsvertrag mit Frankreich, aber der preußische König vermochte seinen bayerisch-französischen Verbündeten wenig zu trauen; er selbst wollte gewiß Schlesien behalten, aber eine Landverbindung Bayerns mit Böhmen erschien ihm recht unerwünscht. Die Kaiserwürde sollte nach seiner Ansicht nicht zur Bildung einer bayerischen Großmacht führen, die Preußen hätte bedrücken können. Aus solchen Erwägungen ist der berüchtigte Vertrag von Klein-Schnellendorf (1741) entstanden, in dem der preußische König gegen Übergabe der Festung Neiße den Österreichern den Weg nach Mähren freigab zur Bekämpfung seiner bisherigen Bundesgenossen, der Bayern und Franzosen. Als diese beiden aber trotzdem bedeutende Erfolge errangen, schwenkte Friedrich wieder aus seiner zeitweisen Neutralität zurück in die antiösterreichische Front. Das Zwischenspiel ist dem preußischen König nie vergessen worden – er galt seitdem als ein unzuverlässiger Partner, dem alles zuzutrauen war. Österreich hatte jedenfalls ein starkes Interesse daran, diesen gefährlichen und militärisch immer wieder erfolgreichen Gegner auszuschalten – englischer Vermittlung gelang es, Friedrich zum Sonderfrieden von Berlin (1742) zu bringen; der Preis war hoch: ganz Schlesien außer Teschen, Troppau und Jägerndorf sowie die Grafschaft Glatz kamen an Preußen. Preußen erhielt die volle Souveränität, Schlesien blieb aber Reichsbestandteil, also böhmisches Lehen – eine widerspruchsvolle Lage. Die Kriegslage war für Maria Theresia nun wesentlich einfacher geworden. Der österreichische Erbfolgekrieg wuchs sich aus zu einer Abwehrhandlung der mitteleuropäischen Mächte unter englischer Führung gegen Frankreich. Engländer, Österreicher, Holländer und deutsche Söldner bildeten die sogenannte Pragmatische Armee, die unter persönlicher Führung des englischen Königs Georg II. die Franzosen bei Dettingen schlug. Kursachsen trat nun auch wieder auf die »pragmatische« Seite, für Italien gewann Maria Theresia den alten Bundesgenossen aus dem spanischen Erbfolgekrieg, Sardinien. Friedensverhandlungen brachten nichts zustande. Österreich wünschte sich Ersatz für Schlesien in Bayern, der Kaiser Karl VII. sollte auf französische Kosten im Elsaß und in Lothringen abgefunden werden. Friedrich II. andererseits dachte an weitgehende Säkularisationen geistlicher Gebiete, er wollte eine neutrale Reichsarmee als immerwährender Generalleutnant anführen zum Schutz der Reichsverfassung, in Frankfurt schloß er mit mehreren Reichsständen eine Union zur Wahrung der Stellung von Kaiser und Reich, ja eine Assoziation der Reichskreise faßte er ins Auge. Der Reichsfeind spielte umsonst die Rolle des Reichsprotektors. Das Mißlingen dieser Pläne und die österreichischen Erfolge am Rhein veranlaßten den preußischen König, wieder in den Krieg einzugreifen – von drei Seiten fiel er in Böhmen ein. Er hoffte, Teile davon zu erwerben. Aber die politische Lage änderte sich bald vollkommen, Frankreich führte den Krieg nur noch lau nach dem Tode der Herzogin von Chateauroux, der Mätresse des Königs, die das Bündnis mit Preußen hauptsächlich gestützt hatte. Die Pragmatische Koalition befestigte sich, Rußlands Beitritt stand bevor. Kaiser Karl VII. starb plötzlich, seinem Nachfolger bewilligte Maria Theresia den Sonderfrieden zu Füssen (1745), der ihm sein Stammland ungeschmälert beließ gegen Verzicht auf alle Erbansprüche und die Stimmabgabe bei der Wahl des Gemahls Maria

Theresias, des Herzogs Franz von Lothringen, zum Kaiser. Friedrich sah sich jetzt isoliert, Maria Theresia erblickte in ihm den bösesten Feind, sie wollte ihm durchaus nicht Schlesien lassen, Frankreich war kriegsmüde und begann Sonderfriedensverhandlungen. Friedrich errang bedeutende militärische Erfolge bei Hohenfriedberg und bei Soor. Seine strategische Begabung, ein welfisches Erbteil, entfaltete sich jetzt zu erstaunlicher Fülle. Englischen Bemühungen gelang schließlich doch ein neuer Friedensschluß in Dresden (1745) – Friedrich mußte sich mit der Bestätigung seiner schlesischen Eroberung begnügen, er erkannte Franz I. als Kaiser an. Der Krieg in Deutschland ging damit zu Ende, die Reichsstände schlossen sich dem Dresdener Vertrage an.

Der österreichische Erbfolgekrieg lief noch drei Jahre lang weiter, als ein Kampf in Italien und in Flandern, als ein Kolonialkrieg zwischen England und der französisch-spanischen Bourbonengruppe. Österreich schloß 1746 ein Bündnis mit Rußland, wodurch das unzuverlässige Preußen in Schach gehalten war – Friedrich andererseits im Verein mit der französischen Klientel im Reich wußte alle Pläne zu vereiteln, die auf einen Reichskrieg gegen Frankreich hinzielten. Der Aachener Friede (1748) brachte der Kaiserin Maria Theresia nun endlich die allseitige Anerkennung der Pragmatischen Sanktion – außer Schlesien hatte sie noch kleinere italienische Bezirke abzutreten. Der österreichische Machtkomplex hatte sich also doch behauptet, besser als seinerzeit der spanische. Wesentlich hatte dazu die Treue der Ungarn und Südslawen mitgewirkt – hätte es damals eine angriffslustige Türkei gegeben, wären die Dinge wahrscheinlich anders gelaufen. Eine Zurückgewinnung des Elsaß und des dynastisch nunmehr eng mit Österreich verbundenen Lothringen für Deutschland hatte sich als undurchführbar erwiesen wegen des preußischen Druckes. Frankreich braucht das Elsaß so nötig, schrieb Friedrich später, als Preußen Schlesien braucht. Preußen war auch stark genug, jede schöpferische Reichspolitik, die von Wien ausging, zu verhindern oder umzubiegen. Preußen, der Räuber Schlesiens, war und blieb also vom Standpunkt Maria Theresias der Erzfeind. Der Verlust Schlesiens bedeutete ja mehr für Österreich als nur den Verlust eines der Erbländer: dieses blühende, der deutschen Kultur überwiegend gewonnene, von der Spätrenaissance kostbar ausgestaltete deutsch-slawische Ostland ermöglichte es dem Staate Preußen, auf Böhmen, Sachsen und Polen dauernden Druck auszuüben. Kursachsen war infolge des Überganges von Schlesien an Preußen durch diesen seinen alten Wettbewerber endgültig überflügelt, Österreich sah sich aus dem östlichen Mitteleuropa verdrängt, eine hegemoniale Stellung konnte nun nicht mehr aufrechterhalten werden. Schlesien war also das Schicksalsland für Friedrich und Maria Theresia geworden – beide Partner konnten und wollten in der getroffenen Entscheidung nur einen Waffenstillstand sehen.

Österreichs und Preußens innerer Umbau

Die Pause bis zum Ausbruch des Siebenjährigen Krieges gab beiden deutschen Großmächten die Möglichkeit des inneren Aufbaues und Umbaues. Maria Theresia hatte die Erfahrung machen müssen, daß die bestehende Zersplitterung ihrer Staaten, der Mangel an geordneten Verkehrs-, Finanz- und Verwaltungseinrichtungen die Schlagkraft der österreichischen Armee wesentlich minderte. Bisher hatte es ständisch zusammengesetzte Hofkanzleien für Österreich und Böhmen gegeben, an ihre Stelle trat nun ein einheitliches, rein bürokratisches Direktorium. Justiz und Verwaltung wurden getrennt, ein gemeinsames Justizministerium entstand, es arbeitete zugleich als oberster Gerichtshof. Die Kaiserin hatte das große Glück, in dem Fürsten Kaunitz einen Berater hohen Ranges zu besitzen, der nach einer erfolgreichen diplomatischen Laufbahn 1753 das Amt des Staatskanzlers erhielt – er wurde das Haupt der neugegründeten Haus-, Hof- und Staatskanzlei, des österreichischen Ministeriums des Auswärtigen; persönlich voll von wunderlichen Zügen, war dieser Mann politisch der kälteste und feinste Rechner der Zeit. Die neugebildeten Fachbehörden bekamen später ihre gemeinsame Spitze in dem Staatsrat. Alle diese Reformen erreichten keine völlige Vereinheitlichung des Staatslebens, sie erfaßten ja auch nur die Länder Österreich und Böhmen; Ungarn und die Nebenländer erhielten sich immer ihre politische eigene Lebensform: trotzdem arbeitete der Gesamtorganismus der Monarchie jetzt wesentlich besser. Die Besteuerung wurde vereinheitlicht und besser verteilt, der Bauernstand sah sich erleichtert, ein alle Erblande außer Tirol umfassendes Zollgebiet trat ins Leben, das Volksschulwesen wurde zum ersten Male in Österreich als eine staatliche Pflicht erkannt und neu begründet. In einem so bewußt katholischen Staate hatten Protestanten und Juden immer noch unter Vorurteilen zu leiden, ja harte Bedrückung auszuhalten; ein übermäßiger Einfluß der römischen Kirche selbst blieb aber der Regierung unwillkommen, ihr Grundbesitz und die sonstigen Vermögenswerte wurden überwacht, die kirchliche Gerichtsbarkeit eingeschränkt. Die weiter bestehenden Landstände konnten solche zunehmende Gewalt der Zentrale nicht schätzen, aber an Widerstand war nicht zu denken, die Kaiserin besaß zudem eine leichte Hand, sie ermöglichte auch Bedenklichen und Widerspenstigen die Zusammenarbeit, die Aristokratie insbesondere erhielt so viel Vorteile durch die guten Posten der neuen Bürokratie und durch die Heeresorganisation, daß sie ihre ständischen Vorrechte weniger stark betonte. Die Träger der großen Namen siedelten sich mehr und mehr in Wien an, alle diese böhmischen, burgundischen, ungarischen und italienischen Vornehmen fanden sich zusammen im Deutschtum der Hauptstadt, der Hof selbst betonte seinen deutschen Charakter, die spanische Etikette bestand wohl weiter, aber erfuhr mancherlei Abänderung oder selbst Nichtbeachtung.

Vieles blieb ungelöst, die Kaiserin liebte keine Schärfen, sie ließ die Dinge wachsen und gedeihen, Takt, Milde und Menschlichkeit belebten das Österreichertum ihrer Zeit und vererbten sich in die Zukunft. Der Gegensatz zu Bayern und Preußen entfernte freilich dieses Österreichertum noch weiter vom Reiche; das Kaisertum Franz I., des Gemahls und Mitregenten – des ersten und einzigen Kaisers ohne Eigenbesitz im Reich! –, kam nicht auf gegen die Herrschaftsleistung der Kaiserin, die eben doch vor allem die Königin von Böhmen und Ungarn sowie die Erzherzogin der Erblande war.

Die Entstehung eines gesamtösterreichischen hohen und niederen Adels trug wesentlich zur Absonderung Österreichs vom Reiche bei. Seit Kaiser Maximilian I. hatte die Verleihung von Adelsbriefen mehr und mehr zugenommen. Der alte Unterschied zwischen Herrenstand und Ritterstand verwischte sich. Der Hofadel maßte sich, wie gezeigt, häufig die Rechte der Reichsunmittelbaren an, so daß die ersehnte Aufnahme in die Reichsstandschaft schließlich gar nicht mehr nötig schien. Der eingesessene lokale Uradel in den Nebenländern erlitt schwerste Einbuße infolge der Ereignisse des Dreißigjährigen Krieges und der Gegenreformation. Der politisch und religiös protestierende Ortsadel versank, der loyale katholische, vielfach neue Hof-, Militär- und Beamtenadel stieg auf und half bei der Neueinrichtung der Monarchie tatkräftig mit.

Härter und derber verliefen die Reformen in Preußen. König Friedrich II. hatte zunächst die neuen Provinzen einzufügen in das Staatsganze – Schlesien und das 1744 nach dem Aussterben der alten Fürstenfamilie übernommene Ostfriesland. Schlesien bekam eine besondere Verwaltung für die Übergangszeit, die unmittelbar unter den Augen des Königs arbeitete. Schwierigkeiten kamen von der katholischen Kirche, die das preußische Regiment als solche unangetastet ließ, deren wirtschaftliche und rechtliche Vorrechte aber nicht zu dem preußischen System passen wollten. Ärgerlich war den Schlesiern auch das preußische Rekrutierungssystem. Geschickt und persönlich ganz ohne konfessionelles Vorurteil, bemühte sich Friedrich schließlich doch erfolgreich auch um den katholischen Teil seiner schlesischen Untertanen – die neue katholische Kirche in Berlin erhielt gastfrei-versöhnlich den Namen der Schutzpatronin von Schlesien, der heiligen Hedwig. In Ostfriesland kämpften die Herrenstände um ihre überkommene altgermanische Machtstellung, die der neue Herrscher zu achten versprochen hatte. Ein gewandter preußischer Kammerdirektor verekelte freilich den Ständen durch allerlei Künste und Schikanen die Ausübung ihrer Rechte, sie mußten einsehen, daß sie besser fuhren, wenn sie sich den Preußen freiwillig fügten. An der von seinem Vater überkommenen Verwaltungsorganisation änderte Friedrich grundsätzlich nichts, er baute an, aber nicht um; so entstand eine gewisse Unstimmigkeit zwischen Provinzial- und Realdepartements (Provinzialministern), wie für Schlesien, und Fachministern, wie der für auswärtige Angelegenheiten – der wache Geist des Königs war diesen Schwierigkeiten gewachsen, die Bedeutung des königlichen Kabinetts und der alles entscheidenden obersten Spitze nahm infolge dieser Umstände eher noch zu, sie erwies sich als geradezu unentbehrlich. Friedrich schuf eine eigene Abteilung für Handel und Gewerbe sowie das Kriegsministerium. Er nahm ein besonderes Interesse an der Wirtschaft, Ausländer, wie der Schweizer Fäsch, berieten ihn dabei. An den preußischen Staatsgrenzen entstanden hohe Schutzzölle, die einheimische Industrie sollte auf alle Fälle zur Deckung des inneren Bedarfes fähig gemacht werden – bei der Rohstoffarmut Preußens und seinen vielfältigen Grenzlinien eine recht schwere Aufgabe, deren Lösung den Staat in erbitterte Zollkriege mit den Nachbarn, besonders Kursachsen und Österreich, verwickelte. Günstige Handelsverträge mit den größeren und bevorzugteren Mächten Europas abzuschließen, erwies sich als kaum durchführbar. In dem neuerworbenen Emden (Ostfriesland) entstand eine asiatische Handelskompanie, die mit besonders hohem Gewinn chinesische Erzeugnisse gen dato mittheilen wird, hat das General-Directiorium veranlaßt, sich mit dem Großkanzler über diejenigen Fälle,

bey denen es in fiskalischen Untersuchungen eines Protokoll-Führers bedarf,

zu vereinigen.

Das Resultat davon ist dieses: daß in sofern nicht etwa der Denunciat selbst, zur Vermeidung der Kosten und Abkürzung der Sache, nach der dem Denunciaten im Circulare vom 12. April 1785 §. 9. gegebenen, und solchen Partheyen jedesmal ausdrücklich bekannt zu machenden Befugniß, die Zuziehung eines besondern Protokoll-Führers ablehnen sollte, diese Zuziehung nur alsdann erforderlich ist, wenn auf die denuncirte Contravention, falls sie sich angegebenermaßen verhält, pœna legis ordinaria bey

honoratioribus, ohne Rücksicht der Dauer, bloßerdings eine Gefängniß-Strafe, bey gemeinen Leuten aber nur dergleichen über vier Wochen, oder überhaupt über Funfzig Rthlr. Geld-Strafe,

zu erkennen seyn werde.

Wir machen Euch solches hierdurch bekannt, mit dem Befehl, Euch danach für die Folge zu achten, und die von Euch abhängenden Justiz-Behörden zu instruiren. Sind rc. Berlin, den 4ten Februar 1794.

Auf Sr. Königl. Majestät allergnädigsten Special-Befehl.

v. Carmer.

Ad No. VII.

Friedrich Wilhelm, König rc. rc. Unsern rc. Die in dem unterm 4ten Februar c. an die Kurmärksche Kammer-Justiz-Deputation erlassenen Directorial-Rescript enthaltenen Principia sind zwischen Unserm Finanz- und Justiz-Departement concertirt worden, und werden auch in der revidirten Prozeß-Ordnung aufgenommen werden. Es hat also kein Bedenken, daß Ihr Euch danach schon jetzt achten könnt, welches Wir Euch auf Eure dieserhalb unterm 24. v. M. gethane Anfrage hierdurch nicht verhalten wollen. Sind rc. Gegeben Berlin, den 7. April 1794.

Auf Sr. Königl. Majestät allergnädigsten Special-Befehl.

Carmer.

An das Cammergericht.

No. VIII. Patent, wegen Publication des allgemeinen Landrechts für die Preußischen Staaten. De Dato Berlin, den 5. Febr. 1794.

Wir Friedrich Wilhelm von Gottes Gnaden König von Preussen rc. rc. Thun kund und fügen hiedurch jedermann zu wissen: Nachdem Wir die bereits unterm 20sten März 1791 vorläufig bekannt gemachte Gesetz-Sammlung für Unsre Staaten einer nochmaligen Revision zu unterziehen gut gefunden haben; und dieselbe nunmehr dergestalt eingerichtet ist, daß Wir durch ihre wirkliche Einführung Unsre landesväterliche Intention in jeder Rücksicht zu erreichen Uns versichert halten können; so haben Wir resolviret, besagte Gesetz-Sammlung in dieser ihrer gegenwärtigen Gestalt, und mit den darin gemachten Verbesserungen, unter dem Titel:

Allgemeines Landrecht für die Preußischen Staaten,

hiedurch anderweit publiciren zu lassen, in Unsern gesammten Landen wirklich einzuführen, und diesem allgemeinen Landrechte

von

Die ersten beiden Seiten des Preußischen Landrechts, ein von der Aufklärung beeinflußtes modernes Recht vom 1sten Junius 1794 an volle Gesetzes-Kraft beyzulegen; also, daß nach diesem benannten Tage dasselbe bey Vollziehung und Beurtheilung aller rechtlichen Handlungen und deren Folgen, so wie bey Entscheidung der sich ereignenden Rechtsstreitigkeiten, zum Grunde gelegt werden soll.

Das allgemeine Landrecht soll vom 1sten Junius 1794 an gesetzliche Kraft haben.

Damit aber auch über die verbindliche Kraft und Anwendbarkeit dieses allgemeinen Landrechts, nach besagtem Zeitpunkte, keine Zweifel oder Ungewißheiten mehr übrig bleiben mögen: so finden Wir nöthig, nachstehende nähere Bestimmungen darüber festzusetzen:

I.

Das gegenwärtige allgemeine Landrecht soll an die Stelle der in Unsern Landen bisher aufgenommen gewesenen Römischen, gemeinen Sachsen- und andern fremden subsidiarischen Rechte und Gesetze treten; also, daß von dem obenbemerkten Zeitpunkte, dem 1. Jun. 1794 an, auf diese bisherigen subsidiarischen Gesetze und Rechte nicht mehr zurückgegangen, sondern in vorkommenden spätern Fällen nur nach den Vorschriften des gegenwärtigen Landrechts in allen Unsern unmittelbaren und mittelbaren Gerichtshöfen erkannt werden soll.

Es tritt an die Stelle des Römischen und anderer fremden gemeinen Rechte.

II.

Eben so tritt dieses allgemeine Landrecht an die Stelle der über einzelne Rechtsmaterien von Zeit zu Zeit ergangenen allgemeinen Edicte und Verordnungen, welche bisher in allen Unsern Provinzen als gemeine Landes-Gesetze gegolten haben; indem dafür gesorgt worden ist, daß diese einzelnen Edicte und Verordnungen bey der Anfertigung des Landrechts nochmals revidirt, und ihrem Inhalte nach, bey den Gegenständen, welche sie betreffen, gehörigen Orts aufgenommen und eingeschaltet worden. In so fern jedoch in dem gegenwärtigen Landrechte auf ein solches über einzelne Materien ergangenes Edict, oder sonstige Verordnung, Bezug genommen, und dahin verwiesen worden, versteht es sich von selbst, daß dergleichen Edict oder Verordnung seine gesetzliche Kraft, in Ansehung aller Stellen und Vorschriften, die nicht etwa in diesem Landrechte ausdrücklich geändert sind, nach wie vor beybehalte.

Die allgemeinen Landesgesetze, welche beybehalten werden, sind dem Landrecht einverleibt.

III.

Die in den verschiedenen Provinzen bisher bestandenen besondern Provinzial-Gesetze und Statuten behalten zwar vor der Hand noch ihre gesetzliche Kraft und Gültigkeit; dergestalt, daß die vorkommenden Rechts-Angelegenheiten hauptsächlich nach diesen, und nur erst in deren Ermangelung, nach den Vorschriften des allgemeinen Landrechts beurtheilt und entschieden werden sollen.

Die besondern Provinzialgesetze behalten vor der Hand noch ihre Kraft.

IV.

Damit aber auch bey diesen Provinzial-Gesetzen und Statuten eben die gründliche Verbesserung, die Wir in Ansehung der bisherigen gemeinen und subsidiarischen Rechte zum Wohl Unserer sämmtlichen getreuen Unterthanen veranstaltet haben, gleichergestalt ins Werk gerichtet werden möge, hatten Wir bereits unterm 20. März 1791 verordnet, daß auch diese besondern Gesetze innerhalb dreyer Jahre gesammelt, revidirt, und nach dem Plane der allgemeinen Gesetzgebung geordnet werden sollten; und Wir wiederholen hierdurch diese Unsere Allerhöchste Willensmeynung. Da Wir inzwischen in Erfahrung bringen, daß diese vorgeschriebene Bearbeitung der Provinzial-Gesetze noch nicht durchgehends beendigt sey, so wollen

Sie sollen aber gesammelt, revidiret, und in ordentliche Provinzialgesetzbücher verfaßt werden.

beschaffte, die Stadt fand hier eine Zeitlang einen Ersatz für das, was sie sonst durch die preußische Herrschaft verlor. Bei der recht notwendigen Justizreform erfreute sich Friedrich der sachverständigen Hilfe des Großkanzlers Cocceji – eine neue Prozeßordnung entstand, die Berufung an die Rechtsfakultäten ausländischer Universitäten fiel in Zukunft weg, Preußen schloß sich also auch in dieser Beziehung gegen Einflüsse ab, die aus dem Reich kommen mochten; die Ausarbeitung eines neuen Landrechts begann. Barbarische Methoden der Zeugenbefragung ließ man fallen. Recht, Verwaltung und Wirtschaft dienten letzten Endes doch dem Heerwesen – es war und blieb das Rückgrat des preußischen Staates –, Friedrich II. fühlte sich mehr und mehr als der Roi Connétable, der gegenüber dem Sergeantengeist, wie ihn sein Vater vertrat, die Kriegführung zu einer höchsten geistigen Aufgabe erhob: der Lebenswille eines aufstrebenden Staatswesens wie Preußen fand eben seinen bezeichnendsten Ausdruck in der Zusammenfassung aller politischen und wirtschaftlichen Kräfte zum militärischen Angriff. Die Kriegserfahrung lehrte den König notwendige Neuerungen, er arbeitete selbst die modernen Reglements aus, er unterrichtete seine Offiziere in strategischen Grundsätzen, er tat alles, um die Truppe in ständigen Manövern schlagfertig zu erhalten und vernichtungsbereit zu machen. Daß er noch einmal um Schlesien würde kämpfen müssen, sagte ihm sein Instinkt. Persönlich reifte er nun aus – geistvoll, mokant, skeptisch betrachtete er die Welt und die scheinbare Sinnlosigkeit ihres Kräftespiels; es gab keine große Frage des Staates, der Kunst, der Wissenschaft, der er nicht sein Interesse widmete, wie schon immer suchte er den Austausch mit den Besten der Epoche. Er baute viel, eigenwillig auch hier, Italienisches und Französisches wurde oft glücklich eingedeutscht. Das Schlößchen Sanssouci entstand an einem der bevorzugten Punkte der Potsdamer Landschaft – hier spielte Friedrich Flöte, genoß seine Bildersammlung, schmiedete Verse – und manches Gedicht ist ihm wirklich gelungen. In der Geschichtsschreibung erreichte er aber sein Höchstes – er wußte ja gut, wie Geschichte gemacht wird, er brauchte die persönliche Rechenschaft und die anfeuernde Gesellschaft der Vorläufer, aus der Geschichtsbetrachtung gewann er sich Kraft und Schwung, viel mehr als aus den bis ins hohe Alter gepflegten philosophischen Liebhabereien. Alles das trug einen undeutschen Charakter, nicht nur deshalb, weil der König französisch schrieb und dachte; es war eine Welt, die nichts zu schaffen hatte mit dem Besten und Edelsten, was während der Regierungszeit des Königs in Deutschland erwachte. Friedrich bleibt geistig ein Nachfahr der Renaissance und des französischen grand siècle: weltmännisch, europäisch, universal, eklektisch, mehr kennerhaft als schöpferisch, nicht umsonst verliebt in die Spätantike – das war seine Richtung, sie führte nicht hinauf in das neunzehnte Jahrhundert. Ein melancholischer Herbstschimmer ruht auf Friedrichs Wesen und Werk. Der Hof von Sanssouci verbannte die Frau aus seinem Bezirk; der König lebte, gehemmt und verkümmert, abseits vom Familienleben, innerlich warm verbunden eigentlich nur seiner Schwester und – seinem Kammerdiener, sein Zärtlichkeitsbedürfnis verschwendend auf die Hunde – also im wichtigsten menschlichen Lebensgebiet verarmt, aber deshalb darauf angewiesen, seine Männlichkeit zur Tat und zum Werk zeugungskräftig emporzuläutern.

Der Siebenjährige Krieg

In der Außenpolitik begegnete König Friedrich in diesen Jahren einem starken Partner, der mindestens an Vorsicht und Zähigkeit dem preußischen Herrscher überlegen war – dem Fürsten Kaunitz. Als österreichischer Gesandter auf dem Aachener Friedenskongreß war er zu der Erkenntnis gekommen, daß nicht mehr Frankreich, sondern das aufstrebende Preußen der eigentliche Feind des Hauses Habsburg wäre. Um Preußen niederzuringen, so lief seine Beweisführung, genügte nicht mehr die überkommene Allianz mit den Seemächten England und Holland. Ein neues System war aufzubauen, Rußland und Frankreich waren als die notwendigen Bundesgenossen gegen Preußen zu gewinnen – die Einkreisung Preußens war damit vollzogen, seine Demütigung unabwendbar. Rußland und Frankreich hatten beide wiederholt mit Preußen zusammengewirkt, als die Nachbarn der unmittelbaren Nachbarn Preußens wa-

Elisabeth, Zarin von Rußland

ren sie seine natürlichen Verbündeten – König Friedrich hatte aber beide Mächte nicht eben vorsichtig behandelt. Die persönliche Feindschaft der Zarin Elisabeth von Rußland, die sich der preußische König leichtsinnigerweise durch seine Lästerzunge zuzog, trug wesentlich zu jenem erneuten österreichisch-russischen Bündnis bei. Die Beziehungen zwischen Preußen und Rußland waren diplomatisch jahrelang vor Ausbruch des Siebenjährigen Krieges bereits abgebrochen. Fürst Kaunitz sah die Hauptaufgabe seiner Tätigkeit als Botschafter in Paris darin, Preußen und Frankreich voneinander zu trennen – alles war aber noch in der Schwebe, als er die Staatskanzlerschaft in Wien übernahm (1753). Frankreich und Preußen arbeiteten zusammen gegen die Wahl Erzherzog Josefs zum römischen König und gegen den russischen Plan, den Herzog Karl von Lothringen, Schwager der Kaiserin, zum König von Polen zu machen. Mit England stand Friedrich schlecht – für England und Holland war der Heimfall Ostfrieslands an Preußen wegen der Handelsinteressen unbequem. So hatte der preußische König allen Grund, zu befürchten, England könnte sich dem russisch-österreichischen Bündnis anschließen. 1754 kam es zu neuen Zusammenstößen zwischen Frankreich und England in Nordamerika, der lediglich vertagte Konflikt dort drängte zum Entscheidungskampf. Friedrich riet den Franzosen, Hannover zu besetzen, blieb aber damit erfolglos. Er selbst wollte nicht durch einen plötzlichen Angriff auf Hannover den europäischen Krieg heraufbeschwören. Da trat eine überraschende Wendung ein. Der Übertritt des Erbprinzen von Hessen-Kassel zur katholischen Kirche führte eine Zusammenarbeit von Preußen und England-Hannover herbei als der führenden protestantischen Mächte im Interesse der Parität (Gleichberechtigung der Konfessionen) im Reiche. England, von Österreichs Politik enttäuscht, versuchte nunmehr Friedrich zu einer Garantie Hannovers zu gewinnen. Friedrich zögerte, griff aber dann zu, da er von dem Abschluß eines englisch-russischen Subsidienvertrages erfuhr: die Annäherung an England schien ihm die Sprengung der bevorstehenden Einkreisung zu ermöglichen. So entstand der Westminster-Vertrag vom Januar 1756, die Neutralitätskonvention zwischen Preußen und England zur Aufrechterhaltung der Ruhe in Deutschland und zu gemeinsamer bewaffneter Abwehr gegenüber jeder Störung durch eine dritte Macht.

Dieser Vertrag hatte ganz andere Folgen, als seine Partner erwarteten: weder Rußland verließ Österreich, noch Frankreich zeigte sich versöhnlich gegenüber England. Im Gegenteil – Kaunitz war gerade jetzt imstande, die Freundschaft Frankreichs zu gewinnen, der österreichisch-französische Neutralitäts- und Verteidigungsvertrag kam am 1. Mai 1756 zum Abschluß. Rußland erklärte sich bereit, dem Bündnis beizutreten, die Kaiserin Elisabeth wollte auch Polen einbeziehen und zum sofortigen Angriff gegen Polen vorgehen. Kaunitz zögerte, Frankreich mußte zur Aktion erst durch weitere Zugeständnisse gewonnen werden, man wollte ihm einen Teil der österreichischen Niederlande opfern. Frühjahr 1757 war für den Angriff auf Preußen vorgesehen. Kursachsen zeigte sich zur Mitwirkung bereit, sein Minister, der bauwütige, verschwenderische Graf Brühl, war ein erbitterter Gegner des Königs von Preußen. Friedrich entschloß sich nun, seinen Gegnern zuvorzukommen – er war gerüstet, während die entstehende Koalition gegen ihn noch in den Vorbereitungen steckte. Gelegentlich hatte Friedrich wohl mit dem Gedanken gespielt, Kursachsen zu erwerben und damit die alte Gegnerschaft für immer zu ersticken – direkte Eroberungsabsichten haben ihn aber gewiß nicht beim Losschlagen in dem Schicksalsjahr 1756 geleitet. Der Westminster-Vertrag zeigt, daß ihm Ruhe am liebsten gewesen wäre. Friedrichs Geheimdienst unterrichtete ihn aber gut – er hatte nur die Wahl, den Gegnern zuvorzukommen oder in einem viel ungünstigeren Augenblicke überwältigt zu werden. Diesmal versuchte er die Lage durch ein Ultimatum an die Kaiserin zu klären – er verlangte die Verpflichtung Österreichs, es werde Preußen weder im laufenden noch im kommenden Jahre angreifen. Die ausweichende Antwort sagte genug. Ohne Ankündigung marschierte Friedrich in Kursachsen ein. Der Krieg war da. Friedrichs diplomatische Fehler hatten eine überwältigende Koalition gegen ihn ermöglicht. Es mußte sich nun zeigen, ob er militärisch in der Lage war, gegen den beinahe sicher erscheinenden Untergang anzukämpfen.

Seine einzig greifbare Aussicht bestand in der Möglichkeit, die Truppen der Kaiserin entscheidend zu schlagen, solange deren Verbündete noch nicht auf dem Plane erschienen. Ein solcher Erfolg hätte vielleicht die Koalition sprengen können. Es mißlang. Friedrich überwältigte wohl die Sachsen, die sächsischen Soldaten wurden gezwungen, in die preußische Armee einzutreten – sie desertierten während der folgenden Jahre, schadeten also mehr, als sie nützten. Die Koalition verwirklichte sich aber in der bedrohlichsten Weise. Der russisch-österreichische Vertrag von 1757 sah die jährliche Zahlung von einer Million Rubel an die Zarin vor, Ostpreußen sollte an Polen zurückfallen oder als polnisches Lehen an einen Erzherzog kommen. Die französisch-österreichische Defensivallianz verwandelte sich jetzt gleichfalls in ein Angriffsbündnis: Frankreich verpflichtete sich, süddeutsche Truppen auszurüsten, mit einem französischen Heer in Westdeutschland einzufallen und zwölf Millionen Gulden jähr-

Die Schlacht bei Leuthen. Das Bild zeigt die starre Schlachtordnung liche Subsidien an Österreich zu zahlen. Österreich sollte nicht nur Schlesien zurückerhalten, sondern auch das Fürstentum Krossen. Kursachsen sollte Halberstadt und Magdeburg bekommen; Schweden, das sich der Koalition anschloß, wurde durch die Aussicht auf Vorpommern gewonnen, die rheinisch-westfälischen Besitzungen Preußens versprach man dem Kurfürsten von der Pfalz – die Hohenzollern hätten also nur die Mark Brandenburg behalten dürfen. Schon nannte man Friedrich spöttisch »le Marquis de Brandenbourg«. Im Falle des Gelingens war Österreich bereit, einige niederländische Grenzstriche an Frankreich, das übrige Belgien und Luxemburg aber an den spanischen Infanten Philipp zu geben zum Austausch von Parma und Piacenza. Auch das Reich wurde jetzt gegen Friedrich mobilgemacht. Er wurde geladen, sich wegen Landfriedensbruches bei Strafe der Acht in Wien zu verantworten. Die tatsächliche Achterklärung scheiterte dann infolge des Widerspruches des Corpus evangelicorum. Friedrichs Versuch, eine antikaiserliche Fürstenkoalition zustande zu bringen, mißlang aber. Die von Österreich beantragte Reichsexekution wurde vom Reichstage angenommen, auch protestantische Stände stimmten dafür, sie wurde durch kaiserliches Edikt als für alle Reichsstände verbindlich erklärt. Der Krieg bedeutete also eine Reichskrise, die alten konfessionellen Spannungen verschärften die Gegensätze. Noch einmal wollte das Haus Habsburg Herr im Reiche, Herr in Mitteleuropa sein, es versuchte, die preußische Großmacht als solche zu brechen. Die Mehrzahl der Reichsstände schloß Subsidienverträge und Militärkonventionen mit den vereinigten Höfen von Wien und Paris. Eine Minderheit freilich, Hessen-Kassel, Schaumburg, Braunschweig und Gotha, hielten zu Preußen und England-Hannover: es war also im wesentlichen die alte niedersächsische Ecke, die den Reichsfeind Preußen unterstützte und so auf ihre Art mittelalterliche Überlieferungen fortsetzte. Das Zusammenwirken von England und Preußen krankte an innerpolitischen Schwierigkeiten in England, der ältere William Pitt vertrat als Prime Minister die energische Führung des Krieges sowohl über See wie auf dem Kontinent – erst im Frühjahr 1758 kam der Subsidienvertrag zustande, der dem König von Preußen 670000 Pfund Sterling jährlich Hilfsgelder zusicherte. Genau wie die übrigen europäischen Kriege seit dem Beginn der Kolonisationsperiode ist auch der Siebenjährige Krieg wesentlich durch Gelder überseeischer Herkunft finanziert worden.

Friedrichs Einfall in Böhmen, durch den er eine schnelle Entscheidung zu erzwingen hoffte, mißlang. Die Österreicher drangen in Schlesien, die Franzosen in Hannover vor, eine russische Übermacht bedrängte Ostpreußen. Die beiden Siege bei Roßbach und bei Leuthen (1757) zeigten Friedrichs persönliche Bedeutung als Feldherr, besonders die Schlacht von Leuthen war eine klassische Leistung seiner Kriegskunst – aber der Kampf ging weiter. Ein Vorstoß gegen Mähren mißlang wiederum, die in die Mark vordringenden Russen konnten bei Zorndorf wenn auch nicht vernichtet, so doch erfolgreich aufgehalten werden. Hochkirch aber bedeutete eine schwere Schlappe für den König. Er wurde nun sichtbar schwächer, eine Offensive großen Stils durfte er nicht mehr wagen, die schweren Verluste waren kaum zu ersetzen, Preußen mußte sich bemühen, den Krieg hinzuziehen, die Gegner zu erschöpfen und womöglich zu trennen – es begann ein beinahe verzweifelter Kampf um das Dasein des preußischen Staates. 1759 brachte die schwerste Niederlage des Königs bei Kunersdorf im Kampfe gegen ein überlegenes österreichisch-russisches Heer. Der Untergang Friedrichs schien bevorzustehen, aber die Sieger nutzten den Erfolg nicht aus, ein Wunder geschah, nach Friedrichs eigenem Worte. Er machte nun durch Holland gemeinsam mit England ein Friedensangebot, die Franzosen wollten aber nur ein Sonderabkommen mit England schließen, für Preußen gab es keinen ehrenvollen Frieden. Friedrich behauptete sich weiter, es war ein tapferes, aber scheinbar aussichtsloses Durchhalten mit einzelnen, aber nicht mehr entscheidenden Erfolgen und immer neuen Rückschlägen. Die Österreicher drangen nach Sachsen und wieder nach Schlesien vor, die Russen nahmen Küstrin; Ostpreußen hatte der Zarin gehuldigt. Der Sturz Pitts brachte ein neues Kabinett in London ans Ruder, das zur Verständigung mit Frankreich und Österreich neigte. Die Zahlungen der Subsidiengelder an Preußen hörten auf. Friedrich schmiedete verzweifelte Pläne zu seiner Rettung – er hoffte, die Tataren gegen die Russen, die Türken gegen die Österreicher aufzustacheln. Da trat die große Wendung ein. Zarin Elisabeth starb. Die Koalition zerbrach. Der Nachfolger Zar Peter III. von Rußland schloß sofort einen Sonderfrieden mit Preußen aufgrund der Vorkriegslage und ließ einen Bündnisvertrag folgen. Peter wurde schnell gestürzt, das Bündnis kam nicht zu praktischer Auswirkung. Aber der Friede im Osten war da, die Einkreisung war zerrissen. Neue militärische Erfolge zeigten, daß Preußen nicht mehr zu besiegen war. Auch Schweden schloß Frieden mit Friedrich II. Die Reichsstände taten nicht mehr mit, der Reichstag in Regensburg beschloß die Neutralität des Reiches. England machte seinen günstigen Sonderfrieden mit Frankreich, damals wurde Kanada britisch (1762). Kursachsen, das Opfer des Kriegsausbruches, brachte zuletzt die beiden deutschen Großmächte an den Verhandlungstisch. Österreich war isoliert und finanziell erschöpft, es vermochte Preußen auch nicht die kleinste Gebietsabtretung abzuhandeln. Im Frieden von Hubertusburg, einem sächsischen Jagdschloß, behauptete Friedrich sein Schlesien (1763).

Der Alte Fritz

Preußen blieb also für die Zukunft eine deutsche und zugleich osteuropäische Großmacht. Die bewundernde Mitwelt begrüßte den Preußenkönig nunmehr als Friedrich den Großen. Der Kampf des einen Mannes gegen das Schicksal hatte mit dem Siege des Helden geendet. Und einem Helden wird viel verziehen. Die große Koalition war diplomatisch, militärisch und wirtschaftlich überlegen gewesen. Die öffentliche Meinung, die verletzte Rechtsidee standen gegen Preußen. Aber die große Persönlichkeit hatte triumphiert. Friedrich hat zeitweise mit Selbstmordideen gespielt. Er mußte sich Demütigungen gefallen lassen. Gar manchen Vertrag, gar manches Bündnis hatte er gebrochen – nun wurde er selbst von England im Stich gelassen! Nur die englischen Subsidien hatten ihm das Durchhalten ermöglicht. Jahrelang wandelte der König am Abgrund. Auch als Feldherr mußte er sich schlimmen Verhältnissen anpassen und den Angriffsgeist bezwingen, der bei der Kostbarkeit einer immer mehr zusammenschmelzenden Truppe zu gewagt schien. In der Zermürbungstaktik waren der öster-

Der »Alte Fritz«, Friedrich II. von Preußen

reichische Feldherr Graf Daun und sein eigener Bruder Prinz Heinrich dem Könige überlegen. Jedenfalls – Friedrich und der Staat Preußen hatten sich behauptet. Vom Standpunkte der allgemeinen deutschen Geschichte bedeutete diese Tatsache die Verewigung des bestehenden Dualismus der beiden Großmächte, die Zerspaltung Mitteleuropas. Im Dreißigjährigen Kriege hatte das Haus Österreich versucht, mit Hilfe des verwandten Spanien einen katholischen Absolutismus in Deutschland aufzurichten. Frankreich und Schweden hatten das verhindert, die Libertät der deutschen Fürsten war mit ausländischer Hilfe gesichert worden. Im Siebenjährigen Kriege machte das Haus Habsburg noch einmal die größte Anstrengung, wenigstens die Hegemonie Österreichs in Deutschland zu sichern, also die einzige Macht mit Großmachtscharakter in Mitteleuropa zu bleiben. Diesmal standen die alten Feinde der Habsburger, Frankreich und Schweden, auf österreichischer Seite, das bourbonische Spanien half, Rußland gesellte sich hinzu. Die große Mehrheit der Reichsstände wünschte die Demütigung und Zertrümmerung des über sie hinausgewachsenen preußischen Staates. Nur mittels der Hilfe Englands gelang es Preußen, der lebensgefährlichen Bedrohung zu entrinnen – die Erhaltung Preußens als einer Großmacht ist eine der bedeutsamsten Folgen der englisch-hannoverschen Personalunion. Das Reich blieb, was es vorher gewesen war – ein Haufe von Kleinstaaten, die zum Teil mehr sein wollten als Kleinstaaten, aufgestachelt durch das böse Beispiel der erfolgreichsten Reichsstände. Preußen, der Reichsfeind und Landfriedensbrecher, dachte aber gar nicht daran, seine deutsche Stellung aufzugeben; wenn es Österreich aus dem Reiche fühlbar herausgedrängt hatte, so drängte es sich selbst in dieses Reich hinein. Das Wittelsbacher Kaisertum Karls VII. war eine bedeutungslose Episode geblieben – der Triumph Friedrichs des Großen im Siebenjährigen Kriege ermöglichte ihm eine ernsthafte Reichspolitik im Wettbewerb mit Österreich. Friedrich II. kehrte als ein alter Mann heim aus dem Siebenjährigen Kriege – die gebückte, von der Gicht gekrümmte Gestalt erlangte in der Spätzeit eine vorher nicht gekannte Volkstümlichkeit. Legende und Anekdote umspannen das Leben des Alten Fritz. Sein Dasein gehörte mehr als je der Arbeit – er hatte diese Großmacht Preußen, die er gesichert und herausgehauen hatte, nun noch einmal von innen aufzubauen. Die Finanzlage Preußens war besser, als man erwartet hatte. Der König hatte eben den großen Krieg durch Hilfsgelder und Kontributionen wirtschaftlich möglich gemacht, außerdem in der letzten schlimmen Zeit durch eine rücksichtslose Münzverschlechterung, bei der viele Privatleute schwere Verluste erlitten. Auf dem flachen Lande kam es zu umfangreichen Neusiedelungen, im ganzen mögen während Friedrichs Regierungszeit dreihunderttausend Menschen in Preußen eingewandert sein. Zur Aufhebung der Leibeigenschaft vermochte sich der König freilich nicht zu entschließen, die Rittergüter durften der Arbeitskräfte nicht beraubt werden. Der adelige Grundbesitz war und blieb die wesentliche Grundlage des Staatsaufbaues in den östlichen Provinzen, landwirtschaftliche Kreditinstitute halfen zur Entschuldung und Befestigung der Ritterschaften. Wenn es eine friderizianische Sozialpolitik gab, so sorgte sie für den Gutsherrn und für niemanden sonst. Die Kabinettsregierung des Königs bildete sich jetzt noch schärfer aus als vorher, voller Mißtrauen, ohne jede Rücksicht griff der Monarch überall ein, wo er es für nötig hielt, meist zum Nutzen des Ganzen, häufig aber auch störend und verwirrend. Um die Finanzverwaltung zu verbessern, führte Friedrich II. die Regie ein, ein nach französischem Muster aufgebautes, von französischen Fachleuten bedientes indirektes Steuersystem, das in seiner formalen Überspanntheit schlecht zu den noch unentwickelten geldwirtschaftlichen Verhältnissen Preußens paßte. Die Regie und die Monopole für Tabak und Kaffee waren mit Recht verhaßt, sie schädigten das Ansehen des Königs und der Staatsverwaltung aufs schmerzlichste.

Aber auch strenge Kritik wird viel anderes gelten lassen müssen: die Förderung des Berg- und Hüttenwesens, die Gründung der Seehandlung, aus der sich dann die Preußische Staatsbank entwickelte, die Magazinierung des Getreides zur Aufrechterhaltung stetiger Preise, endlich die Sorge für die Seidenindustrie – auch sie eine Maßnahme, die bezweckte, den klimatischen Bedingungen zum Trotz das Land in Luxusdingen von auswärtigen Erzeugnissen unabhängig zu machen. Die preußische Rechtspflege entwickelte sich gedeihlich weiter, eine neue Prozeßordnung trat ins Leben, als Prolog zu dem erst nach Friedrichs Tode verkündeten Allgemeinen Landrecht. Der König wachte eifrig über der Unparteilichkeit der Justiz und konnte sich Eingriffe gestatten, die, wie in dem berühmten Falle des Wassermüllers Arnold (dem ein adeliger

Karpfenteich angeblich das Wasser für seine Mühle abgrub) gewiß unbegründet waren, aber doch bezeichnend sind für die rauhe Art, in der sich auch des Königs guter Wille auszudrücken beliebte. Die Dämonie seiner Natur hatte sich gewandelt zur sich überwindenden, zur selbstaufopfernden Pflichterfüllung, aber er blieb hart und herrisch bei der Arbeit für das Ganze. In Religions- und Bildungssachen herrschte Toleranz, vorausgesetzt natürlich, daß kein Staatsinteresse litt. Die anderswo vertriebenen Jesuiten fand der König als Lehrer nützlich und – billig. Die schlechte Besoldung der Volksschullehrer bedeutete eine schwere Belastung der Volksschulreform. In den Gymnasien sah es besser aus, klassische Sprachen bildeten die Grundlage, dem Willen und dem Geschmacke des Königs entsprechend; große Summen halfen der Akademie der Wissenschaften zur Blüte, hier herrschten die Ausländer. Von den Deutschen hielt Friedrich nun einmal nichts, weder der Dichter G. E. Lessing noch der Archäologe Johann Joachim Winckelmann († 1768) erhielten auch nur einen bescheidenen Posten; dem Ringen des deutschen Geistes stand der König mit kalter Ablehnung gegenüber. Gewiß schätzte er die neuesten französischen Philosophen wenig, er blieb bei seinem Glauben an Gott und Voltaire, aber im Falle der deutschen Literatur handelte es sich doch um mehr als um den Zwiespalt zwischen alter und junger Generation. Die Latinität des königlichen Geschmackes verband sich mit dem Dynastenhochmut und dem Sonderlingswesen, um ihm die Sprache des deutschen Bürgertums völlig unverständlich erscheinen zu lassen. Er lehnte die Schriften des jungen Johann Wolfgang Goethe ab – was sollte es da helfen, wenn er den Aufschwung des deutschen Geistes für eine spätere Zukunft prophezeite?

Kaiser Joseph II.

Der Ausgang des Siebenjährigen Krieges war die große Enttäuschung im Leben der Kaiserin Maria Theresia. Ihr Interesse wandte sich jetzt ganz den inneren Aufgaben zu – und da war ja genug zu heilen und zu bessern. Nach dem frühen Tode des Kaisers Franz I. nahm sie ihren ältesten Sohn Joseph zum Mitregenten an, der nach dem Hubertusburger Frieden einstimmig zum römischen König gewählt worden war und nun die Kaiserkrone erhielt (1765–1790). Aber gerade dieser Sohn wollte sich nun durchaus nicht abfinden mit einer äußerlichen Ehrenstellung, die zwar die alte habsburgische Überlieferung fortsetzte, aber das resignierte Abseitsstehen Österreichs im Reich nicht verbergen konnte. Zwischen Mutter und Sohn bestanden trotz unverminderter Achtung und Liebe starke Gegensätze des Wesens und Wollens. Die Kaiserin wünschte eine behutsame, fromme Fortentwicklung des Bestehenden – Kaiser Joseph II. teilte die Anschauungen des klugen Jahrhunderts, er wollte keine Zeit verlieren, er wollte ganze Arbeit machen, er hielt nichts vom natürlichen Wachstum. Es steckte viel Tyrannei und ein ordentliches Stück Revolution in dem guten Kaiser Joseph, der sich aufopferte und verzehrte für den Fortschritt, für das Vernünftige, der dem Vorurteil, dem Dünkel des Hergebrachten, dem Klassenegoismus, mit solchem Feuer zu Leibe ging. Der Josephinismus erschütterte das Theresianische Österreich in seinen Grundfesten. Persönlich ein frommer Katholik, tat der Kaiser alles, um die Kirche in den Staat einzufügen als ein geachtetes, aber dienendes Werkzeug. Der Sondergeist der österreichischen Kronländer schien ihm nicht zu dem Ideal eines kameralistisch durchorganisierten Einheitsstaates zu passen – das bunte koloniale Gemenge der kaiserlichen und königlichen Herrschaftsgebiete sollte nach Kaiser Josephs Meinung eingedeutscht und dadurch diszipliniert werden: der absolutistische Gedanke war im Reiche gescheitert, nun versuchte ihn der erste Kaiser des neuen Hauses Habsburg-Lothringen wenigstens auf Österreich anzuwenden. Die Bewunderung Friedrichs des Großen ermutigte diesen Geist des wohlmeinenden Despotismus; halb als ein Fremder kam ja Joseph II. mit seiner westeuropäischen und reichischen Sinnesweise in das östliche Land. Daß ihr Sohn dem bösen alten preußischen Gegner eines ganzen Lebens nacheiferte, bedeutete für die alternde Kaiserin neuen tiefen Schmerz. Josephs warmes Ungestüm, in dem sich Schroffheit und Schwäche paarten, zeigte sich der kalten Klugheit, der spöttischen Erfahrung des Preußenkönigs nicht gewachsen.

Die erste Teilung Polens

In der Außenpolitik insbesondere dachte Kaiser Joseph II. nicht an Verzicht. Er sollte sich manche Schlappe holen. König Friedrich lehnte sich nach dem großen Kriege dauern an Rußland an, weder mit England noch mit Frankreich ließ sich ein vertrauensvolles Verhältnis wiederherstellen, Österreich arbeitete weiter mit den katholischen Bourbonenhöfen, mehrere durch Maria Theresia geknüpfte Heiratsverbindungen befestigten dieses System. Das russisch-preußische Verteidigungsbündnis von 1764 zielte besonders auf Polen hin. Es gelang, die sächsisch-polnische Verbindung zu sprengen und dem Kandidaten Katharina II., Stanislaus Poniatowski, den polnischen Thron zu verschaffen. Dieses nationale Königtum vermochte aber nicht der inneren polnischen Schwierigkeiten Herr zu werden. Der zunehmende russische Einfluß erweckte erbitterte Gegnerschaft im polnischen Adel, katholische Interessen arbeiteten gegen orthodoxe, hier griff Österreich ein zugunsten der römischen Kirche. Ein neuer russisch-türkischer Krieg ermutigte die Polen zum Losschlagen gegen Rußland, sie sollten aber die Leidtragenden dabei sein. Damals fanden die beiden Zusammenkünfte von Friedrich dem Großen und Kaiser Joseph II. statt. Österreich und Preußen hatten das gemeinsame Interesse, Rußland nicht zu stark werden zu lassen; die Erhaltung der Türkei ließ sich aber am einfachsten ermöglichen, wenn man das russische Ausdehnungsbedürfnis auf den schwächsten Mitspieler, also auf Polen, ablenkte. Die Erwerbung Polnisch-Preußens, also des späteren Westpreußen, hatte Friedrich den Großen schon in seiner Kronprinzenzeit beschäftigt. In den politischen Testamenten von 1752 und 1768 verglich er die schrittweise Übernahme der erwünschten polnischen Gebiete mit dem Verspeisen einer Artischocke. Bei den preußisch-russischen Verhandlungen nach dem Hubertusburger Frieden war immer wieder von Westpreußen die Rede ge-

»Der Kuchen der Könige«. Karikatur zur ersten polnischen Teilung

wesen. Wenn es also einen geistigen Haupturheber der ersten polnischen Teilung gibt, so war es der König Friedrich II. von Preußen. Daran ändert die Tatsache nichts, daß Österreich als erste Macht sicherheitshalber im Namen und Interesse Ungarns 1769 einen polnischen Grenzstreifen (die Zips) besetzte, im Einverständnis mit König Stanislaus. Zur Abwendung der Gefahr des jetzt drohenden europäischen Krieges einigten sich zuerst Rußland und Preußen auf polnische Annexionen, Friedrich benutzte

Ein adeliger Gutsbesitzer spricht mit seinen Leibeigenen

die Feindseligkeit zwischen Österreich und Rußland, um seinen Anteil zu erhöhen und das Geschäft zum Abschluß zu bringen. Katharina II. beließ den Türken die Moldau und Walachei, sie nahm dafür Polnisch-Livland und Weißrußland, Preußen bekam Ermland sowie Westpreußen außer Danzig und Thorn, später noch den Netzedistrikt (vgl. Karte). Friedrich II. konnte sich nunmehr König *von* Preußen, statt wie bisher König in Preußen nennen. Maria Theresia widerstrebte aus Rechts- und Anstandsgefühl dem ganzen Handel; auch Kaunitz hatte schwere Bedenken, freilich anderer Art, ihm wäre eine Aufteilung der europäischen Türkei lieber gewesen, und so zeigte er auch diesmal den überlegenen Weitblick eines mißverstandenen Propheten – Kaiser Joseph II. freilich meinte, man dürfte sich eine solche Gelegenheit nicht entgehen lassen. Österreich erhielt eine stattlichere Portion als Preußen: die polnische Zips,

Galizien außer Krakau – dazu kam noch die Bukowina, die sich Kaiser Joseph von der Türkei abtreten ließ. Österreich-Polen wurde als Königreich Galizien und Lodomerien mit einer eigenen ständischen Verfassung begabt, die österreichische Verwaltung in Lemberg sah sich vor bedeutenden Aufgaben. Kaiser Joseph II., dessen stärkstes politisches Werkzeug das Deutschtum war, hat also gerade die Zahl der Slawen und östlichen Juden im Kaiserstaate wesentlich erhöht. Beide deutschen Großmächte, Österreich und Preußen, verstärkten durch die erste polnische Teilung den kolonialen Charakter, der ihnen so eigentümlich war. Als Herren von ganz Ost- und Westpreußen drückten die Hohenzollern jetzt herrisch auf den Rest von Polen, ihre Ostseestellung verbesserte sich wesentlich, die Partnerschaft mit Rußland wirkte sich aus. Der undeutsche Wesenszug der preußischen Großmacht nahm fühlbar zu. Die Polen vermochten in ihrer Schwäche gegen den Gewaltakt nichts zu tun. Intrigen und Bestechungen halfen nach, so gab der polnische Reichstag seine Zustimmung, in der Hoffnung, das Zugeständnis vermöchte zur Befestigung von Rumpfpolen dienen. Nach dem Raube Schlesiens mit allen seinen Folgen hatte nun die Plünderung Polens die reine Machtpolitik der Kabinette in Europa triumphieren lassen. Niemand wird die schweren politischen Fehler der Polen verschweigen oder geringfügig erscheinen lassen wollen. Die beginnende Unterdrückung der polnischen nationalen Selbständigkeit wirkte sich aber zu einem wahren Verhängnis für die weitere deutsche Entwicklung aus. Die Partner der Vergewaltigung, die beiden deutschen Großmächte, sahen sich durch den polnischen Widerstand zu einer Gemeinsamkeit der Schuldbewußten mit Rußland zusammengezwungen – eine Front osteuropäischer, antinationaler, antidemokratischer Machtpolitik entstand.

Der bayrische Erbfolgekrieg

Die bayrische Erbfolgefrage bot dem Kaiser Joseph unmittelbar nach der ersten Teilung Polens die erwünschte Gelegenheit, eine Verstärkung des deutschen Elementes im Kaiserstaat zu versuchen – zum Ausgleich gewissermaßen der Polenpolitik. Bayern hatte sich zu keinem angenehmen Nachbarn Österreichs ausgewachsen. Durch katholische Überzeugungen und Stammesverwandtschaft war ja Bayern eng verbunden mit den österreichischen Erblanden – gerade diese Übereinstimmung wandelte die Nachbarschaft zum eifersüchtigen Wettbewerb, das Wittelsbachische geistliche Reich, das Wittelsbachische Kaisertum hatte sich aus der bereits durch Eifersucht belasteten Waffengenossenschaft des Dreißigjährigen Krieges entwickeln können. Mit der preußischen Großmacht mußte sich Österreich nun abfinden – die Gelegenheit, ein selbständiges angeschwollenes Bayern loszuwerden, sich durch Bayerns Territorium in Süddeutschland auszudehnen und so einen besseren kerndeutschen Ersatz für Schlesien zu gewinnen, konnte dem Kaiser Joseph nur hochwillkommen sein. Der Tod des Kurfürsten Max Josef von Bayern ließ die wilhelminische Linie der Wittelsbacher aussterben. Erbberechtigt war die andere Linie, ihr Haupt war Kurfürst Karl Theodor von der Pfalz. Aber Österreich behauptete Erbansprüche zu besitzen auf Grund einer Belehnung Kaiser Siegmunds, außerdem forderte der Kaiser die Reichslehen zurück und ebenso die böhmischen Lehen in der Oberpfalz.

Kurfürst Karl Theodor von der Pfalz besaß keine eigene legitime Nachkommenschaft, sein Erbe war der Herzog von Zweibrücken; Karl Theodor blieb persönlich lieber in seinem schön gepflegten Mannheim. So ließ er sich bereit finden, die österreichischen Ansprüche anzuerkennen und einen entsprechenden Vertrag abzuschließen – sein Hauptmotiv dabei scheint die Angst vor den preußischen Ansprüchen auf Jülich und Berg gewesen zu sein. Österreichische Truppen marschierten in Bayern ein. Da erhob Friedrich der Große Einsprache, beide Gruppen rüsteten, Preußen setzte sich mit allen Interessenten der bayrischen Erbschaft in Verbindung, Verhandlungen führten zu nichts, auch als die hohenzollernschen Nebenlande Ansbach und Bayreuth dem Könige von Preußen angeboten wurden. Der Krieg brach aus (1778). Er ging so schnell zu Ende, wie er begonnen hatte – nach einigem ergebnislosen Hinundhermanövrieren. Nur die Vorräte schwanden hin, weshalb dieses wunderliche Nachspiel großer Kämpfe den Spitznamen Kartoffelkrieg erhielt. Viele Soldaten gingen aber an bösen Krankheiten zugrunde. Der Friedenskongreß in Teschen, an dem sowohl Rußland wie Frankreich teilnahm, sprach Österreich das Innviertel zu, was eine recht wertvolle Grenzverbesserung darstellte; Kursachsen erhielt eine Geldentschädigung, Preußen die Anwartschaft auf Ansbach und Bayreuth. Bayern und Kurpfalz wurden unter Karl Theodor vereint, die Zahl der Kurstimmen verminderte sich also um eine; das Haus Zweibrücken erhielt die Garantie der Erbfolge. Preußens politischer Sieg bedeutete viel – Österreich blieb verhindert, wieder in das Reich hineinzuwachsen; Preußens Verbündeter Rußland hatte als Friedensgarant die alte geschichtliche Rolle Schwedens übernommen. Frankreichs Friedensgarantie stellte seinen alten Einfluß im Reiche wieder her. Jede wichtigere Gebietsveränderung im Reiche, besonders jeder Machtzuwachs der beiden deutschen Großmächte, galt endgültig als eine europäische Frage. Kaiserin Maria Theresia hatte Wesentliches zur Verhütung eines ernsteren Konfliktes beigetragen. Damals richtete sie den ersten persönlichen Brief an ihren alten großen Gegner.

Ihr Tod (1780) beraubte Österreich eines wichtigen Haltes. Joseph II. fühlte sich nun ganz als eigener Herr. Zunächst hatte er Erfolge. Noch zu Lebzeiten der Mutter war es gelungen, dem Bruder, Erzherzog Maximilian, die Koadjutorstellen in Köln und Münster zu verschaffen – die Wittelsbacher Herrschaft am Niederrhein und in Westfalen war damit zu Ende. Wichtiger wurde die Neuorientierung Österreichs in der Außenpolitik. Österreich, lavierend zwischen den Preußen und den Türken, näherte sich Rußland an. Kaiser Joseph, der in seiner spontanen Art ein Freund persönlicher Begegnungen war, traf sich mit der Zarin Katharina, es kam ein Verteidigungsbündnis zustande, freilich entstanden bald Meinungsverschiedenheiten wegen der Entwicklung der orientalischen Frage. Katharina II. dachte an die Wiedererneuerung des griechischen Kaisertums, Joseph II. betonte demgegenüber die österreichischen Balkaninteressen. Preußen sah sich isoliert.

England befand sich in dem schwierigen Abwehrkrieg gegen die aufständischen amerikanischen Kolonien, die beiden Bourbonenmächte halfen aus Eifersucht den freiheitlichen Amerikanern, in Frankreich meldeten sich schon die Anzeichen revolutionärer Erschütterungen. Auch Holland gesellte sich zu den Gegnern Englands. Der Zusammenbruch der britischen Großmachtstellung schien bevorzustehen. England konnte also als Verbündeter kaum in Betracht kommen. Friedrich zeigte vielmehr den Amerikanern von Anfang an starke Sympathien und erkannte ihre Republik an. Wie sollte also der König von Preußen ein Gegengewicht gegenüber dem Vordringen Kaiser Josephs schaffen? Überall schuf die Hast des kaiserlichen Unternehmungsgeistes Unruhe. Joseph II. erreichte von den Holländern den Verzicht ihres ihnen im Utrechter Frieden (1712) zugestandenen Besatzungsrechtes in den belgischen Grenzfestungen. Jener Barrierevertrag bedeutete nicht mehr viel für Holland, da es jetzt mit Frankreich zusammenging. Aber mehr: Joseph II. verlangte die Öffnung der Scheldemündung – sehr berechtigt vom Standpunkte der Handelsinteressen der österreichischen Niederlande, aber eine Lebensfrage für die holländische Wirtschaft. Die Holländer zeigten sich unnachgiebig. Nun drückte der Kaiser auf sie durch die Erhebung von Territorialansprüchen, es herrschte eine Zeitlang Kriegsgefahr, die Holländer öffneten ihre Wasserschleusen – da vermittelte Frankreich einen Kompromiß, der dem Kaiser nur eine unbedeutende Grenzberichtigung und eine Geldentschädigung einbrachte.

Der Fürstenbund

Vergebens bemühte sich der Kaiser, den altersschwachen Reichsbehörden etwas mehr Tatkraft einzuhauchen. Reichskammergericht und Reichshofrat widerstrebten jeder wirksamen Oberaufsicht. Josephs Kampf gegen die Vorrechte der geistlichen Fürsten, die von ihm durchgeführte Abschaffung sinnlos gewordener Besitzverhältnisse, die Heranziehung geistlicher Kassen für Staatszwecke verschnupfte das Episkopat und verminderte die dort herkömmlich gewesenen Sympathien für das Haus Österreich. So hatten weitere Versuche wenig Aussicht, noch andere Reichsstifter (geistliche Fürstentümer) in österreichische Hand zu bringen. Die größte Aufregung rief aber der Gedanke des Kaisers hervor, seine alten auf Bayern gerichteten Pläne in anderer Form wiederaufzunehmen. Joseph bot dem Kurfürsten Karl Theodor Belgien mit der Königskrone an. Österreich sollte Bayern, die Oberpfalz und Salzburg erhalten, der Erzbischof von Salzburg durch Luxemburg, Limburg und Namur entschädigt werden. Kurfürst Karl Theodor fühlte sich in München nie heimisch, er ging auf den Vorschlag ein; aber der Herzog von Zweibrücken als Erbe war dagegen, Rußland war dafür, Frankreich entschieden ablehnend. Diesen Augenblick benutzte Friedrich der Große, um die gegen Österreich aufgebrachten Reichsstände im Deutschen Fürstenbunde zu vereinigen. Unionsbestrebungen kleinerer Reichsstände waren seit einiger Zeit im Gange – sie gingen von dem alten Reichskern aus. Die Unsicherheit der Reichsverhältnisse, das Anwachsen der Großmächte und ihrer Machtmittel, der zunehmende ausländische Einfluß ließen die alte deutsche Idee der genossenschaftlichen Zusammenarbeit der Schwachen wieder aufwachen. Frankreich, der Schutzpatron von ehemals, schien jetzt weniger für eine solche Rolle geeignet. Da griff Preußen in seiner Verein-

samung die Bewegung auf. Friedrich dachte an eine Liga in der Art des Schmalkaldischen Bundes, unter dem Eindruck des bayrisch-belgischen Tauschplanes warb er erfolgreich für die Idee. Auch als Kaiser Joseph den Tausch fallenließ, gingen die Verhandlungen weiter und führten zunächst zu einem Dreikurfürstenbund (Brandenburg-Preußen, Hannover und Sachsen); eine ganze Anzahl deutscher Fürsten traten dann dem erweiterten Assoziationstraktate bei, auch katholische Reichsstände (1785). Nicht nur der geplante Austausch, auch Säkularisationen sollten verhindert werden. Der Deutsche Fürstenbund stützte die reichsständische Libertät gegenüber dem Kaiser, er brachte dem ehemaligen Reichsfeinde und Verächter des Kaiserphantoms Friedrich das erhöhte Ansehen eines Vorkämpfers für das bestehende Recht, er diente der Isolierung und Verdrängung Österreichs, der Zerstörung der Mitteleuropaidee. In Wirklichkeit stand dahinter das Bedürfnis der preußischen Großmacht, sich auf die Kleinstaaterei im Reich zu stützen – und insofern weist der Fürstenbund doch auch in die Zukunft der deutschen Geschicke.
Der Tod Friedrichs des Großen (1786) wurde von der neuen Generation in Preußen mit Erleichterung begrüßt. Einsam, eigensinnig, freudlos verliefen seine letzten Jahre. Sein Name und sein Vermächtnis sollten für Preußens Zukunft Wesentliches bedeuten; schon zu Lebzeiten bemächtigte sich des wunderlichen, unheimlichen Mannes die Legende. Der Kampf um die Würdigung seiner Person und seines Werkes setzte sofort ein und konnte nicht völlig geschlichtet werden bis in unsere Tage. Jeder, dem das Geniale und die nur künstlerisch ganz erfaßbare geschichtliche Persönlichkeit wesentlich für die Menschheit erscheint, muß sich beugen vor dem alten Preußenkönig. Sein unglücklicher Schüler Kaiser Joseph II. schied nur wenige Jahre später vom Schauplatze (1790) – mit ihm fand sich die Geschichtsschreibung leichter ab, wahrscheinlich zu leicht. Der Mangel an seelischem Gleichgewicht, die Hast und Zerrissenheit des Kaisers fielen ja jedem auf, der sich ihm näherte. Persönlich litt er am Leben, das sich ihm nicht erfüllen wollte – er flüchtete sich geradezu in wilde Arbeit, und sein Körper zeigte sich solcher Anspannung nicht gewachsen. Er unternahm aber ein paar große Dinge in Österreich, die ihm unvergessen bleiben – die Grundsteuerreform, die Aufhebung der Leibeigenschaft, die Wendung zur Toleranz, die Wohlfahrtseinrichtungen; es schwebte ihm ein demokratischer und sozialer Staat vor – gerade Österreich hatte es besonders schwer, sich dazu zu entwickeln, und schon deshalb sind alle diese Anläufe schnell steckengeblieben. Gerechtigkeit, Sparsamkeit, Fürsorge für alle; es waren hohe Ziele, würdig eines großen Herzens, und die unteren Volksklassen fühlten die edle Ehrlichkeit dieses Herrschers, des Volkskaisers, den sie nicht vergessen konnten. Die Widerstände freilich erwiesen sich als kaum überwindbar. Nur ein Teil der Bauern erreichte die Stellung von Erbpächtern. Die vielversprechende Grundsteuer fiel nach des Kaisers Tode sofort weg, der Adel duldete sie einfach nicht. Die nichtkatholischen Konfessionen konnten ihren Gottesdienst wenigstens privat ausüben und erlitten nicht mehr wie bisher eine Einbuße ihrer staatsbürgerlichen Rechte. Die Aufhebung von siebenhundert Klöstern, an sich eine Wohltat, vollzog sich unter allerlei Zerstörung, Härte und Mißbrauch. Eine vollkommene Zensurfreiheit gab es nicht. Die staatskirchlichen Maßnahmen riefen die bitterste Empörung besonders in den österreichischen Niederlanden hervor. Mit der klerikalen verband sich die ständische Opposition, die neue zentralisierte Bürokratie galt als Verletzung der vom Kaiser be-

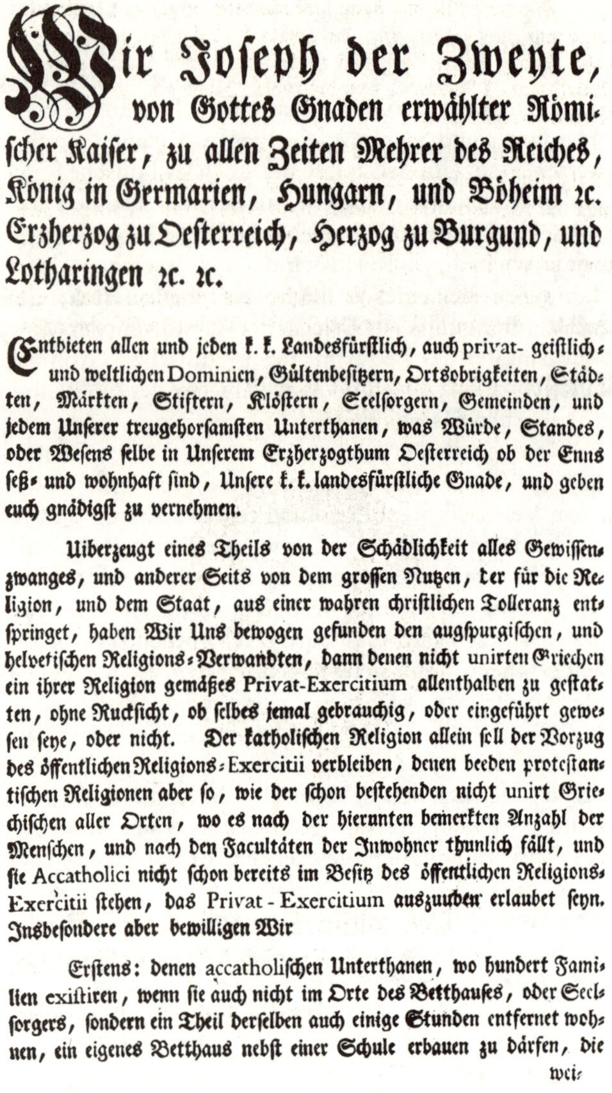

Wir Joseph der Zweyte, von Gottes Gnaden erwählter Römischer Kaiser, zu allen Zeiten Mehrer des Reiches, König in Germarien, Hungarn, und Böheim ꝛc. Erzherzog zu Oesterreich, Herzog zu Burgund, und Lotharingen ꝛc. ꝛc.

Entbieten allen und jeden k. k. Landesfürstlich, auch privat- geistlich- und weltlichen Dominien, Gültenbesitzern, Ortsobrigkeiten, Städten, Märkten, Stiftern, Klöstern, Seelsorgern, Gemeinden, und jedem Unserer treugehorsamsten Unterthanen, was Würde, Standes, oder Wesens selbe in Unserem Erzherzogthum Oesterreich ob der Enns seß- und wohnhaft sind, Unsere k. k. landesfürstliche Gnade, und geben euch gnädigst zu vernehmen.

Uiberzeugt eines Theils von der Schädlichkeit alles Gewissenzwanges, und anderer Seits von dem grossen Nutzen, der für die Religion, und dem Staat, aus einer wahren christlichen Tolleranz entspringet, haben Wir Uns bewogen gefunden den augspurgischen, und helvetischen Religions-Verwandten, dann denen nicht unirten Griechen ein ihrer Religion gemäßes Privat-Exercitium allenthalben zu gestatten, ohne Rucksicht, ob selbes jemal gebrauchig, oder eingeführt gewesen seye, oder nicht. Der katholischen Religion allein soll der Vorzug des öffentlichen Religions-Exercitii verbleiben, denen beeden protestantischen Religionen aber so, wie der schon bestehenden nicht unirt Griechischen aller Orten, wo es nach der hierunten bemerkten Anzahl der Menschen, und nach den Facultäten der Inwohner thunlich fällt, und sie Accatholici nicht schon bereits im Besitz des öffentlichen Religions-Exercitii stehen, das Privat-Exercitium auszuuben erlaubet seyn. Insbesondere aber bewilligen Wir

Erstens: denen accatholischen Unterthanen, wo hundert Familien existiren, wenn sie auch nicht im Orte des Betthauses, oder Seelsorgers, sondern ein Theil derselben auch einige Stunden entfernet wohnen, ein eigenes Betthaus nebst einer Schule erbauen zu dürfen, die wei-

Das Toleranzpatent, erstes Dokument zur Emanzipation der Juden

schworenen verfassungsmäßigen Rechte des Landes, der Rat von Brabant verweigerte die Steuerzahlung. Als der Kaiser daraufhin die Brabanter Verfassung, die altehrwürdige Joyeuse Entrée, aufhob, brach die Revolution aus, angefeuert durch das benachbarte französische Beispiel, geleitet aber vom Klerus. Eine nach holländischem Muster

Gleichwie Wir nun durch diese allgemein festgesetzte Maaßregeln einzig und allein gesinnet sind, den gemeinschaftlichen Nutzen, und Aufnahm Unserer Staaten möglichst zu befördern, und Unsern getreuen Unterthanen die Ausübung jener bestimmten Religionen, zu den sie sich bekennen, einzuraumen.

So wird euch sammentlich Eingangs erwähnten Dominien, und Obrigkeiten gemessenest anbefohlen, daß ihr diese Unsere Anordnung nicht nur zu Jedermanns Wissenschaft gelangen lassen, sondern daß auch selber in keinen Punkt zuwider gehandlet werde, den sorgsamsten Bedacht nehmen sollet.

Hieran geschiehet Unser höchster auch ernstlicher Wille, und Befehl. Gegeben in Unserer Hauptstadt Linz den 13. Octobr. 1781.

Christoph Graf und Herr v. Thürheim,
Landeshauptmann.

L.S.

Commissio Sacræ Cæsareo-Regiæ Apostolicæ Majestatis in Consilio.

Georg Verlet v. Löwengreif,
Secretarius.

geformte Bundesakte der Vereinigten belgischen Staaten gab der neuen Republik Belgien die ersehnte neue Verfassung, nur in Luxemburg hielten sich noch die Österreicher, die Nachbarn Preußen, England und Holland verpflichteten sich durch den Berliner Vertrag (1790), die Unabhängigkeit Belgiens zu achten.

Nationalkirchliche Bestrebungen

Im Zusammenhang mit dem josefinischen Staatskirchentum standen auch gewisse Bestrebungen in Deutschland, die absolute Machtstellung des Papstes zu beschränken. Der Trierer Weihbischof Johann Nikolaus von Hontheim veröffentlichte unter dem Decknamen Febronius eine Reformschrift in lateinischer Sprache; der Grundgedanke lief hinaus auf eine Verstärkung der bischöflichen Macht gegenüber Rom – gallikanische Ideen sollten nun den deutschen Verhältnissen angepaßt werden. Der Papst hatte durch Bestellung eines Nuntius in München die deutschen Bischöfe gereizt, der Kaiser untersagte die Jurisdiktion der Nuntien in Deutschland. Die drei geistlichen Kurfürsten und der Erzbischof von Salzburg vereinigten sich nun zu der sogenannten Emser Punktation (1786), die ein weitgehendes kirchliches Reformprogramm darstellte: Fortfall aller päpstlichen Exemtionen und Reservationen, aller Rekurse nach Rom und der Nuntiaturgerichtsbarkeit, Ablösung der nach Rom abzuführenden Gelder, Bestellung der Bischöfe als oberster Instanz beim Ehedispens und bei geistlichen Streitfällen, Anpassung der Kirchengebräuche an die Zeitideen, endlich ein Nationalkonzil in Deutschland. Das klang vielversprechend, aber weder der Kaiser noch die weltlichen Fürsten, noch die Bischöfe machten mit, die vier Erzbischöfe selbst vertrugen sich nicht, der von Frankreich drohende revolutionäre Sturm begrub auch diese Reformversuche im Reiche.

Der josefinische Zentralismus verletzte zuletzt selbst die Rechte und die Gefühle der Ungarn so sehr, daß sie die Wiederherstellung des Wahlkönigtums ins Auge faßten und mit Preußen Verhandlungen anknüpften. Der Herzog Karl August von Weimar wollte aber von der ungarischen Königskrone nichts wissen, die ihm angetragen werden sollte. Ungarn war auch besonders erbittert durch die Lasten, die der neue Türkenkrieg ihm auferlegte. Ohne viel Glück führte Kaiser Joseph diesen Krieg zusammen mit seiner alten Verbündeten, der Zarin Katharina, wesentlich aus dem, angesichts der Fehlschläge im Reiche, doppelt berechtigten Grunde, Rußland im Orient nicht zu sehr anwachsen zu lassen. Aber Preußen arbeitete auch hier dagegen, zusammen mit den Seemächten, es kam sogar zu einem preußisch-türkischen Bündnis. Die alte französische Politik, das Ottomanische Reich gegen den Kaiser auszuspielen, wurde also jetzt ebenfalls von Preußen übernommen. Mitten in solchen Wirrnissen und Rückschlägen starb Kaiser Joseph II. Er hatte den Geist der Revolution, der die Zeit erschütterte, mit seiner dynastisch-bürokratischen Machtvollkommenheit zu verbinden versucht – und daran war er gescheitert.

Leistung und Wesen des Kleinfürstentums

Die Emser Punktation zeigte, welche Unruhen selbst die geistlichen Fürsten des Reiches erfaßte. Das dringende Reformbedürfnis des Zeitalters konnte vom Reiche selbst am wenigsten befriedigt werden. Viele Beobachter meinten, daß dieses Reichsgespenst das ärgerlichste Hindernis für jeden Fortschritt in Deutschland wäre. Die deutschen Fürsten hatten keine Wahl. Das Verhalten und die Laufbahn der beiden Großmächte zeigte, daß es Sicherheit nicht mehr gab, daß jeder sich seiner Haut zu wehren hatte und daß die Kleinen und Schwachen sich mit den Mächtigen gut stellen mußten. Das Erwachen des deutschen Bürgerstandes, die neue Beweglichkeit und Schöpferkraft des deutschen Geistes gaben den Fürsten zu denken, und viele suchten die Sicherheit ihres Thrones gerade da, wo sie vorher immer Gefahr gewittert hatten – in der Erweckung und Förderung der unteren Volksschichten. Ein Mann wie Markgraf Karl Friedrich von Baden genoß mit Recht die Liebe, ja die Bewunderung seiner Untertanen – er war ein unermüdlicher Reformer, ein gescheiter Förderer des Rechtslebens, ein gütiger Freund der Armen und Notleidenden: die Leibeigenschaft wurde aufgehoben, und nicht nur auf dem Papier, die Verwaltung gesäubert, der Strafvollzug gemildert, die öffentliche Sicherheit gewährleistet. Wenn auch dieses oder jenes Experiment mißlang, wenn der eine oder andere Helfer menschlich enttäuschte – dieser edle badische Fürst ließ sich in seinem Glauben an das Gute und an die Möglichkeit des Erfolges nicht erschüttern. Ein Musterregent war auch der Herzog Karl Wilhelm Ferdinand von Braunschweig. Die französischen Reformer wünschten sich ihn als König, so europäisch war sein Ansehen. Der Weimarer Herzog Karl August, ein wildes Vollblut, ein ganzer Kerl, der unverwüstliche Tonangeber des neuen Geschlechtes in Deutschland, machte seine kleine Residenz zum geistigen Mittelpunkt des Vaterlandes. Selbst in dem rückständigen Bayern kam es zur Gründung einer Akademie der Wissenschaften. Schlösser, Museen, Bibliotheken, botanische Gärten entstanden weiter in Deutschland in einer Fülle wie nirgends sonst. Nach der Herkunft der Mittel durfte man freilich nicht fragen – Bauernschweiß, schlecht gelohnte Handarbeit, die dem kleinen Bürger abgepreßten Steuern und noch Schlimmeres steckten dahinter. Dies Schlimmere, das Allerschlimmste in der Tat, war der Soldatenhandel der deutschen Fürsten. Bayreuth und Braunschweig, Hessen-Kassel und Württemberg lieferten den Holländern und Engländern für deren Kolonialkriege deutsche Bauernjungen für gute, wenn auch nicht überreichliche Bezahlung. Auf solche Art nahm nun Deutschland an der Kolonialpolitik teil! Das Bündnisrecht der deutschen Kurfürsten erreichte damit den Gipfel seines Widersinnes.

Der berühmteste Untertan des Herzogs Karl Eugen von Württemberg, der Dichter Friedrich von Schiller, hat in seinem Trauerspiel »Kabale und Liebe« den Soldatenhandel seines Landesherrn nach Amerika gebührend gebrandmarkt. Der Fürstenspiegel, den Friedrich der Große für diesen seinen Verwandten schrieb, hat nicht viel genutzt. Der Herzog war ein verruchter Wüstling und wollte es bleiben. Trottelhaft vertrödelte der hessische Landgraf Ludwig IX. seine Zeit mit läppischen Soldatenspielereien, belächelt von seiner gescheiten Gemahlin, die sich den Namen der großen Landgräfin redlich verdiente.

Zwei Zahlen mögen sowohl die Abhängigkeit der deutschen Fürsten vom Auslande wie die Unfruchtbarkeit ihrer Bemühungen für die untere Volksschicht dartun. In den zweiundzwanzig Jahren 1750 bis 1772 zahlte der französische Hof 137 Millionen Franken an die deutschen Potentaten als Subsidien! In den zehn Jahren von 1756–1766 wanderten zweihunderttausend deutsche Bauernsöhne nach Rußland und Amerika aus!

Unter den deutschen geistlichen Fürsten gab es viele Reformfreunde. Manche entfremdeten sich ganz ihren kirchlichen Pflichten, und so wurde die Frage der Umwandlung in weltliche Herrschaften (Säkularisation) immer wieder von neuem erörtert. Mehr und mehr verblaßte jenes katholisch-reichische Lebensgefühl, das vordem von Salzburg und Passau über Bayern (das eigentliche Bayern) und Oberschwaben nach Freiburg und Konstanz reichte. Dieses obere Donauland, bemerkenswert durch seine zwiebelgetürmten Klöster und Stifte, blieb aber eine Domäne österreichischer Sympathien und josefinischer Lebensauffassung. Milde und abgeklärt, aber darum unkämpferisch, verhielten sich die meisten geistlichen Fürsten zu den Gegenwartsfragen. An der wiederhergestellten Universität Mainz fanden selbst protestantische Gelehrte Posten, Erfurt gedieh unter dem kurmainzischen Statthalter Karl Theodor Freiherrn von Dalberg zu einem blühenden Mittelpunkt kultureller Arbeit; das Schicksal hatte für diesen klugen, anpassungsfähigen Herrn eine wunderlich bunte Laufbahn vorbehalten (vgl. S. 306). Unter den vielen alten und manchen neuen Universitäten ragte Göttingen hervor. Hier fanden Geschichte und Staatswissenschaften bedächtige Pflege, hier wirkte der schärfste Kritiker deutscher Potentatentyrannei, August Wilhelm Schlözer, als eine europäische Größe. Gar mancher Engländer von Rang begann seine kontinentale Lehrzeit als Göttinger Student, und viele Amerikaner folgten.

Die Säkularisation des Denkens. Sturm und Drang

Die Aufklärung war nichts Undeutsches, sondern eine gesamteuropäische Bewegung, die jede der großen Kulturnationen ihren Bedürfnissen entsprechend abwandelte. Wesentlich für ihre Entstehung wurde der in Deutschland besonders starke Überdruß an den Religionsstreitigkeiten und die daraus folgende Abkehr von der kirchlichen Kultur. Die Theologie verlor ihren überkommenen obersten Rang unter den Wissenschaften, die Philosophie erbte den Thron. Die Toleranz, wie sie sich zuerst in Holland maßgebend entwickelt hatte, der englische Deismus, also eine vorurteilsfreie, undogmatische, menschlich betonte Gottgläubigkeit, der Kampf Voltaires für die Freiheit gegen geistigen Hochmut, gegen Pedanterie und Heuchelei – alles das machte tiefen Eindruck auch in Deutschland, es erweckte Widerhall, es ermutigte gleichartige Bestrebungen und Gedanken. Stoff genug gab es ja im Vaterlande. Gottsched wirkte etwa von Leipzig aus im Sinne der Weltanschauung Christian Wolffs für Duldsamkeit, für die Freiheit des Denkens, für die Abschaffung jeden Gewissenszwanges. Die Aufklärung betonte die Freude am Dasein, sie glaubte an das Gute in der Menschenseele und die Möglichkeit erfolgreicher Erziehung, sie löste die Ethik ab von der geoffenbarten Religion und predigte eine naturverwurzelte, natürlichen Gegebenheiten entsprechende Tugend. Ihr Vertrauen in die Vernunft der Menschen entsprang einem tiefen Gefühl, einer leidenschaftlichen Entrüstung über Roheit, Unvernunft, Niedertracht, Eigennutz, Rachgier. Nur allzugut kannte die Bewegung die diabolischen Kräfte der menschlichen Natur, die Beispiele lagen ja nahe genug; sie wollte diesen Geist der Verneinung, der Zerstörung bekämpfen im Namen einer besseren Welt, an deren Verwirklichung sie fest glaubte. Die seelische Erregtheit und die Kämpferfreude gehören wesentlich zum Bilde der Aufklärung, sie begegnete sich hier mit dem Spiritualismus (vgl. oben) ebensosehr wie mit dem Beginn einer rein weltlich orientierten Geschichtsschreibung. Die nachgeborenen Gegner der Aufklärung suchten sich mit Vorliebe als Zielscheibe der Kritik die Vertreter der verflachten Spätzeit aus, von denen gar mancher gewiß die Langeweile und spießige Überheblichkeit in Person war. Die besten älteren Vertreter der Aufklärung verdienen den Dank des deutschen Geistes. Nie verlor die Aufklärung ihren ausgesprochen wissenschaftlichen Zug, sie lernte denken von der bewunderten Mathematik, sie wagte sich an die Bezwingung der Natur durch Logik, sie entdeckte die Geheimnisse, sie enthüllte die tiefen ewigen Gesetze des natürlichen Geschehens. Meist blieb die Aufklärung dem Künstlerischen fremd. Die Künstler übten deshalb berechtigte Kritik. So begreift sich Gotthold Ephraim Lessings († 1781) Kampf um Kunstbetrachtung und die schöpferische Kraft des Künstlers.

Der Sturm und Drang war die erste Periode von entschlossen revolutionärer Geistigkeit in Deutschland. Seine Führer beriefen sich wieder auf die Urkräfte der menschlichen Seele, auf das Elementare und Unbewußte, sie deuteten die Instinkte als die eigentlichen Triebkräfte des menschlichen Wollens und Handelns, sie entdeckten in der Geschichte die Wirkung des Gemütes, des Willens, der Seele der Völker, der Charaktere ihrer Lenker. Alles das war Einfühlung, Psychologie, eine überzeugende Fähigkeit der Wiederbelebung, der farbigen und fülligen Darstellung des Vergangenen, der Schilderung von Eindrücken und Zuständen, von Erlebnissen und Eingebungen, von Schicksalen und ihrem menschlichen Sinn. Das war Natur und Geschichte, Weltanschauung und Gesellschaftsreform, Umsturz und Gestaltungskraft zugleich – zusammengefaßt durch den emotionalen Zeugungswillen künstlerisch bestimmten Geistes. Die neuerungssüchtige Kritik der Aufklärung sah sich durch den Sturm und Drang leidenschaftlich übersteigert – sie lebte in den Worten vieler Kleinerer – sie flammte im Jugendwerk von Goethe.

Der deutsche Idealismus. Die Frühromantik

Friedrich Schiller schrieb damals auf seine Räuber die Devise: In tyrannos; er brandmarkte das Treiben des Kleinfürstentums, er verstand und formte das Schicksal der Kindsmörderin als eine Anklage gegen die herrschende Gesellschaft. Auch sonst gab es genug Empörung, Haß, erbitterte Kampflust in Deutschland – das Schnörkel- und Perückenwesen des Rokoko zerging an einer leidenschaftlichen Liebe für Natur und Freiheit. Aber all das blieb in Deutschland doch nur Schriftstellerei. Niemals herrschte eine größere Bildungswut als damals. Die große Neugier hatte die heranreifende Generation erfaßt. Die Kraftgenies erschütterten die Nerven der Zeitgenossen. Titanenhaft griffen diese Kerle in die Sternenwelt einer unerhörten neuen seelischen Erfüllung. Aber das Ende solcher Erregtheit war schließlich doch nur der Ekel vor diesem »tintenklecksenden« Säkulum.
Dualismus und Partikularismus – diese alten Mächte des deutschen geschichtlichen Lebens verstärkten die Widerstandskraft der bestehenden Gesellschaftseinrichtungen und lähmten jeden Angriff. Das aufsteigende deutsche Bürgertum besaß kein politisches Organ und war außerstande, sich ein solches zu schaffen. So versickerte und verkümmerte der ganze große Aufwand, wenigstens innerhalb der praktischen Welt. Nur der supra-nationale Universalismus vermochte den Deutschen zu helfen – und so verklärte sich die revolutionäre Kraft des Sturm und Drang zur Menschenliebe, zum

Der junge Mozart mit seinem Vater am Hofe Maria Theresias

Weltbürgertum des deutschen Idealismus. Hier wandelten sich die alten Überlieferungen der vom Deutschtum getragenen europäischen Gemeinsamkeit zum antikisierenden Humanismus, zur kritischen Philosophie, zur Erfassung des Weltgeistes durch die Weltliteratur. Die Fürsten und Bürokraten sorgten also weiter für Staats- und Gesellschaftsreform, sie taten es ja redlich auf ihre Weise, viele zeigten sich gelehrig und vernünftig, sie förderten nicht ohne eigennützige Nebengedanken das Erwachen der künstlerischen und denkerischen Schöpferkraft des Deutschtums, denn diese geistigen Führer der Nation ließen sich ja unschwer einordnen in das behutsame Reformwerk der hohen Obrigkeit. Die Deutschen dichteten, dachten, musizierten; Kant, Goethe, Mozart zeigten die Möglichkeit höchster Vollendung, viele Kleinere eiferten ihnen gruppenweise nach. Die Bildung, der Geschmack, die persönliche Lebensverfeinerung bekamen eine Wichtigkeit, der gegenüber die Schicksale des öffentlichen Daseins nicht aufkamen. Der Denker und Staatsmann Wilhelm von Humboldt setzte in einer berühmten, aber erst lange nach seinem Tode († 1835) veröffentlichten Jugendschrift dem neugierigen und betriebsamen Staate seine Schranken. Der Staat, das war die Meinung, sollte den Bürger vor Dieben und Unruhestiftern schützen, damit sich dieser den eigentlich wichtigen Dingen des Lebens zu widmen vermöchte. Diese Liebe zur Verinnerlichung war in Deutschland durch den Spiritualismus vorbereitet worden, auch das orthodoxe Luthertum hatte ja immer die Obrigkeit als solche geachtet, ohne eine Kritik oder gar eine Reform wagen zu wollen. Ein unpolitischer Quietismus gehörte also zum deutschen Wesen, er wirkte sich als Vertrauensseligkeit und harmlos sich hingebende Loyalität in einer für die alten Autoritäten willkommenen Weise aus. Wie stark war die Begeisterung für die Erfolge Friedrichs des Großen, welchen Antrieb gab seine so undeutsche Person dem suchenden Nationalbewußtsein des Bürgertums, dem das vermorschte Reich und das immer fremder werdende Österreich nichts mehr bedeuten konnten. Dies einstmals durch die Türkenabwehr geweckte deutsche Nationalbewußtsein erhielt freilich jetzt keinerlei politische Hilfe, es war vorderhand auf eine akademische und idealistische Wirksamkeit angewiesen, es flüchtete sich einstweilen in das Geschichtliche. Johann Gottfried Herders († 1803) Wirksamkeit für die Erfassung des Volkstums, seinen Lebensbedingungen, der Voraussetzung seiner Individualität, wie sie sich in geographischen und ethischen Gegebenheiten darstellen, Herders feines Gefühl für volkliche Schicksale und universale Zusammenhänge – alles das ermöglichte den Deutschen eine Vertiefung ihrer nationalen Selbsterkenntnis. Der Sturm und Drang hatte sich beruhigt und zuletzt geadelt zur klassizistischen Reinheit des Idealismus – im Griechentum glaubte das von Winckelmann belehrte Deutschtum das Absolute, die endgültige Regel, das ewige, ihm selbst vorbestimmte Vorbild gefunden zu haben. Diese ästhetische Dogmatik war ebenso unhistorisch wie apolitisch, sie ermöglichte große Kunstschöpfungen, wie Schillers spätere Dramen und Goethes Iphigenie, aber sie vermochte das Interesse des Deutschtums für sein eigenes Schicksal nicht zu befriedigen. Hier steckte zuviel Sehnsucht, zuviel Kraft, zuviel Unerlöstheit. Die Kantische Philosophie zeigt, wie der Idealismus die Aufklärung fortsetzte, wie er ihr ähnelte an Universalität und Lehrhaftigkeit. Aber der Kritizismus gab den Bemühungen des deutschen Geistes eine neue programmatische Tiefe. Kant und sein Verkünder Friedrich Schiller schufen die Vorstellung vom Rechtsstaat als dem Vollender der sittlich-ästhetischen Menschheitskultur, über die Bindungen des Standes, der Nation, der Gesellschaft, der Rasse hinaus. Es war eine strenge, hohe Lehre. Sie vollendete vieles von dem, was der Protestantismus erstrebt hatte. Hier begegneten sich das kantische Ethos und der lutherische Berufsgedanke und die preußische Staatsidee, deren militaristisch-selbstischer Charakter im übrigen einem echten Christentum so fremd war wie einer wahren Philosophie. Der Rechtsstaat beglückte den Pädagogen, den Beamten – war er auch nicht immer angenehm in Preußen, so war er zumeist reinlich. Nicht alle Typen deutscher Menschen waren zufrieden mit dieser Art von Erfüllung. Inmitten überwältigenden geschichtlichen Werdens, erregt von dem Sturme der großen Revolution, verlangte es die gemütsbeschwingten Deutschen vor allem nach sich selbst, nach ihrer Vergangenheit, nach dem Bewußtsein ihrer Sendung in der Welt, nach der Verbundenheit mit ihrer Heimat und den Volksbräuchen von ehemals. Die deutsche Romantik wollte nicht mehr an das Absolute und Einmalige glauben, an die Endgültigkeit begrifflicher Erkenntnis, an System und Regel, an Pathos und Geste, an die klare Eindeutigkeit von Gesetzen, wie sie der Rationalismus und der Hellenismus behaupteten. Die Romantik bejahte das Künstlerische selbst, also den Wechsel und den Wandel, die Ironie und das Spontane, die Instinkte und Träume, das Urtümliche der Märchen- und Zauberwelt, das Genießerische und den Geschmack für echte und gewachsene Werte, wo, wie und woher sie entstanden sein mochten, geschaffen von einem gesteigerten zeugungsfrohen Weltgefühl. In der Romantik vereinigte sich der große Widerspruch: der Zerfall herkömmlicher Prägungen und Bindungen, die Souveränität gegenüber Sitte, Geltung, Rang, die Skepsis kränkelnder Entartung – und der Glauben an die Macht der Seele und des Geistes, wie er sich zeigt in Religion und Volkstum, im »organisch« Gewachsenen, in Überlieferung und bodenständiger Kraft, in der persönlichen Begnadung, im Genie. Aus der Romantik konnten jede Thesis und Antithesis erwachsen – eine völlig unpolitische, von der Welt und ihrem Getriebe abgekehrte, dem Besinnlichen und Metaphysischen gewidmete Haltung; und ihr genaues Gegenteil: ein scharfer volklich verwurzelter, geschichtlich beschwingter Nationalismus.

XIII. Deutschland und die große Französische Revolution

Die Aufklärung als ein europäisches Ereignis – Die revolutionäre Ideologie des Liberalismus ist ein Ergebnis englischen, französischen und amerikanischen politischen Denkens – Idee des Rechts- und Verfassungsstaates – Wirkung der Französischen Revolution auf Mitteleuropa – König Friedrich Wilhelm II. von Preußen – Kaiser Leopold II. – Österreichisch-preußische Annäherung – Ausbruch der Revolutionskriege – Untergang Polens – Umsturz der alten sozialen Ordnung in Mitteleuropa – Soziale und politische Neubildungen – Französische Eroberungs- und Ausbeutungspolitik – Napoleon I. ist der erste Herrscher in Europa seit Karl dem Großen, der der französischen wie der deutschen und der italienischen Geschichte angehört – Neuordnung Deutschlands – Französisches und österreichisches Kaisertum – Der zweite Rheinbund – Das Ende des Reiches – Napoleons Weltherrschaftstraum bleibt kontinental gebunden, er beruht wesentlich auf der Zertrümmerung Mitteleuropas und der Eifersucht zwischen Preußen und Österreich – Preußens Vereinsamung und Zusammenbruch – Deutschlands Unterdrückung

Die Idee des Rechts- und Verfassungsstaates

Seit der englischen Revolution des siebzehnten Jahrhunderts erfüllten die Ideen des modernen Rechts- und Verfassungsstaates das geistige Leben des europäischen Kontinents. Neben die alten herrschenden Stände des Feudalstaates trat in England zuerst das gebildete und durch wirtschaftliche Arbeit wohlhabend gewordene Bürgertum und übte politische Rechte aus im Namen der geistigen Freiheit und der menschlichen Gleichberechtigung. Die englischen Formen des Parlamentarismus und der Selbstregierung trugen also sozialgeschichtlich gewiß auch einen bestimmten Klassencharakter, aber sie drückten eben den Willen und das Interesse der damals aufsteigenden, geschichtlich zur Wirkung berufenen Klasse aus. Englische politische Ideen und Verfassungseinrichtungen erweckten auf dem ganzen Kontinent warmes Interesse, besonders in Frankreich; die französische politische Literatur, Männer wie Voltaire und Montesquieu, verliehen dem englischen politischen System den Rang klassischer Vorbildlichkeit, es wurde herausgehoben aus seinen geschichtlichen Voraussetzungen und zur Patentlösung dogmatisiert. Die ganz und gar national-englischen Merkmale, wie das kirchliche Gemeindewesen und die Stellung der gentry, traten dabei notwendig zurück. Hervorgehoben wurde das, was dem Kontinent besonders wichtig war – also die Trennung von Recht und Verwaltung, die Ministerverantwortlichkeit, die Finanz-

kontrolle durch die Volksvertretung und die Beschränkung der monarchischen Prärogative. So entstand die Ideologie eines verfassungsgläubigen Liberalismus. Er war seinem Ursprunge und Wesen nach gesamteuropäisch, ganz Europa hatte sich mit ihm auseinanderzusetzen, in Deutschland verbreitete er sich überwiegend in französischer geistiger und sprachlicher Prägung. Die englische Revolution hatte seinerzeit wenig Eindruck in Deutschland gemacht, bedrückt wie es war von den Wirren des Dreißigjährigen Krieges. Nun zeigte die amerikanische Revolution die Kraft der modernen Freiheitsideen – Frankreich, selbst noch absolutistisch und feudalistisch gebunden, half den englischen Kolonien in Nordamerika, sich von der Bevormundung des Mutterlandes loszureißen; die Menschen- und Bürgerrechte einer reif gewordenen, wirtschaftlich selbständigen, geistig wundervoll autonomen Gesellschaft errangen sich die Anerkennung der Welt und gaben ein Beispiel von unvergeßlicher welterschütternder Gewalt. England selbst, die Heimat dieser Ideen und dieser Menschen, mußte sich überlegen, ob von der neu aufsteigenden gebildeten freiheitlichen Republik nicht einiges zu lernen wäre. Denn hatte dieses Gemeinwesen nicht das Erbe völlig umgeprägt und mit einem Schwung hinreißender Jugendlichkeit erfüllt?
Deutschland vermochte eigenmächtig einen Weg zu seiner Selbstbefreiung leider nicht zu beschreiten. Es war ein Zeuge und ein Nachbar großer geschichtlicher Umwälzungen, willkürlich-unwillkürlich wurde es dann selber in den Strom hineingerissen. Mehr als je zuvor wuchs sich die deutsche Geschichte zur mitteleuropäischen Geschichte, ja zur Geschichte des Kontinents aus. Die deutsche Nation fand sich selbst zuerst im Geistigen und Künstlerischen. Der Weg von dort zur politischen Einheit, zur staatsbürgerlichen Freiheit war für die Deutschen schwer.

Einwirkung der Französischen Revolution. Friedrich Wilhelm II. von Preußen

Die Französische Revolution fand zunächst warme Aufnahme bei den besten Führern des deutschen geistigen Lebens. Die Dichter Wieland und Herder, die Philosophen Kant und Fichte, der Staatsrechtslehrer Schlözer und der Historiker Johann von Müller begrüßten die Bewegung als die endliche große Erfüllung aller heiligsten Hoffnungen des Zeitalters. Der 14. Juli 1790, der erste Jahrestag des Sturmes auf die Bastille in Paris, wurde etwa in Hamburg öffentlich gefeiert, der Dichter Friedrich Klopstock († 1803) trug dabei eine schwungvolle Ode vor. Gleich Angehörigen aller anderen Nationen eilten viele Deutsche nach dem Mekka der Freiheit und des neuen Menschentums – nach Paris. Sie lieferten begeisterte Berichte. Dies tat der abenteuerliche, ewig jungenhafte Georg Forster, der den englischen Kapitän Cook auf seiner Weltreise nach Australien begleitet hatte; dies tat der tüchtige, wohlwollende Bonner Professor Eulogius Schneider, der dann nach Straßburg ging und dort die Schreckensherrschaft mit leitete, um zuletzt selbst von ihr verschlungen zu werden. Revolutionäre Tatbereitschaft zeigte sich aber nur in wenigen Orten Deutschlands – in einigen Reichsstädten des Westens, auf dem Lande in Sachsen und in Schlesien. Die Radikalisierung der Bewegung in Frankreich, der Angriff auf Besitz und Privilegienwesen änderte die freundliche Stimmung in Deutschland sofort. Die Besitzenden bekamen Angst, die Revolution erregte die unteren Schichten, Grausamkeit und Terrorismus verletzten alle Gefühle von Anstand und loyaler Gesinnung. Die Revolution war ja schon keine französische Angelegenheit mehr. Sie wuchs an zu einer Kreuzzugsbewegung, sie bedrohte die gesamte bestehende Rechts- und Gesellschaftsordnung von Europa mit dem Untergang. Sogleich setzte die Gegenrevolution ein. Der Engländer Edmund Burke verstand zuerst den tiefen Sinn der Epoche und empfahl umfassende Gegenmaßnahmen. Sein Ziel war der gesamteuropäische Verteidigungsblock gegen die Propaganda des Umsturzes, gegen den Geist der Zerstörung. Der hochbegabte Publizist Friedrich Gentz übersetzte die Schriften Burkes ins Deutsche, er half so wesentlich mit zur geistigen Abwehr der revolutionären Gedanken in Mitteleuropa. Wenn auch später ein korrupter Offiziosus der österreichischen Regierung, bleibt Gentz doch einer der geistvollsten, originellsten Schriftsteller der Zeit.

Außenpolitisch schwächte die Revolution zunächst die Großmachtstellung Frankreichs. Die beiden deutschen Großmächte fühlten die Erleichterung und suchten sie zu nutzen. In Preußen folgte dem Großen Friedrich sein Neffe Friedrich Wilhelm II. (1786–1797), eine vielumstrittene Figur. Seine Mätressenwirtschaft nahm selbst für die abgehärtete Meinung des achtzehnten Jahrhunderts auffällige Formen an. Der schlimmste Streich war wohl die Ehekomödie mit der schönen Julie von Voss, deren Mutter das Konkubinat nicht dulden wollte. Wahrhaft schändlich wirkt bei dem häßlichen Handel die Haltung der preußischen Staatskirche, die sich zu Lebzeiten der Königin auf eine Scheintrauung einließ, um die Skrupel des Mädchens und der Familie zu überwinden! Aber man würde gerne diesem preußischen König die Schwächen seines Privatlebens nachsehen, wenn er als Staatsmann irgendeine klare Linie bewahrt hätte. Günstlinge zweifelhafter, ja völlig dunkler Herkunft übten entscheidenden Einfluß aus. Allerhand Geheimnistuerei, mystisches Ordenswesen, Geisterbeschwörung und Selbstberauschung an klingenden Phrasen befriedigten die Langeweile und Nervenschlappheit dieses übersättigten Kreises. Die harte helle Art der Aufklärung verletzte die weichen Gemüter dieser Menschen, gute echte Kunst, mannhafte Gedankenklarheit, ehrliche Religiosität war ihnen ärgerlich. Kraft und Tiefsinn reizte sie, weil sie sich dadurch gedemütigt fühlten. Und so schweifte denn ihre Sinnlichkeit und Sensationslust hin und her an der peinlichen Grenze von Daseinsleere, Komödie und Schwindel.

König Friedrich Wilhelm II. war ursprünglich Freimaurer gewesen, aber der moralische Ernst und die brüderlich-idealistische Tatkraft des Ordens hatten ihm nicht gelegen. So trat er denn bei den Rosenkreuzern ein, deren wichtigmacherisches, kabalistisches Gehabe ihm die erwünschten Erregungen verschaffte. Ohne den Kitzel ständiger vergnügter Abwechslung vermochte er ja nicht zu leben. Da blieb für gewichtige Staatsgeschäfte nicht mehr viel Zeit und Kraft übrig.

Eine gute Seite der neuen Regierung war der Versuch, von Berlin aus den Anschluß an die große deutsche geistige Bewegung zu finden. Die Französelei hatte nun abgewirtschaftet. Deutsche Schriftsteller wurden Mitglieder der Akademie der Wissenschaften, die deutsche Bühnenkunst erfuhr gute Pflege, Iffland, der größte Charakterdar-

Zwei preußische Prinzessinnen. Skulptur von Gottfried von Schadow

steller der Zeit, wurde der Leiter des Berliner Nationaltheaters, Musik und bildende Kunst kamen in Blüte. Damals entstand die wohlgefügte majestätische Eleganz des Brandenburger Tores, Gottfried Schadow schuf seine edlen Plastiken, der realistisch kluge Kupferstecher Chodewiecki leitete die Akademie der Künste. Aber der frömmelnde Kultusminister Wöllner machte den Versuch, die alte Orthodoxie in Kirche und Schule wiederherzustellen, seine Zensur unterdrückte unwillkommene Gedankenfreiheit, selbst der große Philosoph Immanuel Kant mußte sich die Mahnung gefallen lassen, er möchte seine Philosophie nicht zur Herabwürdigung des Christentums mißbrauchen. Die fatale Bundesgenossenschaft von Thron und Altar, die schon im alten lutherischen Kirchenregimente wurzelte, bekam hier eine neue Form der Betätigung. Forschung und Intelligenz galten als unbequem. Vorurteil und Plattheit waren erwünscht. Die Halblüge wirkte mehr als die Wahrheit; die Obrigkeit fühlte sich wohl bei der Unwissenheit. Wenn der Untertan fraß und sich vergnügte, dann war er leicht zu regieren. Für die Laufbahn des servilen Beamtentums begann das Examen ein wichtiges Mittel der kontrollierenden Auswahl zu werden. Das berühmte Abiturientenexamen wurde jetzt in Preußen eingeführt – der Zugang zu den Universitätsstudien wurde sorgsam verbarrikadiert. Ein Verdienst war die Fertigstellung des unter Friedrich dem Großen begonnenen Allgemeinen Landrechts, des großartig gedachten und sprachlich wohlgeformten Codex des preußischen Staates.

Kaiser Leopold II. Die österreichisch-preußische Annäherung

Preußens internationale Stellung bekam besonderes Gewicht, weil Joseph II. seine Staaten in einem so chaotischen Zustande hinterlassen hatte. Der neue Kaiser, Leopold II. (1790–1792), war ein zäher und geschmeidiger Politiker, der mit Geduld und ohne jede persönliche Empfindlichkeit, freundlich, auch wohl leicht verächtlich das Seine tat, um wieder Ordnung zu schaffen. In Preußen leitete Graf Hertzberg die Außenpolitik, ein kluger Kopf, aber mehr einem Apotheker als einem Arzte vergleichbar. Sein »großer Plan« versuchte, die Gunst des Augenblickes zu nutzen und einen ordentlichen Landgewinn für Preußen herauszuschlagen. Preußisch sollten werden: Schwedisch-Vorpommern, Danzig, Thorn, die benachbarten polnischen Gebiete sowie Galizien; Österreich sollte dafür auf dem Balkan abgefunden werden und die Donaufürstentümer Moldau und Walachei übernehmen; Rußland sollte Schwedisch-Finnland an Schweden geben und sich an der Krim, Bessarabien und anderen Teilen des Ottomanischen Reiches entschädigen. Hertzberg hatte scharfsinnig drei Momente des zukünftigen Geschehens erkannt: Preußens Drang nach Polen, Österreichs Drang nach dem Balkan, Rußlands Drang nach dem Schwarzen Meer. Auch einen anderen Punkt betonte Hertzberg: Preußen sollte sich wieder an England annähern. König Friedrich Wilhelm griff in Holland ein zugunsten der Erbstatthalterschaft gegen die republikanischen Patrioten, England war sehr zufrieden mit dieser antirevolutionären Handlung und schloß mit Preußen und den Niederlanden einen Dreibund. Weniger erfolgreich war der Versuch Preußens, dem Bischof von Lüttich gegen seine revolutionären Untertanen beizuspringen. Es mußte sich unverrichteter Sache zurückziehen. Durch diese Hergänge hatte sich der Gegensatz zwischen Österreich und Preußen verschärft. Eine Zeitlang bestand Kriegsgefahr. Preußen verfügte über Bündnisse mit Polen und der Türkei, preußische Agenten arbeiteten in Galizien, Ungarn und Belgien. Überall befand sich Österreich empfindlich im Nachteil.

Kaiser Leopold II. sah seine Hauptaufgabe darin, einigermaßen günstig aus dem Türkenkriege herauszukommen. Er wandte sich unmittelbar an den König von Preußen und rettete Österreich auf dem Wege geschickter Verhandlung. Der Kaiser verzichtete auf Erwerbungen in der Türkei und die Übernahme Bayerns, Preußen ließ dafür Graf Hertzbergs großen Plan fallen. Nun konnte sich Leopold II. der Wiederherstellung der Ruhe in seinen Landen widmen. Er gab die meisten Reformen Kaiser Josephs auf, nur das Toleranzedikt und die Säkularisation der Klöster blieben bestehen. Die Tschechen erhielten einen Lehrstuhl für tschechische Sprache an der Universität Prag. Das Leopoldinische System wirkte weniger reaktionär als das gleichzeitige preußische, weil man es zwar mit Zensur und Geheimpolizei zu tun hatte, aber auch mit einem gescheiten Regenten, der von seiner Tätigkeit als Großherzog von Toskana her wußte, wie man auf stetige Art aufgeregte Untertanen beruhigt. Auch die Ungarn erreichten die Bewilligung ihrer patriotischen Forderungen, die alte Verfassung trat wieder in Kraft, einschließlich der lateinischen Amtssprache, einer der Söhne des Kaisers erhielt das Amt als Palatin (Pfalzgraf, Vizekönig von Ungarn). Die südungarischen Serben wurden als eigene Nation anerkannt. Siebenbürgen erhielt seine alte Dreiteilung (Ungarn, Deutsche und Rumänen) zurück, und eine eigene Hofkanzlei wurde eingerichtet. Die österreichischen Niederlande dagegen mußten mit Waffengewalt zurückgenommen werden. Zu spät versuchte ein belgischer Nationalkongreß den Erzherzog Karl, Leopolds dritten Sohn, den später berühmt gewordenen Feldherrn, zum Großherzog von Belgien zu machen. Auch eine Amnestie brachte keine wirkliche Versöhnung. Belgien blieb eine Last für Österreich – freilich nicht mehr für lange.

Die Annäherung von Österreich und Preußen, die Kaiser Leopold II. notgedrungen vollzogen hatte, vertiefte sich unter der Einwirkung der revolutionären Ereignisse in Frankreich. Durch die Abschaffung der Privilegien und Sonderrechte seitens der französischen Nationalversammlung sahen sich zahlreiche deutsche Fürsten und andere Reichsstände im Elsaß in ihren überkommenen Rechten geschädigt. Sie verlangten das helfende Einschreiten des Reiches, ein Reichsgutachten erklärte die französischen Beschlüsse für rechtlich ungültig. Vergleichsvorschläge der Franzosen, die auf eine finanzielle Entschädigung hinausliefen, erfuhren glatte Ablehnung bei der Mehrzahl der Beteiligten. Ferner hatten viele Mitglieder der französischen aristokratischen Hofgesellschaft Frankreich verlassen, sie waren in der rheinischen Pfaffengasse freundlich aufgenommen worden, die Brüder des Königs von Frankreich hielten in Koblenz richtig Hof, bildeten ein Ministerium und stellten Truppen auf. Dies war eine Herausforderung für das revolutionäre Frankreich, aber auch die deutschen Wirte empfanden keine dauernde Freude an ihren anmaßenden Gästen, die sich weder an die deutsche Art gewöhnen noch irgendein Zugeständnis an das moderne Franzosentum machen wollten. Die Emigranten arbeiteten offen auf den Glaubenskrieg gegen die Revolution hin, ihr Dasein schon verschlechterte die deutsch-französischen Beziehungen viel mehr als irgendeine Propaganda. Kaiser Leopold II. tat sein möglichstes, um seiner Schwester Marie Antoinette und ihrem Gemahl, dem König von Frankreich, zu helfen, er wirkte bei dem berühmten Fluchtversuch (1791) mit, er wollte einen europäischen Kongreß zusammenberufen, durch den die neue französische Verfassung nur anerkannt werden sollte, wenn der König ihr freiwillig zugestimmt hätte. Auch in Polen tat die Französische Revolution starke Wirkung. Eine Verfassungsänderung sollte

das Staatswesen modernisieren und kräftigen – gerade das aber erweckte das Mißtrauen der Nachbarn.
Bei Preußen insbesondere wirkte während dieser kritischen Übergangszeit als ein Hauptmotiv der Wunsch, sich auf Kosten Polens zu vergrößern. Frankreich war nicht in der Lage, für Polen einzutreten, England hielt sich wegen der französischen Wirren zurück, Österreich und vor allem Rußland machten voraussichtlich jede weitere Teilung Polens mit. Die Zusammenarbeit mit Österreich empfahl sich also vom preußischen Standpunkte aus dem doppelten Grunde: sie bedeutete sowohl die Unterdrükkung der polnischen Unabhängigkeit wie die Aufrechterhaltung des monarchischen Prinzips gegenüber der Revolution. Rußland und Schweden betonten in ihrer antifranzösischen Haltung den ideologischen Faktor am kräftigsten – sie waren ja auch am weitesten entfernt vom Schauplatz der Ereignisse. Die nordische Gleichgewichtsparole sicherte die Ruhe im Baltikum. Die Deklaration von Pillnitz stellt eine weitere Etappe dar auf dem Wege zum österreichisch-preußischen Bündnis vom Februar 1792: Gemeinsames Vorgehen der beiden Großmächte, wechselseitige Besitzgarantie, Hilfeleistung im Falle eines französischen Angriffs. Es war nicht völlig widersinnig, von französischen Angriffsabsichten zu sprechen. Die neue Partei des siegreichen liberalen Bürgertums in Frankreich, die Gironde, wünschte eine Kräftigung der Außenpolitik, aus wirtschaftlichen und parteitaktischen Gründen erfaßte sie den Kriegsgedanken, der zweierlei herbeiführen konnte – eine Beschäftigung der radikalen, weiter nach links drängenden Massen und die Befestigung der revolutionären Errungenschaften durch nationalen Ruhm. So stießen tatsächlich zwei Offensiven aufeinander – geistige und materielle Momente verbanden sich, das junge Frankreich wollte sich Drohungen, Einmischungen und Demütigungen nicht gefallen lassen, das monarchische Europa wünschte die revolutionäre Gefahr zu ersticken und dabei, wenn möglich, Vorteile einzuheimsen. An neuen Motiven entzündete sich der alte Machtkonflikt.

Ausbruch der Revolutionskriege. Untergang Polens

Die französische Kriegserklärung an Österreich leitete eine Kriegsperiode von fast fünfundzwanzig Jahren ein. Deutschland wurde einer der Hauptkriegsschauplätze; Deutschlands politische Zukunft wurde eines der Hauptprobleme des Kampfes. Vertragsgemäß schloß sich Preußen sofort an Österreich an, der Feldzug gegen das politisch völlig vereinsamte Frankreich begann in einer Stimmung von unerschütterlichem Optimismus. Kaiser Leopold II. war plötzlich verschieden, sein jugendlicher Sohn Franz II. empfing 1792 in Frankfurt die Kaiserkrone, unter rauschenden Festen – kein besserer Auftakt für einen siegreichen Feldzug! Aber dies war die letzte Kaiserkrönung des alten Heiligen Römischen Reiches.
Diplomatische Verhandlungen zwischen den Verbündeten über die erwünschten Landerwerbungen führten zu keinem klaren Ergebnis. Preußen wollte sich am Niederrhein vergrößern, dachte aber noch stärker an Polen – da marschierten gerade dort

die Russen ein und setzten die freiheitliche Maiverfassung außer Kraft. Österreich dachte wieder vor allem an Bayern, Preußen aber wollte keineswegs die eben übernommenen fränkischen Gebiete aufgeben und verwies den Bundesgenossen deshalb auf den Oberrhein, also auf das alte habsburgische Gebiet im Elsaß, die gegebene Ergänzung der vorderösterreichischen Besitzungen. So selbstgewiß, so überheblich waren die deutschen Großmächte! Im gleichen Geiste war das Kriegsmanifest abgefaßt, der Oberkommandierende, jener weise Herzog Karl Friedrich Ferdinand von Braunschweig (vgl. oben S. 285), gab dazu seinen guten Namen her. Die Verbündeten, so hieß es, wollen den legitimen Thron und die Macht der Gesetze in Frankreich wiederaufrichten, alle gutgesinnten Franzosen sollen sich deshalb den Befreiern anschließen; im Falle neuer Beleidigungen der königlichen Familie war die Stadt Paris mit völliger Zerstörung bedroht! Die Antwort der französischen Revolutionäre war der Sturz des Königtums und die Verkündigung der Republik.

Befand sich Frankreich wirklich in der Auflösung, wartete es wirklich nur auf die ausländischen Befreier? Die Emigranten kannten das wahre Frankreich nicht mehr, ihre Angaben und Prophezeiungen führten völlig in die Irre. Der revolutionäre Geist verjüngte Frankreich, die nationale Leidenschaft erwachte und zeigte sich bereit zur Selbstaufopferung, um den bedrohten vaterländischen Boden zu retten. Gewiß mißlang ein erster Vorstoß gegen Belgien im Frühjahr. Als aber die Deutschen dann einmarschierten und bis in die Champagne vordrangen, fanden sie nicht nur eine kalte Aufnahme bei der schlecht behandelten Bevölkerung, sondern so energischen militärischen Widerstand, daß der Herzog von Braunschweig sich nach der ergebnislosen Kanonade von Valmy (September 1792) unter Verzicht auf einen Angriff zum Rückzug entschloß. Krankheiten zermürbten sein Heer, wie eine geschlagene Truppe erreichte er wieder den deutschen Boden. Die Franzosen gingen sofort zum Gegenangriff vor. General Custine erschien am Rhein. Wenn sich die Franzosen dem Legitimismus versagt hatten, so spielte sich nun das Umgekehrte in Mainz ab. Die Stadt betrieb die Revolutionierung des linken Rheinufers, die Mainzer radikalen Klubisten ließen einen rheinischen Konvent zusammentreten, die Errichtung eines rheinischen Freistaates wurde beschlossen, es folgte aber sofort die Einverleibung der eroberten linksrheinischen Gebiete in die französische Republik. Ein schlimmer Schlag für Österreich war dann die Eroberung Belgiens durch die Franzosen – die geschlagenen Kaiserlichen räumten auch hier den größeren Teil des benachbarten linken Rheinufers. Die Verbündeten, Österreich und Preußen, zeigten sich tief enttäuscht und begannen sich zu verzanken. Preußen verlangte als Bedingung für einen weiteren Feldzug zunächst einmal Landzuwachs in Polen. Da sich Österreich spröde zeigte, gingen Preußen und Rußland allein vor – die zweite Teilung Polens fand 1793 statt, Preußen erhielt Danzig, Thron, Posen und Kalisch, Rußland sicherte sich Litauen, Podolien und Wolhynien. In Österreich war die Erbitterung groß. Baron Thugut war ein erbitterter Gegner Preußens, erfüllt von einem beinahe nationalistisch zu nennenden österreichischen Selbstgefühl. Mit Talent und unermüdlichem Eifer leitete er nun die auswärtigen Geschäfte. Die Franzosen eroberten Savoyen und Nizza, sie bedrohten Holland. Das alte Schlagwort von den natürlichen Grenzen Frankreichs tauchte wieder auf – man verlangte die Pyrenäen, die Alpen und den Rhein. Überall fanden die französischen Truppen einen herzlichen Empfang bei den unteren Volksschichten – Handwerker,

In Mainz aufgestellter »Freiheitsbaum«. Er war ein Zeichen dafür, daß nicht alle Deutschen die Errungenschaften der Französischen Revolution ablehnten

Bauern, Studenten, alles was jung, lebenshungrig und unterdrückt war, ergriff mit Begeisterung das weltliche Evangelium der menschlichen Freiheit. Abenteurer und Schwärmer stellten sich ein. Das alte Europa bebte und zitterte, das Heilige Römische Reich krachte in seinen ausgeleierten Angeln. Die Franzosen schröpften die Besitzenden nach Kräften. Der Adel, die Kirchen, die wohlhabenden Bürger mußten bluten. Die überkommene Gesellschaftsordnung löste sich von innen auf, sie konnte keinen ernsthaften militärischen Widerstand leisten. Das Reich trat jetzt formell in den Krieg gegen Frankreich ein. Nach der Hinrichtung des französischen Königs schlossen sich Spanien und Holland an. Schon wegen der Bedrohung der Kanalküste folgte Großbritannien. Immer wieder brachte die großartige Organisation des nationalen Widerstandes in Frankreich neue Truppen auf die Beine. Junge revolutionäre Führer schonten sich und ihre Leute nicht. Sie entwickelten eine neue Taktik des rücksichtslosen Massenangriffs in Schützenlinien. Ständiger Geldmangel, die Verlumpung und Verschlampung der nationalen Wirtschaft verwiesen die Revolutionsheere auf ausgiebige Requisition, ja auf Raub und Plünderung in Feindesland. Gegenüber der Wucht dieser rücksichtslos vorstoßenden Massen halfen keine örtlichen Erfolge der Verbündeten. Holland fiel, die batavische Republik wurde dort eingerichtet, das gesamte linke Rheinufer ging an Frankreich verloren. Die Koalition war uneinig, sie sah sich nach Entschädigung um. Österreich und Rußland einigten sich auf die Teilung von Restpolen, den polnischen Patrioten half kein Widerstand. Preußen wollte nicht leer ausgehen. Es war kriegsmüde. Nur für erhebliche Subsidien der Seemächte ließ es sich zur weiteren Kriegführung auf ein Jahr herbei. Gegen hunderttausend Pfund monatlich und weitere Entschädigungen für Ausrüstung und spätere Entlassung verpflichtet sich Preußen, da Krieg zu führen, wo es die Seemächte England und Holland am angemessensten finden würden; über etwaige Eroberungen sollten die Seemächte verfügen. Dieser wenig rühmliche Vertrag vermochte die preußische Kriegsbegeisterung nicht zu erhöhen. Die englischen Subsidien liefen nicht ein wie erwünscht, im Reiche selbst erwachte das Friedensbedürfnis, Versuche, eine deutsche Fürstenunion im Friedensinteresse aufzubauen, schlugen freilich fehl. Aber im Regensburger Reichstag fand ein Friedensantrag eine große Mehrheit. In Frankreich war zudem die Schreckensherrschaft gestürzt, von den Nachfolgern der Jakobiner, den Thermidorianern, durfte Entgegenkommen und Mäßigung erwartet werden. Es lag im Interesse der französischen Revolutionsgewalten, zur Erhöhung ihres Prestiges überhaupt zu einem Friedensschlusse zu kommen – während der Schritt vom Standpunkt einer gegenrevolutionären Macht bedenklich blieb. Das ausschlaggebende Motiv für Preußen war schließlich doch der Osten – Preußen handelte ganz dem inneren Sinne seiner bisherigen Geschichte gemäß, wenn es den Rhein aufgab, um sich an Polen schadlos zu halten.

So kam der Friede von Basel zustande (1795). In den öffentlichen Artikeln erkannte Preußen die Besetzung des linken Rheinufers durch Frankreich als vorübergehend bis zum künftigen Reichsfrieden an, den Preußen vermitteln wollte. In den Geheimartikeln aber gab Preußen seine eigenen linksrheinischen Besitzungen preis gegen angemessene Entschädigung im rechtsrheinischen Gebiet. Norddeutschland wurde durch eine Demarkationslinie neutralisiert, der versprochene Reichsfriede folgte aber diesem Sonderfrieden nicht. Preußen glaubte durch den Abschluß in Basel seine Territorialinteressen am besten zu wahren, es handelte als führende norddeutsche Macht, der

spätere Norddeutsche Bund kündigte sich hier schon an. Preußens Verhalten zeigte, daß antirevolutionäre und reichspatriotische Motive nichts bedeuteten im Vergleich zu seinem Staatsegoismus. Den Lohn für den Baseler Friedensschluß erntete Preußen bei der dritten Teilung Polens – es erhielt, trotz der österreichischen Versuche, Preußen diesmal auszuschließen, einen recht stattlichen Anteil: Warschau, Masovien, Bialystok und ein Stück Podlachien – rein polnisches Land, eine Million Einwohner auf neunhundert Quadratmeilen; das wurde als Neuostpreußen und Neuschlesien verwaltungsmäßig eingerichtet, die preußische Ordnung mag den meisten Einwohnern immer noch willkommener gewesen sein als die russische Despotie. Mehr als je zuvor war nun der Schwerpunkt Preußens nach dem Osten verschoben. Elf Jahre vermochte Preußen dieses Gebiet als eine Friedensinsel inmitten des europäischen Kampfgetümmels zu erhalten. Ob Preußen freilich diesen Machtbereich verteidigen konnte?
Österreich erhielt bei der dritten polnischen Teilung Westgalizien nebst der alten polnischen Krönungsstadt Krakau. Böhmen und Ungarn hatten die Wiener Machthaber mit Adelsreichen wohl vertraut gemacht, mehr als Preußen und Rußland vertrug sich das Österreichertum mit den Polen. Die deutsch-slawischen Mischlinge begrüßen im Polentum etwas Vertrautes, die Austro-Polen entwickelten sich zu einer besonders liebenswürdigen Menschenklasse.
Österreich zeigte sich zur Fortführung des Krieges gegen die Revolution fest entschlossen, es ging jetzt mit Rußland und England ein Angriffsbündnis ein. Frankreich schloß Frieden und sogar ein Bündnis mit Spanien, erleichterte also seine Lage. Mit Preußen ging die französische Regierung eine Reihe von Verträgen ein zur Sicherung der norddeutschen Neutralität, Preußen erhielt das Besatzungsrecht von Hannover zugesichert – kein Wunder, daß angesichts einer solchen Vertrautheit die Erbitterung im Reiche gegen die Norddeutschen und ihr Zusammenspiel mit den Jakobinern bedenklich stieg. Auch im inneren Österreich ging Baron Thugut scharf gegen das Jakobinertum vor. Das Kriegsglück schwankte. 1796 drangen die Franzosen siegreich in Süddeutschland vor – Baden, Württemberg, auch Sachsen schlossen mit den Franzosen Waffenstillstands- und Friedensverträge, in denen sie sich Säkularisationen als Entschädigung für linksrheinischen Besitz zusichern ließen. So folgten sie dem Beispiel des so bitter getadelten Preußen – ihre geringe Widerstandskraft und ihre auf den französischen Einfluß rechnende Begehrlichkeit zeigten sich deutlich. Neue Erfolge der österreichischen Kriegführung, vor allem die Siege des Erzherzogs Karl bei Amberg und Würzburg, veranlaßten jedoch die süddeutschen Staaten, diese Verträge mit Frankreich sofort zu widerrufen. Die große Wendung kam aber von Italien.

Napoleon Bonaparte. Rastatt

Der junge französische General Napoleon Bonaparte eroberte Ober- und Mittelitalien, er drang in die Erblande vor – Österreich mußte sich zu Verhandlungen bequemen. Auch England stand in Geheimverhandlungen mit Frankreich, der Nachfolger der großen Katharina, Zar Paul I., zeigte keine freundliche Haltung, Thugut, der

»Kriegsbaron«, wehrte sich lange gegen jede Nachgiebigkeit, aber eine militärische Aussicht, den Krieg zu gewinnen oder auch nur erträglich fortzusetzen, bestand nicht mehr. So kam es zu dem mäßigen Vorfrieden von Leoben und zum Frieden von Campo Formio (1797), der noch ungünstiger ausfiel. Der Herr der Epoche, Napoleon, zeigte jetzt zum ersten Male seine Klaue. Auch hier gab es wie in Basel einen öffentlichen und einen geheimen Vertrag. Österreich trat an Frankreich Belgien und die Ionischen Inseln ab, es erklärte sich einverstanden mit der Bildung einer zisalpinischen Republik, die alle italienischen Lande bis zur Etsch vereinigen sollte. Geheim wurde die Überlassung des linken Rheinufers außer Kurköln und Preußisch-Cleve an Frankreich zugestanden. Als Entschädigung erhielt Österreich sofort Venedig und Dalmatien nebst dem Inselbesitz der bisherigen venetianischen Republik, außerdem für linksrheinische Verluste die Anwartschaft auf Salzburg und Teile von Oberbayern. Preußen sollte möglichst von Entschädigungen ausgeschlossen werden, deshalb war Kleve ihm vorbehalten. Ein Friedenskongreß in Rastatt sollte den Reichsfrieden herbeiführen. Der Sinn dieser Friedensbestimmungen war derselbe wie beim Frieden von Basel. Der österreichische Großmachtsegoismus überwog das Reichsinteresse, auch Österreich gab die überkommene Rheinstellung im wesentlichen auf, es entschädigte sich an den Schwachen und Altmodischen, es rundete sich ab um den Kern der alten habsburgischen Hausmacht herum, indem es unhaltbar gewordene Außenposten aufgab. Zwischen der wachsenden französischen Großmacht im Westen und den beiden nach Osten verdrängten deutschen Großmächten, deren deutscher Charakter fühlbar abnahm, flutete das chaotische Reich: seine Widerstandkraft gegenüber Frankreich war aus geistigen und wirtschaftlichen Gründen genauso gering, wie seine Angst vor den beiden deutschen Großmächten aus dynastischen Gründen erheblich war. Im Reich bestand damals kein Haß gegen Frankreich. Die aufsteigenden Schichten, die deutsche Gelehrtenrepublik, sympathisierten vielmehr mit dem heldenhaften Kampfe des Franzosentums um eine neue Staatsform und um nationale Geltung. Das Französische war ja noch immer die überwiegende Umgangssprache nicht nur der deutschen Hofgesellschaft, sondern auch das Bildungsidiom des aufstrebenden Bürgers. Politisch, gesellschaftlich, sozialwirtschaftlich waren die West- und Süddeutschen bereit, von der vorgeschrittenen und schlagkräftigen Organisation des Franzosentums zu lernen. Kein Urteilskräftiger wollte deshalb das Deutschtum aufgeben – die bestehende weltbürgerliche Gesinnung war imstande, alles Wertvolle zu schätzen, woher es immer kam – die Liebe zur eigenen deutschen Kultur wurde dadurch nicht beeinträchtigt. Gewiß bestanden Abstufungen, unreife Schwärmer gaben sich völlig der Weltmission des Franzosentums hin – vorherrschend im Reich war aber eine nüchternere Stimmung. Die halb slawisch gewordenen deutschen Großmächte konnten nicht viel Liebe erwarten, sollte sich das echte Deutschtum für sie erwärmen, da es doch schnöde von diesen Großmächten im Stiche gelassen war? Wenn jeder nur an sich dachte, so war das ja auch das gute Recht der kleineren Reichsstände. Das deutsche Nationalgefühl besaß keinerlei wirksamen politischen Ansatzpunkt. Ein persönliches Moment wirkte als letzter Faktor – die Gestalt des großen Napoleon bezauberte viele Deutsche. Er wirkte als die Verkörperung der Sehnsucht nach dem großen Manne, dem Einsamen, Einzigen, dem Übermenschen. Der Sturm und Drang hatte das erlösende Genie gefunden, der deutsche Klassizismus den Vollender des Willens des Weltgeistes, die deutsche Romantik hatte gerungen um die befreiende, beglückende Persönlichkeit, den Vernichter des Herkömmlichen, des Ewig-Gestrigen, des Banausischen – also um den gottbegnadeten Schöpfer. Napoleon, der Herr der Epoche, wuchs in den Augen vieler Deutscher über das National-Französische hinaus. War er nicht der Weltbezwinger und Weltbefreier, den auch Deutschland brauchte?

Der Rastatter Friedenskongreß brachte dem Reiche nichts als bittere Enttäuschungen. Frankreich forderte einfach das linke Rheinufer. Entsprechend den Geheimverabredungen mit Frankreich gaben die beiden deutschen Großmächte Österreich und Preußen das linke Rheinufer mit Seelenruhe preis. Die dadurch geschädigten Reichsstände sollten durch Säkularisationen befriedigt werden. Geistlicher Besitz von Territorien galt als so unzeitgemäß, daß darüber keine Meinungsverschiedenheit entstand, nicht einmal bei den katholischen Fürsten. Nur Österreich widerstrebte, denn die kaiserliche Stellung hing von den geistlichen Fürsten ab. Das Reich hatte sich nicht aus eigener Kraft reformieren können. Nun ging es der völligen Umformung unter französischer Führung entgegen. England allein hatte sich nicht auf Friedensverhandlungen eingelassen. Es bemühte sich eifrig, die Unzufriedenheit Österreichs und den Ärger Rußlands über die französischen Übergriffe in Mitteleuropa zum Aufbau einer neuen Koalition zu benutzen. Die Franzosen gingen weiter im Mittelmeergebiet vor. Im Rheinland verschwand der Pufferstaat der zisrhenanischen Republik rasch, die Bevölkerung schloß sich spontan an Frankreich an. Der große Publizist Joseph Görres, ein Meister erschütternder Sprache wie keiner, begrüßte begeistert die modernen französischen Einrichtungen. Die Unterdrückten atmeten auf. Recht und Verwaltung wurden klar und vernünftig neu geprägt. Die geistliche Mißwirtschaft war vorbei. Nun bedrückten freilich manche französische Beamte das Land und suchten eigenen Vorteil.

Französische Hegemonie. Neuordnung Deutschlands

Der Ausbruch des Krieges der zweiten Koalition machte den Rastatter Friedensverhandlungen ein jähes Ende – der Abschluß war besonders häßlich, weil österreichische Husaren einen Überfall auf die abreisenden französischen Gesandten machten, wobei zwei Diplomaten erschlagen wurden (1798). Was auch immer die Beweggründe der verantwortlichen Organe gewesen sein mögen, welche Stelle schließlich den Befehl gegeben haben mag – es lag ein böser Bruch des Völkerrechtes vor, und die österreichisch-französischen Beziehungen hatten darunter lange schwer zu leiden. Dem Bündnis zwischen Großbritannien, Rußland und Österreich trat Preußen trotz aller Werbungen nicht bei. Hier herrschte seit 1797 König Friedrich Wilhelm III. – ein gutwilliger, aber schwungloser und ungeschickter Regent, den seine warmherzige, künstlerisch begabte Frau weit überragte. Die Königin Luise nahm lebhaften Anteil an der zeitgenössischen Literatur und Musik in Deutschland, während sich der Interessenkreis des Königs auf Kasernenhof und Ballett (einschließlich der Ballettratten!) be-

Königin Luise von Preußen im Reitkleid

schränkte. Politisch war von dem langweiligen und mißtrauischen Monarchen nichts Gutes zu erwarten. Starke Persönlichkeiten blieben ihm unheimlich, schnelle Entscheidungen unbequem, in der Revolution erblickte er ein fürchterliches Strafgericht für schlechte Regenten. Mancherlei Reformen begannen in Preußen, aber alles blieb auf halbem Wege liegen. Die königlichen Domänenbauern erhielten wohl die Befreiung, aber die Privatbauern durften im Interesse des grundbesitzenden Adels nicht angerührt werden. Dem energisch vordrängenden Minister Freiherrn vom Stein gelang wenigstens die Beseitigung der Binnenzölle. Zur Ergänzung des stehenden Heeres erfolgte die Errichtung einer Nationalmiliz – eine Verbindung von beiden, also eine Modernisierung der Armee auf volkstümlicher Grundlage, galt als viel zu gefährlich. Es geschah allerhand auch im Erziehungswesen, aber ein zaghafter und kleinlicher Geist waltete vor. Preußen schloß sich ab von dem großen Zeitgeschehen, es versuchte auf seiner künstlichen Neutralitätsinsel sich einzukapseln, so lange es gehen mochte.

Der neue Krieg verlief zunächst günstig für die Verbündeten. Der kommende Mann in Frankreich, General Bonaparte, war in Ägypten. Erzherzog Karl und der russische General Suworow ernteten Triumphe, die neugebackenen Freistaaten in Italien brachen zusammen, ein englisch-russisches Expeditionskorps erschien in Holland. Die süddeutschen Staaten schlossen Subsidienverträge mit England. Aber die Rückschläge kamen schnell – die Unternehmung in Holland scheiterte jammervoll, die Schweiz konnte nicht gehalten werden. Zerwürfnisse zwischen der österreichischen und russischen Führung veranlaßten die Wiener Regierung, ihre Truppen nach der Heimat zurückzuberufen. Napoleon Bonaparte kehrte inzwischen vom Orient zurück, übernahm den Oberbefehl auf dem ihm wohlvertrauten italienischen Kriegsschauplatz und schlug die Österreicher vernichtend bei Marengo. Friedensverhandlungen begannen, verliefen aber zunächst ergebnislos – bis ein neuer französischer Sieg bei Hohenlinden die Hofburg mürbe machte; der jugendliche Erzherzog Johann wurde vom französischen General Moreau geschlagen. Der 1801 abgeschlossene Friede von Lunéville stellt eine verschlechterte Wiederholung des Friedens von Campo Formio dar – es war ein österreichischer Sonderfriede, dem sich das Reich notwendig anschließen mußte. Politisch bedeutete der Friedensschluß die Unfähigkeit der altmodisch organisierten Kaiserstaaten Österreich und Rußland, gegen die technische Überlegenheit des modernen Frankreich aufzukommen – selbst nicht mit Hilfe Englands. Der außenpolitische Triumph der Revolution über das alte Europa war vollkommen.
Österreich gab jetzt Italien preis bis zur Etsch – der Großherzog von Toskana sollte Salzburg erhalten, der Herzog von Modena den Breisgau. Also auch Vorderösterreich, die letzte rheinische Stellung des Hauses Habsburg-Lothringen, fiel. Sämtliche rechtsrheinischen Festungen sollten geschleift werden – damit stand auch militärisch der Weg nach Deutschland den Franzosen offen. Die ganzen Entschädigungsfragen sollten entsprechend den Grundsätzen des Rastatter Kongresses gelöst werden, also mittels Säkularisationen und unter tätiger Mitwirkung Frankreichs.
Frankreich, geführt von seinem ersten Konsul Bonaparte, übte jetzt die unbestrittene Hegemonie auf dem europäischen Kontinent aus. Napoleon knüpfte mit dem Zaren Paul von Rußland erfolgreiche Verbindung an, die Engländer hatten durch die Besetzung Maltas die Gefühle des russischen Herrschers schwer verletzt. Zar Paul schloß mit den skandinavischen Staaten einen Bund zur Wahrung ihrer Neutralität zur See – er richtete sich gegen den englischen Handelskrieg. Preußen trat bei und ließ auf Drängen Frankreichs und Rußlands Truppen in Kurhannover einrücken. Aber die Ermordung des Zaren Paul und Nelsons Sieg im Sunde über die dänische Flotte brachten eine Wendung hervor. Frankreich und England eröffneten Friedensverhandlungen, die in Amiens zum Abschluß kamen (1802). Der Erste Konsul und der neue russische Zar Alexander I. schlossen Frieden und ein Abkommen dahingehend, daß die Neuordnung Deutschlands von beiden Mächten gemeinsam beaufsichtigt werden sollte. Die Teilung Europas zwischen Napoleon und Alexander, die später stattfand, kündigte sich hier an. Der russisch-französische Einwurf wurde maßgebend für die Länderverteilung, die verantwortliche Reichsdeputation hatte sich nach diesen Grundsätzen zu richten. Die Eifersucht der beiden deutschen Großmächte erleichterte das russisch-französische Spiel. Der maßgebende Gesichtspunkt für die beiden Flankenmächte war, die beiden eingezwängten deutschen Großmächte nicht zu stark, die aufstreben-

den sogenannten deutschen Mittelstaaten aber möglichst kräftig werden zu lassen – dies schien der sicherste Weg, eine Erstarkung Gesamtdeutschlands, eine deutsche politische Einheit zu verhindern. Frankreich erreichte sein Ziel durch den Abschluß von Sonderverträgen mit Preußen, Bayern und Württemberg. Österreich mußte sich zuletzt widerstrebend fügen. Der Kaiser von Rußland förderte besonders seine fürstlichen Verwandten, wie die Oldenburger. Das zusammenfassende und abschließende staatsrechtliche Instrument der Reichsdeputation führt den selbst im Deutschen als ein Wortungetüm wirkenden Namen: »Reichsdeputationshauptschluß«. Er ist datiert vom 25. Februar 1803.

Die deutsche Länderkarte erfuhr eine völlige Umgestaltung. 112 Reichsstände verschwanden, ungefähr drei Millionen Menschen wechselten ihre Staatszugehörigkeit. Alle geistlichen Fürsten verfielen der Aufsaugung, ausgenommen der Kurfürst von Mainz, der nach Regensburg verpflanzt wurde, und der Hoch- und Deutschmeister. Auch die Güter der gar nicht reichsständischen, sondern landsässigen Abteien und Stifter kamen an die Landesherren, es ging in einem Aufwasch. Viele der kleineren reichsunmittelbaren Fürsten und Grafen wurden mediatisiert, das heißt in die Mittelbarkeit übergeführt, sie waren jetzt Untertanen der Landesherren, ihr Besitz verlor den öffentlich-rechtlichen Charakter. Von der Reichsritterschaft war überhaupt nicht die Rede. Das bedeutete aber nicht, daß man sie schonen wollte. Sie war nicht im Reichstag vertreten und sah sich deshalb ohne Federlesens den Landesfürsten preisgegeben. Ein kaiserlicher Versuch, die Ritterschaft zu retten, schlug fehl. Von den Reichsstädten blieben bloß sechs erhalten. Nur die wichtigsten Veränderungen mögen erwähnt werden. Preußen erhielt die Bistümer Hildesheim und Paderborn, Münster mit dem östlichen Teil des Bistums, die Stadt Erfurt und das Eichsfeld.

Osnabrück fiel an Kurhannover. Bayern erhielt die Bistümer Würzburg, Bamberg, Augsburg und Freising. Württemberg bekam die Propstei Ellwangen und die schönsten schwäbischen Reichsstädte. Baden schnitt besonders gut ab, es übernahm das Achtfache seiner Einbuße. Gleichfalls gut bedacht war Hessen-Darmstadt, während Hessen-Kassel weniger zufrieden war. Die beiden Nassauer Linien erhielten wertvolle kurmainzische und kurtrierische Gebiete. Eine Gruppe von kleinen Dynasten entrann der Mediatisierung – die Art, wie sie und die größeren die französische Gunst umbuhlten, war ekelerregend. Der Kur-Erzkanzler und Primas von Germanien, den die römische Kurie freilich nicht als solchen anerkannte, war der einzige geistliche Fürst des alten Reiches, der den Sturm überlebte – es war Dalberg, der seinen Sitz in Regensburg erhielt. Fünf neue Kurfürstentümer entstanden. Nun überwog die Zahl der protestantischen Kurstimmen die der katholischen, überhaupt gab es jetzt wesentlich mehr protestantische Reichsstände als katholische. Kaiser Franz II. legte dagegen sein Veto ein, aber eine Entscheidung fand nicht mehr statt. Wäre es noch einmal zu einer Kaiserwahl gekommen, hätte das Haus Habsburg-Lothringen keine Aussicht mehr gehabt. Wahrscheinlich wäre ein Welfe an die Reihe gekommen. Dies war ein Grund mehr dafür, daß Österreich diesem neugeordneten Reiche mit kalter Gleichgültigkeit gegenüberstand. Die territoriale Neuordnung hätte schon lange kommen sollen. So wie sie aber nun ausschaute, belastete sie die Zukunft Deutschlands, statt sie zu fördern. Am meisten litten Schaden die Träger des alten guten Reichspatriotismus. Die Hauptgewinner in West- und Süddeutschland entwickelten dafür einen eitlen Landespatriotismus in

Nachäffung der deutschen Großmächte. Diese zu Mittelstaaten angeschwollenen Liliputaner dankten ihren Aufschwung dem Auslande, und so konnten sie nichts Peinliches dabei finden, auch weiter mit dem Auslande verbunden zu bleiben. Die wärmsten Anhänger der Franzosen waren von jeher die rheinischen Kurfürsten gewesen. Nun besaß Frankreich das linke Rheinufer und damit ein großes Stück alten Kurlandes. Die Erben des rechtsrheinischen Kurbesitzes wurden die neuen Freunde von Frankreich – der zweite Rheinbund warf seine Schatten voraus.

Französisches und österreichisches Kaisertum

Der Friede zwischen England und Frankreich hatte keinen langen Bestand. Schon 1803 kam es wieder zum Abbruch der diplomatischen Beziehungen, Feindseligkeiten begannen von neuem. Die Rückwirkung auf Mitteleuropa setzte sofort ein. Die Franzosen besetzten jetzt ihrerseits Kurhannover und verletzten damit die so lange von Preußen aufrechterhaltene norddeutsche Neutralität. Preußen hätte den Franzosen zuvorkommen sollen, es war dazu berechtigt und in der Lage, aber es brachte nicht den Mut dazu auf. Es gab eine franzosenfreundliche Partei am preußischen Hof, sie riet, die mehrfachen Bündnisvorschläge des Ersten Konsuls Bonaparte anzunehmen. Ein Zusammengehen mit Frankreich hätte den Überlieferungen König Friedrichs des Großen und schon des Großen Kurfürsten entsprochen. Aber auch dazu konnte man sich nicht entschließen. Es kam am Ende ein Verteidigungsabkommen mit Rußland zustande, ein gemeinsames Vorgehen beider Länder gegen Frankreich im Falle weiterer Übergriffe in Norddeutschland war vorgesehen. An französischen Willkürakten und Rechtsbrüchen fehlte es nun nicht – am bösesten war die Festnahme des jungen, ganz unpolitischen und nicht zur Thronfolge berufenen französischen Bourbonenprinzen, des Herzogs von Enghien, auf badischem Boden und seine Erschießung durch die Franzosen. Schweden legte scharfe Verwahrung auf dem Regensburger Reichstage ein, der Kaiser von Rußland forderte Genugtuung als Garant der Reichsverfassung, Kurhannover schloß sich naturgemäß an, aber Baden bat dringend, die Sache auf sich beruhen zu lassen – es hing zu sehr von der französischen Gunst ab. Als Napoleon den Titel eines Kaisers der Franzosen annahm, beeilten sich die deutschen Fürsten, ihre warmen Glückwünsche darzubringen. Die Errichtung eines österreichischen Kaisertums war die Antwort, die Wien darauf gab; der habsburg-lothringische Dynastiestaat, der zum großen Teil aus Reichslehen bestand, schloß sich also eigenmächtig zusammen unter offenem Bruch des Reichsstaatsrechts, er betonte seinen undeutschen und außerdeutschen Großmachtcharakter, er nahm Abschied vom Reich, dessen Zukunft zu ungewiß schien. Was auch immer weiter geschah, Franz II. hatte sich seine kaiserliche Würde gesichert, trotz des offenbaren Widerspruches, der zwischen einer römischen und einer österreichischen Kaiserkrone bestand, die sich für kurze Zeit auf seinem Haupte vereinigten. Napoleon hatte vorher diesem österreichischen Kaisertitel zugestimmt, er regte auch bei Preußen die Annahme der kaiserlichen

Würde an, was einen guten politischen Sinn hatte, aber in Berlin keinen Beifall fand, trotz lebhafter Befürwortung in der öffentlichen Meinung.
England stand ganz allein im Kampfe gegen Napoleon, es brauchte Bundesgenossen. Der französische Kaiser bereitete die Landung auf britischem Boden vor – ein Grund mehr für das Ministerium Pitt, eine neue Koalition auf dem Kontinent aufzubauen. Kaiser Alexander brach nach der Erschießung Enghiens die Beziehungen zu Frankreich ab, er erkannte das Kaisertum Napoleons nicht an. Im April 1805 kam es zur Unterzeichnung der englisch-russischen Offensivallianz: Rußland sollte die Räumung Norddeutschlands, Hollands, der Schweiz und Italiens verlangen; im Falle der französischen Weigerung sollte der gemeinsame Krieg beginnen; das Ziel des jüngeren Pitt war die Vergrößerung aller französischen Nachbarn an der Rheingrenze und in Italien und der Schutz der Rheingrenze durch ein starkes Preußen – eine alle Staaten umfassende Liga sollte dafür kämpfen. Dieses englische Kriegsziel beherrschte die Politik der nächsten Jahre, es formte die Beschlüsse des Wiener Kongresses. Österreich zögerte lange mit seinem Beitritt, Heeres- und Finanzverhältnisse schienen nicht ermutigend. Das rücksichtslose Vorgehen Napoleons in Italien, seine Krönung zum König von Italien mit der eisernen Krone der Lombarden, ganz im Stile mittelalterlichen Kaisertums, wirkte als so starke Herausforderung, daß die Kriegspartei Oberwasser bekam. Österreich schloß sich der englisch-russischen Koalition an. Von beiden Seiten sah sich wiederum Preußen umworben. Rußland drohte und verlangte das Durchmarschrecht, Preußen mobilisierte. Frankreich bot ein Schutz- und Trutzbündnis an – der Preis war Hannover! Preußen lehnte ab. Nun verletzten die Franzosen die Neutralität Preußens durch Betretung des ansbachischen Gebietes, die Stimmung wandte sich scharf gegen Frankreich, Rußland erhielt das Durchmarschrecht, der Zar erschien in Berlin. Preußen und Rußland schlossen einen Vertrag über Preußens bewaffnete Vermittlung, aber Preußen hatte nicht den Mut, nach dem Vertrage zu handeln.
Napoleon gab plötzlich die lang vorbereitete Landung in England auf, er verließ das Lager von Boulogne, stürzte sich auf die Österreicher in Süddeutschland, erzwang die Kapitulation der Festung Ulm und nahm Wien. Bei Austerlitz (Dez. 1805) besiegte er die vereinigten Österreicher und Russen. Preußens Stellung war nun sehr ungeschickt – sein Unterhändler Graf Haugwitz schloß einen preußisch-französischen Bündnisvertrag ab, in dem sich Preußen verpflichtete, die bevorstehenden Gebietsverluste Österreichs anzuerkennen, und selber Hannover als Entschädigung annahm für seine fränkischen Besitzungen, für Cleve und Neuenburg. Dieser Vertrag wirkte selbst in einer so abgebrühten Zeit als ein Skandal – in der schwersten Not verriet der vertrauteste Partner die Koalition! Die Erbitterung gegen das infame preußische Doppelspiel war tief. Kaiser Alexander zog mit seinen Russen ab, Kaiser Franz wehrte sich zähe gegen Napoleons harte Friedensbedingungen. Es blieb aber nichts übrig als ein Sonderabschluß mit Frankreich (Friede von Preßburg 1805). Österreich trat Venetien, Istrien und Dalmatien an Italien ab und erkannte die gesamten Regelungen Napoleons in Italien an; es verzichtete ferner auf die gerade erworbenen Bistümer Brixen und Trient, es trat Tirol und Vorarlberg an Bayern ab, die vorderösterreichischen Lande kamen an Württemberg und Baden; Salzburg und Berchtesgaden selbst stellten die einzige Entschädigung für den Kaiserstaat dar, der diesmal auch noch vierzig Millionen Franken Kriegsentschädigung zahlen mußte. Der völlige Verlust der überlieferten

Machtstellung in Italien, die Verdrängung vom Rhein und aus Süddeutschland, die fast völlige Abkapselung von der See waren Verluste für das Haus Österreich, die um so schwerer wogen, als nun das von jeher eifersüchtige Bayern sich angeschwollen neben den Kaiserstaat stellen durfte. Auch Baden und Württemberg erhielten ihren versprochenen Lohn aus der österreichischen Beute, die Erhebung von Bayern und Württemberg zu Königreichen mußte gleichfalls von Kaiser Franz anerkannt werden.

Der zweite Rheinbund

Das Reich befand sich nun in völliger Auflösung – die erste deutsche Großmacht war gedemütigt, die zweite, Preußen, durch den Schönbrunner Vertrag gefesselt, die süddeutschen Bundesgenossen erhielten vom französischen Kaiser auch noch die Ermunterung, sich des reichsritterschaftlichen Landgebietes zu bemächtigen – das neugeschaffene Großherzogtum Berg am Niederrhein erhielt der Schwager des Kaisers, General Joachim Murat; verwandtschaftliche Bande mit der Familie Napoleons fesselten die süddeutschen Vasallen noch mehr an das französische Interesse, der Fürstprimas Dalberg ernannte gar den Oheim Napoleons zu seinem Koadjutor – was hatte dieser korsisch-französische Kirchenfürst, dieser Kardinal Fesch, der kein Wort Deutsch konnte, im Reiche zu suchen? Napoleon konnte nun daran gehen, das dritte Deutschland auf seine Weise in Ordnung zu bringen – diesen Rest des Reiches, der zwischen den deutsch-slawischen Großmächten und dem Rhein noch bestand. Die Verhandlungen über die Rheinbundakte zogen sich hin, weil die Satrapenstaaten, Bayern an der Spitze, so stolz auf ihre neubescherte volle Souveränität waren, daß sie jeder Einschränkung widerstrebten. Eine ganze Reihe von neuen Mediatisierungen fand statt. Frankfurt wurde nun die Residenz des Fürstprimas des Rheinbundes, bald die Hauptstadt eines neuen Großherzogtums. Zunächst hatte die französische Politik eine allgemein europäische Bundesakte vorgesehen, Fürstprimas Dalberg träumte von einer Erneuerung des Reiches Karls des Großen als Staatenbund. Napoleon entschloß sich aber zu der schneller durchführbaren Form einer Rheinbundakte, der zunächst sechzehn Mitglieder angehörten. Jeder Mitgliedsstaat behielt satzungsgemäß die volle Souveränität. Die teilnehmenden Fürsten sagten sich durch den Beitritt vom Reiche los und erkannten das Protektorat des Kaisers der Franzosen über ihre Konföderation an, die mit Frankreich ein militärisches Dauerbündnis einging. Der Rheinbund (1806), geschichtlich der Nachkomme so vieler deutscher Fürstenbündnisse, hat es nie zu der geplanten Bundessatzung und Bundesversammlung gebracht. Wenn gar manche der älteren fürstlichen Genossenschaftsbildungen ehrlich den Reichsgedanken hatten schützen und entwickeln wollen, so gab der Rheinbund bewußt dem alten Heiligen Römischen Reiche den Todesstoß. Frankreich bemächtigte sich der Mitteleuropa-Ideen. Kaiser Franz II. sah wohl ein, daß nun nichts mehr übrigblieb, als der römischen Kaiserkrone zu entsagen. Sein Versuch, durch den Verzicht noch etwas für Österreich herauszuhandeln, schlug fehl. Napoleon erklärte, daß er den Reichskörper nicht mehr anerkennen könnte, und forderte unter Kriegsdrohungen den Kaiser zur Niederlegung der römischen Krone auf. Wien hatte sich zu fügen. Kaiser Franz erklärte das römische Kaisertum für beendigt und entband alle Reichsstände von ihren Verpflichtungen (1806). Rechtlich war der Kaiser zweifellos außerstande, von sich aus »das reichsoberhauptliche Amt« für »erloschen« zu erklären und den Tod des Reiches als Staatskörper zu verkündigen. Aber was hatten Rechtsfragen noch zu bedeuten? Die politischen Machtinteressen der Reichsstände hatten die Rechtsgrundlage des Reiches zerstört – seit dem Sieg König Friedrichs des Großen über die Reichsidee war der Zusammenbruch unaufhaltsam: die Gründung des Kaiserreiches Österreich, das Bündnis der Süddeutschen mit Napoleon, ihre Rangerhöhung, ihre Gebietsvermehrungen und ihr Sonderbündnis unter französischem Protektorat waren die weiteren Etappen des Auflösungsprozesses.

Dieses Reich war ein Staat ohne Grenzsteine gewesen, ein Gebilde mit zwei Spitzen, dem Kaiser und dem Reichstag, die durch Gesandte miteinander verkehrten, es fehlten ihm die wichtigsten Beamten, seine Heeresorganisation war unvollkommen, es war kein einheitlicher Wirtschaftskörper, er besaß kein eigenes Münz-, Maß- und Gewichtssystem, bloß eine Reichspost gab es, aber sie arbeitete nur für die Kleinstaaterei. Das Reich war im Feudalismus erstickt. In allem war es das Gegenteil des stolz aufsteigenden napoleonischen Kaiserreiches. Und doch gab es viele Deutsche, die den Untergang des Reiches tief beklagten: etwas Ehrwürdig-Christliches hatte sich aufgelöst, das alte Europa mit seinem genossenschaftlichen Freiheitsgefühl ging zugrunde, ohne Ruhm, unheroisch, sogar verspottet von der technisch-organisatorischen Überlegenheit der revolutionären Demokratie. Die Rheinbundstaaten blühten auf den Trümmern des alten Reiches – aber gerade in Bayern erschien die Schrift »Deutschland in seiner tiefsten Erniedrigung«, und ein Sohn der Reichsstadt Nürnberg, der Buchhändler Palm, wurde von den Franzosen kriegsrechtlich erschossen, weil er dieses verbotene Erzeugnis verbreitet hatte und den Verfasser nicht nennen wollte. Der alte Reichspatriotismus lebte fort im Winkel, bei den Mediatisierten und Säkularisierten, bei den Reichsstädtern und auf dem Lande, wo es noch Stifte, Burgen und Kneipen gab, die den zweiköpfigen Adler trugen. Zunächst herrschte der eiserne Zwingherr der Zeit, Napoleon; er verlangte viele Steuern und immer mehr Soldaten, die gutgeschulte Beamtenschaft der Rheinbundstaaten beeiferte sich, das Gewünschte zu liefern. Wann würde sich die Begeisterung für den großen Mann abkühlen? Sollte nicht der Tag kommen, an dem der Reichsgedanke wiederaufgegriffen würde von einem neuen gesamtdeutschen Patriotismus?

Preußens Zusammenbruch

Die preußische Regierung ratifizierte den Schönbrunner Vertrag nicht, aber schloß in Paris im Februar 1806 ein noch viel drückenderes Bündnis mit Frankreich – außer der Besetzung Kurhannovers sperrte Preußen nun auch die Nordseehäfen und Lübeck gegen England. England hatte ein verlockendes Angebot gemacht – Subsidien und Landerwerb, auf Hannover freilich wollte die britische Regierung nicht verzichten. Nun erklärte England an Preußen den Krieg. Einflußreiche Kreise am Berliner Hofe arbeiteten leidenschaftlich gegen das Bündnis mit Frankreich – die Offizierspartei unter Prinz Louis Ferdinand verlangte den Krieg gegen Napoleon. Hinter dem Rücken des für das französische Bündnis verantwortlichen Ministers Grafen Haugwitz kam es zu Anknüpfungen mit Rußland, Hardenberg bemühte sich besonders in dieser Richtung. Das Ergebnis war eine geheime Deklaration, durch die sich Preußen verpflichtete, den Franzosen gegen Rußland keine Hilfe zu leisten; dafür erhielt Preußen eine Besitzgarantie des russischen Kaisers. Steigende Übergriffe Frankreichs gaben Preußen genug Anlaß zur Verstimmung. Preußens Norddeutscher Bund, den Frankreich selbst angeregt hatte als eine Art Ausgleich für den Rheinbund und das Kaisertum Österreich, stieß auf Schwierigkeiten – Frankreich arbeitete heimlich gegen die Gründung. Die willkürliche Verteilung deutscher Länder am Niederrhein verletzte preußische Interessen. Bei Verhandlungen mit England erwähnte Napoleon schließlich auch Hannover, er dachte freilich an eine andere Entschädigung für Preußen. Die schlecht unterrichtete und immer schwankende preußische Regierung richtete aber an Frankreich ein Ultimatum, es erging gerade, als Friedensverhandlungen zwischen Frankreich und Rußland scheiterten. Napoleon erblickte darin einen Entschluß zum gemeinsamen Angriff beider Mächte auf Frankreich, er traf Abwehrmaßnahmen und beantwortete das Ultimatum überhaupt nicht. Der Krieg war da. Außer Rußland hatte Preußen nur einige kleinere deutsche Fürsten als Verbündete. Der Feldzug brachte binnen wenigen Wochen einen völligen Zusammenbruch Preußens – auf die Niederlage bei Jena und Auerstedt folgten die beschämenden Kapitulationen der wichtigsten Festungen, nur wenige Plätze wagten tapferen Widerstand. Napoleon besetzte den größten Teil der preußischen Monarchie, er zog in Berlin ein. Die Katastrophe des alten Militärstaates war ohne Beispiel. Verhandlungen wegen eines Waffenstillstandes scheiterten, dagegen gelang es Napoleon, Sachsen und die Thüringer Fürsten gegen billige Bedingungen zum Eintritt in den Rheinbund zu gewinnen. Kursachsen wurde Königreich, es bewährte sich weiterhin als einer der treuesten Verbündeten des französischen Kaisers. Von Berlin aus hatte Napoleon die Kontinentalsperre gegen England verfügt – Preußen schloß jetzt mit England unter Verzicht auf Hannover Frieden und einen Subsidientraktat, mit Schweden eine Militärkonvention, mit Rußland ein Schutz- und Trutzbündnis. Österreich verharrte aber bei seiner Neutralität. Hardenberg, der leitende Geist dieser Widerstandspolitik, setzte sich jetzt auch für den englischen Gedanken einer gesamteuropäischen Liga zur Befreiung Deutschlands und Italiens ein. Es gelang nicht, den immer zögernden und schwunglosen König Friedrich Wilhelm zur Preisgabe der veralteten Kabinettsregierung zu veranlassen und eine verantwortliche Ministerialkonferenz an ihre Stelle zu setzen – aber neue Männer erhielten doch

Einfluß, der bedeutendste freilich von allen Reformern, Freiherr vom Stein, reizte den König durch sein stürmisches Temperament dermaßen, daß er seine Entlassung in der ungnädigsten Form erhielt. Die Königin Luise half den Reformfreunden, wo sie konnte, aber ihre Wirkungsmöglichkeiten waren doch nur beschränkt. Der Krieg in Ostpreußen ließ sich zunächst günstig an, die Schlacht bei Preußisch-Eylau blieb unentschieden, aber im Sommer 1807 folgte die vernichtende Niederlage der Russen bei Friedland. Zar Alexander verlor jetzt die Geduld, Napoleon wußte ihn geschickt zu behandeln, Preußen spielte eine jammervolle Rolle bei den Waffenstillstands- und Friedensverhandlungen von Tilsit (1807). Für Napoleon war das wichtigste der Kampf mit England. Er gewann den russischen Zaren zu dem geheimen Tilsiter Bündnis – Alexander verpflichtete sich zum Bruch mit England, falls diese Macht eine russische Friedensvermittlung ablehnen sollte. Opfer hatte der russische Zar nicht zu bringen, er nahm sogar aus der preußischen Beute den Kreis Bialystok an. Preußen behielt lediglich Brandenburg, Pommern, Ost- und Westpreußen ohne Danzig sowie Schlesien. Danzig erhielt wieder die Stellung einer freien Stadt, wie in der polnischen Zeit, aber diesmal mit französischer Besatzung; aus Südpreußen (Posen) und Neuostpreußen wurde das Herzogtum Warschau gebildet und in Personalunion mit dem neuen Königreiche Sachsen vereint. Westlich der Elbe errichtete Napoleon aus preußischen, braunschweigischen und kurhessischen Landesteilen das Königreich Westfalen, es wurde ebenso wie die Herzogtümer Mecklenburg und Oldenburg Mitglied des Rheinbundes. Alle diese Staaten, ebenso Preußen, mußten jede Verbindung mit England abbrechen und in den Krieg gegen England ab 1. Dezember 1807 eintreten. Besonders ungünstig für Preußen war die Königsberger Zusatzkonvention – die Höhe der zu zahlenden Kontributionen und Kriegsentschädigungen war nicht festgelegt, die Franzosen konnten also ihre Besetzung preußischer Gebiete uneingeschränkt ausdehnen und die Forderungen an Preußen beliebig steigern.

Der Friede von Tilsit beraubte Preußen seiner europäischen Großmachtstellung – am wenigsten bedauerlich war der Verlust der rein polnischen Gebiete aus der dritten Teilung, denn sie zeigten Unzuverlässigkeit und stellten verwaltungstechnisch eine Last dar, die nicht leicht bewältigt werden konnte. Die rheinischen und westfälischen Lande aber, ja sogar die Altmark dem preußischen Staate zu nehmen, hieß ihn aus dem eigentlichen Deutschland herausdrängen und zu einem kolonialdeutschen osteuropäischen Mittelstaate erniedrigen. Preußens alter Wettbewerber Kursachsen baute sich nun von Napoleons Gnaden breit neben Berlin auf; Preußens russische Freundschaft war zerstört, Österreich stand verstimmt abseits und war selbst geschwächt, mit England lag Preußen zum zweiten Male, diesmal gezwungen, im Kriege. Die Lage schien hoffnungslos. Längst hatte Frankreich nun über seine natürlichen Grenzen hinausgegriffen, der Rheinbund wuchs sich aus zu einem mitteleuropäischen Machtzentrum unter französischer Führung. Der Kampf gegen England veranlaßte Napoleon, den ganzen Kontinent zu einem einheitlich geleiteten Bereich zusammenzuzwingen. Auch Rußland trat der Kontinentalsperre bei – die Pyrenäenhalbinsel wurde zuletzt in das System einbezogen. Gerade hier aber begann die Gegenbewegung. Deutschland und Italien hatten sich dem französischen Kaiser beugen müssen, ihre Völker waren zersplittert und durch ihre Regierungen belastet, in Spanien aber erhob sich der erste Volksaufstand gegen den Welteroberer. Der Krieg in Spanien, der jetzt einsetzte, hörte nicht auf bis zum Ende des napoleonischen Regiments.

Die Rheinbundstaaten empfanden keinerlei Bedürfnis nach Änderung von Verhältnissen, die wenigstens für die herrschenden und an die Reihe gekommenen Schichten recht vorteilhaft waren. Anders lagen die Dinge in Österreich und Preußen. In Preußen wirkten Stein und die Führer der Heeresreform unausgesetzt für eine Erhebung und Befreiung. Ein kompromittierender Brief Steins, der nicht ohne Zutun seiner innenpolitischen Gegner den Franzosen in die Hände fiel, gab Napoleon den Anlaß, die sofortige Entlassung dieses seines gefährlichsten Feindes zu verlangen. Von Madrid aus erließ er ein Achtdekret gegen den Freiherrn (1808). Preußen mußte sich im Zusammenhange mit diesen Vorgängen neuen Demütigungen unterwerfen. Nach langem Hinundherfeilschen fand endlich die Festsetzung der preußischen Leistungen auf die immer noch bedeutende Summe von 120 Millionen Franken statt; Frankreich behielt sich die Benutzung von militärischen Etappenstraßen durch preußisches Gebiet vor; an Truppen durfte Preußen nicht mehr als 42000 Mann unter Waffen halten.

Deutschlands Unterdrückung

Napoleon traf seinen Verbündeten, den russischen Zaren, von neuem in Erfurt – der Kongreß dort, der mit rauschenden Festen verbunden war, stellt den Höhepunkt, aber auch die Schicksalswende der napoleonischen Laufbahn dar (1808). Der Imperator des Westens warb um den Imperator des Ostens. Mitteleuropa schien völlig bezwungen – Österreich freilich war noch frei von Rüstungsbeschränkungen, wie sie Preußen auferlegt waren. Schritte in dieser Richtung gegen Österreich zu tun, lehnte freilich Zar Alexander ab. Sein Hauptinteresse war der Orient und Balkan. Er verlangte die Donaufürstentümer und das mit Schweden verbundene Finnland. Napoleon dachte zuerst an Gegenleistungen, er wollte Schlesien besetzen, wenn Rußland in die Moldau und Walachei einrückte. Schließlich bewilligte er aber die russischen Forderungen ohne eine andere Gegenleistung als Hilfe gegen Österreich, falls es zum Kriege gegen Frankreich schreiten sollte. Die russischen Balkanpläne mußten ja Österreich schwer reizen, sie trieben auch die Türkei den Engländern in die Arme. Trotzdem fühlte Napoleon sich jetzt stark genug in der Rückendeckung, um den spanischen Feldzug mit vollem Einsatz zu führen.

In Erfurt spielte der Bühnengewaltige Talma vor einem Parterre von Königen französische Schauspiele; Kaiser Napoleon empfing Goethe und lud ihn ein, nach Paris überzusiedeln. In dieser Begegnung gipfelte die Beziehung Deutschlands zur großen Französischen Revolution. Frankreich hatte sich angeschickt, die Menschheit zu beglükken und zu befreien. Die Wohlfahrt der aufstrebenden unteren Schichten sollte gesichert werden in einem neuen Regimente, das auf der staatsbürgerlichen Gleichheit, der brüderlichen Hilfsbereitschaft und der Freiheit des Gewissens, der Gesinnung und der Meinung aufgebaut war. Die große Revolution hatte auch in Deutschland viel Gutes getan – sie hatte das Feudal- und Privilegienwesen zerstört, veraltete Herrschaftsformen vernichtet, das Bedürfnis nach geistiger Unabhängigkeit und wirtschaftlicher

Entfaltungsmöglichkeit gefördert. Sie hatte vielen deutschen Bestrebungen geholfen, die sich nicht aus eigener Kraft durchsetzen konnten. Insofern ist die Französische Revolution ein notwendiges und schöpferisches Stück deutscher Geschichte. Auf der anderen Seite aber steht schwere Belastung. Die Revolution hatte in Frankreich in der Errichtung einer modernen Despotie gegipfelt, deren Taten auf dem Gebiete der Rechtsordnung und Verwaltung die nachahmende Bewunderung von Europa fanden, die jedoch die herkömmliche Außenpolitik des französischen Königtums fortsetzte – mit Mitteln der militärischen Organisation, Waffentechnik und Führergenialität, die durch Jahre den überwältigenden Erfolg sicherten, aber unter den Opfern dieser Siege doch einen immer zäheren und erbitterten Widerstand hervorrufen mußten. Es gab ein geistiges, gebildetes, kulturbewußtes, schöpferisch vertieftes, verfeinertes, bereichertes Deutschtum. Es gab aber keinen deutschen Staat, kein deutsches Reich, das dieser mächtigen Leistung irgendwie entsprochen hätte. Statt dessen gab es ein Bündel von Dynastiestaaten unter französischem Protektorat, es gab die Reste der beiden deutschen Großmächte, die nur ein verzweifeltes Dasein der Bedrückung zu führen vermochten. Staatsbürgerliche Gleichheit entstand und entwickelte sich auch in Deutschland, der Kampf um die innerstaatliche Rechtssphäre schritt erfolgreich fort. Politische Freiheit gab es aber kaum, von den äußerlichen Formalien abgesehen. Im Gegenteil – die französische Despotie fand auch in dieser Beziehung eifrige Nachahmung, es wurde gern und rücksichtslos regiert, die Masse der Untertanen befand sich in Bewegung, sie wurde erfaßt und registriert, sie wurde belehrt und diszipliniert – vor allem aber tüchtig einexerziert. Die Französische Revolution hatte den Deutschen so wenig wie irgendeinem anderen europäischen Volke den Frieden gebracht. Sie hatte eine Kriegsepoche heraufbeschworen, die an Leidenschaft, an Blutverlust, an Zerstörung von Glück und Behagen, an Ehrgeiz und Ruhmsucht ohne Vorgang in Europa war. Die ausgebeuteten, geschlachteten, unterdrückten Völker bekamen dieses Treiben am Ende satt.

XIV. Der Freiheitskampf gegen Napoleon

Napoleons Weltkaisertum – Österreichs Erwachen und Niederlage – Die Kontinentalsperre – Die preußische Reform – Freiherr vom Stein – Hardenberg und seine Gegner – Die geheime Aufrüstung Preußens – Anfänge der völkischen Bewegung – Napoleons Krieg gegen Rußland – Wesen der britischen antinapoleonischen Politik – Die Erhebung Preußens – Österreichs Zögern – Haltung der Rheinbündler – Napoleons Kampf um sein Reich – Waterloo – Die Friedensschlüsse – Der Wiener Kongreß – Der Deutsche Bund – Napoleon ist zugrunde gegangen: erstens an der Unmöglichkeit, die Peripheriemächte in Europa – Spanien, Rußland, Großbritannien – seinem neuen Universalismus einzufügen; zweitens an der Erschöpfung Frankreichs, die durch keine Rekrutierung und Plünderung der europäischen Satrapen wettgemacht werden konnte; drittens an dem Ausbruch eines tiefen, seelisch gebundenen, leidenschaftlich bewegten Patriotismus, in dem sich die alte örtlich verwurzelte Freiheitssehnsucht der Stämme und Gaue aller unterjochten Länder verband mit der von der neuen Volkstumsidee beschwingten Selbstaufopferung für nationale Unabhängigkeit und Einheit

Der Kaiser der Franzosen war nun der Herr des europäischen Kontinents. Er wollte der Herr der Welt sein. Sein Kampf war ein Kampf gegen Großbritannien. Die Briten schlossen keinen Frieden mehr mit Napoleon, sie suchten immer neue Verbündete, sie unterstützten jeden Aufstand, jede Verschwörung gegen den französischen Kaiser. England behauptete seine Seeherrschaft mit unerschütterlichem Mute. Es unternahm das Wagnis, von seiner insularen Unantastbarkeit aus der Welt die Freiheit zurückzugewinnen. Für alle Patrioten der unterdrückten Völker bedeutete der englische Widerstand den letzten Trost, die stärkste Hoffnung. England konnte nach dem Siege von Trafalgar nicht mehr zur See besiegt werden (1805). Aber es konnte niemals ganz und gar siegen, wenn der europäische Kontinent nicht neue Armeen gegen den Eroberer marschieren ließ. Spanien kämpfte mit Zähigkeit gegen die Franzosenherrschaft weiter und ließ sich niemals unterwerfen. Frankreich war strategisch von Spanien aus zu pakken. Der Dauerkrieg auf der Pyrenäenhalbinsel leitete den großen Umschwung ein. Die Entscheidung aber konnte nicht von dort kommen.

Mitteleuropa war das Zentrum der napoleonischen Herrschaft. Nur hier war sie zu brechen. Was würde, was konnte Deutschland tun? Noch niemals zuvor in der Geschichte hatte Gesamtdeutschland einem fremden Eroberer gehorcht. Die Revolution von 1789 hatte die Einheit und Kraft der französischen Nation vollendet. Aber die französische Nation hatte diesen Aufschwung nur benutzt, um unter Napoleons Leitung alle anderen Nationen zu unterdrücken und auszubeuten. Gerade diese Gewaltherrschaft reizte die noch zurückgebliebenen Nationen zu einem neuen Selbstbewußtsein. Napoleon war der Sohn der Revolution. Er ermordete seine Mutter. Dafür gab es keine Sühne. Wer zuviel siegt, glaubt nur noch an seine Bataillone. Der Geist und die Freiheit rächten sich. Sie erweckten Europa. Seine Völker zerbrachen den Cäsarismus.

Österreichs Erwachen und Niederlage

Nach dem Frieden von Preßburg widmete sich das geschlagene Österreich dem inneren Aufbau. Vom Kaiser Franz war in dieser Hinsicht nur Hemmung zu erwarten. Er gab sich als der behagliche österreichische Biedermann mit goldenem Herzen, verfügte auch über ermutigende Leutseligkeit, hing aber im Grunde streng dynastischen Anschauungen an, die ihn überall die böse Revolution mit ihrer demagogischen heillosen Respektwidrigkeit wittern ließen. Er war schlauer und elastischer als der preußische König, glich ihm aber an zähem Hochmut. Der Träger der österreichischen Reformgedanken wurde der warmherzige, unermüdliche Graf Philipp Stadion. Er erkannte, daß nur die Erweckung eines »nationalen Bürgersinnes« den Kaiserstaat stark machen könnte gegen Napoleon. Noch einmal warb also Österreich um Deutschland, das herausgedrängte, slawisch gemischte Land versuchte, durch die deutsche Idee eine Volksbewegung zu erwecken und so die deutsche Nation führend zu gestalten. Die nichtdeutschen Volksbestandteile ließen sich freilich nicht mitreißen, sie bildeten ein kaum zu überwindendes Schwergewicht. Heinrich von Collin und Georg Fellinger schrieben damals ihre Kriegsgesänge, Hormayr prägte Worte des Hasses und der vaterländischen Begeisterung, um die bedeutende Schriftstellerin Karoline Pichler scharten sich geistige Führer der verschiedensten Herkunft. Die Brüder Friedrich und August Wilhelm Schlegel, der Dichter Heinrich von Kleist, der Publizist Ernst Moritz Arndt erhofften von einem verjüngten Österreich die Wiedererrichtung eines starken deutschen Kaisertums. Der Widerspruch zwischen österreichischem Staatspatriotismus und deutschem Nationalgefühl machte sich aber schnell fühlbar.

Graf Stadion erreichte wenigstens, daß die verschiedenen Zentralbehörden des Kaiserstaates in einer kollegialen obersten Körperschaft zusammengefaßt wurden – es war noch kein straffes, schlagkräftiges Gesamtministerium, gegen dessen Schwergewicht der Monarch und der Hof unüberwindbares Mißtrauen hegten. Einer der Brüder des Kaisers, Erzherzog Karl, die geniale Feldherrnbegabung der Dynastie, teilte das Heer nach französischem Muster in Armeekorps ein, bildete eine Reserve und erreichte, daß durch das Landwehrgesetz von 1808 der Grundsatz der allgemeinen Volksbewaffnung für alle Länder außer Ungarn durchgeführt wurde. Vom Volksheer also sollte sich das neue Österreich aufbauen – der Militärdespot Napoleon war nur mit seinen eigenen Waffen zu schlagen. Versuche einer allgemeinen Volksbewaffnung hatte es schon 1791–1794 in Süddeutschland gegeben. Ein schwacher Punkt blieb die Staatswirtschaft in Österreich – Erzherzog Karl brauchte Zeit und Geld für die Errichtung seiner Landmiliz und die Aufstellung seiner Landwehr; Graf Stadion aber drängte zur Entscheidung, weil die Staatsmaschine keinen Aufschub vertrug. Englische Subsidien blieben aus. Man mußte schnell handeln. Napoleons Hauptarmee war in Spanien gebunden, die Gelegenheit durfte nicht ungenutzt vorübergehen. Sogar der bedächtige, zynisch mißtrauische österreichische Botschafter in Paris, Graf Clemens Metternich, riet jetzt zu, in Anbetracht der wachsenden Unzufriedenheit in Frankreich selbst. Österreich hoffte auf allseitige Hilfe, auf eine Erhebung der unterdrückten Völker – ein zündender Aufruf an die deutsche Nation begleitete die Kriegserklärung an Frankreich im April 1809. Nur ein kleiner Teil der Erwartungen ging in Erfüllung. Rußland verhielt sich wenigstens neutral trotz des Erfurter Abkommens. In Italien und in Süddeutschland blieb es aber ganz ruhig. Der Putschversuch gegen das Königreich Westfalen, unternommen vom Obersten Dörnberg, schlug fehl; das tollkühne Unternehmen des preußischen Majors Ferdinand von Schill, der auf eigene Faust Krieg gegen Napoleon begann, brach zusammen – Schill selbst fiel kämpfend in Stralsund, elf seiner Offiziere wurden nach Kriegsrecht in Wesel erschossen. Mehr Glück hatte der verwegene Herzog Friedrich Wilhelm von Braunschweig – er half samt seiner schwarzen Schar tapfer mit im Kampf gegen Sachsen und schlug sich allein durch Norddeutschland, von wo er, gesegnet vom Glück der Tollkühnen, England heil erreichte. Preußen verhandelte während des Krieges wiederholt mit Österreich, trotz russischer Warnungen, aber es kam nicht zum Eingreifen. Tiefen Eindruck machte der Aufstand der Tiroler Bauern, die zurück zu ihrem Kaiser wollten – sie vertrieben die Bayern und Franzosen aus dem Lande. Erzherzog Karl benutzte aber diese Erfolge nicht, er zauderte mit dem Angriff auf die in Bayern zerstreuten Rheinbundtruppen. Sobald Napoleon auf dem Kriegsschauplatz erschien, trat eine Wendung ein – er drängte nach raschen Schlägen den Erzherzog zurück, nahm Regensburg und marschierte auf Wien. Statt eines Befreiungskrieges für Europa mußte Österreich einen Verteidigungskrieg für sein eigenes Dasein führen. Er verlief zunächst durchaus günstig. Erzherzog Johann besiegte den Viezekönig Eugen von Italien, Warschau fiel – vor allem: Erzherzog Karl schlug den französischen Kaiser selbst bei Aspern – zum ersten Male verlor Napoleon eine Schlacht. Viele glaubten, die Wendung wäre nun da. Offenbar verfügte Frankreich nicht mehr über das prachtvolle Truppenmaterial der früheren Jahre, die ersten Erschöpfungssymptome zeigten sich. Das Feldherrngenie des französischen Kaisers überwand auch diese Schwierigkeit, wenigstens für eine Zeitlang. Vizekönig Eugen nahm Rache, er schlug den Erzherzog Johann so empfindlich an der Raab, daß dieser nicht rechtzeitig die Hauptarmee unter Erzherzog Karl erreichen konnte. So gewann Napoleon die Entscheidungsschlacht bei Wagram. Widerwillig mußte sich Kaiser Franz zum Frieden von Schönbrunn (1809) verstehen, es macht ihm Ehre, daß er durchaus nicht seine treuen Tiroler preisgeben wollte. Aber es half nichts. Das Königreich Bayern erhielt jetzt außer Tirol noch Salzburg und das Innviertel; Westgalizien fiel an das Herzogtum Warschau. Rußland handelte ähnlich wie im Tilsiter Frieden – es übernahm aus der österreichischen Masse Ostgalizien, den von Ukrainern (Ruthenen) bewohnten Teil. Der schwerste Schlag war die Abriegelung des österreichischen Kaiserstaates vom Meer – alle Länder jenseits der Save wurden abgetrennt und als illyrische Provinzen einer französischen Militärverwaltung unterstellt, die nun auch dort die Kontinentalsperre durchführen konnte. Kaiser Franz mußte alle Neuordnungen in Europa anerkennen, wozu auch die Aufhebung des Deutschen Ordens gehörte, er mußte eine Kriegsentschädigung von 85 Millionen Franken zahlen und die Festsetzung einer verminderten Heeresstärke von 150000 Mann hinnehmen. Damit sah sich Österreich zu einer Macht zweiten Ranges herabgedrückt – der von ihm eröffnete Freiheitskampf gegen Napoleon endete damit, daß es das Schicksal Preußens erduldete. Es gab keine deutschen Großmächte mehr, es gab kein Deutschland.

Ein erschütterndes Nachspiel rollte in Tirol ab. Die Bauern dort hingen zähe an ihren ständischen Rechten, alten Bräuchen und kirchlichen Überlieferungen. Die grobe, rücksichtslose Manier des wohlweisen bayrischen Beamtentums erbitterte tief. Andreas Hofer und seine Kameraden vollbrachten trotz spärlicher Unterstützung Heldentaten. Zwei Schlachten tobten um den Berg Isel bei Innsbruck. Im Schönbrunner Friede war den Tirolern Amnestie zugesichert, sie setzten aber teilweise den Kampf auf eigene Hand fort, ihr Land wollten sie nicht in Stücke schlagen lassen. Durch Verrat fiel Hofer in die Hände der Franzosen, er wurde in Mantua nach Kriegsrecht erschossen (1810). Der Name des biederen Märtyrers stand leuchtend über allen weiteren Freiheitskämpfen der Deutschen gegen die Fremden. Südtirol kam nun an das Königreich Italien, ein kleiner Teil an Illyrien. Weitere Tiroler Verschwörungen, die England geldlich unterstützte, fanden in den nächsten Jahren statt, wesentlich unter Mitwirkung des in Tirol besonders volkstümlichen Erzherzogs Johann und englischer Agenten. Das gedemütigte Österreich konnte sich zunächst nicht darum kümmern. Es mußte sich die Gunst Napoleons durch genaue Einhaltung der Friedensbedingungen zu erhalten versuchen, die Sanierung im Innern gelang nur durch einen verschleierten Staatsbankrott.

Die Kontinentalsperre

Ein sächsischer Pfarrersohn versuchte in Wien den französischen Kaiser zu ermorden. Sah Napoleon nicht ein, daß sich in Deutschland etwas vorbereitete, dem nicht einmal *seine* Macht gewachsen war? Es blieb freilich schwer, sich ein klares Bild der Vorgänge zu machen. Das linke Rheinufer genoß alle Vorteile der Vereinigung mit einem großen, modern organisierten Staatswesen. Die Gewerbefreiheit, der einheitliche Schutzzoll, die Rechtsgleichheit, die großartigen Verkehrsstraßen, die Auflösung des Besitzes der toten Hand brachten einen Wirtschaftsaufschwung hervor, an dem jeder Fleißige teilnahm. Der Friede mit der Kirche, die konfessionelle Toleranz befriedigten tief. Weniger Anklang konnte die äußerliche Drillmethode an den Schulen und Universitäten finden. Die Knebelung der Zeitungen, die strenge Zensur erbitterte die bildungsbedürftige Mittelschicht besonders. Nach der Niederwerfung Österreichs griff Frankreich weit über den Rhein nach Deutschland hinein. Im Zusammenhang mit der Annexion Hollands wurde nun auch die ganze deutsche Nordseeküste französisch. Weitere Territorialveränderungen fanden innerhalb des Rheinbundes statt. Das Großherzogtum Frankfurt erhielt Fulda und Hanau, Napoleon legte besonderen Wert auf dieses strategisch wichtige Gebiet. Nach dem Tode Dalbergs, des Großherzogs, sollte das Land an Eugen Beauharnais fallen. Ein Musterstaat unter den Rheinbundländern wurde das Königreich Westfalen – der Code Napoleon gelangte zur Einführung, die Verwaltung erhielt sorgfältige Pflege, eine Verfassung mit Volksvertretungskörpern krönte das Ganze: über die napoleonische Herrlichkeit hinaus wirkte dieses Staatswesen auf dem alten niedersächsischen Boden Heinrichs des Löwen vorbildlich – trotz der leichtsinnigen Finanzwirtschaft des jüngsten Bruders Napoleons, Jérôme, und seines galanten Hofes.

Am wenigsten Nachahmung fanden die französischen Einrichtungen in Sachsen und Mecklenburg. Hier gedieh das alte ständische Wesen durch alle Sturmjahre geruhsam weiter. In Württemberg aber räumte der neugebackene König brutal auf mit dem »Alten Recht«, wie es der Dichter Ludwig Uhland nannte. In Bayern wirkte der Minister Graf Maximilian Montgelas, gleich vielen Rheinbündlern kein Eingesessener. Er war von der Aufklärung gut geschult und bemühte sich eifrig um die Loslösung von feudalen und kirchlichen Bindungen. Die Aufhebung der Leibeigenschaft, die Einsetzung von Fachministerien, die Ausbildung einer straffen Beamtenschaft, die Errichtung des Staatskirchentums – alles das diente auf eine bürokratisch kalkulierende Art der Idee eines bayrischen »Reiches«, einer bayrischen »Nation«. Die künstlichste von allen napoleonischen Schöpfungen, das Großherzogtum Baden, zusammengeflickt wie es war aus den verschiedensten Bestandteilen, erfreute sich einer besonders geschickten Lei-

Jérôme Bonaparte, König von Westfalen, heiratet Katharina von Württemberg

tung. Der Geist der wohlwollenden Präfekten brachte hier schönen Erfolg. Die Rheinbundstaaten hatten wenig Gemeinsames, sie beobachteten einander mit Eifersucht, die Hauptsache blieb für sie die Gnade des französischen Kaisers. Diese Sonne schien ihnen selten, viel häufiger waren grobe Eingriffe, gegen die es keine Abwehr gab. Schon Widerspruch konnte schaden, er wurde dennoch gewagt.
Für Napoleon gab es eine Maßnahme von überragender Wichtigkeit – die Kontinentalsperre gegen England. Dieser Todfeind des französischen Systems traf die schärfsten Maßnahmen der Gegenblockade. Angesichts der dringenden deutschen Wirtschaftsnot erwiesen sich Milderungen als notwendig, sie erfolgten in Form von besonders erteilten Lizenzen seitens der französischen Regierung. Außerdem half ein großartiger Schmuggel. Die Insel Helgoland tat sich dabei hervor. Schweren Schaden litt die Schiffahrt der Hansestädte. Anderseits blühte die Textilindustrie in Sachsen und im Elsaß auf. Viele aufgestapelte Waren verfielen der Beschlagnahme und oftmals törichter Vernichtung. Preußen erlitt starke Verluste. Österreich verstand immer, die nützliche Verbindung mit England irgendwie aufrechtzuerhalten. Die Insel Malta diente dabei als Hauptstapelplatz.

Der deutsche Volksgeist. Reife der Romantik

Die Augen vieler Deutscher wandten sich jetzt zurück in ihre eigene Vergangenheit. Gerade am Rhein, mitten unter der Franzosenherrschaft, entstanden Gruppen von warmherzigen Männern, die das deutsche Mittelalter erforschten, seine Kunst, seine Kaiserherrlichkeit – jeder Dom, jede Burgruine war ja lebendiger Zeuge jener sagenhaft großen Zeit, in der Deutschland das Schicksal von Europa getragen hatte. Der Kölner Kreis, der die mittelalterliche Kölner Malerschule zu neuer Würdigung entdeckte, stand durch den Dichter-Philosophen Friedrich Schlegel mit der Romantik in unmittelbarster geistiger Verbindung. F. F. Wallraf wandte sich ab von der Verherrlichung des Kaisers Napoleon, versenkte sich in das Lebensgefühl von ehemals und begann seine so berühmt gewordene Sammlung altdeutscher Bilder. Verbindungen mit Trier, Bonn und Heidelberg knüpften sich an, Joseph Görres drehte nun der Revolution seinen Rücken zu und mit ihr allem französischen Universalismus. Er erweckte das alte heilige rheinverbundene kaiserliche Deutschland in dem Bewußtsein der Zeitgenossen. Dieses wiederbelebte Deutschtum zum Träger einer Kultursendung zu machen – das wurde der Sehnsuchtstraum eines neuen Geschlechts. Das Weltbürgertum zerging. Die Franzosen hatten ihre Gewalt, ihren staatlichen Willen zu stark ausgeprägt – das deutsche Selbstgefühl erwachte, es beanspruchte Achtung und Lebensrecht. Der deutsche Volksgeist holte sich Kraft aus der Geschichte, der Ur- und Vorzeit, aus der Landschaft, der Sprache, dem Brauchtum, dem Kunstschaffen – aus der lebendigen unsterblichen Bluts- und Lebensgemeinschaft. Die deutsche Romantik wies den Weg. Da schrieb der feine besinnliche Friedrich Wackenroder seine: »Herzensergießungen eines kunstliebenden Klosterbruders«: neben eine deutsche Dich-

tung sollte eine ebenso begnadete deutsche Malerei treten – ermutigt, beflügelt gleich ihr durch die wundersamen Leistungen von ehemals. Minnelieder, Märchen, Sagen, die Heldenpoesie – alles das wurde gesammelt, erläutert, nachgeahmt. Erregt und deshalb tief erregend, schleuderte Friedrich Schlegel seine heißen Flugschriften gegen den Kaiser Napoleon. Nie entmutigt, verlangte er immer weiter die Wiederherstellung von Kaiser und Reich. Adam Müller, der vielwissende Deuter historischen Erbgutes, wie Friedrich Schlegel zum Katholizismus übergetreten, predigte die Nationalität als geschichtliches Erlebnis und die Forderung der Politik von morgen: das notwendige Ziel der Volksentwicklung ist auch bei den Deutschen die staatliche Einheit.
Sogar Hamburg, seit alters ein Mittelpunkt weltbürgerlichen Geistes, wandte sich unter dem Drucke der französischen Herrschaft vaterländischen Empfindungen zu. Ähnlich wie in den anderen alten Reichsstädten und Wirtschaftszentren Deutschlands vertrug sich bodenständiger, lokalpatriotischer Partikularismus nicht schlecht mit universal gefärbten Wünschen in der Richtung mitteleuropäischer, von der deutschen Nation getragener Zusammenarbeit.

Die preußische Reform. Der Freiherr vom Stein

Die Wandlungen des preußischen Staates erhielten nun maßgebende Bedeutung für die ganze deutsche Zukunft. Mächtig steht die Figur des Freiherrn vom Stein an diesem großen Wendepunkt. Konnte Preußen, das kolonialdeutsche, halbslawisch gewordene Land, herabgedrückt wie es war auf eine bescheidene mittelstaatliche Existenz – konnte dieses Preußen für Deutschland zurückgewonnen und mit der westeuropäischen Kultur schöpferisch verbunden werden? Die Rheinbundstaaten machten eben jetzt eine harte Lehre durch – hier, im Kerngebiet des alten Reiches, vollzog sich der denkwürdige Vorgang einer Verschmelzung moderner, als wirksam bewährter Staatsformen mit deutschen Überlieferungen und nationalen wie kulturellen Bedürfnissen. Kein Staatswesen vermochte sich dieser Modernisierung zu entziehen, wenn es überhaupt in der Zukunft Geltung behaupten wollte. Der Freiherr Heinrich Friedrich Karl vom und zum Stein (1757–1831) machte nun den gewaltigen Versuch, für Preußen eine Lösung zu finden, die europäisch, preußisch und deutsch zugleich war.
Der Reichsritter gehörte dem westdeutschen reichsunmittelbaren Uradel an – groß ward er in der Aufklärungszeit und entwickelte in sich ihren naturbeflissenen, geschichtlich verwurzelten Geist, der den Ausgleich suchte gegenüber dem rationalistischen Hauptstrom. Vom Luthertum her bekam Stein den herben, ethischen Zug, die leidenschaftliche Freude an Klarheit und Wahrheit, die ihn allem Diplomatisieren, aller außenpolitischen Betätigung entfremdete, dafür aber nahe rückte dem Pflichtgedanken des preußischen Kantianertums. Die persönliche Reinheit und die unerschütterliche Kraft des Rechtsgefühls machten diesen echt deutschen Edelmann Stein zum Gesinnungsverwandten der edelsten Vertreter deutschen staatsbürgerlichen Liberalismus. So haben mit einer gewissen Berechtigung sowohl die Konservativen wie die

Karl Freiherr vom Stein

Liberalen den Staatsmann für sich in Anspruch genommen; in Wahrheit gehörte er nur sich selbst an, er war ein immer ringender, immer lernender, tief bescheidener und gläubiger, aber auch herrschgewaltiger, trutziger Mensch, der, kernhaft und aufrecht, sich nicht angleichen und einfügen konnte. Mit der Lehre der französischen Physiokraten, mit der englischen Aufklärung war er wohl vertraut. Als ein echter Sohn des achtzehnten Jahrhunderts glaubte er an die Möglichkeit vernünftiger und natürlicher, das heißt den gegebenen Verhältnissen entsprechender humanitärer Reformen von oben, er kannte den Boden und die Menschen, die ihn bewohnten, er wollte ihr aller Wohlergehen, wie es ihnen zukam, er hielt wenig von einer tintenklecksenden Schreibstubenwirtschaft und vom geisttötenden Kasernenhofdrill. Was er erstrebte, war Wachstum in Freiheit, die Regelung der Verhältnisse möglichst durch die Betroffenen selbst, also die Selbstverwaltung durch herzhafte, politisch gebildete, genossenschaftlich gereifte, nicht bevormundete Staatsbürger. Stein war dem Umsturz genauso gram wie der Tyrannei, er haßte militaristischen Junkerhochmut, er war ein großer und überzeugter Zivilist, ein Freund des kleinen Mannes, ein Schirmer alles Bodenständigen und jeder mannhaften unabhängigen Gesinnung. Spitzelei, Intrigen,

Karl August von Hardenberg

Klatsch und Raffgier konnten vor seinem starken Willen nicht bestehen – die Schieber und Selbstlinge scheuten den scharfen Blick seiner leidenschaftlichen dunklen Augen. Deshalb verachtete Stein das deutsche Kleinfürstentum so sehr – was sich hier aufbauschte und breit machte, konnte nur ein Hindernis sein für ein starkes Deutschland der Zukunft. Der preußische Staatsdiener wirkte mehr und mehr als ein Reichspatriot, ein Volkserzieher neuer Prägung. Töricht ist der Versuch, den Einfluß der französischen Revolution von 1789 auf Steins Lebensarbeit leugnen zu wollen – sie war ja das große Ereignis der Epoche, kein lebendig wirkender Mensch vermochte sich ihrer Einwirkung zu entziehen. Auch Stein hat vieles unmittelbar übernommen, in anderem hat er die Anregung von dort den Umständen seiner Welt anzupassen verstanden; das Radikale, Ungeschichtliche, Zerstörerische der zweiten Revolution in Frankreich, der Bewegung des Jakobinertums, blieb ihm tief fremd und widerwärtig. Die Aufgabe in Preußen stellte sich nun, die notwendigen Verwaltungsreformen zur Wandlung und Kräftigung des Staatswesens in Einklang zu setzen mit den humanen und sittlichen Ideen der deutschen idealistischen Philosophie. Alles das wurzelte selbstverständlich in gesamteuropäischen Erneuerungsbestrebungen. Stein selbst vermochte sich auch jetzt wieder nur kurz im praktischen Staatsdienste zu halten – persönlich scheiterte er an dem eingewurzelten Altpreußentum, das einer wirklichen Eindeutschung tief widerstrebte. Steins Geist und seine Gedanken wirkten aber fort, wenn auch abgewandelt und angeglichen. Unter seinen Mitarbeitern erlangten besondere Bedeutung die Männer des ostpreußischen Kreises, die alle irgendwie Schüler von Kant gewesen sind – Angehörige des Adels sowohl wie der hohen Beamtenschaft –, gediegene, freiheitliche, menschlich gesonnene Persönlichkeiten. Karl August Freiherr von Hardenberg, der spätere Fürst Hardenberg, vergegenwärtigt demgegenüber die andere Richtung – den mehr skeptischen und kompromißlerischen Verwaltungsrationalismus.

Die erste Tat Steins war die Bauernbefreiung durch das Oktoberedikt 1807. So wie die Domänenbauern sollten nun auch die sämtlichen anderen Landbewohner frei sein. Die Reform erwies sich leider als sehr unvollkommen. Formalrechtlich gab es nur noch freie Leute, das Grundeigentum konnte beliebig veräußert werden, die adeligen Vorrechte der Gutsherrschaft verfielen der Auflösung – also kein Gesindedienst mehr der Untertanenkinder auf dem Herrenhof, keine Abzugsgelder mehr, keine Heiratserlaubnis, keine willkürliche Bestimmung des Bauernhoferbes, keine Genehmigung mehr des Gutsherrn zur Erlernung bürgerlicher Gewerbe. Die Bauern traten jetzt endlich ein in die Rechte des entstehenden Staatsbürgertums. Der Bauer war nicht mehr leibeigen, nicht mehr an die Scholle gebunden, die Gutsherrschaft war wohl aufgehoben, aber die Grundherrschaft dauerte weiter – die patrimoniale Gerichtsbarkeit bestand in Preußen fort bis 1848, die uneingeschränkte gutsherrliche Polizeigewalt bis 1872. Stein versuchte, einen auch wirtschaftlich kräftigen Bauernstand zu schaffen, aber das mißlang, die Überlegenheit des nicht mehr zur Fürsorge verpflichteten Gutsherrn wirkte sich voll aus – der Großgrundbesitz kaufte die Bauern systematisch arm. Gegen Abgabe eines Drittels oder der Hälfte des Landes konnte der Bauer nach der Regulierung von 1811 zum freien Eigentümer werden. Schon das war bedenklich genug, aber es blieb nicht dabei. Das Rittergut fraß die freien Bauern auf, wo es nur immer konnte, eine proletarische, gänzlich abhängige ländliche Arbeiterschaft erschien dem Großgrundbesitz wirtschaftlich und gesellschaftlich bequemer. Das ostelbische Deutschland erhielt sich so seinen kolonialen, aristokratischen, undeutschen Charakter – die politischen Folgen für die gesamtdeutschen Geschicke wogen schwer.

Steins eigenstes Werk war die Städteordnung (1808). Vollberechtigte Bürger waren von nun an alle städtischen Einwohner mit ganz bescheidenem Mindesteinkommen. Alle Stadtbürger bekamen das Wahlrecht, sie wählten als ihre Vertreter die Stadtverordneten, diese ihrerseits den Magistrat als ausführendes Organ und den Bürgermeister. Die Städte erhielten ihre Selbstverwaltung in der Haushaltführung, in Steuersachen, im Schul-, Armen- und Verkehrswesen sowie in der örtlichen Polizei. Eine entsprechende Landgemeindeordnung erwies sich als undurchführbar. Die Städteordnung war von großer politischer Tragweite. Sie schuf Inseln freiheitlichen Staatsbürgertums im kolonialen Preußen, sie erzog durch die städtische Selbstverwaltung ein neues Geschlecht von geschäftserfahrenen Liberalen, sie schlug die Brücke von dieser Gruppe zu dem übrigen Deutschland; sie vertiefte freilich auch den Gegensatz zwischen Stadt und Land, zwischen dem Rittergut und der Stadt, zwischen dem Landrat und dem Stadtrat sozusagen, sie bereitete den scharfen Kampf zwischen den späteren konservativen und liberalen Parteigruppen in Preußen vor. Die preußischen Stadtbewohner haben dem Reichsfreiherrn vom Stein nie vergessen, was er für sie getan hat: in den altpreußischen Städten lebte sein Name am stärksten fort als ein Symbol freiheitlichen und deutschpatriotischen Wirkens. Stein wollte die Erweckung der unteren Stände und ihre schöpferische Einbeziehung in den sittlich erneuerten Staat der Bürger und Bauern also; ihr Wesen und Wirken sollte fruchtbar gemacht werden, Bevormundung durch die wohlweise Beamtenschaft verschwand dann von selbst. Ein Neuaufbau der Verwaltung unter diesem Gesichtspunkt ist aber Stein nicht voll gelungen – die Widerstände des schwindenden Absolutismus und der selbstbewußten alten Bürokratie waren viel zu groß. Der von Stein vorgeschlagene Staatsrat setzte sich nicht durch. Aber es entstanden wenigstens Fachministerien in der Hauptstadt und die Regierungen als Zentralbehörden in den Provinzen, dann auch die Oberpräsidenten als die Spitzen der Provinzialverwaltung. Alle diese überwiegend kollegial arbeitenden Organe sollten nun nach Steins Idee ihre Ergänzung finden in der Wiedererneuerung des Ständewesens. Also die Volkskräfte selbst sollten organisiert werden – in der Stufenfolge Kreis-, Provinzial- und Reichsstände.

Hardenberg und seine Gegner

So hoffte Stein das deutsche Volk zu politisieren und zur Nation zu formen, er wollte die Vertreter der einzelnen Gruppen selbst zu verantwortlichen Mitarbeitern in der Führung der Staatsgeschäfte entwickeln. Steins Entlassung 1808 war endgültig, er kehrte nie wieder in den preußischen Staatsdienst zurück – seine besten Gedanken und Pläne scheiterten am starren Altpreußentum. Hardenberg, sein Nachfolger in der Durchführung des Reformwerkes, sicherte sich die loyale Mitarbeit der ihm ergebenen Bürokratie, um wenigstens etwas zu erreichen. Er schuf für sich das Amt des Staatskanzlers, also des alles verantwortenden Ersten Ministers, er schuf die Gewerbefreiheit unter Einführung einer Stadt und Land betreffenden allgemeinen Gewerbesteuer, er gab den Juden die volle Gleichstellung mit den übrigen Einwohnern in politischer und wirtschaftlicher Beziehung; er säkularisierte das evangelische und katholische Kirchengut und plante eine durchgreifende Finanzreform. Zur Vorbereitung einer Nationalrepräsentation berief er eine Notablenversammlung – es kam dann freilich nur eine interimistische Landes- und Nationalrepräsentation zustande, die von 1812–1815 tagte; sie beruhte auf den Wahlen der drei alten Stände, der Adel behauptete gegenüber den Vertretern der Bürger und Bauern das entschiedene Übergewicht. So bescheiden diese Modernisierungsversuche waren – so erbittert kämpfte die Gruppe der Privilegierten dagegen. Das Altpreußentum beschuldigte Hardenberg der Nachäffung der Französischen Revolution – der urwüchsige Wortführer Friedrich August Ludwig von der Marwitz, ein märkischer Gutsbesitzer und Reitergeneral, beklagte sich etwa darüber, daß »das ehrliche brandenburgische Preußen« in einen »neumodischen Judenstaat« verwandelt würde. Die Führer der adligen Opposition, F. A. L. von der Marwitz und Graf Finckenstein, mußten zeitweise zu ihrer Beruhigung auf die

Festung geschickt werden. So schwer fiel dem preußischen Kolonialstaat der Anschluß an die allgemeine westeuropäische Kulturentwicklung, die sich im alten Deutschland ohne allzu große Schwierigkeiten durchsetzte. Dabei vermochte Preußen das Bündnis mit dem deutschen Geiste in allen Bildungssachen durchaus nicht zu entbehren. Die Volksschulreform bereitete die Erziehung des Volkes von unten vor, entsprechend den fruchtbaren Lehren des Schweizers Pestalozzi; das Gymnasium unternahm es, die Antike, die christliche Ethik und den deutschen Klassizismus zu einer Art von einheitlichem deutschen Bildungsidealismus zusammenzufügen. Der Denker und Staatsmann Wilhelm von Humboldt bemühte sich als Kultusminister um die Universitätsreform. Preußen gründete die Universität Berlin mit der hochgespannten Absicht, hier eine Pflanzstätte zu schaffen für die Bildung des neuen deutschen Menschentums, das in Preußen bitter notwendig war. Der deutsche Geist war frei, er konnte nicht besiegt werden. Keine Provinz des Lebens entzog sich seiner forschenden und gestaltenden Bemühung. Die deutsche Wissenschaft diente der Wahrheit und nur ihr – der Geist von Immanuel Kant wies ihr den Weg, und alle nachfolgenden großen Denker waren irgendwie seine Schüler. Die Aufgabe stellte sich, diese reife, volle, tiefe Persönlichkeitskultur des deutschen Klassizismus fruchtbar zu machen zur Formung des deutschen Nationalgefühls. Der preußische Staat brauchte den deutschen Geist, er verlangte preußische Kämpfer zum Wiederaufbau der preußischen Großmacht, aber er konnte sie nur gewinnen durch die Erweckung und Verwertung des Selbstbewußtseins der deutschen Volkszusammengehörigkeit. Hier lag der tiefe Konflikt, den die Zeit sah, ohne ihn voll lösen zu können. Preußen hatte einen deutschen Beruf, es kam ohne den deutschen Idealismus nicht weiter, aber die mächtigsten gesellschaftlichen Gruppen in Preußen setzten ihr altes Preußentum über das Gesamtvaterland, sie entwickelten einen preußischen Patriotismus zum Schaden des deutschen. So konnte es nicht anders kommen, als daß der deutsche Idealismus sich am Ende ausgebeutet fühlte durch den kräftigen Egoismus dieses staatsbewußten Preußentums. Das hergebrachte deutsche Mißtrauen gegenüber Preußen vermehrte sich durch solche Erfahrungen.

Im schlimmen Winter 1807/08 hielt der Philosoph Johann Gottlieb Fichte († 1814) in Berlin seine Reden an die deutsche Nation. Deutschheit war für ihn eine höchste, stärkste Offenbarung des Menschentums; vom Sittlichen her, durch den Charakter, kraft der Überzeugung machte sich Fichte daran, in der Hauptstadt des geschlagenen preußischen Staates einen deutschen Nationalstolz zu begründen, der diesem großen Volke wieder den Glauben an sich selbst, an seine Sendung zu geben vermochte. Fichtes letztes Ziel blieb der vollkommene Staat, also etwas Absolutes auch in der wirklichen Welt – vom wiedererweckten Deutschtum erwartete er die höchste Verwirklichung, und dabei steigerten sich seine Ideen zu einer immer verwegeneren ungeschichtlichen Vision der Weltstellung des Deutschtums. Er nannte die Deutschen das Urvolk, das Volk schlechtweg – und so wurde der wuchtige, lautere, eigenwillige Mann zum Wortführer eines eifernden, fanatischen Nationalismus viel kleinerer Geister. Reiner und edler verlief die Wirksamkeit des Theologen Friedrich Schleiermacher, der es erfolgreich unternahm, den weltflüchtigen Spiritualismus der besten deutschen Protestanten wieder zu versöhnen mit dem Leben und den Forderungen des Staates. Andere große Figuren der Anfangszeit der Berliner Universität waren der Jurist Savigny, der Philologe Böckh, der Althistoriker Niebuhr, der Nationalökonom Thaer. Die Universität pochte auf die Kraft des deutschen wissenschaftlichen Geistes, den sie vertrat; verbarg sich aber nicht hinter dieser deutschen Wissenschaft eine mehr preußische als deutsche Politik? In der christlich-deutschen Tischgesellschaft von 1811 trafen sich die Dichter Heinrich von Kleist und Clemens Brentano, Fichte und der Adelsführer v. d. Marwitz, der Publizist Adam Müller und der junge Gardeoffizier Leopold v. Gerlach. Nichts konnte die beginnende Formung einer konservativen Interessengemeinschaft besser bezeichnen als diese Gruppe: sie war antisemitisch, antiliberal, antirevolutionär. Sie wollte den Preußengeist stärken – und sie bediente sich dabei der deutschen Romantik; sie verklärte sehr greifbar egoistische Standes- und Klasseninteressen durch den Zauber einer geschichtskundigen und staatsbetonten Ideologie. Zahlreiche Geheimgesellschaften verfolgten damals in Preußen ähnliche Ziele – der Königsberger Tugendbund (1808) arbeitete mit ausgesprochenen liberalen Ideen für die notwendige vaterländische Erhebung, andere Gruppen widmeten sich dem Fechten und Scheibenschießen als einer harmlosen Form der Vorbereitung auf den Ernstfall. Hier wirkten die Führer der Militärreform tatkräftig mit.

Die geheime Aufrüstung

Neben der Städteordnung ist die Militärreform der gelungenste Teil des preußischen Wiederaufbauwerkes. Ihre geistigen Väter sind die Generäle Gerhard von Scharnhorst und Neithardt von Gneisenau – beide keine geborenen Preußen, wie denn überhaupt das außerpreußische Deutschland den Hauptanteil an der Wiedergeburt des preußischen Staates hatte. Nach dem Zusammenbruch war Preußen mit ungeheuer schweren Problemen belastet. Dreitausend Offiziere verfielen sofortiger Entlassung. Eine neue Führerschicht mußte gebildet werden. Das neue Heer brauchte Gelehrte, Techniker, Politiker und Strategen. Bewaffnung, Erziehung, Reglement – kurz alles mußte unter dem Eindruck der französischen Siege neugeformt werden. Viele Reformer waren eng dem deutschen Idealismus verbunden – so der aufrechte Liberale Hermann von Boyen und Karl von Clausewitz, der Militärphilosoph. Andere waren Haudegen der alten Art, wie Gebhard von Blücher und Hans David von Yorck. Ein grübelnder Organisator und Pläneschmied war Scharnhorst. Der einzige schöpferische Kriegskünstler, der sich dem französischen Kaiser gewachsen zeigte, war Gneisenau. Die Grundidee dieser Männer war die durch die Französische Revolution zuerst verwirklichte Vorstellung der »Nation in Waffen«. Die Reserve und Landwehr waren wie gezeigt zuerst in Österreich ausgeprobt worden. Es heißt die preußische Leistung nicht verkleinern, wenn man sie in ihren rechten geschichtlichen Zusammenhang rückt – im Gegenteil. Napoleon konnte nur mit seinen eigenen Waffen bekämpft werden – schlagen konnte man ihn nur, wenn man das bewaffnete Volk mit etwas erfüllte, was es in Frankreich nicht mehr gab – mit einem wahrhaft volksmäßigen politischen Gedanken. Der Freiheitskampf gegen den französischen Kaiser wurde nicht nur durch die stärkeren Bataillone gewonnen. Die Verbindung von technisch-organisatorischer Heeresreform mit politischer Volkserweckung war das eigentlich Zündende und Entscheidende der preußischen Tat.

Das alte stehende Heer war in Ungnade gefallen – es galt, geschichtlich durchaus mit Recht, als ein Werkzeug fürstlicher Willkürherrschaft, das am liebsten gebraucht worden war zur Unterdrückung freier Völker oder zur Erreichung der Ziele eines volksfremden dynastischen Ehrgeizes. Militärische Kritiker hatten sich mit philosophischen und politischen Beurteilern, wie Kant und Herder, Fichte und Möser in der Verdammung des alten Systems gefunden. Andererseits kannte Scharnhorst die preußische Entwicklung und Staatspersönlichkeit viel zu gut, um nicht einen Kern der überkommenen Heeresorganisation erhalten zu wollen. So kam er auf die eigenartige und geniale Verbindung eines Berufsheeres und einer Nationalmiliz. Beruhen mußte das Heer auf dem freien Wehrwillen der Nation, das Offizierkorps mußte volkstümlich sein, das heißt, jedem an Bildung und sozial-sittlicher Reife Geeigneten offenstehen. Das alte preußische Heer bestand aus verprügelten, geschundenen Söldnern und einer zu neun Zehnteln aus Adligen zusammengesetzen Offizierkaste, die größtenteils ebenso hochmütig wie ungebildet war. Selbst Friedrich der Große hatte nur zu den neuen Truppenteilen, also den Artilleristen, Husaren und Ingenieuren, Bürgerliche zugelassen. Der Dünkel und das herausfordernde Betragen besonders der jüngeren Offiziere waren ein ständiger Gegenstand der Klage ihrer eigenen gescheiteren und reiferen Standesgenossen. Von Soldaten wie Offizieren pflegte sich jeder selbstbewußte Bürger in Preußen möglichst ferne zu halten – es bestand eine geistige und moralische Kluft, die man am besten nicht zu überbrücken versuchte. Schwere Arbeit war hier zu tun, sie gelang nur zum Teil.

Zunächst wurden durch königliche Verordnung die Körperstrafen in der Armee abgeschafft, Freiheitsstrafen traten an ihre Stelle, bei ehrenrührigen Vergehen kam nun eine Versetzung in die sogenannte zweite Klasse des Soldatenstandes in Betracht, für die Offiziere gab es Ehrengerichte. Die Offizierslaufbahn sollte von nun an auch bewährten Unteroffizieren grundsätzlich offenstehen, im übrigen wurden die Offiziere nach Prüfung ihres Bildungsgrades von ihren Berufsgenossen gewählt und daraufhin vom König ernannt. Der Standescharakter wurde also etwas verändert zugunsten der aufstrebenden Bürgerschicht, die Offiziersfähigkeit wurde in Preußen ein Klassenmerkmal von weittragender sozialer Bedeutung, das Entgegenkommen gegenüber den auf Avancement hoffenden Unteroffizieren stand praktisch nur auf dem Papier. Ein paar Ausnahmefälle durchbrachen nicht die Regel. Auf Grund dieser Voraussetzungen wurde nun die Armee neu aufgebaut in Regimenter und Brigaden, die neue Fechtweise kam zur Einführung, das neue Verteidigungssystem verwirklichte sich – trotz der Abrüstungsvorschriften arbeitete die preußische Waffenschmiede mit vollem Erfolge, besonders mittels der Tarnung des sogenannten Krümpersystems. Die »Krümper« genannten Rekruten erhielten nur eine ganz kurze, aber gründliche Ausbildung, wurden beurlaubt und machten dann anderen Platz. So entstand ein Vielfaches der vertraglich festgesetzten Soldatenzahl. Grundlage der ganzen Heeresreform wurde die später gesetzlich gewordene allgemeine Dienstpflicht – jeder Bewohner des Staates ist sein geborener Verteidiger, jeder hat für die Gesamtheit einzustehen, entsprechend seiner körperlichen und geistigen Eignung, persönlich – also kein Einsteherwesen wie in

Frankreich und den Rheinbundstaaten. Nur so war es möglich, den napoleonischen Massenheeren eigene Massenheere gegenüberzustellen, nur so war es möglich, die napoleonische Angriffs- und Vernichtungstaktik mit etwas Ebenbürtigem zu beantworten – mit einer Heerführung, die keine Schonung der Volkskraft mehr kannte, weil sie das höchste Ziel allein mit dem vollen Einsatz erreichen konnte – das Ziel der militärischen Vernichtung durch die schnelle, bewegliche, zur Entscheidung drängende operative Strategie. Ein Offizierskorps, das Heerführer solcher Art hervorbrachte, mußte nicht nur gebildet, ertüchtigt, geschult sein – was die Kriegsakademie, was der Generalstab bot, konnte leicht im Wettbewerb der Hirne aufgenommen und durchgearbeitet werden. Nötig schien noch etwas anderes – die geistige und gemütsmäßige Gemeinschaft, der freundschaftliche Zusammenhalt der Kameradschaft, der Männerbundcharakter: er besonders zeichnet die Gruppe der Reformer und späteren Freiheitskämpfer aus in eigenartiger, manchmal primitiver oder extravaganter Weise. Keiner hat wie der Feuerkopf General Neidhardt von Gneisenau diese tiefen Zusammenhänge erfaßt und daraus das erschütternde Programm der neuen militärisch aktiven Volksgemeinschaft gestaltet, zum nicht geringen Schrecken seines nüchternen, allem »Poetischen« abholden Königs. Preußen war groß geworden als Militärstaat, der klassische preußische Militarismus trat verwandelt in eine neue Zeit. Preußen wurde ein Volksstaat, aber nur insofern es ein modernisierter Militärstaat wurde; es ließ sich geistig von Deutschland erobern, aber nur unter der Voraussetzung, daß es dadurch befähigt wurde, Deutschland zum Freiheitskampfe anzuführen.

Anfänge der völkischen Bewegung

Napoleon mißtraute den Preußen. Später, in St. Helena, hat er es als seinen entscheidenden Fehler bezeichnet, Preußen nicht vollständig ausgelöscht zu haben. Die preußische Regierung ihrerseits mußte sich sagen, daß ein Aufstand gegen den französischen Kaiser mit dem Siege oder mit dem Untergange des preußischen Staates enden mußte. Deshalb zögerten der König und viele seiner mehr vorsichtigen Berater. Die französische Übermacht war ungeheuer, Preußen blieb dem nächsten und härtesten Zugriffe ausgesetzt. Man mußte schon ein starker und kühner Geist sein, um den Glauben zu behalten. Viele Patrioten litten furchtbar unter der Unklarheit und dem Doppelspiel, das ihnen auferlegt war. Heinrich von Kleist, dessen Drama »Die Hermannsschlacht« so leidenschaftlich, ja so brutal zur Vernichtung der Fremdherrschaft aufrief, ging persönlich an dem Konflikt der Zeit zugrunde († 1811). Da war der Schriftsteller und Agitator Ernst Moritz Arndt († 1860) aus derberem Metall geprägt. Dieser Abkömmling von Leibeigenen aus dem schwedisch regierten Rügen wußte die Not der Deutschen, ihre Träume und ihren Glauben in einer volkstümlich anheimelnden, markigen, das Innerste anpackenden Weise zu formen. Derb und gradaus, weder ein Gelehrter noch ein Denker, noch ein schaffender Künstler – aber ein Meister des Wortes: so wuchs dieser schlichte, kernige Mann zu einer Macht der öffentlichen Mei-

Der »Turnvater« Jahn bei einer Rede anläßlich der Einweihung des ersten deutschen Turnplatzes in der Hasenheide in Berlin

nung – er wurde der Vater des großdeutschen Programms. Alle deutschsprechenden Menschen politisch zusammenzufassen in einem starken, stolzen Reich – das war ein Gedanke, der so einfach und so selbstverständlich erschien, daß es schon einigen geschichtlichen Wissens bedurfte, um die Schwierigkeiten der Ausführung, ja die Problematik der Aufgabe selbst wahrzunehmen. Arndt kam von unten, er besaß das Ohr der kleinen Leute, ihr Herz flog ihm zu. In ähnlicher Weise wußte der vielgeschäftige Sonderling Friedrich Ludwig Jahn († 1852) auf die in Bewegung geratene Masse einzuwirken. In der schweren Übergangszeit, da die militärische Ausbildung in Preußen beschränkt und beaufsichtigt war, brachte Jahn es fertig, durch das von ihm erfundende Turnen die körperliche Ertüchtigung der breiten Unterschicht entscheidend zu fördern. Er sah richtig, daß die städtische Lebensweise die Handwerksgesellen, Schreiber und Ladendiener verweichlichte – er riß sie heraus aus der schlechten Stubenluft und brachte sie wieder mit der Natur und ihren ursprünglichen Lebensbedingungen in Verbindung. In England war dieser Gegensatz zwischen Stadt und Land nie so einschneidend geworden wie in Deutschland – jede soziale Schicht erfreute sich dort an uralten eingewurzelten sportlichen Betätigungen. Der deutsche Stadtmensch war ein anderer soziologischer und geistiger Typus als der deutsche Landmensch. Der neue Bildungsidealismus wohnte in den Städten, er erfaßte auch die untere Schicht ihrer Bewohner und glich sie einem akademisch-literarischen Lebensrhythmus an. Die Städte fühlten sich als Inseln, das Lokalpolitische galt ihnen mehr als das Staatspolitische. Der Turnvater Jahn, ein in vieler Beziehung wunderlicher und widerspruchsvoller Geselle, hatte für diese Vorgänge doch eine natürliche Witterung. Er schickte sich an, das Übermaß an Bildung und weltbürgerlicher Gelassenheit zu bekämpfen, die gewandte Klugheit liberaler Stubenhocker war ihm ein Greuel. Er erwiderte die französische Europaidee mit einem urwüchsigen Haß – die Derbheit und Grobheit altdeutscher Zeiten schienen ihm ein rechtes Gegengewicht, und so baute sich ihm in

Sprache, Sitte, Lebensform und Staatsgedanke ein neues Ideal auf – das der intoleranten, sich selbst bejahenden, die eigene Vergangenheit und Wesensart historisch-romantisch überbetonenden »teutschen« Volksgemeinschaft. Die völkische Bewegung hat hier und in verwandten Erscheinungen ihren Ursprung.
Mächtig waltete der Kaiser Napoleon über dem zur Einheit zusammengezwungenen europäischen Kontinent. Seine Ehe mit Josephine Beauharnais war kinderlos geblieben – er schied sich von ihr und heiratete die Tochter des letzten deutschen Kaisers, die Erzherzogin Marie Luise. Sie gebar ihm den erwünschten Erben, dem er den bedeutungsvollen Titel »König von Rom« verlieh. Römischer König war ja in der letzten Periode der deutschen Geschichte der Titel des Kaisererben gewesen – nun war also auch in diesem Betracht das alte Kaisertum wieder erneuert unter einem korsisch-französischen Eroberer. Das letzte, vornehmste deutsche Kaisergeschlecht der Habsburg-Lothringer verband sich mit der neuen Dynastie Bonaparte und gab ihr so seine segnende Weihe. Das Haus Österreich machte damit seinen inneren Frieden mit dem neuen Kaiser, es war von nun an der Erhaltung dieser Dynastie Bonaparte interessiert. Der Kaiser von Österreich war zwar selbst nur noch das Haupt einer Macht zweiten Ranges – aber die dynastische Verbindung mit Frankreich erhöhte seinen Einfluß und gab ihm neues Ansehen. Die Politik von Kaunitz erstand zu verstärkter Wirkung. Im Reich hatte die Kurfürstenopposition nach jahrhundertelangen Kämpfen gesiegt – die wichtigsten Dynastien hatten sich ebenbürtig neben die wetteifernden Großmächte Österreich und Preußen gestellt – aber nur, um gleich ihnen einer neuen Vormundschaft, dem Protektorat des französischen Kaisertums, anheimzufallen. Mitteleuropa einschließlich Österreich und dem innerlich widerstrebenden Preußen gehorchte dem *einen*, zur Vernichtung von England entschlossenen, den Kontinent meisternden politischen Willen Napoleons. Der wachsende preußische Widerstand war der schwache Punkt des Systems. Er blieb nicht der einzige. Der Kampf in Spanien ging mit unverminderter Heftigkeit weiter. Entscheidend aber wurde die Entfremdung zwischen Frankreich und Rußland.

Napoleons Kampf mit Rußland

Wegen Polen und wegen des Balkans schien es schwer, mit Österreich und Rußland zugleich befreundet zu sein. Zar Alexander I. von Rußland verübelte die dynastische Verbindung Napoleons mit dem Hause Österreich, die Entthronung seines Oldenburger Verwandten mußte ihn verstimmen. Die Kontinentalsperre widersprach russischen Interessen stark, selbst wenn die russische Regierung besseren Willen gehabt hätte – schon technisch hätte sie die Sperre nicht durchführen können. Nun organisierte sie selber mit mehr Erfolg den wachsenden Schmuggel. Ein Geheimabkommen mit England stützte den sinkenden Rubel und half der zerrütteten Ausfuhr. Dies machte den Bruch mit Napoleon unvermeidlich. Rußland und Frankreich bereiteten sich auf die kommende Auseinandersetzung vor. Rußland gewann Schweden. Dort war der französische Marschall Bernadotte zum Thronfolger bestimmt worden, der Napoleon haßte. Zwar hatte Schweden das Großherzogtum Finnland an die Russen verloren. Trotzdem versprach es sich am meisten von dem Zusammengehen mit dem großen russischen Nachbarn. Die Haltung der skandinavischen Länder blieb ja immer wichtig für Norddeutschland. Österreich wollte bestimmt nicht den Russen helfen – wie aber stellte sich Preußen? Scharnhorst und Gneisenau verlangten vom König die sofortige Erhebung gegen Napoleon. Sie legten den Plan eines Volksaufstandes vor. Zar Alexander versprach Unterstützung. Scharnhorst verhandelte in St. Petersburg und auch in Wien. Österreich wollte abwarten und Preußen zur Neutralität überreden. Auch Hardenberg glaubte, das Wagnis wäre für Preußen zu groß. So stellte denn Preußen den Franzosen ein Hilfskorps von zwanzigtausend Mann zur Verfügung; auch verpflichtete es sich erneut zu den schärfsten Absperrungsmaßnahmen gegen England. Die Verzweiflung der preußischen Patrioten war groß, viele Offiziere traten jetzt in russische oder englische Dienste. Nun schloß auch Österreich ein Abkommen mit Frankreich – es sah viel günstiger aus als das preußische. Metternich ließ sich Illyrien und Schlesien versprechen, Preußen sollte für Schlesien angemessene Entschädigung erhalten. Dem Zaren erklärte Metternich, das österreichische Hilfskorps wäre nur eine Beobachtungstruppe, Österreich hoffte auf einen gemeinsamen Kampf mit Rußland für die alte Ordnung. So deckte sich Metternich den Rücken: Österreich sollte jedenfalls auf der Siegerseite stehen.

Seit dem Frühjahr 1812 hielt sich der Freiherr vom Stein am Hofe des Zaren Alexander auf. Seinem Einfluß war es wesentlich zu danken, daß der Zar den jetzt beginnenden Krieg auffaßte als die große abschließende Auseinandersetzung zwischen der die Welt tyrannisierenden Universalmonarchie Napoleons und den alten Dynastien, die ihre Völker befreiten und organisierten zum Kampf für nationale Unabhängigkeit. Stein, Arndt, Gneisenau und die vielen anderen Patrioten erkannten mit völliger Klarheit, daß die erweckten Völker nicht für ihre Dynasten kämpfen würden, sondern für sich selbst, daß aber der Sturz Napoleons gerade den Fürsten die gewaltige Möglichkeit bot, ihre Völker sich wiederzugewinnen durch die Modernisierung des Staatsaufbaues. Die Wendung kam jetzt wirklich. Napoleon scheiterte militärisch in Rußland. Der Freiheitskampf in Mitteleuropa konnte beginnen.

Die Erhebung Preußens

Den Anstoß zur Erhebung Preußens gab die Konvention, die der Befehlshaber des preußischen Hilfskorps, General von Yorck, am 30. Dezember 1812 in Tauroggen mit dem russischen General Diebitsch abschloß. Yorck befand sich in einer schwierigen militärischen Lage, er war von den französischen Verbündeten abgeschnitten – er hätte kapitulieren können, wenn er den Kampf für aussichtslos hielt. Er tat aber mehr, wenn auch schweren Herzens. Als starrer Altpreuße haßte er die Reformer, hoffte aber auf eine Wiedererstarkung des preußischen Staates, die nur im Bunde mit Rußland zu

Hans David Ludwig von Yorck, Graf von Wartenburg

vollenden war. Der Kaiser von Rußland versicherte dem preußischen General, daß Rußland die Wiederherstellung Preußens als vornehmstes Kriegsziel bei der Befreiung Europas verfolgte. So entschloß sich der General, ganz auf eigene Verantwortung, ohne geheime Weisung seiner Vorgesetzten in Berlin oder gar des preußischen Königs, mit den Russen die Übereinkunft dahin zu schließen, daß das preußische Korps die Küste zwischen Memel und Tilsit besetzen und neutral bleiben sollte. Für den Fall einer Verwerfung des Abkommens durch den König erhielten die preußischen Truppen freien Abzug, durften aber zwei Monate lang nicht gegen Rußland fechten. Die russischen Truppen gewannen durch diese Abrede den freien Zugang nach Ostpreußen; politisch bedeutete der Schritt des Generals die schwerste Belastung des französisch-preußischen Bündnisses. Kriegsrechtlich war der General ein Verräter und hatte seinen Kopf verwirkt. Keiner wußte das besser als er selbst. Bewußt und fromm setzte er alles an alles. Die geschichtliche Rechtfertigung der Konvention von Tauroggen liegt in der Entschlossenheit des russischen Zaren, den Plänen Steins entsprechend den Krieg gegen Napoleon fortzuführen – der Zar hatte wiederholt seine Unzuverlässigkeit bewiesen, und darin lag wahrscheinlich das größte Risiko für Yorck sowohl wie für Stein. Diesmal freilich hielt Alexander I. durch – russisches Ausdehnungsbedürfnis in der Richtung Polen wirkte bei ihm zusammen mit seiner Freude an der schönen Rolle des Befreiers. Stein erschien in Ostpreußen, übernahm die vorläufige Verwaltung der Provinz, schrieb einen Landtag aus, bereitete die Organisation von Landwehr und Landsturm vor und hob die Kontinentalsperre auf. Der preußische König befand sich in schwerer Verlegenheit. Den Schritt des Generals von Yorck mißbilligte er militärisch, politisch und menschlich, er hat ihn nie ganz verziehen.

Friedrich Wilhelm III. wünschte kein Abenteuer, er schob den Bruch mit Napoleon so lange wie möglich hinaus, er verhandelte mit Österreich über ein gemeinsames Vorgehen. Fürst Metternich ließ das österreichische Hilfskorps einen Waffenstillstand abschließen, aber wünschte auch das Losschlagen zu vermeiden. Dahingehende, von England unterstützte Pläne des Erzherzogs Johann und seiner zahlreichen alpenländischen Freunde wurden im Keim erstickt. Die Erregung in allen preußischen Provinzen nahm aber zu, der König begab sich von Berlin nach Breslau; die Verhandlungen mit Rußland führten endlich zum Bündnis von Kalisch. Die Hauptschwierigkeit hatte in der zukünftigen Gestaltung Polens gelegen. Preußen wünschte die Wiederherstellung seiner Grenzen von 1806, verstand sich aber dann dazu, die russische Versicherung als ausreichend anzunehmen, daß Preußen angemessen entschädigt und vergrößert und zu einem zusammenhängenden Staatsgebiet abgerundet werden sollte; dafür sollte norddeutsches Land außer Hannover Verwendung finden. Das englische Interesse an Hannover, das russische Interesse an Polen schienen so ausreichend gewahrt. Vor Abschluß des preußisch-russischen Bündnisses war bereits der Aufruf zur Bildung freiwilliger Jägertruppen erlassen worden, die allgemeine Wehrpflicht trat durch die Aufhebung aller Befreiungen tatsächlich in Kraft, die Mobilmachung folgte. Nach dem Bruche mit Frankreich erließ der König den berühmten Aufruf »An mein Volk«, die Stiftung des Eisernen Kreuzes war schon vorher erfolgt. Das Ordenszeichen war eine Abwandlung des Kreuzes des alten Deutschen Ordens – so symbolisierte es glücklich und dem romantisch-mittelalterlichen Zeitgeschmack entsprechend die preußisch-deutsche Verbundenheit, von der so Entscheidendes abhängen sollte. Nur ganz allmählich stellten sich die Freiwilligen ein – es meldeten sich meistens die Studenten, angefeuert von den Professoren. Volkstümlich war vor allem die Landwehr wegen des von ihr vertretenen Gedankens der Landesverteidigung, die Linie begegnete noch alteingewurzeltem Mißtrauen. Für die Freiwilligen aus den noch unter französischer Herrschaft stehenden Gebieten wurden aus rechtlichen Gründen besondere Freikorps eingerichtet, unter denen das des Majors von Lützow am erfolgreichsten kämpfte. Der jugendliche Dichter Theodor Körner (gefallen 1813) und der Turnvater Jahn gehörten dazu. Bei der schwierigen Finanzlange des Staates mußte jede Art von Opfer willkommen sein – und die freiwillige Hingabe von privaten Werten erreichte die erstaunliche Höhe von 6 1/2 Millionen Taler während der drei Kriegsjahre. Flugschriften von Ernst Moritz Arndt, Gedichte von Theodor Körner, Max von Schenkendorf und Friedrich Stägemann entfachten die Begeisterung, spornten den Opfersinn und stärkten die Gemüter – sie weckten freilich auch die Hoffnung, daß die ersehnte äußere Befreiung nun auch die wirkliche Freiheit im Innern bringen werde.

Vom Standpunkte Frankreichs aus gesehen war das alles Abfall, Verrat, Vertragsbruch. Eine gesamtdeutsche patriotische Bewegung bestand durchaus nicht. Mecklenburg-Schwerin allein schloß sich der preußisch-russischen Allianz an. Die Rhein-

Aufruf zum Kampf gegen Napoleon

bundfürsten vertrauten noch auf Napoleon. Sie stellten ihm die verlangten Truppenkontingente. Preußen wandte sich werbend an Deutschland, aber das eigentliche gute alte Deutschland sperrte sich gegen die östlichen Befreier. Die Dynasten zeigten hauptsächlich Interesse an territorialen Vergrößerungen. Sachsen etwa ließ sich zuerst von Österreich Ersatz für das Herzogtum Warschau zusichern, dann wandte es sich zu Napoleon zurück und lieferte ihm die Festung Torgau aus. Nur Schweden trat der Koalition bei, es ließ sich von England das Königreich Norwegen und reichliche Subsidien versprechen. Der Vertrag, den Preußen mit England schloß, war nicht übermäßig günstig. Hannover sollte durch Hildesheim und voraussichtlich Ostfriesland vergrößert werden. Von den zwei Millionen Pfund Sterling, die England den Verbündeten für die sechs Monate der zweiten Hälfte des Jahres 1813 bewilligte, erhielt Rußland zwei Drittel, Preußen nur ein Drittel. Österreich versuchte zunächst einen Kompromißfrieden zu vermitteln. Sein Interesse war die Wiedererlangung der eigenen Großmachtstellung und die Beendigung der französischen Hegemonie, aber nicht die Vernichtung der napoleonischen Dynastie. Napoleon II. wäre als Enkel des Kaisers ein guter Verbündeter Österreichs geworden. Metternich bot dem französischen Kaiser einen vernünftigen Ausgleich – Frankreich sollte das linke Rheinufer behalten, aber alle rechtsrheinischen Besitzungen aufgeben; für sich verlangte Österreich Illyrien, das Herzogtum Warschau sollte sich auflösen. Napoleon seinerseits suchte Österreich durch das Angebot Preußisch-Schlesiens zu gewinnen, er knüpfte dann unmittelbar mit dem Zaren an. Rußland und Preußen verlangten viel mehr, als Österreich tat – die Wiederherstellung Spaniens und Hollands, den Verzicht auf Italien. Trotzdem kam es zu allgemeinen Friedensverhandlungen auf dem Prager Friedenskongreß. Mindestens gewannen beide Teile durch den bestehenden Waffenstillstand Zeit für militärische Rüstungen. Napoleon jedenfalls wollte noch einmal kämpfen für das, was er als sein Werk ansah. Widerstrebend trat Kaiser Franz endlich auch in den Kampf gegen seinen Schwiegersohn ein. Es war nun die stärkste Koalition, der Napoleon jemals gegenübergestanden hatte. Zum ersten Male seit 1792 kämpften Österreich und Preußen in einer gemeinsamen Front gegen Frankreich – ihre Uneinigkeit war einer der Hauptgründe für die französische Hegemonie in Europa gewesen.

Napoleons Kampf um sein Reich

Napoleon hatte für sich den Vorteil der einheitlichen, kriegserfahrenen Führung, litt aber unter der Minderwertigkeit seines jungen und ungeübten Soldatenmaterials. Die Verbündeten waren zahlenmäßig und an Qualität der Truppe sicher überlegen, konnten aber nur schwer die Reibungen überwinden, die den widerstreitenden strategischen Gesichtspunkten und politischen Sonderabsichten entsprangen. Jean Baptiste Bernadotte, der Kronprinz von Schweden, war auch schon früher kein großer Feldherr gewesen; nun hoffte er, vielleicht Napoleons Nachfolger in Frankreich zu werden, und hielt sich schon deshalb militärisch möglichst zurück. Napoleon verlor in einer Reihe von Gefechten Norddeutschland und Schlesien, er sah sich nach Mitteldeutschland gedrängt. Die Verbündeten einigten sich einigermaßen über ihre Kriegsziele, die auch jetzt noch nicht die Wiedergewinnung des linken Rheinufers einschlossen. Ein Staatsstück der Diplomatie Metternichs war der Vertrag mit Bayern. Verhandlungen mit den süddeutschen Staaten liefen schon seit dem Frühjahr; nun ließ sich der verwöhnteste Rheinbundkönig dazu herbei, den französichen Kaiser und Wohltäter in der Not zu verlassen. In dem Vertrag zu Ried vom 8. Oktober 1813 erlangte Bayern von Österreich die Garantie seiner Souveränität und seines Besitzstandes, der nur durch gleichwertigen Austausch verändert werden sollte. Daraufhin sagte es sich vom Rheinbund los und schloß sich als gleichberechtigter Teilnehmer der Koalition an.

Dieser Vertrag war von entscheidender Bedeutung für die zukünftige Gestaltung der deutschen Verhältnisse. Seit hundert Jahren hatte das Haus Österreich versucht, den lästigen bayerischen Nachbarn auf diese oder jene Weise loszuwerden. Nun fand sich Wien damit ab, daß hier als nächster süddeutscher Staat dieses Bayern fortbestand mit beinahe großmachtlichen Ausmessungen. Der Rückweg zum Rhein war damit für

Österreich versperrt. Wenn man die vornehmste napoleonische Satrapie, das Königreich Bayern, schonte, dann war ferner ein Präzedenzfall für die Genossen im Rheinbund gegeben. Die Anerkennung Bayerns bedeutete endlich auch einen Schlag für Preußen und seine Ansprüche auf Ansbach und Bayreuth; wenn Österreich den Weg zum Rhein verlor, dann büßte Preußen die Brücke nach Süddeutschland ein. Bayern wurde so das stärkste Hindernis für eine gesunde Neueinrichtung Deutschlands und für den Aufbau eines neuen Reiches.

Schon vor der Schlacht von Leipzig verließ also Bayern den großen Napoleon. Die Völkerschlacht ging dem französischen Kaiser verloren trotz genialer strategischer Gegenwehr, weil es den Verbündeten schließlich doch gelang, ihre Übermacht an Material und Reserven zur vollen Wirksamkeit kommen zu lassen. Die Leipziger Schlacht war der letzte Kampf des französischen Kaisers auf deutschem Boden – die Rheinbundstellung, das mitteleuropäische Protektorat konnte nun nicht mehr aufrechterhalten werden. Das rechtsrheinische Deutschland war frei. Der Versuch seines jüngsten Feindes Bayern, dem fliehenden kaiserlichen Heere den Rückweg nach Frankreich zu verlegen, scheiterte.

Die Rheinbundfürsten beeilten sich nun, dem Beispiele Bayerns zu folgen. Vergebens forderte Stein, sie sollten nach Kriegsrecht behandelt werden. Gefangen wurde nur der König von Sachsen, Verhandlungen wurden abgelehnt mit dem Großherzog von Frankfurt und den kleineren Dynasten. Das Königreich Westfalen brach zusammen. Die herrenlosen Lande traten bis zur endgültigen Regelung unter das norddeutsche Zentralverwaltungsdepartement, dem Stein vorsaß. Stein drängte auf die Vorbereitung einer neuen deutschen Verfassung, Metternich wollte davon nichts wissen. Die Aussichten waren nicht gut für den gesamtdeutschen Patriotismus. Das Schicksal der Deutschen hing eben doch wesentlich von den Dynastien ab. Alle amtlichen Kreise in Süd- und Westdeutschland verdankten den Franzosen so viel, daß erbitterte Gegnerschaft hier einfach nicht zu erwarten war. Diese Regierungen hängten eben nach Emporkömmlingsart den Mantel nach dem Wind. Die Stimmung der Untertanenschaft war geteilt. Akademische Kreise erfaßten die Notwendigkeit des Kampfes für deutsche Freiheit und deutsches Recht – Ludwig Uhland, der Dichter Schwabens, und Friedrich Rückert, der Franke, reihten sich ein in die Gruppe der patriotischen Dichter. Der mehr nüchtern denkende kleine Mann sah aber deutlich, daß seine ganzen Lebensmöglichkeiten auf der modernen Gesetzgebung und Verwaltung westeuropäischen Ursprunges beruhten, er konnte keine Veränderung dieser Umstände wünschen. Endlich stellte sich der deutschen Kaiserromantik eine französische Kaiserromantik entgegen. Nur in Norddeutschland wurde Napoleon als Bedrücker und Ausbeuter ingrimmig gehaßt. Im Westen und im Süden überwog doch die Bewunderung vor dem Schicksalsmann der Epoche, er galt hier auch als ein Held der eigenen deutschen Geschichte. Die Franzosenzeit als Ganzes bedeutete im Norden etwas anderes als im Westen und im Süden. Der Übermut, die Willkür, die Achtlosigkeit, die Spottlust der französischen Offiziere und Verwaltungsleute konnten nicht vergessen werden. Hier waren die Wurzeln der sogenannten Erbfeindschaft, die großdeutschen und völkischen Kreise nahmen solche Vorstellungen auf und arbeiteten erfolgreich damit. Leider muß aber gesagt werden, daß die Rheinbundtruppen sich in Norddeutschland oft schlechter benommen haben als die Franzosen. Auch in Tirol haben die Bayern an viehischer Roheit wohl selbst die Greuel des spanischen Bürgerkrieges übertroffen. Die napoleonische Zeit brachte eben in Deutschland gleichfalls eine neue Art von Bürgerkrieg hervor, Deutsche mißhandelten Deutsche, und das vertiefte die Zerklüftung zwischen den deutschen Stämmen, allen akademischen Hoffnungen auf Kaiser und Reich zum Trotz.

Napoleon war vertrieben, er stand westlich des Rheins. Was sollte werden? Metternich wünschte nicht seinen Sturz, er arbeitete für das europäische Gleichgewicht. Von Frankfurt aus, wo die verbündeten Monarchen ihr Hauptquartier aufgeschlagen hatten, bot Metternich gegen den Willen Englands dem französischen Kaiser die natürlichen Grenzen als Grundlagen eines allgemeinen Friedens – also Alpen, Rhein, Pyrenäen. Napoleons Antwort war unbefriedigend, er bekannte sich nur in allgemeinen Wendungen zum Grundsatz der Unabhängigkeit aller Nationen. Der Krieg mußte also weitergehen. Das österreichische Oberkommando unter Fürst Schwarzenberg zeigte sich der großen Aufgabe wenig gewachsen. Die frischesten und kühnsten Leistungen kamen von den preußischen Führern – der unverwüstliche Draufgänger Blücher stand da an der Spitze, ein rechter Soldatenvater, einfach, stark und grimmig; Gneisenau ragte aber über allen andern: Klugheit, Energie, Beherrschung des Technischen, die tiefe Unruhe der ringenden Genius machten ihn zu einem Führer großen Stils. Unter den nichtpreußischen Generälen erntete der Kronprinz Wilhelm von Württemberg den reichsten Lorbeer. Beweglich, erfinderisch, zähe zeigte sich die Feldherrnkunst Napoleons – den bösen Umständen trotzte er, so lange die Kraft irgend reichen wollte. Noch einmal fanden Friedensverhandlungen statt. Zwischen Metternich und dem Zaren Alexander brach schroffe Meinungsverschiedenheit aus. Österreich wollte nach wie vor keine Vernichtung der französischen Großmacht, gerade um ein Gegengewicht auch zu Rußland zu erhalten. Der russische Zar wünschte sich Bernadotte als Beherrscher Frankreichs und ließ ihn nur fallen, als Metternich mit Österreichs Austritt aus der Koalition drohte. Mit England war sich der österreichi-

Blücher und Wellington nach ihrem Sieg über Napoleon bei Waterloo (Belle-Alliance)

sche Außenminister einig über die notwendige Bildung eines sowohl Belgien wie Holland umfassenden Königreichs der Niederlande, zwecks Sicherung der Kanalküste. Die Preußen gewann Fürst Metternich durch sein Versprechen der Überlassung ganz Sachsens. Auf dem Friedenskongreß in Chatillon bot Napoleon jetzt die natürlichen Grenzen an, die Verbündeten aber verlangten nun die Grenzen von 1792. Unter Steins Einfluß hielt der Kaiser von Rußland an der Notwendigkeit der Beseitigung Napoleons fest und begann sich nun für die Rückkehr der Bourbonen einzusetzen. Ein neuer Vertrag schloß die Koalition fester zusammen. Das Schutz- und Trutzbündnis sollte auf zwanzig Jahre gelten, der Zweck war die Durchführung und Verteidigung der europäischen Neuordnung auch nach Friedensschluß. England verpflichtete sich, fünf Millionen Pfund Subsidien im laufenden Jahr an die drei anderen Mächte zu verteilen. Frankreich sollte auf die »alten« Grenzen beschränkt werden, für Deutschland war ein Bund seiner souveränen Fürsten vorgesehen, zur dauernden Sicherung seiner Unabhängigkeit. Die dynastischen Interessen erschlugen also die Reichsidee. Die Annahme der Grenzen von 1792 fand Napoleon unmöglich, er kämpfte weiter, und nun vollzog sich rasch sein Sturz. Erstaunlich blieb seine Spannkraft bis zuletzt. Paris kapitulierte, der Senat setzte den Kaiser ab, eine provisorische Regierung bereitete die Rückkehr der Bourbonen vor. Napoleon unterzeichnete in Fontainebleau die Abdankungsurkunde.

Die Friedensschlüsse. Der Wiener Kongreß

Die Neuordnung von Europa konnte nun beginnen. Deutschlands Aussichten waren nach allem, was geschehen war, nicht die besten. Die Verbündeten machten einen Unterschied zwischen dem bösen Eroberer Napoleon und der französischen Nation, deren Zukunft unter der Herrschaft der alten Königsfamilie nicht zu sehr belastet werden sollte. Die Forderungen der deutschen Patrioten liefen auf eine gründliche Abrechnung mit der geschichtlich begründeten und folgerichtigen französischen Ausdehnungspolitik hinaus. Frankreich behielt aber nicht allein das Elsaß, sondern verbesserte die zugestandenen Grenzen von 1792 noch erheblich. Es erhielt außer anderem das Viereck in Flandern zwischen Maubeuge und Givet und als Hauptgewinn das Saarrevier nebst Saarlouis und der Stadt Landau. Kriegsentschädigung brauchte Frankreich nicht zu bezahlen, es behielt auch die meisten erbeuteten Kunstschätze.
Dieser milde erste Pariser Friede von 1814 hatte freilich keinen Bestand. Der Gedanke der europäischen Aussöhnung erfuhr rasch eine schwere Erschütterung. Die Weisheit der verbündeten Diplomaten hatte den großen Kriegskaiser Napoleon als Fürsten von Elba in einen Ruhestand versetzt, der von diesem nur als einstweilig hingenommen wurde. Während die Sieger um die Beute feilschten, während der Wiener Kongreß tanzte, liebelte, intrigierte, sich spaltete und verzankte, kehrte Napoleon noch einmal nach Frankreich zurück; noch einmal entfaltete er die Trikolore der großen Revolution, noch einmal rief er zum Kampfe – er vertraute auf seinen ungebrochenen Genius

Deutsches Flugblatt aus dem Jahr 1814

und die Uneinigkeit seiner Gegner, er sprach nun auch wie die anderen von der Freiheit und der Unabhängigkeit der reif gewordenen Nationen. War es ein Wunder, daß viele Franzosen ihm glaubten – nach allem, was er aus ihnen gemacht hatte? Aber England war entschlossen, ihn nicht zu dulden, auch Preußen nicht, auch Rußland nicht. Europa drohte, ob der Beute von neuem zu zerfallen. Aber die Rückkehr des Kriegsgottes zwang dieses Europa zur Einigkeit und Tatkraft. Napoleon verlor die Schlacht von Waterloo. Die Engländer und die Preußen, seine unversöhnlichsten Feinde, wirkten zusammen bei diesem Siege, der einer großen Epoche den Abschluß und den Sinn verlieh. In Deutschland hieß diese Schlacht lange nach dem Namen, den ihr Blücher

Die Neuverteilung Europas auf dem Wiener Kongreß

gab – die Schlacht von Belle-Alliance. Vielen guten Deutschen und vielen guten Briten galt der Name des kleinen belgischen Gehöftes als ein Symbol »schöner Bundesgenossenschaft«, als ein Symbol notwendiger Zusammenarbeit, notwendigen geistigen Austausches, zum Besten Europas, zum Besten der Welt. Die Waterloo-Idee bedeutete die endliche Versöhnung Mitteleuropas mit dem Westen.

Der zweite Pariser Friede (1815) fiel etwas härter aus als der erste (1814). Frankreich sollte nun dafür büßen, daß sich die Mehrzahl der Franzosen noch einmal zu Napoleon bekannt hatte. Belgien erhielt eine verbesserte Grenze, Saarlouis und das Saargebiet kamen an Preußen, Landau an Bayern. Die Kriegsentschädigung von 700 Millionen Franken war mäßig, Frankreich hat sie tatsächlich nicht gezahlt. Ein kleines Gebiet im Nordosten Frankreichs erhielt Besatzung auf fünf Jahre. Der größte Teil der von Napoleon erbeuteten Kunstwerke fand nun den Weg zurück. Das französische Selbstgefühl empfand diesen zweiten Pariser Frieden als ehrenrührig – die Grenzen des ersten Pariser Friedens, dann aber die sogenannten natürlichen Grenzen wurden das Ziel der französischen Außenpolitik. Deutschland hatte nur deutschsprechende Gebietsteile zurückgewonnen, viele deutschsprechende Bezirke blieben bei Frankreich. Einer wirklichen Versöhnung der beiden großen Völker stand also eigentlich nichts im Wege. Frankreich besaß die ungeheure Überlegenheit der geschlossenen nationalen

Form – dies war das Ergebnis der großen Revolution, die napoleonische Zeit hatte die Wucht des französischen Nationalgeistes nur verstärken können, ja sie hatte erst gerade die deutsch, flämisch, bretonisch, italienisch, korsisch oder katalanisch sprechenden französischen Staatsbürger zu Franzosen gemacht.
Wie stand es nun um die deutsche Nation? Der deutsche Volksgeist regte sich mächtig. Die Wiederherstellung von Kaiser und Reich in erneuter kräftiger Form war die volkstümliche Forderung des Tages – Dichter und studentische Freiheitskämpfer, Reichsstädter und Philosophen, Kaufherrn und Handwerksmeister wünschten sich diese Lösungen, sie waren, wie üblich im Vaterlande, nicht einig über die endgültige Form. Der Freiherr vom Stein zermarterte seinen Kopf, um eine Befriedigung dieser patriotischen Wünsche zu finden. Einer seiner zahlreichen Entwürfe sieht die Teilung Deutschlands in ein dauernd verbündetes norddeutsches und ein süddeutsches Kaisertum vor, er nimmt damit sehr alte und tief berechtigte Motive der deutschen Entwicklung auf. Die wirklich mächtigen Faktoren der europäischen Politik verhinderten aber die Bildung einer starken deutschen Reichseinheit oder Reichszweiheit. Weder Rußland noch Österreich, noch Frankreich, noch – Preußen konnten diese Zusammenballung mitteleuropäischer Kräfte in ihrem eigenen Interesse wünschen. Metternich wollte Österreich, nicht das deutsche Reich – er wollte eine geschlossene donaustaatliche Macht, ganz bewußt gab er die schwer zu haltenden Außenposten, wie die südlichen Niederlande und die rheinischen Besitzungen und Interessen des Hauses Habsburg-Lothringen preis. Wegen der Rheinlinie war der alte Gegensatz zwischen den Häusern Habsburg und Bourbon so schwer zu unterdrücken gewesen – für Österreich konnte die Zusammenarbeit mit Frankreich jetzt leicht und nutzbringend werden. Denn Österreich hatte mit Preußen und mit Rußland als Wettbewerbern zu rechnen. Metternichs Österreich duldete die Stärkung der Mittelstaaten in Deutschland – warum auch nicht, wenn die Wiederherstellung des Kaisertums aufgegeben wurde? Die alten zu Königreichen angeschwollenen Kurfürstenhäuser mit ihren Beamten und Hofleuten waren die besten Verbündeten gegen ein starkes Reich und gegen – den preußischen Ehrgeiz. Dieses geschlossene, mächtige Österreich der nachnapoleonischen Zeit verneinte nichts stärker als die Idee der Nation; wer den aufstrebenden deutschen Nationalismus befriedigte, der mußte auch mit dem Nationalismus der Italiener, Tschechen, Slowaken, Slowenen, Ungarn, Kroaten, Rumänen, Polen und Ruthenen rechnen. Metternich wußte, warum er den Nationalismus nicht brauchen konnte – er war für ihn gleichbedeutend mit der Revolution. Und der Wiener Kongreß, dem Metternich, der Besieger Napoleons, präsidierte, mußte der Gegenrevolution in Europa die Stätte bereiten.
Neben Metternich spielte die hervorragendste Rolle in Wien der Vertreter Frankreichs, der alte Schlaukopf Talleyrand, er nahm an allen wichtigen Verhandlungen über die neue Gebietsverteilung teil und vermochte so den Einfluß des neuen royalistischen Frankreich, das doch keinesfalls für die Verbrechen Napoleons verantwortlich war, zu begründen. Der Freiherr vom Stein hielt sich nur als Privatmann in Wien auf. Die preußischen Interessen waren von Hardenberg und Humboldt vertreten, die aber wenig einträchtig zusammenarbeiteten. Der Zar Alexander stach persönlich alle anderen Fürsten aus, war aber an Wendigkeit und Geschäftserfahrung dem Fürsten Metternich nicht gewachsen. Viscount Castlereagh dagegen, der Hauptvertreter Eng-

lands, bewährte sich als ein ausgezeichneter, ebenbürtiger Mitspieler – der aufbrechende englisch-russische Gegensatz, der die Epoche auch weiterhin bezeichnet, brachte die Annäherung Englands an Österreich und damit an das geschlagene Frankreich hervor, die für den Ausgang des Kongresses so bedeutungsvoll geworden ist. Der Hauptstreitpunkt war praktisch die polnisch-sächsische Frage. Zar Alexander wünschte ganz Polen in Personalunion mit Rußland zu vereinigen – er sah darin eine Wiederherstellung und freiheitliche Wiedererweckung der polnischen Nation. Preußen verlangte für sich ganz Sachsen, und wenn ein Rheinbundstaat sein Gebiet verwirkt hatte, so war es das sächsische Königreich. Preußen bestand aber auch auf der ihm zugesagten Verbindung zwischen seinen Kernlanden und Ostpreußen – diese Verbindung lief durch polnisches Land. Österreich war gleichfalls nicht geneigt, seine polnischen Gebiete aufzugeben, es setzte sich ferner aus dynastischen und katholischen Interessen für die teilweise Erhaltung Sachsens ein; Frankreich und England stellten sich auf die österreichische Seite, aus verschiedenen Gründen – sie wollten weder Rußland zu mächtig werden lassen noch Preußens alten Nebenbuhler Sachsen missen. England insbesondere wünschte eine starke preußische Stellung am Rhein, während Preußen, ebenso wie Österreich, eine geschlossene Ländermasse im östlichen Mitteleuropa vorgezogen hätte. Die Gegensätze zwischen der russisch-preußischen Gruppe einerseits und der österreichisch-westmächtlichen Gruppe andererseits führten unmittelbar zu Kriegsdrohungen und zur Gefahr des Auseinanderfallens des Kongresses. Die Zwischenlösung konnte bloß für den Augenblick befriedigen. Nur ein Teil von Polen wurde mit Rußland in Personalunion als Königreich Polen vereinigt – das sogenannte Kongreßpolen mit der Hauptstadt Warschau; Österreich behielt sein Königreich Galizien, Preußen behielt Westpreußen nebst Danzig und Thorn sowie das sogenannte Großherzogtum Posen; Krakau wurde ein Freistaat unter österreichischem Protektorat, er sollte nun die polnische Unabhängigkeit symbolisieren; Garantien für innere Freiheit und Kulturautonomie der Polen standen bei allen Teilungsmächten in Aussicht. Niemand konnte aber daran zweifeln, daß Polen tatsächlich von neuem geteilt worden war, und diese Teilung wirkte in derselben Weise wie die früheren, als eine Belastung und Bindung für die Teilungsmächte.

Der größere Teil von Sachsen kam nun an Preußen, aber das Königreich erhielt sich, gebietsmäßig klein, wirtschaftlich und geistig aber als eine gewichtige Macht, mit Leipzig als Mittelpunkt des deutschen Buchhandels, mit dem bedeutenden Industriegebiet. Reichlichen Ersatz fand Preußen im Rheinland – aus altangestammtem und altbegehrtem sowie aus geistlichem Besitze entstand das sogenannte Rheinpreußen. Mit dem preußisch gewordenen Westfalen zusammen bildete es von nun an die Westhälfte des preußischen Staates, an Kultur, Beweglichkeit und deutscher Überlieferung der Osthälfte fühlbar überlegen. In demselben geschichtlichen Augenblicke, in dem Österreich sich aus dem eigentlichen Deutschland zurückzog, wuchs Preußen widerwillig in das beste älteste Deutschland hinein. Rheinpreußen, Rheinbayern, Rheinhessen reihten sich so an der deutschen Westgrenze auf, um mit dem Königreich der Niederlande die Verteidigung Mitteleuropas gegen etwaige neue französische Angriffe zu übernehmen – dem englischen Plane entsprechend. Ähnlich wie Altpreußen von Rheinpreußen, so war die Hauptmasse des Königreichs Bayern von der Rheinpfalz getrennt. Vergebens hatte sich Bayern bemüht, das Zwischenland mit der Hauptstadt

Frankfurt zu erwerben. Frankfurt wurde wieder eine freie Stadt und setzte seine große Überlieferung als deutscher politischer Mittelpunkt fort, indem es den Bundestag beherbergte; Bayern gab Tirol, Salzburg und das Innviertel an Österreich zurück, dafür wurde es reichlich in Franken, Schwaben und der Pfalz entschädigt. Hannover, nunmehr Königreich, rundete sich durch Ostfriesland und Hildesheim ab, ehemals preußische Gebiete, was immerhin in Berlin einen Stachel zurückließ. Schwedisch-Vorpommern kam aber endlich auf diese Weise mittels eines verwickelten Tauschverfahrens an Preußen. Eine schwere Enttäuschung für Bayern war, daß Baden das altpfälzische Heidelberg zu behaupten verstand. Auch die Festung Mainz entging den Bayern. Sie kam zu Hessen-Darmstadt und wurde deutsche Bundesfestung. Hessen-Darmstadt und das Herzogtum Nassau erhielten sich, ja wußten noch Gewinne zu erzielen. Beide Mecklenburg, Oldenburg und Weimar ernteten als Dank für die patriotische Haltung ihrer Dynastien die Erhebung zu Großherzogtümern, während Hessen-Kassel eigensinnig am Kurfürstentitel festhielt. Neben Frankfurt erhielten nur Lübeck, Bremen und Hamburg wieder ihre Stellung als Freie Städte. So sah Deutschland nun aus – eine Staatengesellschaft souveräner Herren – nicht so bunt und widersinnig wie in der Zeit vor der Französischen Revolution, aber doch kein Reich, keine auch nur fiktive Einheit – nichts, was der Reife und der Leistung der deutschen Kulturnation irgendwie entsprochen hätte.

Der Deutsche Bund

Die Diplomaten und regierenden Häupter Europas bescherten den Deutschen als ihre zukünftige Staatsform den Deutschen Bund. Weder ein Wahlkaisertum noch eine Reichs-Kreiseinteilung, noch eine politisch-rechtliche Gleichstellung der beiden deutschen Großmächte hatte sich verwirklichen lassen. An Vorschlägen fehlte es wahrhaftig nicht; gesiegt hat aber der Gedanke Metternichs, sich auf einen mitteleuropäischen Verteidigungsbund zu beschränken. Dieses Gebilde war geschichtlich der Erbe der Rheinbünde, des Fürstenbundes und der sonstigen reichsständischen Assoziationen der Vergangenheit; es verband aber damit die neueren Gedanken der napoleonischen Neuordnung Europas und einer europäischen Friedensunion, wie sie zuerst von Immanuel Kant in seiner Schrift über den ewigen Frieden und dann von zahlreichen deutschen Philosophen und Juristen verlangt worden ist. Der Grundgedanke des Deutschen Bundes war, alle 1806 noch vorhandenen Gebiete des alten Reiches zu Zwecken der Selbstbehauptung zusammenzufassen. Die beiden Großmächte gehörten also dem Deutschen Bunde nur an für die Gebiete reichischen Ursprungs. Die Geschichte des alten Reiches war gekennzeichnet durch das doppelte Moment: ausländische Mächte

griffen in die Reichsangelegenheiten ein, und Reichsstände strebten aus dem Reichsverband heraus. Beide Züge finden sich nun auch in der deutschen Bundesakte. Die beiden deutschen Großmächte standen mit einem Bein in Deutschland, mit dem anderen außerhalb – sie plegten mit dem Deutschen Bunde als Macht zu Macht zu verkehren. Frankreich, Spanien und Schweden, die ehemaligen Eindringlinge, waren nunmehr ausgeschlossen. Als König von Hannover hatte aber der König von Großbritannien Sitz und Stimme im Deutschen Bunde, der König von Dänemark gehörte dem Bunde wegen Holstein an, der König der Niederlande wegen Luxemburg. Dadurch bekam der Bund einen mitteleuropäischen Charakter, er verewigte sozusagen die antifranzösische Waffengemeinschaft des Freiheitskrieges, und viele Zeitgenossen hofften, er werde sich auf diesem Wege weiterentwickeln. Der Gedanke einer europäischen, übernational-konservativen Genossenschaft verknüpfte den Deutschen Bund mit der Heiligen Allianz. Neununddreißig Staaten waren Mitglieder des Deutschen Bundes, er war unauflöslich, neben der Erhaltung der äußeren und inneren Sicherheit verfolgte er das Ziel die Wahrung der Unabhängigkeit und Unverletzlichkeit der einzelnen deutschen Staaten. Österreich führte als Präsidialmacht den Vorsitz im Bundestag in Frankfurt. Stein hatte sich diese Körperschaft als eine ständische Vertretung des deutschen Volkes selbst gedacht und dafür den Namen geprägt, der nun weiter nichts als einen ständigen Gesandtenkongreß im alten Regensburger Stile bezeichnete. Die ganze Bundesakte trug obrigkeitlichen, dynastischen Charakter. Der ursprünglich entschiedener formulierte berühmte Artikel 13 der Bundesakte besagte in recht unbestimmter Weise, daß »in allen Bundesstaaten eine landständische Verfasssung stattfinden« sollte. Das vorgesehene Bundesgericht wußte Bayern zu Fall zu bringen; die Bundeskriegsverfassung sollte später durch Vereinbarung ausgebaut werden.
Die laufenden Geschäfte des Bundes führte ein engerer Rat, in dem die elf größeren Staaten je eine Stimme, die übrigen Staaten zusammen sechs Stimmen hatten. Das Plenum mit siebzig Stimmen entschied nur über die lebenswichtigen Fragen des Bundes, also Verfassungsänderungen, Kriegserklärungen und Friedensschlüsse. Dafür war Zweidrittelmehrheit vorgeschrieben. Der Bund besaß das Gesandten-, Kriegs- und Vertragsrecht; Bündnisse seiner Mitglieder gegen die Sicherheit des Bundes oder gegen Einzelstaaten sowie Sonderverhandlungen im Kriegsfalle waren verfassungsmäßig ausgeschlossen. Dies bedeutete immerhin einen Fortschritt gegenüber den chaotischen Zuständen der Spätzeit des alten Reiches. Die Einigkeit zwischen den deutschen Großmächten schien gesichert, die Verbindung ehrgeiziger deutscher Staaten mit dem Auslande zum Zwecke eigener Machtvermehrung schien unmöglich. Die Großmachtstellung Preußens, die Bedeutung Bayerns und der anderen Emporkömmlinge, die verzichtende Haltung Österreichs waren aber gerade die Ergebnisse des Reichszusammenbruchs, auf dem der Deutsche Bund beruhte. Hier lag eine bedenkliche Belastung für seine Zukunft. Die Bundesakte wurde in die Wiener Schlußakte (1820) aufgenommen – damit übernahmen die europäischen Teilnehmer der Schlußakte eine Art Bürgschaft für den Bund; das erinnerte unerfreulich an die seit den Westfälischen Frieden rechtlich möglichen Einmischungen des garantierenden Auslandes in deutsche Verhältnisse. Trotz preußischen Widerspruches schickten England, Frankreich und Rußland ständige Gesandte an den Frankfurter Bundestag, der seinerseits in den Hauptstädten dieser Großmächte diplomatisch nicht vertreten war.

Dies war nun das Ergebnis des großen Freiheitskrieges gegen Napoleon. Die Deutschen erlitten dasselbe Schicksal wie die Italiener, die Polen und andere slawische Völker. Nur im Geiste gab es eine deutsche Volkseinheit. Politisch blieb Deutschland gespalten, das aufstrebende Bürgertum wirkte bei der Neuordnung nicht mit. Die Dynastien galten mehr als die Stämme, die Diplomaten mehr als die Patrioten, die Sonderinteressen mehr als das große Ganze.

XV. Die Restauration in Deutschland

Der Nationalgedanke und seine Gegner – Die deutsche geistige Kultur – Geschichte, Natur, Philosophie als Mächte des neuen deutschen Lebensgefühles – Die geistig reifsten Kräfte in Deutschland sind national – Die politisch Mächtigsten sind antinational – Fürst Clemens Metternich – Turner und Burschen – Das Wartburgfest – Die Demagogenverfolgung – Der Deutsche Bund ist verhaßt bei der denkenden bürgerlichen Mittelschicht, beliebt bei allen reaktionären Führern des Partikularismus, bequem für alle außerdeutschen Kabinette – Er ist sachlich impotent und läßt sich zum Büttel des Systems Metternich erniedrigen – Er vertritt aber etwas Universelles und Mitteleuropäisches, wenn auch in passiver Form, er dient einer konservativen Rechtsidee, er ermöglicht viel nützliche Arbeit des Beamtentums und mancherlei höfisches Kulturwerk – Er bedeutet eine Episode, die den ungeduldigen Patrioten zu lang erschien – Er ermöglicht das Erstarken der deutschen Wirtschaft und das Ausreifen des politischen Denkens – Die Schicht, die sich in Deutschland des Liberalismus bemächtigt, ist politisch kraftlos, gesellschaftlich ohne Einfluß und wirtschaftlich unentwickelt – Die tatsächliche Überlegenheit der aristokratischen Oberschicht ist in Deutschland nicht gebrochen, sie überlebt alle napoleonischen Neuschöpfungen – Die arrivierte bürgerliche Mittelschicht ist stets zur Zusammenarbeit mit der ungebrochenen Oberschicht bereit – Von daher stammt die Entfremdung zwischen dem westeuropäischen und dem mitteleuropäischen politischen Denken

Der Nationalgedanke

Das deutsche Volk fand sich zum nationalen Selbstgefühl zuerst durch den deutschen Geist. Deutsche Sprache, deutsche Musik, deutsche bildende Kunst, deutsches Denken – das waren ergreifende Wirklichkeiten des deutschen Lebens. Das Schaffen und Ringen um geistige und künstlerische Werte formte neue Gruppen, verband hochgesinnte Menschen untereinander, erhielt ihnen in den Drangsalen der Epoche, in Zeiten der Verfolgung, der Verarmung, ja des Hungers das seelische Gleichgewicht. Die Deutschen wurden durch den Geist ein mutiges und ernsthaftes Volk – noch mehr, als sie es je vorher gewesen waren. Sie wußten einem überwältigenden Schicksale zu trotzen, weil sie etwas Unsterbliches in sich trugen, das mehr bedeutete als die Kanonen des Eroberers. Natur und Vernunft waren die beiden großen Lebensideale der Aufklärung gewesen. Die große Revolution hatte von Frankreich aus den Versuch gemacht, durch Natur und Vernunft eine neue, bessere Welt aufzubauen. Diese Welt sollte menschlich sein – sie sollte der Gesamtheit, also auch der von unten aufstrebenden Schicht, ein angemessenes, würdiges friedliches Dasein sichern. Der Traum der allgemeinen Wohlfahrt, der Menschenfreundlichkeit, der Weltbeglückung sollte sich verwirklichen. Die große Revolution war aber dabei gescheitert. Sie endete in Welttyrannis, Verwüstung, Zerrüttung und Blutopfern ohne Vorgang. Natur und Vernunft wandelten sich durch solches Erlebnis zur Idee der Freiheit und des Volkstums. Die Brüderschaft aller Menschen war zerbrochen an dem erneuten Versuch der Aufrichtung einer Weltherrschaft. Man mußte sich begnügen mit einer bescheideneren Einheit, man mußte versuchen, innerhalb ihrer Schranken das Beste für alle zu erreichen. Diese kleinere Einheit war die Nation. Der Sieger in einem großen Weltkonflikt pflegt die Besiegten von der Vortrefflichkeit seiner staatlichen Einrichtungen zu überzeugen. Solange Napoleon triumphierte, ahmte der ganze Kontinent freiwillig-unfreiwillig die französische Verwaltung, das französische Recht nach. Dies geschah auch in Deutschland, überall, natürlich mit den ethnisch und örtlich gebotenen Abwandlungen. Nun waren Frankreich, Napoleon, die große Revolution besiegt. Der Sieg war nur möglich gewesen durch England, durch seine unerschütterte Macht, seine unerschöpflichen Hilfsquellen. Die Heere des europäischen Kontinents waren durch die englischen Subsidien in Marsch gesetzt worden, England war unter allen Mächten der größte Gewinner an Land und Ansehen am Ende der napoleonischen Epoche. Es war also

Der »Spießbürger«

sehr natürlich, daß sich der Kontinent mit den englischen politischen und sozialen Einrichtungen befaßte, die eine solche Leistung ermöglicht hatten. Nur die Geschichtskenner wußten, wieviel Englisches auch in der großen Französischen Revolution steckte. Jetzt legte sich das erneute königliche Frankreich eine Verfassung zu, die man für eine glückliche Anpassung des englischen Vorbildes an die französischen Bedürfnisse hielt. Auch in Deutschland studierte man eifrig die englischen Einrichtungen. Aber es wäre ein großer Irrtum zu glauben, der anschwellende Wunsch der deutschen Volksmänner, zu verfassungsmäßigen Zuständen zu kommen, bedeute eine unselbständige Nachahmung ausländischer Einrichtungen. Ständische Einrichtungen waren urdeutsch, sie entsprachen altgermanischen Bräuchen – der Absolutismus, der Polizeistaat wirkte demgegenüber als eine fremdartige, orientalisch-lateinische Erscheinung. Landstände hatten sich ja auch in einzelnen deutschen Ländern wie Württemberg und Mecklenburg bis dahin erhalten. Die Frage war, ob es gelingen würde, diese altständische Überlieferung nun der neuen gesellschaftlichen Schichtung parlamentarisch anzupassen. Diese Schichtung verdankte ihre jüngste Form dem aufstrebenden Bürgertum: es war in Deutschland der Hauptträger der neuen geistigen Bildung, es errang sich wirtschaftliche Unabhängigkeit durch Technik und Organisation, es sammelte sich durch seinen beweglichen arbeitgebenden Kapitalbesitz Macht und Einfluß – selbstverständlich verlangte es nun auch seinen Anteil an den Staatsgeschäften.

Der Liberalismus

Diese bürgerliche Klasse nannte sich auch in Deutschland nach dem aus dem spanischen Bürgerkrieg geläufigen Parteinamen »liberal«. Das Wesen des deutschen Liberalismus wird am besten bezeichnet durch seinen tiefen Gegensatz zum dynastischen Obrigkeitsstaat. Er wollte durchaus nicht den Umsturz, er glaubte aus Gründen der Erfahrung, der Psychologie und des geschichtlichen Instinktes nicht an die Zerstörung als eine notwendige Voraussetzung des Neuaufbaues, sondern an den politisch-moralischen Fortschritt durch Reform. Nach Stil und Rhythmus wurzelte der deutsche Liberalismus in der klassischen Literatur und Philosophie, er bezog sich gerne auf Kant, auf Goethe, auf Wilhelm von Humboldt. Was er bekämpfte, stand deutlich vor aller Augen – die Privilegien der alten herrschenden Klasse; was er verlangte, war einfach – die Teilnahme der Staatsbürger an der politischen Verantwortung und die Garantie dafür in einer geschriebenen Verfassung. Die schriftliche Niederlegung war ein sehr wesentlicher Punkt. In England war die Verfassung gewachsen, ohne Bruch und ohne juristische Eindeutigkeit. Sie brauchte nicht »geschrieben« zu sein. Auf dem Kontinent war das unmöglich, das Mißtrauen der Beherrschten war zu groß, es hatte zu viele Umwälzungen gegeben, die geschichtliche Linie war längst zerbrochen. Wer einen neuen Staat wollte, mußte sich klar sein über das Fundament und den Bauplan. So kam es, daß der Kampf des deutschen Bürgertums um einen freien Volksstaat vor allem ein

Kampf um die geschriebene Verfassung wurde. Die Mehrzahl der bildungsoptimistischen Deutschen hoffte zu diesem Ziele auf dem Wege der vernünftigen Vereinbarung zu gelangen; darin lag eine gefährliche Unterschätzung der alten Mächte. Die Kampfstellung des Bürgertums verwickelte sich ferner durch die ausgesprochen antirevolutionäre Haltung des deutschen Nationalismus. Liberalismus und Nationalismus kamen aus dem gleichen Mutterboden, gerieten aber in unvermeidliche Spannung. Je mehr der Liberalismus sich enttäuscht sah von der unbelehrbaren Haltung der alten Mächte, desto mehr neigte er notgedrungen dem revolutionären Gedanken zu, desto mehr mußte er sich radikalisieren. Der Nationalismus in Deutschland hatte an sich die gleichen Gegner – den Großmachtsegoismus von Österreich und Preußen, das empfindliche partikularistische Selbstgefühl der emporgekommenen Einzelstaaten; da der Nationalismus aber das Ausländische haßte, da er den Juden, den Revolutionären, den Weltbürgern alles Böse zutraute, zeigte er sich schließlich doch dazu bereit, mit den antirevolutionären Machtfaktoren zusammenzugehen.
Die deutschen Freiheitskämpfer kehrten heim und fanden die Armut an ihrem Herde sitzen. Seuchen und eine böse Hungersnot zerrütteten das Land. Die fremde Aussaugung wirkte jetzt erst völlig durch. Die während der Kontinentalsperre in Deutschland entstandenen Industrien brachen schnell wieder zusammen aus Mangel an Rohstoffen und weil die aufgestapelten englischen Waren das Land überschwemmten. Man mußte froh sein, die Erzeugnisse dem großen englischen Kriegsgläubiger abnehmen zu können, der sich so seine Subsidien zurückbezahlen ließ; Schutzmaßnahmen dagegen schienen zunächst ausgeschlossen. Harte Arbeit wartete auf alle; wer um die einfachsten Lebensbedürfnisse und Bequemlichkeiten ringen mußte, wie der Deutsche von damals, der konnte bald etwas einbüßen von dem Schwunge und dem Hochgefühl der vaterländischen Erhebung. Man begreift ganz gut, daß sich recht viele abwandten von den öffentlichen Geschäften, die ja bei den Staatsleuten doch ordentlich aufgehoben waren, und sich entsagend den Tagespflichten widmeten. Die ästhetische und wissenschaftliche Bildung bot den erwünschten geistigen Ausgleich, wenn das kleinliche Einerlei ermüdete.

Die ästhetische Kultur

Fremd und beinahe unheimlich wie der eines Zauberers stand noch Goethes großer Name über der Zeit. Er war über sie hinausgewachsen, er folgte nur noch seinen eigenen Gesetzen, abgekehrt von Nörglern und Bittstellern, der Herr seines Werkes und seiner Welt, vertraut mit allen Urkräften der Natur und der Kulturentwicklung. Ruhig in seinem Wandel, wie ein Gestirn des Kosmos, ließ er den Alltag, den Unverstand, das jeweilige Tagesereignis nicht den heiligen Kreis seiner Arbeit berühren, und so vollendete er ein wundersames Dasein, das er bis in die späten Jahren mit allen Sinnen, aber auch mit der ironischen Weisheit eines umfassenden Gefühls zu leben verstand. Die Zeitgenossen gewahrten nur die Maske eines Patriziers und Sammlers und weima-

rischen Staatsministers – die Nachwelt erst reifte der wahren Erkenntnis seines Vermächtnisses entgegen.
Nicht die Schriften Goethes sind geschichtlich bezeichnend für die Epoche – sondern die Bemühungen der vielen Kleineren neben und unter ihm. Es war eine Zeit der literarischen Talente – das Verseschmieden und die Jambendramen gehörten zum Zubehör gehobener Geistigkeit. Aber viel Edles, Feines und Kluges entstand – die schwäbische Dichterschule etwa gewann ihre Kraft aus den einfach echten Verhältnissen, unter denen sie schuf. Neben den wackern Uhland traten Gustav Schwab, Justinus Kerner und Eduard Mörike. Keiner wußte so angenehm und gruselig, so heiter und tiefsinnig zu erzählen wie der phantasiebegabte Schwabe Wilhelm Hauff. Adalbert von Chamisso, ein Emigrant aus Frankreich, der Schlesier Joseph von Eichendorff, Graf August von Platen schenkten der deutschen Lyrik ihr Bestes an Naturbeobachtung, Liebessehnsucht, Wanderlust, Geschichtsversenkung – oft leicht und anspruchslos in der Volksliedweise oder, wie bei Platen, kunstvoll geschmiedet, ausgerundet und gedankenschwer. Es war eine Begnadung eigener Art, daß der deutsche Geist im gleichen Augenblick eine Lyrik schuf, in dem die deutsche Musik zur Vertonung bereit war. Auch die Lieder der vielen kleineren Dichter sind durch Beethoven und Schubert dem deutschen Bürger zum Hausschatz geworden. Die ältere deutsche Dichtung der Klopstock und Wieland hatte einen protestantischen Charakter getragen, der auch für Schiller und selbst Kleist noch bezeichnend ist. Die deutsche Musik fand im katholischen Österreich mehr als sonstwo Stätte und Pflege, Hof und Aristokratie kümmerten sich hier um die ringenden Meister, von Wien strahlte die Musikpflege aus über ganz Süddeutschland zum Rhein. Der sprödere und kritische Norden folgte nur allmählich. Die deutsche Philosophie, die gleich der Dichtung von geborenen Schwaben die stärksten Antriebe erhielt, gedieh aber am besten und reinsten in der norddeutschen Luft. Das katholische Deutschland versperrte sich dieser heidnisch-griechischen Betätigung. Umgekehrt gab es wohl eine Reihe von lokalen Malerschulen auch in Norddeutschland, besonders in Hamburg. Echt und herzhaft gediehen die bildenden Künste aber vorweg im Süden und am Rhein. In der Literatur suchte sich Österreich seinen eigenen Weg. Nikolaus Lenau († 1850) gehört zu den stärksten Begabungen der deutschen Lyrik, Franz Grillparzer († 1872) griff nach dem höchsten Lorbeer der dramatischen Kunst – ein Meister der Sprachform wie wenige, aber in seinem Schaffen durch persönliche Momente und Zeitumstände zu gehemmt, um ganz von seinem Werke zu überzeugen. Der regionale Charakter des deutschen künstlerischen Schaffens ist auch eine der Folgen der Glaubensspaltung und des dynastischen Partikularismus. Es war natürlich, daß aus dem Stammessondertum Eigenartiges und Wurzelechtes aufsproßte – der Mangel an beherrschenden literarischen Zeitschriften, an maßgebenden Bühnen machte es dem Künstler schwer, in ganz Deutschland durchzudringen. Die fürstlichen Mäzenaten dachten begreiflicherweise zunächst an den Glanz ihres eigenen Hofes und Landes. Gesamtdeutsch, altdeutsch und sogar römisch-universalistisch versuchte die Malerschule der sogenannten Nazarener zu werden – jene vom Geist der Romantik geweckte und befruchtete Künstlergenossenschaft der Meister Overbeck, Cornelius, Philipp Veit, deren religiös-historische Freskomalerei den Wettbewerb mit den größten Meistern der alten Kunstentwicklung aufnahm. Schlichter und fröhlicher, irdischer und sinnenfroher gab sich die Düsseldorfer Malerschule. Der Neuhumanismus

Deutsches Familienidyll des Biedermeier

der Klassiker erweckte besonderen Sinn für die Bildhauerei. Hier führte Berlin – Gottfried Schadow und Christian Rauch bemühten sich, den griechischen Kunstkanon mit den Bedürfnissen des preußischen Realismus zu versöhnen. Auch die Architektur rang um die Anpassung antiker Formen an die Wohn- und Regierungsweise des Nordens. Die Romantik betonte demgegenüber das Altdeutsche und brachte eine neue gotische Mode hervor. Am selbständigsten und geschmackvollsten zeigte sich die Biedermeierzeit (1820–1840) bezeichnenderweise bei der Lösung der kleineren Aufgabe der Ausstattung der bürgerlichen Wohnstube. Da gesellte sich zum runden Tisch der massigwürdige Sekretär, in die Zimmerecke schmiegte sich in anmutigem Halbrund die Silbervitrine, der geschweifte Ohrenstuhl lud zur verdienten Ruhe ein. Hartlinig, derbfarbig hingen darüber handwerklich tüchtige Familienbilder. In solchen Räumen tranken die gebildeten Bürger der Zeit ihren Tee mit Freunden, denn für üppige Abendessen altväterischen Stiles waren die Nachkriegszeiten zu hart. Da wurde gelesen, musiziert, philosophiert – es ging etwas geschraubt und preziös zu, aber die Fragen des Geschmacks, der Kunst, der Humanität, der Weltbildung wurden so ernst genommen, wie es sich gehörte, und jeder, der auf seine Art der Schönheit und der Weisheit zu dienen versuchte, galt als willkommen und genoß das Ansehen, das seiner Leistung und seinem Streben gebührte.

Geschichte, Natur, Philosophie

Kein Lebensgebiet, keine geschichtliche Epoche entging dem Bemühen eines so bildungsgläubigen Geschlechts. Wenn Goethe sich aus den Wirrnissen der napoleonischen Kriegszeit geflüchtet hatte in die gelassene Daseinsfreude des persischen Dichters Hafis, so strebte seine Schülerschar solcher westöstlichen Hedschra und gar mancher anderen faustischen Wanderung nach, auf dem Wege »vom Himmel durch die Welt zur Hölle« durfte es kein unerforschtes Gebiet geben. Schlosser und Rotteck schrieben Weltgeschichte, von einem entschlossenen Gegenwartsstandpunkte aus, wie es sich ziemt. Niebuhr unterwarf die römische Geschichte einem kritischen

Jakob und Wilhelm Grimm (Daguerreotypie)

Scharfsinn, der sich an den Bemühungen der Archäologen und Philologen um die Antike geschult hatte. Das Bedürfnis nach ernster Quellenforschung ergriff jetzt auch die Freunde des deutschen Mittelalters. Schwärmender Enthusiasmus wollte gerade den politisch Selbstbewußten nicht mehr genügen. Hier faßte der Freiherr vom Stein an, hilfsbereit wie immer und angewiesen auf die Beschirmung des deutschen Kulturerbes, da sich ihm die praktische Gegenwart mehr und mehr versagte. Auf seine Anregung entstand die Gesellschaft für ältere deutsche Geschichtskunde, die eine kritisch gesichtete Sammlung der mittelalterlichen Geschichtsquellen veranstaltete, die Monumenta. Erst jetzt war es möglich, die deutsche Kaisergeschichte aus dem Efeugestrüpp von Sage und Legende zu befreien. Der Geist der wissenschaftlichen Forschung ergriff nun alle Nachbargebiete – die Germanistik erblühte unter der Führung der Brüder Grimm, die vergleichende Sprachwissenschaft eröffnete ganz neue Ausblicke in die frühesten Zeiten menschlicher Kulturentwicklung; die ganze Lebensfülle der Vergangenheit – Wirtschaft, Brauch und Sitte, Siedlungswesen – verlangte nach Klärung und Deutung. Auch die Rechtswissenschaft sah sich ergriffen von dieser historischen Betrachtungsweise – sollte sie sich wirklich bescheiden in der Verlebendigung alter Rechtsentwicklung und ihrer Verbundenheit mit den Zeitumständen, oder sollte sie sich doch den »Beruf zur Gesetzgebung«, gegenwärtigen und kommenden Notwendigkeiten entsprechend, als ihre vornehmste Aufgabe wahren? Der Streit darum gehört zu den bezeichnendsten Vorgängen der damaligen deutschen Geisteswelt. Wie entschieden und eifrig hatte sich doch das ausgehende achtzehnte Jahrhundert bemüht um die Festlegung des Reformwillens durch die gesetzgeberische Tat – es wollte das Alte nicht verstehen und bewahren, es zerbrach verrottete Tafeln, denn es hielt schimmernde neue bereit. An der Fülle des geschichtlichen Wissens ermattete nun der theoretische Gestaltungswille dieser beginnenden Friedenszeit. Vergebens forderte der Heidelberger Rechtslehrer Anton F. J. Thibaut ein neues großes gesamtdeutsches Gesetzbuch, zu schaffen aus dem wahren deutschen Geiste. Sein großer Kollege Friedrich Carl von Savigny verneinte die Möglichkeit dazu und vergrub sich selber in die behutsame Erforschung historischer Rechtsentwicklung. Die Wissenschaft war zugleich universal und spezialistisch. Die Urquelle, auf die man zurückging, das Zeitgefühl von ehemals, das man wieder zu beleben versuchte, ermöglichte zugleich eine bewiesene und gefühlte Vergegenwärtigung des Vergangenen. Noch aber blieben diese Forscher verbunden mit dem Grundsätzlichen, sie wünschten ihre Forschungsergebnisse einzuordnen in den Zusammenhang einer Weltansicht. Dieser Pendelschlag zwischen dem greifbar Besonderen und dem erhaben Grundsätzlichen erhielt den Geist lebendig und verlieh den Ergebnissen einen frischen Reiz jugendlicher Schöpferkraft.

Dies gilt auch für die Naturwissenschaften. Der Philosoph Friedrich Wilhelm Schelling († 1854) erging sich in verwegenen und dunklen Naturdeutungen. Unbekümmert darum machte sich die Forschung einmal kräftig an die Ergründung der Vorgänge selbst, überzeugt, damit die beste Vorbereitung letzter Erkenntnisse zu gewinnen. Karl Ritter († 1859) erhob zuerst die Geographie zu einer beschreibenden, die Wirklichkeit nüchtern erfassenden Wissenschaft. Wilhelm von Humboldts älterer Bruder, der Geograph und Weltreisende Alexander, durfte mit besserem Rechte als sonstwer vom »Kosmos« sprechen, waren ihm doch alle Pfade bekannt, die vom Mikrokosmos zum Makrokosmos führten. Noch behauptete die Philosophie ihren Herrscherthron an den deutschen Hochschulen. Die Nachfolge von Immanuel Kant war vielumstritten. Fichte zeigte gegenüber den Zeitmächten eine Empfindlichkeit und Fähigkeit der Anpassung, die manchen an ihm irre werden ließ. Schelling litt beinahe unter der Fülle seiner Visionen, Gefühl und Wille hoben ihn empor über die Vernünftelei der Alles- und Besserwisser – aber es blieb ihm versagt, seinen Reichtum zu bändigen und gangbar auszumünzen. Georg F. W. Hegel († 1831) gelang es noch einmal, die Bildung und die Wissenschaft, die ästhetische Vertiefung und die Staatsnotwendigkeit, die geschichtliche Entwicklung und das Ewige, die deutsche Kultursendung und den Ratschluß des Weltgeistes, die preußische Obrigkeit und den napoleonischen Universalismus zusammenzuzwingen in einem umfassenden System, das nun jedem die Antwort gab, die eine angemessene Frage wert ist. Hier fanden nun Revolution und Gegenrevolution, hier fanden der Krieg als notwendiger Machtschöpfer und der Friede als die fruchtbare Pause zur Wiedergeburt der Kräfte, hier fanden Aktion und Reaktion, Tyrannis und Massenbewegung, Vernunft und Leidenschaft, Natur und Zivilisation, Zerstörung und Aufbau ihre meisterliche Deutung – tief und zugleich unmittelbar packend, verständlich und erregend, maßgebend und aufreizend, denn die volle Wahrheit lag nun nicht mehr im Teil oder auf der einen Seite, sondern im Ja und Nein, im Sowohl-Als-auch, in der Totalität. Hatte also nach diesem System Hegels der Sieger, der Mächtige immer recht? Durchaus nicht, denn der Rebell konnte der Eroberer von morgen sein, wenn er nur Zeit hatte zu warten und die Kraft besaß zur Tat. So mochten von Hegels Weisheit die Jahrhunderte lernen – aus Welle und Gegenwelle, aus Ebbe und Flut erhob sich das Meer seiner Welterkenntnis. Sie beruhigte den Weltbetrachter; aber wer ein wenig vorwärtskommen wollte in der Zeit selber, der mochte sich an ihm ärgern. Das deutsche politische Denken, das deutsche politische Geschehen der Folgezeit ist zu einem guten Teile von Hegel geformt und geprägt worden. Dieses unfertige ringende Deutschland sehnte sich nach der Einheit, der Lösung, dem Ausgleich – also nach der letzten großen Synthesis.

Metternich

Fürst Clemens Metternich (1773–1859) rühmte sich mit einigem Recht, den großen Napoleon besiegt zu haben; der Sieger auf dem Wiener Kongreß war der Meisterdiplomat der Zeit auf jeden Fall. Die Restauration in Deutschland ist Metternichs Glanzzeit. »Der Rhein fließt in meinen Adern«, bemerkte der alte Staatsmann mit wehmütigem Stolz, und seine beste Muße verbrachte er auf dem Schlosse Johannisberg, wo der köstlichste Rheinwein wächst. Der Fürst war aber ein echter Österreicher geworden, bekümmert vor allem um diese seine Schöpfung, den Völkerstaat, das habsburgisch-lothringische Kleineuropa, die Erweiterung und Abwandlung des Mitteleuropa-Traumes. Metternich hatte den Kaiser Napoleon, die große Revolution, die nationalistische Leidenschaft der Freiheitskämpfer genau studiert, auf seine Art, mit der Ruhe des geschulten Naturforschers. Er wußte, daß sein Österreich, der geschlossene Kaiserstaat, mit diesen Ideen nichts zu tun haben konnte. Wirkten noch die Lehren seiner Professoren in ihm nach – jener wohlmeinenden Staatsweisen des achtzehnten Jahrhunderts, die über die europäische Republik und die Pax Christiana, den Frieden der Christenheit, so erbaulich orakelt hatten? Der menschheitsbeglückende Ordnungsstaat, das vorsichtig auskalkulierte und behutsam bewahrte politisch-soziale Kräftegleichgewicht gehörten zum besten Aufklärungserbe. Metternichs spielerische Art, seine galante Lebensführung, seine Bestechlichkeit, sein geistreicher Plauderton bei Geschäften – das war auch achtzehntes Jahrhundert –, es widersprach im tiefsten dem Ethos der Freiheitskriege. Es reizte durch all das die junge Generation, und diese ernsthafte Jugend in Deutschland, Italien, Polen hatte ihren Haß gegen das System Metternich bitter zu büßen. Der Fürst war ein Virtuos der Nüchternheit, er folgte unbeirrt seiner Überzeugung, er war beweglich und gescheit, er hatte es nicht nötig, enthusiastisch hingerissen zu werden. So meisterte er lange Zeit die Epoche – erst zuletzt erstarrte er zu einem dünkelhaften Rechthaber ohne Einfälle, der dann sogar in der Außenpolitik versagte.

Österreich war ein durchaus aristokratisches Land. Wirtschaftlich beruhte es auf dem überragenden Großgrundbesitz der feudalen Schicht, geistig auf der ungebrochenen Macht der römischen Kirche. Das Landvolk war loyal, kirchen- und kaisertreu; das Festhalten am Alten entsprach einem innerlich tief verwurzelten Instinkt. In den Städten regte sich ein aufgelockerter Geist, aber die Landverbundenheit war nirgends gebrochen, selbst in Wien nicht. Der Hof und der bunt zusammengesetzte Hochadel, der mindestens im Winter in der Hauptstadt residierte, beschäftigten den Geschäftssinn und die Neugier der Wiener Bürger ausreichend. Kritik mochte sich nur bei den Akademikern und Literaten regen. Die Musikalität gab dem geselligen und geistigen Leben etwas Bewegtes, Liebenswürdiges, Kindlich-Frisches, hier fanden sich alle Stände fröhlich und kennerhaft zusammen; die Fähigkeit, die guten Dinge des Lebens zu genießen, stumpfte vorhandene Gegensätze ab und verharmloste die Urteilskraft. Die Hauptsache hier war Ruhe, und diese politische Lautlosigkeit bekam im Laufe der Jahre einen beinahe unheimlichen Zug. Der Kaiser Franz biederte sich weiter durch die Nachkriegszeit, er hielt starr fest an allem, was er für Recht und Ordnung hielt. Die Beamtenschaft arbeitete wohlmeinend und im allgemeinen anständig, sie behielt etwas Elastisches und Persönliches, sie nahm auch teil an der erfrischenden Raunzerei des Kaffeehauses – bei den ernsten Fragen der patriarchalischen Staatsgewalt war sie unerbittlich. Für die Armee geschah wenig, die Finanzen blieben wie seit alters ein schwacher Punkt, das Haus Rothschild erwies sich als hilfreich, die Gewerbe konnten nach sich selber schauen. Das Ganze lief langsam, schwunglos, ideenlos im hergebrachten Geleise, Energie entfaltete sich wesentlich in der Abwehr neuer Gedanken. Gewiß wurden Straßen gebaut, die Gendarmen sorgten für Sicherheit, die Zollstellen heimsten so viel ein, als sie konnten, und die Angeber bedienten die Polizei mit schlecht bezahlter Ergebenheit. Wo aber war ein Vorwärtskommen? Wer etwas in sich fühlte, war ganz auf sich selbst gestellt, in der Wissenschaft kamen nur die Naturbeflissenen voran, die schöne Literatur diente durchschnittlicher Unterhaltung, um Grillparzers Ringen kümmerten sich nur wenige. Im Singspiel, im Volksstück der Vorstadttheater kamen die Sehnsucht, die Enttäuschung, der Humor, die stille Hoffnung der ehrlich

Aufstrebenden zu einem denkwürdigen Ausdruck. Die Landtage der Kronländer standen unter adligem und geistlichem Einfluß, sie beschränkten sich auf örtliche Angelegenheiten, öffentlichen Widerhall fanden sie nicht, ihr bescheidener Rat fand selten Beachtung. Metternichs Angst vor jeder Art Volksvertretung zeigte sich in seiner Handhabung der ungarischen Forderungen. Endlich 1825 trat dort der verfassungsmäßige Reichstag zusammen, aber nur um nach zwei Jahren ergebnislos geschlossen zu werden. Der österreichische Kaiserstaat trennte sich während der Restaurationszeit geistig endgültig von Deutschland – Metternich schuf sich hier eine Grundlage für die Beherrschung Deutschlands, Mitteleuropas, ja des Kontinents. Solange der Kaiserstaat reaktionär zusammengezwungen werden konnte, vermochte das System sein Ansehen zu wahren: vom Innerpolitischen her arbeitete also der Staatskanzler an der Betreuung der restaurierten Staatenwelt. Dies ist der Kernpunkt seines geschichtlichen Wirkens.

Turner und Burschen

Österreich war die Präsidialmacht des Deutschen Bundestages – mußte sich Deutschland dem System fügen? In den ersten Jahren hofften viele, daß der Bundestag sich gedeihlich entwickeln werde, entsprechend den Bedürfnissen des Zeitgeistes. Aber bald zeigte sich die völlige Aussichtslosigkeit der Lage. Der Freiheitskampf gegen Napoleon hatte sich ja erst allmählich zu einer deutschen Bewegung ausgestaltet, diese Bewegung wurde getragen von einer Minderheit der Bevölkerung, aber einer sehr lebendigen und jugendfrischen Schicht. Auswüchse zeigte vor allem die Turnerei. Hier kam nach dem großen Siege eine rohe, kraftmeierische Manier auf, alles Fremde, Ausländische, Kultivierte wurde in bramarbasierender Weise angegriffen, plumpe Lieder und Sitten befriedigten den Geschmack eines verstiegenen Teutonismus. Viele gute Patrioten äußerten ihre Bedenken, und die preußische Regierung griff den Zwist mit Befriedigung auf, weil er ihr eine Handhabe bot, gegen die politisch verdächtige Turnerei einzuschreiten. Die Turnplätze wurden geschlossen, viele an sich wertvollen Kräfte verfielen der Lähmung und Verbitterung. Bedeutungsvoller wurde die Gründung und Wirksamkeit der Burschenschaft. Das Studentenwesen stand bis dahin unter dem Zeichen eines wüsten Pennalismus (Schülerhaftigkeit); die Landsmannschaften, aus denen die späteren Korps hervorgegangen sind, vertraten politisch den Partikularismus der Fürstenstaaten, ihre Mitglieder fühlten sich durch die Interessen ihrer Familien und ihrer Laufbahn der dynastischen Obrigkeit verbunden, sie dachten und handelten dementsprechend. Elf Studenten, zumeist Teilnehmer am Freiheitskriege, gründeten nun in Jena 1815 die Burschenschaft. Gedanken von Fichte, Jahn und anderen Führern der Zeit, das Gemeinschaftserlebnis des Lützower Freikorps wirkten maßgebend mit. Das Ziel war die Wiedergeburt Deutschlands als einer Einheit und die Wiedererneuerung des christlichen Geistes; »Freiheit, Ehre, Vaterland« war die Losung, die Farben waren Schwarz-Rot-Gold, die schon die Lützowschen Jäger getragen hatten –

eine Zusammenfügung der zwei Farben und des Metalls, wie sie sich im alten Reichsadlerbild fanden. Eine dreifarbige Fahne hatte es natürlich nicht im alten Reiche gegeben, die Trikolore entsprach dem liberaldemokratischen Bedürfnis, sie bedeutete das Bekenntnis zur Revolution in deutscher Abwandlung, zur Befreiung und Gleichberechtigung des dritten Standes. Schwarz-Rot-Gold war, wenn auch heraldisch in der Reihenfolge nicht korrekt, das der Überlieferung entsprechende Farbensymbol, wenn es schon einen deutschen Dreifarb geben sollte.

Es bildeten sich schnell zwei Gruppen in der Burschenschaft, die strengeren Altdeutschen und die milderen Lichtenhainer. Unmittelbare politische Betätigung lag der Burschenschaft im Anfang fern – sie war wesentlich an den studentischen Fragen interessiert, sie dehnte sich programmäßig an einzelnen Universitäten über die gesamte Studentenschaft aus, beschränkte ihre Wirksamkeit aber auf die protestantischen Universitäten – so erhielt sie von Anfang an einen antiösterreichischen Charakter und mußte die Verwirklichung ihrer Ideale von den überwiegend protestantischen Mächten erwarten. Christlich-germanische Ideen kamen auch in einer Reihe von aufsehenerregenden Presseorganen zum Ausdruck, unter denen die von den Jenaer Professoren Luden und Oken herausgegebenen am bemerkenswertesten waren. Die weimarische Regierung zeigte sich duldsam gegenüber allen diesen Bestrebungen. So fand auf sachsen-weimarischem Boden auch das Wartburgfest am 18. Oktober 1817 (bei Eisenach,

Das revolutionäre Wartburgfest der deutschen Studenten am 12. Juni 1848

Thüringen) statt. Burschenschafter und Turner luden zu einer Feier der Reformation und der Leipziger Völkerschlacht ein, dabei sollten Angelegenheiten der Burschenschaft zur Behandlung kommen. Zwölf Universitäten waren vertreten, alle Behörden nahmen teil, die offizielle Feier verlief würdig und angemessen. Ein Festgottesdienst, ein Festmahl fanden statt. Am Abend aber folgte eine Art politische Orgie – auf Anregung wahrscheinlich von Jahn veranstalteten die Burschen nach dem Fackelzug ein gewaltiges Feuer, in dem sie reaktionäre, als undeutsch angesehene Bücher verbrannten, dazu als Symbole des militaristischen Obrigkeitsstaates einen Korporalstock, einen Haarzopf und einen Schnürleib. War dieses Feuergericht mehr als ein wilder Studentenstreich? Die betroffenen Autoren beschwerten sich so lebhaft, daß die Behörden den Zwischenfall nicht wohl übersehen konnten. Der eigentliche Sinn des Vorgangs war die beginnende Politisierung der Burschenschaft, der Teutonismus erfaßte sie und versuchte sie hineinzureißen in eine Bewegung, die den Regierungen als revolutionär erscheinen mußte. Dieser Eindruck verstärkte sich durch die Ermordung des russischen Staatsrats August von Kotzebue in Mannheim. Kotzebue war ein talentierter Lustspieldichter im Durchschnittsgeschmack, er bekämpfte die Ziele der Burschenschaft in seiner reaktionären Zeitschrift, dem Literarischen Wochenblatt, und arbeitete als einer der tätigsten Agenten der Heiligen Allianz, wie sie der Kaiser von Rußland sich allenthalben hielt. Der Mörder Karl Ludwig Sand gehörte in Jena zu den »Unbedingten«, einer von dem Privatdozenten Karl Follen geleiteten Gruppe der Burschenschaft, die den politischen Kampf mit terroristischen Mitteln, also mittels Aufruhr, Mord und jeder Art von Gewaltsamkeit, gegen die bestehenden Mächte führen wollte. Es war gewiß eine kleine Minderheit, aber sie zeigte sich sehr tätig, Sands Tat war das Ergebnis einer Verschwörung, andere Verschwörungen, ein weiteres Attentat fanden statt. Sand wurde in Mannheim öffentlich hingerichtet, aber von weiten Kreisen der Gebildeten als ein Freiheitsheld, Patriot und Märtyrer gefeiert. Von einer unmittelbaren Gefährdung der Regierung konnte nicht die Rede sein. Immerhin hatte sich die Stimmung zugespitzt, die Enttäuschung und Erbitterung im Vaterland waren groß. Metternich hielt die Zeit zum Einschreiten für gekommen. Er lud Preußen und eine Anzahl kleinerer Staaten zu Konferenzen nach Karlsbad, das Ergebnis waren die Karlsbader Beschlüsse, die nachträglich vom Frankfurter Bundestag bestätigt wurden (1819).

Die Demagogenverfolgung

Betroffen waren die Universitäten und die Presse: landesherrliche Bevollmächtigte sollten die Universitäten überwachen, die Disziplin und das Vorlesungswesen regeln, unzuverlässige Professoren absetzen; die Burschenschaft wurde verboten, ebenso alle Geheimverbindungen, ihre Teilnehmer galten als ungeeignet für öffentliche Ämter. Druckschriften unter zwanzig Bogen waren der Vorzensur der Landesbehörden unterworfen. In Mainz trat eine Zentraluntersuchungskommission zur weiteren Be-

Ergebnisse der deutschen Zensoren – und wie die Karikatur ihr Wirken einschätzte: die »Preßfreiheit« ist zur vertrockneten Jungfer verkommen; der Sprudel ist eine Anspielung auf die Karlsbader Beschlüsse.

kämpfung der revolutionären Umtriebe zusammen. Sie war eine selbständige hohe Behörde neben dem Bundestage, konnte Akten von den Regierungen anfordern, Verhaftungen durch diese anordnen und selber verhaften lassen. Sie verfolgte alle irgendwie greifbaren Mitglieder des Tugendbundes, der Männer- und Jünglingsvereine, be-

sonders natürlich der Burschenschaft, die sich offiziell 1819 auflöste, um sich aber sofort als Geheimverbindung neu zu bilden, jetzt unter dem Drucke der Verfolgung natürlich mit ausgesprochen politischen Zielen. Die »Schwarze Kommission« in Mainz arbeitete bis 1829, sie vernichtete zahlreiche hoffnungsvolle Existenzen, viele der besten Leute wanderten nach Amerika aus und zogen andere nach sich. Todesstrafen, die in lebenslängliche Festungshaft verwandelt wurden, waren üblich, selbst die bloße Teilnehmerschaft an der Burschenschaft bedeutete den Verlust der Freiheit für viele Jahre.
Metternich bekrönte sein Werk durch die Wiener Schlußakte von 1820 – das Ergebnis der nach Wien zur Beratung berufenen Träger der siebzehn engeren Stimmen des Bundestages. Der Bund sah sich nun völlig eingespannt in den Kampf gegen revolutionäre Bestrebungen, im Interesse der Erhaltung der inneren Ruhe. Besonders kam es dem österreichischen Staatslenker darauf an, den ihm anstößigen Artikel 13 der Bundesakte über die landständischen Verfassungen unschädlich zu machen. Nun wurde bestimmt, daß die deutschen Souveräne Inhaber der gesamten Staatsgewalt zu bleiben hätten, daß die Verfassung keinen Fürsten in seinen Bundespflichten behindern durfte und daß die Redefreiheit in den Kammern so zu überwachen wäre, daß keinerlei Gefährdung der Staats- und Bundesinteressen daraus erwachsen könnte.

Preußens Verwaltungswerk. Der Zollverein

Das Meisterstück des Fürsten Metternich war, daß es ihm gelang, Preußen völlig in die reaktionäre Richtung hineinzureißen. Preußens Verbindung mit der patriotischen Bewegung hätte der Bundespräsidialmacht Österreich gefährlich werden können. Preußen dachte an dergleichen nicht. Es hatte zunächst sein wenig günstig gestaltetes Staatsgebiet zu organisieren, und die preußische Verwaltung hat dabei ein gutes Stück Arbeit geleistet. Das Unterrichtswesen blühte, ein Schulgesetz freilich kam nicht zustande wegen der Überschneidung staatlicher und kirchlicher Interessen. Im ganzen darf man urteilen, daß alle kleineren, politisch unwichtigen Fragen von der preußischen Beamtenschaft sauber und erträglich geregelt wurden, daß aber die Schwierigkeiten bei den entscheidenden Problemen kaum lösbar schienen. Die feudale Partei am Hofe verdächtigte den bürokratischen Liberalismus des Fürsten Hardenberg des Jakobinertums, die Beamtenschaft widerstrebte ihrerseits den Steinschen Ideen einer ständischen Wiederbelebung, die bei vielen seiner Anhänger weiterlebte. Der Einfluß des alternden Fürsten Hardenberg sank stark, persönlich unerfreuliche Momente seiner Lebensführung wirkten dabei mit. Ein recht tätiges Werkzeug Metternichs in Berlin war der Polizeiminister Fürst Wittgenstein. Die fünfmal wiederholten Versprechungen des Königs Friedrich Wilhelm III., eine Verfassung zu geben, beschäftigten Jahre hindurch die preußischen Staatsmänner. Die Durchführung etwa des Hardenbergschen Verfassungsplanes hätte vor allem die bösen Finanznöte gelöst. Durch eine Verfassung hätten die so verschiedenartigen preußischen Provinzen schneller zusam-

Aus den Anfängen der deutschen Industrialisierung: die Kruppwerke in Essen.

menwachsen, ihre intelligente und strebsame Bevölkerung hätte politisch erzogen und fruchtbar gemacht werden können, vor allem wäre es möglich gewesen, die deutschen nationalen Wünsche und die preußischen staatlichen Interessen rechtzeitig in Einklang zu bringen. Die Feudalpartei aber verhinderte die Einberufung auch nur beratender Stände, Metternichs Warnungen vor einem parlamentarischen Zentralorgan schlugen durch, die Reaktion setzte nun scharf ein. Die Einsetzung des Staatsrates als einer höchsten beratenden Behörde, in der neben Ministern und Generälen auch besonders vom König berufene Vertrauensmänner saßen, war nur ein magerer Ersatz. Die besten freiheitlich gesinnten Männer nahmen jetzt den Abschied – so Wilhelm von Humboldt und der wackere Boyen. Die Bauernbefreiung wurde eingeschränkt, die Städteordnung verschlechtert, die dringend notwendige Kreisordnung – die Reform der örtlichen Verwaltung in den Provinzen – scheiterte am Widerstand der Rittergüter, die nicht daran dachten, die Polizei aus der Hand zu geben. Die acht Provinziallandtage sahen sich auf langweilige Verwaltungssachen beschränkt, die Öffentlichkeit der Verhandlungen blieb ausgeschlossen, von Politik war keine Rede, der Adel überwog bei weitem und ließ niemand andern aufkommen. Dies war nun das armselige, ja lächerliche Ergebnis der Arbeit von sage und schreibe fünf Verfassungskommissionen! Besonderen Eifer zeigte der preußische Staat bei der Verfolgung der Demagogen. Ernst Moritz Arndt wurde verwarnt, seine Vorlesungen verboten, seine Papiere beschlagnahmt. Jahn, der Turnvater, wurde auf Grund der Angeberei eines Gymnasiasten wegen Hochverrats angeklagt, mußte freigesprochen werden, wurde aber unter Polizeiaufsicht gestellt. Die Polizei überwachte die Predigten des Theologen Schleiermacher,

Mühlenraum in einer Nürnberger Bleistiftfabrik (um 1860)

Briefe selbst eines Mannes wie Stein verfielen systematischer Durchschnüffelung. Die Neuauflage von Fichtes Reden an die deutsche Nation, die Schriften Ulrichs von Hutten wurden verboten! Sollte ein Lehrer oder Geistlicher Anstellung finden, hatte zunächst die Polizei ein Gutachten über seine Gesinnung und sein Verhalten abzugeben! Die Zensur prüfte Druckschriften jeder Art, mißliebige Verleger hatten besondere Kontrollschikanen zu erleiden.

Vom reaktionären Preußen ist nicht viel Gutes zu melden. So haben sich die Lobhudler auf den Preußischen Zollverein gestürzt. Politisch hat man ihn überschätzt. Wirtschaftlich ist er eine tüchtige Leistung des preußischen Beamtentums. Beinahe drei Viertel der Bevölkerung des damaligen Deutschland widmeten sich der Landwirtschaft. Im Westen und im Süden, wo es viel Kleinbesitz, ja Zwergbesitz gab, bildeten die großen Standesherrschaften der Mediatisierten ein starkes aristokratisches Gegengewicht. Die Bevölkerungsvermehrung setzte nach der großen Kriegszeit kräftig ein – industrielle Mittelpunkte bildeten sich allmählich, in Preußen besonders in Schlesien, am Niederrhein und in Westfalen, in Berlin, Magdeburg, Stettin. Die ländliche Überschußbevölkerung konnte von der Landwirtschaft bei ihren gebundenen Besitzverhältnissen und den erst nach und nach sich durchsetzenden modernen Methoden nicht mehr voll aufgenommen werden. Unternehmungen, die auf dem Lande gediehen, blühten deshalb besonders lebhaft auf, wie in Preußen die Branntweinbrennereien, in Süddeutschland die Bierbrauereien. Auch die Ölproduktion, die Zuckerrübenraffinerien, die Tabakerzeugung verarbeiteten landwirtschaftliche Rohstoffe und beschäftigten deshalb den Nachwuchs der Landbevölkerung. Die Leinenmanufaktur, von jeher ein Zufluchtgewerbe armer Gebirgsgegenden, wurde jetzt zurückgedrängt und bald erstickt durch die hausindustrielle und allmählich maschinelle Entwicklung in Schlesien, Westfalen, im Wuppertal, in der Oberlausitz. Neben der Leinenindustrie ließ sich meistens die Baumwollindustrie nieder, die Sammet- und Seidenindustrie schloß sich an, besonders wiederum am Niederrhein. An den Fundstätten von Kohle und Eisen erblühte langsam die Maschinenindustrie. Die Firma Krupp wurde 1819 gegründet, sie zählte 1846 nicht mehr als 140 Arbeiter. Schon 1826 erhoben sich die Solinger Schleifer, zwei Jahre später die Krefelder Seidenweber gegen Lohndruck. Überall waren hier Tausende von Kindern, manche vom vierten Lebensjahre an, beschäftigt. Der Anteil der landwirtschaftlichen Bevölkerung betrug in Preußen im Jahre 1816 noch 78 Prozent, im Jahre 1849 immer noch 64 Prozent. Das Bild dieses agrarisch-kleinstädtischen Bevölkerungstypus war aber nicht so gesund, wie es aussah, weil sich die Zahl der Abhängigen auf dem Lande zu sehr vermehrte. Das Überangebot an Kräften ließ die Löhne sinken. Die gewerbliche Bevölkerung erreichte 1843 immerhin 23 Prozent der Gesamtziffer – der gewerbliche Mittelstand hatte in Preußen, dem Lande der Gewerbefreiheit, einen nicht leichten Kampf auszustehen. Aber die Dinge lagen nicht anders bei den Ländern mit noch bestehender Zunftverfassung, weil nur noch ein Drittel der Gewerbetreibenden den Zünften angehörte. Die alte bürgerlich gesetzte, die sichere Nahrung beschaffende gewerbliche Erzeugungsweise stand vor der Auflösung. Eine Gruppe von Handwerken verfiel unrettbarem Verfall – etwa die Schmiede und Hutmacher. Eine zweite Gruppe hielt sich, weil sie sich den neuen Formen der Technik und des Verkehrs anzupassen wußte – wie die Bäcker, die Fleischer, die Schuhmacher. Eine dritte Gruppe machte den Sprung in die neue Zeit, weil sie sich von dem kaufmännisch-spekulativen Geiste erfüllen ließ und sich auf eine Massenerzeugung verlegte, bei der der alte handwerkliche Geist und Geschmack zugrunde gehen mußte. Die wenigsten Gesellen konnten noch Meister werden – sie wurden nun grausam mit den Ungelernten, den Halbwüchsigen, den Hergelaufenen, den Gelegenheitsarbeitern zusammengeworfen. Der verzweifelte Handwerksgeselle ist eine der betrübendsten Figuren der deutschen Revolutionen. Hier liegen die Ansatzpunkte der Bildung eines deutschen Proletariats. Noch erzeugte Deutschland ja 95 Prozent seiner Lebensmittel selbst. Die Ausfuhr von Weizen und anderen landwirtschaftlichen Erzeugnissen, die Ausfuhr von Fertigfabrikaten der Seiden-, Leinen-, Baumwollindustrie stellte die Mittel bereit für jede erwünschte Einfuhrmenge an Rohstoffen, Halb- und Ganzfabrikaten.

Alle diese Momente ermöglichen erst ein Verständnis der Leistung des Preußischen Zollvereins. Preußen übernahm Länder mit 67 verschiedenen Tarifen allein in den alten Provinzen, mit 119 verschiedenen Geldsorten. Der erste Schritt war die Beseitigung aller Wasser-, Binnen- und Provinzialzölle. Trotz des Widerspruchs der Fabrikanten wurde der Grundsatz der »Freien Einfuhr für alle Zukunft« ausgesprochen. 1819 trat der neue Tarif für den gesamten Staat in Kraft. Rohstoffe blieben ganz frei oder erfuhren nur geringe Belastung. Manufakturwaren wurden mit dem bescheide-

nen Schutzzoll von zehn Prozent belegt, Kolonialwaren mit zwanzig Prozent. An inländischen Verbrauchsartikeln traf die Steuer nur Wein, Bier, Branntwein und Tabak. Die Sätze wurden später leise erhöht, bei Eisen- und Metallwaren bis 18 Prozent, bei Weinen und Kolonialwaren bis 30 Prozent. Die hohen Durchfuhrzölle drückten bewußt auf die kleinstaatliche Nachbarschaft Preußens. Das preußische Zollsystem ermöglichte seinen Gutsbesitzern eine gewinnreiche Ausfuhr von billig erzeugten landwirtschaftlichen Erzeugnissen meist nach England, es zwang seinen Fabrikantenstand, die Löhne niedrig zu halten, um überhaupt den Wettbewerb mit ausländischen, besonders den englischen, Fabrikanten ertragen zu können, zersetzte den Handwerkerstand und ermöglichte einzelnen Handeltreibenden erhebliche Vermögensbildung. Dies entsprach völlig dem aristokratisch-reaktionären Wesen des preußischen Staates. Österreich und die Kleinstaaten erblickten in dem Preußischen Zollsystem eine politische Gefahr, weil es die Zwischenländer einzwängte und zollpolitisch entmachtete. Manche Kleinstaaten wagten den Zollkrieg, andere legten sich auf gewinnreichen Schmuggel. Preußen vertrug sich zuerst mit einigen kleinen Thüringer Staaten, der erste süddeutsche Teilnehmer war Hessen-Darmstadt. Bayern und Württemberg, sonst immer nachbarlich verknurrt, taten sich jetzt doch zusammen, Sachsen regte einen Gegenzollverein an, der unter österreichischer Hilfe als »Mitteldeutscher Handelsverein« zustande kam und die meisten mitteldeutschen Staaten vereinigte.

Preußen reichte nun der bayerisch-württembergischen Gemeinschaft die Hand, die Mitteldeutschen gerieten in schwere Verlegenheit, ihr Verein löste sich allmählich zugunsten des Preußischen Zollvereins, der sich seit 1833 der Deutsche Zollverein nannte. Das Königreich Hannover bildete jetzt mit seinen nächsten Nachbarn den Steuerverein, der im freundlichen Verhältnis zur preußischen Gründung stand. Der Widerstand der Mittel- und Kleinstaaten hatte außer der Eifersucht auf Preußen doch auch greifbare wirtschaftliche Gründe – die Angst, das einheimische Gewerbesystem möchte vom preußischen Fabrikanten überschwemmt und die Kaufkraft des süddeutschen Guldens infolgedessen erschüttert werden. Märkte wie Leipzig, große Handelsmittelpunkte wie Hamburg und Frankfurt befürchteten besonders nachteilige Folgen von dem preußischen System, das den Vermittler- und Umschlagprofit in preußische Hände zu bringen drohte. Wäre der Zollverein in der Folgezeit rechtzeitig zum Schutzzoll übergegangen, dann wäre der Übergang Deutschlands zur Industrialisierung möglicherweise unter günstigeren Umständen vollzogen worden – dies hätte freilich eine Umstellung der preußischen landwirtschaftlichen Besitz- und Produktionsverhältnisse zur Folge gehabt, die aus politisch-gesellschaftlichen Gründen unwillkommen war. Eine politische Annäherung der süddeutschen Staaten an Preußen ist durchaus nicht das Ergebnis des Zollvereins gewesen – der wirtschaftlichen Zusammenarbeit zum Trotz versuchten sie bis 1866 ihre eigenen Wege zu gehen. Der antiliberale Charakter des Zollvereins stärkte mittelbar alle aristokratisch-feudalen Kräfte im übrigen nichtösterreichischen Deutschland und bereitete insofern spätere Ereignisse vor. Der Zollverein diente mit dazu, deutsche Interessen den altpreußischen Staats- und Wirtschaftsanschauungen zu unterwerfen und sie aus ihren Zusammenhängen mit Westeuropa loszulösen.

Verfassungsleben im dritten Deutschland

Die beiden deutschen Großmächte beharrten also auf einer autokratischen, verfassungsfeindlichen Haltung. Demgegenüber setzten eine Reihe von süddeutschen und mitteldeutschen Staaten ihr modernes Verfassungsleben fort, das während der napoleonischen Zeit und unmittelbar nachher eingesetzt hatte. Alle diese Verfassungen waren undemokratisch, sie betonten die Prärogative der Krone, sie gaben den feudalen und kirchlichen Mächten überragenden Einfluß, sie arbeiteten, altständischen und liberalen Idealen zum Trotz, hauptsächlich mit Hilfe der Beamtenschaft – aber sie waren eben doch vorhanden, sie ermöglichten bescheidene Kritik und Aussprache, sie hielten die Aufmerksamkeit für öffentliche Dinge in Bewegung, sie verbreiteten eine gewisse Kenntnis politischer Aufgaben. So unfreundlich die Obrigkeit sich allen parlamentarischen Betätigungen gegenüber zeigte – so stolz waren auf der anderen Seite diese empfindlichen Potentaten darauf, daß sie in *einem* Punkte den stolzen Großmächten überlegen waren. Das Verfassungsleben verband Süd- und Mitteldeutschland doch irgendwie mit dem Westen, mit der auf der großen Revolution aufgebauten modernen Staatsidee, die trotz der Unterdrückung und Verfolgung weiterlebte. Aus diesen Empfindungen heraus entstand die merkwürdige Triasidee, die Vorstellung von dem dritten Deutschland, das neben den Großmächten sein eigenes Leben führen sollte. In dem »Manuskript aus Süddeutschland«, einer 1820 in London veröffentlichten, von einem Kurländer Publizisten verfaßten Flugschrift, war der Bund des reinen und konstitutionellen Deutschland empfohlen, unter Ausschluß der halbfremden deutschen Großmächte, die nur als Bundesgenossen in Betracht kommen sollten. Diese Ideen stammten von dem politisch wie militärisch hochbegabten König Wilhelm I. von Württemberg.

Der Gedanke des »reinen« Deutschland ist ja sehr alt, er stellt die natürliche Antwort auf den Großmachtsegoismus von Österreich und Preußen dar, er nimmt die westdeutsche Kurfürstenpolitik des alten Reiches und die Rheinbundgruppierungen wieder auf. Es wäre sehr falsch, diese Richtung ohne weiteres als antinational zu brandmarken – sie wollte vielmehr, auf ihre Art, den besten unverfälschten deutschen Interessen dienen, soweit sie natürlich mit der Hausmachtspolitik der betreffenden Dynastien im Einklang standen. Der Triasgedanke lebte bis zum Jahre 1866 weiter, ursprünglich eine württembergische Idee, wurde er später von dem mißtrauischen Bayern aufgenommen, das mit einigem Nachdruck und nicht ohne äußerliche Berechtigung zu betonen pflegte, daß es der größte rein deutsche Staat sei – sein Gesamtgebiet gehörte ja zum Deutschen Bunde. Die Versuche der Süddeutschen, den Bundestag zu beleben und eine deutsche Politik durch ihn zu machen, scheiterten schnell; die Verhandlungen des Bundestages wurden jetzt in der Hauptsache geheimgehalten, die schwäbischen liberalen Blätter verfielen der Unterdrückung. Württemberg befleckte sein Ansehen vor allem durch die Verfolgung des großen deutschen Patrioten Friedrich List († 1847), der freimütige Kritik an der Schreiberkaste und ihrer Ausbeutungswirtschaft geübt hatte. List ging, nachdem er auf der Festung gesessen hatte, nach den Vereinigten Staaten von Amerika, entwickelte sich hier zu einem der führenden Volkswirtschaftler der Zeit und empfahl, nach der Heimat zurückgekehrt, Gesamtdeutschland durch ein energisches Schutzzollsystem zu organisieren, ökonomisch unabhängig und einheitlich zu machen.

In Bayern begann ein frischeres Leben seit der Übernahme der Regierung durch König Ludwig I., der aus dem zurückgebliebenen Bierdorf München einen glänzenden Mittelpunkt künstlerischen und gelehrten Lebens zu machen wußte. Persönlich war dieser Monarch gewiß kein bedeutender Staatslenker, er war zu unberechenbar, griff gerne überall ein und benahm sich als gereizter Tyrann, wenn er Widerspruch merkte. Militärische Sachen lagen ihm fern, sie wurden entsprechend vernachlässigt. Die warme deutsche Gesinnung des Königs, seine Schönheitsbegeisterung, sein Geschmack für das Echte, der Zauber des Urwüchsig-Menschlichen, der von ihm ausging – das warb in der großen Welt Sympathien für Bayern und für Deutschland. König Ludwig trat unermüdlich für den griechischen Freiheitskampf ein, und so näherte er sich der Freiheitsfront der Zeit, wenn er auch dem eigentlichen Liberalismus mißtraute. Es war schon ein Glück, daß in München wenigstens kein Militärstiebel oder Demagogenfresser saß. Der deutsche Patriot erwartete etwas von König Ludwig, wenn er an die deutsche Zukunft dachte. Des Königs tiefster Schmerz war, daß Heidelberg und Mannheim, die alte pfälzische Wiege seines Hauses, badisch geworden war, und er tat alles, um dies Gebiet zurückzugewinnen. Die Verhandlungen darüber stehen in Verbindung mit jenem merkwürdigen Falle, der die Zeitgenossen mit Recht tief erregte – dem Falle Kaspar Hauser. In Nürnberg tauchte plötzlich ein Findling auf, der viele Jahre in einem dunklen Verlies verbracht hatte und dementsprechend unentwickelt war. Schnell erlangte er eine gute Erziehung und zeigte die besten Charaktereigenschaften. Seine Herkunft war ein Rätsel, wiederholte Attentate bewiesen seine Wichtigkeit, schließlich fiel er einem Mörder zum Opfer. Vieles spricht dafür, daß Kaspar Hauser in Wahrheit ein badischer Prinz war, einer der angeblich früh verstorbenen Söhne der Großherzogin Stephanie, der Adoptivtochter Napoleons, deren Nachkommenschaft der Gräflich Hochbergischen Nebenlinie auf dem badischen Throne Platz machen mußte. Die bayrische Dynastie hoffte von den Hochbergs die badische Pfalz zu erhalten und scheint deshalb diese dunklen Machenschaften unterstützt zu haben. Jedenfalls – ein noch heute nicht völlig aufgeklärter Rattenkönig von Intrigen und Verbrechen beschattete das neue badische Haus, das 1830 zur Regierung kam.

Die Kleinstaaterei

Die eigenartige Welt der deutschen Kleinstaaterei zerfiel in mehrere Gruppen. Es gab die südwestdeutsch-rheinische Gruppe, deren Mittelpunkt die Bundeshauptstadt Frankfurt war – das Großherzogtum Hessen-Darmstadt, das Herzogtum Nassau gehörten dazu –, beide westlich interessierte, stark beamtenmäßig betonte Staatswesen mit leidlichen konstitutionellen Ansätzen, geographisch unmittelbar daran schloß sich die nordwestdeutsche Gruppe – hauptsächlich bestehend aus Kurhessen, das schwer litt unter einer launischen und habgierigen Dynastie; aus Hannover, das von der Deutschen Kanzlei in London eine wenig befriedigende Verfassung erhalten hatte; aus Oldenburg, Braunschweig usw.; nach Osten folgt dann die sächsisch-thüringische Gruppe, bestehend aus Sachsen, dem Königreiche, das nun, endgültig von Preußen überholt, nicht ohne Bitterkeit ganz dem österreichischen Kurse folgte, das erfolgreiche Kultur- und Wirtschaftspflege trieb, auch den Leipziger Buchhandel aufblühen ließ, was unter preußischer Herrschaft nie möglich gewesen wäre – politisch aber versteift blieb auf eine eigensinnige, antiliberale Haltung. Thüringen erhielt sich als die wahre Musterkarte deutscher Zersplitterung – nirgends war die Grenzziehung so widersinnig, nirgends entwickelte sich infolge davon ein so kleinlicher, klatschsüchtiger Krähwinkelgeist. Versuche, dieses wirtschaftlich schwer erträgliche Durcheinander von Grenzpfählen zu ordnen und zu vereinfachen, stießen auf die erbitterten Widerstände des örtlich interessierten Lieferanten- und Lakaientums. Die letzte Gruppe der Kleinstaaterei umschließt endlich die beiden mecklenburgischen Großherzogtümer, die, vollständig von Preußen umstellt, ihr altständisches Dasein mit geruhsamer Würde, mißtrauisch gegen alles Auswärtige, weiterzuführen entschlossen waren, so lange es irgend ging.

Die Kleinstaaterei war das wahrhaft deutsche Schicksal im neunzehnten Jahrhundert.

Großstaaten, Weltmächte streckten sich jetzt über Kontinente und Meere, fremde Rassen sahen sich überwältigt, erzogen, ausgebeutet und entwickelt von den europäischen Eroberern. An diesen weltgeschichtlichen Vorgängen nehmen die Deutschen nur einen Anteil als Zuschauer; sie hatten nur mittelbare Vorteile davon. Wer aus Deutschland nach Übersee ging, der war für den deutschen Staat verloren – den deutschen Staat, den es ja auch nur als Wunschtraum gab. Das war das niederschmetternde Ergebnis der mächtigen napoleonischen Umwälzung, daß die besten und reichsten Gebiete alten deutschen Landes nun doch wieder der Kleinstaaterei verfallen waren – es kam nicht an auf ein paar Quadratmeilen mehr oder weniger, sondern auf die Gesinnung. Der große Souveränitätsdünkel der vielen kleinen Herren vergiftete die deutsche Freiheit, das deutsche Volkstum. Früher hatte es doch über allen den Hoheiten und Durchlauchten noch des Kaisers einzige, unantastbare, erhabene Majestät gegeben. Die Sehnsucht nach Kaiser und Reich, die jetzt alle Patrioten erfüllte, war die Sehnsucht nach großen, würdigen, gerechten Verhältnissen, nach Ordnung und Klarheit im Innern, nach Ansehen und Machtentfaltung in Europa und in der großen Welt. Die besten Deutschen strebten ins Weite, nicht mehr nur des Geistes, sondern nun auch der greifbaren Wirklichkeit. Was Engländern und Franzosen recht war, was nun auch bald die Russen unternahmen – das Wachstum ins Weite –, sollte es den guten Deutschen für immer versagt bleiben? Die Voraussetzung war ganz deutlich die Errichtung eines neuen deutschen Reiches. Dagegen stand die Eifersucht der beiden deutschen Großmächte, dagegen stand vor allem die geistige Haltung, das Wesen und Betragen der Kleinstaaterei: Überall Schlösser mit Lakaien und Schranzen, überall Bürokraten und Soldaten, Titel und Orden, Freude an der Laufbahn und der Intrige – überall die Nachäffung der Großstaaten – der Aufwand und die Redensarten, die Gnade und der Hochmut – und die Abhängigkeit der fleißigen Leute vom Handwerker- und Handelsstande von der Gunst, von der Macht der Büttel und Gendarmen; da war ein Leerlauf von Wichtigmacherei und geöltem Geschwätz, da war die Pedanterie der Hof- und Schulmeister, die Schikane der Klerisei und Polizei. Wo aber war Deutschland? Kein Deutscher hat es so bitter ersehnt wie der Deutsche aus dem Deutschland der Kleinstaaterei – dies wirkliche, große, starke Deutschland der Zukunft. Und gab es einen anderen Weg als den der Revolution? Die Deutschen hatten nun ihre Erfahrungen mit allerhand Reformern gemacht. Es hatte nicht an Geist, an Erfindungsgabe, an gutem Willen gefehlt. Der deutsche Volkscharakter liebt an sich keine Zerstörung. Jeder, der behutsam neu aufbauen will, genießt zunächst die Sympathie und das Vertrauen der Deutschen. Aber was war aus Stein geworden, aus Boyen und Humboldt? Die Unterdrückung, die Ertötung, die autokratische Routine war immer die Antwort auf die besten Vorschläge gewesen. Fürst Metternich waltete über Deutschland, über Europa. In Spanien, in Italien, in Griechenland entbrannten neue Kämpfe für Freiheit und unabhängiges Volkstum. Österreich, Rußland und Preußen, im Anfange auch Großbritannien, hielten Europa unter der Diktatur der Gegenrevolution. Die Befreiung der lateinamerikanischen Staaten, die Errichtung eines griechischen Königreichs setzten sich dennoch durch – England unter George Cannig förderte lebhaft alle nationalen Bewegungen, die drei Ostmächte Rußland, Österreich und Preußen standen mürrisch und ablehnend dagegen. Deutschland hatte bei alledem nicht mitzureden. Aber Deutschland wartete, voll Empörung, voll Bitterkeit, voll

Ungeduld auf seine Stunde. Die Gegenrevolution hatte jede Reformmöglichkeit erstickt. Flau, lau und lahm schleppte sich das Leben hin – die tiefste Philosophie, die edelste Musik kann ein großes Volk nur für eine kurze Zeit lang trösten, wenn es eine mächtige Zukunft in sich spürt. Und diese Zukunft konnte nur errungen werden durch eine deutsche Revolution.

XVI. Die beiden ersten deutschen Revolutionen

Die Julirevolution – Das Hambacher Fest – Erneute Demagogenverfolgung – Anfänge politischer Parteibildung – Die Sozialrevolutionäre, die liberale, die klerikale und die konservative Grundeinstellung – Das junge Deutschland – Politische Schriftsteller und Dichter – Liberalismus und Demokratie – Sozialismus und Kommunismus – Der Staatsstreich des Königs von Hannover – Der erste Kulturkampf – König Friedrich Wilhelm IV. von Preußen – Der Vereinigte Landtag – Der Deutsch-Katholizismus – Lola Montez – Abdankung König Ludwigs I. von Bayern – Der Ausbruch der Revolution von 1848 – Die Märzbewegung – Metternichs Sturz – Berliner Straßenkampf – Vorparlament und Nationalversammlung – Forderungen des deutschen Nationalismus – Die Herzogtümer Schleswig und Holstein – Beginn und Wesen der Gegenrevolution – Die Frankfurter Reichsverfassung – Die zweite Welle der revolutionären Bewegung – Die preußische Unionspolitik – Die beiden ersten deutschen Revolutionen scheitern: Erstens, weil der sie tragende bürgerliche Mittelstand nicht geschlossen war – Die Oberschicht wollte den schnellen Kompromiß; die Unterschicht den Kampf und die Neuschöpfung – Zweitens, weil die Dynastien und Bürokraten trotz aller Zugeständnisse an die Reformbewegung den staatlichen Apparat doch fest in der Hand behielten – Drittens, weil der sogenannte Vierte Stand den bürgerlichen Radikalismus übertrumpfte, schwächte und kompromittierte – Viertens, weil die Volksbewegung ein außenpolitisches Programm aufstellte, das die deutschen Grenzen zugunsten des deutschen Volkstums verbessern wollte und deshalb alle großen Nachbarn Mitteleuropas zu Gegnern eines freien deutschen Volksstaates machte – Fünftens, weil die Staatsüberlieferung der beiden deutschen Großmächte Österreich und Preußen der Idee eines deutschen Volkskaisertums oder gar der einer deutschen Republik, wie sie das dritte Deutschland, das alte Kulturdeutschtum des Westens und Südens vertrat, mit der Kraft zäher Selbstbehauptung widerstand

Die Julirevolution

Die Restaurationszeit erhielt ihren Namen von dem Hauptwerke des Schweizer Staatsrechtslehrers Karl Ludwig von Haller. Seine »Restauration der Staatswissenschaften« bedeutete nach seiner Überzeugung den endgültigen Abschluß der Revolutionszeit. Es gab, schrieb er, keinen Vertrag zwischen Fürst und Volk, das Volk hat überhaupt keinen öffentlich-rechtlichen Bestand, der Fürst besitzt das Land, wie man ein Gut besitzt, er fängt damit an, was er will. Wenn er es wünscht, mag er die Untertanenschaft an der politischen Arbeit teilnehmen lassen – wie und in welchem Umfang, steht bei ihm, verantwortlich ist er nur dem Allerhöchsten. Der liberale Nationalstaat ist revolutionär; gottgewollt, gottwohlgefällig ist nur der Patrimonialstaat.

Revolutionsjahr 1830

Die französische Julirevolution von 1830 ist epochemachend, denn sie bedeutet den Sieg der Idee der Revolution. Haller und seinesgleichen hatten also doch unrecht. Es gab einen Volkswillen, es gab fürstliche Verantwortung, die Dynastie und die Staatsbürgerschaft waren aneinander gebunden, dieses Verhältnis unterlag der Entwicklung, der rechtlichen Festlegung, eine Umschichtung vollzog sich, neues öffentliches Recht wurde geschaffen. Die Gnade Gottes lächelte auch der Nation, der Fürst tat gut daran, sich an die Verfassung zu halten, die über jeder persönlichen Willkür waltete. Frankreich besaß also wieder seine Trikolore, es gab wieder einen König der Franzosen, die Legitimität war zerbrochen, das geschichtliche Recht zerstört, die Naturgewalt nationaler Entschlossenheit hatte gesiegt – noch einmal, endgültig. Die Julirevolution erschütterte Europa. Belgien sagte sich von Holland los, es wurde ein eigener Staat unter europäischer Neutralitätsgarantie, Deutschland hatte einen Nachbar mehr mit einer Musterverfassung. Der belgische Teil von Luxemburg schied aus dem Deutschen Bunde aus, dafür trat die Provinz Limburg ein, wo außer ein paar Adelsfamilien niemand mehr Sinn für Deutschland hatte.

Die unterdrückten Polen erhoben sich gegen die russische Gewaltherrschaft, Preußen und Österreich sahen sich durch diese Ereignisse an ihrer empfindlichsten Grenze unmittelbar betroffen, sie billigten die Unterdrückung des Aufstandes, halfen gerne dabei mit, konnten freilich nicht allen russischen Maßnahmen beistimmen. Die deutschen Freiheitsfreunde sympathisierten wie ganz Westeuropa mit der polnischen Sache, polnische Flüchtlinge erhielten Hilfe und Unterstützung, der Haß gegen die Teilungsmächte entzündete sich neu, die Kluft zwischen den deutschen Großmächten und der deutschen Volksstimmung vertiefte sich. Jeder, der russischer Barbarei Vorschub leistete, verfiel der Verachtung. So beschattete die polnische Tragödie die rein deutschen Verhältnisse.

Die Julirevolution brachte Unruhe in eine Reihe von deutschen Staaten. Der Herzog Karl von Braunschweig, ein hochmütiger und boshafter Tyrann, mußte nach England fliehen. Die närrischen Willkürakte dieses Potentaten hatten alle Kreise der Bevölkerung schwer gekränkt. Sein Bruder Wilhelm, ein ruhiger, würdiger Mann, übernahm die Nachfolge. In Kurhessen kam es zur Steuerverweigerung, die Stände verlangten sofortige Reform, die schnell gebildete Bürgergarde beschwichtigte den Aufruhr. Der Kurfürst nahm seinen unerfreulichen Sohn zum Mitregenten an und zog sich mit seiner Geliebten, der Gräfin Reichenbach, nach Frankfurt zurück. Das tüchtige Land hatte noch manches von den Launen und Ausbeutungskniffen seiner Landesväter auszustehen. Es besaß die fortschrittlichste Verfassung in Deutschland, mit nur einer Kammer, Ministerverantwortlichkeit, Vereidigung des Militärs auf die Verfassung und Staatsgerichtshof. Diese Verfassung galt als ein Muster der liberalen Errungenschaften. Grund genug, sie in den Augen der Dynastien und aller reaktionären Gruppen tief verhaßt zu machen. Im Königreich Sachsen gab es nach verschiedenen Unruhen endlich eine moderne Verfassung – mit zwei Kammern, die freilich beide auf dem ständischen Prinzip aufgebaut waren; die zweite Kammer beruhte auf einem verwikkelten Zensuswahlrecht, das eine wirkliche Volksvertretung beinahe unmöglich machte. Immerhin vollzog sich der Übergang zum Verfassungsstaat ohne schwerere Erschütterung, die Gesetzgebung arbeitete gut, schon regte sich aber die Unzufriedenheit der stark zunehmenden Arbeiterbevölkerung. Hannover erhielt gleichfalls eine neue Verfassung, um die bald ein aufsehenerregender Kampf ausbrechen sollte. In Süddeutschland zeigte Baden am meisten neues Leben. Die reaktionären Einschränkungen und Abänderungen der Verfassung fielen, ein neues Preßgesetz ließ die öffentliche Meinung aufblühen wie in kaum einem anderen deutschen Lande. Unter der Führung der liberalen Professoren Karl von Rotteck und Friedrich Welcker, deren Namen jeder kannte von ihren erfolgreichen volkstümlichen Schriften über weltgeschichtliche und staatsrechtliche Fragen, kam es zu Gesetzen über die Aufhebung der Fronden und Zehnten. Welcker stellte auch den Antrag, die organische Entwicklung des Deutschen Bundes durch Einberufung eines deutschen Parlamentes zu fördern. Damit war ein hohes vaterländisches Ziel vor aller Öffentlichkeit aufgestellt. Der Zorn über das Versagen des Deutschen Bundes ließ den großen Gedanken nicht mehr aus dem nationalen Bewußtsein verschwinden. Die Frage erhob sich, ob das verfilzte System des Bundestages nicht durch revolutionäre Handlungen entweder schnell zerbrochen werden könnte oder ob sofortiges energisches Handeln zu erzwingen war. Die Volksbewegung zeigte sich besonders stark im mittelrheinischen Gebiet, in der Frankfurter Gegend, in der badischen und bayrischen Pfalz. Hanau begann ein Mittelpunkt publizistischer Tätigkeit zu werden, gefördert durch die kurhessische Verfassung. In Rheinbayern verboten die Gesetze den erwünschten Ausbau des Zeitungs- und Flugschriftenwesens – man entschloß sich deshalb zu Zweckessen und öffentlichen Versammlungen. Nicht unerhebliche Geldmittel kamen zusammen, die Ausschüsse der vielfach durch Verfolgung volkstümlich gewordenen Freiheitsmänner glaubten sich deshalb an Größeres wagen zu dürfen. Tätig waren verschiedene Gruppen verschiedener Färbung – der gut pfälzische Liberale vom gepflegten Honoratiorenstande wie Schüler traf sich mit dem burschenschaftlich deutsch gesonnenen Schriftsteller Johann Georg August Wirth und dem westlich-republikanisch gerichteten Verwaltungsmanne Philipp Jakob Siebenpfeiffer. Auf Veranlassung dieser Führer fand nun am 27. Mai 1832 das Hambacher Nationalfest statt – am Geburtstage der bayrischen Verfassung, also in scheinbar loyaler Begehung eines vaterländisch bayrischen Feiertages. Schon rein organisatorisch bedeutete diese Veranstaltung eine außerordentliche Leistung. 25 000 Menschen strömten zu dem »Thing« zusammen, jede Art von Fuhrwerk mußte herhalten, um diese Massen in Bewegung zu setzen, wie sie seit den napoleonischen Kriegen nicht mehr gesehen worden waren. Vertreter der liberalen Vereine verschiedener Färbung aus Mitteldeutschland, dem Elsaß, Baden und Hessen trafen sich mit den einheimischen Pfälzern. In den Reden kam ein guter deutscher Geist zum Ausdruck, das große starke Vaterland war doch das wichtigste – viele forderten die Beseitigung der Fürsten, einige bekannten sich zu einem auf der Volksfreiheit aufgebauten republikanischen Europa. Auch die Stimme der sozialen Not, der Schrei der unterdrückten arbeitenden Schicht machte sich bereits bemerkbar. Zu einer unmittelbaren revolutionären Handlung, wie sie am anderen Tage von einzelnen vorgeschlagen worden ist, konnte sich aber die Mehrzahl der Vertrauensmänner nicht entschließen. Für sie genügte die Kundgebung des mobilisierten Volkes als solche, sie dachten sich die Rückwirkung auf dem gesetzlichen Wege, in den Kammern und Zeitungen.

Erneute Demagogenverfolgung

Schon aber bereitete Fürst Metternich die Abwehr vor. Er einigte sich mit Preußen auf sechs Artikel, die nun nach dem Hambacher Fest dem Bundestage vorgelegt und schnell angenommen wurden. Das Ziel war die erneute Knebelung der parlamentarischen und publizistischen Tätigkeit in Deutschland. Keine Verkümmerung der Vollsouveränität der Fürsten, keine Verweigerung oder bedingte Bewilligung von Geldmitteln durch die Stände, keine bundeswidrige sonderstaatliche Gesetzgebung, worüber der Bund sich das Aufsichtsrecht vorbehält – das waren die Hauptpunkte. Es folgte dann das Verbot der politischen Vereine, der Volksversammlungen, der deutschen Farben Schwarz-Rot-Gold; die früheren Beschlüsse gegen die Universitäten wurden wiederholt, die Überwachung Verdächtiger, die Auslieferung politischer Flüchtlinge und »Verbrecher«, wenn nötig mit militärischer Hilfe, war angekündigt. Den bekanntesten Publizisten, wie dem Historiker Karl von Rotteck und Johann Georg August Wirth († 1848), blieb die Herausgabe von Zeitschriften für fünf Jahre verboten. In Baden kam es zur zwangsweisen Wiedereinführung der Zensur. Als die

Westmächte gegen diese Bundestagsbeschlüsse Einsprache erhoben, erhielten sie eine scharfe Abweisung. Fürst Metternich hätte am liebsten gegen die erfolgreiche Julirevolution in Frankreich Krieg geführt – der bedauerliche Zustand der österreichischen militärischen und finanziellen Verhältnisse hinderte ihn daran. Preußische Versuche, die Bundeskriegsverfassung etwas zu beleben, scheiterten, wesentlich auch an der österreichischen Eifersucht, das keine Zunahme des preußischen Einflusses auf diesem Wege wünschte. Der Sieg der Julirevolution in Frankreich, die Parlamentsreform in England spalteten Europa sichtbar in ein liberales und ein antiliberales Lager. Metternich konnte den offenen Kampf außenpolitisch nicht aufnehmen – kein sichtbareres Zeichen der inneren Schwäche seines Systems konnte es geben. Noch war Metternich aber stark genug, die Gegenrevolution in Deutschland aufrechtzuerhalten. Die deutschen Freiheitsfreunde sahen sich von neuem schwer bedroht. Aus dieser Stimmung kam es zum Frankfurter Putsch, einem übel vorbereiteten Unternehmen (April 1833), das eine Anzahl Studenten, Polen und Frankfurter Patrioten unternahm, mit dem Zwecke, den Bundestag aufzuheben. Es gelang nur, die beiden Frankfurter Militärwachen zu nehmen, aber gegen die anrückende Truppe waren sie nicht zu halten. Die Behörden hatten, offenbar mit Absicht, den Ausbruch nicht verhindert. Es waren ja nun weitere Maßnahmen möglich. Eine Zentraluntersuchungskommission wurde aufs neue eingesetzt, sie bestand aus Richtern, die im Gegensatz zu früher nur Untersuchungen in den Einzelstaaten anordnen konnten. Ihre Tätigkeit dauerte bis 1842, an die 1800 Fälle kamen zur Behandlung. Das Berliner Kammergericht allein verurteilte bis 1836 zweihundertvier Studenten, darunter verschiedene Teilnehmer von Hambach. Das Material, das sich bei ihr ansammelte, gelangte durch die Untersuchungskommission zur Mitteilung an die auswärtigen Vertretungen, so daß also politische Flüchtlinge erfolgreich überwacht werden konnten.

Auch viele Kleinstaaten empfanden das Vorgehen des Bundestages als recht unbequem – aber wer wollte sich gegen die Allmacht einer anonymen Behörde wehren, hinter der sich Metternichs Wissen und Wille verbarg? Wie eine bunte politische Walpurgisnacht war das Hambacher Fest vorübergerauscht – es steht geschichtlich zwischen dem Wartburgfest und der Frankfurter Paulskirche. Auf die Begeisterung, die Kühnheit, die Hoffnungsfülle dieser Kundgebung folgte nun mit gefährlicher Schnelligkeit die brutale Unterdrückung, die aber gerade durch ihre Plumpheit und den vollen Einsatz der staatlichen Machtmittel die deutsche Freiheitsbewegung zum Zusammenschluß, zur Hilfsbereitschaft zwang, die den harmlosen Schwärmern die Technik erfolgreicher Verschwörung beibrachte.

Metternich gedachte also wenigstens in Mitteleuropa seine Stellung zu verteidigen. Neue Ministerialkonferenzen in Wien schlossen ab mit einem geheimen Schlußprotokoll von sechzig Artikeln. Dies ist Metternichs deutsches Programm, es gelangte erst nach zehn Jahren zur Kenntnis der Zeitgenossen. Der Kampf galt der »Partei«, die sich der Verfassungen auf scheinbar gesetzlichem Wege zu bemächtigen versuchte, die durch ihre Stellung in den Kammern die Staatsgewalt in Anspruch nähme, wodurch dann die monarchische Gewalt der Zerstörung preisgegeben wäre. Ein Bundesschiedsgericht wurde eingesetzt zur Schlichtung der Zwiste zwischen Fürsten und Ständen (es blieb ohne jede Bedeutung), ständische Einsprachen sollten unberücksichtigt bleiben, die Stände sollten der Auflösung verfallen, wenn sie sich gegen Bundesbeschlüsse sperrten, sie sollten kein Budgetrecht mehr besitzen, die Verteidigung des Militärs auf die Verfassung war als unstatthaft bezeichnet, die Zensur wurde verschärft, die Zahl der Tagesblätter vermindert, die Immatrikulationen an den Universitäten unter Aufsicht gestellt, geheime Verbindungen erneut verboten, die Erteilung der venia legendi an Privatdozenten widerruflich und von ministerialer Genehmigung abhängig gemacht. Diese Metternichsche Kampfansage – sie erinnert an die entschlossene Grausamkeit der Gegenreformation – gegen die »antimonarchistische Sekte« war rechtens in Deutschland bis 1848! Von Bundes wegen war nun jede Art von Verfolgung statthaft – die deutschen Freiheitsmänner waren der Überwachung, Bespitzelung, der plötzlichen Gefangensetzung ausgesetzt, Angeberei und falsche Zeugnisse wucherten, Hunderte von zum Teil völlig harmlosen Personen erfuhren die schwerste Schädigung ihrer Gesundheit, ihres Ansehens und Familienglückes, ihres Fortkommens; die Landesherren mußten sich Eingriffe des Bundes in die Rechtsprechung und das Begnadigungswesen gefallen lassen; Universitätslehrer verloren ihr Amt, fristlos und ohne Versorgung; die Handwerksgesellen, besonders gefährliche Elemente vom Standpunkte der Behörden, begegneten auf Schritt und Tritt polizeilichen Schikanen, ihre Wanderungen ins revolutionär verseuchte Ausland unterlagen schärfster Überwachung, längerer Aufenthalt an verdächtigen Orten brachte dauernden Schaden, viele nahmen zur Fälschung von Papieren notgedrungene Zuflucht, und es galt als besonderer Spaß, den gerissenen Amtsleuten ein Schnippchen zu schlagen.

Anfänge politischer Parteibildung

Unter dem Eindruck der Julirevolution und der mit ihr im Zusammenhang stehenden Ereignisse vollzog sich in Deutschland zum ersten Male die Bildung von politischen Parteigruppen. Sie wurzelte, den Voraussetzungen deutschen geschichtlichen Geschehens entsprechend, in zwei Momenten. Das erste war die Überlieferung der deutschen geistigen Kultur. Aus den drei Hauptströmungen des Sturm und Drangs, des Klassizismus und der Romantik erwuchsen die drei grundsätzlichen Einstellungen – die sozialrevolutionäre, die liberale und die konservative. Eine vierte, besonders bezeichnende Parteibildung, die katholisch-klerikale, stammte sowohl aus der liberalen wie aus der konservativen Gedankenwelt, sie empfing wesentliche Anregungen von der Romantik, nahm aber dann die freiheitlichen Grundsätze für die Entfaltung der Kircheninteressen in Anspruch. Das zweite für die deutsche Parteientwicklung entscheidende Moment liegt in der Umschichtung des Aufbaues der Gesellschaftsklassen in Deutschland – ein Vorgang, der sich seit der Julirevolution mit aller Deutlichkeit ausprägte. Der zahlenmäßig stärkste Stand war bis dahin der ländliche und städtische Mittelstand, er stellte den lebendigsten Kern der deutschen Bevölkerung dar. Die meisten großen Meister deutscher Kunst und deutschen Denkens stammten aus dem Mittelstande. Sein Kern war der Landwirt bäuerlich-bürgerlichen Charakters, der Handwerksmeister, Fabrikant, der Gastwirt und Händler, der Beamte, der Pfarrer und

Lehrer, der Anwalt und Arzt. Das Wesen des äußerlich bescheiden auftretenden Mittelständlers war seine wirtschaftliche Sicherheit und Unabhängigkeit, er wollte die ehrbare Nahrung und den anständigen Aufstieg innerhalb seiner Sphäre – er war etwas, er genoß Achtung, er wollte, daß es so bliebe. *Über* sich sah der Mittelstand den Feudaladel mit dem ihn ergänzenden Hof-, Verwaltungs- und Schwertadel – eine offenbar unerschütterte, herrschgewohnte, verehrte und kritisierte, oft auch beneidete Kaste, die nach ihrem Gutdünken die gescheitesten und anpassungsfähigsten Elemente des Mittelstandes gnädig zu sich emporhob. *Unter* sich sah der Mittelstand die Schicht der wirtschaftlich Abhängigen – die ländliche Hilfsarbeiterschaft verschiedener Ordnung, die Ladendiener, die Dienstboten, die Handwerksgesellen. Das Wesentliche dieser unteren Schicht war, daß sie den gewissen Besitz nicht hatte, der den Aufstieg in den Mittelstand ermöglichte. Man mußte etwas können, man mußte etwas wissen, aber man mußte auch etwas haben. Durch Sparsamkeit, durch Heirat, durch Hilfe in Form von Stipendien oder sonstigen Unterstützungen war es immer noch vielen möglich, in den Mittelstand aufzusteigen. Ein kämpferisches Klassenbewußtsein wurde wohl von einzelnen gepredigt, der Sturm und Drang schlug diese Weise zuerst an, also bereits vor der großen Französischen Revolution, in einer Zeit der gesellschaftlichen Erstarrung und der weiten Verbreitung neuer Bildungsgüter: diese Spannung pflegt immer und überall den sozialrevolutionären Gedanken zu fördern. Während der Restauration war wenig mehr davon zu spüren. Jetzt vollzog sich die Bildung einer neuen gesellschaftlichen Schicht in Deutschland, und dadurch geriet der ganze Aufbau in eine nicht mehr zu hemmende Bewegung. Es entstand das Geld- und Titelpatriziat – eine immer größere Schicht von akademischen Würdenträgern wuchs aus dem Mittelstand heraus, sie konnte nicht mehr von der feudalen Oberschicht aufgesaugt werden, die Fürsten, die Regierungen brauchten diese Schicht zur Organisation ihrer neuen Verwaltungen – ohne das patrizische Beamtentum war nicht mehr auszukommen, und die Feudalaristokratie ließ sich seine intelligente Hilfe gern gefallen, vorausgesetzt, daß die besten und ertragreichsten Stellen ihren Mitgliedern vorbehalten blieben. Ähnlich waren die Vorgänge beim Richterstand und im Offizierskorps. Ein Patriziat der Titel, Uniformen und Amtsroben entstand. Gleichzeitig erhob sich aus dem Mittelstand das spekulativ interessierte Großhändlertum, die neuen Industriellen und Bankiers, die den Verkehr, die Warenerzeugung kapitalistisch organisierten, die den Besitz mobilisierten, beweglich und spekulativ machten und dadurch eine Machtstellung im Gesellschaftsaufbau erlangten. Nach der Julirevolution traten auch in Deutschland die ersten Vertreter des neuen Geldpatriziats lebhaft hervor, im Rheinland, in Mitteldeutschland, sie liebten aristokratische Lebensformen, manche drangen in die Feudalschicht ein, sie mischten sich stark mit dem Titelpatriziat. Der Klassenkampf im damaligen Deutschland spielte sich zumeist innerhalb der eigenen Schicht ab, es galt aufzusteigen und sich den höheren Lebensformen anzupassen. Für den Mittelstand bedeutete diese neue Entwicklung den Beginn einer unaufhaltsamen Zersetzung. Seine begabtesten Mitglieder strebten hinauf, die weniger Begünstigten sanken ab, sie vermengten sich mit der dienenden Schicht – die Abhängigkeit wuchs, das Angestelltenwesen entwickelte sich, der Kampf um den Lebensunterhalt bekam Schärfe, wer nicht mitkonnte, proletarisierte. Das Unternehmertum brauchte viele Hände, seine Gewinne wuchsen mit schlechter Bezahlung.

Wie wirkten nun die Bildungsideologie und das Klassenmoment zusammen zur Parteientstehung? Maßgebend blieb die Stellungnahme zum Erbe der großen Französischen Revolution, das durch den Klassizismus zum deutschen Liberalismus veredelt war. Antiliberal waren das preußische Junkertum, der österreichische Agrarfeudalismus, der Polizeistaat des Fürsten Metternich mit allen seinen Werkzeugen und Interessenten. Entsprechende Schichten gab es überall in der Kleinstaaterei. Im allgemeinen zerbrachen sich diese Vertreter eines mehr oder weniger gemütlichen Absolutismus nicht gerne den Kopf über die theoretischen Grundlagen ihres Systems. Sie hatten die Macht und wollten sie behalten. Unter dem Einfluß des Philosophen Georg Friedrich Wilhelm Hegel bildete sich in Preußen zuerst eine bewußt konservative Parteigruppe. Die Anschauungen des christlich-germanischen Kreises aus der Zeit der Freiheitskriege (vgl. oben S. 326) verbanden sich mit den antiliberalen, antirevolutionären Ideen des Staatsrechtslehrers Friedrich Julius Stahl, der als ein Bayer jüdischer Abkunft mit unverdrossenem Scharfsinn der preußischen Reaktion den Rechtsboden zimmerte. Kronprinz Friedrich Wilhelm gehörte diesen Kreisen an. Der Historiker Leopold von Ranke gab eine Zeitlang eine Zeitschrift heraus, in der er in würdiger Form autoritäre Bindung und korporative Stufenordnung vertrat. Handfester äußerte sich das politische Wochenblatt des Klubs der Wilhelmstraße. Henstenbergs Kirchenzeitung widmete sich der erbitterten Verteidigung der protestantischen Rechtsgläubigkeit gegenüber liberaler Kritik. Das alte Luthertum war staatstreu aus kontemplativer Gesinnung gewesen. Nun erhielt der obrigkeitliche Charakter des Protestantismus eine besondere Prägung. Zum dreihundertjährigen Jubiläum der Reformation vollzog der König von Preußen die Vereinigung der lutherischen mit der deutsch-reformierten Kirche (1817). Diese »Union« fand außerhalb Preußens wenig Beifall, sie ließ jedenfalls das eigentlich religiöse Moment verblassen und verstaatlichte den gerade jetzt innerlich erstarkenden Protestantismus zum Besten einer autokratischen Regierung, zum Nachteil einer autonom gesinnten Kirche. Thron und Altar arbeiteten in Preußen mehr und mehr zusammen, einträchtig, weil die preußische Staatskirche eben auf keinen Fall wider die Regierung löken konnte. Diese preußische Abwandlung des Protestantismus nahm viele bezeichnende Züge preußischer Disziplin und hochfahrender Härte an. Die Gegengabe der Orthodoxen war eine ölige Selbstgerechtigkeit. Selten ist das echte Christentum so mißverstanden und so mißbraucht worden wie in den Kreisen der werdenden konservativen Partei in Preußen. Dies Staatskirchentum verfügte wohl über die Macht, das preußische Titelpatriziat in die konservativen Interessen einzuspannen – aber es mußte die Arbeit schwierig finden. Der Bildungsliberalismus der hohen Beamten und Richter wehrte sich mit einiger Energie, beim Geldpatriziat half das wirtschaftliche Interesse nach. Diese Schicht lehnte es mit gutem Rechte ab, als revolutionär verdächtigt zu werden – sie hörte aber nicht auf, sich für einen vernünftigen Fortschritt, für freien Wettbewerb, für eine geschichtlich sinnvolle Entwicklung gegenüber reaktionären Interessen einzusetzen. Der historisch begründete Liberalismus fand seine beste Vertretung wohl in der Person und dem Werke des Universitätsprofessors Friedrich Christoph Dahlmann († 1860), der als Historiker und Politiker damals in die erste Reihe trat, vor allem durch seine »Politik«, wo er die Grundlagen des deutschen Konstitutionalismus legte: erbliche Monarchie, Ministerverantwortlichkeit, Zweikammersystem, Abschaffung der Zensur, Ausgleich staatlicher Interessen

Der Hessische Landbote.

Erste Botschaft.

Darmstadt, im Juli 1834.

Vorbericht.

Dieses Blatt soll dem hessischen Lande die Wahrheit melden, aber wer die Wahrheit sagt, wird gehenkt, ja sogar der, welcher die Wahrheit liest, wird durch meineidige Richter vielleicht gestraft. Darum haben die, welchen dies Blatt zukommt, folgendes zu beobachten:

1) Sie müssen das Blatt sorgfältig außerhalb ihres Hauses vor der Polizei verwahren;
2) sie dürfen es nur an treue Freunde mittheilen;
3) denen, welchen sie nicht trauen, wie sich selbst, dürfen sie es nur heimlich hinlegen;
4) würde das Blatt dennoch bei Einem gefunden, der es gelesen hat, so muß er gestehen, daß er es eben dem Kreisrath habe bringen wollen;
5) wer das Blatt nicht gelesen hat, wenn man es bei ihm findet, der ist natürlich ohne Schuld.

Friede den Hütten! Krieg den Pallästen!

Im Jahr 1834 siehet es aus, als würde die Bibel Lügen gestraft. Es sieht aus, als hätte Gott die Bauern und Handwerker am 5ten Tage, und die Fürsten und Vornehmen am 6ten gemacht, und als hätte der Herr zu diesen gesagt: Herrschet über alles Gethier, das auf Erden kriecht, und hätte die Bauern und Bürger zum Gewürm gezählt. Das Leben der Vornehmen ist ein langer Sonntag, sie wohnen in schönen Häusern, sie tragen zierliche Kleider, sie haben feiste Gesichter und reden eine eigne Sprache; das Volk aber liegt vor ihnen wie Dünger auf dem Acker. Der Bauer geht hinter dem Pflug, der Vornehme aber geht hinter ihm und dem Pflug und treibt ihn mit den Ochsen am Pflug, er nimmt das Korn und läßt ihm die Stoppeln. Das Leben des Bauern ist ein langer Werktag; Fremde verzehren seine Aecker vor seinen Augen, sein Leib ist eine Schwiele, sein Schweiß ist das Salz auf dem Tische des Vornehmen.

Im Großherzogthum Hessen sind 718,373 Einwohner, die geben an den Staat jährlich an 6,363,364 Gulden, als

1)	Direkte Steuern	2,128,131 fl.
2)	Indirecte Steuern	2,478,264 „
3)	Domänen	1,547,394 „
4)	Regalien	46,938 „
5)	Geldstrafen	98,511 „
6)	Verschiedene Quellen	64,198 „
		6,363,363 fl.

Dies Geld ist der Blutzehnte, der von dem Leib des Volkes genommen wird. An 700,000 Menschen schwitzen, stöhnen und hungern dafür. Im Namen des Staates wird es erpreßt, die Presser berufen sich auf die Regierung und die Regierung sagt, das sey nöthig die Ordnung im Staat zu erhalten. Was ist denn nun das für gewaltiges Ding: der Staat? Wohnt eine Anzahl Menschen in einem Land und es sind Verordnungen oder Gesetze vorhanden, nach denen jeder sich richten muß, so sagt man, sie bilden einen Staat. Der Staat also sind *Alle*; die Ordner im Staate sind die Gesetze, durch welche das Wohl *Aller* gesichert wird, und die aus dem Wohl *Aller* hervorgehen sollen. — Seht nun, was man in dem Großherzogthum aus dem Staat gemacht hat; seht was es heißt: die Ordnung im Staate erhalten!

Georg Büchners ›Hessischer Landbote‹

und religiöser Selbstbestimmung – das sind die Hauptzüge dieser maßvollen, aus praktischer Erfahrung und wissenschaftlicher Erkenntnis gewonnenen, immer elastisch bleibenden Lehre. Der historische Liberalismus übernahm von der Burschenschaft und den verwandten Bestrebungen die deutschnationale Einstellung – so begründete er die Partei eines fortschrittlichen Reichspatriotismus im Gegensatz zu dem staatsnational betonten Partikularismus in Österreich, Preußen und Bayern usw. Das Patriziat, der höhere Mittelstand waren klassenmäßig diesen reformgläubigen Gedanken am meisten zugänglich. An der Reformidee spaltete sich aber nun gerade der Liberalismus, und diese Spaltung förderte parteimäßig die sich vollziehende Zersetzung des Mittelstandes. Die große Masse des wirtschaftlich schwer kämpfenden Mittelstandes glaubte nach den Erfahrungen der Julirevolution in Deutschland nicht mehr an die Möglichkeit der Reform. Sie hatte die Hoffnung verloren, daß die Verantwortlichen zur Einsicht kommen würden – mehr noch: daß sie im Falle der Einsicht den guten Willen und die Befähigung zu einer befriedigenden Reform aufzubringen in der Lage wären. Die Wortführer dieser Richtung wiesen auf den revolutionären Weg als den einzig möglichen – sie griffen vor allem die Haltung der deutschen Großmächte heftig an. Während Dahlmann und auch der tüchtige Schwabe Paul Pfizer ihre Hoffnung auf Preußen setzten, während der Historiker G. W. Pertz zuerst den Preußischen Zollverein würdigte, kam in den süd- und westdeutschen Organen ein wilder Preußenhaß zum Ausbruch. Die ehemaligen Reichsstädte entwickelten sich zu Mittelpunkten eines energischen Republikanertums, hier lebten die Erinnerungen an Hambach fort (vgl. oben), Hambacher Hüte, Hambacher Bärte zeugten von einer unentwegten, auf den radikalen Neuaufbau abzielenden Gesinnung. Die große Masse der Unterdrückten, der im hoffnungslosen Arbeitsverhältnis Versklavten zeigte sich diesen Gedanken zugänglich. Sozialrevolutionäre Stimmungen des Sturm und Drang feierten in des genialen Dichters Georg Büchner »Hessischem Landboten« ihre Wiederauferstehung. Sehr bald zeichneten sich aber verschiedene Richtungen auch innerhalb der grundsätzlich revolutionären Parteien ab. Dem historischen Liberalismus trat zunächst der dogmatische Liberalismus entgegen, wie ihn Ludwig Börne († 1837) vertritt, der schriftstellerisch hochbegabte Frankfurter Jude, der feinsinnige Theaterkritiker und unermüdliche Freiheitsgläubige. Er und mancher andere sahen im Paris der Julirevolution den großen Mittelpunkt der gesamteuropäischen Freiheitsbewegung, deren Ziel die Befreiung aller unterdrückten Völker Europas und die Aufrichtung eines Weltbundes jugendlicher Staaten sein sollte. Neben die Vorkämpfer des jungen Polen, des jungen Italien traten nun auch die Vertreter des jungen Deutschland. Wiederum waren es machtlose »Ritter – vom Geiste«, die, alter deutscher Überlieferung entsprechend, den großen bevorstehenden Kampf zunächst einmal mit der Feder ausfochten. Die Leser der Schriften von Börne und Heine, von Laube und Gutzkow, von Mundt und Wienbarg lernten von den Männern, daß die bestehende Krise in Deutschland nur zu lösen wäre durch einen völligen Neuaufbau. Der Spott über die deutsche Krähwinkelei und Leichtgläubigkeit, über den Bildungsballast und die unentbehrlich gewordenen Vorurteile, über das Katzbuckeln und den Brotneid, über all diese eingewurzelte, lieb gewordene Michelei und Philisterei entsprang einem ehrlichen Zorn, einer tiefen Liebe zum besten, echtesten Deutschtum der Vergangenheit, einem heiligen Glauben an die deutsche Revolution der Zukunft, die politische, geistige, sittliche, soziale Revolution in Deutschland als eines Gliedes der europäischen Gesamtrevolution.

Der deutsche Dichter Heinrich Heine, der ein geborener Düsseldorfer Jude war, darf nur mit einigem Vorbehalt in der Gesellschaft der Gruppe des Jungen Deutschland genannt werden. Die wirkliche Leistung, das Unsterbliche seines Wesens liegt ja auf einer anderen Ebene. Er trat als Lyriker ebenbürtig neben Goethe und Hölderlin, den Schwaben, er wuchs als Kämpfer für die Wahrheit und die Freiheit an zur überragenden europäischen Figur. Heines politische Schriften und Gedichte dienten jenem großen jungdeutschen Traume, an den er auf seine Art glaubte und nicht glaubte.
Da die Schriften des Jungen Deutschland von dem teutomanen Schriftsteller Wolfgang Menzel als gefährlich für Kirche, Staat und Sittlichkeit denunziert wurden, entschloß sich der Bundestag, ihre Verbreitung zu verhindern. Zwischen dem jungen und dem alten Deutschland konnte es nur Krieg geben.

Politische Schriftsteller und Dichter

Der Zeitgeist war städtisch, bürgerlich-oppositionell – aus dem städtischen Zusammenleben erwuchs die neue Staats- und Gesellschaftsgesinnung, die sich die zukünftige Gemeinschaft gern nach dem Vorbild einer wohlbetreuten Stadt dachte – genau wie die Fürsten und der Adel den Staat als Rittergut und die Proletarier den Staat als Fabrik ansahen. Der Kampf um die Freiheit des gedruckten und geschriebenen Wortes war vor allem eine städtische Angelegenheit. Die Polizei konnte Zeitungen unterdrükken, Romane verbieten, Flugschriften beschlagnahmen – ein so gebildetes und literarisch gewandtes Volk, wie es die städtischen Deutschen nun geworden waren, fand immer neue Wege, seine Meinung zu sagen und seinem Willen zur Neuformung der öffentlichen Zustände Ausdruck zu geben. Der Schriftsteller trat in den Vordergrund des allgemeinen Fühlens und Wollens – der unabhängige Literat, meist dem absinkenden Mittelstande entstammend –, er lebte in den Mansarden der neuen Etagenhäuser, er besuchte die Salons wohlhabender Gönner, er traf sich mit Gesinnungsgenossen in den Hinterräumen der Konditoreien und Weinwirtschaften. Die werdende Großstadt mit ihren neuen Typen, ihrem Elend und ihrer Zigeunerromantik beschäftigte den wachen Geist dieser Männer und Frauen, denen der Alltag selbst zum unerschöpflichen Problem der Feder wurde – der gewandten Feder, die zugleich Ewigkeitsprobleme lösen und das tägliche Brot schaffen mußte. Es war eine Ausnahme, wenn der Westfale Levin Schücking oder der schwäbische Jude Auerbach das Land aufsuchten und auch dort die Zwiste und Sorgen der Gegenwartskämpfe entdeckten. Historische Romane und Bühnenwerke bevorzugten die städtischen, die politischen und sozialen Stoffe. Neben die Abseitigen und Sonderlinge – die es immer weiter gab und geben mußte in einem so reif gewordenen Volkstum wie dem deutschen – trat nun zum ersten Male eine Gruppe vorwiegend politischer Lyriker, die den Angriff auf die Reaktion unvergeßlich zu prägen wußten.
Es war bezeichnenderweise ein österreichischer Graf aus ältestem Geschlecht, der zuerst dem Metternichschen System den Spiegel vorhielt – Anastasius Grün, im bürgerli-

chen Leben Graf Anton Auersperg, dichtete als ein echter Volksfreund, als eine ritterlich offene Persönlichkeit, als ein guter und mannhafter Deutsch-Österreicher; er bejahte rückhaltlos diese neue Zeit der Arbeit, der Masse, ja der Technik. August Heinrich Hoffmann von Fallersleben war dagegen ein Literaturprofessor, den der preußische Polizeistaat aus dem Hörsaal jagte und der sich nun in unzähligen singbaren Liedern dafür bedankte – ein fahrender Scholar, witzig und derb, behaglich und unübertrefflich im herzerwärmenden Volkston. Der aufsteigenden Schicht unternehmender Kaufmannschaft gehörte Ferdinand Freiligrath als ein bescheidener Angestellter an – er wußte etwas von der wirklichen Welt der kapitalistischen Arbeit und vermochte sie nicht zu lieben: der leidenschaftliche, sprachgewaltige Dichter entwickelte sich zum überzeugten Republikaner, er wirkte mit den frühen Sozialisten zusammen, er prophezeite das Erwachen Rußlands zur Freiheit und bekannte sich zum Glauben an die Weltmission Amerikas. Der Revolutionsgeist von 1848 fand in ihm seinen mächtigsten Verkünder. Die stärkste Begabung unter den deutschen politischen Dichtern war aber der Schwabe Georg Herwegh, beinahe ebenbürtig stellt er sich neben Heinrich Heine. Mit einer Wucht und Sprachgewalt, die alle Jugend erschütterte, kündigte er den Krieg gegen Tyrannen und Philister an, den Kampf der neuen Volkspartei für das große, unsterbliche Deutschland, die mächtige Republik, die von der Europamitte aus dieser allzu lange unterdrückten Nation endlich den ihr vom Schicksal bestimmten Einfluß, die Achtung und die Weltstellung geben sollte, die ihr gebührte. Der nationale Zug des deutschen Republikanertums hatte einen durchaus revolutionären Charakter – von den deutschen Fürsten erwartete diese Jugend nach allen Erfahrungen nun nichts mehr.

Liberalismus und Demokratie

Das Verhältnis von Liberalismus und Demokratie in Deutschland bedarf einiger grundsätzlicher Erwägungen. Der Liberalismus ist überwiegend Gedanke und Kultur, die Demokratie politische Überzeugung und staatsgestaltende Arbeit. Liberal war im vormärzlichen Deutschland eine sehr breite Schicht. Man darf sogar sagen, daß in der Zeit zwischen 1830 und 1880 sich keine irgendwie maßgebende Gruppe der liberalen Gedankenwelt entziehen konnte – es gab einen Fürstenliberalismus, einen Beamtenliberalismus, es gab Ständisch-Liberale und Vernunftliberale, es gab Konservativ-Liberale und Vulgärliberale. Der Liberalismus nahm eine so überragende Stellung im Leben der Nation ein, daß man sich irgendwie mit ihm verbünden mußte – oder daß eine vollkommene Ablehnung mit allem Aufwand neuer Ideologie nötig wurde – so wie sie dann sowohl von den Feudalkonservativen wie andererseits von Sozialisten und Kommunisten unternommen worden ist. Der Liberalismus trat sowohl als eine sehr vornehme, philosophisch und geschichtlich tief begründete Haltung auf, die es unternahm, dem Einzelmenschen gegenüber Staat und Gesellschaft, gegenüber Gruppen und Interessen seine Rechts- und Betätigungsmöglichkeit zu sichern; der Liberalismus bediente sich aber auch der Schlagworte und der Volkssprache, er gebrauchte einfache und schlagende Beweisgründe, denn er mußte die Unbildung und die Halbbildung für eine Überzeugung gewinnen, die eben auf bestimmten Erkenntnissen beruhte und bestimmten bürgerlichen Klasseninteressen diente. Der Liberalismus trivialisierte seine Ideologie, auf diesem Wege sollten ihm alle anderen Parteibildungen nur allzu willig folgen. Man kann nicht sagen, daß der Liberalismus mehr rechts, die Demokratie mehr links gerichtet gewesen sei. Das hieße den Sachverhalt ungerechtfertigt vereinfachen. Beide Anschauungen überschneiden sich. Es gibt einen bis zum Anarchismus nach links gerichteten Liberalismus, es gibt eine den überkommenen Staats- und Gesellschaftsaufbau entschlossen konservierende Demokratie.

Das Wesentliche der Demokratie war ihre Verneinung der Autokratie. Dieser Gegensatz war international – die beiden Pole wurden damals dargestellt durch die Vereinigten Staaten von Amerika und durch den Zaren Nikolaus von Rußland. Die moderne Demokratie, die ja mit Lebensformen des Altertums nur den Namen gemein hat, wurzelt im Christentum, in der Naturwissenschaft und im Naturrecht. Die Gleichheit aller Menschen vor Gott, die Gleichheit ihrer naturgegebenen Lebensbedingungen, die Gleichheit ihrer gesellschaftlichen Daseinsformen vor dem Gesetz – das waren Überzeugungen, die als das Ergebnis der englischen, der französischen und der amerikanischen Revolution alle Bürger der kommenden Weltordnung glaubensmäßig erfüllten, mit der Unbedingtheit einer modernen diesseitigen Religion. Die Unabhängigkeitserklärung der Vereinigten Staaten, die Erklärung der Menschen- und Bürgerrechte – sie galten als die ersten durchschlagenden und siegreichen Kundgebungen des demokratischen Geistes – je mehr die Auswanderung politisch Verfolgter und wirtschaftlich Unterdrückter aus Deutschland nach den Vereinigten Staaten zunahm, desto wärmer wurde das deutsche Interesse für die Grundlagen der amerikanischen Freiheit, desto eingehender beschäftigten sich Staatsrechtler und Publizisten mit der amerikanischen Verfassung, die schon wegen ihres Bundescharakters für die deutsche Zukunft viel bedeuten mußte. Die demokratischen Gedanken fanden in allen europäischen Ländern Widerhall, sie wurden, wie vorher der Absolutismus und Feudalismus, jeweils örtlich abgewandelt und angepaßt; auch in Deutschland entwickelte sich schon während des Sturm und Dranges eine eigentümlich deutsche Demokratie; sie war beheimatet am Rhein und Main, in Schwaben und in Niedersachsen, sie verband sich mit dem dort noch lebendigen altgermanischen Genossenschaftsgeist. Antidemokratisch waren das Fürstentum und seine Anhänger, antidemokratisch verhielt sich insbesondere das gesamte östliche Kolonialdeutschtum, abgesehen von den fortgeschrittenen Schichten der werdenden Großstädte. Der Kampf um demokratische Lebensformen vertiefte von neuem den überkommenen Gegensatz zwischen dem alten Reichsgebiet und dem Kolonialdeutschtum. Weder im damaligen Frankreich noch im damaligen England herrschten ja demokratische Verfassungseinrichtungen – auch die Westmächte rangen um die allmähliche Anpassung des Ideals der Volkssouveränität an ihre praktischen Bedürfnisse, sie waren dabei der lebhaftesten Teilnahme der Deutschen sicher. Der Gedanke des allgemeinen Stimmrechts hatte für die meisten guten Liberalen etwas Erschreckendes. Hier schieden sich für lange Zeit die Geister. Man hatte nun durch die allgemeine Wehrpflicht auch dem bescheidensten Manne die Waffe in die Hand gegeben, man hatte durch die Volksschule ein Mindestmaß von Bildung verbreitet, das die

Möglichkeit zum Selbstdenken und zur selbständigen Ordnung eigener Angelegenheiten schuf; man hatte durch das Zeitungswesen und durch die Vereinsbildung den politischen Willen geweckt und geformt. Alle diese Maßnahmen hatten sich als notwendig und wirksam erwiesen zur Bekämpfung der napoleonischen Diktatur – und nun sollte dieser demokratisch gelockerten und in Bewegung gebrachten Masse die tätige Teilnehmerschaft an öffentlichen Geschäften versagt oder verkürzt werden? Dynastien, Militär, Beamtenschaft und Kirche sperrten sich gegen die demokratische Staatsauffassung, sie mußten sich entsprechende harte Kritik gefallen lassen. Viele der Vertreter der alten Autoritäten suchten sich zu helfen durch Zugeständnisse an den historischen Liberalismus – sie verbündeten sich mit seiner Reformgläubigkeit, sie entwickelten mit ihm zusammen ein Programm milder Zugeständnisse, das den besonderen deutschen Bedürfnissen entgegenzukommen entsprach. Hier vollzog sich etwas hoch Bedeutungsvolles – eine antidemokratische Front baute sich auf, sie verwies den demokratischen Gedanken endgültig auf den revolutionären Weg, sie begründete das Bündnis des dogmatischen Liberalismus mit der demokratischen Ideologie.
So geschah es, daß in Deutschland alles Demokratische in den Geruch des Radikalismus, des Fremdländischen und des Umsturzes geriet. In vielen anderen Ländern deckte sich nach und nach die demokratische Staatsanschauung mit der Bejahung des Gesellschaftsaufbaues und des Nationalgeistes – die Selbstsucht der alten politischen Mächte und die Gutgläubigkeit des deutschen Geld- und Titelpatriziats hat einen entsprechenden Vorgang in Deutschland verhindert.

Sozialismus und Kommunismus

Dabei half noch ein letztes Moment mit – der Beginn sozialistischer und kommunistischer Bestrebungen in Deutschland. Die erste große Not des deutschen Handwerks setzte nach 1840 ein. Der Mittelstand verwandelte sich, er verlor an Selbständigkeit und Unabhängigkeit, wenn er auch soziologisch noch eine Zeitlang seine Stellung behaupten konnte. Der absinkende Teil des Mittelstandes verschmolz sich mit dem oben beschriebenen Stande der Abhängigen zu einer Schicht von Lohnempfängern, die, soweit sie in den Fabriken arbeiteten, eine armselige proletarische Existenz führten – eine Arbeitszeit von zwölf bis vierzehn Stunden brachte nur kärglichen Lohn. Wohnung und Ernährung waren meist völlig unzureichend. Jede Wirtschaftskrise überantwortete ein Viertel bis ein Drittel dieser Arbeiter der Armenunterstützung. Verbrauchsbeschränkung, Absinken der Geburtsziffern, Abnahme der Eheschließungen, Zunahme der Sterbefälle, der Auswandererquote und der Bestraftenziffer kennzeichnen das Elend der Zeit. Es gab jetzt deutsche Proletarier, die deutschen sozialen Gegensätze vertieften sich von Jahr zu Jahr. Gab es schon ein deutsches Proletariat? Noch spielte sich der Klassenkampf wesentlich ab als ein Kampf um den Aufstieg von unten nach oben – die erste Klasse, die ihre gesellschaftliche Geschlossenheit zur Durchkämpfung politischer und wirtschaftlicher Ziele benutzte, war die Feudalaristokratie. Berufsverbände der Kaufleute, der Angestellten, der Landwirte, der Ingenieure sollten erst langsam folgen. Für die Handwerksgesellen gab es Unterstützungskassen, der nach dem Willen der Preußischen Gewerbeordnung von 1845 auch die Fabrikarbeiter beitreten sollten. Das war noch nicht mehr als organisierte Wohltätigkeit. Über die Ursachen des Pauperismus zerbrachen sich viele Wohlmeinende der herrschenden Klassen den Kopf. Es fehlte nicht an Reformvorschlägen. Der prächtige Westfale Harkort, ein Mann der Praxis, trat als erster für Verbot der Kinderarbeit, für Maximalarbeitszeit, für angemessene Wohnung und Ernährung ein. Die Lehren der frühen französischen Sozialisten St.-Simon, Fourier und Cabet sind zuerst durch die Romane des Jungen Deutschland im Vaterlande bekanntgeworden. Dann griffen die deutschen Gelehrten die Frage auf. Wichtiger als Staatsverfassungen ist die menschliche Gesellschaft selbst, wichtiger als staatsbürgerliche Rechte ist die angemessene Verteilung der Güter. Der ethische Fortschrittsgedanke hatte sich auf die politische Ordnung übertragen, nun verbreitete er sich weiter auf die soziale Schichtung, mit immer entschlossenerer Diesseitigkeit. Monarchie oder Republik, abgestuftes oder gleiches Wahlrecht, Autokratie oder Demokratie – alle diese Fragen erschienen minder wichtig angesichts der sich ankündigenden sozialen Revolution.

Sozialrevolutionäre Stimmungen traten in Deutschland wie gezeigt zuerst im Sturm und Drang auf. In der politischen und schöngeistigen Literatur der dreißiger Jahre klingt das Motiv wieder an. Das Wort »Sozialist« ist im Deutschen 1840 geprägt worden. Der erste Träger eines politisch gemeinten sozialistisch-kommunistischen Willens war der Magdeburger Schneidergeselle Wilhelm Weitling – der außereheliche Sohn eines französischen Offiziers und eines armen Thüringer Mädchens: ein warmherziger, empfänglicher Mensch, der in Paris Mitglied des »Bundes der Gerechten« wurde und seitdem als Apostel eines überzeugten Kommunismus in der Schweiz und in Deutschland herumzog – beschäftigt mit der Gründung von Vereinen und der Herausgabe von Druckschriften, dauernd verfolgt von den immer aufmerksamer werdenden Behörden. Lockspitzel kamen zur Verwendung, Beschlagnahmungen, Verhaftungen von Weitlings Anhängern fanden statt. Im Rheinland und in Westfalen fanden sozialistisch-kommunistische Lehren mehr Anhänger als in Berlin, Karl Grün trat hier mit mehreren Schriften hervor. Moses Heß ist wahrscheinlich der erste reine Kommunist in Deutschland, sein Spitzname der »Kommunistenrabbi« kennzeichnet die unklare Art seines messianisch gefärbten Illusionismus. In den Vordergrund trat bald der junge Friedrich Engels, Abkömmling einer urdeutschen wohlhabenden Barmer Fabrikantenfamilie, ein herzhafter, stürmischer Kämpfer, Verfasser des aufsehenerregenden Buches über die Lage der arbeitenden Klassen in England: hier also, im Musterlande der liberalen Ideologie, gab es so viel Schmutz, so viel Ausbeutung, so viel Elend! Damit war also die Bequemlichkeit der großbürgerlichen Klasse erkauft! Engels wurde der tatkräftige helfende Freund von Karl Marx. Dieser Sohn der Trierer Rabbinerfamilie begann als Sozialkritiker in der Rheinischen Zeitung, ging nach Paris, empfing hier die starken Eindrücke, die er nun mit Eigenart, aber ebenso großer Unduldsamkeit und Unbarmherzigkeit zu einem System von weltgeschichtlicher Wirkung verarbeitete. Engels tat bei dieser Schöpfung immer kräftig mit, er sorgte dafür, daß die gelehrte, tief schürfende Dogmatik Marxens sich auflockerte zu einer zündenden Losung, zu einem weckenden Kampfruf, zu einem die Menschheit umfassenden

Karl Marx und Friedrich Engels bei ihrer gemeinsamen Arbeit am *Kapital* in London

Glauben, zu einem Willen zur entschlossenen Neugestaltung auf dem Wege der Revolution. 1847 entstand durch Umwandlung der älteren Bünde der »Bund der Kommunisten«, alle Wettbewerber und Kritiker erfuhren schroffe Abwehr durch Marx und Engels. Selbstherrlich machten sich diese beiden zu den Leitern der Bewegung. Ihr Kommunismus war sowohl antiliberal wie antidemokratisch. Er war die jüngste Antithese der Autokratie – er übertraf sie an autokratischem Dogmatismus.
Diktatur, Terrorismus, Klassenkampf, Vernichtung des Überkommenen – das waren die Grundsätze des »Kommunistischen Manifestes«, das unmittelbar vor Ausbruch der Revolution von 1848 von Marx und Engels veröffentlicht wurde. Es bedeutete die Kriegsansage an die bürgerliche Gesellschaft und ihren Staat, der ja in Deutschland erst geschaffen werden sollte. Die scharfe Gegenüberstellung von Arbeiterschaft und Bourgeoisie entsprach mehr den vorgeschrittenen Verhältnissen bei den Westmächten als den Zuständen in Deutschland. Die klare, knappe Beweisführung, die dialektische

Eleganz, die propagandistische Wucht des Manifestes machen es aber zu einem großen Dokument auch der deutschen Geschichte. Die Trennung von Sozialismus und Kommunismus vollzog sich jetzt mit aller Deutlichkeit. Der Sozialismus war ethisch, er wollte die Welt verbessern und die Menschheit entwickeln, er ähnelte darin der optimistischen Grundhaltung des dogmatischen Liberalismus, von dem ihn aber die Eigentumstheorie trennte. Doch vermochten die demokratischen Grundgedanken der Durchführung sozialistischer Ziele wahrscheinlich recht nützlich zu sein. Das Bündnis von Sozialismus und Demokratie bereitete sich vor, es versinnbildlichte sich in der Bezeichnung »Sozialdemokratie«, die sich zuerst in Frankreich findet und dann in Deutschland während der Revolution von 1848 mehrfach auftauchte. Der historische Liberalismus, der sich sowieso mit den alten Mächten in Deutschland einließ, sah sich durch diese Entwicklung noch mehr nach rechts gedrängt. Die Gegnerschaft zur Demokratie versteifte sich in dem Maße, als diese in den Verdacht geriet, dem Sozialismus Vorschub zu leisten. Angesichts der Unbelehrbarkeit der herrschenden Klassen gewann der Gedanke der Revolution immer mehr an Boden in Deutschland. Es herrschte völlige Uneinigkeit über die Ziele der Revolution. Deshalb scheiterte sie.

Der Staatsstreich in Hannover

Der Schicksalsmann der Revolution von 1848, ja der ganzen Epoche wurde nun der preußische König Friedrich Wilhelm IV. Unmittelbar vor seinem lang erwarteten Regierungsantritte fanden zwei Ereignisse statt, die der beginnenden Parteigruppierung in Deutschland einen besonderen Antrieb gaben. Das erste betraf nicht Preußen selbst, aber den Staat, mit dessen Zukunft und Schicksal die preußische Politik eng verbunden war – Hannover. Die Thronbesteigung der Königin Viktoria machte der langjährigen Personalunion von Großbritannien und Hannover ein Ende und befreite damit die englische Politik von der lästigen Aufgabe, diese Hausmacht der englischen Königsfamilie auf dem Kontinent zu verteidigen. Das selbständige Königreich Hannover betonte mit einer gewissen Hartnäckigkeit, daß London ihm nichts vorzuschreiben hätte – es versuchte in wenig glücklicher Weise eine gegen das umklammernde Preußen gerichtete, an Österreich angelehnte politische Arbeit. Innenpolitisch war in Hannover seit 1833 das Staatsgrundgesetz in Geltung, ein wohlüberlegtes, ausgereiftes Werk des maßvollen hannoverschen Beamtenliberalismus. Viele Wünsche waren hier noch unbefriedigt, aber das Wichtigste, eine einheitliche Finanzverwaltung, schien gewährleistet. Der neue König von Hannover, der Herzog Ernst August von Cumberland, war ein Hochtory, keck und grob, eisern, gewalttätig und rücksichtslos, unbekümmert um die Meinung und das Wohlergehen seiner Mitmenschen; er hatte als Thronfolger dem Staatsgrundgesetz von 1833 widersprochen und fühlte sich nunmehr nicht daran gebunden – er erklärte es für ungültig, berief eine neue Ständeversammlung und ließ die alte Verfassung, das Patent von 1819, mit einzelnen Verbesserungen wiederherstellen. Es kam zu Beschwerden an den Bundestag, zu Steuerverweigerungen. Der hannoversche Verfassungsbruch wurde ein deutsches, ja ein europäisches Ereignis. Sollten die Willkür, die Tyrannei, die Geldgier eines landfremden Potentaten ein Land erschüttern, das rechtsempfindlich und gesetzestreu war wie kaum ein anderes in Deutschland? Sollte eine Verfassung von ausgesprochen konservativ-liberalem Charakter nicht sicher sein vor dem Zugriffe des autokratischen Gottesgnadentums, das sich bei seinem Rechtsbruch auch noch auf die Stimme des Gewissens berief? Sieben Göttinger Professoren erhoben Einspruch gegen das Vorgehen des Königs – sie erhielten ihre sofortige Entlassung und hatten sich unverzüglich aus dem Lande zu entfernen. Ganz Deutschland kannte am nächsten Morgen die Namen dieser Märtyrer des Rechtes, unter denen der Geschichtsschreiber Dahlmann, der Literarhistoriker G. G. Gervinus und die Sprachforscher und Märchenerzähler Jakob und Wilhelm Grimm die hervorragendsten waren. Unter allen Staatsdienern des Königreichs, unter all den Lehrern der hochberühmten Georgia Augusta waren es immerhin nur sieben, die um des Rechtes willen ihre und ihrer Familien Existenz auf das Spiel setzten! Nur die philosophische und die juristische Fakultät waren vertreten, alle außer einem waren zudem »Ausländer«!

Die Nachwirkung dieser Tat war gewaltig. In dem bildungseifrigen Vaterland galt schon seit der Aufklärung der Universitätsprofessor als ein besonders vertrauenswürdiger Führer in eine bessere Zukunft. In den süddeutschen Landtagen, in der Burschenschaftsbewegung, in der Publizistik nach der Julirevolution hatten die Professoren maßgebend mitgewirkt. Nun zeigten führende Männer dieses Standes, daß sie auch handeln und leiden konnten für eine heilige Überzeugung. Das Ansehen steigerte sich zur Bewunderung. Die deutsche Universität, so fühlte man, war berufen, durch die Freiheit des Geistes die Freiheit der Nation zu gewinnen. Der historische Liberalismus, das Titelpatriziat konnte keine besseren Führer gewinnen als die Professoren! Die Erfahrung von 1848 hat diesen Glauben an den Professor schnell erschüttert.

Der erste Kulturkampf

Das zweite Ereignis unmittelbar vor der Thronbesteigung Friedrich Wilhelms IV. war der Kölner Kirchenstreit. Nach den Freiheitskriegen machte sich überall ein ernsthaftes religiöses Bedürfnis bemerkbar. Die deutsche Philosophie beschäftigte und beglückte die geistige Oberschicht. Der geistige Mittelstand, die kleinen Leute, erweckt wie sie waren durch Bildung und Wirtschaft, wandten sich entweder der volkstümlichen Diesseitsreligion des politischen Fortschritts zu oder verlangten wieder Trost und Halt von der christlichen Kirche. Der wissenschaftliche Geist machte nun auch die überlieferte Lehre des Christentums zum Gegenstande seiner kritischen Arbeit. Ein Buch wie das Leben Jesu des schwäbischen Theologen David Friedrich Strauß († 1874) oder gar die skeptisch-materialistischen Schriften von Ludwig Feuerbach († 1872) forderten die Selbstverteidigung, ja den Gegenangriff der Frommen heraus. Nur wenige sahen, daß unabhängige Forschung und der echte Glaubensinhalt des

Christentums sich gar nicht ausschlossen, sondern als Betätigungen auf ganz verschiedenen Ebenen des Geistes sich sogar zu ergänzen vermochten, vollkommene Reinheit und Sauberkeit der Arbeit und Gesinnung vorausgesetzt. Der Streit um die Wahrheit und den Gehalt des Christentums erschütterte und schied die Geister, er beförderte die Parteibildung. Die Deutschen sind ein religiöses Volk, Weltanschauungsfragen entschieden schon vor und seit der Reformation ihre Haltung gegenüber weltlichen Fragen. Alle diese Spannungen traten jetzt wieder in volle Wirksamkeit, sie hatten an Schärfe sogar gewonnen, infolge der geistigen und leiblichen Nöte der anwachsenden und um neue Formung ringenden Bevölkerungsmasse. Ein protestantischer Konservativer schloß sich ganz natürlich der Orthodoxie an und bekämpfte im Liberalismus auch den Unglauben oder etwas Schlimmeres, ein Halb-, Namens- und Scheinchristentum. Die römische Kirche erlebte ihrerseits in der Restaurationszeit eine Wiederbelebung von weittragender Bedeutung. Der wiederhergestellte Jesuitenorden betonte den papalen Universalismus und erstickte alle irenischen, auf eine Nationalkirche hinarbeitenden Richtungen. Die Kurie verlangte 1815 vergebens die Wiederherstellung der geistlichen Fürstentümer in Deutschland. Die Zukunft zeigte, daß die katholischen Interessen viel günstiger ohne diesen weltlichen Besitz abschnitten. Ein Konkordat der Kurie mit dem Deutschen Bunde als solchem kam nicht zustande. Der Vatikan konnte seinen Vorteil besser wahren durch Abmachungen mit den Einzelstaaten, deren Souveränitätsdünkel dabei triumphierte. Die süddeutschen Staaten verfügten über genügende Kenntnis der katholischen Angelegenheiten, um trotzdem vorsichtig zu sein, sie beanspruchten Einfluß auf die Priesterbildung und die Genehmigung bischöflicher und päpstlicher Erlasse, sie behaupteten diesen Einfluß auch trotz vatikanischer Proteste. In einer viel schwierigeren Lage war Preußen. Sein in allen Sätteln gerechtes hohes Beamtentum versagte gerade bei klerikalen Problemen. Im Rheinland und in Westfalen gab es ein geistig und wirtschaftlich hochentwickeltes preußisches Staatsbürgertum katholischer Konfession, das der Berliner Regierung schon an sich mißtrauisch und etwas hochmütig gegenüberstand. Der rheinische Humor, die westfälische Zähigkeit und Rechtsverbundenheit machten es den steifen und an schroffen Kommandoton gewöhnten altpreußischen Beamten nicht eben leicht, sich durchzusetzen. Die geschichtlichen, wirtschaftlichen, psychologischen Gegensätze prägten sich nun besonders wirksam und für jedermann greifbar bei den kirchlichen Fragen aus. Zwei Probleme standen im Vordergrund. In Bonn vertrat der Theologieprofessor Georg Hermes († 1831) einen wissenschaftlich-würdigen, dem Jesuitentum unbequemen Forscherstandpunkt, seine Schule der Hermesianer gewann Einfluß, zum Mißbehagen des Vatikans. Tiefer in das praktische Leben griff die Frage der Mischehen ein. Nach preußischem Recht folgten die Kinder der Religion des Vaters. Die katholische Kirche bestand auf katholischer Kindererziehung, das Tridentinum hatte Mischehen sogar grundsätzlich verboten. Mit dem milden Kölner Erzbischof Graf Ferdinand August von Spiegel gelang eine erträgliche Kompromißlösung. Graf Spiegels Nachfolger, der starrköpfige westfälische Freiher Clemens August von Droste-Vischering, ließ sich aber nicht auf dergleichen ein. Er vernichtete die Hermesianer, indem er den Studenten den Besuch ihrer Vorlesungen verbot; er bestand auch auf dem uneingeschränkten Erziehungsversprechen bei den Mischehen. Die preußische Regierung griff nun ihrerseits derb zu, der Erzbischof wurde als Gefangener nach der

Festung Minden abgeführt. Verhandlungen in Rom blieben ergebnislos. Der Kirchenstreit dehnte sich auch nach Osten aus. Der Erzbischof von Posen mußte abgesetzt und zu Festungshaft verurteilt werden, der Fürstbischof von Breslau, der sich dem Regierungsstandpunkt anschloß, wurde vom Vatikan gemaßregelt, er legte sein Amt nieder und trat später zur evangelischen Kirche über. Die Wirkung dieser Ereignisse waren gewaltig. Der Klerikalismus nahm überall in Deutschland mächtigen Aufschwung, wie üblich halfen ihm die Verfolgungen des ersten Kulturkampfes erheblich. Die Rückwirkung läßt sich überall, besonders in Bayern und Österreich, verfolgen. Preußen schnitt schlecht ab, es fügte sich zuletzt der Kurie in allen wesentlichen Punkten. Im preußischen Kultusministerium wurde eine besondere katholische Abteilung eingerichtet, betreut von katholischen Beamten, ein wunderliches Zugeständnis ohne Vorgang. Wichtig waren die allgemeinen Folgen. Preußen hatte im katholischen Deutschland an Ansehen und Vertrauen erheblich eingebüßt. Die Masse der katholischen Bevölkerung betonte die vorhandene Gegnerschaft zum preußischen Staate weiterhin und steigerte sie zur politischen Opposition, sie neigte dazu, alle gegen den preußischen Bürokratismus und Militarismus gerichteten Parteibestrebungen zu unterstützen, sie sympathisierte sowieso mit Österreich und Süddeutschland, sie widerstrebte dem Gedanken einer preußischen Führung in Deutschland, sie verlangte auch für die katholischen Interessen verfassungsmäßige Sicherheiten gegenüber autokratischen Eingriffen. Damit waren die Voraussetzungen für eine eigene katholische Parteibildung gegeben.

Friedrich Wilhelm IV.

In einem sehr wichtigen Lebensgebiete war es also dem preußischen Staate mißlungen, sich mit dem alteingesessenen Deutschtum zu versöhnen. Hier lag ja das Zukunftsproblem – Preußen war Kleindeutschland, so wie Österreich Kleineuropa war. Preußen hing mit allen deutschen Stämmen irgendwie zusammen, abgesehen von den Bayern; Preußen war wieder eine Großmacht geworden durch die Verbindung mit den Gedanken der deutschen Einheit und Freiheit. Es war Fürst Metternichs Meisterstück, Preußen ein Menschenalter lang zu hindern, diese Verbindung weiter fruchtbar zu machen. War der neue König Friedrich Wilhelm IV. imstande, Deutschland und Preußen wieder zusammenzubringen? Friedrich Wilhelm IV. war ein fürstlicher Psychopath, ein anormaler Normaler, von dessen überreicher Persönlichkeit Anregungen jeder Art ausgegangen sind, der aber politisch zumeist verhängnisvoll gewirkt hat. Alles Praktisch-Alltägliche langweilte ihn, er lebte mit einem schillernden Welt- und Geschichtsbild, das die romantische Gelehrsamkeit seiner Tage ihm lieferte. Die große Französische Revolution galt ihm demgemäß als eine apokalyptische Hure, er haßte in ihr sowohl das Demokratische wie das Terroristische. Vom Christlich-Germanischen her hoffte er, diesen Greueln etwas Bodenständig-Völkisches gegenüberzustellen. Wie das aussehen sollte, das war dem Könige nicht klar, er hielt aber um so eigensinniger an den gefaßten Prinzipien fest und erging sich darüber in Reden und schriftlichen Ergüssen. Sein Halbkünstlertum schwelgte sich aus in der Rhetorik und in Entwürfen jeder Art – zum Schöpfertum fehlten ihm Ernst, Einseitigkeit und Sammlung. Er sprühte Geist, er überwältigte seine Partner, er genoß sein Gottesgnadentum auch als eine unbezweifelbare persönliche Überlegenheit, er war feinfühlig, hatte Geschmack, er förderte Künstler und Gelehrte, soweit sie zu seinen Prinzipien paßten – und dabei griff er naturgemäß vorbei an den Vertretern der vorwärtsführenden Gedanken. Persönlich fromm, ja nicht frei von peinlicher Bigotterie, die sich ängstlich an das Gegebene klammerte, betätigte sich der König eifrig als Kirchenreformer, dem der beste Teil des Protestantismus nur leider immer fremd blieb. Er war eine unmilitärische Natur, außenpolitische Konflikte erschreckten und verwirrten ihn; was ihm vorschwebte, war eine erneute Heilige Allianz, ein Zusammenarbeiten aller Guten, ein universales Europa; in diesem christlich organisierten und befriedigten Europa sollte ein mächtiges Deutschland das Kaisertum erneuern und damit auch in der Welt den Frieden sichern – alles das widersprach nicht nur den neuen Zeitmächten, dem Liberalismus und der Demokratie – es paßte auch in keiner Weise zu der preußischen Überlieferung. Die preußische Rolle des deutschen Erzfeldherrn in dem erneuerten heiligen Reiche wäre Friedrich dem Großen etwas zu bescheiden erschienen; es war die Frage, ob sich der österreichische Kaiserstaat und die kleineren deutschen Fürsten selbst mit diesem Anspruch abfinden wollten.

Der Vereinigte Landtag

Die schwerste Erbschaft König Friedrich Wilhelms IV. war die Verfassungsfrage. Eine geschriebene Verfassung im westlichen Sinne kam natürlich für ihn nicht in Betracht. Aber die Vereinigung der Provinzialverbände zu einem Vereinigten Landtage schien dem König eine wundervolle Lösung – trotz der dringenden Warnungen Metternichs, des Zaren Nikolaus von Rußland und seines eigenen Bruders, des Thronfolgers Prinz Wilhelm. Doch die Opposition drängte – mehr in einem deutschen Sinne vom Rheinland her, mehr ausgesprochen preußisch, erfüllt vom Geiste Kants und Steins, von Ostpreußen her, wo sich ja die öffentliche Meinung freier und selbständiger regen konnte als im deutschen Bundesgebiete. Es gab in Preußen böse Fälle von Unterdrükkung der Lehrfreiheit und der öffentlichen Meinung. Sogar die Schwägerin des preußischen Justizministers, die berühmte Schriftstellerin Bettina von Arnim, wurde 1847 zu zwei Monaten Gefängnis verurteilt. Die prachtvolle Frau hatte die Werke ihres Mannes, des Dichters Achim von Arnim, auf eigene Kosten drucken lassen und ohne buchhändlerische Vermittlung verkauft! Bettina zeigte auch warme Teilnahme für eine Frage, die als ein öffentlicher Skandal Preußens die europäische Öffentlichkeit beschäftigte. Es handelte sich um das Weberelend in Schlesien. Die Not war dort alt, schon 1793 gab es einen Webertumult. Es handelte sich um eine verelendete Heimarbeiterschicht, die sich in der völligen Hörigkeit eines frühkapitalistischen Unterneh-

Bettina von Arnim

mertums befand. Infolge Sperrung von Absatzgebieten setzte 1842 eine scharfe Wirtschaftskrise ein, die Unternehmer drückten die Löhne bei dem Überangebot von Arbeit, wie es ihnen gefiel – das Endergebnis waren Unruhen, das Militär griff ein, wie üblich fielen viele unschuldige Opfer. Die Gründung von Fabriken, die Umwandlung der Heimarbeiter in Fabrikarbeiter brachte für die unglücklichen Weber die einzig wirksame Rettung. Streikbewegungen im Rheinland, Hungerzustände in den Ostprovinzen, Zusammenstöße zwischen Militär und Zivil in Köln und Königsberg verstärkten den Eindruck, daß die Gegensätze auch in Preußen sich verschärften und daß die Revolution hier einen fruchtbaren Boden finden würde.
Polnische Freiheitsbestrebungen endeten in einem aufsehenerregenden Polenprozeß in Berlin, die Hauptverschwörer erhielten schwere Strafen, der Revolutionsausbruch hinderte aber die Vollstreckung. Die öffentliche Meinung regte sich immer lebhafter. Johann Jakoby, ein jüdischer Arzt in Königsberg, einer der lautersten und scharfsinnigsten Vertreter demokratischer Überzeugungen, der alte Oberpräsident Theodor von Schön, ein tapferer Verfechter Steinschen Gedankengutes, hatten schon gleich nach Regierungsantritt des Königs die Verfassungsfrage eindringlich behandelt. Aber erst 1847 trat der lang vorbereitete und umstrittene Vereinigte Landtag zusammen. Der König wollte regelmäßig nur ständische Ausschüsse berufen, den Vereinigten

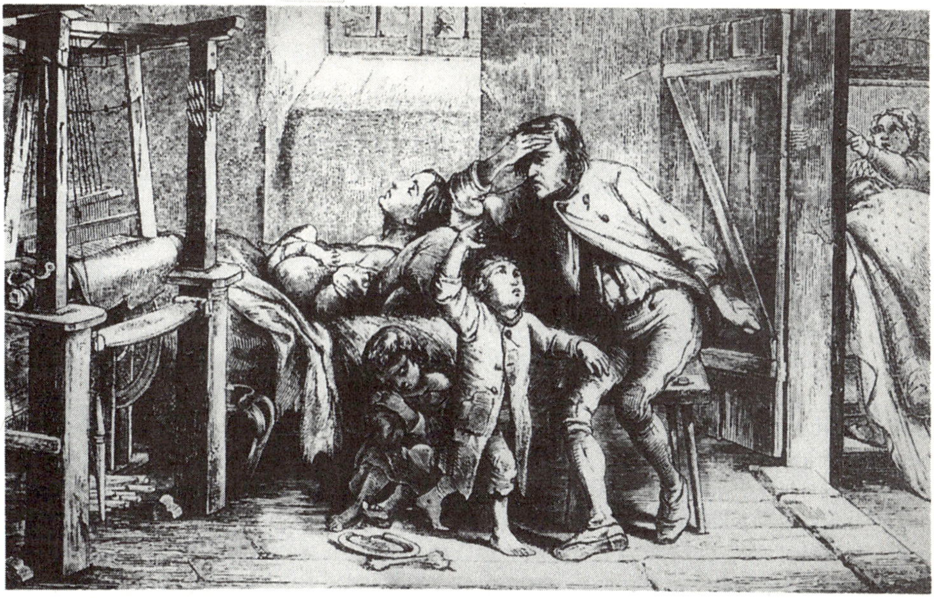

Schlesisches Weber-Elend

Landtag aber lediglich nach eigenem Ermessen. Die Frage der Periodizität wurde damit die eigentliche Lebensfrage der neuen Körperschaft. Er war ein merkwürdiges Gebilde: ständisch-genossenschaftlich im Aufbau, also das, was der König für altgermanisch hielt, eine scheinbar historische Bildung, in Wahrheit eine gemachte Gotik, genauso künstlich wie die gotischen Moden der Baukunst der Epoche. Der Landtag bestand aus zwei Kurien; die Herrenkurie umfaßte die Fürsten und Standesherren; die zweite Kurie umfaßte die Vertreter der Ritter, Bürger und Bauern. Das aristokratische Element überwog also von vornherein. Die wesentliche Aufgabe des Landtages sollte die Bewilligung von neuen Steuern und Anleihen sein, denn die Staatsmaschine war ja angesichts der großen neuen Aufgaben, wie es der Eisenbahnbau z. B. war, ins Stocken geraten aus Mangel an den gesetzlich nicht zur Verfügung stehenden Mitteln. Tatsächlich waren auf Umwegen doch Schulden gemacht worden, also widergesetzlich! Sofort regte sich im Landtage eine starke Opposition, die mit den Bewilligungen des Königs nicht zufrieden war und die Entwicklung der Körperschaft zu wirklichen Reichsständen, zu einer angemessenen gewählten und zusammengesetzten Volksvertretung verlangte. Die Führer der Opposition waren durchweg Männer der gemäßigten Richtung – Angehörige der rheinischen Kaufmannschaft, wie Ludolf Camphausen, David Hansemann, Gustav Mevissen, Hermann von Beckerath, Karl August Milde; Mitglieder der liberalen Aristokratie wie Georg von Vincke, die Brüder von Auerswald, Graf Maximilian Schwerin. Fortschrittlich-dogmatische oder gar demokratisch-sozialistische Gedanken kamen überhaupt nicht zum Vorschein. Trotzdem wurde die Opposition mit ausgesprochener Ungnade vom König behandelt. Die ehrliche und ernste Arbeit, die der Vereinigte Landtag zu leisten versuchte, endete in allgemeiner Verstimmung – wichtige Fragen, wie die Juden-Emanzipation, das Einkommensteuergesetz, die Errichtung von Landrentenbanken, der Bau der Eisenbahn nach Ostpreußen, waren sachverständig erörtert, aber praktisch nicht gelöst worden – die Krone hatte nach außen ihren Standpunkt behauptet, es war ihr selbst nicht eben wohl bei dem Herumexperimentieren, die steigende Erregung im Lande bewies, welch tiefen Eindruck die männlich-maßvolle Haltung der Opposition gemacht hatte.

Der Deutsch-Katholizismus

Der Vereinigte Landtag trat mit seiner preußischen Eigenart herausfordernd an die Seite der süd- und mitteldeutschen Volksvertretungen. Sollte Österreich allein zurückbleiben? Die Rückwirkung der preußischen Vorgänge war auch hier erheblich – ein lebhafterer Geist regte sich in den Ständen der Kronländer, sie wagten sich an politische Probleme, die niederösterreichischen Stände in Wien stellten sich an die Spitze. Die Sammlung der Kräfte für den kommenden Kampf vollzog sich auch in Vereinigungen wie etwa dem juridisch-politischen Leseverein Wien. Tagungen und Feste solcher Verbände wuchsen sich zu nationalen Kundgebungen aus – die Germanistenversammlung in Frankfurt 1846 wirkte wie die Vorläuferin des kommenden deutschen Parlaments. Regelmäßige Zusammenkünfte der führenden süddeutschen Kammermitglieder galten schon der praktischen Vorbereitung – auch die preußischen Liberalen gesellten sich dazu und nahmen die persönliche Führung auf mit Männern wie Heinrich von Gagern und Karl Mathy. Auf der Offenburger Versammlung 1847 traten die badischen Abgeordneten Friedrich Hecker und Gustav von Struve zuerst mit einem weitgehenden Programm an die Öffentlichkeit – es war entschieden demokratisch, mit sozialistischem Einschlag. Gervinus gab in Heidelberg seit 1847 die Deutsche Zeitung heraus – das vornehmste Organ jener kulturdeutschen Gesinnung, die sich nun anschicken sollte, den deutschen Staat zu gründen. Erregend und erweckend wirkte die merkwürdige Bewegung des Deutsch-Katholizismus, die gelegentlich der Ausstellung des Heiligen Rockes in Trier entstand, zunächst als ein einfacher Protest gegen Auswüchse der römischen Kultbräuche, bald aber anwachsend zu einer Sammlung aller religiös und freiheitlich gesinnten Katholiken, die den papalen Klerikalismus international jesuitischer Prägung nicht mitmachen wollten. Die großen Zeiten des Deutsch-Katholizismus waren die vierziger Jahre, einen Augenblick lang galt sein Führer Johannes Ronge als ein zweiter Luther – zu solcher geschichtlichen Wirkung reichte freilich Ronges persönliche Eignung nicht aus. Der Deutsch-Katholizismus bleibt bemerkenswert aus zwei Gründen: er förderte das Interesse an dem Verhältnis von Staat und Kirche, er stellte jeden Gläubigen vor Entscheidungen des Gewissens, und dadurch förderte er auch die weltliche Parteibildung, er stärkte gegen seinen eigenen Willen den Zusammenschluß des politisch tatkräftigen Katholizismus; er gab ferner Einzelpersonen und Gruppen, die gehemmt im dunkeln saßen, eine Möglichkeit, vor einer breiteren Öffentlichkeit zur Wirkung zu kommen und an der Formung von politischer Gesinnung teilzunehmen. Der Mann, der wohl am meisten dem Deutsch-Katholizismus für seine Laufbahn verdankte, war der Rheinländer Robert Blum, der erste Deutsche seit dem Bauernkriege, der sich aus der untersten Schicht nur durch persönliche Begabung emporarbeitete zu einer Führerstellung im werdenden deutschen Volksstaate. Handwerklich-bäuerlich von Gestalt, derb und behaglich, stolz auf die selbsterrungene Bildung, mutig und geweckt, geschäftlich und schriftstellerisch erfahren, vor allem aber ein begnadeter Redner: so gewann sich diese Persönlichkeit, allen Hemmungen zum Trotz, das Vertrauen, ja die Bewunderung immer wachsender Hörermassen. Sie sahen in ihm den Streiter und Bekenner, den Propheten der Schillerschen Freiheitsidee, ein lebendig warmes Stück deutschen Volkstums. War nicht in diesem Leiter und Führer der Kämpfergeist des Protestantismus wiedererstanden auf dem kursächsischen Boden? Verband sich nicht damit etwas von der Treue und der Wurzelechtheit eines Andreas Hofer?

Lola Montez

Merkwürdigerweise begann die deutsche Revolutionsbewegung von 1848 mit einem Tanzidyll in München, dessen politisch-ernsthafte Seite zur Geschichte des erstarkenden Klerikalismus in Deutschland gehörte. Der alternde König Ludwig I. von Bayern unterhielt eine wohl platonische Freundschaft mit der vielerfahrenen Tänzerin Lola Montez, die das bierselige München durch Extravaganzen und politische Zettelungen in Erregung versetzte. Die menschliche Seite dieser peinlichen Angelegenheit war nicht unwichtig, denn der König mußte als der Hampelmann in den Fingern einer betörenden Abenteurerin an Ansehen verlieren. Der Hof und die Münchener Bürger, die Minister und der ihnen nahestehende Klerus hatten von jeher ihrem König jedes Vergnügen gegönnt. Das Auftreten der zur Gräfin Landsfeld nicht ohne Schwierigkeiten erhobenen Tänzerin mußte aber die Ruhigsten und Nachsichtigsten empören. Es war keine Philisterei, es war auch keine Frömmelei, sondern es war ein gesunder politischer Instinkt, der es sich nicht gefallen lassen wollte, daß berechtigte Reformforderungen durch diese exotische Lebedame geschädigt wurden. Für Lola Montez, die mit Geschmack zu leben wußte, bestand zwischen Libertinage und Liberalismus kein Unterschied – sie begnügte sich nicht mit der Ausbeutung des bezauberten königlichen Freundes, sondern erstrebte eingestandenermaßen die politische Herrschaft selber. Der Skandal nahm die unerfreulichsten Formen an, die Studentenschaft ließ sich hineinreißen. Das Ende war, daß die besonnensten Führer der Reformbewegung in Bayern die Sache in die Hand nahmen und den König zur Abdankung zwangen. Der Vorsitzende der Kammer der Reichsräte des bayerischen Oberhauses, Fürst Karl Leiningen, der Halbbruder der Königin Viktoria, trat damals als Stimmführer in den Vordergrund. Ein maßvoller, der Autokratie wie dem Klerikalismus abholder, reformgläubiger Liberalismus konnte nur in einer sauberen Luft gedeihen, die Dynastien mußten sich mindestens in der Öffentlichkeit den Anstandsbegriffen des aufsteigenden Mittel-

Lola Montez
(Photographie aus dem Jahre 1860)

standes anpassen. Dies war die tiefere Bedeutung der Münchener Episode, deren betrübendste Folge das Verschwinden König Ludwigs I. vom Schauplatz der deutschen Ereignisse war.

Die Revolution von 1848

Die Revolution von 1848 erschütterte den gesamten europäischen Kontinent – die deutschen Ereignisse gehören also in einen allgemeineren Zusammenhang, dessen Gewicht nicht unterschätzt werden darf. Es gärte in Ungarn und in Polen, die Volksaufstände begannen zuerst in Italien, die Pariser Februarrevolution führte dann den umfassenden Ausbruch herbei; für Deutschland bedeuteten die französischen Ereignisse nur ein äußerliches Signal. Aus rein deutschen Anlässen, in rein deutscher Weise spielte sich nunmehr eine Reihe von Vorgängen ab, die überwiegend innerpolitischen Charakter trugen, deren Verknüpfung mit den außenpolitischen Machtverhältnissen aber für den Endausgang von maßgebender Bedeutung geworden ist. Die deutsche Revolution von 1848 verlief in drei verschiedenen Ebenen. Es gab zunächst eine nationale Bewegung. Ihr Ziel war die Errichtung eines starken, alle deutschen Lande umfassenden, einheitlich geleiteten deutschen Bundesstaates – der Gedanke sowohl wie die Wege zu seiner Durchführung bedeuteten etwas Wesentliches für Europa, für alle Nachbarn des Deutschen Bundes. Die bisherige Schwäche der Europamitte war für alle nichtdeutschen Beteiligten bequem gewesen. Die Westmächte England und Frankreich hatten sich zu einer liberalen, welt- und kolonialpolitischen Front von überlegener Wirtschaftskraft zusammengeschlossen, ihr aufsteigendes Großbürgertum förderte aus geistigen und wirtschaftlichen Beweggründen die ansteigende Mittelklasse in allen europäischen Ländern. Autokratisch, feudalaristokratisch, geistig und wirtschaftlich entschlossen antiliberal hielt den Westmächten die Gruppe der Ostmächte die Waage – das Österreich Metternichs, das Rußland des Zaren Nikolaus – und als der dritte im Bunde das im Schlepptau mitgezogene Preußen, das eine selbständige Außenpolitik nicht mehr kannte. Zuletzt war 1840 der Zusammenstoß der Westgruppe und der Ostgruppe möglich erschienen, der alte deutsch-französische Gegensatz war bei Gelegenheit des ägyptisch-türkischen Konflikts einmal wiederaufgeflammt. Seitdem hatten sich Verstimmungen innerhalb der beiden Gruppen entwikkelt, die Möglichkeit einer Neuorientierung bestand. Das System Metternichs hatte sich besonders schwer belastet durch die vertragswidrige Einverleibung des Freistaates Krakau (1847) – wenn das geschah seitens einer Macht, die so auf die Gültigkeit der Wiener Verträge pochte, so stand wahrscheinlich eine allgemeine Auflösung und Neuregelung bevor. Die Errichtung eines starken deutschen Bundesstaates konnte kaum auf die Sympathien Frankreichs rechnen, wohl aber auf die Großbritanniens; die alte Eifersucht zwischen Österreich und Preußen mußte sich an diesem Problem neu entzünden, wichtig konnte dabei wie von alters die Rolle Rußlands werden. Wenn der neue deutsche Bundesstaat alle deutschen Lande umfassen sollte, dann tauchte sofort die Zukunft der Herzogtümer Schleswig und Holstein als bedeutungsvoller Streitpunkt auf; er ging nicht nur Dänemark, sondern seine skandinavischen Nachbarn und seine großmächtlichen Gönner an. Viele slawisch sprechende Völker Österreichs gehörten zum Deutschen Bunde – konnten sie auch zu dem neuen deutschen Bundesstaate gehören? So wie die deutsche Nation in Bewegung geraten war, so war es ja nun auch mit der polnischen, der italienischen geschehen. Neben die Ungarn stellten sich die Slowenen, Kroaten und Slowaken, die Tschechen und Serben mit nationalistischen Ansprüchen. Die Bewegung der Nationen gefährdete den österreichischen Kaiserstaat lebensgefährlich – konnte er fortbestehen? Das war eine mitteleuropäische, ja eine gesamteuropäische Frage, die wesentlich abhing von der Gestaltung der deutschen Zukunft.

Das zweite Problem der Revolution von 1848 betrifft die Verfassungsfrage. Deutschland wollte und sollte nun ein starker nationaler Bundesstaat werden, mit einer angemessenen Verfassung. Aber alle Einzelstaaten bedurften gleichfalls der Verfassungsreform. Neben die allgemeindeutsche Bewegung traten eine österreichische und eine preußische, eine bayerische, württembergische und badische, eine kurhessische und hessen-darmstädtische, und so fort bis zu der hamburgischen und Frankfurter Bewegung. Es gab eine große deutsche Nationalversammlung in Frankfurt, aber es gab eine preußische Nationalversammlung in Berlin, es gab einen österreichischen Reichstag, es gab überall Volksvertretungen, deren Aufgabe es war, Verfassungen festzulegen.

Was Deutschland bis dahin entbehrt hatte, erhielt es jetzt in einem verwirrenden Übermaß, der Parlamentarismus zersetzte sich an dem überkommenen Partikularismus, er erlahmte an dem Übermaß der in ihn gesetzten Hoffnungen. Das Fürstentum in Deutschland hatte sich im Gegensatz dazu durch die Zersplitterung gestärkt, die parlamentarischen Körperschaften nahmen gegen die Fürsten und ihre Organe einen heldenhaften Kampf auf, es war ein Machtkampf, an dem die Rechtsideologie des Konstitutionalismus leicht ermüden konnte.

Das Ringen um den starken Nationalstaat und um die Verfassungsgarantie des öffentlichen Lebens nahm während der Revolution den Vordergrund der Ereignisse völlig ein. Es gab aber noch eine dritte Ebene, und die sich hier vollziehenden Geschehnisse wirkten entscheidend auf den Verlauf der Dinge innerhalb der beiden ersten Ebenen. Die Bedürfnisse und Wünsche der breiten Unterschicht in Deutschland kamen in der Frankfurter Nationalversammlung und den Einzelparlamenten nur unvollkommen zum Ausdruck. Die äußerste Linke dieser Körperschaften war gebildet von demokratischen Republikanern, die an eine annehmbare Lösung der schwebenden Fragen auf dem Wege der verhandelten Reformgesetzgebung nicht zu glauben vermochten. Diese Gruppe wünschte deshalb den Fortgang der Revolution bis zur Vernichtung der bestehenden öffentlichen Einrichtungen, sozialistische Gedanken spielten dabei mit. Die alten sozialrevolutionären Ideen drängten jetzt zur Wirksamkeit. Zahlenmäßig am stärksten war dabei das Republikanertum des absinkenden Mittelstandes – solche Leute standen hinter Hecker, Struve und Herwegh. Der Beginn einer deutschen Gewerkschaftsbewegung, einer fachmäßigen, berufsmäßig organisierten Schichtung der Arbeiterklasse, wie sie der Buchdrucker Stephan Born unternahm, hatte einen weniger politischen Charakter, diente aber doch mittelbar der Klärung der Gedanken und der Entstehung eines proletarischen Klassenbewußtseins. Am schwächsten war damals die Anhängerschaft der Kommunisten Marx und Engels. Sie vertraten ihren reform- und parlamentsfeindlichen Standpunkt in der Neuen Rheinischen Zeitung, sahen sich aber im übrigen darauf angewiesen, ihre Jünger zur Mitarbeit bei den demokratischen und republikanischen Verbänden anzuhalten, um diese Gruppen zu radikalisieren. Der Erfolg mußte die Vertiefung der Kluft zwischen den Reformgläubigen und den Sozialrevolutionären sein. Die gegenrevolutionären Mächte hatten den Vorteil davon.

Die März-Bewegung

Der März 1848 ist die große Geschichtswende der Deutschen im neunzehnten Jahrhundert. Es gab seitdem Vormärz und Nachmärz. Das neue Deutschland blühte damals auf wie der Frühling des großen Jahres, den kein Zeitgenosse vergessen hat. In der Rede, die der Abgeordnete Friedrich Bassermann, ein Mannheimer Buchhändler, am 12. Februar in der badischen Kammer hielt, waren die deutsche Einheit und der politische Bundesstaat nach dem Muster der Vereinigten Staaten nachdrücklich gefordert – der Grundton war damit angeschlagen: was Deutschland unverzüglich brauchte, war die Volksvertretung beim Deutschen Bunde, das deutsche Parlament. In allen west- und süddeutschen Staaten setzte die Bewegung scharf ein, die bisherigen Führer der Kammeroppositionen bildeten reformfreundliche Ministerien. Bauernaufstände im Schwarzwald und Odenwald zeigten aber, daß es mit schwarz-rot-goldenen Fahnen und Bürgergarden allein nicht getan war. Es gab einen tiefen Haß gegen Fürsten, Adel und Beamte – die Juden mußten, wie üblich, als Stützen und Nutznießer des alten Systems als Sündenbock dienen. Die Bewegung ergriff nun Mitteldeutschland. Der Bundestag raffte sich auf, er schaffte die Zensur ab, er erklärte die schwarz-rot-goldenen Farben als das ehemalige deutsche Reichspanier zum amtlichen deutschen Symbol, er forderte die Regierungen auf, Vertrauensmänner zur Beratung der Bundesreform nach Frankfurt zu entsenden. Wenn damals Preußen zugegriffen hätte, wäre ihm die Kaiserkrone sicher gewesen. Denn das System Metternich taumelte seinem Ende entgegen. Die alte Hofopposition der Erzherzöge und des Grafen Kolowrat, die ständische Opposition der Landtage, die gemäßigte Reformbewegung des Bürgertums und lebhaftere drängende Haltung der akademischen Jugend vereinigten sich in Wien zu einem Sturme, dem der greise Staatsmann Metternich nicht gewachsen war; er nahm in würdiger Weise seinen Abschied. Volksbewaffnung, Preßfreiheit kamen zur Verkündigung, Ungarn, Italiener und Slawen jubelten mit den Wienern um die Wette, jeder gefiel sich in Verfassungsentwürfen – Großösterreich befand sich in der schwersten Gefahr. Noch nie war die natürliche Überlegenheit des preußischen Staates so deutlich gewesen. Aber gerade hier vollzog sich eine folgenreiche Katastrophe. König Friedrich Wilhelms IV. liebster Gedanke war eine Art Abwehrkrieg gegen das revolutionäre Frankreich, doch England zeigte gegenüber solchen Plänen deutliche Zurückhaltung. Es wäre gewiß am bequemsten gewesen, die preußischen Schwierigkeiten von der Außenpolitik her zu lösen. Die Berliner Versammlungen und Petitionen drängten zu einer innenpolitischen Entscheidung, es kam zu ersten Zusammenstößen zwischen dem Volk und der Polizei sowie dem Militär, mit dem die Hauptstadt überschwemmt worden war – gerade kein Mittel, um die Stimmung ruhig zu halten. Der Prinz von Preußen (der Thronfolger, der spätere Wilhelm I.) gehörte zu den schärfsten Befürwortern militärischer Angriffsmaßnahmen. Widerwillig und halb versteckt machte der König im letzten Augenblick Zugeständnisse – die beschleunigte Einberufung des Vereinigten Landtags, die Preßfreiheit, die Teilnahme an der Bundesreform, die Verpflichtung auf ehrlichen Konstitutionalismus in Preußen. Auch ein neues Kabinett kam zustande – am Mittag des achtzehnten März, der so verhängnisvoll werden sollte. Der erbitterte Straßenkampf brach aus, geschürt von den Scharfmachern auf beiden Seiten: es gab nur eine kleine Zahl von überzeugten Sozialrevolutionären in Berlin; tatsächlich nahmen alle Schichten der Bevölkerung an dieser Schlacht teil, die wie nirgends sonst in Deutschland ein bewußter Angriff des freiheitlich gesinnten Bürgertums der verschiedensten Richtungen auf den Militarismus, die Autokratie, die östliche Despotie gewesen ist. Berlin focht gegen den undeutschen Kolonialgeist – und es siegte, wenigstens für den Augenblick. Militärisch war der Kampf unentschieden, auf lange Sicht war die Truppe natürlich im Vorteil, aber sie hatte mehrfach geschwankt, die Barrikadenkämpfer hielten sich recht wacker, nur eine umfassende militärische Operation hätte den schließlichen Erfolg herbeiführen können; König Friedrich Wilhelm IV. wünschte sie nicht, er war persönlich zermürbt, er hielt einen weiteren Kampf auch politisch für unnötig und schädlich – er meinte, seine lieben Berliner seien durch fremde Emissäre mißleitet, er schmeichelte sich, sie väterlich versöhnen zu können. So geschah es, daß das Militär zurückgezogen wurde – die Revolution hatte damit gesiegt, der König grüßte die Toten des Volkes, alle Würdenträger nahmen an ihrer Bestattung teil, Friedrich Wilhelm IV. zog mit schwarz-rot-goldenen Fahnen durch die Straßen der Hauptstadt, alle Märzforderungen waren mit einem Schlage bewilligt – Preußen, so hieß es, werde nunmehr in Deutschland aufgehen. Das hieß natürlich mehr, als daß nun die nicht zum Deutschen Bunde gehörenden Teile Preußens in das Bundesgebiet aufgenommen wurden; es hieß, daß Preußen den neuen deutschen Bundesstaat zu leiten beabsichtigte.

Vorparlament und Nationalversammlung

Die Volksbewegung hatte aber keine Muße, auf Preußen zu warten – der alte Obrigkeits- und Militärstaat dort war gedemütigt: niemals konnten Dynastie und Feudalismus den 18. März vergessen. Deutschland führte, Preußen mochte folgen. Auch über den Bundestag und die von ihm eingesetzte Siebzehnerkommission, die sich um die neue deutsche Verfassung bemühte, ging die Volksbewegung hinweg – der revolutionäre Weg des Neuaufbaues schien der einzig mögliche. Der nationale Wille war entschlossen, sich seine Organe selbst zu schaffen. So trat in Frankfurt das sogenannte Vorparlament zusammen, tatsächlich eine Notablenversammlung von politischen Führern der alten Opposition, deren einziges Mandat ihre vaterländische Überzeugung war. Es zeigte sich hier sofort, daß die Sozialrevolutionären nicht mit den Gemäßigteren zusammenarbeiten wollten. Friedrich Hecker und seine Anhänger wünschten sich mehr als eine verfassunggebende Nationalversammlung – sie forderten eine revolutionäre Volksregierung, den Umsturz also der Dynastien, den Aufbau einer neuen Gesellschaft. Die Mehrheit zog es aber vor, die Revolution zurückzulenken in einen neuen Legitimismus, eben den der konstitutionellen Reform. Sie glaubte an die Ehrlichkeit und Lebensfähigkeit der fürstlichen Machtgebilde, der leicht errungene Sieg auf allen Fronten stärkte ihre Hoffnung und ihr Selbstbewußtsein. Friedrich Hecker versuchte seine Auffassung gewaltsam durchzusetzen – der erste badische Aufstand brach aber schnell zusammen –, nicht einmal die strahlende Führerpersönlichkeit Heckers vermochte in dem sozial vermorschten, politisch zersetzten badischen Lande einen durchschlagenden Erfolg zu erringen. Auch Herweghs Pariser Demokratenlegion kämpfte vergebens. So fanden denn die vom Fünfzigerausschuß des Vorparlaments vorbereiteten Wahlen zum deutschen Parlament statt, zum ersten Male arbeitete das allgemeine und gleiche Wahlrecht, wenn auch mit örtlichen Abwandlungen – das Ergebnis war jene Nationalversammlung, die in der Paulskirche in Frankfurt zusammentrat und die erste, vornehmste und einzige gesamtdeutsche Volksvertretung der Geschichte gewesen ist. Die demokratische Methode hatte sich bewährt – denn es vereinigten sich hier die wirklich führenden Persönlichkeiten der

Die Parlamentarier ziehen in die Paulskirche ein

Nation, die Honoratioren in einem tieferen Sinne – in erster Linie Beamte und Juristen, dann Professoren, Gutsbesitzer, Kaufleute, Schriftsteller, auch Offiziere, verhältnismäßig wenige Vertreter des kleineren Mittelstandes und keine nennenswerte Abordnung der arbeitenden Unterschicht. Gewählt waren also nicht Vertrauensmänner von politischen Parteien, die wohl gedanklich, aber nicht ausreichend organisatorisch bestanden, sondern die angesehenen Männer der Orte und Kreise, die an Geist, Namen, Verdienst oder Vermögen Hervorragenden. Das ausgereifte deutsche Kulturvolk hatte lange warten müssen auf eine echte, moderne Volksvertretung – nun brachte es den edelsten Typus eines Parlamentes hervor, den es geben konnte; sein Erfolg oder Mißerfolg war von entscheidender Wichtigkeit für die Zukunft des parlamentarischen Prinzips in Deutschland. Eine revolutionäre Volksregierung entsprach offenbar nicht dem Willen der Mehrheit, aber das Bedürfnis nach einer sichtbaren und wirksamen Zentralgewalt in Deutschland war unabweisbar, denn keinerlei Reform vermochte dem alten Bundestage aufzuhelfen. So geschah es, daß die demokratisch gewählte Nationalversammlung sich diese Zentralgewalt selbst schuf, aber daß sie zu ihrem Träger einen Fürsten wählte. Das Prinzip war revolutionär, das Ergebnis entsprach aber dem überwiegenden Willen zur Vereinbarung. Erzherzog Johann von Österreich, der alte Gegner Metternichs, hatte in Österreich selbst die Rolle eines Alter ego des geistesschwachen Kaisers Ferdinand übernommen, er gedachte zuerst, die österreichische und die deutsche Reichsverweserschaft zu vereinigen, mußte sich dann aber für Frankfurt entscheiden. Hier bildete er ein Reichskabinett – und die Nationalversammlung konnte sich nunmehr an die Arbeit machen, auf gesetzlichem Wege das neue freiheitliche Deutschland aufzubauen. Es bildeten sich Fraktionen, Ausschüsse für alle wichtigen Gebiete wurden eingesetzt, die Grundrechte des deutschen Volkes waren der erste große Beratungsgegenstand. Der Sieg der Volksbewegung war aber nur scheinbar.

Forderungen des Nationalismus. Schleswig-Holstein

Es zeigte sich, daß sowohl die sozialrevolutionäre wie die nationalistische Bewegung weiterging, daß beide sich nicht durch den Zusammentritt des Parlaments beruhigen ließen – und daß infolgedessen die Gegenrevolution einsetzte. Der Nationalismus bedrohte vor allem Österreich – Ungarn riß sich los, der Slawenkongreß in Prag sagte dem alten Kaiserstaat den Kampf aufs Messer an, die Ruthenen standen gegen die Polen auf, die italienische Nationalbewegung führte zum Krieg mit Sardinien um das österreichische lombardo-venezianische Königreich. Preußen sah sich erschüttert durch die Forderungen seiner eigenen polnischen Untertanen – die verlangte Wiederherstellung des polnischen Staates wirkte als lebensgefährliche Bedrohung; Zar Nikolaus I. von Rußland mobilisierte und schien bereit, die Befreiung Polens, aber auch die Demokratisierung Preußens zu verhindern. Weder die preußischen Polen noch die Tschechen in Böhmen, noch die Italiener in Südtirol wünschten sich einem deutschen Parlamente in Frankfurt und seiner Reichsverweserschaft unterzuordnen. Gleicher Widerstand kam von den zum Deutschen Bund gehörenden holländischen Provinzen Luxemburg und Limburg. Die Möglichkeit eines starken deutschen Bundesstaates ließ also sogleich die alten Grenzprobleme wieder aufbrechen.
Besonders gefährlich gestaltete sich die schleswig-holsteinische Frage. Sie wurde der klassische Konfliktstoff des Jahrhunderts, weil sich in ihr dynastische, außenpolitische, völker- und staatsrechtliche, strategische, demokratische und nationale Interessen vereinigten. Holstein gehörte zum Deutschen Bunde, Schleswig nicht; Holstein war rein deutsch, Schleswig mindestens zu drei Vierteln; beide Herzogtümer hatten immer zusammengelebt, sie wünschten aus geschichtlichen und rechtlichen Gründen zusammenzubleiben. In Dänemark gab es aber eine demokratisch-nationale Bewegung, die aus den verschiedenen Ländern der dänischen Krone einen modernen Ge-

Karikatur aus dem Kladderadatsch

samtstaat machen wollte; der seit 1847 regierende König war der letzte seines Hauses, die nach dem Weiberstamm folgende Glücksburger Linie war in den Herzogtümern, vor allem in Holstein, nicht erbberechtigt, es drohte also jedenfalls die Trennung. Die Ansprüche des dänischen Nationalismus riefen die lebhafte Abwehr des deutschen Nationalismus hervor, führende Gelehrte der Kieler Universität verfochten die deutsche Sache; der eingesessene Partikularismus besonders des holsteinischen Adels wehrte sich gegen die Kopenhagener Volksmänner. Es gab aber eine skandinavische Bewegung, die mit den dänischen Ansprüchen sympathisierte und aus germanischen Kulturüberzeugungen die Einmischung einer so halbslawischen Macht wie Preußen besonders ungern sah. Preußen war jedoch der nächste große Nachbar, seine geopolitischen und wirtschaftlichen Interessen brachten es in enge Verbindung mit den Herzogtümern – ihre Nord-Ostsee-Lage machte sie zu einem strategischen Punkte ersten Ranges, und damit wuchs die Frage in die außenpolitische Problematik hinein. Die Ostseemacht Rußland, die Nordseemacht England waren an der Zukunft der Herzogtümer interessiert, weil die Zukunft Dänemarks davon abhing; Dänemark verfügte über eine Flotte, Deutschland, insbesondere Preußen, aber nicht. Der Krieg, der nun um die Herzogtümer zwischen Dänemark und dem Deutschen Bunde ausbrach, wurde mit Eifer von Preußen aufgenommen, er konnte aber nur zu Lande mit Aussicht auf Erfolg durchgeführt werden. Preußen betonte dabei nicht ungern seine nationale Rolle, es fand sich auf diese Weise mit der Volksbewegung wieder zusammen, es vermochte Österreich auszustechen, dessen Interesse an dieser nordischen Frage naturgemäß gering war. Preußen geriet aber dabei außenpolitisch gerade mit den beiden Mächten in Konflikt, um deren Freundschaft sich Friedrich Wilhelm IV. immer wieder bemühte, mit England und Rußland. Englands Sympathien für einen starken, freiheitlichen deutschen Bundesstaat erkalteten, wenn es sich um die Herzogtümer handelte. Frankreich endlich zeigte sich zunächst schnell bereit, den Dänen zu helfen, sobald der deutsche Nationalismus Machtzuwachs beanspruchte. Preußen focht also in der schleswig-holsteinischen Sache für die deutschen Interessen – die deutsche Nationalversammlung in Frankfurt brauchte das preußische Schwert, aber sie liebte nicht den preußischen Staat. Nicht der in scheinbarer Auflösung befindliche österreichische Kaiserstaat, sondern diese Großmacht Preußen galt als das gefährlichste Hindernis für den neuen deutschen Bundesstaat. Und dieses Preußen war ja im Begriffe, sich selber zu modernisieren, es verfügte über seine eigene Nationalversammlung, eine eigenwillige, überwiegend demokratische Körperschaft, die des Glanzes des Frankfurter Parlamentes entbehrte, aber dafür einen zähen preußischen Patriotismus entwickelte. Andererseits waren die preußische Bürokratie, der preußische Militarismus geistig völlig ungebrochen, die preußischen Märzminister zeigten sich außerstande, die Beamtenschaft zu liberalisieren, häufige Kabinettswechsel erhöhten das Ansehen des neuen Systems kaum.

Tief unbefriedigt waren die Vertreter des revolutionären Gedankens. Die langwierigen Debatten der Parlamente machten sie ungeduldig, die optimistische Verbindung des Geld- und Titelpatriziats mit den alten Mächten wirkte aufreizend. Arbeiterverbindungen entstanden, Handwerker- und Gewerbekongresse fanden statt, die wirkliche Not meldete sich, sie linderte sich nicht durch gescheite Paragraphen. Die Neue Rheinische Zeitung Karl Marx', von der preußischen Regierung wohlweislich geduldet, verhöhnte den bürgerlichen Fortschrittsglauben nach Kräften, die Demokratenkongresse in Frankfurt und Berlin forderten offen den Fortgang der Revolution und machten sich an die Vorbereitung. Die Front der Märzrevolution war zerbrochen. Die Wendung setzte ein, als sich Preußen außerstande sah, den Krieg mit Dänemark erfolgreich durchzuführen, und den unrühmlichen Waffenstillstand von Malmö schließen mußte (Sept. 1848). Dem Frankfurter Parlament blieb nach einigem Schwanken nichts anderes übrig, als der Großmacht Preußen zu folgen, die es nicht entbehren konnte für die Durchführung seines Werkes. Was durfte aber von einem geschwächten Preußen erwartet werden? Volkstümlich war dieser Staat nie, nur seine militärische Zuverlässigkeit erweckte Vertrauen; wenn diese versagte, blieb nicht mehr viel übrig. Der zweite badische Aufstand, eine Kette von Unruhen in Westdeutschland, Barrikadenkämpfe in Frankfurt selbst zeigten, daß die Revolution tatsächlich weitergehen wollte; die Frankfurter Zentralgewalt beteiligte sich an ihrer Niederkämpfung, sie brach dadurch endgültig mit dem revolutionären Gedanken, auf dem sie doch selber beruhte.

Beginn der Gegenrevolution

Die österreichische Armee gab das Signal zur Gegenrevolution – der Kaiserstaat lebte noch kräftig im Lager seiner Soldaten; Krakau und Prag, die polnischen und tschechischen Aufständischen mußten sich beugen, und nun ging der Marsch weiter auf Wien. Der österreichische Reichstag hatte sich tapfer an die ungeheure Aufgabe eines freiheitlichen Neuaufbaues des Kaiserstaates gemacht. Die Bauernbefreiung fand endlich statt, eine Los-von-Rom-Bewegung entstand unter den Katholiken, die Wirtschaftsnot drängte die Wiener Intelligenz immer weiter nach links. Die Erzherzöge, Johann und der ungarische Palatin (Reichsverweser) Stephan an der Spitze, erwogen eine Zeitlang die Aufteilung des nicht mehr lebensfähig scheinenden Nationalitätenstaates, wobei denn die deutschen Länder Österreichs sich mit dem neuen deutschen Bundesstaate verbunden hätten – für solche Mitgift beanspruchte der Reichsverweser die Kaiserkrone Großdeutschlands. Die großösterreichische Staats- und Reichsidee setzte dagegen ihren schwarzgelben Patriotismus; der kaiserliche Hof war nach Innsbruck

Die kaiserlichen Truppen schlagen die Wiener Revolutionäre

gegangen, um sich von der zunehmenden Verwirrung der Hauptstadt fernzuhalten; die Erzherzogin Sophie bereitete klug den Regierungsantritt ihres Sohnes Franz Joseph vor, der im August 1848 achtzehn Jahre alt wurde, also nunmehr dem regierungsunfähigen Kaiser Ferdinand folgen konnte. Aber die Wiener Oktoberrevolution kämpfte noch einmal verzweifelt für den Traum eines freiheitlichen Großdeutschland gegen das Bündnis von Dynastie, Feudalismus, Klerus und Militär. Fürst Windischgrätz eroberte die Stadt, die katholischen Kroaten halfen eifrig mit, ihr Siegespreis für die Kaisertreue war die politische Selbständigkeit gegenüber Ungarn. Nun faßte auch Preußen sich Mut zum Staatsstreich der Gegenrevolution. Die Frankfurter Zentralgewalt, in der Hand des österreichischen Erzherzogs, ausgestattet mit Ministern und Gesandten, mit Reichsgesetzen, ja mit einer im Aufbau befindlichen deutschen Flotte – sie erwies sich jetzt als das schwerste Hindernis für die Durchführung der Pläne Heinrichs von Gagern und seiner Freunde. Notgedrungen hatten sie sich selbst dieses Hindernis aufgebaut, sie kamen nun nicht mehr darüber hinweg. Wenn Österreich Großösterreich und nichts sonst sein wollte, so blieb Preußens deutscher Beruf die letzte, die eigentliche Hoffnung der Reichspatrioten. Trotz des 18. März, trotz des Waffenstillstandes von Malmö mußte man sich mit der Person des preußischen Kaisers abfinden. Aber Preußen ging den Weg Österreichs, es schickte seine Nationalversammlung samt ihrem Verfassungsentwurf nach Hause, es oktroyierte eine verhältnismäßig vernünftige neue Verfassung – Rittergut und Garderegiment zeigten ihre ungebrochene Kraft und waren bereit, sich noch deutlicher durchzusetzen. Was Windischgrätz und Schwarzenberg in Österreich konnten, versuchten nun General von Wrangel und Minister Otto von Manteuffel und Graf Brandenburg in Preußen. Wenn je der König auf seine schillernde Art mit dem Gedanken einer preußischen Selbstaufopferung zugunsten des Reiches gespielt haben sollte – der altpreußische Staatsegoismus wehrte sich gegen jede Forderung des Kulturdeutschtums zum Nachteile des preußischen Kolonialdeutschtums. Dieser Gegensatz ließ sich damals und auch später nicht überbrücken.

Die Gegenrevolution marschierte, aber die Revolution war noch nicht tot, ein zweiter Ausbruch bereitete sich vor. Österreich schritt weiter auf seinem Wege, es warf die »Rebellen« in Italien und in Ungarn siegreich nieder, sein Gesamtstaat, östlich-kolonialen Charakters auch er, legte sich dem deutschen Nationalstaat in den Weg. Die Erschießung Robert Blums in Wien, die Hinrichtung also eines der hervorragendsten Abgeordneten der Paulskirche nach Kriegsrecht im November 1848, trennte Österreich wie kein anderes Land vom freiheitlichen Deutschland.

Die Frankfurter Reichsverfassung. Die zweite Revolution

Das Bedürfnis nach größeren modernen Lebensformen war an sich in Deutschland unabweislich. Wirtschaft, Verkehr, Münzwesen, Recht, öffentliche Meinung schrien nach Ordnung und Leitung, höheren Gesichtspunkten entsprechend. Wie elend war die Lage eines Deutschen im Auslande, wenn er nicht gerade Bürger einer der Großmächte war! Bayern und die ganze Kleinstaaterei spürten den steigenden Widerwillen des Reichspatriotismus gegen den gesamten dynastischen Staatsapparat. Der Gedanke einer Zusammenlegung der zwergstaatlichen Bildung stellte sich mit Notwendigkeit ein. Kein Wunder, daß sich der gefährdete Partikularismus an das Bestehende klammerte und es, wie bei den deutschen Fürsten ja altüblich, auch nicht verschmähte, ausländische Beziehungen in Rußland und in England nutzbar zu machen. Als die Frankfurter Nationalversammlung schließlich ihre Verfassung doch zu Ende brachte, konnte dieses Werk deshalb trotz mancher Belastungen auf die Zustimmung der Gutwilligen rechnen. Die Frankfurter Reichsverfassung ist tatsächlich von allen deutschen Volksvertretungen angenommen worden, außer in Österreich und Liechtenstein; in Bayern nur von der Zweiten Kammer, nicht von der Ersten Kammer, den Reichsräten. Sie ist ein edles Werk: Reichsgewalt, verantwortliches Reichsministerium, Reichstag und Reichsgericht zeigten den unitarischen Geist; aber den Einzelstaaten war genug übriggelassen, um ein Gegengewicht zu bilden, das Staatenhaus (Oberhaus) zeigte gegenüber dem demokratischen Volkshause konservativ-föderalistischen Charakter; die Grundrechte bildeten eine großartige Einleitung, ein Denkmal deutscher Nöte und deutscher Sehnsucht; Machtidee, Liberalismus und Demokratie hatten sich in dieser Verfassung versöhnt zum Besten einer wirksamen nationalen Gemeinsamkeit.
Die Volksvertretungen Deutschlands sprachen sich, der Gegenrevolution zum Trotz, zugunsten der Frankfurter Reichsverfassung aus – aber der König von Preußen lehnte die Annahme der Kaiserkrone ab. Er wollte nicht Kaiser der Deutschen von Volkes Gnaden sein. Auch die preußische Regierung wünschte keine Zusammenarbeit mit Frankfurt, sie lehnte selbst eine modifizierte, in wichtigen Punkten, wie dem des aufschiebenden kaiserlichen Vetos, dynastischer geformte Frankfurter Reichsverfassung endgültig ab. Preußen nahm jetzt seine Rache für den 18. März, es brach mit der Revolution, es ging seinen eigenen Weg. Der Kampf um die Reichsverfassung entbrannte – es ist der letzte erschütternde Abschnitt der deutschen Volksbewegung von 1848–49. Es handelte sich um mehr als um den verzweifelten Versuch, das Werk des Frankfurter Parlamentes durchzusetzen, so wie es die Mehrheit des deutschen Volkes verlangte. Darüber hinaus vollzog sich ein größeres, verwegeneres Unternehmen – nämlich der Wunsch, die Versäumnisse der Märzrevolution nachzuholen, mit anderen Worten, eine zweite endgültige Revolution durchzukämpfen. Alle linksgerichteten Gruppen in Deutschland bauten zu diesem Zwecke eine gemeinsame Front auf – dogmatische Liberale, Demokraten, Sozialrevolutionäre, Gewerkschaftler und Kommunisten fanden sich zusammen mit Reichspatrioten unbestimmter Farbe und internationalen Revolutionären ganz verschiedenen Charakters. Der jetzt ausbrechende Bürgerkrieg war ein

Teil des gesamteuropäischen Kampfes gegen die Reaktion, zahlreiche persönliche und sachliche Zusammenhänge bestanden. Die Teilnahme auch der ganz links gerichteten Gruppen erleichterte der Gegenrevolution ihre propagandistische Haltung; sie lähmte vor allem die historischen Liberalen, die freiheitlich und reichisch gesinnten Mitglieder des Geld- und Titelpatriziats, also die eigentlichen Führer der Bundesstaatspartei in der Paulskirche. Diese Männer vermochten nicht auf die Barrikade zu steigen, zu ihrem eigenen Schmerze sahen sie sich zu einer Art Neutralität gezwungen, sie schwenkten schließlich nach rechts ab, sie gingen das Bündnis mit den alten Mächten ein, wenn nur die notwendigsten Verfassungsbewilligungen gemacht wurden. Hier liegt der Ursprung des deutschen Nationalliberalismus. – In Bayern und Württemberg, in Thüringen und im Rheinland kam es noch einmal zu freiheitlichen Bewegungen verschiedenen Umfanges. In Baden, in der Pfalz und in Sachsen fand ein bitterer Bürgerkrieg statt, das preußische Militär schlug die Revolutionsregierungen nieder. Damit hatte es nach seiner Auffassung die moralische Grundlage gewonnen, das deutsche Bundesstaatsproblem auf seine Art neu aufzurollen.
Die Revolution in Deutschland war äußerlich zu Ende. Der Geist der Revolution war aber nicht tot. Die bisherigen Methoden waren gescheitert, die Idee und ihre Arbeitsweise waren die eigentlichen Besiegten. Truppen marschierten durchs Land, Parlamente wurden zersprengt, politische Gegner wurden erschossen oder durch das Zuchthaus entehrt, Staatsstreiche der Großen waren üblich geworden, und die Kleinen lernten in dieser Schule. In Frankreich erhob sich wieder der Bonapartismus; die Dauerdiktatur des großen Napoleon wandelte sich jetzt ab: die Autorität des Staatsoberhauptes, gestützt auf das Militär und verbündet mit der Finanz, setzte durch die Plebiszite die Masse unmittelbar in Bewegung und brachte sie so, unter Ausschaltung rationalistischer Beratungsformen, zu dynamischer Wirksamkeit. Der Bonapartismus lehrte den großen Staatsmann, den Österreich nunmehr in dem Fürsten Felix Schwarzenberg besaß. Tief verletzt durch die kleindeutsche Reichsverfassung der Frankfurter Paulskirche, zeigte sich das wiedererwachte Großösterreich entschlossen, sein altes Übergewicht in Mitteleuropa energisch zu verteidigen. Das Waffenglück lächelte ihm. Die italienische Machtstellung wurde behauptet, Ungarn mit russischer Hilfe grausam niedergeworfen.

Die preußische Unionspolitik

Als nun der Freund des preußischen Königs, der seltsam bedeutende, katholisch-romantische General Joseph von Radowitz († 1853) das matte Nachspiel der Revolution, die Unionspolitik, begann, mußte mit dem zähen Widerstand des erstarkten österreichischen Kaiserstaates, aber ebensosehr mit der unfreundlichen Haltung Rußlands gerechnet werden. Der preußische Plan ging dahin, zunächst ein Bündnis mit den Königreichen Sachsen und Hannover zu schließen, dann die übrigen Staaten zum Anschluß zu gewinnen, mit der österreichischen Monarchie aber eine Union zu bilden, einen unauflöslichen völkerrechtlichen Bund. Die führenden Männer der Frankfurter Erbkaiserlichen unterstützten diese Politik durch die Erklärung von Gotha und erhielten daher den Beinamen: die Gothaer. Bayerns schwächlicher König Maximilian II. hatte während der ganzen Revolutionszeit eine überempfindliche partikularistische Politik getrieben, der Gedanke des preußischen Kaisertums hatte ihn aufs äußerste empört – nunmehr versagte er sich entschieden dem Unionsplan. Da die Königreiche Hannover und Sachsen Bayerns Teilnahme zur Voraussetzung ihrer Mitarbeit gemacht hatten, war schon jetzt eigentlich das preußische Unternehmen tot. Eine selbständige Unternehmung der Mittelstaaten, zu einem greifbaren Ziele zu kommen, schlug gleichfalls fehl. In Erfurt trat ein Unionsparlament zusammen, das fast zur Hälfte aus Preußen und sonst meist aus »Gothaern« bestand – seine Beratungen verpufften. Entscheidend wurden die außenpolitische Isolation und die militärische Schwäche Preußens. Schwarzenberg bereitete mit überlegener Ruhe die Wiederherstellung des Bundestags in Frankfurt vor, wo der ehemalige Reichsverweser Erzherzog Johann als ein willkommener Platzhalter österreichischer Interessen widerwillig, aber notgedrungen loyal dem dramatischen Wechsel der Zeitläufte ausharrend trotzte. Der Ausbruch eines Krieges zwischen Österreich und Preußen drohte unmittelbar aus Anlaß der kurhessischen Verfassungswirren, in die Preußen eingriff als Nachbar und als Leiter der Unionspolitik. Kurhessen gehörte zur preußischen Gruppe, wandte sich aber an den Frankfurter Bundestag, den Preußen nicht anerkannte, da ihn Österreich nach Ablauf des vereinbarten Interims eigenmächtig einberufen hatte. Preußen befand sich in einer höchst kritischen Lage. Trotz seiner militärischen Erfolge hatte es mit Dänemark einen »schlichten« Frieden geschlossen, der alle gerechten Wünsche zur Empörung der Patrioten preisgab. Preußen behielt sich alle Rechte bis zur endgültigen Regelung vor, gesonderte Verwaltungen regierten Holstein und Schleswig, Schleswig wurde von preußischen und schwedischen Truppen besetzt. Französische Angebote waren dem preußischen König überaus peinlich, er wünschte nicht mit dem französischen Präsidenten Louis Napoleon gegen Österreich zusammenzuarbeiten. Ein Großdeutscher wie Friedrich Wilhelm IV. mußte den Gedanken eines deutschen Bruderkrieges tief verabscheuen. So war er ganz zufrieden, mit dem Fürsten Schwarzenberg zu einem Abkommen in Olmütz zu gelangen, das er leidlich fand. Tatsächlich bedeutete Olmütz die Preisgabe der gesamten preußischen Unionspolitik, die Rückkehr Preußens zum Bundestage, die Regelung holsteinischer und kurhessischer Händel von Bundes wegen, also unter der alten österreichischen Führung – das Ende also der letzten bescheidenen Hoffnungen der nationalen Revolutionsbewegung. Die Herzogtümer waren elend im Stich gelassen, sie kämpften allein weiter bis zum bitteren Ende, viele Patrioten mußten flüchten.

Die beiden ersten deutschen Revolutionen endeten erfolglos. Die Gegenrevolution formte das deutsche Schicksal. Verkniffene Revolutionen bekommen einem Volke schlecht. Der Autoritätsstaat hatte gesiegt, er schrieb die Geschichte der Zeit nach seiner Art. Die Deutschen mußten sich sagen lassen, daß ihre politische Unreife an allem schuld wäre – deshalb sollten sie die schwere Regierungskunst den wohlbestallten Fachleuten überlassen. Die Deutschen brauchten lange Zeit, um diesen Stoß zu verwinden. Ganz gelang es ihnen nie.

XVII. Bismarck

Fürst Felix Schwarzenberg – Der junge Kaiser Franz Joseph – Die Reaktion in Preußen und im Deutschen Bunde – Der Bundestagsgesandte v. Bismarck-Schönhausen – Sieg des Materialismus – Das Wirtschaftsleben – Naturwissenschaft, Geschichte, Nationalökonomie – Wandlung des Lebensgefühles – Die Literatur – Richard Wagner – Einwirkung des Krimkrieges auf die deutschen Verhältnisse – König Wilhelm I. von Preußen – Die neue Ära – Wiederbeginn der Nationalbewegung. Österreich als Verfassungsstaat – Die preußische Militärreform – Der Konflikt zwischen Krone und Volksvertretung – Das Kampfministerium Bismarck – Ferdinand Lassalle – Bismarcks außenpolitische Anfänge – Die Alvenslebenkonvention – Krieg um Schleswig und Holstein – Preußens Krieg mit Österreich und dem Deutschen Bunde – Der Norddeutsche Bund – Die Umschichtung der Parteien – Kampf mit Napoleon III. Die Krise um Luxemburg – Die Doppelmonarchie Österreich-Ungarn – Der Deutsch-Französische Krieg 1870/71 – Die Reichsgründung von 1871 – Der Friede von Frankfurt – Elsaß-Lothringen als Reichsland – Bismarcks neue Außenpolitik – Die Kriegsgefahr von 1875 – Der Berliner Kongreß – Das Bündnis mit Österreich-Ungarn – Der Ausbau des Deutschen Reiches – Der zweite Kulturkampf – Ruck nach rechts – Die Schutzzollpolitik – Sozialleistungsgesetz und Sozialreform – Antisemitismus – Das Kartell von 1887 – Der Rückversicherungsvertrag – Die Werbung um England – Die Deutschen Schutzgebiete – Die Afrikakonferenz – Kontinental- und Kolonialpolitik

Der geschichtliche Erfolg von Bismarcks Werk beruht:

1. Auf dem wohlvorbereiteten und technisch glänzend durchgeführten Einsatz der preußischen Machtmittel,
2. auf dem für die Zeitgenossen überraschenden Bündnis zwischen dem preußischen Staate und den liberal-nationalen Kräften der deutschen Volksbewegung,
3. auf seiner versöhnlichen Haltung gegenüber geschlagenen Gegnern wie Österreich und Frankreich.

Die Schwäche von Bismarcks Werk beruht:

1. Auf der unzureichenden Durchführung der Idee des demokratischen Rechtsstaates, wie er von den geistig reifsten deutschen Parteien gefordert wurde,
2. auf der Unmöglichkeit, entweder mit Rußland oder mit England zu einem dauerhaften Bündnis zu gelangen.

Schwarzenberg. Der junge Kaiser Franz Joseph

Fürst Felix Schwarzenberg starb bereits 1852. Er war nur fünfzehn Jahre älter als Bismarck, bei längerem Leben hätte er dem Preußen die Arbeit schwergemacht. Er war viel österreichischer als Metternich, ein Aristokrat großen Stiles, zähe und trocken, voll von Herrschsucht, von Wissen kaum beschwert, aber ein Kenner der Menschen und der Künste; sein wacher, lauernder Instinkt fühlte den österreichischen Kaiserstaat und seine Bedürfnisse, er war ja ein lebendiges Stück dieses Österreichs, dessen geschichtlicher Stolz noch seinen persönlichen Hochmut stärkte. Von Volksrechten hielt er wenig, er konnte sich nicht darum sorgen; seinen Weg ging er mit lockerer Sicherheit, visionär, beinahe genialisch. Schwarzenberg führte Österreich wieder zurück zur Autokratie. Er hatte sich zwar auf den Konstitutionalismus verpflichtet, seit dem März 1849 bestand auch in Österreich eine oktroyierte Verfassung mit Oberhaus und Unterhaus, sie wurde sogar auf Ungarn ausgedehnt, die einzelnen Kronländer erhielten ihre eigenen Verfassungen. Aber das System arbeitete schlecht, es schien den Neubau des Staates mehr zu hindern als zu fördern. So entschloß sich der Ministerpräsident zu dem folgenreichen Schritte, die Verfassung durch kaiserliches Patent aufzuheben; Kaiser Franz Joseph hatte sie nie beschworen, setzte also guten Gewissens seinen Namen unter die Verfügung, die wohl der schwerste Mißgriff seiner an Irrtümern reichen Regierung war. Die Reaktion richtete sich nun ein in Österreich, von den Errungenschaften des Revolutionsjahres blieb fast nur die Bauernbefreiung übrig, der katholische Klerus arbeitete gedeihlich mit der Polizei zusammen, sein Einfluß hob sich noch nach Abschluß des Konkordats mit der Kurie. Für Schwarzenberg waren das alles nur Anfänge. Mit seinem hochbegabten Handelsminister Karl Ludwig Freiherr von Bruck arbeitete er darauf hin, die von Österreich errungene politische Hegemonie auf das wirtschaftliche Gebiet auszudehnen, Preußen also aus seiner handelspolitischen Führerschaft zu verdrängen. Schon Metternich hatte den deutschen Zollverein Preußens als lästig empfunden; nun schien die Zeit reif zu sein für die Aufrichtung einer beherrschenden mitteleuropäischen Organisation. Österreichs Finanzlage war schlecht, aber seine breite landwirtschaftliche Basis ermöglichte ihm den Aufbau billig arbeitender Industrien, die den Wettbewerb mit den preußischen wohl aufnehmen konnten. Die preußische Rittergutswirtschaft mußte besonders in der billigen ungarischen landwirtschaftlichen Erzeugung eine schwere Gefahr erblicken. Für den österreichischen Kaiserstaat bedeutete die Abänderung seines Zollsystems eine Vergrößerung des von ihm beherrschten Wirtschaftsgebietes und damit die Möglichkeit entscheidender wirtschaftlicher Gesundung. Bayern setzte sich besonders kräftig für Österreichs Eintritt in den Zollverein ein, seine Interessen waren ja ähnlich gelagert. Preußen kämpfte erbittert um sein Werk, von dessen Erhaltung sein ganzes politisches und wirtschaftliches System abhing. Nach langwierigen Konferenzen kam es zuletzt zu einem Handelsvertrage zwischen Preußen und Österreich, die volle Zolleinigung sollte für später vorgesehen bleiben. Schwarzenberg fand keinen ebenbürtigen Nachfolger, der Traum einer mitteleuropäischen Zollvereinigung unter österreichischer Führerschaft zerging, Preußen vermochte seinen Zollverein wiederherzustellen. Mit solchen Enttäuschungen begann also die überlange Regierung des Kaisers Franz Joseph.

Franz Joseph I. von Österreich

Er trug den Namen des biedermännischen Reaktionärs Franz und den des edlen Volkskaisers Joseph – der ganze Zwiespalt der dynastischen Überlieferung des Hauses Habsburg-Lothringen kam darin zum Ausdruck. Der junge Monarch war ein nüchterner Durchschnittsmensch, sehr korrekt, sehr sachlich, ein fleißiger Arbeiter am Schreibtisch, ein überzeugter Offizier, der immer in Uniform erschien, ein guter Freund hocharistokratischer Kumpane; es war etwas Freudloses um diesen Herrscher, er pflegte sich selbst einen Pechvogel zu nennen, und ein solcher Geist vermag ja das spröde Glück nicht zu zwingen. Der Hochmut seines alten Hauses, eine unantastbare Katholizität gaben dem Monarchen eine Haltung, die, bei aller Kritik, immer die persönliche Achtung, in der Spätzeit selbst volkstümliche Verehrung erzwang. Er fühlte sich als ein deutscher Fürst, seine Lebensgewohnheiten hatten den Reiz der Wiener Liebenswürdigkeit; dem zunehmenden persönlichen und politischen Unheil trotzte er nicht mit Härte, er wußte es vielmehr mit einer so vornehmen Gelassenheit zu tragen, daß es am Ende wesentlich zu ihm zu gehören schien. Aufregende Begabung, stürmischen Schöpferwillen bei seinen Beratern vermochte er nicht zu lieben, sein Herrscheregoismus war davon zu weit entfernt – die unzähligen Minister ließ er kommen und gehen, er verlangte nur die amtliche Pflichterfüllung innerhalb ihres Ressorts von ihnen: Kein Wunder, daß bei diesem Verhalten die ganze Staatsmaschine sich ausleierte. Die wirklich erfinderischen Köpfe kamen entweder gar nicht an die Reihe, oder sie setzten sich nicht durch. So wurde dann die Geschichte Österreichs unter Kaiser Franz Joseph die Geschichte seiner Auflösung.

Die Reaktion in Preußen und im Bunde

Auch in Preußen gab es viele Stimmen, die eine gänzliche Aufhebung der Verfassung verlangten. Dazu konnte man sich nicht entschließen; was geschah, war aber beinahe schlimmer. Durch Verordnung wurde ein neues Wahlgesetz erlassen für die zweite Kammer (Mai 1849); danach gliederten sich die Wahlmänner in drei Klassen, entsprechend den von den Wählern gezahlten Steuern; die Wahlmänner hatten dann in öffentlicher Wahl die Abgeordneten zu bestimmen. Dies ist das vielberufene preußische Dreiklassenwahlrecht, das bis 1918 in Geltung blieb, wohl die unglücklichste Form des Zensuswahlrechts in Deutschland, ja in Europa. Damit nicht genug; nach der oktroyierten Verfassung sollte auch die Erste Kammer gewählt werden; nun wurde durch Verordnung bestimmt, daß sie aus erblichen und lebenslänglichen Mitgliedern bestehen sollte. Sie erhielt in Nachahmung der englischen Bezeichnung den Namen Herrenhaus – die Herrenkurie des Vereinigten Landtages war wiedererstanden, die Ritterkurie war mit ihr verschmolzen. Auf diese im reaktionären Sinne völlig verwandelte Verfassung leistete nun der König den Eid, widerstrebend bis zuletzt. Seine engsten persönlichen Freunde, an der Spitze die Brüder Leopold und Ludwig v. Gerlach, der General und der Jurist, sahen ja nach wie vor in dem Verfassungswesen eine Versündigung wider den wahren christlich-germanischen Geist. Die Reaktion konnte sich nun an die Arbeit machen. Es fehlte ihr weder an Machtinstinkt noch an pharisäischer Gerechtigkeit. Trotz des verschlechterten Wahlrechts behauptete sich in der Zweiten Kammer immer noch ein maßvoller Liberalismus; er wurde durch skrupellose Wahlbeeinflussung ausgetrieben – das Ergebnis war die sogenannte Landratskammer, die überwiegend aus loyalen Beamten bestand. Die wichtigsten Maßnahmen der Reaktion waren: das Gesetz über unfreiwillige Versetzung oder Pensionierung von Richtern – damit war die Unabhängigkeit der Gerichte zerstört; das Gesetz über die Aburteilung von Preßvergehen unter Ausschluß der Geschworenengerichte – dies war der Todesstoß für die Preßfreiheit; das Gesetz über die Wiederherstellung der Fideikommisse und die Privilegien der vormals Reichsunmittelbaren – damit erhielt die Aristokratie erneute Stärkung; das Gesetz über die Wiederherstellung der gutsherrlichen Polizei und die Wiederherstellung der alten Kreis- und Provinziallandtage – damit war der adlige Gutsbesitz in seiner politisch-sozialen Überlegenheit befestigt. Der durch die Revolution geschaffene Rechtsstaat in Preußen verfiel also folgerichtiger Auflösung. Eine Reihe von widerwärtigen politischen Prozessen erwies die Verdorbenheit und Kriecherei des Beamtentums, das Spitzelwesen wucherte, selbst der Prinz von Preußen wurde heimlich überwacht; in den Schulen erhielt der Religionsunterricht die Überhand, die geistliche Schulaufsicht knebelte die meist freiheitlich fühlenden Volksschullehrer. Zwei Worte des Staatsrechtslehrers Professor Friedrich Julius Stahl kennzeichneten den Geist der Epoche besser als irgend etwas anderes: »Die Wissenschaft muß umkehren«, und: »Autorität, nicht Majorität.« Ähnliche Entwicklungen fanden in den meisten deutschen Einzelstaaten statt. Mecklenburg-Schwerin, Sachsen, Württemberg erhielten ihre alten vormärzlichen Verfassungen wieder, in Hannover wurde eine neue Verfassung nach dem Muster der von 1840 oktroyiert, in anderen Ländern wurden wenigstens die Wahlgesetze revidiert. Der wiederhergestellte Frankfurter Bundestag setzte einen besonderen Ausschuß ein, dessen Aufgabe es war, die der Sicherheit des Bundes gefährlichen Einrichtungen in den Einzelstaaten zur Abschaffung zu bringen. Unter dem Drucke dieses sogenannten Reaktionsausschusses entschlossen sich auch viele der kleineren Regierungen zu reaktionären Maßnahmen, gerade sie oft widerwillig genug, denn hier hatte der verfolgte Reichspatriotismus der Revolutionszeit eine Art Zuflucht gefunden. Erbittert wehrte sich der kurhessische Liberalismus gegen die Aufhebung der berühmten freiheitlichen Verfassung des Landes – österreichische und preußische Kommissare setzten in Verbindung mit dem unseligen Minister Hassenpflug das Zerstörungswerk schließlich doch durch. Der Bundestag hob die Grundrechte des deutschen Volkes auf und wandte sich gegen Preßfreiheit und Vereinswesen. Die Vorkämpfer eines freiheitlichen und national geeinigten Deutschland ließen sich aber nicht völlig unterdrücken – schon 1853 gründete der vielgeschäftige Herzog Ernst II. von Sachsen-Koburg und Gotha einen literarisch-politischen Verein zur Hebung des Nationalgeistes und des Verfassungsgedankens; er breitete sich über ganz Deutschland aus, Männer wie der Dichter und Kulturhistoriker Gustav Freytag und der Geschichtsschreiber Max Duncker entfalteten hier eine bedeutsame Wirksamkeit.

Der Bundestagsgesandte v. Bismarck-Schönhausen

Im Juli 1851 übernahm Otto v. Bismarck-Schönhausen (* 1815) die preußische Bundestagsgesandtschaft in Frankfurt. Er war zuerst auf dem Vereinigten Landtage als scharfer Vertreter des autokratischen Machtstaates hervorgetreten. Während der Revolutionszeit hatte er sich frühzeitig mit gegenrevolutionären Plänen getragen, er hatte die feudale Kreuzzeitung mitbegründet, ein Mandat hatte es für einen so rückhaltlosen Vertreter der preußischen Junkerklasse 1848 nicht gegeben. Erst in der preußischen zweiten Kammer von 1849 und in Erfurt erschien er wieder als Abgeordneter. Den Vertrag von Olmütz verteidigte er – der christlich-germanische Kreis, dem er freundschaftlich angehörte, glaubte also keinen besseren Anhänger österreichisch-preußischer autoritärer Zusammenarbeit für Frankfurt empfehlen zu können als diesen Außenseiter des preußischen diplomatischen Dienstes. Bismarck war aber nicht ganz der Mann, für den ihn seine gegenrevolutionären Gesinnungsgenossen hielten. Gewiß war er ein Abkömmling altmärkischen Uradels, Sproß eines der Geschlechter, das länger dort saß als die Hohenzollern und der Herrscherfamilie nicht immer bequem gewesen war. Im Reich nannte man diese östlichen Ritter etwas abschätzig die Junker (»Jungherrn«), weil sie keinen weiteren Adelstitel führten, keinerlei Reichsunmittelbarkeit besaßen, also minderen Adels schienen. In der Tat herrschte hier auch ein besonderer märkischer, ein preußischer Geist, eine örtlich, provinzial und dynastisch gefärbte Gesinnung, die dem alten Reich ebenso fremd, ja argwöhnisch gegenüberstand, wie dem neuen Kulturdeutschland. Bismarcks Vater war ein rechter Landjunker dieser Art, einfach und tüchtig, landverbunden, humoristisch in Übereinstimmung mit sich und seiner Welt. Die Familie der Mutter brachte aber einen ganz neuen Zug in das Geschlecht, denn sie gehörte dem bürgerlichen Titelpatriziat an. Die Mencken waren an den Universitäten und im Staatsdienst hochgekommen, sie waren gescheite, gewandte Leute – in Bismarcks Mutter lebte dieser Ehrgeiz, diese Freude am Aufstieg, an der begabten Leistung sehr kräftig fort. Bismarcks Erziehung verlief standesgemäß; er war ein Schüler des klassischen preußischen Gymnasiums, ein Student der Universität Göttingen – die Studien ergriffen ihn nicht tiefer. Als ein offener Kopf hatte er nicht viel Mühe, examenstüchtig zu werden. Sein preußischer Nationalismus fiel aber schon in dem Korps Hannovera auf, dem er angehörte. Er trat in den Staatsdienst dieses preußischen Vaterlandes, aber er hatte dabei nicht viel Glück. Die Einordnung in die Verwaltungsmaschine fiel ihm schwer, persönlich zog er ein ungebundenes Leben vor, er verstrickte sich in allerlei Liebes- und Verlobungsgeschichten, er flirtete mit der Nichte des Herzogs von Bredford, mit einer englischen Pfarrerstochter war er regelrecht versprochen. Nun wurde er Landwirt, und das lag ihm vortrefflich – ein Herr zu sein auf seinem Boden und niemanden fragen müssen, Reisen machen, Bücher lesen, sich herumtummeln mit seinesgleichen: so lebte der tolle Bismarck auf dem pommerschen Familienbesitz, so reifte er zu einem ganzen Manne. Hegel und der Weltschmerz, Lord Byron und Ludwig Feuerbach, Shakespeare und Heinrich Heine, Goethe und die Bibel – vor allem aber sehr viel Geschichte: durch alle Zeiten und Anschauungen führte ihn der suchende Trieb seines ringenden Geistes. Er gedieh dabei zu einem sehr selbständigen Menschen, sein prachtvolles Gedächtnis behielt lebens-

Otto von Bismarck als Student

lang, was er brauchte. Er schrieb ein saftiges, anmutig-kräftiges Deutsch, humoristisch durchblutet, anschaulich und mit rechtem Behagen ausgeprägt, ganz unsentimental und ganz unpathetisch, ohne Stelzen und Schrauben. Der Bildkunst fremd war er zeitlebens, der Musik verbunden, ohne kennerhaften Anspruch, aus seelischem Bedürfnis – Beethoven gab ihm ein Gefühl seines eigenen Ringens, seiner Not und seiner Kampfesfreude. Im entlegensten Pommern fand er seine Frau, Johanna v. Putkammer, und ihr pietistisches Elternhaus versöhnte ihn wieder mit dem ererbten protestantischen Glauben, wenn er sich auch über Gott und göttliche Dinge die letzte Entscheidung persönlich vorbehielt, gegenüber aller kirchlichen oder sektiererischen Vormundschaft. Bismarck blieb erfüllt und beglückt durch die Ehe mit seiner musikalisch hochbegabten, seelisch feinfühligen Frau, die sich ohne Rückhalt, wenn auch mit mancherlei Bedenken, seinem Leben und Werke einzufügen verstand, dabei aber immer ihr eigenes Dasein vertieft und still zu leben wußte. Unter den Jugendfreunden bedeutete ihm besonders viel der Amerikaner John L. Motley, der später als Diplomat und Geschichtsschreiber der Niederlande bekannt geworden ist. Bismarck war infolge dieser Freundschaft einer der wenigen Männer seines Standes und seiner Generation, dem angelsächsische Verhältnisse von früh an vertraut waren – er las und sprach Englisch mit Geläufigkeit, er reiste früh nach England, er sympathisierte mit den Sports- und Lebensgewohnheiten der englischen Herrenklasse; englische Aristokraten waren die einzigen Ausländer, auf deren Bekanntschaft und Wertschätzung er Gewicht zu legen pflegte. Das bürgerlich-industrielle England blieb ihm fremd.

Der »Eiserne Kanzler«

Der preußische Junker, der also jetzt Politik in Frankfurt zusammen mit dem autoritären Österreich Fürst Schwarzenbergs machen sollte, war in Wahrheit viel mehr als ein Parteimann. Er war eine reiche, leidenschaftliche Persönlichkeit, deutsch und europäisch gebildet, in allen geschäftlichen Dingen zähe und wendig, eigensinnig und empfindlich, ein Mann, der hassen und verachten konnte, der aber bis auf wenige Ausnahmen einen überlegenen menschlichen und ritterlichen Zug bewahrte. Die beiden maßgebenden europäischen Politiker waren damals Fürst Schwarzenberg und Kaiser Napoleon III. – der junge Bismarck war bereit, von beiden zu lernen. Bald zeigte sich, daß dieser Kämpe des Neufeudalismus wenig Vorurteile besaß, daß er von Dogmen wenig hielt, daß seine Auffassungs- und Darstellungsgabe auch objektive Sachverhalte einem sehr bedeutenden Willensimpulse ein- und unterordnete. Der werdende Staatsmann Bismarck bewies schon in Frankfurt, daß er ein gefährlicher Kämpfer war. Er hatte der Gegenrevolution gedient, aber er war auch imstande, sich mit der Revolution zu verbünden.

Der Sieg des Materialismus. Das Wirtschaftsleben

Die Revolution von 1848 war im tieferen Sinne ein Kampf zwischen Idealismus und Materialismus gewesen. Die letzte große Synthesis Hegelscher Prägung war zerbrochen, die Weltvernunft hatte sich nicht selbst verwirklichen können. Schon die vierziger Jahre sind ja reich an einer realistischeren Lebenserfassung, die Zeitgenossen wandten sich ab von der reinen Spekulation zu Geschichte und Naturwissenschaft. In der Paulskirche stellte sich neben den Verfassungsausschuß sehr bezeichnenderweise der volkswirtschaftliche Ausschuß. Er war in vieler Beziehung der modernere, er packte das Leben selber an, er wühlte und triumphierte in der Welt des Stoffes. Man kann auch nicht sagen, daß die Linksparteien keinen Sinn für die machtpolitische Seite des Staatslebens gehabt hätten. Sowohl in Frankfurt wie in Berlin kämpfte man um ein Volksheer – es war ja klar, daß die alten Mächte nicht gebrochen werden konnten, solange sie über ein Militär verfügten, das nur an sie glaubte. Deshalb die überall sich wiederholenden Debatten über die Vereidigung der Truppe auf die Verfassung. Die Gegenrevolution hatte eine für sie betrübende Erfahrung gemacht, daß weder die Soldaten noch die Behörden widerstandsfähig genug gegenüber den neuen Organen der Volksbewegung waren – aus diesem Grunde versuchte die Reaktion eine straffere und schlagkräftigere Zusammenfassung der autoritären Kräfte. Wie eine Art Fremdherrschaft walteten Polizei und Gendarmerie über der Bevölkerung; die Armee sollte wieder ein Fremdkörper werden im Staatsganzen, eine in sich beruhende, nur von der Krone abhängende Einheit – das war der strenge Offiziersstandpunkt, er kam in der preußischen Armeereform bald zum deutlichen Ausdruck. Genau wie die Führer der Volksbewegung sich praktisch um die Werkzeuge der Staatsgewalt bemühten, so vollendeten nun die Führer der Gegenrevolution den geistigen Unterbau jener tatsächlichen Staatsmacht, die sie nicht aus der Hand zu geben wünschten. Die Niederlage der Volksbewegung verschärfte die Krise des deutschen Mittelstandes, die zugleich die Krise des deutschen Liberalismus war. Der Sieg der rohen Gewalt über vaterländische und menschliche Gesinnung schien die materialistische Weltauffassung zu bestätigen, die sich gerade jetzt vom Darwinismus aus über alle Lebensgebiete ausdehnte. Die Vitalität selbst, die Instinkte, das Primitive, der Selbsterhaltungstrieb, die blinde Unvernunft physischer Kraft, das Dynamische, das Radikal-Böse waren also doch die eigentlichen Faktoren des Geschehens, an denen der Gedanke einer diesseitigen Menschheitsbeglückung zu Traum und Torheit zerging. Die Reaktion behandelte den deutschen gebildeten Mittelständler mit aufreizendem Mißtrauen. Es gab darauf eine doppelte Antwort. Die einen zogen sich zurück in Resignation und Pessimismus. Arthur Schopenhauers († 1860) Tag brach an. Seine Philosophie gab die angemessene Deutung – der blinde Wille war der tiefste Trieb des Seienden, die irrationalen Kräfte triumphierten eben doch über das Vernünftig-Gute, Weltverbesserung war eine Selbsttäuschung, wenn nichts Schlimmeres. Der Philosoph Eduard von Hartmann († 1906) setzte später mit stattlichem Erfolge diese Deutung vom Traum des Irdischen auf seine Art fort. Friedrich Nietzsche sollte sich anschließen. Die Wirkung dieser Denkweise ging tief – sie verursachte zunächst eine Abkehr von der politischen Arbeit, eine Versenkung in künstlerische und religiöse Studien und Stimmungen – kurz eine

Haltung, durch die der deutsche Geist eine neue geistige Schwungkraft empfing, während die Obrigkeit und die dazu Berufenen die Staatsgeschäfte besorgten. Die Erfolge der Bismarckschen Politik und der preußischen Staatsidee hatten davon sehr greifbare Vorteile. Die zweite Antwort des Bürgertums wirkte genau in derselben Richtung. Der geschlagene, sich zersetzende deutsche Mittelstand stürzte sich mit verdoppeltem Eifer in die wirtschaftliche Arbeit. Der Hochkapitalismus ergriff jetzt auch Deutschland in fühlbarer Weise. Der Eisenbahnbau, dessen hochgesinnter Prophet Friedrich List traurig an dem Stumpfsinn der Zeitgenossen durch Selbstmord zugrunde gegangen war, vereinheitlichte Verkehr und Umsatzmöglichkeiten, er riß die deutsche Kleinstaaterei endgültig aus ihrem selbstzufriedenen Schläferidyll, er achtete keinerlei künstliche Grenzziehungen, keinerlei dynastische oder bürokratische Bedenken; er brachte eine beispiellose psychologische Umwälzung hervor, er schob Güter und Soldaten hin und her, auf und ab, Kapitalien wurden beweglich, häuften und verzinsten sich, neue Berufe entstanden, die Großstädte wuchsen und verschlangen die anliegenden Dörfer, Bodenschätze konnten erschlossen und der verarbeitenden Industrie schnell und billig zugeführt werden. Der Wirtschaftsimperialismus des zweiten Kaiserreichs Louis Napoleons machte tiefen Eindruck auch in Deutschland, neue Verbindungen knüpften sich an, mancherlei Nachahmung fand statt. Die Wiener Finanzbarone wollten hinter den Parisern nicht zurückbleiben. Viele der geschlagenen Führer der deutschen Volksbewegung wanderten nach den Vereinigten Staaten aus, sie gelangten in dem großen freien Lande bald zu wirtschaftlichem und geistigem Einfluß; als Lehrer, Musiker, Zeitungsmänner brachten sie die Bildung und die politische Arbeit in fruchtbare Bewegung. Es war eine Zeit der Ausdehnung, der Entdeckungen, der Erschließung von Kräften und Werten. Der Unternehmungsgeist des zweiten Kaiserreichs weckte auch das englische Weltreich aus seiner selbstgewissen Ruhe; Rußland dehnte sich über Asien und klopfte erneut an die Pforte des ersehnten Orients. Hätte Deutschland sich 1848 zum kräftigen nationalen Bundesstaate gestalten können, dann wäre es bei der kolonialen Erschließung der großen Welt nicht so beklagenswert zurückgeblieben; deutsche Menschen halfen so, die Überseeherrschaften anderer Nationen auszubauen; das deutsche Volkstum bereicherte dabei sich und andere, aber kein deutscher Staat gewann dabei. Die weniger belasteten Führer der Volksbewegung von 1848, die im Vaterlande bleiben konnten, wandten sich der allein für sie übriggebliebenen wirtschaftlichen Betätigung zu und erzielten meist stattliche Erfolge. Es gehörte für lange Zeit zu den bezeichnendsten Zügen des deutschen Lebens, daß die besten Köpfe des aufstrebenden Mittelstandes den Staatsdienst mieden. Viele von ihnen widmeten sich den Stadtverwaltungen, der deutsche Bürgermeister, der deutsche Stadtrat waren deshalb so hochwertig, ihre Verwaltungsmethoden pflegten die Staatsverwaltung durch Intelligenz und fortschrittliche Gesinnung zu beschämen. Der volkswirtschaftliche Aufschwung förderte die alte deutsche Städtekultur, und so ergab sich das ungewöhnliche Bild, daß das Vaterland auch weiterhin in zwei Hälften zerfiel, eine städtisch liberale und eine ländlich reaktionäre. Die »Regierung« galt als eine unerfreuliche, mißtrauisch und boshaft gesinnte Macht, die das eigentliche Leben nur zu belasten, aber nicht zu fördern vermochte. Der überwiegende Teil der bürgerlichen Intelligenz warf sich aber in die Wirtschaft. Die materialistische Geschichtsauffassung von Karl Marx und seinen Mitarbeitern entsprach nicht dem tatsächlichen historischen

Verlauf, aber sie erwuchs aus den in England besonders greifbaren Eindrücken vom Geist der Epoche, sie erhielt so eine unwiderstehliche Wucht als eine propagandistisch-kämpferische Deutung des wahren Sinnes der Zeit. Die Modewissenschaften waren jetzt Volkswirtschaftslehre, Soziologie, Biologie. Die naturwissenschaftliche Methode, die mit so überwältigendem Erfolge ein neues Weltbild aufgerichtet und dem praktischen Leben nutzbar gemacht hatte, wagte sich nunmehr an die Geschichte; auch hier unternahm sie es, Gesetze aufzudecken, Gegebenheiten festzustellen, den Kampf ums Dasein in seiner überpersönlichen, gleichsam schicksalsmäßigen Notwendigkeit darzutun.

Naturwissenschaft, Geschichte, Nationalökonomie

Der Philosoph Arthur Schopenhauer

Die Universitätswissenschaft freilich wehrte sich gegen solche leicht volkstümlichen Unternehmungen. Sie zog es vor, immer neue Fachgebiete zu erschließen und von da aus auf die Allgemeinheit zu wirken. A. Brehms Tierleben verband die Liebe zur Natur mit einer unermüdlichen Freude an neuer Erkenntnis, Rudolf Virchows Studien über Pathologie wiesen der ärztlichen Kunst neue Bahnen; die Entdeckung der Spektralanalyse, die Gustav Kirchhoff und Robert Wilhelm Bunsen vollbrachten, die Forschungen von Hermann von Helmholtz und Robert Mayer zur Physik, die Arbeiten von Dubois-Reymond über tierische Elektrizität formten eine neue Kenntnis der Daseinsbedingungen und ermöglichten technische Erfindungen von umstürzender Bedeutung. Die Erforschung fremder Erdteile beschäftigte Männer wie Barth, Rohlfs und Bastian. Das 1854 gegründete Geographische Institut von Perthes sorgte für Reisen in fremde Erdteile und schuf damit die Voraussetzungen neuer kolonialpolitischer

Der Historiker Theodor Mommsen

Erschließung. Für die Verbindung von natur- und geisteswissenschaftlicher Erkenntnis, für eine methodisch strenge, sachlich fruchtbare Versöhnung der beiden Lager sorgten die physiologisch geschulten Psychologen wie Theodor Fechner, Hermann Lotze und Wilhelm Wundt, die Völkerpsychologen wie Moritz Lazarus und H. Steinthal. Die Leistungen der Geschichtsschreibung selber bewiesen, wie unnötig die Einmischungs- und Rettungsversuche naturwissenschaftlicher Welt- und Lebensdeuter waren. Leopold von Ranke schuf jetzt seine reifsten Geschichtswerke, sie waren der Erforschung der geschichtlichen Vorbedingungen französischen und englischen Staatslebens gewidmet. Theodor Mommsen gab durch seine Römische Geschichte der Altertumswissenschaft einen unvergeßlichen Antrieb; die deutsche Geschichte erhielt einen neuen lebendigen Mittelpunkt durch die Münchener Historische Kommission: hier entstanden Quellensammlungen umfassenden Charakters, Spezialforschungen und allgemeine Charakteristiken konnten darauf aufgebaut werden. Der kleindeutsche Zug vieler Arbeiten ließ die österreichischen Forscher nicht ruhen, die Wiener Schule nahm mit Erfolg den Wettbewerb auf. Der historische Geist ergriff nach und nach alle Lebensgebiete – die Literatur, die bildende Kunst, das Recht, die Wirtschaft, die Kultur, ja sogar die Philosophie selbst. Es konnte keine wirksamere Antwort auf die ungeschichtliche Art des Schopenhauerischen Denkens geben, als den großartigen Versuch, die Entwicklung der philosophischen Systeme selbst zu einem Gegenstand weltweiser und weltweiter Deutung zu machen, wie ihn der Jenaer, später Heidelberger Professor Kuno Fischer zuerst unternahm. Für die vielen, die irre und ungeduldig wurden an den Enttäuschungen der deutschen politischen Geschichte, schrieb Gustav Freytag seine »Bilder aus der deutschen Vergangenheit« – anmutige, aber durchaus kennerhafte Schilderungen deutscher Sitten und Zustände, Bräuche und Vorurteile, Zwiste und Hoffnungen, gestützt auf die zeitgenössischen Quellen, die der Zauberstab eines schriftstellerischen Meisters zum Sprechen erweckte. Karl Marx und seine Helfer forderten auch durch ihre Methode und Stoffauswahl die Wissenschaft zu energischer Antwort heraus. Sie konnte nicht besser gegeben werden als durch quellenmäßige Erforschung der volkswirtschaftlichen Entwicklung, wobei denn auf eine sehr natürliche Art hochtrabende Systeme und Programme sich auflösten in greifbare örtliche, zeitgenössische und psychologische Bedingtheiten. Von Wilhelm Roscher bis Gustav Schmoller und Adolf Wagner bemühten sich die wissenschaftlich geschulten Nationalökonomen um eine sehr sachgemäße Darstellung des Verhältnisses von Politik und Wirtschaft, wodurch mindestens *eine* notwendige Voraussetzung zur Lösung der dringenden Zeitfragen gegeben war. Für die Entwicklung des Sozialismus als eines schöpferischen Gesellschaftssystems bekamen besondere Bedeutung die Gedanken von Johann Karl von Rodbertus († 1873), der zuerst den Gedanken der Staatshilfe folgerichtig vortrug. Sein Gegenspieler war der Abgeordnete Hermann Schulze-Delitzsch († 1883), dessen wohlorganisierte Vorschußvereine den schwer ringenden Mittelständlern Kredit und damit die Fortdauer einer selbständigen Existenz mit erfreulichem Erfolge zu vermitteln unternahmen.

Die Literatur. Richard Wagner

Flucht und Arbeit sind auch in der Kunst die beiden maßgebenden Prinzipien des Zeitalters der politischen Reaktion. So wie einst Goethe sich im Westöstlichen Divan seine eigene Welt schuf inmitten der napoleonischen Verwirrung, so folgten viele jetzt dem Dichter und Religionsphilosophen Georg Friedrich Daumer bei seiner Neuerwekkung des Hafis; Friedrich Bodenstedt erntete die Früchte dieser Belebung mit seinen billigeren orientalischen Nachdichtungen. Fremdländische Stoffe verliehen auch der Lyrik Emanuel Geibels und Paul Heyses den besten Teil ihres Reizes und halfen zum Erfolg. Spätromantisch im süßlichen und schwächlichen Geschmacke weltfremden Nachzüglertums waren die Schöpfungen von Roquette und Brachvogel. Die Trostbedürftigkeit einer Epigonenzeit schwelgte sich besonders aus im Roman Josef Viktor

21)

Preis 10 Pf. Victoria-Theater-Zeitung. Preis 10 Pf.

Nibelungen-Herold.

Erscheint in 12 Nummern

Redaction und Verlag

Nr. 4. Berlin, Mittwoch, den 25. October. 1882.

Victoria-Theater.

Berlin C., Münzstrasse 20.

Der Ring des Nibelungen.

Erster Cyclus. Dritter Tag:

Götterdämmerung.

Kassenöffnung 5 Uhr. Anfang 6 Uhr. Ende gegen 11½ Uhr.

403

Richard Wagner auf einem Theaterzettel von 1882

Scheffels. Unmittelbar daneben stehen aber Künstler von neuer kräftiger Gesinnung: Wilhelm Jordan, der die Nibelungensage im Stabreim neu dichtete, Fritz Reuter, ein Märtyrer der Demagogenverfolgung, der sein geliebtes Plattdeutsch zur wohlverdienten Geltung brachte, Gustav Freytag wiederum, der Jünger von Charles Dickens, dem in »Soll und Haben« sein Meisterstück gelang – das Hohelied des unermüdlichen deutschen Wirtschaftsschöpfers; die Novellendichter Theodor Storm und Conrad Ferdinand Meyer – zuletzt die größten von allen: der Dithmarsche Friedrich Hebbel und der Schweizer Gottfried Keller, die sich freilich gegenüber den volkstümlichen Lieblingen der Zeit, wie etwa Friedrich Spielhagen, nur ganz langsam durchzusetzen vermochten. Immer noch bedeutete dem deutschen Bürger die Musik die liebste Zuflucht, die altbewährte Trösterin bei seinen politischen Enttäuschungen; Felix Mendelssohns und Robert Schumanns tieferer, reicherer Nachfolger war Johannes Brahms; überkommene Kunstform erhielt liebevolle Pflege bei zahlreichen Kleineren. Als ein Romantiker und als ein Revolutionär griff aber Richard Wagner (1813–1882) in die deutsche Musikschöpfung ein, gewaltsam und herrisch an Geist und Begabung. Er hatte 1849 mit dem russischen Anarchisten Bakunin auf den Dresdener Barrikaden gestanden und mußte nun Jahre hindurch ein Flüchtlingsleben im Auslande führen. Seine ersten Opern sind in Stil und Geschmack noch unmittelbar verbunden mit der großen Oper Giacomo Meyerbeers, wie sie sich aus dem Wettkampf mit der überkommenen italienischen und französischen Kunstform in Deutschland durchgesetzt hatte. Später wirkte Berlioz stark auf Wagner ein. Der junge Wagner trat vor allem als Meister aller Orchesterkünste und als ein Regisseur von unerschöpflichen Einfällen hervor. Seine Energie, seine düstere Herrschsucht, sein Unabhängigkeitsdrang entschieden dann seine außerordentliche Laufbahn. Er war ein Theatergenie, wie es in Deutschland seit Friedrich Schiller keines mehr gegeben hatte, er schuf sich seine späteren Texte selber, in einer nicht immer verständlichen, leidenschaftlich verstiegenen Sprache. Er führte ein Dasein voll Kampf, Hingabe, Opfern und Genuß – ein heldenhafter Hasser des ideenlosen Durchschnitts und des Stumpfsinnes alteingesessener Gewohnheitsmenschen. Insofern bekam der Lebenskonflikt Wagners eine symptomatische Bedeutung. Das Rebellische verband sich bei ihm auf echt deutsche Art mit der Grübelei über die wahre deutsche, menschheitlich gültige Weltanschauung – und dabei begegnete der romantisch geschichtstrunkene, alles ins Monströs-Barocke übersteigernde Wagner der Schopenhauerschen Philosophie, deren schicksalsschwangerem Zauber sein Gemüt nicht zu widerstehen vermochte. In dieser Zeit, die von Bismarck und Karl Marx ihre stärksten Antriebe empfing, in dieser Zeit der materiell betonten Autorität, der wirtschaftlichen und militärischen Kraftentfaltung, in dieser Zeit des naturwissenschaftlichen und technischen Selbstgefühls nebst unabweisbarem historischem Protest – da wurde Richard Wagner der allen diesen Mächten tief verwandte sinnlich-dämonische Gegenspieler, der Verkündiger des umfassenden, das neue Weltbild widerspiegelnden, alle Nöte und Zwiste lösenden Gesamtkunstwerkes.

Die Einwirkung des Krimkrieges

Der Deutsche Bund wagte während der fünfzigjährigen Lebensdauer, die ihm beschieden war, nur *eine* selbständige außenpolitische Handlung – es war der Kampf mit Dänemark um Schleswig-Holstein. Damit war er vorderhand völlig gescheitert, die Herzogtümer waren preisgegeben, die europäischen Großmächte erzwangen im Londoner Protokoll von 1852 die Anerkennung der Glücksburger Linie auch für Schleswig-Holstein; die erbberechtigte, nach deutschem Rechte berufene herzoglich Augustenburger Linie nahm einen Vergleich an, der ihr für den Thronverzicht eine reichliche Geldentschädigung zubilligte. Nunmehr hatte die dänische Gesamtstaatspolitik freie Hand, sie behandelte die deutschen Interessen in den Herzogtümern in feindseliger Weise. Der Deutsche Bund hatte wohlweislich den deutschen Großmächten diese peinliche Abwicklung überlassen – es war klar, daß vom deutschen Standpunkte aus die Frage nicht als endgültig gelöst betrachtet werden konnte. Die deutsche Nordgrenze blieb also mit politisch-völkischer Unruhe und Unsicherheit beschwert. Dasselbe galt von der Ostgrenze. Noch einmal hatten die autokratischen Mächte Rußland, Österreich und Preußen die Unabhängigkeitsbewegung der Polen und der anderen westslawischen Stämme unterdrückt – Europa blieb aber vom Nationalismus erfüllt; was den Deutschen recht war, mußte den Italienern und Slawen billig sein. Von Italien her war deshalb auch die Südgrenze Österreichs in ihrem damaligen Bestande bedroht. Das Zweite Kaiserreich übte endlich auch erneuten Druck auf die Westgrenze aus. Napoleon III. gefiel sich in wechselnden Vergrößerungsplänen – Belgien, die Pfalz, überhaupt das linke Rheinufer, besonders das Saarrevier, Landau, dann weiter die italienischen Grenzbezirke im Alpen- und Mittelmeergebiet beschäftigten seinen unermüdlichen Geist, das alte französische Schlagwort von den Grenzen des ersten Pariser Friedens von 1814 kam zu neuer Wirkung. Das Reich der Paulskirche hatte die Überlieferungen des dritten Deutschland in gewissem Sinne fortgesetzt. Napoleon III. ließ jetzt die Rheinbundidee wiederaufleben, seine dynastischen Verbindungen ermöglichten ihm einen steigenden Einfluß an den west- und süddeutschen Höfen, er begegnete dabei der russischen Interessenvertretung. Dies kam während des Krimkrieges deutlich zum Ausdruck.

Die orientalische Frage verursachte die Mehrzahl der großen europäischen Auseinandersetzungen vom Ende Napoleons I. bis zum Ersten Weltkriege. Zar Nikolaus I. von Rußland, der sich mit einigem Rechte als der Besieger der Revolution von 1848 ansehen durfte, hielt nunmehr die Zeit für gekommen, die Summe seiner Lebensarbeit zu ziehen. Der nordische Dreibund der autokratischen Großmächte Rußland, Österreich und Preußen schien durch die Revolutionsereignisse so befestigt, daß von diesen Nachbarn keine Schwierigkeit drohte – Österreich hatte allen Grund zur Dankbarkeit, und Preußen ließ sich als eine Art Vasall behandeln. Mit England glaubte der russische Zar auf Grund älterer Verabredungen im reinen zu sein, das kaiserliche Frankreich des Emporkömmlings Louis Napoleon befand sich in außenpolitischer Vereinsamung. Die Rechnung erwies sich aber als falsch. Frankreich und England schlossen sich zum Schutze der Türkei zusammen und nahmen den Kampf mit Rußland auf. Mehr noch: der nordische Dreibund Rußland, Österreich, Preußen zerbrach, der alte

Gegensatz zwischen Österreich und Rußland erwachte neu an der orientalischen Frage. Österreich fühlte sich als Donaustaat; Erzherzog Johann etwa, der als eingesessener Steiermärker etwas vom Südslawentum verstand, vertrat eindringlich die Balkaninteressen des Kaiserstaates, die Überlieferung des Prinzen Eugen verband sich mit den greifbaren Aufgaben verkehrs- und wirtschaftspolitischer Erschließung. Metternich hatte sich noch für die Integrität der Türkei als der legitimen Beherrscherin der christlichen Balkanslawen eingesetzt. Der Balkan als ein russisches Protektorat war eine unerträgliche Herausforderung für Österreich. Österreich arbeitete infolgedessen diplomatisch mit den Westmächten zusammen, es mobilisierte an der russischen Grenze, es drängte auf die Räumung der von Rußland besetzten Donaufürstentümer. Der Kaiserstaat und die Westmächte hatten das gemeinsame Interesse an der Unabhängigkeit der Moldau und Walachei von Rußland und an einer freien Donauschiffahrt. Die Interessen der türkischen Christen hofften sie unter Aufrechterhaltung der türkischen Souveränität wahren zu können. Hier lag wohl der schwerste Irrtum der österreichischen und westmächtlichen Politik. Sobald der Nationalismus die Balkanvölker ergriff, war kein Halten mehr, und der Gegensatz zwischen Rußland und Österreich mußte sich immer mehr vertiefen. Insofern ist die Haltung des Kaiserstaates im Krimkrieg der Anlaß seines eigenen schließlichen Unterganges geworden. Ganz anders stand Preußen zu diesen Fragen. Seit der Spätzeit König Friedrichs des Großen unterhielt es freundliche Beziehungen zum Ottomanischen Reiche, bei dem ersten Kriege Nikolaus' I. gegen die Türkei 1828 hatte Preußen eine glückliche Vermittlerrolle spielen können. Unmittelbare dringende Interessen bestanden für Preußen damals weder auf dem Balkan noch in der Levante. Seine Haltung mußte sich also aus allgemeinen politischen Erwägungen ergeben. Die Westmächte und Österreich drängten zum gemeinsamen Auftreten. König Friedrich Wilhelm IV. schwankte hin und her. Die liberale Opposition in Preußen bekämpfte schon aus grundsätzlicher Überzeugung die russische Politik. Die gemäßigten Konservativen schufen sich damals ein eigenes Organ im »Preußischen Wochenblatt«; hier arbeitete eine Reihe von gut unterrichteten Diplomaten und hohen Beamten für den Anschluß an die Westmächte – auch der Prinz von Preußen befürwortete diese Politik der beiden Grafen v. d. Goltz, des Kriegsministers v. Bonin, des preußischen Gesandten in London Chr. T. von Bunsen, des Professors Moritz August v. Bethmann-Hollweg. Die hochkonservative Gruppe um den preußischen König arbeitete dagegen für den Anschluß an Rußland, entweder in Form eines offenen Bündnisses nebst tätiger Teilnahme am Kriege, oder doch in Form wohlwollender Neutralität. Diese Politik der Brüder Gerlach und des damaligen Obersten Edwin v. Manteuffel fand die lebhafteste Unterstützung des Bundesgesandten v. Bismarck, der immer wieder in Berlin erschien und den Ministerpräsidenten Otto v. Manteuffel stark gegen die Westmächte zu machen versuchte. Wiederholt stieß Bismarck auch mit dem englischen Gesandten in Frankfurt zusammen, er galt mit Recht seitdem als ein entschiedener Russenfreund. Bismarcks Energie ist es vor allem zu danken, daß Preußen zuletzt doch den Werbungen der Westmächte widerstand. Die englische Politik hat diese Haltung Bismarck nie vergessen und ihn seitdem immer mit Mißtrauen behandelt; sie war überzeugt, daß der Krimkrieg mit einem durchschlagenden Erfolge der Westmächte, mit der Verdrängung des russischen Despotismus aus Europa abgeschlossen hätte, wenn sich Preußen der antirussischen Front

Westeuropas hätte einfügen wollen. Die Kluft zwischen Preußen und dem Westen erweiterte sich wiederum. Bismarck wirkte auch bei dem Bündnis mit, das Preußen zur Aufrechterhaltung der beiderseitigen Neutralität im April 1854 mit Österreich abschloß; die beiden Mächte garantierten sich dabei ihren Besitzstand und versprachen sich die gemeinsame Wahrung der deutschen Interessen. Bismarcks Absicht war, Österreich dadurch an die russenfreundliche Politik Preußens anzugliedern, was mißlang. Österreich legte aber besonderen Wert auf diesen Vertrag, denn es hoffte im Notfalle seinen italienischen Besitz mit dem preußischen Schwerte verteidigen zu können. Preußen hat jedoch die Verabredung nach Ablauf nicht wieder erneuert. Auch die deutschen Mittel- und Kleinstaaten befürchteten, in den Krieg hineingerissen zu werden, sie wahrten ihre Neutralität auf der Bamberger Konferenz. Englische Versuche, im hergebrachten Stile Söldner in Deutschland zu werben, schlug fehl. Der Krimkrieg schloß ab ohne klare Entscheidung. Rußland, jetzt unter dem neuen Zaren Alexander II., behauptete sich leidlich trotz aller seiner militärischen Niederlagen; England hatte für lange Zeit die Freude an aktiver Kriegsteilnahme auf dem Kontinent verloren; großartig stand Kaiser Napoleon III. da; das Bündnis mit England hatte ihm das größte Ansehen verschafft, Rußland wurde durch ihn vor entscheidender Demütigung bewahrt, so daß eine Wiederannäherung angebahnt werden konnte; Österreich schnitt am schlechtesten ab, denn es hatte zuletzt noch durch ein Ultimatum Rußland an den Verhandlungstisch gezwungen; niemals hat Rußland diese feindselig-vorsichtige Haltung des Kaiserstaates vergessen – irgendeinen greifbaren Vorteil erntete Österreich aber nicht –, wahrscheinlich hätte es damals mit etwas mehr Geschick das Protektorat über die Donaufürstentümer erwerben können. Die nunmehr frei gewordene Schiffahrt auf der Donau kam dem ganzen südlichen Deutschland zugute. Preußens Politik hatte niemanden beeindruckt, nur mit einiger Mühe wurde diese zweifelhafte Großmacht auf dem Pariser Kongreß zugelassen und spielte eine klägliche Rolle. Aber die Freundschaft Rußlands bedeutete viel für die Zukunft Preußens, die Beziehungen zu Frankreich waren angenehm. Wiederum war es Bismarck, der alle Vorurteile gegenüber dem revolutionären Emporkömmling Napoleon III. bekämpfte und eine Geschäftsgemeinschaft empfahl. So fügte sich vor seinem Auge der kontinentale Dreibund der drei großen Militärmächte Rußland, Preußen und Frankreich zusammen; es war eine politische Kombination, die auf England keine Rücksicht zu nehmen brauchte und alle anderen europäischen Mächte bezwingen konnte. Die Frankfurter Erfahrungen machten Bismarck von Jahr zu Jahr zu einem immer erbitterteren Gegner Österreichs. Seine Kämpfe mit den österreichischen Bundestagsgesandten trugen oftmals einen kleinlichen und gehässigen Charakter – was dahinterstand, war die Überzeugung, daß Österreich niemals der preußischen Großmacht etwas anderes als den zweiten Platz in Deutschland zugestehen würde. Dagegen bäumte sich Bismarcks preußisches Selbstgefühl auf, er bereitete die große Auseinandersetzung mit Österreich vor, mit der ganzen ihm eigentümlichen dämonischen Verschlagenheit. Einstweilen mußte er freilich noch warten.

Die Zeit seines Gönners Friedrich Wilhelm IV. ging traurig zu Ende. Der Streit um die Hoheitsrechte des Königs von Preußen über das aus der oranischen Erbschaft stammende Fürstentum Neuenburg in der Schweiz brachte in widersinniger Weise die preußische Großmacht in eine Art politisch-prinzipiellen Konflikts mit der Eidgenos-

Friedrich Wilhelm IV. tritt aus Krankheitsgründen die Regierung an seinen Bruder, den späteren Wilhelm I., ab

senschaft. Autokratie und Demokratie platzten einmal wieder aufeinander, dank der guten Dienste des Kaisers der Franzosen blieb aber der europäischen Öffentlichkeit das Schauspiel einer Besetzung Schweizer Bodens durch das preußische Militär erspart. König Friedrich Wilhelm IV. behielt das ihm teure Recht, sich weiter Fürst von Neuenburg nennen zu dürfen und erließ der sparsamen Schweiz die vertragsmäßige Geldentschädigung für seinen endlichen Verzicht. Die Führer der Neuenburger Royalistenpartei fanden in Preußen Zuflucht. Die zunehmende geistige Erkrankung des preußischen Königs machte die Stellvertretung und bald die Regentschaft des Thronfolgers nötig. Damit begann der Prinz von Preußen seine denkwürdige Herrscherlaufbahn.

Wilhelm I. Die neue Ära

Schon vorgerückt an Jahren, hatte sich die ritterliche Offiziersgestalt Beweglichkeit und Leistungsfähigkeit bewahrt, beides hielt an bis in ein hohes Greisenalter. Der spätere König und Kaiser Wilhelm I. war und blieb vor allem eine militärische Natur. Er war durchaus kein Feldherr, seine geistige Begabung erreichte gerade den Durchschnitt. Alles Verwegene, Feurige, Dämonische berührte ihn fremd, wenn er es auch mit dem ihm eigenen vornehmen Selbstgefühl gelten ließ. Von der Erziehung einer Truppe, von der Organisation einer Heeresverwaltung verstand er wirklich etwas, er lebte in dieser seiner Welt, er brachte seine Gedanken darüber in einem weitschweifig-ungeschickten Stile zu Papier, aber es war *sein* Wissen und *seine* Meinung, er stand dazu. Die sonstige Welt vereinfachte er sich nach persönlichen Bedürfnissen – sein evangelisches Christentum war gerade und tüchtig, ohne philosophische Skrupel und ganz ohne Schwarmgeisterei. Der Krieg gehörte zu Gottes natürlicher Weltordnung; Siege waren gottgewollt. Der militärische König des alten Militärstaates Preußen sah im Kriege eine durchaus sachgemäße Betätigung, er trat als Thronfolger wiederholt für die kriegerische Lösung von außenpolitischen Konflikten ein, trotz der ihm wohlbekannten damaligen Unzulänglichkeit der Rüstung Preußens, wahrscheinlich wäre ihm eine andere Handlungsweise feige vorgekommen. Schon daraus ergibt sich, in wie geringem Maße er ein Politiker war – es fehlte ihm das Beste dazu: Überblick, Wissen, Kombinationsgabe. So blieb er zeitlebens in allen außenpolitischen wie innenpolitischen Fragen abhängig von Beratern und Umgebung. Von Haus aus ein anständiger Reaktionär, ohne Fanatismus, bekehrte er sich unter den Eindrücken des Revolutionsjahres, seines Aufenthaltes in England und der Haltung seiner Gemahlin Augusta, der Weimarer Prinzessin aus dem geistigen Deutschland, zu einem bereitwilligen Reformkonservativismus, der das Gute der alten Zeit mit dem Guten der modernen Forderungen harmonisch in Einklang setzen wollte. Augusta war klüger als Wilhelm, sie sah die sachlichen und menschlichen Schwierigkeiten schärfer als er, sie durchschaute und liebte Verwicklungen, sie arbeitete ohne Erfolg auf bestimmte Ziele, worunter die Abdankung des Königs und ihres Gemahles zugunsten ihres Sohnes Friedrich während der Revolution von 1848 mehrfach hervorgetreten war. Enttäuschungen stachelten aber ihr Betätigungsbedürfnis an. Jetzt kam Wilhelm doch selbst noch an die Reihe, und Augusta hielt auch ihre Stunde damit für gekommen. Wilhelm war preußisch, Augusta war kulturdeutsch; Wilhelm war praktisch und fachlich; Augusta idealistisch, europäisch, friedens- und freiheitsfreundlich – etwas vom kosmopolitischen achtzehnten Jahrhundert verband sich in ihr mit romantischen Stimmungen vom Anfang des neunzehnten; Wilhelms Auftreten und Lebensweise waren einfach und würdig, schlicht und klar; bei Augusta geisterte etwas mit von preziös-altfürstlicher Schnörkelei. Diese menschlichen Gegensätze bekamen geschichtliche Wirkung, weil der Kampf der Ehe von Wilhelm und Augusta sich zum Kampf um die Person und das Werk Bismarcks steigern sollte.

Die »neue Ära« des Prinzregenten Wilhelm setzte außenpolitisch mit einem Programm ein, das den Überzeugungen Bismarcks durchaus zuwiderlief, und so hatte er denn auch bald genug gegen seinen Willen den Bundestagsposten in Frankfurt aufzugeben. Die Verbannung, in die er geschickt wurde, war ehrenvoll genug, er ging als Gesandter nach St. Petersburg; der Russenfreund wuchs sich dort aus zu einem wirklichen Kenner Rußlands und zu einem Meister des großen diplomatischen Geschäftes. Der Prinzregent von Preußen und seine Mitarbeiter zogen einstweilen eine Zusammenarbeit mit Österreich und mit England vor, die Spitze richtete sich gegen Frankreich; das war eine Politik, der auch im Innern eine gemäßigt nationale und liberale Arbeit entsprach. Die neuen Minister, die sich der Prinzregent wählte, waren altliberale und verfassungstreue Männer wie Freiherr Robert von Patow oder gemäßigte Konservative wie der hochgebildete geistfreie Rechtslehrer v. Bethmann-Hollweg, der loyale Vorkämpfer der Union mit Österreich, wie Alexander v. Schleinitz, der eleganteste Intrigant des Berliner Hofes. Die Wahlen konnten jetzt unbeeinflußt stattfinden und brachten dem Ministerium eine stattliche Mehrheit – Preußen, so schien es, wollte ein moderner Rechtsstaat werden, es suchte den Weg zu Deutschland. Um Italiens willen verschlechterte sich inzwischen das Verhältnis Österreichs zu Frankreich so sehr, daß der Krieg unvermeidlich war. Damit sah sich die »neue Ära« vor eine schwere Entscheidung gestellt. Die wiedereinsetzende Volksbewegung in Deutschland sympathisierte mit dem Kampf Italiens um seinen Nationalstaat, die Parallele der Entwicklung beider Länder gehörte zu den beliebtesten Schlagworten volkstümlicher Beweisführung. Im katholischen Süddeutschland und am Rhein genoß aber der österreichische Kaiserstaat immer noch starke Vorliebe, die für Italien entscheidende französische Hilfe verletzte das Nationalempfinden vieler Patrioten. Der Prinzregent selber wäre persönlich gerne dem alten Verbündeten von 1813 gegen den Bonapartismus beigesprungen, die Methoden und Manieren des Staates Sardinien und seines Königs Viktor Emanuel ärgerten alle höfisch-legitimistischen Kreise. Preußen war also zum Handeln bereit, aber es konnte dafür etwas verlangen. Österreichs Mißtrauen zeigte jedoch nicht das leiseste Entgegenkommen, weder in der Zollfrage noch in der Frage der Bundesfestungen wollte es dem preußischen Wettbewerber ein Zugeständnis machen. Wenn Preußen den Krieg am Rhein gegen Napoleon beginnen sollte, dann war die Mindestforderung der uneingeschränkte Oberbefehl, und dies bedeutete natürlich den Anfang der angestrebten »Union militaire« im Bunde, also das Wiederaufleben der Unionsbestrebungen in militärischer Abwandlung. Kaiser Franz Joseph schloß lieber einen überstürzten Frieden, als daß er sich darauf einließ. Auch der traurige Zustand des österreichischen Heeres, die Gefahr eines patriotischen Aufstandes in Ungarn wirkten dabei mit – entscheidend war aber doch die Eifersucht auf Preußen, das nun vergebens mobil gemacht und seine Truppen an die Rheingrenze geschickt hatte.

Neubeginn der Nationalbewegung. Österreich als Verfassungsstaat

Die neue Ära in Preußen hatte überall in den Mittel- und Kleinstaaten freudigen Widerhall gefunden; ein liberales Preußen konnte der Unterstützung des patriotischen Bürgertums so gut sicher sein wie der Gefolgschaft deutschgesinnter Fürsten, wie des Großherzogs Friedrich I. von Baden. Auf Versammlungen und in Broschüren, besonders aber in einer Neugründung wie dem »Deutschen Nationalverein« kam der heiße Drang eines neuerwachten, reif gewordenen Volkes nach nationaler und freiheitlicher Kraftentfaltung zum erschütternden Ausdruck. Das Ziel des Nationalvereins war eine einheitliche deutsche Zentralgewalt und ein deutsches Parlament. Die besten Gedanken von 1848 zeigten wiederum ihre Lebendigkeit und fruchtbare Kraft. Der Nationalverein sprach sich offen für die kleindeutsche Lösung aus, sein Vorsitzender wurde der hannoversche Gutsbesitzer Rudolf v. Bennigsen, ihm traten das Verwaltungs- und Finanzgenie Johannes Miquel, der Zeitungsbesitzer Franz Duncker, der Hamburger Vorkämpfer der jüdischen Assimilation Gabriel Riesser zur Seite. Sitz des Nationalvereins wurde Koburg, der Herzog Ernst II. von Sachsen-Koburg-Gotha übernahm das Protektorat. In Frankfurt war dem Nationalverein die Genehmigung versagt worden, in Sachsen und Hannover wurde er verfolgt. Die preußische Regierung stand ihm wenig freundlich gegenüber. Trotzdem breitete er sich über Norddeutschland und das Rheinland aus, während er in Süddeutschland Gegengründungen hervorrief. 1862 stellte er als sein Ziel die Frankfurter Reichsverfassung von 1849 auf. Die Schillerfeier von 1859, das erste deutsche Turnfest von 1860, das gleichfalls in Koburg stattfand, die zahlreichen Schützen- und Sängerfeste dienten als Kundgebungen eines nationalen Willens, dem nun nicht mehr zu widerstehen war. Wissenschaftliche Kongresse boten entsprechende Unterstützung. Sogar die Abgeordneten der Einzelparlamente wagten es, sich in einem deutschen Abgeordnetentage zu vereinigen und sich für die Reichsverfassung von 1849 einzusetzen. Die Paulskirche schien leibhaft wiedererstanden zu sein. Wie aber sollte der Weg zur Verwirklichung all dieser Hoffnungen gefunden werden?

Schon 1859 stellten die mittelstaatlichen Minister in Würzburg ein Reformprogramm auf: einheitliche Bundeskriegsverfassung, Bundesgericht, gemeinsame Zivil- und Strafgesetzgebung, Einheit von Maß, Münze und Gewicht. Aber die Großmächte vermochten sich nicht zu einigen. Vorschläge des badischen Großherzogs waren zu kleindeutsch, um in Wien Beifall zu finden. Italien erfüllte sich mit einer nationalrevolutionären Bewegung von überwältigender Kraft, die Rückwirkung auf das geschlagene Österreich, das nun die Lombardei hatte preisgeben müssen, war unaufhaltsam. Der Kaiserstaat durfte an Reformbereitschaft nicht hinter Preußen zurückbleiben, sonst war auch die deutsche Stellung schwer gefährdet. Kaiser Franz Joseph erließ im Oktober 1860 ein Diplom, das den Ungarn die Wiederherstellung ihrer alten Verfassung, den Kronländern eigene Landesverfassungen versprach sowie einen Reichstag für den Gesamtstaat von hundert Mitgliedern einsetzte. Ein liberales Ministerium übernahm die Geschäfte, Anton Ritter von Schmerling, wohlbekannt von der Frankfurter Paulskirche, war sein führendes Haupt. Das Februar-Patent von 1861 legte die Grundlinien des konstitutionellen Lebens fest. Aber die Ungarn verlangten die reine Personalunion, die Polen und die Tschechen erhoben eigene nationale Forderungen und blieben den parlamentarischen Verhandlungen fern, trotz der gewaltigen Schwierigkeiten kam die Budgetberatung zustande, auch das sehr nötige Bankgesetz wurde verabschiedet, sonst aber stockte die Verfassungsmaschine, der Nationalitätenhader ließ keine gemeinsame Arbeit aufkommen. Trotzdem gewann Österreich durch seine ehrlichen Bemühungen um verfassungsmäßige Lebensform von neuem viel Sympathien in Deutschland. Es vermochte die Mehrzahl der Mittel- und Kleinstaaten gegen die preußischen Absichten einzunehmen, dem Nationalverein stellte sich jetzt der großdeutsche Reformverein entgegen. Der französische Kaiser gewann 1860 Savoyen und Nizza als Provision für seine Dienste bei der Entstehung des italienischen Königreiches, er betonte Frankreichs Recht auf seine natürlichen Grenzen – die Uneinigkeit der beiden deutschen Großmächte verbesserte seine Hoffnung auf deutschen Landgewinn, diese offenbaren Absichten zwangen aber wieder Deutschland zur Einigkeit und Abwehr.

Die preußische Militärreform. Der Konflikt

Österreichs liberaler Kurs und seine Bemühungen um Deutschland hatten um so mehr Aussicht auf Erfolg, weil Preußens neue Ära in Verstimmung und Mißerfolg zu Ende ging. Nach dem Tode seines Bruders (1861) bestieg der Prinzregent nun endlich den Thron, er setzte sich selbst in Königsberg die Königskrone aufs Haupt – die feierliche Handlung wirkte als ein Bekenntnis Wilhelms I. zum Gottesgnadentum und zum Feudalismus. Die Großmacht Preußen hatte auf jeden Fall ihren energischen Lebenswillen bekundet. Noch ernsthafter kam das bei der Frage der Militärreform zur Geltung. König Wilhelm kannte als Fachmann die Unzulänglichkeiten der preußischen Armee, wie sie 1848 und während der verschiedenen Mobilmachungen zum Vorschein gekommen waren. Zwei Punkte schienen ihm bedenklich. Die Zahl der Ausgehobenen entsprach nicht der starken Bevölkerungsvermehrung, die allgemeine Wehrpflicht kam tatsächlich nicht mehr zur Durchführung. Infolgedessen wurde die Landwehr ersten Aufgebotes bei den Mobilmachungen sofort herangezogen. Die Landwehr war dem Berufsoffizier von jeher politisch verdächtig, sie hatte sich besonders am Rhein oppositionell gezeigt. Jede Armee will den Soldaten so jung wie möglich. Der Plan entstand also, die jüngeren Jahrgänge voll auszunutzen und die Landwehr aufzuspalten, das heißt den größeren Teil des ersten Aufgebotes als »Reserve« zur Linie zu schlagen. Dadurch sollte die Armee ein verjüngtes, militärisch und politisch zuverlässigeres Werkzeug in der Hand der Regierung werden. Der entstehende Heereskonflikt hatte also eine doppelte Seite. Er war militär-technischer Natur – hier war die Volksvertretung ohne weiteres bereit, den militärischen Sachverständigen zu folgen. Die liberale Mehrheit des Abgeordnetenhauses, insbesondere die seit 1861 bestehende Fortschrittspartei, die bei den Neuwahlen durchschlagende Erfolge erzielte, war durchaus preußisch-patriotisch, sie hatte volles Verständnis für die Heeresreform, die ja Preußens Stellung auch in Deutschland stärken mußte, die also im nationalen Interesse lag. Es war der Kammermehrheit auch klar, daß nicht alle fachlichen Einzelheiten in der vollen Öffentlichkeit des Abgeordnetenhauses verhandelt werden konnten – aus naheliegenden Gründen der Landesverteidigung. Entscheidend schien aber die andere, die politische Seite der Frage. Das Abgeordnetenhaus nahm die Arbeit der preußischen Nationalversammlung von 1848 wieder auf. Es wollte Preußen zu einem modernen Rechts- und Verfassungsstaate machen. Die preußische Armee war gedacht als ein Volksheer – die Verwandlung der Landwehrregimenter in Linienregimenter widersprach dem Geiste von 1813. Das Abgeordnetenhaus besaß das Budgetrecht und bestand darauf, es konnte sich nicht mit Provisorien abfinden; es war von Anfang bis zum Schluß zu jeder sachlich gebotenen und technisch vernünftigen Heeresbewilligung bereit – es bekämpfte aber mit allen ihm zu Gebote stehenden gesetzlichen Mitteln die Abtrennung der Armee vom Volksganzen, die Ausgestaltung der Militärmacht zu einem Werkzeuge reaktionärer Machtgruppen. Darum drehte es sich nun in der Tat. Die Militärpartei fürchtete das Aufkommen des Parlamentarismus in Preußen, ihre Führer, General E. v. Manteuffel († 1885) und der Kriegsminister Albrecht v. Roon († 1879) wünschten keine Zusammenarbeit mit dem mächtig gewordenen Liberalismus, sondern den Kampf gegen ihn, sie hoffte, die sich regende demokratische Volksbewegung mit den Mitteln der Gegenrevolution erneut niederzuschlagen, und auch dazu brauchte sie eine von der Krone und der Feudalaristokratie völlig beherrschte Truppe. Die Regierung begann also ihre Heeresreform, der Kritik und der Opposition zum Trotz, sie schleppte sich von einem Provisorium zum anderen, sie vermied die vorhandenen Möglichkeiten zur Verständigung, sie stellte technische Fragen von minderer Wichtigkeit in den Vordergrund, um den Konflikt unversöhnlich zu machen – so besonders die Frage der dreijährigen Dienstzeit, die General v. Roon persönlich gar nicht für so lebenswichtig hielt.

Das Kampfministerium Bismarck

Der Kampf galt also im tiefsten der Schicksalsfrage, ob es möglich war, Preußen deutsch und freiheitlich zu machen, oder ob diese Großmacht auf den alten Bedingungen ihres Wachstums beharrte, dem obrigkeitlich und militaristisch geprägten reinpreußischen Staatsegoismus. König Wilhelm I. glaubte in der Frage der Militärreform keinerlei Nachgiebigkeit zeigen zu dürfen, die geheimen Pläne der reaktionären Militärpartei durchschaute er nicht ganz, persönlich litt er schwer unter dem Konflikt, der auch den Frieden seines Hauses zerriß, er dachte an Abdankung. Neue konservative Minister blieben erfolglos. Roon und seine Freunde empfahlen ein Kampfministerium Bismarck. Der König wehrte sich gegen den Gedanken, besonders auch gegen die ihm unheimliche Person und die ihm unsympathische außenpolitische Richtung Bismarcks. Die Berufung Bismarcks erfolgte dann doch, der König blieb auf seinem Posten, Bismarck führte die Heeresreform durch gegen den Willen der Landtagsmehrheit, er regierte ohne Etat, er verletzte bedenkenlos die Verfassung, er behauptete mit herausfordernder Anmaßung, die Verfassung enthielte eine Lücke, und die Regierung hätte sie auszufüllen, er erklärte den Konflikt als eine Machtfrage, die von demjenigen Partner entschieden würde, der die Gewalt in der Hand hielt. Damit war ein Ereignis von den weittragendsten Folgen eingetreten. Die preußische Krone verneinte den vom Kulturdeutschtum verlangten Rechtsstaat, sie übte eine absolutistische Diktatur aus; die Sprache Bismarcks und Roons gegenüber dem Abgeordnetenhaus scheute keine Schärfe, keinen Hohn; durch Preßordonnanzen erfuhr die öffentliche Meinung härteste Bedrückung, Beamte hatten Maßregelung, Vereine die Auflösung zu erdulden, freiheitlich gesinnte kommunale Körperschaften erhielten Verweise und Verwarnungen der Regierung. Mißbehagen, Erbitterung und Unruhe entstanden im Lande, der Kronprinz Friedrich von Preußen selbst mißbilligte das Ministerium seines Vaters öffentlich.

Ferdinand Lassalle

Jahrelang galt Bismarck als der schlimmste Feind des freiheitlich gesinnten Bürgertums, Preußens deutscher Beruf schien durch diesen Staatsmann der Vernichtung anheimzufallen. Durch zwei Momente fand bald eine überraschende Wendung statt. Das erste war parteipolitischer Natur. Die sozialistische Bewegung setzte von neuem ein. Karl Marx schrieb in London sein grundlegendes Werk: Das Kapital, Proudhon veröffentlichte in Paris jetzt seine wichtigsten Schriften, mit denen sich Napoleon III. ernsthaft beschäftigte. Die Wünsche und Bestrebungen der Mittelklasse verloren an Wichtigkeit angesichts des elementaren Dranges, der sich der unteren Schichten bemächtigte. Wie sollte man diese Massen beschäftigen, füttern, bilden, politisch einfügen – ihren Geltungswillen, ihre Lebensrechte befriedigen? Der Hochkapitalismus sah sich von den sozialistischen und kommunistischen Denkern der ruchlosen Ausbeutung beschuldigt, er erschrak unter der Bedrohung einer unabwendbaren Rache der Verelendeten; die Hilfsbereitschaft der Verantwortlichen schon aus Selbsterhaltungstrieb war die natürliche Antwort. Die Kritik richtete sich herbe genug nun auch gerade gegen dieses Bürgertum – war es nicht genauso selbstsüchtig, klassenstolz, machthungrig wie die alte, so bitter befehdete Feudalklasse? Machte die liberale Ideologie ihre Vertreter tatsächlich menschlicher, freier, vornehmer gegenüber den von ihr Abhängigen? Der Mensch fing nun nicht mehr beim Baron, sondern bei dem Fabrikanten und Ladenbesitzer an; die entstehende Angestelltenschicht teilte mit dem Proletariat das Schicksal, den Aufstieg fast hoffnungslos versperrt zu sehen. In Deutschland bemächtigte sich nun die geniale Persönlichkeit Ferdinand Lassalles (1825–64) des Aktionsbedürfnisses der unteren Schichten. Ein haarscharfer Verstand, ein hinreißender Redner, eine seltene Vereinigung von Erkenntnis- und Willenskraft, persönlich ein

Ferdinand Lassalle

Abkömmling wohlhabender jüdischer Bürgerlichkeit – so stellte sich dieser Agitator großen Stils, befeuert von einem ebenso großen persönlichen wie sachlichen Ehrgeiz, als eine Macht auf vor der breitesten deutschen Öffentlichkeit. Er war der Meinung, daß weder Wohltätigkeit noch wirtschaftliche Genossenschaften die soziale Aufgabe zu lösen imstande wären; die Arbeiterschaft, so entwickelte er, muß sich selber helfen, sie muß als eine politische Partei Macht im Staate erringen, sie muß ihn zwingen, sie anzuerkennen und mit ihr zusammenzuwirken; durch die von der Arbeiterschaft zu bildenden Produktionsassoziationen muß sich das Proletariat nach und nach der Unternehmungen bemächtigen; dies ist der einzige Weg, um dem »ehernen Lohngesetz« zu entrinnen, wonach die Einnahmen des Arbeiters im Interesse des Unternehmergewinnes immer auf einen für den gerade notwendigen Lebensunterhalt bescheidensten Mindeststand herabgedrückt werden. Die Arbeiter können, das war Lassalles schlagendstes Beweismittel, nur durch das allgemeine und gleiche Wahlrecht zur politischen Macht gelangen – sein Sozialismus ergriff also das demokratische Grundprinzip als eine Waffe gegen das Unternehmertum. 1863 erfolgte die Gründung des »Allgemeinen Deutschen Arbeitervereines« in Leipzig, Lassalle wurde sein Präsident. Bismarck verfolgte diese Entwicklungen mit großer Aufmerksamkeit – bot sich hier nicht für seinen Kampf mit dem liberalen Bürgertum ein Verbündeter? Entstand hier nicht ein willkommenes Gegengewicht zu der parlamentarischen Fortschrittsideologie? War keine Zusammenarbeit möglich zwischen der autoritären Diktatur und der bewegten, aufstrebenden Masse? Bismarck sah wiederholt Lassalle, er schätzte den Geist und das Ethos seiner Sprache – der vorzeitige Tod des Agitators schnitt vielversprechende Möglichkeiten jäh ab. »Baron Itzig« nannten ihn später seine sozialistischen Genossen mit einem Spotte, der nicht gerade gutmütig war. Mußte Ferdinand Lassalle wirklich nach Art des emporgekommenen Bourgeois Jahre hindurch den schützenden Ritter der Gräfin Sophie Hatzfeldt bei ihren Ehe- und Vermögenshändeln spielen? Und dann entspann sich jene leidenschaftliche Beziehung zu Helene von Dönniges, der Tochter eines bekannten bayerischen Staatsrates. Das schöne Mädchen reiste zu Lassalle in die Schweiz, vertraute sich ihm an, sie war mit einem rumänischen Aristokraten verlobt. Statt sie sofort zu heiraten und so einen Tatbestand zu schaffen, schickte Lassalle Helene zu den Eltern zurück, weil er nur eine Hochzeit mit ehrbarem Pomp und elterlichem Segen für richtig hielt. Nun forderte ihn der Rumäne und erschoß ihn. Die Paradoxie dieses Todes Lassalles entsprach den tieferen Spannungen seines Lebens. Die deutsche Arbeiterbewegung war des Mannes beraubt, der ihr »Schwerter geschmiedet« hatte. Aber die Masse war ein Faktor auch des preußisch-deutschen politischen Geschehens geworden. Die preußischen Fortschrittler sahen sich bei ihrem Kampfe gegen die verfassungswidrige Diktatur Bismarcks von der neuen Massenbewegung bedroht, die sich mit der Staatsautorität nur allzugern gegen das Bürgertum verbündete. Konnte das Bürgertum nicht dabei der Unterschicht zuvorkommen? Diese Möglichkeit wurde gefördert durch die außenpolitische Entwicklung.

Die Alvenslebenkonvention. Bismarcks außenpolitische Anfänge

Bismarck zeigte die Kraft seines Armes zuerst bei der Regelung der kurhessischen Händel. Im Kurstaate ging der Kampf um die freiheitliche Verfassung von 1831 weiter, die Mißwirtschaft der Dynastie und ihrer Helfershelfer verlangte Abhilfe. Der Kurfürst trotzte sowohl der einheitlichen Volksbewegung wie den Bundesbeschlüssen. Bismarck erreichte die Annahme der Verfassung schließlich durch die Drohung, er werde sich mit den Agnaten in Verbindung setzen, also mit den Familienmitgliedern des Kurhauses Schritte zur Absetzung des Kurfürsten einleiten. Bismarck war vorurteilsfrei – dieselben freiheitlichen Grundsätze, die er in Preußen verfolgte, unterstützte er in Kurhessen, denn hier schwächte das die Dynastie. Die kurhessische Dynastie war schon an sich allseitig verachtet, wie kein deutsches Fürstenhaus, denn nirgends hatte

es im hellen Lichte des bürgerlichen neunzehnten Jahrhunderts eine so schamlose, durch Finanzschiebungen unterstützte Mätressenwirtschaft gegeben; das tollste Stück war, daß der letzte Kurfürst einen Husarenrittmeister Lehmann durch Geld zu veranlassen vermochte, ihm seine Frau abzutreten, die dann zur Gräfin erhoben wurde! In Italien enttäuscht, versuchte nunmehr der Kaiser Franz Joseph die deutsche Bundesreform von einem liberal regierten Österreich aus in die Hand zu nehmen. Bismarck arbeitete dagegen. So fiel der Gedanke durch, aus Delegierten am Bunde eine Art parlamentarischer Vertretung in Frankfurt aufzubauen; so schlug der Frankfurter Fürstentag fehl, weil der König von Preußen unter Bismarcks Druck als der einzige deutsche Fürst fernblieb. Die Verhandlungen der Fürsten blieben ebenso ergebnislos wie die Besprechungen der Abgeordneten und der Minister.
Unmittelbar nach der Übernahme der Geschäfte prägte Bismarck das berühmt gewordene Schlagwort: die deutsche Frage müßte nicht durch Reden und Mehrheitsbeschlüsse, sondern durch Blut und Eisen gelöst werden. Bismarck faßte sehr früh, schon in Frankfurt, die gewaltsame Auseinandersetzung zwischen Österreich und Preußen als die einzig entscheidende Methode ins Auge. Das hinderte den gewandten Diplomaten freilich nicht, doch noch ein gutes Stück des Weges mit dem Wettbewerber zusammenzugehen, schon in Rücksicht auf die Empfindungen des Königs und der altkonservativen Kreise in Preußen, denen ein Bruch mit dem Verbündeten der Freiheitskriege durchaus widerwärtig blieb. Die italienische nationale Revolution erweckte durch ihren Erfolg die Bewegung in allen slawischen Völkern. Ein neuer Aufstand in Polen brach 1863 aus. Der Kleinkrieg der Patrioten griff von Kongreßpolen auf die Gebiete der andern Teilungsmächte über. Kaiser Napoleon III. versuchte den unglücklichen Polen beizuspringen, er unternahm mit England und Österreich diplomatische Schritte, die auch die Unterstützung anderer europäischer Staaten fanden. Ernsthafte Hilfe kam nicht in Betracht, weil Österreich trotz aller slawischen Sympathien eben doch als Teilungsmacht gebunden war und weil England ein aktives Vorgehen auf dem Kontinent ablehnte. Das Krimkriegsbündnis arbeitete nicht mehr. Bismarck stellte sich deutlich auf die Seite Rußlands, jede Form einer Wiederherstellung Polens erschien seinem preußischen Nationalismus unerträglich. Durch den General Gustav von Alvensleben schloß Preußen im Februar 1863 eine Konvention mit Rußland ab, wonach sich beide Staaten zur Unterdrückung der Aufstandsbewegung behilflich sein sollten; die Truppenführer erhielten das Recht, auch die wechselseitigen Staatsgrenzen, wenn nötig, zu überschreiten. Diese Preisgabe der Souveränität erweckte den lebhaften Widerspruch der preußischen Volksvertretung und der westmächtlichen Diplomatie. Die Konvention trat in Kraft und kam auch zur Anwendung; die russischen Militärstellen sahen eine Minderung ihres Ansehens darin und zeigten deutliches Mißfallen. Bismarck gab die Konvention schon deshalb schnell preis, er erklärte schlankweg, eine Ratifizierung wäre noch nötig gewesen. Die zweifellose diplomatische Schlappe bedeutete aber auf längere Sicht einen unschätzbaren Gewinn. Bismarck galt beim König und bei den Altkonservativen als ein verdächtiger Anhänger des Bonapartismus – während seiner kurzen Botschafterzeit in Paris hatte sich seine alte Geschäftsfreundschaft mit Kaiser Napoleon III. noch wesentlich vertieft. Nun hatte Bismarck den Beweis für seine gegenrevolutionäre Zuverlässigkeit erbracht. Ferner hatte er das Vertrauen des Zaren gewonnen – die preußisch-russische Zusam-

menarbeit ermöglichte allein die großen Erfolge der nächsten Jahre. Die Diktaturpolitik im Innern und die Russenfreundschaft im Äußern paßten zusammen. Zu einem Angriffskriege gegen Österreich und Frankreich, wie ihn Zar Alexander II. von Rußland in Berlin vorschlug, konnte sich Preußen freilich nicht entschließen. Es führte diese Kriege gesondert und auf eigene Rechnung, immer mit der russischen Rückendeckung. Bismarcks Außenpolitik legte sich nicht fest, sie erhielt sich elastisch, sie trennte jede mögliche Gruppierung der Nachbarmächte und behielt sich selbst jede mögliche Bündniskombination vor. Bismarck benutzte die Prinzipiengläubigkeit seiner Partner – sein einziges Ziel war die preußische Machtvermehrung, allen Prinzipien der Zeit zum Trotz. Bismarck führte drei Kriege, alle drei während des ersten Jahrzehnts seiner Amtsführung; er sah im Kriege ein unentbehrliches Mittel zur Erreichung bestimmter Ziele, aber niemals etwas Schönes oder Wünschenswertes. Auf die kurze Kriegsepoche folgte eine lange Friedensepoche, die der maßvollen Befestigung des Errungenen gewidmet war. Bismarck war kein Welteroberer, sondern ein ebenso kühner wie vorsichtiger Staatsmann.

Krieg um Schleswig-Holstein

Bismarcks erstaunlichste diplomatische Leistung war vielleicht die Lösung der schleswig-holsteinischen Frage. Die deutschen Regierungen hatten die unglücklichen Herzogtümer im Stich gelassen, aber das deutsche Volk vergaß sie nicht. Der kommende deutsche Nationalstaat mußte auch den Herzogtümern die Erfüllung ihrer Wünsche bringen. Die Dänen bestanden auf der Idee ihres Gesamtstaates, Verhandlungen zu einer Regelung in Güte mit dem Bundestage führten zu keinem Ergebnis. Das königliche Patent vom März 1863 erfüllte die Forderungen der »Eiderdänen«, Schleswig wurde mit Dänemark verbunden, das Königreich Dänemark reichte also bis zum Flüßchen Eider, nur in Holstein erhielten die Stände Mitwirkung bei der Gesetzgebung. Der Bundestag verlangte die Aufhebung des Patents und drohte mit der Bundesexekution. Die Königreiche Sachsen und Hannover erhielten den Auftrag dazu. Der Regierungsantritt des neuen Königs Christian IX. von der Glücksburger Linie, die sofortige Verkündigung der vorbereiteten dänischen Gesamtstaatsverfassung durch ihn – diese Ereignisse ließen die Frage zu einer europäischen Angelegenheit anschwellen. Trotz des von seinem Vater ausgesprochenen Verzichtes erhob der Herzog von Augustenburg die ihm vom Vater übertragenen Erbansprüche und erklärte seinen Regierungsantritt in den Herzogtümern als Friedrich VIII. Dies Verfahren erweckte naheliegende Kritik – trotzdem wurde der Herzog von der öffentlichen Meinung in Deutschland begeistert begrüßt, die Kleindeutschen wie die Großdeutschen sprachen sich für ihn aus, Fürsten und Volksvertretungen, die preußische an der Spitze, sahen die Sache des Augustenburgers als die Sache der Gerechtigkeit und der Freiheit an. Bismarck faßte sehr früh die Erwerbung der Herzogtümer für den preußischen Staat ins Auge, mußte aber eine so herausfordernde Idee mit großer Vorsicht behandeln.

Die partikularistischen, die liberalen und die dynastischen Kräfte in Deutschland wehrten sich gegen Preußen, das damals den Gipfel seiner Unvolkstümlichkeit erreicht hatte – wie sollte also der Bismarcksche Plan durchgeführt werden? Die außenpolitische Lage war nicht schlecht. Während der Revolution von 1848 hatten die drei großen europäischen Nachbarstaaten Rußland, Frankreich und Großbritannien durch gemeinsame Arbeit eine Lösung der Herzogtümer-Frage im deutschen Sinne verhindert. Nun hatte Bismarck die russische Freundschaft gewonnen. Die Westmächte waren verknurrt, Napoleon III. verübelte den Engländern ihre Zurückhaltung in der polnischen Sache und zahlte ihnen jetzt ihr Benehmen heim. Österreich war im Hinblick auf die Begehrlichkeit des französischen Kaisers mehr als früher bereit, sich für die Herzogtümer zu erwärmen – das gehörte schon zu den deutschen Pflichten und Hoffnungen. Die Mittelstaaten durften aus demselben Grunde nicht fernbleiben. Am schwierigsten war England. Während der ganzen Jahre bis zur deutschen Reichsgründung befand sich England in einem zunehmenden Gegensatz zur Politik Bismarcks. Königin Viktoria setzte möglichst die Ideen ihres verstorbenen Gatten, des Prinzgemahls, fort: Vermittlung zwischen den beiden deutschen Großmächten, Gleichgewichtserhaltung zwischen Mitteleuropa und den beiden Nachbarn Frankreich und Rußland; Erhaltung der bestehenden Grenzen, aber Förderung der deutschen Nationalbewegung. Wegen seiner reaktionären Innenpolitik begegnete Bismarck steigendem englischen Mißtrauen. Die dynastische Verbindung zwischen dem preußischen und dem englischen Herrscherhause erhöhte die Londoner Interessen und Sorgen. Ratschläge und Warnungen gingen häufig an die preußische Adresse. Bismarcks Vorgehen in der Sache der Herzogtümer führte an die Grenzen des offenen Bruches mit England. Der Herzog Friedrich von Augustenburg oder, wie der Volksmund den Erben der Herzogtümer nannte, der Augustenburger, war mit dem englischen Königshause verwandt, dem preußischen Kronprinzenpaar eng befreundet. Die englische Politik befand sich also in Übereinstimmung mit der deutschen Volksstimmung, wenn sie sich für den Augustenburger einsetzte. Die dänisch sprechenden Teile von Nordschleswig wollte Palmerston schon 1848 durch eine Volksabstimmung abtrennen und mit Dänemark vereinigen, was jedenfalls die zeitgemäßeste Lösung war, wenn sie auch den geschichtlichen Zusammenhängen widersprach. Auch Bismarck hat den Gedanken der Volksbefragung und der Teilung nach der Sprachgrenze gelegentlich aufgegriffen und sich dafür eingesetzt. Die englische Einmischung als solche war ihm unerwünscht, auf englische Drohungen antwortete er durch trotzige Fortsetzung seiner Politik, er ließ sich durchaus nicht einschüchtern, weil er sicher war, daß Großbritannien solchen Drohungen keine Handlungen folgen lassen konnte. Die einzige wirkliche Gefahr für die Bismarcksche Politik kam von Frankreich, und Bismarck war sicher, daß Napoleon III. wegen der Herzogtümer nicht marschieren würde. Bismarck trieb ein überlegenes Doppelspiel – Verständigungsmöglichkeiten zwischen dem Deutschen Bunde und Dänemark wußte er zu verhindern, den Mittelstaaten wußte er die Aktion aus der Hand zu nehmen, Österreich vermochte er zur Mitarbeit zu gewinnen. Beide deutschen Großmächte gingen also gemeinsam gegen das kleine Dänemark vor; wenn keine Hilfe kam, konnte der Ausgang des Krieges nicht zweifelhaft sein. Die Dänen wehrten sich tapfer, aber nicht nur die zahlenmäßige Überlegenheit war auf seiten der Großmächte. Zum ersten Male trat damals der preußische Generalstabschef

General Helmuth v. Moltke in den Vordergrund – sein überlegener Operationsplan erfreute sich freilich nicht durchweg der genauen Befolgung. Ohne große Verluste, ohne lauten Heroismus sollte sich jetzt eine genau berechnete, aller modernen technischen Hilfsmittel mächtige preußische Kriegführung vollziehen, erfüllt von der stillen Methodik organisierender Intelligenz. Moltke persönlich glich eher einem Gelehrten; er war ein Meister überlegener Beobachtung, ein Feind leeren Geschwätzes, ein Schriftsteller, der den Wert des Wortes, den Aufbau des Satzes, die Prägung des Gedankens mit derselben Verantwortungsbewußtheit zu wägen verstand, mit der er seine Truppen bewegte und seine Feuerwaffen ansammelte. Moltke war eine unpolitische Natur, er verstand sich nicht auf Gruppenbildung und ehrgeiziges Planen, sein Aufstieg beruhte auf sachlicher Leistung, und gar manche Gegenströmung war zu überwinden – von der Garde und ihrem Hochmut, von dem Kasernenhof und seiner Beschränktheit kam allerlei Nörgelei. Die Eigenwilligkeit verständnisloser Unterführer hat viele Operationen Moltkes verdorben. So geschah die bekannteste Waffentat des Krieges gegen Dänemark, der Sturm auf die Düppeler Schanzen, gegen seinen Willen; die Durchführung seines Umgehungsplanes hätte das schwere Blutopfer unnötig gemacht.

Die ersten Friedensverhandlungen auf der Londoner Konferenz scheiterten wesentlich an der Halsstarrigkeit der Dänen, die ihre Sache durchaus nicht verloren geben wollten und immer noch auf die versprochene Hilfe besonders Englands hofften. Die öffentliche Meinung in England verbot aber ein Eingreifen, die Königin wirkte in derselben Richtung, Palmerston und sein Außenminister Lord Russell verzichteten im Grunde nicht ungern auf einen Krieg, der ihre Bluffpolitik zwar moralisch hätte retten, aber politisch nicht zum Erfolge hätte führen können. Ein Sieg der Dänen über die österreichische Flotte bei Helgoland machte ihnen den Friedensschluß leichter – sie hatten die Herzogtümer an die beiden deutschen Großmächte abzutreten. Was sollte

Generalfeldmarschall Moltke (5. v. l.) mit seinem Stab 1871 in Versailles

nun mit dem Gewinn geschehen? Wenn die Großmacht Preußen einen neuen deutschen Kleinstaat an ihrer Nordgrenze hinnehmen sollte, dann bedurfte sie bestimmter, besonderer strategischer Sicherungen. Der Augustenburger verhandelte mit Bismarck – auch wenn er seine Sache hätte geschickter führen können: Bismarck und Preußen waren gefährliche Partner, auf keinen Fall wäre der Herzog einer bequemen Herrschaft entgegengegangen. Der Zank um die Herzogtümer vergiftete nun die Beziehungen zwischen Österreich und Preußen, so daß schnell unmittelbare Kriegsgefahr eintrat. Bismarck zeigte durch die Verlegung der preußischen Marinestation nach Kiel, worauf es ihm ankam. Die Altfeudalen, der Hof, die Kronprinzengruppe widerstrebten einer kriegerischen Auseinandersetzung mit Österreich durchaus; die ansteigende nationaldeutsche Bewegung war dem altkonservativen Preußentum von jeher unheimlich – nun zeigte sich gerade Bismarck bereit, auch diesen Verbündeten mobilzumachen. Bei seinen Gesprächen mit Lassalle spielte das allgemeine und gleiche Wahlrecht für Preußen bereits eine Rolle – dies bedeutete das Bündnis mit der Revolutionsidee, das Zusammengehen von Diktatur und Demokratie gegen die bürgerliche Mitte. Österreich litt aber so stark unter seinen innenpolitischen Schwierigkeiten, daß es gern noch einmal die Hand zur Verständigung bot. Der Gasteiner Vertrag von 1865 schuf ein Provisorium, das sehr günstig für Preußen ausfiel. Österreich übernahm die vorläufige Verwaltung Holsteins, Preußen die von Schleswig, Preußen behielt aber die Marinestation Kiel und das Recht auf Etappenstraßen durch Holstein sowie seine eigene Postverwaltung dortselbst. Außerdem traten beide Herzogtümer dem Preußischen Zollverein bei. Lauenburg kam gegen Geldentschädigung gleich ganz an Preußen; der von Preußen geplante Nord-Ostsee-Kanal sollte durch Holstein geführt werden dürfen. Für den Augustenburger, mit dem Bismarck immer noch weiter verhandelte, bestand tatsächlich jetzt keine Hoffnung mehr. Österreich versuchte auch sofort einen Austausch gegen schlesische Gebiete. Große Unzufriedenheit herrschte bei den Westmächten. Englands Widerwille gegen kontinentalen Länderschacher wuchs. Kaiser Napoleon III. mußte von Bismarck in Biarritz beruhigt werden. Der französische Herrscher war der preußischen Politik lange nicht so freundlich gesinnt, wie Bismarck es seinem alten König zu dessen Beruhigung darstellte. Vor allen Dingen verlangte der Kaiser Kompensationen im Interesse seiner eigenen Stellung zur Aufrechterhaltung des Gleichgewichtes für den Fall weiteren preußischen Wachstums. König Wilhelm hatte wiederholt in seiner geraden und unzweideutigen Art erklärt, daß deutsches Land nicht an Frankreich gegeben werden könnte. Das war ehrenhaft, aber es führte nicht viel weiter. Bismarck nahm eine viel geschmeidigere Haltung ein. Jahrelang hat Bismarck Napoleon III. durch vage Versprechungen hinzuhalten gewußt, er hat ihn oft auf Belgien und Luxemburg hingewiesen, er hat sogar als seine persönliche Meinung die Überlassung des preußischen Saarreviers an Frankreich für diskutierbar erklärt. König Wilhelm war der Mann der Freiheitskriege, der gegen den Bonapartismus am liebsten mit dem gezogenen Degen vorgegangen wäre. Bismarck war unbelastet von nationaldeutschen Gefühlen, selbst der alte König konnte sich wohl entsetzen über diese rein preußische Vorurteilsfreiheit. Sie zeigte sich deutlich genug bei den weiteren Vorbereitungen Bismarcks für die Auseinandersetzung mit Österreich. Preußen verbot die augustenburgische Agitation in Schleswig, der österreichische Statthalter für Holstein, Freiherr v. d. Gabelenz, ließ sie aber zu. Bismarck verlangte die Ausweisung des Augustenburgers, Wien lehnte das ab. Beide Mächte rüsteten. Moltke bezeichnete ein Bündnis mit Italien als militärisch unerläßlich – Bismarck hatte schon die notwendigen Schritte eingeleitet; das Ziel des Bündnisses war die Herstellung einer hegemonischen Stellung in Norddeutschland für Preußen und der Erwerb von Venetien für Italien; deutsches Bundesgebiet, wie Tirol und Triest, konnte aber Italien nicht versprochen werden.

Der Krieg mit Österreich und dem Deutschen Bund

Italien war ein revolutionäres Gebilde, Österreich hatte keinerlei diplomatische Beziehungen mit dem Königreich aufgenommen, viele preußische Altkonservative verabscheuten die Gemeinschaft mit dem Staate Garibaldis. Bismarck wagte aber noch andere Dinge während der Krise von 1866, die ihm die geschichtliche Gelegenheit bot, die »Revolution von oben« in einem verblüffenden Sinne zu verwirklichen. Österreich wurde völlig umstellt. Gerade damals, Anfang 1866, übernahm der Prinz Carl von Hohenzollern-Sigmaringen die Herrschaft der lang umstrittenen Donaufürstentümer, jetzt Rumänien genannt, zuerst als Fürst, später als der erste König. Österreich hätte sich die kostbaren Gebiete früher wohl sichern können, seine Balkanstellung wäre dadurch überragend geworden, freilich auf die Gefahr dauernder Reibung mit Rußland. Nun saß ein Hohenzoller auf dem rumänischen Throne, Bismarck erwartete von ihm nicht nur die Aufstellung eines Hilfskorps gegen Österreich, sondern auch die Aufwiegelung der Rumänen in Siebenbürgen. Alle Nationalitäten des Kaiserstaates durften der Begünstigung Bismarcks sicher sein – die Ungarn, die Südslawen, die Tschechen; die Geister von 1848 erwachten wieder, mit der äußeren Krise verband sich die innere. Dem alten preußischen König mußte es unheimlich werden beim Anblick der Höllengeister, die sein Minister in Bewegung setzte. Nie war Bismarck so verhaßt wie in diesen schwülen Monaten vor Kriegsausbruch. Ein Attentat auf ihn fand Beifall selbst bei sehr ehrenwerten Leuten. Abrüstungs- und Kongreßvorschläge gingen hin und her, England und Rußland mahnten zum Frieden – schon deshalb erfolglos, weil England auf keinen Fall, Rußland aber möglicherweise gegen Österreich marschieren wollte. Bismarck ergriff nun über die Frage der Herzogtümer hinaus die Bundesreform als ein volkstümliches Kriegsziel. Am 9. April brachte Preußen beim Frankfurter Bundestag den Antrag auf Berufung eines Parlaments ein; das Wahlrecht von 1849 sollte gelten, alle wohlbekannten deutsch-patriotischen – den Verkehr, die Freizügigkeit, die Zoll- und Handelsfragen, die Rüstung zu Wasser und zu Lande – betreffenden Forderungen erschienen auf dem Plan. Der Unterdrücker des preußischen Verfassungslebens beanspruchte also, den deutschen Verfassungsgedanken zu verwirklichen. In den Mittelstaaten herrschte eine zwiespältige Stimmung, an Bayern besonders richtete Bismarck verführerische Anträge. Die zunehmende Verwirrung in Mitteleuropa bot dem französischen Kaiser die lang ersehnte Gelegenheit zum Vorgehen. Mit dem soliden, etwas schwerfälligen Kaiser Franz Joseph war weiterzukommen als mit der Geschmeidigkeit Bismarcks. Napoleon stellte auch den Österreichern die preußischen Versprechungen als bindender hin, als sie tatsächlich waren – genug: er schloß mit Österreich den Geheimvertrag vom 12. Juni 1866 ab; danach verpflichtete sich Österreich auf jeden Fall zur Abtretung Venetiens an das Königreich Italien, Frankreich sollte später näher zu bestimmende Entschädigungen in Westdeutschland bekommen, die Königreiche Bayern, Sachsen und Württemberg sollten vergrößert, aus der preußischen Rheinprovinz ein eigener Rheinstaat gebildet werden; für sich selbst beanspruchte Österreich Schlesien. Wenn Bismarck also den österreichischen Kaiserstaat von innen in die Luft zu sprengen bereit war, so faßte Kaiser Franz Joseph die Herabdrückung Preußens zu einem vorfriderizianischen Mittelstaat ins Auge. Gegenüber diesem Hauptziel bedeutete ihm die Aufopferung deutschen Landes an Frankreich und die Wiedererstehung der französischen Rheinbundpolitik wenig. Österreich wäre auch im Falle eines Sieges nie stark genug gewesen, den Kaiser Napoleon um seinen Anteil zu prellen, wie es Bismarck so erfolgreich getan hat. Der deutsche Bürger- und Bruderkrieg, der jetzt ausbrach, betraf also noch einmal die ältesten Kampfziele deutscher und mitteleuropäischer Hegemonie.

Das deutsche Bundesrecht ist von beiden Großmächten in den kritischen Wochen vor Kriegsausbruch wiederholt gebrochen worden – moralisch galt Preußen vor Deutschland und der Welt als der Rechtsbrecher und Kriegstreiber; den von Österreich herbeigeführten Bundesbeschluß auf Mobilmachung der vier mittel- und kleinstaatlichen Bundeskorps beantwortete Preußen mit der Erklärung, daß es den Bund als erloschen ansähe, aber seinen Reformvorschlägen entsprechend einen neuen Bund zu schließen bereit wäre. Zum ersten Male versuchte also damals die Bundespräsidialmacht Österreich den juristischen und militärischen Apparat des Bundes gegen ein eigenwilliges Bundesmitglied in Bewegung zu setzen – das Unternehmen führte zum Zusammenbruch der ganzen Einrichtung. Friedrich des Großen preußischer Egoismus hatte vom alten Reiche nur ein zeremoniöses Gespenst übriggelassen – Bismarck zerschmetterte den Deutschen Bund, um ein neues, freilich großpreußisches Reich zu schaffen.

Europa erwartete einen langen blutigen Krieg – aber alles war nach ein paar Sommermonaten zu Ende. Der Siebenwochenkrieg von 1866 schloß das Werk des Siebenjährigen Krieges gründlich ab. Die Kampfhandlungen verliefen auf drei Kriegsschauplätzen. Die meisten norddeutschen Kleinstaaten schlossen sich sofort Preußen an; die mitteldeutsche und die süddeutsche Staatengruppe wehrten sich gegen die preußische Überlegenheit mit halbem Herzen und unzureichenden Mitteln. In Italien errangen die Österreicher schöne Erfolge. Die Entscheidung fiel aber in Böhmen. Der österreichische Oberkommandierende, Feldmarschall-Leutnant Ludwig von Benedek, sah die Lage hier als so hoffnungslos an, daß er unmittelbar vor Königgrätz ein sofortiges Friedensangebot befürwortete. Auch ein besserer Kenner des böhmischen Kriegsschauplatzes wäre nicht gegen die Preußen aufgekommen, Benedek hatte besonders zu leiden unter der Unfähigkeit und dem Ungehorsam seiner Unterführer. Kaiser Franz Joseph wünschte ausdrücklich die Entscheidungsschlacht, die er selbst so wenig zu gewinnen imstande war als irgendein anderer. Sein dynastisches und militärisches Ehrgefühl verbot ihm einen Verzichtfrieden ohne Kampf, aber dieses selbe Ehrgefühl fand nichts dabei, dem geschlagenen Feldherrn Benedek die Aufopferung seines guten Namens und der Wahrheit zuzumuten. Der Kaiser und Österreich lebten auf alle Fälle weiter – auch ohne Deutschland. Dieses lange vorbereitete Ausscheiden vollzog sich nun mit einer überraschenden Geschwindigkeit, und nach außen scheinbar schmerzlos. Königgrätz war der erste durchschlagende Triumph der Überlegenheit des preußischen Zündnadelgewehrs, der damals modernsten Angriffswaffe, und der überlegenen Führung Moltkes; die geplante Vernichtungsschlacht scheiterte freilich an dem Unverständnis der Unterführung, besonders des Prinzen Friedrich Karl, der ein Husarenwachtmeister, aber kein Stratege war; auch die Verfolgung des taktisch geschlagenen Feindes versagte.

Bismarcks schwerste Stunde war gekommen – sein staatsmännischer Instinkt, seine Meisterschaft in der Lösung scheinbar unmöglicher Probleme haben sich wahrscheinlich nie strahlender gezeigt als in der Zeit bis zum Abschluß des Vorfriedens von Nikolsburg. Napoleon III. drohte und drängte, nur körperliches Leiden verhinderte sein sofortiges Eingreifen. Rußland zeigte Verstimmung und Eifersucht, es befürwortete einen Kongreß – Bismarck fühlte sich so stark bedroht durch diese Haltung, daß er einen polnischen Vulkanausbruch erwog. König Wilhelm wünschte Annexionen zur Bestrafung aller bösen Gegner – warum nicht den Österreichern ein Stück Böhmen, das deutschsprechende Sudetenland und Eger, warum nicht den Bayern die alten hohenzollernschen Lande Ansbach und Bayreuth abnehmen? Der letztere Schritt hätte den Vorteil gehabt, die eigenwilligste napoleonische Satrapie, Bayern, zu zerschlagen und Preußen mit bestem süddeutschem Lande auszustatten, was seiner Eindeutschung vielleicht entscheidend geholfen hätte. Nur Bismarck sah, daß zweierlei vermieden werden mußte: die tödliche Feindschaft Österreichs und das sofortige Eingreifen des französischen Kaisers. Aus diesem Grunde widersetzte sich Bismarck österreichischen Annexionen und dem Einzug der preußischen Truppen in Wien – der geschlagene österreichische Kaiserstaat sollte doch eines Tages vielleicht wieder ein Verbündeter werden. Bismarck, der den Prinz-Gemahl Albert nicht geliebt hatte, handelte doch nach einem sehr weisen Wort des allzu früh Verstorbenen: daß man nämlich immer vermeiden müsse, eine große Macht zu demütigen. Jeder territoriale Vorstoß Preußens nach Süddeutschland hätte damals einen allgemeinen Krieg in Europa wahrscheinlich gemacht, und nichts hat Bismarck zeitlebens mehr gefürchtet als das gemeinsame Vorgehen der Nachbarn gegen die Europamitte. Beziehungen zwischen Frankreich und Rußland knüpften sich jetzt an, beide Mächte nahmen ein wenig behagliches Interesse an dem Schicksal der kleineren deutschen Dynastien. Nur Bismarcks weise Kompromißbereitschaft hat damals die Verbindung der nationalrevolutionären Bewegung mit einem gesamteuropäischen Machtkampf verhindert. Die Ergebnisse sahen immer noch stattlich genug aus für Preußen. Es erwarb das ganze Zwischenland zwischen seinen beiden Staatshälften, also Hannover, Kurhessen, das Herzogtum Nassau, die Landgrafschaft Hessen-Homburg und die leider besonders hart behandelte Freie Stadt Frankfurt; sowohl Bayern wie das Großherzogtum Hessen-Darmstadt mußten sich zu Grenzberichtigungen zugunsten Preußens verstehen. Alle nordmainischen Staaten, auch Hessen-Darmstadt für seine Provinz Oberhessen, vereinigten sich nun unter preußischer Führung im Norddeutschen Bunde. Sachsen gehörte gleichfalls dazu, seine Erhaltung verdankte es lediglich der tatkräftigen Fürsprache des österreichischen Kaisers. Die drei süddeutschen Staaten und der südliche Teil des Großherzogtums Hessen sollten einen süddeutschen Bund bilden, der aber wegen der Eifersucht zwischen Bayern und Baden nicht zustande kam.

Österreich schnitt nach einer so schweren militärischen Niederlage recht gut ab. Seine Kriegsentschädigung betrug tatsächlich nach allen Verrechnungen bloß zwanzig Millionen Taler. An Land verlor es nur Venetien und den Anteil an den Herzogtümern Schleswig und Holstein – beides waren längst abgeschriebene Posten. Österreich erkannte den Norddeutschen Bund an, aber immer noch nicht das Königreich Italien, das mit seinem Gewinn durchaus unzufrieden war und sich sofort von Preußen abwandte, obgleich Preußens Sieg ihm allein verschaffte, was es erhielt. Ein besonderer Artikel (V) des endgültigen, zwischen Österreich und Preußen abgeschlossenen Friedens von Prag betraf die dänisch sprechenden Gebiete von Nordschleswig, über deren endgültige staatliche Zugehörigkeit eine Abstimmung stattfinden sollte. Diese Abstimmung, für die sich später Frankreich und auch Großbritannien wiederholt einsetzten, ist dann nie zustande gekommen, obgleich Bismarck gern dies Hindernis einer Versöhnung mit den Skandinaviern aus der Welt geschafft hätte. Der Hauptwiderstand ging vom militärfrommen König Wilhelm aus, der in falscher Pietät die Schlachtfelder des Krieges von 1864 durchaus nicht den Dänen überlassen wollte.

Der Norddeutsche Bund. Umschichtung der Parteien

Deutschland hatte nun ein völlig verändertes Gesicht erhalten. Es gab kein Großdeutschland mehr, aber auch Kleindeutschland hatte sich nicht verwirklicht. Großpreußen setzte sich durch, der militaristische Staat, der nie einen Rechtsbruch gescheut hatte – großgehungert und deshalb im entscheidenden Augenblick auch unter Anwendung gewagter Mittel finanziell schlagkräftig, der Staat der disziplinierten, sauberen, wenn auch unliebenswürdigen Bürokratie, die sich nun daranmachte, die neuen Landesteile zu verpreußen, ohne die Einwohner nach ihren Wünschen zu fragen. Preußen annektierte die neuen Gebiete ohne Plebiszite, da es keine Aussicht auf eine Mehrheit der Bevölkerung gehabt haben würde: es war ein Autoritätsstaat, dessen Klassendiktatur sich freilich moderner Verfassungsreform bediente.
Der Reichstag des Norddeutschen Bundes wurde versprochenermaßen nach dem allgemeinen und gleichen Wahlrecht gewählt. Dies demokratische Organ erhielt aber sein Gegengewicht in dem autokratischen Organ, dem Bundesrat, einer Körperschaft, die ganz in der Art des alten Bundestags die Regierungen vertrat ohne Befragung der Landesvertretungen; auch die Stimmenverteilung stammte aus dem Bundestag, Preußen hatte nicht nur das Land, sondern auch die Stimmen der Besiegten von 1866 annektiert. Das Bundespräsidium war mächtig als Exekutive: Heer und Marine, Diplomatie, Beamtenschaft des Bundes unterstanden seiner Betreuung – alle Prärogativen der Krone Preußen dehnten sich über den norddeutschen Bundesstaat aus. Es war umgekehrt wie 1848. Frankfurt rang damals um die Eindeutschung Preußens – nun machte Berlin die Nord- und Mitteldeutschen zu »Mußpreußen«. In der Verfassung des Norddeutschen Bundes steckt schon die des kommenden Bismarckschen Reiches;

August Bebel

sie war das sehr persönliche Werk des großen Staatsmannes, ein Meisterstück, gemessen an den Gegebenheiten der Stunde und der Lage. Autorität und Majorität sollten sich in dieser besonderen Art von norddeutschem Konstitutionalismus versöhnen. Dieses Prinzip trat dem westlichen parlamentarischen Prinzip mit Entschlossenheit entgegen; Preußen wollte sich der modernen Verfassungseinrichtungen nur insoweit bedienen, als die Grundbedingungen des preußischen Lebens davon unberührt blieben. Und diese Grundbedingungen waren und blieben antidemokratisch.

Dies zeigte sich jetzt auch bei der endlichen Beilegung des preußischen Verfassungskonfliktes. Die mächtigen Erfolge der preußischen Waffen nötigten viele Vertreter des Liberalismus zu einer Nachprüfung ihres Standpunktes. Alle dem Altliberalismus irgendwie angehörenden Gruppen bejahten von Herzen die Triumphe der preußischen Regierung und ihrer Armee, es war nicht schwer, sich mit diesen Männern zu versöhnen. Aber auch der mehr dogmatisch unterbaute Liberalismus der Fortschrittspartei verlangte zum guten Teile die Möglichkeit zur schöpferischen Mitarbeit. Bismarck brachte nun in sehr geschickter Weise die Indemnitätsvorlage ein, ein Gesetz, wonach der preußische Landtag nachträglich der Regierung die von ihr illegal verausgabten Gelder bewilligte. Die Form des Rechtes sollte so gewahrt werden, wenn auch der politische Erfolg nun gerade verdoppelt auf seiten der Regierung lag. Die Fortschrittspartei spaltete sich über der Indemnitätsvorlage, der gemäßigte rechte Flügel unter der Führung von Ernst von Forckenbeck und Eduard Lasker nahm die Vorlage an – diese

Wilhelm Liebknecht

Männer gründeten kurze Zeit darauf die Nationalliberale Partei, die eine führende Rolle beim Ausbau des neuen Reiches spielen sollte. Ähnliche Vorgänge vollzogen sich bei den Konservativen. Die Junkerpartei bekämpfte durch alle diese Jahre die Bestrebungen des Deutschen Nationalvereins so gut wie die der Großdeutschen; 1866 trat sie für die Verständigung mit Österreich ein, sie mißbilligte aus Legitimitätsgründen die Absetzung und Entrechtung alter deutscher Dynastien, wie es durch die Annexionen geschah, sie verlangte von Bismarck, daß er seine Machtstellung nach Königgrätz ausnutzen sollte zur Vernichtung des Verfassungsstaates in Preußen. Die Indemnitätsvorlage erschien diesen Kreisen als etwas geradezu Unbegreifliches. Der linke Flügel der Konservativen aber, vielfach Gesinnungsverwandte der Wochenblattpartei aus der Zeit des Krimkrieges, Vertreter also des nichtjunkerlichen Adels und der hohen Beamtenschaft, diese Männer setzten sich für die Politik Bismarcks ein, sie bildeten die »Freikonservative Vereinigung« und bewährten sich durch Jahre als treue Helfer beim Reichsausbau. Klassengeschichtlich stellen die Freikonservativen und die Nationalliberalen überwiegend die zur gesellschaftlichen und politischen Macht gelangten Kreise des deutschen Geld- und Titelpatriziats dar – sie fanden Unterstützung in der breiten Schicht, die ihnen nachstrebte. Der Bismarcksche Reichsgedanke bedeutete Ausweitung des Raumes, Aufstieg in Wirtschaft, Bildung und Ansehen für viele – alles im Zeichen des deutschen Nationalismus. Dabei fanden sie den Widerspruch der alten dogmatischen Liberalen, weil diese eben in der Verfassung des Norddeutschen Bundes so wenig wie in der des folgenden Deutschen Reiches eine ausreichende Verwirklichung der Idee des Rechts- und Verfassungsstaates zu sehen vermochten. Neben die norddeutschen Fortschrittler traten bald die süddeutschen Demokraten, denen das autoritätsstolze Großpreußentum trotz aller konstitutioneller Bekleidungsstücke verdächtig blieb. Die Trennung von den österreichischen Deutschen ward hier ebenso beklagt wie die Sperre, die der notwendigen Entwicklung zum westlich-altgermanischen freien Volksstaate auferlegt blieb. Partikularistisch, großdeutsch, deutsch-freiheitlich und erdverbunden wirkte auch die katholische Partei im werdenden Reiche, sie nannte sich wegen der Lage ihrer Sitze im preußischen Abgeordnetenhause das Zentrum. Katholische Gruppen gab es zuerst in Süddeutschland, dann 1848 im Frankfurter Parlament und in der Preußischen Nationalversammlung, sie dienten vorwiegend der verfassungsmäßigen Festlegung kirchlicher Kult- und Bildungsinteressen. Seit den antijesuitischen Erlassen des Kultusministers v. Raumer 1852 arbeitete die katholische Fraktion im preußischen Landtage dauernd als geschlossene Gruppe; aus den annektierten Ländern erhielt sie starken antipreußischen Zustrom, auch mit den Welfen, den protestantischen Anhängern der hannoverschen Dynastie, wirkte sie zusammen gegen den Nationalliberalismus. Alle diese Parteibildungen hatten überwiegend mittelständlerischen Charakter; das allgemeine Wahlrecht nötigte sie, ihre Wählerschaft breit zu organisieren und die Programme volkstümlich-werbend zu gestalten. Der Widerspruch zwischen demokratischen Einrichtungen und antidemokratischer amtlicher Willensbildung konnte sich dabei nur verdeutlichen. Bismarck kannte die von unten aufstrebenden Kräfte sehr wohl – sein Bedürfnis, mit den Nationalliberalen zu arbeiten, hatte sehr tiefliegende Gründe. Gefährlich für den preußischen Autoritätsstaat war jede Art von Zusammenwirken der nationalen und der demokratischen Kräfte. Dies war der Lebenstraum Ferdinand Lassalles. Seine Nachfolger gingen andere Wege. Karl Marx und Friedrich Engels gründeten 1864 in London die Internationale Arbeiterassoziation, die sogenannte Erste Internationale. 1867 erschien der erste Band des »Kapital« von Karl Marx, der Marxismus begann seinen Siegeszug. Lassalles Arbeiterverein bewahrte unter seinen Nachfolgern zunächst seinen deutschen Charakter. Wilhelm Liebknecht, der Sprößling einer alten christlichen Bürgerfamilie aus Hessen, war der erste, der zu der marxistischen Organisation hinüberstrebte. Er fand in dem jungen Kölner Unteroffizierssohn August Bebel einen begabten Helfer – dieser katholische Drechslergeselle kam von den Arbeiterbildungsvereinen; ein strebsamer Organisator und zündender Redner, wurde er schnell Vorsitzender der Leipziger Ortsgruppe. Der bürgerliche Linksliberalismus erwarb sich große Verdienste um alle diese Bestrebungen, vermochte aber nicht, sie politisch in seiner Linie zu halten. Schon auf dem Nürnberger Kongreß 1868 war es klar – die deutschen Arbeiter wollten und mußten sich proletarisch einstellen. Ein Jahr später erfolgte in Eisenach die Gründung der Sozialdemokratischen Partei. Ihr Programm umfaßte: allgemeines Wahlrecht für ganz Deutschland, direkte Gesetzgebung durch das Volk, den Normalarbeitstag, die Abschaffung der indirekten Steuern, die progressive Einkommens- und Erbschaftssteuer, die Staatshilfe für Produktivgenossenschaften, Trennung von Staat und Kirche, Miliz statt des stehenden Heeres, republikanische Staatsform.

Deutschland trat in seine hochkapitalistische Epoche ein. Der Reichsgründung entsprachen wirtschaftlich der Sieg des Unternehmertums und die Durchbildung einer klassenbewußten Arbeiterschaft, die sich nun immer kräftiger gegen den großpreußischen Militarismus wandte. Der revolutionäre Gedanke hatte Bismarcks Triumph entschieden. Nun nahmen die Vertreter der Arbeiterinternationale das revolutionäre Prinzip in klassenkämpferischer Abwandlung für sich in Anspruch.

Kampf mit Napoleon III. Luxemburg. Österreich-Ungarn

Aus außenpolitischen Gründen war Bismarck an der Mainlinie stehengeblieben. Die Erweiterung des Norddeutschen Bundes nach Süddeutschland hin erschien aber nur eine Frage der Zeit und der Gelegenheit. Baden drängte vorwärts, es fürchtete die von Frankreich und der süddeutschen Nachbarschaft drohende Gefahr. Auch Hessen-Darmstadt wünschte sich klare Verhältnisse. Württemberg aber und besonders Bayern bremsten. In Bayern übte eine Zeitlang Fürst Chlodwig Hohenlohe-Schillingsfürst († 1901) eine segensreiche Tätigkeit als Ministerpräsident aus – die Annäherung von Norden und Süden konnte von diesem unabhängigen und vorsichtigen Hochadligen besonders wirksam gefördert werden. Bismarck verwertete alles das und wartete auf seine Stunde. Die Erneuerung der Zollverträge im Juli 1867 bedeutete schon einen wesentlichen Schritt voran – denn nun trat ein Zollparlament in Berlin zusammen, für das ganze nichtösterreichische Deutschland, gewählt nach dem Wahlgesetz des Reichstages des Norddeutschen Bundes, und ein Zollbundesrat unter preußischem Präsidium waltete über der Zollgesetzgebung. Dreimal tagte das Zollparlament in Berlin bis zur Reichsgründung.
Die jahrelange Geschäftsfreundschaft mit Napoleon III. ermöglichte allein dem preußischen Ministerpräsidenten und nunmehrigen Bundeskanzler Graf Bismarck seine großen Erfolge. War es möglich, dieses Vertrauensverhältnis wiederherzustellen? Der französische Kaiser befand sich auf der absteigenden Linie – der Fehlschlag in Mexiko (1867) erschütterte sein Ansehen von neuem. Er brauchte Erfolge im Interesse des inneren Friedens, im Interesse der Dauer seiner Dynastie. Der lang erstrebte Gewinn an der französischen Ostgrenze hätte nach der Meinung Napoleons beides gesichert. Bismarck hatte ihn unter anderem auch auf Luxemburg verwiesen. Nun bereitete der Kaiser sehr vorsichtig den Erwerb des Großherzogtums vor, zu dem der geldbedürftige König der Niederlande bereit war. Im letzten Augenblick zerschlug Bismarck dem französischen Kaiser das Geschäft, denn die Zusammenarbeit mit dem steigenden Nationalismus in Deutschland mußte ihm wichtiger sein als die Versöhnung mit Napoleon, die vielleicht doch nicht lange gedauert hätte. Das Ländchen Luxemburg war keineswegs deutsch gesinnt, aber es war die Wiege eines der glänzendsten alten Kaisergeschlechter und zudem deutsche Bundesfestung mit preußischem Besatzungsrecht. Eine Londoner Konferenz schlichtete die entstandene Kriegsgefahr – die Festung wurde geschleift, das Großherzogtum neutralisiert, unter Kollektivgarantie der

Großmächte. Im Gegensatz zu der dem Königreich Belgien zugesicherten Einzelgarantie jeder Großmacht bedeutete dieser Schutz wenig genug. Der Kompromiß von 1867 brachte Napoleon eine neue empfindliche Niederlage, aber der Verlust der Festung Luxemburg schädigte auch den Norddeutschen Bund. Bismarck fühlte die Schlappe; weder er noch der französische Kaiser wünschte eine Wiederholung. Europa war also nur scheinbar entspannt, beide Parteien rüsteten und schauten sich nach Verbündeten um.

Bismarck veröffentlichte während des Streites um Luxemburg die Geheimverträge, die den Norddeutschen Bund militärisch mit den süddeutschen Staaten verbanden. Des preußischen Bundeskanzlers Versuch, sich Österreich anzunähern, schlug aber fehl. Der Kaiserstaat baute sich nach 1866 zu der österreichisch-ungarischen Doppelmonarchie um – jenem einzigartigen Gebilde, das bis zum Ersten Weltkriege die Geschicke seiner zahlreichen Völker unter wachsenden politischen Schwierigkeiten, aber doch mit einer gewissen Großzügigkeit und wirtschaftlich recht erfolgreich betreute. Nicht der Föderalismus, der auch den Slawen gerecht geworden wäre, sondern der Dualismus beherrschte den Donaustaat; gemeinsam für die österreichische und die ungarische Hälfte waren nur Auswärtiges, Heer und Finanzen. Es gab weder eine Zentralregierung noch ein Zentralparlament; Delegationen der Volksvertretungen beider Reichshälften sollten aber alljährlich zusammentreten. Die Ungarn behaupteten von Anfang an ein politisches und wirtschaftliches Übergewicht, vermochten also, wenn auch als der schwächere Teil, doch die Gesamtheit maßgebend zu beeinflussen. Amtlich bestand der Name Österreich für die westliche Reichshälfte nicht, er wurde erst während des Ersten Weltkrieges wiedereingeführt; man sprach bis dahin von den »im Reichsrate vertretenen Königreichen und Ländern«; volkstümlich für die beiden Reichshälften wurden die akademisch und bürokratisch gefärbten und deshalb vertrauenerweckenden Bezeichnungen Cisleithanien und Transleithanien – das sonst kaum bekannte Flüßchen Leitha erhielt so geopolitische Bedeutung. Die Doppelmonarchie bot ihren Nationalitäten die Möglichkeit der Zusammenarbeit, der Bildung und des Aufstieges – viele Einzelpersonen haben die wirtschaftlichen und geistigen Möglichkeiten dieses Staatswesens voll ausgenutzt, um dann zu seiner politischen Zerstörung kräftig beizutragen. Daß die Existenz der Doppelmonarchie dem Evangelium des Jahrhunderts, dem Nationalismus, zuwiderlief, konnte von jedem naseweisen Publizisten billig bewiesen werden. Daß aber die Großräumigkeit dieses Gebildes dem Gemenge der geschichtlich zersplitterten Volkstümer im südöstlichen Kolonialland gerade eine in fernere Zukunft weisende Lebensform zu geben vermochte, diese Erkenntnis blieb nur wenigen vorbehalten. Das österreichische Deutschtum jedenfalls ergriff noch einmal seine würdige erzieherische Sendung, freiheitlich, akademisch, josefinisch-unermüdlich ankämpfend gegen die steigende slawische Masse: organisatorisch überlegen, an Vitalität aber im wachsenden Nachteil.

Noch hatte freilich Kaiser Franz Joseph nicht die Hoffnung aufgegeben, die verlorene Stellung in Deutschland zurückzugewinnen. Er begegnete sich mit dem unzufriedenen Italien und den Racheplänen des französischen Kaisers. Das von Napoleon gewünschte und vorbereitete Bündnis der drei Mächte kam aber nicht zustande. Es scheiterte an der italienischen Begehrlichkeit. Der Austausch eigenhändiger Briefe zwischen den drei Monarchen war ein Ersatz. Außerdem fanden Militärbesprechun-

gen statt. Frankreich schien entschlossen, sich bei der nächsten Gelegenheit gegen den Norddeutschen Bund zu wenden, auch auf die Gefahr eines Krieges hin. Im Erfolgsfall durfte es auf Verbündete rechnen.
Zu diesen Verbündeten rechnete Großbritannien nicht mehr. Das zukünftige Schicksal der griechisch bewohnten, aber türkisch regierten Insel Kreta rief 1867 eine kleinere Orientkrise hervor. Bismarck arbeitete bei dieser Gelegenheit zum ersten Male vertraut mit England zusammen. Sein alter Plan, die Westmächte zu trennen, gewann an Aussicht. England versuchte, seinem ehemaligen französischen Bundesgenossen durch Abrüstungs- und Vermittlungsvorschläge beizuspringen, lehnte aber tätiges Eingreifen deutlich ab. Napoleons lüsternes Interesse an Belgien, von Bismarck nachdrücklich gefördert, vermochte die Engländer nicht freundlicher zu stimmen. Ein französischer Plan, Eisenbahnen in Belgien zu bauen und so Einfluß dort zu gewinnen, scheiterte schnell. Bismarcks diplomatische Gegenoffensive durfte mit englischer Neutralität rechnen. Vergebens klopfte Napoleon III. in St. Petersburg an – Rußland hielt freundschaftlich zu Bismarck. Der französische und der österreichische Kaiser trafen sich in Salzburg, Erzherzog Albrecht, der von seinem großen Vater Erzherzog Karl die militärische Begabung geerbt hatte, drängte und arbeitete kühne Feldzugspläne aus – das finanziell noch nicht erholte Österreich blieb im Rüstungswettbewerb zurück, Kaiser Franz Joseph wollte nach so viel Schaden wenigstens etwas klüger sein. Da suchte sich Spanien einen neuen König. Bismarck handelte.

Der Deutsch-Französische Krieg

Spanien hoffte sich aus den Wirren des Bürgerkrieges und der Parteizwiste durch eine neue Dynastie zu retten. Der Erbprinz Leopold von Hohenzollern-Sigmaringen schien ein geeigneter Kandidat. Bismarck nahm den Gedanken gerne auf. Der jüngere, freilich bedeutendere Bruder Leopolds, der rumänische Carl, hatte sich als Vertrauensmann auf dem Balkan mehrfach bewährt – es mochte nur vorteilhaft sein, einen Partner dieser Art auch in Westeuropa zu besitzen; ein liberaleres Spanien kam in Gegensatz zu Frankreich und dem Papsttum, französische Truppen konnten an der Pyrenäengrenze gefesselt werden. Bismarck förderte also die Kandidatur, ohne amtlich dabei hervorzutreten. Er wollte mit den Süddeutschen irgendwie weiterkommen, der Plan eines norddeutschen Kaisertums schwebte und erregte französisches Mißtrauen. Entweder fand sich Napoleon mit dem Hohenzoller auf dem spanischen Throne ab – dann hatte er eine neue Schlappe bekommen, und Bismarck konnte weitergehen; oder die Kandidatur mußte fallengelassen werden – dann meldete Bismarck erst recht zum Ausgleich weitere deutsche Pläne an. Die Kandidatur war also vom Standpunkte Bismarcks weniger ein Selbstzweck, wenn auch wertvoll an sich, als ein Mittel zu dem höheren eigentlichen Zwecke der deutschen Einigung.
Die Thronkandidatur wurde vor der Zeit im Juli 1870 bekannt und rief sofort eine schwere europäische Krise hervor. Es gelang Napoleon unschwer, die Kandidatur zu

Extra-Blatt zu Nr. 161 der Hallischen Zeitung (im G. Schwetschke'schen Verlage).

Halle, Donnerstag den 14. Juli 1870.

Telegraphische Depesche der Hallischen Zeitung.

Ems, Mittwoch den 13. Juli, Abends. Nachdem die Nachricht von der Entsagung des Prinzen von Hohenzollern von der spanischen Regierung der französischen amtlich mitgetheilt worden, hat der französische Botschafter in Ems an Se. Majestät den König die Forderung gestellt, ihn zu autorisiren, nach Paris zu telegraphiren, daß der König für alle Zukunft sich verpflichte, niemals wieder seine Zustimmung zu geben, wenn wieder auf die Hohenzollernsche Candidatur zurückgekommen werden sollte. Der König hat darauf abgelehnt, den französischen Botschafter nochmals zu empfangen, und demselben durch den Adjutanten vom Dienst sagen lassen, daß der König dem Botschafter nichts weiter mitzutheilen habe.

Gebauer-Schwetschke'sche Buchdruckerei in Halle.

Die Emser Depesche

Fall zu bringen, England und Rußland halfen dabei mit. Die französische Regierung überspannte aber im Gefühl des Triumphes ihre Forderung und verdarb sich den diplomatischen Erfolg durch Drohungen, die Bismarck weder hinnehmen konnte noch wollte. Auch der alte König Wilhelm, von Anfang an ein Gegner der Kandidatur, zeigte eine ernste und würdige Haltung gegenüber der französischen Zumutung, nicht nur eine Dauergarantie für das endgültige Verschwinden der Kandidatur zu übernehmen, sondern auch eine Art Entschuldigungsbrief in diesem Sinne an den französischen Kaiser zu schreiben. Seit der berühmten Drohrede des törichten französischen Außenministers, Herzogs von Gramont, am 6. Juli war Bismarck zum Bruche mit Frankreich entschlossen; die ungeschickte Taktik der sonst so klugen französischen Diplomatie spielte ihm alle Trümpfe in die Hand. Sein Hauptschlag war die Emser Depesche. Bismarck erhielt einen stilistisch unförmlichen, sachlich sich in Einzelheiten verlierenden vertraulichen Beamtenbericht aus Ems. Er strich dieses diplomatische Aktenstück zusammen, er machte daraus, durch Vereinfachung und Zuspitzung einen offiziösen Zeitungsartikel, der wie eine Bombe einschlug. Ein doppelter Zweck erfüllte sich: Die Öffentlichkeit bekam einen Begriff von der sehr ernsten Lage, und die französische Regierung erhielt einen Schlag, auf den es nur *eine* Antwort gab.

Der Deutsch-Französische Krieg führte zu einem beispiellosen Triumph des geeinten Deutschland. Alle süddeutschen Staaten schlossen sich sofort dem Norddeutschen Bunde an, auch Bayern, wo die mißvergnügte klerikale Patriotenpartei vergebens für bewaffnete Neutralität eintrat. Die militärischen Erfolge der ersten Wochen verdarben allen europäischen Neutralen die Lust, Frankreich zu Hilfe zu kommen. Napoleon III. blieb allein. Sein Untergang vollzog sich schnell. Frankreich war in keiner Weise für einen solchen Krieg gerüstet. Die Führung, die Bewaffnung, die Organisation der Deutschen waren schlechterdings überlegen. Fehler kamen natürlich auch auf der deutschen Seite vor. Moltke hatte immer wieder mit dem Eigensinn und der Beschränktheit der Unterführung zu kämpfen. Die große Umfassungs- und Vernichtungsschlacht gelang deshalb nicht bei Wörth oder Gravelotte, sondern erst bei Sedan. Als hervorragende Führer bewährten sich: der kluge Träumer und Schwärmer Edwin von Manteuffel; der halbgelehrte Grübler, in der äußeren Form so saloppe August von Goeben; der forsche, wilde Bayer von der Tann. Die Leistung des preußischen Kronprinzen Friedrich Wilhelm beruhte im wesentlichen auf der sauberen Arbeit seines treuen Generalstabschefs L. v. Blumenthal, aus märkischem Uradel.

Die ernsteste Meinungsverschiedenheit während des Krieges entstand bei der Frage des Bombardements von Paris. Die *eine* Gruppe von Sachverständigen befürwortete den sofortigen Artillerieangriff, die andere das Aushungern der Festung. Beide Ansichten nahmen rein militärische Gründe für sich in Anspruch, humanitäre Erwägungen gaben keinerlei Ausschlag.

Die zähe Ausdauer des französischen Widerstandes fand bei den deutschen Siegern rückhaltlose Anerkennung. Die Kapitulation Napoleons III. bei Sedan führte zum Sturz des Kaisertums. Marschall Bazaine, der in Metz belagert war, versuchte, seine Armee für die Regierung der Kaiserin Eugenie zu retten und gegen die neue Republik auszuspielen. Es war vergebens. Immer neue Truppen, immer neue Führer warf die nationale Verteidigung Frankreichs gegen die Deutschen. Bismarck verlangte Garantien für die Zukunft, also die Aufopferung von französischen Festungen, von französischem Boden. Deshalb ging der Volkskrieg weiter, deshalb klopfte Adolphe Thiers im Namen Frankreichs an die Türen der europäischen Großmächte – vergebens. England lieferte nur reichlich Waffen und wurde deshalb scharf in der deutschen Öffentlichkeit angegriffen. Bismarck unterstrich diese Angriffe, denn er wünschte nicht Englands Eingreifen bei den Friedensverhandlungen. Die nordamerikanischen Waffenlieferungen blieben nicht hinter den englischen zurück, fanden aber in der deutschen Öffentlichkeit keinerlei Beanstandung, weil Bismarck die Vereinigten Staaten gegen England auszuspielen versuchte. Er hatte auch den Schutz der Deutschen in Frankreich den Vereinigten Staaten übertragen, während England den Schutz der Franzosen in Deutschland übernahm. Die dunkelste Stunde des Krieges kam im November 1870. Damals schien die strategische Lage für die Deutschen ziemlich ernst. Außerdem hatte sich Rußland, von Bismarck ermutigt, losgesagt von der demütigenden Pontusklausel des Pariser Friedensvertrages (1856), durch die ihm das Halten von Kriegsschiffen im Schwarzen Meer untersagt war. Alle Mitunterzeichner des Pariser Vertrages waren davon berührt, Großbritannien und Österreich stellten sich auf die französische Seite – die Hauptgefahr, die Bismarck immer fürchtete und immer vermied, drohte für einen kurzen Augenblick: die Ausbreitung des Krieges über ganz Europa. Unter englischem Drucke verstand sich Bismarck zur Einberufung einer europäischen Konferenz in London. Sie regelte die Pontusfrage von neuem, den russischen Wünschen und Bedürfnissen entsprechend – jede Einmischung Dritter in den Deutsch-Französischen Krieg mußte aber unterbleiben.

Die Reichsgründung

Noch vor Friedensschluß gelang Bismarck nun auch die Reichsgründung. Am 18. Januar erfolgte die Proklamation König Wilhelms I. zum Deutschen Kaiser im Spiegelsaale des Königsschlosses von Versailles – es war ein äußerlich schlichter, militärisch betonter Akt von weltgeschichtlicher Tragweite. Nur wenige Zeitgenossen ahnten, wie unerfreulich die Verhandlungen vorher verlaufen waren. Bayern wünschte gewiß die weitere Zusammenarbeit mit dem Norddeutschen Bunde, zielte aber auf die Bildung eines engeren und eines weiteren Bundes hin, wollte also so viel als irgend möglich von seiner Eigenstaatlichkeit retten, entweder mit oder auch ohne Württemberg. Diese bayerische Politik verhinderte den gemeinsamen Eintritt der süddeutschen Staaten. Es kam zu langwierigen Sonderverhandlungen und einer Reihe von Einzelverträgen. Auch Württemberg versuchte territoriale und sonstige Vorteile herauszuschlagen. Das Endergebnis waren die sogenannten Reservatrechte für Bayern und Württemberg, die sich auf Post, Eisenbahn, Finanzverwaltung und Armeekommando bezogen. Bayern erhielt darüber hinaus noch das selbständige Vertragsrecht, den ständigen stellvertretenden Vorsitz im Bundesrat nebst der obligatorischen Zustimmung des Bundesrats in dem Falle einer Kriegserklärung, endlich die selbständige Besteuerung

von Bier und Branntwein. Praktisch angesehen war das neue Reich der durch Baden und Hessen-Darmstadt erweiterte Norddeutsche Bund, der mit Württemberg in einem bequemen, mit Bayern in einem schwierigen Dauervertragsverhältnis stand. Das neue Reich besaß weder Reichsministerien noch ein Oberhaus von Fürsten, Grafen und Herren. Es hatte als obersten hauptverantwortlichen Beamten einen Reichskanzler, dem seine Staatssekretäre unterstanden, es hatte seinen demokratischen Reichstag, aber es führte im übrigen den Bundesrat weiter, also den obrigkeitlichen Beamtenkörper, der die Reichsgeschäfte autoritär und hinter verschlossenen Türen maßgebend erledigte. Für die überwiegende Mehrzahl der Deutschen von damals war dieses Reich eine befriedigende, ja begeisternde Erfüllung alter Sehnsucht: Dynastien und Stämme, Partikularismus und Unitarismus lebten weiter nebeneinander – die alten Gegensätze des deutschen Lebens waren nicht überwunden, aber sie waren zusammengefügt und auf preußische Art zur Zusammenarbeit genötigt. Der preußische König hatte sich nur ungnädig mit dem Titel Deutscher Kaiser abgefunden – sein Fürsteninstinkt sagte ihm, daß dieses Kaisertum eine Verzierung war, die mehr romantischen Bedürfnissen als politischen Tatbeständen entsprach. Bismarck hatte wiederum genial die Gegenrevolution mit der Revolution verbunden – die Zukunft mußte zeigen, was Deutschland zu machen verstand aus Kaiser und Reich.

Der Friede von Frankfurt. Elsaß-Lothringen

Der Friede von Frankfurt leitete eine neue Epoche deutscher und mitteleuropäischer Geschichte ein. Selbst wenn Bismarck es anders gewollt hätte – das Militär und die öffentliche Meinung hätten einen Friedensschluß im Stile von Nikolsburg unmöglich gemacht. Deutschland erinnerte sich an Ludwig XIV. und an Napoleon I. – es verlangte Sicherheit, es verlangte ein Ende der Hegemonieansprüche, die Frankreich immer wieder erhoben hatte. Die Abtretung von drei französischen Departements am Oberrhein und an der Mosel verschob das Schwergewicht in Europa entscheidend. Das Elsaß war ein überwiegend, Lothringen ein teilweise deutsch sprechendes Land, aber auch die deutschsprechenden Einwohner teilten in der Mehrzahl die westlich-demokratische Gesinnung ihrer französischen Volksgenossen – dies war das Ergebnis der großen Französischen Revolution und der napoleonischen Zeit. Mit Süddeutschland waren diese Lande von alters nachbarschaftlich verbunden, das Preußentum erschien ihnen völlig fremd. Nach den strategischen Grundsätzen der Zeit galt die neue deutsche Westgrenze als gesichert durch den Besitz der Festungen Metz und Straßburg; die Grenze wurde nach diesen Gesichtspunkten festgesetzt, zu Bismarcks Mißbehagen kamen so sehr viele französischsprechende Gebietsteile an Deutschland. Schon dadurch wurde die Eingewöhnung in das neue Reich erschwert. Elsaß und Lothringen hatten an sich geschichtlich nichts miteinander zu tun, sie standen sich wirtschaftlich und ethnisch fern – nun begannen sie, zum »Reichsland« vereinigt, eine Sonderentwicklung, verwöhnt und auch unterdrückt von Berlin. Die Aufteilung des

neuen Gebietes unter die Anlieger Preußen, Bayern und Baden wäre eine glücklichere Lösung gewesen.
Um englisches Eingreifen zu verhindern, ermäßigte Bismarck bei den Vorfriedensverhandlungen die geforderte Kriegsentschädigung von sechs auf fünf Milliarden Goldfranken. Aber auch diese nach deutschen Begriffen gewaltige Summe vermochte Frankreich in kurzen Fristen zu zahlen – so wurde es vor der Zeit die deutsche Besatzung los. Wirtschaftlich und gesellschaftlich hielt Frankreich den Erschütterungen des schrecklichen Jahres mit erstaunlicher Zähigkeit stand. Das zweite Kaiserreich hatte sich im letzten Augenblick durch eine liberale Reformperiode retten wollen – nun gab die Provinz die Antwort, das klerikale und legitimistische Frankreich, das den kommunistischen Aufstand in Paris brutal niedertrat und in der konservativen Verfassung der dritten Republik die monarchische Restauration vorzubereiten versuchte. Das neue deutsche Kaiserreich sah diesen Vorgängen mit achtungsvoller Zurückhaltung zu. Bismarck dachte nicht daran, die französische Großmacht als solche zu vernichten; die Annexion französischer Kolonien lehnte er ab, gab vielmehr späterhin den Franzosen jede Möglichkeit zum Aufbau ihres großen Kolonialreiches. Der Nationalstolz des großen Nachbarvolkes sollte sich so die nötige Ablenkung und Genugtuung schaffen; aber der französische Revanchegedanke kühlte sich dabei schließlich doch nicht ab, er gewann vielmehr neuen Ansporn in der großen Welt des kolonialen Wettbewerbs. Wie auch immer der deutsch-französische Friede ausgesehen hätte – eine alte, herrschgewohnte und militärstolze Nation wie die französische vermochte in ihrer Mehrheit die Niederlage nicht zu vergessen und rüstete sich auf Wiedervergeltung. Militärisch waren Frankreich keinerlei Beschränkungen auferlegt – der Friede von Frankfurt schloß also zwar eine Kriegsepoche ab, eröffnete aber eine neue Epoche des Wettrüstens.

Bismarcks neue Außenpolitik

In der am 18. Januar von Bismarck verlesenen Kaiserproklamation war erklärt, daß der neue deutsche Kaiser ein »Mehrer des Reiches« sein wollte, nicht an kriegerischen Eroberungen, sondern an den Gütern und Gaben des Friedens. So war einem Prädikate des alten römischen Kaisertums deutscher Nation hier eine neue Deutung gegeben. Bismarck meinte dies Bekenntnis genau so, wie es gemacht war. Nach seiner Auffassung war Deutschland nunmehr saturiert. Er wünschte das von ihm geschaffene neue Reich zu verteidigen in seinem Besitzstande, aber nicht zu vergrößern. Die Deutschen in Österreich, besonders in Böhmen, entwickelten bald eine neue großdeutsche, dem Reiche und dem Fürsten Bismarck bewundernd zustrebende Bewegung – Bismarck empfand dafür nur Ablehnung; er war der Meinung, daß die österreichischen Deutschen in der Doppelmonarchie bleiben und sie durch ihre Arbeit aufrechterhalten sollten. Bismarck hat es schroff abgelehnt, die deutsch-russischen Beziehungen durch Förderung des baltischen Deutschtums zu gefährden. Er hat die in Belgien, in der

Schweiz, auf dem Balkan und sonstwo lebenden Deutschen völlig ihren zuständigen Regierungen überlassen. Lediglich koloniale Schutzgebiete hat er nach 1871 noch erworben, als sich die Gelegenheit bot, ohne große Begeisterung und geleitet von der Überzeugung, daß die europäischen Lebensbedingungen seines Reiches dadurch nicht verändert werden durften. Bismarcks Außenpolitik hatte bis zum Deutsch-Französischen Kriege revolutionäre Mittel nicht verschmäht, sie trug einen vorwärtsdrängenden dynamischen Charakter. Jetzt wurde sie statisch. Sie widmete sich der Verteidigung des geschaffenen Werkes. Elastisch blieb sie trotzdem, innerhalb der gegebenen Möglichkeiten. Die jahrelange Geschäftsfreundschaft mit Frankreich konnte nun in keiner Weise mehr fortgesetzt werden. Hier war der Angelpunkt. Frankreich allein war dem Deutschen Reiche nicht mehr gewachsen, es mußte sich also nach Verbündeten umschauen – Bismarck bemühte sich, diese Versuche zu hintertreiben und Frankreichs Isolation zu verewigen. Nach wie vor blieb die Freundschaft mit Rußland der Pol der Bismarckschen Bündnispolitik. 1873 wurde die Petersburger Militärkonvention zwischen beiden Staaten geschlossen, die im Falle eines Angriffs wechselseitige Hilfe vorsah. Österreich-Ungarn näherte sich gerne den beiden anderen konservativen Kaisermächten, es fanden Monarchenbesuche statt; durch die Schönbrunner Konvention (1873) verpflichteten sich Rußland und die Donaumonarchie zu gemeinsamer politischer Arbeit, das Deutsche Reich trat dieser Verabredung bei. Es bestanden also ein näheres deutsch-russisches und ein loseres Drei-Kaiser-Verhältnis. Italien suchte bald Anschluß; da es aber als einzige Großmacht damals nahe Beziehungen zu dem geschlagenen Frankreich unterhielt, so witterte Bismarck gelegentlich der italienisch-österreichischen Annäherung das Wiederaufleben des katholischen Dreibundes, den Napoleon III. geplant hatte – die unerfreuliche kleine Einkreisung: Frankreich, Italien und Österreich. Sie schien ihm während des Kulturkampfes auch päpstlichen Interessen zu dienen. Frankreichs schnelles Wiederaufblühen erweckte in deutschen Militärkreisen Unbehagen, der Friede von Frankfurt wurde als zu milde bemängelt, ein neuer Krieg mit dem Ziele rücksichtsloserer Niederkämpfung empfohlen. Bismarck half wahrscheinlich selbst dazu, diese Machenschaften durch öffentliche Erörterung zu zersprengen. Die »Krieg-in-Sicht«-Krise 1875, genannt nach einem berühmt gewordenen alarmierenden Zeitungsartikel, brachte aber doch auch dem Reichskanzler selbst Überraschungen. Das scheinbar oder wirklich bedrohte Frankreich erfreute sich der lebhaften Unterstützung sowohl Großbritanniens wie Rußlands; zum ersten Male wieder seit der Revolution von 1848/49 zeigte sich die Möglichkeit des Zusammenwirkens der drei Großmächte Frankreich, Rußland und England – die große Einkreisung von 1914 kündigte sich leise an. Der Spuk verflog rasch; Bismarck lernte aber zweierlei aus der Krise. Rußland war nicht zuverlässig, Bismarck hatte mit Rußland ernste Worte sprechen müssen. Die wieder ausgeflickte Freundschaft hielt noch eine Zeit, gewiß – aber Rußland wandte sich jetzt von Asien nach dem nahen Orient zurück, und die Wiederaufnahme einer vorstoßenden russischen Balkanpolitik erschütterte die russisch-österreichische Annäherung und damit das Drei-Kaiser-Verhältnis. Weiter: Bismarck sah, daß er sich Großbritannien nähern mußte, um das Wiederaufleben der Entente cordiale zu verhindern. Seit dem Dezember 1875 beginnen die Eröffnungen Bismarcks an die englische Adresse, deren Zweck es war, den englisch-russischen Gegensatz in Asien und im Orient auszunutzen sowie England vor einer möglichen französisch-russischen Zusammenarbeit zu warnen. Großbritannien verhielt sich den Bismarckschen Eröffnungen gegenüber mit höflicher Zurückhaltung. Die einzig für England wirklich gefährliche Bündniskombination, der kontinentale Dreibund Frankreich-Deutschland-Rußland, schien damals außer dem Bereich der politischen Möglichkeiten zu liegen; die deutsch-französische Spannung hatte alle Aussicht, noch lange zu dauern. England war zufrieden, wenn sie sich als eine Art Garantie für das europäische Gleichgewicht auswirkte. Die konservative Haltung der Bismarckschen Außenpolitik gegenüber allen kleineren europäischen Nachbarn erweckte aber Sympathien in England.

Der Berliner Kongreß. Bündnis mit Österreich-Ungarn

Der 1875 ausbrechende Aufstand in der Herzegowina, die darauffolgenden Unruhen in Bosnien leiteten die neue Orientkrise ein. Auch die Bulgaren erhoben sich gegen die Türken, die Lage der Balkanchristen bedurfte dringend der Neuregelung. Bismarck versuchte die drei Kaisermächte zur Vermittlung einzusetzen, auch Frankreich und Italien waren zur Mitarbeit bereit. Da eröffneten Serbien und Montenegro den Krieg gegen die Türkei, nun griff auch Rußland ein. In einem geheimen Abkommen zwischen Rußland und der Donaumonarchie wurde für Rußland der Erwerb von Bessarabien und einem Teile von Armenien, für Österreich die Übernahme von Bosnien und der Herzegowina vorgesehen. Rußland gönnte aber Österreich dies Zugeständnis nicht, es hätte sich am liebsten gleich mit der Waffe gegen Österreich gewandt, Bismarck machte aber dem Zaren begreiflich, daß dem Deutschen Reiche die Vernichtung der Donaumonarchie als Großmacht unerwünscht wäre. Damit war eine bedeutsame Wendung eingetreten. Die großen kriegerischen Erfolge Rußlands auf dem Balkan führten zum Vorfrieden von San Stefano, der eine internationale Krise zur Folge hatte. England drohte, gegen Rußland aktiv einzugreifen, die Schlichtung gelang unter Bismarcks Führung auf dem Berliner Kongreß 1878. Rußland und seine Balkanschützlinge mußten sich mit einem viel bescheideneren Siegespreise abfinden. Österreich-Ungarn erhielt das Recht, die Herzegowina und Bosnien zu besetzen und zu verwalten. Kaiser Franz Joseph hatte seinerzeit die italienische Stellung des Kaiserstaates geopfert, um die deutsche Stellung zu erhalten. Nun erhielt er eine Genugtuung für die verlorene deutsche Stellung in dieser Machterweiterung auf dem Balkan, die große alte österreichische Zielsetzungen zu vollenden schien. Die Zahl der slawischen Völker in dem Gebiet der Doppelmonarchie vermehrte sich aber durch diesen Zuwachs erheblich, die inneren Spannungen mußten zunehmen. Dazu trat der Gegensatz zu Rußland, das sich die Rolle des Beschützers aller Slawen anmaßte und auch das Königreich Rumänien gegenüber der siebenbürgischen Nachbarschaft rumänischen Volkstums förderte. Ohne Bismarck wäre dieser große Landgewinn Österreichs nicht möglich

gewesen – die Balkankrise endete also mit betonter deutsch-österreichischer Freundschaft, aber mit einer Entfremdung zwischen dem Deutschen Reich und Rußland. Bismarcks »ehrliches Maklertum« auf dem Berliner Kongreß wurde von Rußland als Verrat und Falschheit aufgefaßt. Die nahe deutsch-österreichische Zusammenarbeit wirkte sich schon bei der vertragsmäßigen Aufhebung des Artikels V des Prager Friedens aus (1878); damit fiel die Abstimmung in Nordschleswig, Dänemark wurde nicht befragt und erhob in seiner Schwäche auch keine Einsprache. Bismarcks beherrschender Gedanke war, alle zwischen Deutschland und Österreich schwebenden Streitpunkte möglichst aus der Welt zu schaffen und so ein Dauerbündnis vorzubereiten, das er sich sogar dachte als einen Teil der Gesetzgebung der beiden Reiche. So lebten auch hier fruchtbare Gedanken der Paulskirche wieder auf.
Stark war der Widerstand des alten Kaisers, der auf keinen Fall in einen Konflikt mit Rußland hineingezogen werden wollte. Er rechnete noch immer mit dem Rußland der Freiheitskriege; Bismarck kannte das neue Rußland der allslawischen Ideologie, der bourgeoisen Expansionssucht und der revolutionären terroristischen Massenbewegung besser. Er wünschte durchaus keinen Konflikt, war aber der Meinung, daß nur

"DOCTOR BISMARCK."

Karikatur aus dem englischen *Punch* auf »Doctor Bismarck«

die loyale Zusammenarbeit mit dem gefährdeten Österreich einen solchen Konflikt hinausschieben oder gar ausschließen würde. So setzte denn der Reichskanzler gegen den zähen Widerstand Kaiser Wilhelms I. den deutschen Bündnisvertrag mit Österreich-Ungarn von 1879 durch; die beiden Großmächte verpflichteten sich danach, sich im Falle eines russischen Angriffs mit voller Kriegsmacht beizustehen; im Falle des Angriffs seitens einer anderen Macht sollte wohlwollende Neutralität bewahrt werden; nur wenn Rußlands Rüstungen bedrohlich werden sollten, wäre diese Verabredung als Warnung dem Zaren mitzuteilen. Ein großes Ziel war durch dieses deutsch-österreichische Bündnis erreicht. Der Verlust Schlesiens, die Erinnerung an Olmütz und Königgrätz schienen überwunden, die Ablehnung der Frankfurter Kaiserkrone 1849, die Annexionen von 1866 durften jetzt vergessen werden. Der Steinsche Gedanke von der norddeutschen und der süddeutschen Kaiserkrone hatte sich gewandelt, aber doch in gewissem Sinne verwirklicht – Mitteleuropa war geneigt, zwar nicht wie es Schwarzenberg vorgeschwebt hatte; aber Bismarck hatte jetzt mehr Verständnis für Österreich gezeigt, als je ein Österreicher für Preußen. Wie die Reichsgründung, so war auch die mitteleuropäische Einigung von der dynastischen Autorität aus erfolgt. Die Frage erhob sich, ob sie demokratisch durchzuorganisieren war.

Der Ausbau des Reiches. Der zweite Kulturkampf

Das Deutsche Reich umfaßte weder alle deutschsprechenden Einwohner Europas, noch fühlten sich alle seine Staatsbürger als Deutsche. Bezeichnend ist der Antrag der polnischen Abgeordneten im ersten deutschen Reichstag, die polnisch sprechenden Landesteile nicht in das Reich aufzunehmen – sie hatten ja weder zu dem alten Reich noch zum Deutschen Bund gehört. Der Antrag fiel; zu den protestierenden Polen gesellten sich dann die dänischen Vertreter von Nordschleswig, später die Abgeordneten des Reichslandes Elsaß-Lothringen. Die Welfen, an sich gute Deutsche, so gut wie irgendsonst wer, beharrten auf ihrer hannoverschen Reichsfeindschaft. Eine Versöhnung mit dem hannoverschen Königshaus kam noch lange nicht zustande, die Erträgnisse des beschlagnahmten königlichen Vermögens von 48 Millionen Mark, des sogenannten Welfenfonds, speisten die halbamtliche Pressearbeit der Bismarckschen Politik; sie halfen auch in anderen delikaten Angelegenheiten aus. Regelmäßige Zuwendungen aus dem Welfenfonds erhielt der stets geldbedürftige König Ludwig II. von Bayern, der auf diese wenig rühmliche Weise der Reichspolitik verpflichtet wurde. Hinter der glänzenden Außenseite des neuen Reiches verbargen sich also Stimmungen und Zwiste, die einer gedeihlichen Fortentwicklung gefährlich werden konnten. Die stärkste Partei im Reichstag blieb jahrelang die nationalliberale Partei, sie vertrat mit besonderem Nachdruck den Reichsgedanken und die Notwendigkeit des Reichsausbaus. Die Freikonservativen nannten sich jetzt Deutsche Reichspartei, sie zeigten sich jederzeit zu tatkräftiger Mitarbeit bereit; die Fortschrittspartei war immer noch stark genug, um bei Reformfragen mehr demokratischer Richtung den Nationalliberalen behilflich zu sein. Weder die konservative noch die klerikale noch die sozialistische Opposition kam dagegen auf. Das Übergewicht der bürgerlich-reichspatriotischen Parteien wirkte sich aus bei der Durchführung der Reichsgesetzgebung im Strafrecht, in der Prozeßordnung, in der Konkursordnung, im Gerichtsverfassungsgesetz. Ein bürgerliches Gesetzbuch für das gesamte Reichsgebiet wurde in Angriff genommen. Weitere Gesetze über die Einführung der Goldwährung und das einheitliche Münzwesen, über die Presse, über das Patentwesen folgten. Die herrschende Richtung war unitarisch und zeigte sich erfüllt vom westlichen Rechtsstaatsgedanken. Als sie sich an den Aufbau eines Reichssteuerwesens machte, stieß sie auf Schwierigkeiten – der Widerstand der Einzelstaaten und der Feudalklasse setzte sofort scharf ein. Bismarck wünschte sich Reichseisenbahnen, mußte sich aber dann mit der preußisch-hessischen Eisenbahngemeinschaft begnügen. Die Opposition gegen Bismarck seitens der Konservativen bekam durch den unerfreulichen Arnim-Skandal persönliche Schärfe. Graf Harry Arnim war ein eitler, vielgeschäftiger und ehrgeiziger Diplomat, der sich nicht zu schlecht für die Nachfolge des Fürsten-Reichskanzlers selbst dünkte. Der hochbegabte Mann verfügte über die besten höfischen Beziehungen und stand auch den französischen Monarchisten nahe. Bismarck war von jeher ein empfindlicher Vorgesetzter – geradezu unbarmherzig konnte er werden, wenn jemand ihn dienstlich beerben wollte. Er vernichtete Arnim – der unglückliche und verblendete Graf verstrickte sich in allerlei Inkorrektheiten, die ihm als Urkundenunterschlagung, Untreue, Landesverrat ausgelegt wurden – er flüchtete ins Ausland, wurde zu Zuchthaus verurteilt und starb in freiwilliger Verbannung. Die Hofgesellschaft verzieh Bismarck nie dieses brutale Vorgehen gegen einen Mann, der leichtsinnig gewesen sein mag, aber alles andere als ein Verbrecher. Die Rache folgte. Hofleute, Junker, antiliberale Orthodoxe, Antisemiten verbündeten sich und versuchten Bismarck als einen Helfer des Börsenspekulantentums und der liberalen Zersetzung zu verdächtigen. Bismarcks jüdischer Bankier, der in den Adelsstand erhobene Gerson Bleichröder, war einer der erfolgreichsten, aber auch einer der zuverlässigsten und intelligentesten Führer des damaligen deutschen Wirtschaftslebens. Durch seine zahlreichen Verbindungen, in erster Linie mit dem Hause Rothschild, vermochte er seinem Meister, dem Fürsten Bismarck, und dem Deutschen Reich wesentliche Dienste zu leisten. Bismarcks Privatvermögen hat Bleichröder nach den Gepflogenheiten der Epoche mustergültig verwaltet und ist auch an der Börse den Plänen des Reichskanzlers hilfreich gewesen. Die Verbindung Bismarcks mit Bleichröder war reinlich und gereichte beiden Männern zur Ehre – das hinderte die Neider und Intriganten nicht, Bismarck als den Nutznießer einer sogenannten Ära Bleichröder hinzustellen, wodurch denn auf nichts weniger als auf seinen Rücktritt hingezielt war. Die üblen Angriffe in Presseorganen auf Bismarck fanden die ausdrückliche Billigung einer großen Gruppe von Standesgenossen Bismarcks, mit denen er nun persönlich brechen mußte. Diese traurigen Vorgänge standen in nahem Zusammenhang mit der sogenannten Gründerkrise.

Der Milliardensegen, der von Frankreich hereinströmte, ermutigte ein neues Unternehmertum hochkapitalistischer Art, die sogenannten Finanzierungsbanken, deren geschäftliche Raffgier aber nicht durch die bei den alten Privatbanken übliche Zuverlässigkeit ausgeglichen wurde. Die Ausweitung der deutschen Wirtschaft, der Glanz der politischen und militärischen Erfolge verblendeten das Publikum. Viele Sparer, viele Angehörige der oberen Klassen mit zusammenschmelzendem Vermögen älterer Herkunft sahen sich, ohne Erfahrung mit den neuen Geschäftsformen, in den Strudel gerissen. Das Ergebnis war ein ganz Österreich und Deutschland erfassender Krach. Der Nationalliberale Eduard Lasker deckte in einer berühmten Rede die peinlichen Verbindungen bekannter Aristokraten und hoher Beamter mit faulen Unternehmungen auf. Nicht die kapitalistische Betätigung als solche, sondern der Schwindel, die Bestechung, die Schiebung in zahllosen Einzelfällen war das Ziel des vollbewiesenen durchschlagenden Angriffs. Seit Jahren spielte ja Eduard Lasker eine führende Rolle im deutschen öffentlichen Leben – eine Aristides-Natur an persönlicher Lauterkeit, ausgezeichnet durch scharfen Verstand und schriftstellerische Begabung.

Solche Vorgänge mußten die Regierungsgeschäfte sehr erschweren. Die neue Kreisordnung, die das Junkerregiment auf dem Lande brechen sollte, konnte nur mittels eines Pairsschubs im Preußischen Herrenhaus durchgesetzt werden. Der Landadel sah sich von Bismarck dem modernen Rechtsstaat ausgeliefert, er wollte das nicht verzeihen. Die neue preußische Provinzialordnung schritt auf dem eingeschlagenen Weg weiter. Das Alt-Preußentum gab aber darum den Kampf nicht auf. Der Kriegsminister Graf Albrecht von Roon, Bismarcks grimmiger alter Freund, der zeitweise das preußische Ministerpräsidium führte, war der eindrucksvollste Vertreter dieser theokratisch-monarchischen, antiparlamentarischen Haltung. Roon zerfiel mit Bismarck und verschwand verbittert, aber das eisenstirnige Junkertum überlebte ihn. Bedeutungsvoll wurde dann der Konflikt des preußischen Staates mit der katholischen Kirche, der zweite Kulturkampf. Die Verkündigung des päpstlichen Unfehlbarkeitsdogmas auf dem Vatikanischen Konzil in Rom 1870 hatte in Deutschland die Entstehung der sogenannten altkatholischen Bewegung zur Folge. 1873 bildeten die Altkatholiken eine eigene bischöfliche Kirche, die deutschen Regierungen erkannten sie an, mit Ausnahme der bayerischen, die durch ihr eigenes Konkordat gebunden war. Die römisch-katholischen Stellen gingen gegen die Altkatholiken vor, der preußische Staat schützte diese Bewegung – der Konflikt war da. Das Zentrum nahm den Handschuh auf, der natürliche großdeutsch-ultramontane Gegensatz zur Bismarckschen Reichsgründung ließ den Kampf ins Grundsätzliche der Staats- und Geschichtsauffassung anwachsen. Der bürgerliche, reichspatriotische Liberalismus focht ihn mit einer gewissen Freudigkeit durch, Überzeugung stand gegen Überzeugung. Der Widerwille gegen alles Jesuitische war von jeher groß im protestantischen Deutschland. Da auch die Schule in den Streit hineingezogen wurde, so verbitterte sich die Stimmung durch das Gefühl, man habe um das Heil und die Bildung der kommenden Generation zu streiten. Für Bismarck handelte es sich vor allem um die Staatsautorität – seine preußischen Maigesetze (erlassen im Mai 1873, 1874, 1875) beanspruchten die Ausbildung der katholischen Geistlichen auf staatlichen Anstalten sowie ihre Unterstellung unter die staatliche Gerichtsbarkeit. Der Widerstand des Klerus führte zu Gehaltsbeschlagnahmungen und zur Verhaftung sowie Amtsentsetzung mehrerer Bischöfe. Die Einführung der Zivilehe erfuhr auch den Widerspruch der protestantischen Orthodoxen, sie stellten sich mehr und mehr auf die Seite der verfolgten Katholiken. Der Kampf verschärfte sich mehr und mehr, alle geistlichen Orden wurden schließlich aufgehoben.

Der Papst griff persönlich in den Streit ein, Kaiser Wilhelm I. antwortete ihm würdevoll als Souverän und evangelischer Christ. War nicht der weltgeschichtliche Kampf des Mittelalters neu entbrannt? Bismarck erklärte, er werde nicht »nach Canossa« gehen – er tat es dann doch, aber es war kein Erfolg wie seinerzeit im Falle Kaiser Heinrichs IV. Die verjüngte katholische Weltkirche war nicht zu besiegen. Bismarck mußte sich entschließen, den Ausgleich zu suchen. Für die Schärfen des Konfliktes hat er später die Nationalliberalen verantwortlich gemacht, besonders den tapferen Kultusminister Dr. Adalbert Falk. In Wirklichkeit ist der Streit gerade von Bismarck ins Grundsätzliche gesteigert worden; er wandte seine außenpolitischen Methoden auf seine Beziehungen zu politischen Parteien an, und das konnte nur mit dem Bürgerkrieg oder mit der Niederlage der Staatsautorität enden.

Ruck nach rechts. Der Schutzzoll

Aus der Erfahrung des Kulturkampfes erwuchs die erste Verstimmung Bismarcks gegenüber den Nationalliberalen – er nahm ihnen übel, daß sie mit solchem Nachdruck, aber erfolglos für ihn eingetreten waren. Andere Momente verbanden sich damit und brachten den entscheidenden Umschwung in der deutschen Innenpolitik hervor. Die Wirtschaftslage des Reiches war nicht gut, der Hauptgrund dafür lag freilich in der internationalen Depression, die von Deutschland aus allein nicht zu heilen war. Gegenüber der Großräumigkeit der entstehenden Weltmächte und ihrer imperialistischen Kräftezusammenballung befand sich das Deutsche Reich, eben erst auf eine neue Stufe seiner Entwicklung gelangt, doch wieder in der Hinterhand. Die Industrialisierung Deutschlands entwickelte sich schnell, die Stahl- und Eisenindustrie insbesondere fühlte sich als die Werkstatt des militärgewaltigen Reiches, dessen Bestand offenbar von seiner Rüstung abhing. »Blut und Eisen«, aber noch mehr Eisen und Kohle hatten das Bismarcksche Reich gemacht. Der Verein deutscher Stahl- und Eisenindustrieller verlangte zuerst 1875 Schutzzölle. Es klang ja recht überzeugend, wenn die Wirtschaftsnot von diesen Kreisen einfach auf das Freihandelssystem und die liberale Gesetzgebung zurückgeführt wurde. Wurde das Reich nicht von englischen und elsässischen Manufakturen, von osteuropäischen Agrarerzeugnissen überschwemmt? Für Bismarck waren zwei Gesichtspunkte maßgebend. Er brauchte die Sicherheit für den Militäretat – nur mit Schwierigkeiten waren die Rüstungen für eine Periode von sieben Jahren, also bis 1881, vom Reichstage bewilligt worden. Er wünschte zweitens die finanzielle Unabhängigkeit des Reiches von den Einzelstaaten. Beide Ziele lagen durchaus in der Richtung der Nationalliberalen Partei. Als Bismarck 1877 dem Führer der Nationalliberalen das preußische Ministerium des Innern anbot, erhob Rudolf v. Bennigsen Gegenforderungen. Er verlangte noch zwei weitere Ministerposten für seine Parteifreunde. Bismarck wurde stutzig. Die Nationalliberalen waren unitarisch, sie wünschten die Fortentwicklung der Reichsverfassung. Der Reichskanzler befürchtete, auf einen Weg zu geraten, der zum Parlamentarismus im Reiche führte. Er wies eine solche Möglichkeit nicht nur persönlich scharf zurück – er mußte auch mit dem Wi-

Schlesischer Großgrundbesitzer (Photographie um 1865)

derstand des Kaisers, der Dynastien, der Höfe des einzelstaatlichen Partikularismus rechnen. Die herrschende Junkerklasse in Preußen war dem allgemeinen Wahlrecht und der liberalen Gesetzgebung bitter feind, Bismarck konnte eine Verschärfung dieser Gegensätze schon aus außenpolitischen Gründen nicht wünschen. Wiederum also wandte sich Deutschland von der demokratischen Entwicklungsmöglichkeit ab. Eben jetzt hatte sich die Deutsch-Konservative Partei gebildet – die preußischen Konservativen zeigten sich also endlich bereit, das Reich hinzunehmen und positiv mitzuarbeiten, unter ihren agrarpolitischen Bedingungen natürlich. Es gab genug konservative Elemente auch im Zentrum, dessen Stärke ja darin lag, daß es alle bürgerlichen Parteirichtungen wie im Auszuge in sich vereinigte. Bismarck sah also eine neue Gruppierung vor sich, auf die er sich im Reichstage stützen konnte. Klassengeschichtlich vollzog sich hier das Bündnis von Junkerkaste, Schwerindustrie, kirchlich gesinntem Geld- und Titelpatriziat und allen Mittelständlern, für die der Liberalismus eine böse Form von Plutokratie bedeutete. Bismarck erlebte aber nun die Überraschung, daß seine Steuerreformpläne durch die Schutzzollbewegung überrannt und erstickt wurden. Er dachte sich seine Finanzzölle, besonders das Tabakmonopol, als Stütze der Reichsgewalt; die Interessengruppen stellten aber ihre eigene Wirtschaftssicherung über alle anderen allgemeinen Gesichtspunkte. Nun erschienen auch die Agrarier mit Schutzzollforderungen. Wäre nur die Industrie damals geschützt worden, dann hätte sich das technisch und organisatorisch überalterte System der Rittergutswirtschaft in Ostdeutschland auf keinen Fall mehr halten können – auf diesem System aber beruhte die Existenz der Junkerklasse in Preußen, von daher wurde das Reich tatsächlich regiert. Bismarck war persönlich mit den meisten seiner Standesgenossen zerfallen, sein sozialer und politischer Instinkt half aber unwillkürlich doch der Kaste, aus der er stammte. So fügte sich denn Persönliches und Sachliches zusammen. Der Umschwung vollzog sich. Die Wendung zum maßvollen Schutzzoll brachte die Bildung einer neuen sozial-aristokratischen Herrschaftsklasse in Deutschland hervor – das Agrariertum, die Rüstungsinteressenten, der Klerikalismus, die Autorität der Krone verbündeten sich gegen Liberalismus und Demokratie, gegen Parlamentarismus und Rechtsidee, hinter denen nach der amtlichen Auffassung der internationale Pazifismus und der sozialistische Umsturz lauerten. Geopfert wurde bei dieser Umkehr Bismarcks gerade das, worauf es ihm ursprünglich angekommen war – die unitarische Entwicklung des Reiches. Das Zentrum war durchaus föderalistisch, das heißt partikularistisch, die berühmte Klausel seines Führers Freiherrn Georg von Franckenstein (1879) sah die Rückerstattung der überschüssigen Zollerträgnisse an die Einzelstaaten vor – damit sich das Reich nur ja nicht finanziell auf eigene Füße stellen sollte. Anti-unitarisch wirkte auch der zunehmende bayerische Einfluß. Für die treueste reichspatriotische Partei, die Nationalliberalen, bedeutete die große Wendung einen Schlag, von dem sie sich nie mehr völlig erholten. Der linke Flügel brach mit Bismarck, er bildete eine neue liberale Gruppe unter der Führung Eduard Laskers († 1884) und Ludwig Bambergers, die sogenannte Sezession. Die Zusammenfügung aller liberalen Splitter zu einer neuen großen, starken Partei ist von weitsichtigen Führern wohl erhofft, aber nie verwirklicht worden. Der Liberalismus verlor mehr und mehr seine revolutionäre Dynamik, er mußte sich begnügen mit der Rolle des kritischen, ausgleichenden Vermittlers zwischen den neukonservativen Kräften von rechts und den antikapitalistischen Kräften von links.

Sozialistengesetz und Sozialreform. Antisemitismus

Die Sozialdemokratie befand sich in ständiger Zunahme; seit dem Gothaer Kongreß 1875 führte die kommunistisch-internationale Richtung unbestritten, wenn auch die gesetzlichen Mittel betont wurden, durch die man die Ziele erreichen wollte. Scharfe und gehässige Kritik an allen patriotischen Überzeugungen und nationalen Einrichtungen, besonders aber die Verhöhnung religiöser Glaubensdinge, erweiterten die Kluft zwischen sozialistischer Arbeiterschaft und dem Bürgertum, auch den Teilen des unteren Mittelstandes, die wirtschaftlich und soziologisch eher zum Proletariat gehörten als zu irgendeiner anderen Schicht. Behörden und Gerichte gingen gelegentlich gegen die Arbeitervereine vor. 1878 fanden zwei Attentate auf den alten Kaiser statt, das zweite erfolgreich; wenn auch keinerlei Verbindung mit der Sozialdemokratie nachweisbar war, so schien sich doch in den Augen des Bürgertums der sozialistisch-kommunistische Umsturz durch solche Untaten gefährlich vorzubereiten. Bismarck benutzte die Volkserregung, um in einem neugewählten Reichstage das Sozialistengesetz durchzubringen. Es bestand, wiederholt verlängert, bis 1890. Verboten waren Vereine, Versammlungen, Druckschriften sozialdemokratischer, sozialistischer oder kommunistischer Richtung; verdächtige Personen konnten ausgewiesen, die Verbreitung von Druckschriften unterdrückt, das Tragen von Waffen verhindert werden. Eine böse Zeit der Verfolgung begann. Die Sozialdemokratie lebte illegal weiter, von Jahr zu Jahr verschärfte sich der Kampf, im Auslande fanden die Kongresse statt und redeten eine verwegene Sprache. Wiederholt wurde der kleine Belagerungszustand verhängt. Zahlreiche politische Prozesse zeigten die Lebensfähigkeit der Partei. Ihr Martyrium erweckte Teilnahme, das plumpe Vorgehen des reaktionären Staatsapparates machte das Bismarcksche System im Auslande nicht eben angesehener oder gar beliebter. Bismarcks erste Niederlage war der Kulturkampf gewesen. Nun vollzog sich die zweite.

Konnten sich Arbeitnehmer und Arbeitgeber nicht versöhnen? Schon in den vierziger Jahren zeigten konservative Staatsreformer mehr Verständnis dafür als die meisten Liberalen. Der »Verein für Sozialpolitik« wirkte seit 1872 segensreich für eine tiefere, sozial-ethisch betonte Auffassung des Wirtschaftsproblems. Unter den jüngeren Vertretern der Nationalökonomie ragten Gustav Schmoller und Lujo Brentano hervor – der erste der feine Beobachter, kluge Organisator und akademische Diplomat; der zweite der unermüdliche Bekenner, der feurige Redner, der begeisterte und begeisternde Reformer. Unter kundigem Hinweis auf englische Vorgänge wirkten diese Professoren für eine geschichtlich geschulte, politisch gerechte, menschlich anständige Behandlung der Probleme der Einzelwirtschaft. War es nicht möglich, durch rechtzeitige Reformmaßnahmen eine ausgeglichene Gemeinwirtschaft friedlich-humanitären Charakters zu schaffen, die das Profitinteresse des Unternehmertums mit dem Lebensrechte des Arbeiters zu versöhnen imstande wäre? Schon 1871 trat das erste sozialpolitische Gesetz in Kraft, das Haftpflichtgesetz für Unfälle. Hilfskassen wurden 1876 obligatorisch. Bismarck ergriff nun diesen Zeitgedanken und schuf als einen Ausgleich der Sozialistenverfolgung die großartige sozialpolitische Gesetzgebung – zuerst das Krankenversicherungs- und Unfallversicherungsgesetz. Weitere Arbeiter-

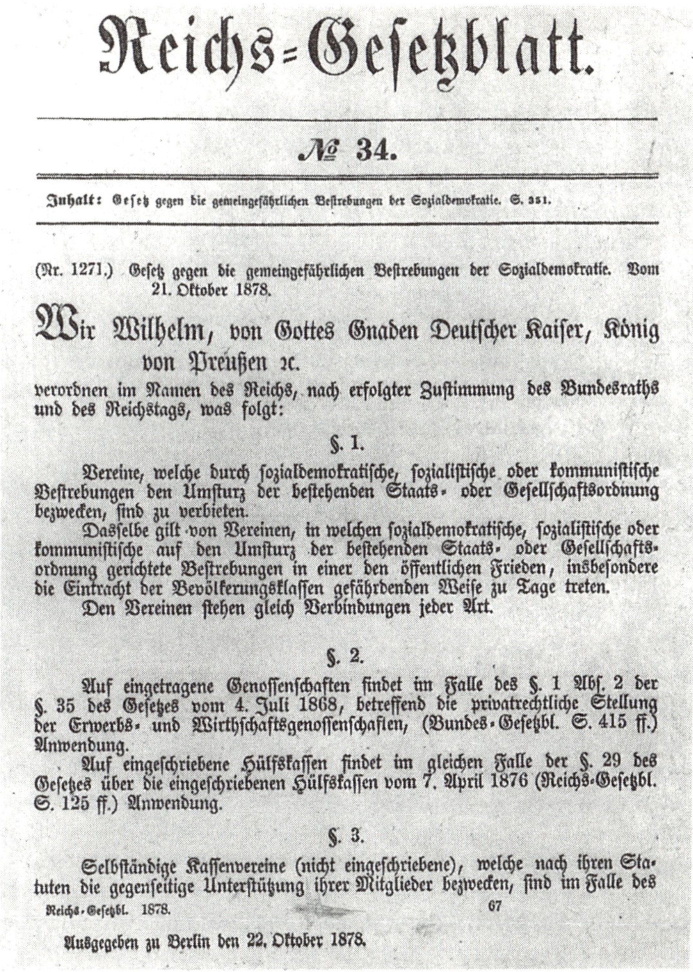

Reichs-Gesetzblatt.

№ 34.

Inhalt: Gesetz gegen die gemeingefährlichen Bestrebungen der Sozialdemokratie. S. 351.

(Nr. 1271.) Gesetz gegen die gemeingefährlichen Bestrebungen der Sozialdemokratie. Vom 21. Oktober 1878.

Wir Wilhelm, von Gottes Gnaden Deutscher Kaiser, König von Preußen rc.

verordnen im Namen des Reichs, nach erfolgter Zustimmung des Bundesraths und des Reichstags, was folgt:

§. 1.

Vereine, welche durch sozialdemokratische, sozialistische oder kommunistische Bestrebungen den Umsturz der bestehenden Staats- oder Gesellschaftsordnung bezwecken, sind zu verbieten.

Dasselbe gilt von Vereinen, in welchen sozialdemokratische, sozialistische oder kommunistische auf den Umsturz der bestehenden Staats- oder Gesellschaftsordnung gerichtete Bestrebungen in einer den öffentlichen Frieden, insbesondere die Eintracht der Bevölkerungsklassen gefährdenden Weise zu Tage treten.

Den Vereinen stehen gleich Verbindungen jeder Art.

§. 2.

Auf eingetragene Genossenschaften findet im Falle des §. 1 Abs. 2 der §. 35 des Gesetzes vom 4. Juli 1868, betreffend die privatrechtliche Stellung der Erwerbs- und Wirthschaftsgenossenschaften, (Bundes-Gesetzbl. S. 415 ff.) Anwendung.

Auf eingeschriebene Hülfskassen findet im gleichen Falle der §. 29 des Gesetzes über die eingeschriebenen Hülfskassen vom 7. April 1876 (Reichs-Gesetzbl. S. 125 ff.) Anwendung.

§. 3.

Selbständige Kassenvereine (nicht eingeschriebene), welche nach ihren Statuten die gegenseitige Unterstützung ihrer Mitglieder bezwecken, sind im Falle des

Reichs-Gesetzbl. 1878. 67

Ausgegeben zu Berlin den 22. Oktober 1878.

Bismarcks Versuch, die Arbeiterbewegung mundtot zu machen: das Sozialistengesetz

schutzgesetze regelten die Sonntagsruhe und beschränkten die Frauen- und Kinderarbeit. Leider kann man nicht sagen, daß diese an sich vorbildlichen und vielfach im Auslande nachgeahmten Einrichtungen die deutsche arbeitende Schicht mit dem Bismarckschen Reiche versöhnt hätten. Die Löhne blieben in Deutschland niedrig, der Aufstieg zu bürgerlicher Lebenshaltung erwies sich als immer schwerer. Die Auswanderung, die in Süddeutschland während der siebziger Jahre als Flucht vor der allgemeinen Wehrpflicht preußischen Systems scharf angezogen hatte, erreichte nun in den achtziger Jahren neue Höchstziffern. Dem vierten Stande in Deutschland war nicht mit wohlwollender Fürsorge gedient – er verlangte aussichtsreiche Lebensbedingungen und freie politische Betätigung. Das Bismarcksche Reich entwickelte sich mehr und mehr zu einem Klassenstaat; die altpreußischen Kolonialmethoden wurden nun dazu verwandt, den Gegensatz zwischen der neuen Herrenklasse und dem neuen Proletariat zu befestigen. Die politischen Kämpfe galten deshalb überwiegend der Gewinnung der hin und her fließenden innerlich zersetzten Mittelschicht, die gesinnungsmäßig oft nach links, geschäftlich-standesmäßig aber notwendig nach rechts neigte. Solange im Reiche noch das allgemeine Wahlrecht bestand – viele, auch Bismarck selbst bezeichneten seine Einführung jetzt als schweren Fehler –, so lange mußten sich auch die Ordnungsparteien um die Masse bemühen. Leicht hatte es dabei das Zentrum. Die überwiegende Zahl der frommen Katholiken folgte seiner Fahne. Bei den Konservativen erwies sich der Antisemitismus als ein wirksames Mittel, die Handwerker und Angestellten, die kleinen Ladenbesitzer und die unteren Beamten einzuspannen. Der christlich-soziale Arbeiterverein, den Hofprediger Adolf Stöcker 1878 in Berlin gründete, hoffte sogar, die Arbeiterschicht zu erfassen, und benutzte dabei geschickt das durch die antikirchliche Haltung der Sozialdemokratie hervorgerufene Mißbehagen. Eine an Bismarck gerichtete Bittschrift verlangte 1881 die Einschränkung der Einwanderung ausländischer Juden und der Beförderung von Juden zu Richtern und Lehrern. Internationale Antisemitenkongresse fanden in Deutschland 1882 und 1883 statt. 1887 erschien der erste antisemitische Abgeordnete im Reichstag. Anhänger fand der Antisemitismus vor allem in Pommern, Sachsen und Hessen. Stöcker war ein Mann von erstaunlicher zündender Redebegabung, aber ein harter und kecker Fanatiker ohne tiefere Bildung; wegen seiner Agitation mußte er das Hofpredigeramt aufgeben – Mitglied der Konservativen Partei blieb er bis 1896. Das antisemitische Programm von 1887 forderte Abgeordnete von sämtlichen Berufsständen, Ausscheidung des jüdischen Elementes aus den Schulen, Reform des Börsenwesens, soziale Neuordnung auf dem Boden der Berufskreise, Aufhebung der Gleichberechtigung und Stellung der deutschen Juden unter Fremdenrecht, Verbot der Einwanderung fremder Juden. Bismarck lehnte den politischen Antisemitismus ab, hielt seine persönlichen Beziehungen zu Juden wie zu seinem Bankier Gerson von Bleichröder tapfer aufrecht und erklärte amtlich, daß die Reichsregierung an der Gleichberechtigung aller religiösen Bekenntnisse in staatsbürgerlicher Hinsicht festhalten werde.

Das Kartell. Rückversicherungsvertrag und Werbung um England

Die achtziger Jahre brachten einen deutlichen Abstieg von Bismarcks Ansehen. Persönlich entwickelte der greise Staatsmann ergreifende Züge von Kampfbereitschaft und Herrschertrotz; ein großer Teil der Jugend wandte sich ihm zu, gefesselt von der Gewalt seiner großen Natur. Politisch gestalteten sich aber die Zwiste mit der wachsenden Reichstagsopposition immer unerfreulicher; vieles mißlang; die Empfindlichkeit Bismarcks gegenüber Kritik und Angriffen auf seine Person steigerte sich ungeheuerlich. Ein letzter Triumph war ihm beschieden, als er 1887 den Kampf um das Septennat (7-Jahres-Bewilligung) gewann. Die Opposition war durchaus nicht antimilitaristisch, sie zeigte sich bereit, alle Militärforderungen auf drei Jahre zu bewilligen. Bismarck bestand aber auf den sieben Jahren, und das sogenannte Kartell, das Bündnis der Rechtsparteien, der Konservativen, der Reichspartei und der Nationalliberalen, schlug die Gegner. Die Annäherung des Rechtsliberalismus an die Regierung und der Rückfall des Zentrums in die Opposition erweckten allerlei unitarische Hoffnungen, die sich aber nicht verwirklichen konnten, da das Kartell viel zu reaktionär gebunden war.

Auch die Bismarcksche Außenpolitik schloß mit Verwirrung und Unklarheit ab. Das Kernstück blieb bis zum Schluß nach außen hin das österreichische Bündnis. Der Beitritt Italiens ergänzte es 1882 zum Dreibund. Italien war verstimmt wegen der durch Bismarck angeregten Besetzung von Tunis durch Frankreich, es wünschte auch einen Rückhalt bei den monarchisch betonten Mächten gegenüber der steigenden republikanischen und anarchistischen Bewegung. Bismarck schätzte die militärische Schlagkraft Italiens genauso gering ein wie seine Vertragstreue im kriegerischen Ernstfall, legte aber doch auf die italienische Mitarbeit Wert, weil er die italienisch-österreichischen Gegensätze innerhalb des Bündnisses zu mildern hoffte und weil Italien das englische Interesse am Dreibund erhöhte. Auf Italiens Wunsch betonte der Vertrag ausdrücklich, daß der Dreibund nicht als gegen Großbritannien gerichtet anzusehen wäre. Italiens Kolonialprogramm, seine ganze Mittelmeerstellung konnte nur gefördert werden, wenn sich die englische Freundschaft erhielt. 1887 wurde der Dreibund in Form von vier Bündnisdokumenten erneuert. Wesentlich war, daß Italien jetzt mit Österreich dahin übereinkam, daß etwaige Veränderungen auf dem Balkan zugunsten der einen Macht Kompensationsansprüche der anderen zur Folge haben sollten. Das türkische Wilajet (Tripolis) war als nordafrikanische Zukunftseroberung für Italien vorgesehen, in einem Kriege mit Frankreich durfte Italien auf die Hilfe der beiden Mittelmächte rechnen, während Österreich in einem Kriege mit Rußland nur die wohlwollende Neutralität Italiens zu erwarten hatte.

Die Geschichte des Dreibundes ist die Geschichte des italienischen Landhungers. Italien pflegte seine Partner voranzudrängen und dadurch in Verlegenheit zu bringen. Insofern ist der Dreibund wohl die volkstümlichste, aber keineswegs die schlagkräftigste der Bismarckschen Bündniskombinationen. Das deutsch-österreichische Bündnis bestand diplomatisch neben dem Dreibund weiter, seine Aufrechterhaltung blieb im Hinblick auf Rußland das eigentliche Problem der deutschen Machtstellung. Hier erweiterte sich der Mitteleuropagedanke zu einem hegemonischen Programm. Noch zweimal gelang es Bismarck, das Drei-Kaiser-Verhältnis, wenn auch in abgeschwächter Form, zu erneuern; der Tod des Fürsten Gorschakoff, der aus einem alten Gönner Bismarcks eifersüchtiger Rivale geworden war, und die Ermordung Zar Alexanders II. öffneten dazu den Weg. Alexander III., der neue Zar, war friedliebend, er hielt im Grunde wenig von den panslawistischen Schlagworten und schätzte die Annäherung an die französische Republik gering; geistig und körperlich plump, fühlte er sich wohl bei einfachen, klaren Verhältnissen. Der schärfer werdende englisch-russische Gegensatz in Asien machte eine Entspannung auf dem Balkan empfehlenswert. So kam die Neutralitätsverpflichtung der drei Kaisermächte zustande (1881): im Falle des Krieges eines der Partner mit einer vierten Macht, einschließlich der Türkei, sollten die beiden anderen Partner wohlwollende Neutralität wahren und den Konflikt lokalisieren helfen. Diese Verabredung konnte noch einmal 1884 auf drei Jahre verlängert werden. In Bulgarien nahm damals der Fürst Alexander, ein Prinz aus der hessischen Nebenlinie Battenberg, eine scharf antirussische Haltung ein. Der Fürst, ein dunkeläugiger, schönbebarteter Herzensbrecher, war mit der Prinzessin Viktoria, der Tochter des deutschen Kronprinzenpaares, verlobt. Bismarck wollte sich nicht durch solche Bindungen in seinem Kurse beirren lassen und zog sich dadurch das weibliche Mißfallen der drei Viktorien zu, der Prinzessin selbst, ihrer Mutter, der Kronprinzessin Viktoria, und ihrer Großmutter, der Königin von England. Der Battenberger mußte schließlich dem russischen Mißfallen weichen, die Heirat zerschlug sich. Angesichts der bulgarischen Wirren und der zunehmenden russisch-österreichischen Spannung erwies sich 1887 die nochmalige Verlängerung der dreikaiserlichen Neutralitätsverpflichtung als unmöglich. Der Nachfolger des Battenbergers war Fürst Ferdinand aus einer Nebenlinie des koburgischen Fürstenhauses, der in Ungarn begütert war; er erfreute sich lauwarmer österreichischer, aber durchaus negativer russischer Teilnahme. Deutschland erkannte ihn zunächst nicht an. Eine militärische Gruppe im Reiche unter der Führung des ehrgeizigen und intriganten Grafen Alfred Waldersee verlangte damals den Zweifrontenkrieg gegen Frankreich und Rußland. Das Ziel war, den unter General Boulangers Führung aufflammenden Chauvinismus in Frankreich zu zerbrechen und Rußland niederzuwerfen, wobei man sich der wohlwollenden Neutralität Englands erfreut haben würde. Österreich verfügte über ein Geheimbündnis mit Rumänien, es hoffte auf Befestigung seiner Balkanstellung und war voll Kriegsbegeisterung. Bismarck aber lehnte die anscheinend so günstige Gelegenheit, mit den europäischen Nachbarn abzurechnen, entschieden ab. Auch der uralte Kaiser Wilhelm I. wollte keinen Präventivkrieg. So führte denn Bismarck eine Entspannung mit Frankreich herbei und schloß mit Rußland den viel umstrittenen Rückversicherungsvertrag. Danach war Rußland zur Neutralität in einem gegen Deutschland gerichteten Angriffskriege Frankreichs verpflichtet, und ebenso legte sich das Reich auf neutrale Haltung fest für den Fall, daß Österreich Rußland angreifen sollte. Erst das ganz geheime Zusatzprotokoll dieses Geheimvertrages enthüllte aber seinen tieferen Sinn: Deutschland erklärte darin seine wohlwollende Unterstützung für den Fall, daß sich der Zar veranlaßt sehen sollte, den Eingang zum Schwarzen Meer, also Konstantinopel, in Anspruch zu nehmen.

Der Rückversicherungsvertrag widersprach erstens dem Sinn nach dem deutsch-österreichischen Bündnis und wurde deshalb ja auch ängstlich vor Österreich geheimgehalten. Er widersprach zweitens, in seiner Nachwirkung, dem Mittelmeerabkommen von 1887, das unter Bismarcks Mitwirkung zustande gekommen war. England, Österreich und Italien verpflichteten sich danach zur Aufrechterhaltung des Status quo gegenüber Frankreich und gegenüber etwaigen russischen Versuchen, Konstantinopel und die Meerengen zu bedrohen. Bismarck versprach also den Russen in demselben Augenblick Konstantinopel, in dem sich seine Verbündeten Österreich und Italien der Hilfe der englischen Flotte zur Verteidigung Konstantinopels gegen die Russen versicherten! Das Ermatten und Schwanken der Außenpolitik in Bismarcks Spätzeit zeigt sich besonders deutlich in seinem Verhalten gegenüber England. Trotz englischen

Mißbehagens war es dem deutschen Unternehmungsgeist gelungen, eine Reihe von Schutzgebieten in Afrika und in der Südsee für das Reich zu sichern. Bismarck persönlich wollte nur kaufmännische Unternehmungen fördern, den Staat selbst aber und seine Vertreter möglichst draußen lassen. Dies ließ sich nun praktisch nicht durchführen. 1882 war die Gründung des Deutschen Kolonialvereins zustande gekommen, der erfolgreich Interessenten und Enthusiasten zusammenfaßte. Der Bremer Kaufmann Lüderitz gründete 1884 Niederlassungen in Südwestafrika, Carl Peters setzte sich mit Energie und ohne viel Skrupel in Ostafrika durch. Kleinere Unternehmungen folgten – Kaufleute, Forschungsreisende, Abenteurer und Imperialisten wirkten nicht immer harmonisch zusammen.

Keines der deutsche Kolonialgebiete war erster Klasse. Kolonialwirtschaftlich am wertvollsten war das kleine Togo-Gebiet an der westafrikanischen Küste. Sehr aussichtsvoll war Deutsch-Ostafrika, bescheidener dagegen, schon wegen schlechter Grenzziehung, Kamerun. Die Sandwüste von Deutsch-Südwestafrika blieb das einzige Gebiet, das Siedler weißer Rasse, wenn auch beschränkt und nur mit staatlichen Subventionen, für die Dauer aufnehmen konnte. Nach einem unerquicklichen Streite mit Spanien waren dem Reiche die Karolinen in der Südsee damals entgangen. Der Anteil auf Neu-Guinea bot erfreuliche Möglichkeiten. Das Deutsche Reich war spät erschienen auf der kolonialen Plattform. Nach Bismarcks Meinung war seine Stellung in der Europamitte auf die Dauer zu bedroht, um überseeische Unternehmungen großen Stils mit Erfolg durchführen zu können. Oder das Deutsche Reich hätte sich eben entschließen müssen, mit einer der wahrhaft großen Weltmächte einen Dauerbund einzugehen. Mit Selbstgefühl zeigte Bismarck auf der von ihm präsidierten Berliner Kongokonferenz (1884), daß die deutsche Machtgeltung auch überseeische Fragen mit entschied. Ein Konflikt mit den älteren Kolonialmächten, vor allem mit Großbritannien, wegen überseeischer Besitzinteressen erschien Bismarck aber nicht nur unerwünscht, sondern widersinnig, weil den wirklichen deutschen Lebensinteressen tief widersprechend. Die Kolonialfragen haben zeitweise zu Reibungen mit England geführt. Nichts war dem greisen Kanzler wichtiger als eine Entspannung, ja eine Annäherung. Seine alten Pläne aus der Zeit vor dem Berliner Kongresse tauchten in den letzten Jahren wiederholt auf. Jede Machtverknüpfung Deutschlands mit Rußland machte England zwar mißtrauisch, aber verhandlungsbereit. Angesichts der wachsenden Unzuverlässigkeit der Russen konnte ein Bündnis mit Großbritannien die beste Besitz- und Friedensgarantie für die Mittelmächte bedeuten. In Österreich und besonders auch in Ungarn war viel Stimmung dafür. Ob es freilich in einer wirklich bindenden Form zu erreichen war? Die innenpolitischen Sympathien spielten merkwürdig in diese große Angelegenheit hinein. Nicht dem Liberalen Gladstone, sondern dem konservativen Prime Minister Lord Salisbury machte Bismarck sein berühmtes schriftliches Bündnisangebot im November 1887. Es blieb erfolglos. Auch auf der englischen Seite schwangen alte Erinnerungen aus Bismarcks Vergangenheit mit. Bismarcks russophile Militärautokratie genoß kein Vertrauen, die Grundzüge des Rückversicherungsvertrages oder mindestens die Tatsache einer solchen Verabredung mögen über Darmstadt, den hessischen Hof, in London bekannt gewesen sein. England hielt sich jedenfalls zurück. Die Zukunft gehörte nicht mehr dem Fürsten Bismarck.

XVIII. Wilhelm II. und der imperialistische Weltkrieg

Bismarcks Mitarbeiter – Seine geschichtliche Stellung – Technisierung – Vitalismus – Rassegedanke – Das Wagnerianertum – Historismus und Naturalismus – Friedrich Nietzsche – Skandinavische und russische Einflüsse auf die deutsche Literatur – Die moderne deutsche Kunst – Der junge Kaiser – Bismarcks Entlassung – Die Gründe und die Bedeutung dieses Vorganges – Die Ära Caprivi – Fürst Chlodwig Hohenlohe-Schillingsfürst – Beginn der deutschen Weltpolitik – Deutsch-englisches Bündnis? – Bernhard v. Bülow – Die Flottenpolitik – Abkehr von England – Deutschlands weltpolitische Ziele – Der Friedensgedanke – Der neue Klassenaufbau des deutschen Industriestaates – Marxisten und Revisionisten in der Sozialdemokratie – Die Nationalsozialen – Möglichkeit der Reichsreform? – Die Macht der Wirtschaftsverbände – Landwirte und Schwerindustrie – Jugendbewegung – Opposition der geistigen Kultur – Rechtsabmarsch der Streber, Linksabmarsch der Intelligenz – Österreich-Ungarns Entwicklung – Alldeutsche und Antisemiten – Marokko – Deutsch-französischer Konflikt – Der Björkö-Vertrag – Die Annexionskrise – Bülows Sturz wegen seiner Blockpolitik – Bethmann-Hollweg als Reichskanzler – Die zweite Marokkokrise – Die Balkankriege – Entspannung zwischen Deutschland und Rußland? – Deutsch-englische Annäherungsversuche – Sarajewo – Der Kriegsausbruch – Militärische und politische Aussichten der Mittelmächte – Kriegsziele – Frage des Verständigungsfriedens und des Sonderfriedens – Rolle der Vereinigten Staaten und des Präsidenten Wilson – Deutschland und seine Verbündeten erliegen der Übermacht – Gründe und Folgen des Zusammenbruches – Die Revolution in Rußland und in Mitteleuropa

Das Scheitern Wilhelms II. beruht:
1. auf der Unfähigkeit seiner Regierung, die großen Erfolge Bismarcks fortzusetzen und seine Mißerfolge auszugleichen,
2. weil Deutschland reich, hochgebildet, ein wegen seiner Erfindungsgabe und Tatkraft viel bewundertes und beneidetes Land war, aber nach Wesen und Richtung mehr preußisch als deutsch, mehr obrigkeitlich als demokratisch, mehr autoritär als liberal, mehr klassenstolz als klassenversöhnend gewesen ist,
3. weil Deutschland versuchte, den zeitgenössischen Imperialismus mitzumachen, mit keineswegs durchaus unvernünftigen Zielen, aber mit wenig Geschick und mit – trotz allen Kraftaufwandes – unzureichenden Reserven. Deutschland besaß nur Verbündete, die schwächer waren als es selbst, sie bedeuteten deshalb mehr Belastung als Stütze. Unter den wahren, kraftvollen, modernen Weltmächten gewann Deutschland keinen Freund, ja es machte sich eine Macht nach der anderen zur Todfeindin. So sah es im Ersten Weltkrieg eine moralische und materielle Übermacht vor sich, der es nicht gewachsen war. Es gab da nur die militärische Niederlage.

Die gewaltige Gestalt des alten Fürsten Bismarck ragte schützend und drohend über seinem Werke, dem Deutschen Reiche, auf. Bismarck verlangte, daß dieser sein Staat bismarckisch und nichts anderes sein sollte. Parteien und Zeitungen, die ihm widersprachen, erfuhren das Schicksal, als reichsfeindlich gebrandmarkt zu werden, auch wenn die Opposition in sachlicher und patriotischer Weise auftrat, wie es etwa bei dem fortschrittlichen Abgeordneten Eugen Richter, Bismarcks kundigsten Kritiker, geschah. Wer nicht Freund sein wollte, der sah sich als Feind behandelt – neben die Majestätsbeleidigungs-Prozesse traten nun zahlreiche Prozesse wegen Bismarck-Beleidigung. Die Meisterschaft des großen Staatsmannes in der Außenpolitik wagte keiner seiner innenpolitischen Widersacher zu bestreiten. Das Nachlassen in der Außenpolitik während der letzten Jahre war dann auch die Hauptursache seines Sturzes. Mit der Zauberkraft des großen geschichtlichen Namens zog Bismarck alle Geschehnisse in Deutschland irgendwie an sich; sein Einfluß, seine Willensentscheidung waren in der Tat beinahe so mächtig, wie man glaubte; auch in abliegenden Fragen berief man sich gerne auf ihn und forderte dadurch die anwachsende Kritik noch weiter heraus. Seine zahlreichen und oft bedeutenden Mitarbeiter verschwanden vor der Öffentlichkeit in seinem Schatten – die Geschichtsschreibung darf aber die Namen Rudolf v. Delbrücks, des langjährigen Präsidenten der Reichskanzlei, Heinrich Stephans, des Organisators des Postwesens, des Fürsten Chlodwig Hohenlohe, Botschafter in Paris und dann Statthalter von Elsaß-Lothringen, sowie manches anderen nicht vergessen. Der Sohn des Kanzlers, Graf Herbert Bismarck, gesellte sich hinzu – viele sahen in dem hochbefähigten, wenn auch allzu derb zufahrenden Manne den Nachfolger des Vaters. Er bewährte sich besonders bei den Verhandlungen mit England während der kritischen Zeit der Kolonialerwerbungen. Das Reich in der Bismarckschen Spätzeit war ein Land der alten Herren. Kaiser Wilhelm I. starb 1888 im Alter von einundneunzig Jahren, seine Spannkraft ließ erst zuletzt wirklich nach. Die neukonservative, militaristisch betonte Richtung der achtziger Jahre lag ihm durchaus, er fühlte sich noch einmal als das patriarchalische Haupt einer preußisch frommen und loyalen Gemeinschaft. Auch die höfisch-klerikalen Sympathien der Kaiserin Augusta wirkten jetzt dem liberalen Lebensgefühl ihrer Jugend entgegen. Kaiser Friedrich III., der nun folgte, und seine Gemahlin Victoria hielten aber um so zäher an ihren westlich-parlamentarischen Überzeugungen fest, ihre besten Freunde waren Anhänger der verschiedenen Richtungen des Liberalismus – auf die Thronbesteigung Kaiser Friedrichs hatte eine ganze Generation überlange gewartet. Nun raffte ihn sein unheilbares Leiden nach kurzer Zeit hinweg – er hatte nur wenig tun können, die Richtung freilich war deutlich genug. Mit ihm sank die nahe Möglichkeit einer westeuropäischen innen- und außenpolitischen Neuorientierung ins Grab. Sollte, konnte Deutschland wirklich eingedeutscht, das heißt von der preußischen Kolonial- und Militärautokratie erlöst und versöhnlich in die europäische Gesamtkultur eingefügt werden? Diese alte Schicksalsfrage erhob sich jetzt von neuem, abgewandelt durch die veränderten Umstände in dem Gesamtverlauf des Weltgeschehens.

Technisierung. Vitalismus. Rassegedanke

Der gewaltige Fortschritt der Naturwissenschaften vollendete die Technisierung des deutschen Daseins; Lebensbedingungen, Rhythmus und Spannung gestalteten sich neu; der maschinentechnische Arbeitskreis zerstörte den handwerklichen, die maschinellen Verkehrsmittel mengten die Gesamtbevölkerung um, sie schufen neue Berufe, neue Wohnzentren, sie beschafften entlegene Erzeugnisse und Rohstoffe, sie weckten ungeahnte Bedürfnisse, sie machten sie immer dringender durch die teilweise, nur den Bevorzugten vergönnte Befriedigung. Das hochkapitalistische System vollendete sich durch die Technisierung und half ihr seinerseits zum Siege. Es war ein fruchtbares Wechselverhältnis, das auf tieferer geistiger Verwandtschaft beruhte. Die Technisierung der Welt wirkte psychologisch als die greifbarste Bestätigung des Darwinismus und der materialistischen Geschichtsauffassung. Die naturwissenschaftlichen Methoden warfen sich nun auch auf die Geisteswissenschaften. Der philosophische Idealismus war eine Art Vorrecht der alten Bildung gewesen, er hatte sie nicht glücklicher und nicht praktischer gemacht – die aufwärts drängende Masse wandte sich ermüdet, ja geradezu angeekelt von der klassischen deutschen Überlieferung ab, sie sah in Kant und Goethe Vertreter von Klassen- und Standesinteressen, sie verlangte nach derberer Nahrung. Der Materialismus, den die verschiedenen sozialistischen Richtungen predigten, drang vom Wirtschaftlichen empor zur Gesamtweltanschauung – es galt als ein Zeichen von Geistesstärke, den ganzen politischen und kirchlichen Plunder der Vergangenheit abzulehnen und sich einer naiven, auf physischer Vitalität begründeten Metaphysik zu widmen – Ludwig Büchner († 1899) schrieb sein erfolgreiches Buch über Kraft und Stoff; der Monismus (Einheits-Weltanschauung) Ernst Haeckels († 1919) ist einer der letzten Ausläufer dieser Bewegung.
Diese Anschauungen wollten irgendwie die Volksbewegung fördern, sie waren bewußt links gerichtet, sie rechtfertigten und bejahten die Revolution. Aber genau wie seinerzeit die Hegelsche Philosophie sowohl die Revolution wie die Gegenrevolution gespeist hatte, so wurde die darwinistische Biologie jetzt auch die Mutter einer neuen Rechtsbewegung. Das Buch des französischen Grafen Gobineau über die Ungleichheit der menschlichen Rassen (1853–1855) hatte bei den Gelehrten wenig Glück. Es galt als die etwas phantastische Arbeit eines ideenreichen, aber kritisch und fachlich ungeschulten Liebhabers. Um so stärker war aber die Nachwirkung des Werkes bei bestimmten politischen Gruppen. Das Nationalitätenprinzip fand im Rassegedanken seine naturwissenschaftliche Bestätigung: das Angeborene überwog also doch das Angelernte, das Erbgut gab den Ausschlag, die Blutsubstanz bestimmte das Schicksal und den Wert des Volkstums; es gab höhere und niedere Rassen, Eigenschaften der höheren Rasse waren ihr allein vorbehalten und nur durch Reinhaltung zu bewahren; geistige Großtaten, politische Herrschaft, die Schöpfung einer wahren Kultur konnten nur vollbracht werden durch die höchststehende, reinste Rasse, alle anderen hatten im Kampf ums Dasein hinter ihr zurückzustehen und sich mit einer dienenden Rolle zu bescheiden. Gobineau und seine Nachfolger in Deutschland bemühten sich, nachzuweisen, daß diese oberste Rasse eben die Germanen seien, daß der germanische Einschlag, die germanische Führung überall das Gute und Wertvolle in der europäischen

Kulturgeschichte hervorgebracht hätte: später wandelte sich dieser Begriff des Germanentums zu der Vorstellung einer nordischen Rasse ab. Mit wissenschaftlicher Erkenntnis hatten alle diese Lehren nichts zu tun, sie lohnten keine Widerlegung. Der Begriff der Rasse selbst lag ja keineswegs fest, er hatte, soweit er ernst zu nehmen war, rein naturwissenschaftlichen Charakter. Die Rassenphilosophie vermengte sprachliche, ethnische, soziologische Elemente zu einem sinnbetörenden Gebräu. Aber die guten Deutschen, die mehr Mischungen erlebt hatten als irgendeine andere große Nation, fühlten sich davon erbaut, daß ihnen hier eine Gelegenheit geboten wurde, sich als eine germanische oder nordische Edelrasse zu fühlen. Folgerungen in der Bewertung der eigenen Kulturleistung und im Herrschaftsanspruch über andere ließen sich ja dann leicht ziehen.

Das Wagnerianertum

Die Rassenlehre übte ihre erste starke Wirkung in Deutschland aus durch die Beziehungen Gobineaus zu Richard Wagner. Wagner erweckte die altgermanische Götter- und Sagenwelt mit einer bewußten Absicht; das romantische Lebensgefühl seiner jungen Jahre materialisierte sich im Schlachtenlärm und in der Klassenkampfstimmung der Reichsgründungszeit zu einer germanisch gefärbten Kulturprophetie. Schon während der überschwenglichen Freundschaft mit König Ludwig II. von Bayern kam dieser Machtwille Wagners deutlich zur Geltung. Das Gesamtkunstwerk war ihm eigentlich nicht genug. Es war nur Symbol für etwas Allgemeineres, für eine neue Gestaltung der Welt. So wie die Wagnersche Musik den Weltschmerzgedanken verband mit einer materialistisch wirkenden, der Mechanisierung des Daseins verwandten Technik – so unternahm es nun der Staats- und Gesellschaftsreformer Wagner, über dieses Bismarcksche Reich hinauszuweisen auf eine germanische Weltmission des Deutschtums, in der sich Herrschaft und Kultur, Idee und Macht zur Bestätigung rassisch-schöpferischer Überlegenheit vereinigten. Wagner und die Wagnerianer strebten vom rein Musikalischen hinweg, sie waren eine dogmatisch festgelegte Schule, eine Bayreuther Propagandagruppe, sie entwickelten sich zu einer unermüdlich agitatorisch arbeitenden Prophetenschicht, in der sich Aristokraten mit Akademikern und Musikkritikern zusammentaten. Im Anfang fanatische Sektierer, erweiterten sie ihren Einfluß und stiegen zu einer politisch-gesellschaftlichen Gemeinschaft auf, die der sozial-aristokratischen Neubildung der achtziger Jahre um so nützlicher wurde, als Wagner in seinem letzten Werke, dem »Parsifal«, sich zur christlichen Lebenserfassung zurückfand – das Christlich-Germanische vom Anfange des Jahrhunderts erschien also wieder in gewandelter Form, mit verstärkter antisemitischer Zuspitzung.
Von der lärmenden, vulgarisierenden Unduldsamkeit der Wagnerianer erholte sich der deutsche Sinn für reine Musik an Johannes Brahms, Hugo Wolf, Anton Bruckner, später an Richard Strauss.

Historismus und Naturalismus. Friedrich Nietzsche

In der deutschen bildenden und literarischen Kunst überwog noch lange die Könnerschaft einer historisierenden Generation, die spätromantische Gefühlsregungen für das Wesen der künstlerischen Schöpfung hielt und sich deshalb in aller Harmlosigkeit befleißigte, neben die technisierte und materialisierte Wirklichkeit eine bessere, liebenswürdig-reizvolle Welt zu stellen, als eine Art Trost und Erbauung. Das Bedürfnis des wohlhabend gewordenen Bürgers nach Schwelgerei gab diesen Bemühungen eine Note von Exotik, Üppigkeit und Sinnenreiz, die sich auch in der Wagnerschen Musik findet. Die Romane von Friedrich Spielhagen und Georg Ebers, die Novellen von Paul Heyse, selbst die späteren Arbeiten Gustav Freytags kennzeichnen diesen Geschmack, er fand sein Widerspiel in den Gemälden Wilhelm von Kaulbachs, Pilotys, Makarts und der Achenbachs. Daneben lief die mehr örtlich gebundene Produktion Adolf Menzels in Berlin, der Frankfurter und der süddeutschen Meister – neben der Marktware entstand hier Tüchtiges, Gekonntes, Emsig-Sachliches. Die entscheidende antiromantische Wendung kam von Paris. Der Zusammenbruch des zweiten Kaiserreiches hatte nach langer Vorbereitung eine Stimmung zum Durchbruch gebracht, die sich der bürgerlichen Welt mit unerbittlicher Ironie entgegenstellte. Diese ganze Geldmacherei, dieser raffgierige, phrasentriefende Patriotismus, dieser heuchlerische Liberalismus der bonapartistischen Schlußzeit brachte die Kunst zur Selbstbesinnung. Sie verlangte um ihrer selbst willen dazusein, nicht zur Unterhaltung eines fetten Spießertums, sie beanspruchte selbst das eigentlich Wesenhafte und Wesentliche dieses Diesseits zu bedeuten, sie war nicht mehr gewillt, auf eine Provinz des sogenannten Schönen beschränkt zu werden, sondern sie erfaßte die gesamte technisierte und materialisierte Wirklichkeit in ihrer Lebensfülle als Objekt unerbittlich wahrer und ernsthafter Gestaltung. Nur durch eine so kühle, wiederum der Naturwissenschaft verwandte Haltung konnte die Realität bezwungen und erträglich gemacht, ja zu neuem, dauerhaftem Werte geadelt werden. Der Kunstglaube wirkte sich in Staat und Gesellschaft als ästhetischer Anarchismus aus – als restlose Glaubenslosigkeit gegenüber Herrschaftsideologien jeder Art. In Deutschland hatte schon in den vierziger Jahren der merkwürdige Max Stirner vom Philosophischen her solche Anschauungen vertreten – der einzelne löste sich bei ihm völlig ab von der Gesamtheit, nur er allein durfte noch etwas bedeūten. Obrigkeit, Gesetz, Staat versanken in das Nichts, es blieb nur übrig, was sich der Starke selbst zu seinem Eigentume schuf. Neben den Künstler und Denker trat der Machtmensch als der neue Souverän des Zeitalters. Die treibenden Kräfte des neunzehnten Jahrhunderts konnten nicht rückhaltloser verneint werden. Friedrich Nietzsche († 1899) wurde nun ihr größter Feind. Schopenhauer und der französische Artismus, Gobineau, Paul de Lagarde und Richard Wagner haben Nietzsches oft von ihm selbst veränderte Anschauungen beeinflußt. Sein Ringen um die Wahrheit und die Erkenntnis der Lebensbedingungen des Schönen trugen freilich einen Ernst und eine Verantwortung in sich, die allein schon seiner Persönlichkeit die erregende Wucht tiefer schöpferischer Originalität verliehen. Militarismus und Sozialismus, Parteiklüngel und Zeitungszivilisation, Fortschrittsphrasen und Massengeschmack, endlich die christliche Lehre selbst mit ihrer Mitleidsethik und ihrer

Gleichmacherei – das waren die Ziele seines Angriffs. Und auf den Trümmern der Überlieferung unternahm er es nun, die neue Welt des Übermenschen aufzurichten, sowohl im Sinne eines neuen Menschentypus wie im Sinne des Herrenmenschentums einzelner Führer – die von einem biologischen Gipfelerzeugnis beherrschte, der neu-aristokratischen Herrenmoral folgende Welt. Die Sklavenmoral, die Mißgunst der Minderwertigen, das Ressentiment der Leidenden und Ausgestoßenen, die Dekadenz der Entwurzelten sollte damit überwunden sein. Der Geniekult von ehemals hatte sich hier abgewandelt zur Forderung der Welterneuerung durch einen diesseitigen Erlöser. Die erdbebengleiche Wirkung von Friedrich Nietzsche ging tief, sie wurde im Laufe der kommenden Jahrzehnte immer mächtiger. Ein ganzes Geschlecht von jungen Deutschen lernte Fühlen, Denken und Schreiben von ihm. Wortschatz, Satzrhythmus, Veranschaulichung auch der sprödesten Gedanken wurden das Werk seines beseelenden Feuerhauches. Bestimmte Sätze seiner Lehre gingen in den allgemeinen geistigen Besitz über, wie die Umwertung derWerte. Die unerhörte Leidenschaft seiner Opposition stieß durch. Wenn er angriff, blieb nichts übrig. Ernst und Ironie waren bei ihm gleich unbarmherzig. In dieser Wucht der Verneinung lag ein anarchisches Element. Nietzsches Worte über die Universitätsprofessoren, über die Staatsorgane, über die Kirchen, über demokratische Lebensformen blieben den Heranwachsenden unvergeßlich. Solcher Zerstörung entsprach gewiß ein edler Wille zum Neuaufbau. Aber dieser Wille war chiliastisch, das heißt auf die Frist von tausend Jahren eingestellt, er war prophetisch, durchaus unpraktisch und unpolitisch. Das wirklich Schöpferische war ja Nietzsche doch am Ende versagt. Für einen Philosophen war er zu sehr Dichter, für einen Dichter zu sehr gedankenbeschwert. Die Verzweiflung über seine unfruchtbare Vereinsamung machte ihn zum Zerstörer. So schwelgte er sich närrisch-tollkühn im kritischen Nihilismus aus, getrieben freilich von einem Formgefühl von seltener Erlesenheit und Tiefe.

Der Heilige und Ketzer Friedrich Nietzsche, der vornehme Verkannte und Verfolgte, der die Menschen und die Welt floh, um sein Werk zu vollenden, der ein unbezwingliches Grauen empfand vor der aufsteigenden Masse und ihren brutalen Instinkten – gerade er, der Überempfindliche, lieferte der Massenbewegung die schärfsten Waffen zur Niederkämpfung der gesamten geistigen Überlieferung, zur Absage an die liberal-humanitäre Weltanschauung, auf der die bisherige deutsche Geisteskultur beruhte. Wenn sie zerbrach, dann erhob sich das Primitive. Die niedersten Leidenschaften tobten sich aus, die mehr oder weniger blonden Bestien beanspruchten die Herrschaftsstellung des Übermenschen, und nach diesem Beispiel erhoben sich die kleinen Übermenschen in jeder Gruppe.

Skandinavische und russische Einflüsse

Die alten Werte hielten also in den Augen von vielen nicht mehr stand, die großstädtischen Lebensformen des werdenden Zivilisationsmenschentums erfüllte alle Ernsteren mit Ekel und mir Sorge. Der Hochkapitalismus schritt voran auf seiner großartigen Bahn, er erfaßte finanzierend und industrialisierend alle Meere und Kontinente, in der neu entstehenden Welteinheit mußte sich jedes Volk mit ganzer Kraft und mittels neuer Methoden behaupten. Die Seele konnte bei solcher Entwicklung leicht Schaden nehmen. Kritik zu üben, war nicht schwer – aber konnte nicht ein neues Menschentum geschaffen werden, das in der Epoche des Imperialismus die Geistigkeit bewahrte und schöpferisch durchsetzte? Die verschiedenen Richtungen des Sozialismus begannen sich nun auch der Mittel der Kunst zu bedienen. Der neue Realismus konnte ihnen gar nicht realistisch genug sein; von den Formen der Konvention befreit, sollte die Natur selbst, die ungeschminkte, schmutzige, niedrige Wirklichkeit den Menschen zeigen, was sich eigentlich in den Fabriken, auf dem Lande, in der Armut und bei den Elenden abspielte, wie an der Härte des Kampfes das bißchen Glück und Liebe zerging. Auch jetzt wirkte wie in früheren Zeitabschnitten das Franzosentum auf die deutsche literarische Erzeugung wesentlich ein – von Gustave Flaubert und George de Maupassant bis Emile Zola. Tiefer aber drang der skandinavische und der russische Einfluß. Henrik Ibsen entlarvte die Lebenslüge der bürgerlichen Gesellschaft mit der Seherkraft eines nordischen Magiers, aber doch auch beschwingt durch den sicheren Kunstverstand des gelehrigen Schülers westeuropäischer Bühnentechnik. Der Däne Jens Peter Jacobsen, die Norweger Björnson und Hamsun, der Schwede Strindberg, die Schwedin Selma Lagerlöf eroberten sich das deutsche Publikum in den folgenden Jahrzehnten, sie bestimmten den anspruchsvollen Geschmack, eröffneten neue ethnische und psychologische Gebiete und stärkten das steigende germanisch-nordische Selbstgefühl. Schwärmerei und allerlei halbkünstlerische Nebenabsichten beeinträchtigten so in etwas den Wert der skandinavischen Einfuhr. Viel mehr als eine Mode bedeutete aber der Einfluß der russischen Literatur in Deutschland. Feodor Dostojewski und Iwan Turgenjew, Leo Tolstoi und Maxim Gorki wirkten weit über das rein Künstlerische hinaus – das russische Schicksal, das der Revolution entgegenreifte, ergriff kein anderes Volk so innerlich wie das deutsche. Hier bot sich eine Verbindung von Naturalismus und Glaube, von Gewalt des Volkstums und Weite des Bodens, von Mystik und Vitalität, von aristokratischen Lebensformen und schärfster sozialer Spannung – die ganz und gar wie eine gesteigerte Spiegelung der deutsche Problematik wirkte. Seit den Konflikten zwischen Karl Marx und Michael Bakunin hatte die deutsch-russische Wechselwirkung nicht aufgehört; alle russischen Revolutionäre lernten Deutsch und studierten Revolution an deutschen Universitäten – sie lernten von Hegel sowohl wie von Lassalle. Die große russische Literatur diente als Schrittmacherin der revolutionären Bewegung, auch wenn sie wie meist der rein künstlerischen Gestaltung gewidmet war. Nirgends wurden die russischen Fragen so ernsthaft erforscht wie von der deutschen Wissenschaft. Der Rassenpsychologe mag diesen deutsch-russischen Austausch auf die slawische Gemeinsamkeit zurückführen – denn der slawische Einschlag des Ostdeutschtums verband ja von jeher das deutsche Kolonialland mit dieser östlichen

Welt; er erschwerte das Verhältnis zum reinen Slawentum in Polen und Böhmen, erleichterte aber die Beziehungen zu dem tatarisch aufgemischten Großrussentum. Viele Generationen hindurch hatte der deutsche Schulmeister, Apotheker und Ingenieur die Russen gefördert, aber auch geärgert durch seine überlegene vielwissende Pedanterie. Nun zahlte das Russentum die Schuld zurück. Der große russische Roman warb um Liebe für Rußland, für sein leidendes Volk, für seinen Reichtum an Begabung, für sein hoffnungsloses, verzweifeltes Ringen; der deutsche Leser mußte verstehen, warum es in Rußland Terrorismus und Anarchismus gab, warum hier die letzte schlimmste Zuflucht die einzig mögliche erschien – die Gewalt der Zerstörung, der unbarmherzigen Vernichtung aller überkommenen Lebensformen: der Nihilismus. Der ästhetische Anarchismus des Westens wurde in Rußland zu einer metaphysisch und weltgeschichtlich vertieften Haltung entwickelt – Friedrich Nietzsche erfuhr in diesem Sinne eine Ausdeutung und Umdeutung von erschütternder Ironie. Nur der sinnlos grausamste Despotismus vermochte umzuschlagen in eine ebenso terroristische, proletarisch gemeinte Kultur- und Staatsdiktatur. Viele Jahrzehnte hatte die außenpolitische Verbindung zwischen dem kaiserlichen Rußland und dem preußisch-deutschen Staate gedauert – diese Gemeinschaft erhielt nun geistesgeschichtlich eine bedeutsame Ergänzung durch den literarisch-philosophischen Gedankenaustausch zwischen den beiden Völkern. Je mehr sich in der Folgezeit die verantwortlichen Regierungen trennten, desto eindringlicher setzte sich diese Wechselwirkung durch. Sie schritt voran von der Weltanschauung zum Kunstschaffen, vom Kunstschaffen zur sozialen Revolution.

Die moderne deutsche Kunst

Der deutsche Naturalismus setzte im Beginn der achtziger Jahre ein. Kampf gegen das süßliche, ausgeleierte Epigonentum war die Losung der kritischen Brüder Heinrich und Julius Hart. Schon hörte man härtere Töne. Richard Dehmel schwelgte in leidenschaftlichen freien Rhythmen, ein fordernder Prophet. Otto Julius Bierbaum schlug einen frechen und saftigen Ton in seinen Schlawiner-Versen an. Der Ostpreuße Hermann Sudermann zeigte sich als ein starker, effektsicherer Erzähler, schnell eroberte er die Bühne mit seinem etwas gewissenlosen, knalligen Talent. Max Halbe hatte wohl besseren Geschmack, aber nicht so viele Register. Ein fröhlicher, derber Kerl, ein zechfroher, begabter Kumpan war Detlev von Liliencron, der, aller Vorurteile satt, mit beiden Füßen in die deutsche Bohème hineinsprang, aber bei allen Abenteuern immer ein famoser Leutnant und Ritter blieb – sogar manche feierliche und ernsthafte Strophe gelang ihm, weil sich sein menschlicher Reichtum gar nicht genug tun konnte im Formen und Erfühlen dieser vielgeliebten Welt.

Der deutsche Naturalismus verfügte nicht über eine ganz starke, wirklich bezwingende künstlerische Persönlichkeit, und so hob er denn den Besten, den man hatte, auf den Schild: den Schlesier Gerhart Hauptmann (1862–1946), einen bedeutenden Wort-

»Unwiderstehlich!« – der deutsche Reserveoffizier

bildner, bewegt von überwiegend religiösen Impulsen, leicht und tief beeindruckbar, deshalb merkwürdig schwankend in Stil und Ideengehalt – sehr menschlich auch in seinen Schwächen, in seiner angeborenen Güte durch den frühen Erfolg etwas gehemmt: so reifte er, eigentlich immer umstritten, aber von stetig wachsender Anhängerschaft getragen, zum Dichter der wilhelminischen Epoche heran, zum führenden Dichter der anschwellenden deutschen Opposition.

Von den Älteren fand eigentlich nur der Märker Theodor Fontane Gnade bei den Jungen – seine hugenottische Herkunft hatte ihm einen verfeinerten Formensinn vermacht, mit dem der weltläufige Mann nun auch die märkischen, besonders die Berliner Stoffe gestaltete. Von einem, der dazugehörte und doch den Vorzug fremderen Abstandes besaß, war hier der preußische Junker abgeschildert: spröde und tüchtig, unsentimental, aber mit einer weichen Stelle im Innersten, sehr erdgebunden und allem Höheren, Weiteren eigentlich abhold, respektlos, ja schnodderig in der Form, selbstisch, aber nur selten schnöde in der Gesinnung.

Der Naturalismus in Deutschland nahm den alten Kampf des Sturm und Drang und des Jungen Deutschland wieder auf – jenen Kampf gegen den unsterblichen Krähwinkel, den unzerstörbaren Spießer im Vaterlande. Früher war das Hauptziel der Duodezfürst mit seinem höfischen Klüngel gewesen – die Fürsten verhielten sich recht vorsichtig im Bismarckschen Reich, sie förderten Kunst und Wissenschaft, wie es in Weimar, Meiningen, Darmstadt und in Dessau besonders wirksam geschah. Nach der notwendigen Beseitigung des unglücklichen, dem Wahnsinn verfallenen Königs Ludwig II. von Bayern kamen fürstliche Extravaganzen kaum noch vor, mindestens beschäftigten sie die Öffentlichkeit nicht mehr. Andere Kreise erweckten jetzt herbere Kritik. Der bürgerliche Geldprotz, der sich an Aristokratie und Patriziat ehrgeizig herandrängte und seine majestätischen Villen mit Samtmöbeln, goldgerahmten Photographien und Reisekitsch anfüllte; der Streber aus dem kleinen Mittelstande, der in der Beamtenschaft oder in der Wirtschaft seine Laufbahn vollbrachte, immer ängstlich bemüht um die Gunst der Mächtigen und Reichen, an Manieren und Überzeugung mit verblüffender Wendigkeit der herrschenden Schicht angeglichen, brutal nach unten, genauso wie schmeichlerisch nach oben, oft durch eine vorteilhafte Heirat schnell hinausgehoben über seine ursprüngliche Schicht; der Universitätsgelehrte endlich, der gerne einschwenkte in die Interessenfront der herrschenden Klasse, auch wenn dabei etwas aufgeopfert werden mußte von den Freiheitsüberlieferungen an deutschen Hochschulen zugunsten dieses selbstbewußten Staates: das waren Typen der wilhelminischen Untertanenschaft, vorgebildet im Bismarckschen Reiche und nun voll entfaltet, zum Spotte und Ärger der künstlerisch-literarischen Jugend. Gegenüber solchem schwarz-weiß-roten Spießertum, besonders greifbar überall in dem sich in ganz Deutschland ausbreitenden Typus des schneidigen Reserveoffiziers und Verbindungsstudenten, entwickelte sich München zu einem Gegenpol urwüchsig-künstlerischer, humoristisch beschwingter Lebensform. Hier gab es ein Dasein, das Kleinstadt und Bohème, Frömmigkeit und Duldsamkeit, Sinnenfreude und Schaffenslust auf eine harmonische Weise verband. In der Berliner Theater- und Zeitungswelt ging es etwas herber zu, auch sie wirkte als ein erfrischender Ausgleich gegenüber der Obrigkeit. In Frankfurt, in Düsseldorf, in Breslau und in mancher anderen alten deutschen Bürgerstadt gab es immer noch ein kostbares Kapital von persönlicher Unabhängigkeit, von Selbstgefühl, von geistiger Spannkraft – eine entschlossene Reformarbeit, ein Aufbau Deutschlands von innen war um 1890 möglicher als jemals vorher und nachher.

Der junge Kaiser

Das Deutsche Reich hatte das Unglück, gerade an dieser Zeitwende einen Kaiser zu erhalten, der nicht den Weg ging, welcher zu Frieden, Freiheit und sozialer Versöhnung führte. Wilhelm II. (1859–1942) war ein hochbegabter Mann, er überragte alle seine fürstlichen Zeitgenossen an schneller Auffassungsgabe und natürlichem Redetalent. Im höfischen Kreise fiel er naturgemäß auf – seine wohlmeinenden Eltern bemühten sich, ihn auf der Schule mit der bürgerlichen Welt nach Möglichkeit in Verbindung zu bringen. Das Ergebnis entsprach den Erwartungen nicht – bürgerliche Arbeitstüchtigkeit blieb Wilhelm II. immer fremd. Durch einen Unfall bei der Geburt war der eine Arm des Kaisers verkrüppelt; dieser Umstand ist von Psychologen in übertriebener Weise zu einer Krüppelpathologie des Monarchen ausgedeutet worden; richtig ist, daß der junge Prinz besonderer Energie bedurfte, um die üblichen sportlichen und militärischen Anforderungen zu erfüllen. Er gewöhnte sich dabei eine äußerlich energische Haltung, etwas Zusammengerafftes an, dem aber keinerlei innere Sammlung entsprach. Unter seinen vielerlei Gaben und Interessen mag das Technische bei ihm am ausgeprägtesten gewesen sein; von daher stammte seine etwas selbstgefällige Freude an Entwürfen und Einfällen sowohl nach der künstlerischen wie nach der militärischen Seite hin. Da die Empfindlichkeit des jungen Monarchen gegenüber sachlicher Kritik bald deutlich wurde, umgab ihn schnell eine Wolke von höfischer Bewunderung. Wirkliche Verbundenheit mit hoher Kunst, wirkliche wissenschaftliche Forscherarbeit, echte christliche Güte lagen seiner Natur nicht; er begnügte sich mit hastigem Interesse an allem Neuen und mit einer betonten Kirchlichkeit, die selbst hohepriesterliche Ansprüche nicht verschmähte. Von da aus, also mystisch-spätromantisch, erfaßte er auch seinen Herrscherberuf, nicht geistvoll theosophisch in der Art König Friedrich Wilhelms IV., sondern greifbarer politisch und etwas geschwollen trivial, wie es nun einmal in seiner Art lag. Der Kaiser hatte einen immer wachen Instinkt für politische Dinge, er wäre ein guter Botschaftsrat unter einem erfahrenen Botschafter, ein erfolgreicher Propagandaminister unter einem erleuchteten Kanzler geworden. Was er am nötigsten brauchte und was ihm am schmerzlichsten versagt war, blieb eben eine imponierende Autorität über ihm. Mit seinen beiden Eltern lebte der junge Prinz in Unfrieden, mit seiner gescheiten Mutter redete er als Kaiser nie ein Wort über die politischen Probleme; seine vielen fürstlichen Onkel verlachte er im Grunde und machte sich ein Vergnügen daraus, das Gegenteil ihrer Ratschläge zu vertreten, recht um seine geistige Unabhängigkeit zu beweisen; seine Gemahlin, mit der er eine gute kinderreiche Ehe führte, war unbegabt und hausbacken in solchem Grade, daß jeder Kenner der Umstände ihm die Flucht auf zahlreiche Reisen gönnen mußte. Wilhelm II. hatte viel Sinn für Freundschaft, und einige wenige Freunde, wie Fürst Philipp Eulenburg, besaßen sogar das Vorrecht, ihm die Wahrheit sagen zu dürfen, in einer eleganten Form natürlich, wie sie den empfindlichen Nerven des Kaisers entsprach. Genutzt hat der Takt nicht viel – alle diese Freunde, zu denen auch ein Jude wie Albert Ballin gehören durfte, hatten vor allem das rege Unterhaltungsbedürfnis des Kaisers zu befriedigen. Wilhelm II. liebte Scherze, und nicht immer die besten, er hielt, mit einer bezeichnenden Freude an der beglückenden Unreife der Jugend, überlange am Ton des Gardehusarenkasinos fest. Ausgrabungen und Zauberkunststücke waren seine liebsten Beschäftigungen – das Technische und das Überraschungsmoment war beiden Betätigungen gemeinsam: nichts enthüllt so sehr das Innerste dieses Herrschers. Auch als Staatsmann hätte er gerne das Kostbar-Alte ausgegraben und den Wunschtraum beglückender Zukunft magisch beschworen. Der Kaiser war weder sehr kriegerisch noch ein Meister diplomatischer Intrige. Er war ein plumper Psychologe, selbst im Grunde unsicher, betäubte aber dies Gefühl durch Säbelgerassel und schwelgte in allerhand burlesken Uniformphantasien. Die Flottenpolitik war seine ernsthafteste und verhängnisvollste Leistung. Wilhelms II. Dilemma war, ob er die innenpolitische Reformbewegung in Deutschland ergreifen und zum Erfolge führen, oder ob er mit den älteren, bereits imperialistischen Mächten den Wettbewerb aufnehmen und das Deutsche Reich als neue Weltmacht kolonial- und flottenpolitisch durchsetzen sollte. Von dem europäischen Kampfe um ein neues Menschentum wußte der Kaiser nicht eben viel, was er davon erfuhr, war ihm unheimlich und forderte seinen Widerspruch heraus. »Machen Sie mir ordentlich Front gegen die moderne Kunst« – hat er später einmal zu einem bekannten Universitätslehrer gesagt. Die Mehrheit seiner Generation wäre dem Kaiser gerne gefolgt, wenn er den inneren Neubau des Reiches hätte in Angriff nehmen wollen. Für die Weltpolitik mit allen ihren Voraussetzungen und Folgeerscheinungen war nur eine Minderheit zu haben. Der junge Wilhelm II. bewunderte den Fürsten Bismarck, er fühlte sich mit Selbstgefühl als den vornehmsten Schüler des großen Kanzlers. Das Autokratisch-Militaristische des Bismarckschen Systems war sicher leichter fortzusetzen als die verantwortungsbewußte Weisheit der Außenpolitik, die dahinterstand. Der Konflikt, der jetzt ausbrach, ist doch etwas anderes als der immer wiederkehrende Kampf zwischen der alten und der jungen Generation. Großväter und Enkel pflegen sich besser zu vertragen als Vater und Söhne. Aber Bismarck erwiderte die betonte Verehrung seines jungen Herrschers mit gemischten Gefühlen; er liebte die Betriebsamkeit Wilhelms nicht, er mißbilligte seine Instinktlosigkeit, seinen Wortschwall, seine Selbstberauschung an verlockenden Programmen; er fand die Lage des Reiches ernst in jeder Beziehung, er glaubte unentbehrlich zu sein, gerade jetzt, er hing an seinem Lebenswerk, er wollte es nach Kräften verteidigen, solange es irgend möglich war. Der Kaiser fühlte sich aber, wie alle Talente, von dem Genius bedrückt, er wollte den Alten loswerden.

Bismarcks Entlassung

Diese tieferen Gründe kamen zur Wirkung durch eine Reihe von Anlässen, die drei Gebieten des öffentlichen Lebens angehörten. Bismarck hoffte, den Rückversicherungsvertrag mit Rußland noch einmal erneuern zu können nach seinem 1890 erfolgenden Ablauf; aber er war sich völlig darüber klar, daß diese Abmachung nur eine Notstandsmaßnahme war – deshalb wünschte er ja so dringend die Annäherung an England, er plante die Erwerbung Helgolands. Der junge Kaiser fand diese Haltung

»Der Lotse verläßt das Schiff« – Bismarcks Entlassung, Karikatur aus dem englischen *Punch*

unklar und widerspruchsvoll, er traute Rußland durchaus nicht. Sozialpolitisch war Wilhelm II. stark beeinflußt von den christlich-sozialen Ideen des Kreises um den fuchsigen Grafen Alfred Waldersee, den kommenden Chef des Großen Generalstabes; gelegentlich eines großen Bergarbeiterstreiks im Ruhrrevier kam Wilhelms II. Gegensatz zum Kanzler auch hier voll zum Ausdruck. Der Kaiser wollte helfen und

schlichten, er plante eine Erweiterung der Schutzgesetzgebung, darunter die völlige Sonntagsruhe. Bismarck lehnte aber weitere Zugeständnisse ab, er wollte den Kampf, er hoffte, das liberale Bürgertum durch die ansteigende Arbeiterbewegung zu erschrecken, er dachte nicht an die Aufhebung des bestehenden Sozialistengesetzes, sondern wünschte ein neues, noch schärferes. So verknüpfte sich das sozialpolitische Problem mit dem dritten Gebiet des Konfliktes, dem innenpolitischen. Der Kanzler strebte über das Wahlkartell von 1881 hinaus, er versuchte, das Zentrum aus der Opposition wieder herüberzuziehen und so eine breitere Front gegen den »Umsturz« aufzubauen. Die Pläne, die er erwog, berührten selbst die Aufhebung des allgemeinen Wahlrechts und die Abänderung der Reichsverfassung, auch auf die Gefahr des Bürgerkrieges hin. Solche Drohungen erschreckten den jungen Kaiser; die Bundesfürsten, an der Spitze der vielerfahrene Oheim Großherzog Friedrich von Baden, warnten – sollte es dem Blut-und-Eisen-Mann wirklich gestattet sein, das Werk einer Generation zu vernichten und eine nackte Autokratie aufzurichten?
Wiederholte Aussprachen zwischen dem Kaiser und dem Kanzler verliefen so stürmisch, daß an ein gedeihliches Zusammenarbeiten nicht mehr gedacht werden konnte. Der Kanzler hatte bis dahin seinen jungen Herrscher gering geachtet, nun wandelten sich seine Gefühle zu erbittertem Haß. Der Kaiser seinerseits bestärkte sich in der Überzeugung, daß die Entfernung dieses gefährlichen alten Mannes ein dringendes vaterländisches Interesse wäre. Zwischenlösungen, die von mehr oder weniger wohlwollender Seite empfohlen wurden, erwiesen sich als unpraktisch. Persönlich wäre Bismarck gerne wenigstens Außenminister geblieben, er konnte immer weniger begreifen, daß seine Tätigkeit wirklich zu Ende ging. Die ganze Staatsmaschine stockte – wenn das Reich weiterregiert werden sollte, mußte eine klare Entscheidung kommen. Es erfolgte also die Entlassung Bismarcks – der greise Staatsmann hatte sich an sein Amt geklammert, nun erhielt er einen Stoß, von dem er sich trotz der später äußerlichen Versöhnung mit dem Monarchen nie mehr erholte. Man fragt sich, ob Wilhelm II. nicht doch eine geschicktere Form der Lösung hätte finden können; taktisch war er jedenfalls gegenüber dem Eigensinn und der zähen Geschmeidigkeit Bismarcks in hoffnungslosem Nachteil. Die Zeitgenossen nahmen den Vorgang als etwas Unvermeidliches, ja Natürliches hin; Bismarck hatte sich wenig Freunde geschaffen. Die meisten Politiker empfanden eine Erleichterung und hofften auf bessere Zeiten. Der neue Kurs, den der Kaiser einschlug, fand überall lebhafte Teilnahme. Viele waren unterdrückt gewesen und zu kurz gekommen, sie schöpften Hoffnung. Der Kaiser mochte in der Behandlung Bismarcks Fehler gemacht haben, die Geschichte war bereit, ihm sachlich recht zu geben – wenn es ihm gelang, ein eigenes politisches Programm erfolgreich durchzuführen. Der Schatten Bismarcks stand hinter ihm, mahnend und drohend. Der greise Staatsmann gab den Kampf nicht auf. Er setzte sich nicht zur Ruhe wie ein mit Ehren und Würden überhäufter hoher Beamter. Seine Rache war die Bismarck-Legende, die er und seine Helfer nunmehr verbreiteten. Bismarcks Größe hatte gerade in seiner Elastizität bestanden – nun legte ihn die Legende auf die orthodoxe Russenfreundschaft und die antienglische Haltung fest: es war genau das Gegenteil der Möglichkeiten, die der Kanzler vor seinem Abgang so ernsthaft erwog. Die Bismarck-Legende entwickelte sich zu einem wesentlichen Faktor des weiteren deutschen Geschehens. Eine wirkliche Kenntnis von Bismarcks Werk setzte

sich erst ganz langsam durch, die lebendige Erinnerung und die Stimmung der Zeitgenossen sanken mit ihm ins Grab. Immer mächtiger aber ragte die geschichtliche Figur des großen Mannes auf – es wurde üblich in Deutschland, zu fragen: was würde er nun getan haben? Je mehr der neue Kurs versagte, desto deutlicher erschien die Entlassung des Kanzlers als der Beginn eines Verhängnisses, desto eindrucksvoller erhob sich aus dem Munde des Verbannten und Verfemten die Anklage gegen das Pfuschertum.

Die Ära Caprivi

Bismarcks Nachfolger war General v. Caprivi, der beste Typus eines anständigen, gescheiten und klardenkenden deutschen Generalstabsoffiziers; Bismarck hatte ihn selbst gelegentlich empfohlen, als zeitweiser Leiter der deutschen Admiralität war er auch dem Kaiser besonders sympathisch. Caprivi war eine rein sachlich handelnde, bedeutende Natur; er hat die Schwierigkeit der von ihm übernommenen Erbschaft voll erkannt und sich redlich um Besserung bemüht – mit dem Reichtum und der Beweglichkeit eines Bismarck war diese Persönlichkeit freilich nicht zu vergleichen. Außenpolitisch gab Caprivi vor allem den Gedanken an eine Erneuerung des Rückversicherungsvertrages auf – die von Bismarck selbst als unvermeidlich bezeichnete russisch-französische Annäherung vollzog sich nunmehr. Dafür kam der von Bismarck vorbereitete Helgolandvertrag mit England zustande. Die Nordseeinsel wurde deutsch, ein wesentlicher Stützpunkt für die Flotte war gewonnen. Das von Deutschland durch die Abtretung Sansibars gebrachte Opfer an ostafrikanischen Kolonialaussichten war erheblich, konnte aber später unschwer ausgeglichen werden. Die deutsch-englische Annäherung wurde auch vor der großen Öffentlichkeit durch Reden des damaligen Prinzen von Wales, späteren Eduard VII., und Kaiser Wilhelms unterstrichen – der gemeinsame Gedanke war, daß durch die Zusammenarbeit der stärksten Armee und der stärksten Flotte eine sichere Friedensbürgschaft gegeben wäre. Dies war eine Warnung besonders an Rußland, das sich ja Hoffnungen auf die Dardanellen machte und seit 1887 in zunehmendem Maße französische Anleihen für Rüstungszwecke bekam. Dafür betonte nun Deutschland seine Freundschaft mit der Donaumonarchie und mit Italien etwas deutlicher. Die Wiedererneuerung des Dreibundvertrages in Form eines gemeinsamen Paktes (1891) verpflichtete Deutschland zum Eintritt für die Erhaltung des Status quo im ganzen türkischen Orient und zur Unterstützung der italienischen Ansprüche im Falle von Veränderungen sowohl in Tunis wie in Tripolis; die Mitwirkung Englands für die Mittelmeerfragen war jetzt ausdrücklich im Gesamtvertrag vorgesehen. Dem entstehenden russisch-französischen Zweibund stellte sich also jetzt der Dreibund rückhaltlos gegenüber, die europäische Lage schien vereinfacht. Grund zur Beunruhigung bestand nicht, Deutschland erhöhte seine Rüstungen und fühlte sich einem möglicherweise drohenden Zweifrontenkrieg mit Rußland und Frankreich durchaus gewachsen. Die Freundschaft mit England war freilich die wesentliche Voraussetzung einer solchen Politik. Innenpolitisch führte der Kampf um die Heeresvorlage zu einer erneuten Spaltung der Freisinnigen, nur eine kleinere Gruppe unter dem Danziger Zeitungsbesitzer Heinrich Rickert sah die Notwendigkeit der Heeresvermehrung ein, besonders weil durch die endliche Einführung der zweijährigen Dienstzeit eine alte liberale Forderung erfüllt war. An sich steuerte Caprivi mehr nach links, das Sozialistengesetz wurde nun nicht mehr erneuert. 1892 liefen die meisten alten Handelsverträge ab. Die Sozialdemokraten forderten die Aufhebung sämtlicher Agrarzölle, die Freisinnigen setzten sich für eine gründliche Ermäßigung ein – wenigstens sollten die Zölle auf Vieh, Korn und Holz verschwinden. Handel und verarbeitende Industrie verlangten energisch mäßige Zölle, und in diesem Sinne erfolgte denn auch der Abschluß mit Rumänien, Rußland, Spanien und Serbien. Weit über die wirtschaftliche Seite hinaus bekam diese Frage hohe politische Bedeutung. Die ersehnte Neuorientierung schien sich hier vorzubereiten. Bismarcks Schutzpolitik hatte dem parlamentsfeindlichen Altpreußentum gedient. Caprivi forderte die Agrarier wirtschaftlich heraus – die Antwort war Sturm. Es bildete sich der Bund der Landwirte. Er verlangte ausreichenden Zollschutz für die Landwirtschaft und ihre Nebengewerbe, die Revision der Arbeiterschutzgesetzgebung, die Beaufsichtigung der Produktenbörse. Der Bund wurde bald ein Werkzeug in den Händen des junkerlichen Grundbesitzertums, das sich bemühte, die gesamte deutsche Landwirtschaft in die großagrarische Politik einzufügen und so jede Schwenkung nach links zu verhindern. Caprivi galt als Führer einer gefährlichen Demokratisierung, und deshalb gab es nur den Untergang für ihn. Deutschland stand einmal wieder am Scheidewege. Agrarstaat oder Industriestaat – so lautete die damals volkstümlich gewordene Prägung. Der Industrialisierungsprozeß machte das Reich mehr und mehr abhängig von ausländischer Rohstoff- und Lebensmitteleinfuhr, kamen die Lebensmittel zum niedrigen Weltmarktpreise herein, so ging das altmodische Rittergut zugrunde, nur die rein bäuerliche Landwirtschaft blieb konkurrenzfähig. Wegen der Leutenot mußte sich Ostelbien mehr und mehr mit billigen polnischen Saisonarbeitern durchhelfen, die an Behausung und Verpflegung nur niedrige Ansprüche stellten. Die Umwandlung des junkerlichen Großgrundbesitzes in Bauernland und die dadurch zu erzielende Erhöhung des Ertragswertes würde mäßige Schutzzölle und damit die Erleichterung der Industrialisierung ermöglicht haben. Die Kaufkraft der Löhne hätte sich gestärkt, die Einfuhr von Rohstoffen und Halbfabrikaten hätte sich erleichtert. Innenpolitisch hätte eine solche Neuorientierung aber die Einführung des allgemeinen Wahlrechts in Preußen und den anderen Bundesstaaten, die Parlamentarisierung der Reichsregierung, die Demokratisierung des gesamten Gesellschaftsaufbaues zur Folge gehabt. Deutschland wäre damit mindestens für ein Jahrzehnt beschäftigt gewesen. Die Stunde für eine solche Politik war günstig, außenpolitisch war das Reich durch den Dreibund und die Anlehnung an England für absehbare Zeit gesichert. Imperialistische Pläne freilich hätten zurückgestellt werden müssen. Die Heeresrüstung war zwar gewiß nicht ohne Schwierigkeit auch bei einem demokratischen System im Reiche durchzusetzen. Nur eine Minderheit in Deutschland neigte ja Abrüstungsgedanken zu. Anders stand es freilich mit der Flotten- und Kolonialpolitik. 1891 gründete sich eine Vereinigung, die 1894 den Namen Alldeutscher Verband annahm. Er forderte den Schutz des deutschen Volkstums, die Pflege und Unterstützung deutschnationaler Bestrebungen und die Zusammenfassung aller Deutschen auf der Erde für diese Ziele, die Förderung einer tatkräftigen deutschen Außenpolitik in Europa und Übersee, die Fortführung der deutschen Kolonialpolitik zu praktischen Ergebnissen. Damit war also der Eintritt des Reiches in die Weltpolitik verlangt. Anhänger des Alldeutschen Verbandes waren im wesentlichen Akademiker, Richter und Lehrer, Professoren der Germanistik, auch Beamte, hanseatische und schwerindustrielle Interessenten, phantasiebegabte Publizisten und Weltreisende – kurz, geweckte Leute, die auf ihre Art aus der Krähwinkelei herausstrebten, in Anknüpfung an die Hoffnungen und Wünsche früherer Patrioten. Der deutsche Nationalismus erhielt also von dieser Seite her einen neuen Antrieb; er fand sich durch allerlei persönliche Querverbindungen mit dem agrarisch interessierten Junkertum zu gemeinsamer Arbeit gegen die Demokratisierung zusammen, so fremd sich auch klassenmäßig diese Gruppen stehen mochten. Die Agrarier verlangten den Schutzzoll, die Alldeutschen die Weltpolitik; nur aus einem weiterhin autokratisch-großpreußisch regierten Deutschland war der für die Weltpolitik nötige Rüstungsaufwand herauszupressen. Hier liegt der wesentliche Zusammenhang.

Fürst Hohenlohe. Beginn der Weltpolitik

Anarchistische Mordanschläge auf führende Männer erregten damals zunehmend die europäische Öffentlichkeit. Nach der Ermordung des französischen Präsidenten Carnot verlangte der deutsche Kaiser eine neue Bekämpfung des Umsturzes, wobei er Sozialisten und Anarchisten wie vielfach üblich zusammenwarf. Auch mehrere Bundesfürsten befürworteten scharfe Maßnahmen, selbst wenn es auf Kosten der Reichsverfassung ginge – kein Fürst hätte sie ja beschworen, sie könnte also geändert werden. Caprivi hatte sich mit den Polen gut gestellt, ihre Behandlung hatte sich gebessert – nun wandte sich der Kaiser auch in einer seiner zahlreichen Reden gegen das Polentum. Von Preußen und den übrigen Bundesstaaten her erhob sich wider den Reichskanzler ein Sturm, dem er nicht gewachsen war – der Traum einer Linksorientierung im Reich zerging, Caprivi wurde entlassen. Sein Nachfolger, der greise Fürst Chlodwig Hohenlohe-Schillingsfürst, lenkte, freilich ohne Staatsstreichideen, in die Bismarcksche Bahn zurück. Dies zeigte sich zunächst in der Außenpolitik. Der neue Zar, Nikolaus II., war der Gemahl einer ihm geistig überlegenen hessen-darmstädtischen Prinzessin; von Jugend auf verband ihn ein persönliches Vertrauensverhältnis mit Kaiser Wilhelm II., das dieser nicht ohne Erfolg politisch auszuwerten unternahm. Wichtiger als dies persönliche Moment sollte aber die Wendung der russischen Politik nach Ostasien werden. Das Vordringen Japans auf dem ostasiatischen Kontinent fesselte dort auch die russischen Interessen. Österreich-Ungarn und das Deutsche Reich spürten die Entspannung im Orient und auf dem Balkan. Wilhelm II. begünstigte in jeder Weise die ostasiatische Politik Rußlands. Als Japan den Chinesen den schweren Vorfrieden von Schimonoseki auferlegte, griff Deutschland zusammen mit Rußland und Frankreich ein (1895). Die gemeinsame, von Deutschland geführte und in der Form unnötig verschärfte Einsprache der drei Kontinentalmächte war erfolgreich. Japan mußte seine Bedingungen abmildern. Deutschland hatte Rußland geholfen. Japan war tödlich beleidigt und bereitete kalte Rache vor. Das hatte freilich noch gute Weile. Inzwischen vertiefte des Kaisers Schlagwort von der gelben Gefahr den Gegensatz. Der kontinentale Dreibund der drei großen Militärmächte war eine alte Bismarcksche Idee (vgl. Seite 427). Seit Schimonoseki schien er wiederaufzuerstehen. Deutschlands Beziehungen zu Frankreich gestalteten sich überhaupt freundlicher. Noch 1891 hatte der Besuch der Kaiserin Friedrich in Paris stürmische Revanchekundgebungen der Überpatrioten hervorgerufen, angestachelt von der Hetze der jungen Maler, deren Bilder die Kaiserin nicht hatte kaufen wollen. Die Folge war eine böse politische Spannung. Auch England nahm die der Tochter der Königin Viktoria widerfahrene unritterliche Behandlung übel. Nach Schimonoseki herrschte wieder ein höflicher Ton zwischen Frankreich und Deutschland, er wirkte sich auch geschäftlich fruchtbar aus bei der Behandlung afrikanischer Kolonialfragen. Großbritannien dagegen rieb sich in Asien mit Rußland, in Afrika mit Frankreich. Ein Angebot des englischen Prime Ministers Lord Rosebery vom Frühjahr 1894, das auf eine nähere Zusammenarbeit Deutschlands und Englands gegen Rußland hinzielte, fand aber in Berlin keinen Beifall. Die im Auswärtigen Amt eintretende antienglische Wendung war hauptsächlich vertreten durch den hochbefähigten Geheimrat von Holstein, dessen Arbeitskraft und Kombinationslust mehr und mehr die Leitung der deutschen Außenpolitik an sich rissen. Holstein war monoman, dem Durchschnittsdiplomaten weit überlegen, eigensüchtig beinahe krankhaft in seine Gedankenwelt und Amtsklause eingesponnen. So vermochte er sich auf die Dauer nicht die Elastizität des Handelns und das Wissen um die Wirklichkeit zu bewahren – Eigenschaften gerade, die Bismarck groß gemacht hatten. Persönlich war Holstein ein unguter Mensch, der eine peinliche Freude hatte am Verhetzen, Verdächtigen und Verleumden – also an jeder Art von seelischer Giftmischerei. In Geldsachen war er unrein. Dieser beste Kenner der internationalen Politik benutzte seine Wissenschaft zu Börsenspekulationen und schuf so einen bei dem preußisch-deutschen Beamtentum ungewöhnlichen Fall von Korruption. Wunderlich war, daß Holstein dabei nicht reich wurde, sondern nach Abdeckung alter Schulden in bescheidenen Umständen starb. Das Vergnügen des echten Spielers – eben zu spielen – hatte er jedenfalls genossen. Und wie es ihm in der Finanz ging, so ging es ihm auch in der Außenpolitik – alle Teufelssprünge endigten in einer milden Pleite.

Die antienglische Richtung hatte starken Rückhalt in vielen maßgebenden Kreisen – der Kaiser an der Spitze wollte sich von allem frei machen, was nach englischer Bevormundung aussah, und betäubte die ihm von der mütterlichen Seite her eingepflanzte Bewunderung durch eine wirklich sehr unenglische voreilige Sucht, alles Britische nachzuahmen, einzuholen, zu übertreffen. Die wilhelminische Hofgesellschaft verhielt sich schon aus Gegnerschaft zur Kaiserin Friedrich betont antienglisch. Je mehr englischer Sport, englisches Kunstgewerbe, englische Lebensweise in die deutsche Oberschicht eindrangen, desto eigenwilliger betonte man die Unabhängigkeit von England, vor allem die Ebenbürtigkeit mit dem reichen Vetter, dessen leicht ironische Gönnerschaft der emporgekommene Deutsche gründlich satt hatte. Freundschaft mit England, Verständnis und Bewunderung für dieses Land und seine Einrichtungen galten im wilhelminischen Deutschland bald als eine liberale Überlieferung, die schon deshalb verdächtig war – publizistisch begabte Gelehrte bemühten sich andererseits, die wahre Geschichte des britischen Imperialismus und seiner Eroberermethoden zu enthüllen, wobei sich denn wiederum der betonte Abscheu seltsam mischte mit dem Bedürfnis nach Nachahmung und Wettbewerb. Groß- und Größerbritannien konnten offenbar nur mit britischen Methoden eingeholt, übertroffen, geschlagen werden. Vom Kulturellen und Psychologischen her dehnte sich bald dieser Kampfgeist auf das Wirtschaftliche, Dynastische und Außenpolitische aus. Zum ersten Male kam der Gegensatz bei der südafrikanischen Politik Englands zum scharfen Ausdruck. Die deutsche Regierung und öffentliche Meinung sympathisierten mit den unabhängigen Burenrepubliken, die von Cecil Rhodes vertretene Aufsaugungspolitik rief herbe Kritik hervor; durch den Besitz von Deutsch-Südwestafrika besaß das Reich ein unmittelbares Nachbarschaftsinteresse an der Erhaltung des Status quo, denn diese deutsche Kolonie war gegenüber einem geeinigten und schlagfertigen Südafrika schwer zu halten.

»Völker Europas, wahret eure heiligsten Güter.« Zeichnung nach einem Entwurf Wilhelms II.

Als Dr. Jameson seinen berühmten Putsch gegen Transvaal unternahm (1896), wünschte der Kaiser sofort einzugreifen – er dachte daran, das halbsouveräne Transvaal unter deutsches Protektorat zu nehmen und deutsche Marinetruppen hinzuschikken. Dies hätte den Krieg mit England, vielleicht auch mit Frankreich bedeutet – es gelang den Beratern, ihren kaiserlichen Herrn zu beschwichtigen und seinen Tatendrang auf die Absendung einer Glückwunschdepesche an den Präsidenten von Transvaal, Paul Krüger, zu beschränken. Die Depesche war also das Gegenteil einer spontanen Handlung Wilhelms, sie war ein vorbereiteter Staatsakt, zu dem sich der Kaiser nur widerwillig entschloß, denn von der hochpolitischen Aktion blieb ja nur eine Geste übrig. Sie genügte freilich, um eine tiefe Verstimmung in England hervorzurufen; gewisse Kreise dort haben seit der Krügerdepesche ihre mißtrauische Empfindlichkeit gegenüber dem Kaiser und dem Reiche nicht mehr überwinden können. Englands und Deutschlands Wege trennten sich. Als Lord Salisbury die Armeniergreuel in der Türkei zum Anlaß einer großangelegten Teilungsaktion nehmen wollte, setzte sich Deutschland für die Unantastbarkeit des Ottomanischen Reiches ein und hielt zusammen mit seinen Dreibundsgenossen und Rußland auch während des griechisch-türkischen Krieges 1897 an dieser Haltung fest. Christliche und slawophile Kreise im Orient suchten und fanden deshalb bei den Westmächten und in Amerika Unterstützung in ihrem Freiheitskampfe gegen die türkische Unterdrückung. Der deutsche Imperialismus betonte das Recht der eigenen Nationalität, bekämpfte es aber bei andern. Die antienglisch gefärbte Freundschaft mit der Türkei wurde ein Hauptpunkt der deutschen Weltpolitik, der mehrjährige Staatssekretär des Äußeren, Freiherr v. Marschall, ging als Botschafter nach Konstantinopel und entfaltete dort eine glänzende Tätigkeit, vor allem für Eisenbahnpläne. Schon 1888 begann der Bau der anatolischen Bahn. Der Kaiser unternahm jetzt mit seiner Gemahlin eine groß aufgemachte Orientreise, sie gipfelte in der Rede von Damaskus, in der sich Wilhelm II. als Schutzherr von dreihundert Millionen Mohammedanern öffentlich anbot, zum Ärger Englands und auch Rußlands, die immerhin zweihundertundfünfzig Millionen davon als Untertanen besaßen. Rußlands Mißtrauen gegenüber dem deutschen Freunde zeigte sich in dem Angebot von 1899: Rußland war danach bereit, die deutsche Politik in Kleinasien, also in erster Linie die geplante Bagdadbahn, zu unterstützen, vorausgesetzt, daß Deutschland dem Partner freie Hand an den Meerengen ließ. Die Verhandlungen scheiterten an der deutschen Forderung auf wechselseitige Besitzgarantie – die Annahme dieser Bedingung hätte Rußlands Verzicht auf das Bündnis mit Frankreich bedeutet. Nach dieser Enttäuschung wandte sich Rußland von neuem vorwiegend nach Asien zurück.

Die deutsche Weltpolitik verlangte überall dabeizusein und gewöhnte sich so eine Vielgeschäftigkeit an, die zum ersten Male den Deutschen in der überseeischen Welt unbeliebt machte. Bis dahin hatte die Arbeitskraft und Zuverlässigkeit der deutschen Kaufleute und Siedler überall Gefallen und Achtung hervorgerufen. In beiden Amerika hatten Deutsche hervorragende Stellungen in der Wirtschaft und auch im öffentlichen Leben errungen; die Beweglichkeit, Sprachbegabung und geistige Mitteilsamkeit machten den Deutschen gegenüber dem Engländer zu einem bevorzugten, lebensvollen Mitgliede jeder kolonialen Gemeinschaft. Nun setzte sich die deutsche Regierung mit ihrem Propagandawillen und ihren unklaren Vergrößerungsplänen dahinter; von dem Patriotismus und der Opferbereitschaft der Auslandsdeutschen wurde wesentliche Hilfe erwartet, die Treue, mit der die meisten an der guten alten deutschen Kultur hingen, schien eine Gewähr auch für politische Bestrebungen zu bieten. Jeder tüchtige Auslandsdeutsche war aber ein Freiheitsfreund, denn er stammte meist von Freiheitskämpfern und Märtyrern ab. Mit dem Bismarckschen Reiche fanden sich viele, wenn auch nicht ohne begreifliche Vorbehalte, ab – jetzt verlangte der wilhelminische Imperialismus Sympathien, ja womöglich tatkräftige Unterstützung; die Gesten und Reden des Kaisers konnten aber nicht werben – geschäftlich, in ihrer persönlichen, privaten Welt hatten die Auslandsdeutschen die peinlichen Folgen zu spüren, die sich aus dem hochfahrenden Stile solcher Kundgebungen ergaben. In den Vereinigten Staaten wirkte besonders ein Zwischenfall während des spanisch-amerikanischen Krieges nach. Vor der Schlacht von Manila erschien ein deutsches Geschwader bei den Philippinen, ein Zusammenstoß mit den Amerikanern konnte nur mit Mühe verhindert werden. Die Amerikaner vermuteten, daß die Deutschen die Inselgruppe besetzen wollten, was wahrscheinlich stimmte. Wilhelm II. bemühte sich dauernd um die Vereinigten Staaten, geschichtliche Erinnerungen, wie Friedrichs des Großen freundliche Haltung, mußten dem Zwecke der Annäherung dienen, die Geister von Steuben und Carl Schurz wurden beschworen, reisende Amerikaner sahen sich in Berlin, auch am Hofe, verwöhnt, Professoren wurden ausgetauscht, alle antienglischen Stimmungen in den Vereinigten Staaten gefördert. Das einzige, was die Freundschaft der Union wirklich hätte gewinnen können, geschah aber nicht in Deutschland: das Reich entschloß sich nicht zu einer freiheitlichen Innenpolitik, die auch auf die Außenpolitik mäßigend und klärend eingewirkt hätte.

Deutsch-englisches Bündnis?

Die Faschodakrise (der französisch-englische Zusammenstoß am oberen Nil) rief 1898 eine scharfe Spannung zwischen England und Frankreich hervor. Niemals befand sich das Deutsche Reich in einer so beherrschenden Stellung. Die Westmächte waren verfeindet, Rußlands ostasiatische Politik entwertete den russisch-französischen Zweibund. England hatte brennende asiatische und afrikanische Sorgen, es bedurfte der Hilfe und Anlehnung. Der Wunschtraum des alten Bismarck schien sich zu erfüllen. Er hatte nach der Entlassung mit seiner Kritik und seiner dogmatisierten Lebenserfahrung dem jungen Kaiser und seinen Beratern das Leben schwer genug gemacht. Nun, unmittelbar nach seinem Tode (1898), setzten Werbungen dieses selben England ein, um das er vergebens geworben hatte. Der Kolonialminister Joseph Chamberlain befürwortete lebhaft ein deutsch-englisches Bündnis; der alte mißtrauische Lord Salisbury billigte die Bemühungen, sein Neffe Arthur Balfour sprach von der Gleichheit der Belange beider Länder. Der Angolavertrag von 1898 durfte als eine Art Vorspiel zu Wichtigerem gelten. Die beiden Mächte einigten sich darin auf eine Teilung der portugiesischen Kolonien für den Fall, daß eine neue portugiesische Anleihe die Verpfändung dieses überseeischen Besitzes notwendig machen sollte. Freilich schloß England ein Jahr später einen Sondervertrag mit Portugal, der, in Fortsetzung des alten, Jahrhunderte währenden Freundschaftsverhältnisses, die Territorialgarantie erneuerte und damit die portugiesische Unterstützung gegen die Burenrepubliken sicherte. Der drohende südafrikanische Krieg mochte diese Bindung rechtfertigen, der Angolavertrag mit Deutschland war aber entwertet. Günstiger gestaltete sich die Regelung der Samoa-Wirren. Die 1889 errichtete gemeinsame Herrschaft von Deutschland, England und den Vereinigten Staaten hatte viele Unzuträglichkeiten zur Folge gehabt. Nun gelang eine Teilung der Inselgruppen, wobei Deutschland gut abschnitt. Die Wirren in Ostasien, der Boxeraufstand in China, bei dem es zur Ermordung des deutschen Gesandten kam, konnten nur durch gemeinsames europäisches Vorgehen geschlichtet werden. Deutschland hatte 1898 das Tsingtau-Gebiet durch einen Pachtvertrag von 99 Jahren von China erworben, es war nun, mehr zur Freude Rußlands als Japans, ein Mitspieler auch auf diesem Schauplatz der Weltpolitik. Wilhelm II. schob den Feldmarschall Graf Alfred Waldersee in die fragwürdige Stellung eines Oberbefehlshabers der internationalen Expedition nach China. Der Zar war sehr überrascht, als der Anreger dieser Ernennung von der deutschen offiziösen Presse gefeiert zu werden. Waldersee erschien in China, als die militärische Entscheidung längst gefallen war. Die Bühnenrolle des »Weltmarschalls«, der eigentlich nichts zu tun hatte, paßte nicht übel zu dem Zug von schleimiger Schauspielerei, der Waldersees ganze Laufbahn bestimmt hatte. Mit England schloß das Reich das sogenannte Yangtse-Abkommen (1900), wonach der Grundsatz der offenen Tür beobachtet werden sollte, und zwar in allen chinesischen Gebieten; territoriale Vorteile sollten nicht erstrebt werden, Bestrebungen dieser Art seitens dritter Mächte sollten ein gemeinsames Vorgehen der vertragschließenden Teile zur Folge haben. Die Auslegung des Yangtse-Abkommens wirkte bald entscheidend auf die deutsch-englischen Beziehungen ein.

Bernhard v. Bülow. Die Flottenpolitik

Staatssekretär des Auswärtigen war seit 1897 Bernhard v. Bülow († 1929), er folgte 1900 dem müden Hohenlohe als Reichskanzler. Ein vielerfahrener Diplomat übernahm also jetzt zum ersten Male das höchste Amt im Reiche, und als ein Diplomat hat er es geführt. Bülow war ein Mann von ungewöhnlichem Gedächtnis, ein gewandter Schreiber, ein berechnender schlagkräftiger Redner, ein Feinschmecker der Literatur und des Lebens; er verfügte über eine Geschmeidigkeit, über eine naive Freude an Schmeichelei und Tücke, die manche Rassenpsychologen auf den slawischen Einschlag in dem Familienstammbaum haben zurückführen wollen. Deutlich war jedenfalls seine Vorliebe für lateinisch-südliche Formenreize. Er spielte gerne mit Ideen und Menschen, der Tingeltangel des Daseins konnte keinen genießerischeren, aber auch keinen verachtenderen Zuschauer haben. Unpathetisch wie er nun einmal war, nahm er die weltpolitischen Missionsgedanken seines kaiserlichen Herrn als ein notwendiges Übel hin – er selber begnügte sich mit einem entschiedenen Unglauben an großartige Worte; die Hauptsache mußte für ihn sein, das geliebte Amt so lange als möglich zu behalten, und deshalb studierte er den Kaiser, halb wie ein Nervenarzt, halb wie ein Tierzüchter. Lange Jahre fand er den richtigen Ton, er bezauberte Seine Majestät so sehr, daß Wilhelm glaubte, nicht ohne diesen Freund leben zu können. Bülow blieb stets der Gescheitere und Kältere, er kannte die Grenzen der Persönlichkeit des Kaisers, aber auch die seiner eigenen. Seinen Mangel an wirklicher Manneskraft vermochte er hinter einer korrekten Glätte zu verbergen, und wo die Tat fehlte, bot ihm sein untrügliches Gedächtnis stets rechtzeitig ein treffendes Wort fremder Prägung. So schlängelte er sich lächelnd zwischen Reichstag und Bürokratie, zwischen Kaiser und Großmächten, zwischen Parteien und Presse durch bis zu seinem endlichen, mora-

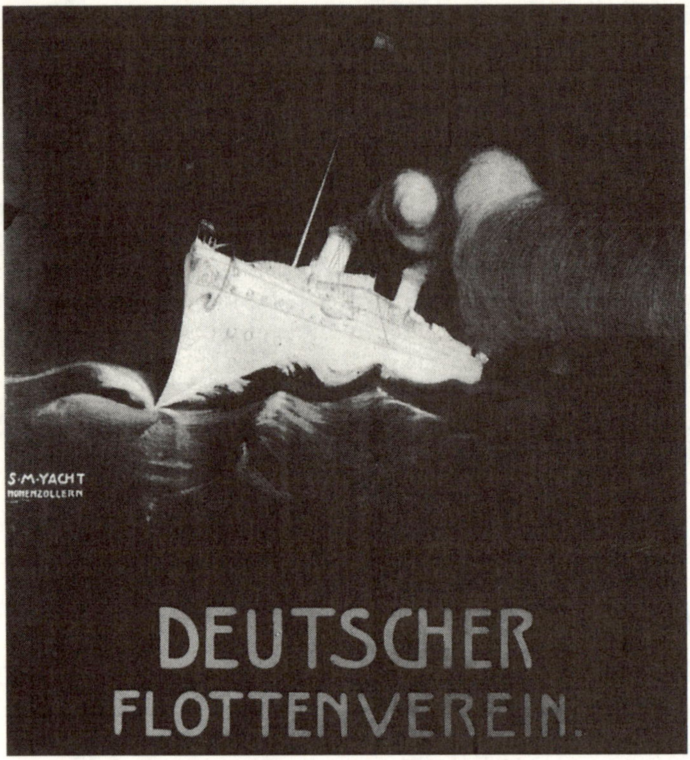

Die Yacht Wilhelms II. als Werbeobjekt auf einem Plakat des Deutschen Flottenvereins

lisch und sachlich wohl verdienten Sturze. Bülows Gegenpart war der Staatssekretär des Reichsmarineamtes, Admiral Alfred v. Tirpitz, wie die meisten Marineoffiziere ein Abkömmling des höheren Bürgertums, das größte Organisations- und Propagandatalent der wilhelminischen Zeit. In ihm fand der Kaiser das Werkzeug für seine Flottenpläne, die für ihn mehr als ein neues Rüstungskapitel bedeuteten. Wilhelm II. war flottengläubig mit einem hochempfindlichen Fanatismus. Mit dem Amerikaner A. Th. Mahan, Seeoffizier und Marineschriftsteller, glaubte er an die entscheidende Bedeutung der Seemacht für weltgeschichtliche Entscheidungen. Die Weltpolitik schien ihm nur durchführbar durch eine große Flotte; Handel, Auslandsdeutschtum, die Ausgestaltung des Kolonialreiches – kurz alles Neue und Starke des werdenden deutschen Weltmachtstaates schien ihm abhängig zu sein von der Marine. Die Kolonialfreunde unterstützten zuerst diese Bestrebungen, Handels- und besonders Schwerindustriekreise schlossen sich nach und nach an. Im Reichstage waren große Widerstände zu überwinden; den altpreußischen Konservativen war die Flotte »gräßlich«; die Militärkreise befürchteten Benachteiligung der Armee. 1898 trat der Deutsche Flottenverein ins Leben, der nun unter der geschickten Förderung durch das Reichsmarineamt eine laute und aufregende Wirksamkeit entfaltete. Dem ersten Flottengesetz von 1898

folgte schon 1900 ein zweites, das eine große Schlachtflotte von Linienschiffen und zugleich eine Auslandsflotte von Kreuzern vorsah. Die Schlachtflotte konnte nur der Einschüchterungspolitik gegen England dienen, ein anderer angemessener Gegner kam nicht in Betracht. Der Kaiser und Tirpitz hofften, die Flotte so groß zu machen, daß England ein Kriegsrisiko scheuen und eine Verständigung mit Deutschland unter deutschen Bedingungen vorziehen würde. Dieser »Risikogedanke« ist der eigentliche Schlüssel zur deutschen Flottenpolitik, er erwies sich sachlich und psychologisch als ein schwerer Irrtum.
Im November 1899 hielt der britische Kolonialminister Joseph Chamberlain eine vorher mit Bülow in den Grundzügen verabredete Ansprache, in der ein »germanischer« Dreibund Deutschlands, Englands und der Vereinigten Staaten gefordert war. Trotz Bülows unbefriedigender Antwort nahm England die Verhandlungen erneut auf. Da Rußland in der Mandschurei vorging und dadurch die englischen Chinainteressen empfindlich schädigte, regten die Londoner Staatsmänner nunmehr auf Grund des Yangtse-Vertrages ein gemeinsames deutsch-englisches Vorgehen in Ostasien an – es hätte das Vorspiel zu Größerem werden können. Bülow versagte sich, er stellte die fragwürdige Behauptung auf, daß die Mandschurei nicht durch das Abkommen gedeckt wäre. Bülow hatte kein Glück mit den Angelsachsen, er kannte weder ihr Land noch ihre Sprache noch ihre Psychologie; es gab damals und später ausgezeichnete Kenner Englands im deutschen öffentlichen Dienst, maßgebender Einfluß blieb ihnen aber versagt. Auch dieses persönliche Moment dürfte nicht unterschätzt werden bei der Beurteilung der folgenreichen Hergänge. Kaiser Wilhelm zeigte in der Chinasache wie so häufig einen besseren Instinkt als seine Berater. Die ersten englischen Angebote hatte er dem russischen Kaiser mitgeteilt, der mit der analogen Information dienen konnte. Nun befürwortete Wilhelm II. eine klare Entscheidung, er wollte nicht dauernd zwischen dem englischen und russischen Stuhle sitzen. Holstein aber brachte die englisch-deutsche Bündnismöglichkeit zu Fall. Er verlangte den Eintritt des ganzen Dreibundes, die Billigung durch das englische Parlament und womöglich die Einbeziehung Japans. Dem englischen Staatssekretär des Äußeren, Landsdowne, und seinen Mitarbeitern war es bitter ernst mit ihren Angeboten, und gerade deshalb konnten sie auf solche Bedingungen nicht eingehen. Holstein mußte wissen, daß die Beratung solcher diplomatischer Abkommen im Parlament englischen Gewohnheiten widersprach und auch aus allgemein politischen Gründen kaum zweckmäßig war. Hatte etwa der deutsch-russische Rückversicherungsvertrag dem Reichstage vorgelegen? Waren die Dreibundverträge in ihren Einzelheiten der Öffentlichkeit bekannt? Die spätere englisch-französische Entente bewies, wie locker die Formen eines geschichtlich entscheidenden Bündnisses sein konnten. Was Österreich-Ungarn betraf, so bestand auf englischer Seite kein Bedürfnis, sich mit seinem Nationalitätenhader und den daraus entspringenden außenpolitischen Gefahren zu belasten. Auch das immer anspruchsvolle Italien wollte London mit Vorsicht behandelt wissen. Mit Japan stand England wesentlich wärmer, als es Deutschland tat, ein gleichzeitiges Bündnis mit Deutschland und mit Japan erschien wenig aussichtsvoll; Deutschland schien zu beabsichtigen, sich über England mit Japan wieder auszusöhnen, was beide Mächte nicht angenehm berührte. Tatsächlich erfolgte ja der Abschluß des englisch-japanischen Bündnisses als ein Ergebnis des Scheiterns der deutsch-englischen Annäherungsversu-

che. Holstein glaubte weder an die englisch-französische Aussöhnung noch an die englisch-russische Entspannung. Er hatte nur in einem Punkte wirklich recht, nämlich in der Überzeugung, daß Frankreich den Revanchegedanken nicht aufgeben würde. Hier lag aber gerade die Schwäche der deutschen Weltpolitik. Das Reich strebte ins Weite, die Hauptsorge saß aber an der nahen Westgrenze. Sein Kolonialreich befähigte Frankreich zu einer Kontinentalpolitik, die nur *ein* Ziel kannte. England und Deutschland trennten sich jetzt gereizt und verstimmt. Die goldenden Tage der wilhelminischen Zeit gingen ihrem Ende entgegen.

Abkehr von England. Deutschlands weltpolitische Ziele. Der Friedensgedanke

Wilhelm II. und seine Helfer erstrebten keine Weltherrschaft, sie wollten für Deutschland den »Platz an der Sonne«. Sie wollten keinen Weltkrieg, besonders nicht den Krieg gegen drei Fronten, wie er dann 1914 ausgebrochen ist. Sie wollten den Frieden, freilich den schwerbewaffneten Frieden, denn sie versuchten ihre Ziele durch die Mittel der Einschüchterung, der Bedrohung und der Erpressung zu erreichen. Diese Mittel waren geschichtlich nicht neu, sie sind auch von andern Mächten angewandt worden. Das Wesentliche an der deutschen Weltpolitik war ihre Zwiespältigkeit und ihre Vielfältigkeit. Was in den ersten Jahren Wilhelms II. erreicht worden war, schien etwas zu bescheiden im Verhältnis zu dem Aufwand. Neben den Gewinn in Samoa traten die Inselgruppen der Karolinen und Marianen aus der spanischen Liquidation nach dem amerikanisch-spanischen Krieg – eine leichte Verstärkung der pazifischen Stellung, die aber das Verhältnis zu Japan weiter verschlechterte. In Europa gab es keine deutsche Hegemonie mehr, und es konnte keine mehr geben. An die Stelle des Bismarckschen Systems war nun das schwankende Gleichgewicht zwischen Dreibund und Zweibund getreten. In der großen Welt gab es vier Schauplätze der deutschen Betätigung; am schwächsten war Deutschland im ostasiatischen und im pazifischen Raume – der Streubesitz dort war im Ernstfalle nicht zu halten. Besser sah es im Orient aus, am besten in Afrika, aber auch in diesen Räumen begegnete das Reich wieder seinen alten europäischen Rivalen, die überkommenen Gegensätze entzündeten sich neu, statt sich abzumildern. Die steigenden Kriegsrüstungen bedeuteten steigende Kriegsgefahr, die Rüstungen selbst waren schon ein Teil der Kriegführung. Die deutsche Weltpolitik, die betontermaßen keinen Krieg wollte, hat wiederholt die Gefahr des Kriegsausbruches herbeigeführt. Die Kriegsdrohung wurde ein unentbehrliches Werkzeug der Vorkriegsdiplomatie. Einmal konnte eine Großmacht zurückweichen, eine sehr starke und selbstbewußte Großmacht vielleicht auch zweimal – ein drittes Mal bestimmt nicht.

Gab es eine Möglichkeit der europäischen Versöhnung, der europäischen Zusammenarbeit? Die von den angelsächsichen Ländern ausgehende Friedensbewegung versuchte den Rechtsgedanken, die vornehmste Frucht der englischen, amerikanischen

Die Pazifistin
Bertha von Suttner

und Französischen Revolution, auch auf die Außenpolitik anzuwenden. Im innerstaatlichen Leben hatte er gesiegt – Rechtspflege, saubere Verwaltung, unantastbares Beamtentum, Kontrolle durch die öffentliche Meinung – das waren selbstverständliche Kennzeichen des Lebens eines modernen Kulturstaates. Jede Unvollkommenheit auf diesen Gebieten fiel auf und heischte dringend der Sühne und Abhilfe. Zu dieser Rechtsatmosphäre stand nun die zwischenstaatliche Anarchie in einem beunruhigenden Mißverhältnis. Die dauernde Gewaltanwendung auf internationalem Gebiet drohte sogar auf das nationale Gebiet zurückzuschlagen und den Rechtsstaat selber zu erschüttern. Das Völkerrecht mußte also den Versuch machen, die Rechtsidee zum allumfassenden Prinzip zu entwickeln, mit andern Worten den Krieg als Form des Kampfes zu überwinden und den notwendig entstehenden internationalen Zwisten eine andere Möglichkeit des Austragens zu schaffen. Der Anteil des deutschen philosophischen und juristischen Denkens an der Ausgestaltung der Friedensidee seit Immanuel Kant ist erheblich; volkstümlich wie in den angelsächischen Ländern konnte aber der Friedensgedanke in Deutschland deshalb nicht werden, weil die wichtigsten Errungenschaften der nationalen Geschichte mit erfolgreichen Kriegen verbunden waren – die Freiheitskriege gegen Napoleon, die Einheitskriege der Bismarckschen Reichsgründung hatten dem deutschen Volke wieder eine geachtete politische Lebensform gegeben. Der großpreußische Militärgeist verübelte die Forderung nach Abrüstung und schiedsgerichtlicher Regelung wie eine persönliche Kränkung. Im alten deutschen Kernland zeigte sich eine etwas größere Empfänglichkeit. Der dritte internationale Friedenskongreß tagte 1850 in der Frankfurter Paulskirche – alle führenden Männer der deutschen Friedensbewegung stammen aus Westdeutschland – Ludwig Quidde aus Bremen, Pfarrer Otto Umfried aus Stuttgart, Walter Schücking aus Westfalen. Der frühe Sozialismus und der Linksliberalismus arbeiteten für ein neues friedliches Europa, getreu den Grundsätzen der Demokratie. Rüstungsbeschränkung von Staats wegen und Abrüstungsvorschläge in Parlamenten hatten in der Zeit Napoleons III. und Bismarcks wiederholt die Öffentlichkeit beschäftigt. 1890 ließ die Gründerin der österreichischen Friedensgesellschaft, die unermüdliche, warmherzige Baronin Bertha von Suttner, ihren Roman erscheinen: »Die Waffen nieder«, der einen Welterfolg erzielte. Auch in Deutschland kam es nun zur Gründung einer Friedensgesellschaft. Während aber in Österreich bestimmte Kreise der Aristokratie und der großen Wirtschaft den Friedensgedanken gerne aufnahmen und damit ihre westeuropäische, der Dreibundpolitik entgegengesetzte Richtung stärkten, vermochte im wilhelminischen Reiche die Bewegung keine maßgebende Bedeutung zu erringen. Sie galt als unhistorisch und unpatriotisch, ihre Führer sahen sich als Sektierer und Schwärmer, als Sonderlinge oder gar als Verräter behandelt, es drohte ihnen der behördliche, selbst der gesellschaftliche Boykott. Im Munde eines strammen Preußen gewann der Ausdruck »Pazifist« geradezu die Bedeutung eines Schimpfwortes. Die meisten gaben sich nicht die Mühe, den Unterschied zu entdecken, der zwischen ethisch-religiösen eschatologischen Ideen, rechtlichen Grundsätzen und sehr diesseitigen volkswirtschaftlichen Erwägungen bestand. Von 1872 bis 1910 vermehrten sich die Rüstungsausgaben des Deutschen Reiches um das Fünffache. Der Krieg wurde eine technisch-ökonomische Angelegenheit, die einen wachsenden Anteil der Intelligenz aller Länder in Anspruch nahm. Die dauernde Kriegsbereitschaft beherrschte die öffentliche Wirtschaft und zwang sie, auch alles Private auf den Krieg einzustellen, den man eigentlich nicht wünschte, den man aber so gar nicht mehr zu vermeiden in der Lage war.

Unter dem Eindruck der wissenschaftlichen Arbeiten des russischen Staatsrates Johann von Bloch entschloß sich Zar Nikolaus II. 1898, jene Kundgebung zu veröffentlichen, die in der Geschichte der Friedensbewegung und der internationalen Politik epochemachend geworden ist. Der Erfolg des Manifestes war der Zusammentritt der ersten Haager Friedenskonferenz. Im Gegensatz zu Wilhelm II. hatte der russische Zar eine persönliche Abneigung gegen den Krieg und handelte insofern völlig ehrlich. Selbstverständlich verbanden sich damit auch noch andere Momente: Rußland kämpfte mit der zunehmenden Revolutionsgefahr, es befand sich in einer schweren wirtschaftlichen Umwandlung, es hoffte, durch die Erschließung Asiens aller dieser Probleme Herr werden zu können, es brauchte dazu ein befriedetes Europa. Europa war nie so kosmopolitisch gestimmt wie damals, die überall einsetzende Weltpolitik

wirkte sich entspannend auf dem Kontinent aus – wenn je, so bestand also gerade jetzt die Möglichkeit zu internationaler Zusammenarbeit. Das Ergebnis der ersten Haager Konferenz war aber mager. Das Deutsche Reich trägt daran einen wesentlichen Teil der Schuld. Der russische Antrag, die Rüstungen auf den damaligen Stand für fünf Jahre festzulegen, scheiterte am deutschen Widerspruch. Ebenso fiel infolge der deutschen Einwände der Vorschlag, das Schiedsgericht für alle Streitfragen materieller Natur obligatorisch zu machen, natürlich unter Ausschluß der sogenannten Lebens- und Ehrenfragen. Gewiß hatten auch andere Staaten wesentliche Bedenken und wünschten keinen Verlust ihrer politischen Entschlußfreiheit. Das Deutsche Reich drängte sich aber mit einer gewissen naiven Plumpheit in den Vordergrund, es zeigte ungeschminkt sein imperialistisches Begehren, es verbarg gar nicht sein Mißbehagen über die Grundforderungen der Friedensbewegung; die Festlegung des gegenwärtigen Macht- und Besitzstandes sah es als eine Beschneidung seiner Entwicklungsmöglichkeiten an. Kein anderer Staat betonte so deutlich das ihm unerträglich erscheinende Mißverhältnis zwischen seinen staatlichen Machtmitteln und seinem Herrschaftsraume. Die Haager Konferenz hatte den tiefen Gegensatz zwichen der Rechtsidee und der imperialistischen Dynamik aufgezeigt.
Niemand bedrohte damals das Deutsche Reich. Selbst die französische Revancheidee war abgeflaut. Frankreich brauchte Verbündete, wenn es überhaupt noch hoffen wollte. Deutschlands Aufgabe wäre es gewesen, auf jeden Fall solche Bündnisse zu verhindern. Bismarck hatte meisterlich die Westmächte gegeneinandergehetzt; er hatte den englisch-russischen Weltgegensatz voll ausgenutzt, er hatte die französisch-russische Annäherung lange hinausschieben können. Der Imperialismus Wilhelms II. brachte es nun fertig, jene große Koalition, die sich 1875 skizzenhaft gezeigt hatte, zu einer weltpolitischen Wirklichkeit zu machen – die Zusammenarbeit von England, Frankreich und Rußland.

Der neue Klassenaufbau

Deutschland wurde wohlhabend. Von 1889 bis 1900 stieg die deutsche Ausfuhr um rund einundeinhalb Milliarden Mark, der Gesamthandel um dreiundeinviertel Milliarden Mark. Der gesamte Güteraustausch vollzog sich jetzt unter der deutschen Flagge. Die düsteren Prophezeiungen des Marxismus waren nun durchaus nicht eingetroffen. Gewiß bildeten sich sehr große Vermögen, aber es entstanden auch viele mittlere und kleine. Die Spartätigkeit nahm zu, auch der bescheidene Mann vermochte durch Tüchtigkeit immer noch zu etwas zu kommen. Von einer Verelendung der Arbeiterschaft konnte nicht die Rede sein. Es bildeten sich vielmehr innerhalb der Arbeiterschaft mehrere Gruppen – der gelernte, allmählich auch gutbezahlte Arbeiter der obersten Schicht verbürgerlichte zusehends, er erwarb Haus und Garten, er richtete sich ein und gab etwas für Kindererziehung aus; er entwickelte ein Selbstgefühl und eine Lebenssicherheit, die ihn dem Handwerksmeister der alten Zeit anähnelte. Das Handwerk selbst ging durchaus nicht zugrunde, die von der anspruchsvoll werdenden

Arbeiterunterkünfte in Berlin 1911

Oberschicht verlangte Qualitätsarbeit gab ihm neuen Aufschwung. Die Zahl der Angestellten in den wachsenden Betrieben nahm ungeheuer zu, auch die weiblichen Angestellten wurden jetzt überall eine regelmäßige Erscheinung. Wer findig und strebsam war, konnte schnell steigen, der Hochkapitalismus suchte nach Talenten und eröffnete einer außergewöhnlichen Begabung außergewöhnliche Möglichkeiten. Aber auch der Tüchtige und Fleißige kam bald zu einer bürgerlich soliden Lebensweise, denn ohne dringende Not wurde niemand entlassen. Die Angestelltenschaft war erfüllt von dem sehr bezeichnenden deutschen Beamtenideal – es gab bald Bankbeamte, Versicherungsbeamte; der Begriff des Privatbeamten entstand. Große Firmen zogen sich ganze Generationen von Arbeitern und Angestellten groß, sie schlugen gewalti-

gen Gewinn aus der Treue und Hingabe dieser Leute ans Werk; ein Stück des eigenen Lebens eines jeden einzelnen steckte ja darin, die Gemeinschaft trug das Ganze.
Es vollzog sich also wiederum eine Klassenumschichtung in Deutschland. Die neue Aristokratie verschmolz den Feudalismus mit dem Großbürgertum. Das Titelpatriziat der Universitätslehrer, Richter und hohen Beamten schloß sich überwiegend dem Interessenkreis der neuen Aristokratie an. Der Mittelstand stärkte sich, er versuchte, seine Interessen zu behaupten durch den Zusammenschluß zu Verbänden. Alle Facharbeiter waren in Gewerkschaften organisiert. Der Bund der Landwirte hatte gezeigt, wie wirksam dieses Prinzip für einen bestimmten Besitzstand werden konnte. Andere Berufe folgten – die Lehrer, die Schriftsteller und Journalisten, die Bankbeamten, die Ärzte und Zahnärzte, die reisenden Kaufleute, die Privatdozenten und so fort. Gehalts- und Lohnfragen, Standes- und Ehrenfragen, Ausbildungs- und Beförderungsfragen beschäftigten die Verhandlungen und die Tätigkeit dieser Verbände; wie bei den Gewerkschaften trat der neue Typus des geschäfts- und organisationsgewandten Vertrauensmannes in den Vordergrund. Zukünftige Parlamentarier entwickelten sich hier, zugleich aber vollzog sich eine dem parlamentarischen Gedanken feindliche Wandlung – der berufsständische Interessenkreis drängte sich in den Vordergrund, die allgemeineren politischen Fragen verloren an Bedeutung. Der Klassenkampf änderte seinen Charakter mit dem Klassenaufbau, die Rückwirkung auf das Leben der politischen Parteien mußte sich geltend machen.

Marxisten und Revisionisten

Von dem Sozialistengesetz befreit und auch vor einer erneuten Bekämpfung des »Umsturzes« durch Ausnahmegesetze bewahrt, nahm die Sozialdemokratische Partei einen ungehinderten Aufstieg im Reich. Die Polizei versuchte zwar immer wieder, das Vereinsleben und die Presseäußerungen zu unterdrücken, blieb aber im großen gesehen erfolglos. Der alte internationalistisch eingestellte Marxismus erfuhr jetzt eine entschiedene Verneinung durch die jüngere Schule der sogenannten Revisionisten, deren geistiger Vater, Eduard Bernstein, während seines Aufenthaltes in England die Fabier kennengelernt hatte und nun den Versuch machte, die Partei zur Anwendung einer vorsichtigen, den gegebenen Verhältnissen Rechnung tragenden Taktik zu gewinnen. Er erfreute sich dabei der Sympathien der besten Köpfe des Nachwuchses. Eigensinnig und dogmatisch wetterten die orthodoxen Marxisten gegen jede Neuerung, ein unerfreuliches Schulgezänke machte sich breit. Bei den süddeutschen Parteigenossen hatten solche Lehrstreitigkeiten kein Glück. Sie wollten praktisch vorankommen. Ihr Führer, der biedere Bayer Georg v. Vollmar, sprach sich öffentlich für Verhandlungen mit den Nachbarparteien und mit der Regierung aus, er betonte auch die Entschlossenheit der deutschen Arbeiterschaft, im Falle eines Angriffes das Vaterland zu verteidigen.
Die deutsche Arbeiterschaft war weder politisch noch geistig, noch soziologisch eine

Die sozialdemokratische Reichstagsfraktion zwischen 1889 und 1897 (von links nach rechts hinten): Dietz, Kühn, Wilhelm Liebknecht, Grillenberger, Singer; sitzend: Schumacher, Harm, Bebel, Meister, Frohme

Einheit. Es gab Gegensätze zwischen Gewerkschaftlern und der akademischen Intelligenz, zwischen dem echten großstädtischen Arbeitertypus, der schon in der zweiten, wohl gar in der dritten Generation zur Fabrik gehörte, und den Idealisten bürgerlicher Herkunft, die sich der Arbeiterbewegung anschlossen, gewiß aus Überzeugung, aber oft doch auch, um zu einer politischen Führerrolle zu gelangen; es gab weitere Gegensätze zwischen Norddeutschen und Süddeutschen, Westdeutschen und Ostdeutschen, großpreußisch und partikularistisch eingestellten Parteiangehörigen – in dieser Partei, die sich über das ganze Vaterland wachsend ausdehnte und sich überall an die Bodenständigen wandte, brachen alle alten Gegensätze des deutschen Lebens neu auf. Soziologisch prägte sich der Gegensatz zwischen gelernten, hochqualifizierten Facharbeitern und ungelernten Gelegenheitsarbeitern scharf aus – dazwischen gab es aber noch die Halbgelernten, von denen nur bestimmte mechanische Handfertigkeiten erwartet wurden. Die Qualifikation machte sich bei der Löhnung geltend, die Arbeiterschaft begann selbst wieder eine soziale Pyramide zu werden, deren unterste Schicht das großstädtische Lumpenproletariat der Degenerierten, der zur dauernden Arbeitslosigkeit und Verelendung Verdammten darstellte. Der Abstand zwischen einem Vor-

arbeiter bei Krupp und einem solchen Angehörigen des fünften Standes war viel größer als zwischen demselben Vorarbeiter und dem Lehrer oder Pfarrer, der die Kinder des Vorarbeiters betreute. Endlich dachten die bürgerlichen Parteien gar nicht daran, die deutsche Arbeiterschaft der Sozialdemokratie zu überlassen. Das Zentrum schuf seine eigenen, die christlichen Gewerkschaften; die fortschrittlichen Hirsch-Dunckerschen Gewerkvereine lebten weiter; die antisemitischen Christlich-Sozialen versuchten, die Arbeiter mit dem nationalen Gedanken zu versöhnen.
Anarchismus, Syndikalismus, Anarchosyndikalismus, die neuen Formen der antikapitalistischen Bewegung, gewannen in Deutschland keine nennenswerte Bedeutung. Das Leben der deutschen Sozialdemokratischen Partei wurde beherrscht durch die Kämpfe zwischen Marxisten und Revisionisten – es spielte sich in Zeitschriften, bei den Debatten auf Versammlungen, in der Parteipresse und besonders sichtbar auf den Parteitagen ab. Persönliche Rivalitäten, Gegensätze von Charakter und Temperament verschärften diese Konflikte, die der Masse der Anhänger als Zwiste rein taktischer Natur begreiflich und erträglich gemacht wurden. Die Frage, ob man die Revolution vorbereiten oder sich an grundlegender Reformarbeit beteiligen sollte, berührte aber doch das Wesentliche der Zukunft des Sozialismus. Im ganzen schwächte sich der revolutionäre Wille ab, schon deshalb, weil die Barrikadenromantik von ehemals zerging an der Schlagkraft eines modernen, imperialistisch organisierten Militärstaates. Seit dem Zusammenbruch des Kommuneaufstandes in Paris (1871) mußten die revolutionär gesinnten Parteien modernere Methoden ausdenken. Nicht die Deutschen, sondern die Russen haben den neuen revolutionären Stil geprägt. Im großen gesehen überwog bei der deutschen Sozialdemokratie der Reformgeist. Dies zeigten ihre Anträge im Reichstage, die auf die allmähliche Einführung des Achtstundentages, auf Versammlungsfreiheit, auf die Einführung der obligatorischen gewerblichen Schiedsgerichte, auf die Umwandlung der Heeresorganisation in ein Milizsystem hingingen. Die Sozialdemokratie bekämpfte mit Entschiedenheit den aufrüstenden Imperialismus und fand bei ihrer Kritik gerade hier viel Beifall in der bürgerlichen Welt. Eine wichtige Rolle spielte der Kampf um die Idee des Massenstreiks – der Parteivorstand hatte zunehmende Bedenken und wollte ihn nur als ein mögliches, lediglich bei völliger Einigkeit der gewählten Arbeiterorgane anwendbares Mittel anerkannt wissen. Seit 1904 pflegten die sozialdemokratischen Fraktionen in den süddeutschen Kammern den Staatshaushalt zu bewilligen und bei den Wahlen mit den bürgerlichen Parteien Vereinbarungen zu treffen. Dies kam für den Reichstag nicht in Betracht, denn die Reichsregierung beruhte ja auf Preußen, und in Preußen verhinderte das Dreiklassenwahlrecht die Entstehung einer einflußreichen sozialistischen Fraktion im Abgeordnetenhause. Nicht umsonst setzte die Sozialdemokratie ihre ganze agitatorische Kraft ein, um die Wahlreform in Preußen zu erreichen. Hier biß sie auf Granit. Nicht einmal Nachtwächter konnte in Preußen ein Sozialist werden. So vollzog sich in Deutschland auch weiterhin die Paradoxie, daß zugleich reaktionär und reformerisch regiert wurde. Der Staatsstreich, den Bismarck und einige Kleinere erwogen hatten, war gar nicht nötig, solange Preußen von Junkern und Korpsstudenten geführt und dementsprechend die Reichsregierung im Interesse der neuaristokratischen Klasse gehandhabt wurde.

Die Nationalsozialen

Die antisemitische Partei erreichte 1893 ihren ersten Höhepunkt. Unter den jüngeren Anhängern Adolf Stöckers ragte an rednerischer und schriftstellerischer Begabung Friedrich Naumann hervor, der als ein ehrlich protestantischer Pfarrer die Judenhetze nicht mitmachen konnte. Er verließ die Christlich-Sozialen und gründete 1896 mit einigen Anhängern den Nationalsozialen Verein. Der Grundgedanke ergriff das wahrhaft Wesentliche des deutschen Schicksals: äußere Macht kann ohne den Nationalsinn einer politisch interessierten Volksmasse nicht erhalten werden; Wirtschaftsblüte und Sozialreform haben keinen Zweck, wenn nicht die untere Volksschicht diesen Staat bejaht; der internationale Kommunismus, der revolutionäre Marxismus ist also abzulehnen, aber die deutsche Arbeit hat ein Recht auf einen größeren Anteil am Ertrag; die Übermacht der vorhandenen Besitzverhältnisse muß bekämpft, die Umgestaltung des Überkommenen durch gewerkschaftliche genossenschaftliche Arbeit erzielt werden. Naumann setzte sich also ein für eine kräftige Außenpolitik, für Kolonien und entsprechende Rüstungsmaßnahmen, er verlangte aber als erste Bedingung für die Aussöhnung der breiten Masse mit dem nationalen Weltmachtstaat das allgemeine gleiche Wahlrecht für sämtliche deutsche Landtage. Naumann fand unter den besten Jüngeren viel begeisterte Anhänger. Helmuth von Gerlach, der geistvolle, unerschrockene Publizist, und der spätere Reichsbankpräsident Hjalmar Schacht gehörten zu seiner Gruppe. Aber bei den Wahlen errang Naumann keinen Erfolg. Er schloß sich zuletzt der Fortschrittspartei an, während der linke Flügel der Nationalsozialen zu den Sozialdemokraten überging. Diese Episode gehört zur unmittelbaren Vorgeschichte des Nationalsozialismus. Friedrich Naumann steht geistesgeschichtlich zwischen Lassalle und Hitler. Er entwickelte sich zu einem der wirksamsten Redner und Tagesschriftsteller des kaiserlichen Deutschland. Sein Buch »Demokratie und Kaisertum« ist der leidenschaftliche Versuch eines großen Patrioten, die Aussöhnung und Zusammenarbeit der mächtigsten Zeitströmungen zustande zu bringen: Imperialismus und Massenbewegung, Weltpolitik und Sozialreform, Autokratie und Demokratie.

Reichsreform? Die Macht der Verbände

Angesichts der Verschärfung der innerpolitischen Gegensätze gewann das Zentrum dauernd an Einfluß. Es fühlte sich als der gegebene Vermittler zwischen dem Reich und dem Partikularismus, zwischen der Machtidee und dem sozialen Ausgleich. Ohne das Zentrum konnte man im Reich nicht regieren. Bülows Versuch, einen Block gegen das Zentrum aufzubauen, blieb ein kurzes Zwischenspiel. Das Zentrum wünschte die letzten Überbleibsel des Kulturkampfes, wie den Rest des Jesuitengesetzes, zu beseitigen. Im übrigen mehrten sich die Bestrebungen, den konfessionellen Charakter der Partei zurücktreten zu lassen. Die sogenannte Kölner Richtung verlangte die Aufnahme von Protestanten in die Partei und die Zusammenarbeit mit den Christlich-Sozialen. Das gemeinsame christliche Interesse sollte das Freidenkertum abwehren. Demgegenüber beharrte aber die sogenannte Berliner Richtung auf dem rein katholischen Charakter des Zentrums. Wiederum prägte sich bei diesem Konflikt der Gegensatz zwischen dem Osten und Westen scharf aus. Im Westen fühlte sich der rheinische Katholizismus sozial und kulturell so sicher, daß er gerne mit den protestantischen Gruppen gleicher bürgerlicher Prägung politisch zusammengegangen wäre. Im Osten waren die Katholiken meist kleine Leute, die sich gegenüber der gesellschaftlich und wirtschaftlich überragenden Stellung der protestantischen herrschenden Klasse behaupten mußten; konfessionell sympathisierten sie auch notwendig mit den Polen, die durch die Ostmarkenpolitik der preußischen Regierung möglichst aus Besitz und Einfluß verdrängt werden sollten, was aber eher das Gegenteil zur Folge hatte. Die antiklerikale Haltung blieb immer der wesentliche Charakterzug der Nationalliberalen Partei. Ihre Freude an dem System Caprivis wurde stark durch dessen reaktionäre, konfessionell betonte Schulpolitik herabgemindert. Der Reichsgedanke stand bei den nationalliberalen Bestrebungen immer im Vordergrund, und so wurde die Partei eine treue Anhängerin der weltpolitischen Bestrebungen. Der Rechtscharakter der Nationalliberalen prägte sich infolge der allgemeinen Materialisierung des Parteilebens immer deutlicher aus. Sie gingen gerne mit den Konservativen und Reichsparteilern zusammen, besonders gegen das Zentrum – sie waren aber ohnmächtig, als die konservativ-klerikale Verbindung in Wirksamkeit trat. Im ganzen lebte diese Partei von ihrem geschichtlichen Ruhme; die Reichsverfassung im unitarischen Sinne fortzuentwikkeln, war ihr nicht möglich. In katholischen Gegenden, wie in Köln und München, vertrat die national-liberale Presse den Reichspatriotismus, in industriellen Gegenden den Unternehmerstandpunkt, in den agrarisch-feudalen Gegenden Ostelbiens das Bildungsideal – der Blickpunkt war immer der des gediegenen Honoratioren. Das befriedigte nicht auf die Dauer, und so entstand der Verein der Nationalliberalen Jugend. Diese Jungliberalen versuchten ohne wesentlichen Erfolg einen frischeren Zug in das Parteigebilde zu bringen. Auch der Linksliberalismus hatte zu leiden unter dem doppelten Drucke, der von oben und von unten auf die Mitte wirkte. Die glänzende Wirtschaftsentwicklung, die Stärkung und Differenzierung des Mittelstandes waren an sich dem liberalen Gedanken nicht ungünstig. Er verlor jetzt vollkommen den revolutionären Schwung von ehemals – wie hätte dieses gebildete und loyal aufstrebende Bürgertum auch revolutionär denken können, wenn selbst in der Sozialdemokratie der Revisionismus überhand nahm? Kritik und Reform – etwas anderes blieb nicht übrig, und man mußte hoffen, daß solche Arbeit schließlich etwas nutzte. Der Linksliberalismus war sowohl antiimperialistisch wie antisozialistisch, er kämpfte für die Demokratisierung und Parlamentarisierung, die Wahlreform in Preußen war auch seine dringendste Forderung. Er mußte einsehen, daß auf gesetzlichem Wege, also ohne Krieg und Bürgerkrieg, das Regiment der neuaristokratischen Klasse in Preußen-Deutschland nicht zu brechen war. Wollte der Linksliberalismus praktisch wirken, so mußte er vor allem seine verschiedenen Splitterparteien zusammenschweißen. Der alte Traum einer großen, mächtigen liberalen Partei in Deutschland war nicht mehr zu verwirklichen; wenigstens gelang aber 1910 die Bildung der Fortschrittlichen Volkspartei als der Gesamtorganisation des Linksliberalismus. An Nationalgefühl und tätigem Patriotismus durfte sich diese Gruppe nicht von den Nationalliberalen übertreffen lassen – mit dieser liberalen Bruderpartei stand sie in scharfem Wettbewerb. Es gab überzeugte Anhänger der Friedensbewegung gerade im Linksliberalismus, die Mehrheit aber entschloß sich zur Unterstützung des Rüstungsprogramms. Diese Wendung sollte das Vertrauen der herrschenden Klasse erwecken und sie reformbereiter machen. Die gewünschte Wirkung trat schon wegen der wachsenden Kriegsgefahr nicht ein. Von einer scharfmacherischen Gruppe, wie dem Verein für die Abwehr des Sozialismus, wurde gerade der Linksliberalismus schlankweg als ein Förderer des Umsturzes angegriffen. Ein großer Staatsmann hätte wahrscheinlich um die Jahrhundertwende einen ganz neuen Kurs in Deutschland durchführen können: innenpolitisch Reichsreform im Bündnis mit dem Linksliberalismus, den Nationalliberalen, den Nationalsozialen und den Revisionisten; außenpolitisch das Bündnis mit England, selbst auf die Gefahr eines Krieges mit Rußland, eines Krieges, der während der russisch-japanischen Auseinandersetzung leicht zu gewinnen gewesen wäre und zur Befreiung der russischen Fremdvölker geführt hätte – die ganze deutsche Nation einschließlich der zarenfeindlichen Sozialdemokratie hätte hinter einer solchen Politik gestanden. Der große Staatsmann war aber Deutschland versagt. Der Einfluß des Linksliberalismus ging weit über seine Parteiorganisation hinaus, kraft der großen Presse, die er beherrschte, die wohlinformierte, weltwirtschaftlich geschulte Kritik eines Blattes, wie es die »Frankfurter Zeitung« war, bestimmte sehr wesentlich den Gang des Geschehens, vielleicht weniger die tatsächlichen Handlungen, als die Grenzen, die zwischen dem Möglichen und dem Unmöglichen bestanden. Dieses und ähnlich gerichtete Berliner Blätter fanden ihre Leser auch auf den Schlössern und in den Amtsstuben, sie belehrten und vermittelten, sie taten viel für die Aufklärung und die Kultivierung ihrer Freunde und – ihrer Gegner, denn sie förderten durch ihre Redaktionskunst den Wettbewerb; Organe der Rechten bemühten sich notgedrungen, solche hohe Technik der Nachrichtenvermittlung und Meinungsvertretung zu erreichen. Der Linksliberalismus hatte es am schwersten, in der Masse Fuß zu fassen, er war städtisch, gebildet, geistesaristokratisch. Einfluß auf das Verbandswesen zu nehmen, fand er schwer; bezeichnend für ihn ist die Gründung des Hansabundes, einer Wirtschaftsorganisation des Handelskapitals, das sich 1909 gegen die Übergriffe des mit dem Agrariertum verbündeten Schwerindustriekapitals wandte. So differenzierte sich nun auch die sozialaristokratische Oberschicht – die Wirkung berührte die maßgebenden Faktoren des deutschen öffentlichen Lebens. Das Auswärtige Amt sympathisierte mit dem Handels- und Bankenkapital, während das Reichsmarineamt mit der Schwerindustrie verbunden war. Die demagogische Art, in der das Großagrariertum den Bund der Landwirte für seine Klasseninteressen ausbeutete, erbitterte die mittleren und kleineren Landwirte so sehr, daß sie unter nationalliberaler Führung den Deutschen Bauernbund ins Leben riefen; er hatte besonderen Erfolg in Hannover und Württemberg, diente also gleichfalls dem Kampf gegen die Selbstsucht des ostelbischen Preußentums. Die immer wieder betonte Not der Landwirtschaft führte zu besonderen zollpolitischen und anderen Maßnahmen in ihrem Interesse; empfindlich war besonders die Leutenot im Osten. Polnische und russische Wanderarbeiter mußten eingestellt werden, weil die eingesessene Landarbeiterbevölkerung die unzureichenden Lebens- und Lohnverhältnisse satt hatten; sie floh in die Städte, die Gutswirtschaft vermochte sich ohne staatliche Unterstützung und Nachhilfe auf allen Gebieten schlechterdings nicht mehr zu halten. Die Spannung zwischen dem kolonialen Osten und den alten deutschen Kerngebieten nahm also jetzt trotz aller behördlichen Hilfe von neuem zu.

Jugendbewegung. Opposition der geistigen Kultur

Das wilhelminische Deutschland zeigte gerne, wie gut es ihm ging, es feierte viele Feste, es enthüllte zahllose Denkmäler, es verlangte Vertrauen und gute Laune – der Kaiser duldete keine Schwarzseher, nach einem seiner oft angeführten Worte. Das Übertriebene und Verkrampfte in der Betätigung des amtlichen Deutschland verletzte den Geschmack von vielen und machte gerade den ernsten Patrioten steigende Sorge. Die natürliche Kraft, alles Wertvolle, das Deutschland damals sammelte, befähigte es aber doch, die schwere Zeit auszuhalten, die sich vorbereitete. Neben dieses amtliche und halbamtliche Deutschland, das sich am besten ausdrückte in dem anspruchsvollen, aber verwässerten Barock seines bevorzugten Baustils, trat mit gemessener Würde ein anderes Deutschland, das Deutschland der stillen geistigen Opposition, das Deutschland der Jugendbewegung, der ernsthaften Kunstpflege, des sauberen und verantwortungsvollen Handelns. Es gab damals im Vaterlande einen ungewöhnlich begabten, form- und urteilssicheren Schriftsteller, der für eine große Zukunft Deutschlands und der Welt kämpfte – Maximilian Harden. Seine Zeitschrift trug deshalb den Namen, der in eine neue bessere Welt wies. Die »Zukunft« war geschrieben von einem Wissenden für Beflissene. Mag auch Hardens Wesen und Stil im Laufe der Jahre zur Manieriertheit sich verschnörkelt haben – es war ihm bitterernst um seine Sache, er wußte die Herzen zu ergreifen, die Köpfe zu beschäftigen, die Gemüter zu beschwingen.

Die Gründung des ersten ursprünglichen Wandervogels (1898) war bedeutsam. Das junge Geschlecht versuchte die Lebenslüge des versinkenden Jahrhunderts zu überwinden, es sehnte sich vom Tingeltangel des Fin-de-Siècle-Betriebes hinweg in eine reiner gestimmte Welt. Familienkitsch, kirchliche Devotion ohne wahre Innerlichkeit, Gesellschaftsgesten, Repräsentationswahn der Standesgemäßen, das Dandytum, wie man damals modeäffischen Snobismus nannte – alle diese immer wiederkehrenden Erscheinungen einer überreifen Gesellschaft erfüllten die jungen deutschen Menschen von damals mit tiefem Ekel. Sie suchten die Natur, wie sie wirklich war, ein harmloses, herzhaftes Wanderleben entstand, fern von der Sommerfrische und dem Badebetrieb der Familien. Der Salon mit seiner falschen Anmaßung verödete. Ein gesundes, derbes, natürliches Verhalten zwischen Burschen und Mädchen, wie es auf dem Lande nie ausgestorben war, konnte nun wieder üblich werden auch unter den entarteten Kindern der Großstadt. Volkstanz und Volkstracht, Volksbrauch und Volksdichtung erwachten neu, es spielte da allerhand romantische Sehnsucht und bewußte Förderung mit, aber vieles kam doch echt und schlicht heraus. Die Münchener Zeitschrift »Jugend« trug nicht umsonst das liebste Wort der Zeit programmatisch auf dem Titelblatt. In der Malerei, in der Skulptur und Architektur erwachte das beglückende Gefühl des

Der neue künstlerische Stil der Jahrhundertwende: Max Reinhardts Aufführungen am »Neuen Theater« in Berlin

Neubeginnens. Nun kamen lange Verkannte zu ihrem Recht: Hans Thoma, Arnold Böcklin, Max Liebermann, Max Klinger, Wilhelm Trübner, Ludwig v. Hofmann – sehr verschieden untereinander, zusammengefaßt durch den starken Kunstwillen einer sich jung fühlenden deutschen Kultur. Nun wurde von vielen wohlberatenen Privaten einfach und sachlich, mit einem Gefühl für Raumgesetze und Material, gebaut. Es wurde geistig und wirksam, seelisch vertieft und voll gesammelten Willens Theater gespielt. Max Reinhardts Erstaufführungen im Berliner Deutschen Theater wurden Ereignisse, die alle Weltpolitik und sogar den Klatsch in diesem kunstgläubigen Berlin verdrängen konnten. Und Thomas Mann schrieb seine ersten Romane. Schnell überschattete er die ältere Generation, wie sie der ehemalige Pfarrer Gustav Frenssen wohl am bezeichnendsten vertrat. Immer behauptete sich aber die begabteste weibliche Dichterin Ricarda Huch. Frank Wedekind erschütterte alle geistigen Mittelständler durch die drastische Unverfrorenheit seiner bizarren Figuren. Nicht jeder merkte, wieviel Leid und Hemmung, wieviel Unbeholfenheit und ernste Sehnsucht nach Wahrheit und Echtheit in diesen Karikaturen steckte. Ein anklagender Prophet, ein zornmütiger Satiriker war auch Heinrich Mann, der ältere Bruder von Thomas. Gern tröstete sich diese Zeit im Absurden und Unwahrscheinlichen, wie es mit tiefem Humor der Lyriker Christian Morgenstern zu gestalten verband. Joachim Ringelnatz, Kasimir Edschmid, Karl Sternheim und Ludwig Thoma folgten auf diesem Wege. Thoma besonders gelang die Schöpfung einer warmblütigen bodenständigen Dichtung voll Grobheit und Schlichtheit. So wurde er der süddeutsche Gegenspieler der älteren niederdeutschen Volksepiker Klaus Groth und Wilhelm Raabe, denen sich nun der feine Hermann Löns anschloß. Wesentliches leisteten die Zeitschriften. Der »Simplizissimus« entwickelte sich zum stärksten Organ der freien Münchener Kultur und ihres wahrheitsfanatischen Kampfes gegen das übergescheite Berlinertum, gegen seine Phrasen und Posen. Das »Hochland« aber zeigte, wie sich der deutsche Katholizismus vergeistigte, wie sich mit priesterlicher Güte und helfender Caritas ein offener Sinn und ein anspruchsvolles Kulturgewissen verbinden konnten.

Stefan George und sein Kreis leiteten ein neues Ringen um edle reine Form, um empfindliche Stoffauswahl ein. Rainer Maria Rilke wurde dann der Meister dieser gefühlten, anspruchsvollen, tief ernsten Dichtersprache, die das heranwachsende Geschlecht für die heiligen Dinge brauchte, an die es glauben wollte. Der Böhme Rainer Maria Rilke gesellte sich nur äußerlich zu der Wiener Gruppe. Arthur Schnitzler suchte hier seinen Weg von einem spielerischen Impressionismus zu strengerer Form. Hugo von Hofmannsthal und mancher andere gesellte sich hinzu: K. Schönherr, Anton Wildgans, R. H. Bartsch. Wien, Prag und München wimmelten von diesen sehr bunten Talenten, die sich mit einer gewissen Gutmütigkeit bekämpften, während in Berlin alles etwas härter und grundsätzlicher zuging. Die Musik befreite sich nach und nach von dem Banne des Wagnerianertums – die Oper, das Lied, das Oratorium besannen sich wieder auf ihren eigenen Stil. Überall verbesserte und verfeinerte sich der Geschmack – die Vorkriegszeit galt den Zeitgenossen nicht mit Unrecht als eine große Zeit der Kulturerfüllung. – Akademien, wissenschaftliche Gesellschaften, Kunstvereine, Museen und private Mäzene förderten mit offenem Sinn und offener Hand das strebende Talent; Kunst- und Theaterkritik, der Kampf um die Anerkennung neuer geistiger Werte wurde wichtig genommen und beschäftigte das überreich instrumentiere Zeitungs- und Zeitschriftenwesen.

Österreich-Ungarn. Alldeutsche und Antisemiten

Wien betonte in seinem Hofburgtheater, in seiner österreichischen Historiker-, Juristen- und Nationalökonomenschule seine eigene, zugleich gediegene und geistvolle Richtung. Innenpolitisch erwies sich in Österreich der Nationalitätenkampf als überschwere Belastung. Während die Ungarn mit ihren etwas preußischen Methoden Herr ihrer slawischen Untertanen blieben, befand sich das Deutschtum in Österreich in einer immer aussichtsloseren Stellung. 1907 wurde das allgemeine Wahlrecht in Österreich eingeführt – damit war der Sieg der zahlenmäßig weit überwiegenden slawischen Bevölkerung entschieden. Die natürliche politische Ergänzung des allgemeinen Wahlrechts wäre der Umbau der Doppelmonarchie zu einem Bundesstaat gewesen, der den slawischen Stämmen dieselben politischen Rechte wie den Deutschen und Ungarn gegeben hätte. Kein Sachkenner unterschätzte die großen Schwierigkeiten einer annehmbaren Lösung. Die radikalen Gruppen strebten auseinander, die Doppelmonarchie galt hier als ein veraltetes, hoffnungsloses Gebilde, das sich gerade noch erhielt, solange der alte Kaiser Franz Joseph lebte. Aber auch die wildesten Feinde der Monarchie konnten nicht bestreiten, daß sie der Wirtschaft und der ethnischen Durchmischung die besten Dienste leistete. Gerade hier setzte aber der Rassenfanatismus ein. Das Alldeutschtum betätigte sich besonders laut und heftig unter Karl Schoenerers begabter Führung in Böhmen. Der Antisemitismus fand in dem Wiener Bürgermeister Karl Lueger einen volkstümlichen, nach außen hin ganz gemütlichen Vorkämpfer. Seit dem Beginn der Judenverfolgungen in Rußland um 1880 verbreitete sich ein bösartiger Antisemitismus in Rumänien, den verschiedenen polnischen Gebieten und in Österreich. Während der deutsche Antisemitismus den Anspruch aufrechterhielt, eine Weltanschauung zu sein, und sich dabei auf große, klingende Namen zu berufen versuchte, nahm der österreichische Antisemitismus von Anfang an die roheren Formen eines Volkskrieges an. Viele Flüchtlinge aus Russisch-Polen drangen über Galizien ein, sie bevölkerten die Wiener Leopoldstadt und drangen womöglich nach Polen und Schlesien vor. Die antisemitischen Christlich-Sozialen Österreichs verfügten über einen starken Rückhalt in den deutschen Alpenländern – Schlawiner, Böhmacken, Liberale und Juden wurden hier in einen Topf geworfen. Man wollte ungestört bleiben in seinem bäuerisch-urwüchsigen Katholizismus. In Böhmen und Mähren hatten die eingesessenen Juden sich immer zu den Deutschen gehalten. Es konnte keine treueren Anhänger des Josefinismus geben. In Wien wurden die Juden der Kern des kaisertreuen Großbürgertums, arisch-jüdische Heiraten waren hier häufiger als irgendwo sonst. Nun sahen sich die Juden von beiden Seiten, den Alldeutschen und den slawischen Nationalisten, verfolgt. Der Nationalitätenkampf wirkte auch auf die außenpolitischen Verhältnisse ein. Englische und französische Gelehrte erforschten die Zustände der Slawen in Österreich und auf dem Balkan, sie erweckten Teilnahme für diese Völker in Westeuropa. In der ungarischen Aristokratie gab es von alters her westeuropäisch, besonders englisch eingestellte Gruppen. Der altösterreichische Preußenhaß verbitterte sich bei vielen zu einem Ressentiment gegenüber allen Reichsdeutschen. Zwischen der Wiener und der Pariser Hochfinanz bestanden enge geschäftliche Verbindungen, sie setzten sich im Presse- und Theaterwesen fort. Der

Kronprinz Rudolf stand diesen Kreisen nahe. Der unglückliche Fürst hat sicher teilweise politisch ernsthafte Gedanken verfolgt. Er suchte die Gesellschaft der entschieden Liberalen, er war eingenommen gegen den Dreibund und hätte eine innenpolitische und außenpolitische Westorientierung vorgezogen. Er liebte keine militärische und bürokratische Disziplin, seine private Lebensführung entsprach dieser Auffassung, die ihn mit der Pedanterie und Nüchternheit seines kaiserlichen Vaters in den tiefsten Gegensatz brachte. Der Kronprinz stand vor einem politischen, seelischen und gesundheitlichen Zusammenbruch, dem er wohl durch Selbstmord auf die bequemste Weise entfloh. Er nahm in seinen Vernichtungsrausch ein junges, schönes Mädchen mit, die Baronesse Vetsera, das letzte Opfer seiner Verführerlaufbahn. Die Frivolität dieser Handlungsweise nimmt Rudolfs letzter Tat das Moment tragischer Versöhnung. Die Zerstörungswut des Bankrotteurs machte sich Mut beim Anblick der leidenschaftlichen, hemmungslosen Hingabe eines rührenden, schuldig-unschuldigen weiblichen Geschöpfes.

Das vielbesprochene, von Geheimnis und Klatsch umwitterte Ende des Kronprinzen Rudolf ist vielleicht heute noch nicht völlig aufgeklärt. Das Ereignis schadete der Idee der Monarchie, die Thronfolge ging auf eine Nebenlinie, ein neues Unsicherheitsmoment trat zu den alten. Der wachsende Druck der italienischen Minderheit vergiftete den Dreibund. Das Deutsche Reich sah freilich den Zwist der Partner nicht ungern, denn seine eigene Stellung dazwischen stärkte sich so. Das amtliche Österreich hielt energisch am Dreibund fest – es verlangte freilich mit der Verzweiflung des schwächeren Teiles, daß sich der Dreibund für die Befestigung der außenpolitischen Stellung der Doppelmonarchie einsetzte; Österreich blieb freilich mit seinen militärischen Rüstungen hinter den deutschen zurück. Dabei wirkte die Armeesprache als wichtiges Moment mit. Sie war an sich deutsch. Nun verlangten die Ungarn nicht nur für die Honved (Landwehr), sondern auch für die ungarischen Linienregimenter die ungarische Armeesprache. Nur ein kleiner Prozentsatz der Offiziere der Doppelmonarchie konnte genug ungarisch. Außerdem reizte der Streit die Kroaten und die Slovenen, ebenso wie die Slawen der österreichischen Reichshälfte, die von sich aus die deutsche Armeesprache leidenschaftlich bekämpften.

Mit besonderem Unbehagen sahen die verantwortlichen Kreise der Doppelmonarchie den deutschen Flottenplänen zu – außenpolitische Freundschaft mit Großbritannien gehörte zu den ältesten Überlieferungen des Hauses Habsburg. Es blieb ihm nichts anderes übrig, als im Bedarfsfalle mit dem reichsdeutschen Säbel zu rasseln, wie es Kaiser Wilhelm II. einmal dem Thronfolger Erzherzog Franz Ferdinand halb humoristisch vorgeworfen hat.

Marokko. Deutsch-französischer Konflikt

Während des Burenkrieges regte Rußland zweimal eine gemeinsame Aktion der drei großen Militärmächte an – es versuchte, die erfolgreiche Kombination von Schimonoseki auf die europäischen Verhältnisse umzudrehen und gegen England einzusetzen. Deutschland stellte die Gegenfrage, ob Rußland und Frankreich zu einer wechselseitigen Gebietsgarantie bereit wären. Da das nicht der Fall war, unterblieb der geplante Schritt. Frankreich hielt also an der Revancheidee fest; das Deutsche Reich mußte damit rechnen. Was nutzte ihm die ganze Weltpolitik, wenn die Westgrenze nicht sicher war? Hier liegt der Ursprung der Marokkoangelegenheit. Marokko war einer der wenigen überseeischen Posten, der sich noch von europäischer Vormundschaft freigehalten hatte. Die deutschen Kolonialfreunde befürworteten den Erwerb des Gebietes, im Zusammenhange der deutsch-englischen Bündnisverhandlungen wies England selbst die Deutschen auf Marokko hin. Frankreich besaß freilich den Vorzug näherer Nachbarschaft, und auch mit alten spanischen Ansprüchen mußte gerechnet werden. Nun entfernten sich England und Deutschland voneinander, wenn auch eine gemeinsame Aktion wie gegen Venezuela 1902–1903 im Interesse geschädigter Kaufleute immer noch möglich war. Dafür fanden zwei bedeutsame Umgruppierungen statt. Die deutsch-englische Entfremdung verstimmte in Italien, das sich nicht in einen Gegensatz zu seinem alten englischen Gönner hineintreiben lassen wollte. Es begann deshalb, die im Wirtschaftsfrieden von 1898 angebahnte Annäherung an Frankreich fortzusetzen. Es kam zu einer Reihe von Abkommen zwischen Frankreich und Italien, unter englischer Zustimmung, wonach Italien freie Hand in Tripolis erhielt, dafür aber die französischen Rechte in Marokko anerkannte. Auch die Einflußzonen im Sudan wurden abgegrenzt. In einem besonderen italienisch-französischen Geheimvertrage vom 1. November 1902 verpflichtete sich Italien zur Neutralität im Falle eines Angriffs Deutschlands auf Frankreich oder im Falle, daß Frankreich zur Kriegserklärung an Deutschland zur Sicherung seiner Ehre und seiner Grenzen genötigt wäre. Dies war zweifellos eine Verletzung des Dreibundvertrages, den Italien gerade vorher unverändert erneuert hatte. Jahrelang bemühten sich französische Staatsmänner, an der Spitze der gewandte Rechner Theophile Delcassé, um eine Annäherung der Westmächte. Entweder wiederholte sich die Faschodakrise, dann war die kriegerische Auseinandersetzung unvermeidlich, oder es fand eine gründliche Flurbereinigung statt, die jene Entente cordiale aus den Tagen Louis Philipps und Napoleons III. erneuerte. Vom englischen Standpunkt aus bedeutete die Annäherung an Frankreich zweierlei: sie schwächte den Zweibund, und sie schwächte den Dreibund. Schon das englisch-japanische Bündnis richtete sich gegen Rußland; nun isolierten die Engländer die Russen, indem sie Frankreich zu sich herüberzogen. Deutschland aber, das sich nicht gegen Rußland einsetzen lassen wollte, konnte jetzt von Frankreich aus in Schach gesetzt werden – Italien schwenkte schon ab, Österreich-Ungarn war vielleicht auch zu haben. Die englisch-französische Annäherung bereitete sich in einem Schiedsgerichtsvertrag von 1903 vor; es folgte das große Abkommen von 1904 über die Länder Marokko und Ägypten, deren Kontrolle sich die beiden Mächte gegenseitig zusicherten; ein Geheimartikel sah die Teilung Marokkos zwischen Frankreich und Spanien vor, unter Ausschaltung Deutschlands. Vor Abschluß des Abkommens machte der französische Außenminister Delcassé dem deutschen Botschafter einige Mitteilungen darüber, was Deutschland ungenügend fand. Der Ausbruch des russisch-japanischen Krieges ließ Bülow die Gelegenheit günstig erscheinen. Der eigentliche Zweck seines Vorgehens war viel weniger die Sicherung der immerhin nicht unerheblichen deutschen Wirtschaftsinteressen in Marokko, als vielmehr die Wiederaufnahme jenes Garantiegedankens: er wollte den Bund der Westmächte sprengen und Frankreich unter ausdrücklichem Verzicht auf die Revancheidee zur wechselseitigen Besitzgarantie, womöglich zum Beitritt zu einem deutsch-russischen Bündnis zwingen. Die Besitzgarantie war aber der einzige Punkt, über den ein französischer Staatsmann nicht verhandeln konnte, ohne sich in den Augen seiner Landsleute zu vernichten. Der Ministerpräsident Rouvier ließ Delcassé in einer dramatisch gespannten Kabinettssitzung fallen und hätte gerne eine unmittelbare Verständigung mit Deutschland erreicht – ein Stück Marokko, ein Stück Kongogebiet, Zugeständnisse an die Bagdadbahnpolitik wären damals zu haben gewesen. Deutschland wollte aber mehr – Bülow hatte den Kaiser gezwungen, in Tanger zu landen und die Unabhängigkeit des Scherifenreiches vor aller Welt damit darzutun: die Madrider Marokkokonvention von 1880 galt als die rechtliche Grundlage vom Standpunkte des Deutschen Reiches, nur eine neue internationale Konferenz sollte über Marokko befinden dürfen. Deutschland erzwang die Konferenz, sie fand in Algeciras statt, aber sie endete mit einem nur bescheidenen Erfolg. Gewiß war eine internationale Beaufsichtigung der französisch-spanisch organisierten Polizei und der einzurichtenden Bank erreicht, aber eine gleichberechtigte Beteiligung der deutschen Wirtschaft in Marokko kam angesichts der anerkannten Vorhand Frankreichs und Spaniens praktisch nicht in Frage. Nur der Schein war gewahrt. Deutschland hatte sich in unmittelbarer Kriegsgefahr befunden, England würde wahrscheinlich Frankreich nach Möglichkeit aktiv unterstützt haben; jetzt rächte sich das deutsche Verhalten gegenüber den englischen Angeboten. Das englische Mißtrauen war nicht mehr zu überwinden. Englisch-französische Militärbesprechungen begannen. Jetzt wurde Geheimrat von Holstein fallengelassen, die deutsche Außenpolitik mußte einsehen, daß sie mit großem Aufwand wenig erreicht hatte.

Der Björkö-Vertrag

Während des russisch-japanischen Krieges zeigte das Reich gegenüber Rußland eine recht wohlwollende Neutralität, während zwischen England und Rußland die Spannung sich bis zur unmittelbaren Kriegsgefahr steigerte, aus Anlaß der sogenannten Doggerbankaffäre. Russische Kriegsschiffe hatten aus angeblichem Versehen britische Fischerboote beschossen. Damals regte zuerst die deutsche Reichsleitung bei Rußland ein Bündnis gegen England an, dem auch Frankreich beitreten sollte. Die Gelegenheit lockte besonders, da auch zwischen Rußland und Österreich-Ungarn eine Verständigung über Balkanfragen im Mürzsteger Abkommen schon 1903 erzielt worden war.

Rußland versagte sich zunächst der Anregung. Unter dem Eindruck der Niederlagen im ostasiatischen Kriege und unter der Bedrohung der ständig wachsenden Revolutionsbewegung im Innern entschloß sich aber der Zar bei seiner Begegnung mit Kaiser Wilhelm in Björkö im Juli 1905 zum Abschluß eines auf Europa beschränkten Verteidigungsbündnisses, zu dem auch Frankreich eingeladen werden sollte. Aber sowohl die russischen wie die deutschen verantwortlichen Staatsmänner lehnten diese diplomatische Leistung ihrer Souveräne ab, da der Vertrag formell wie inhaltlich unangemessen, ja dilettantisch war. Die voreilige und unzulängliche Erfüllung der alten Hoffnung eines kontinentalen Dreibundes hatte ihm nun gerade den Garaus gemacht. Kaiser Wilhelm litt bitter unter der Niederlage, die er mit Recht als ganz persönliche Schlappe empfand. Wie anders wirkte da die Betätigung seines Oheims, König Eduards VII., in der europäischen Öffentlichkeit! Der englische Monarch stellte seine zahllosen persönlichen Beziehungen, die ganze Meisterschaft seiner Menschenbehandlung in den Dienst seines Landes, immer in Fühlung mit den verantwortlichen Staatsmännern, immer unterrichtet durch die besten Fachleute über das Erwünschte und Mögliche. Die deutsche öffentliche Meinung gewöhnte sich daran, ein Klagelied über die böse Einkreisung anzustimmen; sie konnte damals nicht wissen, wie sehr sich der Kaiser und Bülow durch ihr Verhalten selbst ausgekreist hatten. Sobald in England die deutschen Bemühungen, ein antienglisches Kontinentalbündnis zusammenzubringen, den Umrissen nach bekannt wurden, gab man die während und nach der Konferenz von Algeciras gehegte Hoffnung auf Wiederannäherung an Deutschland auf.

Die zweite Haager Friedenskonferenz fand in einer gedrückten und mißtrauischen Stimmung statt. Deutschland weigerte sich, an einer Erörterung der Abrüstungsfrage teilzunehmen, es brachte das obligatorische Schiedsgericht zu Fall. Deutschlands Balkanfreunde sowie natürlich Österreich halfen dazu, die notwendige Einstimmigkeit zu verhindern. Auch andere Mächte erwärmten sich nicht gerade für die Idee des Weltschiedsvertrages. Wiederum hatte aber das Deutsche Reich vor der Welt die Hauptlast der Verneinung auf sich genommen. In den angelsächsischen Ländern entstand schwere Verstimmung. Die Antwort folgte prompt. Das von Deutschland beantragte Prisenabkommen wurde wohl angenommen, aber nicht ratifiziert. Deutschland und die Vereinigten Staaten wünschten die Unverletzlichkeit des Privateigentums im Seekriege festzulegen. England widersprach. Der Plan scheiterte.

Zuerst 1908 machte England den Versuch, mit Deutschland die beiderseitige Einschränkung der Seerüstung zu erörtern. Aber der Kaiser erteilte eine schroffe Abfuhr. So blieb den Briten gar nichts anderes übrig als die Fortsetzung der Ententepolitik. Damals fand der Briefwechsel zwischen Sir Edward Grey, dem englischen Staatssekretär des Äußeren, und dem französischen Botschafter in London, Paul Cambon, statt, der die Zusammenarbeit beider Mächte erörterte. Dieser historische Briefwechsel band zwar nicht den englischen Staat, wohl aber die herrschende Gruppe der damals in England führenden liberalen Partei. So wuchs sich die Entente cordiale zu einem bedingten Bündnis aus. Das englische Parlament konnte sich immer noch im letzten Augenblick für eine andere Politik entscheiden. Auch zwischen Rußland und Großbritannien kam es nun zu einer Annäherung. Persien wurde durch den Vertrag von 1907 in eine nördliche russische und eine südliche englische Einflußsphäre aufgeteilt. Rußland erklärte sich uninteressiert an der Zukunft Afghanistans, der Persische Meerbusen wurde neutralisiert. Von Südpersien griff der englische Einfluß auf die Euphratländer und Arabien über. Der Zusammenstoß mit den deutschen und türkischen Bagdadbahninteressen war unvermeidlich. Die Ölvorkommen im mittleren Orient machten schon damals diese Gebiete zu einem kostbaren Spekulationsobjekt. Wenn sich damit die arabische Freiheitsbewegung verband, dann mußten sich sämtliche Weltmächte um diesen Erdwinkel kümmern. Auch das in Ostasien geschlagene Rußland wandte sich nun wieder nach dem Orient zurück. England unterstützte die russischen Ansprüche bei der Erörterung der mazedonischen Frage. Bei der Zusammenkunft Eduards VII. mit dem Zaren in Reval im Juni 1908 kam der Gesamtkomplex der mazedonisch-orientalischen Fragen zu eingehender Besprechung. Das Deutsche Reich hatte den Zweibund gewinnen und den Kontinent gegen England vereinigen wollen. Nun kam die Antwort. Großbritannien zog den Zweibund zu sich hinüber. Auf Deutschlands Herausforderungen kam der Rückschlag. Die Initiative zum weiteren Handeln ging nunmehr von der einigermaßen gelähmten und in die Verteidigung gedrängten deutschen Politik auf Österreich-Ungarn über.

Die Annexionskrise. Bülows Sturz

Freiherr von Ährenthal, seit 1906 Außenminister, kannte Rußlands Schwierigkeiten gut, er glaubte nicht an seine Schlagkraft. Der Auflösungsprozeß der Donaumonarchie konnte nach seiner und vieler österreichischer Patrioten Ansicht bloß beschworen werden durch große gemeinsame Aufgaben in der Richtung der überlieferten österreichischen Balkanpolitik. Bosnien und die Herzegowina waren nur zu entwickeln durch den Ausbau der Eisenbahnverbindung nach Saloniki. Ein solcher Vorstoß in die Balkanwelt erregte die italienische Eifersucht, die sich schon mit Albanien befaßte, verletzte das südslawische Nationalgefühl, das die Serbenführer vertraten, und erschütterte von neuem die türkische Oberhoheit. Das neue jungtürkische Regiment versuchte die Türkei zum Verfassungsstaat zu entwickeln – sollten Bosnien und die Herzegowina für das türkische Parlament wählen? Wie gestaltete sich die Stellung des noch immer formell abhängigen Fürstentums Bulgarien? Österreich-Ungarn und Bulgarien entschlossen sich, gemeinsam zu handeln. Ferdinand von Bulgarien erklärte sich für unabhängig und nahm die Königswürde an; die Monarchie annektierte die beiden Provinzen Bosnien und die Herzegowina. Die Berliner Kongreßakte von 1878 war zweifellos verletzt. Eine internationale Krise begann. Ährenthal hatte seinen Schritt vorbereitet durch eine Besprechung mit dem russischen Außenminister Iswolski auf dem mährischen Schlosse Buchlau, dem Besitze Graf Leopold Berchtolds, des gescheiten, arbeitsamen und ehrgeizigen österreichisch-ungarischen Botschafters in St. Petersburg. Danach sollte Rußland einen Ausgleich erhalten in der freien Durchfahrt russischer Kriegsschiffe durch die Dardanellen. Auch Montenegros Stellung sollte verbessert werden; über eine Entschädigung Serbiens, die Iswolski verlangte, kam keine Einigung zustande. Iswolski erwartete, daß diese vorläufigen Verabredungen erst abgeschlossen und zur billigenden Kenntnis der Signatarmächte der Berliner Kongreßakte gebracht werden sollten, bevor Österreich handelte. Ährentals Vorgehen empfand er als vorschnell und illoyal. Die Aufregung in Rußland war groß, Serbien zog Truppen zusammen, es wollte für den großserbischen Gedanken fechten. Die Großmächte versuchten Vermittlung, die Donaumonarchie lehnte aber einen Kongreß ab. Hier wirkte die Erinnerung an Algeciras. Mit der Türkei kam schließlich ein leidliches Abkommen zustande. Auch Bulgariens Unabhängigkeit erhielt die Anerkennung. Die serbisch-österreichische Spannung hielt aber an. Da beschwor ein Schritt der deutschen Reichsregierung die Kriegsgefahr. Bülow ließ Rußland wissen, daß die Anerkennung der Annexion auch von Rußland im Interesse der Beschwichtigung des unnachgiebigen Serbiens erwartet würde – widrigenfalls müßte das Reich den Dingen ihren Lauf lassen – mit anderen Worten: Deutschland war entschlossen, der Donaumonarchie gegen einen russischen Angriff zu helfen. Die deutsche Erklärung gab sich in der Form überaus verbindlich, ja freundschaftlich – das machte den Schritt für Rußland vielleicht noch bitterer. Es war ein Ultimatum, und das vom japanischen Kriege noch nicht wieder erholte Rußland wich zurück. Dieser Triumph war die letzte außenpolitische Tat des Fürsten Bülow. Von allen seinen großen Plänen blieb nun nichts übrig als die Spannung nach drei Seiten hin. Die Erbschaft war böse. Bülows Abgang erfolgte aber überwiegend aus innerpolitischen Gründen.

Ein schwerer Aufstand in Deutsch-Südwestafrika mußte mit brutaler Gewaltsamkeit niedergeschlagen werden. Bei dieser Gelegenheit deckte das Zentrum mancherlei Mißstände der deutschen Kolonialverwaltung auf. Der Kanzler brach mit dem Zentrum, die Neuwahlen von 1907 brachten dem konservativ-liberalen Block einen Sieg. Aber die Blockpolitik arbeitete fruchtbar nur kurze Zeit – die Konservativen konnten sich nicht entschließen, die für die so notwendige Reichsfinanzreform unumgänglichen Steuern zu bewilligen, die Wiederanknüpfung mit dem Zentrum war unabweislich. Sie konnte nicht vom Fürsten Bülow durchgeführt werden. Bülows persönliches Verhältnis zum Kaiser war zudem erschüttert seit der üblen Affäre des »Daily Telegraph«-Interviews. Das englische Blatt veröffentlichte Gespräche des Kaisers mit einem englischen Gastfreunde, in denen sich Wilhelm II. für die erwünschte Wiederannäherung der beiden Länder aussprach. Zum Beweise seiner loyalen Handlungsweise wies der Kaiser unter anderem darauf hin, daß er während des Burenkrieges selber einen Feldzugsplan ausgearbeitet hätte; dieser wäre nach England geschickt worden und hätte merkwürdig übereingestimmt mit dem von dem britischen Oberkommandierenden Lord Roberts später tatsächlich mit Erfolg durchgeführten Feldzug. Ein Entrüstungssturm erhob sich in Deutschland, die lang angesammelte Erbitterung gegen die eigenmächtige und taktlose Handlungsweise des Kaisers nahm geradezu revolutionäre Formen an. Das Manuskript des Interviews war durch alle zuständigen deutschen Stellen gelaufen. Auch Fürst Bülow hat es wahrscheinlich gekannt, wenn er es auch in seiner Verlegenheit bestritten hat. Im Grunde gönnte er dem Kaiser die Lehre, und seine Verteidigung des Monarchen hatte einen pädagogischen Beigeschmack, den Wilhelm II. nicht vertragen konnte und nie verzieh. Der Kaiser erlitt einen Nervenzusammenbruch; er mußte sich verpflichten, in Privatgesprächen größere Zurückhaltung zu bewahren und hat es tatsächlich auch getan. Seit November 1908 war der Kaiser ein anderer Mann – der frische, burschikose Optimismus war weggeblasen. Die Sorgen des Reiches prägten sich aus in seiner Haltung und Miene.

Bethmann-Hollweg. Die zweite Marokkokrise. Die Balkankriege

Mit wahrem Vergnügen erteilte er dem Fürsten Bülow die Entlassung (Juli 1909); der neue Kanzler Theobald von Bethmann-Hollweg entstammte der Regierungslaufbahn. Als ein ernster und hochbefähigter Beamter war er schnell zu leitenden Posten aufgestiegen. Geistig und gesellschaftlich gehörte er nicht zu den agrarischen Junkern, sondern zu den gebildeten Freikonservativen, jenen reformbereiten Patrioten, den Nachfolgern der alten Wochenblattpartei, die der Großvater des neuen Reichskanzlers mitbegründet hatte. Bethmann stand dem Kaiser von der Bonner Studentenzeit freundschaftlich nahe, eine vertrauensvolle Zusammenarbeit war zu erwarten. Wenn sie nicht gut ausfiel, so lag das an der Steifheit und etwas eintönigen Geistesart des Kanzlers, der im Gespräch gerne in die Tiefe ging, aber Beweglichkeit und Humor entbehrte sowie allen Einfällen und spontanen Handlungen abhold war. Kaiser und Reichstag zogen Kurzweile vor. Der philosophische Kanzler wurde des Deutschen Reiches Unglücksrabe. Innenpolitisch war die Lage verfahren. Der sogenannte schwarz-blaue Block, die erneute Verbindung der Konservativen und des Zentrums, war die einzige vorhandene Grundlage. Bei den Neuwahlen schwoll die Sozialdemokratie an, der entschiedene Liberalismus stärkte sich. Konnte denn keine große Reform gewagt werden? Außenpolitische Sorgen überwogen freilich alle anderen.
Die Flottengesetze von 1906 und 1907/08 waren schon dem Fürsten Bülow außenpolitisch bedenklich erschienen, aber er wagte keinen Konflikt mit Tirpitz. Der neue Kanzler mußte diesen Konflikt durchfechten. Es war jetzt viel schwerer. Das Wettrüsten zur See entfremdete Deutschland und England einander endgültig. Es wurde so die vornehmste Ursache des imperialistischen Weltkrieges. Wie nahe der Ausbruch war, zeigte die zweite Marokkokrise. Nach wie vor stand zwischen Frankreich und Deutschland das Reichsland Elsaß-Lothringen. Wirtschaftlich tat Deutschland das irgend Mögliche, das Reichsland erhielt eine eigene Verfassung. Es war spät genug. Das Wesentliche wäre die geistige Eroberung des Landes gewesen. Schon wegen der imperialistischen Politik konnte sie nicht gelingen, denn die Reichsländer widerstrebten ihr aus Gründen des Selbsterhaltungstriebes. Da zeigte eine peinliche Affäre im elsässischen Städtchen Zabern, wie tief der Gegensatz saß zwischen dem eingesessenen Partikularismus und dem preußischen Militarismus (Frühjahr 1914). Ein unreifer Leutnant beschimpfte seine Rekruten, die einheimische Bevölkerung wehrte sich gegen den taktlosen Offizier. Anstatt ihn verschwinden zu lassen, trumpfte das Militär auf, der Belagerungszustand wurde verhängt, angesehene Bürger wanderten ins Gefängnis, es kam zu Mißhandlungen, zu Unruhen, zu richtigem Aufruhr. Eine Bagatelle rief eine schwere politische Krise hervor, das Ausland wunderte sich und lachte. Viele gute

Deutsche lachten aber nicht. Ein freiheitliches Deutschland hätte wahrscheinlich das Herz der Elsässer und Lothringer gewonnen, wenigstens soweit sie deutschsprachig waren. Reaktion und Weltpolitik machten den Gegensatz unüberwindlich.
Inzwischen setzte in Marokko Frankreich seine sogenannte friedliche Durchdringung fort. Der Zwischenvertrag von 1909 versuchte noch einmal die Algeciras-Akte als Grundlage deutsch-französischer Verständigung festzuhalten. Die Besetzung von Fes durch die Franzosen zerriß die Akte endgültig. Was sollte geschehen? Die Verbände der deutschen Kolonial- und Wirtschaftsinteressenten drückten scharf auf die Reichsregierung. Bethmann hatte sich zum Staatssekretär des Auswärtigen den gescheiten und energischen Schwaben Alfred von Kiderlen-Waechter geholt. Kiderlen war der originellste Diplomat der Bismarckschen Schule, derb und fröhlich, berüchtigt durch sein böses Maul und deshalb etwas zu lange auf zweitklassigen Posten kaltgestellt. Nun kam er endlich dran und handelte. Das Kanonenboot »Panther« fuhr nach dem westmarokkanischen Hafen Agadir. Berlin wollte jetzt praktische Geschäfte machen – kein Zweifel. Die Verhandlungen über einen Ausgleich mit Frankreich begannen. Zeitweise schien der Bruch unvermeidlich. England stellte sich auf die Seite der Franzosen. Die im Einverständnis mit den führenden Kabinettsmitgliedern vom Schatzkanzler Lloyd George am 21. Juli 1911 gehaltene Rede im Mansion House wirkte als eine deutliche Warnung, ja Drohung an die deutsche Adresse. Das Deutsche Reich konnte also seine Forderungen nicht zu hoch spannen, wenn es den Krieg vermeiden wollte. So kamen nach vielen Schwierigkeiten die beiden Abkommen über Marokko und den Kongo vom Oktober-November 1911 zustande. Deutschland überließ danach Frankreich freie Hand in Marokko, freilich unter Vorbehalt der Handelsfreiheit und der Freiheit des Wettbewerbs für alle Nationen. Dafür erhielt das Reich im Austausch gegen einen Landstreifen in Kamerun ein großes Stück der französischen Kongokolonie. Die Erwerbung war die umfangreichste der wilhelminischen Zeit. Eine neue Ära kolonialer Zusammenarbeit schien sich anzukündigen; der wirtschaftliche Wert des Zuwachses war umstritten, der sachliche Erfolg konnte nicht in Frage gestellt werden. Die Abkommen waren gedacht als ein Anfang fruchtbarer deutscher Weltpolitik ohne Krieg. Große Hindernisse blieben freilich noch zu überwinden. Italiens Angriff auf Tripolis, sein Krieg mit der Türkei im Herbst 1911 brachte Deutschland in die peinliche Lage des Verbündeten der einen, des Freundes der anderen Seite. Das Vorgehen Italiens im Mittelmeer reizte Österreich, nur widerwillig erklärte es sich mit einer vorübergehenden Besetzung des Dodekanes einverstanden (zwölf Inselgruppen im Ägäischen Meer). Trotz dieser Spannungen hielt die deutsche Regierung an dem Dreibunde fest und erneuerte ihn 1912 in erweiterter Form. Militär- und Marinebesprechungen zwischen den Verbündeten fanden statt, Italien wahrte den Schein seiner Hilfsbereitschaft folgerichtig. Daß es im Ernstfalle doch nur eine reine Interessenpolitik ohne Rücksicht auf Verträge treiben würde, konnte keinem unvoreingenommenen Beobachter zweifelhaft sein. Die Erfolge Italiens gegenüber der Türkei ermutigten die Balkanvölker. Rußland, das sich Italien annäherte, wandte sich jetzt entschieden zum Balkan und Orient zurück. Unter seiner geistigen Leitung entstand der Balkanbund gegen die Türkei. Der Kreuzzug der christlichen Balkanvölker, die Vertreibung der Türken bereitete sich vor – eine erneute Verschiebung der Machtverhältnisse zuungunsten der Mittelmächte schien unaufhaltsam. Der Balkanvierbund schlug im Herbst

1912 los; Rußland zeigte seine Sympathie durch eine Probemobilisierung; ein geheimes Abkommen mit Japan deckte ihm den Rücken, so daß auch die sibirischen Truppen nach dem Westen gezogen werden konnten. Als Preis für neutrale Haltung im Kriegsfalle wurde Japan Kiautschou in Aussicht gestellt. Vergebens hatte sich Frankreich bemüht, den Ausbruch des Balkankrieges zu verhindern. Die Erfolge der Balkanstaaten schufen eine neue Lage. Auch Deutschland und England arbeiteten eifrig an einer Lokalisierung des Konfliktes. Nichts bewies mehr den tatsächlichen Widerwillen der großen Kulturstaaten gegen den Krieg als dieses Zusammenwirken, bei dem sich die vorhandenen Spannungen fühlbar abmilderten. Der Kampf um die Beute auf dem Balkan brachte freilich neue Schwierigkeiten. Österreich unterstützte Bulgariens Interessen gegen Serbien und Rumänien – die Erbitterung in Rumänien erhielt dadurch einen solchen Anreiz, daß der alte König Karl sich zu der Erklärung genötigt sah, er wäre nicht mehr imstande, die Verpflichtungen des aus der Bismarckschen Zeit stammenden Bündnisvertrages mit Österreich zu erfüllen. Der rumänische Nationalismus bekannte sich immer herausfordernder zu dem auf Siebenbürgen, den Banat und die Bukowina gerichteten großrumänischen Programm. Noch gefährlicher gestalteten sich die Beziehungen der Donaumonarchie zu Serbien. Das mächtig angewachsene Königreich befand sich in erbittertem Wirtschaftskampfe mit dem benachbarten Ungarn. Der großserbische Gedanke hetzte alle südslawischen Untertanen der Monarchie auf gegen den Kaiser Franz Joseph; die serbischen Ansprüche auf Albanien konnten im Herbst 1913 nur durch ein österreichisches Ultimatum beschwichtigt werden.

Entspannung mit Rußland und England?

Die deutsche Regierung vermochte sich angesichts dieser zunehmenden Spannung nur durch immer erneute Heeres- und Flottenvorlagen zu helfen – große finanzielle Opfer mußte sie von den Staatsbürgern verlangen, die Unruhe, die Kritik verschärften sich, aber es steigerten sich auch die patriotische Erregung, der Ehrgeiz und die Erwartungen. Neben den Flottenverein trat mit ehrgeizigem Bemühen der Deutsche Wehrverein – gegenüber der Marine sollte die Landarmee nicht zu kurz kommen, und solche Befürchtungen waren in der Tat begründet. Die verantwortlichen Männer des Deutschen Reiches waren nicht der Meinung, daß ein Krieg gegenüber dem Dreiverband Rußland, Frankreich und Großbritannien zu gewinnen war. Wenn das stimmte, dann mußte alles geschehen, um den Dreiverband zu sprengen oder, wenn er zusammenhielt, um den Frieden selbst unter Opfern zu erhalten – denn ein augenblicklicher Verlust an Prestige war immer noch besser als ein verlorener Krieg. Eine solche Politik setzte freilich nicht nur große staatsmännische Befähigung, sondern auch unbeschränkte Herrschaft im eigenen Hause voraus. Beides besaß in Deutschland niemand. Bethmann-Hollweg bemühte sich redlich um eine Wiederannäherung an Rußland. Mehrere Besuche zwischen Zar und Kaiser setzten die alten Beziehungen so fort, wie sie vor dem Ultimatum während der Annexionskrise bestanden hatten. In Potsdam und dann in Petersburg wurde über ein Abkommen verhandelt, das 1911 in der russischen Hauptstadt unterzeichnet werden konnte. Es betraf den Anschluß persischer Bahnbauten an die Bagdadbahn, die Festlegung der rein wirtschaftlichen Interessen Deutschlands im Iran, die Anerkennung der darüber hinausgehenden russischen Interessen in diesem Lande. Bismarck hatte im Rückversicherungsvertrage den Russen die Anwartschaft auf Konstantinopel zugestanden. Dies war der Mindestpreis, den jetzt Deutschland für die Freundschaft mit Rußland hätte zahlen müssen. Die Freundschaft mit der Türkei stand dem entgegen. Hätte Deutschland nicht diese Freundschaft opfern können? Rußland und die Balkanslawen hätten sich dann unzufrieden auch gegen Österreich gewandt – hier war der Punkt, über den Deutschland nicht gut hinaus konnte. Jede Annäherung an Rußland enthielt eine Anzahl sehr bedenklicher Momente. Also blieb als der letzte Ausweg die Verständigung mit Großbritannien übrig. Deutschland war jetzt so stark, daß Frankreich wahrscheinlich Bedenken trug, allein mit Rußland gegen das Reich vorzugehen. Die französisch-russische Zusammenarbeit erhielt dauernde Bekräftigung durch Anleihen und Militärbesprechungen. Frankreichs Einführung der dreijährigen Dienstzeit wirkte wie eine unmittelbare Kriegsvorbereitungsmaßnahme. Von England hing aber doch die Entscheidung ab. Nur um der Revancheidee zum Siege zu verhelfen, würde England wahrscheinlich nicht in den Krieg gehen. Englands Handlungen konnten allein bestimmt werden durch britische lebenswichtige Interessen – und das wichtigste von allen war die Flottenfrage. Nach den Abkommen über Marokko und den Kongo verlangte Tirpitz eine neue Flottenvorlage zur Stärkung des angeblich geschädigten deutschen Ansehens. Da erschien im Februar 1912 der englische Kriegsminister Lord Haldane in Berlin, nach sorgfältiger Vorbereitung des Besuches durch Vertrauensleute wie Sir Ernest Cassel in London und Albert Ballin in Hamburg. Der Zweck der Besprechungen war, eine Einigung über die Flottenrüstungen zu erzielen, darüber hinaus aber zu einem allgemeinen politischen Abkommen zu gelangen. Zwischen Bethmann und Tirpitz fand ein erbittertes Ringen über die Flottennovelle statt. Bethmann war bereit, sie zu opfern, wünschte aber eine Neutralitätsverabredung mit England, deren vorgeschlagene Fassung jedoch der englischen Leitung zu weit ging. Der praktischste Weg wäre sicher ein nur auf die Marine beschränktes Abrüstungsabkommen gewesen, aber Bethmann vermochte etwas Derartiges nicht beim Kaiser gegenüber Tirpitz durchzusetzen. Der klare Verzicht auf die englandfeindliche Flottenpolitik hätte allein das weitere Abkommen über die erwünschte englische Neutralität im kontinentalen Kriegsfalle ermöglicht. Die Möglichkeit, Englands Neutralität zu sichern, war sicher nicht groß – jedenfalls wurde sie damals versäumt. Zweimal bot der Kaiser dem Großadmiral von Tirpitz das Reichskanzleramt an. Es war ein Unglück, daß der erfolgreichste Ressortminister nicht die höchste Verantwortung übernahm. Tirpitz zog es vor, seine Nebenregierung im Reichsmarineamt fortzusetzen. So machte er dem Kanzler die schwere Arbeit nur schwerer, drückte sich aber vor der Öffentlichkeit und der Geschichte. Sein eifersüchtiges und wichtigmacherisches Klappern ist dem deutschen Volk verhängnisvoll geworden.

Trotz der Enttäuschungen lief die deutsch-englische Unterhaltung weiter und erzielte im Frühjahr 1914 greifbare Ergebnisse. Zwei Abkommen über die Zukunft der portu-

giesischen Kolonien und über die Ergänzungsbauten der Bagdadbahn kamen im Entwurf zustande. Die Verständigungsfreunde hofften, daß von der kolonialen Seite die Annäherung gefördert und darauf doch noch ein Flottenabkommen aufgebaut werden könnte. Aber die Fertigstellung und Veröffentlichung der beiden Abkommen verschleppte sich. Rußland und Frankreich arbeiteten dagegen, sie betrieben eine englisch-russische Marinekonvention und spielten das Verhandlungsmaterial den Berliner amtlichen Stellen in die Hand, um sie mißtrauisch gegen England zu machen.
Der Dreiverband war stark. Das zeigte sich bei der Angelegenheit des deutschen Generals Liman von Sanders. Einer der besten Soldatenerzieher der Armee, sollte dieser Offizier als Kommandeur des ersten türkischen Armeekorps die Neuorganisation des türkischen Heeres durchführen. Unter ausländischem Druck mußte Liman dieses Kommando abgeben, er blieb nur Inspekteur; ein englischer Admiral behielt aber Kommando und Inspektion der türkischen Flotte in der Hand. Deutschland schluckte diesen Kompromiß, es wich zurück. Die Gegenseite war jedoch ebenso unzufrieden.
Im Frühjahr 1914 übernahm der Fürst zu Wied das neue Staatsgebilde Albanien als souveränes Fürstentum – er konnte sich aber gegenüber italienischen und griechischen Machenschaften nicht behaupten, die hinter den albanischen Gruppen arbeiteten. Das war eine neue Schlappe der Mittelmächte.

Sarajewo. Der Kriegsausbruch

Nur *eine* Weltmacht wollte im Jahre 1914 den Krieg unmittelbar, nur *eine* Weltmacht hat ihn vorbereitet und für einen bestimmten Zeitpunkt ins Auge gefaßt – das von der inneren Revolution schwer bedrohte zaristische Rußland. Wie von alters her hatte es ein Hauptziel – die Meerengen und Konstantinopel. Im Jahre 1915 war mit einem russischen Angriff auf die Türkei bestimmt zu rechnen. Die Mittelmächte hätten die Aufgabe gehabt, sich für einen solchen Fall den Rücken zu sichern. Auch jetzt war eine Verständigung mit England wahrscheinlich möglich, wenn man einen Teil des Flottenprogramms opferte. England war der immer zögernde Partner des Dreiverbandes. Es behielt sich die letzte Entscheidung für den letzten Augenblick vor. Sir Edward Grey und seine nächsten Mitarbeiter fühlten sich persönlich und politisch gebunden, aber das Parlament und die Krone hatten am Ende zu entscheiden. Mit anderen Worten: ein anderes Kabinett konnte immer noch eine andere Politik machen. Die englische liberale Regierung hoffte, durch diese Haltung gerade dem Frieden am besten zu dienen. Frankreich und Rußland sollten nicht durch die Gewißheit englischer Teilnahme zum Angriff ermutigt werden. Da löste die Ermordung des österreichischen Thronfolgers Franz Ferdinand in Sarajewo eine akute internationale Krise aus. War die Katastrophe noch zu vermeiden? Die Mörder des unglücklichen Erzherzogs und seiner Gemahlin, der Herzogin von Hohenberg, der nur morganatisch ihm angetrauten tschechischen Gräfin Chotek, waren Bosniaken, also Untertanen des Kaisers Franz Joseph. Ob und wieweit sie in Verbindung mit amtlichen serbischen Stellen

Die Festnahme des Attentäters von Sarajewo, Gavrilo Princip

standen, war im Sommer 1914 nicht zu beweisen. Werkzeuge der großserbischen patriotischen Aktion waren sie gewiß. Das Opfer war gerade der Mann, der sich in einer etwas autokratischen, aber ehrlich reformbereiten Art als ein harter, aber anständiger Charakter immer für die Gleichberechtigung der Slawen in der Donaumonarchie eingesetzt hatte. Die österreichisch-ungarische Außenpolitik, jetzt geleitet vom Grafen Leopold Berchtold, entschloß sich, diese Gelegenheit zur Abrechnung mit dem lästigen Nachbarn zu benutzen. Ihr letztes Ziel war ein unter der geistigen Führung der Mittelmächte stehender Balkanbund. Die Empörung über die Mordtat lähmte zunächst jeden Widerstand, Berchtold ließ aber die ersten kostbaren Wochen verstreichen, bevor er losschlug. Er sicherte sich die deutsche Rückendeckung, aber er gab den Gegenspielern in Rußland und Frankreich die Möglichkeit der Besinnung und der Sammlung. Das Ergebnis war das berühmte österreichische Ultimatum vom 23. Juli, das in seinem wesentlichen Inhalt von Berlin vorher gebilligt worden war. Kein souveräner Staat konnte die österreichischen Forderungen in vollem Umfange annehmen. Die geschickte Antwort der serbischen Regierung bot aber immerhin die Möglichkeit einer friedlichen Lösung. Dem deutschen Kaiser und den leitenden Männern der Wil-

BERLINER MORGENPOST

Wöchentlich 20 Pfennig täglich frei ins Haus

Nr. 175. | Montag, 29. Juni 1914. | 17. Jahrg.

Der österreichische Thronfolger und seine Gattin ermordet.

Der greise Kaiser von Oesterreich und sein Reich sind von einem neuen furchtbaren Schlage betroffen worden. In Sarajewo, der Hauptstadt des im Oktober 1908 annektierten „Reichslandes" Bosnien, sind der Thronfolger Erzherzog Franz Ferdinand und seine Gemahlin, die Herzogin von

hat die beiden Attentäter nahezu gelyncht.

Die beiden Attentate.

Telegr. unseres Korrespondenten.

Die Herzogin fiel ihrem Gatten ohnmächtig in den Schoß. Der Thronfolger war noch einen Moment bei Besinnung und fing die Herzogin in seinen Armen auf. Dann verlor auch er die Besinnung. Das Automobil fuhr mit den beiden Schwerverwundeten in

helmstraße wäre es am liebsten gewesen, wenn sich die Donaumonarchie mit einem diplomatischen Triumph begnügt hätte. Berchtold wollte aber mehr als das – er wollte die österreichische Hegemonie auf dem Balkan, selbst wenn sie nur durch Krieg und durch die Zerstückelung Serbiens erreichbar war. Hätte Serbien die österreichische Note in ihrem vollen Umfange angenommen, dann wäre der Bürgerkrieg dort ausgebrochen, Rußland hätte eingegriffen, das Endergebnis wäre wohl das gleiche gewesen. Berchtold hielt einen lokalisierten Krieg mit Serbien für möglich, er wünschte diesen Krieg, selbst auf die Gefahr des russischen Eingreifens. Dieses Eingreifen schien aber in Wien und Berlin fraglich angesichts der geringen Rüstungsbereitschaft im Zarenreiche. Die Mittelmächte glaubten also, das Risiko tragen zu dürfen. Hier lag ihr erster großer Irrtum. Rußland stand hinter Serbien, Rußland war entschlossen, nicht zum zweiten Male einem Ultimatum zu weichen. Aus dem österreichisch-serbischen Konflikt entstand die deutsch-russische Spannung. Rußland verschärfte den Zwist durch seine überstürzte allgemeine, dann eingeschränkte Mobilmachung. Hier setzte der zweite große Irrtum der deutschen Leitung ein. Bethmann-Hollweg hielt es für richtig, auch aus innenpolitischen Gründen, den Streit mit Rußland zu einer schnellen und klaren Entscheidung zu treiben, statt die Auseinandersetzung nach Möglichkeit hinzuziehen. Die Befürchtung, militärisch bei der Mobilmachung in die Hinterhand zu kommen, hätte nicht maßgebend sein dürfen, sie war auch sachlich unbegründet. Deshalb erfuhr der Vorschlag des schwankenden Zaren, den österreichisch-serbischen Streit dem Haager Schiedsgerichtshof vorzulegen, keine Beachtung, was in der internationalen Welt, besonders in Amerika, einen sehr schlechten Eindruck machte. Österreich-Ungarn hielt sich gegenüber Rußland sehr zurück und ließ die Entscheidung an sich herankommen; das Deutsche Reich aber schleuderte mit biederer Hast sein befristetes Ultimatum und dann seine Kriegserklärung an die russische Adresse. Geradezu verzweifelt waren die Bemühungen Bethmann-Hollwegs, die französische und die britische Neutralität in dem beginnenden Ostkriege zu sichern. In letzter Stunde sollte nun alles nachgeholt werden, was in jahrelanger diplomatischer Arbeit nicht durchzusetzen war. Frankreich arbeitete während des ganzen Konfliktes sehr geschickt hinter den Kulissen für eine steife Haltung Rußlands, für den Zusammenhalt des Dreiverbandes; nach außen trat es nur als der loyale Friedensvermittler in Erscheinung. Die deutsche Kriegserklärung an Rußland ließ den Franzosen nun keine Wahl, alle verantwortlichen Staatsmänner hatten auf diese Stunde gewartet, der große Moment der Revanche war gekommen. Das Deutsche Reich belastete sich technisch auch gegenüber Frankreich mit einem Ultimatum und der formellen Erklärung des Krieges. Und nun wirkte sich der dritte und entscheidende Irrtum der deutschen Reichsleitung aus. Hatte man nicht mit England kameradschaftlich für den Frieden gearbeitet, hatten nicht die Kolonialabkommen den Weg in eine bessere Zukunft gewiesen? Hatten nicht Hunderte von Freundschaftskundgebungen die endliche Zusammenarbeit der beiden großen Länder vorbereitet? Widersprachen nicht dynastische, wirtschaftliche, psychologisch-kulturelle Bindungen dem Unsinne eines Kampfes zwischen zwei Ländern, die in der Geschichte groß geworden waren durch gegenseitige Hilfe? England trat nicht in den Krieg, weil es einen lästigen Wettbewerber vernichten wollte, es hatte sich bereit gezeigt, den Deutschen ihren Platz an der Sonne zu gönnen; es vermochte die Manier des Kaisers nicht zu lieben, aber es hatte Vertrauen zu Bethmann-Hollweg, er war in der Tat der erste deutsche Staatsmann seit langer Zeit, der in England Ansehen genoß. Entscheidend für England in diesen letzten schweren Stunden war wiederum die Flottenfrage – wenn Deutschland Belgien überrannte und Frankreich niederwarf, dann konnte die deutsche Flotte von der Kanalküste aus eine lebensgefährliche Bedrohung für England werden. Die maßgebenden Männer der deutschen Leitung klammerten sich trotz Churchills und Greys Haltung an die Hoffnung, England würde sich doch zur Neutralität bewegen lassen, aber sie haben nicht das einzige getan, was diese schwache Möglichkeit hätte kräftigen können: dies war völlige Zurückhaltung im Westen und gesammelter Angriff gegen Rußland. Der deutsche Generalstab war aber mächtiger als irgendein deutscher Kanzler, General von Moltke machte die Österreicher scharf gegenüber Bethmanns ernster Warnung zur Vorsicht, militärische Notwendigkeiten wischten diplomatische Kombinationen hinweg, das Deutsche Reich war ein Militärstaat, es gehorchte dabei den Bedingungen seiner Entstehung und seines Daseins. Hätte eine klare, scharfe Warnung Englands an die deutsche Adresse die Katastrophe aufhalten können? Wiederholungen sind mißlich. Eine offene Bedrohung des Deutschen Reiches durch England im Stile von 1911 hätte wahrscheinlich den Sturz Bethmann-Hollwegs herbeigeführt, und ein Kabinett Tirpitz hätte den Handschuh aufgenommen. Die Verletzung der belgischen Neutralität belastete

Deutschland mit einem schweren Völkerrechtsbruch – er bot dem gespaltenen englischen Kabinett den der Mehrheit willkommenen Rechtsgrund für die Kriegserklärung; er tat noch mehr – er verdrängte in der öffentlichen Meinung der Welt den mißlichen Eindruck der Mordtat von Sarajewo und drehte die Stimmungsrichtung gegen die Mittelmächte.

Militärische und politische Aussichten der Mittelmächte

Der imperialistische Weltkrieg war geschichtlich das Ergebnis der deutschen Weltpolitik, diese war wiederum begründet in der imperialistischen Entwicklung der großen Welt überhaupt. Das Deutsche Reich beanspruchte zusammen mit Österreich-Ungarn, seinem Verbündeten, eine Weltmachtstellung – dies war sein gutes Recht, auch andere Weltmächte hatten einmal angefangen. Imperialistische Bestrebungen waren international und bedienten sich der gleichen Mittel überall, mit leichten örtlichen und ethnischen Abwandlungen. Die Problematik der deutschen Weltpolitik lag in etwas anderem. Das Deutsche Reich war die stärkste Macht auf dem Kontinent, aber die schwächste Macht in der großen Welt. Es beanspruchte das Ansehen, das seine überragende militärische und wirtschaftliche Kraftansammlung auf dem Kontinent genoß, auch in der Weltmachtspolitik, aber es begegnete hier Weltmächten von ganz anderer räumlicher Ausdehnung, von ganz anderen Hilfsmitteln und Reserven. Der bescheidene und verstreute Kolonialbesitz Deutschlands schwächte seine Stellung, statt sie zu stärken, da er die Gegner in höherem Maße vermehrte als die Abwehrkräfte. Die deutschen Erwerbungen im ostasiatischen und pazifischen Raum gingen sofort verloren, Japan schloß sich Deutschlands Gegnern an, es hatte seit dem Vorfrieden von Schimonoseki (1895) auf diese Stunde der Rache gewartet. Der vielversprechende afrikanische Raum war ebensowenig zu halten; die dortigen deutschen Kolonien wehrten sich tapfer, der Kampf gegen die Übermacht war aussichtslos, die Kreuzerflotte vermochte keine wirksame Hilfe zu leisten. Es blieb also nur der Balkan und der Orient übrig. Die geschwächte Türkei wurde Deutschlands Verbündeter, ebenso Bulgarien; beide Mächte verfolgten eigene Ziele, sie erwarteten militärische und materielle Hilfe, sie beschäftigten deutsche Sachverständige und Ratgeber, ohne sich immer nach ihnen zu richten; sie zeigten Empfindlichkeit und Selbstsucht, ihre Ansprüche wuchsen bei jedem Erfolg, während Rückschläge sie ins Wanken brachten. Rumänien und Italien, beides langjährige Verbündete der Mittelmächte, warteten die Kriegsereignisse ab, um sich dann der immer stärkeren und erfolgreicheren Seite des Dreiverbandes anzuschließen. Außenpolitisch verschlechterte sich also die Lage der Mittelmächte von Jahr zu Jahr, die Zahl ihrer Gegner wuchs. Deutschland mußte seinen Kampf um die Weltmachtstellung auf dem Kontinent mit seinen europäischen Mitteln durchfechten. Aber mit den europäischen Machtmitteln seiner Gegner war es nicht zu besiegen. Die

Wilhelm II. in Cäsarenpose

Machtmittel aller großen Kontinente mußten eingesetzt werden; Afrika, Asien, Amerika vereinigten sich gegen das Deutsche Reich und seine immer schwächer werdenden Verbündeten. Nur die gewaltige Organisationskraft, nur die Anhäufung großer Vorräte und technischer Hilfsmittel während der langen fruchtbaren Friedenszeit befähigten Deutschland zu seinem zähen Widerstand. Die alten kriegerischen Eigenschaften der Deutschen bewährten sich von neuem, die Zivilisten jeden Berufes, die Frauen schlossen sich tapfer an. Überraschend genug versagte die große Führung an entscheidenden Punkten. Die mächtige Offensive gegen Frankreich gleich im Anfang scheiter-

Deutsche Soldaten in britischer Gefangenschaft

te, nicht am Mangel von Truppen, sondern infolge strategischer Unzulänglichkeit. Die Angriffe auf Verdun 1915 endeten nach furchtbaren Verlusten mit einer deutschen Schlappe. Ruhmestaten waren aber die Tannenbergschlacht und der Durchbruch bei Gorlice. Im Osten, gegenüber dem schlecht geleiteten und mangelhaft organisierten Rußland, auf dem Balkan kam die deutsche Schlagkraft zu voller Wirkung. Im Westen erwies sich die Verteidigung der Verbündeten als voll widerstandsfähig. Deutschland vermochte die Materialmasse kaum zu erreichen, geschweige denn zu übertreffen. Schwer enttäuschte die deutsche Marine. Die Kreuzer waren viel zu schwach, um den Überseehandel zu schützen, die britische Blockade erdrosselte ihn.

Nur die Unterseeboote vermochten die Blockade zu schädigen und eine Art Gegenblockade aufrechtzuerhalten. Aber der Bau der deutschen Unterseeboote war von Tirpitz sträflich vernachlässigt worden zugunsten der Hochseeflotte. Das Reich hatte immer wieder gewaltige Summen in die Großkampfschiffe gesteckt, trotz der Warnungen einer Gruppe von Marinesachverständigen, an deren Spitze Admiral Galster stand. Nun hatten die Großkampfschiffe erstens den Krieg mit England allein durch ihr Dasein unvermeidlich gemacht. Sie hatten zweitens die Vermehrung und Ausrüstung des Landheeres geschädigt. Drittens vermochten sie nun während des Krieges nicht einmal der englischen Flotte entscheidenden Abbruch zu tun. Die einzige große Seeschlacht während des Weltkrieges, die Schlacht am Skagerrak oder bei Jütland, verlief strategisch unentschieden. Die deutsche Führung vollbrachte eine Reihe von hervorragenden soldatischen Leistungen. Niemand hat das besser gewürdigt als die Geschichtsschreibung der Gegner. Zwar war der erste Generalstabschef, der jüngere General von Moltke, ein kränklicher Christian-Science-Mann und verschwand schnell von der Bildfläche. Sein Nachfolger, Generaloberst Erich von Falkenhayn, war eine verwegene Spielernatur, aber elastisch und ideenreich. Hindenburg und Ludendorff trugen dann die Verantwortung während der schweren Schlußjahre. Erich Ludendorff war trotz seiner überragenden Arbeitskraft, seiner unermüdlichen Organisationsgabe, seinem eisernen Willen doch keine geniale Feldherrnnatur. Der wache Instinkt und die schöpferische Beweglichkeit waren ihm versagt. Hindenburg wurde lange unterschätzt. Er war eine gewaltige, elementar wirkende Figur, bis zu seiner schweren Krankheit im Oktober 1917 auch mit den Einzelheiten der Hergänge vertraut und maßgebend für die letzten Entscheidungen. Auch später zeigte er immer einen etwas groben Instinkt für das Richtige. Schnell gewöhnte er sich an die große Rolle, die ihm das Schicksal und die Heldenverehrung der Öffentlichkeit zuteilte. Souverän verband er Egoismus und Geriebenheit. Die Wucht seiner Natur erfüllte alle vaterländischen Dinge. Das Kleinliche und Kalte, das Enge und Mißtrauische merkten nur die Nächsten.

Deutschland sah sich schnell abgeschnitten von der großen Welt, und so fiel es der rührigen Heimatpropaganda nicht schwer, ein rosenrot gefärbtes Bild der Lage zu verbreiten. Wer warnte, wer besser unterrichtet war, wer loyale Kritik wagte, galt bald als ein schlechter Patriot. Die militärischen Erfolge im Osten rückten zuerst Polen in den Mittelpunkt gewichtiger Zukunftspläne. Die Wiederherstellung Polens war ein selbstverständlicher Programmpunkt der drei Teilungsmächte von ehemals. Österreich wünschte das russische Kongreßpolen mit sich selber zu verschmelzen – das hieß die austro-polnische Lösung. Ein Erzherzog sollte König werden, dies Polen sollte zu der umgebauten Monarchie in einem nahen Verhältnis stehen. Aber die österreichischen Slawen muckten ja auf. Ganze tschechische Regimenter gingen über zu den Russen. Die Führer Masaryk und Benesch begannen vom Auslande her ihre Propaganda für einen unabhängigen tschechoslowakischen Staat. Mit den Polen hatte das amtliche Österreich immer Glück gehabt, ein österreichisches Polen konnte vielleicht die anderen slawischen Völker gewinnen?! Deutschland aber schätzte die austro-polnische Lösung nicht, weil es seine eigenen polnischen Provinzen behalten wollte. Ein schwaches selbständiges Polen war sicher bescheidener. So bildete man zuletzt aus Kongreßpolen ein Königreich Polen mit Erbmonarchie und parlamentarischer Verfassung. Kaiser

Wilhelm II. wehrte sich gegen dieses wunderliche Gebilde – ein Königreich ohne König, das sicherlich alle gegen die Teilungsmächte schwebenden Forderungen neu erheben mußte und außerdem jede Möglichkeit eines Sonderfriedens mit Rußland verbaute! Die militärischen Stellen rechneten aber mit starken polnischen Streitkräften, die sie aus dem neuen Königreiche ziehen wollten – eine Hoffnung, die völlig trog. Unmittelbar in Verbindung mit der polnischen Befreiung stand die baltisch-litauische Politik. Die dünne deutsche Oberschicht der bis dahin russischen Ostseeprovinzen erstrebte die endgültige Abschüttelung des russischen Joches. Die unterdrückten Esten, Letten und Litauer unterstützten diese Bestrebungen, behielten sich aber die Durchführung ihrer eigenen nationalen Ziele vor. Das aristokratische Element der Balten war durch zahlreiche Bande verwandtschaftlicher und geistiger Natur mit der deutschen herrschenden Klasse verknüpft; für die meisten Barone und die städtische Intelligenz gab es nur einen leidenschaftlichen Wunsch: die Anlehnung an Deutschland. Eine solche Ausdehnung des deutschen Gebietes ostwärts erweckte aber eine Reihe von geopolitischen, ethnischen und außenpolitischen Bedenken. Sollte sich das deutsche Kolonialland noch weiter vermehren? Sollte das Junkertum eine neue Verstärkung erfahren und sollte die Belastung mit so vielen Fremdstämmigen in Kauf genommen werden? Mußte nicht die Abdrängung von der Ostsee Rußland tödlich treffen und auch die Ententemächte schwer verletzen?

So vermehrte der Krieg die deutschen Sorgen. Daß die Gesamtlage nicht glänzend war, bewies das deutsche Friedensangebot vom Dezember 1916. Es blieb erfolglos genauso wie die Friedensfühler des Nachfolgers Franz Josephs († 1916), des neuen österreichischen Kaisers Karl, und die Friedensbemühungen des Papstes. Der gegebene Friedensvermittler war der Präsident der Vereinigten Staaten, Wilson. Seine Hilfsbereitschaft verscherzten sich aber die deutschen Staatsmänner durch die Erklärung des uneingeschränkten Unterseebootkrieges, die den Eintritt der Vereinigten Staaten in den Krieg zur Folge hatte. Der Kampf dehnte sich aus über alle Länder und Meere, die größten und volkreichsten Staaten der Erde schlossen sich der Entente an. Macht stand gegen Macht, Idee stand aber auch gegen Idee. Deutschland mit seinen ermattenden Verbündeten wurde befehdet und gehaßt, es galt als der Hort des »Kaiserismus« – eine Weltkoalition unternahm es, diese Autokratie im Namen der Demokratie zu bekämpfen. Heer und Heimat wetteiferten in Deutschland, um den ungeheuren Ansturm abzuwehren. Da gab der Zusammenbruch des russischen Zarismus den Mittelmächten noch einmal die Möglichkeit der Rettung. Die provisorische Regierung, die zuerst in Rußland eingesetzt wurde, versuchte den Krieg weiterzuführen an der Seite der bisherigen Bundesgenossen – die Sowjetregierung aber trat ein für den sofortigen annexionslosen Frieden. Die deutsche Oberste Heeresleitung hatte dafür gesorgt, daß die Führer des Kommunismus, Lenin und seine Freunde, rechtzeitig in Rußland erschienen. Etwas Gewaltiges vollzog sich – wichtiger und folgenreicher als alle Einzelheiten des Kriegsverlaufes: in Rußland entstand der erste kommunistische Staat, er löste sich von der Weltkoalition der Demokratie ab. Der eigene Weg, den Rußland einschlug, führte zunächst zur Verständigung mit Deutschland. Den Mittelmächten bot sich eine berückende Möglichkeit. Hatte sich nicht Friedrich der Große durch die plötzliche Schwenkung Rußlands retten können? Wenn es jetzt gelang, durch einen billigen Frieden mit Rußland den Rücken frei zu bekommen und die wirtschaftlichen Kräfte des Ostens zur Ernährung und Rüstung Mitteleuropas zu verwerten, dann vermochten die Mittelmächte vielleicht den wachsenden Ansturm ihrer Gegner zu bestehen, dann konnten sie den Verständigungsfrieden erkämpfen, den auch viele Einsichtige auf der anderen Seite erstrebten. Unseligerweise erzwang die deutsche Leitung sowohl von Rußland wie von Rumänien Friedensverträge, die ganz im Geiste der überkommenen europäischen Machtpolitik den Besiegten Annexionen und Entschädigungen auferlegten. Die Friedensschlüsse von Brest-Litowsk und Bukarest offenbarten noch einmal den Geist der Autokratie und des Militarismus, sie boten der Propaganda der Gegner der Mittelmächte eine unfreiwillige Rechtfertigung. Sollte, konnte sich dieser imperialistische Wille Deutschlands und seiner Verbündeten auch im Westen und in der überseeischen Welt durchsetzen?

Kriegsziele. Niederlage. Revolution

Der Kampf um die deutschen Kriegsziele begann unmittelbar nach Kriegsausbruch. Hier entbrannte ein grundsätzlicher Streit um den Sinn und Wert der deutschen Weltpolitik. Die deutsche Sozialdemokratie zeigte eine untadelige patriotische Haltung. Der deutsche Arbeiter tat an der Front und in der Heimat seine Pflicht wie jeder andere Staatsbürger. Die Kriegskredite wurden von der sozialdemokratischen Reichstagsfraktion bewilligt. Die Regierung zeigte sich versöhnlich. Es herrschte Burgfriede. Sozialistische Schriften wurden von den Militärbehörden freigegeben, sozialistische Bei-

Rosa Luxemburg

geordnete und sonstige Provinzial- und Kommunalbeamte von der preußischen Regierung zum ersten Male bestätigt. Bald regte sich aber im sozialdemokratischen Lager die Opposition. Der alte sozialdemokratische Kämpe Wilhelm Liebknecht, der ein Abkömmling einer rein christlichen hessischen Beamtenfamilie war, hatte einen hochbegabten Sohn Karl, eine leidenschaftliche, beinahe monomane Persönlichkeit, der als scharfsinniger Jurist, glühender Redner und unbestechlicher Moralist die Führung der Unentwegten übernahm. Es bildete sich die Gruppe »Internationale«, später Spartakusbund genannt, die den kompromißlerischen Konjunkturpatriotismus der Parteimehrheit bitter bekämpfte. Sie wollte den Krieg durch Massenstreik zum Abschluß bringen und eine neue internationale Front des Proletariats aufbauen. Liebknecht sowie die polnische Jüdin Rosa Luxemburg, eine Frau von überwältigender Rede- und Schreibbegabung, und zwei weitere Anhänger traten mit den Führern der russischen Revolution in persönliche Fühlung und tauschten Meinungen sowie Pläne aus. Die glänzenden Spartakus-Briefe Rosa Luxemburgs fanden weite Verbreitung. Karl Liebknecht wurde als Armierungssoldat eingezogen und erhielt wegen der fortdauernden Agitation gegen den Krieg eine hohe Zuchthausstrafe. 1916 enstand eine weitere Oppositionsgruppe unter der Führung des ostpreußischen Abgeordneten Hugo Haase, sie nannte sich ein Jahr später: Unabhängige Sozialdemokratische Partei Deutschlands. Sie vertrat den älteren orthodoxen Marxismus gegenüber der russischen Form des Kommunismus, wie ihn der Spartakusbund predigte. Die Mehrheitssozialdemokraten, wie sie hießen, hatten dagegen ihren Revisionismus und Loyalismus zu behaupten. Die Unabhängigen lehnten jetzt die Kriegskredite im Reichstag ab und bekämpften jede Art von Annexionismus im Namen des Friedenswillens des arbeitenden Volkes.

Der Streit um die Kriegsziele zerstörte den Burgfrieden. Die Alldeutschen und die führenden Wirtschaftsverbände stellten ein weitgehendes Annexionsprogramm auf.

Karl Liebknecht

Ethnische und sprachliche Grenzen fanden dabei keinerlei Beachtung. Man nahm ganz Belgien und große Teile von Nordfrankreich in Anspruch. Bescheidenere Annexionisten sahen die Erzgebiete von Longwy und Briey sowie die flandrische Küste als Mindestforderungen an. Zur Begründung vermischten sich zu einem wenig anmutigen Allerlei die Erinnerungen an das Heilige Römische Reich mit völkischen und wirtschaftlichen Gesichtspunkten. Einen großen Eindruck machte Friedrich Naumanns Erneuerung der Mitteleuropaidee – auch hier gab es freilich verschiedene Lösungen. Maßvollere Kreise scharten sich um den vielerfahrenen weltkundigen Kolonialstaatssekretär Solf, um den ehemaligen Kolonialstaatssekretär, den führenden Bankier Bernhard Dernburg und den Historiker und Publizisten Professor Hans Delbrück; sie wünschten eine möglichst geringe Änderung der historisch gewordenen europäischen Grenzen, dafür aber eine Abrundung des deutschen Kolonialbesitzes in Afrika zu einem wirklich wertvollen zentralafrikanischen Reich. Die Rechtsparteien verhielten sich durchweg scharf annexionistisch, unter den jüngeren Nationalliberalen tat sich dabei der Abgeordnete Gustav Stresemann hervor, der später ganz andere Wege gehen sollte. Im Zentrum war die Stimmung geteilt. Der Benjamin des Reichstages, der ehrgeizige, allzu betriebsame, dem kleinen schwäbischen Mittelstand entstammende Abgeordnete Matthias Erzberger, ließ sehr bald den Annexionismus fallen und bekämpfte die alldeutsche Aktion. Er verfügte über vorzügliche vatikanische Informationsquellen und hatte deshalb einen besseren Begriff von der ernsten Lage der Mittelmächte als die meisten Deutschen. Niemand sollte am Patriotismus dieses unverwüstlichen Mannes zweifeln. Es war ihm nur leider nicht dasselbe Maß von Takt beschieden. Erzberger wurde im Jahre 1917 der geistige Vater der von der Mehrheit des Reichstages angenommenen Friedensresolution, die sich für einen rechtzeitigen und würdigen Verständigungsfrieden einsetzte. Diese Kundgebung entsprach durchaus dem Standpunkte des Linksliberalismus, der immer eine maßvolle Haltung in der Friedensfrage zeigte und so bewies, daß die außenpolitische Einsicht seit Bismarck wesentlich nach links gegangen war. Der Linksliberalismus und die Mehrheitssozialdemokraten waren der Meinung, daß nunmehr der Augenblick für die Wahlrechtsreform in Preußen gekommen wäre. Die Regierung erklärte sich grundsätzlich bereit, versuchte aber die Reform unter allerlei nichtigen Vorwänden bis zum Friedensschluß hinauszuschieben. Die Frage des preußischen Wahlrechts war ja keine reine Verfassungsangelegenheit mehr, sie hatte sich ausgewachsen zu einem grundsätzlichen Kampfe. Die immer schwieriger werdende Wirtschaftsfrage macht die unteren Volksschichten empfindlich und bitter. Die Verweigerung des allgemeinen gleichen Wahlrechts galt als Hochmut und Mißtrauen, sie förderte natürlich die Arbeit der revolutionären Gruppen. Bethmann-Hollweg hatte ein vollkommen klares Bild der Lage, er wollte die Wahlrechtsfrage erledigen, so bald als möglich. Die kaiserliche Osterbotschaft vom Jahre 1917 war sein Programm, er wollte es weiterentwickeln zur völligen »Neuorientierung«. Sehr bald machte er es aber keiner Partei mehr recht, er fiel im Sommer 1917. Sein Nachfolger, der verdiente Beamte Georg Michaelis, vermochte der wachsenden Spannung nicht Herr zu werden. Der dritte Reichskanzler in diesem Jahr wurde der hochbetagte Graf Georg von Hertling, seit vielen Jahren ein einflußreicher Professor der katholischen Philosophie, führender Zentrumsmann des rechten Flügels und erprobter Vermittler zwischen dem Reich und dem Vatikan. Hertling versuchte, eine Art von parlamentarischer Regierung aufzubauen, aber die Sozialdemokraten lehnten den Eintritt in sein Kabinett ab, während die übrigen Parteien ihre Vertrauensmänner entsandten. Deutschland zersetzte sich innenpolitisch, die Auflösung sagte sich an. Trat noch einmal eine günstige Wendung ein, wenn der große militärische Frühjahrsangriff gelang? Die deutsche Oberste Heeresleitung setzte ihre ganze Kraft daran. Da die Offensive mißlang, verlor Deutschland den Krieg. Da es den Krieg verlor, brach eine neue Revolution aus.

XIX. Die dritte deutsche Revolution. Die Niederlage

Die Gründe der deutschen Niederlage – Die revolutionäre Arbeit im Lande – Die Dolchstoßlegende – Der Waffenstillstand wird von der Obersten Heeresleitung verlangt und in seinem Wortlaut gebilligt – Die Flucht des Kaisers – Der Ausbruch der roten Revolution – Der Abwehrkampf der bürgerlichen Parteien – Der Bürgerkrieg um die Nationalversammlung – Niederlage der Roten, Sieg der Blauen Republik – Der Friedensvertrag von Versailles – Die vier Irrtümer der Siegerstaaten – Die Weimarer Verfassung – Friedrich Ebert – Die Opposition von rechts und von links – Monarchisten und Kommunisten – Der Kapp-Putsch – Die Fememorde – Die Geheimverbände – Die bayrische Ordnungszelle – Die Nationalsozialistische Deutsche Arbeiterpartei – Der Kampf um die Reparationen – Genua und Rapallo – Die Ruhrbesetzung – Der passive Widerstand – Gustav Stresemann – Die Folgen der Inflation – Hitlers Münchener Putsch – Klassen- und Parteienumschichtung – Hindenburg wird der erste gewählte Reichspräsident – Der Dawes-Plan – Locarno – Deutschlands Eintritt in den Völkerbund – Der deutsch-russische Vertrag von 1926 – Die Fürstenabfindung – Der Flaggenstreit – Der Pariser Friedenspakt – Der Young-Plan – Der Altweibersommer der deutschen Kultur

Der Mißerfolg der Weimarer Republik beruht:
1. darauf, daß die neue Verfassung den antikapitalistischen und revolutionären Gruppen nicht radikal genug, den konservativen Schichten aber zu demokratisch, zu rationalistisch, zu westeuropäisch war,
2. daß die neuen verantwortlichen Staatsmänner den harten Frieden nicht wesentlich zu mildern und auch später nicht erträglicher zu machen verstanden,
3. daß die Reparationsfrage zum Krebsschaden des ganzen wirtschaftlichen und sozialen Lebens in Deutschland anwuchs – so wurden die Voraussetzungen geschaffen für eine neue lebensgefährliche Opposition, die die stärksten Kräfte von rechts, den Nationalismus, mit den stärksten Kräften von links, dem Sozialismus, zu vereinigen verstand.

Die Gründe der deutschen Niederlage

Die Niederlage des Deutschen Reiches im imperialistischen Weltkrieg war verursacht durch vier Gründe. Diese Gründe sind wirtschaftlicher, technischer, außenpolitischer und strategischer Natur. Wirtschaftlich machte das Reich den Versuch, sich aus dem Zusammenhang der Weltwirtschaft zu lösen und gemeinsam mit seinen Verbündeten eine autarke Kriegswirtschaft aufzubauen. Man mußte aus dem eigenen Boden leben, man mußte erzeugen mit den eigenen Rohstoffen. Bedeutende Erfindungen förderten die deutsche Verteidigung entscheidend. An erster Stelle stand das Verfahren, den für die Landwirtschaft nötigen Stickstoff aus der Luft zu gewinnen, als Ersatz für den abgesperrten Chilesalpeter. Wirtschaftliche Kriegsgesetze regelten Einfuhr und Ausfuhr, sie streckten die Nahrungsmittel, schufen Ersatzerzeugnisse und bekämpften den Schleichhandel. Immer neue Ämter entstanden, man strengte sich aufs äußerste an, um der Bewirtschaftung von Staats wegen Herr zu werden. Zuerst entstand die Zentraleinkaufsgesellschaft, dann bildete das Kriegsministerium die Kriegsrohstoffabteilung. Getreide, Futter, Kohle, Fette, Kleider, Obst und Gemüse, das Wohnungswesen wurden nach und nach von der öffentlichen Hand übernommen. Der Staatssozialismus war für die Kriegszeit eine Tatsache geworden. Jede irgendwie brauchbare Kraft sah sich vom vaterländischen Hilfsdienst erfaßt. Aber alle diese Anstrengungen fruchteten nichts. Dies lag nicht an den Fehlern, die sachlich und persönlich gemacht wurden. Fehler waren unvermeidlich. Es ist vielmehr erstaunlich, daß das damals noch integre deutsche Beamtentum eine im ganzen so saubere und wirksame Arbeit zu leisten vermochte. Die Ursache des Mißerfolges lag viel tiefer. Die Grundlage war zu schmal. Die Armee fraß die Heimat auf. Alle schön aufgezogenen Ämter vermochten die zunehmende Verknappung der Rohstoffe und Lebensmittel nicht zu beschwören. Weder das rumänische Petroleum noch die balkanischen oder ukrainischen Agrarerzeugnisse halfen genügend. Die Heimat hungerte und verlumpte. Österreichs wirtschaftlicher Zusammenbruch war schon Anfang 1917 so deutlich, daß der Außenminister Graf Ottokar Czernin darüber einen niederschmetternden Geheimbericht für die beiden Kaiser und den Reichskanzler verfaßte. Durch den Abgeordneten Erzberger wurde der Bericht in weiteren Kreisen bekannt, es war eine Indiskretion, die dem höheren Zwecke der Wahrheit diente.

Eine der zahlreichen Friedensvermittlungen war eingeleitet von dem Schwager des österreichischen Kaisers, dem Prinzen Sixtus von Parma, der in der französischen Armee Offizier war. Durch katholische Kanäle ließ der Kaiser die Gegenseite wissen, daß er sich gegebenenfalls für die Wiedervereinigung der Lande Elsaß und Lothringen mit Frankreich einsetzen wollte. Den deutschen Stellen gegenüber wollte er dies Zugeständnis nicht wahrhaben. Die Angelegenheit endete in Verstimmung, Mißtrauen und Unbefriedigung auf allen Seiten. Kaiser Karl hatte den besten Willen, schwankte aber leicht und zeigte sich vielerlei Einflüssen zugänglich.

Der Friede der Mittelmächte mit Rußland erwies sich auch insofern als eine schwere Enttäuschung, als weder aus dem Sowjetreiche noch aus der neugeschaffenen, unter deutscher Leitung selbständig gewordenen Ukraine Lebensmittel und Rohstoffe in ausreichendem Maße eingeführt werden konnten. Dies lag an technischen, aber auch an politischen Schwierigkeiten. Der Kohlrübenwinter von 1917 auf 1918 blieb allen Deutschen in furchtbarer Erinnerung. Der nächste Winter versprach nicht besser zu werden. Der Unterseebootkrieg, die deutsche Blockade hatte gewiß auch England in ernste Verlegenheit gesetzt. Aber die dort notwendig gewordenen Einschränkungen konnten sich doch gar nicht vergleichen lassen mit der bitteren Not, die in Mitteleuropa herrschte. Angenommen, daß die englischen Schwierigkeiten sich noch steigern konnten – so war seit dem Eintritt der Vereinigten Staaten die britische Lage doch entscheidend gebessert. Lebensmittel-, Rohstoff-, Menschen- und Waffenzufuhr von Übersee retteten England. Osteuropa vermochte dasselbe nicht für Deutschland und seine Verbündeten zu leisten. Je mehr sich der Krieg noch hinzog, desto deutlicher wurde die Überlegenheit der Gegenseite; jeder neue Monat mußte den Verlust des Krieges in wirtschaftlicher Beziehung klarer machen.

Schlecht ernährte und nicht mehr ausreichend bewaffnete deutsche Soldaten hatten im Sommer 1918 den furchtbaren Ansturm der in jeder Beziehung vorzüglich ausgestatteten Amerikaner auszuhalten. Alle nützlichen Kriegserfahrungen kamen nicht gegen solche materiell grundlegenden Tatsachen auf. Auch waffentechnisch vermochte die deutsche Kriegsführung nicht ihre Überlegenheit aus der Anfangszeit zu behaupten. Der Mangel an vollwertigen Unterseebooten verdarb die großen Aussichten der Blokkade. Die Riesengeschütze und die Gastechnik konnten nur örtliche Erfolge erzielen, sie ermangelten der Durchschlagskraft bei dem wiederbeginnenden Bewegungskrieg. Die Tankwaffe wurde von Ludendorff persönlich vollkommen in ihrer Bedeutung verkannt, er lehnte sie ab; der Tankschrecken zerbrach die deutsche Front, das neue Kriegsmittel führte die schwärzesten Tage im Sommer 1918 herauf.

Außenpolitisch diente die Erweiterung des deutschen Einflußgebietes in Osteuropa, also die Befreiung der baltischen Randstaaten, Finnlands und der Ukraine, nicht zur Festigung der deutschen Widerstandskraft. Es erhob sich ein peinlicher Streit über die Zukunft dieser Länder, sie erwarteten deutsche materielle Hilfe, die in dem notwendigen Umfange nicht gewährt werden konnte. Die üblen Erfahrungen mit Polen wiederholten sich in verstärktem Maße. Die deutschen Verbündeten vermochten, trotz der ihnen dauernd und beinahe über die vernünftige Selbsterhaltung hinaus gewährten Unterstützung, dem Ansturm der Feinde nicht standzuhalten. 1916 standen die Russen in fast ganz Armenien, 1917 nahmen die Engländer Bagdad, dann Jaffa und Jerusalem. Die arabischen Teile des ottomanischen Reiches waren nicht mehr zu behaupten, sie erwarteten Befreiung und Selbständigkeit. Von Saloniki aus gelang es ferner der Entente, die bulgarische Front zu erschüttern; der Durchbruch im September 1918 vernichtete die Hauptbasis des deutschen außenpolitischen Systems, auch der letzte Raum weltpolitischer Betätigung, der Balkan, barst in Stücke. Nun mußte die Türkei ihrem Schicksal überlassen werden, Rumänien war nicht mehr zu verteidigen. Es gab keinerlei Aussicht, das zertrümmerte deutsche außenpolitische System gegenüber einer Weltkoalition von dreißig alliierten und assoziierten Mächten wiederaufzubauen. Ententefreundliche Gruppen in Bulgarien und der Türkei suchten die Verständigung mit den Siegern.

Strategisch gesehen, bot der Krieg Anfang 1918 für die Mittelmächte immer noch Aussichten. Der Friede im Osten ermöglichte endlich wieder erhebliche Truppenansammlungen an anderen Fronten, die Österreicher hielten sich wacker gegen die Italiener.

Wahrscheinlich war der Entschluß der deutschen Obersten Heeresleitung zur Frühjahrsoffensive im Westen der entscheidende Fehler. Hätte die Heeresleitung ihre geballte Kraft an dem schwächsten Punkt der Gegenseite angesetzt, also gegen Italien, dann wäre ein durchschlagender Erfolg dort höchst wahrscheinlich gewesen. Im Besitze Oberitaliens vermochten die Mittelmächte wahrscheinlich den Krieg noch ziemlich lange hinzuziehen, die Ernährung würde verbessert, die industrielle Erzeugung wesentlich verstärkt worden sein. Die Gruppen auf der Ententeseite, die den Verständigungsfrieden wollten, hätten dann vielleicht die Überhand gewonnen. Die deutsche Oberste Heeresleitung überschätzte ihre Kraft im Frühjahr 1918, sie suchte nach alter militärischer Überlieferung eine schnelle und klare Entscheidung. Sie übersah die Gesamtlage nicht, sie war nicht beweglich und erfinderisch genug, um ihre Taktik ganz neuen und unerwarteten Anforderungen anzupassen. Hochfahrend und hartköpfig, anmaßend und unbelehrbar, wollte Ludendorff die große Entscheidung ertrotzen – sie fiel aus gegen ihn, gegen Deutschland.
Das Truppenmaterial der deutschen Frühjahrsoffensive war das beste, was Deutschland damals noch aufbringen konnte, es war in seiner Moral unerschüttert. Verrätereien von einzelnen kommen in jedem Heere vor, sie haben das Endergebnis auch nicht entscheidend beeinflußt. Fest steht, daß diese deutsche Westarmee durch keinerlei politische Agitation geschwächt war. Deshalb muß das innenpolitische Moment als Ursache der deutschen Niederlage ausgeschaltet bleiben. Es gab nur vier ausschlaggebende Gründe – sie waren wirtschaftlicher, technischer, außenpolitischer und strategischer Natur.

Die revolutionäre Arbeit

Die unabhängige Sozialdemokratie und die Kommunisten entfalteten seit dem Scheitern des deutschen Friedensangebotes im Dezember 1916 eine immer lebhafter und erfolgreicher werdende Agitation für einen sofortigen Frieden ohne Sieger und Besiegte; sie bedienten sich dabei mehr und mehr der Schlagworte und Methoden der russischen Revolution; solche Erfolge mußten Schule machen. Diese Arbeit ging hin auf Generalstreik, auf Lähmung aller herrschenden Gewalten, auf Zersetzung der Streitkräfte. Es kam zu großen Streiks im April 1917, im Januar und Februar 1918, vorzugsweise in der Rüstungsindustrie. Der revolutionäre Charakter der Bewegung konnte nicht verkannt werden. Es bildeten sich Arbeiterräte. Die erste Verschwörung in der Hochseeflotte fand im Sommer 1917 statt, das Ziel war, durch Gehorsamsverweigerung die Flotte kampfunfähig zu machen; die Führer standen mit maßgebenden Abgeordneten der Unabhängigen in naher Verbindung. Trotz strenger Bestrafung ging die Agitation weiter – die Flotte erwies sich als ein besonders aufnahmefähiger Boden, weil das eintönige und tatenlose Leben an Bord, die knappe Verpflegung und die brutale Disziplin die Mannschaften erbitterte und zermürbte. Als am 28. Oktober 1918 der Befehl zum Auslaufen kam, verweigerten die Besatzungen zahlreicher Kriegsschiffe den Gehorsam. Im letzten verzweifelten Augenblick sollte die deutsche Flotte noch eingesetzt werden; die Aussicht auf Verbesserung der Gesamtlage war wirklich gering genug, aber es war klar, daß man ein solches kostbares Instrument nicht unbenutzt lassen konnte, angesichts eines demütigenden Friedens. Und in diesem Moment versagte die Flotte, es brachen Unruhen aus, die Aufgabe konnte nicht erfüllt werden. Diese schmachvolle Erfahrung hat keinerlei Gegenstück in der Armee. Die revolutionäre Arbeit war erfolgreich in der Heimat, sie reichte auch hinein in die Etappe, die Front blieb mindestens bis Mitte August 1918 unberührt; was die Front nachher seelisch und körperlich entscheidend erschütterte, war das siegreiche Vordringen der Feinde und die zunehmende Aussichtslosigkeit des Widerstandes. Um das wahrzunehmen, bedurfte es keiner Propaganda.

Der Waffenstillstand. Die Flucht des Kaisers

Der Kronrat in Spa am 14. August 1918 faßte bereits, angesichts des Ernstes der militärischen Lage, die Notwendigkeit neutraler Friedensvermittlung ins Auge. Weitere militärische Rückschläge veranlaßten die Oberste Heeresleitung am 28. September dazu, die Reichsregierung zu einem sofortigen Friedensschritt aufzufordern. Hindenburg und Ludendorff bekannten in unzweideutigen Worten, daß ein militärischer Sieg nicht mehr zu erringen war. Gerade in diesem geschichtlichen Augenblick bildete Prinz Max von Baden, der badische Thronfolger, der Vetter des regierenden Großherzogs, die erste parlamentarische Regierung des Deutschen Reiches. Seit langem ein gescheiter Anhänger des Verständigungsfriedens, verfügte der neue Reichskanzler Prinz Max († 1929) über zahlreiche Verbindungen und Nachrichtenquellen. Von der wirklichen Lage Deutschlands konnte sich der wohlmeinende, aber nicht schöpferisch, sondern mehr rezeptiv begabte Fürst immerhin besser als die meisten anderen eine angemessene Vorstellung machen. Die Frage war nur, ob er das notwendige Maß an Energie besaß, um die Ideen seines Kreises zum Besten der Gesamtheit durchzusetzen. Der Gedanke eines sofortigen Friedensangebotes war dem neuen Kanzler sehr unwillkommen, er wollte sein neues Kabinett sich zuerst einwurzeln lassen und eine so große Sache behutsam vorbereiten. Aber das Drängen Hindenburgs und Ludendorffs ließ ihm keine Wahl. So begann denn der berühmte Telegrammwechsel mit dem Präsidenten Wilson, in dem die neue Reichsregierung Schritt für Schritt den gegnerischen Forderungen nachgeben mußte. Die plötzliche Bereitschaft der Obersten Heeresleitung, Mitte Oktober nun doch weiterzukämpfen, erregte bei der Mehrheit des Reichskabinetts begreifliches Mißtrauen. Die Lage an der Front war nach sachverständigem Urteil keineswegs wirklich gebessert, der Weiterkampf konnte nur schwerere Verluste, die Verwüstung deutschen Landes und noch härtere Bedingungen zur Folge haben. Der militärische Zusammenbruch war eine Tatsache, es gab keinerlei strategische, sondern nur noch beschränkte taktische Möglichkeiten für die deutsche Führung. Es konnten noch Handlungen eines blinden Heroismus geschehen, es konnte einem achtungswerten Ehrenstandpunkt Rechnung getragen werden. Eine Wendung zum Besseren bestand nicht. Es war schade um jedes brave Soldatenleben, das noch geopfert wurde. Die amerikanischen Pläne, Deutschland zu besetzen, waren ausgearbeitet. Im Frühjahr 1919 wäre Berlin gebombt worden. General Ludendorff, dessen Verhalten militärisch und menschlich schwere Bedenken hervorgerufen hatte, erhielt nun seine Entlassung; Generalfeldmarschall von Hindenburg, von General Wilhelm Gröner beraten, deckte mit seinem Namen und Ansehen alle weiteren Schritte der Reichsregierung. Gröner, der langjährige Chef des Militäreisenbahnwesens, hatte sich später als Leiter des Kriegsamtes den Ruf eines schwäbischen Arbeitstieres von unbegrenzter Leistungsfähigkeit und glücklichem Humor verschafft.

Die scharfe Kritik des Präsidenten der Vereinigten Staaten an den bisherigen deutschen Regierungsformen und an den Methoden der deutschen Kriegsführung erregte die deutsche Öffentlichkeit tief. Dies war nur die Einleitung zu den bevorstehenden Waffenstillstandsverhandlungen – und sie fand weiten Widerhall in Deutschland. Die Stellung des Kaisers war schwer erschüttert. Die Mehrheitssozialisten wünschten an sich keine Revolution. Sie waren sicher, alle ihre Ziele auch ohne Umwälzung zu erreichen. Die Unabhängigen und die Kommunisten drängten voran, ihre Vertrauensmänner, Emil Barth an der Spitze, waren nicht zufrieden mit den neuen verfassungsmäßigen Garantien des deutschen Staatslebens. Die Mehrheitssozialdemokraten befanden sich in einem schweren Dilemma. Die Abdankung des Kaisers und der Bundesfürsten schien ihnen allein den Weg frei zu machen zu einem Neuaufbau Deutschlands im Sinne des Revisionismus. Die Unabhängigen aber appellierten an das sozialistische

Wilhelm II. (×) 1918 auf der Flucht nach Holland

Gewissen der Genossen. Nun überstürzten sich die politischen Ereignisse. Die Waffenstillstandsverhandlungen fanden in Compiègne statt. Gleichzeitig drängten Berufene und Unberufene den Kaiser zur Abdankung. Wilhelm II. vermochte nicht rechtzeitig einen klaren Entschluß zu fassen. Vielleicht wäre die Krone für den Enkel, den ältesten Sohn des Kronprinzen, zu retten gewesen. Prinz Max hat das geplant, und auch manche Sozialdemokraten hatten sich mit dieser Lösung abgefunden. Wilhelm II. wollte auf jeden Fall König von Preußen bleiben. Dachte er sich etwa auch den Prinzen Max als Statthalter? Wilhelm II. erklärte jedenfalls wiederholt, nicht ins Ausland gehen zu wollen, sondern an der Spitze seiner Truppen zu bleiben. Aber am Ende floh er doch mit seiner nächsten Umgebung nach Holland, er verließ sein Volk in der schwersten Not. Aber was sollte er sonst tun? Selbstmord war für den Kaiser aus christlichen Gründen ausgeschlossen. Für den Heldentod, auch für einen arrangierten, war es zu spät. Keiner der anderen deutschen Bundesfürsten fühlte sich persönlich von der Revolution gefährdet. Sie blieben alle in ihren Ländern. Beim Kaiser und beim Kronprinzen lag es anders. Ein ungeheurer Haß brach auf gegen die herrschende Schicht – gegen die Anmaßung der Offiziere, gegen die Selbstgefälligkeit der Beamtenschaft, gegen den Übermut und die Unbelehrbarkeit der Junkerklasse und ihrer Mitläufer, gegen das Schieberunwesen, gegen die systematische Irreführung der öffentlichen Meinung durch rosenrot gefärbte Berichte über die Lage. Alle diese Gefühle der Unterdrückten und Ausgenutzten, der Belogenen und Betrogenen sammelten sich in leidenschaftlichen Kundgebungen gegen die sichtbarsten Vertreter des alten Systems, also die Hohenzollern und ihre Helfer, besonders auch gegen Ludendorff und Tirpitz. War es nicht ein Hohn, daß jetzt im allerletzten Augenblick das allgemeine Wahlrecht in Preußen durchging? Daß unter ausländischem Druck dem Kaiser die unumschränkte Kommandogewalt des obersten Kriegsherrn genommen worden war? Ganze vier Wochen ist das kaiserliche Deutschland parlamentarisch regiert worden – der Parlamentarismus, das westeuropäisch-amerikanische Verfassungs- und Verwaltungssystem, das die gut deutschen Vorkämpfer eines demokratischen Deutschland seit Jahrzehnten gefordert hatten, sollte nun in dem allgemeinen Zusammenbruch retten, was zu retten.

Der Ausbruch der roten Revolution

Die dritte deutsche Revolution brach aus. Sie setzte sichtbar ein mit jener Gehorsamsverweigerung der Hochseeflotte. Die Meuterer wurden verhaftet, der helle Aufruhr in Kiel war die Antwort. Die Reichsregierung unterhandelte – es gab weder den Willen noch die Macht zur Gewaltanwendung. Die revolutionäre Bewegung sprang über nach Hamburg und Lübeck – Matrosen waren die Träger. Dann folgten die weiteren Etappen – über Bremen nach Hannover, Köln, Braunschweig, Leipzig. In München wurde zuerst die Republik ausgerufen. Das preußische Kernland schien noch Widerstand zu leisten – die Revolution siegte zuerst in antipreußischen Ländern oder in alten

Philipp Scheidemann ruft die Republik aus

Oppositionsgebieten, wie in Holstein, in Niedersachsen und am Rhein. Die Richtung gegen das Altpreußentum war deutlich. Würde es sich zur Wehr setzen?
Die Reichsregierung entschloß sich, keine Gewalt anzuwenden. Nachdem alle Versuche des Reichskanzlers Prinz Max, die Hohenzollerndynastie irgendwie zu retten, gescheitert waren, übergab er die Geschäfte dem Vorsitzenden der Mehrheitssozialdemokratie, dem Abgeordneten Friedrich Ebert. Prinz Max hat sogar die Abdankung des Kaisers verkündet, ehe sie formell ausgesprochen war – ein mutiger Schritt, der aber auch nichts half. Von der Freitreppe des Reichstagsgebäudes rief der sozialdemokratische Abgeordnete Philipp Scheidemann die Republik aus, zum Ärger Eberts. Der Druck der Unabhängigen Sozialisten war überstark, die Mehrheitssozialdemokraten wünschten das Heft in der Hand zu behalten. Ebert vermochte nicht der Reichskanzler einer demokratischen Monarchie zu werden – er und Scheidemann bildeten mit dem Rechtanwalt Dr. Otto Landsberg und drei Vertretern der Unabhängigen den Rat der Volksbeauftragten – eine revolutionäre Vollzugsbehörde mit diktatorischer Gewalt. Im Namen dieser neuen Regierung, unter ausdrücklicher Beistimmung von Hindenburg, der sich der Revolution anschloß, unterzeichnete die von dem Abgeordneten Matthias Erzberger geführte Waffenstillstandskommission die schweren, nur geringfügig gemilderten Bedingungen der Sieger. Der Krieg war zu Ende. Aber die Revolution, die Folge der Niederlage, hatte erst begonnen.
Die treibende Kraft der deutschen Revolution bildeten die Unabhängigen, also die alten orthodoxen Marxisten, und die aus der Spartakusgruppe hervorgehende neue Kommunistische Partei Deutschlands, die man als die deutschen Leninisten bezeich-

nen kann. Beide Parteien zerfielen später in verschiedene Gruppen, die sich untereinander lebhaft befehdeten. Die Unabhängigen verlangten, daß Deutschland eine soziale Republik werden sollte, geleitet von Vertrauensmännern der werktätigen Bevölkerung und der Soldaten, daß aller bürgerlichen Elemente aus der Regierung auszuschließen wären, daß die Ressortminister nur als technische Gehilfen der Verantwortlichen zu gelten hätten. Die Partei arbeitete also auf eine Rätediktatur hin, sie verlangte die sofortige Sozialisierung, die Umwandlung des kapitalistischen Klassenstaates in eine sozialistische Gesellschaft, die Beseitigung der Träger des alten Systems, die Bekämpfung der beginnenden Gegenrevolution; der Widerstand der Rechtssozialisten sollte mit revolutionärer Energie niedergekämpft werden. Der Aufruf des Spartakusbundes vom 4. Dezember 1918, dem am 31. Dezember die Gründung der Kommunistischen Partei Deutschlands folgte, ging noch weiter. In der flammenden Sprache Rosa Luxemburgs war hier Gericht gehalten über die Hohenzollern als die Geschäftsträger der imperialistischen Bourgeoisie und des Junkertums, über die bürgerliche Klassenherrschaft als die wahrhaft Schuldige des Weltkrieges, über die Ausbeutung der Welt durch das internationale Kapital, dessen Werk nun endete in Hunger, Staatsbankrott und Chaos. Die Weltrevolution, so heißt es weiter, vermag allein eine neue Ordnung des Friedens, der Freiheit und der wahren Kultur aufzurichten – ihr Ziel ist die genossenschaftliche Arbeit aller, das notwendige Mittel die proletarische Massenaktion: ein gewaltiger Bürgerkrieg, der größte der Geschichte, hat die Diktatur des Proletariats zu begründen. Als sofortige Maßnahmen waren verlangt: Entwaffnung der Polizei, der Offiziere, der nichtproletarischen Soldaten, aller Angehörigen der herrschenden Klassen; Aufstellung einer Arbeitermiliz; Bildung einer roten Proletariergarde zum Schutz der Revolution; Einsetzung eines Revolutionstribunals zur Aburteilung der Hauptschuldigen am Kriege und an seiner Verlängerung; Beschlagnahme aller Lebensmittel; Abschaffung aller Einzelstaaten, aller Parlamente und Gemeinderäte, Wahl von Arbeiterräten für ganz Deutschland; Abschaffung aller Standesunterschiede, Orden und Titel; völlige Gleichstellung der Geschlechter; sechsstündiger Höchstarbeitstag; Konfiskation aller dynastischen und sonstigen Privatvermögen; Annullierung aller öffentlichen Schulden einschließlich der Kriegsanleihen; Enteignung des Grund und Bodens aller landwirtschaftlichen Groß- und Mittelbetriebe, aller Banken, Bergwerke, aller Großbetriebe in Industrie und Handel; Bildung sozialistischer landwirtschaftlicher Genossenschaften; internationale Verbrüderung und revolutionäre Erhebung des Weltproletariats.

Der Abwehrkampf der bürgerlichen Parteien

Marxisten und Leninisten bedrohten das geschlagene Deutschland mit der roten Revolution. Was tat dagegen das deutsche Bürgertum? Sofort nach dem Zusammenbruch entstand der Gedanke, eine große demokratische Partei für das einige Deutsche Reich zu gründen; bisherige Fortschrittler und der linke Flügel der Nationalliberalen wirkten dabei zusammen. Die neue Partei trat ein für die Erhaltung des Privateigentums, des Handwerks und des Kleinhandels, für einen starken Bauernstand, für eine Sozialisierung nur, soweit sie sachlich durch Erhöhung des Ertrages zu rechtfertigen sein würde; für Aufhebung des bisherigen Obrigkeitsstaates, für Interessenausgleich der Stände, für einen freien Volksstaat, für die freie Volkskultur, für einen nationalen und international verbundenen Rechtsstaat. Während sich der alte Linksliberalismus für die republikanische Staatsform einsetzte, hielt der rechte Flügel der Nationalliberalen fest an der Idee des Volkskaisertums als der geeignetsten, dem deutschen Volke durch Geschichte und Wesensart überkommenen Staatsform. Im übrigen bekannte sich die Partei, die sich mit dem alten, von der süddeutschen Demokratie bekannten, etwas farblosen Namen Deutsche Volkspartei benannte, zu demokratischen und privatwirtschaftlichen Grundsätzen; sie verlangte den Einheitsstaat, ein tüchtiges, leistungsfähiges Berufsbeamtentum und die schwarz-weiß-roten Reichsfarben. Auch das Zentrum mußte sich den neuen Zeitverhältnissen anpassen. Es bekannte sich als echte soziale und christliche Volkspartei, betonte die demokratischen Grundsätze und die alten kulturpolitischen Überlieferungen, rückte aber ab vom kirchen- und eigentumsfeindlichen Sozialismus. Die alte aristokratische Führergruppe in der klerikalen Partei trat nun in den Hintergrund oder verschwand ganz, die katholischen Gewerkschaften übten den entscheidenden Einfluß aus. Ein empfindlicher Verlust für das Zentrum war die alsbaldige Entstehung einer eigenen Bayerischen Volkspartei; hier scharten sich die katholischen Bewohner Bayerns zusammen, geeinigt im Haß gegen den übermächtigen Norden, die einseitige preußische Vorherrschaft, die »unfähige, dabei hartnäckige und brutale Berliner Regierungskunst«. Bayern, so hieß es in dem neuen Programm dieser Partei, soll den Bayern gehören: »Berlin darf nicht Deutschland werden und Deutschland nicht Berlin.«

Am schwersten waren die alten konservativen Gruppen in Deutschland durch die Staatsumwälzung betroffen. Irgendein ernsthafter Versuch zur Verteidigung der Monarchie war nicht gemacht worden; diese Nutznießer des dynastischen Prinzips hatten die Fürsten und die Höfe verschwinden lassen, ohne einen Finger zu rühren. Es gab keinen Kampf, es gab keine Märtyrer; nichts hat in dem altmonarchischen deutschen Vaterlande den monarchischen Gedanken so geschädigt wie diese überraschende Tatsache. Der Hauptgrund für die Konservativen war offenbar ihre nicht unberechtigte Angst um den Besitz. Sie opferten praktisch die Monarchie, um den Privatbesitz zu erhalten; sie wollten mitarbeiten auf dem Boden jeder Staatsform, in der Recht und Ordnung und Privatwirtschaft herrschten. Die leitenden Köpfe der verschiedenen Gruppen der Konservativen beschlossen die Verschmelzung der feudalen und bürokratischen Elemente mit den völkischen und antisemitischen – denn auch diese Parteirichtung mußte, wenn sie weiterleben wollte, die demokratisch verbreiterte Basis suchen. Der neue Name Deutschnationale Volkspartei erwies sich als glücklich – er lockte Anhänger aus dem ganzen Reiche, auch im Westen und im Süden, wo man dem Altpreußentum der Konservativen immer mißtrauisch gegenübergestanden hatte. Die Deutsche Vaterlandspartei und der Verein der rücksichtslosen Niederkämpfung Englands, bezeichnende Bildung der späteren Kriegsjahre, arbeiteten der Deutschnationalen Volkspartei wirksam vor. Nur durch scharfe Aufpeitschung der nationalistischen Instinkte konnte die Junkerklasse hoffen, sich eine so breite Anhängerschaft zu bilden, daß unter den veränderten Verhältnissen ihr überkommener Einfluß, wenn auch versteckt, aufrechterhalten werden konnte. Agrariertum und der Antisemitismus kaufmännischer Angestellter, Schwerindustrie und gute protestantische Provinz vereinigten sich also in einer betont antirepublikanischen, antisozialistischen Haltung; militärfromme Gesinnung, Mißtrauen gegenüber der Völkerverständigung, Revanchebedürfnis und die mythische Umdeutung der Zeitereignisse gediehen bei den Deutschnationalen um so besser, als sie die Gelegenheit zu schöpferischer Mitarbeit möglichst vermieden. Die sogenannte Dolchstoßlegende, die kuriose Vorstellung, als wäre die deutsche Armee im Felde nicht besiegt, sondern von hinten durch die Revolution erdolcht worden, fand besonders bei den Deutschnationalen Glauben und Verbreitung.

Der Bürgerkrieg um die Nationalversammlung

So bauten sich also die neuen Parteien in Deutschland auf. Es war klar, daß die Mehrheit der deutschen Nation der kommunistischen Revolution widerstrebte. Immer dringender wurde das Verlangen nach einer Nationalversammlung laut. Die Regierungen der Einzelstaaten, ja die Mehrheit der in Berlin tagenden Reichskonferenz der Arbeiter- und Soldatenräte verlangte die Wahl einer Nationalversammlung zum Zwecke der Aufrichtung einer neuen Ordnung von Staat und Gesellschaft. Als Gegengewicht gegenüber dem Rate der Volksbeauftragten hatte sich in Berlin nach russischem Vorbilde ein Vollzugsrat der Arbeiter- und Soldatenräte gebildet, der die kommunistische Revolution zu fördern und durchzuführen versuchte. Dabei half der russische Botschafter so tatkräftig mit, daß er von den deutschen Behörden ausgewiesen werden mußte. Beim Kampf um das Rätesystem schieden sich die Geister. Die Mehrheitssozialdemokratie gab den Ausschlag. Sie ging jetzt ihr denkwürdiges Bündnis mit den bürgerlichen Parteien und der Armee ein. Das tägliche Zusammenarbeiten von Friedrich Ebert und General Gröner hat Deutschland damals vom Kommunismus gerettet. Jetzt taten die Mehrheitssozialdemokraten dasselbe, was 1849 die Bundesstaatspartei der Paulskirche, was 1867 die Nationalliberalen, was später mehrfach die linksliberalen Gruppen getan hatten: sie vollzogen den Abmarsch nach rechts, sie verhinderten den Fortgang der Revolution, sie machten ihren Frieden mit den stärksten Mächten der Staatserhaltung.

Die Wahlen zur Nationalversammlung waren auf den 19. Januar 1919 festgesetzt. Die

7. Extraausgabe. Sonntag, den 10. November 1918.

Vorwärts

Berliner Volksblatt.

Zentralorgan der sozialdemokratischen Partei Deutschlands.

Die Einigung

zwischen den beiden sozialdemokratischen Parteien ist vollzogen.

Ebert Haase Scheidemann Dittmann Landsberg und Barth

werden die neue Regierung bilden.

An die Arbeiter- und Soldatenräte!

Das Volk muß verhungern, wenn der Bahntransport gestört wird. Das geschieht aber durch jeden Eingriff unzuständiger Stellen in den Bahnbetrieb und die Bahnverwaltung.

Gestern sind an verschiedenen Orten von Arbeiter- und Soldatenräten solche Eingriffe vorgenommen worden, z. B. in dem Betrieb von Rangierbahnhöfen und in die Kassenverwaltung von Bahnstationen. Das darf nicht wieder vorkommen! Wiederholungen müssen zur Arbeitsverweigerung unserer braven Eisenbahner und zum Stillstand jedes geregelten Bahnverkehrs führen.

Berlin, am 10. November 1918.

(gez.) Ebert.

Das Bündnis der Mehrheits- mit den Unabhängigen Sozialdemokraten war von kurzer Dauer

Antwort darauf gab der Aufstand der Volksmarinedivision Weihnachten 1918. Regierungstruppen schlugen ihn nieder. Nun verließen die Unabhängigen den Rat der Volksbeauftragten. Karl Liebknecht forderte in der Öffentlichkeit zum Sturze der Regierung auf, er verlangte die Hinrichtung von Ebert und Scheidemann als offenkundiger Volksverräter. Unter Georg Ledebour, einem unentwegten Eigenbrötler des Sozialismus, und Karl Liebknecht bildete sich ein Revolutionsausschuß, der die Regierung des Rates der Volksbeauftragten für abgesetzt erklärte. Der Straßenkampf brach aus in Berlin, er endigte nach mehreren Tagen mit der Niederwerfung der Kommunisten. Liebknecht und Rosa Luxemburg wurden von Marineoffizieren gefangen und erschlagen. Weitere Kommunistenaufstände fanden in Bremen, Halle, Leipzig, Dresden, Düsseldorf und Stuttgart statt. Unter solchen Umständen fanden die Wahlen für die Nationalversammlung statt. Das alte Reichstagswahlrecht war erheblich erweitert und teilweise verbessert durch die Ausdehnung der Altersgrenze auf zwanzig Jahre, durch die Einführung des Proportionalsystems und des Frauenwahlrechts. Die Mehrheit der neuen Nationalversammlung war antikommunistisch, aber auch antimonarchisch. Die neue Regierung wurde gebildet aus den Demokraten, dem Zentrum und

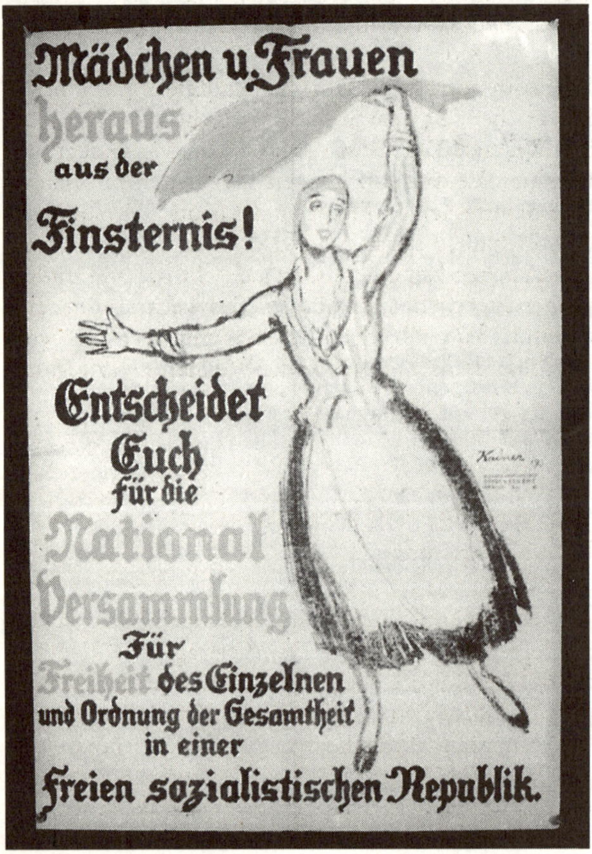

Aufruf, von dem seit 1918 bestehenden Wahlrecht für Frauen Gebrauch zu machen

der Mehrheitssozialdemokratie. Nun wurde eine Notverfassung gegeben, Ebert trat an die Spitze des Reiches als vorläufiger Reichspräsident. Philipp Scheidemann, der alte, unverdrossene und lebensfrohe Vermittler zwischen der kaiserlichen Regierung und der Sozialdemokratie, leitete das neue Reichskabinett als Reichsministerpräsident. Ein neuer Rechtsstaat, eine neue Ordnung konnten also aufgebaut werden. Aber die kommunistische Revolution war noch nicht zu Ende. Eine rote Armee tyrannisierte das Ruhrrevier, sie war gut organisiert und reichlich bewaffnet. Die Reichsregierung fand es schwer, dieser Bewegung Herr zu werden. Ein Waffenstillstand brachte zunächst den notwendigen Zeitgewinn. Dann richtete die Reichsleitung an den Zentralrat ein Ultimatum, das dieser mit der Erklärung des Generalstreiks beantwortete. Der Staatskommissar Karl Severing, ein alter Gewerkschaftler von geistiger Originalität und überraschender Tatkraft, führte die Einigungsverhandlungen. Eine Verständigung wurde erzielt, aber von den Kommunisten nicht eingehalten. Zuletzt unterdrückte die Reichswehr den Aufruhr. In München bestand vom 7. April bis 1. Mai 1919 eine Räterepublik, die auch in Augsburg anerkannt war. Sie führte eine phantastische Willkürherrschaft, bei der sich hoher geistiger Idealismus mit plumpen Terrormaßnahmen seltsam mischte. Württembergische Freikorpsleute und Reichswehrtruppen unterdrückten nach blutigen Kämpfen und beklagenswerten Ausschreitungen auf beiden Seiten die kommunistische Revolution in Bayern. Im August konnte die gesetzliche bayerische Regierung nach der Hauptstadt München zurückkehren. Auch später fanden noch zahlreiche kommunistische Unruhen im Reiche statt, die eigentliche Gefahr des Umsturzes war aber seit dem Sommer 1919 beschworen.
Die Nationalversammlung tagte in Weimar. Der Geist von Potsdam war besiegt, gedemütigt, er schien vernichtet für immer. Verzweifelt, aber erfüllt von dem unerschütterlichen Willen, weiterzuleben, klammerte sich die Mehrheit des deutschen Volkes an den Geist von Weimar. Hier gab es doch noch etwas in der deutschen Vergangenheit, das unabhängig von den tief schmerzlichen Zeitereignissen aufrecht dastand und in eine bessere Zukunft wies. – Zwei geschichtliche Handlungen von weittragender Bedeutung hatte die Nationalversammlung zu vollbringen – sie nahm den Friedensvertrag von Versailles an, und sie gab dem deutschen Volke die Weimarer Verfassung.

Der Friedensvertrag von Versailles

Der Friedensvertrag war ein Diktat der Siegermächte, das nur in einigen Punkten von minderer Wichtigkeit leicht gemildert werden konnte. Der Vertrag bedeutete das Ende der wilhelminischen Weltpolitik, er nahm die überseeischen Besitzungen und die Flotte weg. Noch mehr: der Vertrag zerstörte die volkstümlichste Errungenschaft des Bismarckschen Reiches, er löste das Reichsland Elsaß-Lothringen vom Reiche ab – der Revanchegedanke hatte gesiegt, die französische Außenpolitik durfte frohlocken, sie stand am Ziele jahrzehntelanger Arbeit. Der Verlust des Reichslandes wurde in Deutschland verhältnismäßig ruhig getragen, man hatte zu trübe Erfahrungen mit den hartköpfigen Grenzländern gemacht, die nun mit fliegenden Fahnen in das Lager des Siegers übergingen. Obgleich die deutschen Kolonien nie eigentlich populär waren, wirkte ihr völliger Verlust, verbunden wie er war mit dem Zusammenbruch der ganzen überseeischen Machtstellung, jetzt doch niederschmetternd. Aber noch mehr: die Grenzen Deutschlands wurden neu gezogen, sie fielen ungünstiger aus als selbst im Jahre 1815; leidtragend war der preußische Staat, der bis auf wenige Splittergruppen alle seine fremdsprachigen Untertanen verlor. Die nordschleswigsche Grenze, die belgische Grenze, die oberschlesische Grenze wurden durch den Friedensvertrag und die durch ihn festgesetzten Volksabstimmungen neu gezogen – jedesmal zuungunsten des deutschen Volkstums. Alle Angehörigen der Weimarer Republik waren bis auf geringfügige Ausnahmen jetzt deutschstämmig – aber jenseits der neuen Grenzen lebten Zehntausende von deutschsprechenden Menschen, die in fremde Staatszusammenhänge eingeordnet waren. Polen und die Tschechoslowakei verfügten über starke deutsche Minderheiten. Die Wiederherstellung eines unabhängigen polnischen Staates war nach dem bösen Unrecht der Teilungen gewiß eine europäische Notwendigkeit, Deutschland selbst hatte ja den ersten Schritt dazu getan – die Trennung Ostpreußens von der Hauptmasse des Reiches durch den zum Meer reichenden polnischen Korridor war aber ein schwerer Mißgriff. Das deutsche Danzig war nunmehr wieder eine Freie Stadt. Wohl war die Bevölkerung des Korridors überwiegend polnisch, aber mittels des Bevölkerungsaustausches hätte hier wohl eine für alle Teile annehmbare Lösung gefunden werden können. Erhalten war die deutsche politische Einheit, und diese Tatsache bedeutete etwas Wesentliches für die Weiterentwicklung. Die meisten Deutschen begriffen erst allmählich, daß die Zerschlagung der deutschen Einheit durchaus im Bereich des Möglichen gelegen hatte. Sehr einflußreiche Franzosen hielten die dauernde Besetzung des linken Rheinufers für ein unabweisbares Gebot der zukünftigen französischen Sicherheit. Versuche, das Rheinland abzutrennen und ihm, unabhängig von Preußen und Bayern, die selbständige Stellung eines Pufferstaates zwischen Deutschland und Frankreich zu geben, sind von den rheinischen Separatisten während der nächsten Jahre mit französischer Unterstützung mehrfach gemacht worden – so lebte abgewandelt die alte Rheinbundidee wieder auf. Siegreich behauptete sich aber der Einheitsgedanke – die Besetzung des Rheinlandes durch die Siegerstaaten erfolgte nur als eine zeitlich befristete Maßnahme. Die Entmilitarisierung des Rheinlandes mußte freilich hingenommen werden. Für einen Staat von den großen kriegerischen Überlieferungen, wie es das bisherige großpreußisch geleitete Deutschland war, enthielten die Beschränkungen der zukünftigen deutschen Rüstung ein besonderes Maß von Bitterkeit. Im klassischen Lande der allgemeinen Dienstpflicht nahm sich das zugelassene Hunderttausend-Mann-Heer widersinnig aus. Die Siegerstaaten hatten nicht damit gerechnet, daß diese Armee mit ihren beaufsichtigten Ausrüstungsmöglichkeiten gerade die Pflanzschule für eine neue, auf völliger Durchtechnisierung beruhende Kriegswissenschaft werden würde. Der Milizgedanke, der von den deutschen Linksparteien immer wieder vertreten worden ist, hätte die Verteidigungsbedürfnisse Deutschlands wahrscheinlich ausreichend erfüllen können, ohne aber der heimlichen Wiederaufrüstung und der militärischen Modernisierung in solchem Maße zu dienen. Trotz aller Kontrolle baute sich hier in der Weimarer Republik ein neuer Kriegsstaat auf, dessen Gewicht sich außenpolitisch wie innenpolitisch gleich bedeutsam auswirken sollte. Vergebens warnten friedensfreundliche Kreise in Deutschland vor dieser überpersönlichen Blitzkriegsmaschine – sie setzten sich durch solche wohlgemeinte Schritte nur dem Verdacht der unpatriotischen Handlungsweise aus und vermochten ihr Hauptziel, die allgemeine europäische Abrüstung, immer weniger zu fördern; wenn die deutsche Abrüstung nur dazu diente, um das Gegenteil zu verdecken, so bestand für das Ausland kein Anlaß, die internationale Abrüstung ernsthaft zu fördern.

Die vier Irrtümer der Siegerstaaten

Deutschland hatte den Krieg verloren. Es war begreiflich, daß der Friede hart war. Aber er war, gerade vom Standpunkte der Siegerstaaten aus gesehen, auch unweise in einer Reihe von Bestimmungen. Die österreichisch-ungarische Monarchie machte jetzt einer Gruppe von Nationalstaaten Platz, die aber, infolge des Völkergeschiebes in Osteuropa, notwendig den Charakter der Nationalitätenmischung vom Habsburgerreich erbten, ohne diesen Nachteil durch großräumige Wirtschaftsbedingungen ausgleichen zu können. Am unglücklichsten unter allen diesen Neuschöpfungen war die Republik Österreich – die alte Weltstadt und Reichshauptstadt Wien mit einem schwachen Anhängsel von Alpenländern – durchweg deutschsprachig, wirtschaftlich angewiesen auf Absatz- und Bezugsgebiete, die nun Ausland waren. Nichts schien natürlicher, als dieses Gebiet mit dem übrigen Deutschland zu verbinden. Es wäre auch wahrscheinlich geglückt, hätte Deutschland im November 1918 beim allgemeinen Zusammenbruch gleich zugegriffen. Ein Artikel der Weimarer Verfassung sah die Verbindung mit Deutsch-Österreich vor – die Siegerstaaten verlangten, daß er außer Kraft gesetzt wurde, sie setzten ebenfalls durch, daß die Wiener Regierung die Bezeichnung Deutsch-Österreich fallen ließ. Die Vereinigung mit Österreich hätte das Deutsche Reich mit einer Anzahl schwer zu lösender Probleme belastet – die rechten norddeutschen Protestanten schätzten auch die dadurch drohende Vermehrung des katholischen und slawisch aufgemischten Elementes in Deutschland wenig. Die Mehrheit der Weimarer Republikaner hätte aber in der Vereinigung mit Österreich, in einem frühzeitigen Anschluß eine Erfüllung alter deutscher Sehnsucht und eine Genugtuung für andere Verluste erblickt. Der zweite Irrtum der Siegerstaaten beim Friedensdiktat war die Bestimmung über die Auslieferung und Aburteilung der sogenannten Kriegsverbrecher. In Deutschland bestand ja bei der Linken eine sehr große Erbitterung gegen die Verantwortlichen. Sie hätte sich in einer politisch fruchtbaren Weise auswirken können, wenn nicht die Forderung der Siegerstaaten nun aus diesen Männern Märtyrer gemacht hätte. Ein deutscher Patriot konnte bestimmte Handlungen, besonders in Belgien, aufs schärfste verurteilen – er vermochte es trotzdem nicht angemessen zu finden, daß die mehr oder weniger Schuldigen von einem ausländischen, also ehemals feindlichen Gerichtshofe abgeurteilt werden sollten; stärker noch wehrte sich jedes gesunde Empfinden gegen eine Aburteilung des Kaisers und seiner Helfer; den guten va-

Der deutsche Ordensritter auf einem Wahlplakat der Deutschnationalen Volkspartei

terländischen Willen vermochte auch der strengste Richter diesen Männern nicht abzusprechen. Ihre Irrtümer, Unterlassungen und Schnitzer gehörten aber vor den Richterstuhl der Geschichte und vor keinen anderen. Der Artikel über die Bestrafung der Schuldigen war also sinnlos, er war undurchführbar – und sobald auch nur ein Artikel eines Vertrages tatsächlich nicht ausgeführt werden kann, kracht es im ganzen Vertragsinstrument.

Der dritte Irrtum der Siegerstaaten betraf die Reparationsfrage. Der Friedensvertrag enthielt keine feste Summe der zu leistenden Zahlungen, weil sich die Staatsmänner der Entente auf keine Festlegung einigen konnten. Auch in diesem Punkte bemühten sich die Engländer und Amerikaner, die französische Schärfe zu mildern. Lloyd George hoffte, in späteren ruhigeren Zeiten mit amerikanischer Hilfe die Festsetzung einer vernünftigen Summe erreichen zu können. Dieser Gedanke schlug fehl, weil die Vereinigten Staaten den Friedensvertrag nicht ratifizierten und deshalb an den späteren Verhandlungen nicht mehr teilnahmen. Selbst die Festsetzung einer unangemessen hohen Summe wäre besser gewesen als der Verzicht auf jede Festsetzung, welche der Anlaß wurde für die jahrelangen Zänkereien über die deutschen Zahlungen. Die Vertragsverpflichtungen waren so allgemein gefaßt, daß man endlos über die Ausdeutung verhandeln konnte. Eine feste Summe hätte eine greifbare Grundlage abgegeben, und man wäre wahrscheinlich schneller zu wirtschaftlich und finanziell tragbaren Ergebnissen gelangt.

Der vierte Irrtum der Siegerstaaten betraf den Völkerbund. Die Völkerbundssatzung bildete einen Teil des Friedensinstruments. Der Völkerbund war befaßt mit den Abstimmungen über die Grenzgebiete, er vergab die Mandate zur Verwaltung der bis dahin deutschen überseeischen Besitzungen, er betreute Danzig, das Memelland, das Saarrevier. Die philosophische, rechtliche und politische Entwicklung des Völkerbundgedankens war durch deutsche geistige Führer wesentlich gefördert worden. Das amtliche Deutschland bekannte sich nunmehr zu den Grundsätzen des westeuropäisch-amerikanischen Verfassungs- und Rechtsstaates, dessen ideologische Fortsetzung der Völkerbund war. Trotzdem war Deutschland nicht Mitglied des Völkerbundes. Es besaß keine Möglichkeit, seine Meinung, seine Wünsche an einer Stelle zum Ausdruck zu bringen, die für seine lebenswichtigsten Interessen, für seine ganze zukünftige Stellung in Europa zuständig war. Deutschland war keine Weltmacht mehr – das war der Sinn seiner Niederlage im imperialistischen Weltkriege. Aber Deutschland war noch immer eine europäische Großmacht, es verfügte über die stärkste Ansammlung wirtschaftlicher Kräfte, über die wertvollsten Schätze an Kulturgütern in Mitteleuropa. Es war umgeben von einer Anzahl kleinerer Nachbarn, für deren Wohl es auf alle Fälle etwas bedeutete. Und dieses große Land, dessen beste Männer an seiner politischen Verjüngung und geistigen Erneuerung arbeiteten – es sah sich nunmehr ausgeschlossen von der Völkerbundsgemeinschaft. Es hatte zu warten vor der Türe, bis man es hereinließ. Dieser Tatbestand hatte zwei unerfreuliche Folgen. Der Völkerbund wirkte als eine Art Büttel für die Durchführung des Friedensvertrages; und der ganze Haß, die ganze Erbitterung, die der Friedensvertrag erzeugte, wandte sich mit besonderer Kraft gegen den Völkerbund, der solche Daseinsbedingungen eines großen Volkes nicht nur nicht verhindern konnte, sondern auch noch förderte.

Der Friedensvertrag baute die Schadenersatzforderung an Deutschland auf der Feststellung auf, daß Deutschland und seine Verbündeten als Angreifer die Urheber des Krieges wären. Darüber hinaus ging noch die an die deutsche Regierung gerichtete Mantelnote (Begleitnote), die den Vertrag übermittelte. Darin war die Rede von der alleinigen Schuld Deutschlands am Kriege. Begreiflicherweise wehrten sich Regierung und öffentliche Meinung, Politiker wie Gelehrte gegen eine so oberflächliche Behandlung eines Problems, das nur durch die historische Forschung auf Grund des amtlichen Materials gelöst werden konnte. Die Vermengung moralischer Gesichtspunkte mit rechtlichen und politischen erwies sich bei der weiteren, schier endlosen Erörterung der sogenannten Schuldfrage als besonders unerfreulich. Viele Deutsche hofften, durch Widerlegung der sogenannten Kriegsschuldlüge den gesamten Friedensvertrag zu Fall bringen zu können. Politisch beruhte der Vertrag ja freilich nicht auf irgendwelchen mehr oder weniger bestreitbaren geschichtlichen Deutungen, sondern auf der Tatsache eines unbestreitbaren militärischen Sieges über Deutschland und seine Verbündeten. Die Annahme des Friedensvertrages erfolgte nur unter schärfstem Drucke. Ministerpräsident Scheidemann trat zurück, die demokratische Partei verließ die Regierungskoalition. Das Zentrum, hauptsächlich unter Erzbergers Einfluß, und die Mehrheitssozialdemokraten verantworteten zuletzt die Annahme und die Unterzeichnung. Die Nichtannahme hätte die Siegerstaaten zunächst in eine gewisse Verlegenheit gebracht. Sie waren aber durchaus imstande, große Teile Deutschlands zu besetzen und in Zwangsverwaltung zu nehmen. Eine Verbesserung der deutschen Lage war unwahrscheinlich. Möglicherweise wäre die kommunistische Revolution neu aufgeflammt. Die französischen Ansprüche auf das linke Rheinufer wären von neuem erhoben worden. Deutschland hätte also leicht dabei in Stücke gehen können, der Neuanfang wäre um so schwerer gewesen. Aber eines stand fest: die Mehrheit der Nationalversammlung erschien trotz aller Ehrenerklärungen schwer belastet durch die Annahme eines demütigenden und sachlich nur teilweise durchführbaren Friedensvertrages.

Die Weimarer Verfassung

Der geistige Vater der Weimarer Verfassung war der angesehene Staatsrechtler Professor Hugo Preuß, aber sein politischer Hauptgedanke kam nicht zur Verwirklichung. Er wollte den Einheitsstaat; Preußen sollte in seine geschichtlichen Bestandteile aufgelöst, die anderen Einzelstaaten zu leistungsfähigen Selbstverwaltungskörpern entwikkelt werden. Bis herab zu den Gemeindewahlen sollte das Reich entscheiden – auf dem nationalen Bewußtsein des sich selbst organisierenden Staatsvolkes sollte sich also vom Kleinsten bis zum Wichtigsten dieses neue Reich aufbauen, demokratisch, zentralisiert, parlamentarisch. Gegen diese westeuropäisch orientierte Grundauffassung von Preuß erhob sich ein Sturm des Widerspruchs. Es zeigte sich, daß der deutsche Partikularismus nicht mit den Fürsten und ihren Höfen verschwunden war. Ein neuer Partikularismus trat hervor – das Sondertum der Einzelparlamente, der örtlichen Würdenträger, der Beamten und Honoratioren, der Klüngel und Cliquen. Obgleich die Einzelstaaten ja kaum irgendwo den alten Stammescharakter vertraten, nahmen sie doch auch diese alten, ehrwürdigen Interessen für sich in Anspruch. Es ergab sich die überraschende Tatsache, daß sich selbst etwa in einem so künstlichen dynastischen Gebilde wie Baden eine Art badischer Geist entwickelt hatte, der nun mit Eigensinn und Selbstgefühl die Erbschaft der verschwundenen Dynastie antrat. In Preußen nun gar nahmen alle altkonservativen Kräfte des Ostens im Namen des echten Preußentums den Kampf gegen die drohende Zerschlagung auf. So blieben denn die Einzelstaaten als Länder erhalten, mit beschränkten Befugnissen, aber doch mit ihren eigenen Landtagen und Regierungen. In Preußen wurde den Provinzen die Hälfte aller preußischen Stimmen im Reichsrate zuerteilt – die andere Hälfte wurde von der Staats-

regierung geführt –, ein gewisser Ausgleich zu den Annexionen von ehemals war damit in der Tat geschaffen.
Im übrigen aber bestanden nun die Reichsregierung und die preußische Regierung in derselben Hauptstadt Berlin nebeneinander, beide auf parlamentarischer Grundlage, beide mit voll ausgebildetem bürokratischem Aufbau; nur einen Staatspräsidenten gab es nicht in Preußen, diese Stellung wäre gegenüber dem Reichspräsidenten zu widersinnig gewesen. Der preußische Ministerpräsident nahm die Geschäfte wahr, er war zu wählen von der preußischen Landesversammlung. Es gab auch einen preußischen Staatsrat, als Vertreter der Interessen der Provinzen, er war dem Reichsrat im Reiche genau nachgebildet. Die staatsrechtliche Trennung von Preußen und dem Reich, die Bismarck wohlweislich vermieden hatte, führte zu allerlei Spannung und Leerlauf. Dies war wohl der schwächste Punkt der Neuordnung – der Reichsrat war beim besten Willen nicht imstande, dagegen aufzukommen.
Dieser Reichsrat der Weimarer Verfassung war eine Auferstehung des Bismarckschen Bundesrats – er war keine parlamentarisch unterbaute Vertretung in der Art eines Staatenhauses, sondern ein bürokratischer Körper, der naturgemäß das partikularistisch-föderalistische Prinzip betonte. Der plebiszitären Demokratie war durch Einführung des Volksbegehrens (Initiative der Stimmberechtigten) und des Volksentscheides (Initiative der Regierung) Rechnung getragen, für außerordentliche Notzeiten war die vorübergehende diktatorische Gewalt (Artikel 48) vorgesehen. Reich und weise fielen die Bestimmungen der Weimarer Verfassung über das Gemeinschaftsleben, über Religion, Bildung und Schule aus; das Beamtenrecht war mit besonderer Sorgfalt ausgebildet. Der sozialistische Einschlag der Verfassung war milde. Sie sah die Einführung von Betriebsarbeiterräten vor, betonte die Vereinigungsfreiheit, die soziale Fürsorge und das Mindestmaß sozialer Rechte für die Arbeiterschaft; Privateigentum und Erbrecht waren grundsätzlich anerkannt – Verteilung, Steueranteil, Oberaufsicht waren Angelegenheit der staatlichen Betreuung; die Fideikommisse sollten aufgelöst werden. Niemand konnte in diesen vorsichtigen Bestimmungen einen revolutionären Angriff auf die bestehende Eigentums- und Gesellschaftsordnung entdecken. Die Weimarer Verfassung trug also durchaus bürgerliche Züge. Sie versuchte, einen deutschen Volks- und Rechtsstaat nach deutschen Bedürfnissen und Notwendigkeiten aufzurichten. Sie ahmte weder die englische noch die französische Verfassung nach, sondern war das Werk deutscher staatsrechtlicher Anschauungen, deutscher politischer Gesinnung. Sie war nicht das Erzeugnis eines glückhaften Augenblicks und praktischer staatsmännischer Schöpferkraft wie die Norddeutsche Bundesverfassung Bismarcks. Man merkte ihr deutlich an, daß sie in einer Notzeit entstanden war, sie wollte und mußte vielen Wünschen gerecht werden; die Schlußfassung zeigte manches Zusammengestückte und Zusammengeflickte – es entsprang dem Bestreben, ein wohnliches Haus für das neue Deutschland zu bauen und keiner Überzeugung den Neubeginn zu schwerzumachen. Dieser menschliche und tolerante Geist paßte zu der akademisch ausgereiften Bildung ihrer Schöpfer. Ein gründliches Wissen um schweizerische und amerikanische Verfassungsverhältnisse, die lebendige Erinnerung an die Frankfurter Paulskirche hatten diese Schöpfer befähigt zu einem Werke, das sich in der Geschichte der Bundesstaatsverfassungen immer würdig behaupten wird. So sah also nun das Kleindeutschland aus, das es unternahm, an die Stelle des großpreußischen Reiches zu

treten; dieses Kleindeutschland, befreit von allen fremdstämmigen Belastungen, machte in der geschichtlichen Stunde des Verlustes der deutschen Weltstellung noch einmal den Versuch, alles deutsche Sondertum einzudeutschen; von dieser kleindeutschen, reformbereiten, aber antirevolutionären Basis aus sollten Preußen, Bayern und die Kleineren, zuletzt auch Österreich womöglich gewonnen werden – so wandte sich das Kleindeutschtum im Augenblick seiner Vollendung entschlossen dem großdeutschen Gedanken zu. Die vornehmsten Träger der weimarischen Ideenwelt, die führenden Männer der verantwortlichen Parteien, bekämpften das überkommene Großpreußentum, um den stolzen Traum des Großdeutschtums zu erfüllen. Das Zentrum vertrat die besten alten deutschen Gebiete in Westfalen, am Rhein und in Süddeutschland; die Demokraten vertraten die benachbarten protestantischen Länder, besonders in Schwaben und in Franken, dazu viel reichsstädtischen Geist; die Mehrheitssozialdemokratie vertrat die gesetzte Arbeiterschaft der großen Industriereviere und der Großstädte überhaupt, sie griff über ganz Norddeutschland hinüber nach dem Osten. Das Reich der Weimarer Republik ließ also merkwürdig genug das alte Reich wiederaufleben, mit seiner westdeutschen Verwurzelung und seinem Ringen um das ostdeutsche Kolonialland. Auch der eigensinnige Widerstand der bayerischen Machthaber erinnert an alte deutsche Erfahrungen.

Die Weimarer Republik hatte mit einer doppelten Opposition zu rechnen – von rechts und von links.

Die Opposition von links

Schon im ersten neuen, 1920 gewählten Reichstag verfügten die Parteien der Weimarer Koalition nicht mehr über die Mehrheit. Dies gab der Deutschen Volkspartei eine Schlüsselstellung, die ihr für die ganze Folgezeit überragenden Einfluß sicherte. Die alten Nationalliberalen wären vor 1914 nie mit Sozialisten zusammengegangen; die schwarz-weiß-roten Volksparteiler fanden sich jetzt mit den Weimarer Parteien zur sogenannten Großen Koalition zusammen und ermöglichten dadurch die praktische Weiterarbeit. Eine solche Verbindung verstärkte den revisionistischen Geist der Mehrheitssozialdemokratie – immer mehr entfernte sie sich vom Marxismus und wurde eine demokratische Arbeiterpartei, gewerkschaftlich unterbaut, etwas trocken, schwunglos und bürokratisch im Stile, arm an Erfindungsgabe und überzeugenden Führerpersönlichkeiten, resigniert, verzweifelnd an der Sozialisierung der Privatbetriebe. Auch die Unabhängigen konnten sich der durch die Zeitumstände und die taktische Lage gegebenen Verbürgerlichung nicht entziehen – 1922 vereinigte sich die große Mehrheit der Unabhängigen mit dem Stock der alten Partei, es blieb nur eine kleine Gruppe unter Ledebour für sich. Die Große Koalition hat niemals lange gedauert, aber die von der Sozialdemokratie geduldeten und praktisch unterstützten Minderheitskabinette der bürgerlichen Parteien wirkten sich tatsächlich aus als die verkappte Große Koalition. Das Verhalten der Sozialdemokratie kann nur aus ihrer zunehmenden Feindschaft gegen die Kommunisten verstanden werden. Die »Vereinigte Kommunistische Partei Deutschlands«, durch zahlreiche Überläufer der Unabhängigen verstärkt, trat 1921 der Dritten Internationale bei. Die neuen Revolten in Mitteldeutschland während dieses Jahres entsprachen dem damaligen Moskauer Programm der Weltrevolution. Die deutschen Gegner des Leninismus schlossen sich deshalb ohne äußeren Erfolg als »Kommunistische Arbeitsgemeinschaft« zusammen. Die zunehmende Wirtschaftskrise förderte die kommunistische Agitation; Kommunisten traten in Sachsen und in dem aus den fürstlichen Zwergstaaten zusammengesetzten Lande Thüringen in die Landesregierungen ein und arbeiteten so an amtlicher Stelle für die soziale Revolution. Neue kommunistische Aufruhrbewegungen mußten von der Reichsregierung wiederum 1923 gewaltsam niedergeworfen werden. Es war das letztemal in der Geschichte der Weimarer Republik, daß der Kommunismus eine Aussicht besaß, wenigstens auf örtliche Erfolge. Die Kommunistische Partei verlor in den Jahren des wirtschaftlichen Aufschwunges an Anhängern und Bedeutung, der revolutionäre Schwung erlahmte so sehr, daß sich eine neue Splittergruppe, der Leninbund, bildete, die ihren Kampf gegen die Hauptpartei ganz nach Moskauer Weisungen betrieb. Die Weimarer Republik hielt sich für stark genug, um die Tätigkeit dieses uneinigen und vielfach theoretisierenden deutschen Kommunismus dulden zu können. Zweifellos hat man ihn unterstützt. Mit großem Geschick wandte sich der Kommunismus an die jugendlichen Intellektuellen, erweckte in ihnen einen naiven Freiheits- und Kulturidealismus, verdammte alles Überlieferte als philiströs-romantischen Plunder und zersetzte breite Schichten des Liberalismus und der Demokratie durch eine ganz auf das Persönliche und Allzu-Menschliche eingestellte Zellenpropaganda. Die tatsächliche materielle Überlegenheit der Reichsleitung gegenüber dem Kommunismus beruhte auf der einfachen Tatsache, daß die Reichwehr ohne Schwierigkeit gegen jede Art von Linksopposition einzusetzen war. Dies schien viel weniger sicher hinsichtlich der Opposition von rechts. Sie wuchs sich deshalb aus zur Lebensgefahr für die Republik.

Die Opposition von rechts. Der Kapp-Putsch

Drei Hauptschläge unternahm die rechtsgerichtete Gegenrevolution gegen die Weimarer Republik – den Kapp-Putsch (1920), den Münchener Putsch (1923) und den Umbruch von 1933. Die erste Aktion war rein deutschnational, die zweite beruhte auf einem Bündnis deutsch-nationaler und nationalsozialistischer Elemente, die dritte war rein nationalsozialistisch und führte zum Siege. Das Ziel aller dieser Bestrebungen war die Zerstörung des Werkes der Novemberrevolution; ganz bewußt warf die gegen die Weimarer Republik gerichtete Aktion die beiden Vorgänge durcheinander, die sich im Winter 1918/19 abgespielt hatten. Gleichzeitig fand damals eine demokratische Reformbewegung und eine kommunistische Revolution statt. Nur weil die demokratische Reformbewegung angesichts des Zusammenbruchs der alten Gewalten erfolg-

Der Kapp-Lüttwitz-Putsch unter dem Zeichen des Hakenkreuzes

reich war, nur weil sie den Kampf gegen den Kommunismus siegreich, mit dem vollen Einsatz der staatlichen Machtmittel, durchsetzte, nur deshalb gelang überhaupt die Erhaltung der überkommenen Gesellschaftsordnung. Die Weimarer Republik hat diese doppelte Aufgabe gelöst. Sie bedeutete die Synthese von Revolution und Gegenrevolution. Wenn also jemand das Verdienst für sich in Anspruch nehmen darf, die kommunistische Gefahr in Deutschland beschworen zu haben, so sind es die Männer der Weimarer Republik. Diese Führer in Zivil und die Reichswehrleute ließen ihr Bündnis zur vollen Auswirkung kommen. Was wollte also eigentlich diese ständig zunehmende Opposition von rechts?

Der Kapp-Putsch war das schlecht vorbereitete Unternehmen einer Reihe von reaktionären Politikern und Generälen, unter denen der Generallandschaftsdirektor Wolfgang Kapp, ein führender Deutschnationaler, der wenig intelligente Sohn des bekannten Deutsch-Amerikaners Friedrich Kapp, und der ehrgeizige Bürogeneral Freiherr von Lüttwitz die Hauptrolle spielten. Die Putschisten wollten die Durchführung des Friedensvertrages von Versailles verhindern und die Abrüstung einstellen. Als Kandidaten für die Präsidentenwahl dachte man sich den Kronprinzen Wilhelm. Die gesetzliche Reichsregierung wurde für abgesetzt erklärt, Kapp bezeichnete sich als Reichskanzler. So oder irgendwie anders hoffte man, die schleunige Wiederherstellung des schwarz-weiß-roten Deutschland zu erreichen. Es scherte diese Abenteurer wenig, daß sie Deutschland an den Rand des Bürgerkrieges brachten, daß sie Deutschland in außenpolitische Schwierigkeiten verwickelten. Kapp und Lüttwitz vermaßen sich, auch die gesetzlichen parlamentarischen Körperschaften aufzulösen. Aber die Weimarer Republik wehrte sich tapfer. Die Deutschnationale Volkspartei rückte amtlich von dem Unternehmen ab, mancherlei Vermittler meldeten sich und versuchten Blutvergießen zu verhindern. Der Putsch brach zusammen, die Rädelsführer flohen. Die gerichtliche Untersuchung gegen 850 Offiziere und Beamte wurde in den meisten Fällen bald eingestellt, die kleineren Sünder erhielten Amnestie, die größeren unbedeutende Strafen. Lüttwitz hatte die Unverschämtheit, auf volle Auszahlung seiner Generalspension zu klagen – und er erhielt sie.

Fememorde. Geheimverbände. Die bayerische Ordnungszelle

Die Abdankung der Soldateska, wie man das nach dem Dreißigjährigen Kriege nannte, war auch diesmal schwer. Nicht alle verdienten Offiziere konnten in die neue Reichswehr übernommen werden. Die Jüngsten und Befähigtsten schafften es. Viele andere gingen in die Polizei, die auf diese Weise einen unerwünscht militärischen Nebenton erhielt. Unter den zahlreichen unzufriedenen Landsknechtsgruppen der Nachkriegszeit taten sich besonders die sogenannten Baltikumer hervor, eine Truppe, die in den baltischen Randstaaten gedient und sich dort allerhand halbrussische Methoden angewöhnt hatte. Feudale und antisemitische Sympathien gehörten dazu, auch eine rohe Art, mit fremdstämmigen Minderheiten umzugehen. In den östlichen preußischen Provinzen gab es viel Stimmung für solche Landsknechte, bei den Abstimmungen in Ostpreußen und Oberschlesien tat diese freiwillige Garde nützliche Dienste. Kommunisten und Polen machten Arbeit – Patriotismus, Rauflust, Abenteurergeist und Widerstand gegen den Rechtsstaat wirkten zusammen. Ehemalige Offiziere bildeten auch die Geheimorganisation »Consul«, deren Angehörige den Reichsminister Matthias Erzberger 1921 im Schwarzwald ermordeten. Erzberger war weithin verhaßt als angeblicher Hauptturheber des Friedensvertrages. Als Reichsfinanzminister hatte er sich große Verdienste um den Aufbau einer kräftigen Reichsfinanzverwaltung erworben, aber sich neue zahlreiche Gegner durch Vetternwirtschaft und Geschaftlhuberei gemacht. Ein Beleidigungsprozeß führte zur öffentlichen Bloßstellung Erzbergers, er legte sein Amt nieder. Sein Gegner war der mehrjährige Staatssekretär Karl Helfferich, ein befähigter Patriziersohn aus der Pfalz, der von einem glühenden Ehrgeiz erfüllt war, und mit der ganzen Überempfindlichkeit des enttäuschten Monarchisten in dem schwäbischen Emporkömmling den behenden Revolutionsgewinnler haßte. Merkwürdig verbanden sich in diesem Duell Helfferich–Erzberger persönliche und politische Motive. Kein Wunder, daß sich viele der jüngeren Generation abwandten von so viel Schmutz und niederer Leidenschaft. In Erzberger fiel einer der begabtesten Vorfechter der Weimarer Republik, der Demokratie und der Völkerversöhnung, dem Fanatismus der Landsknechte zum Opfer. Nach knapp einem Jahre, am 24. Juni 1922, wurde der Reichsaußenminister Walther Rathenau von Angehörigen der gleichen Kreise in Berlin auf offener Straße ermordet. Rathenau war einer der kultiviertesten Männer der Zeit, der sich auch immer stolz zu seinem Judentum bekannt hatte. Verwöhnt und einflußreich schon in jungen Jahren, in Verbindung mit allen Führern der Wirtschaft, der Literatur und Kunst, als Privatmann ein Genießer und Sammler schöner Dinge – so übte er seit Kriegsbeginn eine Tätigkeit von wachsender Bedeutung aus, getragen von einem zugleich aristokratischen und fortschrittlichen Patriotismus. Als Wiederaufbauminister erwarb er sich dann sehr große praktische Verdienste; seine Sprachgewandtheit, seine internationalen Verbindungen ließen ihn besonders geeignet erscheinen für das Außenministerium, das sein immer wacher und kaum je gestillter persönlicher Ehrgeiz als die angemessene Wirkungsstätte wie selbstverständlich begehrte. Nun wurde auch diese eigenartig starke Figur aus dem deutschen öffentlichen

Leben weggewischt. Die Republik mußte sehen, daß sie sich schützte. Alle Würdenträger der besiegten und zusammengebrochenen Monarchie waren persönlich geschont worden. Kein politischer Prozeß, kein Attentat hatte stattgefunden. Nun häuften sich die Anschläge gegen die Republikaner, denn noch viele kleinere Fememorde ereigneten sich im Laufe der Jahre. Der Reichspräsident erließ Verordnungen zum Schutz der Republik, ein Gesetz zum Schutz der Republik kam zustande – jetzt vermochten die Behörden einigermaßen wirksam gegen die dunklen Machenschaften von rechts einzuschreiten. Bayern aber widerstrebte den Ausnahmegesetzen mit großer Hartnäckigkeit. Im Bismarckschen Reiche hatte sich das bayerische Mißvergnügen immer in gewissen Grenzen halten müssen, die durch außenpolitische, katholische und höfische Interessen bestimmt waren. Gegenüber der Weimarer Republik glaubte sich der bayerische Partikularismus alles herausnehmen zu dürfen. Der Münchener Forstrat Karl Escherich, eine ehrenwerte Lokalgröße, hatte 1919 eine vaterländische Organisation ins Leben gerufen, die sich bald als ein Reichsverband über Deutschland und Österreich unter dem Namen: Orgesch (Organisation Escherich) verbreitete; das Ziel war der Kampf gegen den Bolschewismus. Hier sammelten sich zuerst die verschiedenartigsten gegenrevolutionären Elemente, hier wurden bestimmte Formen der Selbstbewaffnung und Selbsthilfe ausgeprobt. Der preußische Minister Severing verbot die Orgesch in Preußen, weil er ihren republik-feindlichen Charakter durchschaute. Nun schwoll die Organisation erst recht in Bayern an. Bayern sah in sich den Ordnungsblock in dem allgemeinen deutschen, ja mitteleuropäischen Chaos, es entdeckte einmal wieder einen politischen Beruf. Bewaffnete Einwohnerwehren gab es in Bayern trotz der Einsprache der Reichsbehörden, bis schließlich ein Ultimatum der Siegermächte sie wenigstens äußerlich beseitigte. Die Märtyrerrolle gegenüber dem bösen Auslande schmeichelte nun vollends dem bayerischen Selbstgefühl. Es dachte gar nicht daran, die verhaßte Republik zu schützen, es tat vielmehr alles, um sie um jede öffentliche Achtung zu bringen. Statt des abgelehnten Republikschutzgesetzes erließ Bayern eine besondere Verordnung. Erst langwierige Verhandlungen zwischen dem Reich und Bayern, die wie zwischen zwei feindlichen, ebenbürtigen Mächten geführt wurden, vermochten eine Einigung zu erzielen. Bayern erpreßte eine Reihe von neuen Vorteilen rechtsorganisatorischer Natur, die den Einfluß des Reiches in Bayern auf ein Mindestmaß herabdrückten. In dieser Luft gedieh eine Bewegung, die von München aus ihren Siegeszug durch Deutschland, durch Europa, durch die Welt begann – der Nationalsozialismus.

Die Nationalsozialistische Deutsche Arbeiterpartei

Im Januar 1919 gründete ein obskurer Münchener Schriftsteller namens Harrer die Deutsche Arbeiterpartei; Mitglied Nummer 7 wurde ein arbeitsloser oberösterreichischer Handwerksgeselle, der den Krieg auf reichsdeutscher Seite mitgemacht und es bis zum Gefreiten gebracht hatte. Er hieß Adolf Hitler. Seine ungewöhnliche Begabung als Volksredner gab der Partei starken Auftrieb. An sich gab es zahlreiche Gruppen mit ähnlicher Richtung. Der Deutschvölkische Trutzbund wurde zwar nach der Ermordung Rathenaus aufgelöst. Es bildeten sich aber neue Geheimorganisationen wie der Deutsche Kampfbund, die Gruppe Oberland, die Gruppe Reichskriegsflagge. Das Gemeinsame war der Kampf gegen die Weimarer Verfassung, gegen den von ihr gestützten Friedensvertrag, gegen Parlamentarismus und Rechtsstaat, gegen den Unitarismus, gegen Berlin, gegen die Plutokratie, gegen die Juden. 1922 trat eine Reihe von Abgeordneten aus der Deutschnationalen Volkspartei aus und schuf die »Deutschvölkische Freiheitspartei«; sie ließ den Stöckerschen Antisemitismus wiederaufleben – das Ziel war ein ständischer Staat mit sozialem Einschlag; die völkische Wiedergeburt der Deutschen sollte durch einen Diktator auf machtpolitischem Wege herbeigeführt werden. Mit dieser parlamentarischen Vertretung des politisch-sozialen Antisemitismus vereinigte nun Adolf Hitler seine Gruppe; er war ihr Vorsitzender geworden, seit 1921, er hatte sie Nationalsozialistische Partei umbenannt. Die neue gemeinsame Schöpfung hieß zuerst Nationalsozialistische Freiheitspartei, dann endgültig: Nationalsozialistische Deutsche Arbeiterpartei; bezeichnend bei dieser Entwicklung ist das Zurücktreten des Freiheitsgedankens und die verstärkte Betonung der beiden antagonistischen Momente – ganz in der Art der alten Nationalsozialen: des Nationalismus und des Klasseninteresses der Arbeiterschaft. Der steigende Erfolg des Nationalsozialismus beruht nun auf der allgemeinen außenpolitischen und der wirtschaftspolitischen Entwicklung in Deutschland.

Die Reparationen. Rapallo. Die Ruhrbesetzung

Eine Reihe von Konferenzen versuchte die Reparationsfrage zu regeln. Da die Vereinigten Staaten den Friedensvertrag von Versailles nicht ratifizierten, nahmen sie an diesen Verhandlungen nicht teil. Ein Sonderfriede mußte zwischen dem Reich und Nordamerika geschlossen werden. Die Vereinigten Staaten schlossen auch nicht das geplante Schutzbündnis mit England und Frankreich zur Aufrechterhaltung der neuen Grenzen; infolgedessen erfüllte sich die politische Leitung Frankreichs mit der steigenden Befürchtung, diese Grenzen wären durch ein wiedererstarktes Deutschland gefährdet. Die Reparationsfrage verband sich also mit der Sicherheitsfrage. Die französische Politik entwickelte eine umfassende diplomatische Tätigkeit in Europa, um Deutschland zu isolieren; sie zog alle neugegründeten Staaten, vor allem Polen, die

Tschechoslowakai und Jugoslawien in ihren Interessenkreis. Das wichtigste war natürlich die dauernde Zusammenarbeit mit Großbritannien. Sie gelang in den ersten Jahren, wurde aber schwieriger infolge der scharfen französischen Kampfmethoden, die England nicht billigte und nicht mitmachte. Schon 1920 besetzten die Franzosen als Sanktionsmaßnahme den Rheingau. Neue Einmarschdrohungen erzwangen weitere Zugeständnisse Deutschlands. Das Reich mußte mehrfach um Moratorien einkommen. Die steigende Markentwertung zeigte, wie zerrüttet die wirtschaftlichen Verhältnisse in Mitteleuropa waren. Deutschland hatte keinen internationalen Kredit mehr, es war nicht imstande, Devisen für seine Zahlungen zu beschaffen. Die Weltwirtschaftskonferenz in Genua sollte 1921 diese Verhältnisse von einem höheren Gesichtspunkte aus regeln – sie mußte ergebnislos abgebrochen werden. Deutschland zeigte aber durch den mit Sowjetrußland damals in Rapallo abgeschlossenen Vertrag, daß die alte Rückendeckung im Osten immer noch wirksam war. Der Friedensvertrag von Versailles hatte die während des Weltkrieges von Deutschland mit Rußland abgeschlossenen Verträge annulliert. Nun erklärten beide Mächte alle wechselseitigen Ansprüche der Vergangenheit für erloschen, Rußland verpflichtete sich, auch keinem anderen Staate entstandenen Schaden zu ersetzen. Die diplomatischen Beziehungen wurden wiederaufgenommen, die Handelsbeziehungen sollten freundschaftlich nach dem Prinzip der Meistbegünstigung geregelt werden. Der Rapallo-Vertrag leitete eine fruchtbare Zeit außenpolitischer und wirtschaftspolitischer Zusammenarbeit von Deutschland und Rußland ein – zum Ärger der Westmächte, aber auch mit bedeutenden innenpolitischen Rückwirkungen. Die deutsche Linksopposition sah einen Widerspruch zwischen der Rapallopolitik und der Niederwerfung der kommunistischen Unruhen in Deutschland; die Rechtsopposition aber erblickte in der Rapallopolitik den Beginn der Bolschewisierung des Vaterlandes.

Nur eine baldige Festsetzung der Reparationsverpflichtung konnte die Stabilisierung der deutschen Währung und damit eine Gesundung der europäischen Verhältnisse ermöglichen. Provisorien, Ultimaten, Zwischenlösungen wechselten im Wirbel miteinander ab. Immer neue Konferenzen, Besprechungen, Gutachten und Vorschläge zur Güte fanden statt. Der Streit um die Erfüllungspolitik zerriß das deutsche Volk. Die einen wollten innerhalb der möglichen Grenzen tatsächlich erfüllen, sie wollten gerade durch guten Willen die objektiven Grenzen der Erfüllung von einem höheren Standpunkt aus zeigen. Die anderen glaubten durch störrische Nichterfüllung die Gegner zermürben zu können. Der Friedensvertrag war immerhin ein deutsches Reichsgesetz – Erfüller und Nichterfüller nahmen also die Gewohnheit an, sich gegenseitig als Rechtsbrecher und Vaterlandsverräter zu bezeichnen. Immer neue Männer wurden angesetzt.

Der den Rechtsparteien nahestehende Reichskanzler Wilhelm Cuno war als Direktor der Hamburg-Amerika-Linie ein Mann der großen Wirtschaft, gerade von seiner gediegenen Erfahrung wurde deshalb das Wunder einer befriedigenden Regelung erwartet – vergebens. Mit gutem Willen, mit sauberer Gesinnung und mit technischem Sachverständnis war der Knäuel schon nicht mehr zu entwirren. Machtpolitische Momente verdarben auf beiden Seiten die Einigung. Maßgebende deutsche Kreise wünschten keine lebensgefährliche wirtschaftliche Schädigung des Reiches und zogen es deshalb vor, sich immer tiefer in die Inflation zu stürzen; Frankreich aber wollte

Im Hauptquartier, den 4 April 1923.

Warnung

an die Bevölkerung

Auf der ganzen Strecke des Rhein=Herne Kanals, des Dortmund=Ems Kanals, des Lippe=Sertin Kanals und des Zweigkanals von Herne

ist ausdrücklich verboten:

1.) — Auf den Brücken und Stegen stehen zu bleiben.
2.) — Sich den Schleusen und den Hebern zu nähen.
3.) — Auf den Treidelwegen und deren Böschungen sich zu bewegen.
4.) — In der Nähe dieser Kanäle Gegenstände oder Materialien hinzuwerfen oder im Stich zu lassen.
5.) — Sand, Pflanzen, Kies u. s. w. wegzuschaffen.
6.) — Zu rudern, zu segeln, oder mit Bootskaken zu fahren, ohne ausdrücklich dazu ermächtigt zu sein.

Die Personen, welche die Vorschriften des gegenwärtigen Befehles übertreten, laufen Gefahr von den, mit der strengen Beaufsichtigung der Wasserstraßen und der Nebenwasserstraßen beaufragten Truppen beschossen zu werden und haben die, für die Übertretung der Befehle des Kommandierenden Generals vorgesehenen Gefängnis= und Geldstrafen, verwirkt. (Verfügung Nr. 16)

Der Kommandierende General,

DEGOUTTE.

Ruhrbesetzung

nicht um seine Ansprüche geprellt werden, es war entschlossen, ein schnelles Wiedererstarken Deutschlands mit allen Mitteln zu verhindern. So kam es denn zu dem folgenreichsten Geschehnis der Nachkriegszeit – Frankreich und Belgien besetzten das Ruhrgebiet: zur Wahrung ihrer Ansprüche, in Anbetracht der Nichtzahlung fälliger Beträge, sandten die beiden Mächte eine Ingenieurkommission, nebst Truppenbedeckung als Schutz, in das Ruhrgebiet. Die dortigen Kohlengruben wurden nun unter der Aufsicht fremder Bajonette auf Rechnung der beiden Mächte ausgebeutet. Die englischen Kronjuristen bezeichneten das Vorgehen als eine Verletzung des Versailler Vertrages – die englische Regierung aber beschränkte sich auf neutrale Zurückhaltung. In Deutschland machte das Ereignis einen geradezu erschütternden Eindruck. Nach vier Kriegsjahren, nach Annahme eines harten, zum Teil unausführbaren Friedensvertrages mußte sich das Reich einen solchen Gewaltakt gefallen lassen, der um so aufreizender war, als er sich formalrechtlicher Beweismittel zur Verdeckung der eigentlichen hochpolitischen Motive bediente. Auch badisches und hessisches Gebiet wurde von den Franzosen zu Sanktionszwecken besetzt. Die Vereinigten Staaten drückten ihre Mißbilligung durch die Zurücknahme ihrer Besatzungstruppen im Rheinland aus. Deutschland leistete im Ruhrrevier passiven Widerstand – er kostete viel Menschenleben und schädigte die Wirtschaft um rund vier Milliarden Goldmark. Die internationale Spannung war groß, Vermittlungsversuche, Angebote jagten sich; es kam zu scharfen Auseinandersetzungen zwischen den Westmächten. Ende September mußte man den passiven Widerstand aufgeben. Dies war die dunkelste Stunde der Nachkriegszeit. Die Linksopposition und die Rechtsopposition schoben sich drohend gegen die Weimarer Republik. Der Ausnahmezustand mußte verkündet werden. Damals trat der volksparteiliche Abgeordnete Gustav Stresemann († 1929) in den Vordergrund, zuerst als Reichskanzler der großen Koalition, dann als Außenminister.

Stresemann. Die Folgen der Inflation

Gustav Stresemann stand immer auf dem linken Flügel seiner Partei. Nur weil man ihm seinen Annexionismus während des Krieges nicht verzeihen wollte, hatten ihn die Männer der neuen demokratischen Partei nicht bei sich aufnehmen wollen. Diese Skrupel rächten sich. Stresemann wäre innerhalb der Partei eine geringere Belastung gewesen als außerhalb. Nur mit Stresemann bekamen die ehemaligen Nationalliberalen eine solche Durchschlagskraft, daß sie sich mehr und mehr gegen die Demokraten durchsetzten, ja sie überflügelten. Stresemann war eine gewaltige Arbeitskraft, eine unvergleichlich elastische Natur, erfindungsreich als Taktiker, ein Redner, dessen Schlagkraft und Wortfülle mit einer gewissen sportlichen Freude Schwierigkeiten suchte, um sie zu überwinden. Aus bescheidenen Verhältnissen kommend, hatte sich der zähe Geschäftsführer und kluge Vertrauensmann von Wirtschaftsverbänden hochgearbeitet. Seine weltgewandte Frau war ihm dabei behilflich. Die Weimarer Republik war überreich an Junggesellen und Witwern, oder an Männern, deren Frauen über den häuslichen Horizont nicht hinausragten. Stresemann hatte eine Gehilfin von ungewöhnlicher gesellschaftlicher Begabung.

Bei aller Gescheitheit behielt Stresemann immer etwas Gemütliches und Biederes, etwas von der Frische des Berliner Mittelständlers, der sich nicht kleinkriegen läßt, auch etwas von dem studentischen Kneipgenie, der bei einer Kanne Bier die letzten Welträtsel löst. Insofern stammte er irgendwie aus der Paulskirche, ernsthafte Literatur war ihm ein Lebensbedürfnis, das Geistige hatte ihn beflügelt und gehoben, er mochte es nicht missen, und kehrte mit Beflissenheit aus schwerster Tagesarbeit dorthin zurück. Dies erklärt wohl das merkwürdige Schauspiel, das Deutschland und die Welt jetzt erlebten. Der scheinbar so realistische Erfolgsmensch Stresemann wuchs in eine große geschichtliche Aufgabe hinein. Der Benjamin der Nationalliberalen Partei erreichte das, was einem Bennigsen und einem Bassermann versagt geblieben war – die Leitung der deutschen Reichsgeschäfte im Geiste eines unitarischen Reichspatriotismus. Es war Stresemann vergönnt, die innerpolitischen Kräfte zu neuer fruchtbarer Arbeit zusammenzufassen, Deutschland zu behaupten als einen europäischen Machtfaktor und dem Reich eine außenpolitisch geachtete Stellung wiederzugewinnen.

Die Inflation nahm geradezu phantastische Formen an, die Ziffern der entwerteten Markbeträge erreichten astronomische Höhe. Es gelang den führenden deutschen Wirtschaftsstellen, die besten und greifbarsten Teile des deutschen Besitzes unsichtbar und unerfaßbar zu machen. Die Löhne und Gehälter stiegen keineswegs im Verhältnis der Preissteigerung. Niedrige Erzeugungskosten ermöglichten die billige Hervorbringung von Dauerwerten. Die Scheinkonjunktur blühte. Ein heißer und häßlicher Wettkampf um die Sicherung der letzten Vermögensbestände verwirrte das Volk. Das Eigentum erlebte als Substanz und als Begriff eine völlige Umwälzung. Geschickte Schieber sammelten gewaltige Besitztümer in kurzer Zeit, der gediegene Kapitalist von ehemals gab das Beste hin, geblendet durch die verführerische Gewalt der Millionen- und Milliardenzahlen. Die schließliche Stabilisierung, die eine neue Goldmark mit einer Billion Papiermark gleichsetzte, hätte rein technisch gewiß schon früher, zu einem wirtschaftlich vernünftigeren Verhältnissatze stattfinden können. Deutschland hatte sich aber aus politischen Gründen in den größten geschichtlichen Bankerott gestürzt, um die Regelung der Reparationsverpflichtung nun möglichst in die eigene Hand zu nehmen und mit dem Selbstgefühle des verzweifelten Schuldners alle zukünftigen Zahlungen mehr von seinem guten Willen als von der wirtschaftlich-finanziellen Ausführbarkeit abhängig zu machen. Männer von rechts und von links teilten sich in den Ruhm der »Rentenmark«.

Die Inflation hatte also eine technische und eine außenpolitische Seite. Gewichtiger noch waren die Folgen psychologischer und soziologischer Natur. Die deutsche Gesellschaftspyramide erlitt durch die Inflation einen Stoß, den keine marxistische oder sonstige sozialistisch-kommunistische Theorie vorausgesehen hatte. Das kaiserliche Deutschland hatte einen neuen Klassenaufbau hervorgebracht. Es gab in Deutschland eine neuartige Oberschicht, Mittel- und Unterschicht, jede wieder in sich klassenmäßig differenziert. In allen diesen Schichten übte nun die Inflation eine bedeutsame Wirkung aus – sie spaltete sie auf. In der Oberschicht hielt sich am besten das Agrariertum und das Industriekapital; das Handelskapital litt. Vernichtet wurde zum größeren Teil das Vermögen der Teilhaber, der jüngeren und weiblichen Familienmitglieder;

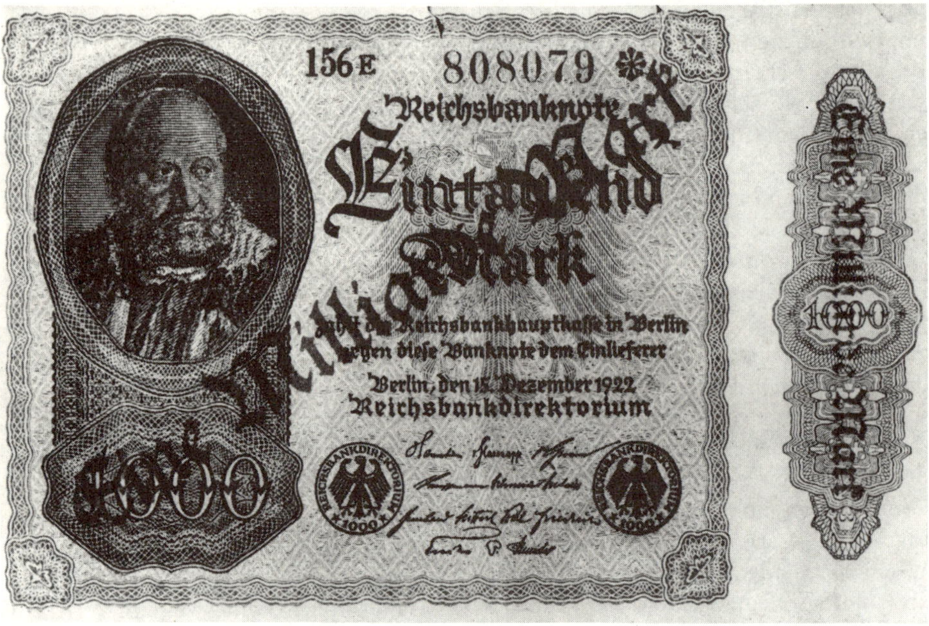

der aristokratische Offizier und Beamte, der hohe Richter oder patriotische Universitätslehrer sah sich mit einem Male verarmt im Vergleich zu seinem Vetter in der Fabrik oder auf dem Rittergut. In der Mittelschicht spielten sich analoge Dinge, aber mit härteren Folgen ab. Wer ein Ladengeschäft oder einen handwerklichen Betrieb eingerichtet hatte, konnte sich halten – viele Mittelbetriebe vermochten sogar die Gunst der Umstände zur Erweiterung und technischen Vervollkommnung zu benutzen. Wer aber die mündelsicheren Papiere besaß, die jede solide Bank empfahl, mit denen jeder zuverlässige Rechtsberater zu arbeiten pflegte, wer gar ältere Vermögenswerte zugunsten der Kriegsanleihen abgestoßen hatte, der sah sein bescheidenes Erbe, der sah die Frucht emsiger Lebensarbeit mit einem Schlage vernichtet. Der Großkapitalist hatte die Kriegsanleihen als eine Art unvermeidlicher Steuer angesehen, er schrieb nach dem Verlust des Krieges auch diesen Verlust geschäftsmäßig ab. Der Sparer des Mittelstandes kam aber nicht so einfach darüber hinweg. Wer jung und gesund war, der konnte ja neu anfangen – aber die reifere Schicht, die auch persönlich Schmerzliches durch den Krieg erfahren hatte, beantwortete eine solche Heimsuchung mit Bitterkeit und Empörung. Erspartes Kapital ist ängstlicher und empflindlicher als erspekuliertes. Die Angestellten und Arbeiter der unteren Schicht, die kleinen Beamten waren glücklich, wenn sie ihre beiseite gelegten Groschen in ein kleines Haus gesteckt hatten – daran ging der Inflationssturm ja vorüber. Aber viele hatten sich doch auch in Versicherungen eingekauft, viele hatten das bißchen Geld auf die hohe Kante gelegt für die Erziehung der Kinder, für die schlechten Tage von Alter und Krankheit oder vielleicht gar für eine Kur, für die Ausstattung oder sonst für etwas Gutes, das den bürgerlichen In-

Die Preise der neuen Woche.

In Milliarden Mark.

Brot, grau (77 Pf.)	770	Mark
Brot, weiß (84 Pf.)	840	„
Schrippe (3 Pf.)	30	„
Vollmilch, 1 Liter	280	„
Magermilch, 1 Liter	95	„
Gas, 1 Kubikmeter	210	„
Elektr. Strom, 1 Kilowattstunde	420	„
Wasser, 1 Kubikmeter	210	„
Briketts, Zentner frei Keller	1981	„
Straßenbahn	150	„
Hochbahn, 3. Klasse	100 u. 150	„
Hochbahn, 2. Klasse	150 u. 200	„
Stadtbahn, 3. Klasse (15 Pf.)	150	„
Stadtbahn, 2. Klasse (25 Pf.)	250	„
Omnibus	150 u. 200	„
Brief, Berlin	40	„
Brief, außerhalb	80	„
Postkarte, Berlin	16	„
Postkarte, außerhalb	40	„
Telephongespräch (10 Pf.)	100	„

stinkten auch des deutschen Fabrikarbeiters entsprechen mochte. Solche Ersparnisse waren durchweg vernichtet, und was bei der Aufwertung herauskam, wirkte wie ein Hohn, wenn es sich nicht gerade um Hypotheken handelte. In allen deutschen Ständen gab es also infolge der Aufspaltung gut und schlecht Weggekommene, Glückspilze und Pechvögel. Klassenhaß und Neid entstand nun innerhalb derselben sozialen Schicht, innerhalb der Freundschaften und Familien. Die Rückwirkung auf das Parteileben war erheblich. Die Deklassierten der oberen Schicht wünschten keine Proletarier zu werden, sie trugen ihre Lebensansprüche und ihren gesellschaftlichen Hochmut weiter in das ungewohnte Leben schwerer Arbeit und aufreibender Kämpfe hinein. Sie befanden sich in ähnlicher Lage wie jene Landsknechte der Nachkriegszeit – war es erstaunlich, daß sie ihren Haß und ihre Enttäuschung gleichfalls in die Politik hineinwarfen? Wer waren die Schuldigen? Wo saßen die Nutznießer? Von den Juden wurde behauptet, daß die Inflation sie nur wenig beschädigt hätte. Das war tatsächlich unwahr; richtig war aber natürlich, daß viele jüdische Geschäftsleute genauso wie viele christliche, rechtzeitig Sicherungen getroffen hatten und deshalb leidlich wegkamen. Unerfreuliche jüdische Schieber wie Barmat und Kutisker taten großen Schaden. Der erfolgreichste Inflationsgewinnler der Zeit war aber kein Jude – Hugo Stinnes. Trotzdem – die Deklassierten lernten den Antisemitismus als den bequemsten und einfachsten Blitzableiter schätzen. Ähnliches spielte sich nun in der Mittel- und Unterschicht ab – mit einigen bezeichnenden Abwandlungen. Einzelne bescheidene Akademiker wandten sich dem Kommunismus zu – hier wirkten die weltanschaulichen Beweggründe mindestens so stark wie die politischen. Auch der junge Arbeiter ging gerne ganz nach links. Der gediegene Gewerkschaftler gab seine Sozialdemokratie trotz aller Enttäuschungen nur ungern auf. Der verarmte Spießbürger, der stellungslose Handwerksgeselle, der mäßig talentierte Halbkünstler, der Kleinhändler, der neben dem Warenhause saß und nicht dagegen aufkam, der schlecht bezahlte Schulmeister oder Eisenbahnbeamte, der keine Zulage und keine Beförderung erhielt, die weiblichen Angestellten, oft die Töchter von Pfarrern und Ärzten und Posträten, die schwer schuften mußten ohne Heiratsaussichten – sie alle fanden Trost und Hoffnung beim Nationalsozialismus.

Hitlers Versuch einer nationalen Revolution

Adolf Hitler benutzte die schweren Verlegenheiten der Reichsregierung im Spätjahr 1923 zu seinem Versuch einer »nationalen Revolution« in der Nacht vom 8. auf den 9. November. Alle Feinde der Weimarer Republik wirkten dabei mit – die Deklassierten und die Pechvögel, die Landsknechte und die Föderalisten. General Ludendorff, der sich, unter dem Einfluß seiner extravaganten Frau, einer querköpfigen antichristli-

Die Angeklagten nach Hitlers gescheitertem Putsch in Bayern 1924 (v. l. n. r.): Pernet, Weber, Frick, Kriebel, Ludendorff, Hitler, Brückner, Röhm, Wagner chen politischen Arbeit gewidmet hatte, vertrat die Völkischen; General von Lossow vertrag die Deutschnationalen – er war von der Reichsregierung wegen Gehorsamsverweigerung seines Postens als Kommandant des bayerischen Wehrkreises enthoben, von der bayerischen Regierung aber zum Landeskommandanten von Bayern ernannt worden; der bayerische Ministerpräsident Gustav von Kahr, nunmehr Generalstaatskommissar für Bayern, vertrat das bayerische Sondertum; Hitler endlich vertrat das proletarisierte Keinbürgertum des Nationalsozialismus. Der Bruch zwischen Bayern und dem Reich sollte zur Einsetzung eines Direktoriums vaterländischer Männer benutzt werden. Die bayerische Regierung sah sich als Treuhänderin des deutschen Volkes an; sie wollte sich die Reichswehr verpflichten und beanspruchte so die Bewegung zum Ziele zu führen. Hitler erklärte im Bürgerbräukeller in München die Reichsregierung für abgesetzt. Aber der Putsch scheiterte. Kahr fürchtete offenbar, gegenüber Hitler und Ludendorff die bayerischen Sonderbelange nicht genügend wahren zu können. Trotz feierlicher Schwüre ließ er Hitler im Stich, verriet den Anschlag, setzte die Polizei in Bewegung, die Reichswehr schwenkte ein gegen die Putschisten. Das Unternehmen brach kläglich zusammen. Der Zug der Putschisten nach der Feldherrnhalle wurde zersprengt, etwa ein Dutzend fielen – sie wurden die Märtyrer des Nationalsozialismus. Hitler und Ludendorff hatten sich wegen Hochverrats zu verantworten. Ludendorff wurde freigesprochen, Hitler zu fünf Jahren Festungshaft verurteilt, nebst Bewährungsfrist, so daß er nach einem halben Jahr wieder freikam. Kahr und Lossow traten zurück. Lossow, der kecke Verschwörer, bezog selbstverständlich zeitlebens seine stattliche Generalspension. Der gemütliche Doppelspieler Kahr wurde 1934 von den Nationalsozialisten ermordet – die Rachgier schonte nicht den über siebzig Jahre alten Mann! Im Februar 1924 hörte der Belagerungszustand in Bayern auf, der Konflikt zwischen dem Reich und Bayern war für diesmal beigelegt. So milde behandelte die Weimarer Republik ihre Todfeinde! War das ein Zeichen von Kraft oder von Schwäche? War es Einsicht oder Verblendung?

Parteiumschichtung. Hindenburg wird Reichspräsident

Die Geschichte der Weimarer Republik zerfällt in drei Abschnitte. Die Zeit des Aufbaues reicht bis Anfang 1924; die Zeit des Aufschwunges reicht bis 1930; die Zeit der Zersetzung reicht bis 1933. Gegenüber kommunistischen und rechtsradikalen Angriffen hatte sich die neue deutsche Staatsform nunmehr siegreich behauptet, sie war im Begriff, Deutschland vor dem drohenden Verfall zu retten; der Weg konnte nunmehr beschritten werden, der zum wirtschaftlichen Wiederaufbau, zur Revision des Friedensvertrages, zur Wiedergewinnung der europäischen Großmachtstellung des Reiches führte. Über die Notwendigkeit dieser Ziele herrschte bei allen denkenden Patrioten Einstimmigkeit. Die Gegner der Weimarer Republik arbeiteten aber weiter. Sie waren entschlossen, die Wiedergeburt Deutschlands, die sich mit den Methoden des parlamentarisch regierten Rechtsstaates vollzog, auf alle Fälle zu verhindern. Die Monarchisten, die Völkischen, die Junker, die Agrarier und Schwerindustriellen, die Deklassierten, die verarmten Mittelständler, die proletarisierten Kleinbürger – sie alle haßten die Republik; jede dieser Gruppe hatte ihre bestimmten Gründe und Ziele, sie waren sich einstweilen nur einig in der Verneinung. Jene durch die Inflation vollzogene Aufspaltung der sozialen Klassen wirkte sich deutlich aus in der Parteiumschichtung. Es fügte sich, daß gerade die Hauptmasse der Anhänger der Weimarer Koalition besonders stark unter der Inflation litt. Viele Demokraten wanderten zur Deutschen Volkspartei oder zur Sozialdemokratie ab; jüngere Sozialisten wurden Kommunisten oder Nationalsozialisten; konservative Katholiken verließen das Zentrum, sie fanden ihre Gesinnungsgenossen bei den Deutschnationalen und begegneten dort auch manchem abtrünnigen Volksparteiler. Die Demokratische Partei litt besonders unter dem zunehmenden Antisemitismus, denn sie stand in dem Rufe, bei den Juden besonders beliebt zu sein. Dies war nur halb richtig. Das orthodoxe Judentum unterstützte vielfach das Zentrum. Jüngere hochgebildete Gruppen des Judentums huldigten kulturkonservativen Ideen, sie suchten den geistigen und gesellschaftlichen Anschluß nach rechts; viele waren Mitglied der Deutschen Volkspartei, auch der Deutschnationalen Volkspartei, solange sie dort geduldet wurden. Andere freilich schwenkten scharf nach links. Es war bezeichnend für das deutsche Judentum, daß es sich eigentlich in alle Parteien und sozialen Schichten hineinentwickelte und auf diese Weise die Widerstandskraft einer geschlossenen ethnischen und religiösen Minderheit preisgab. Der Zionismus hatte eine nur kleine, aber äußerst tätige Anhängerschaft, der Assimilationsgedanke überwog bei weitem – es konnte aus geschichtlichen und psychologischen Gründen nicht anders in Deutschland sein.

Die Schwächung der Parteien der Weimarer Koalition prägte sich aus in einer Wendung der Reichsregierung nach rechts. Das Zentrum vermochte freilich die überkommene Schlüsselstellung weiter zu behaupten. Es lieferte die meisten Kanzler – Konstantin Fehrenbach, Joseph Wirth, Wilhelm Marx (viermal), zuletzt Heinrich Brüning. Die beiden ersten vertraten den südwestdeutschen Reichspatriotismus des alemannischen Vorderösterreich, er war besonders wichtig für die Weimarer Republik bei ihren Zwisten mit Bayern. Fehrenbach war ein geschäftsgewandter Anwalt provinzialen Zuschnitts, Joseph Wirth aber war ein strahlender Redner, dazu ein Budgetsachverständiger ersten Ranges – die Notwendigkeit des Kampfes gegen die Feinde der Republik erkannte er mit seinem immer wachen politischen Instinkt klarer als irgendein anderer; sein Wort: »der Feind steht rechts!« – schaltete ihn aber nun gerade aus bei der 1924 einsetzenden Umorientierung. Im Bismarckschen Reiche hatte die Junkerklasse immer Preußen in der Hand zu halten verstanden und dadurch den entscheidenden Einfluß auf die Reichsgeschäfte behauptet. Das Umgekehrte vollzog sich jetzt in der Weimarer Republik. Die neuen Rechtsparteien versuchten die Macht im Reiche zu gewinnen; gelang dieser Plan, dann konnten sich auch die Länder, an der Spitze das größte Land, das »rot« regierte Preußen, nicht mehr wehren. Nur vom Reiche aus waren die Ziele der Deutschnationalen zu erreichen – die Wiederherstellung der Monarchie, die Aufrüstung und die Lähmung des Parlamentarismus. Dabei sollten die Völkischen und die Nationalsozialisten den Deutschnationalen hilfreiche Hand leisten, sie sollten auch gewiß nicht zu kurz kommen. Aber das Heft wünschte der

Reichspräsident Ebert, Reichskanzler Wirth und General von Seeckt (v. r. n. l.)

Monarchismus, besonders sein innerster Kern, die ungebrochene Junkerklasse, in der Hand zu behalten. Der Reichspräsident Friedrich Ebert war nie entsprechend den Verfassungsbestimmungen gewählt worden. Man hatte vorgezogen, sein Mandat jedesmal durch den Reichstag weiter zu verlängern. Takt und Würde, Bedächtigkeit und Freude am Ausgleich von Konflikten zeichneten den ersten Reichspräsidenten aus. Blendende Eigenschaften waren ihm versagt. Als ein pflichttreuer Beobachter füllte er seinen hohen Posten aus, ohne Freude und ohne Illusionen, vorzeitig zermürbt durch Verdächtigungen und Anwürfe. Infolge einer Operation starb Ebert plötzlich, im Februar 1925. Die Rechtsopposition sah eine große Möglichkeit vor sich. Sie stellte nach mancherlei Hin und Her den Generalfeldmarschall von Hindenburg als ihren Kandidaten auf. Gegen einen Namen von so legendärem Klang gab es für keinen andern Kandidaten eine Aussicht. Dem tüchtigen rheinischen Juristen Wilhelm Marx, auf den sich die Parteien der Weimarer Koalition einigten, schadete auch sein Katholizismus – treue Republikaner in Sachsen etwa wandten sich gegen ihn aus mißleiteter protestantischer Gesinnung. Hindenburg galt als der Platzhalter der Monarchie – würde es eine liberale Volksmonarchie sein, oder bereitete sich schon eine rechte Reaktion vor? Die Feudalen, die Militaristen, die Rüstungsinteressenten sahen ihre Stunde gekommen und krochen aus ihren Schlupfwinkeln. Es kam aber anders. Die Lage war viel verwikkelter, als sich diese Kreise dachten. Im Januar 1926 gehörten zum ersten Male deutschnationale Minister einem Minderheitskabinett an, das der Reichsfinanzminister Hans Luther bildete. Die Episode endete bereits im Oktober. Die Wendung kam von der Außenpolitik.

Der Dawes-Plan

Die Vereinigten Staaten von Amerika vermochten angesichts der gefährlichen Zerrüttung der europäischen Verhältnisse ihre Isolationspolitik nicht mehr aufrechtzuerhalten. Präsident Coolidge und sein Staatssekretär Hughes entsandten Vertreter zu einer neuen internationalen Sachverständigenkonferenz, mit der sich die Reparationskommission abzufinden hatte. Eine Reihe von Einzelausschüssen legte das Ergebnis ihrer eingehenden Untersuchungen in einem Gutachten vor. Der so entstandene neue Abwicklungsplan erhielt seinen Namen von dem amerikanischen General Charles C. Dawes. Die Londoner Konferenz vom Sommer 1924 regelte die Gesamtverhältnisse in annehmbarer Weise. Die Hauptsache für Deutschland war die möglichst schnelle Räumung des Ruhrgebietes, denn es vermochte Zahlungsverpflichtungen nur zu erfüllen, wenn es seine wirtschaftliche Einheit und Erzeugungskraft wiederherstellte. Die Räumungsfrage konnte in leidlicher Weise gelöst werden. Der Dawes-Plan war eine vorläufige Regelung der deutschen Zahlungen, indem er das internationale Vertrauen dadurch wiederzugewinnen versuchte, daß eine Reihe von Jahren ohne feste Schlußabgrenzung bestimmte Summen übergeführt wurden; entsprechend der Verbesserung des deutschen Wohlstandes erhöhten sie sich. Die Leistungen waren aufgebaut auf der Umwandlung der Reichseisenbahn in eine selbständige Aktiengesellschaft, auf Obligationen, die von der Industrie aufzubringen waren, auf Verkehrssteuern und Verbrauchszöllen sowie auf einer Anleihe. Die Überwachung der Zahlungen hatte durch eine zu gründende Goldnotenbank und das internationale Transferkomitee zu geschehen. Zum Generalagenten für die deutschen Reparationszahlungen wurde der Amerikaner Parker Gilbert ernannt. Trotz seiner offenbaren Schwächen konnte der Dawes-Plan für eine Zeitlang der deutschen Wirtschaft helfen, sich wieder in die Weltwirtschaft einzufügen; wichtiger als die Zahlungen selbst war die wirtschaftspolitische Kernfrage, wie lange und in welchem Umfange solche Überführungen von Werten ohne eine allgemeine Wirtschaftszerrüttung durchzuführen waren. Deutschland suchte sich dagegen, begreiflich genug, durch Erhöhung der Einfuhr, durch ausländische Anleihen jeder Art und durch Festlegung der erlangten Werte in Bauten, Anlagen, technischen und militärischen Verbesserungen zu schützen. Deutschland benutzte also die einsetzende internationale Konjunktur, um billige Rohstoffe zu bekommen. Es drosselte die Ausfuhr und behielt durch reichliche Ausgabenwirtschaft die Erzeugnisse möglichst im Lande. Dieses Verfahren wurde im Auslande vielfach als eine böswillige und leichtfertige Erschütterung des deutschen Kredits aufgefaßt. Der Reparationsagent sprach sich scharf in diesem Sinne aus. Für Deutschland war das Verfahren vorteilhaft genug, denn es schuf Ersatz für die in das Ausland abgeführten Reparationsbeträge und stärkte so die wirtschaftliche Widerstandskraft des Reiches. Deutschland schaffte sich einen gewaltigen neuen, technisch völlig durchrationalisierten Erzeugungsapparat an. Trotz der Verluste und Lasten der Kriegs- und Nachkriegszeit setzte in Deutschland eine Blüteperiode werteschaffender Arbeit ein. Die Nachwirkungen waren bis 1939 sichtbar. Die organisatorische Leistung des Nationalsozialismus wäre nicht möglich gewesen ohne diese Arbeit der Weimarer Republik. Straßen, Häuser, Fabriken, öffentliche Gebäude, Handelsschiffe wurden geschaffen und errichtet und vom Stapel gelassen. Das geschlagene Deutschland vermochte eines der leistungsfähigsten Länder der Erde zu werden. Unter dem Drucke der Not, kraft einer beispiellosen Arbeits- und Kräfteansammlung, schlug dieses gedemütigte Reich die Siegerstaaten.

Locarno. Der deutsch-russische Vertrag

Die Annahme des Dawes-Planes war der Auftakt für die weitere Kräftigung der deutschen Außenpolitik. Am 10. Januar 1925 war die Räumung der Kölner Besatzungszone fällig. Frankreich erklärte die deutsche Abrüstung für mangelhaft. Im Falle der Räumung, dies war die französische Beweisführung, bedarf es eines internationalen Vertrages gegen Deutschland zum Schutze der französischen Grenze. Damit war die alte französische Forderung nach dem deutschen Zusammenbruch wiederaufgenommen. Diese Aussicht war Deutschland sehr unwillkommen, und es gelang ihm, sie ab-

Plakat der Deutschnationalen Volkspartei gegen den Versailler Vertrag

zubiegen und den Abschluß eines Paktes zu erreichen, an dem das Reich selbst als ebenbürtiger Partner teilnahm.
Auf der Konferenz in Locarno im Oktober 1925 kam eine ganze Reihe von internationalen Verträgen zustande. Der Rheinpakt legte die Unverletzlichkeit der bestehenden Grenzen und die Aufrechterhaltung der militarisierten Zone entsprechend den Bedingungen des Versailler Vertrages fest. Schiedsverträge wurden abgeschlossen zwischen Deutschland einerseits, Frankreich, Belgien, der Tschechoslowakei und Polen andererseits. Deutschland hat also das getan, was die französische Republik vor 1914 immer verweigert hatte – es verpflichtete sich auf eine erneute Garantie der festgesetzten Grenzen, es verzichtete also nochmals und scheinbar endgültig auf Elsaß-Lothringen. Frankreich schloß außerdem noch Verträge mit Polen und der Tschechoslowakei zum Zwecke wechselseitiger Hilfe für den Fall einer Verletzung des Locarno-Paktes durch Deutschland im Falle kriegerischer Verwicklungen.
Eine bedeutsame außenpolitische Entspannung war die Folge von Locarno: die Kölner Zone wurde geräumt, die Besatzungstruppen in den anderen Zonen wurden vermindert. Deutschland trat in den Völkerbund ein und erhielt einen Sitz als ständiges Ratsmitglied. Weitere Entwicklungen sollten folgen. Stresemann bemühte sich bei seiner Unterredung mit Briand in Thoiry darum, die sofortige Räumung des gesamten Rheinlands zu erreichen; es entstand auch die Hoffnung auf Übernahme eines Kolonialmandats durch das Reich. Immerhin wurden die französischen Truppen aus dem Saarrevier zurückgezogen, es blieb nur ein Bahnschutz zurück; Deutschland erkannte auch in Genf das obligatorische Schiedsgericht für alle Rechtsstreitigkeiten an. So fügte sich das Deutsche Reich, dessen Präsident Hindenburg hieß, mit offenbarer Loyalität in die westeuropäisch-amerikanische Welt der Rechtsidee und der Vertragsgläubigkeit ein. Konnte nicht noch mehr geschehen? Konnte sich Deutschland nicht auch der antibolschewistischen Front der britischen Weltpolitik anschließen? Stresemann, dauernd vom britischen Botschafter Lord d'Abernon beraten, hätte das doch nicht wagen können. Feindschaft gegen Rußland bedeutete Freundschaft mit Polen, Freundschaft mit Polen bedeutete Anerkennung der deutschen Ostgrenze; ein Ostpakt mit Polen in der Art der Locarno-Verträge mußte von Stresemann abgelehnt werden. Ein solcher Pakt hätte ihm persönlich nicht nur das Schicksal Erzbergers und Rathenaus bereitet – er hätte die Erstarkung des Reiches von der innenpolitischen Seite aufs neue gefährdet. So schloß denn Stresemann den deutsch-russischen Freundschaftsvertrag vom 24. April 1926; gegenseitige Neutralität war zugesichert im Falle eines Angriffs von dritter Seite, auch an einem wirtschaftlichen und finanziellen Boykott sollte keine der beiden Mächte teilnehmen dürfen. Die Partner des Locarno-Vertrages wurden von dieser Verabredung unterrichtet. Sie leitete eine erneute Periode deutsch-russischer Zusammenarbeit ein, in Fortsetzung der Rapallo-Politik. Industriell, organisatorisch, rüstungstechnisch hatten sich die beiden Mächte genug zu geben. Der Botschafter Graf Brockdorff-Rantzau († 1928) trug wesentlich zu dieser Annäherung bei. Die heimliche deutsche Aufrüstung erhielt von Rußland allerhand Förderung, wofür sich die deutsche Heeresleitung erkenntlich zu zeigen wußte. Alte preußisch-russische Sympathien wachten wieder auf, der gemeinsame Gegensatz zur westlichen Kultur prägte sich durch. Der Stalinismus erleichterte solche Entwicklungen, denn der Gedanke der Weltrevolution trat nun zurück, die Aufgaben des inneren

Aufbaues, bald im ersten Fünfjahresplan sichtbar zusammengefaßt, drängten vor, und deutsche planwirtschaftliche Ideen konnten behilflich sein. So wandelte sich die Weimarer Republik zur Republik des Herrn von Hindenburg. Der mythische Name eines überzeugten Monarchisten deckte viel zu, die Gegensätze schliffen sich ab, die Staatsform erhielt sich, die ganzen Verhältnisse erhielten einen festeren, zuverlässigen, obrigkeitstreuen Charakter. Der Aufschwung, die Gesundung Deutschlands war eine Tatsache – sie erfüllte besonders Frankreich mit Sorgen. Stresemanns Politik machte manche argwöhnisch, sie erschien unklar, vielleicht doppelzüngig. In Wahrheit klammerte sich der alte Opportunist Gustav Stresemann mit seinen ermattenden körperlichen Kräften an diese Völkerbundspolitik Deutschlands – sie wurde für ihn sein letzter ehrlichster Glaube. Denn was gab es sonst? Was konnte bestenfalls aus der Annäherung an Italien, aus der Freundschaft mit Sowjetrußland herauskommen? Stresemann erwartete nichts Gutes von einem neuen Kriege. Die Republik des Herrn von Hindenburg wollte amtlich den Frieden, aber sie mußte, je stärker sie nun wurde, desto lebhafter die Revision des Friedensvertrages, die Schlußregelung der Reparationen, die Streichung untragbarer oder unausführbarer Friedensbedingungen erstreben, wie sie ja im Versailler Vertrage selbst vorgesehen war.

Die Fürstenabfindung

Zwei Ereignisse zeigten, wie sehr sich die Rechtsrichtung in Deutschland praktisch durchsetzte. Ungeregelt war noch die Frage der Fürstenabfindung. Die Sozialisten und Kommunisten verlangten die entschädigungslose Enteignung der Fürstenhäuser. Viele ehrliche Republikaner wollten nicht so weit gehen, fanden aber die Beschlagnahme des größten Teiles des fürstlichen Besitzes notwendig im Interesse der Erhaltung der republikanischen Staatsform und ihrer weiteren Befestigung. Dagegen erhob sich nun eine Welle der Entrüstung von rechts – die Rechtsordnung, das Privateigentum schienen diesen Kreisen durch eine solche Maßnahme in Frage gestellt zu sein. In Wahrheit handelte es sich gar nicht um ein juristisches oder um ein wirtschaftlich-soziales Problem, sondern um eine verhältnismäßig einfache, aber hochwichtige politische Frage. Die Fürstenhäuser und ihr Anhang waren grundsätzliche Gegner der Republik; die Republik mußte ihnen im Interesse des deutschen Ansehens und in Würdigung alter großer Leistungen eine auskömmliche Lebensmöglichkeit sichern – aber es konnte nicht von der Republik erwartet werden, daß sie ihren Todfeinden die Mittel in die Hand gab, das Dasein der neuen Staatsform zu untergraben. Es war versäumt worden, in den Anfangszeiten der Republik die notwendigen Schritte auf dem Verordnungswege zu tun – jetzt war es zu spät. Ein Volksbegehren und ein Volksentscheid verpufften, eine Entscheidung mußte hinausgeschoben werden. Die Fürstenhäuser hatten als Latifundienbesitzer, als Teilhaber von Krupp und anderen schwerindustriellen Unternehmungen nur unerheblich unter der Inflation gelitten. So waren sie in

der Lage, die Feinde der Weimarer Republik auch weiter und immer wirksamer zu unterstützen. Dies kam den Deutschnationalen zugute, bald aber auch dem Nationalsozialismus.

Der Flaggenstreit

Der Flaggenstreit war eine der merkwürdigsten und beklagenswertesten Bürden der Weimarer Republik. Nach der Verfassung waren die Reichsfarben Schwarz-Rot-Gold. Der alte Dreifarb der deutschen Freiheits- und Einheitsbewegung, die Fahne des demokratischen Großdeutschtums war damit wieder zu amtlichen Ehren gekommen. Die antidemokratischen Parteien hatten aber durchgesetzt, daß die Handelsflagge Schwarz-Weiß-Rot bleiben sollte, freilich mit den Reichsfarben rechts obereck gesetzt. Dies hieß volkstümlich, aber marinetechnisch falsch, die schwarz-rot-goldene Gösch. Die Reichsfarben, so wurde gesagt, waren auf hoher See schlecht sichtbar! Es gab noch andere Gründe, die ebensowenig stichhaltig waren – die eigentliche Ursache war ja offenbar der Widerwille der Rechtskreise gegen Schwarz-Rot-Gold, das nun einmal volkstümlich, revolutionär, süd- und westdeutsch wirkte. Da brachte im Mai 1926 der Reichskanzler Hans Luther eine Verordnung des Reichspräsidenten zustande, wonach die amtlichen Stellen an überseeischen Hafenplätzen außer den Reichsfarben auch diese Handelsflagge führen sollten. Bedurften die Reichsfarben wirklich einer Art Ergänzung und Abmilderung? Konnte sich das Farbensymbol des alten guten Kerndeutschland nicht sehen lassen ohne diese kolonialdeutsche Stütze? Das angeordnete Verfahren war gleich unhaltbar vom völkerrechtlichen Standpunkte wie vom Standpunkte des politischen Taktes. Luther war ein derber Verwaltungsmann ohne höhere staatsmännische Begabung, der Typus des erfolgreichen Oberbürgermeisters, der die Imponderabilien nicht beachtete, weil er sie eben gar nicht merkte. Er stürzte über dem Flaggenstreit, um recht bald Botschafter in den Vereinigten Staaten zu werden. Hatte er nun gerade dafür den Befähigungsnachweis erbracht? Luthers Flaggenverordnung blieb bestehen, was widersinnig genug war. Die Republik des Herrn von Hindenburg wurde mehr und mehr schwarz-weiß-rot. Schwarz-Rot-Gold begann als unfein zu gelten, es schmeckte nach Gasse und Gosse, es wirkte westlich, demokratisch – und jüdisch!

Die Angst vor dem zunehmenden Einfluß der Rechtsoppositon kam bei den Reichstagswahlen von 1928 zum Ausdruck. Noch einmal errang die Sozialdemokratie Erfolge und übernahm die Kabinettsbildung. Hermann Müller, zum zweiten Male Reichskanzler, war ein anständiger, diskreter Mann, ein praktischer Kaufmann, der zu verhandeln wußte, aber eine Persönlichkeit ohne Farbe und Schwung, außerdem durch inneres Leiden gehemmt – im ganzen doch durchaus unzulänglich. Auffällig ist ja überhaupt bei den Weimarer Parteien dieser Mangel an energischen Figuren. Einer der besten war der Demokratenführer Erich Koch-Weser, ein scharfsinniger und schlagfertiger Jurist, dem immer ein Witz und ein Ausweg einfiel. Bei dem fortgesetzten Niedergang seiner Partei konnte er sich freilich immer weniger durchsetzen. Hätte er sich mehr um den Nachwuchs gekümmert, wäre vielleicht manches besser gelaufen. Bezeichnend für die Verwirrung der deutschen Parteiverhältnisse war der ansehnliche Erfolg der sogenannten Wirtschaftspartei, der Reichspartei des deutschen Mittelstandes, die aus den örtlichen Haus- und Grundbesitzervereinen hervorgegangen war. Diese Partei vertrat die Interessen der durch die Inflation gut durchgekommenen Gruppen der mittleren Volksschicht. Gegen die sozialistisch gefärbten Konsumgenossenschaften verbündete sie sich mit dem Handwerk und dem Kleinhandel. Die Wirtschaftspartei wollte nichts zu tun haben mit großen politischen Fragen, sie bekämpfte die staatliche Einmischung in die Individualrechte und war bereit, jede Regierung zu unterstützen, die ihr in dieser Richtung etwas versprach. Sie zog viele Mißvergnügte an und arbeitete erfolgreich mit dem Inflationsschreck »Gevatter Schneider und Handschuhmacher« liefen der Wirtschaftspartei nach, alle Weimarer Parteien verloren viel an diese neue Form der Reaktion.

Kellogg-Pakt und Young-Plan

Der Rückschlag gegen die Nachkriegsblüte der Weltwirtschaft setzte ein in den Vereinigten Staaten und machte sich im Frühjahr 1929 zuerst in Deutschland bemerkbar. Das Reich hatte Kassenschwierigkeiten, es mußte bei den Großbanken um Kredit nachsuchen, es versuchte eine Anleihe. Die Bedingungen waren verlockend, der Erfolg blieb gering. Nord- und Nordostdeutschland, überwiegend das Roggengebiet der mäßigen Böden, gerieten in eine schwere Agrarkrise. Die Bauern und insbesondere die Junker konnten nicht mehr mit Profit ausführen. Leutenot, Lohnschwierigkeiten und Verschuldung nahmen unheimlich zu, die Verbrauchsindustrie spürte die Folgen. Gefährliche Verwundbarkeit zeigte das Bankwesen. Geldverknappung, Produktionsschwund nach Überproduktion, Absinken der Löhne, Arbeitslosigkeit, Schleuderexport kennzeichneten die schwere Krise, von der kein europäisches Land verschont blieb. Deutschland befand sich außenpolitisch in gutem Verhältnis mit allen großen Staaten, es nahm an den Verhandlungen über die Kriegsverzichtverträge ebenbürtig teil. Das Ergebnis war der Pariser Pakt von 1928, der seinen geschichtlichen Namen nicht von seinem Anreger, dem Präsidenten N. Murray Butler, sondern von dem nordamerikanischen Staatssekretär Kellog trägt. Die Gesamtstimmung schien also für eine endgültige Regelung der Reparationsfrage nicht ungünstig – Deutschland hatte angesichts der einsetzenden internationalen Krise ein besonderes Interesse daran. Die wirtschaftliche Spannung machte aber gerade die Gegenseite anspruchsvoller und empfindlicher. Eine neue Sachverständigenkommission unter dem Vorsitz des Amerikaners Owen Young legte im Juni 1929 den nach ihm genannten neuen Plan vor. Deutschland machte den vergeblichen Versuch, zusammen mit der Reparationsregelung eine Verbesserung seiner Lage auf anderen Gebieten zu erreichen; es regte die Beseitigung des polnischen Korridors, eine Grenzrevision in Oberschlesien und die Rückgabe der ehemaligen deutschen Kolonien an – auch im Interesse der Verbesserung seiner wirtschaftlichen Leistungsfähigkeit. Die Gegenseite ließ sich aber auf keinerlei politische Probleme ein, sie bestand auf dem Reparationsschein; sogar England zeigte diesmal im Gegensatz zu früher eine steifere Haltung; die eigenen Wirtschaftssorgen und die der regierenden Labour Party gewidmete scharfe innenpolitische Kritik veranlaßten die englischen Vertreter, genau darauf zu sehen, daß Großbritannien bei der Reparationsverteilung nicht zu kurz kam. Dies wirkte aber nun wieder verbit-

ternd in Deutschland und stärkte dort die englandfeindliche Stimmung der Rechtsopposition. Das Ergebnis für Deutschland war, gemessen an früheren Reparationsforderungen, günstig, bedeutete aber angesichts der Wirtschaftskrise doch eine schwere Last. Beseitigt war jede fremde Kontrolle und die Belastung von Reichsbahn und Industrie. Neu war die Verkoppelung der Reparationen mit der Schuldverpflichtung der Alliierten an die Vereinigten Staaten sowie die sogenannte Kommerzialisierung, das heißt das Angebot der Schuldtitel an private Gläubiger auf dem offenen Geldmarkt. Neunundfünfzig Jahre lang sollten langsam ansteigende, nach fünfundzwanzig Jahren sinkende Zahlungen geleistet werden. Eine »Bank für internationale Zahlungen«, in die beide Parteien Betriebskapital einzahlten, hatte die Leistungen zu regeln, sie übernahm die letzten einundzwanzig Zahlungen aus ihren Reservefonds. Eine Revisionsklausel setzte Deutschland in die Lage, im Hinblick auf die Gefährdung seiner Währung und seiner Wirtschaft teilweisen Zahlungsaufschub zu beantragen. Auf deutscher Seite hatte die Hauptlast der Verhandlungen der Reichsbankpräsident Hjalmar Schacht geführt. Seit vielen Jahren beeinflußte er das deutsche Wirtschaftsleben in entscheidender Weise: eine energische, eigenwillige, charakterlich strittige Persönlichkeit, aber ein Zauberkünstler in allen finanztechnischen Dingen, niemals verlegen um einen Kniff oder Seitensprung, ein Goldmacher und Kreditjongleur von verblüffender Sicherheit und unerschöpflicher Phantasie. Schachts findiger Geist hat den Young-Plan niemals ernst genommen. Für ihn war diese erzwungene Regelung der Reparationen nur der wahre Anfang ihres Endes, und er hat alles getan, um aus den Zahlungen tückische Scheinmanöver zu machen, die dem Empfänger das Vergnügen daran gründlich verdarben. Die Rechtsopposition bemächtigte sich der Reparationssache und stellte die Reichsregierung als den Tölpel hin, der sich immer wieder auf solche Bauernfängerei einließ. Schacht wurde 1930 wegen seiner Unverträglichkeit und Herrschsucht vom Reichsbankpräsidium entfernt. Er lieferte jetzt gerne Material für jeden Angriff und erschien selbst in der Öffentlichkeit mit bitterster Kritik, wobei er seine eigene Verantwortlichkeit geschickt zurücktreten ließ. Hitler hat den ehrgeizigen Mann wieder in das ersehnte Amt eingesetzt, und der alte geriebene Tausendsassa stützte nun geraume Zeit die Tricks der Nationalsozialisten.
Die Reichstagswahlen von 1930 brachten dem Nationalsozialismus einen überwältigenden Erfolg. Vorher konnte man ihn noch als eine Art Sekte ansehen. Jetzt mußte ihn jeder als eine politische Macht anerkennen. Die dritte Periode im Leben der Weimarer Republik begann. Es war die Zeit der Zersetzung.

Der Spätsommer der deutschen Kultur

Niemals ist in Deutschland so leidenschaftlich Theater gespielt, so inbrünstig musiziert worden wie in dieser Nachkriegszeit, die sich jetzt in eine neue Vorkriegszeit verwandelte. Neben Gerhart Hauptmanns rastlose Schaffensfreude stellten sich nun die Jüngeren, denen Krieg und Revolution zum aufrüttelnden Erlebnis geworden wa-

Fagus-Werke in Alsfeld, entworfen von Walter Gropius, einem der führenden Männer des Bauhauses

ren – Georg Kaiser, Ernst Toller, René Schickele, Fritz v. Unruh, Bert Brecht. Thomas Mann beschenkte seine Zeitgenossen mit der tiefsinnigen Deutung ihres Schicksals, die ein Trost und ein Ansporn zugleich war: mit dem »Zauberberg«. Es gab daneben viel gute und mittelgute Romandichtung – Agnes Günther, Franz Werfel, Arnold Zweig, Hans Grimm, Hermann Stehr sind die besten. Die lyrische Begabung der Kriegs- und Nachkriegsgeneration war wundervoll reich. Rainer Maria Rilke fand weiter Schüler und Nachahmer, aber auch der kunstlosere, harmlos innige Volkston wurde gepflegt, von Gustav Falke vor allem, entsprechend dem Sinn und Geschmack der Jugendbewegung, deren Bestes ihr Kampf um die Reinheit und Natürlichkeit in Schöpfung und Lebensführung blieb. Die Zahl der Klüngel und Sekten in der bildenden Kunst war Legion. Von der Berliner Sturm-Gruppe an bildeten sich immer neue Kreise, angeregt und zum Wettkampf herausgefordert durch die ausländischen Richtungen. Die politische Erregung, die wirtschaftliche Umschichtung dieser Jahre prägte sich aus in allerlei verwegenen Erzeugnissen, die begabt und kraftvoll dem guten Bürger den Atem verschlugen, zur lebhaften Freude ihrer Urheber. Das Dessauer Bauhaus tat vielleicht das Beste zur Reinigung der Form, zur Veredelung der Verhältnisse, zur Klarheit und Würde des Ausdrucks, zur Unbeirrbarkeit einer ernsthaften künstlerischen Gesinnung. Die atonale Richtung in der Musik vollzog den Bruch mit der Vergangenheit wohl am gründlichsten. Die Tapferkeit, mit der die Deutschen in einer Zeit der Niederlage und Umwälzung, inmitten von Demütigung und Verarmung, ihre unsterblichen Erbgüter zu behaupten und zu entwickeln wußten, erweckte das Erstaunen, ja die Bewunderung aller sachverständigen Beobachter. Die Weimarer Republik betonte die Verbindung mit Goethe und Beethoven, mit Dürer und Veit Stoß. Sie wußte die Großen der Vergangenheit würdig zu feiern; ihre Schulen waren kulturbewußt wie noch nie vorher in Deutschland; die Universitäten erfuhren reichliche Förderung. Die Notgemeinschaft der Deutschen Wissenschaft faßte alle älteren Gründungen zusammen und half der deutschen geistigen Arbeit in vorbildlicher Weise. Die Tätigkeit der preußischen Kultusminister Schmidt-Ott und Carl Heinrich Becker soll unvergessen bleiben. Die Erforschung der Ursachen und der Folgen des Krieges, seiner militärischen und wirtschaftlichen Lehren beschäftigte Dutzende von Sachverständigen. Die Veröffentlichung der wichtigsten Akten zur Außenpolitik seit der Reichsgründung gab der geschichtlichen Forschung einen ungeheuren Stoff, einen bedeutenden geistigen Antrieb, sie rief ähnliche Unternehmungen auf den Nachbargebieten ins Leben. Albert Einsteins Relativitätstheorie, Plancks Quantentheorie zeigten, wie sich die schöpferische deutsche Naturwissenschaft an der führenden Stelle zu behaupten wußte. Die Deutung der Welt und der Zeit, die Bemühung um die Erkenntnis ihres innersten Sinnes, ihrer wahren Umstände und Entwicklungsbedingungen rief immer neue eigenartige Versuche philosophisch-soziologischen Charakters hervor; die Schule Max Webers in Heidelberg überraschte durch die Feinheit und die Kraft ihrer Verdolmetschung. Umstritten, aber bedeutungsvoll durch die gespendete Erweckung, griff Oswald Spengler den Zeitgenossen in die Seele durch sein mystisch-chiliastisches Epos vom »Untergang des Abendlandes«. Stand das Abendland wirklich vor dem Ende? Konnte Deutschland nicht seine Erhaltung bewirken durch die Zusammenarbeit mit den großen Kulturnationen, seinen Nachbarn? Konnte sich nicht eine wirklich fruchtbare geistige, neuhumanistische Friedens- und Kulturgemeinschaft bilden? Viele gute Deutsche glaubten daran und wirkten dafür. Es war vergebens. Der Glanz und die Farbenfülle des weimarischen Kulturdeutschland war eine Täuschung des Spätherbstes. Ob sich der Untergang des Abendlandes vorbereitete, konnte bezweifelt werden. Ein anderer Untergang stand aber bevor. Dies merkten nur wenige. Das alte gute Deutschland ging unter. Die Zeit des Nationalsozialismus brach herein.

XX. Der Nationalsozialismus

Der Nationalsozialismus als politische Macht – Er trennt Deutschland von neuem von der Idee des europäisch-amerikanischen Rechtsstaates – Der Nationalsozialismus als Weltbewegung und Weltschicksal – Trotz viel älteren Gedankenguts wirkt die Idee des Nationalsozialismus neu, reaktionär und umstürzlerisch zugleich – Der politische Mensch von heute kann nur für oder gegen den Nationalsozialismus sein – Jeder Kompromiß vernichtet den Kompromißler – Zersetzung der Deutschnationalen Partei – Die Frage der Restauration der Monarchie – Alfred Hugenberg – Stellung der Reichswehr – Reichskanzler Heinrich Brüning – Österreichs Dasein als Zwergrepublik – Die Zollunion mit dem Deutschen Reiche – Gründe des Scheiterns – Hindenburgs Wiederwahl – Die Harzburger Front – Die Eiserne Front – Die Diktatur des Herrn von Papen – Das Ende der Reparationen in Lausanne – Die zwei Reichstagswahlen – General von Schleichers Rettungsversuch. Der Umbruch – Adolf Hitler – Die Geschichte seiner Unterschätzung – Vergleich mit früheren deutschen Führern – Der Meisterdemagoge – Die vier geistigen Elemente des Nationalsozialismus – Der Antiliberalismus – Möller van den Bruck – Der Anti-Christianismus. Das Neuheidentum – Stellung der Kirchen – Die Bekenntniskirche – Martin Niemöller – Der Antisemitismus – Die Konzentrationslager – Heinrich Himmler – Der Vernichtungsfeldzug gegen das europäische Judentum – Der Anti-Marxismus – Die wirtschaftliche und technische Kriegsvorbereitung – Der Vierjahresplan – Die vier innenpolitischen Erfolge des Nationalsozialismus – Die Kulturzerstörung – Zusammenbruch der Jugendbewegung – Propaganda – Joseph Goebbels – Die Überwindung des Partikularismus und Dualismus – Göring als Stammhalter des Preußentums – Das Sondertum der Gaue – Die Abwandlung des Universalismus – Die militärische Revancheidee – Der Gegner Frankreich – Der Generalstab – Joachim von Ribbentrop – Die antibolschewistische Kreuzzugsidee – Der Gegner Rußland – Alfred Rosenberg – Die Schule Seeckts – Der revolutionäre Weltimperialismus – Großbritannien und die Vereinigten Staaten als Gegner – Deutschlands Bundesgenossen – Der Sinn des erneuten Krieges – Die Mitteleuropaidee – Das heilige Reich – Das Reich Karls des Großen und Napoleons – Die Weltherrschaftsidee – Der Nationalsozialismus als Krise Deutschlands und seiner Geschichte – Der Nationalsozialismus mußte zugrunde gehen – Wird Deutschland zugrunde gehen?

Der Nationalsozialismus als politische Macht

Die Reichstagswahlen vom September 1930 brachten den Nationalsozialisten 107 Sitze. Sie waren mit einem Schlage die zweitstärkste Partei geworden. Die Bewegung hatte während der Locarno-Zeit abgenommen, sie setzte dann von neuem ein: von Bayern griff sie über nach Schwaben und Franken, von dort nach Thüringen und Hessen, weiter nach der Nordseeküste und Berlin. Die Weltwirtschaftskrise, der Kampf um den Young-Plan gaben ihr einen mächtigen Auftrieb. Was von dieser Partei zu erwarten war, zeigte deutlich das sogenannte »Freiheitsgesetz«, das 1929 durch den Reichsausschuß für das deutsche Volksbegehren zur Volksabstimmung gebracht wurde. Es forderte das sofortige Aufhören der Reparationszahlungen und die strafrechtliche Verfolgung der Minister, die den Young-Plan zu verantworten hatten. Das Volksbegehren scheiterte, aber der Wahlerfolg des Nationalsozialismus bewies die Bedeutung dieser Angriffe für die weitere Entwicklung. Der zunehmende Druck des Nationalsozialismus wurde der mehr und mehr entscheidende Faktor der deutschen Politik. Die Verlegenheit der anderen Parteien war groß. Verzweifelt war die Demokratische Partei ein Wahlbündnis mit dem Jungdeutschen Orden eingegangen, betonte also plötzlich ihr volkstümlich-bündisches Interessengebiet – das Ergebnis war bescheiden, der Schwund war nicht aufzuhalten, die angesichts des Bankrotts vollzogene Firmenänderung in »Deutsche Staatspartei« machte die Lage schlimmer statt besser. Die Deutsche Volkspartei verlor durch den Tod Stresemanns im Oktober 1929 ihren volkstümlichen Führer; der schwerkranke Mann hatte sich in der letzten Zeit nur mit Mühe gegenüber seinen zahlreichen Gegnern behauptet. Die Wähler aber vermißten einen gleichwertigen Ersatz. Der rechte Flügel der Partei, die großindustrielle Gruppe, verlor sowieso mehr und mehr die Freude an ihr. Die Stunde der Deutschnationalen war gekommen. Ihr Führer Alfred Hugenberg beharrte aber starrköpfig auf seinem Standpunkt, daß er nichts zur Aufrechterhaltung der Republik tun wollte, und wenn es selbst die Republik des Herrn von Hindenburg war. Hugenberg mußte sich im eigenen Lager die schärfste Kritik gefallen lassen. Die allgemeine Zersetzung ergriff auch die Deutschnationalen. Zuerst spalteten sich die Volkskonservativen unter Gottfried Treviranus ab, der, ein ehemaliger Seeoffizier, durch seine frische, saubere Art viel persönliche Anhängerschaft gewann. Dann machten sich die früheren Christlich-Sozialen selbständig unter dem wunderlichen Namen »Christlich-Sozialer Volksdienst«. Später bildete sich noch eine Konservative Volkspartei und eine Christlich-Nationale Bauern- und Landvolkpartei. Alfred Hugenbergs schwerindustrielle Gruppe sah sich also verlassen von den bündischen Jungkonservativen, von den konservativen Antisemiten, von den Feudalen und von den Agrariern. Es blieb ein kleiner, aber immer noch mächtiger antisozialistischer und antirepublikanischer Block übrig, der alle Verständigungsvorschläge ablehnte. Hugenberg zog die Zusammenarbeit mit dem Nationalsozialismus jeder anderen Verbindung vor, denn es kam ihm darauf an, die Weimarer Republik, die Gewerkschaften und den Parlamentarismus zu zerstören. Die Bündischen unter Treviranus erfreuten sich eines besonders kräftigen Rückhalts in dem sogenannten Stahlhelm, einem Frontkriegerverein, der 1918 als Heimatschutzverband gebildet worden war. 1924 entstand als Gegengründung das Reichsbanner Schwarz-Rot-Gold, ein Bund aller Kriegsteilnehmer, die sich zur Weimarer Republik bekannten. Der schwarz-weiß-rote Stahlhelm hielt bei der zunehmenden Verwirrung im deutschnationalen Lager den Gedanken der kameradschaftlichen Zusammenarbeit erfolgreich hoch, für eine Zukunft, die nach der Überzeugung seiner Führer alle wehrhaften antidemokratischen Kräfte nötig haben würde. Das Reichsbanner tat viel, um die Gemeinschaft zwischen bürgerlicher und sozialistischer Demokratie zu vertiefen. Nur der linke, gewerkschaftlich betonte Zentrumsflügel machte aber mit.

Brüning und die Rechtsopposition

Wie sollte das Reich nun weiter regiert werden? Der Reichspräsident betraute den Vorsitzenden des Zentrums, Heinrich Brüning, mit der Kabinettsbildung. Brüning war ein westfälischer Katholik, hochgebildet, sprachkundig, erfüllt von der niedersächsischen Überlieferung des germanisch-freiheitlichen Rechtsstaates, also das, was man früher in Deutschland einen Konservativ-Liberalen nannte: beinahe ein Gelehrter, mit mönchisch-irenischen Zügen, in Ausdruck und Haltung geformt von priesterlicher Weisheit – so hatte er seinen Weg als der Budgetsachverständige seiner Partei gemacht, ruhig, nüchtern, kritisch, vollkommen sachlich, bewußt der ungemütlichen Verantwortung, die lebenswichtige Finanzfragen auferlegen. Dabei war er ein tapferer, mehrfach ausgezeichneter Frontoffizier, der sich jeder Aufgabe mit uneingeschränktem Einsatz seiner Person zu widmen pflegte – in dem greisen Reichspräsidenten von Hindenburg verehrte Brüning immer, und vielleicht zu sehr, den Feldmarschall des Weltkrieges. Brünings Kabinett besaß nur eine schmale parlamentarische Grundlage – eine Regierung der Kleinen Koalition begann, das Zentrum verbündete sich mit allen bürgerlichen Nachbarparteien und hoffte auf die Duldung seitens der nichtbeteiligten Deutschnationalen. So wandelte sich die Republik des Herrn von Hindenburg um in eine verschämte Dauerdiktatur. Der berühmte Artikel 48 der Weimarer Verfassung erfuhr eine sehr weitherzige Auslegung. Gab es keine andere Lösung? Noch war die Sozialdemokratie die stärkste Partei, noch regierte sie im größten Lande Preußen. Man könnte sich eine staatsmännische Persönlichkeit der Linken vorstellen, die von Preußen aus das Reich in die Hand genommen und die Republik gerettet haben würde. Drei Momente schlossen aber eine solche Entwicklung praktisch aus. Das erste lag in der Unversöhnlichkeit zwischen Sozialdemokraten und Kommunisten. 1929 löste der preußische Minister Severing den Roten Frontkämpferbund auf. Keinen bürgerlichen Staatsmann haben die Kommunisten so gehaßt wie diesen Genossen. Weder die Kommunisten noch die Sozialdemokraten waren allein stark genug für eine neue Revolution. Ihre Trennung, ihre Todfeindschaft war die stärkste Trumpfkarte der Rechtsopposition. Das zweite Moment, das eine Rettung der Republik von links verhinderte, lag in der Stellung des Reichspräsidenten. Je älter und gebrechlicher Hindenburg wurde, desto einflußreicher zeigte sich seine Umgebung. Sein Sohn Oskar arbeitete als seine rechte Hand, was natürlich genug war; Oskars Regimentskameraden, seine Familien- und Standesinteressen schalteten sich aber in den Betrieb der Reichskanzlei ein. Hindenburg war zeitlebens wie Caprivi ein »Mann ohne Ar und Halm« gewesen; sein Lebensstil war der des pflichtgetreuen, arbeitsfreudigen, altpreußischen Offiziers, ohne Bildungs- oder Vermögensinteressen. Nun schenkte dem Reichspräsidenten der preußische Staat auf Betreiben seiner Verehrer 1927 das alte Hindenburgische Familiengut Neudeck, dazu 1933 die Domäne Neudeck und den Preußenwald nebst außergewöhnlichen Steuerprivilegien. Der greise Feldmarschall sah sich am Lebensende als Großgrundbesitzer in Ostpreußen, umgeben von einer feudal-agrarischen Nachbarschaft, unwillkürlich hineingezogen in diesen Anschauungs- und Interessenkreis. Dies war das Meisterstück der altpreußischen Junkerklasse – sie annektierte den Reichspräsidenten. Ostpreußen war niemals von der schwarz-

Die Helfer der Reaktion

rot-goldenen Republik geistig erfaßt worden, die geschichtlichen Voraussetzungen fehlten ja hier durchaus, die geographische Abtrennung durch den polnischen Korridor tat ein übriges. Keine Provinz führte ein so abgeschlossenes, autarkes, sich selbst genügendes Leben wie Ostpreußen, es war fast ein Kleinstaat wie die baltischen Randstaaten, eine Art abgelegene Kolonie. Dort also fand Hindenburg seinen Altershafen, hier wurzelte er sich in seiner zähen und lebensgierigen Art richtig ein. Er liebte die Herrschaft und wollte wie einst Bismarck in den Sielen sterben. Vielleicht wäre die Wiederherstellung der Monarchie in diesen Jahren möglich gewesen. Wenn darüber gesprochen wurde im Zimmer des Reichspräsidenten, und es scheint mehrmals geschehen zu sein – dann äußerte aber Hindenburg die schwersten Bedenken. Er hatte der Republik den Eid geschworen – warum sollte er ihn nicht halten? War er, der gewählte Reichspräsident, doch offenbar volkstümlicher als irgendein fürstlicher Kan-

Reichspräsident von Hindenburg und sein Sohn Oskar schreiten eine Ehrenkompanie ab

didat! Eine Rückkehr des Kaisers Wilhelm II. auf den Thron wurde von der Generalität einmütig abgelehnt. Den ehemaligen Kaiser aber zu umgehen, um den wenig beliebten Kronprinzen einzusetzen, widersprach allen legitimistischen Instinkten. Und die übrigen Bundesfürsten? Sollte man sich für die Volksmonarchie entscheiden, also durch eine neue demokratische Form die revolutionären Voraussetzungen anerkennen – oder sollte man sich an eine Restauration auf Grund des historischen Rechtes wagen? Das dritte und letzte Moment, das eine Neuordnung von links unmöglich machte, lag in der Stellung der Reichswehr. Zwischen Oskar von Hindenburg und dem mächtigsten Mann des Reichswehrministeriums, General von Schleicher, bestand die feste Bindung der Kameradschaft vom dritten Garderegiment. Beide Männer waren sich in dem Hauptpunkte einig: die Reichswehr ließ sich nicht demokratisieren und einsetzen gegen die Rechtsopposition. Als der gut republikanisch und demokratisch gesinnte General Groener die bewaffneten Garden des Nationalsozialismus, die Schutzstaffeln und Sturmabteilungen (SS und SA), auf Grund ihrer notorischen Staatsgefährlichkeit auflöste, waren seine Ministertage gezählt. Ein spätes Liebesverhältnis des verwitweten Mannes, das sehr bürgerlich mit Heirat und Kinderstube endigte, wurde von seinen Feinden zum Anlaß einer bitterbösen persönlichen Hetze genommen, er wurde beim Reichspräsidenten angeschwärzt und verschwand als wehrloses Opfer. Als er nach Jahren starb, verweigerte ihm das nationalsozialistische Regiment die militärischen Ehren am Grabe!

General von Schleicher wurde Groeners Nachfolger – ein taten- und intrigenfroher, in allen Ressortfehden hartgesottener Bürooffizier, der mit einigem Vergnügen die Rolle des Drahtziehers mit der des ersten Helden vertauschte.

Fast täglich fanden jetzt zwischen Nationalsozialisten und Kommunisten Schlägereien mit tödlichem Ausgange statt. Jahrelang lebte Deutschland im Zustand des latenten Bürgerkrieges. Die autoritäre Front der Agrarier und Schwerindustriellen, der Feudalen und Militaristen war mächtiger als irgendeine andere Gruppe, die von links her aufzubauen gewesen wäre. Diese Front, die Front der Reaktion durch das versöhnende Kommando, beanspruchte den Reichspräsidenten für sich. Sie gedachte auch mit dem Nationalsozialismus einig zu werden.

Inzwischen bemühte sich Reichskanzler Brüning redlich um die Rettung des Reiches nach den korrekten Methoden der Deflation. Es sah böse aus und wurde von Monat zu Monat schlimmer. Konkurse und Zwangsvollstreckungen jagten sich. Eine Notverordnung folgte der andern. Die Gehälter wurden verkürzt, neue Steuern eingeführt. Die Arbeitslosigkeit konnte man so nicht bekämpfen. Eine Entspannung hätte außenpolitisch stattfinden müssen durch die vor Ablauf der Frist vollzogene Räumung der letzten besetzten Rheinlandzone (30. Juni 1930). Bei der maßlosen Verschärfung der nationalsozialistischen Kritik genügte ein solcher Erfolg schon gar nicht mehr. Stresemanns Nachfolger, der volksparteiliche Außenminister Julius Curtius, unternahm nun einen Versuch, die Stellung des Reiches in Mitteleuropa zu verstärken. Curtius war ein Mann von feinerer, aber auch mehr zerbrechlicher Art wie Stresemann, ein gescheiter Jurist, ein geschliffener Weltmann, jedoch durch Angriffe leicht gestört und mehr zum Ausweichen als zum Durchkämpfen veranlagt. Ein Gelingen seines Planes mußte die Stellung des Kabinetts Brüning gegenüber der Rechtsopposition entscheidend kräftigen.

Österreich. Die Zollunion mit dem Reich

Die kleine Republik Österreich hatte sich in einem schweren Kampfe um unabhängige Daseinsmöglichkeiten während der Nachkriegsjahre immer gerade noch behauptet. Der Streit um das Burgenland vergiftete das Verhältnis zu Ungarn, dessen nachbarliche Hilfe schon wirtschaftlich nicht zu entbehren war. Die Zerschneidung Tirols, das Leid der Südtiroler deutschen Bauern im Ober-Etschgebiet ließ lange kein Vertrauensverhältnis zu dem angeschwollenen faschistischen Italien aufkommen. Gespannt

blieben die Beziehungen zur Tschechoslowakei, die mit bevormundendem Mißtrauen die Möglichkeit einer Restauration der Habsburger verfolgte. Nur durch die Hilfe des Völkerbundes hatte es die Republik Österreich erreicht, ihre Wirtschaft einigermaßen in Ordnung zu bringen. Die Genfer Sachverständigen vollbrachten eines ihrer besten Werke, Österreich blieb freilich dauernd auf das Wohlwollen der westmächtlichen Kreditgeber angewiesen. Eine Reihe von tüchtigen Staatsmännern rang um Österreichs unabhängige Zukunft. Ignaz Seipel, der Kanzler im Rocke des Prälaten, Heinrich Schober, der gescheite Polizeibürokrat, der gediegene Landwirt und Kulturpolitiker Michael Hainisch, endlich der volkstümliche Märtyrer der Idee Österreich, der ebenso fromme wie ehrgeizige Engelbert Dollfuß – sie alle haben viel für ihr Land getan. Die Vergangenheit war groß, die Gegenwart mühselig, die Zukunft dunkel, man mußte schon so tapfer und so heiter sein, wie es nur ein Wiener sein kann, um den Mut nicht sinken zu lassen.
Die Verfassung der Republik Österreich mußte mehrfach umgebaut werden, der alte Gegensatz zwischen den antisemitischen und klerikalen Christlich-Sozialen einerseits und den Sozialdemokraten andererseits zerriß das Land. Den völkisch gefärbten Heimwehren trat der republikanische Schutzbund gegenüber. Die bürgerlichen Großdeutschen schrumpften unter dem Doppeldruck zusammen. Die Wiener Großstadtdemokratie verlor die Fühlung mit den Alpenländern. Der Anschluß an das Reich erschien einer steigenden Mehrheit als die beste Endlösung, unter der Voraussetzung freilich eines österreichischen Selbstbestimmungsrechtes mindestens im Ausmaße des bayerischen.
Der 1931 zwischen Reichsminister Curtius und Bundeskanzler Schober abgeschlossene Vertrag über die deutsch-österreichische Zollunion war als der erste Schritt zum wirtschaftlichen Anschluß gemeint; er hätte sich voraussichtlich günstig ausgewirkt, besonders für Österreich, seine innerstaatliche Selbständigkeit hätte sich infolge dieser Regelung eher verstärkt als abgeschwächt. Aber der Vertrag mußte unter dem Ansturm der westmächtlichen Kritik, besonders der französischen, aufgegeben werden. Der Haager Schiedshof bezeichnete ihn als rechtswidrig. Die Regierung Brüning litt schwer unter dieser Niederlage, die Rechtsopposition besaß jetzt eine neue schlagkräftige Waffe. Frankreich lähmte die österreichische Volkswirtschaft durch Zurückziehung seiner Kredite, die österreichische Kreditanstalt brach zusammen. Der Krach wirkte weiter in das Reich. Die Bremer Nordwolle (Besitz der Familie Lahusen) stellte ihre Zahlungen ein, die Darmstädter und Nationalbank schloß ihre Schalter. Die Ruhrkonzerne konnten sich nur durch staatliche Hilfe behaupten. Auch mehrere Großbanken mußten das Reich in Anspruch nehmen. Die meisten deutschen Firmen vermochten die ausländischen Kredite, die jetzt abgerufen wurden, nicht flüssig zu machen, man hatte zu große Summen hereingenommen, man hatte zu fest investiert. Der Zahlungsaustausch fror ein, die Reparationsleistungen waren eine technische Unmöglichkeit geworden. Im Reich und in den Ländern häuften sich die Notmaßnahmen, überall wurden Staatskommissare eingesetzt. Der amerikanische Präsident Herbert Hoover regte jetzt in einer bedeutsamen Botschaft die Einstellung aller Reparations- und Schuldenzahlungen auf ein Jahr an und stellte einen Kredit von 300 Millionen Dollar zur Verfügung. Die verantwortlichen europäischen Staatsmänner trafen sich zu persönlichen Besprechungen, die Franzosen erschienen in Berlin, die Deutschen in Paris. Das Stillhalteabkommen war das Ergebnis.

Hindenburgs Wiederwahl

Man fragt sich, ob nicht das Kabinett Brüning auf der deutsch-österreichischen Zollunion hätte beharren sollen, selbst auf die Gefahr einer internationalen Krise hin. Diese Politik hätte, so meint man, doch alle Parteien von den Sozialdemokraten bis zu den Deutschnationalen zu einem patriotischen Einheitsblock zusammenschweißen müssen. So einfach war aber die Lage nicht. Zwischen den Sozialdemokraten und den Deutschnationalen gab es keine Gemeinsamkeit, jetzt weniger als je vorher; der Versuch, die sozialdemokratische Regierung in Preußen durch ein Volksbegehren des Stahlhelms zu stürzen, sagte genug. Die Deutschnationalen empfanden immer weniger Gefallen an dem Kabinett Brüning. Die Harzburger Besprechungen im Herbst 1931 zeigten, wohin der Weg führte. Hitler und Alfred Hugenberg, der Schnapsfabrikant Seldte, der Führer des Stahlhelms, und Schacht bauten die sogenannte Harzburger Front auf zum Sturz der Regierung.

Die merkwürdigste Figur bei diesem Bunde war jener oft erwähnte Alfred Hugenberg, der Abkömmling einer der »hübschen« hannöverschen Beamtenfamilien. Er hatte im Staatsdienst seine Laufbahn begonnen, durch eine gute Heirat seine Beziehungen verbessert und sich bei Krupp als ein gerissener Organisator vielfach bewährt. Die Beziehungen zwischen Schwerindustrie und Presse waren sein Werk, es machte ihm ein persönliches Vergnügen, den alten, guten, großen Blättern in Deutschland einen neuen Typus entgegenzustellen, bei dem sich das Inseratengeschäft mit wendiger Nachrichtenmache raffiniert verband. Von der Presse sprang der unermüdliche Streber in die Politik, vermochte aber hier mit den Manieren des autokratischen Trust-Diktators nur Verwirrung anzurichten. Der Mann, der aus einer Art von größenwahnsinniger Unbelehrbarkeit die eigene Partei zersetzte und dem Henker Hitler preisgab, wird in der Geschichte als ein denkwürdiges Beispiel der Gattung der betrogenen Betrüger melancholisch fortleben.

Jetzt bildete das Reichsbanner mit den Freien Gewerkschaften und anderen republikanischen Verbänden die sogenannte »Eiserne Front«. Diese stellte ihre Schutzformation auf als Gegengewicht zu den nationalsozialistischen, deutschnationalen und kommunistischen bewaffneten Garden. Der Prätorianergeist nahm in Deutschland erschreckend zu. Viele treue Anhänger der Weimarer Republik wollten durchaus nicht kampflos dem doppelten Ansturm von rechts und links weichen, und es wäre, von einem höheren geschichtlichen Standpunkt aus beurteilt, sicher besser gewesen, man hätte gekämpft. Wenn man schon fallen muß, fällt man am besten mit der Waffe in der Hand – und Bürgerkrieg gab es ja schon sowieso. Verhängnisvoll blieb, daß die Republikaner überwiegend städtisch verwurzelt waren. Sie verstanden das flache Land zu wenig, seine Kräfte und Bedürfnisse bestimmten vielfach die antiweimarische Front.

Brüning bildete nun sein zweites Kabinett ohne Curtius, er übernahm selbst das Außenministerium. Neue Sparmaßnahmen erwiesen sich als nötig, die Beseitigung der Reparationen wurde vorbereitet. Die seit langem geforderte Reichsreform schien nun schon aus wirtschaftlichen Gründen überfällig zu sein. Es ging aber damit nicht voran, auch deshalb, weil der Nationalsozialismus sich gerade in den kleinen Ländern erfolg-

Warum Hindenburg?

Antworten aus allen Lagern

Oberbürgermeister Adenauer,
Präs. d. Preuß. Staatsrates Köln

Wir wählen Hindenburg als Vorbild eines jeden Deutschen in treuester Pflichterfüllung und selbstloser Liebe zum Vaterland.

Prof Dr. Friedrich Aereboe,
Geh. Regierungsrat Berlin

Weil er die beste Verkörperung eines einheitlichen Volkswillens nach innen und außen ist.

Ernst Robert Curtius,
Professor an der Universität Bonn

Weil er für Deutschland und für die Welt die höchste Verkörperung deutscher Ehre bedeutet.

Adolf Damaschke,
D. Dr. jur. et Dr. med. h. c. Berlin

Vor mir liegt ein Brief, der so lautet:

Chef des Generalstabs des Feldheeres. Gr. H.-Qu., den 16. 12. 17.

Sehr geehrter Herr Damaschke!

Das Vaterland soll jedem, der von ehrlicher Arbeit leben will, dazu verhelfen, ein vor Wucherhänden geschütztes Heim zu gewinnen, in dem deutsches Familienleben und der Aufwuchs an Leib und Seele gesunder Kinder möglich ist. Das will Ihre Bewegung, und deshalb werden die besten Wünsche aller derer mit Ihrer Arbeit sein, welche die Größe unserer Zeit erkannt haben und es ehrlich mit unseren Kriegern und unserem Volke meinen!

Es handelt sich hier um ein Werk von größter sozialer Tragweite.

v. Hindenburg.

Wer solchen Brief schreiben kann, der ist mehr als ein großer Soldat.
Darum Hindenburg!

Carl Diem Berlin

Neben allem anderen, was Hindenburg bedeutet und was ich nicht zu sagen brauche: Wir wollen glücklich sein, wenn nicht auch noch das Amt des Reichspräsidenten parteipolitisch gebunden ist.

Dr. Martin Drucker,
Justizrat Leipzig

Die Gewißheit redlichsten Wollens gebe ich nicht hin für die Partnerschaft beim Abenteuer. Ich wähle Hindenburg.

Wilhelm Flügel Berlin

Volkswahl Hindenburgs bedeutet Volkswohl und Staatswohl.

Dr. F. Giese
Professor an der Universität Frankfurt

Dem besten Hüter der deutschen Verfassung die Stimme zu geben, erachte ich nicht nur für ein zwingendes Gebot außen- und innenpolitischer Klugheit, sondern vor allem auch für einen kategorischen Imperativ nationaler Würde, deutscher Treue und menschlichen Anstandes.

Prof. Dr. L. Heck Berlin

Weil wir uns die günstige, verständnis- und teilnahmsvolle Meinung der Welt, die wir durch Stresemanns und Brünings saure und bittere, aber beharrliche und zielbewußte Arbeit endlich errungen haben, erhalten müssen, wenn wir nicht ganz und gar zu Grunde gehen wollen. Darum Hindenburg! Jeder andere wäre ein Akt der Vernichtung Deutschlands, weil er dem Machtwahnsinn der Franzosen und ihrer Angstpsychose, die aus ihrem schlechten Gewissen entspringt, neue Nahrung geben würde.

Georg Heim,
Geheimer Landesökonomierat Regensburg

Spaltung, wo man hinsieht; Verschärfung der Gegensätze, wo man hinsieht aus politischen und wirtschaftlichen Gründen, Interessengegensätze, dazu die konfessionelle Spaltung Deutschlands.
Darum wähle ich Hindenburg, weil er als oberster Hüter und Wächter des Reiches derjenige Mann ist, der bei all diesen Gegensätzen aller Vertrauen genießen kann und über all diesen Gegensätzen steht und alle diese Gegensätze überbrückt.
Bei jedem anderen Kandidaten ist grade das Gegenteil der Fall.
Darum wähle ich Hindenburg.

Jahn, München
Wirkl. Geh. Rat, Präs. des Reichsfinanzhofes i. R.

Warum ich Hindenburg wähle? Weil er der am meisten verehrte und verehrungswürdige lebende Deutsche ist, auf dessen Wort auch das gesamte Ausland hört. Hindenburg an der Spitze des Deutschen Reiches ist eine so starke Waffe in unseren jetzigen schweren Kämpfen, daß auf seine Führung nicht verzichtet werden darf.

Ernst Kabisch,
Generalleutnant a. D. Stuttgart

Weil er die Ruhe, die Würde, das Vertrauen, die Bindung mit dem Gewordenen, weil er selbstlose Pflichttreue, Einigkeit, Klarheit und Unantastbarkeit, weil er echtes Deutschtum, wahres Christentum, aufrechtes Führertum und Achtung auch bei ehemaligen Feinden bedeutet, deshalb Hindenburg an die Spitze des deutschen Volkes!

Prälat Dr. B. Kreutz,
Präsident des Caritasverbandes, Freiburg

Nach Goethes Wort: „Des Mannes edelste Weihe ist die Tat" steht der Reichspräsident von Hindenburg als eine verehrungswürdige und ehrfurchtgebietende Herrschergestalt voll Kraft und Weisheit hoheitsvoll in unserer Mitte.
Das einst feldgraue deutsche Volk hat mit seinen Söhnen und Töchtern auch in der Nachkriegszeit der wehenden Friedensfahne seines weitausschauenden Staatsoberhauptes willige Gefolgschaft geleistet.
Es ist entschlossen, dieser überragenden Führerpersönlichkeit, die von tiefster Gottesfurcht und innerster Opferbereitschaft getragen ist, auch in dieser zweiten Schicksalsstunde des deutschen Volkes die Treue zu halten.
Am geschichtlichen Meilenstein des 13. März 1932 soll das deutsche Volk durch seine Wahltat abermals in seine Geschichte eingraben:

„Treue um Treue!"

Ernst Lemmer, Berlin
Gewerkschaftsring deutscher Arbeiter-, Angestellten- und Beamten-Verbände

Paul von Hindenburg ist der ganz große deutsche Patriot, der in schwerster Notzeit unseres Volkes die Sorge für die Zukunft der Nation über kleinliche Parteigesichtspunkte zu stellen wußte. Das war so im November 1918, und das ist so jetzt in dieser schweren Krisis, die das Leben unseres Volkes ernstlich bedroht. Wir vertrauen uns Hindenburg an, weil wir mit seiner Wahl dem gesunden Sinn unseres Volkes vertrauen. Die Republikaner aller Parteien werden am 13. März ihre Pflicht tun.

Dr. Luppe,
Oberbürgermeister Nürnberg

Wer durch Parteifanatismus verblendet Hindenburg seine Stimme versagt, zerstört die stärkste Stütze des Vertrauens zu Deutschland in der Welt und die Hoffnung auf Erhaltung des inneren Friedens in Deutschland.

Erich Marcks,
Professor der Geschichte Berlin

Weil er, mit allen Ueberlieferungen des preußisch-deutschen Staatswesens von rechts her lebenslang und im Wesenskern tief durchdrungen, sich über alle Partei- und Gruppen-Sonderheit zur Darstellung und Wahrnehmung des Ganzen unseres Staates und unserer Nation in unvergleichlicher Reinheit und fester Unabhängigkeit, in unvergleichlicher Hingabe an das Notwendige und das in diesen Tagen Mögliche erhoben hat: zur Verkörperung und zur Behütung Deutschlands selbst.

Friedrich Meinecke,
Professor der Geschichte Berlin

Weil wir nicht zulassen dürfen, daß Deutschlands Schicksal in die Hände von fanatisierten Abenteurern gerät, daß unsere Grenzen bedroht werden, unsere Wirtschaft ihren letzten Halt verliert, unsere bürgerliche Freiheit unterdrückt und unsere Kultur mißhandelt wird.

Dr. Oskar von Miller,
Geh. Baurat München

Der Gründe, die mich bestimmen, für die Wiederwahl Hindenburgs einzutreten, sind so viele, daß es nicht möglich ist, sie in einem einzigen Satz zusammenzufassen. Dagegen möchte ich sagen, daß ich keinen Grund wüßte, warum Hindenburg nicht wieder gewählt werden sollte.

Bernh. Otte, Berlin
Vorsitzender des Gesamtverbandes der christlichen Gewerkschaften Deutschlands

Weil die verehrungswürdige Persönlichkeit von Hindenburg die vollkommenste Gewähr für eine Führung des deutschen Volkes im Sinne innerer Einigung und äußerer Freiheit bietet.

Generalpräses Msgr. Wolker Düsseldorf

Hindenburg ist deutscher Jugend ein Symbol deutscher Rechtlichkeit und deutscher Pflichterfüllung — mehr noch: Hindenburg ist für Deutschland ein Garant der Ordnung und des Aufstiegs, ein Garant gegen politische Abenteuer und Experimente, die Wirtschaft und Staat zerschlagen können.

Aus der *Vossischen Zeitung* vom 9. 3. 1932

reich festsetzte und von dort Preußen berannte. Die neue Reichspräsidentenwahl gab Hindenburg beim zweiten Wahlgang die klare Mehrheit mit über neunzehn Millionen Stimmen; Adolf Hitler hatte aber über dreizehn Millionen Stimmen erhalten. Irgendwie mußte dieser Mann in naher Zukunft an die Reihe kommen, denn jetzt schon stand die geschlossenste Macht in Deutschland hinter ihm. Für Hindenburg hatten diesmal gerade die alten Parteien der Weimarischen Koalition gestimmt, weil sie die Erhaltung, die Rettung der Republik von ihm erhofften. Die Deutschnationalen wählten ihn aus genau dem entgegengesetzten Grunde. Wer sollte recht behalten? Brüning erwog nunmehr verschiedene Maßnahmen fast staatssozialistischer Natur, vor allem den Arbeitsdienst und die Aufteilung unrentablen Großgrundbesitzes. Dies benutzten seine Gegner, um ihn bei dem Reichspräsidenten anzuschwärzen. In dem Hause Hindenburg nistete sich damals erfolgreich ein vielgewandter Politiker ein – Franz von Papen, auch er kameradschaftlich mit dem Sohne verbunden: ein katholischer Aristokrat aus Westdeutschland, kein Junker, sondern ein Kavalier, durch seine wertvollen Industriebeziehungen persönlich unabhängig und deshalb nicht angewiesen auf die übliche Laufbahn. Der elegante Geschichtenerzähler wußte sich bei dem Reichspräsidenten als Frühstücksgenosse einzuschmeicheln, er gewann das besondere Vertrauen, ja die wunderliche greisenhafte Liebe des alten Herrn, der ja menschlich etwas vereinsamt war. Papen war nicht kleinlich; Skrupel, die einen Brüning bedrückt hätten, störten ihn ganz und gar nicht – schon während seiner Militärattachézeit in Washington zur Zeit des imperialistischen Weltkrieges hatte er Proben einer Gerissenheit gegeben, die nur von seinem Leichtsinn übertroffen wurde. Als erfahrener Herrenreiter wußte er auch zu lächeln, wenn er einmal ein Rennen verlor. Er beherrschte viele Zungen, Weisen und Sprachen, besonders aber die Sprache des jeweiligen Partners. Ob er jemals große ernste Ziele im öffentlichen Leben erstrebte, hätten selbst seine nahen Freunde nicht mit Sicherheit sagen können. Er besaß einen guten Instinkt für Macht, er wußte tausend Listen, Schliche und Kniffe, er kam nie außer Fassung, er war kirchlich fromm – wozu also Gewissensbisse? Dieser Mann stürzte Brüning.

Die Diktatur des Herrn von Papen

Der Reichspräsident entließ Brüning hart und plötzlich, Papen wurde der Nachfolger. Er bildete ein Kabinett von Aristokraten und hohen Beamten, die meistens nicht dem Reichstag angehörten. Die Zeit einer offenen Diktatur des Herrenklubs begann. Papens Hauptat war nun die Beseitigung der Regierung Preußens, wo mit einer kurzen Unterbrechung die sozialdemokratisch geführte Linke seit der Novemberrevolution regiert hatte. Der Ministerpräsident Otto Braun und der Innenminister Severing wurden abgesetzt, Papen übernahm die Macht in Preußen als Reichskommissar. Das war ein regelrechter Staatsstreich, Preußen und das Reich waren gleichgeschaltet. Die Haltung der Reichswehr machte jeden Widerstand auf die Dauer aussichtslos, wenigstens waren die meisten Führer der Linken dieser Meinung. Eine Klage beim Staatsgerichtshof verpuffte – die geschichtliche Wirklichkeit schritt darüber hinweg.

Nun wurde im Juli 1932 auf der Konferenz in Lausanne das Reparationskreuz begraben. Eine letzte bedingte Zahlung sollte die Voraussetzung der Streichung sein, Papen war entschlossen, sie nicht zu leisten, und erklärte das auch mit der ihm eigenen zynischen Offenheit. So erntete er den Lorbeer, der geschichtlich der zähen und klugen Verhandlungsarbeit Brünings gebührt. Erfolgsgeschwollen unterstand sich nun das Kabinett Papen, das Vaterland durch zwei Reichstagswahlen binnen einem halben Jahr zu hetzen. Dem Ansehen und Einfluß parlamentarischer Einrichtungen konnte ein solches Verfahren kaum dienen. Das war auch nicht die Absicht. Die erste Wahl brachte den Nationalsozialisten 230 Sitze. Daraufhin bot Papen dem Führer Adolf Hitler das Amt des Vizekanzlers an, nicht zur Freude des alten Hindenburg, der in seiner grimmigen Art gesagt haben soll: »Postminister ist gerade genug für den böhmischen Korporal!« Papen holte sich aber einen Korb. Hitler wollte Reichskanzler werden oder er blieb draußen. Die zweite Reichstagswahl im November 1932 brachte den Nationalsozialisten einen Verlust von 32 Sitzen. Viele meinten, die Krise wäre vorüber, die Ebbe folgte nun auf die Flut. Hitler und seine Leute waren in Verlegenheit. Geldnot drohte, viele Parteigenossen schrien nach Versorgung – wo blieben nun die versprochenen fetten Posten? Hinter Hitlers Rücken verhandelte jetzt der Nationalsozialist Gregor Strasser über den Eintritt in die Regierung Papen. Diese Unbotmäßigkeit kostete ihn alle seine Parteiämter – da gab es keine Gnade.

Schleichers Rettungsversuch. Der Umbruch

Anfang Dezember übernahm General von Schleicher die Bildung eines neuen Kabinetts. Das war der letzte Versuch, ohne den Nationalsozialismus zu regieren. Bedeutete die Reichskanzlerschaft des bisherigen Reichswehrministers die viel erörterte Diktatur der Armee? Konnte die konservative Autorität ihre Hand der Masse reichen, zum Besten des Landes, zur Freude aller anständigen Leute, zur bitteren Enttäuschung der Demagogen und Gangster? Bereitete sich so die beste Synthese von Preußentum und Sozialismus vor? Schleicher interessierte sich lebhaft für staatssozialistische Ideen. Angesichts der erschreckenden Arbeitslosenziffer von sechs Millionen erwog er die Einführung des obligatorischen Arbeitsdienstes. Er bereitete eine Sanierung der landwirtschaftlichen Verhältnisse vor – sie war in der Tat überfällig. Sozialisierungsversuche, die in der Kohlen- und Pottasche-Industrie angestellt wurden, verliefen nicht zu ermutigend. Opfer mußten gebracht werden, aber eines war völlig ausgeschlossen – eine zweite Inflation. Also überzahlte man lieber die Lohnempfänger. Schon jetzt ging ein Drittel des Volkseinkommens durch die öffentliche Hand.

Die alte Wahlverwandtschaft von Preußentum und Sozialismus schien im Kopfe Schleichers, dieses bürokratisch geriebenen, aber von hohem Patriotismus erfüllten Offiziers, eine schöpferische Auferstehung zu feiern. Doch gerade von daher vollzog sich sein Verhängnis. Die Osthilfe hatte es seit 1930/31 unternommen, der ja immer notleidenden Landwirtschaft in Ostelbien über die schwierigen Zeitverhältnisse hin-

Reichskanzler Kurt von Schleicher bei einer Rundfunkansprache

wegzuhelfen. Es handelte sich um Entschuldung, Siedlung, Zinsenverbilligung und Bahnbauten. Große Summen waren dabei verschoben worden, die angeblich Unterstützungsbedürftigen hatten die Gelder zur Errichtung glänzender Wohn- und Verwaltungsgebäude sowie zur Modernisierung des Inventars, der Maschinen und Wege verwandt. Sehr bald zog sich deshalb das linksregierte Preußen aus dem Unternehmen zurück, die reaktionäre Reichsregierung setzte es aber fort. Schleicher wollte alle diese Mißstände aufdecken; er war gleich Brüning der Meinung, daß nicht mehr lebensfähige Betriebe baldmöglichst zu Siedlungszwecken aufgeteilt und so der allgemeinen Wohlfahrt nutzbar gemacht werden sollten. Dies war der Junkerkaste natürlich recht unerwünscht; aber zählte denn der Agrarfeudalismus nicht den Reichspräsidenten unter die Seinen? Schleicher wurde dem alten Herrn als ein noch schlimmerer Bolschewist als der verabschiedete Brüning hingestellt – gefährlicher deshalb, weil er offenbar seine Ziele durch eine Militärdiktatur erreichen wollte. Nun hielt Papen die Stunde für gekommen: Agrarier und Industrielle einigten sich unter seiner Vermittlung darauf, jetzt den Nationalsozialismus zu Hilfe zu rufen. Die stärkste politische Machtpotenz der Zeit sollte dazu benutzt werden, um die herrschende Klasse zu befreien vom Parlamentarismus, von der Gewerkschaftstyrannei, von der roten Gefahr, von der demokratischen Republik. Hitler hatte Sorgen, er mußte sich also jetzt auf Bedingungen einlassen. Tatsächlich versprach Hitler bei der Machtübernahme am 30. Januar 1933, die Reichswehr nicht politisieren und die Wiederherstellung der Monarchie vorbereiten zu wollen. Er bildete ein Kabinett zusammen mit den Deutschnationalen, er versöhnte den widerstrebenden Reichspräsidenten auf dem Tage von Potsdam. In Wahrheit aber begann etwas ganz anderes. Der Nationalsozialismus eroberte Deutschland.

Adolf Hitler

Mit dem Umbruch vom Januar 1933 begann die traurigste Periode der deutschen Geschichte. Deutschland war immer ein großes, schönes und berühmtes Land. Der Nationalsozialismus hat Deutschland zu dem am meisten umstrittenen Land der Welt gemacht. Ferner – und dieser zweite Grund hat wissenschaftlichen Charakter von allgemeinster geistiger Tragweite: im Nationalsozialismus klingt noch einmal die ganze deutsche Geschichte auf. Alle großen Probleme der deutschen Entwicklung, mit denen sich dieses Buch beschäftigt hat, waren jetzt wieder erwacht. Der Nationalsozialismus ist die Summe der deutschen Vergangenheit; er war die entscheidende Lebenskrise des deutschen Volkes; er wurde die Schicksalswende für Mitteleuropa, für den Kontinent, für die bewohnte Erde. Nur zögernd unternimmt es der Verfasser, die Persönlichkeit des Führers Adolf Hitler einer Betrachtung zu unterziehen. Die Mehrheit der Bewohner der Kulturwelt haßte diesen Mann mit täglich wachsender Erbitterung. Die Mehrheit seiner Landsleute bewunderte ihn und reihte ihn den größten Trägern deutschen Ruhmes an, ja viele stellten ihn über alle früheren Vollender deutschen Schicksals. Was bedeutete der Führer im Vergleich zu seinen Vorläufern? Martin Luther war ein Stück deutsches Volk, ein Stück deutscher Erde; mit einer Tapferkeit ohnegleichen focht er für seine Sache, stand er für seinen Glauben, arbeitete er für die Wahrheit und die Reinheit religiöser Überzeugung – für »die Freiheit eines Christenmenschen«; er verlangte nichts für sich, er überließ den Staat und die Welt sich selbst; er wollte eine Gestaltung des Lebens in diesem diesseitigen Jammertal durch den Glauben, als eine Vorbereitung für das Jenseits und die Ewigkeit. Er war ein Held des freien Wortes, der freien Tat, er gehorchte nur seinem Gewissen. Martin Luther war das religiöse Genie der Deutschen. Adolf Hitlers Werk hat nichts mit ihm gemein. Friedrich der Große war hart und hell, verwegen und verschlagen; er übertrumpfte seine Zeitgenossen durch die Skrupellosigkeit seiner Mittel, aber er war auch an Geschmack, Bildung und europäischem Geiste die feinste Blüte dieser Epoche; er war ein Meister der Selbstironie, ein Held der sich selbst aufopfernden Arbeit, der Erfüller einer öffentlichen Pflicht, grausam gegen die andern, aber mehr noch gegen sich. Friedrich von Preußen war unter den vielen Dynasten der neueren deutschen Geschichte das einzige Genie. Adolf Hitler gehört einer völlig anderen Welt an. Immanuel Kant gab dem deutschen Denken eine neue Form; sein Ernst und sein Tiefsinn prägten die Erkenntnis für alle kommenden Geschlechter – behutsam, gewissenhaft, unerbittlich, von der Zeit und dem Alltag ungestört – so errichtete dieser große Baumeister des Geistes dem deutschen Idealismus seine ewige Wohnstätte; Recht, Freiheit, Menschlichkeit gehörten seit Kant notwendig zur Erfüllung des wahren deutschen Schicksals.

Kant hatte große und schöpferische Nachfolger – er bleibt das erste philosophische Genie des Deutschtums. Adolf Hitler ist von seinem Geiste unberührt geblieben. Wolfgang Goethe, der Weltumfassende, der einzige, der Mitschöpfer von ewigem Naturgeschehen, der Träger unsterblicher, europäischer Kunstform, der einsame Weise steht ja außerhalb jeder Reihe, und ein Versuch mit ihm wirkt wie Verhöhnung. Aber es darf doch daran erinnert werden, daß bisher jedes neue Geschlecht sich in Deutschland seinen Weg zu Goethe suchte, daß gerade die Weimarer Republik sich in ihrem Kulturschaffen zu Goethescher Erleuchtung bekannte, daß sie mit einem tieferen Recht das Goethejahr 1932 beging; viele dachten, damit wäre ein Programm aufgestellt, eine Hoffnung verkündet – es war in Wahrheit ein Abschied für eine lange Zeit. Von Goethes Welt hatte Adolf Hitler auch nicht einen Hauch verspürt.

Der Freiherr vom Stein war ein glühender deutscher Vaterlandsfreund, ein sorgsamer Verwaltungsmann, ein unermüdlich vorandrängender Reformer – aber ein Feind der Phrase, der Überstürzung, der sinnlosen und verständnislosen Zerstörung – also ein weiser Vormund der Gesellschaft, ein bedächtiger Staatserhalter, voll Zorn auf revolutionäre Pfuscher, Volksverhetzer und doktrinäre Kritikaster, ein Mann des vernünftigen Gleichgewichtes, der geruhsamen Entwicklung, der liebevollen Pflege des Persönlichen und Urwüchsigen. Er war das deutsche Genie als Patriot – in allem das Widerspiel von Adolf Hitler.

Otto von Bismarck endlich zeigte genausowenig Bedenken wie der preußische Friedrich in der Wahl seiner Mittel; seine Außenpolitik war wendig, elastisch, vorurteilsfrei, staatsegoistisch; seine Innenpolitik war gewalttätig, klassenbewußt, autoritär. Aber Bismarck hatte einen wundervollen Instinkt für Maß und Humor, er war ein Meister vorsichtiger Taktik, er schonte seine Gegner, er wußte aus den Vertretern anderer Stände und Schichten das Beste herauszuschlagen, er umfaßte die besten Eigenschaften des Deutschtums und vermochte sie zu verwerten, er prägte als ein zögernder, ringender Redner unvergeßliche Worte, er war ein großer Schriftsteller mit feinstem Gefühl für Sinn und Rhythmus der Sprache, er tröstete sich mit Beethoven und kannte Goethe. Die Männer des Dritten Reiches pflegten Bismarck mit mitleidiger Anerkennung als eine Art Vorläufer zu behandeln, der seine Sache so gut gemacht hat, wie er konnte, und sogar das nicht immer. Bis auf weiteres wird die Geschichte in Bismarck das deutsche staatsmännische Genie zu würdigen haben. Adolf Hitler war etwas ganz anderes.

Hitlers Geschichte ist die Geschichte seiner Unterschätzung. Staatsleute und Professoren haben diesen Mann verspottet wegen seiner plebejischen Aussprache, wegen seines ungehobelten, gespreizten und papierenen Deutsch. Hitler hat dem Universitätspatriziat diese hochmütige Haltung nie vergessen, er hat die Verachtung der Kulturgesättigten mit Haß erwidert – nicht umsonst lehnte er jede akademische Ehrung ab, er wollte keinen Doktorhut von diesen bildungsstolzen deutschen Hochschulen annehmen. Die Biographen Hitlers (1889–1945) haben jede Einzelheit seiner Laufbahn aufgestöbert – gewiß: er war ein Deklassierter auf seine Art, ein proletarisierter Sohn des kleinen Mittelstandes, er war ein verunglückter Architekturschüler, ein bescheidenes Maltalent, das Stuben dekorieren mußte, weil niemand seine faden Aquarelle kaufen wollte, er hungerte sich als ein erbitterter Bruder Straubinger durch die Fürsorgestellen der Großstadt Wien durch, er betätigte sich nach dem Weltkriege in

München als Militärspitzel und kam so in die politische Arbeit. Damit begann der Aufstieg, der einer der merkwürdigsten der neueren Geschichte ist. Glück und Zufall spielten dabei die übliche Rolle, aber das Wesentliche wird durch alle diese mehr oder weniger farbigen Züge nicht getroffen. In dem unscheinbaren, wenig anziehenden und gepflegten Manne lebte eine große Leidenschaft, ein politischer Geltungswille von unbezähmbarer Gewalt; seine ganze männliche Kraft, sein Lebens- und Wirkungstrieb sammelten sich zum Rednertum, zum Prophetenamt, zur Führersendung des großen Demagogen des Zeitalters.

Der Meisterdemagoge

Die deutsche Geschichte ist nicht eben reich an echten Demagogen. Thomas Münzer hatte etwas davon, auch mancher Führer im Bauernkriege; der Prophet von Münster, der Wiedertäufer Johann von Leiden, erinnert besonders stark an Hitler. Von späteren wären zu nennen Joseph Görres, der Turnvater Jahn, Friedrich Hecker und Robert Blum aus der Revolution von 1848, dann Ferdinand Lassalle und der Hofprediger Stöcker. Das Gemeinsame an allen diesen Figuren ist das Bedürfnis nach Massenwirkung und Massengestaltung, die Unselbständigkeit gegenüber den Ideen selbst, die Abhängigkeit von Ratgebern, die Wandelbarkeit in Zielen und Anschauungen, aber der unabänderliche Wille zur Selbstbehauptung und zum Triumph vor der breitesten Öffentlichkeit. Alle Demagogen wiederholen sich ohne Unterlaß, sie sind abhängig vom Beifall wie Bühnenkünstler, sie leiden unter den Schwankungen und Spannungen der öffentlichen Meinung, aber sie können nicht ohne diese Erregung leben; sie sind unstet, empfindlich, starke Hasser, verwegene Lügner, sie lassen kritische Freunde sofort fallen, sie dulden keine Wettbewerber, sie verwöhnen aber sklavisch ergebene Gefolgsleute. Selber unschöpferisch, saugen sie mit Geschick und Grausamkeit alle schöpferischen Geister aus, sie sind wie Schwämme, die sich sättigen, um sich wieder

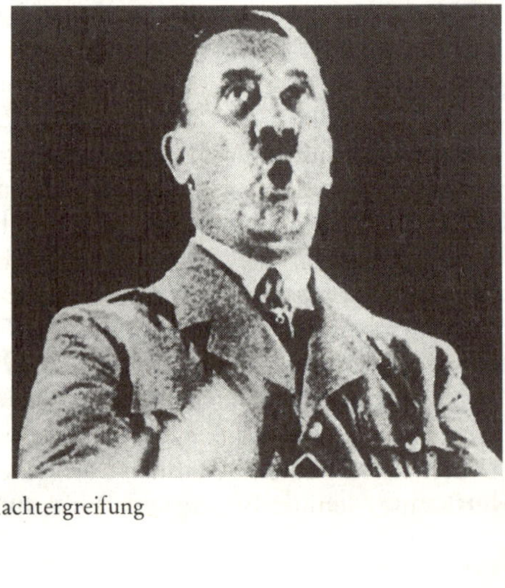

Hitler nach der Machtergreifung

Atelieraufnahme von Adolf Hitler 1928

auszuströmen. Adolf Hitler ist das deutsche Genie als Demagoge. Dies ist sein geschichtlicher Platz. Er ist fremd allen früheren deutschen Genies, aber er schloß sich ihnen an; er ahmte sie alle nach – er saugte die Weltanschauung, die religiöse Erwekkung, die künstlerische Schöpferkraft, die patriotische und staatsmännische Gestaltungsfähigkeit aus ihnen heraus, um sich durch alles das zum Herrschergenius einer neuen deutschen Welt zu machen. Selbst inmitten des größten Erfolgs behält der Demagoge etwas vom Abenteurer, ja vom Hochstapler. All sein Glanz behält etwas Unwahrscheinliches und Unwirkliches. Der Demagoge will alles sein – Regent und oberster Richter, Gesetzgeber und Herr der Wirtschaft, Diplomat und Stratege; tatsächlich fühlt er sich in alle Lebensgebiete ein, er hat Einfälle, sein Wille stößt den Zögernden und bedenklichen Fachmann vorwärts. Aber es bleibt immer ein Rest von Unsicherheit und Ungewißheit übrig. Der Meisterdemagoge ist der zum Diabolischen verfluchte Genius. Er setzt den Höllenschlund in Bewegung gegen das Göttliche, er kämpft als dämonischer Kriegsherr Lucifer gegen die Jünger des Friedensfürsten, er ist – in der Sprache der Spätantike – der gefallene Kaiser-Heiland. Sein chthonisches, erdgebundenes Reich kann nicht bestehen, weil es eben nur von dieser Welt ist. Oder, um das Thema in Wagnerische Leitmotive zu transponieren: der Meisterdemagoge ist nicht Lohengrin, sondern Telramund, nicht Siegfried, sondern Hagen, nicht Parsifal, sondern Klingsor; er führt nicht auf die Gralsburg, sondern in die Götterdämmerung. Hitlers innere Entwicklung wird nur ganz verständlich, wenn man sein Verhältnis zu den beiden anderen großen Führern unseres Zeitalters betrachtet – Lenin und Mussolini. Der Russe und der Italiener kamen zuerst, ihre Staats- und Gesellschaftsschöpfungen reizten den Ehrgeiz und die Eifersucht Hitlers. Er bewunderte das Werk Lenins, des blutvergießenden Weltorganisators eines nur in Rußland möglichen Stils – und er verbarg diese Bewunderung durch seine leidenschaftliche Verfolgung alles Kommunistischen. Andererseits verachtete er Mussolini, er sah in ihm einen lateinischen Komödianten, der nordisches Gedankengut mißbrauchte – aber es blieb Hitler praktisch nichts anderes übrig, als diese Verachtung wiederum zu verbergen durch Geschäftsfreundschaft, ja durch betonte Kameraderie. Das Massengeschehen unserer Tage hatte dem großen Demagogen die Möglichkeit stärkster Wirkung gegeben. Je ordinärer er persönlich war, je trivialer und grobschlächtiger seine Äußerungen, je roher und je plumper seine Handlungen, desto mehr erkannte ihn die Masse als ein Stück ihrer selbst an, desto gewisser konnte er sein, ihre Instinkte zu befriedigen. Jahre hindurch versuchte Deutschland einen Weg zu finden, der zwischen Faschismus und Bolschewismus in eine gesicherte Zukunft führen sollte. Da ergriff Hitler beide Bewegungen, feindlich-freundlich, er übertraf beide, indem er sie verband, er machte Deutschland zum Zentrum einer nationalsozialistischen Weltbewegung.

Ohne die Person des Führers wäre der Nationalsozialismus nicht das geworden, was er war. Gesetzt, Hitler wäre frühzeitig ausgeschieden – die Bewegung wäre weitergegangen, ein anderer hätte die Rolle des großen Demagogen zu spielen versucht. Es wäre nicht dasselbe gewesen. Gegen Rudolf Heß, den treuen Pudel seines Herrn, der dann nach England verschwand, oder gegen Hermann Göring, der brennend auf den Moment der Nachfolge wartete – oder gegen irgendeinen anderen der kleineren Götter hätten sich sogleich Kräfte erhoben, die Hitler persönlich niederzuhalten imstande war. Hitler, der den Marxismus ausrotten wollte, hat wenigstens die marxistische Geschichtsauffassung widerlegt. Er bewies die Macht des Individuellen in der Geschichte. Er hatte die ideologischen Grundlagen des Nationalsozialismus nicht geschaffen. Er befand sich nicht in der Lage, sie völlig zu durchschauen. Aber er war das Werkzeug und Gefäß des Nationalsozialismus. Diese Bewegung hatte ihn zum Lenker der deutschen Geschicke gemacht. Er stieg mit ihr auf, und er fiel mit ihr.

Der Nationalsozialismus hatte vier geistige Elemente. Er erzielte vier grundlegende innerpolitische Erfolge. Er hatte drei außenpolitische Programme. Wir werden diese elf Punkte systematisch erörtern, knapp oder ausführlich, entsprechend ihrer Wichtigkeit. Von einer chronologisch geordneten Darstellung dieser noch zeitgeschichtlichen Ereignisse mag abgesehen werden. Der Versuch sei gemacht, das Prinzipielle jedesmal mit dem Persönlichen und dem notwendigsten Tatsächlichen zu verbinden. Das Ergebnis, wenn es gelingt, wird eine psychologische Biographie des Nationalsozialismus sein, die man anderswo nicht finden dürfte.

Die geistigen Elemente des Nationalsozialismus. Der Antiliberalismus

Das erste Element des Nationalsozialismus war der Antiliberalismus. Der Kampf gegen den Liberalismus in Deutschland setzte philosophisch in der Romantik ein, er erreichte seinen Höhepunkt im Werk von Schopenhauer und Nietzsche. Die Vorstellung vom Übermenschentum in seinen verschiedenen Varianten, vom auserwählten einzelnen, von der zur Herrschaft berufenen Elite – alles dies war schon vor dem Ersten Weltkriege geläufig und fand seinen Ausdruck in kulturkonservativen oder sonstwie aristokratisch gestimmten Gruppen. Nach der Niederlage haben künstlerisch und kulturphilosophisch gebildete Schriftsteller wie Jung und Möller van den Bruck diese Ideen aufgenommen und den Versuch gemacht, ihnen eine praktisch politische Bedeutung zu geben. Der Grundgedanke war: Deutschland muß gerettet werden, es muß wieder zur Größe gelangen, wie sie ihm gebührt. Dies kann nicht geschehen auf dem Wege der parlamentarischen Verfassung und des demokratischen Rechtsstaates. Die Ideologie dieser Lösung entspricht nicht der deutschen Überlieferung und dem deutschen geistigen Stil. Was Deutschland braucht, ist eine konservative Revolution. Die Berufenen, die Mächtigen, die Vertreter der Schichten, die deutsche Kraft und Größe in früheren Tagen geschaffen haben, sind allein imstande, Deutschlands revolutionären Aufbruch vorzubereiten und so das wahrhafte Deutschtum für die Zukunft zu retten. Der Balte Möller van den Bruck war mit dem Russen Feodor Dostojewski vertraut. Dort las er von dem großen Volke, das zur Weltmission berufen ist, das sein Schicksal vollendet durch die Ausfüllung seines Raumes, durch die Auswertung seiner Schätze, durch die Formung seiner geschichtlichen Gestalt, durch die beglückende, sich und die anderen Völker befreiende Tat. Völker, die ihre Expansionskraft verloren haben, gehen aus dem dynamischen Schöpfungsprozeß über in das statische Schattendasein. Möller van den Bruck hat auch das Schlagwort vom »Dritten Reich« geprägt. Die konservative Dynamik der neuen Herrenschicht gipfelte notwendig in der Bejahung der Gewalt und des Krieges, in der Verneinung der harmonischen Zusammenarbeit der Stände, Klassen, Parteien, Nationen, in der Verneinung der Reform- und Fortschrittsidee, wie sie im Wesen des Liberalismus lag. Also keine Diskussion, keine Achtung von der Meinung des Nachbarn, keine Abstimmung, kein parlamentarisches System, kein Rechtsstaat, sondern Autorität, Kommando, Terror, Gehorsam. Die nationalsozialistische Partei vernichtete alle politischen Gegner, überhaupt alle anderen Parteien, sie stellte sich selbst als die Überpartei dar, als den Orden der Auserwählten – die Parteisperre nach dem Umbruch bezeichnete dieses Bedürfnis nach Abschluß bei dem neuen deutschen Übermenschentum. Die alten Klassen und Stände versanken; an ihre Stelle trat die Elite und die von ihr geleitete Menge.

Der Sinn des Hitlergrußes. Collage von John Heartfield aus der *Arbeiter Illustrierten Zeitung*

Der Antisemitismus

Das zweite Element des Nationalsozialismus war der Antisemitismus. Er hängt nahe mit dem Antiliberalismus zusammen, da die Juden vielfach als Hauptträger der liberalen Grundanschauungen angesehen wurden. Der Antisemitismus ist das volkstümlichste Kennzeichen des Nationalsozialismus geworden; je mehr die Bewegung einen allumfassenden Charakter annahm, desto bedeutungsvoller wurde diese Feindschaft gegen die Juden. Wo es Juden gibt, ist überall Antisemitismus entstanden. In den demokratischen Kulturländern pflegte er sich auf eine gesellschaftliche Haltung zu beschränken. Das war vom Humanitätsstandpunkte unerfreulich, erschütterte aber nicht die staatliche Rechtsordnung und den sozialen Aufbau. In Rußland entstand zuerst jener Pogrom-Antisemitismus, der sich nach Österreich und Preußen in der abgeschwächten Form des Radau-Antisemitismus verbreitete.

Der gesellschaftliche Antisemitismus bekam durch das Wagnerianertum eine Art von metaphysischer Begründung. Wagnerianer haben die Rassenideen des Grafen Gobineau durch Bücher, Zeitschriften, Vereine verbreitet; der geborene Engländer, aber naturalisierte Deutsche Houston Stewart Chamberlain gehörte verwandtschaftlich dem Bayreuther Kreise an, sein Hauptwerk über die Grundlagen des neunzehnten Jahrhunderts predigte in hochtrabender und zugleich volkstümlicher Weise den Richard-Wagnerischen Kulturantisemitismus. Ein Wagnerianer vermochte bald auch in sehr exklusiven Häusern Zutritt zu erlangen, in Häusern, die hochgebildeten Juden verschlossen zu sein pflegten. Adolf Hitler, als emotionaler Halbkünstler der geborene Wagnerianer, kam selber in gute Münchener Häuser, empfohlen durch seinen Antisemitismus, der freilich mehr Wiener als Bayreuther Herkunft war. Der Haß gegen das Judentum gehörte zu den tiefsten, sozusagen heiligsten Überzeugungen des Führers. Er glaubte wirklich, die Welt besser machen zu können durch die Vernichtung der bösen Juden. Solche naiven Meinungen vereinigten sich bei Hitler bezeichnend genug mit seiner sonstigen Bauernschläue und scheinbaren Unentschlossenheit, hinter der tatsächlich ein raubtierhaftes Abwarten steckte. In bezug auf die Juden hat er nie gezweifelt, und die stärksten Maßnahmen im Sinne der Hetzarbeit des Freundes Julius Streicher waren ihm eben recht. Die zum größten Teil völlig assimilierten hochkultivierten, selbstbewußten deutschen Juden wurden vom Nationalsozialismus in der russischen Pogrommanier behandelt; ihr Eigentum, ihr Familienzusammenhang, ihre Berufsmöglichkeiten wurden ihnen systematisch geraubt; sogar ihr religiöser Kult wurde besudelt, in offenem Widerspruch zu den amtlichen Rassegrundsätzen.

Die Vorkommnisse in den Konzentrationslagern, in den Gefängnissen und bei den zwangsweisen Umsiedlungen, die systematischen Ausmordungen Wehrloser werden von unparteiischen Gerichtshöfen klargestellt. Was davon bis jetzt einwandfrei feststeht, muß jeden ehrlichen und anständigen Deutschen mit tiefer Beschämung erfüllen. Der Nationalsozialismus arbeitete auf die Vernichtung des Judentums in der ganzen Welt hin. Der Antisemitismus bewährt sich überall als eine geheimnisvolle Macht, die verschlossene Türen und Grenzen öffnet. Lokaler Antisemitismus rein gesellschaftlicher Natur wurde vom Nationalsozialismus überraschend leicht politisiert, er vermittelte dann der deutschen Propaganda den Weg zu einflußreichen Gruppen jedes

SA-Angehörige überwachen den Boykott des jüdischen Kaufhauses Tietz in Berlin

Landes. Der neue Weltkrieg selbst konnte als ein Kampf um das Judentum hingestellt werden.

Der Antisemitismus gelangte in Deutschland in zeitlichen Abständen, aber mit immer verstärkter Wucht zur Durchführung. Wie milde erscheint im Lichte späterer Ereignisse jener Wirtschaftsboykott vom 1. April 1933, der nur einen Tag dauerte und so viel arische Geschäftsleute mitschädigte, daß sie sich lebhaft für ein schnelles Ende einsetzten! Tief war der Eindruck, als die Beamtenschaft von jüdischen, aber auch nichtarischen Elementen durch das Gesetz vom 7. April 1933 »gereinigt« zu werden begann. Die Zahl der Juden in Deutschland mag 1933 570000, die Zahl der Nichtarier über zwei Millionen betragen haben. Es begann eine widerliche Durchschnüffelung der Stammbäume, schon das Vorhandensein eines nichtarischen Großelternteiles erwies sich als vernichtend. Schiebungen, Fälschungen, Verleugnungen wurden gang und gäbe. Personen, die gar keine persönliche oder geistige Bindung mehr zum Judentum besaßen, sahen sich gebrandmarkt. Alte Familienbande, glückliche Ehen, ererbte Freundschaften wurden in roher Weise zerstört – wie üblich hielt nur eine kleine Minderzahl die Feuerprobe charaktervoller Gesinnung aus.

Anfänglich waren bestimmte Klassen, wie ehemalige Kriegsteilnehmer, ausgenommen, bald aber wurden praktisch keine Unterschiede mehr gemacht. Die Juden erfuhren mehr und mehr die Behandlung als Bürger zweiter Klasse, eingewanderte Ostjuden sahen sich als unerwünschte Elemente behandelt und ihrer Naturalisation beraubt – es war ein Vorspiel zu dem, was den deutschen Juden bevorstand. Jüdische Presseerzeugnisse und Bücher wurden verfolgt, viele dem Feuer von Scheiterhaufen überliefert. Tausende von Juden begannen, ihre Auswanderung zu betreiben, was nur mit den größten materiellen Opfern möglich war. Außer den gesetzlichen Steuern, die zu entrichten waren, kam es zu jeder Art von Ausbeutung und Erpressung. Beamtete und nichtbeamtete Personen wetteiferten in der Plünderung wehrloser Opfer. Jede Kritik des Auslandes wurde von den deutschen Behörden als unerwünschte Einmischung bezeichnet und mit neuen Schändlichkeiten beantwortet. Viele Juden verübten Selbstmord, um der schlimmsten Demütigung zu entgehen, zuletzt noch ausländischen Freunden oder Verwandten zur Last zu fallen. Sehr zahlreiche Flüchtlinge fanden aber eine neue Heimat und erwarben sich durch ihre Intelligenz und Anpassungsfähigkeit die Achtung ihrer neuen Mitbürger. Es war ein Unglück, daß nur ein kleiner Teil von »Ariern« Deutschland verließ – die meisten arischen Beamten und Professoren ließen sich gleichschalten und machten, ihrer politischen Vergangenheit und geistigen Überzeugungen zum Trotz, ein System mit, dessen Verächtlichkeit und verbrecherische Gesinnung ihnen völlig klar sein mußte. Der erste Höhepunkt der Judenverfolgung in Deutschland wurde erreicht, als ein jüngerer diplomatischer Beamter in Paris von einem polnisch-jüdischen Flüchtling ermordet wurde (1938). Dieses Ereignis nahm die deutsche Regierung zum Anlaß, um einen brutalen Verfolgungssturm gegen die Juden loszulassen. Die Synagogen wurden niedergebrannt, die Männer in Konzentrationslager geschafft, die Auswanderung als Bedingung der Freilassung auferlegt. Nach Kriegsausbruch kam es zu Deportationen ins Ausland, besonders auch nach dem polnischen Generalgouvernement, das zum Mittelpunkt einer ruchlosen Ausrottungsaktion wurde.

Wo immer die deutschen Truppen erfolgreich einmarschierten, begann sogleich eine Verfolgung der ansässigen Juden, in Verbindung mit den Vertretern des örtlichen Antisemitismus. Italien, das keinen Antisemitismus gekannt hatte, nahm unter deutschem Druck an der Verfolgung der Juden tätigen Anteil. Das Protektorat Böhmen und Mähren, Ungarn, Rumänien, die baltischen Länder, dann vor allem Frankreich wurden in diesen Strudel antisemitischer Wahnideen hereingezogen – Norwegen, Dänemark, die Niederlande, Belgien und Luxemburg, Griechenland, die Ukraine erlebten die gleichen Erscheinungen. Die mitteleuropäische, schließlich fast die gesamteuropäische Judenheit geriet durch die deutschen Maßnahmen in einen unerhörten Zustand des Elends, der Verfolgung, des hoffnungslosen Unterganges. Je kritischer die Lage des deutschen Kolosses wurde, desto leidenschaftlicher griffen seine Machthaber nach dem entsetzlichen Auswege, die Juden als Geisel der nationalsozialistischen Mord- und Raubgier auszuliefern.

Die 1940 ausgesprochene Ausbürgerung und Vermögensberaubung sämtlicher deutscher Juden stellte den Höhepunkt der »gesetzlichen« Maßnahmen gegen das deutsche Judentum dar. Auch die vertrauensseligsten und loyalsten Elemente des deutschen Judentums sahen nun, woran sie waren. Gerade sie wurden persönlich und wirtschaftlich am härtesten betroffen, da sie im Bewußtsein ihres guten Rechtes und ihrer anständigen Gesinnung keinerlei Sicherungsmaßnahmen getroffen hatten.

Die beispiellose Schändlichkeit der Judenverfolgung in Deutschland darf übrigens

Die Korrumpierung der Justiz: »Volksgerichtshofvorsitzender« Roland Freisler spricht »vom Führer gesetztes Recht«

nicht den Irrtum aufkommen lassen, als hätten die sogenannten Arier ein bequemes Leben gehabt. Wenn man die Zahl der ins Konzentrationslager verbrachten sogenannten Arier auf jährlich 300000 (gering!) ansetzt, so mag man sich ausrechnen, wieviel Prozent der deutschen Bevölkerung nach zwölfjährigem Regiment des Nationalsozialismus von dem Terror entweder mittelbar oder unmittelbar ergriffen worden sind. Es gibt praktisch keinen Gewerkschaftler, Liberalen oder Friedensfreund, keinen religiösen oder geistigen Führer der Opposition der anständigen Leute in Deutschland, der nicht von dieser methodischen Brutalität betroffen worden wäre.

Diese in ihrer Art wahrhaft einzige Leistung war hauptsächlich das Werk eines Mannes, der aussah wie ein Mädchenschullehrer oder Postsekretär – Heinrich Himmler. Der »sanfte Heinrich« war ein wunderliches Erzeugnis der Zeit – ein kleiner Mittelständler wie so viele Nationalsozialisten, technisch gebildet und geschickt, sachlich und nüchtern, ganz ohne interessante Züge der Extravaganz oder Pathologie, nach außen ein stiller, respektabler Familienvater – so tat er seine sogenannte Pflicht in einer grauenvoll-öligen und schleimigen Manier, ein pharisäischer Henkersknecht, ein höflich und verbindlich lächelnder Mörder.

Der Antichristianismus

Das dritte Element des Nationalsozialismus ist der Antichristianismus. Zwar bekannte sich das amtliche Programm der Partei zum Christentum; aber schon die oben geschilderte Behandlung der getauften Juden verletzte grundlegende Überzeugungen der christlichen Lehre aufs schwerste. In der evangelischen Kirche entspann sich sofort nach dem Umbruch ein lebhafter Kampf um die Neuordnung der Verfassung – der Arierparagraph sollte angewandt, der Parlamentarismus aus der Kirche ausgemerzt werden. Bedenklicher war die Förderung der sogenannten Deutschen Glaubensbewegung durch die Partei; schon seit 1921 bestanden diese Bestrebungen, eine völkische, arteigene Religion einzuführen, entsprechend den wirren Verstiegenheiten Paul de Lagardes und Alfred Rosenbergs. Zum Symbol wurde das Sonnenradzeichen. Auch Karl Hauer verlangte eine arische Religion gegenüber dem semitisch »verseuchten« Christentum. 1934 setzte eine nordische Glaubensbewegung ein, die den Jenseitsgedanken und die Erlösungsidee ablehnte. Allerhand wunderliche Bräuche und Kultformen entwickelten sich hier. Bedrohlicher noch für das Christentum war die Gruppe der sogenannten Deutschen Christen; sie kämpften gegen das christliche Weltbürgertum und die sogenannte jüdische Komponente in der christlichen Lehre; eine artbewußte, heldische Frömmigkeit sollte sich entwickeln, die Erinnerung an Martin Luther mußte dazu herhalten. Gegen solche germanischen Abirrungen und gegen das Neuheidentum wandte sich in gleicher Weise die evangelische Bekenntniskirche; hier sammelten sich geistig unabhängige Elemente jeder Richtung zur Aufrechterhaltung der evangelischen Freiheit gegenüber Einmischungsversuchen des neuen Staates in Lehre und Verfassung.

Die Deutschen sind von jeher ein Volk gewesen, dem es ernst war um seine Weltanschauung. Metaphysische Unterhaltungen pflegten schon in der Konfirmandenstunde einzusetzen, sie gingen weiter in der Prima und auf der Universität. Angesehenen und einflußreichen Führern des Nationalsozialismus war die christliche Lebensauffassung und Haltung tief zuwider. Sie pflegten kein Hehl daraus zu machen. Häufig genug verhöhnte Julius Streicher, der Herausgeber des antisemitischen Organs »Der Stürmer«, sogar die Person des Heilandes Jesus Christus. Das »Schwarze Korps« spielte dieselbe Melodie, mit leichter philosophischer Maskierung. Alfred Rosenberg war ein ausgesprochener Neuheide – es bedeutete schon etwas, wenn gerade er als erster mit dem deutschen Nationalpreis begabt wurde, den Hitler an Stelle des Nobelpreises stiftete. Nach der Auszeichnung des gefangenen, schändlich mißhandelten Pazifisten Carl von Ossietzki durfte kein Deutscher mehr den Nobelpreis annehmen!

Daß die Uneinigkeit innerhalb des deutschen Protestantismus einem so führungsbewußten Prinzip wie dem Nationalsozialismus ein Greuel war, bedarf keines näheren Nachweises. Aber der jahrelange Zwist zwischen dem Reichskultusministerium und den kirchlichen Vertretungen endete erst nach Kriegsausbruch mit einem Kompromiß. So lange hatten diese streitgewohnten protestantischen Pfarrer den schnöden Eingriffen in Lehre und Verwaltung getrotzt. Schwere Enttäuschungen erfuhr die römische Kirche. In dem neuen Konkordat vom Juli 1933 hatte sich die Kurie verpflichtet, keinerlei politische Betätigungen des Klerus zu dulden, dafür sollte die katholische

Ein katholischer Geistlicher entbietet der SA den Hitlergruß

Aktion als unpolitische Organisation weiterarbeiten dürfen, und ebenso sollten die katholischen Schulen, Jugendgruppen und Kulturverbände ungestört bleiben. Die Auslegung des Konkordats führte begreiflicherweise zu ständigen Reibungen. Die römische Kirche konnte sich nicht abfinden mit den ständigen Angriffen auf das alte Testament und das Kruzifix. Katholische Presseorgane und Jugendbünde hatten derbe Einmischungen der Behörden zu erleiden. Die bayerischen katholischen Schulen wurden 1937 zumeist verstaatlicht. Der neue dritte Kulturkampf war ausgebrochen. Eine Enzyklika des Papstes beschuldigte die nationalsozialistische Regierung der Konkordatsverletzung, was mit erbitterten Angriffen auf die Einmischungssucht der Kurie beantwortet wurde. In einer Botschaft an die Kardinäle, Dezember 1937, erhob der Papst erneute Anklage – weitere Kundgebungen folgten. Die völlige Gutgläubigkeit sowohl der deutschen Protestanten wie der Katholiken nach Kriegsausbruch 1939, ihre beinahe zu loyale Haltung gegenüber den Maßnahmen der nationalsozialistischen Obrigkeit vermochte den schleichenden Konflikt nicht zu lösen. Der Ausbruch wurde nur vertagt. Die Form und der Geist der Kriegführung verletzten die Gefühle zu vieler treuer deutscher Christen. Eine religiöse Erneuerung vollzog sich, deren innerstes Wesen zur Ablehnung des nationalsozialistischen Heidentums und seiner Weltherrschaftsträume führen mußte.

Unter den katholischen Kirchenfürsten machten sich besonders Kardinal Faulhaber in München, Bischof Graf Preising, Berlin, und der Bischof von Münster, Graf von Galen, bekannt durch rückhaltlose Kritik am Nationalsozialismus. Andere zeigten sich leider nur allzu bereit, durch Unterstützung des Staates die vorhandenen Gegensätze zu verwischen. Die Verfolgung der christlichen Kirchen ließ eine stille Gemeinschaft aller christlich Gesinnten entstehen, wie es seit der Reformation in Deutschland nicht vorgekommen war. Graf Galen, der römisch-katholische Bischof von Münster, ließ seine Gemeinde beten für den im Konzentrationslager festgehaltenen protestantischen Pastor Martin Niemöller, der tapfer jedes Zugeständnis ablehnte. Richtig ist, daß sich viele an sich weniger religiös gerichtete Kreise der kirchlichen Opposition anschlossen, weil sich hier eine Möglichkeit bot, der Unzufriedenheit mit dem Nationalsozialismus Luft zu machen, ohne unmittelbare persönliche Gefährdung.

Der Antimarxismus

Das vierte Element des Nationalsozialismus ist endlich der Antimarxismus. Mit besonderem Nachdruck griff die Partei die von konservativer Seite stammende Prägung »Marxismus« auf, um ihren eigenen guten Sozialismus dem bösen Sozialismus des jüdischen Karl Marx recht deutlich und erbaulich gegenüberzustellen. In Wahrheit war ja weder der Revisionismus der deutschen Sozialdemokraten noch der Leninismus noch der Stalinismus in Moskau richtiger Marxismus. Echten Marxismus gab es nur noch bei einigen Unabhängigen Sozialisten und bei einem orthodoxen Flügel der deutschen Kommunisten. Das waren orthodoxe Nachbeter eines großen Dogmatikers. Ihre praktische Bedeutung sank mehr und mehr auf den Nullpunkt.
Es war also eine völlige Irreführung, wenn von nationalsozialistischer Seite behauptet wurde, der Marxismus hätte 1933 eine revolutionäre Gefahr für Deutschland bedeutet. So unerfreulich die Betätigung der Kommunisten auch war – politisch waren sie isoliert und zerspalten, sie waren eine zahlenmäßig nicht mehr bedeutende Partei; gegenüber der Reichswehr, der Sozialdemokratie, dem Reichsbanner und dem Stahlhelm konnten sie nicht aufkommen. Gerade die Sozialdemokratie hatte ja die wirkliche kommunistische Gefahr des Jahres 1918 bis 1921, vielleicht auch bis 1923, beschworen (vgl. oben S. 544 f.). Dieser Umstand lähmte nun jeden möglichen Widerstand gegen den Nationalsozialismus. Die kampflose Nachgiebigkeit der bekanntesten Führer der Sozialdemokratie, wie Otto Braun und Karl Severing, die reibungslose Auflösung der halbamtlich gewordenen versteinerten Gewerkschaften, die Gleichschaltung der Presse und Vereine erschien vielen Beobachtern als das erstaunlichste Ereignis des Umbruchs. Es war geschichtlich durch die Entwicklung des letzten Zeitabschnittes tief begründet. Die Zertrümmerung der Sozialdemokratie und des Kommunismus beseitigte die politischen Gruppen in Deutschland, die zusammen mit den schwachen friedensfreundlichen Verbänden des linksgerichteten Bürgertums den Kampf gegen die Aufrüstung immer noch tapfer fortgeführt hatten. Der Streit um den Bau des ersten Panzerkreuzers, der vertrags- und gesetzwidrig war, hatte schon 1928 gezeigt, wie weit der Rüstungsgedanke in Deutschland fortgeschritten war. Der Nationalsozialismus stellte nun die gesamte deutsche Wirtschaft auf Kriegsvorbereitung um. Die Beschäftigung der Arbeitslosen hatte diesen und keinen anderen Sinn. Die Arbeitsbeschaffung vergab öffentliche Arbeiten zu sehr niedrigen Löhnen, frei von jeder tarifvertraglichen Bindung, wie sie bis dahin die Gewerkschaften gesichert hatten. So entstanden Automobilstraßen, Kasernen, Befestigungen, Konzentrationslager; Straßendurchbrüche und öffentliche Gebäude in Berlin und den anderen Großstädten dienten der Verstärkung der Regierungsgewalt und damit mittelbar der Kriegsvorbe-

Die »Gleichschaltung« von Arbeitern und Unternehmern in der »Deutschen Arbeitsfront« (DAF)

reitung. Die Schwerindustrie sah wieder die guten alten Tage – Flugzeuge, Kanonen, Unterseeboote, Tanks, Kriegshilfsmaschinen jeder Art entstanden. Die Leder-, Papier-, Tuchindustrien blühten entsprechend auf. Die Geldbeschaffung geschah durch kurzfristige Anleihen, deren Verlängerung und Erhöhung den Banken und Sparkassen einfach auferlegt wurde; ferner durch Erhöhung der Zölle, Steuern und Umlagen sowie durch sogenannte freiwillige Spenden, endlich durch Handelswechsel, die von den Unternehmern ungern, aber notgedrungen aufgenommen wurden; die Handelswechsel allein stiegen in dem einen Jahre 1934 bis 1935 um zweiundeinhalb Milliarden Reichsmark. Die schwebende Schuld verdreifachte sich in den ersten beiden Jahren des Nationalsozialismus; ungedeckt waren einundzwanzig Milliarden Reichsmark.

Den Hauptanteil dabei hatten die Militärausgaben; die Rüstungen verschlangen in den ersten vier Jahren des Nationalsozialismus über 31 Milliarden Reichsmark – alles das sind Schätzungen, da ein Budget seit 1934 nicht mehr veröffentlicht wurde. Das Ausland lehnte Anleihen wiederholt ab – man war also auf den inneren Markt angewiesen. Er war nur aufrechtzuerhalten durch scharfe Absperrung gegenüber dem Auslande und durch die Manipulierung der Währung; sie wurde durch Zwangsmaßnahmen jeder Art im Inlande behauptet, im Auslande aber unter allerlei verwegenen Manövern preisgegeben. An die tausend besondere Erlasse dienten der Devisenkontrolle; der Kontrollapparat kostete nach bescheidener Schätzung jährlich zwei Milliarden Reichsmark. Hitler, der wenig von wirtschaftlichen Dingen verstand, forderte von Schacht, daß es keine Inflation und keine Devalvation geben dürfte. Im übrigen hatte Schacht freie Hand. Was war nun der Sinn dieses antimarxistischen Systems? Der agrarische und industrielle Kapitalismus war schöpferisch, also gut; der Finanz- und Handelskapitalismus ausbeuterisch, also böse. Danach hatte man sich zu richten. Die Privatwirtschaft erhielt sich weiter, jedenfalls nahm ihr niemand das Risiko ab; aber die Staatstyrannei beaufsichtigte jede Transaktion, sie nahm Kenntnis von jedem Profit. Verbände, Behörden, Kommissare, Sachverständige der Partei und der Wehrmacht beanspruchten das vaterländische Recht beständiger Einmischung. Wo Gewinne erzielt wurden, meldeten sich Nutznießer, im Namen der guten Sache, meist aber zum besten der eigenen Tasche. Eine wirkliche, echte Planwirtschaft kam nie zustande. Das Durcheinander von Entwürfen, Augenblicksmaßnahmen war viel zu groß – die alte deutsche Freude am Theoretisieren feierte Triumphe. Das Pfuschen und Mogeln der Parteibonzen ärgerte die Gewissenhaften und Verantwortlichen aus der alten Schule dermaßen, daß Hitler seine Getreuen verwarnen mußte. Er setzte ihnen einen beratenden Wirtschaftsrat auf die Nase, die mächtigsten Industriemagnaten gehörten ihm an, und damit war man ja wieder bei der individuellen Profitwirtschaft angelangt. Das Gesamtbild war verworren. Es gab eine Art improvisierenden, von Fall zu Fall fortwurstelnden Staatssozialismus, der geschichtlich stark an die Wirtschaftspolitik des fürstlichen Absolutismus erinnerte. Damals waren die Hauptnutznießer Fürst und Hof. An ihre Stelle trat nun die Partei. Parteigenossen kamen auf keinen Fall zu kurz, jeder Agrarier oder Industrielle, der gewitzt war, besorgte sich alte Parteimitglieder als Gönner und ließ diesen Herrschaften für ihre Vermittlerdienste reichliche Provision zukommen. Das Ganze war ein »racket«. Die Wirtschaftstyrannei der Partei war gemildert durch Korruption und verklärt durch Rüstungspatriotismus. Da man keine genügenden Devisen besaß zur Einführung der notwendigen Rohstoffe, so verlegte sich die Industrie auf die Erzeugung von Ersatzstoffen wie Gummi, Petroleum, Aluminium, Textilien. Leidliche Qualitäten wurden auf künstlichem, wenn auch noch recht kostspieligem Wege gewonnen. Auch die Landwirtschaft sollte autark werden. Während es in Deutschland immer noch genug Gemüse, Kartoffeln und Zuckerrüben gab, erwies sich die Einfuhr von Butter und Eiern vom Auslande als unentbehrlich. Rückhaltlos wurde sie beschnitten, denn »Kanonen waren ja wichtiger als Butter!«, wie Göring es prägte. Die Erzeugung von Weizen und Roggen sollte sich steigern, was nur teilweise gelang, die Futtereinfuhr mußte um drei Viertel herabgesetzt werden – kein Wunder, daß sich der Viehbestand minderte. Der kleine Landwirt litt besonders unter der Umstellung, die Erbhofgesetzgebung erschütterte zudem die überlieferte

Propagandaplakat der Organisation »Kraft durch Freude« (KdF)

ländliche Arbeitsorganisation, die auf der Familienwirtschaft beruhte. Diese Gesetzgebung hatte an sich einen vernünftigen Zweck – die Zersplitterung durch dauernde Güterteilung sollte verhindert, eine Art Bauernaristokratie mit Mindestbesitz geschaffen werden, wie das in wenigen Gegenden Deutschlands, im Schwarzwald und in Niedersachsen üblich war. Der Widerstand und die Eifersucht der jüngeren Kinder, die nun benachteiligt wurden, war aber groß. Die großen Güter andererseits vermochten ihre Monopolstellung in der Erzeugung von Kartoffeln und Getreide wirksam auszunutzen, sie waren imstande, sich die modernen kostspieligen Maschinen anzuschaffen. Die Technisierung der Betriebe begünstigte sowieso den Großbesitz, nur hier lohnten sich teure Investierungen, die allein hochklassige Erzeugnisse ermöglichten. Gewiß stellte der Großbesitz Land für die volkstümlichen Siedlungspläne bereit, es war aber nicht der beste Boden, und so entstanden meist kümmerliche Existenzen, die Staatshilfe in Anspruch nehmen mußten oder in Abhängigkeit vom Großunternehmer gerieten. Der durchschnittliche Ernährungsstand in Deutschland sank von Jahr zu Jahr. Die Qualität verschlechterte sich, die Verknappung führte zum Schleichhandel und zu Preistreibereien. Gewaltmaßnahmen suchten die Preise auf alle Fälle zu befestigen. Ein solches System konnte nur kurze Zeit dauern. Was sollte werden, wenn dem angeschwollenen Apparat keine entsprechende Menge von Betriebsstoffen mehr zur Verfügung stand? Die Statistik zeigte 1933 eine sofortige Verminderung der Arbeitslosenziffer in Deutschland, und dies ist selbst von Gegnern des Nationalsozialismus als Erfolg anerkannt worden. Blickt man näher, so ergeben sich mancherlei Fehlerquellen bei diesen eindrucksvollen Ziffern. Viele Industriezweige wurden einfach zur Einstellung von Arbeitern gezwungen, auch über den tatsächlichen Bedarf hinaus. Unerwünschte, politisch belastete Arbeiter verschwanden aus den Fabriken, wurden aber nicht in die Arbeitslosenlisten aufgenommen. Verheiratete Frauen wurden durch unverheiratete aus den Listen ersetzt; die verminderte Arbeitszeit von vierzig Stunden verlangte mehr Hände, die freiwilligen Arbeitslager der Jugendlichen wiesen diese Gruppe als stark beschäftigt nach, ohne daß volle Bezahlung stattgefunden hätte! Die alten Gewerkschaften sowie sämtliche Arbeitgeberverbände verfielen jetzt der Auflösung. Statt dessen wurde die alle Gruppen umfassende Arbeitsfront geschaffen – Hand- und Kopfarbeiter, Beschäftigte der Industrie, der Landwirtschaft, der akademischen Berufe sahen sich zum ersten Male in einer riesenhaften Organisation vereinigt, die nun nach dem Führerprinzip, unter Ausschaltung von Streiks und Boykotts, von wechselseitigem Vertrauen getragen, fern von allen häßlichen Lohnzwisten, gedeihen sollte. Führer und Geführte der Arbeit wirkten zusammen in Vertrauensräten, Vertrauensmänner der Arbeit hatten in dreizehn Bezirken über ganz Deutschland hinweg die Arbeiterfragen zu betreuen, wirtschaftliche Ehrengerichtshöfe überwachten das anständige Verhalten aller Beteiligten. Dividenden von mehr als sechs Prozent waren in den meisten Fällen praktisch ausgeschlossen, weitere Überschüsse sollten in öffentlichen Anlagen investiert werden. Man sieht, wie sich das System bemühte, soziale Gesichtspunkte mit privatwirtschaftlichen Interessen zu versöhnen. Tatsächlich war der Arbeiter mehr als je in der Hand des Unternehmertums, an Stelle seiner Bewegungs- und Verhandlungsfreiheit bekam er allerhand Zuckerbrot zu fressen, wie es die Organisation »Kraft durch Freude« darbot. Aber alle Bildungsbrocken solcher Art vermochten die Einsichtigen darüber nicht zu trösten, daß nun unter einem Aufwand von hochtrabenden Redensarten die neue Zwangsarbeit in Deutschland eingesetzt hatte, die nur *ein* eigentliches und ernsthaftes Ziel kannte – jenes Ziel, was auch bei Rohstoffverknappung und Ausfuhrschwund, bei Risikoverschlechterung und unrentabler Überbeschäftigung immer noch, und gerade dann noch erreichbar blieb – die militärische Aufrüstung. Der 1936 verkündete Vierjahresplan hatte keinen anderen Sinn. Deutschland wünschte sich völlig unabhängig von fremder Einfuhr zu machen, es erzeugte Ersatzstoffe, auch wenn der Entstehungspreis noch so hoch stieg – ausländischer Wettbewerb wurde durch Zölle abgedrosselt. Fremde Währungen litten Not, Deutschlands Vorteil bei solchen Vorgängen lag auf der Hand – die verschiedenen internationalen Krisen wegen Österreich und der Tschechoslowakei wirkten sich als Hauptproben aus, alle erdenklichen Lehren wurden daraus gezogen; besondere Umlagen, die den Juden und den Katholiken, den Junggesellen und den Wirtschaftsverbänden auferlegt wurden, ließen die Maschine immer weiterlaufen, auch über kritische Augenblicke hinweg. Scheinbar soziale Einrichtungen, wie die Winterhilfe, dienten tatsächlich immer schärferer Erpressung und Kontrolle. Das Ergebnis dieser aufs äußerste angekurbelten Erzeugung war am Ende etwas, was es lange nicht in Deutschland gegeben hatte – die Verknappung der Arbeitskräfte, die nun durch die Verkündigung der Arbeitsdienstpflicht bekämpft wurde. Da im Januar 1939 durch Erlaß des Führers alle Männer über siebzehn, die nicht im Heeresdienst standen, der Erziehungsaufsicht des Sturmtruppenführers Lutze unterstellt wurden, so gab es schlechterdings keine männliche Einzelperson mehr, die nicht den Behörden in ihrer Arbeits- und Kriegsverwendungsfähigkeit völlig bekannt gewesen wäre.

Die unmittelbare und mittelbare Aufrüstung war der eigentliche, sehr ernsthafte Sinn des Systems. Ein in jedem Jahre wachsender Anteil des Volkseinkommens und Nationalvermögens wurde in Waffen und Vorräte verwandelt, die Nation wurde körperlich und geistig gedrillt, sie wurde durch den Luftschutz und ähnliche Mobilmachungsmaßnahmen auf die Natürlichkeit und Unvermeidlichkeit des Krieges vorbereitet. Jeder Besitzende war an der Kriegsvorbereitungswirtschaft interessiert und konnte eine Änderung der eingeschlagenen Richtung nicht wünschen. Der Goldvorrat schwand, man hatte Eisen dafür – aber diese Waffen gaben nur Zinsen, wenn sie gebraucht wurden – Deutschland war auch nicht in der Lage, sich nach dem Ablauf weiterer zehn Jahre eine neue Waffengarnitur anzuschaffen, wie sie durch die inzwischen weitergehende technische Entwicklung nötig gemacht worden wäre. Wenn es nicht zum baldigen Kriege kam, dann drohte der Bankrott, das Chaos, der Zusammenbruch des Nationalsozialismus. Die Partei verwandelte Deutschland in eine Kriegsfabrik und in eine Kaserne. Sie bejahte den Krieg weltanschaulich – aber mehr noch: der Krieg war, rein wirtschaftlich gesehen, das große letzte Geschäft, die einzige und endgültige Möglichkeit der Abrechnung, der Verwertung und Ausnutzung aller gemachten Anlagen; wenn der Krieg erfolgreich war, dann brachte er ja auch etwas ein, dann erschloß er Vorräte, stellte Arbeitskräfte zur Verfügung, brachte erbeutete Werte jeder Art in Bewegung, schaffte sogar das Gold wieder an, das die nationalsozialistische Wirtschaft nicht nötig zu haben behauptete. Der böse jüdische Marxismus, den der Nationalsozialismus niederzukämpfen unternahm, behielt aber in einem sehr wesentlichen Punkte recht: die Anhäufung von Wirtschaftswerten in der Hand der Überpartei erhöhte die Spannung, statt sie zu vermindern, und führte Deutschland unaufhaltsam einer Krise entgegen – entweder in den Krieg oder in die Revolution oder in eine Katastrophe, die beides vereinigte.

Die innenpolitischen Erfolge des Nationalsozialismus. Kulturzerstörung

Antiliberalismus, Antisemitismus, Antichristianismus und Antimarxismus waren die vier Elemente der nationalsozialistischen Bewegung. Sie erzielten vier grundlegende innenpolitische Erfolge. Der erste Erfolg besteht in der Vernichtung der deutschen Kulturüberlieferung. Der Nationalsozialismus beanspruchte, eine Weltanschauung zu sein mit ausschließlicher, intoleranter Dogmatik. Er machte bewußt und folgerichtig den Totalitätsanspruch. Er erfaßte den Gesamtbereich des Menschlichen; außerhalb seiner Lehre gab es keine berechtigte Kunst und Wissenschaft. Der Rassegedanke, die völkische Theorie waren Glaubensangelegenheiten, sie erkannten auch nicht einmal die Möglichkeit einer kritischen Nachprüfung an, schon der Versuch dazu reizte den mystischen Fanatismus, der dahinterstand. Von da aus bauten sich nun der Staat und die Gesellschaft auf; es gab keinen Raum darin für Zweifler oder Gleichgültige; wer nicht mitmachte, war ein Feind oder gar ein Verräter. Die ganze deutsche Vergangenheit wurde jetzt von diesem ausgesprochen unwissenschaftlichen, bewußt antiwissenschaftlichen Standpunkte nachgeprüft. Wer zu der Lehre zu passen schien, wurde gefeiert – wie etwa Herder und Fichte; wer nicht entbehrt werden konnte, der wurde umgedeutet und so in Anspruch genommen – wie etwa Luther und der Freiherr vom Stein. Wer nicht paßte und überflüssig erschien, der wurde ignoriert; die Feinde des Nationalsozialismus auch in der deutschen Vergangenheit, wie Lessing oder Wilhelm v. Humboldt, erfuhren die gebührende Verdammung. Dasselbe Verfahren vollzog sich bei der Behandlung der Literatur und der bildenden Künste. Liberale, jüdische, marxistische, pazifistische, individualistische, freimaurerische, anarchistische Gesinnungen wurden befehdet, Erzeugnisse dieser Richtung verboten, beschlagnahmt, verbrannt, ihre Autoren mißhandelt, entrechtet, vertrieben, eingesperrt, auf unbekannte Art beseitigt. Die deutschen Universitäten und Hochschulen erhielten schwere Schläge – viele Gelehrte guter liberaler Herkunft verschmähten es nicht, sich einzufügen und alle Vorteile einzuheimsen, die sich infolge des Ausscheidens so vieler begabter Wettbewerber bieten mochten. Ähnliche betrübende Vorkommnisse spielten sich in der Literatur, in der bildenden Kunst, in der Presse ab. Der triumphierende Leiter der nationalsozialistischen Kulturpropaganda war Joseph Goebbels, ein Rheinländer von guter akademischer Bildung, dessen ungewöhnlich bewegliche Intelligenz sich wahrscheinlich kritisch genug gegenüber den nationalsozialistischen Grundsätzen verhielt. Der Mangel an Glaube und Überzeugung hinderte diesen Mann freilich nicht, den Mund weit aufzureißen und seinen rheinischen Singsang verführerisch durch die Welt schwirren zu lassen. Im Angriff, in boshafter Kritik, in der Verhöhnung von Personen und Ideen, in schlagfertigem Auftrumpfen war Goebbels am stärksten. Er versagte, wenn es sich um das Positive handelte, um ein gutdurchgedachtes Programm, um ein verpflichtendes Bekenntnis. Jedem wirklichen Kämpfer und Arbeiter, der Schweiß und Blut opferte, ging das silbrig schwallende Geschwätz des Propagandaministers gegen den Strich, und mancher ordentliche deutsche Kerl hätte sicher gerne den »nachgedunkelten Schrumpfgermanen« für seine Stänkereien und

Selbst das wurde einmal ernst genommen und hoch bezahlt!

Die Titel heißen: „Der Gott der Flieger“, „Am Strand“, „Merzbild“ und „Familienbild“.
Die „Künstler“ heißen: Molzahn, Metzinger und Schwitters.

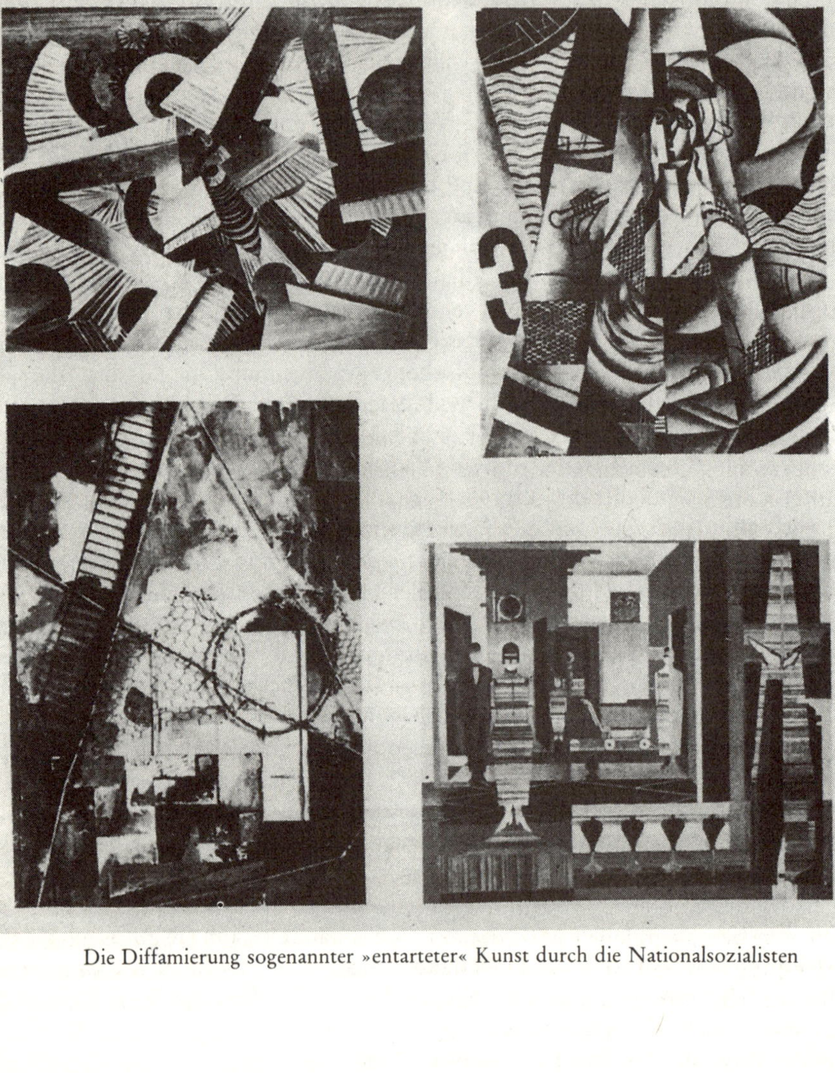

Die Diffamierung sogenannter »entarteter« Kunst durch die Nationalsozialisten

Tücken, für seine Liederlichkeit, Niedertracht und Frechheit so verdroschen, wie er es tausendmal verdiente. Der Mann mit dem Klumpfuß verdarb sich sogar das Mitleid, das dem Krüppel sonst sicher ist. Denn seine wilde und böse Lebensführung hatte den Schaden vielfach überkompensiert. Als ein zynischer Komödiant hielt Goebbels immer noch ein letztes Register bereit, und so vermochte er selbst diejenigen zu verblüffen, die an seine Lügen gewöhnt waren. Niemand durfte sich vermessen, die letzten Seitensprünge dieses diabolischen Geistes berechnen zu wollen.

Die deutsche geistige Produktion erlitt jetzt durch die nationalsozialistische Propaganda einen Stoß, von dem sie sich vielleicht lange nicht erholen kann. Erziehung, Unterricht, Volkshochschulwesen, die Museen, das Verlagsgeschäft, das Werbewesen – selbst die Leihbibliotheken und Lesezirkel, der Kunsthandel und das Ausstellungswesen – kurz die Gesamtheit der kulturellen Einwirkungsmittel wurden in den Dienst der Überpartei gestellt. Erzogen werden sollte der einsatzbereite, für die Gemeinschaft kämpfende, harte, grausame, aber, wenn nötig, auch sich selber aufopfernde Partei- und Volksgenosse. Zucht und Ordnung und Autorität hatten alleinige Geltung, die Nation war das höchste irdische Gut. Die Volksgemeinschaft war die höchste Form der Erziehungsarbeit, innerhalb der die einzelnen aufeinanderwirkten, in der sich jeder von ihnen widerspruchslos einzufügen hatte. Man fühlt die militärische Grundeinstellung des Gedankens, man fühlt, wie alles auch hier auf den Krieg hinzielt. Eine große Anzahl neuer Fächer verdrängte das alte Bildungsgut: Vorgeschichte, Heimat- und Volkskunde, Rassen- und Erdkunde, Bevölkerungslehre, Geopolitik. Besondere Lehrgänge, Schulungslager, Verbände und Kameradschaftshäuser, Theatervorstellungen, der Rundfunk, nationale Feiern voll steifen überernsten Zeremoniells – alles diente dem neuen Kulturideal, dessen Wortschatz und Geste sich den Volksgenossen geradezu einhämmerten. Mit voller Absicht und uneingeschränktem Erfolg löste sich dieses neue Nazi-Deutschland aus dem altüberlieferten Zusammenhange des europäisch-amerikanischen Kulturkreises. Es beanspruchte eine neue Form, einen neuen Rhythmus, ein neues gesteigertes, sich als absolut und endgültig ansehendes Lebensgefühl. Unabhängigkeit der Richter gab es zum Beispiel nur insoweit, als sie auf dem Boden der nationalsozialistischen Weltanschauung standen – nur dann konnte ihre Rechtsprechung angesehen werden als: »lebenswirklichkeitsnahe Volksdienstarbeit«. Sogar die Steuergesetze waren nach der nationalsozialistischen Weltanschauung auszulegen! Jeder Gelehrte, der ins Ausland ging, hatte sich dort bei den Parteivertretungen zu melden und nach der Rückkehr ins Vaterland über seine Beobachtungen zu berichten. Es gab keine wissenschaftliche Betätigung mehr ohne Spitzelei.

Deutsche Menschen, die Angehörigen eines der gebildetsten und begabtesten Völker der Welt, mußten solche Demütigungen ertragen! Kein Wunder, daß die Gemüter verstumpften, daß die Seelen verrohten. Wie hatte sich die Weimarer Republik um die Frauen bemüht! Sie erhielten Ämter, sie wurden Abgeordnete, sie erlangten Einfluß auf allen wichtigen Gebieten. Nun hatte das alles keine Geltung mehr. Die Frauen wurden von den siegreichen Männerbünden verächtlich ins Haus zurückgedrängt. Viele der Jüngeren und auch manche Gereifte liefen dem Nationalsozialismus nach – offenbar weil das Parteileben die Heiratsaussichten verbesserte. Rücksichtslos griff die Partei endlich auch in das Leben der Jugend ein. Die echte große Jugendbewegung wurde abgedrosselt. Ein Reichsjugendführer übernahm die Gesamtleitung, alle Ju-

Der Sozialimperialismus der Nationalsozialisten verkehrte die »Heim-ins-Reich-Bewegung«: Ausrottung der »slawisch-bolschewistischen Untermenschen« und Kolonisation des Ostens waren seit 1941 deutsche Kriegsziele

gendverbände unterstanden ihm. Nichts Eigenes, nichts Persönliches fand mehr Duldung, alles wurde lieblos und achtungslos, ohne Gefühl für den Feinsinn, für den Ernst und die Empfindlichkeit junger Menschen, in plumper Weise über einen Kamm geschoren. So wurde also jene alte große Persönlichkeitskultur der Deutschen, die Goethe als höchstes Glück der Erdenkinder gefeiert hatte, systematisch und gründlich zerstört. Der Nationalsozialismus brauchte Arbeitsmaschinen, Rekruten, Polizisten, Henkersknechte. Schillers Freiheitsidee zerbrach, Goethes Naturbeseelung und weltweite Weisheit verlor ihre Geltung, Kants kritischer Tiefsinn und völkerversöhnendes Ethos fielen der Verachtung, ja dem Hohne anheim. Luthers Tat, die edle Leidenschaft des Freiherrn vom Stein, Bismarcks Vorsicht und gebändigte Kraft – das alles wurde nun herabgedrückt zu einem Vorläufertum, das noch dankbar sein sollte für die gnädige Duldung seitens der geistigen Lakaien eines nicht aufgeklärten Despotis-

mus. Völlige Vernichtung ist freilich schwer. Man kann den Leib leichter töten als die Seele. Hinter verriegelten Türen geisterten die Schatten edler deutscher Kulturüberlieferung weiter. Früher hatte der Kaiser wartend im Kyffhäuser gesessen. Nun saß die deutsche Kultur selber verbannt im Schoß der Erde und wartete auf Entzauberung. Für den Augenblick hatte die Totalität gesiegt – die Herrschaft des totalitären Terrors. Brauchte es solcher dummen Barbarei, um die Wirkung des seelischen Stoßes von Versailles zu überwinden? Die überhebliche, gestrenge, humorlose, zackige Manier der nationalsozialistischen Parteigenossen gab sich als Anzeichen der inneren Gesundung. Geschichtlich vollendete der Umbruch, was die Gegenreformation, der Absolutismus, der Militarismus und die bürokratische Reaktion mit steigendem Erfolge versucht hatten. Das Schicksalsjahr 1933 setzte nur die früheren Jahre des Verhängnisses fort – 1648, 1715, 1815, 1849, 1866, 1878, 1894. Diese gesamte Entwicklung hatte *ein* großes Ziel – die Ermordung der deutschen Freiheit.
Seit vielen Jahren kämpfte der europäisch-amerikanische Kulturkreis um ein neues Menschentum. Der Nationalsozialismus schaltete Deutschland für jetzt aus diesem Kampfe aus. Noch mehr – er begann seinerseits einen Kampf, der die Zerstörung der Menschheitsidee bezweckte.

Die Überwindung des Partikularismus und des Dualismus

Partikularismus, Dualismus und Universalismus waren die drei Bürden, mit denen die deutsche Geschichte von alters her belastet war. Der Nationalsozialismus hat sich bemüht, hier Entscheidendes zu wandeln. Die Weimarer Verfassung ist niemals aufgehoben worden, sie wurde aber zum wichtigsten Teil durch Verordnungen außer Kraft gesetzt. Nach dem Gesetz vom 30. Januar 1933 konnte die Reichsregierung unbeschränkt neues Verfassungsrecht schaffen, der Reichskanzler verkündete diese Beschlüsse als Gesetze, ohne Beteiligung des Reichstages und des Reichspräsidenten. Die Neueinrichtung des Reiches war also technisch eine recht einfache Angelegenheit geworden. An die Stelle des Bundesstaats trat nunmehr der Einheitsstaat. Das Reich wurde der Träger aller Hoheitsrechte, der Reichsrat wurde aufgelöst, die Staatspräsidenten und parlamentarischen Körperschaften der Länder fielen weg. Die Länder wurden vielfach zusammengelegt, sie lebten fort lediglich als öffentlich-rechtliche Verbände, der Traum der partikularistischen Souveränität war ausgeräumt – Reichsstatthalter traten an die Spitze der neugebildeten Ländergruppen, als Vertreter des Reichsoberhauptes. Der Plan war, die geschichtlichen Landesgrenzen endgültig abzuschaffen und zwanzig neue Verwaltungseinheiten einzurichten – aber dazu kam es nicht, offenbar weil der Widerstreit der alten und der neuen Gau-Interessen eine Lösung zu sehr erschwerte. Die Reichsregierung ernannte die Reichsstatthalter. Eine Ausnahme machte freilich Preußen. In Preußen führte der Reichskanzler selber die Statthalterschaft, übertrug sie aber dauernd auf den preußischen Ministerpräsidenten

Hermann Göring. In der Person von Göring lebte gewissermaßen der preußische Sondergeist weiter, die geschichtliche Überlieferung sowohl wie der hegemoniale Anspruch.
Göring erwarb sich in Deutschland und auch im Auslande deshalb eine gewisse Volkstümlichkeit, weil er unter all den Psychopathen, Krüppeln, Phrasenkannengießern und ressentimentgeladenen Emporkömmlingen des Nationalsozialismus etwas Gesundes darstellte: ein bärenstarker Kerl, von derben Nerven und Sinnen, ein Abkömmling der alten Oberklasse, ein Pilot, Soldat und Jäger, ein von sich überzeugter Ehemann und Hausvater, ein Mann, der richtig Deutsch sprechen konnte, seine saftigen Witze machte, und mit Humor die Geschwollenheiten und Verstiegenheiten seiner Parteigenossen behandelte – also ein Typus, der gar manchen mit der Partei und ihrem Treiben irgendwie versöhnte. Blickt man freilich tiefer, so ist gerade Göring neben dem Führer selbst die verhängnisvollste Erscheinung. Ein Mann von seiner Herkunft, Vergangenheit und Intelligenz mußte die Hohlheit der nationalsozialistischen Ideologie durchschauen. Aber sein Bedürfnis, eine Rolle zu spielen, war stärker in ihm als irgendeine Erkenntnis. Maßloser, zynisch-pathologischer Ehrgeiz ist Görings Haupttriebfeder, dazu die Eifersucht auf die dämonische Zauberkraft der Persönlichkeit Hitlers, auf die Darstellungsgabe und Schlagfertigkeit von Goebbels, ja selbst auf die Arbeitskraft und Erfahrung des Reichsinnenministers Frick oder den Spürsinn und den Kombinationsinstinkt Himmlers. Göring kam sich nicht mit Unrecht als der schlecht Weggekommene in dieser erlauchten Gesellschaft vor. Als launischer Schwächling versuchte er seine Fehlleistungen wettzumachen durch sultanische Verschwendung, sadistische Ausschweifungen, Blutvergießen und brutales Toben. Was er wirklich verstand, war die Organisation der Luftwaffe. Viele Deutsche bewunderten ihn deshalb. Aber er war niemals ein Feldherr, nicht einmal in der Art des Hitlerischen Intuitiv-Dilettantismus, er war nicht einmal besonders kriegslustig, was sowohl in einem kuriosen Mangel an persönlichem Mut wie in einer gewissen Bequemlichkeit, endlich auch in dem leidenschaftlichen Wunsche begründet war, auf alle Fälle den Führer zu überleben und sein friedliebender, international mit Wohlwollen anerkannter Nachfolger zu werden. Göring hat offenbar nie an die nationalsozialistische Weltmission geglaubt und hielt sich deshalb frühe für den vernünftigen Vermittler, für den einzigen, der mit den Generälen und Monarchisten, mit den Feudalen und Industriellen doch irgendwie noch zusammenarbeiten konnte. Deshalb verband sich mit so viel Plumpheit, Dekadenz und Irrtum doch auch das schlaue Bedürfnis des schmollenden Thronfolgers, sich nicht zu verbrauchen durch allzu offene Bloßstellung.

Das preußische Sondertum bestand also weiter. Man fragt sich, ob der übrige deutsche Partikularismus wirklich tot ist. An die Stelle des dynamistischen Partikularismus trat nun, mehr oder weniger gefördert durch die Reichsleitung, der Partikularismus der Gaue. Die alten Stammeszusammengehörigkeiten des Mittelalters, klangen wieder auf. Die Reichsministerien und die preußischen Ministerien wurden zusammengelegt, der etwas wunderliche Dualismus des Berliner Behördenapparates verschwand – aber wiederum mit der einen bezeichnenden Ausnahme – das preußische Finanzministerium blieb bestehen! Der Herr preußische Ministerpräsident Göring brauchte seine eigene Kasse. Der Reichstag war die einzig noch übrigbleibende parlamentarische Körperschaft in Deutschland. Er bestand aus Vertretern der einen herrschenden Partei, er wurde gewählt ohne Wahlkampf, er arbeitete nicht mehr. Man nannte ihn witzig den bestbezahlten Männerchor, den es in der Welt gab, denn er unterbrach sein Honoratiorendasein nur durch begeisterte Zustimmung zu den Reden und Taten des Führers – und er drückte diese Zustimmung aus durch Absingung der Nationalhymne und des Horst-Wessel-Liedes. Horst Wessel war ein Zuhälter und Schieber, der im Februar 1930 in Berlin einen obskuren Tod gefunden hatte. Der Unitarismus hatte also den Parlamentarismus beinahe aufgezehrt.

Staat und Partei wachsen völlig ineinander

Die Weimarer Republik hatte gelitten an dem Übermaß parlamentarischer Einrichtungen – das war nun verkehrt in das Gegenteil. Der Dualismus zwischen Kaiser und Reich, zwischen Staat und Kirche, zwischen Königtum und Landesherrschaft, zwischen Preußen und Österreich, zwischen dem alten Reichskernland und dem Kolonialgebiet, zwischen Protestanten und Katholiken, zwischen Lutheranern und Reformierten, zwischen Obrigkeit und Volksbewegung – also alle diese alten Gegensätze des deutschen Lebens waren nun von dem Nationalsozialismus überwunden – mindestens nach außen hin, mindestens gemäß der Idee des einheitlichen totalitären Autoritätsstaates. Und wie stand es mit dem alten Universalismus? Die Deutschen waren das ethnisch am meisten zusammengesetzte Volk Europas, sie saßen in der Mitte des Kontinents, mit mehr Nachbarn in Berührung und im Austausch als irgendeine andere Nation, sie hatten weiche unsichere Grenzen: die Nachbarn griffen über diese Grenzen nach Deutschland hinein, die deutschen Herrscher griffen über diese Grenzen hinaus in die Weite. Der Universalismus, der Weltherrschaftsgedanke des frühen Mittelalters, entsprang diesen ethnisch und geographisch gegebenen Verhältnissen. Der alte Universalismus scheiterte an der Erstarkung der europäischen Nachbarnationen, die früher erfolgte als die Modernisierung und Zusammenfassung der Deutschen. Der mittelalterliche Universalismus schrumpfte dementsprechend zu einer Ehrenstellung, zu einer friedlich gestimmten kaiserlichen Würde zusammen, er verschwand mehr und mehr als ein politischer Faktor aus dem europäischen Geschehen; das alte Reich zerfiel, die beiden deutschen Großmächte, die Fülle der Einzelstaaten setzten sich als Erben durch. Konnte, würde der Nationalsozialismus den Universalismus abgewandelt wiederaufnehmen?

Die Abwandlung des Universalismus

Der Nationalsozialismus ergriff den universalistischen Gedanken, indem er das überkommene Staatsbürgertum in eine Volksgenossenschaft verwandelte, die ohne Rücksicht auf politische, geographische, rechtlich-historische Abgrenzungen ihr Leben zu führen gewillt war – lediglich aufgebaut auf dem deutschen Gedanken. Die Volksgenossenschaft der Deutschen verwertete für ihre Ansprüche die germanische, die nordische und die arische Ideologie – diese an sich schon wenig klaren und wissenschaftlich umstrittenen Begriffe gingen bei der praktischen Propagandaarbeit völlig ineinander über. Als zugehörig zu der universalistischen Volksgenossenschaft der Deutschen wurden alle Deutschsprechenden angesehen, aber auch alle Einwohner von Gebieten, die einmal zu dem Heiligen Römischen Reich gehört hatten, die dem Deutschtum angeblich oder wirklich verlorengegangen waren. Selbst die flämisch- und holländischsprechenden Einwohner von Belgien und den Niederlanden wurden als Volksgenossen betrachtet, als entfremdete, abhanden gekommene Volksgenossen, die eben zurückgewonnen werden mußten. Die Mitteleuropaidee genügte nicht mehr. Alldeutsche Lehren von früher erwachten also zu neuer Lebendigkeit. Eine ganz frische Wissenschaft vom Auslandsdeutschtum entstand und erfuhr eifrige Pflege. Gelehrte und Publizisten gingen auf weite Reisen, um in Europa und in Übersee die auslandsdeutschen Gruppen aufzusuchen und zu bearbeiten – es galt, ihnen ihre Zugehörigkeit zur Volksgenossenschaft in Erinnerung zu rufen und entsprechende Pflichten daraus zu entwickeln. Die Auslandsorganisation der nationalsozialistischen Partei entfaltete eine rührige Arbeit, die dem Zusammenschluß der Deutschen in der Welt, den wirtschaftlichen Interessen des Reiches und den letzten, kühnsten politischen Plänen des Nationalsozialismus zu dienen hatte. Der alte Universalismus war germanisch-freiheitlich, ständisch, völkerbeschirmend und völkerversöhnend, er war katholisch-pazifistisch, der römische Kaiser sollte als weltlich-geistlicher Retter und Heiland das tausendjährige Reich des Friedens auf Erden verwirklichen. Der neue Universalismus war antiklerikal, ja unchristlich, er diente dem Diesseits und nur ihm, er griff fremdes Volkstum an zur Machterhöhung des eigenen, er spaltete auf, er zersetzte, er trieb und drängte vorwärts, er war voller Unruhe, Hast und Gier; er unterjochte und unterdrückte, er zerstörte und vernichtete; auch er sprach von den tausend Jahren, aber der fromme Chiliasmus kaiserlichen Welterlösertums hat sich in sein fluchwürdiges Gegenteil verkehrt, in den antichristlichen Erobererwillen des unheiligen Führertums. Der große französische Historiker Hippolyte Taine wollte die Französische Revolution von 1789 verstehen als den Aufstand der keltischen Unterschicht gegen die germanische Oberschicht. Es wäre eine verlockende Aufgabe für einen kundigen und unparteiischen Rassepsychologen, den Nationalsozialismus auf sein wahres Verhältnis zum Germanentum zu untersuchen. Die führenden Männer der Bewegung fielen ja ohne weiteres durch ihren starken keltischen und slawischen Einschlag auf. Die deutschen Gebiete, in denen der germanische Faktor am stärksten ist, sperrten sich am längsten gegen den Nationalsozialismus. Die deutsche Bevölkerungsvermehrung der letzten fünfzig Jahre scheint überhaupt ein Anwachsen der keltischen und slawischen Mischlinge hervorgebracht zu haben. Die ländliche und kleinstädtische Überschußbevölkerung trägt überwiegend diesen Charakter, aus ihr baute sich aber die neue großstädtische Masse auf, das »Untermenschentum«, welches das Heer der Überpartei lieferte. Damit wäre ein psychologisches Moment zu verbinden. Die Länder, in denen der germanische Faktor entscheidend überwiegt, wie Schweden und Holland, haben die überlieferte germanische Rechts- und Freiheitsidee zur Ausgestaltung moderner demokratischer Einrichtungen verwertet. Der erbitterte Kampf des Nationalsozialismus gegen alles »Demokratische« könnte also als ein weiteres Anzeichen für seine tatsächliche Entfremdung von allem echt Germanischen gedeutet werden. Nichts ist so ungermanisch wie der östliche Despotismus, nichts war dem altdeutschen Wesen des heiligen Reiches so fremd und widerwärtig. Nun war der Despotismus des östlichen Kolonialgebietes wiederauferstanden und unterjochte den urdeutschen Freiheitsgedanken. Um seinen fremden, undeutschen, ungermanischen Charakter zu verschleiern, nahm aber dieser Despotismus gerade die germanische Idee für sein System in Anspruch.

Die außenpolitischen Programme des Nationalsozialismus. Militaristische Revancheidee

Diese letzte Betrachtung führt unmittelbar zu den drei außenpolitischen Programmen des Nationalsozialismus. Die außenpolitische Arbeit der Bewegung ist durchaus nicht einheitlich, sie hat sich im Laufe der Jahre gewandelt; auch Adolf Hitlers Buch »Mein Kampf« stellt gewiß eine Reihe von wichtigen Richtlinien zusammen, aber es ist ein Irrtum, der nicht wahrer wird durch die häufige Wiederholung – daß nämlich die Ereignisse der letzten Jahre eine buchstäbliche Verwirklichung der Forderungen und Lehren dieses Buches gewesen wären. Die drei Programme der nationalsozialistischen Außenpolitik sind aufeinander gefolgt, ohne sich aber völlig abzulösen, sie haben sich ineinandergeschoben, sie haben nebeneinander bestanden und gegeneinander gearbeitet; dies hat unabsichtlich, wahrscheinlich aber auch ganz bewußt der Verschleierung der eigentlichen Ziele gedient. Das erste außenpolitische Programm ist das der militaristischen Revancheidee. Seine ursprünglichen Träger sind die geistigen Führer des alten preußischen Generalstabes, die während der Weimarer Republik eine verschämte Fortexistenz in der militärischen Forschungsabteilung des Potsdamer Reichsarchivs führen durften. Diese gescheiten und hochgebildeten Männer wußten genau, warum der imperialistische Weltkrieg verlorengegangen war, sie lächelten über die Dolchstoßlegende und waren entschlossen, es das nächstemal besser zu machen. Die alten Stammrollen wurden sorgfältig aufbewahrt zur Vorbereitung der Wiedereinführung der allgemeinen Dienstpflicht, die Kriegserfahrungen wurden systematisch gesammelt zu wissenschaftlichen, aber auch zu sehr praktischen Zwecken. Der altpreußische Militärgeist bereitete den Krieg vor, weil der Krieg sein Lebensinhalt war, weil er sich keine Zukunft ohne einen siegreichen Krieg, ohne die persönliche und geschichtliche Genugtuung eines neuen Triumphes auf dem Schlachtfelde denken konnte. Es entstand die neue Disziplin der Wehrwissenschaft, die sich auch als Lehrfach auf den Universitäten schon vor dem Umbruch durchsetzte. Zeitschriften und Fachstudien erörterten die Bedingungen des Zukunftskrieges; die Luftwaffe, der Gaskrieg, die Mechanisierung der Truppe – alle diese technisch-organisatorischen Probleme wurden von den zuständigen Stellen des Reichswehrministeriums gepflegt und gefördert; sie erfuhren aber auch Erörterung in halb wissenschaftlichen, halb volkstümlichen Schriften, wie den Büchern von Ewald Banse, so daß das Publikum schrittweise auf die kommenden Dinge vorbereitet wurde. Die preußischen Militaristen wünschten vor allem Rache an Frankreich; der Ruhreinfall, das französische diplomatische System, das sich über Europa spann, hatten die tiefe Erbitterung hervorgerufen, die sich auch in Hitlers Buch deutlich genug ausprägt: Frankreich ist der alte Erbfeind, Frankreich besitzt die angeblich beste Armee der Welt, Frankreich muß gezüchtigt werden. Der Plan war, Frankreich möglichst zu isolieren, es von seinen Verbündeten auf dem Kontinent, ja von Großbritannien zu trennen und, wenn irgend tunlich, es innenpolitisch zu zerspalten. Die Freundschaft des Nationalsozialismus mit Italien stammt schon aus den Tagen der Weimarer Republik. Die Wiederannäherung an das enttäuschte Italien war nach dem Weltkriege für Deutschland nicht eben schwer, wenn auch die Südtiroler Frage und später der Faschismus den demokratischen Patrioten von Weimar nicht behagen wollte. Der Nationalsozialismus vergaß leichten Herzens die armen Tiroler, er lernte vom Faschismus, um ihn bald zu belehren, seine militärische Revancheidee brauchte die italienische Freundschaft, so wenig Italien militärisch selbst eine Hilfe bedeuten konnte. Als außenpolitischer Berater gewann sich Hitler einen ehemaligen Champagnerhändler, Joachim von Ribbentrop, der lange im Auslande gelebt hatte und deshalb dem Führer durch die Sprachgewandtheit und die gesellschaftliche Eleganz des erfahrenen Commis Voyageur imponierte. Ribbentrop hatte sich den Adelstitel durch Adoption innerhalb der weiteren Verwandtschaft erschoben und versuchte die Talmi-Flitter seiner Person und Laufbahn durch bösartige Geschäftigkeit zu verdecken. Zunächst gelang es ihm nicht, die Westmächte diplomatisch voneinander zu lösen, trotz reichlicher Anwendung der alten Bismarckschen Methode kreuzweiser Verhetzung. Hitlers Feindschaft gegen das bolschewistische Rußland schien tief und unversöhnlich. Als mögliches Ziel des ersten Programmes prägte sich also der Zweifrontenkrieg aus, gegen die verbündeten Flankenmächte Frankreich und Rußland sowie ihre kleineren Satrapen, mit Unterstützung Italiens und vielleicht doch von Großbritannien. Das deutsch-englische Flottenabkommen von 1935 schien vielversprechend. Es war ein Triumph des Nationalsozialismus, England zu beschwatzen, einen Bruch des Friedensvertrages und vieler anderer Abkommen für eine Entspannung mit Nazi-Deutschland in Kauf zu nehmen. Wesentlich zu diesem ersten Programm gehört auch die Wiederaufnahme der altösterreichischen Balkanpolitik. Innenpolitisch verband sich ja merkwürdig genug beim Nationalsozialismus das wiedererweckte Spitzelsystem des Metternichschen Polizeistaates mit dem Ideal des borussischsten aller Könige, dem Heeresstaate König Friedrich Wilhelms I., dessen Andenken nicht umsonst freigebig gefeiert wurde. Genauso fügte sich zu dem preußischen Revancheprogramm ein österreichisches. Hitler behielt persönlich immer etwas von dem altösterreichischen Grenzgendarmen, wie es ja der väterlichen Berufsüberlieferung entsprach. Er hatte den Vater gehaßt – aber nur um doch in seinem Banne zu bleiben. Die polizeimäßige Behandlung slawischer Nationalitäten war dem Führer natürlich, der Wiener Anspruch auf Hegemonie im Donaubecken selbstverständlich. Sein Abscheu vor den Tschechen und Serben, seine Sympathie für die Ungarn entsprach den Erfahrungen der Doppelmonarchie Kaiser Franz Josephs. So vereinigte sich mit Hitlers borussischem russophilem Militarismus ein österreichischer, antirussischer Militarismus. Der Dualismus der deutschen Überlieferung schlug ins Außenpolitische um. Sofort lebte als Wunschtraum die alte Bismarcksche Dreibundkombination wieder auf, nebst der Anlehnung an Großbritannien.

Außenpolitisch gesehen, gab es zwei Gipfelpunkte in der Laufbahn des deutschen Führers und Kanzlers. Der erste war der Moment unmittelbar vor Ausbruch des Krieges 1939, als es ihm gelang, Rußland von den Westmächten zu trennen. Seit Jahren hatten sich Frankreich und die Tschechoslowakei bemüht, Rußland in die Front gegen Deutschland einzufügen. Großbritannien war mit etwas bürgerlich-kapitalistisch gefärbtem Widerstreben gefolgt. Und nun überraschten Hitler und sein Außenminister von Ribbentrop die Welt durch den deutsch-russischen Nichtangriffspakt vom August 1939! Genaueren Beobachtern erschien freilich dieser Pakt als eine nicht allzu unwahrscheinliche, wenn auch vorübergehende Wiederaufnahme der alten deutschen Rapallo-Politik.

Der zweite Höhepunkt in Hitlers Laufbahn war der Moment der völligen militärischen Besiegung Frankreichs. Seit dem Ende des ersten Weltkrieges hatte Frankreich seine Rolle als die vornehmste europäische Militärmacht mit Selbstgefühl gespielt. Die zögernde und oftmals kritische englische Außenpolitik hatte sich immer wieder durch den Glanz der französischen Militärmaschine blenden lassen. Und nun endete diese Vormachtstellung mit einem völligen, in seinen tiefsten Ursachen noch nicht ganz erkannten Zusammenbruch. Hitler hatte seine Revanche genommen; auch Deutsche, die nicht seine Anhänger waren, jubelten ihm jetzt, 1940, zu, in der Erinnerung an die Ruhrbesetzung vor allem. Wenn der Nationalsozialismus im Anfange des Krieges 1939 Rußland von den Westmächten getrennt hatte, so gelang ihm nun etwas noch viel Unerhörteres – er trennte die beiden Westmächte voneinander, er setzte der Entente cordiale ein vorläufiges Ende, er isolierte England, dessen baldiger Untergang von vielen für möglich gehalten wurde, er besetzte den größeren Teil von Frankreich, später das ganze Land, zusammen mit seinem italienischen Bundesgenossen, er setzte einer schwachen französischen Regierung die Daumenschrauben an. Mit Hilfe des französischen Antisemitismus und romantischen Konservatismus warb er schließlich sogar um Frankreichs Freundschaft, die er brauchte, um England zu schlagen. Der wirtschaftliche, geistige und sittliche Ruin eines der vornehmsten Länder Europas schien bevorzustehen.

Die antibolschewistische Kreuzzugsidee

Auf ganz anderen Voraussetzungen beruhte das zweite außenpolitische Problem der nationalsozialistischen Bewegung – Alfred Rosenbergs antibolschewistische Kreuzzugsidee. Hier war die von Friedrich Naumann während des imperialistischen Weltkrieges vertretene Mitteleuropalösung verbunden mit der damals von den Balten Theodor Schiemann und Paul Rohrbach empfohlenen Verdrängung Rußlands aus Osteuropa. Alfred Rosenberg, der offizielle Überwacher der nationalsozialistischen Weltanschauung, gleichfalls ein Balte, war erfüllt von dem typischen tiefen Haß gegen die russische Barbarei, wobei der Unterschied zwischen Zarismus und Bolschewismus nicht ins Gewicht fiel. Hitler stand zunächst stark unter der Einwirkung dieser Lehre. Seine merkwürdigste außenpolitische Handlung, der auf zehn Jahre abgeschlossene Nichtangriffspakt mit Polen (1936), paßte ganz in die Linie. Alfred Rosenberg verlangte die Zusammenarbeit mit Polen und den baltischen Randstaaten, die Abtrennung der Ukraine, die Befreiung aller Fremdvölker, sogar die Verselbständigung von Sibirien – also die Vernichtung des russischen Weltreiches, wobei die Hilfe der Türkei, Persiens, Afghanistans und Japans in Betracht gezogen war. 1936 kam das deutsch-japanische Abkommen zustande. Von den Westmächten wurde Neutralität erwartet;

Das »Großdeutsche Reich« entsteht: von den Österreichern begrüßt . . .

der Zusammenbruch des russischen Imperialismus entlastete notwendig den britischen; Deutschlands Ostexpansion erleichterte Frankreich – die französische Volksfront erhielt durch die Unterstützung des spanischen Faschismus seitens Deutschlands und Italiens eine deutliche Warnung. Rosenbergs Ideen gipfelten in einer nordisch bestimmten kontinentaleuropäischen Hegemonie Deutschlands; dem schützenden mitteleuropäischen Block sollten sich die kleinräumigen und deshalb nur noch halbsouveränen Nationalitätenstaaten im Osten und Westen anschließen. Hier war freilich Widerstand zu erwarten – und so schlug der Partikularismus ins Außenpolitische um. Frankreich und England, diese ermüdeten und erstarrten Gebilde demokratischen Charakters, wurden nicht als ernsthafte Gegner einer solchen Kräftezusammenballung angesehen. Der Weg nach dem Orient und der Weg nach Wladiwostok standen einem Gebilde dieser Art doch ohne weiteres offen.

Wäre es dem Nationalsozialismus gelungen, mit Polen und der Tschechoslowakei in ein erträgliches Verhältnis nachbarschaftlicher Zusammenarbeit zu kommen, dann wäre dieses Ostprogramm vielleicht durchführbar gewesen. Hitler gewann das Saarrevier voll zurück, er verließ den Völkerbund, er militarisierte das Rheinland, er zerriß die Locarnoverträge, er vollbrachte den Anschluß Österreichs – alle diese steigenden und blendenden Erfolge bewegten sich immer noch innerhalb des großdeutschen Ge-

. . . von den Tschechen gehaßt

dankenkreises, den die Westmächte nicht zu stören beabsichtigten, gehemmt wie sie waren durch ihre eigenen innenpolitischen und Verteidigungssorgen. Die Zertrümmerung der Tschechoslowakei, die durch die Münchener Verhandlungen im Herbst 1938 nur aufgehalten werden konnte, die scharfe Wendung der deutschen Politik gegen Polen, die Vereinigung der Karpatho-Ukraine mit Ungarn stellten aber die Westmächte vor schicksalsschwere Entscheidungen. Es zeigte sich, daß der Nationalsozialismus noch ein drittes außenpolitisches Programm besaß – und dieses Programm reifte nun zur Verwirklichung.

Der revolutionäre Weltimperialismus

Es gab eine Reihe von Gruppen, die seit Jahr und Tag dem Nationalsozialismus die Annäherung an Rußland empfahlen. Der Königsberger Gauleiter Koch und der ebenfalls dort wirkende Planwirtschaftler Professor von Grünberg, die jungkonservativen Revolutionäre, aber auch die Prediger der zweiten, der endgültigen und wahrhaft sozialistischen Revolution vertraten dieses Programm; die Generalstabsoffiziere standen seit der Wirksamkeit des Generalobersten von Seeckt mit ihren russischen Kameraden in naher Verbindung; die wirtschaftlichen Austauschbeziehungen waren trotz der antibolschewistischen Kreuzzugsideologie gedeihlich weitergegangen, seit Rapallo und dem deutsch-russischen Freundschaftsvertrag von 1926. Hitler fühlte sich Rußland gegenüber nie frei. Seine alte Haßliebe zu Lenin verblendete und verwirrte ihn. Eine innerste Stimme sagte ihm, daß nun der rote Zar Stalin vielleicht der wahre neue Weltherrscher wäre und er selber doch nur ein Demagoge. Aber Rußland war das einzige Weltreich, das eine Zertrümmerung Polens nicht nur duldete, sondern sogar mitmachte. Mehr noch: die Zusammenarbeit der Westmächte war zunächst nicht zu sprengen, ja diese Mächte machten sich an Rußland mit Angeboten heran – die große Einkreisung von 1914 schien zu drohen. Das französisch-russische Bündnis war schon seit dem Zusammenbruch der Tschechoslowakei nicht mehr fest, England und Rußland standen sich seit Jahr und Tag fremd gegenüber – entfernt durch das erwähnte unüberwindliche Mißtrauen der englischen herrschenden Klasse gegenüber dem Bolschewismus. Der Nationalsozialismus fühlte sich von England hingehalten und irregeführt.
Hitlers Interesse an den Kolonien war ursprünglich sehr gering gewesen. Je erfolgreicher er in der Beseitigung des Friedensvertrages von Versailles war, desto energischer erscholl aber in Deutschland die koloniale Forderung. Mit der Zurückgabe irgendeiner deutschen Kolonie war es nun nicht getan. Selbst der gesamte ehemalige deutsche Kolonialbesitz würde das anspruchsvoll gewordene, erfolggeschwollene nationalsozialistische Deutschland nicht mehr befriedigt haben. Die Westmächte mußten sich sagen, daß jedes Zugeständnis auf kolonialpolitischem Gebiete nur der Anfang zu weitergehenden Forderungen gewesen sein würde. Die öffentliche Meinung in Deutschland begann bereits die Zukunft der portugiesischen Kolonien zu erörtern und zeigte

ein vielsagendes Interesse für den belgischen Kongo. Die Methoden, die der Nationalsozialismus gegenüber seinen eigenen Landsleuten anwandte, verstärkten nun keineswegs das Vertrauen zu einer kolonialpolitischen Befähigung. Ausschlaggebend war, daß die Westmächte, die Briten vor allem, von einer Erneuerung der deutschen kolonialen Tätigkeit keine Beruhigung, sondern nur Erregung und neue Konfliktgefahren in der überseeischen Welt erwarteten. Diese ablehnende Haltung verschärfte den alten Englandhaß in Deutschland. Wenn der Nationalsozialismus wählen sollte zwischen England und Rußland, so wählte er jetzt Rußland, aber nur, um allzubald in den neuen Zweifrontenkrieg gegen beide hineinzugeraten. Damit griff das nationalsozialistische Deutschland in die höchste Sphäre der Weltpolitik hinein. Nach der Lehre des Generals und Professors Karl Haushofer, dessen verworrener Fatalismus durch seinen Schüler Rudolf Heß unmittelbar auf Hitler einwirkte, war Deutschland berufen, im Interesse der Rassebewahrung die Weltführerschaft in Anspruch zu nehmen. Ein Schatten lag über den alten Kolonialmächten, so hieß es in Haushofers magischen Rezeptbüchern, sie waren statisch, beharrend geworden; sie mußten abgelöst werden von der neuen Herrenklasse, von den dynamisch bewegten Nationen. Japan, das Haushofer von mehrjährigem Aufenthalte einigermaßen kannte, galt ihm als Muster der göttlich inspirierten, autokratisch zusammengefaßten, militärisch gewappneten und politisch auf *ein* Ziel gerichteten Führernation – von alters her hatten ja vielfältige Wechselwirkungen zwischen dem japanischen und dem preußischen Herrschaftssystem stattgefunden. Über allen Trümmern und Splittern unzeitgemäßer staatlicher Zwerggebilde sollte sich nun, nach Haushofer, das neue Weltimperium der berufenen Weltmächte erheben. Der Bevölkerungsüberdruck erzeugt Erstickungsgefahr, wie wiederum Japan eindringlich zeigte. Deshalb mußten sich mit der kosmischen Schicksalshaftigkeit einer unabwendbaren Naturgewalt die Räume ausweiten: eine neue Großraumpolitik bildet neue Wirtschaftszonen, bringt Wachstumsspitzen hervor, baut Interessengebiete auf, gewinnt Gleichgesinnte in allen Erdteilen, schafft durch all das neue imperiale Gewalt. Ein Klassenkampf der Nationen hat begonnen; wer nicht die ganze Erde machtpolitisch erfaßt, der ist verloren. Der Gedanke vom Untergang des Abendlandes bekommt so eine neue Deutung – gewiß, das alte Wort stimmt: »Wer Europa sagt, hat unrecht.« Schon seit langem hat Europa gelebt von der Arbeit und den Schätzen der anderen Kontinente; diese Kontinente erwachen jetzt, die politische Lebensgemeinschaft Europa ist im Zergehen – die großen Nationen haben sich zu behaupten, Deutschlands Weltmission besteht darin, durch eine neue europäische Ordnung den Untergang des Abendlandes aufzuhalten und in einen Triumph abendländischen, das heißt deutschen Führertums umzuformen. Dies war das dritte Programm des Nationalsozialismus. Es war die vom abgewandelten Universalismus getragene außenpolitische Parole. Es war das Programm des revolutionären Weltimperialismus.

Der Sinn des Zweiten Weltkrieges

Hitler versprach, den Sowjetstaat durch die nationalsozialistische Disziplin, durch seine organisatorische Magie zum asiatischen Führerstaat zu machen, der mit dem von den Nazideutschen geführten Europa zusammen die Welt beherrschen würde. Stalin aber lernte von der deutschen Außenpolitik seit Bismarck, wie man Fronten wechselt, Verbündete benutzt, Kleines für Größeres opfert, sich nicht in die Karten schauen läßt und mit unerschütterlicher Zähigkeit ganz bestimmte Ziele des Wachstums und der Lebenssicherheit verfolgt – wenig gestört von den Theorien beflissener germanischer oder angelsächsischer Ideologen.

So vollzogen sich die Ereignisse der letzten Jahre, die uns noch allen in der Seele brennen. Hitler zerschmetterte das unglückliche, nur mäßig vorbereitete Polen. Sogleich zeigte sich Stalin bereit, an einer neuen, der fünften Teilung Polens teilzunehmen. Der russische Diktator benutzte ferner die günstige Gelegenheit, gegen die baltischen Randstaaten, gegen Finnland und Rumänien vorzugehen. Alte russische Rechnungen wurden beglichen, neue Konten aufgemacht. Kann ein russischer Weltherrscher auf Helsingfors, Warschau und Konstantinopel verzichten? Die außenpolitische Dynamik Rußlands war unabhängig von dem sozialen Typus des Trägers der Staatsform. Hitler warf Rußlands alten Verbündeten Frankreich nieder. Ganz ähnlich wie 1871 erzeugten diese Triumphe eine deutschfeindliche Stimmung in Rußland. Noch mehr! Hitler half seinen wenig leistungsfähigen Verbündeten, den Italienern, gegen die Griechen, er besetzte die Balkanhalbinsel, er stand bereit zum Sprunge auf den Nahen Orient. Das bolschewistische Rußland versöhnte sich eben jetzt mit der orthodoxen Kirche; Panslawismus, Neuslawismus, russischer Imperialismus erwachten neu, zusammengefaßt von jenem unsterblichen Weltmystizismus des großen Propheten Dostojewski. Hitler fühlte sich von Rußland bedroht, er brauchte die Rückendeckung im Osten, wenn er den Westen besiegen wollte – ein geschlagener russischer Feind war ihm lieber als ein schwergerüsteter falscher Freund. So griff er Rußland an.

Der Wendepunkt des Krieges war da. Die russische Bindung in Europa verschärfte die japanische Angriffsbereitschaft, Japan benutzte die europäischen Verlegenheiten zur Fortführung seines asiatischen Programms, es forderte die Vereinigten Staaten tödlich heraus. Der Eintritt Amerikas in den Krieg gab ihm seinen globalen Charakter.

Die Zerspaltung und Umwertung politischer Schlagworte gehört zu den bemerkenswertesten Zügen unserer Zeit. Der Nationalsozialismus war groß darin, gangbaren Begriffen einen neuen, seinen Zwecken dienlichen Sinn zu geben. Dies ist geschehen mit den Begriffen Arbeiterschaft, Demokratie, Volksabstimmung und Selbstbestimmungsrecht. Besonders merkwürdig ist aber die Verwendung des Begriffes Revolution. Die nationalsozialistische Partei vollzog ihre Machtergreifung auf legitimem Wege. Sie stieg an zur größten politischen Partei in Deutschland, ihr Leiter wurde vom Reichspräsidenten mit der Bildung des Reichskabinetts beauftragt. Alles dies vollzog sich durchaus verfassungs- und gesetzmäßig. In dem Augenblick der Machtergreifung aber änderte sich das Bild. Der Nationalsozialismus begann eine Kette von Staatsstreichen, er nannte sie in Erinnerung an den Versuch von 1923 wenig zutreffend »nationale Revolution«. Es war in Wahrheit die systematische gegenrevolutionäre Gewaltanwendung von oben, es war die reaktionäre Zerstörung der übernommenen Staats- und Gesellschaftsform, das Ergebnis jener Reformbewegungen von 1918/19 zugunsten einer neuen, der antidemokratischen Dauerdiktatur östlich-despotischen Charakters. Aber die Revolution ließ sich nicht spotten. Sie war nicht mit diesem Ersatzstoffe zufrieden. Sie arbeitete im Innern Deutschlands als Freiheitsbewegung der Geknechteten, Entrechteten und Gefolterten. Sie arbeitete im Auslande, so machtlos und so aussichtslos die Lage der dorthin Geflüchteten sein mochte. Aber auch innerhalb des Nationalsozialismus erfaßte der revolutionäre Gedanke sowohl den radikalen wie den konservativen Flügel. Hitler trat jede Art von Opposition brutal nieder. Sie lebte dennoch weiter. Der Kriegsausbruch 1939 ließ alle diese Bewegungen zurücktreten. Selbst sehr skeptische deutsche Untertanen stellten sich nun hinter den Führer, weil er das »angegriffene Vaterland« verteidigte. Das Bündnis mit Rußland radikalisierte aber die Partei, zum Ärger und zur Sorge der Verantwortlichen. Revolutionäre Methoden fanden nun auch in dem Kriege selbst Anwendung. Es war ein Krieg nicht gegen fremde Armeen, sondern gegen fremde Staats- und Gesellschaftstypen; die Sprengstoffe wurden bewußt in die politische Lebensform der Nachbarn gelegt.

Niemand war mehr verblüfft über die Zusammenarbeit Hitlers mit Rußland im Anfange des Krieges als das verbündete Japan. Und auch die große Wendung, der Bruch mit Rußland (1941), hat das japanische Vertrauen nicht wiederherstellen können. Zwischen dem revolutionären Weltimperialismus des nationalsozialistischen Deutschland und der asiatischen Herrschaftsidee Japans gab es viele Gemeinsamkeiten des Stiles und der Methoden.

Der Nationalsozialismus hatte diesen Krieg mit allen Fasern seines Daseins gewünscht und vorbereitet. Über den Ursprung des imperialistischen Weltkrieges von 1914 konnte die Wissenschaft lange streiten. Es war nicht eben leicht, hier das Verhältnis von Ursache und Wirkung mit vollkommener Genauigkeit abzumessen. Der neue Weltkrieg war der Weltkrieg der Rassen. Die Gründe seines Ausbruches anzugeben, ist einfach, seine Ziele, sein geschichtlicher Sinn und Wert sind klar. Im Namen des Rassegedankens hatte sich das nationalsozialistische Deutschland angeschickt, die führende Weltgroßmacht zu werden. Eine Gruppe von rassemäßig angeblich überlegenen Mächten hatte sich gebildet, um die drei alten Kontinente Europa, Asien und Afrika zu beherrschen, um die zwei neuen Kontinente, Amerika und Australien, zu bedrohen. Ein Staat nach dem andern wurde in diesen gigantischen Weltkonflikt hineingerissen. Der ganze Erdkreis wurde in einen Zustand aufwühlender geistiger, sozialer und ökonomischer Mobilisierung versetzt. Deutschland und seine Vasallen und Verbündeten kämpften diesen Krieg gegen alles Bestehende, gegen alles Überkommene – mehr noch: gegen alle vernünftigen Entwicklungs- und Reformmöglichkeiten; es war erfüllt von tiefer Verbitterung, von einem wahrhaft leidenschaftlichen Haß gegen die älteren, glücklicheren, weiseren Weltmächte; es wollte nicht nur wie im imperialistischen Weltkriege seinen Platz an der Sonne sichern – es beanspruchte, die Verteilung der Plätze an der Sonne nach deutschem und japanischem Ermessen neu zu ordnen. Der Krieg wurde geführt gegen die »Demokratie« und die »Plutokratie« – das

heißt gegen den Rechtsstaat, gegen die Humanität, gegen die Bildung, gegen das wohlerworbene Eigentum, gegen den geschichtlich gewordenen Gesellschaftsaufbau, gegen die gesunde Fortentwicklung der Kulturwelt. Der scheinbar gegen den Bolschewismus geführte Gesinnungskampf war in Wahrheit ein Vernichtungskrieg gegen das Selbstbestimmungsrecht der Slawen und der nordasiatischen Völker. Die innenpolitische Kulturzertrümmerung des Nationalsozialismus war ins Außenpolitische umgeschlagen. Alle lebenswichtigsten Gebiete der Erde wurden vom Nationalsozialismus und seinen Gesinnungsverwandten in diesen Taumel von Ausbeutung, Propaganda, Verwirrung und Schlächterei hineingezwungen. Das Übermenschentum der Nietzscheschen Ideologie hatte die Überpartei überzeugt, die Überpartei wurde zur Trägerin des Willens zum Überreich.
Der neue Weltkrieg war der weltrevolutionäre Angriff des Nationalbolschewismus auf die erarbeitete Güterverteilung der Menschheit und ihre sinnvoll zu planende Zukunftsentwicklung. So hatte der Nationalsozialismus die größte Krise in der Geschichte des deutschen Volkes heraufgeführt; so hatte er eine neue Weltkrise von mächtigstem Ausmaße verursacht; so hatte er alle dämonischen Kräfte urzeitlichen Geschehens von neuem entfesselt. Durch alles das hatte er gezeigt, daß er nicht imstande war, die Zukunft Deutschlands, Europas und der Welt endgültig zu formen.

Der deutsche Volkscharakter

Die hoffnungslose Niederlage des Nationalsozialismus in dem Weltkriege der Rassen bedeutete für Deutschland einen Zusammenbruch ohne Vorgang: bedingungslose Übergabe, Anerkennung der militärischen Vernichtung durch die höchsten Vertreter der militärischen Führung des Deutschen Reiches, zeitweise Aufhebung der Souveränität der deutschen Nation, das Ende jeder verantwortlichen politischen Behörde Gesamtdeutschlands, das Ende einer unabhängigen Außenpolitik und jeder innenpolitischen Zentralverwaltung, die völlige Besetzung des deutschen Bodens durch verschiedene fremde Heere, die entgegengesetzte politische und wirtschaftliche Gesichtspunkte vertraten. Nichts Analoges besteht in der modernen Geschichte.
Freilich – die frühere Geschichte des deutschen Volkes enthält eine ansehnliche Zahl von Zusammenbrüchen. Als das stolzeste Kaisergeschlecht des deutschen Mittelalters, die Hohenstaufen, in Italien unterging, da begann in Deutschland die »kaiserlose, die schreckliche Zeit«, eine unvergessene Periode der Verwirrung und des Faustrechts. Nach dem endlichen Abschluß des Dreißigjährigen Krieges zerstörte der Westfälische Friede die letzten Überbleibsel einer mächtigen Zentralregierung in dem alten Heiligen Römischen Reich, das deutsche Königtum wurde ein Gespenst, die deutschen Territorien erlangten fast völlige Souveränität, einige deutsche Länder wurden fremden Nachbarn überantwortet. Armut, Hunger, Unheil geißelten die unglücklichen Bürger und Bauern. Überall jammerten die Opfer des religiösen Vorurteils und der dynastischen Habsucht. Als die Frankfurter Nationalversammlung (1848/49) scham-

los aufgelöst und verfolgt wurde, brach erneuter Bürgerkrieg aus, die letzten Anhänger von Demokratie und Liberalismus wagten einen hoffnungslosen Kampf gegen das preußische Schwert, gegen ruchlose Reaktion, für die Reichsverfassung. Noch einmal verschlang die »Kirchhofsruhe« die alte heilige Sehnsucht nach gesamtdeutscher Freiheit.

Aber die Katastrophe von 1945 übertraf jeden vorherigen Zusammenbruch. Wenn unsere Deutung recht hat, dann wiederholte der Nationalsozialismus alle wichtigeren Triebkräfte der deutschen Geschichtsentwicklung, um sie zu einer Krise von einzigartiger Spannung zusammenzufassen. In der gleichen Weise wiederholen sich heute alle früheren Niederbrüche der deutschen Vergangenheit, sie werden sichtbar in dem augenblicklichen Unheil und formen ein Bild der erschütterndsten geschichtlichen Tragödie.

Früher oder später wird die Geschichte des sogenannten zweiten Weltkrieges geschrieben werden. Der äußere Verlauf der Geschehnisse ist bekannt. Hier bedarf es keiner Wiederholung. Nur wenige kennen die innere Geschichte der Kriegsjahre, wenn sie überhaupt jemandem voll bekannt ist. Viele Zeitgenossen fragen sich, wieso und warum Deutschland diese tiefe Niederlage erfuhr. Der Nationalsozialismus versprach dem deutschen Volke eine endgültige und beherrschende Weltstellung – und er brachte dem deutschen Namen eine unerhörte Demütigung. Lange vor dem Triumph der Hitlerbewegung haben gewisse Gruppen einen neuen Krieg gewünscht und vorbereitet. Sie verbündeten sich mit dem Nationalsozialismus, weil diese Bewegung besonders gut imstande schien, den deutschen Kriegswillen organisatorisch zu steigern zu einer technisch bewunderungswürdigen Durchschlagskraft. So, kann man sagen, machte die Idee eines neuen Krieges den Nationalsozialismus politisch möglich, ja unvermeidlich. Die Kriegsidee brachte den Nationalsozialismus voll in Flor. Der Nationalsozialismus brachte dafür den Krieg zum richtigen Ausbruch – und richtete so Deutschland zugrunde: durch einen Angriffskrieg für den deutschen Lebensraum oder für den Großraum der Meisterrasse, oder selbst für die Weltherrschaft. Wir wissen, daß diese Ziele nebeneinander- und durcheinanderliefen, daß keine Klarheit bestand und bestehen sollte. In dieser Verwirrung wird vielleicht eine spätere Geschichtsschreibung eine verhängnisvolle Schwäche entdecken. Man weiß: wenn man schon das Glück hatte, einen Pakt mit Rußland im Sommer 1939 zustande zu bringen, dann mußte man die Westmächte aufs Haupt schlagen können. Wenn man imstande war, Frankreich im Sommer 1940 zu besiegen, dann mußte man sich gegen England wenden, statt der vergeblichen Werbung um britische Hilfe gegen den Bolschewismus.

Die deutschen Kriegsvorbereitungen waren wahrhaft großartig, technisch angesehen. Waren sie zu technisch? Gab es eine strategisch-politische Schwäche, die von innen her alles verhängnisvoll lähmte? Man erinnere sich der Angriffe in Nordafrika, in Kreta, in Frankreich, selbst in Rußland – gerade auf dem Höhepunkt machte sich diese Schwäche fühlbar. Der Führer pflegte seine Minister wie Bürochefs, seine Feldmarschälle wie Ordonnanzen zu behandeln – waren seine hemmungslosen Intuitionen die tiefste Ursache des Verhängnisses? Ermangelte Deutschland auch jetzt, genau wie im ersten Weltkriege, des überragenden militärischen Genius? Manche Kritiker werden wohl besonders die technische Seite der Kriegführung betonen wollen – die Tatsache, daß

Das Geschichtsbild des NS-Staates

die Deutschen ihre Luftwaffe und ihre Unterseeboote überschätzten, daß die neuen V-Bomben zu spät kamen und zu unvollkommen waren bei aller Vernichtungskraft. Haben technische Unzulänglichkeiten tatsächlich den endlichen Zusammenbruch entschieden? Oder war es mehr ein Unvermögen, die Gesamtlage mit voller statistischer und psychologischer Einsicht zu beurteilen!?
Sollte man etwa eine Studie über die verzweifelten Versuche der Deutschen anstellen, ihre gewaltige europäische Neuordnung aufzubauen allein auf Tyrannei und Terror, ohne irgendein Herz zu gewinnen – und unter einer beinahe naiven Verzerrung ihrer eigenen Rassetheorien!? Die Juden wurden verfolgt und ausgerottet, weil sie als eine kriegführende Macht angesehen werden sollten, aber die ebenso semitischen Araber wurden umschmeichelt. Die germanischen Stammesbrüder, die Holländer, Flamen, Norweger – bessere Germanen zumeist als die Mehrzahl der Deutschen selbst! – wurden mißhandelt, beraubt und gequält, während die deutsche Regierung hinter allerhand rassisch völlig entfernten Völkern herlief, den Finnen, Türken, Ungarn und Japanern!
Wie kam es doch, so mag der mehr biographisch interessierte Forscher fragen, daß dieser Führer die Deutschen magnetisch zusammenzwang trotz so viel Spott, Kritik, Verschwörung, Ekel und Fluch – daß eine so traditionsstolze Armee ihn stützte trotz allem, wahrscheinlich doch wohl wegen des Ruhmes; daß viele Aristokraten, Patrizier, ja die alten Fürstenhäuser sich hinter diesen Mann stellten, vermutlich, weil sie sich bangten vor gewissen Drohungen radikaler Nationalsozialisten; daß die kleinen und kleinsten Leute die Propagandaschlagworte bejubelten, denn hier wurde ja das Vaterland gegen den inneren und äußeren Feind herzhaft geschützt!? War dieser Demagoge

identisch mit der deutschen Nation, oder hat der russische Generalissimus Stalin recht, wenn er in seiner Tagesordnung vom 23. Februar 1942 sagte: »Die Geschichte zeigt, daß die Hitler kommen und gehen, aber das deutsche Volk und der deutsche Staat werden bleiben!«

Eine letzte Frage: was wird die deutsche Jugend sagen? Wird die Hitlerjugend nicht eine Anti-Hitlerjugend werden? Müssen sie ihn nicht hassen, diesen Missetäter und Tyrannen, seinen Verfassungsbruch, seinen Krieg, seine Scheußlichkeiten und Verbrechen, seine Helfershelfer und Henkersknechte? Jede Generation hat doch das Recht, sich ein neues Leben zu schaffen, einen neuen Glauben, eine neue Welt. Wenn sie ihrer Vergangenheit wieder voll bewußt würde, müßte die deutsche Jugend das vollbringen können.

Alle diese Gesichtspunkte sind wertvoll – aber sie enthalten nur einen Teil der vollen Wahrheit. Es gibt etwas Bedeutungsvolleres, Dauerhafteres als die Ereignisse selbst. Das deutsche Schicksal ist vom deutschen Volkscharakter geformt worden. Der deutsche Volkscharakter wiederum ist entwickelt worden vom Laufe des deutschen Schicksals. Diese Wechselwirkung ist einer Schlußbetrachtung wert. Von allen deutschen Träumen war der Nationalsozialismus der verwegenste. In der deutschen Vergangenheit gab es schönere und edlere Träume. Kein Traum, unseligerweise, war typischer für eine bestimmte deutsche Art. Ihn zu überwinden, wäre nun die größte Aufgabe.

Gemessen an tausend Jahren deutscher Geschichte, ist Werk und Schicksal des Menschen Adolf Hitler nichts als Episode – eine unsagbar empörende und jammervolle, für Jahrzehnte belastet mit unerhörten Folgen – eine scheußliche Episode, die Generationen nicht vergessen werden – trotz allem und alledem, doch nur eine Episode. Die Deutschen müssen Hitler und die Hitlerei auslöschen. Ihnen dabei zu helfen, ist die Pflicht eines jeden, der guten Willens ist. Der Erfolg hängt wesentlich an den Haupteigenschaften des deutschen Volkscharakters. Das deutsche Problem ist beunruhigend wie keines für die Welt von heute und morgen. Ein Volk wird nur verständlich durch seine Geschichte. Wer seine Geschichte studiert, kommt dem deutschen Volke näher und wird, wenn er es richtig macht, den deutschen Volkscharakter verstehen. Die Summe des Lebens ist der Charakter, und umgekehrt. Eine knappe Analyse des deutschen Volkscharakters soll den Abschluß der Volksgeschichte bilden. So schlägt sich die Brücke von der Vergangenheit zur Gegenwart. Die Zukunft ist nicht Sache des Historikers.

Der deutsche Volkscharakter ist vielfach erörtert worden. Voltaire hat einmal gesagt: die Franzosen besitzen das Land, die Briten die See, und die Deutschen die – Wolken. Eine kurze Zeitlang lebten die Deutschen in einem neuen Sinne in den Wolken, so lange ihre Luftwaffe diese Wolken beherrschte. Sollen sich die Deutschen nun wieder in die Lufträume zurückziehen? Gibt es überhaupt einen deutschen Volkscharakter – der ein Recht auf eine deutsche Nationalexistenz verleiht?

Jeder, der Deutschland kennt, hat sich schon gefragt, was eigentlich der stämmige Pommer mit dem behenden Rheinländer, oder der steife Hannoveraner mit dem behäbig-gescheiten Schwaben gemeinsam hat. Oder sollen wir es lieber mit modischeren Schlagworten ausdrücken? Eine kleine einigermaßen reine germanische Minderheit in Niederdeutschland wird umgeben von den Kelto-Romanen des Westens, den Kelto-

Germanen des Südwestens, den Kelto-Germano-Slawen des Südostens, den Germano-Slawen des Ostens. Wo ist das Gemeinsame? Gerade das meistgemischte Land des Herzstückes von Europa hat wohl deshalb den romantischen Traum einer Rasseeinheit hervorgebracht. Die tatsächlichen Unterschiede zwischen den Einwohnern der Bezirke und Gaue in Deutschland sind größer als in irgendeinem vergleichbaren Lande Europas. Freilich gibt es darüber hinaus etwas wirklich typisch und wesenhaft Deutsches. Es hat mit Blut, Boden, Rasse nichts zu tun – sondern es ist ein Ergebnis geographischer, historischer und gesellschaftlicher Faktoren – es ist zu allermeist angesammelte Geschichte. Wer dieses Buch gelesen hat, muß fühlen, was gemeint ist.

Die Geographie hat Deutschland, das Land der vielen Ströme und Flüsse, Berge und Hügel, nicht zu einer Einheit geformt, sondern auseinandergerissen. Das Donauland, das südostwärts strebt, dreht dem süd-nördlich gerichteten Rheinland den Rücken zu. Thüringen, Württemberg, Hessen und die Pfalz wurden so die klassischen Lande des deutschen Partikularismus. Die deutschen Grenzen, sowohl innerhalb Deutschlands wie gegenüber den Fremden, waren deshalb weich, schwankend, zufällig, nicht »natürlich«. Große und kleine Potentaten zankten sich um Landfetzen, oft mit Hilfe der Fremden. Die deutsche Geschichte ist voll von Streitigkeiten, denen ein tieferer politischer Sinn abgeht, die einfach der Selbstsucht und Habgier entsprangen – der Betätigungssucht unzähliger Herren und Stände. Die Obrigkeiten formten das Volk – es bildete sich etwas Kleinliches, Besitzgieriges im deutschen Volkscharakter aus – Neid, Empfindlichkeit, Eifersucht, Rechthaberei, Ehrgeiz überwogen zumeist Leichtlebigkeit und Großzügigkeit. Niemand hatte es leicht im Vaterlande, und keiner sollte es leicht haben. Die Fürsten und Herren zerbrachen etwas in dem deutschen Volkscharakter – politisch genau wie moralisch (erster Punkt). Niemand sollte bestreiten, daß es viele gute Fürsten gab. Manche waren weise, gerecht, anständig – es gab unter ihnen treffliche Soldaten und treue Haushalter. Aber leider tat eine Mehrheit alles, um die Mittelklasse und die Bauern zu unterdrücken und auszubeuten. Rohe, läppische und grausame Tyrannen waren nicht selten. Zusammen mit der Hofgesellschaft und dem Landadel entwickelten die Fürsten einen Hochmut, der in herausfordernder Weise die Kluft zwischen den Gesellschaftsklassen zu erweitern bemüht war. Das Patriziat in den Stadtrepubliken blieb dabei nicht zurück. Die leidenden Untertanen flüchteten sich oft in das »Höhere«, sie bildeten sich eine Welt von Religion, Musik und Poesie, wo sie selber Herren waren. Die Wucht der Geschichtsentwicklung lief in den entscheidenden Zeiten gegen die Bildung von »Demokratie«. Das war später nicht so einfach nachzuholen. Die Beamtenschaft, vom Fürsten nach seinem Bilde ausgestattet mit Kenntnis, Bildung, Rang, Macht, kämpfte gegen das freie Bürgertum und ersetzte es vielfach im Gesellschaftsaufbau. Der Volkscharakter erfuhr so eine weitere (zweite) charakteristische Prägung – den Glauben an Titel und alle bürokratische Autorität, die unbegrenzte Achtung vor der Amtsstube, der Schreiberkaste, die Freude an Vielregiererei und Intrigen, das Geflüster und Katzengebuckel, die Atmosphäre des Amtsschimmels. Diese alte deutsche Beamtenschaft war mäßig bezahlt, aber in den meisten Fällen unbestechlich, jedoch wurde diese Sauberkeit erkauft durch Titel- und Ordenschacher, durch Protektionswirtschaft und Schikane.

Die Dynastien genossen ihre Rivalitäten, die Untertanen hatten zu folgen – die Religionsspaltung der Reformation machte diese Gegensätze noch bitterer. In alten Tagen war der Nachbar an sich schon ein Feind – nun wurde er gar als ein Ketzer und Abtrünniger angesehen. Offiziere, Beamte, alle sozialen Gruppen hatten zu gehorchen und den bösen, immer zum Angriff sprungbereiten Nachbar zu vernichten, mit einem mehr und mehr religiösen Fanatismus, der sich wunderlich genug gerade auf das Weltliche warf und sich mit der lokalen oder provinzialen Autorität gegen das Allgemeine verbündete. Dadurch kam ein weiterer (dritter) Zug im deutschen Volkscharakter zur Entwicklung – Mißtrauen, Skepsis gegenüber jeder zentralen und obersten Rechtsautorität, ob das nun der römische Kaiser selber, oder das Kammergericht in Wetzlar, oder der Reichstag in Regensburg oder der Bundestag in Frankfurt war.

Standeshochmut und Klassenhaß rissen Deutschland auch sozial auseinander. Engherzigkeit und falscher Stolz, Servilität und Unwissenheit waren in der Hofgesellschaft und im Landadel weit verbreitet. Noch in der Zeit Wilhelm II. waren die Frauen bürgerlicher Würdenträger nicht »hoffähig« – mit Ausnahme der Frauen von Ministern. Eine verletzende Unterscheidung zwischen »erster« und »zweiter« Gesellschaft wurde gemacht. Die Höfe von Weimar, Darmstadt, Meiningen und Dessau waren eine zeitweise Ausnahme. Selbstverständlich gab es viel Kritik. Der mißachtete Bürger suchte sich seine eigene Geltung und unabhängige Gesellschaft. Die wohlhabenden Städte wie Frankfurt, Hamburg, Leipzig entwickelten ihren eigenen sozialen Stil, Berlin, Köln, Breslau folgten auf ihre Art. Empfindlichkeit, Engherzigkeit wurden wesentliche Züge des Volkscharakters, Oppositon und Reformeifer nahmen oft die Wesenheit von gesellschaftlichen Minderwertigkeitsgefühlen an, was den Bemühungen weltbekannter großer liberaler Zeitungen schadete. Kenntnis der großen Welt, der sich durchsetzende Wechsel der internationalen Lage, das Aufkommen von ganz neuen Kraftzentren und Machtmitteln wurde in Deutschland erörtert, aber es nutzte nicht viel. Tapfere Vorkämpfer der Freiheit hatten es auch persönlich schwer – man denke an Männer wie Eduard Lasker, Theodor Barth, Gerhart von Schulze-Gävenitz. Die Verfolgung freier Denker war eine böse Überlieferung in Deutschland. *Eine* Demagogenverfolgung löste tatsächlich die andere ab. Nach 1848 wurden die Vereinigten Staaten von Amerika der Hafen für fast eine Million Deutscher, die den Geist der Arbeit, der Freiheit und des Rechtes, nicht zuletzt aber den der gesellschaftlichen Gleichheit, in der neuen Welt verstärkten. Die Demokratie in der alten Welt, die Demokratie in Deutschland verlor so die wertvollsten Kräfte.

Wie spät ist die Leibeigenschaft in Deutschland wirklich abgeschafft worden! Gewisse Beschränkungen und Kontrollen blieben bis 1848 und darüber hinaus. Viele Nichtdeutsche wissen nicht, daß der kleine Mann im heutigen Deutschland der Enkel oder Urenkel von Halbfreien ist. Die ländlichen Arbeitsverhältnisse, besonders im Osten, gesundeten nie, weil die untere Volksschicht nicht aufkommen konnte. In den verstädterten Bezirken entwickelte sich eine neue Form der Abhängigkeit und Gebundenheit. Die Autoritätsbeflissenheit im deutschen Volkscharakter hat hier ihre tiefsten Wurzeln. Schlechte Behandlung, Kommandierfimmel, Demütigung und Ausbeutung gab es in der Fabrik so gut wie auf dem Rittergut. Eine Art Leibeigenschaft des Geistes entwickelte sich, der Mittelstand blieb immer schwach, er schielte nach oben, statt nach unten zu blicken. Das Karrieremachen in Deutschland wurde eine ernste Sorge aller Freunde der sozialen Reform. Der Erfolg des Nationalsozialismus beruht sehr wesentlich auf dieser geistig-moralischen Zersetzung. Massenhaft stürzten sich die kleinen Leute in die Hitlersche Sklaverei, die etwas zu bieten schien für die verlorene Freiheit. Doch etwas Merkwürdiges vollzog sich. Der Bauer und der Arbeiter, der Leibeigene von gestern, blieb am meisten was er war. Die Masse, zu der er gehörte, schützte ihn. Die anonymen Opfer wurden schnell ersetzt. Die Fabrik lebte ihr eigenes Dasein, der Weg von der Fabrik zur Untergrundarbeit war leicht zu finden, der Weg lief auch wieder zurück. Der Bauer brauchte gar nicht untergrund zu gehen, er war sowieso ein Stück Erde. Noch Ärgeres konnte geschehen, der Bauer blieb der Bauer. Seine Einfachheit, seine Nüchternheit, seine Lebensschwere überlebten die geschwollene Wortdrescherei des Nationalsozialismus. Hier saß das wahrhaft unsterbliche Deutschland. Das deutsche Arbeiter- und Bauernvolk wird sich auch in der Zukunft, um das vorwegzunehmen, Arbeit, Nahrung und etwas von echter Freude wieder schaffen. Für Schmarotzer, Schwätzer und Scharlatane ist kein Platz mehr. Nur die Arbeit wird Deutschland erlösen. Blut floß genug. Noch mehr Tränen sind geflossen. Der Schweiß soll weiterfließen. Die Verstiegenheit, Verkrampfung, Vergottung des Nationalsozialismus wirkt nicht mehr. Wären die führenden Nazis imstande gewesen, eine nüchterne Statistik über Rohstoffe, Arbeitsmärkte und Erzeugungsbedingungen zu verstehen, dann wäre der Welt viel Elend erspart geblieben.

Im Schicksalsjahre 1918 verschwanden die Dynastien in Deutschland, aber die Monarchisten erwachten bald zu lebhafter Betriebsamkeit. Die Weimarer Republik stattete die ehemaligen Fürsten mit reichlichen Einkünften aus – zum Dank finanzierten sie den Nationalsozialismus, voll der heimlichen Hoffnung auf das »Volkskaisertum«, das dann nie ernsthaft versucht wurde. Die Riesenarmee von ehemals war verschwunden, aber die neue beschränkte und kontrollierte Armee von Landsknechten und Unteroffizieren wurde die Mutterzelle der Wiederaufrüstung, im Namen des alten preußischen Militarismus. Im Deutschland von ehemals war es gefährlich, ein Liberaler oder Demokrat zu sein. In der Weimarer Republik genoß selbst ein Sozialdemokrat bürgerliche Achtung. Den Militarismus zu bekämpfen, blieb aber weiterhin kompromittierend. Die Lebensgeschichte aller deutschen Antimilitaristen besteht aus Verkennung und Bitternis – von Walter Schücking und Hans Wehberg bis Carl von Ossietzki und Otto Lehmann-Rußbüldt. Wahrheitsmäßige Feststellungen über die Fememorde und die dahinterstehenden militaristischen Verbände trieben den Verfasser Emil Gumbel in die Verbannung, Armeen gab es überall, die Militarisierung der modernen Großmächte war offenbar unvermeidlich. Zuerst hat man die bösen Fürsten ihrer kriegerischen Ränke beschuldigt, dann die geldgierigen Bourgeoisstaaten – heute bleiben sozialistische Regierungen in Rüstungs- und Expansionsplänen keinesfalls zurück. Der spezifisch deutsche Militarismus war der Glaube der *Zivilisten* an die gesellschaftlich-politische Erstrangigkeit des Berufsoffiziers und an die von ihm maßgebend beeinflußte Machtpolitik als der einzig ernsthaften Form außenpolitischer Entwicklung. Der kriegsbereite Autoritätsglaube des unverbesserlichen deutschen Untertans war die tiefste Ursache der immer zunehmenden politischen Vereinsamung Deutschlands (vierter Punkt).

Der Leser dieses Buches weiß, daß die Deutschen von vielen ihrer Nachbarn angegriffen worden sind, während die Deutschen ihrerseits den Bürgerkrieg bevorzugten. Folgende Völker haben die Deutschen oder einzelne deutsche Gruppen, oft mit Hilfe anderer deutscher Gruppen, angegriffen: die Normannen, die Ungarn, die Mongolen,

die Türken, die Tschechen (Hussiten), die Franzosen, die Schweden, die Russen. Das sind Tatsachen, die den spezifisch deutschen Militarismus nur gegenangriffswillig machen konnten. Eine Wandlung konnte und mußte nach der Gründung des Bismarckschen Reiches eintreten. Nach dem Worte seines Gründers war dieses Reich saturiert; es war stark und schwach zugleich. Damals mußte sich der deutsche Volkscharakter wandeln, bestimmte Züge altüberlieferter Demokratie, die 1848 so deutlich geworden waren, mußten sich entwickeln. Das Deutsche Reich konnte sich nur behaupten, wenn es sich von innen neu aufbaute, wenn es den Obrigkeitsstaat in einen freien Volksstaat verwandelte, wenn es sich von innen ausstattete mit Menschen und Erzeugnissen, wenn es sich entmilitarisierte und einen mitteleuropäischen Friedens- und Freundschaftsbund aufbaute. Statt dessen hat sich schon das Wilhelminische, dann ins Grenzenlose übersteigert das Hitlerische Deutschland auf Expansion gelegt.
Der deutsche Militarismus wurde in der Zeit des Nationalsozialismus etwas historisch Neues und unerhört Verhängnisvolles. Die Militarisierung des bürgerlichen Lebens wurde vollendet. Öffentliche Meinung, Wirtschaft, geistige Arbeit wurden in den Dienst eines totalitären Militarismus gestellt, Kompromisse wie vorher wurden nicht mehr geduldet, eine brutale Machtphilosophie wurde mit zynischer Offenheit gepredigt.
Es gab keine Gegenkräfte mehr. Die Weimarer Republik hatte den Parlamentarismus in Deutschland zur vollen Blüte gebracht. Der deutsche Partikularismus entwickelte in diesen vielfältigen großen und kleinen parlamentarischen Körpern mit entsprechenden Kabinetten eine neue Spielart, die dem deutschen Volkscharakter auf eine besondere Art entsprach. Da hatte man, was man haben wollte – die Verbindung von Redseligkeit und bürokratischer Allmacht, steif nach unten, liebedienerisch nach oben, und vor allem militärfromm. In einem Lande, wo von alters her der militärische Mut so hoch geschätzt wurde, fehlte gegenüber säbelrasselnden Autoritäten die Zivilcourage. Verhältnismäßig selten ist in Deutschland die Mannhaftigkeit, die für eine große Überzeugung alles aufs Spiel setzt, wie Martin Luther und der Freiherr vom Stein sie bewährten.
Wir haben noch zwei weitere, den fünften und sechsten Punkt unserer Analyse des deutschen Volkscharakters zu behandeln. Dieses Thema bedarf besonderer Sorgfalt. Die Deutschen sind, wie man weiß, begeisterte Fachleute. Sie werfen sich auf ein besonderes Gebiet – Wissenschaft, Forschung, Kunst, Handfertigkeit, Geschäft oder sonst etwas Praktisches. Was es auch immer sei, es ist üblich von jeher, sich ganz dafür einzusetzen, das vorhandene intensive Persönlichkeitsbewußtsein durch Berufsbeflissenheit zu verstärken. So erlebt jeder ordentliche Deutsche rauschartig die Freude des Schöpferischen – nicht nur in der Sphäre hoher Geistigkeit, sondern gerade in den mittleren und unteren Bezirken der Betätigung. Diese seltsame Hingabe und Erregung wird freilich teuer erkauft, und das Opfer ist zumeist das menschliche Gleichgewicht des Individuums. Die Zahl der Sonderlinge, Querköpfe, Sektierer und Spintisierer in Deutschland ist ungewöhnlich groß. Diese Menschen sind in ihrer Art Fanatiker, jede Art von Fanatismus wirkt auf sie, sie sind erfolgreiche Meister auf ihrem Fachgebiet – aber zu Hause oft Tyrannen, Pedanten, Gamaschenknöpfe. Der Humor, mit dem anderswo Liebhabereien getrieben werden, ist dem Fachmenschentum fremd (was nicht ausschließt, daß es eine sehr reiche, besonders im Dialekt geschriebene humoristische Literatur in Deutschland gibt)!

Politische Gefangene in einem SA-Keller in Berlin 1933

Jeder kennt die großen Namen der deutschen Literatur, Poesie, Musik und Wissenschaft. Die Zahl der ungewöhnlich reich begabten Ingenieure, Gelehrten, Forscher, Wirtschaftsorganisatoren, Erfinder und Verwaltungsmeister ist nicht weniger erheblich. Manchmal ist es gut, über dem Werk den Mann selbst zu vergessen. Die meisten Deutschen haben sich daran gewöhnt, ihre ganze Kraft, ihr ganzes Sein in eine Aufgabe hineinzustecken, außerhalb derer dann nicht viel für das Leben übrigbleibt. Das Werk erhält so etwas Romantisches, eine Art von Verstiegenheit, die den Menschen unberechenbar, gefährlich, ja unheimlich macht. Ein besonderes Kapitel sind die deutschen Halbkünstler und Halbdenker. Der Nationalsozialismus war voll von gescheiterten Kunstgenies, die sich nun mit verbissener Energie auf die Wirklichkeit warfen, um hier ihre Träume zu gestalten, rücksichtslos bis zur Ruchlosigkeit (fünfter Punkt). Ausgeglichenheit, Ausgewogenheit fehlt zumeist dem deutschen Volkscharakter – die Neigung zum Extrem ist erstaunlich und für Fremde beunruhigend. Der Kleinstadtdeutsche hat oftmals ein Philisterleben geführt mit banalen Vergnügungen, was den Beobachter geradezu erschüttern konnte. Weltläufige Großstadtdeutsche genossen ihr Dasein in einem manchmal ins Barbarische gesteigerten Übermaß. Die namhaften Dichter und Musiker zeigen eine geniebeschwerte Tiefe. Deutsche Herrscher lassen sich von der Macht berauschen und entwickeln den Zynismus des Gewaltmenschen. Harmonie in Persönlichkeit und Schicksal ist selten in Deutschland. Die Erfahrung von Jahrhunderten voll von unzähligen Kriegen, die Erinnerung an Blutrausch, Zerstörung, fremde Unterdrückung, die Schändlichkeiten der Kriegsknechte von ganz Europa, der häßliche Brudermord von vielen Generationen – das alles mußte Sinn und Gewissen der Deutschen beschweren. Der erbarmungslose Kampf zwischen Prote-

Kinder im KZ Auschwitz

stanten und Katholiken, Lutheranern und Reformierten, Österreichern und Preußen, Westdeutschen und Ostdeutschen ist später ersetzt worden durch andere, nur äußerlich mildere Kämpfe. Die Burschenschaft an den Universitäten kämpfte für die Einheit der deutschen Nation, die Korps für das Sonderrecht der Bundesstaaten; die Liberalen befehdeten die Klerikalen, die Konservativen die Sozialisten, die Reaktionäre die Fortschrittler. Diese Gegner wollen fast nie zu einer Verständigung oder einem vernünftigen Kompromiß gelangen – es handelte sich um Vernichtungsschlachten zwischen Todfeinden. Der Durchschnittsdeutsche sieht im Gegner einen schlechten Kerl, einen Gesellen, der niedrige persönliche Motive hat, oder womöglich gar einen Verräter am Vaterlande. Dies hängt zusammen mit dem sozusagen metaphysischen Charakter alles dessen, was in Deutschland wichtig genommen wird. Viel Großes ist daraus hervorgegangen. Die Entwicklung zum modernen Staatsbürgertum ist freilich dadurch schwer belastet worden. Die Deutschen sind stolz auf ihre Tiefe. Die Nachbarn haben vieles vage, unklar, unpraktisch, verstiegen, schemenhaft gefunden – dem Dunstkreis verhaftet, der auch geistig zwischen Himmel und Erde schwebt. So kam es, daß der nüchterne Kompromißstandpunkt, der Sinn für die einfache Weisheit des Alltags, also eine gerade typisch demokratische Denkungsweise, den Deutschen fremd blieb. Ihre philosophische Hochnäsigkeit lächelte gerne voll Mitleid. Die Generation nach Bismarck mahnte dagegen zum Realismus, ohne Schwarmgeisterei oder »Humanitätsdusel« und geriet dabei wiederum in das andere Extrem, die Gschaftlhuberei der Allerweltspolitik. Der Nationalsozialismus verband auch hier die Gegensätze, er pfropfte seine Weltanschauung dem Machtegoismus auf.

Vielleicht ist der Antisemitismus das beste Beispiel für diesen Zug des deutschen Volkscharakters. Entweder verstrickten sich die Deutschen in gewalttätige Zänkerei, oder sie suchten ein Entrinnen in Religion, Mystik, Philosophie und Dichtung. Bestimmte Eigenschaften des Judentums kamen dem Deutschtum als willkommene Ergänzung sehr zupaß. Eine Symbiose half trefflich beiden Teilen. Diese wurde zerstört,

Häftlinge im KZ Buchenwald

zum tiefen Schaden auch für die Deutschen selbst (sechster Punkt). Von allen deutschen Träumen, der Weltpolitik, der Weltkultur, ja der Weltanschauung hat sich ein einziger weltweiter Traum grauenvoll verwirklicht – die Weltdummheit des Antisemitismus.

Der Antisemitismus war an sich genauso international wie das Judentum selbst. Wie glücklich die Assimilationsidee der Aufklärung war, beweist die Lage der Juden in Großbritannien, den Niederlanden, Belgien, der Schweiz und den skandinavischen Ländern vor 1933. Ausgangspunkt der gegen das Ostjudentum ursprünglich gerichteten politischen Bewegung des Antisemitismus war das zaristische Rußland. Die russi-

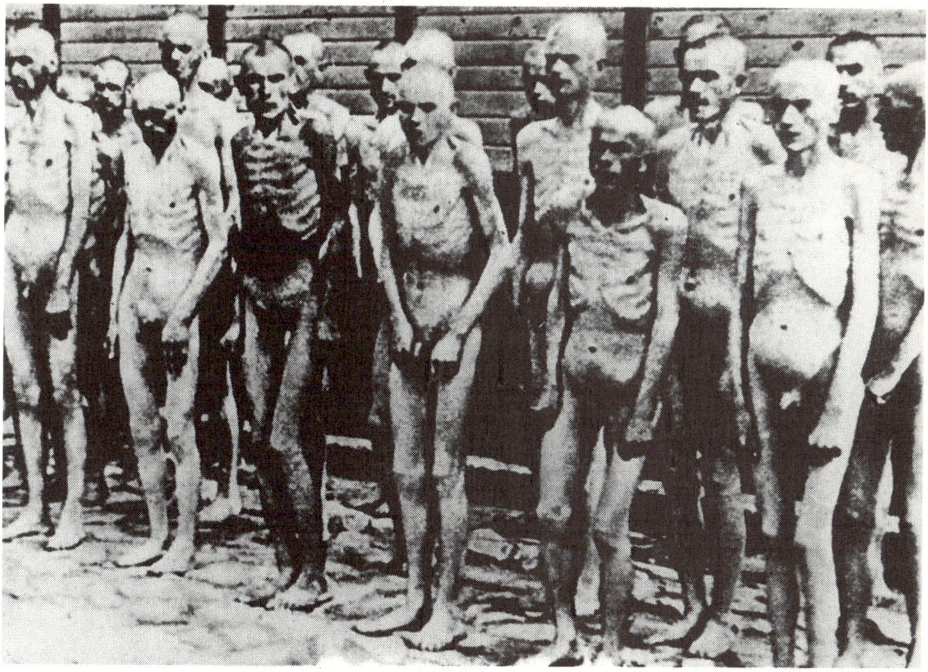

»Gesundheitsappell« im KZ

schen Verfolgungen verbreiteten Verzweiflung und Unglück über die Judenheit in Rußland, Polen, dem Balkan und setzten eine Fluchtbewegung nach dem Westen in Gang.

Auch Frankreich entwickelte eine stark antisemitische Bewegung. Nichts ist falscher, als den Antisemitismus als eine spezifisch deutsche Krankheit zu bezeichnen. Aber der Nationalsozialismus machte nun den furchtbaren Fehler, die an sich nicht große judenfeindliche Gruppe in Deutschland zur Lehrmeisterin auszuküren, ihre Theorien zum Angelpunkt seiner politischen Bewegung zu machen. Er übertraf die russischen Pogrommethoden um ein Vielfaches und beging alle die Grausamkeiten, deren sich jeder Deutsche und Deutschgeborene zeitlebens zu schämen hat.

Die Weltdummheit des Antisemitismus konnte nur deshalb eine Zeitlang so sehr Besitz ergreifen von Deutschland, weil es in dem deutschen Volkscharakter diese merkwürdig einseitige, erregbare selbstzerstörerische Irrationalität gab, die in den unteren Bezirken des Lebens auf den Fremden einfach als Torheit wirkt (siebenter Punkt). Die Macht der Dummheit in der Welt ist groß. Damit hat man sich abzufinden. Das Interessante bei den Deutschen – aller schuldiger Respekt sei vorbehalten – ist aber die Torheit der Intelligenten, einer gewissen Verblendung von Personen, die weitgereist, wohlgebildet und hochverdient sind. Ein berühmter Fachmann, ein Kunst- oder Literaturkenner, ein Professor der Biologie kann in Erstaunen setzen durch seine völlige Urteilslosigkeit auf Gebieten, die außerhalb seines Faches liegen. Was ihm fehlt, ist

Befreiung 1945

eine bestimmte Art von gesundem Menschenverstand, eine gewisse einfache Klarheit der Einsicht und der Entscheidung, die Personen anderer Länder eigen ist, Personen ohne »Tiefe«, aber auch ohne Blindheit.

Seit Hegel wurden die Deutschen sozusagen aufgehetzt gegen alles Rationalistische, Nur-Vernünftige. Die Kultur der Deutschen wurde in Gegensatz gebracht zu der westlichen Zivilisation, auf die man herunterzusehen sich anmaßte – und Zivilisation war alles, was verwandt war mit den großen Mächten des Fortschritts, der friedlichen Kulturentwicklung, der loyalen Zusammenarbeit mit andern Rassen und Nationen. Es war eine der Aufgaben dieses Buches, zu zeigen, wie wesentlich die Zusammengehörigkeit der Deutschen mit ihren westlichen Nachbarn immer war, wie stark demo-

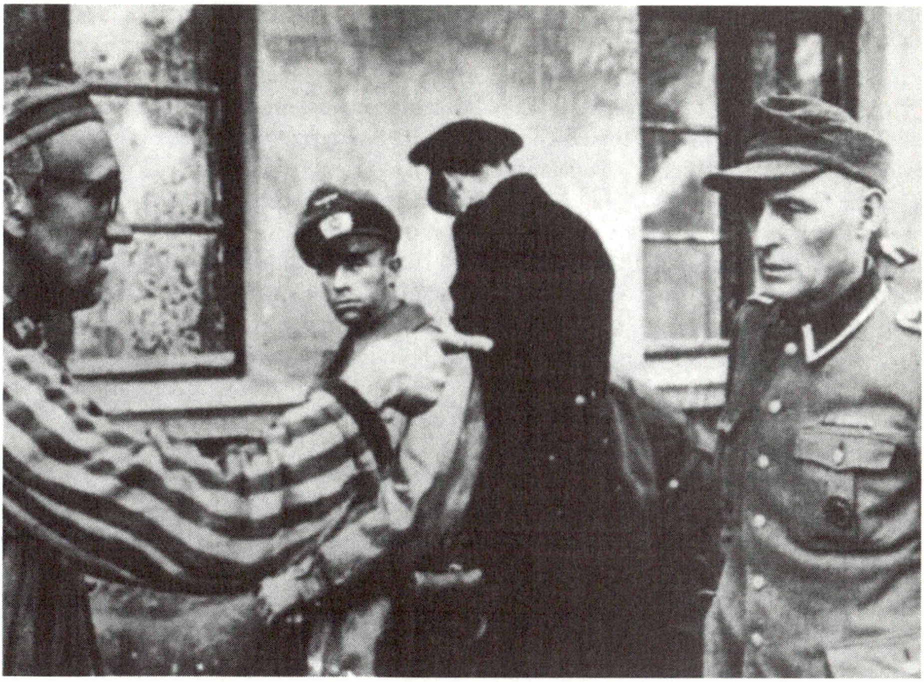

Befreiter KZ-Häftling erkennt seinen früheren Peiniger

kratische und liberale Kräfte gegen den Militarismus und Autoritätsstaatsgedanken arbeiteten, warum es immer wieder revolutionäre Bewegungen gab und wieso sie bis jetzt scheiterten.

Der tiefe Sturz Deutschlands verpflichtet jeden Betrachter von Einsicht und Anstand, gerade jetzt ein Bekenntnis abzulegen zum Glauben an das unsterbliche Deutschland, das gestern war und morgen sein wird.

Was die Deutschen getan haben als Meister der Wissenschaften und Künste, der Technik und Forschung, wird bewundert von jedem Sachverständigen in der großen Welt. Die Erinnerung an all das wird der jungen Generation von heute den Mut stärken, hinaus über alles Elend, Unheil, alle Schuldhaftigkeit und Verirrung sich zu rüsten für die nächste Epoche der deutschen Geschichte, deren Analyse ein späterer Historiker unternehmen wird. Für jeden Zweifler bietet das Deutsch-Amerikanertum die beste Hoffnung. Die Deutsch-Amerikaner gehören zu den wertvollsten Bürgern ihres Adoptivvaterlandes, sie haben ungewöhnliche Erfolge in allen Lebensgebieten errungen. Als Einwanderer, politische Opfer der Reaktion oder Opfer einer unschöpferischen Wirtschaftsverfassung haben sich diese Menschen mutig unter den Schutz einer starken Verfassung und eines gesunden demokratischen Geistes begeben. Sie haben das gefunden, was sie in dem alten Vaterlande vermißten, und genau das, was das alte Vaterland von sich aus neu zu schaffen nicht imstande sein sollte.

Im kleineren Stile war die deutsche Verwaltung oft ausgezeichnet, wie in manchen alten Reichsstädten und Hansestädten, auch zumeist in den preußischen Städten nach der Städteordnung des Freiherrn vom Stein. Die deutsche Schwäche lag in der Außenpolitik (achter Punkt), also den Beziehungen zur europäischen und später der überseeischen Nachbarschaft, wobei Bismarcks Riesenfigur als Markstein einer unvergeßlichen Episode erscheint. Friedrich Nietzsche hoffte seinerzeit, daß »der gute Europäer« der Zukunft sich aus der Buntheit der Nationen herausbilden werde und daß der deutsche Geist als Teilhaber aller seiner Nachbarschaft aus dem Chaos der Einheit des Intellekts formen sollte. Statt des neuen Kosmos gelang den Nationalsozialisten nur ein verwandeltes europäisches Chaos. Die Nation, die Goethes Faust, Beethovens Neunte Symphonie, Kants Schrift zum ewigen Frieden und Schleiermachers Religionsphilosophie geboren hatte, wurde nun überschüttet mit einer Sintflut von unkünstlerischen, unreligiösen, unphilosophischen Erzeugnissen, die der echte Kultureuropäer genauso empörend finden muß wie die Greuel der Konzentrationslager. Der Nationalsozialismus brachte alle Moral- und Vernunftgesetze des europäisch-amerikanischen Kulturkreises zu einem Stillstand, der vorübergehend war, gewiß, aber als Phänomen nicht so leicht vergessen werden kann. Alles, was sich diesem weltlichen Nazikatechismus nicht fügte, wurde als »undeutsche« Ketzerei ausgerottet. Schließlich pervertierte sich die Selbstanbetung dieses Nazi-Überstaates in die Selbstvernichtung. Personen verschwinden, Ideen leben weiter. Wird der europäisch-amerikanische Geist den neuen Kosmos schaffen, oder wird die Nazi-Idee vom Osten aufgenommen und überwunden werden?

Bismarck warnte die Deutschen vor der Gefahr der Einkreisung. Die Vorgeschichte des imperialistischen Weltkrieges zeigt, wie sich das wilhelminische Deutschland selbst ausgekreist hat. Es gab keinen schärferen Kritiker dieser Politik als Adolf Hitler. Und was hat er selbst getan? Über die Vorgeschichte seines Weltkrieges der Rassen wird man keine fetten Bände zu schreiben brauchen. Mit offenen Augen, unter ständigem Schwadronieren hat dieser Mann Deutschland und die Welt ins Elend gehetzt – wie ein schlechter Schachspieler hat er immer darauf gewartet, daß die Gegenseite ihm den Gefallen tun sollte, noch mehr Irrtümer zu begehen, als er es selber tat. Und wie begabt war doch dieser Demagoge! Pathologische Fälle dürfen nur individuell, mit voller wissenschaftlicher Ausrüstung beurteilt werden. Der »Führer« jedoch ist das beste Beispiel für die Narrheit innerhalb psychischer und intellektueller Normalität. Hier haben wir die typische Blindheit, den Fanatismus, die Torheit, die Verblendung. Wenn der Nationalsozialismus der Höhepunkt und hoffentlich das Ende der deutschen Narretei ist, so mag Hitler als der letzte und größte aller deutschen Michel gelten.

Wenn man durch Schaden klug werden kann, dann werden die Deutschen binnen kurzem die weiseste Nation der Welt sein. In der napoleonischen Zeit wurde Deutschland als das Land der Dichter und Denker hoch geachtet. Der erste Brite, der etwas vom deutschen Nationalismus herausfühlte, war Thomas Carlyle. Heute denken manche Ausländer, daß die Deutschen nur Henkersknechte und Trunkenbolde der physischen Gewalt seien. Nicht jeder Zeitgenosse Goethes war ein Dichter und Denker. Nicht jeder Zeitgenosse Görings und Himmlers ist ein brutaler Verbrecher. Allgemeine Urteile über ein Volk sind immer problematisch. Auch was wir hier über den deutschen Volkscharakter gesagt haben, will als ein Versuch mit Vorsicht und Nachsicht gewür-

digt sein. Sind in Deutschland diese auffallenden Extreme nicht sehr miteinander verbunden? Macht nicht gerade der übertreibende Romantizismus aus großen Denkern die Lehrer von närrischen Politikern?
Die deutsche politische Entwicklung ist immer dramatisch gewesen. Völlige Überraschungen sind möglich, ja wahrscheinlich. Mit Recht hat man darauf hingewiesen, daß jede deutsche Revolution bis jetzt mißglückt ist. Kein deutscher Fürst ist hingerichtet worden, bis auf Conradin von Hohenstaufen, und er endete in Italien, wegen rein dynastischer Interessen. Wenn in Deutschland Revolutionen als Volksbewegungen mißlungen sind, so besteht dafür die Lebensgeschichte aller bedeutenden Deutschen aus erfolgreichen Revolutionen. Der deutsche Individualismus ergriff sogar die Revolutionsidee. Gerade aber weil der Revolutionsgeist so mächtig war in diesem sehnsüchtig leidenden deutschen Volke, bemühte sich der Obrigkeitsstaat ständig um Unterdrükkung. Deutschland wurde das Land der siegreichen Gegenrevolution.
Das letzte Beispiel dafür ist der Zusammenbruch der Goerdeler-Witzleben-Verschwörung von 1944. Die Geschichte der deutschen Untergrundbewegung wird einmal geschrieben werden. Deutschland, das Nach-Hitler-Deutschland, darf stolz sein auf diese Männer. Die deutsche Untergrundbewegung ist nicht vergleichbar mit der Untergrundbewegung der von den Naziarmeen besetzten Länder. In Deutschland mußten sich die Revolutionäre gegen die eigene Regierung wenden während eines siegreich erscheinenden Krieges, dessen wahre Ursache den meisten Deutschen nicht bekannt sein konnte. Erst als sich die Niederlage ausprägte, vermochte ein Patriot aus Patriotismus den Sturz Hitlers und seiner Helfer vorzubereiten. Die Verschwörung mißlang gleich früheren Revolutionen. Sollte sich aber die Revolutionsidee einmal mit dem deutschen Persönlichkeitsgedanken verbinden, mit anderen Worten, sollte sich eine gut geführte, zur Macht gekommene Schicht gegen eine absinkende Schicht revolutionär wenden, dann könnte eine deutsche Revolution entstehen, die alle früheren durch Fanatismus und Gründlichkeit in den Schatten zu stellen vermöchte.
Kein Vernünftiger wird versuchen wollen, den Deutschen abzugewöhnen, deutsch zu sein. Ein Deutscher bleibt genausogut immer ein Deutscher, wie ein Franzose ein Franzose, ein Engländer ein Engländer bleibt. Gute Erziehung bedeutet, einen Charakter so zu nehmen, wie ihn Gott, Natur und Geschichte geformt haben. Dann kann man erwecken, was in dem Charakter schlummert, man kann ihm helfen, sich seines andern, bessern Selbst bewußt zu werden, man kann das Gute fördern und das Böse unterdrücken, oder besser das Gute aus dem Bösen herausentwickeln. Ein Zauberer verwandelt – ein Erzieher wandelt. Die Instinkte der Selbsterhaltung und der Angleichung an die Macht der Umstände und der Menschen sind die besten Helfer.
Dies ist eine traurige Zeit für jeden, der das gute alte Deutschland liebte. Wir glauben an ein neues, besseres und glücklicheres Deutschland. Ein Land mit einer so reichen Geschichte, mit einer solchen Fülle an Begabung wird den Weg finden zu einer selbständigen und friedlichen Lebensform. In Erinnerung an seine Kultur, seine alte Tapferkeit und Größe wird das deutsche Volk seine Wiedergeburt vollziehen.
Die Deutschen selbst werden ihre unglücklichen, hungrigen, frierenden, verwirrten Volksmassen zu führen lernen, wenn sie die besten Züge des deutschen Volkscharakters, das Tüchtige, Zuverlässige, Arbeitsame, Pflichtgetreue und Schöpferische zu erwecken verstehen. Manchmal meint man, daß eine Art Fluch auf dem deutschen Volke

lastet. Kein Feind konnte bitterer sprechen über die Deutschen als manche Deutsche selbst. Wenn sie es taten, so wollten sie den gefährlichen Geist der Selbstüberhebung bekämpfen, sie wollten nichts zerstören, sondern etwas schaffen. Nach so viel Zerstörung ist dieses die wahre Losung des Tages – das Schaffen.
Der deutsche Volkscharakter besteht aus dauerbaren und zeitlich gebundenen Zügen. Er ist entwicklungsfähig. Die deutsche Jugend von morgen wird bessere Verse schreiben, schönere Musik ersinnen, als es je in Deutschland gegeben hat. Sie wird aber auch genialere Maschinen bauen und ungekannte Elemente entdecken – diesmal, so hoffen wir, zum Besten der Menschheit. Keinen Fluch gibt es, der sich nicht in einen Segen wandeln läßt durch die rechte Gesinnung. Die Lanze Parsivals heilte die Wunde, die sie schlug. So könnte sich die Versöhnung mit dem Weltgewissen und den besten Eigenschaften des älteren Deutschland vollziehen – wenn das neue Deutschland an sich glaubt. Dieses Deutschland braucht Hilfe, Freundschaft, Verständnis, Friede – dann entsteht schöpferische Selbsterkenntnis und Freude an aufbauender Arbeit. Das war es, was von der deutschen Vergangenheit zu sagen war. Wir glauben, trotz allem und gerade jetzt und für immer, an die Zukunft des deutschen Volkes.

Erhard Klöss

Deutsche Geschichte
1945 bis zur Gegenwart

I. Nachkrieg (1945–1947)

Die Politik der Sieger

Nach dem 8. Mai 1945 hinterließ das geschlagene Deutschland eine riesige politische Hypothek. Es hatte große Teile Europas besetzt, es hatte sich die Welt zum Feind gemacht. Sein eigenes Territorium war von alliierten Bombern, Panzern und Geschützen verwüstet worden. Deutsche Durchhalte-Soldaten und der »Werwolf«, fanatisierte Nazi-Anhänger und Hitlerjungen hatten in letzter Minute noch Brücken gesprengt, Eisenbahnanlagen in die Luft gejagt und Menschen an Laternen geknüpft, die als »Deserteure« ihre militärischen Einheiten verlassen hatten.
In die von Deutschen annektierten oder besetzten und im Verlauf des Krieges verlassenen Gebiete jenseits der »Grenzen von 1937« – so der später in der Bundesrepublik Deutschland zum völkerrechtlichen Argument gewordene Ausdruck – rückten die Alliierten als Befreier ein. Nach Deutschland kamen sie als Besatzungsmacht. Russen, Amerikaner, Engländer und Franzosen übernahmen die Regierungsgewalt. Die Deutschen hatten durch die nationalsozialistische Herrschaft auch ihren Staat verloren. Das Land wurde in Besatzungszonen geteilt. Ursprünglich sollten nur die USA, Großbritannien und die Sowjetunion in Deutschland Macht ausüben. Aber auf der Konferenz von Jalta (4.–11. 2. 1945) vereinbarten die alliierten Regierungschefs Roosevelt, Stalin und Churchill, die Regierung des General de Gaulle zu beteiligen. Auch die Franzosen erhielten Sitz und Stimme im *Alliierten Kontrollrat* zu Berlin, der Legislativen im besiegten Deutschland, und zur Verwaltung eine eigene Besatzungszone auf Kosten der Amerikaner und Engländer. In ihren Zonen übten die Alliierten Militärregierungen die zunächst nur den Gesetzen des Kontrollrats unterworfene Regierungsgewalt aus.
Der Umgang der Sieger mit den Besiegten war gekennzeichnet durch ein allgemeines Verbrüderungsverbot. »Fraternisierung«, der außerdienstliche Umgang zwischen Alliierten und Deutschen, war nicht erlaubt. Jede politische Betätigung war den Deutschen verboten. Auf lokaler Ebene setzten die Militärregierungen deutsche Bürgermeister und Ortspolizei ein. Erst später wurden größere Verwaltungseinheiten geschaffen, in denen auch Deutsche mitwirken durften: die deutschen Länder.
Die Zoneneinteilung hat die Grenzen der Länder stark beeinflußt, die zwischen 1945 und 1947 in allen Besatzungszonen errichtet wurden. In der Sowjetisch Besetzten Zone (SBZ) waren es 1945 die fünf Länder Brandenburg, Mecklenburg-Vorpommern, Sachsen, Sachsen-Anhalt und Thüringen. Jener Staat, der in der deutschen Geschichte der Neuzeit eine umstrittene Rolle gespielt hatte, war nicht mehr darunter: Preußen wurde später laut *Kontrollratsgesetz Nr. 46* vom 25. Februar 1947 von den

Siegern liquidiert. Denn preußisch sollte Nachkriegsdeutschland auf keinen Fall mehr werden. Weder preußische Ordnung und Disziplin noch Militarismus, Untertanengeist, Beamtenwillkür oder Obrigkeitstreue sollten im Tugendrepertoire der Deutschen überleben; zuviel Unheil hatten sie verursacht.

In der britischen Zone wurden vier Länder gegründet: Hamburg und Schleswig-Holstein sowie Niedersachsen und Nordrhein-Westfalen, die weitgehend aus preußischer Liquiditätsmasse bestanden. Zur amerikanischen Zone gehörten Groß-Hessen (später Hessen), Bayern, Württemberg-Baden und – als Enklave – die Hansestadt Bremen. Die Franzosen schließlich herrschten über Rheinland-Pfalz, Württemberg-Hohenzollern, das 1952 in Baden-Württemberg ebenso aufging wie das französisch besetzte Baden und das amerikanisch besetzte Württemberg-Baden. Die Länderregierungen waren zunächst von den Militärregierungen eingesetzt worden, gaben sich aber bald Verfassungen. Nach den Landtagswahlen 1946/47 wurden sie dann von demokratisch legitimierten Kabinetten regiert.

Der Alliierte Kontrollrat war eine Fehlkonstruktion. Er basierte nämlich auf dem Konsens der drei Hauptalliierten. Aber bald nach der Potsdamer Konferenz zeigte sich, daß die Kriegskoalition gegen das Deutsche Reich aus einem Grunde dazu nicht in der Lage war: Sie setzte sich aus Staaten entgegengesetzter Gesellschaftsordnung zusammen. Kommunismus und Kapitalismus schlossen einander aus, und die Freundschaft zwischen Sowjetrußland auf der einen, den USA und Großbritannien auf der anderen Seite bröckelte bereits gegen Kriegsende.[1] Es wäre ein Wunder gewesen, wenn der kapitalistische Westen und der marxistisch-leninistisch-stalinistische Osten sich auf eine gemeinsame Politik in und für Deutschland hätten einigen können.

Die *Potsdamer Konferenz* (17. 7.–2. 8. 1945) wurde zum Prüfstein für das Bündnis. Die Zusammensetzung allerdings stimmte nicht ganz: Frankreich wurde noch immer nicht hinzugezogen – was sich später durch das französische Verhalten im Kontrollrat und anderswo rächen sollte: Es verfolgte in erster Linie auch dort eigene Interessen, wo die Solidarität unter den Westmächten gefordert war (vgl. S. 649). Die Potsdamer Hauptakteure hießen Franklin D. Roosevelt (USA), Josef Stalin (UdSSR) und Winston Churchill (Großbritannien), der am 26. Juli 1945 von Clement Attlee abgelöst wurde, weil die Konservativen in England die Wahl verloren und die Labour-Partei gewonnen hatte.

In Potsdam beschlossen die Sieger zwar, Deutschland als wirtschaftliche Einheit zu erhalten, gemeinsam zu regieren, den Nazismus zu zerschlagen, lokale Selbstverwaltungen einzurichten, demokratische Parteien zuzulassen, Konzerne zu entflechten, die Industrie zu kontrollieren, einen Reparationsplan aufzustellen und die polnische Westgrenze festzulegen bzw. die bereits im Gang befindliche Vertreibung der deutschen Bevölkerung aus den Ostgebieten nachträglich gutzuheißen. Aber bis auf die polnischen und russischen Annexionen (Festsetzung der Oder-Neiße-Linie als polnische Westgrenze und Abtretung Nord-Ostpreußens mit Königsberg sowie des Memelgebiets an die UdSSR) blieben auch Territorialfragen ungelöst: die französischen Ansprüche auf linksrheinisches Gebiet und die Saar ebenso wie die Internationalisierung des Ruhrgebiets. Über die durch den Zweiten Weltkrieg verursachten Grenzverschiebungen im Osten bestand sowieso Einigkeit: Über die seit dem Hitler-Stalin-Pakt (1939) auf Kosten Polens nach Westen verschobene sowjetische Westgrenze

wurde z. B. ebensowenig diskutiert wie über den Verbleib Estlands, Lettlands und Litauens im sowjetischen Staatsverband.
Eine alle befriedigende Lösung der Reparationsfrage wurde ebenfalls nicht erreicht. An eine Bar-Entschädigung durch Deutschland wie nach 1918 war nicht gedacht. Die UdSSR und Frankreich wollten aber bei den Demontagen der Rüstungsindustrie kräftig zulangen. Stalin konnte durchsetzen, daß die Sowjetunion ihre Forderungen aus der eigenen Besatzungszone erfüllen konnte. Auch die Ansprüche Polens sollten aus der SBZ befriedigt werden. Darüber hinaus sollte die UdSSR noch aus dem Reparationsaufkommen für die Westmächte entschädigt werden. »Ohne Gegenleistung wurden Moskau 10 % der für die künftige deutsche Friedenswirtschaft unnötigen industriellen Ausrüstung, die auf Reparationskonto aus den Westzonen zu entnehmen war, in Aussicht gestellt und weitere 15 % der verwendungsfähigen und vollständigen industriellen Ausrüstung, vor allem der metallurgischen, chemischen und Maschinen erzeugenden Industrien, soweit sie für die deutsche Friedenswirtschaft unnötig und aus den westlichen Zonen Deutschlands zu entnehmen seien.«[2]
Der Alliierte Kontrollrat, der die letztlich doch insgesamt nur vagen Vereinbarungen koordinieren und politisch umsetzen sollte, war nicht fähig, eine einheitliche Politik für ganz Deutschland zu konzipieren. Die französische Regierung, der die Potsdamer Beschlüsse durch den US-Botschafter in Paris bekanntgemacht wurden, verhielt sich wenig kooperativ[3]; die Russen hatten in ihrer Zone bereits begonnen, eine Politik nach Sowjetart zu machen: Sie bereiteten mit der »Gruppe Ulbricht« und ihrer Militärregierung den Aufbau eines stalinistischen Staates vor (vgl. S. 745). Obwohl Amerikaner und Briten im Kontrollrat die sowjetischen Präjudizierungen kritisierten, mußten sie sie hinnehmen. Alles, was nicht einstimmig im Kontrollrat beschlossen werden konnte, praktizierten die Besatzungsmächte eben nur in ihren Zonen. Da das Prinzip, gemeinsame Leitlinien nur einstimmig zu verabschieden, nicht durchgesetzt werden konnte, wurde bereits im Kontrollrat eine gemeinsame Deutschlandpolitik verhindert. Auch Frankreich betrieb eine Obstruktionspraxis, wenn es um seine Interessen ging: Die Franzosen strebten die Internationalisierung des Ruhrgebiets an und wollten das Saargebiet selbst verwalten. Um das zu erreichen, blockten sie z. B. am 1. Oktober 1945 zwei Entwürfe über die Errichtung deutscher Zentralverwaltungen grundsätzlich ab – auf diese Weise verschafften sie sich im Saargebiet freie Hand.
Die Sowjets forderten die Erhaltung Deutschlands als Einheit. Sie wollten ein »antifaschistisch-demokratisches« Deutschland. Aber gerade am Demokratiebegriff schieden sich die Geister. »Was versteht der sowjetische Außenminister unter Demokratie?« fragte der Amerikaner Byrnes seinen sowjetischen Kollegen Molotow auf der Londoner Außenministerkonferenz (10. 9.–2. 10. 1945). Die Frage war keineswegs rhetorisch: Sie bezeichnete den Anfang vom Ende einer Kooperation. – Auch mit dem Begriff »antifaschistisch« in seiner für Kommunisten spezifischen Form wußte kaum ein westlicher Demokrat etwas anzufangen. Sie ahnten eben nicht, daß er sich gegen den westlichen »imperialistischen« Kapitalismus ganz allgemein richtete, in dem die KP den eigentlichen Feind sah und dessen extreme Auswüchse italienischer Faschismus und deutscher Nationalsozialismus darstellten.
Wie hätte dieser neue Einheitsstaat 1945 also aussehen sollen? »Volksdemokratisch-antifaschistisch« à la Moskau oder parlamentarisch-demokratisch à la Washington?

Die allmählich zu Gegnern werdenden Ost- und Westalliierten bevorzugten das jeweils eigene Modell. Ein Kompromiß war ausgeschlossen. Bereits Ende 1946 wußten das auch die Idealisten unter den Westalliierten. Und weil die deutsche Einheit dann bereits nicht mehr in ihrem Interesse lag, wollten sie sie auch nicht mehr.
Einen nicht nur für Deutschland oder die Deutschen wichtigen Beschluß faßten die Alliierten allerdings einstimmig: die Einsetzung des *Nürnberger Gerichtshofes.* Bereits in den Kriegskonferenzen der Alliierten war zum Ausdruck gekommen, daß die Nazi-Regierung und ihre Mitglieder sowie Nazi-Organisationen und ihre Repräsentanten als Kriegsverbrecher vor einem Tribunal Rechenschaft für ihre Taten ablegen sollten. Aufgrund eines Abkommens vom 8. August wurde am 18. Oktober 1945 die Anklage gegen 24 Hauptkriegsverbrecher erhoben. Zwölf wurden am 30. September/1. Oktober 1946 zum Tod, sieben zu Haftstrafen verurteilt. Die Angeklagten Schacht, Fritzsche und von Papen wurden freigesprochen. Der ehemalige Reichsmarschall Hermann Göring nahm sich im Gefängnis selbst das Leben, gehängt wurden u. a. Julius Streicher, Herausgeber des *Stürmer,* eines üblen antisemitischen Hetzblattes, die Generäle Keitel und Jodl, der Reichskommissar für die Niederlande, Seyß-Inquart, und der Chef des »Reichssicherheitshauptamtes«, der Kommandozentrale der SS, Kaltenbrunner. Hitlers Rüstungsminister Speer saß bis 1966 im alliierten Gefängnis zu Berlin-Spandau, der »Stellvertreter des Führers«, Rudolf Hess, zu lebenslänglicher Haft verurteilt, verübte dort 1987 Selbstmord. Die letzte alliierte Gemeinsamkeit, die in der abwechselnd von allen Alliierten vorgenommenen Bewachung des einzigen Gefangenen von Spandau überlebte, war durch den Tod des Rudolf Hess erledigt.
In zwölf Nachfolgeprozessen wurden in Nürnberg noch führende Wirtschaftsmagnaten (u. a. Friedrich Flick, Alfried Krupp von Bohlen und Halbach), Mediziner (Wissenschaftler, KZ-Ärzte), Diplomaten und führende Chargen des Regimes (SS-Führer) vor Gericht gestellt. Auch bei diesen Prozessen wurden Todesstrafen verhängt. Aber im Lichte der sich anbahnenden westdeutsch-angloamerikanischen Verständigung erschienen die Verbrechen aus der Nazizeit zunehmend an Gewicht zu verlieren. Friedrich Flick zum Beispiel behielt sein Vermögen und konnte bereits in den fünfziger Jahren mit dem Aufbau eines der größten Wirtschaftsimperien der Bundesrepublik Deutschland beginnen; der zu lebenslanger Haft verurteilte Medizinprofessor Rose wurde bald entlassen und hielt wieder Vorlesungen. Rose, ein renommierter Forscher, hatte in Konzentrationslagern Versuche mit Fleckfieber-Serum vorgenommen; die Häftlinge wurden mit der Krankheit infiziert, zahlreiche Menschen starben. Die Ärztin Hertha Oberheuser, wie Rose ebenfalls zu lebenslanger Haft verurteilt – sie war an schmerzhaften, in zahlreichen Fällen zum Tode führenden Menschenversuchen im Frauen-Konzentrationslager Ravensbrück beteiligt[4] –, praktizierte nach ihrer Entlassung aus der Haft unangefochten in Schleswig-Holstein. Vielen Nationalsozialisten, Offizieren, SS-Führern und KZ-Funktionären gelang die Flucht ins Ausland. Über die sog. »Rattenlinie« entkamen sie mit Hilfe von Nazi-Sympathisanten, einige sogar mit Unterstützung des Vatikans, ins faschistische Spanien oder in die Diktaturen Südamerikas. Den »Buchhalter des Todes«, den Obersturmbannführer der SS Karl Adolf Eichmann, verantwortlich u. a. für den Transport von Millionen Juden in die Vernichtungslager, spürte der israelische Ge-

heimdienst 1960 in Südamerika auf, brachte ihn nach Israel, wo er vor ein Gericht gestellt, zum Tode verurteilt und hingerichtet wurde. Doch die meisten der entflohenen KZ-Mörder starben im Exil, wie der wegen seiner medizinischen Versuche an lebenden Menschen berüchtigte Arzt Josef Mengele in Brasilien.
Fachleute und Wissenschaftler wurden in die USA oder in die UdSSR verbracht, auch dann, wenn sie dem NS-Regime gedient oder sich dem Verdacht ausgesetzt hatten, Kriegsverbrechen begangen zu haben. Manche, etwa der Raketenforscher Wernher von Braun, gelangten in der neuen Heimat zu hohen Ehren.
Wirkliche Macht in Deutschland übten die Militärregierungen in den Zonen aus, nicht der Alliierte Kontrollrat in Berlin. Wie sehr die Vorstellungen unter den Siegern auseinandergingen, sollte sich auch den Deutschen bald zeigen. In der SBZ verlief die Entwicklung nur auf den ersten Blick hin widersprüchlich. Die rücksichtslose Demontage von Maschinenfabriken und Werken der chemischen und Stahlindustrie verschärfte die ohnehin verheerende Lage der Menschen. Es gab auch die »juristische Demontage«: an die 200 Betriebe wurden *Sowjetische Aktiengesellschaften* (SAG). Ihre Produktion ging in die Sowjetunion. Zu den SAGs gehörten Europas größtes Chemiewerk, die Leunawerke, das Buna-Werk bei Merseburg, Kaligruben, elektrotechnische Betriebe und – bis zum Ende der DDR – der Uranbergbau. Aber es wurde auch mit dem Sozialismus Ernst gemacht. Der bald zur alleingültigen politischen Doktrin erhobene Sozialismus stalinistischer Prägung war die Alternative zu Kapitalismus und Faschismus. Unter dem Schutz der sowjetischen Militärregierung wurde die Sozialisierung der Industrie vorangetrieben, eine Bodenreform zerschlug den Großgrundbesitz, mit der Gründung antifaschistischer Organisationen sollte der Marxismus-Leninismus populär gemacht werden.
Es gab in der »Ostzone« kaum noch Gemeinsamkeiten mit den Westzonen – besonders nach der Vereinigung der KPD mit der SPD zur *Sozialistischen Einheitspartei* (SED) im April 1946. Diese Partei wurde zur einzigen politischen Macht in der SBZ. Sie bestimmte auch die Linie der übrigen Parteien, der *Christlich Demokratischen Union* (Ost-CDU)), der *Liberaldemokratischen Partei Deutschlands* (LDPD), der *Nationaldemokratischen Partei Deutschlands* (NDPD) und der *Demokratischen Bauernpartei Deutschlands.* Sie alle bildeten zusammen mit der später hinzugekommenen *Freien Deutschen Jugend* (FDJ) und dem *Freien Deutschen Gewerkschaftsbund* (FDGB) den *Antifa-Block.* Die Blockpolitik sollte den Aufbau des Sozialismus in der SBZ vorantreiben und mit den verschiedenen Parteiungen die ganze Bevölkerung auf den Kurs der SED einschwören (vgl. auch S. 744 ff.).
In den Westzonen wurden ebenfalls Parteien zugelassen und Gewerkschaften gegründet. Der Unterschied zur SBZ lag im Pluralismus, und er wurde politisch relevant in der Polarisierung sozialdemokratischer und bürgerlich-konservativer Auffassungen. Das einzige Bindemittel zwischen den so gegensätzlichen Parteiungen war der *Antikommunismus.* In der *Christlich Demokratischen Union* (CDU) und der *Christlich Sozialen Union* (CSU) sowie in der aus liberalen Gruppen 1948 entstandenen *Freien Demokratischen Partei* (FDP) war der Antikommunismus immanent. Die *Sozialdemokratische Partei Deutschlands* (SPD) aber zählte noch immer Karl Marx und Friedrich Engels zu ihren Gründervätern, wenn auch die Partei Kurt Schumachers im strengen Sinne keine marxistische Partei mehr war. Die traumatischen Erfahrungen der SPD

mit der KPD in der Weimarer Republik, die Diffamierung als »Sozialfaschisten«, die Brutalität der stalinistischen Politik und schließlich die Zwangsvereinigung der SPD mit der KPD zur SED in der Sowjetzone sind Erklärungen auch für den sozialdemokratischen Antikommunismus. Zwar hatte sich nach der Kapitulation 1945 die Ansicht, daß der Kapitalismus am Ende sei, auch bei den bürgerlichen Parteien im Kern durchgesetzt (vgl. das »Ahlener Programm« der CDU), aber das war bald vergessen. Das aus dem unmittelbaren Erlebnis der Niederlage heraus geborene Bekenntnis zu einer Art demokratischem Sozialismus (Überführung der Grundindustrien in Gemeineigentum etc.) verschwand bald wieder aus den konservativen Parteiprogrammen. Sozialismus wurde dort fortan mit Stalinismus gleichgesetzt und auf die griffige Formel gebracht, daß alle Wege des Sozialismus nach Moskau führten. Kurt Schumacher war bald der einzige Vorsitzende einer demokratischen Partei, der die Forderung nach einem sozialistischen, d. h. sozialdemokratischen Deutschland offen aussprach. (Vgl. auch S. 680)

Die Unterschiede in den Parteiprogrammen vergrößerten sich mit dem Auseinanderdriften der Alliierten. Die deutsche Frage allein hat diese Verbündeten nicht getrennt. Überall dort, wo die Rote Armee stand, setzten die Sowjets ihr politisches Konzept durch: in Polen und der Tschechoslowakei, in Ungarn, Rumänien und Bulgarien. Die alliierten Außenministerkonferenzen von 1946 und 1947 brachten keine Annäherung und keine Ergebnisse im Sinne eines gesamteuropäischen Sicherheitssystems. Der angloamerikanische Einfluß wurde überall dort zurückgedrängt, wo die UdSSR Truppen stationiert hatte. Die internationale Politik trieb in eine Krise. Washington verkündete die nach dem amerikanischen Präsidenten benannte *Truman-Doktrin:* Amerika war fortan nicht mehr bereit, eine weitere Ausdehnung der sowjetischen Interessengebiete hinzunehmen.

Das »atlantische Abendland« begann sich zu formieren. Den Westdeutschen eröffnete der amerikanische Außenminister Byrnes in seiner berühmten *Stuttgarter Rede* (6. 9. 1946) neue Perspektiven als Partner des Westens. Der Zusammenschluß von amerikanischem und britischem Besatzungsgebiet zur *Bi-Zone* (29. 5. 1947 Unterzeichnung des *Abkommens über die Neugestaltung der zweizonalen Wirtschaftsstellen* durch die britische und amerikanische Militärregierung) war der erste Schritt zu einer westdeutschen Verwaltungs- und Wirtschaftseinheit. Die Bi-Zone sollte auch ein Parlament erhalten. Wäre dieses nach dem Willen des britischen Militärgouverneurs Robertson aus einer gleichen Anzahl von Vertretern aller Länder gebildet worden, so hätte die SPD dominiert. Der US-Gouverneur Clay, der über die entscheidende Macht, nämlich über die Dollars für den Wiederaufbau verfügte, setzte dagegen durch, daß die Mandate im Verhältnis zu der Bevölkerungszahl der Länder verteilt wurden; das aber bedeutete ein Übergewicht von CDU und Liberalen. Die Entscheidung sollte für die Zukunft Westdeutschlands von Bedeutung sein.

Die westdeutschen Ministerpräsidenten reagierten auf dieses alliierte Diktat mit gemischten Gefühlen. Sie zeigten sich über die »Entwicklung erfreut bis begeistert«[5]. Bayerns Regierungschef Ehard verhielt sich allerdings sehr reserviert. Von ihm ging auch die gesamtdeutsche Initiative aus, gemeinsam mit den SBZ-Ministerpräsidenten über die Not in Deutschland zu diskutieren. Die *Münchner Ministerpräsidentenkonferenz* (5. bis 7. 6. 1947) platzte jedoch sogleich, weil die ostdeutschen (oder wie man

offiziell bis in die sechziger Jahre sagte: mitteldeutschen) Ministerpräsidenten wieder abreisten. Ihr Antrag, über eine gesamtdeutsche Zentralregierung zu sprechen, wurde von den westdeutschen Länderchefs abgelehnt. Sie konzentrierten sich nun ganz auf den Westen, zwar noch nicht in aller Öffentlichkeit, wohl aber in der Praxis. Für fast fünfundzwanzig Jahre blieb der politische Verbindungsgraben zwischen Deutschland-Ost und Deutschland-West zugeschüttet.
Der Ausbau der westlichen Wirtschaftsverwaltung ging nun zügig voran. Frankfurt am Main wurde die »Hauptstadt«, und nachdem Wirtschafts- und Exekutivrat in der Bi-Zone geschaffen waren, der US-Außenminister Marshall den nach ihm benannten Hilfsplan zur Finanzierung des Wiederaufbaus in Europa angekündigt hatte (*European Recovery Program,* ERP, Juni 1947), der Anschluß des französischen Besatzungsgebietes an die Bi-Zone die *Trizone (Vereinigtes Wirtschaftsgebiet)* hervorgerufen hatte, die *Londoner Vier-Mächte-Konferenz* (25. 11.–15. 12. 1947) den endgültigen Bruch mit dem Osten vollzog und damit kundtat, was ohnehin schon jeder wußte: jede Besatzungsmacht integrierte ihre Zone in ihr Gesellschaftssystem – da gab die *Londoner Sechs-Mächte-Konferenz* (ohne die Sowjets, aber mit den Benelux-Staaten) für den Westen Deutschlands das Zeichen zur Eigenstaatlichkeit. Die *Londoner Empfehlungen* gipfelten in dem Beschluß, einen deutschen föderativen Staat auf dem Territorium der Westzonen zu gründen. Die *Frankfurter Dokumente,* von den westalliierten Militärgouverneuren an die westdeutschen Ministerpräsidenten gerichtete Ausführungsbestimmungen, gaben den Auftrag zur Einberufung einer verfassunggebenden Versammlung, der Neugliederung des Gebiets der »Trizone« und kündigten ein Besatzungsstatut an. Die Ministerpräsidenten fügten sich – einige Bedenken im Hinblick auf die Verhinderung einer Wiedervereinigung Deutschlands wurden von den Westalliierten zurückgewiesen.
Die Sowjetunion beschleunigte nun ihre Zentralisierungspolitik in der SBZ (vgl. S. 744ff.). Die *Deutsche Wirtschaftskommission* wurde als zentrale Zonenverwaltung geschaffen (14. 6. 1947). Auch in der SBZ wurden die Weichen zu einem eigenständigen Staat gestellt: mit der *Sozialistischen Einheitspartei* (SED) als Trägerin einer zukünftigen Volksdemokratie.

Die Lage der Deutschen: Gesellschaft und Kultur

In das deutsche Territorium, auf dem zwischen 1949 und 1990 dann die beiden Staaten *Bundesrepublik Deutschland* und *Deutsche Demokratische Republik* sowie das eng mit der Bundesrepublik verbundene *Westberlin* entstehen sollten, kamen seit 1944 Flüchtlinge, seit 1945 Vertriebene besonders aus den von der UdSSR und Polen annektierten Gebieten (Ost- und Westpreußen, Brandenburg und Hinterpommern, Schlesien) sowie aus dem Memelgebiet und der Freien Stadt Danzig, der Tschechoslowakei, aus Ungarn, Rumänien und Jugoslawien. Die Zahlen schwanken. In der Bundesrepublik Deutschland gab es 1950 knapp 8 Millionen[6]. Insgesamt lag die Zahl in BRD und DDR schließlich bei 12 bis 13 Millionen[7]. Sie kamen als Fremde, hatten

Heimat und Besitz verloren, sprachen oft unverständliche Dialekte. Viele von ihnen hatten Schreckliches erlebt. Etwa zweieinhalb Millionen Menschen waren auf der Flucht oder im Zuge der Vertreibung umgekommen – sie waren erfroren, ertrunken, viele auch ermordet worden oder in Internierungslagern verhungert.

Die deutschen Flüchtlinge und Vertriebenen gehören zu den über 60 Millionen Heimatlosen auf der ganzen Welt, die aus politischen Gründen bis in die sechziger Jahre des 20. Jahrhunderts ihre Städte und Dörfer verlassen mußten. Es hatte in Europa Tradition, daß die Sieger die eroberten Territorien von nationalen Minderheiten oder gar geschlossenen Volksgruppen »säuberten« oder daß Regierungen unerwünschte Minoritäten »abschoben«. 1915, im Ersten Weltkrieg, verübten die Türken ein Massaker unter den Armeniern. Vor 1939 fanden Bevölkerungstransfers in Bulgarien und Griechenland statt, gab es die Zwangsaussiedlung von 1,3 Mio. Griechen aus der Türkei und von 360 000 Türken aus Griechenland. In diese Zeit fielen die Zwangsumsiedlungen in der UdSSR unter Stalin. Schließlich folgte die Zwangsausweisung von zunächst mehr als 300 000 Juden aus dem nationalsozialistischen Deutschen Reich sowie die »Verbringung« des Volkes der Sinti und Roma in Konzentrationslager. Die deutsche Regierung verfügte während des Zweiten Weltkriegs den Genozid an den Juden. Ca. sechs Millionen europäischer Juden, Männer, Frauen und Kinder, wurden im Zweiten Weltkrieg vorsätzlich in Vernichtungslagern und durch »Einsatzgruppen« (Polizei- und SS-Einheiten) getötet. Der Völkermord bildete den abscheulichen Höhepunkt der an Verbrechen gegen die Menschlichkeit reichen nationalsozialistischen Zeit in Deutschland.

Der Strom der Vertriebenen ins Nachkriegsdeutschland ebbte 1947 ab. Die Integration in die ansässige Bevölkerung gelang erstaunlich gut. Dennoch war die Einbürgerung ein mühevoller Prozeß. Der Historiker Thilo Vogelsang schrieb 1966: »Die Formen der Vertreibung und die Summe der Unzulänglichkeiten bei der Aufnahme und Unterbringung der unglücklichen Menschen im besetzten Deutschland gehören zu den bittersten und wohl auch beschämendsten Phänomenen der europäischen Nachkriegsgeschichte.«[8] Die Vertriebenen kamen in ein Land, dessen Städte durch alliierte Luftangriffe zum Teil fast völlig zerstört waren. Sie trafen auf die Ressentiments der eingesessenen Bevölkerung, manchmal sogar auf physischen Widerstand. Diesen Deutschen ging es schlecht, sie hatten weder genug zu essen noch Kohlen und Holz, um ihre Unterkünfte zu heizen. Kaum einer dachte in seinem Elend daran, daß seine Regierung ganz Europa mit Krieg überzogen und Millionen in die Flucht getrieben oder zur Zwangsarbeit verschleppt hatte, kaum einer, daß er jahrelang auf Kosten der überfallenen Länder und Menschen gelebt hatte. Sie empfanden die Flüchtlinge und Vertriebenen als Eindringlinge, die ihnen das wenige, was sie selbst hatten, streitig machten.

Die Erträge der Landwirtschaft waren in den letzten Kriegsjahren gesunken und lagen 1945 weit unter dem Vorkriegsdurchschnitt. Die Lebensmittelrationen wurden rapide gekürzt. Nach den Vorstellungen der Sieger sollten die Deutschen büßen: für das unermeßliche Leid, das sie anderen zugefügt hatten; für die Arroganz ihrer Führer; für die Millionen planmäßig ermordeter Menschen, die als »Untermenschen«, »rassisch Minderwertige«, als »Erbkranke« denunziert worden waren; für die sadistischen Quälereien in den Gestapo-Gefängnissen und Konzentrationslagern; für die

Schrecken, die deutsche »Volksgenossen« auf Befehl der Nazi-Regierung verbreitet hatten.
Die Deutschen erfuhren, was es heißt, von einem Industrieland auf das Niveau eines Agrarstaats gedrückt zu werden. Zwar wurden die Vorstellungen des US-Senators Morgenthau nicht realisiert, in Deutschland alle Industrien zu verbieten. Aber die Rüstungsindustrie sollte verschwinden, ganze Fabrikanlagen demontiert werden. Viele Menschen wurden arbeitslos, nicht nur ehemalige Nazis wurden aus ihren Berufen entfernt und zu Hilfs- und Aufräumungsarbeiten herangezogen. Die »Trümmerfrauen« leisteten bei schmalen Rationen Schwerstarbeit in den Schuttgebirgen der zerbombten Städte.
Die Alliierten befahlen auch die »Entflechtung« der Konzerne, Großbanken, Trusts und Kartelle, d. h. die Zerschlagung mächtiger Wirtschaftszentren und deren Management. Ziel war die Bildung kleinerer, überschaubarer Einheiten, deren Einfluß auf Öffentlichkeit oder gar die Regierung gering bleiben sollte. Die Sowjets verfuhren gemäß der marxistisch-leninistisch-stalinistischen Ideologie: Sie wandelten die in Privatbesitz befindlichen Schlüsselindustrien in »Volkseigene Betriebe« (VEB) und Kombinate um und ersetzten das kapitalistische Management durch vom Staat abhängige Unternehmensleitungen. Um diese von Anfang an nicht sehr effiziente Wirtschaftslenkung flexibler zu gestalten, durchliefen die VEB während ihrer Geschichte unterschiedliche Entwicklungsphasen; auf Zeiten größerer Freizügigkeit folgten Perioden verstärkter zentralistischer Einschränkung. Schließlich wurde die »Kommandowirtschaft« in den siebziger Jahren so intensiviert, daß die Ineffizienz der DDR-Wirtschaft existenzbedrohend wurde. – Im Westen sorgten schon die handfesten Wirtschaftsinteressen amerikanischer Industrieller, zumindest seit der Verkündung des Marshall-Planes, für Mäßigung in der Wirtschaft. Es wurde zwar »entflochten«, aber die Treuhänder wußten die Ansprüche der ehemaligen Besitzer zu wahren; in aufstrebenden Industriezweigen entstanden aus Riesenmüttern oft Riesentöchter. So z. B. erwuchsen aus der Nachlaßmasse des IG-Farben-Konzerns die inzwischen sehr viel mächtigeren Großunternehmen BASF, Bayer Leverkusen oder die Farbwerke Hoechst.
1945 aber lagen solche Entwicklungen in weiter Ferne, und die Ansicht, daß der Kapitalismus abgewirtschaftet habe, wurde von der überwiegenden Mehrheit der Bevölkerung geteilt. Auch in den nichtsozialistischen Parteien wurde dem Kapitalismus eine Mitschuld am Nationalsozialismus zugewiesen. Das *Ahlener Programm* der CDU von 1947 (vgl. S. 652) allerdings galt nur in der britischen Zone – dort bestimmte die Londoner Labour-Regierung die Richtlinien der Politik. In den *Düsseldorfer Leitsätzen* von 1949, dem Grundsatzpapier für die CDU-Regierung der Bundesrepublik Deutschland, sind die Passagen über die Verhinderung von Zusammenballungen wirtschaftlicher Kräfte, von Vergesellschaftung und Antikapitalismus dann allerdings nicht mehr zu finden; sie entfielen zugunsten der Prinzipien der *Sozialen Marktwirtschaft.*
Doch auch die Arbeitnehmer gewannen in den Westzonen – wenn auch sehr viel weniger. Die Mitbestimmung, bereits nach dem Ersten Weltkrieg diskutiert, schien 1946/47 Gestalt anzunehmen. Mitbestimmung hieß, die sozialistische Maximalforderung nach Vergesellschaftung der Schlüsselindustrien, nach Selbstbestimmung und

Deutschland nach der Niederlage

Verlust der staatlichen Souveränität

Verlust der Heimat – Verlust der Wohnungen

Kontrolle der Wirtschaft durch die Arbeitnehmer auf die partnerschaftliche Kooperation von Unternehmern und Arbeitnehmern zu reduzieren. Mitbestimmung in der Sozialen Marktwirtschaft aber sollte gewährt werden, schon um den kommunistischen Einfluß bei den Arbeitern abzuwehren. Die Mitbestimmung sollte auch gewährt werden, weil das Wirtschaftsmanagement die Arbeiter und Angestellten als Bündnispartner gegen die Alliierten brauchte: Entflechtungs- und Demontagemaßnahmen oder der Wiederaufbau waren nicht ohne die Gewerkschaften in die Gleise zu lenken, die von den Kapitalbesitzern und deren Managern gewünscht wurden. Konkrete Verhandlungen über paritätische Mitbestimmung, also die Besetzung der Aufsichtsräte mit jeweils der gleichen Anzahl von Vertretern des Kapitals und der Arbeit sowie einem neutralen Vorsitzenden, gingen zuerst von den Managern der Gutehoffnungshütte in Essen und den Klöckner-Werken in Köln aus. Aber erst nach heftigen Auseinandersetzungen gab es 1951 das *Gesetz über die paritätische Mitbestimmung im Bergbau und der Eisen und Stahl erzeugenden Industrie.* Die Arbeitnehmer in der übrigen Wirtschaft wurden mit dem *Betriebsverfassungsgesetz* abgespeist (1952, Novellierung 1972), das statt *Mitbestimmung* höchstens Mit*wirkung* vorsah; das letzte Wort bei Konflikten hatte nach wie vor der Kapitaleigner.

Obwohl die Berichte aus der Zeit nach 1945 von der Not und dem Elend zeugen, das unter der deutschen Bevölkerung herrschte, sollte an dieser Stelle doch differenziert werden. *Zwischen Befreiung und Besatzung* ist der Titel einer Dokumentensammlung, die Analysen von US-Geheimdienst-Agenten über Strukturen und Positionen deutscher Politik nach 1945 enthält.[9] Das Buch korrigiert einige Vorurteile. So ist z. B. der Zerstörungsgrad von Industrieanlagen nicht immer so hoch gewesen, wie dies gelegentlich behauptet wird. In einem Bericht heißt es – und das wird auch von anderen Agenten bestätigt: »In Frankfurt sah es im allgemeinen so aus, als seien die Industrieanlagen weitgehend zerstört. Wir selbst sahen mehrere Maschinenbetriebe und Hüttenwerke, die man vollständig abschreiben kann. Die drei großen Betriebe der I.G. Farben in Frankfurt, darunter das große Werk in Höchst, weisen andererseits fast keine Schäden auf. Nach den Angaben der Offiziere der Rhine Coal Control (RCC) haben die Bergwerke an der Ruhr kaum Schäden erlitten ... In Westdeutschland gibt es immer noch brauchbare Industrieanlagen in großem Umfang, aber selbst wenn man nur die Größenordnung bestimmen will, wäre eine systematische Bestandsaufnahme erforderlich.« Das ist dann wohl unterblieben; es hätte wohl zu weiteren Demontagen geführt.

Auch die Lage der Bevölkerung war recht unterschiedlich. »An dieser Stelle sind ein paar Worte zu den Bedingungen in Frankfurt angebracht. Es ist zu 80% bis 90% zerstört, eine Toten-Stadt. Nach der Ausgangssperre um 19 Uhr schallen die Stiefel der GIs wie Schritte in einer Gruft. Man hört keine Hunde bellen und keinen Laut von anderen Tieren. Die Leute, die im Stadtgebiet bleiben, verkriechen sich in die Keller, haben vielleicht nur das Wasser, was sie in Kübeln von einer zentralen Zisterne holen, und haben kein Licht, ganz zu schweigen von anderen Einrichtungen, die ihre Lage erleichtern könnten ... Das trifft natürlich nur auf die Armen zu. Die Reichen leben von all dem ziemlich unberührt in den Vororten oder den umliegenden Städten wie Bad Homburg oder [Ober]Ursel; sie wohnen dort mit Dienern und haben fast allen Luxus. Ich weiß das, weil ich mehrere Direktoren und Techniker aus ihren Häusern abgeholt und die Gelegenheit wahrgenommen habe, mir die Häuser sehr gründlich anzusehen. Außerdem hatte die Bourgeoisie anscheinend reichlich zu essen, frisches Gemüse, Eier, ausreichend Eingemachtes und Konserven aller Art. Die in den Städten zurückgebliebenen Armen stehen fast den ganzen Tag an, um das bißchen zu erhalten, was sie überhaupt bekommen konnten.«[10]

Die Lebensmittelrationen wurden nach 1945 empfindlich gekürzt. 1947 veröffentlichte der Schriftsteller Rudolf Krämer-Badoni die folgenden Vergleichszahlen über den Verbrauch bzw. die Zuteilung von Lebensmitteln pro Person im Zeitraum von vier Wochen:

Die erste Zahl betrifft 1935, die zweite jeweils 1947:

Fleisch	3700 g	–	400 g
Käse	370 g	–	125 g
Fisch	760 g	–	500 g
Fett	1930 g	–	150 g
Kartoffeln	13400 g	–	6000 g
Brot	10000 g	–	9500 g
Bier	4 l	–	unbestimmbar (ferner Qualitätsunterschiede)
Zucker	1670 g	–	500 g
Malzkaffee	200 g	–	125 g Ersatzkaffee
Vollmilch	9 l	–	1 l Magermilch
Nährmittel	30 g	–	1250 g
Gemüse	3400 g	–	588 g Konserven
Obst	2300 g	–	unbestimmbar

Den folgenden Zahlen für vier Wochen 1935 steht 1947 jeweils eine Null gegenüber: 9 Eier, 180 g Hülsenfrüchte, 30 g Honig, 60 g Nüsse, 70 g Kakao, 600 g Südfrüchte. Das heißt also: Der durchschnittliche Verbrauch eines Erwachsenen im Jahre 1935 und die Ration eines Normalverbrauchers der 104. Zuteilungsperiode betrugen täglich

	1935	1947
Kalorien	3075	1300
g Eiweiß	77	39
g Fett	109	10

Der Schwarzmarkt blühte. Eine Liste, die der Berliner Kammergerichtspräsident am 6. Januar 1948 an den Chefpräsidenten des Landgerichts in Berlin-Zehlendorf sandte, weist u. a. folgende Schwarzmarktpreise auf:

ein Brot	30 bis 35 Mark
ein Hauskaninchen	90 Mark
ein Pfund Kaffee	450 bis 500 Mark
ein Zentner Kartoffeln	300 bis 350 Mark
ein Pfund Butter	250 bis 280 Mark

Auf dem Schwarzen Markt in Frankfurt kostete eine Zigarette fünf bis zehn Mark.
Der größte Teil der Menschen war hauptsächlich von den Haupt(über)lebenszielen in Anspruch genommen: Nahrung herbeizuschaffen und ein Dach über dem Kopf zu haben. Wen wundert es, daß nur wenige sich Gedanken machten darüber, warum die Deutschen in diese Lage gekommen waren, welche moralischen Anstrengungen nötig sein würden, um wieder herauszukommen?
Das politische Bewußtsein in den Besatzungszonen war unentwickelt. Das hatte mehrere Gründe. Zunächst trugen die äußeren Lebensumstände nicht gerade dazu bei, politische Aktivitäten zu entwickeln. Sodann war noch im Sommer 1945 in einigen Zonen jegliche politische Betätigung verboten. Einige »Antifas« (Antifaschistische Aktionsausschüsse), in denen sich Sozialdemokraten, Kommunisten, gelegentlich auch ehemalige Parteigänger des Zentrums sammelten, waren nach kurzer, meist erfolgreicher Tätigkeit auf Befehl der alliierten Militärbehörden wieder aufgelöst worden. Die eben noch mächtige Rechte, die Funktionsträger des Naziregimes, wurde zum Teil zwar inhaftiert oder erhielt Berufsverbot; manche »Parteigenossen« jedoch blieben unentdeckt, tauchten unter und führten unter neuem Namen eine andere Existenz. Andere blieben auf ihrem Posten in Wirtschaft und Industrie, gelegentlich sogar in der öffentlichen Verwaltung. Das Argument, man könne auf ihren Sachverstand nicht verzichten, trug bei manchem zu der Überzeugung bei, es werde sich auch nach Hitler nicht allzuviel ändern. Auch manch schwerer belastete Manager, Beamte oder Unternehmer brauchte seine berufliche Karriere nicht endgültig abzubrechen, höchstens vorübergehend etwas zu drosseln.
Die Frage, wie nationalsozialistisch die deutsche Gesellschaft war, ist schwer zu beantworten. Die Zahl der NSDAP-Mitglieder war bei einer Gesamtbevölkerung von 68,1 Millionen (1937) relativ gering: sie betrug bei Kriegsende 8,5 Millionen; hinzu kamen die Mitglieder der NS-Organisation (z. B. der »Hitlerjugend« oder der »Schutzabteilung« – SA). Aber viele treue Diener des Regimes waren weder Parteimitglied, noch gehörten sie den vielen Organisationen an, die die nationalsozialistische Ideologie verbreiteten. In der US-Zone mußte jeder Bürger über 14 Jahre einen Fragebogen ausfüllen. Stieß man auf einen »deutschen Volksgenossen«, der der NSDAP angehört hatte, oder auf eine »deutsche Volksgenossin«, die Mitglied der NS-Frauenschaft gewesen war, so wurden sie vor eine *Spruchkammer* gestellt, in der vom Nationalsozialismus unbelastete Richter, meist Laien, über den Grad der nationalsozialistischen Belastung »gerichtsmäßige« Urteile fällten. Aber es mußte einer schon »Belasteter« sein, wenn eine Haft- oder Internierungsstrafe ausgesprochen wurde. »Mitläufer« – und das waren wohl die meisten Parteimitglieder – brauchten nur in seltenen Fällen Bäume zu fällen oder Aufräumungsarbeiten zu leisten. Die meisten Deutschen, die das Abzeichen der NSDAP am Revers getragen hatten, waren

nach nicht allzu langer Strafarbeit wieder an ihrem angestammten Arbeitsplatz. Wenigstens in den Westzonen wurde die Entnazifizierungspraxis nach 1947 leger gehandhabt. Wie viele wirklich berüchtigte Nazis durch die Maschen der Entnazifizierungs-Gesetze fielen, die auf den alliierten Beschlüssen von Jalta und Potsdam beruhten, erfaßt keine Statistik.

Auch die gleichfalls von den Alliierten verordnete »Re-education«, die politische Umerziehung vor allem der Jugend, machte Schwierigkeiten. Probleme hatten nicht nur Außenminister mit dem Demokratiebegriff! (Vgl. S. 649). 1945 gab es kaum Unterricht. Erst 1946 lief der Schulbetrieb wieder langsam an. Ab 1947 machte sich in den Lehrplänen für politischen Unterricht im Westen der beginnende Ost-West-Konflikt bemerkbar. Bis zur Währungsreform (20. 6. 1948) waren dann antisozialistische oder antikommunistische Parolen in der Schule wieder geduldet. Die nationalsozialistischen Tugenden und Maximen allerdings standen nicht mehr auf dem Stundenplan: Führerprinzip, absoluter Gehorsam, Rassismus.

Der unglückliche Begriff von der »Bewältigung der Vergangenheit« spielte zwischen 1945 und 1947 noch keine große Rolle. Die Gegenwart war drängender. Über eine Schuld der Deutschen, über den eigenen Anteil an den Verbrechen, die von Deutschen an vielen Völkern der Welt verübt worden waren – wenige nur dachten darüber nach. Die Praeceptoren der Nation, die sich jetzt wieder zu Wort meldeten, waren die gleichen wie vor 1933. Zu ihnen zählte etwa Friedrich Meinecke, ein verdienstvoller Historiker. Er dachte über die »*Deutsche Katastrophe*«[11] nach, suchte nach ihren Ursachen. Bei ihrer Bekanntgabe aber plagte ihn sein schlechtes Gewissen, und er entschuldigte sich im Vorwort seines Büchleins dafür: »Manch deutscher Leser, der mir in der Verdammung des Hitlertums zustimmt, wird meine Kritik des deutschen Bürgertums und des preußisch-deutschen Militarismus zu hart finden und ›mildernde Umstände‹ für beide geltend machen. Als ob ich solche früher wie heute nicht immer erwogen hätte!«

Das »Hitlertum« wenigstens fand in den Tagen nach der Kapitulation unter den bürgerlichen deutschen Historikern kaum einen, der schärfer als Meinecke geurteilt hätte. Aber beurteilte er sein »geistiges Gegenlager« nicht zu nachsichtig? Es hätte Männern wie dem ehemaligen Reichskanzler Brüning oder dem Reichswehrgeneral Beck gewiß nicht an persönlichem Mut gefehlt, Hitler entgegenzutreten. Die gesellschaftlichen Zustände in Deutschland aber haben weder bürgerliche Regierungskoalitionen noch die Reichswehr zu ändern vermocht. Und tatsächlich sind die Repräsentanten des Bürgertums an ihnen gescheitert, vor Hitler und während seiner Herrschaft. Sicherlich auch deshalb, weil sie der Demokratie nach dem Ersten Weltkrieg so wenig Sympathie entgegengebracht hatten.

Der Dichter Reinhold Schneider forderte vom deutschen Volk Sühnezeichen. »Wer sühnen will, hält sich seiner Sache wert. Er weiß, daß ihm etwas Unverlierbares zu eigen ist: das, was die heilige Schrift ›die Krone‹ nennt . . . Es kann im Leben eines Volkes eine Phase eintreten, da Sühne die einzig mögliche Haltung und damit die geschichtliche Tat dieses Volkes ist.«

Die Historiker und Dichter, die Philosophen und Theologen meldeten sich zu Wort. Viele kehrten zurück aus der »Inneren Emigration«, fanden ihre Sprache wieder nach zwölf Jahren Nazidiktatur. Aber es war die alte Sprache der deutschen Dichter und

ENDLICH WIEDER KAUFEN KÖNNEN
WÄHLT CDU

Denker, von denen sich die meisten besser in den Gefilden des Idealismus auskannten als in der rauhen Wirklichkeit der Nachkriegszeit. Hermann Glaser schreibt in seinem *Bundesrepublikanischen Lesebuch*[12]: »Es überrascht, wie trotz Katastrophe, Trümmerfeldern und tiefster Erniedrigung die Metaphern spätidealistischer Denkungsart üppig ins Kraut schossen. Die Sehnsucht nach dem ›Guten, Schönen, Wahren‹ war freilich mit einem trotzigen ›Dennoch‹ versehen; der deutsche Geist sei mißbraucht, entehrt, aber nicht zerstört worden. ... Nüchternheit, Ehrfurcht, Stille, das waren die Leitvokabeln der Erziehung einer Jugend, die bislang vom verlogenen Pathos aufgeputscht, in die furchtbare Hektik eines zerstörerischen Krieges hineingetrieben worden war und jeden Sinn für Maß und Muße verloren hatte.«

Die Gefühlslage der jungen Frontsoldaten, die verkrüppelt und verletzt, viele mehr an ihrer Seele als am Körper, nach Hause kamen, die ihre Illusionen verloren hatten – sie verstanden diese Sprache nicht mehr. Wolfgang Borchert fand in seinem *Draußen vor der Tür* die richtigen Worte: »Ein Mann kommt nach Deutschland. Und da erlebt er einen ganz tollen Film. Er muß sich während der Vorstellung mehrmals in den Arm kneifen, denn er weiß nicht, ob er wacht oder träumt ... Ja, und als er dann am Schluß mit leerem Magen und kalten Füßen wieder auf der Straße steht, merkt er, daß es nur ein ganz alltäglicher Film war, ein ganz alltäglicher Film.«

Allmählich trat eine neue Generation von Intellektuellen und Schriftstellern aus der Sprachlosigkeit der Nazivergangenheit. *Der Ruf* hieß eine der ersten Publikationen, die literarische Texte dieser Generation veröffentlichte; sie wurde kaum zur Kenntnis genommen, höchstens von der Besatzungsmacht, die die Zeitschrift verbot, weil sie sie zu »nationalistisch« fand. Alfred Andersch und Hans Werner Richter, Wolfdietrich Schnurre und Heinrich Böll veröffentlichten ihre ersten Arbeiten, Wolfgang Weyrauch nannte die literarische Epoche zwischen 1945 und der Währungsreform später »Kahlschlag«. Aber tonangebend waren die Schriftsteller des »Kahlschlags« bei Gründung der Bundesrepublik nicht. Es war der aus der »Inneren Emigration« zurückgekehrte Lyriker Gottfried Benn, es war der »elitäre, von den Nazis ohne direkten Erfolg umschwärmte Nationalist« Ernst Jünger[13].

Das gebildete und kritische Bürgertum jener Jahre bezog sein geistiges Rüstzeug auch aus Zeitschriften: *Die Gegenwart* erschien bereits 1945, ihr linksliberal-katholisches Gegenstück, die *Frankfurter Hefte*, 1946. Herausgegeben von Walter Dirks und Eugen Kogon. Kogon war der Verfasser eines Buches über die Konzentrationslager. Der *SS-Staat* erschien bereits 1946 und wurde zum ersten Standardwerk über die nationalsozialistische Menschenverachtung.

In der intellektuellen Auseinandersetzung dieser Tage ging es immer um den zentralen Gegenstand der vergangenen zwölf Jahre: um die Schuldfrage. Der Philosoph Karl Jaspers hielt Vorlesungen darüber an der Heidelberger Universität bereits im Wintersemester 1946/47. Von Zeit zu Zeit wurde die Schulddiskussion wieder aufgenommen: bei der Bundestagsdebatte über die Verjährung von Morden des NS-Staates (1965), im sogenannten Historikerstreit in der zweiten Hälfte der achtziger Jahre oder bei der Vereinigung von BRD und DDR (1990). Hannah Arendt, Schülerin von Karl Jaspers und scharfsinnige Analytikerin gesellschaftlicher Prozesse, schrieb bereits 1946, daß es nicht darum gehe, die Deutschen als die schlimmsten Verbrecher seit Tacitus zu brandmarken. Vielmehr müsse man sich darüber Gedanken machen,

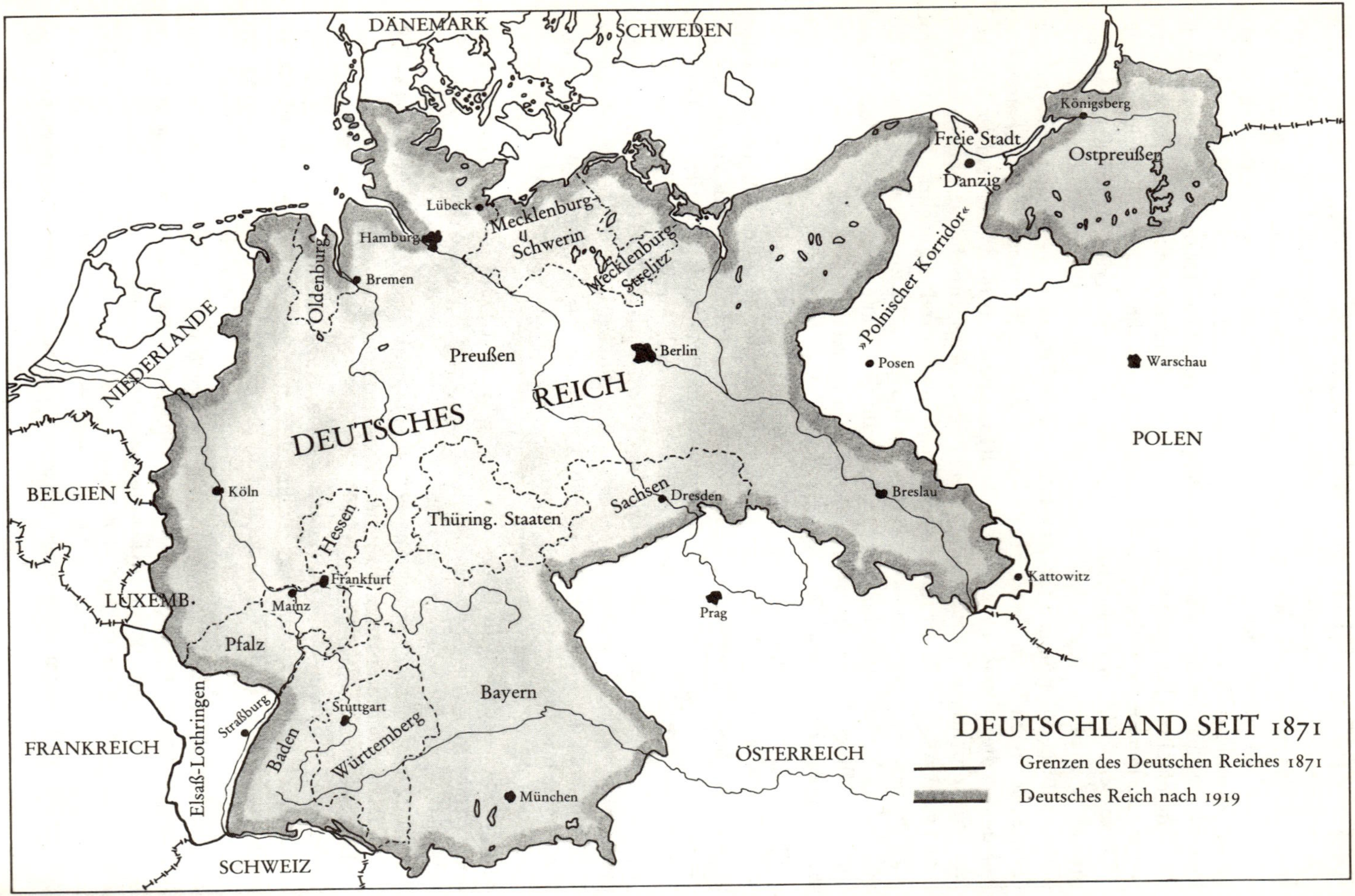

DEUTSCHLAND SEIT 1871

DEUTSCHLAND SEIT 1945
Deutschland seit 1949
Grenze des Deutschen Reiches 1937
Grenze der DDR
BRD-Ländergrenzen
DÄNEMARK
SCHWEDEN
Königsberg
1945 zur UdSSR
Ostpreußen
1945 zu Polen
Danzig
Pommern
Westpreußen
Ost-Brandenburg
Posen
POLEN
Warschau
Breslau
Schlesien
Kattowitz
Prag
TSCHECHOSLOWAKEI
ÖSTERREICH
SCHWEIZ
FRANKREICH
BELGIEN
LUXEMB.
NIEDERLANDE
Schleswig-
Holstein
Lübeck
Hamburg
Bremen
Niedersachsen
DEUTSCHE
DEMOKRATISCHE
REPUBLIK
Berlin
Magdeburg
Leipzig
Erfurt
Dresden
Karl-Marx-Stadt
BUNDESREPUBLIK
DEUTSCHLAND
Nordrhein-Westfalen
Köln
Bonn
Kassel
Hessen
Frankfurt
Mainz
Rheinland-
Pfalz
Saarland
Baden-
Württemberg
Stuttgart
Bayern
München

wie man es ertragen könne, sich mit einem Volk konfrontiert zu sehen, bei dem die Grenze, die Verbrecher von normalen Menschen, Schuldige von Unschuldigen trennt, so wirkungsvoll verwischt worden sei, »daß morgen niemand in Deutschland wissen wird, ob er es mit einem heimlichen Helden oder einem ehemaligen Massenmörder zu tun hat«. Solchen Fragen haben sich allzu wenige Deutsche nach 1945 gestellt, und die wenigen, die sie diskutierten, fanden keine große Resonanz. Man gewöhnte sich daran, mit Massenmördern zu leben, die in der Maske des Biedermanns herumliefen.

Das Volk ließ sich leicht in andere Richtung lenken. Ein CDU-Plakat von damals zeigt eine fröhlich lachende Frau mit prall gefülltem Einkaufskorb, ein Kind, das in einen Apfel beißt, und einen Slogan, der bis in die Zeit der vereinigten Bundesrepublik Deutschland nach 1990 das Leben in Deutschland bestimmt: »Endlich wieder kaufen können.«

II. Der Kalte Krieg

Am 27. Januar 1987 hielt Michail Gorbatschow, Generalsekretär der KPdSU seit 1985, eine Rede vor dem Zentralkomitee seiner Partei. Seitdem beherrschen die Begriffe *Perestroika* (Umbau) und *Glasnost* (Transparenz) die weltpolitische Diskussion. »Wir brauchen Demokratie wie die Luft zum Atmen«, sagte Gorbatschow und kündigte einen weitgehenden Umbau des Sowjetstaates und der führenden Kommunistischen Partei an. Er plädierte für Entbürokratisierung und vorsichtige Liberalisierung der Planwirtschaft, für Offenheit und Öffnung nach innen und außen. »Das Volk braucht die ganze Wahrheit.«

Inzwischen hat sich nicht nur die Sowjetunion, sondern auch der sogenannte Ostblock grundlegend verändert. Die UdSSR hat bis zum Jahr 1990 die Breschnew-Doktrin aufgegeben, also die Betonung ihrer Hegemonieansprüche über Polen, die Tschechoslowakei, Ungarn, Rumänien, Bulgarien und die DDR. Sie hat es ermöglicht, über eine neue Ordnung und damit über ein neues System der Sicherheit in Europa nachzudenken. Die Menschen im östlichen Mitteleuropa haben die autoritären Regierungen des stalinistischen »real existierenden Sozialismus« entmachtet und den langwierigen Prozeß eingeleitet, sich demokratisch zu organisieren, ihren Gesellschaften parlamentarisch-pluralistische Verfassungen zu geben und die (soziale) Marktwirtschaft einzuführen. In der Sowjetunion selbst sind ebenfalls Reformbewegungen in Gang gekommen. Nach einer ersten Verfassungsänderung erhielten die Teilstaaten größere Freiheiten. An der Spitze der UdSSR steht nicht mehr der allmächtige Generalsekretär der KPdSU, sondern ein Präsident, dessen Amt derzeit (Mai 1991) Michail Gorbatschow innehat. Die Perestroika hat jedoch auch den Nationalitätenpluralismus zu neuem Leben erweckt. Die baltischen Teilstaaten forderten bereits Ende der achtziger Jahre ihre Entlassung aus der Sowjetunion. Andere Sowjetrepubliken folgten. Die nationalen Bewegungen haben in der UdSSR inzwischen einen Verfassungskonflikt ausgelöst. Seit November 1990 wird der Vorschlag geprüft, ob die zentralistisch regierte Union der Sozialistischen Sowjetrepubliken zu einer dezentralen Konföderation von Sowjetrepubliken umgebaut werden kann, in der die Kommunistische Partei ihren Vormachtsanspruch aufgibt. Begleitet wird diese Diskussion von Streiks und Unruhen.

Trotz der politischen Reformen ist der Lebensstandard der Bevölkerung weder in Ostmitteleuropa noch in der Sowjetunion bisher verbessert worden. Die Versorgung mit Lebensmitteln ist im Winter 1990/91 besonders in der Sowjetunion katastrophal. Die zentralistische Bürokratie hat im ehemaligen Ostblock, besonders aber in der UdSSR, die Planwirtschaft endgültig desavouiert. Die ökonomische Krise ist auf dem Höhepunkt. Auf der Pariser KSZE-Tagung (22. November 1990) haben sich mit Ausnahme Albaniens zwar alle europäischen Staaten sowie die Vereinigten Staaten von

Amerika, Kanada und die Union der Sozialistischen Sowjetrepubliken auf ein demokratisches, marktwirtschaftlich organisiertes Europa festgelegt; in der Schlußakte der Konferenz ist damit das Ende des Kalten Krieges und auch das Ende des Zweiten Weltkrieges verkündet worden. Aber die durch forcierte Industrialisierung und besonders durch den hemmungslosen Rüstungswettlauf zwischen Ost und West hervorgerufenen ökonomischen und sozialen Krisen werden das Ziel noch in weiter Ferne halten, ein großes »europäisches Haus« zu bauen, in dem die Menschen aller Völker und Nationen vom Atlantik bis zum Ural, vom Nordpol bis an Kaukasus und Mittelmeer ohne Hunger und in Frieden leben können.

Der Kalte Krieg war neben der stalinistischen Ideologie, die das gesamte real existierende sozialistische Machtgefüge durchdrang, wohl die wichtigste Ursache für den Kollaps des Ostblocks. Der Kalte Krieg, die extreme Form des Ost-West-Konflikts, brach nach dem Zerfall der Anti-Hitler-Koalition mit Vehemenz 1947 aus und hatte bis 1955 eine neue internationale Ordnung etabliert. Nach dem Zusammenbruch des faschistischen Systems in Europa begann der »Prozeß der Blockbildung«[14], »ein Prozeß, der vom machtpolitischen und ideologischen Gegensatz der USA und der UdSSR dominiert wurde, von der gesellschaftlichen Verfassung der beteiligten Staaten ausging und auf diese polarisierend zurückwirkte, von der wechselseitigen Furcht vor einem Übergreifen der Gegenseite auf die eigene Sicherheitssphäre geprägt wurde und darum ... zu Mentalitäten und Praktiken eines permanenten Belagerungszustandes und zu weltweiter Konkurrenz um Einflußsphären führte«.

Die beiden deutschen Staaten, die nach dem Zweiten Weltkrieg entstanden, waren ein Produkt dieses Kalten Krieges. Sie wurden zu Bollwerken im Ost-West-Konflikt. Mitten durch Deutschland lief als Grenze zwischen den Blöcken der »Eiserne Vorhang«, wie der britische Kriegspremier Winston Churchill die Demarkationslinien Mitte der vierziger Jahre nannte. Zwingend war diese Teilung nach dem Ende des Zweiten Weltkriegs nicht. Aber sie war doch sehr wahrscheinlich. Die USA zielten auf die Etablierung ihres Wirtschaftssystems im zerstörten Europa; sie erhofften sich damit politischen Einfluß und auch neue Absatzmärkte für ihre stets krisengefährdete Wirtschaft. Die UdSSR unter Führung Stalins behauptete nach dem gewonnenen Krieg ihren Anspruch, Zentrum und Hort der marxistisch-leninistischen Gesellschaftsordnung zu sein und die kommunistische Weltrevolution voranzutreiben. Um sich gegen den »ökonomischen Vormarsch«[15] der Amerikaner abzusichern, mußte sie die ihrem Territorium vorgelagerten Staaten besetzen – militärisch und ideologisch. Kommunismus stalinistischer Prägung und Kapitalismus begannen, sich erbittert zu bekämpfen. Auf beiden Seiten gewannen dogmatische Kräfte die Oberhand: Die Amerikaner fürchteten den Vormarsch der sowjetischen Ideologie und damit den *Sieg der Weltrevolution.* Sie bedienten sich der westeuropäischen politischen Eliten als zuverlässige Bundesgenossen und würgten damit z. B. auch die in Deutschland beginnende theoretische Auseinandersetzung zwischen liberalen kapitalistischen, sozialdemokratischen oder christlich-demokratisch orientierten politischen Gruppierungen ab. Sie überzeugten die vom gerade überstandenen nationalsozialistischen Krieg gebeutelten Deutschen in den Westzonen von den Vorzügen der *Pax americana,* dem westlichen *Freiheitsbegriff* und der damit verbundenen *freien Marktwirtschaft.* Der im Bürgertum verhaftete und von den Nationalsozialisten propagandistisch verstärkte

Antibolschewismus wurde zu neuem Leben erweckt und kommunistischer mit nationalsozialistischem Totalitarismus gleichgesetzt. Die UdSSR reagierte ähnlich dogmatisch; sie etablierte ihr System in den von der Nazi-Herrschaft befreiten und von Sowjettruppen besetzten mitteleuropäischen Staaten. Polen, die Tschechoslowakei, Ungarn, Rumänien und Bulgarien sowie der unter ihrer Militärregierung stehende Teil des ehemaligen Deutschen Reiches erhielten sowjetabhängige Regierungen. Dem *freien Westen* stand nun der *Ostblock* gegenüber. »Gefördert wurde der Prozeß der Blockbildung von einer breiten Koalition von Kräften, die direkt oder indirekt Nutzen aus ihm gezogen«, schreibt der Historiker Wilfried Loth[16]. Sie existierten in den »militärisch-industriellen Komplexen« in den USA und der UdSSR, »die die wechselseitigen Bedrohungsvorstellungen aktivierten, um den eigenen Anteil am Sozialprodukt auszuweiten«; in den alten Machteliten in Westeuropa, die infolge des Krieges vielfach durch Faschismus und Kollaboration diskreditiert und von einer wachsenden linken Bewegung bedroht waren; in den Führungskräften in Ost und West, »die ihre Position mit antikommunistischen bzw. antiwestlichen Argumenten errangen und zu ihrer Legitimation auf das Fortbestehen der Konfliktsituation angewiesen waren. Sie alle waren ›sekundäre‹ Verursacher des Kalten Krieges«.
Verloren hat im Kalten Krieg die europäische Linke – im Osten wie im Westen. Westeuropa organisierte sich im wesentlichen konservativ; in Osteuropa blieben die »autochthonen sozialistischen Kräfte« (Wilfried Loth) auf der Strecke; sie mußten den stalinistischen Apparatschiks weichen, die sich fast sklavisch an Moskau orientierten.

III. Jahre des Aufbaus
Der Westen und die Gründung der Bundesrepublik Deutschland (1947–1955)

Die Zementierung der Teilung

Seit 1947 war eine gemeinsame Deutschlandpolitik der Siegermächte unmöglich geworden. In den Westzonen wurde der Schwenk zur kapitalistischen Wirtschafts- und Gesellschaftsordnung am 21. Juni 1948 mit der *Währungsreform* vollzogen. Sie ist für viele Westdeutsche zum wahrhaft mythischen Datum geworden. Die Währungsreform von 1948 bezeichnet eine Zeitenwende.
Die Reichsmark verlor nach 1945 rapide an Wert. Die Nationalsozialisten hatten immer mehr Geld drucken lassen, den 300 Milliarden Reichsmark, die bei Kriegsende im Umlauf waren, stand ein kümmerliches Warenangebot gegenüber, das auch noch zum großen Teil auf dem Schwarzen Markt verhandelt wurde. In Deutschland zahlten die Menschen in verschiedener Währung: Gehälter und Steuern wurden in Reichsmark entrichtet, zwischen Deutschen und Besatzern zirkulierte Besatzungsgeld, das nicht in Reichsmark umgewechselt werden konnte, und schließlich gab es noch das Zahlungsmittel Zigaretten. Für »Amis«, für Lucky Strike oder Philipp Morris, bekam man auf dem Schwarzen Markt so ziemlich alles. Über Nacht aber verloren Zigaretten und andere Währungen ihren Wert. Vom 21. Juni 1948 an veränderte sich Westdeutschland. Private Verbindlichkeiten und alle Spar- und Bankguthaben wurden im Verhältnis 10 Reichsmark zu einer Deutschen Mark (DM) abgewertet. Jeder bekam eine erste »Kopfquote« von 40 DM in bar. Eine zweite Rate von 20 DM wurde im August/September 1948 ausgezahlt. Danach galt die Relation 100 Reichsmark gleich 6,50 Deutsche Mark.
In den Läden stapelte sich nun schlagartig die Ware. Die gewitzten Ladenbesitzer hatten »gehortet«: Seife, Salz und Stoffe, Geschirr, Butterschmalz, Anzüge, Schuhe – alles, was bisher Seltenheitswert hatte, selbst auf Bezugschein nicht zu haben war – das alles lag jetzt im Schaufenster.
Daß die Menschen wieder kaufen konnten, verdankten sie neben dem Abbau der restriktiven westalliierten Besatzungspolitik auch dem Professor Ludwig Erhard, der seit März 1948 Direktor der Verwaltung für Wirtschaft, also praktisch der Wirtschaftsminister des Vereinigten Wirtschaftsgebietes war. Er hatte sich über alle Bedenken hinweggesetzt und liquidierte nun, gestützt auf die alliierten »Leitsätze für die Bewirtschaftung und Preispolitik nach der Geldreform«, Lebensmittelrationierung, Bezugscheinwesen und Preisbindung. Von dieser »Liberalisierung« war nur wenig ausgenommen: die Grundnahrungsmittel etwa, Mieten, Stahl und Düngemittel. Zucker bekam man bis 1950, Kohle bis 1952 nur »auf Karten«.
Der Sprung in die kapitalistische Wirtschaft war nicht ohne Risiko. Die Währungsre-

form begünstigte die Besitzer von Immobilien und Sachwerten. Die Lohnempfänger waren eindeutig benachteiligt. Sozialdemokraten und Gewerkschaften hatten diese Entwicklung vorausgesehen, verfügten aber nicht über Macht und Einfluß, sie zu stoppen. Eugen Kogon umriß in der Oktoberausgabe der *Frankfurter Hefte* von 1948 den Vorgang:

»Niemand außer so gläubige Anhänger der ältesten liberalkapitalistischen Theorien wie Professor Erhard ... hätten es gewagt, so in das Abenteuer hineinzuspringen: ohne Kenntnis von den tatsächlich vorhandenen marktreifen Gütermengen, ohne Kenntnis von dem möglichen oder wahrscheinlichen Rohstoffnachschub, ohne Kenntnis von der vorher gegebenen und nachher richtigen Menge des umlaufenden Geldes - einfach vertrauensvoll, einfach gläubig. Nur der Grad der Krankheit vor dem 20. Juni 1948 ist so etwas wie eine Rechtfertigung für diese Vabanque-Operation, die *technisch* großartig durchgeführt wurde. Es kann keine Rede davon sein, daß wir nun schon gesund wären.«

Der »Grad der Krankheit«, die absolute wirtschaftliche Ohnmacht Westdeutschlands und die in drei Hungerjahren nach Konsum süchtig gewordene Bevölkerung ließen in der Tat das Erhardsche Experiment gelingen. Die Unternehmer, Großhändler und Bankiers nutzten ihren Vorteil. Die Lohnabhängigen mußten warten und Opfer bringen: Bis 1950 stiegen die Preise, die Löhne hielten aber - nach Aufhebung des Lohnstopps Ende 1948 - nicht Schritt. Außerdem gab es Arbeitslosigkeit mit steigender Tendenz: 1948 waren 472000 Arbeitslose registriert, 1949 im Januar 963000 und im Dezember 1,5 Millionen, 1950 waren es 2 Millionen. Ende 1952, dreieinhalb Jahre nach der Währungsreform, waren immer noch 1,7 Millionen Menschen in der Bundesrepublik Deutschland ohne Arbeit.

Wenn man bedenkt, daß zu dieser Zeiit noch immer ein Teil der Männer in russischer Kriegsgefangenschaft war, daß es in der Landwirtschaft und bei der Trümmerbeseitigung einen hohen Anteil unterbezahlter Arbeiter und Arbeiterinnen gab und daß die meisten Frauen, die während des Krieges, freiwillig oder gezwungen, berufstätig geworden waren, wieder zu Küchen und Kindern zurückkehrten und in der Statistik gar nicht auftauchen - dann mag man sich fragen, ob es wirklich ein Wunder war, dieses *Wirtschaftswunder*, das mit der Währungsreform begann. Es hatte Hunger und Not gegeben nach 1945, Demontagen und Restriktionen. Aus eigener Anstrengung wären die Westdeutschen wohl nicht so bald wieder zu einer prosperierenden Nation geworden. Aber nun gab es Kredite aus den Marshall-Plan-Geldern. Die Wiederaufrichtung der noch vorhandenen oder zerstörten Wirtschaftskapazitäten konnte beginnen. Bei der *Sozialen Marktwirtschaft*, wie die von Ludwig Erhard propagierte Wirtschaftsordnung hieß, lag der Akzent aber zunächst einmal auf dem Wort *Marktwirtschaft*. Die sozialdemokratischen Mitglieder der 14. Vollversammlung des Wirtschaftsrates (21. 4. 1948) hatten Professor Erhard vorgeworfen, daß das Wort Lohn in seiner programmatischen Rede nicht vorgekommen sei. Die Kritik wurde mit dem Argument abgewiesen, daß vom Preis gesprochen worden sei und ein Preis - das sei der Lohn ja wohl auch.[17]

Die *Berliner Blockade* war das zweite herausragende Ereignis jener Zeit, das sich dem Bürger einprägte. Beide Ereignisse, Währungsreform und Blockade, stehen in einem Zusammenhang. Der Präsident der Vereinigten Staaten hatte im März 1947 die nach ihm benannte *Truman-Doktrin* verkündet, wonach die USA jedem Staat beistehen werden, dessen Freiheit bedroht sei. Diese Erklärung und die Gelder des *»European Recovery Program«* (ERP = *Marshall-Plan*) sollten den Osten Mitteleuropas für die amerikanische Politik zugänglich machen. Die UdSSR lehnten die Annahme von Marshallplan-Geldern ab, und sie zwang auch die in ihrem Einflußbereich liegenden Länder zum Verzicht.

Berlin wurde zum Experimentierfeld des Kalten Kriegs: Die sowjetische Militärverwaltung verweigerte im September 1947 dem freigewählten Oberbürgermeister für Groß-Berlin, Ernst Reuter (SPD), die Anerkennung. Als die UdSSR sich auf der Londoner Außenministerkonferenz (25. 11.–15. 12. 1947) mit ihren Deutschlandplänen nicht durchsetzen konnte, scheiterte die Vier-Mächte-Politik gegenüber Deutschland endgültig. Die UdSSR reagierte mit einer Konzentration ihrer Herrschaft: Stalin inszenierte einen Staatsstreich in Prag (25. 2. 1948) und befahl den sowjetischen Mitgliedern, den Alliierten Kontrollrat in Berlin zu verlassen (20. 3. 1948). Die Sowjetregierung warf den Westzonen vor, mit der Währungsreform (21. 6. 1948) die Spaltung Deutschlands vollendet zu haben, und verkündete ihrerseits eine Währungsreform in Groß-Berlin (23. 6. 1948), welche die Westmächte prompt für unwirksam erklärten.

Die Sowjets reagierten mit der Berliner Blockade. Sie wollten die Einführung der DM-West in ihrem Berliner Sektor nicht hinnehmen. Nach dem ökonomischen Zusammenschluß der Westzonen würde die DM-Währung auf der Insel in der Sowjetischen Besatzungszone das durch Reparationen und Demontagen ohnehin geschwächte Wirtschaftssystem weiter gefährden. Die UdSSR bestand darauf, daß auch Westberlin zum Geltungsbereich der DM-Ost gehören sollte, denn in der SBZ war ebenfalls eine Währungsreform durchgeführt worden. Da die Westmächte ablehnten, sperrte die Sowjetunion nun die Zufahrt nach Berlin. Die Westalliierten begannen, ihre Sektoren auf dem Luftweg mit Gütern des täglichen Bedarfs, mit Lebensmitteln und Medikamenten, ja sogar mit Kohle zu versorgen. Die Hilfsaktion wurde zum ersten großen Medienspektakel der Nachkriegszeit in Deutschland. Westliche Zeitungen und Wochenschauen überstürzten sich mit Berichten über die *Luftbrücke,* über die Unmenschlichkeit der Sowjets und die Heldentaten der Berliner.

Während der Blockade ging der politische Kampf um die Stadt weiter. Die SED ließ Friedrich Ebert, den Sohn des ersten deutschen Reichspräsidenten in der Weimarer Republik, zum Oberbürgermeister von Groß-Berlin wählen (30. 11. 1948). Daraufhin ließen auch die Westalliierten wählen. Aber nur in den Westsektoren wurde die Wahl anerkannt (5. 12. 1948). Die Stadt war nun endgültig geteilt. Ernst Reuter wurde Regierender Bürgermeister von Westberlin, während SED-Bürgermeister Friedrich Ebert dem Ostsektor vorstand (1948–1967).

Die Sowjets versuchten die Stadt auszuhungern. Sie stellten den Westberlinern den Strom ab, erfanden immer neue Schikanen. Aber es war bald abzusehen, daß die Blokkade nicht zur Erfüllung sowjetischer Forderungen führen würde. Nach Verhandlungen der UN-Delegierten Jessup (USA) und Malik (UdSSR) wurde die Blockade am 12. Mai 1949 aufgehoben. Die Sowjets sicherten den Westalliierten unbehinderten Zugang zur Stadt zu, gewährten freien Transport und Handel zwischen den Westzonen und Berlin und mußten hinnehmen, daß die DM-West in Westberlin alleingültiges Zahlungsmittel wurde.

Die Berliner Blockade brachte den Russen einen merklichen Sympathieverlust – wenn Sympathien überhaupt noch vorhanden gewesen waren. Die überwiegende Mehrheit der Westdeutschen sah in der Roten Armee eine barbarische Soldateska, in der Gesellschaftsverfassung der UdSSR ein politisches System totalitären Terrors, in der Planwirtschaft ein Instrument zur Abtötung der Eigeninitiative und zur Ausbeutung und Verarmung der Arbeiter. Die Kriegsgefangenen, die bis 1948 aus sowjetischen Lagern zurückgekehrt waren, hatten Verheerendes berichtet, Vertriebene aus dem im Machtbereich der Sowjets liegenden Ländern Ostmitteleuropas von erschütternden Ereignissen bei der Ausweisung erzählt. Die Berliner Blockade machte das Maß voll: War sie nicht der Beweis für den unmenschlichen »Imperialismus«, hatten die Sowjets nicht den Untergang einer ganzen Stadt durch Aushungern beschlossen?
Jetzt erinnerten sich viele Westdeutschen der Demütigungen durch die Besatzungsmächte: Sie hatten die NS-Größen des »Dritten Reiches«, die ja ihre Führer gewesen waren, als Kriegsverbrecher auf die Anklagebank gesetzt und das ganze deutsche Volk einer politischen Reinigungsprozedur, der »Entnazifizierung«, unterzogen. Empörung und Anklage richteten sich allein gegen die Sowjets. Mit der Berliner Blokkade schien der endgültige Beweis erbracht, daß der sowjetische Alliierte der größere Bösewicht war.
Im Westen erkannten damals zwar einige Politiker, daß der Antikommunismus Folgen haben werde. Die Teilung Deutschlands würde vertieft, und der soziale Frieden könnte gefährdet werden. Doch die Vorsitzenden der beiden großen Parteien, der Christdemokrat Konrad Adenauer und der Sozialdemokrat Kurt Schumacher, gehörten nicht zu ihnen. Bei aller Gegnerschaft einigte sie die aus unterschiedlichen Gründen erwachsene Ablehnung des Kommunismus.

Vom Parlamentarischen Rat zum Grundgesetz

Die westlichen Alliierten gingen nach der Londoner Konferenz davon aus, daß Westdeutschland nicht neutral bleiben könne, weil es unmittelbar an sowjetisches Einflußgebiet grenzte. Gerade dort dürfe kein Machtvakuum entstehen. Diese Erkenntnis kam den Verbündeten nicht sofort, sie war das Ergebnis eines Prozesses. Denn es gab schwerwiegende Ressentiments gegen ein selbständiges deutsches Teil-Reich: in Frankreich vor allem, wo die Kommunisten bis zum Mai 1947 noch in der Regierung waren. Aber nicht nur in Frankreich wehrten sich starke Kreise gegen einen neuen deutschen Staat, der als Bollwerk gegen den Kommunismus wirtschaftlich stark und wiederaufgerüstet sein sollte. Das Trauma Hitler-Militarismus-Terror wirkte; man hatte auch in anderen Ländern Westeuropas noch nicht vergessen, daß einflußreiche, aber auch nationalsozialistisch belastete Kreise den Krieg 1945 an der Seite der Westalliierten am liebsten sofort weitergeführt hätten: gegen die Sowjetunion.
Doch die Politik der Vereinigten Staaten setzte sich durch.
Der amerikanische Militärgouverneur, General Lucius D. Clay, führte die Feder bei der Abfassung der drei *Frankfurter Dokumente*, deren erstes den westdeutschen Län-

SPD
Die Rettung:
CDU

Erkennt die
Gefahr
MARXISMUS
KOMMUNISMUS
PARTEI-
BÜROKRATIE
FREIE
ARBEITSPLATZ-
UND BERUFSWAHL
GLAUBENS-UND
GEWISSENS-
FREIHEIT
HANDEL
HANDWERK
INDUSTRIE
HAUS-
BESITZ
GRUND-
BESITZ
wählt FDP

dern das Recht gab, eine Verfassung für einen Staat auf dem Gebiet der »Trizone« auszuarbeiten. Das zweite betraf Gebietsfragen, und das dritte sprach von einem *Besatzungsstatut*, worin sich die Alliierten wichtige Rechte vorbehielten – bis hin zur Einschränkung der Verfassung; außerdem sollte es den Verkehr zwischen den Besatzungsmächten und der künftigen westdeutschen Regierung regeln.

Bevor der *Parlamentarische Rat*, die verfassunggebende Versammlung für Westdeutschland, nach Bonn einberufen wurde, formulierten die Ministerpräsidenten ebenso wie die beiden großen Parteien CDU/CSU und SPD Gegenvorschläge zu den Frankfurter Dokumenten der Westalliierten. Die Einstellungen der Parteiführungen und auch der Ministerpräsidenten der Länder waren zwar prowestlich; dennoch wollten die Ministerpräsidenten nicht als »Erfüllungsgehilfen für politische Absichten fremder Staaten« dastehen, »die vielleicht ein Interesse daran hatten, Deutschland in zwei Teile zu spalten«[18].

Die Ministerpräsidenten besprachen ihre Strategie zwischen dem 8. und 10. Juli 1948 im Hotel Rittersturz an der Peripherie von Koblenz. Plötzlich gewann die »scheinbar akademische Frage« (Wolfgang Benz), ob das Deutsche Reich mit der bedingungslosen Kapitulation untergegangen oder seine Souveränität nur suspendiert sei, angesichts der bevorstehenden Gründung eines Staates nur auf westdeutschem Territorium wieder an Gewicht. Die Alliierten verlangten von den Ministerpräsidenten, daß sie bei dieser Staatsgründung mitwirkten. Die Deutschen allein sollten eine Verfassung ausarbeiten, die allerdings von den Alliierten abgesegnet und durch das Besatzungsstatut ergänzt werden sollte.

Die Ministerpräsidenten widersprachen den Alliierten mit den *Koblenzer Beschlüssen.* Sie teilten ihnen mit, daß sie nur »vorläufige organisatorische Maßnahmen« treffen wollten. Sie vermieden es, von einer Verfassung zu sprechen. Bestenfalls bei einem provisorischen *Grundgesetz* (der Hamburger Bürgermeister Max Brauer führte den Begriff ein), das die Verwaltungsmodalitäten in einem staatsähnlichen Gebilde regeln solle, wolle man mitreden. Alles andere setze die Mitwirkung des Souveräns, des Volkes, voraus. Das Besatzungsstatut, das den Ministerpräsidenten als drittes der Frankfurter Dokumente zugegangen war, versahen die Länderchefs zwar mit detaillierten Korrekturvorschlägen – aber »eine Alternative zum Weststaat, wie bescheiden man ihn auch titulieren würde, war nirgends erkennbar, zumindest nicht zu Bedingungen, die akzeptabel waren«[19].

Die Militärgouverneure mochten den deutschen Widerspruch nicht hinnehmen. Ausgenommen der Franzose, General Koenig. Frankreich hatte seine Vorbehalte gegen den neuen deutschen Staat noch nicht aufgegeben. Das Rittersturz-Ergebnis kam der Französischen Militärregierung gerade recht: Der Gouverneur plädierte für einen härteren Kurs gegen die Deutschen.

Doch Briten und vor allem die Amerikaner wollten die Zustimmung der Deutschen. Schließlich kam es nach vielen Verhandlungen zwischen alliierten Diplomaten und Militärs auf der einen und deutschen Politikern auf der anderen Seite zu einem Kompromiß. Im Jagdschloß Niederwald bei Rüdesheim berieten sich die Ministerpräsidenten noch einmal (21./22. 7. 1948). Sie standen vor einem Dilemma: Ablehnung der Mitverantwortung bedeutete die Unterwerfung unter Besatzungsmacht, Zustimmung Mitschuld an der Spaltung Deutschlands. Der Bürgermeister des unter der Blockade

leidenden Westberlins, Ernst Reuter, gab den Ausschlag: Da das Deutsche Reich bereits de facto geteilt sei, möge man einer provisorischen neuen Staatsgründung zustimmen.
Die deutschen Länderchefs erklärten sich bereit, an der Bildung des Weststaats mitzuarbeiten. Das Volk wurde nicht gefragt. Es blieb auch bei der verfassunggebenden Versammlung außen vor.
Der bayerischer Ministerpräsident Hans Ehard lud nun zu einem Verfassungskonvent auf die Insel Herrenchiemsee ein. Seine elf Mitglieder, aus jedem Landtag der elf Westzonen-Länder eines, schrieben dort die ersten Entwürfe für eine westdeutsche Verfassung (10.–23. 8. 1948).
Bereits auf der Herrenchiemsee-Konferenz wurden Vorentscheidungen gefällt: Die Weimarer Republik sei auch wegen grober Fehler in ihrer Verfassung zerbrochen, so zum Beispiel an dem Widerspruch zwischen parlamentarischen und plebiszitären Vorschriften. Die Stellung der Regierung, besonderes des Kanzlers, müsse daher besonders gefestigt werden. Überhaupt, konstatierte der Historiker Falk Wiesemann 1976, habe man ein eher formales Demokratieverständnis an den Tag gelegt; Akzentuierungen für eine künftige Sozial- und Wirtschaftsstruktur des neuen Staats fehlten jedoch.
Der Parlamentarische Rat, der am 1. September 1948 in Bonn zusammentrat, setzte sich aus 19 Mitgliedern der CDU, 8 der CSU, 27 der SPD, aus 5 Mitgliedern der Liberalen und aus je zwei Mitgliedern der KPD, des Zentrums und der Deutschen Partei zusammen. Ohne Stimmrecht waren die fünf Vertreter Westberlins.
Sowohl auf dem Konvent von Herrenchiemsee wie auch im Parlamentarischen Rat waren die Juristen überrepräsentiert. Viele waren konservativ oder neigten doch dem konservativen Liberalismus zu. Im *Grundgesetz der Bundesrepublik Deutschland* ist diese Haltung zum Ausdruck gekommen. Vor allem das plebiszitäre Element wurde beschnitten, die Möglichkeit, wichtige politische Fragen durch die direkte Mitsprache des Wählers (Volksentscheid) beantworten zu lassen. Damit kommt ein altes obrigkeitsstaatliches Vorurteil gegen die allzu ausgeprägte Mitwirkung des Volkes zum Vorschein. Nur die Abgeordneten zum Parlament (Bundestag) darf das Volk, der eigentliche Souverän, alle vier Jahre bestimmen. Damit ist seine Mitwirkung bei der Staatslenkung erledigt. Auch der Bundestag hat an Macht in seiner über vierzigjährigen Geschichte verloren. Die Abgeordneten unterliegen strengem Fraktionszwang, nur selten dürfen sie so entscheiden, wie es die Verfassung eigentlich gebietet: nach ihrem Gewissen. Die langjährige FDP-Bundestagsabgeordnete Hildegard Hamm-Brücher ergriff in den achtziger Jahren die Initiative zu einer Reform des Bundestages. Öffentlich beklagte sie 1991 nach ihrem Ausscheiden aus dem Parlament, daß ihre und die Bemühungen vieler anderer Abgeordneter praktisch als gescheitert anzusehen und nur geringe Verbesserungen zu verzeichnen seien. Die Stellung der Regierung dagegen ist gefestigt worden.
Im Grundgesetz werden zwar die Rechte des Individuums gestärkt. Nicht das Kollektiv, die Gesamtgesellschaft steht im Vordergrund. Aber Parteien und Interessengruppen sollen sich im neuen Staat durchsetzen können, mit effizienten Verwaltungen und starken Persönlichkeiten an der Spitze und mit wirtschaftlicher Macht im Rükken. Volksabstimmungen soll es im neuen Staat so gut wie nicht geben. Ungelöst

bleibt auch das Problem einer zugleich demokratischen und sozialen Ordnung, letztlich die »Verwirklichung von Freiheit und Gleichheit« (Wiesemann) nicht nur vor dem Gesetz, sondern auch in der Gesellschaft.

In Sachen Föderalismus kam es in Bonn zu einem Kompromiß. Der Bundesrat als Organ der Länderregierungen erhielt ein eingeschränktes Mitspracherecht bei der Gesetzgebung, Bund und Länder teilen sich die Finanzhoheit, ein Finanzausgleich hilft den schwächeren Ländern. Die Kulturhoheit liegt bei den Ländern, also zum Beispiel auch das Recht, über die in Zukunft immer wichtiger werdenden Massenmedien zu entscheiden.

Das Grundgesetz war nicht aus einem Guß. Vor allem die relative Offenheit mancher Fragen warf in der Folgezeit Probleme auf. Sie reichten von der Aufwertung des Bundesrates zur zweiten gesetzgebenden Körperschaft mit großer Einspruchsmacht bei unterschiedlichen Regierungsmehrheiten in Bund und Ländern bis zum immerwährenden Streit um die Verteilung der Steuergelder. Dennoch ist das Grundgesetz eine fortschrittliche Verfassung und die beste, die es in Deutschland je gab. Seine Ausgestaltung durch den Gesetzgeber schnitt manchen konservativen Zopf ab, seine Auslegung durch das Bundesverfassungsgericht, die im Laufe der Jahre vor allem die Gesellschaftspolitik oft stark beeinflußte (Gleichberechtigung der Frau, Abtreibungsproblematik), zog den Regierenden Grenzen und gab auch dem Volk Rechtssicherheiten.

Das Grundgesetz war nicht von einer direkt vom Volk gewählten Versammlung beraten worden, und das Volk hatte auch nicht über Annahme und Ablehnung zu entscheiden. Das hatte einen respektablen Grund: Die Wähler sollten nicht über ein Provisorium abstimmen, das bei einer Wiedervereinigung außer Kraft gesetzt werden könnte. Doch für die Westdeutschen war die Verfassung durchaus akzeptabel. In der westdeutschen Gesellschaft, die sich im Laufe der Jahre immer stärker differenzierte, beriefen sich große Mehrheiten auf das Grundgesetz. Bezeichnend für diese Akzeptanz ist wohl der Begriff des *Verfassungspatriotismus* (Dolf Sternberger), den vor allem kritische Bundesbürger seit den siebziger Jahren gern anstelle eines nach 1945 obsolet gewordenen Nationalbegriffs gebrauchten.

1948 stimmten die Länderparlamente über das Grundgesetz ab, nachdem 53 von 65 Abgeordneten des Parlamentarischen Rates für die Annahmes votiert hatten (die Neinstimmen kamen u. a. von den beiden Kommunisten und sechs bayerischen CSU-Abgeordneten, die föderalistische Belange nicht in ausreichendem Maße vertreten sahen). Nur der bayerische Landtag verweigerte seine Zustimmung zur Annahme, ebenfalls aus föderalistischen Gründen.

Junger Staat und alter Staatsmann

Präsident des Parlamentarischen Rates war der nordrhein-westfälische CDU-Abgeordnete Konrad Adenauer, ehemaliger Oberbürgermeister von Köln (1917–1933 und kurze Zeit 1945), ehemaliger preußischer Staatsratsvorsitzender (1920–1933), und als

Anhänger eines Weststaates nach dem Ersten Weltkrieg bekannt. Vor allem Adenauer selbst hielt sich für geeignet, den neuen westdeutschen Staat, die *Bundesrepublik Deutschland,* als Kanzler zu führen.
Adenauer gehörte nicht zu den Gründern der CDU, wurde aber nach seiner Absetzung als Kölner Oberbürgermeister durch die britische Besatzungsmacht 1945 schnell in ihr aktiv. Er hatte ein Gespür für die jeweilige politische Situation, konnte Menschen in seinem Sinne beeinflussen - machte, wie der Autor einer umfassenden Analyse der ersten Periode seiner Regierungszeit, Arnulf Baring, schreibt, »ganz bewußt die bestehenden Spannungen *(unter seinen Mitarbeitern, EK)* zu seinem Herrschaftsmittel« und wußte bereits 1945, was mit Deutschland, mit Westdeutschland zu tun sei. Zu Vertretern des *News Chronicle* und der *Associated Press* sagte er am 5. Oktober 1945, der von der Sowjetunion besetzte Teil sei für eine nicht zu schätzende Zeit für Deutschland verloren.
Adenauer besann sich auf sein Konzept aus den zwanziger Jahren. Zwar wäre es nicht fair, den Kanzler der Bundesrepublik Deutschland einen Separatisten zu schelten. Aber seine Biographie und vor allem die Analyse seiner Politik lassen das Urteil zu, ihn als konsequenten Konstrukteur einer ausschließlich nach Westen orientierten Politik zu sehen. »Man gewinnt den Eindruck«, schreibt Arnulf Baring, »als sei ihm alles, was östlich des Bergischen Landes lag, letztlich rätselhaft und unheimlich geblieben. Seine Phantasie blieb rheinisch-katholisch begrenzt. Spätestens jenseits der Weser begann für ihn eine Welt, die er weder kannte noch kennen wollte . . .« Schon in den zwanziger Jahren, als er preußischer Staatsratsvorsitzender war und öfter mit dem Zug nach Berlin fahren mußte, gab er vertraulich zu, »bei Braunschweig beginne für ihn die asiatische Steppe; in Magdeburg ziehe er immer die Vorhänge zu; wenn er über die Elbe fahre, spucke er jedesmal aus dem Fenster«.
Dieser Dr. Konrad Adenauer wurde Kanzlerkandidat der CDU/CSU und vor seinem Gegenkandidaten Kurt Schumacher, dem SPD-Vorsitzenden, zum ersten Regierungsoberhaupt der Bundesrepublik gewählt. Dem Grundgesetz gemäß wurde der Wahlakt vom Deutschen Bundestag vorgenommen, den die westdeutsche Bevölkerung im August 1949 zum erstenmal gewählt hatte. Die Mehrheit des Hohen Hauses stand deutlich rechts von der Mitte: CDU/CSU hatten 131, FDP 52, Deutsche Partei 17 Sitze. Auf der extremen Rechten standen bereits wieder fünf Abgeordnete der Deutschen Reichspartei (DRP). Die Bayernpartei hatte 17 Sitze, das Zentrum 10, die Wiederaufbau-Vereinigung (WAV) 12. Die SPD entsandte 131 Abgeordnete und die KPD 15. Weitere vier Sitze gehörten kleineren Gruppierungen. Insgesamt saßen im Bundestag Abgeordnete aus zwölf Parteien.
Als Adenauer 1949 das Amt des Bundeskanzlers antrat, war er 73 Jahre alt. Als er es - widerwillig - im Herbst 1963 abgab, zählte er 87 Jahre. Seinem Alter gemäß benahm er sich von Anfang an wie ein eigenwilliger Patriarch. Er brauchte nicht mehr starrsinnig zu werden, er war es bereits. Er hatte präzise Vorstellungen von dem, was geschehen sollte: Er brauchte eine willige, möglichst grundsatzarme Partei, die seine Entscheidungen billigte und in Bund und Ländern durchsetzte; eine Handvoll gewissenhafter, ihm ergebener, nicht allzu cleverer Mitarbeiter und eine Presseabteilung, die den Bundesdeutschen die Meinungen des führenden Staatsmannes dolmetschte. Sein politisches Konzept - das konnte er voraussetzen - wurde von den Mächten im Staat,

den Herren der Wirtschaft also, im Grundsatz gebilligt. Allerdings nutzte er den Pluralismus der Verbandslobbyisten auf seine Art: Er spielte sie nur allzu oft gegeneinander aus. Adenauer war von unerhörter Sensibilität, wenn es um politische Fragen ging. Er war kein Intellektueller, aber von hoher Intelligenz. Er glaubte wohl, was er sagte, aber dennoch war der Zuhörer gut beraten, wenn er an Adenauers Aufrichtigkeit zweifelte. Sein eindimensionales außenpolitisches Konzept für die Bundesrepublik Deutschland führte den deutschen Weststaat zur fast völligen Handlungsfreiheit, wenn auch bei eingeschränkter Souveränität. In seinen ersten beiden Kabinetten konnte er auf diese Weise erhebliche Erfolge verbuchen oder Niederlagen schnell wieder »abfedern«: Dem geplatzten EVG-Vertrag folgte die für die Bundesrepublik z.B. weitaus günstigere NATO-Mitgliedschaft.

Adenauer wollte ein mit Westeuropa verbundenes Deutschland. Er folgte den Vorstellungen der Westalliierten. Die Bundesrepublik mußte wirtschaftlich stark und damit attraktiv für ihre Bewohner und eine ständige Versuchung für die DDR-Bürger sein. Sie mußte, so problematisch das am Anfang schien, auch über Streitkräfte verfügen. Ohne Militär kein souveräner Staat, schon gar nicht ein Grenzland, ein Pufferstaat. Denn das zwischen »Eisernem Vorhang« und Rhein befindliche, von westalliierten Truppen zwar zur Zeit noch besetzte und teilweise auch mitregierte, aber von ihnen allein nicht zu verteidigende Gebiet durfte kein Machtvakuum werden. Die einfache Logik, nicht nur des Kanzlers: Neutralität der Bundesrepublik bedeutet Sowjetherrschaft.

Die Opposition, also vor allem die von Kurt Schumacher geführte SPD, hatte dagegen ein anderes Konzept. Schumacher befürwortete ein Vereinigtes Europa, das sozialistisch-demokratisch organisiert sein sollte. Dabei sprach er von der »Notwendigkeit, im Osten für die Demokratie und im Westen für den Sozialismus« zu kämpfen. Konkret bedeutete diese Formel, daß ein Mittelweg gesucht werden müsse zwischen Kommunismus und Kapitalismus. Dieser Mittelweg könne aber nur beschritten werden, wenn Deutschland zunächst neutral bliebe. Ein nationales, neutrales, sozialistisches, demokratisches, auf ein Vereinigtes Europa gerichtetes Gesamtdeutschland – das war, vereinfacht gesprochen, Schumachers Ziel.

Doch die Realitäten überholten dieses Konzept. Die Vereinigten Staaten als führende Besatzungsmacht traten vehement für das kapitalistische System ein. Die Mehrheit der Deutschen begrüßte die Marktwirtschaft, die herrliche Konsummöglichkeiten nach langer Zeit der Einschränkungen verhieß. Am schwersten aber wog ein innerer Widerspruch im Konzept Schumachers: Die Sozialdemokraten waren erklärte Antikommunisten. Sie waren es aufgrund traumatischer Erfahrungen geworden. In der Weimarer Republik bekämpften sich die beiden linken Parteien schließlich sogar physisch, in der Sowjetzone hatte sich die KPD die SPD einverleibt. Wie sollte das aussehen, wenn ausgerechnet Sozialdemokraten mit den Sowjets oder deren SED-Satelliten über Neutralität verhandeln? Ein Bündnis der Linken – das schien absurd.

Das Neutralitätskonzept der Sozialdemokraten hatte keine Chancen. 1949, nach der Verabschiedung des Grundgesetzes, sagte auch die SPD ein modifiziertes »Ja« zum Weststaat. Sie forderte volle Souveränität und die Gleichberechtigung der Bundesrepublik Deutschland in Europa.

Das war so schnell jedoch nicht zu erreichen, weshalb sich an diesen Forderungen der

Konflikt zwischen Adenauer und der Opposition immer wieder entzündete. Im *Petersberger Abkommen* (22. 11. 1949) konnte Adenauer bei den Alliierten einige Zugeständnisse erreichen, die das Besatzungsstatut den Deutschen noch verboten hatte (vgl. S. 676). Bei der Bundestagsdebatte über das Abkommen lehnte die SPD den Eintritt der Bundesrepublik in die Ruhrbehörde ab, da dies »nationalem Verzicht« gleichkomme und die »Arbeiterschaft dem internationalen Kapital« ausgeliefert werde. Schumacher nannte Adenauer einen »Kanzler der Alliierten« und verlangte, das Petersberger Abkommen durch das Parlament ratifizieren zu lassen. (Das Bundesverfassungsgericht lehnte den Antrag später ab, da die Vereinbarungen kein politischer Vertrag mit ausländischen Staaten seien, sondern ein Abkommen der Bundesregierung mit dem Kollektivorgan der Besatzungsmächte, die in der Bundesrepublik laut Besatzungsstatut Regierungsvollmachten hatten.)
Die stärkste Oppositionspartei wollte »alles oder nichts«; eine allmähliche Revision des Besatzungsstatuts, auf die Adenauer hinarbeitete, lehnte sie ab: Das Besatzungsstatut vor allem sollte sofort beseitigt werden. Zwar gab es damals eine innerparteiliche Opposition gegen Schumacher – Willy Brandt z. B. forderte bereits Anfang der fünfziger Jahre, die Ansätze eventueller Gemeinsamkeiten auszubauen und zu entwickeln –, aber die SPD-Spitze manövrierte sich mit ihrer »Alles-oder-nichts-Politik« erst einmal ins Abseits. Der Kanzler konnte sich verstärkt den anderen Widersachern seiner Politik zuwenden, den Bevollmächtigten der Alliierten.
Die Hohen Kommissare, die die Militärgouverneure laut Besatzungsstatut ablösten, wußten, daß sie es mit Adenauer nicht leicht haben würden. Wie so oft waren es auch hier die kleinen Dinge, die zur richtigen gegenseitigen Einschätzung beitrugen. Eine oft zitierte Anekdote berichtet von der Überreichung des revidierten Besatzungsstatuts durch die Hohen Kommissare an die Bundesregierung auf dem Petersberg: Das Protokoll sah vor, daß alle Minister zugegen sein sollten. Die Hohen Kommissare verabredeten, daß sie allein auf einem Teppich stehen sollten, um ihre Macht demonstrativ zu bedeuten. Die Deutschen mitsamt ihrem Kanzler jedoch hatten vor ihm haltzumachen. Adenauer umging dieses Protokoll. Er nahm nur fünf Minister und fünf Beamte mit und nicht sein ganzes Kabinett, und als der geschäftsführende Hohe Kommissar, der Franzose François-Poncet, aus der Reihe seiner Kollegen trat, um den Kanzler zu begrüßen, ging Adenauer dem Franzosen einen Schritt entgegen – und stand ebenfalls auf dem Teppich.
Dort blieb er auch, sozusagen. Er handelte den Allierten sofort einige Zugeständnisse ab, die sich im *Petersberger Abkommen* niederschlugen. U. a. wurde vereinbart: Die Bundesrepublik Deutschland kann internationalen Vereinigungen, dem Europarat und der Internationalen Ruhrbehörde beitreten, ein Abkommen über den Marshall-Plan abschließen, Konsular- und Handelsbeziehungen mit den westlichen Ländern wieder aufnehmen. Außerdem wurde eine Reihe von Vereinbarungen getroffen, die den Demontagestopp, die Dekartellisierung und die Beendigung des Kriegszustandes betrafen.
Adenauer wurde vor allem unterstützt von zwei Männern, von denen der eine, Staatssekretär Hans Globke, nicht unumstritten war. Er hatte während des »Dritten Reiches« einen Kommentar über die Nürnberger Rassegesetze der Nazis mitverfaßt. Dennoch galt er nach 1945 als Feind des Regimes. Er hatte katholischen Wider-

standskämpfern geholfen, die Nazizeit zu überleben. Der andere Assistent war Walter Hallstein, wie Globke ebenfalls Jurist. Er hatte für die Konsolidierung der außenpolitischen Rechtspositionen wichtige Vorarbeiten zu leisten. Sein Name steht für den zwischen 1949 und 1969 gültigen außenpolitischen Grundsatz des *Alleinvertretungsanspruchs* der Bundesrepublik Deutschland (Hallstein-Doktrin).

Neben der Revision der Besatzungspolitik verfolgte Adenauer zielstrebig die Wiederbewaffnung Westdeutschlands. Eines der alliierten Kriegsziele im Zweiten Weltkrieg war die totale Entmilitarisierung Deutschlands. Mit dem Korea-Konflikt 1950 waren die USA wieder in einen Krieg verwickelt, diesmal mit einem kommunistischen Gegner. Die beiden Großmächte USA und UdSSR zogen ihre Truppen zunächst aus dem westlich orientierten Süd- bzw. kommunistisch orientierten Nordkorea zurück. Als die Nordkoreaner in Südkorea aber starke Partisanentätigkeit entfalteten und schließlich nordkoreanische Truppen den 38. Breitengrad überschritten, die Demarkationslinie zwischen kommunistischem Norden und kapitalistischem Süden, da griffen die Vereinigten Staaten wieder in die Auseinandersetzungen ein.

Adenauer befürchtete, daß die USA Truppen aus Europa abziehen könnten. Er schlug vor, eine bewaffnete Polizeimacht aufzustellen. Diese paramilitärische Truppe hätte als Kader für eine zukünftige deutsche Streitmacht dienen können. Um die Voraussetzungen für eine solche Remilitarisierung zu schaffen, hatte der Kanzler bereits einige ehemalige, relativ unbelastete Wehrmachtsoffiziere in seine Dienste genommen, den General Speidel, den Grafen Schwerin, den Oberstleutnant de Maizière und andere. Die Militärs arbeiteten an den geheimen Vorbereitungen für eine deutsche Armee. Schließlich wurde Theodor Blank politischer Koordinator und Leiter des später nach ihm benannten Amtes. Am 23. Oktober 1950 wurde der CDU-Gewerkschafter Blank »Beauftragter des Bundeskanzlers für die mit der Vermehrung der alliierten Truppen zusammenhängenden Fragen«, ein ebenso langer wie verschleiernder Titel. Zwei Tage später verkündete der französische Ministerpräsident Pleven seinen Plan einer Europa-Armee in der *Europäischen Verteidigungsgemeinschaft* (EVG).

Adenauer bemühte sich um den Eintritt der Bundesrepublik in die NATO, und als der abgelehnt wurde, um die Mitgliedschaft in der EVG. Nicht so sehr, weil er einen eventuellen sowjetischen Angriff fürchtete – der war auch damals recht unwahrscheinlich, und für die Sowjets wäre er vermutlich auch ohne deutsche Hilfe verlustreich verlaufen. Adenauer war vielmehr der Auffassung, daß ein Staat, der gemeinsam mit den westlichen Verbündeten eine »Politik der Stärke« vertreten solle, eine Armee haben müsse. Außerdem dachte der Kanzler auch noch in den Kategorien des 19. Jahrhunderts: Das Rückgrat eines souveränen Staates bildete die Armee und nichts anderes.

Der Bundeskanzler unterzeichnete also den Vertrag über die EVG, nachdem er einen Tag vorher (26. 5. 1952) den *Vertrag über die Beziehungen zwischen der Bundesrepublik Deutschland und den Drei Mächten* (General- oder Deutschlandvertrag) unterschrieben hatte, der das Besatzungsstatut ablösen sollte.

Die Ratifizierung des EVG-Vertrages zog sich hin. Im Februar 1954 änderte der Bundestag das Grundgesetz, um die Wehrhoheit der Bundesrepublik zu begründen, d. h., eine Armee aufstellen zu können. Doch im Juni des gleichen Jahres scheiterte die Europäische Verteidigungsgemeinschaft schließlich doch. Das Vertragswerk und damit eine europäische Armee unter internationalem Kommando wurde von der Französischen Nationalversammlung abgelehnt. Der französische Nationalismus ertrug es nicht, daß Franzosen gemeinsam mit anderen Europäern und sogar Soldaten aus Deutschland in einer Armee dienen und möglicherweise auch noch von Offizieren anderer Nationalität kommandiert werden sollten. Eine »Politik der Stärke« gegenüber der Sowjetunion konnten die USA aber ohne die europäischen Verbündeten kaum aufrechterhalten.

Adenauer erkannte das Dilemma. Die Westalliierten wollten den Generalvertrag jetzt ohne den EVG-Vertrag in Kraft setzen. Adenauer forderte dagegen Souveränität und NATO-Mitgliedschaft. Den Alliierten blieb gar nichts anderes übrig: Sie mußten den Beitritt der Bundesrepublik ins westliche Bündnissystem mit allen Rechten und Pflichten akzeptieren. Es wurde ein Vertragspaket aus Abkommen und Vereinbarungen geschnürt, die zum Teil bereits von 1950 bis 1954 zwischen der Bundesregierung und den Westalliierten ausgehandelt worden waren. Die *Pariser Verträge* (1954) bestanden schließlich aus einem Protokoll über die Beendigung des Besatzungsregimes, einem Vertrag über die Beziehungen der drei Westmächte Frankreich, Großbritannien und USA zur Bundesrepublik Deutschland (dem bereits 1952 unterzeichneten Deutschlandvertrag), einem Vertrag über die Rechte und Pflichten alliierter Streitkräfte in der Bundesrepublik (Truppenvertrag), einem Finanzvertrag, einem Vertrag zur Regelung der aus Krieg und Besatzung entstandenen Fragen (Überleitungsvertrag), einem Abkommen über die steuerliche Behandlung der alliierten Streitkräfte und ihrer Mitglieder, einem Vertrag über den Aufenthalt ausländischer Streitkräfte innerhalb der Bundesrepublik Deutschland (Stationierungsvertrag), einer Berlin-Erklärung, nach der die drei Mächte ihre Präsenz in Berlin festschreiben und die Bundesrepublik sich zu Hilfeleistungen für die Stadt verpflichtet, einem Briefwechsel, der Rechtsfragen klärt, einem Protokoll zur Umgestaltung des Brüsseler Vertrages zur Westeuropäischen Union sowie aus Kommuniqués, Protokollen und Resolutionen über den Beitritt der Bundesrepublik Deutschland zur NATO.

Einige dieser Verträge und Abkommen waren in den Jahren zuvor Gegenstand heftiger Auseinandersetzung gewesen zwischen der Bundesregierung und den Hohen Kommissaren einerseits, Adenauer und den Parteien andererseits – vor allem mit der SPD, aber auch mit seiner eigenen und den Koalitionsparteien CSU, FDP und Deutscher Partei (DP) sowie dem Gesamtdeutschen Block/Bund der Heimatvertriebenen und Entrechteten (GB/BHE), der seit Oktober 1953 dem (zweiten) Kabinett Adenauer angehörte. Vor allem nach der Deutschlandnote der UdSSR (1952) rückte die Zukunft Gesamtdeutschlands wieder in den Mittelpunkt des Interesses, wurde die Wiedervereinigungsfrage, die wegen der Westbindung aus den Köpfen der Bundesbürger fast völlig verschwunden war, wieder diskutiert. Wiederbewaffnung, EVG und NATO-Beitritt hatten ein ganzes Bukett von Problemen im Zusammenhang mit der Wiedervereinigungsfrage aufgeworfen. Zum erstenmal nach der bedingungslosen Kapitulation hatten die Westdeutschen das nicht unberechtigte Gefühl, wieder so richtig mitreden zu dürfen, wenn es um ihre Angelegenheiten ging.

Vor allem die *Deutschlandnote der UdSSR* entzündete die Debatten. Wie ernst meinte es Stalin mit seinem Angebot, Westdeutschland und das Gebiet der Sowjetischen Besatzungszone, also BRD und DDR, zu vereinigen, ihm den Status einer »bündnis-

Keine Chance für den demokratischen Sozialismus

Alle Wege des Marxismus
führen nach Moskau!
Darum CDU

freien« bewaffneten Macht zu verleihen und gesamtdeutsche Wahlen zuzulassen? Die Sowjets fühlten sich durch die Westintegration der Bundesrepublik bedroht. Eine westdeutsche Armee, der sich abzeichnende recht stürmische Wiederaufbau mit wachsendem Wohlstand, die nach dem Korea-Schock wieder zunehmende militärische Stärke der USA – waren das die Gründe für den sowjetischen Vorstoß? Der sowjetische Deutschland-Experte Daniil Melnikow, der an der Ausarbeitung der Note beteiligt war, sagte 1990 in einem *Spiegel*-Interview, daß Stalin von zwei Überlegungen ausgegangen sei. Einmal habe ihn wohl die Stärke der USA beunruhigt – »die hatten die Atombombe, wir noch nicht« –, zum anderen aber wollte er »das deutsche *Volk* für sich gewinnen« (Kursivierungen durch Melnikow). Er berief sich dabei auf die These Lenins, »*mit* und nicht *gegen* Deutschland zu gehen«. Die DDR sollte wohl eine Schlüsselstellung behalten in diesem Gesamtdeutschland, aber alle Alliierten des Zweiten Weltkriegs sollten seinen Bestand garantieren. »Stalin zog ein solches geeintes bündnisfreies Deutschland dem gespaltenen Deutschland vor, weil er die Teilung für sehr gefährlich hielt. Ein gespaltenes Land bedeutete ja nur ein Viertel . . .« (*Der Spiegel*: ». . . unter seinem Einfluß.«) »Aber das wichtigste Potential, die Schwerindustrie, lag im Westen.«[20]

Die Note war nicht an die Regierung der Bundesrepublik Deutschland gerichtet. Die Westalliierten allerdings konnten sie weder positiv noch negativ beantworten, solange nicht die Meinung der Bundesregierung vorlag.

Es gab anfangs durchaus zwei Richtungen in der westdeutschen Politik und Öffentlichkeit. Die einen befürworteten die Note, weil sie die Wiedervereinigung in Aussicht stellte (z. B. Rudolf Augstein im *Spiegel* oder Paul Sethe in der *Frankfurter Allgemeinen Zeitung*). Die SPD gehörte zu den Befürwortern, ebenso zunächst auch einige CDU-Politiker (z. B. Jakob Kaiser). Aber schließlich setzten sich doch die Anhänger des Kanzlers durch. Adenauer war von Anfang an gegen Verhandlungen. Er überging alle Einwände gegen seine Argumentation auch im Kabinett, ließ entsprechend ablehnende Bulletins durch seinen Pressesprecher verlesen und hatte schließlich nicht nur die Hohen Kommissare, sondern auch die Mehrheit der Bundesbürger hinter sich. Gewiß: Spaltung und bevorstehende Remilitarisierung schmeckten vielen Bundesdeutschen nicht, aber der wachsende Wohlstand im »Wirtschaftswunder« und die Teilnahme am »American way of life« waren brauchbare Alternativen zu einer Wiedervereinigung in einem Deutschland, das der Umklammerung durch die UdSSR sonst wohl kaum hätte entgehen können. Die Front der Verhandlungsbefürworter bröckelte bald, zumal viele von ihnen Forderungen an die Sowjetunion stellten, die diese nicht erfüllen wollte (die Revision der Oder-Neiße-Grenze zum Beispiel).[21]

Da die Bundesregierung das Sowjetangebot skeptisch beurteilte, lehnten die Westalliierten Verhandlungen mit der UdSSR über Gesamtdeutschland schließlich ab.

Adenauer konnte sich wieder ganz der Bundespolitik zuwenden. Er mußte Störmanöver abwehren: Die Vertriebenen murrten, daß ihre Forderungen beim Lastenausgleichsgesetz zu wenig berücksichtigt worden seien (der Führer der CDU-Flüchtlinge im Bundestag, Linus Kather, drohte, samt Anhang aus der CDU auszutreten – er wechselte 1954 tatsächlich zum GB/BHE); die Gewerkschaften fürchteten die Zurückdrängung ihrer Interessen bei der Abfassung des Betriebsverfassungsgesetzes. Innenpolitische Sprengsätze gab es genug. Da kamen die Pariser Verträge gerade wie gerufen, konnte man sie doch als Erfolg der Adenauer-Politik verbuchen. Daß das Pariser Vertragspaket manches enthielt, was den Westdeutschen mehr aufbürdete, als es ihnen zubilligte – das stand auf einem anderen Blatt.

Die Verträge engten vor allem den außenpolitischen Handlungsspielraum der Bundesrepublik Deutschland im Ostblock ein. Er gab den Deutschen zwar in großen Teilen die Möglichkeit, ihre Souveränität zu verwirklichen – aber sie mußten einen hohen Preis zahlen: »Den gesamten deutsch-alliierten Vereinbarungen lag der Wille zugrunde, die Deutschen unauflöslich an den Westen zu binden« (Arnulf Baring).

Am 26. und 27. Februar 1955 wurden die Verträge vom Bundestag ratifiziert. Am 5. Mai 1955 wurden sie in Kraft gesetzt. Die Regierung feierte die wiedererlangte (eingeschränkte) Souveränität. Ein erster Abschnitt der Adenauer-Ära war zu Ende. Der erste Bundeskanzler hatte seine Ziele erreicht: Die Hohen Kommissare wurden Botschafter befreundeter und verbündeter Länder, die Besatzungstruppen verwandelten sich in Soldaten verbündeter Armeen. Allerdings gab es noch alliierte Vorrechte: Die Truppenstationierung war auf bundesdeutschem Territorium Sache der Alliierten, und Vorbehalte gab es auch im Falle eines Notstandes. Schließlich blieben auch das geteilte Berlin, die Wiedervereinigungsfrage und das Problem eines Friedensvertrages mit Gesamtdeutschland im Kompetenzbereich der Alliierten. Aber abgesehen von diesen Einschränkungen war die Bundesrepublik Deutschland tatsächlich ein souveräner Staat geworden. In seine Kasernen zogen 1956 die ersten Rekruten ein, um auch äußerlich die »Politik der Stärke« zu demonstrieren.

IV. Jahre des Fortschritts
Die Bundesrepublik Deutschland 1955–1966

Die Bundesrepublik konsolidierte sich im ersten Jahrzehnt ihres Bestehens. Westdeutschland machte sich auf den Weg, eine der führenden Industrienationen der Welt zu werden. Aber die BRD war noch nicht der moderne, funktionale und traditionsarme Staat der heranwachsenden neuen Eliten. Sie betraten erst in den sechziger Jahren die politische Bühne.
Die traditionellen Führungseliten, die sich aus der Konkursmasse des »Dritten Reiches« in die Demokratie hinübergerettet hatten, bildeten in der Bundesrepublik Deutschland der fünfziger Jahre eine führende Gesellschaftsschicht. Sie integrierte auch die Aufsteiger, die das Wirtschaftswunder hervorgebracht hatte. Diese Eliten waren die Träger der Restauration. Die spätere *Außerparlamentarische Opposition* (APO) der sechziger Jahre nannte sie das »Establishment«. Zusammen mit den aus dem bürgerlichen Mittelstand stammenden Trägern der öffentlichen Meinung, den Ärzten, Anwälten, Fabrikanten, nahmen sie entscheidenden Einfluß auf die gesellschaftliche und politische Entwicklung Westdeutschlands. Angehörige dieser Eliten fanden sich überall, vor allem in den Vorstandsetagen von Banken und Industriebetrieben, in den Verbänden und Ministerien. Sie waren die Träger der Adenauerschen Politik.

Alleinvertretungsanspruch und Integrationsbemühungen

Wohin der Kurs im Inneren ging, stand seit 1949 fest. Der Antikommunismus war eine Art Staatsdoktrin geworden. Es war konsequent, sich gegenüber der »SBZ«, der *Sowjetischen Besatzungszone Deutschlands,* also gegenüber der erst Ende der sechziger Jahre im Westen offiziell so genannten DDR, weniger zurückhaltend, gegenüber der mächtigen Sowjetunion aber gemäßigt freundlich zu verhalten. Folgerichtig ging die Bundesregierung auch scharf gegen die politischen Träger des Kommunismus, gegen die *Kommunistische Partei Deutschlands* (KPD), vor. Das war für den demokratischen Rechtsstaat nicht unumstritten. Das Grundgesetz hatte im Bundesverfassungsgericht eine Institution vorgesehen, zu dessen Aufgaben es zählte, die Verfassungsmäßigkeit extremistischer politischer Gruppierungen zu prüfen. Es hatte 1952 die weitgehend aus alten Nazis bestehende *Sozialistische Reichspartei,* die offen nationalsozialistische Ideologie verbreitete, als verfassungsfeindlich verboten. Diese Entscheidung war nach den Ereignissen zwischen 1933 und 1945 konsequent. Weniger konsequent erschien es vielen Bundesbürgern, daß Bundeskanzler Adenauer und seine Regierung auch daran dachten, die KPD verbieten zu lassen. Wurde nicht die Justiz hier zum verlängerten Arm der Politik? Nicht nur die Alt-Kommunisten, die während der Nazizeit Widerstand geleistet hatten, sahen in der Bundesrepublik einen Hort nationalistischer und kapitalistischer Restaurationstrends. Nicht nur KPD-Genossen wandten sich gegen die Wiedereingliederung ehemaliger Nationalsozialisten in Politik, Industrie und Verwaltung, und nicht nur sie waren gegen die Soziale Marktwirtschaft. Aber die KPD war für die Weltrevolution und den Stalinismus, sie erhielt Unterstützung vom anderen deutschen Staat, der DDR. Die westdeutsche Justiz hatte nun die Aufgabe, die Trennungslinie zwischen »östlicher Agententätigkeit« und der vom Grundgesetz garantierten Glaubens- und Bekenntnisfreiheit aufzuspüren, also festzustellen, wo die Bedrohung des Staates anfängt und die Aktivitäten politischer Gegner aufhörten. Das Bundesverfassungsgericht erklärte 1956 die KPD für verfassungswidrig. Das Urteil trug dazu bei, einen gravierenden gesellschaftlichen Widerspruch in der Bundesrepublik bewußtzumachen: Während ehemalige Nationalsozialisten, sogar Angehörige der in Nürnberg als eindeutig verbrecherisch gebrandmarkten NS-Organisationen, ungestört leben konnten, wurden viele kommunistische Widerstandskämpfer, die emigrieren mußten oder in Konzentrationslagern gesessen hatten, aufs neue diskriminiert. Es waren viele Idealisten unter ihnen, denen eine freie und demokratische sozialistische Welt vorschwebte, für die sie ihr Leben aufs Spiel gesetzt hatten. Ihr Einsatz wurde in der Bundesrepublik weit geringer bewertet als z. B. der Dienst in Wehrmacht und Waffen-SS – nicht nur aus Gründen politischer Opportunität, sondern auch aus dem Gefühl eines falsch verstandenen deutschen Patriotismus.

Die ersten Jahre der Bundesrepublik waren merkwürdig widersprüchlich. In der Gesellschaft überwogen konservative, bisweilen sogar reaktionäre Einstellungen. Während sich moderne Technologien durchsetzten, funktionale Fertigungsanlagen und Verwaltungen entstanden, lebten die Menschen im später nostalgisch so zitierten »Stil der fünfziger Jahre«. Der Wiederaufbau nahm die Menschen voll in Anspruch, schuf eine Normalität, die von Fleiß und Eifer geprägt, aber nicht sonderlich progressiv war.

Die partnerschaftliche Wirtschaftsideologie entfaltete sich, Arbeitnehmerverbände und Gewerkschaften hatten die Tarifautonomie. Die Löhne stiegen zwar nicht so schnell wie die Unternehmergewinne, doch die Arbeitslosigkeit ging zurück, und in den Lohn- und Gehaltstüten blieb bei vielen schon ein kleiner Überschuß, der nicht zur Reproduktion der Arbeitskraft benötigt wurde. Auch Arbeiter und Angestellte begannen allmählich, sich ein Häuschen zu bauen und auf ein Auto zu sparen. Die Grenzen der Klassengesellschaft verschwammen ein wenig, und manche sprachen bereits von einer *nivellierten* Gesellschaft.

Nach außen war Adenauers Politik außerordentlich erfolgreich – was nicht so sehr das Verdienst des Kanzlers, sondern der glücklichen Umstände gewesen sein dürfte: Die Orientierung nach Westen hatte sich ausgezahlt. Und als es dem Kanzler im Herbst 1955 während seiner Reise nach Moskau gelang, der sowjetischen Führung die Zusage nach Freilassung der noch in Kriegsgefangenschaft befindlichen Deutschen abzuringen, schien ein erster Schritt auch in Richtung einer erfolgreichen Ostpolitik getan. Sie beschränkte sich zunächst auf den Austausch diplomatischer Vertreter zwischen Bonn und Moskau. Der Grund lag in der *Hallstein-Doktrin,* benannt nach Walter Hallstein, dem Staatssekretär im Auswärtigen Amt. Die Bundesrepublik Deutschland sah sich als Nachfolgestaat des Deutschen Reiches und nahm für sich in Anspruch, das ganze Deutschland nach außen allein zu vertreten. Dieser *Alleinvertretungsanspruch* verhinderte eine weitergehende Normalisierung der Beziehungen mit dem Ostblock. Und sie verschlechterte das Verhältnis, wenn Staaten mit bundesdeutscher diplomatischer Vertretung Botschafter der DDR akkreditierten. In Belgrad und Havanna wurden die bundesdeutschen Flaggen eingezogen, als Jugoslawien (1957) und Kuba (1963) den zweiten deutschen Staat anerkannten. Die Bundesrepublik sah in der Aufnahme diplomatischer Beziehungen zur DDR einen unfreundlichen Akt. Das blieb so während der Ära Adenauer und auch unter der Kanzlerschaft Ludwig Erhards. Die westdeutsche Ostpolitik folgte den jeweils von den USA gesetzten Spielregeln des Kalten Krieges und praktizierte eine Politik der Stärke und der Abgrenzung gegenüber dem Ostblock und insbesondere gegen den »Spalterstaat«, die DDR. Konkret wurde die Ostpolitik in Berlin. Die Stadtkommandanten der westlichen Besatzungsmächte garantierten die politische Existenz Westberlins. Die geteilte Stadt wurde zum »Schaufenster des Westens«, an dem sich die DDR-Bewohner die Nase platt drückten. Viele von ihnen erlagen der Sogwirkung des »goldenen Westens«. Allein 1960 waren es fast 200000 Menschen, die ihre Heimat verließen.

Am 13. August 1961 machte die Deutsche Demokratische Republik »das Tor zu«, sie errichtete die *Berliner Mauer* und baute in der Folgezeit die *Demarkationslinie zur sowjetischen Besatzungszone* systematisch zur *Staatsgrenze West* aus, mit »Todesstreifen«, »Schießbefehl« und »Selbstschußanlagen«. Es war ein Verzweiflungsakt der DDR. Durch die ständige Abwanderung meist junger, jedenfalls aber in ihrer Mehrzahl qualifizierter Fachleute in die Bundesrepublik hatte sie einen empfindlichen Aderlaß hinnehmen müssen. Jetzt sperrte sie ihre Bürger auf ihrem Staatsgebiet ein.

Die Politiker des Westens protestierten zwar sehr laut, aber ihre Proteste verhallten. Bonns Abgrenzungspolitik war fürs erste gescheitert. Für die »Brüder und Schwestern« im »großen Konzentrationslager« DDR, wie der Oppositionsführer Ollenhauer (SPD) im Bundestag die DDR 1961 nannte, begann nun die Zeit der nahezu perfekten Isolation.

Von Bundeskanzler Konrad Adenauer, der die Berliner Mauer erst einige Tage nach dem 13. August 1961 besichtigte, waren Impulse in östlicher Richtung nicht zu erwarten. In seinen letzten Regierungsjahren konzentrierte er sich auf den Westen, auf die USA, auf die Integration Europas und auf den Ausbau des guten Verhältnisses zu Frankreich.

Dieses alte politische Ziel Adenauers, Aussöhnung mit und festere Bindung an Frankreich, sollte die Krönung seiner Außenpolitik werden. 1958 war General Charles de Gaulle in den Pariser Elysée-Palast zurückgekehrt. Das Verhältnis der beiden Politiker war nicht gerade gut: Der Rheinländer stand dem Lothringer recht skeptisch gegenüber. Adenauer fürchtete, Frankreich werde sich vom westlichen Bündnissystem lösen, vor allem aber sah er eine Stagnation der europäischen Integration. Auch die Ansichten über die zukünftige Verfassung Europas gingen auseinander: Während

Adenauer das »Vaterland Europa« propagierte, war für de Gaulle ein »Europa der Vaterländer« erstrebenswerter. Adenauer war der Ansicht, daß der nationale Eigensinn de Gaulles die »Politik der Stärke« zunichte machen, das »Roll back«, das Eindämmen des Kommunismus, das US-Außenminister John Foster Dulles gemeinsam vor allem mit dem deutschen Kanzler zum Prinzip westlicher Politik gemacht hatte, gefährden könne.

Trotz aller Gegensätze aber kam es dennoch zur Annäherung zwischen der Bundesrepublik und Frankreich. Und mit dem *Vertrag über die deutsch-französische Zusammenarbeit* (1963) hatte Adenauer erreicht, was ihm – und auch vielen Deutschen, die sonst seiner Politik eher reserviert gegenüberstanden – am Herzen lag: die Aussöhnung mit dem »Erbfeind« Frankreich.

Zuvor war noch der Grundstein für die Vereinigung Europas gelegt worden. Mit den *Römischen Verträgen* (25. 3. 1957) wurde die Bundesrepublik Deutschland zusammen mit den Benelux-Ländern, Frankreich und Italien Gründungsmitglied der *Europäischen Wirtschaftsgemeinschaft* und der *Europäischen Atomgemeinschaft* (EURATOM). Die Integration Europas war vor allem für Wirtschaft und Industrie vorteilhaft. Die Staaten der *Europäischen Gemeinschaft* (EG), wie der Zusammenschluß von EWG, EURATOM und *Europäischer Gemeinschaft für Kohle und Stahl* (Montanunion) seit 1967 hieß, verstehen sich leider auch am Anfang der neunziger Jahre noch immer mehr als Interessenverband europäischer Nationen und nicht als potenter Staatenbund im internationalen Konzert der Mächte. Die EG, neben Japan und den USA mächtigste Wirtschaftsmacht der Erde, betreibt keine eigene Außenpolitik und ist – hauptsächlich wegen der nationalistischen Eigeninteressen der Mitgliedstaaten – für die Weltpolitik ein nicht immer berechenbarer Faktor.

Wohl ohne Übertreibung kann man sagen, daß die Exekutive, der *Ministerrat* der Mitgliedsländer, nahezu unabhängig von den Parlamenten der Mitgliedsländer Beschlüsse fassen und durchsetzen kann und die Brüsseler *Gemeinsame Kommission* die mächtigste Bürokratie der Welt ist, das *Europäische Parlament* dagegen die wenigsten Rechte und Einflußmöglichkeiten hat. Ein demokratischer Bundesstaat, der den Namen Vereinigtes Europa tragen könnte, ist noch nicht in Sicht. Auch die Beitritte Großbritanniens, Irlands und Dänemarks (Vertrag 1972, Vollmitgliedschaft seit 1. 1. 1978) sowie Griechenlands (1981), Spaniens und Portugals (1986) konnten den nationalen Egoismus der Länder zwar dämpfen, aber nicht beseitigen. Beim Beitritt Griechenlands, Spaniens und Portugals war die diplomatische Unterstützung vor allem des deutschen Auswärtigen Amtes, seit 1974 unter Leitung von Hans-Dietrich Genscher, bedeutend. Diese Länder schafften, nicht zuletzt durch die Hilfe der Europäischen Gemeinschaft, den Sprung von der Diktatur zur parlamentarischen Demokratie.

Der bittere Abschied des Konrad Adenauer

Der greise Kanzler schied nicht freiwillig aus der Politik. Die Nachfolgekämpfe begannen bereits Ende der fünfziger Jahre. Eine Schlüsselrolle spielte dabei die Freie Demokratische Partei. In den ersten Adenauer-Kabinetten waren die Liberalen, lange geführt von dem alemannischen Dickschädel Reinhold Maier, Koalitionspartner. Die FDP stand damals rechts von der Mitte. Sie war die Partei der mittleren Unternehmer, der Freiberuflichen, der inzwischen immer besser verdienenden Ärzte, Apotheker, Anwälte, der wohlhabenden Landwirte. Die FDP stützte die Adenauer-Politik, hatte aber auch Anteil an der Integration der ehemaligen Nazis in Verwaltung und Wirtschaft. Sie stellte zwar mit Theodor Heuss einen liberalen Bundespräsidenten, aber in ihren Reihen fanden sich in Ermangelung entsprechender Parteien auch Menschen nationalistischer Couleur. Adenauer, der es seinen Koalitionspartnern Deutsche Partei (DP) und Gesamtdeutscher Block/BHE immer schwergemacht hatte, wenn es um die nationalistische, um die »deutsche« Sache ging, war Realpolitiker und hatte wegen seiner Liberalität auch Feinde bei den Freien Demokraten. Er verspürte wenig Neigung, sich für die nationale Sache allzusehr zu engagieren: Er war Antipreuße und »Atlantiker«. Die Wiedervereinigung Deutschlands war die letzte seiner politischen Zielsetzungen.

Auch die unterschiedliche Auffassung des Koalitionspartners bei der Eingliederung des Saargebiets in die Bundesrepublik störte den Kanzler. Adenauer hatte bereits 1950 vorgeschlagen, das Saargebiet an Frankreich abzutreten. Jetzt wollten die Saarländer per Volksabstimmung entscheiden, ob sie bei Frankreich bleiben oder ob sie wieder deutsch werden wollten – was sie seit 1947 nicht mehr waren. Auf französischen Druck und mit Genehmigung der Briten und Amerikaner hatte sich das Saargebiet von Deutschland losgesagt und zum wirtschaftlichen Anschluß an Frankreich bekannt. Doch nachdem die Bundesrepublik souverän geworden war, opponierte die Saarbevölkerung gegen ihren Ministerpräsidenten, den Christdemokraten Johannes Hoffmann, und dessen autonomistische, frankreichfreundliche Politik. Adenauer unterstützte Hoffmann. Er fürchtete, durch den Anschluß des Saarlandes an Deutschland die Aussöhnung mit Frankreich zu gefährden. Also begann er, mit dem französischen Ministerpräsidenten Pierre Mendès-France über ein Saarstatut zu verhandeln. Zwei Drittel der Saarbevölkerung aber lehnten das Statut ab; im Oktober 1955 stimmten die Saarländer für den Anschluß an die Bundesrepublik Deutschland, zu der das Saarland – mit Ausnahme einiger wirtschaftlicher Sonderregelungen für drei Jahre – seit dem 1. Januar 1957 gehört.

Die FDP hatte den prodeutschen Kurs im Saargebiet gefördert. Persönliche Querelen Adenauers mit dem Fraktionschef Thomas Dehler, einem militanten Vertreter regierungskontroverser Ansichten, trugen ebenfalls zur Verbesserung des Koalitionsklimas kaum bei.

Da zeigte sich eine Chance, den ungeliebten Partner auf andere Weise loszuwerden: In der Bundesrepublik begann die Diskussion um ein Zwei-Parteien-System. Eine Wahlreform hätte die Liberalen ruiniert, übriggeblieben wären nur CDU/CSU und SPD. Nur noch die Hälfte der Abgeordneten sollte durch Verhältniswahl, die andere

Hälfte direkt gewählt werden. Die alarmierte FDP, die die Halbierung ihrer Abgeordnetenzahl befürchten mußte, setzte in Nordrhein-Westfalen ein Spektakel in Gang, das die politische Landschaft in der Bundesrepublik tendenziell verändern sollte. Die Freien Demokraten scherten aus der Düsseldorfer Koalition aus und bildeten gemeinsam mit der SPD die erste sozial-liberale Koalition in der Bundesrepublik (1956). In Bonn verließen daraufhin einige Minister (Preusker, Blücher, Neumayer und Schäfer) die FDP und gründeten die kurzlebige Freie Volkspartei (FVP), in Düsseldorf resignierte der NRW-Vorsitzende der Freien Demokraten, Friedrich Middelhauve. Und in Bonn kündigte die CDU/CSU den Koalitionsvertrag mit den Freien Demokraten.

In der Bundestagswahl 1957 gewannen CDU und CSU die absolute Mehrheit (50,2 Prozent der Stimmen). Sie bildeten eine Koalitionsregierung mit der Deutschen Partei (bis 1960), regierten dann bis 1961 aber allein. Die FDP ging in die Opposition. Ein großer Teil ihrer deutsch-nationalen, ausschließlich den Prinzipien des alten Liberalismus verhafteten Klientel wandte sich von ihr ab. Der lange Marsch zur linken Mitte begann. Politiker wie Karl-Hermann Flach, Willy Weyer, Wolfgang Mischnick, Wolfgang Döring, Walter Scheel, Werner Maihofer oder Hans-Dietrich Genscher sollten der FDP in den sechziger und siebziger Jahren ein neues politisches Profil verleihen. Aber noch war es nicht soweit. Während die Richtungskämpfe innerhalb der FDP von der Öffentlichkeit noch gar nicht richtig wahrgenommen wurden, folgte die Partei noch einmal der Politik ihrer alten Führungscrew. Des Übels Ursache: Kanzler Konrad Adenauer.

1960 hatten die Freien Demokraten den Liberal-Konservativen Erich Mende zum Bundesvorsitzenden gewählt. Er stand in der Mitte ziemlich rechts, bekannte sich zu seiner Vergangenheit in Hitlers Wehrmacht und ließ sich gern als Ritterkreuzträger feiern. Er sympathisierte mit den Kräften, von denen viele sarkastisch sagten, sie hielten »den Namen Deutschlands« auch in »schweren Zeiten« in »vaterländischem Sinne« hoch. Mende versprach seiner Wähler-Klientel, nur dann mit der CDU/CSU eine Bundesregierung zu bilden, wenn Adenauer nicht mehr Bundeskanzler werde. Dieses Wahlversprechen brachte der FDP ihren bis dahin höchsten Wählerstand: 12,8 Prozent aller Stimmen entfielen auf die Liberalen, insgesamt 67 FDP-Abgeordnete zogen 1961 in den Bundestag ein.

Die CDU/CSU hatte die absolute Mehrheit verloren, war aber noch immer stärkste Fraktion. Aber außer der FDP gab es nun keinen Koalitionspartner mehr: Der BHE war schon seit 1957 nicht mehr im Parlament, die Deutsche Partei, die die Abtrünnigen vom rechten Rand der FDP, die FVP, aufgesogen hatte und in Adenauer-Kabinetten Minister stellte, war auch nicht mehr vorhanden. Die Mehrheit der Fraktion war schon 1960 mitsamt den Ministern Seebohm und von Merkatz zur CDU gewechselt. Auch der Zusammenschluß DP-BHE fruchtete nichts mehr: Die Nationalkonservativen gewannen 1961 nur noch 2,8 Prozent der Stimmen und fielen der Fünf-Prozent-Klausel zum Opfer. Im Bundestag gab es bis 1983 nur mehr drei Fraktionen: CDU/CSU, SPD und FDP.

Adenauer mußte mit der FDP verhandeln. Die CDU/CSU erreichte einen Kompromiß: Die FDP ging in die Regierung, Adenauer aber mußte zusagen, spätestens zur Halbzeit der Legislaturperiode als Kanzler zurückzutreten. Mende wurde zwar nicht

Der neue Staat in neuem Glanz: Präsidenten bei Haupt- und Staatsaktionen

Theodor Heuss

Heinrich Lübke

Gustav Heinemann

Walter Scheel

Karl Carstens

Richard von Weizsäcker

Minister im (inzwischen 4.) Kabinett Adenauer, galt aber als der eigentliche Übeltäter: Er hatte eine Regierung ohne Adenauer versprochen und mußte den Kanzler doch erneut akzeptieren. Dieser »Verrat« am Wähler hat der FDP den Ruf einer »Umfaller«-Partei eingetragen. Die »Schuld« Mendes und des FDP-Parteivorstandes verdeckte für weite Kreise die eigentlichen Gründe für das Verbleiben Adenauers im Amt: die Tatsache, daß die Union sich nicht mit dem Kanzler auf einen Nachfolger einigen konnte.

Die CDU hatte ihre Parteistruktur seit der Gründung kaum verändert. Sie war eine Honoratiorenpartei und ein Wählerverein. Sie hatte wenig Mitglieder, wesentlich weniger als die SPD. Die CDU war so stark wie ihr Vorsitzender, Bundeskanzler Konrad Adenauer. In der CDU galt der Spruch, daß nichts so erfolgreich sei wie der Erfolg – und diese Maxime produzierte Aufsteiger und Ja-Sager, hinderte aber fähige kritische Köpfe, sich politisch zu profilieren. Solange die Nachfolgefrage nicht akut war, war dies dem Kanzler recht. Als sich aber Wirtschaftsminister Ludwig Erhard nach vorn drängte und sich als Adenauer-Nachfolger im Kanzleramt präsentierte, wurde es ihm plötzlich »vollkommen klar, daß Erhard als Bundeskanzler nicht in Frage kommen *dürfe*«, wie Adenauer selbst in seinen Erinnerungen schreibt. Er sprach dem Wirtschaftswunder-Professor, dem Idol der Wohlstandsbürger, jegliche außenpolitische Fähigkeiten ab. Und das mit einem gewissen Recht. Der Außenpolitiker Adenauer hatte Erhard einen großen Teil der Innenpolitik überlassen. Erhards Konzept der Sozialen Marktwirtschaft war bestimmend für die gesellschaftliche Entwicklung geworden. Vor lauter Wiederaufbau und Ausdehnung der Kapazitäten, Steigerung der Produktivität, Sanierung der Handelsbilanzen übersahen die Westdeutschen die offensichtlichen Defizite ihrer Republik: das wenig effektive Bildungssystem, die im Verhältnis zu den Unternehmergewinnen nur langsam steigenden Löhne, die nicht verarbeitete jüngste Geschichte, die Wiedereinsetzung belasteter Beamter und vor allem Richter, die mangelhafte Gesetzgebung auf dem Gebiet der Justiz oder die Wucherungen in der Verwaltung. Innenpolitik war für die meisten Deutschen und auch viele Regierungsmitglieder Wirtschaftspolitik. Der Neoliberale Ludwig Erhard hatte da einige Pluspunkte aufzuweisen, die ihm Wähler zutrieben. Wollte sie nicht die Wahlniederlage riskieren, kam die CDU an Erhard nicht vorbei.

Konrad Adenauer ließ keine List aus, den ungeliebten Kronprinzen unmöglich zu machen. 1959 schlug er ihm vor, Theodor Heuss abzulösen und Bundespräsident zu werden. Adenauer präsentierte sich selbst für das Amt – offensichtlich, um den neuen Bundeskanzler von der Villa Hammerschmidt aus an die Kandare nehmen zu können. Als er das Grundgesetz dann noch einmal gründlicher gelesen und eingesehen hatte, daß die Macht des Präsidenten beschränkt ist, zog er seine Kandidatur wieder zurück. Heinrich Lübke sprang ein. Die Bundesbürger mußten sich ein wenig umstellen: Nach dem geistvollen Intellektuellen Heuss war der Agrarexperte Lübke ein eher biederer Präsident.

Adenauer blieb also 1961 zunächst einmal Kanzler. Er konnte einfach nicht abdanken, solange Erhard die Nachfolge antreten wollte. Adenauer glaubte ernsthaft, Erhard werde sein Lebenswerk zerstören. Er war fest davon überzeugt: Mehr noch als die Sozialdemokraten werde ein Bundeskanzler Erhard den Bestand des westdeutschen Staates bedrohen.

So blieb dem alten Kanzler in seinen letzten Regierungsjahren wenig erspart. Sein Verbleiben im Amt wurde in der Öffentlichkeit ebenso kritisiert wie seine zunehmend starrköpfige Haltung in politischen Fragen. Auch den bis dahin schwersten Skandal in der Geschichte der Bundesrepublik mußte letztlich Adenauer verantworten. Am 10. Oktober 1962 veröffentlichte das Nachrichtenmagazin *Der Spiegel* den Bericht über ein NATO-Manöver. Der Bundesverteidigungsminister Franz Josef Strauß wie auch sein Kanzler sahen in dem Artikel einen »Abgrund an Landesverrat«. Das Verteidigungsministerium ließ in aller Eile ein Gutachten erarbeiten. Aufgrund dieses Papiers wurde der *Spiegel*-Herausgeber Rudolf Augstein verhaftet, die Redaktionsräume der Zeitschrift durchsucht, »verdächtiges« Material sichergestellt, der verantwortliche Redakteur Conrad Ahlers in Spanien (!) aus dem Hotelbett heraus festgenommen, Wohnungen inhaftierter Redakteure durchsucht und einige Aktionen mehr in Szene gesetzt. Inszeniert wurde das Husarenstück von Franz Josef Strauß. Als die Proteste im In- und Ausland nicht verhallen wollten, mußte Adenauer seinen Verteidigungsminister entlassen. Der Bundesgerichtshof lehnte es 1965 ab, gegen Augstein und Ahlers zu verhandeln.
Für die Geschichte der Bundesrepublik ist die *Spiegel*-Affäre ein bedeutendes Ereignis. Was sollte höher bewertet werden, die Meinungsfreiheit oder die Sicherheit des Staates? Große Teile der Presse erwiesen sich als Hüter der Demokratie, die Zeitungen mobilisierten die Gesellschaft. Ihre Proteste gegen die Übergriffe des Staates waren ernst und kompromißlos. Die Westdeutschen hatten offensichtlich die erste Lektion in Sachen Demokratie begriffen. Auf der anderen Seite aber wurde deutlich, wie schnell der Polizeiapparat zu handeln bereit war, wenn ein Minister auch nur den Finger rührte. Zwar hat das Bundesverfassungsgericht die Vorgehensweise gerügt. Aber die Anfälligkeit der Polizeiführung war ebenso sichtbar geworden wie die Schlagfertigkeit des Apparats.

Die glücklose Regierung des Ludwig Erhard

Adenauer bildete sein Kabinett um, regierte aber auch nach der *Spiegel*-Affäre weiter. Erst 1963 räumte er den Posten des Bundeskanzlers für Ludwig Erhard. Nicht das offensichtliche Fehlverhalten des Kanzlers in der *Spiegel*-Affäre, sondern der Koalitionsvertrag mit der FDP erzwangen Adenauers Abdankung.
Als Bundeskanzler hatte Erhard wenig Fortune. Ausgerechnet in seiner Amtszeit wurde das »Wirtschaftswunder« gefährdet, ergriff eine weltweite Rezession auch Westdeutschland. Sie wurde ihm zum Verhängnis – aber nicht sie allein.
Mit dem Koalitionspartner FDP war vor dem Wahljahr 1965 der Ärger nicht allzu groß. Wohl aber mit den Parteifreunden in der CDU/CSU. Dort hatte der Kanzler viele Feinde. Der prominenteste war sein Vorgänger im Amt, Konrad Adenauer. Öffentlich verteilte der Alte Zensuren. Adenauer in *Bild am Sonntag* vom 1. November 1964: Erhards Frankreich-Politik sei so schlecht, daß »ein Mann wie de Gaulle« sich

die »einfach nicht gefallen« lasse. Das Volk wolle eine klare Führung, das ewige »Hin und Her und Her und Hin« Erhards sei unmöglich.
Auf der anderen Seite wußten die Unionsparteien, daß sie ohne ihren Kanzler keine Wahl gewinnen konnten. Die Innenpolitik wog auf einmal schwerer als die Außenpolitik. Wer, wenn nicht der »Vater des Wirtschaftswunders«, Bundeskanzler Ludwig Erhard, könnte die Republik vor dem Ruin in der Rezession retten?
Und so gewannen CDU/CSU 1965 mit Erhard an der Spitze noch einmal 47,6 Prozent der Stimmen (SPD 39,3 Prozent, FDP 9,5 Prozent). Doch Erhards Regierungstage waren gezählt. Die CDU/CSU-Spitze zerstritt sich mit der FDP über der Steuerfrage. In der Frage, wie man der Rezession Herr werden könne, fand sich kein Konsens. So scheiterte schließlich die Koalitionsregierung, und es entbehrt nicht einer gewissen Ironie, daß Bundeskanzler Erhard nicht über die Außenpolitik stürzte, sondern ausgerechnet über die ökonomische Entwicklung. Als die FDP-Minister Bucher, Dahlgrün, Mende und Scheel im November 1966 die Regierung verließen, war ein erster großer Abschnitt deutscher demokratischer Politik nach 1945 vorüber.
Wie es weitergehen sollte, hatte man in den großen Parteien bereits herausgefunden. Herbert Wehner (SPD) und Karl Theodor Freiherr von und zu Guttenberg (CSU) – unterstützt von Franz Josef Strauß und anderen Erhard-Gegnern – hatten bereits die Möglichkeiten einer Großen Koalition ventiliert. Strauß tat das nicht ohne Eigennutz. Mit Hilfe der FDP war er nach der *Spiegel*-Krise 1962 vom Bonner Parkett gejagt worden. Eine Neuauflage der CDU/CSU-FDP-Koalition kam nicht in Frage, nicht nur für Strauß. Also einigten sich SPD und CDU/CSU, im Bundestag am 1. Dezember 1966 den CDU-Abgeordneten Kurt Georg Kiesinger zum Bundeskanzler zu wählen.
Der Abgeordnete Konrad Adenauer war bei der Wahl des Kandidaten in der Fraktion anwesend – trotz einer heftigen Bronchitis. Wollte er sichergehen, daß der ungeliebte Nachfolger Ludwig Erhard auch wirklich nicht wiederkehrte?

V. Jahre der Veränderung
Die Bundesrepublik Deutschland 1966–1969

Die Sozialdemokraten

Seit Bestehen des westdeutschen Staates waren CDU/CSU und SPD politische Gegner. Ende 1966 sollten sich die beiden größten Fraktionen im Bundestag zusammenschließen, um die Bonner Politik wieder flottzumachen. Plötzlich war die Sozialdemokratie, für die Union bis zur Stunde eine besondere Variante des Sozialismus, koalitionsfähig geworden.

Trotz der Unterstellung des christdemokratischen Gegners, »alle Wege des Sozialismus« führten nach Moskau, traf dies doch für die sozialdemokratische Politik niemals zu. Die SPD der Nachkriegszeit war keine revolutionäre und auch keine radikale Partei. Die marxistische Theorie spielte in der sozialdemokratischen Praxis eine Nebenrolle, besonders nach 1949, dem Gründungsjahr der DDR. Die dort maßgebende sowjetische Variante des Marxismus-Leninismus, der Stalinismus, hatte in der SPD überhaupt keine Chance. Der Antikommunismus der führenden Funktionäre, ebenso wie der der meisten Genossen an der Basis, hatte historische Wurzeln: die Spaltung der Partei im Ersten Weltkrieg (in *Mehrheitssozialisten* und *Unabhängige Sozialdemokraten* – USPD) und die Gründung des *Spartakusbundes* (um Rosa Luxemburg und den SPD-Reichstagsabgeordneten Karl Liebknecht) sowie die daraus 1918 hervorgegangene *Kommunistische Partei Deutschlands* (KPD). Die Entfremdung der beiden sozialistischen Parteien führte zur Spaltung der Arbeiterklasse und der Arbeiterbewegung und mündete in den zwanziger und Anfang der dreißiger Jahre in offene Feindschaft. Die Etikettierung als »Sozialfaschisten« vergaß die SPD den Kommunisten nie.

Trotz aller Gegnerschaft zu Kommunismus und Stalinismus, trotz kritischer Haltung zum Marxismus-Leninismus, trotz Revisionismus und Reformismus in den eigenen Reihen hielt die älteste deutsche Arbeiterpartei auch nach dem Zweiten Weltkrieg an wichtigen sozialistischen Forderungen fest: Vergesellschaftung der Produktionsmittel, Überwindung des Kapitalismus und Abschaffung der (kapitalistischen) freien Marktwirtschaft. Diese Forderungen hatten, wenn sie in Deutschland überhaupt je politisch relevant waren, seit Mitte der fünfziger Jahre in der Bundesrepublik keine Realisierungschancen mehr. Ein Blick über den Zaun genügte: Die stalinistische Politik, die Kommandowirtschaft, die Einvernahme des Menschen durch den Staat in der DDR und den anderen *Ländern des real existierenden Sozialismus* ließen nur bei Minderheiten Begehrlichkeiten nach kommunistischer Gesellschaftsordnung aufkommen.

Die Mehrzahl der Menschen in der Bundesrepublik hatte sich seit 1949 dem »Wieder«-Aufbau verschrieben, nicht dem »Neu«-Aufbau einer demokratischen Gesellschaft. Das meiste sollte wieder so werden wie früher – in Gottes Namen so wie in der Weimarer Republik, aber, wie viele meinten, nicht so chaotisch demokratisch, in geregelten gesellschaftlichen Normen vielmehr, einfach »ordentlicher«. Die in den fünfziger Jahren gedrehten Filme, die den Anspruch der Realitätsnähe hatten, überliefern ein keineswegs überzogenes Bild dieser angepaßten, von kleinbürgerlichen Idealen geprägten Gesellschaft. Die Erinnerung an den Nationalsozialismus hatte die Menschen politikresistent gemacht. »Ohne mich« war eine Standardformel, die nicht nur im Zusammenhang mit der Remilitarisierung gebraucht wurde. Adenauers Beschwörungsformel in Wahlkämpfen lautete: »Keine Experimente.«

Doch obwohl die Gesellschaft der fünfziger Jahre eher rückständig-restaurativ war, hatte sich die Bundesrepublik dennoch auf den Weg zum modernen Sozialstaat begeben. Ludwig Erhards *Soziale Marktwirtschaft* benötigte die zahlungsfähigen Massenverbraucher, die nicht nur Milch und Brot zur Erhaltung ihrer Arbeitskraft kauften, sondern auch all die neuen Luxusgüter, die bald keine mehr sein sollten: Starmix und Kühlschrank, Goggomobil und Ferienreise jetzt auch nach Italien, an Adria und Gardasee. Mit billigen Krediten wurde der Eigenheimbau gefördert, in Sozialwohnungen konnten auch Arbeitnehmer zur Miete wohnen. Kranken- und Rentenversicherung wurden ausgebaut. Die Klientel der SPD, die Arbeiter, Handwerker, Angestellten, die kleinen Gewerbetreibenden, wählten nun auch schon mal CDU und in Bayern zunehmend CSU. Um nicht in Bedeutungslosigkeit zu verfallen, waren die Sozialdemokraten gezwungen, sich den veränderten Verhältnissen anzupassen.

Die SPD warf die letzten Reste der marxistischen Theorie 1959 über Bord. Im *Godesberger Programm* erklärte sie sich zur Volkspartei. Die Wahlergebnisse besserten sich, der »Genosse Trend« wurde zum vielzitierten Schlagwort des fortschreitenden Erfolgs. Während sich CDU/CSU in der politischen Tagesarbeit verschlissen, bereitete sich die SPD darauf vor, als Regierungspartei Verantwortung für den Staat zu übernehmen.

Die Große Koalition (1966–1969)

Im Leben der neuen Kabinettsmitglieder spiegelten sich die Brüche deutscher Geschichte: Bundeskanzler Kurt Georg Kiesinger war ehemaliges NSDAP-Mitglied; Vizekanzler und Außenminister Willy Brandt Antifaschist und zwischen 1933 und 1945 in der Emigration; Justizminister Gustav Heinemann (SPD) hatte das erste Kabinett Adenauer aus Protest gegen die Wiederbewaffnung verlassen, hatte in der zahlenmäßig kleinen neutralistischen *Gesamtdeutschen Volkspartei* eine führende Rolle gespielt und war ins politische Abseits gestellt worden; der Gesamtdeutsche Minister Herbert Wehner (SPD) war Mitglied der KPD gewesen und hatte im Moskauer Exil gelebt; der durch die *Spiegel*-Affäre ins Gerede gekommene Ex-Verteidigungsminister Franz Josef Strauß (CSU) wurde Finanzminister. Der Historiker Thilo Vogelsang nannte Ende der sechziger Jahre die CDU/CSU-SPD-Regierung ein »Kabinett der gewoll-

ten Harmonie«. Die Sozialdemokraten waren mit neun, die CDU mit sieben, die CSU mit drei Ministern in der Regierung vertreten.
Am Anfang des Bündnisses galt es, die Wirtschaft zu sanieren, oder, wie es SPD-Wirtschaftsminister Schiller salopp formulierte, die Pferde aus der Talsohle herauszuführen und wieder saufen zu lassen. Dies gelang. Die Zusammenarbeit von CSU-Finanzminister und SPD-Wirtschaftsminister war vorbildlich. Es gab zwar eine Inflation und Preissteigerungen, aber sie hielten sich in vertretbaren Grenzen. Der Volksmund belohnte die Minister Schiller und Strauß damals mit anerkennendem Spott und nannte die beiden nach Wilhelm Busch »Plisch und Plum«.
Auch ein anderes innenpolitisches Problem wollte man glatt und in gegenseitigem Einvernehmen regeln: die »Notstandsfrage«. Doch sie wurde zum Prüfstein der Koalition.
Die Souveränität der Bundesrepublik Deutschland war eingeschränkt. Die Westalliierten hatten sich Rechte vorbehalten, die u. a. die Sicherheit der auf deutschem Territorium stationierten Streitkräfte betraf. Diese Vorbehalte sollten nun durch *Notstandsgesetze* abgelöst werden. Die Notstandssicherung, die das Grundgesetz vorschrieb, war manchem konservativen Politiker zu lasch. In Zukunft sollte sie über die »Koordinierung von Polizeikräften« hinausgehen. Wenn sich nämlich »Systemveränderer« ans Werk machen sollten, so könnten sie wirksam nur durch Konzentration aller bewaffneten Mächte im Staat bekämpft werden: durch Polizei, Bundesgrenzschutz und Bundeswehr. Die Gefahr einer solchen »Systemveränderung« war in den fünfziger Jahren gering. Aber in den sechziger Jahren entstand eine neue politische Kraft in der Bundesrepublik: die *Außerparlamentarische Opposition* (APO, vgl. auch S. 715 ff.). Auch in anderen Ländern hatten sich Bürgerrechtsbewegungen außerhalb der Parteien zu Wort gemeldet, und selbst im Ostblock verschafften sich ähnliche Gruppierungen Gehör. Die Institution *Staat* sah sich bedroht. Der Staat durchlitt im hochindustrialisierten Zeitalter eine Legitimationskrise. Ein Teil der Bevölkerung fühlte sich von Abgeordneten in den Parlamenten und Ministern in den Regierungen nicht mehr repräsentiert. Diese Bevölkerungsgruppen traten hauptsächlich bei Demonstrationen in Erscheinung, in denen sie ihre Unzufriedenheit mit den bestehenden gesellschaftlichen Verhältnissen artikulierten. Engagierte Trägerin der Bewegung war die studentische Jugend, von der große Teile gegen jede Form der Unfreiheit und Unterdrückung protestierten, gegen Hierarchien und Autoritäten, gegen das »Establishment«, gegen den Rassismus und gegen »faschistoide« Strukturen in den totalitären wie in den demokratischen Staatssystemen, denen sie angehörten. Vor allem aber erhob sich Protest gegen die unmenschliche Kriegführung der USA in Vietnam.
Die Parteien der Bundesrepublik nutzten die Unruhe in der Bevölkerung auch zur Begründung für die Notstandsgesetze. Widerstand im Bundestag leistete die FDP-Opposition. Auch die Gewerkschaften lehnten das Gesetzeswerk ab. Hunderttausende von Arbeitnehmern gingen auf die Straße und demonstrierten gegen seine Verabschiedung. Doch sie verhinderten die Gesetze nicht. Das von der Großen Koalition am 24. Juni 1968 verabschiedete *Notstandsrecht* erlaubte es der Regierung, wichtige Artikel des Grundgesetzes zeitweise außer Kraft zu setzen. Es löste zwar alliiertes Recht ab, verlieh aber in seiner politischen Auswirkung den Ordnungskräften Polizei

und Bundesgrenzschutz eine andere Qualität. Vor allem konnte die Bundeswehr zu einem Instrument *innerer* Konfliktregelung gemacht werden, von Eingriffen des Staates in Bürgerrechte wie das Post- und Fernmeldegeheimnis ganz zu schweigen. In die Kontrolle dieser Maßnahmen durch Volksvertreter setzte das Volk nur geringes Vertrauen. Kritische Beobachter vermerkten eine entscheidende Veränderung des politischen Klimas in der Bundesrepublik.

Zeitlich zusammen fiel die Notstandsdebatte mit anderen einschneidenden Ereignissen in Europa. Bei einer Demonstration gegen den Schah von Persien in Westberlin wurde im Juni 1967 der Student Benno Ohnesorg von einem Polizisten erschossen. Der Regierende Bürgermeister von Berlin, Pfarrer Heinrich Albertz (SPD), trat zurück.

Im Mai 1968 vereinigten sich Pariser Arbeiter und Studenten in einer gewaltigen Bewegung gegen die Benachteiligung der lohnabhängigen Bevölkerung und die Bevormundung durch die Regierung. In der Bundesrepublik und in Westberlin kam es zu Anti-Springer-Demonstrationen: Grund war die »systemimmanente«, gegen die Protestbewegung gerichtete Pressepolitik des Zeitungskönigs Axel Springer. In Prag propagierte Alexander Dubček einen »Sozialismus mit menschlichem Antlitz«. In Paris und Prag sorgten nicht zuletzt Panzer, Armee und paramilitärische Einheiten für die Wiederherstellung von Ruhe und Ordnung – zweierlei Ordnung freilich: In Paris blieben die Panzer, die Staatschef de Gaulle hatte anfahren lassen, dann doch an der Peripherie stehen, der Konflikt wurde demokratisch geregelt; in der Tschechoslowakei unterdrückten die Verbündeten des Warschauer Paktes, auch die DDR, die Freiheitsregungen. Einen »Sozialismus mit menschlichem Antlitz« sollte es nie geben.

In Berlin und der Bundesrepublik kam es zu Auseinandersetzungen zwischen Polizei und Demonstranten, gab es Verletzte und Inhaftierte. In Berlin verübte ein Rechtsradikaler ein Attentat auf Rudi Dutschke, bei dem der Studentenführer schwer verletzt wurde.

Die Minister der Großen Koalition reagierten unterschiedlich auf die Unruhen. Im Grunde waren es die Ereignisse der Jahre 1967/68, die die Koalitionspartner wieder voneinander trennten. Unter den Abgeordneten im Bundestag gab es einige, die sich Gedanken machten über eine neue politische Ortsbestimmung in der Bundesrepublik. Das Bewußtsein für Reformen in Staat und Gesellschaft war bei denen der SPD und der FDP allerdings stärker als bei den konservativen Parteien CDU und CSU.

Außenpolitisch bemühte sich die Große Koalition um eine neue Ostpolitik. Bereits Bundeskanzler Erhard hatte eine Gewaltverzichtsdebatte gegenüber der Sowjetunion, der Tschechoslowakei und Polen angeboten. Kiesinger wiederholte in seiner Regierungserklärung das Angebot, dehnte es aus: Auch die innerdeutschen Grenzen sollten nicht angetastet werden. Ein Wandel in den Beziehungen der BRD und der Länder zum Osten war gewünscht – wie er jedoch konkret aussehen sollte, blieb zunächst offen. Der Alleinvertretungsanspruch bestand zwar noch, wurde aber nicht mehr so streng gehandhabt: Aufnahme diplomatischer Beziehungen zu Rumänien (1967)[22], Errichtung von Handelsmissionen in der Tschechoslowakei, Wiederaufnahme der diplomatischen Beziehungen zu Jugoslawien (1968). Zu einer Annäherung an die DDR kam es nicht.

Die Ostpolitik der Bundesrepublik war von Anfang an abhängig von den Beziehungen zwischen den USA und der UdSSR. In der ersten Hälfte der sechziger Jahre hatte die Sowjetunion mit der Installierung von Raketenstellungen auf Kuba die Gefahr eines kriegerischen Konflikts mit den USA heraufbeschworen (1962). Die Beziehungen kühlten sich ab, wurden aber nach zähen Verhandlungen zwischen US-Präsident Kennedy und dem Generalsekretär der KPdSU, Chruschtschow, 1963 beigelegt. Geradezu sensationell wirkte auf die Welt die Installation eines »roten Telefons«, einer Standleitung zwischen Washington und Moskau, auf der direkte Gespräche in Krisenfällen geführt werden konnten. Außerdem kam es zu Verhandlungen über ein Atom-Teststopp-Abkommen. Doch die Großmächte verstrickten sich zunehmend in internationale bzw. Block-Konflikte (USA: Vietnamkrieg seit August 1964; Konflikt der UdSSR mit der VR China; Nationalisierungsbestrebungen im Ostblock: Rumänien seit 1963, Konflikte zwischen Staat und Kirche in Polen und Studentendemonstrationen 1968, Einmarsch der Warschauer-Pakt-Truppen in die ČSSR u. a.).
Bereits Anfang der sechziger Jahre hatten sich deutsche Politiker Gedanken über eine grundsätzliche Veränderung der Ostpolitik gemacht. Am 15. Juli 1963 schlug der Berliner Senatsdirektor Egon Bahr auf einer Tagung der Evangelischen Akademie in Tutzing am Starnberger See vor, eine neue politische Einstellung zur real existierenden sozialistischen Staatenwelt zu gewinnen und dadurch einen »Wandel (der erstarrten Beziehungen) durch Annäherung (an die jeweiligen politischen Standorte)« herbeizuführen. Eine solche Politik hätte den Vorteil, flexibel auf die im Ostblock zu beobachtenden Tendenzen zu reagieren. Sie werde den isolierten Menschen zugute kommen, aber auch den nationalen Regierungen, die nach mehr Unabhängigkeit von Moskau strebten.
Im Grunde enthielt die Bahr-Rede ein Konzept, das nach dem Bau der Berliner Mauer und den damit verbundenen spezifischen Berliner Problemen von der, wie man später sagte, »Berliner Linie« entwickelt worden war.[23] Der Kreis um den Regierenden Bürgermeister Willy Brandt – er bestand aus seinen Nachfolgern Heinrich Albertz und Klaus Schütz sowie Egon Bahr und Dietrich Spangenberg – kam über die Frage, wie die Verletzungen in der durch die Mauer geteilten Stadt wenn nicht geheilt, so doch erträglicher gemacht werden könnten, zu Grundzügen einer neuen Ostpolitik. Die SPD in Bonn war skeptisch, Herbert Wehner, Fraktionsvorsitzender und stellvertretender Vorsitzender, in Wirklichkeit jedoch der führende Kopf der Partei, war zunächst gegen den »Wandel durch Annäherung«. Aber später versuchte auch er, Ernst zu machen mit der »Annäherung«. 1966 kam es sogar zu einem Briefwechsel mit der SED über einen Austausch von Rednern – der dann aber nicht zustande kam, weil der Osten ihn nicht wollte.
Das von Willy Brandt während der Großen Koalition geführte Auswärtige Amt beschäftigte sich nun verstärkt mit dem Osten. Brandt spielte die Hallstein-Doktrin herunter, Bundeskanzler Kiesinger sprach von einem »Nebeneinander« von Bundesrepublik und DDR, und deren Staatsratsvorsitzender Ulbricht schlug sogar deutsch-deutsche Verhandlungen vor (1967), zu denen es freilich noch nicht kam. Immerhin wurde den Kommunisten in der Bundesrepublik die Bildung der *Deutschen Kommunistischen Partei* (DKP) erlaubt (1969).
Faktisch hatte die Große Koalition das Bonner Klima wirksam verändert. Das kurze

Ansichten der Republik

Polizeischutz für die Mächtigen

Wasserwerfer gegen Linke

Wahlkampf

Die Fähigkeit zu trauern: Willy Brandt in Warschau

Bündnis zwischen Konservativen und Sozialdemokraten hatte mit der Notstandsgesetzgebung Staat und Regierung gestärkt, die Wirtschaft war saniert worden, und auch gesellIschaftliche Akzente wurden gesetzt: Reformen im Bereich der Justiz (Sexualstrafrecht, Demonstrationsrecht) wurden vorbereitet, und mit der *Konzertierten Aktion* wurde die Zusammenarbeit von Arbeitgebern, Gewerkschaftsführern und Wirtschaftsminister institutionalisiert.

Vor allem aber hatte sich die Arbeit des SPD-Reformers Herbert Wehner gelohnt: Mit der Großen Koalition war die Sozialdemokratische Partei regierungsfähig geworden.

VI. »Mehr Demokratie wagen!« Die Regierungen der sozial-liberalen Koalition (1969–1982)

Die neue Ostpolitik

Bei den Bundestagswahlen am 26. September 1969 verloren CDU und CSU nur drei Mandate. Ihre Fraktion blieb die stärkste im Bundestag. Die Freien Demokraten verloren 19 Sitze. Aber die SPD brach zum erstenmal aus dem »Dreißig-Prozent-Getto« aus. Sie gewann 42,7 Prozent der Stimmen und 22 Sitze mehr als 1965. Noch in der Wahlnacht verkündete Willy Brandt seinen Entschluß, der FDP ein Koalitionsangebot zu machen.

Die neuen Partner vereinbarten, eine offene Ostpolitik zu betreiben und Reformen im Inneren durchzusetzen. Geburtshilfe bei der Gründung der sozial-liberalen Koalition leisteten der nordrhein-westfälische Ministerpräsident Kühn (SPD) und NRW-Innenminister Weyer (FDP), die seit 1966 auf eine bereits funktionierende Zusammenarbeit in einem Bundesland hinweisen konnten. Schwierigkeiten hatte die FDP-Führung. In ihren Reihen gab es nationalistisch gesinnte Abgeordnete und vor allem alte Konservative, die dem neuen Kurs nur schwer folgen konnten. Gleichwohl wurde am 21. Oktober 1969 Willy Brandt zum ersten sozialdemokratischen Bundeskanzler gewählt.

Die Bürger erlebten keinen spektakulären, wohl aber einen qualitativen Wandel der Bundesrepublik. In der Europäischen Gemeinschaft gab es Verhandlungen mit den Beitrittswilligen (Großbritannien, Irland, Dänemark und Norwegen). Die Gemeinschaft sollte einen eigenen Haushalt bekommen, und dem Europaparlament wurde ein begrenztes Budget-Recht zugebilligt. Das waren keine herausragenden Neuheiten, das war Konsequenz.

Neu aber war die Ostpolitik. Es kam zu Kontakten mit Moskau und Warschau und – wegen Berlin – zu Verhandlungen zwischen den vier Garantiemächten USA, UdSSR, Großbritannien und Frankreich. Bundeskanzler Brandt und Außenminister Scheel, assistiert von dem zum Staatssekretär im Bundeskanzleramt avancierten Brandt-Vertrauten Egon Bahr, dem geistreichen Architekten der deutschen Ostpolitik, gelang es, Grundzüge für ein Vertragspaket zu formulieren und sie mit der Sowjetunion im Frühjahr 1970 zu besprechen. In dem *Bahr-Papier*[24], einer Niederschrift der Verhandlungsergebnisse mit dem sowjetischen Außenminister Gromyko, das durch eine Indiskretion bekannt und in Teilen von der *Bild*-Zeitung im Juni 1970 veröffentlicht wurde, konnten die Bundesbürger lesen, was Egon Bahr ausgehandelt hatte: Neben der Absicht, den Frieden zu erhalten und die Beziehungen zu normalisieren, erklärten sich Sowjetunion und Bundesrepublik dazu bereit, die bestehenden Grenzen in Europa zu respektieren, also auch die Oder-Neiße-Grenze und die »Grenze zwischen

der BRD und der DDR«. Mit der Sowjetunion und anderen Ländern des real existierenden Sozialismus (DDR, Polen, ČSSR) sollten Verträge geschlossen werden, die »ein einheitliches Ganzes« bilden. Die Bundesrepublik Deutschland würde die DDR als selbständigen Staat anerkennen; BRD und DDR Mitglieder der Vereinten Nationen werden; das Münchner Abkommen von 1938 sollte offiziell annulliert und die damit verbundenen Probleme in einem Vertrag geregelt, die Beziehungen zur UdSSR fortentwickelt werden, die UdSSR und die Bundesrepublik Deutschland sollten sich für die Einberufung einer Europäischen Sicherheitskonferenz einsetzen.
Außer Kraft gesetzt waren damit die bisherigen Leitlinien bundesrepublikanischer Abgrenzung nach Osten: Bis zu diesem Zeitpunkt durfte keine Rede sein von der Anerkennung der Grenzen; noch wurde das 1945 untergegangene »Deutsche Reich« beschworen und von einem »Deutschland in den Grenzen von 1937« gesprochen, wenn es um die abgetretenen Gebiete jenseits von Oder und Neiße ging, die – so die offizielle Sprachregelung – »unter polnischer« bzw. »sowjetischer Verwaltung« standen. Wer von der Anerkennung des »Unrechtsstaates« DDR sprach, war so etwas wie ein Vaterlandsverräter. Einige Politiker der CDU (Rainer Barzel, Richard von Weizsäkker) und sogar der CSU (Franz Josef Strauß) sahen wohl ein, daß allmählich neue Akzente in der starren Ostpolitik gesetzt werden müßten. Aber der gewaltige Aufschrei der Vertriebenenfunktionäre und auch derjenigen, die Adenauers Westpolitik mitgestaltet hatten (Heinrich Krone, Walter Hallstein)[25], zwang die CDU-Führung dazu, den alten Kurs beizubehalten.
Der *Vertrag über Gewaltverzicht* und *Normalisierung der Beziehungen mit der Sowjetunion* wurde am 12. August 1970 unterzeichnet. Um den im Grundgesetz erhobenen Anspruch auf Selbstbestimmung des deutschen Volkes nicht zu unterlaufen, überreichte die Bundesregierung einen *Brief zur deutschen Einheit*, in dem sie betonte, daß der Vertrag mit der Sowjetunion nicht im Widerspruch stehe zu dem politischen Ziel der Bundesrepublik, auf einen »Zustand des Friedens in Europa hinzuwirken, in dem das *(gesamte)* deutsche Volk (*also auch die Menschen in der DDR*, EK) in freier Selbstbestimmung seine Einheit wiedererlangt«[26]. Staatsrechtler hielten diese Erklärung, die an den Vertragspartner zu bringen Mühe machte, für ziemlich bedeutungslos; innenpolitisch sollte sie zur Beruhigung von Opposition und Vertriebenenverbände dienen.
Mit dem am 7. Dezember 1970 abgeschlossenen *Warschauer Vertrag* garantierten Polen und die Bundesrepublik sich gegenseitig die Achtung der bestehenden Grenzen, also auch der Oder-Neiße-Linie als polnische Westgrenze.
Das *Vier-Mächte-Abkommen über Berlin* (3. September 1970) betonte die Bindung der Westsektoren an die Bundesrepublik, garantierte die Zufahrtswege und brachte für die Westberliner Bevölkerung Erleichterungen im Reiseverkehr mit der DDR.
Die Krönung der Ostpolitik allerdings blieb dem ersten Kabinett Brandt versagt: Mit der DDR kam noch kein Vertrag zustande. Vorarbeit aber war bereits geleistet worden. Bundeskanzler Brandt war im März 1970 mit dem DDR-Ministerpräsidenten Willi Stoph in Erfurt zusammengetroffen. Im Mai 1970 kam es zu einer zweiten Begegnung Stophs mit Willy Brandt in Kassel. Die DDR allerdings zeigte sich spröde: Bevor die Bundesregierung den ostdeutschen (oder, wie man damals noch sagte: mitteldeutschen) Staat nicht anerkenne, werde es keine Vertragsverhandlungen geben.

Egon Bahr verlautbarte, nach den Treffen Brandt-Stoph müsse eine »Denkpause« eintreten – »denn von einem Fehlschlag zu sprechen, hüteten sich beide Seiten« (Vogelsang).
Spätestens am 27. November 1970 war die Denkpause beendet. An diesem Tag begannen die mühseligen Verhandlungen zwischen den Staatssekretären Bahr (BRD) und Kohl (DDR) über den »Grundlagenvertrag«.

Reformen und gesellschaftlicher Wandel

Die flotte Ostpolitik sollte jedoch gebremst werden. Denn nicht nur die Ost-Initiativen der sozial-liberalen Koalition weckten das Mißtrauen der Opposition, auch die zaghaft angelaufene Reformpolitik wurde argwöhnisch beobachtet. Was bedeutete das wirklich, was sich nach Regierungserklärung und politischen Aktivitäten in der Praxis herauskristallisierte? Was steckte wirklich hinter den Schlagworten »mehr Demokratie«, »Bildung für alle«, »Förderung des Wettbewerbs«, »Kontrolle der Monopole« – etwa das Ende des Wirtschaftswunderstaates Bundesrepublik? Was meinten die Sozis und ihre bürgerlichen, eigentlich doch konservativen Partner mit der »Anerkennung der durch den Zweiten Weltkrieg geschaffenen Realitäten«?
Für die konservativen Politiker aus der Adenauer-Partei glichen die sozial-liberalen Reformvorschläge in der Tat fast revolutionären Forderungen. Und sie blieben auch weitgehend Forderungen. Der westdeutsche Staat wurde auch in der sozial-liberalen Ära keine Republik, in der Freiheit, Gleichheit und Brüderlichkeit für alle Gruppen der Gesellschaft gleichermaßen zufriedenstellend verwirklicht wären. Doch auf dem dornigen Weg zur gesellschaftlichen Gleichheit kam man einen Schritt weiter: Für die Arbeitnehmer, die klassische SPD-Klientel, wurde etwas getan. Die Gewerkschaften verlangten und erzielten nach dem Konjunkturaufschwung beachtliche Lohnerhöhungen. Das Einkommensniveau der nichtselbständigen Bevölkerung stieg beträchtlich. Auch rechtlich wurde die Stellung des Arbeitnehmers verbessert: Die Betriebsräte bekamen im *Betriebsverfassungsgesetz* von 1971 mehr Mitspracherechte, der einzelne Arbeiter und Angestellte das Recht auf Anhörung, Unterrichtung und Diskussion betrieblicher Angelegenheiten. Ihr Ziel hatten die Gewerkschaften allerdings nicht erreicht: Das Betriebsverfassungsgesetz brachte nicht die paritätische Mitbestimmung in der gesamten Arbeitswelt. Das letzte Wort in den Unternehmen behielten die Eigentümer.
Die Ostpolitik war in den Jahren 1970 bis 1972 jedoch das eigentlich strittige Thema in der Bundesrepublik, und sie trug zur Veränderung des politischen und gesellschaftlichen Klimas wesentlich bei. Die westdeutschen Aktivitäten waren mit den westlichen Allianzpartnern abgesprochen und lagen im Rahmen einer globalen Annäherung von Ost und West – erinnert sei an den *Vertrag über die Nichtweiterverbreitung der Kernwaffen* (1970 in Kraft getreten). Konservative Kreise fürchteten daher, daß die Sozial-Liberalen im Bündnis mit den Alliierten den endgültigen Verlust von »deutschem« Gebiet im ehemals zum Deutschen Reich gehörenden Osten hinnehmen würden, um die Entspannungspolitik fortzusetzen.

Doch nicht nur Vertriebenenverbände und Opposition hämmerten auf die Regierung ein. Auch einige Abgeordnete der FDP und der SPD konnten sich nicht mit der Politik ihrer Regierung solidarisieren. Sie traten zur CDU/CSU über oder stimmten nicht mehr mit ihren Fraktionen. Die knappe Mehrheit der Koalition von zwölf Stimmen sank auf zwei – die Regierung hatte keine sichere Mehrheit mehr im Parlament.
In dieser Phase ergriff die CDU/CSU die Initiative. Sie besann sich des »konstruktiven Mißtrauens«. Das Verfahren soll verhindern, daß das Amt des Bundeskanzlers unbesetzt bleibt. Das Parlament kann den Kanzler nur stürzen, indem es einen neuen wählt. Doch der Coup mißlang. Willy Brandt erhielt bei der Abstimmung im Bundestag am 27. April 1972 eine Mehrheit. Zwei Abgeordnete aus der Union verweigerten dem CDU-Kandidaten Rainer Barzel ihre Stimmen[27].
Die sozial-liberale Koalition blieb zwar an der Macht, aber ihre Mehrheit im Bundestag war gefährdet. So kam es im November 1972 zu Neuwahlen. Wider Erwarten siegten die Regierungsparteien. Wohl auch deshalb, weil die »Ostangst« geschwunden war, die Wähler den Warnungen der CDU/CSU-Führung nicht mehr folgten und weil »immer weniger Leute glaubten, daß die Sowjetunion Westeuropa überfallen wolle« (Peter Bender). Die SPD wurde zum erstenmal in der Geschichte der Bundesrepublik stärkste Partei, 230 Abgeordnete entsandte sie in den siebten Deutschen Bundestag (CDU/CSU 225, FDP 41). Eine solide Parlamentsmehrheit sicherte nun das zweite Kabinett Brandt-Scheel ab.
Die Verträge mit der Sowjetunion und Polen wurden am 17. Mai 1972 vom Bundestag ratifiziert. Das Vier-Mächte-Abkommen über Berlin trat am 3. Juni 1972 in Kraft. Der *Grundlagenvertrag* mit der DDR wurde im Dezember 1972 unterzeichnet und am 11. Mai 1973 ratifiziert. Er erkannte die DDR als selbständigen Staat an, garantierte die Unverletzlichkeit der zwischen der Bundesrepublik Deutschland und der Deutschen Demokratischen Republik bestehenden Grenze »jetzt und in der Zukunft und verpflichtet sich zur uneingeschränkten Achtung ihrer territorialen Integrität«. Der Vertrag schloß aus, daß einer der beiden Staaten den anderen international vertreten kann, und bestätigte die »Unabhängigkeit und Selbständigkeit jedes der beiden Staaten in seinen inneren und äußeren Angelegenheiten« (Vertragstext).
Unter den Ostverträgen war der Grundlagenvertrag mit der DDR wohl der am meisten umstrittene. Es gab Kritiker unter den rechts stehenden Bürgern, unter den Vertriebenen, in der CDU/CSU-Opposition. Der Freistaat Bayern brachte den Grundlagenvertrag vor das Bundesverfassungsgericht. Aber in dessen Urteil vom 11. Juli 1973 wurde bestätigt, daß er nicht verfassungswidrig sei. »Alleinvertretungsanspruch«, »Nichtanerkennung des Unrechtsstaates« – gemeint war die DDR –, diese Vokabeln wurden nun seltener gebraucht, verschwanden schließlich fast ganz aus der Bonner Politiksprache. Achtundzwanzig Jahre nach der von den zerstrittenen Alliierten vollzogenen Teilung hatte die Bundesrepublik den deutschen Nachbarn als gleichberechtigten Staat anerkannt. Diese Anerkennung war eine politische Notwendigkeit. Obwohl sie nicht von jedem hingenommen wurde, kam es zu keiner ernsthaften Krise in Regierung und Gesellschaft der Bundesrepublik.
Die Nachfolgeabkommen zur Entspannungspolitik (der *Prager Vertrag* mit der Tschechoslowakei, ratifiziert am 20. Juni 1974 gegen die Stimmen der CDU/CSU; ein Zusatzvertrag mit Polen zur Regelung polnischer Rentenansprüche) wurden zwar

ebenfalls diskutiert, gleichwohl aber ohne große Proteste von der Mehrheit der Bevölkerung akzeptiert.

Mit den Ostverträgen hatte die Bundesrepublik Deutschland einen entscheidenden Anteil an der internationalen Entspannung. Vor allem unterstützte die Bundesregierung den Abrüstungsprozeß zwischen Ost und West, und sie gehörte auch zu den Initiatoren der *Konferenz über Sicherheit und Zusammenarbeit in Europa* (KSZE, seit Mai 1972, Unterzeichnung der Schlußakte: 30. Juli/1. August 1975). Die Bundesrepublik Deutschland war im Osten ein glaubwürdiger Partner geworden.

Es kam noch etwas hinzu: Die Qualität des politischen Umgangs miteinander hatte sich verändert. Als Willy Brandt vor dem Warschauer Getto-Denkmal am 7. Dezember 1970 niederkniete, schrieb ein Augenzeuge: »Dann kniet er, der das nicht nötig hat, für alle, die es nötig haben, aber nicht knien, weil sie es nicht wagen oder nicht wagen können.« »Das Bild vom Kniefall ging um die Welt und zeigte ein Deutschland, das man nicht kannte. Für einen Augenblick war die Moral zur politischen Kraft geworden.«[28]

Bundeskanzler Willy Brandt erhielt für seine Verdienste um die Entspannungspolitik im Oktober 1971 den Friedensnobelpreis.

Krise und innere Widersprüche

Den außenpolitischen Erfolgen standen Schwierigkeiten im Inneren gegenüber. Ein wichtiges Gesetzeswerk drohte zu scheitern, die Justizreform. Bereits in der Großen Koalition hatte sie der 1969 zum Bundespräsidenten gewählte damalige sozialdemokratische Justizminister Gustav Heinemann eingeleitet. Er hatte eine Revision des Strafrechts vorangetrieben. Sexualstrafrecht und Demonstrationsrecht wurden liberalisiert. Dann veränderte sich mit den Studentenunruhen und den ersten Terroranschlägen die innere Lage der Bundesrepublik. Konservative Kreise verlangten nach Sicherheit für die Bevölkerung und forderten den verstärkten Schutz des Staates und seiner Organe. Von einer umfassenden demokratischen Justizreform sprach man kaum noch. Im Gegenteil: Die Justizpraxis in der Bundesrepublik wurde verschärft, Verfassungsschutz und Polizei verstärkt, der Strafvollzug gestrafft und auch Organe der Justiz selbst, die Anwälte, strenger überwacht.

Der »Radikalenerlaß« *(Grundsätze über die Mitgliedschaft von Beamten in extremen Organisationen)* gehört ebenfalls in den Problemkreis »Sicherheit« – doch deutet er wohl auch auf eine Änderung sozial-liberaler Demokratisierungsvorstellungen hin. Anfang 1972 einigten sich Bundeskanzler Brandt und die Regierungschefs der Länder, solche Bewerber aus dem öffentlichen Dienst fernzuhalten, die nicht die Gewähr böten, jederzeit für die freiheitlich-demokratische Grundordnung einzutreten. Der »Radikalenerlaß« traf weniger die Rechtsextremisten, gegen die er auch gerichtet war, er zielte auf die Angehörigen der DKP unter den Beamten. Sogleich setzte eine Überprüfungspraxis ein, die im In- und Ausland von vielen politischen Beobachtern kritisch verfolgt wurde. Das bei einschlägigem Befund ausgesprochene »Berufsverbot« fand als deutsches Spezifikum Aufnahme z. B. in französische und niederländische Wörterbücher.

Der Radikalenerlaß markiert bereits eine Wende sozial-liberaler Reformpolitik. Aus der Studentenbewegung, den Demonstrationen gegen den Schah von Persien, das Verlagshaus Springer und gegen den Vietnamkrieg war die APO, die Außerparlamentarische Opposition, gestärkt hervorgegangen. Mit dem Protest der Frauen gegen den Paragraphen 218, mit der Entstehung von Bürgerinitiativen gegen Kernkraftwerke und den Bau von neuen Autobahnen war deutlich geworden, daß die sozial-liberale Regierung die Protestbewegungen nicht überflüssig gemacht hatte. In der APO hatte sich seit Ende der sechziger Jahre eine völlig neue Demokratie-Diskussion entfaltet. Sie begleitete die Regierungspolitik seit der Notstandsdebatte und erst recht in der sozial-liberalen Regierungszeit. Sie stützte sich dort, wo sie unter den linken Intellektuellen, Studenten und Wissenschaftlern geführt wurde, auch auf die »Kritische Theorie« der »Frankfurter Schule«, also im wesentlichen auf Theodor W. Adorno, Max Horkheimer und Herbert Marcuse. Horkheimer hatte 1937 im amerikanischen Exil in dem programmatischen Artikel »Traditionelle und kritische Theorie«[29] festgestellt, daß die traditionelle Theorie von der Realität streng getrennt sei. Wenn der Wissenschaftler mit seiner Theorie Voraussagen machen oder gar die Wirklichkeit verändern wolle, so werde er im traditionellen Sinne aufhören, ein Wissenschaftler zu sein. Gegen einen solchen abstrakten Theoriebegriff setzte Horkheimer die »kritische Theorie«, die von der Erforschung der realen Gesellschaft ausgeht und dem Wissenschaftler gesellschaftliche Verantwortung zuteilt. In einem *Zeit*-Artikel schrieb der Literaturwissenschaftler Hans Mayer: »Bemerkenswert ist ein Hinweis auf die Abhängigkeit der logischen Urteilsformen von ihrer gesellschaftlichen Basis. Die vorbürgerliche Gesellschaft praktiziere das kategorische Urteil: *So ist es, der Mensch kann nichts daran ändern.* Die bürgerliche Welt bevorzuge die hypothetische und alternative Urteilsform: *Entweder ist es so oder anders.* Die kritische Theorie jedoch erklärte: *Es muß nicht sein, die Menschen können das Sein ändern, die Umstände sind jetzt vorhanden.*«

Hier lag ein Ansatz zu der Bewegung von 1968, gesellschaftliche Theorie mit politischer Praxis zu verknüpfen, die Gestalt einer künftigen Gesellschaft aus ihrer Analyse zu bestimmen. Welche Kräfte beherrschten die Bundesrepublik tatsächlich? Wer bestimmte die Praxis der parlamentarischen Demokratie? Und, um mit einer Formel zu sprechen, die zwanzig Jahre später auch den Konservativen leicht von den Lippen ging: Wer war das Volk, und was hatte es zu sagen?

Was lag angesichts solcher Fragen näher, als auf die Klassiker der gesellschaftlichen Kritik zurückzugreifen, auf Marx und Engels? Die Marx-Rezeption der späten sechziger und frühen siebziger Jahre wirkte nicht nur in den Köpfen der Studenten. Aus den Universitätsseminaren griffen gesellschaftskritische Thesen auch auf den Alltag der bundesrepublikanischen Gesellschaft über. Die allgemeine Kapitalismuskritik mündete in eine umfassende Herrschaftskritik. Antibürgerliche Feindbilder entstanden auch aus der verstärkten Diskussion der jüngsten deutschen Geschichte. Teilaspekte nationalsozialistischer Vergangenheit wurden untersucht, etwa die Rolle der deutschen Industrie beim Aufstieg Hitlers und des Nationalsozialismus. Wer in der Adenauer-Zeit seine Vergangenheit »verdrängt« hatte und längst wieder in einer Füh-

rungsposition saß, wurde aufgeschreckt: Was nur die Täter bisher wußten, wurde offenkundig.
Die Demokratie-Diskussion war zwar diffus, und politisch wurde sie auch oft mißverstanden. Die Gegner der »Achtundsechziger« wurden nicht müde, den Kritikern bundesrepublikanischer Verhältnisse den Ostblock und den dort real existierenden »Sozialismus« entgegenzuhalten. »Geht doch nach drüben« – der Schlachtruf gegen den Kommunismus aus den fünfziger Jahren wurde wieder laut. Aber inzwischen war eine neue Generation herangewachsen, die sich auf das Schema: Marxismus = schlecht, Kapitalismus = gut nicht mehr einließ. Für den größten Teil auch der kritischen Jugend waren die Ostblock-Gesellschaften, in denen Unterdrückung und Kommandowirtschaft herrschten, keine Alternative; aber die Kapitalismuskritik des Karl Marx war deshalb auch noch nicht überholt.
Immer mehr Bürger stellten die Frage nach dem Wesen der Demokratie. Vor allem die SPD-Linken forderten Auskunft über die Rolle des Staates gegenüber der Gesellschaft in einer SPD-geführten Regierung. Und der Liberale Karl Hermann Flach, Chefredakteur der *Frankfurter Rundschau*, entwarf ein Parteiprogramm des »demokratischen und sozialen Liberalismus« *(Freiburger Thesen)*, das Ende 1971 auf dem Parteitag in Freiburg i. Br. verabschiedet wurde. Die Freien Demokraten, die 1969 nur 5,8 Prozent der Stimmen erhalten hatten, bewiesen mit den Freiburger Thesen, daß sie im Trend lagen: In der Bundestagswahl von 1972 errangen sie 8,4 Prozent.

Der Rücktritt

Doch der Kanzler, der einmal den Satz »Mehr Demokratie wagen!« zum Motto seiner Politik gemacht hatte, scheiterte. Willy Brandt erschöpfte sich an der Tagespolitik. Die Ölkrise von 1973 und die darauffolgende Rezession erschütterten seine Position ebenso wie die Auseinandersetzungen zwischen Arbeitgebern und den Gewerkschaften. Die Erfolge der Gewerkschaften, die z. T. in Arbeitskämpfen erreicht wurden – sie brachten den Arbeitnehmern bis zu 12 Prozent Lohnerhöhungen –, gefährdeten die wirtschaftliche Stabilität.
Willy Brandt ist eine außergewöhnliche Erscheinung in der deutschen Geschichte. Vergleichbar ist er vielleicht mit den oft geschmähten Demokraten von 1848. Er stammt nicht aus geordneten Bürger- oder Arbeiterverhältnissen wie Adenauer oder Ulbricht. Der junge Herbert Ernst Karl Frahm wurde 1913 als Kind einer unverheirateten Mutter in Lübeck geboren, wuchs beim Großvater auf, wurde Sozialdemokrat und ging 1933, 20 Jahre alt, ins norwegische Exil. Er wirkte in Widerstandsorganisationen und arbeitete als Journalist für skandinavische Zeitungen, auch im Spanischen Bürgerkrieg. Das Pseudonym Willy Brandt wählte er bei seiner Wiedereinbürgerung in Deutschland zu seinem Namen. Am Wiederaufbau der Sozialdemokratischen Partei Deutschlands war Willy Brandt maßgeblich beteiligt. Bereits 1949 war er Mitglied des Bundestags, und von 1957 bis 1966 bestimmte er als Regierender Bürgermeister die schwierige Politik Westberlins.

Willy Brandt, der nach Deutschland zurückgekehrte Emigrant, der zweimal als Kanzlerkandidat der SPD gegen Adenauer angetreten war und verloren hatte, der als Außenminister der Großen Koalition und später als Bundeskanzler gemeinsam mit Egon Bahr und Walter Scheel die Entspannungspolitik gegenüber dem Osten verantwortet hatte, der zum SPD-FDP-Wahlsieg von 1972 nicht wenig beigetragen hatte, der als »Reformkanzler« zu einer Integrationsfigur nicht nur für die divergierenden Teile der SPD geworden war – Willy Brandt stürzte über einen leibhaftigen Ostagenten, der als Kanzlerberater tätig war. Er trat nach der Entlarvung des DDR-Spions Günter Guillaume von seinem Amt zurück.
Es bleibt Historikern späterer Generationen vorbehalten, schlüssig darzustellen, ob Guillaume allein den Rücktritt erzwungen hatte oder ob es noch andere Gründe für den Abschied gab. Die roten Rosen jedenfalls, die Herbert Wehner, der Fraktionsvorsitzende der Sozialdemokraten, dem scheidenden Kanzler überreichte, erweckten bei manchem Beobachter weniger den Eindruck der Dankbarkeit. Sie hatten etwas von einem Blumenstrauß, den man einem Toten ins Grab gibt.

Die Ära Schmidt

Der neue Bundeskanzler Helmut Schmidt hatte eine solide Karriere als Politiker hinter sich, als er 1974 sein Amt antrat. Er war Vorsitzender des SDS *(Sozialistischer Deutscher Studentenbund)* gewesen, als der noch nicht so revolutionär war wie Ende der sechziger Jahre, war in den fünfziger Jahren in den Bundestag gewählt worden, hatte von 1961 bis 1965 das Amt des Innensenators der Freien und Hansestadt Hamburg inne (wo er sich als »unbürokratischer« Krisenmanager bei einer Flutkatastrophe bewährte), leitete während der Großen Koalition die SPD-Fraktion, wurde 1969 Verteidigungsminister, war nach dem Rücktritt Karl Schillers (SPD) von Juli 1972 bis Dezember 1972 Finanz- und Wirtschaftsminister und seit 1972 Finanzminister im zweiten Kabinett Brandt-Scheel. Am 16. Mai 1974 trat er die Nachfolge von Willy Brandt an: Der Bundestag wählte ihn zum zweiten sozialdemokratischen Bundeskanzler.
Zum erstenmal war Schmidt 1969 in den Brennpunkt der Bundespolitik geraten. Er übernahm die Leitung des Verteidigungsministeriums und begann mit Reformen in der Bundeswehr. Auch in der Armee war wieder von Demokratie die Rede. Schmidt beendete die Diskussion über die Frage, ob die Bundeswehr mehr eine traditionsbewußte, straff disziplinierte Armee in konservativem Sinne sein sollte, mit Manneszucht als Tugend und Drill als Erziehungsprinzip – oder eine Armee aus Demokraten, die dem »Staatsbürger in Uniform«, dem Wehrpflichtigen und Zeitsoldaten, den »Military Manager« zur Seite stellt, den Vorgesetzten in Gestalt eines geschulten, pädagogisch gebildeten Offiziers. Es gab während der Amtsperiode Schmidts auf der Hardthöhe, dem Sitz des Bonner Verteidigungsministeriums, verschiedene Auffassungen zu diesen Vorstellungen – aus der Gesellschaft wie aus der Truppe. Die konservativen »Hauptleute aus Unna« reagierten z. B. mit traditionsstrotzenden Argu-

Der Bundeskanzler bittet zum Wirtschaftsgipfeltreffen 1978

menten, das Papier »Leutnant 70« propagierte den Ausbau der »Inneren Führung« im Sinne des Grafen Baudissin, und das Papier »Soldat 70« machte auf die Mißstände in der Bundeswehr aufmerksam und verlangte Reformen. Im Offizierskorps wurde die Diskussion zugelassen, die Autoren des Papiers »Soldat 70« allerdings wurden disziplinarisch belangt. Es wurde behauptet, daß dies eine Panne gewesen sei – doch der Vorgang zeigte, daß die Armee im Kern konservativ, ihre Strukturen verkrustet waren. Der Sozialdemokrat Schmidt wählte einen mittleren Weg, versuchte den Komißbetrieb aufzubrechen, verschaffte dem Prinzip der Inneren Führung Respekt und verhalf so der wenig geachteten Bundeswehr in der Gesellschaft zu einem besseren Image.

Helmut Schmidt war besonders wegen seines analytischen Verstandes und seiner Entscheidungsfreudigkeit auch bei solchen Bürgern der Bundesrepublik beliebt, die sonst mit Sozialdemokraten nichts zu tun haben wollen. Er glich einem Manager, der optimale Geschäftsergebnisse zu erzielen gewohnt ist. Der Kanzler war zudem ein Mann von Kultur, spielte immerhin so gut Klavier, daß man mit ihm eine Schallplattenaufnahme machte, und in der Kirche schlug er auch gelegentlich die Orgel. Das Bürgertum der Bundesrepublik Deutschland konnte ihn ebensogut ertragen wie die Generalität der Bundeswehr oder die Größen aus Wirtschaft und Industrie.

Daß Helmut Schmidt nicht nur einer Armee vorstehen konnte, zeigte er im Sommer 1972. Karl Schiller, der Wirtschaft und Finanzressort in Personalunion leitete, trat zurück. Schiller war ein Anhänger des Wirtschaftstheoretikers John Maynard Keynes, der von den Regierungen eine – wie Schiller das ausdrückte – »globale Steuerung des gesamtwirtschaftlichen Ablaufs« forderte, damit ein Gleichgewicht in der Beschäftigungs-, Geld- und Zinspolitik erreicht und eine ausgewogene Wirtschaftsentwicklung garantiert werde. Vor allem sollte eine übermäßige Geldentwertung nach dem Zusammenbruch des westlichen Kapitalsystems von Bretton Woods (1944 von 44 Staaten der »Vereinten Nationen« begründet) verhindert werden. Die Deutschen fürchteten die Inflation wie die Pest, viele erinnerten sich noch an die gräßliche Geldentwertung der zwanziger Jahre. Da die Inflation in der Bundesrepublik 1972 immerhin bereits 5,5 Prozent betrug und anzusteigen drohte, forderte Schiller Maßnahmen zur Geldwertstabilisierung, unter anderem auch Restriktionen im Bundeshaushalt. Das aber hätte weitere Reformen verhindert, weshalb die Regierung zurückhaltend blieb und Schiller zurücktrat. Schmidt übernahm die beiden wichtigen Ministerien zu einem für den Bestand der sozial-liberalen Koalition wichtigen Zeitpunkt: Nicht nur die Wahlen im Herbst 1972 sollten gewonnen, sondern auch die Geldangelegenheiten wieder in Ordnung gebracht werden.

Das gesamte westliche Währungssystem war in Bewegung geraten, als sich Ende der sechziger Jahre eine »Dollarschwemme« über den Weltmarkt ergoß. Ursache dafür war im wesentlichen der Vietnamkrieg, der die US-Währung in Bedrängnis gebracht hatte. Das internationale Währungssystem beruhte ja auf dem US-Dollar, und in Bretton Woods war er 1944 mit festem Wechselkurs und fester Goldparität ausgestattet worden. Um den Dollar als Leitwährung zu stützen, haben die USA fast ihre gesamten Goldreserven einsetzen müssen, so daß 1969 nur noch Gold im Werte von 12 Milliarden Dollar in den Tresoren war. Als bekannt wurde, daß die Goldparität des Dollars gefährdet war, kam es zur Schließung des Londoner Goldmarktes, der Kurs des Dollars sank.

In den fünfziger Jahren dagegen waren die Dollars knapp und hoch bewertet. Mit dem Wirtschaftsaufschwung der Bundesrepublik, gestützt auf eine rigide Stabilitätspolitik im Inneren und wachsendem Export nach außen, wurde auch ein steigender Ausfuhrüberschuß in der BRD erzielt, der zu einer Unterbewertung der D-Mark gegenüber dem Dollar geführt hatte. »Für die Bundesrepublik ergab sich daraus ein nur schwer zu lösendes Dilemma: Auf der einen Seite standen die deutschen Exportinteressen, denen die Unterbewertung Konkurrenzvorteile auf dem Weltmarkt brachte, auf der anderen Seite stand der Stabilitätsimperativ, der von steigenden Exportüberschüssen und entsprechenden Devisenzuflüssen, die eine Erhöhung der Geldmenge zur Folge hatten, bedroht wurde.«[30]

Jetzt (im März 1973) lösten die Bundesrepublik und ihre europäischen Partnerländer Frankreich, Dänemark und die Benelux-Staaten das Problem, indem sie den Dollar »floaten« ließen, untereinander aber feste Wechselkurse aufrechterhielten. Das Bündnis hielt zwar nicht lange, weil Frankreich aus dem Club wieder ausschied und Dänemark andere Maßnahmen zur Drosselung von Importen beschloß. Dennoch war die Entscheidung lehrreich für die meisten EG-Mitglieder; sie führte schließlich dahin, daß 1978 das *Europäische Währungssystem* (EWS) eingeführt wurde und eine europäische *Währungseinheit* (ECU), mit deren Hilfe die Bandbreiten der untereinander bestehenden Nationalwährungen harmonisiert werden sollten. Auf den internationalen Märkten aber herrscht seit dieser Zeit nicht mehr nur der US-Dollar, sondern neben Schweizer Franken, englischen Pfund und japanischen Yen auch die Deutsche Mark.
Allerdings verlief die Periode der Währungsordnung nicht ungestört. Die Ölkrise von 1973, ausgelöst durch den israelisch-ägyptischen »Jom-Kippur-Krieg«, verschärfte die Situation in den Industrieländern empfindlich. Das arabisch gesteuerte Ölkartell OPEC verknappte den Zufluß von Rohöl in die Bundesrepublik, so daß sich die Regierung zu Sparmaßnahmen gezwungen sah. Zeitgenossen erinnern sich je nach ihrer Einstellung zu Umweltfragen gern oder erschrocken an leere Autobahnen und autolose Boulevards.
Mit dem Wegfall fester Wechselkurse und dem Lieferstopp von billigem Öl aus dem Nahen Osten hatten alle Industrieländer Schwierigkeiten. Die relative Stärke der Deutschen Mark in dieser Phase verhalf Bundeskanzler Schmidt zu Ansehen in der Welt, und auch konservative Kreise beurteilten den Bundeskanzler positiv. Während der 1975 auch in der Bundesrepublik spürbaren Rezession stieg die Inflationsrate nicht so hoch und nicht so schnell wie bei den Nachbarn, und die Arbeitslosenquote war auch nicht so hoch wie in anderen kapitalistischen Industrienationen (nur kurze Zeit stieg sie 1975 über eine Million = 4,7 Prozent der erwerbsfähigen Bevölkerung an[31]). Helmut Schmidt wurde eine respektheischende Persönlichkeit in der Weltwirtschaft. Auf den Wirtschaftsgipfeln brillierte der Bundeskanzler an der Seite seines Freundes, des französischen Staatspräsidenten Giscard d'Estaing, des US-Präsidenten Carter oder der britischen Premierministerin Thatcher. Dank Helmut Schmidt stieg die Bundesrepublik Deutschland auf zu einer der führenden Wirtschaftsmächte der Welt.
Im Inneren hielten sich die Erfolge der SPD-FDP-Koalition jedoch in Grenzen. Das Reformzeitalter Brandts war zu Ende gegangen, das Verhältnis zum Osten hatte sich verbessert. Gesellschaft und Regierung der Bundesrepublik Deutschland sahen sich seit Anfang der siebziger Jahre mit einer neuen Bedrohung konfrontiert, dem Terrorismus.
Bei dem Massaker während der XX. Olympischen Spiele im September 1972 standen Regierung und Polizei dem internationalen Terrorismus gegenüber. In München waren Angehörige der arabischen Terrororganisation »Schwarzer September« in die Unterkünfte der israelischen Olympiamannschaft eingedrungen und hatten zwei Israelis getötet. Neun weitere wurden als Geiseln genommen und, nachdem Bundesinnenminister Hans-Dietrich Genscher den Abzug gewährt hatte, auf dem Militärflugplatz Fürstenfeldbruck bei einem Feuergefecht zwischen Polizei und Terroristen er-

schossen, zusammen mit einem Polizisten und fünf Terroristen. Drei Araber wurden verhaftet.

Zunächst suchte die sozial-liberale Regierung nach Wegen, den harten Kurs gegen den Terrorismus zu umgehen. Die Polizei konnte 1972 den »harten Kern« der Baader-Meinhof-Gruppe verhaften: Andreas Baader, Ulrike Meinhof, Holger Meins, Gudrun Ensslin. Holger Meins kam bei einem Hungerstreik 1975 ums Leben, Ulrike Meinhof beging 1976 Selbstmord. Nach der Entführung des Berliner CDU-Politikers Peter Lorenz im Februar 1975 begleitete der ehemalige Regierende Bürgermeister von Berlin, Heinrich Albertz, eine Lufthansa-Maschine mit freigepreßten Terroristen in den Jemen. Peter Lorenz wurde unversehrt freigelassen. Am 24. April 1975 besetzten deutsche Terroristen die Botschaft der Bundesrepublik in Stockholm. Sie erschossen zwei Geiseln und sprengten das Botschaftsgebäude. Die Attentäter wurden überwältigt und in die BRD abgeschoben. Am 7. April 1977 erschossen Angehörige der *Roten Armee Fraktion* (RAF) den Generalbundesanwalt Siegfried Buback, am 30. Juli wurde der Bankier Jürgen Ponto ermordet, am 5. September 1977 der Arbeitgeberpräsident Hanns-Martin Schleyer entführt. Jetzt reagierte der Staat mit aller Härte: Ein Krisenstab, dem auch Mitglieder der Opposition angehörten, lehnte die Entlassung von Terroristen aus der Haft zur Auslösung Schleyers ab. Am 18. Oktober fand man die Leiche Schleyers in Mühlhausen im Elsaß. Zur gleichen Zeit wurde eine Lufthansa-Maschine mit deutschen Passagieren von Palästinensern gekapert, um RAF-Mitglieder freizupressen. Ebenfalls am 18. Oktober stürmten Angehörige der Grenzschutzgruppe 9 die Maschine auf dem Flughafen von Mogadischu (Somalia) und befreiten die Geiseln. Im Gefängnis von Stammheim nahmen sich die RAF-Häftlinge Andreas Baader, Jan Carl Raspe und Gudrun Ensslin das Leben.

Am 24. Juni 1976 hatte der Bundestag das *Anti-Terrorismusgesetz* verabschiedet, am 29. September 1977 beschloß er das *Kontaktsperregesetz.* Am 16. Februar 1978 folgte das *zweite Anti-Terrorismusgesetz.* Das Klima im Rechtsstaat Bundesrepublik war durch die Anschläge der Baader-Meinhof-Gruppe und ihrer Nachfolgeorganisationen rauher geworden. Keine Rede mehr von bürgerfreundlichen Reformen in Justiz und Polizeiwesen. Der wehrhafte starke Staat war gefordert. Den Reformwilligen warfen die »Falken« in der »politischen Klasse«, wie man später einflußreiche wie weniger mächtige, im politischen Raum tätige Frauen und Männer nannte, vor, sie stellten das Gewaltmonopol des Staates in Frage, setzten den Bürger dem Diktat terroristischer Minderheiten aus. Die Verhältnismäßigkeit der Mittel wurde diskutiert, wobei die »Tauben« die entgegengesetzten Fragen stellten: Konnte sich der Staat nur mit Hochleistungscomputern in hochorganisierten Polizeibehörden (Bundeskriminalamt) schützen, in dem die Daten von Hunderttausenden von Bundesbürgern gespeichert waren? Mußten sich Rechtsanwälte und Strafverteidiger Leibesvisitationen unterwerfen, wenn sie mit ihren Mandanten aus der RAF in den Hochsicherheitstrakten von Gefängnissen sprachen? Mußten wirklich Telefongespräche unbescholtener Bürger abgehört werden, wenn auch nur der geringste Verdacht eines wie auch immer gearteten »Sympathisantentums« auf sie gefallen war? Mußten die Polizisten an angeblich gefährdeten Orten bis an die Zähne bewaffnet sein und in gepanzerten Fahrzeugen vorfahren, von denen sich Passanten eher bedroht als beschützt sahen? Rechtfertigten einzelne Terrorakte, daß 60 Millionen Staatsbürger einer verschärften Praxis des Überwachens und Strafens ausgesetzt wurden?

Die überwältigende Mehrheit der Bundesbürger fürchtete den Terrorismus und lehnte ihn als politisches Mittel ab. Aber eine große Minderheit hielt die bestehenden Gesetze und die vorhandenen Polizisten für ausreichend, ihn wirksam zu bekämpfen. Der Verfasser, der die Ereignisse des »deutschen Herbstes« miterlebt hat, nahm damals noch etwas wahr, was in Geschichtsbüchern sonst selten nachzulesen ist. Es war die Atmosphäre der Unsicherheit, der Angst vor falscher Anschuldigung, vor Überwachung und Denunziation und zugleich auch die Furcht, selbst Opfer des Terrorismus zu werden. Ein Klima der Ungewißheit lastete auf den Menschen der Bundesrepublik, machte manchen nachdenklich, der sonst schnelle Antworten bereit hatte. »Deutschland im Herbst« war der Titel eines Filmes, in dem Alexander Kluge und andere Filmemacher diese seltsame Stimmung auszudrücken versuchten. Andererseits provozierte der Terrorismus manchen aus der sonst »schweigenden Mehrheit«, die unerbittliche Härte gegen die »Verbrecher der Baader-Meinhof-Bande«, auch die Todesstrafe, und natürlich die bedingungslose Verfolgung der »Sympathisanten« zu fordern. Ein mächtiges Sprachrohr dieser Gruppe war ein Boulevard-Blatt aus dem Axel-Springer-Verlag, die »Bild«-Zeitung. Keiner hat dieses Massenorgan besser beschrieben als Günter Wallraf, der, als Reporter getarnt, in die Redaktion vorgedrungen war und die unsauberen Praktiken der *Bild*-Journalisten aufgedeckt hatte. Doch noch eindringlicher wirkte Heinrich Bölls Erzählung »Die verlorene Ehre der Katharina Blum« (1974) und deren Verfilmung durch Volker Schlöndorff (1975). Böll und Schlöndorff vermittelten viel von der Brutalität und dem Zynismus, die, ausgelöst durch den Terrorismus und weitergetragen von einem heute fast unbegreiflichen Verfolgungswahn, die Atmosphäre in der Bundesrepublik Deutschland im Herbst 1977 vergifteten. Damals gab es viele Opfer, und die wenigsten fielen durch die Kugeln der RAF. Daß Sitte und Moral nicht ganz auf der Strecke blieben, verdankt die deutsche Gesellschaft auch denen, die zu Unrecht der Sympathie mit dem Terror bezichtigt wurden: Heinrich Albertz, Helmut Gollwitzer, Heinrich Böll – drei Namen für die vielen Deutschen, die damals die Ursache für die Krise der Gesellschaft nicht nur bei anderen, sondern auch bei sich selbst suchten.

Der SPD-FDP-Regierung schadeten sowohl die terroristischen Anschläge wie die Diskussionen, die über ihre Bekämpfung geführt wurden. Die Wähler der Mitte, die noch 1972 die SPD gewählt hatten, lösten sich von den Sozialdemokraten. In den Ländern konnte sich die SPD nicht verbessern, in ihren alten Hochburgen blieben sie oft nur noch mit Hilfe der FDP an der Macht. Nur in Bremen und Hamburg, Hessen und Nordrhein-Westfalen gab es 1979 noch SPD-Regierungen bzw. SPD-FDP-Koalitionen – wenn man von Westberlin absieht, dessen Mitspracherechte in der bundesrepublikanischen Politik eingeschränkt waren. In Niedersachsen gab es zwar eine SPD-FDP-Mehrheit, aber einige FDP-Mitglieder wählten den CDU-Kandidaten Albrecht zum Ministerpräsidenten – die SPD verlor auch hier die Macht. In Bayern, Baden-Württemberg, Rheinland-Pfalz und Schleswig-Holstein regierten CSU bzw. CDU in konservativer Kontinuität.

Durch das CDU/CSU-Übergewicht in den Ländern wurde der Bundesrat am Ende der siebziger Jahre verstärkt von der Opposition zu ihren Zielen instrumentalisiert. Manches Gesetz wurde abgelehnt. Wurde ein Reformgesetz in der Ländervertretung dennoch angenommen, so ging die Opposition nicht selten vor Gericht, um seine Verfassungsmäßigkeit nachprüfen zu lassen. Das letzte Wort bei der Reform der Kriegsdienstverweigerung hatte daher nicht die Zweite Kammer des Parlaments, sondern das Bundesverfassungsgericht, das das Gesetz von 1977 (zur Änderung des *Wehrpflichtgesetzes*) für verfassungswidrig erklärte: eine mündliche Erklärung zur Ablehnung des Wehrdienstes reiche nicht aus. Mehr Erfolg hatte die sozial-liberale Regierung bei der Reform der Mitbestimmung. Das *Mitbestimmungsgesetz* von 1976 verstoße nicht gegen das Grundgesetz; der Klage der Arbeitgeberverbände wurde nicht entsprochen. Das »Fristenmodell« zur Reform des Abtreibungsparagraphen 218 (Gesetz 1974) dagegen sei verfassungswidrig, und beim »Radikalenerlaß« verhielten sich die Richter in Karlsruhe 1975 salomonisch: der Beamte unterliege zwar dem Staat gegenüber einer besonderen Treuepflicht, die Mitgliedschaft in einer extremistischen Partei allein aber reiche als Beurteilungskriterium nicht aus.

In den siebziger und achtziger Jahren veränderte sich auch die APO. Der »lange Marsch durch die Institutionen« (Rudi Dutschke) hatte bei vielen »Achtundsechzigern« längst begonnen. Doch nicht alle fanden den Weg in die linke Volkspartei. Die Auseinandersetzungen innerhalb der SPD um die Regierungspolitik des »rechten« Bundeskanzlers Schmidt schreckten sie ab, und auch der Koalitionspartner FDP, der immer mehr auf die unzufriedenen Wirtschaftsführer hörte, war kaum eine politische Alternative für die extremeren APO-Gruppierungen. Allerdings ging wohl die zunehmende Polarisierung der Sozialdemokratischen Partei in einen linken und einen regierungsfreundlichen rechten Flügel auf das Konto »Achtundsechziger«. Die Linken in und außerhalb der SPD beklagten unisono die tendenziell ansteigende Arbeitslosigkeit in der Bundesrepublik, die Begünstigung der Unternehmer, die wachsende Gewerkschaftsfeindlichkeit in der Gesellschaft und das Ende der Reformpolitik.

In der Tat war in der sozial-liberalen Politik ein Wandel eingetreten. Kanzler Schmidt predigte Stabilität, nicht mehr Reform. Er versuchte allen klarzumachen, daß die Politik eines Industriestaates abhängig sei von der Wirtschaft im eigenen Lande und von dem Zustand der Weltwirtschaft. In Pressekonferenzen und Fernsehinterviews dozierte er unermüdlich wie ein Wirtschaftsprofessor, daß die Verbesserung der Wirtschaftsdaten das Ziel jeder Regierung sein müsse. Nur Wirtschaftswachstum garantiere den hohen Lebensstandard – und die Wohltaten des Sozialstaates, der in der Bundesrepublik inzwischen Wirklichkeit geworden war.

Aber gerade in der Diskussion über Wachstum und Sozialstaat traten die Widersprüche der Sozialen Marktwirtschaft hervor. Vermehrtes Wirtschaftswachstum bedeutet höhere Gewinne für die Unternehmer und für die Arbeitnehmer steigende Löhne, zunehmenden Wohlstand, höhere Sozialleistungen, ein angenehmeres Leben für alle. Es setzt aber Produktivitätssteigerung und verstärkte Rationalisierung voraus – was oft zunehmende Arbeitslosigkeit und natürlich auch Belastung der Umwelt bedeutet. In den siebziger Jahren erwachte – auch als Folge der Wachstumsdiskussion – das »Umweltbewußtsein« in der Gesellschaft der Bundesrepublik. Allmählich organisierten sich seine Anwälte. In den *Grünen und Alternativen Bewegungen* bekamen nicht nur die Umweltschützer politisches Gewicht. In der Partei der *Grünen* versammelten sich auch viele derjenigen, die den Weg in die SPD nicht gefunden hatten, und sie wurden verstärkt durch Angehörige der Friedensbewegung oder feministischer Gruppen. Sie versuchten ihre politisch sehr divergierenden Ziele in einer rigorosen Basisdemokratie zu verwirklichen. Im Oktober 1979 zogen die Grünen zum erstenmal in ein Landesparlament (Bremen) ein, 1983 übersprangen sie die Fünf-Prozent-Hürde und kamen in den Bundestag.

Ohne Zweifel schwächten die Grünen die SPD, die Unzufriedenen unter den Sozialdemokraten hatten die Partei verlassen. Dort, wo die SPD mit den Grünen zusammenarbeiten mußte (erste SPD-Grünen-Koalition in Hessen 1984), wirkte die Regierungsverantwortung auf den Juniorpartner stabilisierend (Festigung der »Realos« gegenüber den »Fundis«). Der SPD trug die Koalition eher Schaden ein: In Hessen verlor sie ihre Mehrheit an die CDU (1987); erst 1991 legte sie die rot-grüne Koalition wieder auf.

Die anderen Parteien profitierten eher ungewollt von der Umwelt-Partei. Sie erschütterte deren Grundsätze nicht nur in der Kleiderordnung. Die Schlips-und-Kragen-Fraktionen sahen sich in den Parlamenten plötzlich Gegnern in Turnschuhen und Jeans gegenüber, die erfrischend offen die Dinge beim Namen nannten. Umweltfragen erhielten politischen Rang, die Gleichberechtigungsproblematik auch. Ohne die engagierte Frauenpolitik der Grünen gäbe es wohl bei den Sozialdemokraten die Quotenregelung nicht, und bei CDU und CSU hießen die Frauen in Regierungsämtern noch immer »Minister« oder »Staatssekretär«.

Die Wende nach rechts

Nach den Bundestagswahlen 1976 und 1980 bildete Helmut Schmidt mit den Freien Demokraten Koalitionsregierungen. Kanzlerkandidat der CDU/CSU war 1976 zum erstenmal Helmut Kohl (seit 1973 Vorsitzender der CDU). Die CDU errang 48,6 Prozent der Stimmen, und Kohl übernahm mit dem Fraktionsvorsitz jetzt die Führung der CDU/CSU im Bundestag.

Nach der Niederlage von 1972 hatte der Generalsekretär der CDU, Kurt Biedenkopf, die Partei organisiert. Von einem Kanzler-Wahl-Verein wandelte sich die CDU zu einer diszipliniert geführten »vollentwickelten, multifunktionalen«[32] Mitgliederpartei, an deren Spitze mit dem ehemaligen Ministerpräsident von Rheinland-Pfalz (1969–1976) Helmut Kohl zwar kein genialer, wohl aber recht versierter Politiker stand. Das hohe Wahlergebnis von CDU und CSU verdankte die Oppositionspartei 1976 nicht nur dem ungeschmälerten Ansehen des CSU-Vorsitzenden Franz Josef Strauß in Bayern, sondern sicherlich auch der Arbeit Helmut Kohls und vor allem Kurt Biedenkopfs.

Doch zur Regierungsbildung reichte es nicht. Die Freien Demokraten gingen trotz gegensätzlicher Positionen vor allem in Wirtschaftsfragen noch einmal ein Bündnis mit der SPD ein. Vor allem der Parteivorsitzende (1974–1985), Außenminister (seit 1974) und Vize-Kanzler Hans-Dietrich Genscher, bildete mit Helmut Schmidt ein gutes Gespann: Beide standen sie für Kontinuität in der Außen- und Wirtschaftspolitik.

Diese beiden Stränge bundesrepublikanischer Politik waren jedoch von Anfang an abhängig von der Politik der westlichen Verbündeten. Als sich das Verhältnis zwi-

Deutsch-deutsche Wirklichkeit

Antifaschistischer Schutzwall im Osten, Schandmal im Westen:
die Berliner Mauer (1961–1989)

Erstes Treffen der beiden deutschen Regierungschefs Brandt (BRD) und Stoph (DDR) in Erfurt 1970

schen den Supermächten USA und UdSSR abkühlte, verengte sich der Spielraum westdeutscher Außenpolitik, vor allem in der Ostpolitik. Seitdem es mit der Beilegung der Kuba-Krise 1962 zu einer Entkrampfung des sowjetisch-amerikanischen Verhältnisses gekommen war, hatte es u. a. eine Reihe von Abrüstungsvereinbarungen gegeben und die Ostverträge der Bundesregierung. Damals glaubte man, daß die Entscheidung für die Normalisierung im Ost-West-Verhältnis in Europa fallen werde.[33] Zwischen dem Jom-Kippur-Krieg (1973), der Intervention der Sowjetunion in Afghanistan (1979), der Revolution im Iran (1979) und der Stationierung sowjetischer Truppen auf Kuba (1979) aber wurde klar, daß sich die entscheidenden Interessengegensätze von USA und UdSSR im Nahen Osten und in der dritten Welt aufbauten.
Die Bundesregierung war von diesen globalen Konflikten betroffen. Sie hatte Interesse an einer Fortsetzung der Entspannungsphase allein schon deshalb, weil sie bei einer Abkühlung der bundesdeutsch-sowjetischen Beziehungen auch einen Bruch im Verhältnis BRD-DDR fürchten mußte. Immerhin gelang es, mit der *Konferenz für Sicherheit und Zusammenarbeit in Europa* (KSZE) in Helsinki (1975) und den Folgekon-

ferenzen in Belgrad und Madrid (1978, 1980) die Entspannungsbemühungen in Europa nicht ganz abzustoppen.
Der Kalte Krieg unter den Supermächten war Ende der siebziger Jahre jedenfalls wieder in vollem Gange. Die bilateralen Abrüstungsverhandlungen zwischen der USA und der Sowjetunion stagnierten, was sich natürlich auch auf die Abrüstungskonferenz in Wien auswirkte. Die *Mutual and Balanced Forces Reduction* (MBFR) - zu deutsch etwa »beiderseitige und ausgewogene Truppenreduzierung« - war ein Teil des Entspannungsprogramms und im Mai 1972 von den Ländern der NATO und des Warschauer Pakts vereinbart worden. Ende der siebziger Jahre erschöpften sich die Unterhändler mit dem Vorrechnen von militärischen Gewaltpotentialen, wobei der Westen dem Osten statistisch eine Überlegenheit attestieren zu müssen glaubte.
Aus diesem Interessengemenge ergab sich eine für die Politik der sozial-liberalen Koalition nach außen ehrenhafte, nach innen aber vernichtend wirkende Konsequenz. In der NATO-Tagung vom 12. Dezember 1979 war es zu dem berühmten *Doppelbeschluß* gekommen: Einerseits - so war festgestellt worden - erfordere die ständig wachsende nukleare Bedrohung durch den Warschauer Pakt mit SS-20-Raketen eine Nachrüstung in Form von 572 US-Gefechtsköpfen in Westeuropa. Andererseits könne die Gegenseite diese Nachrüstung verhindern, wenn es zu neuen Verhandlungen über die Raketenfrage käme, zu denen die NATO bereit sei.
Am 4. Januar 1980, also vierzehn Tage nach dem Doppelbeschluß, unterbrach US-Präsident Carter die Ratifizierung des SALT-II-Vertrages und stoppte Getreidelieferungen an die UdSSR. Grund: Sowjettruppen waren in Afghanistan einmarschiert. Die Schritte, die zur weiteren Abkühlung des amerikanisch-sowjetischen Verhältnisses beitrugen: Absage einer Teilnahme der USA an den Olympischen Spielen in Moskau (Februar 1980), Erlaß einer neuen Direktive für die US-Nuklearstrategie (August 1980). Ende 1980 wurde Ronald Reagan zum US-Präsidenten gewählt. Auf seine Weise brachte er das Verhältnis der beiden Supermächte auf die für ihn griffige Formel, daß die USA das Reich des Guten und die UdSSR das Reich des Bösen verkörperten. Die einfältige Beurteilung kühlte die Beziehungen der beiden Supermächte weiter ab.
Unter diesen Aspekten erschien der NATO-Doppelbeschluß vor allem in der Bundesrepublik manchem eher als stillschweigende Nachrüstungsvereinbarung der westlichen Verbündeten. Die US-Administration sah das ähnlich, denn für sie hatte Vorrang »eindeutig die Stationierung neuer, weitreichender, taktischer Nuklearwaffen in Westeuropa«[34]. Die Verhandlungsvariante im Doppelbeschluß sahen die USA eher als eine Beruhigungsfloskel für die Europäer.
Vor allem die Linke, auch die in der SPD, warf der Bundesregierung vor, die Früchte der Entspannungspolitik zu verspielen. Das aber hatte diese gerade zu vermeiden versucht. Der die Richtlinien der Politik bestimmende Bundeskanzler Helmut Schmidt strebte eine »europäische Friedensordnung« an, nachdem eine erste Phase der Entspannung in Europa durch den »Wandel durch Annäherung« Anfang bis Mitte der siebziger Jahre erreicht worden war. Durch eine »Strategie des Gleichgewichts«, so der Titel seines 1969 veröffentlichten Buches, wollte er einerseits eine starke militärische Kraft in Europa zur Abschreckung bereithalten und andererseits stets die Bereitschaft zu neuen Abrüstungsverhandlungen zeigen. Da die Amerikaner Anfang der

achtziger Jahre aber solche Verhandlungen keineswegs wünschten, geriet die deutsche Außen- und Sicherheitspolitik ins Schlingern. Auch das besondere Verhältnis zur DDR, dem zuverlässigsten Bundesgenossen der Sowjetunion in Europa, spielte dabei eine Rolle. Seit Mitte der siebziger Jahre war die Bundesregierung immer wieder einmal der Wankelmütigkeit gegenüber dem Westen geziehen worden. Sie bevorzuge die DDR, und amerikanische Regierungs- und Wirtschaftskreise beobachteten auch den Handel zwischen BRD und UdSSR mit Argwohn. Vor allem das umfangreiche Röhren-Erdgas-Geschäft berge die Gefahr für die Bundesrepublik, in eine größere Abhängigkeit zum sowjetischen Gegner zu geraten. Als Folge dieser Abhängigkeit werde der BRD eine »Finnlandisierung« blühen, es werde ihr wie Finnland ergehen, das auf einen von der Sowjetunion gesteuerten Neutralitätskurs geraten war.

Solche Vorwürfe verletzten, denn die Bundesregierung hielt sich wohl mit Recht für einen zuverlässigen Allianz-Partner des Westens. In der Art und Weise, wie der Doppelbeschluß zu ihrem Sturz beitrug, liegt daher auch eine gewisse Tragik. Denn je unglaubwürdiger die Koppelung von Nachrüstung und Verhandlungen wurde, um so schwieriger wurde die Stellung des sozial-liberalen Kabinetts Schmidt-Genscher auch im Inneren.

Die CDU/CSU-Opposition vertrat die Auffassung der USA und prangerte die Politik der Bundesregierung als amerikafeindliches Taktieren an. Sie bot sich als zuverlässigerer Partner des Westens an. Angesichts der sowjetischen Expansion in Afghanistan, der neuerlich drohenden Anwendung der »Breschnew-Doktrin« in Polen – dort hatte es 1980 Arbeiterunruhen gegeben, 1981 war das Kriegsrecht verhängt worden – und der Stationierung von sowjetischen SS-20-Raketen in den Ostblockstaaten machte die CDU/CSU-Opposition Stimmung für den harten Kurs der USA und gegen die sozial-liberale Regierung.

Die außenpolitischen Ursachen für die »Wende« waren zwar ebenso gravierend, aber ausschlaggebend waren die ökonomischen im Inneren. Die Wende war lange vorbereitet worden, und sie vollzog sich allmählich. Aber dann war der Zeitpunkt für die Umkehr plötzlich da – und das Signal für das Ende des Wendemanövers gab der Wirtschaftsminister. Im September 1982 kam es zur entscheidenden Krise im Kabinett Schmidt-Genscher. Längst war ja die FDP wieder auf dem Weg, die Partei der Wirtschaft zu werden. Der Wirtschaftsminister, Otto Graf Lambsdorff (FDP), veröffentlichte in einem Memorandum die Wünsche seiner Klientel. Das Papier war in einem Ton gehalten, der das Ende einer wunderlichen Freundschaft und Aufkündigung der Koalition bedeutete. Der Versuch, den demokratischen Sozialismus mit einer modernen Form des Liberalismus zu versöhnen, war gescheitert. Eine Fülle von Maßnahmen wurde gefordert, die der »sozialen« Marktwirtschaft wohl den Garaus gemacht hätten, wenn sie von der nachfolgenden CDU/CSU-FDP-Regierung so realisiert worden wären. Höhepunkte Graf Lambsdorffscher Forderungen: Abbau von Finanzhilfen, also Subventionen vor allem für die Landwirtschaft, drastische Verringerung von Sozialleistungen, Streichung von Mutterschaftsgeld, Überarbeitung der Studenten- und Schülerfinanzierung (BAFöG), keine weitere Verschärfung der Produzentenhaftung; keine weitere »Verschärfung« der Mitbestimmung; keine »Verschärfung« des Datenschutzrechtes ...[35] und so weiter. Das Dokument brüskierte nicht nur den bisherigen Koalitionspartner, es griff auch noch einmal tief in die Mottenkiste restriktiver kapitalistischer Polemik.

Die sozial-liberale Koalition war am 17. September 1982 zu Ende.

Das Hauptverdienst des Bundeskanzlers Helmut Schmidt, ist, nach Helga Haftendorn[36], die richtige »Einsicht in die Möglichkeiten und Grenzen deutscher Politik«. Die Berliner Wissenschaftlerin beschreibt einen Trend: Mit Hilfe ihrer Wirtschaftskraft sei die BRD immer dann am »kreativsten«, wenn sie in enger Übereinstimmung mit den USA und ihren europäischen Verbündeten handeln konnte. Wenn Bonn und Washington unterschiedliche Ziele verfolgten, gestaltete sich auch die Innenpolitik problematisch. Die Festigung der Freundschaft mit Frankreich und die Einsicht in die wirtschaftlichen und gesellschaftlichen Möglichkeiten der Europäischen Gemeinschaft waren Stützpfeiler der sozial-liberalen Kabinette Schmidt-Genscher. Gescheitert ist die Koalition schließlich an den gegensätzlichen Auffassungen über die Reform von Wirtschaft und Gesellschaft in der Bundesrepublik Deutschland.

»Der Sturz Schmidts durch eine neue konservativ-liberale Mehrheit unter Führung von Oppositionsführer Helmut Kohl am 1. Oktober 1982 war vor allem ein Akt der Erschöpfung – einer Koalition, einer Partei, eines Staatsmannes. Sie war sehr viel weniger ein kraftvoller Aufbruch zu neuen politischen Alternativen.« (Helga Haftendorn)

VII. Ein konservatives Jahrzehnt
Die christlich-liberale Koalition (1982–1990)

Die veränderte Gesellschaft

Anfang der achtziger Jahre lebten die Deutschen in zwei Staaten mit unterschiedlicher Gesellschaftsordnung. Der eine Teil recht bequem im Wohlstand, der andere eher bescheiden in verordneter Mangelwirtschaft und ideologischer Bevormundung. Die überwiegende Mehrzahl der Deutschen im Westen hatte ihren neuen Staat Bundesrepublik akzeptiert. Im Osten, in der oktroyierten sozialistischen Deutschen Demokratischen Republik, gab es eine Akzeptanz nur in Maßen, wie sich später herausstellen sollte. Dort wurden die Bürger dazu angehalten, eine eigene DDR-Identität zu entwickeln – was immer Partei- und Staatsführung der DDR darunter verstanden. Der Durchschnittsbürger der Bundesrepublik hatte keine Probleme mit seiner Nationalität. Er war Deutscher. Deutschland, das war die *Bundesrepublik Deutschland.* Von den »Brüdern und Schwestern drüben«, deren deutsche Nationalität von allen Bundesregierungen eingefordert wurde, nahmen die Westdeutschen eigentlich keine Notiz. Es ging ihnen wie mit den jüdischen Nachbarn in der Nazizeit: Als sie weg waren, verblaßte die Erinnerung, sie wurde verdrängt. Auch die Deutschen in der DDR waren weit weg, gehörten zu einem anderen Staat; die Bundesbürger kümmerten sich nicht mehr um sie. Unter »gesamtdeutsch« konnte man sich mit wachsendem Wohlstand immer weniger vorstellen. Das ging bis zu Ausgrenzungen: Bei der Fußball-Weltmeisterschaft 1974 konnte man auf bundesrepublikanischen Straßen hören, daß in Hamburg »Deutschland gegen die DDR« spiele.

Es gab einige Journalisten, Publizisten, auch Hochschullehrer und sogar einige Politiker, die sich differenziertere Gedanken über die nationale Identität machten. Die deutsche Nation, wie sie sich nach der Reichsgründung von 1871 verstand, war gespalten, das Nationalbewußtsein früherer Zeiten abhanden gekommen, nationalistische Tugenden (»deutscher Fleiß«, »deutsche Treue«, »deutsche Tapferkeit« usw.) waren desavouiert. Vom nationalsozialistischen »Herrenmenschen« war so gut wie nichts übriggeblieben, am deutschen Wesen sollte die Welt nicht mehr genesen. Das *Grundgesetz der Bundesrepublik Deutschland* hatte sich Respekt verschafft, und nach all den Debatten über die radikal-demokratische Ausschöpfung seiner Paragraphen in den sechziger und siebziger Jahren standen nun auch die meisten Linken auf der »freiheitlich-demokratischen Grundordnung«. Auf das Grundgesetz baute die überwiegende Mehrheit auch derer, die sich auf ein spezielles deutsches Nationalgefühl nicht mehr einlassen wollten. Ein freilich nicht unumstrittener »Verfassungspatriotismus« (so der Politologe und Publizist Dolf Sternberger) ersetzte den belasteten Nationalismusbegriff.

Bis zum »Historikerstreit« Mitte der achtziger Jahre hielten sich also die Westdeutschen – sofern sie nicht zur eher lärmenden Spezies gehörten – mit ihrem nationalen Credo eher zurück. Aber die Veröffentlichung eines polemischen Artikels in der *Frankfurter Allgemeinen Zeitung* durch Ernst Nolte ließ das Problem des deutschen Nationalismus wieder aufleben. Der Berliner Historiker setzte die Verbrechen des Naziregimes mit denen Stalins und des kambodschanischen Diktators Pol Pot gleich. Der Sozialwissenschaftler Jürgen Habermas erklärte diese Gleichsetzung in der Wochenzeitung *Die Zeit* als wissenschaftlich unzulässig und wurde in seiner Meinung durch eine große Zahl renommierter Historiker bestärkt. Die Einmaligkeit des Genozids an den Juden oder den Sinti und Roma, der in deutschem Namen befohlen und ausgeführt worden war, werde durch diese Relativierung aufgehoben, die Deutschen von dem Makel eines historisch einmaligen nationalen Verbrechens entlastet.[37]

Der Historikerstreit, in dem schließlich noch einmal eine umfassende Debatte über die Deutschen und den Nationalsozialismus geführt wurde, zeigte, wie schwer es sich Bundesbürger mit ihrer Vergangenheit noch immer machten. (Den Deutschen in der DDR wurde die Last der Vergangenheit abgenommen. Ihr Staat machte den Antifaschismus zur Staatsdoktrin.) Der scheinbar wissenschaftliche Streit unter Historikern wurde schnell zur politischen Debatte in aller Öffentlichkeit. Die gegensätzlichen Parteiungen in der Bundesrepublik traten jetzt deutlich hervor, und die »Gemengelage von unterschiedlichen Motiven und Themen« (Wehler) wurde dazu genutzt, auch politisch unterschiedliche Positionen zu besetzen. Linke und Liberale beriefen sich auf die deutsche Aufklärung und ihren differenzierten Begriff des Nationalen, auf die Sehnsucht nach Demokratie und Einheit der Bürger von 1848; sie erinnerten an die Vorbilder des 18. Jahrhunderts: an das freie Amerika eines Jefferson und das revolutionäre Frankreich von 1789. Wer sich an dieser Tradition orientiere, der habe das nötige Rüstzeug, die Naziverbrechen verarbeiten zu können. Konservativere Zeitgenossen konnten sich als Demokraten dieser Argumentation nur schwer entziehen, näherten sich jedoch den Nolteschen Gedankengängen, indem sie unter anderem auf den Sonderweg der deutschen Geschichte verwiesen, auf den »Unglücksfall« Nationalsozialismus; sie bildeten ein »Verdrängungs- und Beschönigungskartell« (Wehler). Aus den Reihen der CDU/CSU war dann bald auch das verstärkt zu hören, was bis dahin nur extreme Rechte von sich gaben: Die Auseinandersetzung mit dem Nationalsozialismus möge nun abgeschlossen werden, die Deutschen sollten nicht länger in Sack und Asche gehen.

Die Einstellungen nicht nur zur Vergangenheit waren in der Bundesrepublik seit Ende der sechziger Jahre seltsam dichotomisch geworden. Die Zweiteilung der Gesellschaft ging quer durch alle Schichten. Es gab unter den Wohlhabenden »Verfassungspatrioten« und Nationalisten, unter den Arbeitnehmern Pazifisten und Anhänger der »wehrhaften« Demokratie. Die »Linke« hatte sich verändert. Ihre Programmatik war theoretisch nicht mehr ausschließlich von den Klassikern des Sozialismus geprägt. Die neue politische Vernunft kalkulierte auch mit Gefühlen – die »Grünen«, die Friedensgruppen und Atomgegner erzielten ihre beachtlichen Erfolge mit Szenarien, die bis zum Tschernobyl-Desaster grauenhafte Utopie schienen.

Die Menschen wollten mitreden, wenn es um ihren Staat, ihre Gesellschaft, ihr Leben ging. Bereits die letzte Regierung Schmidt-Genscher mußte Demonstrationen hin-

nehmen, die sich gegen ihre Atom- und Nachrüstungspolitik wendeten und damit auch die Wirtschaftspolitik der sozial-liberalen Koalition kritisierten. Mit dem Bau von Atomkraftwerken, Startbahnen, Kampfflugzeugen und Raketen wurden saftige Profite gemacht, aber auch Arbeitsplätze gesichert. Die Eiertänze, die linke Metallgewerkschafter veranstalteten, wenn ihnen der Zusammenhang zwischen den Erträgen der Rüstungsindustrie und der Sicherung von Arbeitsplätzen vorgehalten wurde, mögen als Beispiel dienen für diese neuartige differenzierte Gemengelage von ökonomischen Interessen und sozialen Motiven, von sozialistischer Gesinnung und politischen Absichten, von Zukunftsangst und Sicherheitsinteresse. Der Pluralismus artikulierte sich, die Angehörigen der unterschiedlichsten Gesellschaftsgruppen gingen auf die Straße. Landwirte und Dorfbewohner, Männer und Frauen und Kinder demonstrierten in Wackersdorf, Brockdorf und am Kaiserstuhl gegen Atomkraftwerke und Wiederaufbereitungsanlagen; Umweltschützer, Bürgerinnen und Bürger in der Umgebung des Rhein-Main-Flughafens bei Frankfurt am Main wehrten sich gegen den Bau der Startbahn West. Weder die Arroganz eines hessischen SPD-Ministerpräsidenten, der den Protestierenden androhte, sie »mit der Dachlatte zu vertreiben«, noch der Einsatz von Bereitschaftspolizei, die mit Wasserwerfern und ähnlichen »Waffen« vorgingen, konnte ihnen die Zivilcourage abkaufen. Die Höhepunkte dieser Demonstrationen sind Marksteine in der Geschichte der Bundesrepublik: in Bonn gegen atomare Aufrüstung am 10. Oktober 1981 (ca. 300000 Teilnehmer); in Bonn für den Frieden am 10. Juni 1982 (anläßlich einer NATO-Tagung, ca. 500000 Teilnehmer); die Aktionswoche der Friedensbewegung gegen die Nachrüstungsbeschlüsse der Bundesregierung am 22. Oktober 1983: eine Million Kinder, Frauen und Männer bildeten eine 108 Kilometer lange Menschenkette von Ulm bis Stuttgart.
Gewiß wird man die Frage nach dem Nutzen solcher Proteste stellen müssen. Die Startbahn West wurde gebaut, obwohl protestiert wurde. Wackersdorf wurde nicht in Betrieb genommen, weil protestiert wurde, sondern weil die Wiederaufbereitungsanlage zuviel kosten würde. Angesichts der Opfer, die die Schlacht am Golf (Frühjahr 1991) mit ihrem Leben oder ihrer Gesundheit bezahlt haben, erscheinen die Demonstrationen gegen den Krieg vielen sinnlos, anderen helfen sie zur Schärfung ihres politischen Bewußtseins.

Das Engagement der Menschen, die selbstverständlicher gewordene Zivilcourage hatten etwas mit der Einstellung zu überkommenen Traditionen zu tun. Seit Ende der fünfziger Jahre wurde der »Wertewandel«[38] weltweit diskutiert. Die industrialisierte Welt hatte nicht nur die Tätigkeitsfelder verändert, indem altbekannte Berufe verschwanden und neue entstanden, Maschinen die Arbeit erleichterten und Marketing die Verteilung von Waren regulierte. Die Arbeiter unterlagen ebenso wie die Angestellten einer zunehmenden gesellschaftlichen Nivellierung. Die einen bildeten keine »Arbeiterklasse« im Sinne des 19. und frühen 20. Jahrhunderts mehr, die anderen fühlten sich nicht länger als »Agenten« von Industriemanagement, Fabrikbesitzern oder Regierungen. Die moderne Markt- oder Konsumgesellschaft, die nur »Verbraucher« kennt, versucht einerseits, das politische Verhalten und die persönliche Lebensweise zu beeinflussen. Andererseits entlastet sie durch ihre Produktionsmethoden von langen Arbeitszeiten und setzt Kräfte frei, die zur individuellen Gestaltung des eigenen Lebens beitragen.

Der Industrialismus, der die Markt- und Konsumgesellschaft hervorgebracht hatte, veränderte so die Lebensgewohnheiten und Traditionen des Alltags. Umwelt- und Bildungsprobleme, Fragen persönlicher und staatlich garantierter Sicherheit sowie nach gesellschaftlicher Kontinuität werden seit den siebziger Jahren im vorpolitischen Raum diskutiert und erst dann von den Parteien in ihre Programme aufgenommen. Die veränderte Rolle der Frau, die sozialen Beziehungsstrukturen zwischen den Geschlechtern, das Sexualverhalten, das Leben in der Familie, die Ansprüche an Arbeitswelt und Freizeit wurden außerhalb der Parteien und Parlamente bereits gelebt und diskutiert, ehe sie Themen der bundesrepublikanischen Politik wurden. Das brachte die Parteien in Verzug. Vor allem bei den konservativen C-Parteien wurde der »Wertewandel« zum Machtproblem, wenn sich herkömmliche Moralvorstellungen ändern. Während der einzelne in der Massengesellschaft vereinsamt, von seiner Umwelt allein gelassen wird, wie David Riesman schon in den fünfziger Jahren festgestellt hat, wird das Individuum von der Marktgesellschaft als potentieller Kunde »aufgebaut« und von den Politikern als Wähler zum Idol stilisiert.[39] Die Marktgesellschaft sieht den Konsum als gesellschaftliche Alternative. Doch der fortgeschrittene Industrialismus bringt nicht nur Verbraucher mit gefüllten Börsen hervor. Ein Drittel der Bevölkerung in den Industriestaaten lebt unterhalb der durchschnittlichen Wohlstandsgrenze. Aus ihm rekrutiert sich die Klientel der Sozialämter. Armut erzeugt einen Teil der »Wohlstandskriminalität« (Drogenmißbrauch, Gewaltverbrechen, Vandalismus), und gesellschaftliche Frustrationen tragen bei zu Sektenbildung und militantem Rechtsextremismus.

Die Vereinsamung unter den vielen erzeugt zusammen mit anderen Defiziten einen wohl nicht aufzulösenden Widerspruch im modernen Menschen. Um auch nur annähernd zu begreifen, was um ihn herum und mit ihm geschieht, müßte jeder über einen so großen Fundus an Wissen verfügen, daß er in die Lage versetzt wäre, selbst Entscheidungen zu treffen. Die gesellschaftlichen Institutionen von der Schule bis zum Altenheim zeigen sich überfordert. Die Medien, die eigentlichen Vermittler von Information, werden immer abhängiger von Auflagehöhen und Zuschaltquoten. Presse, Hörfunk und Fernsehen jagen Sensationen nach, bedienen lieber das Unterhaltungsbedürfnis ihrer Kundschaft, als daß sie sie aufklärend informieren.

Konservative Gesellschaften sehen einen Ausweg aus dem Dilemma im Privaten. Die zunehmende »Privatisierung« auch der bundesrepublikanischen Gesellschaft minderte das Interesse an politischer Aktivität. Nach dem Aufbruch in den sechziger Jahren machte sie einen großen Teil der Bevölkerung in den Achtzigern zunehmend unpolitischer. Ein Resultat aus dieser Entwicklung ist die Parteienverdrossenheit. Sie ist nur *ein* Zeichen dieser Veränderung. Ein anderes das ist das wachsende Bedürfnis nach Ruhe und Ordnung.

Die Politik der rechten Mitte

Der »Mittelstand«, wie seit den siebziger Jahren wieder altertümelnd gesagt wird, die selbständigen Handwerker, Fabrikanten, Anwälte, Zahnärzte und Ärzte, erhofften sich zusammen mit dem gut verdienenden mittleren und dem vermögenden gehobenen Management der Industriebetriebe, den Grund- und Aktienbesitzern eine politische Umkehr. Das Leben unter den Sozialliberalen hatte sie zunehmend verunsichert. Die Wohlhabenden ergriff eine merkwürdige Existenzangst. Von der Wende zur CDU/CSU und den »gewendeten« Liberalen versprachen sie sich eine Eindämmung der sozialen Kosten, von ihr erhofften sie sich Steuerermäßigungen als Belohnung für die eigene Tüchtigkeit. Viele Tageszeitungen, allen voran die *Frankfurter Allgemeine Zeitung* und *Die Welt*, bereiteten das Feld vor für diesen Aufbruch nach rechts. Viele Journalisten schufen oder verstärkten Feindbilder, sprachen von der *sozialistischen* Regierung, wenn sie die *sozial-liberale* Koalition meinten, diffamierten die Behörden als überbesetzte *Bürokratien*, denunzierten die sozial-liberal geführte Bundesrepublik als *Gewerkschaftsstaat*. Solche, oft aus dem Agitationsarsenal der Parteien stammenden Losungen verstärkten die »Lagermentalität« (Thomas Ellwein) in der bundesrepublikanischen Gesellschaft. »Im bürgerlichen Lager gab es immer die Neigung, Angst vor denen zu bestärken, die auf Neuerungen aus sind, so wie es im linken Lager immer eine Neigung gab, Krisenszenarios zu entwickeln.«[40]
Eher emotional als soziologisch fundiert war die weitverbreitete Ansicht, daß der »Sozialstaat« Bundesrepublik unter der sozial-liberalen Ära nicht nur die Bedürftigen subventioniere, sondern auch Drückebergern Tür und Tor öffne. Gegen das Prinzip der Fürsorge war wenig einzuwenden, auch daß der Industrialismus seine Opfer forderte und immer mehr Menschen ohne Arbeit blieben, wurde hingenommen. In den siebziger Jahren diskutierte man ja schließlich schon das Konzept der *Zweidrittel-Gesellschaft*, in der das letzte Drittel der Bevölkerung ein Dasein an der Grenze des Existenzminimums führt: die vom »sozialen Netz« getragenen arbeitslosen Frauen und Männer, die den Kommunen zur Last fallenden Armen und »Obdachlosen«, die »Asozialen«, die mittellosen Übersiedler aus der DDR und die deutschen Aussiedler aus den Staaten im Osten. Der Lebensstandard dieser Deutschen ist niedrig, sie gehören den weniger gebildeten Schichten an, sind nicht angepaßt an die Anforderungen der Industriegesellschaft. Sie ähneln den inzwischen seßhaft gewordenen Gastarbeitern aus dem Süden, vor allem denen aus der Türkei, den (farbigen) Asylanten, die ein liberales Grundgesetz in die Bundesrepublik geführt hatte, oder den Sinti und Roma, die ihre Wohnwagen an den Rändern der Städte parken. Diese Menschen sind im Grunde unerwünscht, werden nur widerwillig geduldet.
Für die Radikalen im »bürgerlichen Lager« liefern diese Unterschichten die Feindbilder. Sie befürworten ihre Disziplinierung durch Entzug »sozialer Wohltaten«, wie es in der Alltagssprache heißt. Sie treten für die Ausweisung unerwünschter Asylanten ein, propagieren die Rückkehr von Gastarbeitern in ihr Heimatland, plädieren für die Abschiebung der Sinti und Roma. Linke und viele Liberale fürchten diese Ausgrenzung; sie stellen fest, daß dadurch der soziale Friede gefährdet werde.
Bereits Anfang der achtziger Jahre konnte sich die Bevölkerung der Bundesrepublik

Deutschland mehrheitlich nicht auf eine Lösung dieser sozialen Spannungen einigen. Die Meinungsunterschiede haben sich nach der Vereinigung mit der DDR 1990 eher noch verstärkt.

Die Regierungen Kohl – Genscher

1982/83 kam es nicht zu einer grundlegenden Veränderung der bundesrepublikanischen Politik: Die Außenpolitik blieb konstant, selbst die Sozialpolitik wurde nicht völlig aus den Angeln gehoben.
Für Kontinuität stand in der neuen Koalition der alte Außenminister: Hans-Dietrich Genscher. Dem FDP-Vorsitzenden (bis 1985) ging der Ruf voraus, ein besonderes Organ zu besitzen, das ihm den jeweils siegreichen politischen Trend voraussage. Die FDP hatte sich in den frühen siebziger Jahren verändert, war von einer konservativen Partei der Wirtschaft mit ihrem Freiburger Programm zu einer kleinen liberalen Volkspartei geworden. Sie hatte aber nicht genügend Anhänger für dieses Programm gewinnen können, und sie hat schließlich verloren: an Ansehen bei der Bevölkerung und bei großen Teilen der Koalitionspartei SPD. Ihr prozentualer Gesamtanteil in Landtagswahlen sank seit 1972 kontinuierlich ab. In einigen Landesparlamenten waren die Freien Demokraten zeitweise überhaupt nicht mehr vertreten (u. a. seit 1978 in Niedersachsen, seit 1980 in Nordrhein-Westfalen). Genscher und sein Parteifreund Graf Lambsdorff, mit einer kleinen, durch den Rücktritt der FDP-Minister im September 1982 erzwungenen Pause ununterbrochen Wirtschaftsminister in den Kabinetten Schmidt und Kohl (1977–1984), betrieben die Umkehr der FDP. Der Industrie- und Wirtschaftsflügel der Partei gewann das Übergewicht. Von einem »Umfallen« wie in Erich-Mende-Zeiten (vgl. S. 693 f.) kann keine Rede sein. Dennoch war der Exodus der Parteilinken nach dem Koalitionswechsel schmerzlich, zumal es sich um Persönlichkeiten handelte, deren Verdienst für die FDP häufig auch in beachtlicher Medienwirksamkeit bestand (Günter Verheugen, Ingrid Matthäus-Meyer, Helga Schuchardt).
Was die Außenpolitik anging, so änderte sich wenig. Was für die Regierungen Schmidt-Genscher galt, setzte sich im Prinzip zunächst auch in den Kabinetten Kohl-Genscher fort. Die Bindung an die USA, der NATO-Konsens, das Engagement in der EG gehörten zu den Konstanten bundesrepublikanischer Politik. Das gute persönliche Verhältnis, das Bundeskanzler Helmut Schmidt mit dem französischen Staatspräsidenten Valery Giscard d'Estaing auszeichnete, wiederholte sich in der Freundschaft des sozialistischen Präsidenten François Mitterrand mit dem christdemokratischen Bundeskanzler Kohl.
Auch das Verhältnis zum Osten, vor allem zum deutschen Widerpart DDR, blieb im wesentlichen in den von den *Ostverträgen*, dem *Grundlagenvertrag* mit der DDR und seinen Nachfolgeabkommen vorgeschriebenen Bahnen. Nach zwei Absagen 1980 (wegen des sowjetischen Einmarsches in Afghanistan und wegen der Vorgänge in Polen) war es bereits 1981 zu einem Treffen zwischen Bundeskanzler Schmidt und dem

Staatsratsvorsitzenden Honecker gekommen. Er erwiderte den Besuch und wurde von Helmut Kohl am 7. September 1987 in Bonn mit militärischen Ehren begrüßt. Auch die christlich-liberale Regierung verhandelte weiter über Erleichterungen für die Menschen in der DDR. Es wurden dafür und für die Freilassung politischer Gefangener aus DDR-Haft fortgesetzt verhältnismäßig hohe DM-Summen gezahlt. Der CSU-Vorsitzende Franz Josef Strauß »fädelte« sogar einen Milliardenkredit ein, um dem maroden DDR-Staat Devisen zu beschaffen (1983, vgl. S. 757). Die Bundesregierungen, so lautete 1991 ein nicht von der Hand zu weisendes Argument, habe durch ihre Zahlungen in den achtziger Jahren den Zusammenbruch des Honecker-Regimes hinausgezögert.

Was also unterscheidet die christliche von der sozial-liberalen Koalition?

Viele Industrielle und mancher Bankier zählten den Kanzler Schmidt zu ihren Freunden, aber das konservativ-liberale Bündnis war noch sehr viel wirtschafts- und unternehmerfreundlicher als das vorhergegangene. Der SPD-Kanzler mußte auf den linken Flügel seiner Partei und auch auf die Gewerkschaften Rücksicht nehmen. Bundeskanzler Kohl hatte es da leichter. Die *Christlich Demokratischen Arbeitnehmerausschüsse* (CDA), geführt von Norbert Blüm, der 1982 Bundesminister für Arbeit und Sozialordnung wurde, hatten zwar ihren Einfluß vergrößern können, doch gegenüber dem mächtigen *CDU-Wirtschaftsrat,* in dem sich die Spitzen von Banken und Industrie versammeln, konnten sich die Sozialausschüsse wohl kaum durchsetzen. Man war ja gegen Schmidt mit den gängigen Parolen der »rechten Mitte« angetreten, wie sich die neue Bundestagsmehrheit gern nennen ließ: Abbau von Subventionen, Eingriffe in das Sozialstaatsgefüge, also Beschneidung »übertriebener« Sozialausgaben, Steuerermäßigungen, Dämpfung der Kosten im Gesundheitswesen.

Das Versprochene wurde z.T. eingehalten: »Die Pferde soffen wieder« – um den SPD-Wirtschaftsminister Schiller aus den sechziger Jahren zu zitieren. Sie soffen sogar ohne große Finanzspritzen seitens der Regierung, aber mit der Gewißheit, daß die angekündigten Wirtschafts- und Finanzmaßnahmen den Unternehmern nützen würden. Es wurde also etwas mehr investiert, und sogar Arbeitsplätze konnten geschaffen werden. Aber die Arbeitslosigkeit wuchs dennoch. Investitionen und ein auch von außen geförderter Konjunkturaufschwung allein beseitigten die Arbeitslosigkeit jedoch nicht mehr. Strukturelle Veränderungen in der Wirtschaft, etwa die zunehmend computergesteuerten Automatisierungsprozesse in der Industrie, ermöglichten Wachstum ohne zusätzliche Arbeitskräfte. Daß diese Entwicklung soziale Folgen hatte, die das Geld aller Steuerzahler (und nicht nur das der Wirtschaft) kostete, war inzwischen jedermann bekannt. Dennoch löste das Problem in der Öffentlichkeit kaum Diskussionen mit politischen Konsequenzen aus.

Das uneingeschränkte Bekenntnis zu Wirtschaftswachstum und der Konjunkturaufschwung sowie die damit verbundenen Steuermehreinnahmen ließ die Neuverschuldung in den Haushalten von 1983 und 1984 nicht in gewohntem Maße ansteigen. Aber ab 1985 ging es wieder weiter mit den Kreditaufnahmen – der letzte Haushaltsentwurf vor der Vereinigung mit der DDR enthielt eine Neuverschuldung von 33,7 Mrd., die vom Haushaltsausschuß des Bundestages auf 27 Mrd. Mark gekürzt wurden.[41]

Die Regierung war mit dem Versprechen angetreten, eine Steuerreform herbeizuführen. Sie ließ sich Zeit bis 1987 (erste Stufe) und 1990 (zweite Stufe). Sie nützte zwar den Wohlhabenden mehr als den weniger Verdienenden, brachte aber den Arbeitnehmern ebenfalls mehr Geld in die Taschen und belebte so den Markt. (Dieser Effekt wurde mit der durch die deutsche Einheit bedingten massiven Steuererhöhung von 1991 dann wieder aufgehoben.)

Parallel dazu konnte ein zweites Gesetzeswerk in Gang gesetzt werden, das die Gemüter weit mehr erhitzte, die *Gesundheitsreform.* Hier mußte die Regierung scharfe Proteste hinnehmen. Die eigentlichen Träger des Gesundheitswesens, Arbeitnehmer und Arbeitgeber, wurden ungleich belastet. Mit dem Versprechen, daß die Krankenkassenbeiträge sinken würden, wurden den zu Patienten gewordenen Arbeitnehmern Leistungen in der Krankenversorgung gekürzt. Medizinische Hilfsmittel z. B. gab es nicht mehr so häufig, für Brillengestelle wurde ein kleinerer Sockelbetrag gezahlt als bisher, es durften nur noch bestimmte preisgünstige Medikamente verordnet werden – wer andere, evtl. für ihn zuträglichere wollte, mußte draufzahlen – und so weiter. Es waren spürbare Zugriffe auf das Portemonnaie vornehmlich auch von Rentnern und Pensionären. Taxifahrten zum Arzt wurden gestrichen oder waren nur noch nach Nachweis der wirklichen Behinderung möglich. All das führte sogar zum Protest von Unternehmergruppierungen, der Optiker etwa oder der Taxibetriebe.

Das Reformwerk gelang so recht nicht. Denn beschnitten wurden die Leistungen für die Beitragszahler, also der Arbeitnehmer. Die Profiteure im Gesundheitssystem, die niedergelassenen Ärzte, Zahnärzte und auch Krankenhäuser, jammerten zwar über Abstriche auch in ihren Gebührenordnungen, fanden aber in der Mehrzahl Mittel und Wege, trotz Reform auf ihre Kosten zu kommen. Glänzend abgeschnitten hatte die Pharmaindustrie. Das Festpreissystem für Arzneimittel garantierte eher einen stabilen Umsatz, als daß es Kosten senkt. Norbert Blüm, der nie um große Sprüche verlegene CDU-Sozialminister, hatte Standvermögen nur gegenüber der »Sozial-Lobby« bewiesen, gegenüber den Arbeitnehmerausschüssen seiner Partei und den Gewerkschaften, der Opposition, den Patientenorganisationen, Kommunalverbänden und Krankenkassen.

Es gelang – man ist versucht zu schreiben: natürlich – nicht, Subventionen abzubauen. Die größten Brocken steckten im Agrarhaushalt, dicht gefolgt von industriellen Objekten. Die Landwirtschaft verschlang Milliarden – die wenigen Eingriffe zum Abbau von Subventionen, die in der achtjährigen Regierungszeit Helmut Kohls bis zum Herbst 1990 vorgenommen wurden, kann man vernachlässigen. Sie trafen, wenn man den Zahlen glauben darf, ohnehin die Schwachen im System, die mittleren und kleinen Landwirte. In einem weitverbreiteten Nachschlagewerk ist zu lesen: »Das Hauptproblem ist nach wie vor die EG-weite bzw. globale Überproduktion bei den wichtigsten Erzeugnissen, so daß höhere Preise und damit höhere Gewinne für die Landwirte nicht durchzusetzen sind. Die Möglichkeit, über Mehrproduktion zu Einkommenssteigerungen zu kommen, wurde weiter verringert, um die Erzeugung unverkäuflicher Überschüsse zu drosseln. Daher ergaben sich die durchschnittlichen Gewinnsteigerungen der deutschen Landwirte 1987 hauptsächlich aufgrund gesunkener Betriebsmittelpreise und *erhöhter Subventionen* (Kursivierung durch Verf.). Trotzdem vergrößerte sich . . . für die Mehrzahl der Betriebe der *Einkommensrückstand gegenüber den anderen Wirtschaftsbereichen* (Kursivierung im Original), und die Zahl der ausscheidenden Landwirte nahm stärker zu.«[42] Das heißt: Mittlere und kleine Bauern verdienten trotz hoher Subventionen zu wenig, und viele mußten ihren Beruf aufgeben. Niemand wird leugnen, daß Landwirtschaft im Industriezeitalter subventionsbedürftig ist, wenn sie in traditioneller Lebens- und Produktionsweise umweltschonend arbeiten soll. Doch ganze Ströme von Subventionsgeldern fließen dorthin, wo sie die ohnehin schon stattlichen Einkommen noch erhöhen: in die Taschen der Agrarindustriellen, der Getreide- und »Tierproduzenten«. Die christlich-liberale Bundesregierung wird zwar nicht müde zu erklären, daß ihr der Mittelstand am Herzen liege. Landwirtschaftsminister Kiechle (CSU) spricht stets von den kleinen und mittleren Betrieben, die es zu erhalten gelte. Aber gerade sie wurden zu Opfern der Agrarindustrie. An diesem Widerspruch krankte die Agrarpolitik der christlich-liberalen Koalition - nicht viel anders als die der vorhergehenden Regierungen auch.

Auf dem Industriesektor subventionierte die CDU-FDP-Regierung ebenfalls. Abgesehen von den Entwicklungsgeldern für die Rüstungsindustrie, etwa für den Jäger 90, flossen erheblich Beträge in die Stützung der Airbus-Produktion und in problematische Forschungsvorhaben wie die Trans-Rapid-Bahn.

Die Bundesrepublik ist in der siebenjährigen Regierungszeit der christlich-liberalen Koalition bis zum Herbst 1989 von großen weltwirtschaftlichen Erschütterungen verschont geblieben. Im Gegensatz zu anderen Staaten haben Regierung und Börsen der Bundesrepublik selbst den »Schwarzen Montag« (19. November 1987) gut verkraftet, den Kurseinbruch an der Wallstreet. Es kam zu keinem Wirtschaftstief. Das ist kein genuiner Erfolg der Regierung Kohl-Genscher. Über die stabile Geldpolitik wachte die Bundesbank. Die Stabilität der bundesrepublikanischen Wirtschaft ist von der sozial-liberalen Koalition begründet und von der christlich-liberalen Regierung Kohl-Genscher gefestigt worden - allerdings mit erheblichen Eingriffen im sozialen Bereich.

Ordnungspolitisch rückte die Regierung Kohl wie erwartet ein Stück nach rechts. Schon die Wahl des Innenministers signalisierte neue Zucht. Friedrich Zimmermann (CSU), wegen eines Meineides in der bayerischen Tragikomödie »Spielbankaffäre«[43] mit dem Spitznamen »Old Schwurhand« versehen und treuer Diener seines Herrn Franz Josef Strauß, sorgte für die Straffung der Polizeikräfte. Der Bedarf an Bereitschaftspolizei, Grenzschutz und Agenten des Verfassungsschutzes wuchs durch die spezielle wirkliche oder vermeintliche Kriminalität in der Bundesrepublik, die zum Teil durch politische Entscheidungen mit herbeigeführt wurde: Bei Hausbesetzungen und Demonstrationen gab es neben den »Chaoten« und Anarchisten auch unbescholtene Bürger, die durch ihr Engagement kriminalisiert wurden. Schutz und Verfolgung, Überwachen und Strafen stehen hierzulande Anfang der neunziger Jahre in einem gespannten Verhältnis zueinander. Die Bemühungen, dieses Verhältnis durch Reform von Strafrecht und Justiz zu entkrampfen, sind von der konservativ-liberalen Koalition nicht fortgesetzt worden. Innere Sicherheit bedeutete in der Ära Zimmermann (bis 1989) auch Verschärfung des Demonstrationsrechtes (28. 6. 1985: Verabschiedung des sog. *Vermummungsgesetzes* im Bundestag) und damit besondere Aufmerksamkeit gegenüber der »politischen Kriminalität« (Ellwein).

An die Grenzen ihrer Glaubwürdigkeit kam die Bundesregierung 1986 nach der Atom-Katastrophe in Tschernobyl. Zum erstenmal wurde die Menschheit in den Zustand des Zauberlehrlings versetzt, der nicht mehr bändigen kann, was er hervorgerufen: Die Menschen erlebten die »Ausgeburt der Hölle«, als Regenwolken nach dem Reaktorunfall in der Sowjetunion Radioaktivität über den Erdball trugen. Nicht nur die guten Geister ließen sie im Stich, sondern auch ihre Regierung. Sie wußte so gut wie nichts gegen die entfesselte Kernkraft ins Feld zu führen, gegen die Gefahren der »Kontaminierung«, der Verseuchung mit Radioaktivität. Sie gab den Experten das Wort, und die Gelehrten waren zerstritten, ihre Rezepte klangen widersprüchlich. Die Atomlobby war zwar kleinlaut, alarmierte aber ihre Hilfstruppen in Parlament und Ministerien. Die konservativ-liberale Regierung und deren Umweltminister Töpfer rieten zum Differenzieren, wiegelten ab: Die sowjetischen Atomreaktoren seien extrem unsicher, bei Reaktoren deutscher Bauart sei ein solcher Unfall so gut wie ausgeschlossen.

Im Bundestag erhoben jetzt die Grünen ihre Stimme, die seit 1983 im Parlament saßen. Sie können für sich das Verdienst verbuchen, die alten Parteien in Sachen Umwelt aufgerüttelt zu haben. Nach dem Tschernobyl-Desaster war es nicht mehr möglich, sie als »Körneresser« und »Naturfexe« zu diffamieren. Atom- und Umweltpolitik wurde jetzt sehr ernst genommen. Die SPD beschloß den Ausstieg aus der Kernenergie. Aber die CDU/CSU-FDP-Koalition konnte sich auf eine so radikale Entscheidung nicht einigen. Die Gesetze aus dem Hause des CDU-Ministers Töpfer waren nur selten umweltrettend. Das lag nicht immer am Minister oder der deutschen Wirtschaftslobby, sondern oft an der Europäischen Gemeinschaft. Sie blockierte, von nationalen Egoismen beeinflußt, die meisten der bitter nötigen umwelterhaltenden Gesetze.

Seit Tschernobyl war das Thema Umwelt auf der politischen Tagesordnung stets präsent. Ob es um Fisch- und Robbensterben ging, um die Verseuchung des Rheins durch Schweizer und deutsche Pharma-Konzerne, um den Tod des Mittelmeers oder das Ozonloch: Mit Umweltpolitik allein kann man zwar noch keine Wahlen gewinnen, aber Tschernobyl hat jedem klargemacht, wie gefährlich unberechenbar unsere »brave new world« geworden ist.

Umweltskandale wecken den ohnmächtigen Zorn der Staatsbürger – viel mehr als Kießling-Affäre oder die Parteispendenprozesse. Die Verleumdungskampagne des Verteidigungsministers Wörner (CDU) gegen den der Homosexualität und damit der Erpreßbarkeit geziehenen Stellvertretenden NATO-Oberbefehlshaber General Kießling, die schließlich zu Kießlings Entlassung und dann zu seiner Rehabilitierung führte, hat womöglich Ursachen, die erst spätere Historiker herausfinden. Blamiert war der CDU-Politiker Wörner, was nichts daran änderte, daß er schließlich NATO-Generalsekretär wurde.

Das wirft ein bezeichnendes Licht auf den Verfall der politischen Moral. Der 1991 amtierende Vorsitzende der FDP, Otto Graf Lambsdorff, wurde in der Parteispendenaffäre 1984 der Bestechlichkeit angeklagt und rechtskräftig verurteilt. Der Bundesschatzminister der CDU, Walter Leisler-Kiep, erhielt im Frühjahr 1991 in einem Parteispendenprozeß eine hohe Geldstrafe; das Gericht hatte ihn der Steuerhinterziehung in Millionenhöhe für schuldig erklärt. Im Flick-Prozeß Mitte der achtziger Jahre wurde deutlich, wie skrupellos Wirtschaftsmagnaten Parteimitglieder aus den höchsten Rängen für ihre Interessen korrumpieren können – und wie gering das Unrechtsbewußtsein mancher Politiker ist.

Parteispenden und Steuerhinterziehung gehören zu dem »Hauch von Korruption« (Thomas Ellwein)[44], der über der Bundesrepublik schwebt. Aber auch der Fall Barschel zeugt auf seine Weise für den Verfall der politischen Moral. Der Ministerpräsident eines Bundeslandes, Uwe Barschel, ließ über seinen politischen Kontrahenten Unwahrheiten verbreiten, gab vor laufender Fernsehkamera sein Ehrenwort, daß dem nicht so sei, und nahm sich das Leben, als sich herausstellte, daß das Ehrenwort ein falscher Schwur war. Sein politischer Mentor Gerhard Stoltenberg, zur Zeit der Barschel-Affäre Finanzminister und Vorsitzender der CDU in Schleswig-Holstein, hielt es nicht für nötig, Konsequenzen zu ziehen. Stoltenberg blieb im Kabinett – er war noch 1991 Minister.

Während der Amtszeit Helmut Kohls verstrickten sich eine ganze Reihe von CDU-Mitgliedern in Affären, die keineswegs harmlos waren. Zwei Bundestagspräsidenten mußten den Abschied nehmen. Rainer Barzel, der Gegenkandidat Willy Brandts 1972, trat im Zusammenhang mit der Flick-Affäre zurück, Philipp Jenninger scheiterte an seinen eigenen und seines Referenten Formulierungskünsten; er sprach vom »Faszinosum des Nationalsozialismus« ausgerechnet im Parlament.

Helmut Kohl war vor der Barschel-Affäre im März 1987 wiedergewählt worden. Seine Partei hatte zwar mehr als vier Prozent Wählerstimmen verloren, war aber stärkste Partei geblieben. Ende 1988/Anfang 1989 schien Kohl den Tiefpunkt seiner Karriere erreicht zu haben. Seine vornehmlichste Charaktereigenschaft, Probleme »auszusitzen«, Gras über eine Sache wachsen zu lassen, auf die allgemeine Vergeßlichkeit zu zählen, die sich in Parteispendenskandal, in Kießling- und Barschel-Affäre bewährt hatten, half nichts mehr. Eine Parteifronde erhob sich 1989, angeführt vom CDU-Generalsekretär Heiner Geißler, dem Ministerpräsidenten von Baden-Württemberg Lothar Späth und Bundestagspräsidentin Rita Süßmuth. Doch gegen die Rebellen wußte sich der gewiefte Taktiker noch zu wehren. Die Fronde brach kläglich zusammen. Geißler mußte sein Amt an den forschen Volker Rühe abgeben, und Lothar Späth, der als Kohl-Nachfolger im Bundeskanzleramt gehandelt wurde, geriet eineinhalb Jahre später in einen Strudel von Korruptions-Vorwürfen – er trat zurück (Januar 1991).

Bevor Helmut Kohl den Zenith seiner Macht erreichte, schrieb ihm der Politologe Thomas Ellwein die Fähigkeit zu, allein das Zentrum der CDU zu bilden. Er treffe die wesentlichen Entscheidungen, er verkörpere die Partei und damit die Macht. Wenn er es denn je war: Helmut Kohl ist kein harmloser Provinzpolitiker aus dem goldenen Mainz, der bieder-böse »Oggersheimer«, die »Birne« der Karikaturisten. »Er ist in erster Linie selbstbewußter Machtpolitiker mit sicherem Gespür für naheliegende Veränderungen und ausgestattet mit der Fähigkeit zu vereinfachender Problemsicht« (Ellwein).

Im Frühjahr 1989 schien der Bundeskanzler Helmut Kohl am Ende zu sein. Dann stürmten die Bürger der DDR die Botschaften der Bundesrepublik in Budapest und Prag, ging das DDR-Volk auf die Straßen, fiel die Berliner Mauer.

In dieser Zeit begann der Triumph des Helmut Kohl.

VIII. Der sozialistische Nachbar Die Deutsche Demokratische Republik (1949–1990)

»In diesem Herbst war ich zu lang vorbereiteten Lesungen nach Paris eingeladen ... Während sich die Nachrichten auch in den französischen Medien überstürzten, las ich in der Universität vor Germanisten aus autobiografischen Miniaturen, in denen ich mein Leben auch als DDR-Bürger bildlich zu machen versuchte. Dazu gehören: Verschwinden des Vaters in einem Lager. Kindheit in einer Randgruppe. Integration ins politische Geschehen, als ich unter das Frauenförderungsgesetz fiel. Studium. Vormilitärische Ausrichtung auf ein neues Feindbild. Disziplinarverfahren. Bewährung in der Produktion. Ehen, Geburten, Scheidungen, Berufswechsel. Als ich nach fünfundvierzig Minuten Lesen aufsah – erschreckte, ungläubige Kinderaugen. Keine Diskussion, weil, wie sich später herausstellte, es meinen Zuhörern peinlich war, über die Geschichte des anderen deutschen Staates so gut wie nichts gewußt zu haben, nur Vereinzelte hatten das Angebot unserer Universitäten, in Berlin oder Leipzig ihr Deutsch zu vervollkommnen, angenommen. Die Bundesrepublik lag ihnen nicht nur geografisch näher.«

Rosemarie Fret in: »Mein Leben ist ein ständiges Reiben an dieser Wirklichkeit«[45]

»Als Student, Anfang der fünfziger Jahre, war ich ein paarmal im Schiffbauer-Damm-Theater, solange Brecht bei uns noch nicht gespielt werden konnte. Etwas später, es war wohl 1954/55, hatten wir auch einmal in Ostberlin Kontakt mit einer FDJ-Stelle, um für unseren Studentischen Film-Club in Bonn Defa-Filme auszuleihen. Bei derselben Gelegenheit war ich auch in der Humboldt-Universität, um mir dort das Philosophische Seminar – das alte Seminar meines Lehrers Nicolai Hartmann – anzusehen. Das waren die wenigen Berührungen mit der ›offiziellen‹ Welt dort drüben, die mir so fremd, autoritär und abschreckend erschien wie die Kontrollen am Bahnhof Friedrichstraße. Es hat dreieinhalb Jahrzehnte gedauert, bis ich persönlich mit dieser Welt wieder in Kontakt gekommen bin.«

Jürgen Habermas: »Die andere Zerstörung der Vernunft. Über die Defizite der deutschen Vereinigung und über die Rolle der intellektuellen Kritik«[46]

Als Mauer und Stacheldraht fielen und die DDR-Bürger 1989 aus ihrem Staat straflos aus- und auch wieder einreisen konnten, mußten die meisten Bundesdeutschen die Perspektive wechseln. Vielen ging es wie den französischen Studenten, von denen Rosemarie Fret spricht: Die DDR lag auch für sie auf der anderen Seite des Mondes. Über das Leben dort wußten sie weniger als über das der Italiener, Franzosen oder Amerikaner. Die Deutschen der DDR waren den Deutschen aus der BRD fremd geworden. »Deren Geschichte war nicht unsere Geschichte«, schreibt Jürgen Habermas. »Man muß das ohne Sentimentalität feststellen dürfen.«

Staat und Partei I: Walter Ulbricht

Auch die Deutsche Demokratische Republik war das Ergebnis des Ost-West-Konflikts. Ihr Territorium war mit dem der Sowjetischen Besatzungszone (SBZ) identisch. Auf den ersten Blick scheint sie eine Art »Trotzgeburt« gewesen zu sein, eine Reaktion auf die Vorgänge, die zur Etablierung der Bundesrepublik geführt hatten. Über vierzig Jahre waren die beiden Deutschland stets aufeinander bezogen – trotz ideologischer Trennung und unterschiedlicher Staatlichkeit. Der Sozialwissenschaftler Ulrich Beck schrieb 1991 in der ZEIT: »Polen minus Kommunismus ist immer noch Polen. DDR ohne Kommunismus ist – die Bundesrepublik Deutschland.« Als die DDR-Bürgerinnen und -Bürger 1989 auf die Straßen gingen und nicht niedergeschossen wurden, gab es keinen Grund mehr, dem Realsozialismus auf deutschem Boden eine Zukunft zu prophezeien.

Die Gründung der DDR am 7. Oktober 1949 hatte viel mit den Vorgängen in Westdeutschland zu tun. Der sozialistische deutsche Staat entsprang keineswegs einem vorgefaßten Plan oder gar einem »einheitlichen revolutionären Prozeß«. »Die Entwicklung der DDR wird häufig so dargestellt, als sei die Parteiführung einem Konzept gefolgt, das von Anfang an auf den ›realen Sozialismus‹ in einem Teilstaat zielte. Tatsächlich aber fiel es selbst SED-Führern lange Zeit schwer, den Sozialismus in einem halben Lande als akzeptable Perspektive zu denken«, schreibt der Historiker Dietrich Staritz.[47] Bis zum Bau der Berliner Mauer 1961 strebten noch viele Genossen nach dem »einig Vaterland« Deutschland, das in der DDR-Hymne besungen wurde. Dann erst sollte – nachdem Ulbricht 1952 den »planmäßigen Aufbau des Sozialismus« angeordnet hatte – auch in dem deutschen Teilstaat DDR der »Sozialismus zum Sieg geführt« werden. Zwanzig Jahre später war das »Deutschland, einig Vaterland« nicht mehr das verehrungswürdige Ziel der DDR-Politik: Der Text der Hymne durfte nicht mehr gesungen werden, die Melodie wurde nur noch gespielt. Seitdem galt in der DDR »die nationale Frage als grundsätzlich gelöst. Nach ihrer Lesart hat sich in der DDR eine sozialistische Nation herausgebildet, die Gemeinsamkeiten mit der imperialistischen Nation Bundesrepublik Deutschland nur noch in der Sprache und in der Geschichte«[48] hatte.

Anfangs entwickelte sich der Osten ähnlich wie der Westen, vieles schien nur ein wenig später zu passieren: die Ausarbeitung und Verkündung einer Verfassung, die Anerkennung durch die Schutzmacht UdSSR als selbständiger Staat, die Aufstellung der »Nationalen Volksarmee«, die Aufnahme in ein internationales Verteidigungsbündnis, den *Warschauer Pakt.* Aber es geschah nicht alles so wie im Westen. Die Sowjets hatten mit der Demokratie wenig im Sinn. Die Dinge liefen so, wie es Walter Ulbricht im Mai 1945 angeordnete hatte: »Es muß demokratisch aussehen, aber wir müssen alles in der Hand haben.«[49]

1947 wurde ohne Wahlen der *Deutsche Volkskongreß* einberufen, eine Art Vorparlament, zu dem die Parteien aus allen Zonen Vertreter entsenden sollten. Aber aus den Westzonen kamen nur Abgesandte der KPD. Aus dem Deutschen Volkskongreß, in dem schließlich 1949 außer der SED auch die »Blockparteien«, u. a. die *Christlich-Demokratische Union Deutschlands* (CDUD = Ost-CDU) und die *Liberal-demokratische*

Partei Deutschlands (LDPD), sowie die von der SED gelenkten Massenorganisationen (u. a. der *Freie Deutsche Gewerkschaftsbund*/FDGB und die *Freie Deutsche Jugend*/FDJ) saßen, ging der *Deutsche Volksrat* hervor. In einem seiner Fachausschüsse wurde unter der Leitung Otto Grotewohls (SED) die erste *Verfassung der DDR* ausgearbeitet.

Die Führer des Staates bezogen ihre Legitimität nicht vom ganzen Volk, sondern von der *Sozialistischen Einheitspartei* (SED). Die Einheitspartei war zunächst noch den Traditionen der alten Arbeiterparteien SPD und KPD verpflichtet gewesen. Viele ihrer Funktionäre hatten früher der KPD angehört, waren vor den Nazis geflüchtet oder von ihnen in Konzentrationslager und Zuchthäuser gebracht worden. Sie suchten in der SBZ sehr früh Verbindungen mit antifaschistischen Politikern anderer Parteien. Diese »Aktionseinheit«, die nach der Parteitheorie die »Kräfte der Arbeiterbewegung« sammeln und konzentrieren sollte, hatte ihren ersten großen Erfolg im Zusammenschluß von KPD und SPD zur SED (1946) zu verzeichnen. Vorsitzende wurden Wilhelm Pieck (ehemals KPD) und Otto Grotewohl (ehemals SPD). Den maßgebenden Einfluß in der SED übte jedoch die Sowjetführung aus. Die »Diktatur des Proletariats« war in der DDR wie in allen »Volksdemokratien« Mittel- und Südosteuropas in Wirklichkeit die Diktatur des Josef Stalin. Seit 1949 und verstärkt seit 1953 wurde die SED zur »Partei neuen Typus«, d. h. zu einer Kopie der KPdSU. Ihre Führer entzogen sich weitgehenden Reformen, und bis zu ihrem Untergang 1989 (SED-PDS Dez. 1989, Nachfolgerin *Partei des Demokratischen Sozialismus*/PDS seit Januar 1990) war die SED mehr als andere kommunistische Parteien im realen Sozialismus eine stalinistische Organisation.

Statthalter Stalins in den Gründungszeiten der DDR und einflußreichster Kopf in der SED-Führung war der Stellvertretende Parteivorsitzende Walter Ulbricht. Neben Adenauer ist Ulbricht der zweite Politiker, der die Nachkriegsgeschichte Deutschlands entscheidend mitbestimmt hat. Beide fühlten sie sich als Inhaber des jeweils besseren Konzeptes für die deutsche Einheit. Der eine war ein hartnäckiger Kommunist, der andere ein rheinisch-katholischer Liberaler, ein Anhänger des kapitalistischen Wirtschaftssystems und der parlamentarischen Demokratie. Beide waren Realpolitiker, der eine mehr ein Apparatschik der Sowjets, der andere eher ein Pragmatiker. Für ihren Deutschlandteil suchten sie bei ihren alliierten Schutzmächten das jeweils Optimale herauszuholen, wobei Adenauer im Westen gewiß einen größeren Spielraum hatte.

Adenauer wie Ulbricht waren im Kaiserreich geboren und erzogen worden – der eine als Polizistensohn, der andere als Arbeiterkind. Sie lernten von klein auf die unterschiedlichen Betrachtungsweisen des kaiserlich-deutschen Obrigkeitsstaates: der Beamtensohn aus der ordnenden Perspektive der Polizei, das Arbeiterkind aus der Sicht des kleingehaltenen Proletariats. Der eine wurde nach dem Ersten Weltkrieg selbstbewußter Oberbürgermeister von Köln, zeitweise auch Präsident des Preußischen Staatsrates; der andere erlernte das Tischlerhandwerk, trat in die SPD ein, nahm in Leipzig 1919 an der Gründungsversammlung der KPD teil und verstand sich als Revolutionär. Der rheinpreußische Kommunalbeamte Adenauer jedoch war alles andere als ein gehorsamer Untertan, und lange Zeit galt er als Separatist, der das Rheinland lieber bei Frankreich als bei Preußen gesehen hätte. Sein Leben lang sprach er rheinischen, »kölschen« Dialekt. Auch der »revolutionäre« Ulbricht konnte kein Hochdeutsch und näselte in breitem Sächsisch. Aber im Gegensatz zum aufrechten Adenauer hatte er vieles von einem Befehlsträger. Das mag mit seinen Erfahrungen der stalinistischen Praxis im Moskauer Exil zu tun gehabt haben – sicherlich jedoch auch mit seiner Herkunft. Ulbrichts Biographin Carola Stern nennt ihren »Helden« einen im Vergleich zu anderen »Vorstehern totalitärer und autoritärer Regime« langweiligen Mann. »Als Statthalter Stalins, als Parteichef und Staatratsvorsitzender hat sich Ulbricht in die deutsche Geschichte gebracht.« Die Geschicke der DDR bestimmte er von 1949 bis 1971.

Walter Ulbricht, am 30. Juni 1893 in Leipzig geboren, war von Jugend an Sozialist, besuchte die SPD-Parteischule, nahm am Ersten Weltkrieg teil, war zwischen 1920 und 1933 KPD-Politiker mit zahlreichen Funktionen in Mitteldeutschland. Er hielt sich zeitweise in Moskau auf, war Abgeordneter im sächsischen Landtag und schließlich im Reichstag. Seit 1927 gehörte Ulbricht dem Zentralkomitee der KPD an. 1933 emigrierte er zunächst nach Prag, dann nach Moskau.

Ulbricht war 1945 Stalins deutscher Mann der ersten Stunde. Mit neun weiteren Genossen landete er bereits vor der Kapitulation am 30. April 1945 auf deutschem Boden. Die Männer, die aus der russischen Maschine stiegen und unter dem Namen *»Gruppe Ulbricht«* bekannt wurden, waren der erste Kader sowjetisch-deutscher Macht. Sie sollten eine antifaschistische Front aus Kommunisten, Sozialdemokraten oder auch Angehörigen des ehemaligen *Zentrums,* der *Deutschen Demokratischen* oder der *Deutschen Volkspartei* bilden und Verwaltungen einrichten, vor allem in Berlin. »Die gesamte Tätigkeit der ›Gruppe Ulbricht‹ lief unter dem Motto ›antifaschistisch-demokratisch‹. Wir waren der festen Überzeugung, daß es auf längere Zeit hin keine antifaschistischen Organisationen geben werde, vor allem keine politischen Parteien«[50], schreibt Wolfgang Leonhard, damals Mitglied der Gruppe. Aber Anfang Juni 1945 mußten einige Genossen mit Ulbricht nach Moskau, um neue Direktiven von Stalin zu empfangen. Sie kamen mit der Weisung zurück nach Berlin, die *Kommunistische Partei Deutschlands* (KPD) wiederzugründen. Die *Sowjetische Militär-Administration* (SMAD) ließ auch die Gründung anderer politischer Parteien zu. Die Tätigkeit der »Gruppe Ulbricht« war zu Ende.

Ulbricht wurde nun der starke Mann im Zentralkomitee der neuen KPD. Er hatte die Aufgabe, sich mit »Sektierern« in der eigenen Partei auseinanderzusetzen. Das waren Genossen, die das Naziregime überlebt und, weitgehend von sowjetischen An- und Absichten unberührt, neue Formen sozialistischer Entwicklung propagierten, hier und da sogar gegen die Errichtung einer »Sowjetmacht« polemisierten. Sie sahen darin keinen Verstoß gegen die Parteidisziplin, da der alte Volksfrontgedanke ja wieder aufzuleben schien und die KPD zur Bildung einer Aktionseinheit antifaschistischer Kräfte aufrief, zu denen auch die neugegründeten demokratischen Parteien gehörten. Sie versammelten sich bereits im Juli 1945 im *Antifaschistischen Block* (KPD, SPD, CDU, LDPD, DBD) und bildeten eine »Einheitsfront«.

Nach der Fusion von KPD und SPD wurde die SED in den seit Sommer 1945 bestehenden Ländern Brandenburg, Mecklenburg, Sachsen, Sachsen-Anhalt und Thüringen von der SMAD zum Ausführungsorgan ihrer Anordnungen gemacht. In den Ländern hatte man bereits mit einer der Maßnahmen begonnen, die neben Entmilitarisierung, Entnazifizierung und »Entflechtung« der Industriekonzerne auch auf dem Programm anderer Alliierter gestanden hatte: mit der *Bodenreform.* Mit dem Slogan »Junkerland in Bauernhand« wurden die Landwirte zu Versammlungen einberufen und schließlich ein Gesetz der SMAD zur Enteignung der Großgrundbesitzer und zur Bodenreform in Kraft gesetzt. Anders als in den Westzonen begann in der SBZ bald auch die Vergesellschaftung der Wirtschaft. In Sachsen wurden nach einer Volksabstimmung bereits im Frühjahr 1946 45 Prozent der Industriekapazität verstaatlicht.

Im Juli 1950 wurde Ulbricht Generalsekretär der Partei (offizieller Titel seit 1953: »Erster Sekretär des Zentralkomitees der SED«). Das Amt des Vorsitzenden war abgeschafft worden. Die SED war nun ganz die »Partei neuen Typus«. »Von nun galt überall die Parole ›Von der Sowjetunion lernen – heißt siegen lernen‹«, schreibt Carola Stern.[51] »Parteimitglieder und Funktionäre, die nicht bereit waren, sich ohne Widerspruch der Bolschewisierung zu beugen und den abstoßenden Kult um die Sowjetunion und Stalin mitzumachen, wurden aus ihren Ämtern und aus der Partei verdrängt. Das galt besonders für viele Sozialdemokraten . . . Eine neue Funktionärsgarnitur trat in den Vordergrund: Organisationsspezialisten, selbständiger Ideen unfähig, aber deswegen um so eher bereit, als disziplinierte Befehlsempfänger und -ausführer zu arbeiten; Funktionäre ohne persönliches Format, aber mit Sinn für Macht und Taktik, ohne moralische Skrupel, aber willens, ein außergewöhnliches Arbeitspensum zu bewältigen und ihr persönliches Leben den Parteipflichten unterzuordnen.«

Der von Carola Stern so beschriebene Funktionär trägt gewiß auch Züge, die bei einem »Technokraten« aus dem Westen zu finden sind. Doch ihm fehlte die Kritikfähigkeit, die zu dem dynamischen kapitalistischen Manager auch gehört, damit er erfolgreich ist. Die Parteistruktur garantierte die Kommandowirtschaft, Kritik an den Parteibeschlüssen war kaum möglich, auch nicht bei augenfälligen ökonomischen Fehlern. Der Funktionär wurde zum Garant der staatlichen und damit wirtschaftlichen und gesellschaftlichen Entwicklung in der DDR.

Die SED-Führung bestimmte die Richtlinien der Politik in der DDR – von Anfang an und fast bis zu ihrem Ende – oder führte sie aus, soweit sie von Moskau festgelegt waren. Die Entwicklung der DDR verlief zwar widersprüchlich, doch immer im Sinne eines straffen Zentralismus. Die Partei- und Staatsinstitutionen, die in der Geschichte der DDR zwischen 1949 und 1976 entstanden waren und immer wieder mit anderen Namen belegt wurden oder neue Kompetenzen erhielten, sind Legion. Einschneidende Beschlüsse der Vormacht UdSSR oder der SED, manchmal auch hervorragende Ereignisse veränderten Partei- oder Staatsstruktur der DDR öfter als in demokratischen Staaten. Die Auflösung der Länder (1952) markiert eine solche Strukturänderung; die Errichtung von 14 Bezirken an ihrer Stelle war nur die Konsequenz für den rigorosen Zentralismus, dem nun auch noch die äußeren Reste eines doch nur scheinbar vorhandenen Föderalismus geopfert wurden. Wenn die Länderkammer noch bis 1958 existierte, so hatte das eher verwaltungstechnische Gründe.

Die Zentralregierung dagegen wurde unermüdlich gestärkt. 1955 wurde die *Allgemeine Verteidigungspflicht* eingeführt, und 1960 ein *Nationaler Verteidigungsrat* eingesetzt. An die Spitze der DDR trat 1960 ein *Staatsrat,* zu dessen Vorsitzenden Walter Ulbricht gewählt wurde.

Bis in den Anfang der siebziger Jahre zieht sich der Umbau der Staatsspitze. Der *Ministerrat,* also die eigentliche Regierung, mußte Kompetenzen an den Staatsrat abgeben und war nach 1963 im wesentlichen mit Wirtschaftsfragen befaßt. Schließlich forderte Ulbricht auf dem VI. Parteitag 1967 eine *Sozialistische Verfassung,* die ausgearbeitet und seit Anfang 1968 zur »Volksaussprache« gebracht wurde. Nach einem Volksentscheid wurde sie am 9. April 1968 in Kraft gesetzt. Die Verfassung eines realsozialistischen Staates aber fixiert nicht das politische Leben[52], die neue DDR-Verfassung verlangte z. B. die freie und geheime Wahl der Volkskammerabgeordneten; sie fand de facto nicht statt, da jeder Wahlberechtigte aufgefordert war, seine Stimme offen abzugeben, um so die Solidarität zu Staat und Partei zu zeigen. Den Gang der Politik bestimmte die Parteispitze, nicht das Parlament.
Am 3. Mai 1971 wurde Ulbricht abgelöst. Als Erster Sekretär des ZK fungierte nun Erich Honecker, der 1972 die Funktionen des Staatsrates einschränkte: Der Ministerrat erhielt wieder Regierungsbefugnisse. 1974 wurde die sozialistische Verfassung revidiert. Der Begriff »deutsche Nation« war darin nicht mehr zu finden.
Doch all die vielen Veränderungen in Gesetz und Verwaltung, in Partei und Staat konnten das Grundübel in der DDR nicht beseitigen: die von Anfang an vorhandenen Probleme in Wirtschaft und Industrie und der dadurch verursachte niedrige Lebensstandard der Bevölkerung.

Widerstand und Unterdrückung

Der Ost-West-Konflikt hatte die äußere Isolierung der DDR herbeigeführt. Nicht nur die bewußt die Wirklichkeit verfälschende Propaganda, mehr vielleicht noch die nie abgebrochenen verwandtschaftlichen Beziehungen zur DDR-Bevölkerung sorgten besonders in der Bundesrepublik für das schlechte Ansehen der DDR. Die Entwicklung im Inneren, die rücksichtslose Unterdrückung SED-kontroverser Ansichten, vor allem aber der »harte Kurs« in der Wirtschaft trugen von Anfang an dazu bei, der DDR auch in anderen westlichen Staaten das negative Image zu verschaffen, das sie bis zu ihrem Ende behielt.
Die Bevölkerung versuchte, sich gegen den harten Kurs zu wehren. DDR-Regierung und SED-Führung waren durch den Tod Stalins (5. März 1953) verunsichert. Die Ergebenheitsadressen an den »tiefgründigen Forscher und kühnen Denker«, den »weisen Staatslenker«, den »anerkannten Führer der Weltfriedensfront«, den »genialen Feldherrn Generalissimus Stalin« verrieten ebenso wie die sklavisch an der Sowjetunion orientierte Politik den stalinistischen Kurs der DDR-Führung. Der »Aufbau des Sozialismus« war mit der Schwerindustrie vorangetrieben worden. Andere Wirtschaftssektoren wurden vernachlässigt. Um den Rückstand aufzuholen, hoffte Ulbricht, daß die Sowjetunion der DDR mit einer Finanzhilfe beistehen werde. Aber die Stalin-Nachfolger verweigerten sie mit der Begründung, der harte Kurs der Sozialisierung müsse gestoppt werden. Ulbricht stellte sich gegen die Moskauer Beschlüsse. Er setzte sich auch im Zentralkomitee der SED durch, das daraufhin eine Erhöhung

der Arbeitsnormen beschloß. Die Sowjetunion wies nun ihren Hohen Kommissar in Berlin an, den Deutschen eine Milderung des harten Kurses zu befehlen. Das ZK gehorchte. Die neue Politik sollte den Lebensstandard der Bevölkerung verbessern und die Rechtssicherheit erhöhen. Die rigide Besteuerung von selbständigen Handwerkern und Gewerbetreibenden sollte beseitigt, und sogar über die Einheit Deutschlands könnte wieder verhandelt werden.

Doch der »Neue Kurs« kam zu spät. Weder die Arbeiterschaft und schon gar nicht die übrige Bevölkerung hatten seit 1949 ein »sozialistisches Bewußtsein« entwickelt. Die Schere zwischen Versprechungen und Realität klaffte weit auseinander. Viele Arbeiter glaubten sich vom Stalinismus betrogen. Der DDR-Sozialismus war ihre Sache nicht. Die vor der Kursänderung befohlene Normerhöhung, die nicht so schnell rückgängig gemacht werden konnte, ließ das Faß überlaufen. Für die bisherigen Leistungen gab es nun weniger Lohn. Das traf die Arbeiter: Ihre Löhne waren bereits niedrig, die Versorgung mit Lebensmitteln war schlecht, Bekleidung rar, und es gab zu wenig Wohnungen. Die Normerhöhungen wirkten sich katastrophal aus. Große Teile der Industriearbeiterschaft fühlten sich ausgebeutet und begannen zu streiken.

Am 17. Juni 1953 begann der Aufstand der Arbeiter. Nur mit Hilfe sowjetischer Panzer konnte er schließlich erstickt werden. Die DDR-Regierung hatte zwar eine Niederlage erlitten, aber die Verhältnisse änderten sich nicht grundlegend. Das Echo im Westen war eisig. Die Bevölkerung in der Bundesrepublik war entsetzt. Nur den Propagandisten des Kalten Krieges kam das brutale Eingreifen der Sowjets recht: An eine Annäherung beider deutscher Staaten, so lautete ihr Fazit, war nun überhaupt nicht mehr zu denken. Die »Unmenschlichkeit des Unrechtssystems« wurde zu Recht angeprangert. Doch um die Toten und Verletzten wurden im Westen fast nur Krokodilstränen vergossen. Die Opfer stilisierte man zu Märtyrern der Freiheit, und den 17. Juni proklamierten die bundesdeutschen Parlamentarier zum »Tag der deutschen Einheit« (bis 1990, seither gilt der Vereinigungstag von DDR und BRD, der 3. Oktober, als Nationalfeiertag in der vereinigten Bundesrepublik Deutschland).

In der DDR wurden die Ereignisse heruntergespielt. Die »Faschisten« des Westens seien die Rädelsführer gewesen, ließ das ZK der SED verlauten. Aber es gab auch Selbstkritik: »Wenn Massen von Arbeitern die Partei nicht verstehen, ist die Partei schuld, nicht die Arbeiter.«[53] Immerhin wurden die Normerhöhungen gestrichen und soziale Maßnahmen beschlossen.

Walter Ulbricht blieb an der Macht. Er überlebte, weil einer der mächtigen Männer in der UdSSR nach Stalin, Lawrentij Pawlowitsch Berija, gestürzt und hingerichtet wurde (1953). Auf Berija hatte eine Fraktion im ZK unter Führung von Rudolf Herrnstadt und Wilhelm Zaisser gesetzt. Über Berija, den »Feind der Partei«, dem man vorwarf, den Kapitalismus gefördert zu haben, schreibt Carola Stern in ihrer Ulbricht-Biographie: »Seine Kompromißbereitschaft in der Deutschlandpolitik hätte zur Aufgabe der DDR führen können.«[54]

Diesen Vorwurf machte auch Ulbricht den Berija-Anhängern Zaisser und Herrnstadt im ZK. Sie wurden aus der SED ausgeschlossen. Als auch der sowjetische Ministerpräsident Malenkow, ebenfalls ein Befürworter des »Neuen Kurses« in der DDR, abtreten mußte (1955), war die Krisenzeit für Ulbricht vorüber. Er blieb sogar Staats- und Parteichef nach der berühmten Abrechnung Chruschtschows mit Stalin auf dem

XX. Parteitag der KPdSU (1956). Ulbricht applaudierte der Entstalinisierung. In der DDR habe es solche Auswüchse wie in der Sowjetunion nie gegeben, verkündete er. Also brauche man auch kein »Tauwetter« (so der Titel eines damals erschienen Romans von Ilja Ehrenburg), und als nach dem Ungarn-Aufstand (1956) einige Genossen und Bürger der DDR abermals aufbegehrten, gab Chruschtschow dem treuen Anhänger sowjetrussischer Interessen die Erlaubnis, mit ihnen abzurechnen.
Mitte der fünfziger Jahre fiel die »Harich-Gruppe« der »Säuberung« zum Opfer: Der Philosophieprofessor Wolfgang Harich war ein führender SED-Soziologe. Er war der Wortführer derer, die den »Dritten Weg« proklamierten. Diese Gruppe wollte einen Kommunismus ohne Stalinismus und zentralistische Herrschaftsstrukturen. Sie plädierten für einen demokratischen Weg zum Kommunismus, für einen »Sozialismus mit menschlichem Antlitz«. Aber die Theorie, die zu diesem Ziel führen sollte, war wenig konkret. Die Kritik erschöpfte sich an den Zuständen in der DDR. Ulbricht erkannte die Gefahr – zumal in Ungarn und Polen ähnliche »Störungen« des sozialistischen Alltags zu beobachten waren. Er ließ die »Abweichler« – und noch einige andere Gegner – vor Gericht stellen: Wolfgang Harich, Walter Janka, Heinz Zöger, Bernhard Steinberger, Manfred Hertwig, Gustav Just und Richard Wolf erhielten Zuchthausstrafen. Die Opposition gegen die SED-Führung war gebrochen.
Für viele DDR-Intellektuelle und SED-Genossen schien trotz dieser Erfahrungen die Möglichkeit noch immer gegeben, »die Partei von innen« zu »reformieren«. Sie wollten auf den Positionen des Marxismus-Leninismus bleiben, aber sie wollten weg vom Stalinismus. Der »Dritte Weg«, der Sozialismus mit menschlichem Antlitz, blieb ein Traum; dennoch wurde er auch nach 1989 in der DDR noch diskutiert.
Mit Aufmerksamkeit verfolgten Ulbricht und die Mitglieder von ZK und Politbüro der SED Ende der sechziger Jahre auch die Vorgänge in Polen und vor allem in der Tschechoslowakei. Mit dem Wunsch nach einer demokratischen Form des real existierenden Sozialismus hatte die Regierung in Prag eine offensichtlich erfolgversprechende Reformpolitik eingeleitet. Die SED-Führung sah jedoch die Konterrevolution am Werk. Sie stellte sich auf den Standpunkt der UdSSR, daß die Mitgliedstaaten des Warschauer Paktes nur über eine beschränkte Souveränität verfügten *(Breschnew-Doktrin),* und als sowjetische Truppen 1968 in die ČSSR einmarschierten, wurden sie unterstützt auch von Einheiten der Nationalen Volksarmee.
Auch in der DDR rührte sich wieder die Opposition (Robert Havemann u. a.). Aber eine sachliche Diskussion über die Vorteile des Prager Frühlings war ausgeschlossen. Der stalinistische Kurs Ulbrichts und der DDR-Führung ließ Änderungen im Sinne des Prager Frühlings nicht zu: Pressefreiheit, Ablehnung der sowjetischen Suprematie, Reisefreiheit, Dezentralisierung der Wirtschaft, Erhöhung des Lebensstandards, Mitsprache der Arbeitnehmer etc. etc. – all diese Reformen, die zum Teil in Prag bereits auf den Weg gebracht waren, waren für die DDR-Führung nicht akzeptabel.
Dennoch wurde auch in der DDR nach Wegen gesucht, systemimmanente Verbesserungen zu erreichen. »Das Dilemma der SED bestand darin«, schreibt Hermann Weber[55], »als führende Staatspartei die komplizierten Fragen einer modernen Industriegesellschaft bewältigen zu müssen, d. h. die Effektivität der Wirtschaft ständig zu steigern, aber gleichzeitig ihre politische Macht auszubauen und alle Bereiche der

Gesellschaft weiter unter Kontrolle zu halten. ... Mit immer neuen ›Forschungen‹ versuchte die SED-Führung dieser Gegensätze ›wissenschaftlich‹ Herr zu werden.« Trotz immenser Anstrengungen konnten diese Widersprüche unter Ulbricht ebensowenig aufgelöst werden wie später unter Honecker.
Walter Ulbricht starb am 1. August 1973. Er war ein treuer Diener der Sowjetregierungen. Unter seiner Führung entwickelte sich die DDR, der »erste Arbeiter- und Bauernstaat auf deutschem Boden«, zu einem stalinistischen Satelliten der Sowjetunion. Ulbricht hat damit, wie seine Biographin Carola Stern schreibt, »wie sonst nur noch Stalin den Kommunismus in Deutschland diskreditiert«[56].

Staat und Partei II: Erich Honecker

Wenn Bundesbürger in die DDR reisten – und das taten sie nach 1972 sehr viel häufiger als früher –, vernahmen sie eine Sprache, die ihnen auf weite Strecken unverständlich war. Manchmal schien es, als verständige man sich in der DDR mit Chiffren. Der Umgang mit der babylonischen Vielfalt von Namen und Abkürzungen und die Verständigung der Institutionen und Verwaltungen untereinander hatten das sprichwörtliche »Kaderwelsch« hervorgebracht. Diese Sprache wirkte fremd und künstlich, oft sogar komisch, besonders auf den Besucher aus der Bundesrepublik. PGH war eine Produktionsgenossenschaft des Handwerks, unter NÖS verstand man das »Neue Ökonomische System«, unter ÖSS das »Ökonomische System des Sozialismus«; jeder hatte eine »Perspektive«, der »Brigadier« war ein Vorarbeiter, ein kleines Fähnchen mit Hammer und Zirkel, das die Kinder bei Aufmärschen hochhielten, hatte man laut FDJ (Freie Deutsche Jugend) ein »Schwenkelement« zu nennen, und wenn man im Restaurant essen wollte, konnte man sich nicht einfach an einen leeren Tisch setzen, man wurde »plaziert«.
Die neue Sprache der deutschen sozialistischen Gesellschaft hatte natürlich auch zu tun mit dem Willen zur Abgrenzung. Von heute auf morgen war zwar kein neues Deutsch zu schaffen, aber im Umgang mit der Bundesrepublik und ihren Bewohnern sollten Sprachschöpfungen auch die Eigenständigkeit betonen. Dem Besucher aus der BRD konnten zwar die Augen nicht verbunden werden, die – im Vergleich zur BRD – wirtschaftliche Rückständigkeit begegnete ihm überall; aber die Sprache sollte die Instabilität der DDR verschleiern helfen. Erich Honecker, der neue Mann an der Spitze, wollte Instabilität und Unsicherheiten beseitigen: die Isolation der DDR in der Welt, die permanenten Wirtschaftskrisen, das mangelnde Selbstbewußtsein der DDR-Bürgerinnen und -Bürger.
Erich Honecker, Jahrgang 1912, war der Sohn eines Bergmanns aus Neunkirchen/Saar. Nach einer Dachdeckerlehre wurde er Mitglied (1929) und – nach dem Besuch der Lenin-Schule in Moskau – Funktionär der KPD (1930), seit 1931 als Sekretär des *Kommunistischen Jugendverbandes* (KJV) in verschiedenen Ländern des Deutschen Reiches. 1935 wurde er verhaftet und 1937 zu zehn Jahren Zuchthaus verurteilt. Bis 1945 war er in Brandenburg-Görden inhaftiert. Nach dem Krieg wurde er Vorsitzen-

der der FDJ (1946–1955) und kam ins ZK, später ins Politbüro der SED (1958). 1961 war Honecker mitverantwortlich für den Bau der Berliner Mauer.
Der Erste Sekretär des ZK der SED, Erich Honecker, hatte nach Ulbricht (1960–1973) und Willi Stoph (1973–1976) seit 1976 auch das Amt des Staatsratsvorsitzenden inne. Er war angetreten mit dem Ziel, die DDR endgültig von der Bundesrepublik zu lösen, sie zum »Ausland« zu machen. Er wußte, daß dies nur zu erreichen war, wenn der Lebensstandard erhöht und die Wirtschaft auf »Weltniveau« gebracht würde, wie man in der DDR sagte.
Die DDR war fest integriert in das System des *»Rates für gegenseitige Wirtschaftshilfe«* (COMECON), der die Wirtschaft des gesamten Ostblocks koordinierte. Die Industriekombinate der einzelnen »Volksdemokratien« wurden in deren Metropolen zentralistisch geleitet und unterlagen strengen Planungsgrundsätzen. Auch die in der DDR erzeugten Produkte wurden überwiegend im Ostblock abgesetzt.
Die Abhängigkeit der DDR-Wirtschaft vom COMECON verhinderte ein weitergehendes Engagement auf dem Weltmarkt. Im Gegensatz zu den übrigen Ostblockländern hatte die DDR allerdings weniger Devisenprobleme für ihre Importe. Die vielfältigen Finanzierungshilfen und Zahlungen durch die Bundesrepublik Deutschland halfen immer wieder, die Löcher zu stopfen.
Dennoch mußten Wege gefunden werden, die Bevölkerung über die Langsamkeit des sozialistischen Fortschritts hinwegzutrösten. Während der Lebensstandard in der BRD trotz Arbeitslosigkeit und gelegentlicher Krisentiefs stetig anstieg, stagnierte er in der DDR. Die Bevölkerung, durch Konsum von Westfernsehen bestens über die angenehmen Zustände beim Klassenfeind informiert, war nicht ausschließlich mit der Peitsche bei der Stange zu halten; es mußte auch gelegentlich Zuckerbrot geben. Vor allem Parteitage boten sich für solche Wohltaten an. Beim Marsch in den Sozialismus zeigte die SED-Führung den Weg, und sie bestimmte auch die Gangart der Parteien und Organisationen, deren Abgeordnete bis 1989 mit ihr in der Volkskammer saßen und die von der DDR-Bevölkerung nach dem *Antifaschistischen* (später *Demokratischen*) *Block* verächtlich »Blockflöten« genannt wurden. Die Blockparteien, ausgestattet mit finanziellen Mitteln und Verwaltungseinrichtungen, aber zu Wohlverhalten verpflichtet, hatten sich dem Trend anzupassen, den die SED vorgab.
Auf dem 9. Parteitag der SED 1976 wurde ein neues Parteiprogramm beschlossen. Es trug den Stempel des SED-Generalsekretärs Erich Honecker. Vieles war aus der Ulbricht-Ära hinübergerettet, manches neu formuliert worden. Die Führungsrollen von KPdSU und UdSSR wurden nicht angetastet, die DDR als Mitglied der »sozialistischen Staatengemeinschaft« blieb eng »um die Sowjetunion zusammengeschlossen«. Am wichtigsten war das Versprechen, das materielle Lebensniveau zu erhöhen. Mehr Wohnungen sollte es geben, eine »stabile Versorgung mit Konsumgütern« und die 40-Stunden-Woche. Ein Programm von Rationalisierungen wurde angekündigt, die Intensivierung der Produktion gefordert. Der SED-Vorsitzende prophezeite, »in den achtziger Jahren werde die DDR die ›entwickelte sozialistische Gesellschaft‹ gestalten und so die Voraussetzung ›für den allmählichen Übergang zum Kommunismus‹ schaffen«[57]. – Honeckers kühne Idee wurde nie realisiert. Um nur ein Beispiel herauszugreifen: Der Wohnungsbau, der für eine »entwickelte sozialistische Gesellschaft« unerläßlich scheint, brachte in den achtziger Jahren überwiegend Bruch zu-

stande. Bauexperten konstatierten nach der »Wende«, daß vordringlich die Neubauten saniert werden müßten: aus Kosten- und »Devisenbeschaffungsgründen« sei statt hochwertiger Installationen überwiegend »Plaste«, also einheimische Kunststofferzeugnisse aus Buna oder gar Gummidichtungen und Bleirohre aus alten Zeiten verwendet worden, die schneller verrotteten als hochwertiges Material aus dem Westen und gesundheitsschädlich waren.[58]

Überhaupt blieb der reale Sozialismus in der DDR weit hinter den humanitären Zielen zurück, die zur Verbesserung der Lage arbeitender Menschen von Marx und Engels in ihrer Philosophie des Historischen Materialismus einst gesteckt worden waren. Der DDR-Sozialismus ist über die Diktatur nicht hinausgekommen. Aber es war nicht die Diktatur eines Proletariats, das seine Ketten abgeschüttelt hatte, um eine bessere als die widersprüchliche und ungerechte kapitalistische Welt herbeizuführen. Über die aus der Revolution entstandene Diktatur des Proletariats sollten die Menschen in die Lage versetzt werden, ein Leben in Freiheit und Würde zu führen, durch sie sollte der Staat absterben und eine klassenlose Gesellschaft entstehen, in der jeder nach seinen Bedürfnissen leben könnte. So etwa lautete verkürzt die Botschaft von Karl Marx und Friedrich Engels, und das auch war der Geist des »Kommunistischen Manifests« von 1848. Die realsozialistischen Regierungen dagegen waren Despotien, in denen Funktionärseliten, die »Kader«, wie Lenin es vorgeschlagen und Stalin es angeordnet hatte, nach sowjetischem Vorbild herrschten. Nirgendwo ist der humanistische Anspruch des Historischen Materialismus so mit Füßen getreten worden wie in der Sowjetunion und den in ihrem Machtbereich liegenden Ländern des Realsozialismus.

Der SED-Staat entwickelte sich zu einer Karikatur des Sozialismus. Die kommunistische Perspektive verschwamm, die DDR-Ideologie spiegelte die graue Wirklichkeit des sozialistischen Alltags, die Klassiker des Sozialismus, die die Ideen von Marx und Engels kritisch weiterentwickelten, paßten nicht in den scholastischen DDR-Kanon, durften nicht gelesen werden. Antonio Gramsci gehört dazu, der italienische Theoretiker des Kommunismus, kritische Hochschullehrer wie Ernst Bloch oder Hans Mayer mußten bereits in den fünfziger und sechziger Jahren die Leipziger Universität verlassen. Die Führung der DDR war repressiv: Je problematischer die Lebensbedingungen wurden, um so härter griffen die Staatsorgane zu. Diese Art von Diktatur war nur noch Mittel zum Zweck, man kennt sie auch aus anderen Gegenden der Welt. Sie wurde offen praktiziert: von der SED-Elite, einer politischen Klasse besonderer Art. Eine makabre Rolle in diesem System spielte das *Ministerium für Staatssicherheit* (MfS), auch »Stasi« genannt, das im Sinne der Staatsführung die DDR-Bürger überwachte, bespitzelte, zu Spitzeln machte und dafür sorgte, daß jede Opposition im Keim erstickt und jede Kritik bestraft wurde.

Diese von Stalin initiierte Umgestaltung des Sozialismus zum terroristischen System sollte sich 1989 in den Volksdemokratien des sowjetisch beherrschten Europa als die hervorragende Todesursache des realen Sozialismus erweisen. Auch Erich Honecker und seine Führungscrew konnten die inneren Widersprüche des Systems nicht auflösen. Unter der Herrschaft des vorletzten Staatsratsvorsitzenden entfernte sich das Regierungssystem der DDR zunehmend von der gesellschaftlichen und ökonomischen Wirklichkeit. Die alten Genossen in Zentralkomitee und Politbüro hatten sich weit von der Basis entfernt. In greisenhaftem Starrsinn glaubten sie an die Entwicklung des Kommunismus, an den ewigen Fortbestand der DDR. Sie bemerkten offenbar nicht, daß der Kalte Krieg vom Westen längst gewonnen war, daß die Sowjetunion ihre Schutzfunktionen über die osteuropäischen Staaten und natürlich auch über ihre folgsame Tochter, die DDR, aufgeben würde. Die Politik Honeckers, so erfolgreich sie in den siebziger Jahren auch vielen erschienen war, mußte in eine Sackgasse führen, wenn die UdSSR ihre schützende Hand von ihr abzog. Aber das erkannten bis zum November 1989 auch im Westen nur wenige.

Der schöne Schein des sozialistischen Erfolgs

Unter Erich Honecker war die Deutsche Demokratische Republik ein von der Welt anerkannter Staat geworden. Die deutschen Gemeinsamkeiten wurden par ordre weiter reduziert, die deutsche Nation war aus der Verfassung verbannt. Aber bei allem Drang nach Ausgrenzung wußte die SED-Führung aber auch, daß auf diese Weise allein die völkerrechtliche Anerkennung ihres Staates nicht zu erreichen war. So betrieb Honecker eine Doppelstrategie: Er grenzte sein Land ab von der BRD, freundete sich aber mit der Entspannungspolitik an und ließ den *Grundlagenvertrag* mit der Bundesrepublik ausarbeiten. Er vermutete zu Recht, daß in der Verbesserung der Beziehungen mit der Bundesrepublik der Schlüssel für das seit Ulbrichts Zeiten höchste Ziel lag: die völkerrechtliche Anerkennung der DDR durch alle Staaten der Welt.
Die DDR war nach ihrer Gründung als Volksdemokratie fest in die von der Sowjetunion bestimmte Politik der Warschauer-Pakt-Staaten eingebunden. Ihr außenpolitischer Spielraum war begrenzt. Zunächst gelang es der DDR nur, zu den sozialistischen Staaten diplomatische Beziehungen aufzunehmen, so zu den meisten Ostblockstaaten; sie erkannten die DDR bereits 1949 an. Jugoslawien war 1957 das erste blockfreie Land, das mit der DDR diplomatische Vertreter austauschte, Kuba folgte 1963, fünfzehn Länder der »Dritten Welt« zwischen 1969 und 1971. Den ersten Staatsbesuch in einem nichtsozialistischen Land machte Ulbricht in Ägypten (1965). Erst nach der Unterzeichnung des Grundlagenvertrages zwischen DDR und BRD und der Aufnahme der beiden deutschen Staaten in die Vereinten Nationen (18. September 1973) wurde die DDR auch von anderen Ländern anerkannt.
Die wirtschaftlichen Leistungen während der Ulbricht-Ära waren angesichts der Widersprüche zwischen ökonomischen und politischen Anforderungen dennoch beeindruckend. Um von Westdeutschland, wo in der Vorkriegszeit die meisten derartigen Industrieanlagen konzentriert waren, unabhängig zu werden, mußte die Grundstoffindustrie ausgebaut werden. Der Primat der Schwerindustrie führte zwar zu erheblichen Versorgungslücken an Konsumwaren, war aber ein Grundstock für die Unabhängigkeit. Die DDR-Führung meldete die Errichtung neuer Industrieobjekte: das Eisenhüttenkombinat Ost, das aus sowjetischen Erzen 60 Prozent des Roheisens der DDR erzeugte, das Braunkohlenkombinat Schwarze Pumpe, Werftanlagen und ein

Überseehafen in Rostock. Anfang der siebziger Jahre rangierte die Republik innerhalb des COMECON auf Platz zwei und unter allen Industrienationen auf Platz zehn. Alles in allem, so konstatierte Hermann Weber 1985, war zu erkennen, »daß es der DDR-Führung im allgemeinen gelungen war, ein funktionierendes Wirtschaftssystem aufzubauen«[59].

Es gab Krisen, und nach dem Zusammenbruch der DDR wurde auch sichtbar, daß die industrielle Entwicklung trotz aller Anstrengungen rückständig geblieben war, daß Umweltprobleme ignoriert wurden, die Produktivität niedrig war und Innovationsschübe weitgehend fehlten. Weil die verschiedenen Pläne nicht voll erfüllt wurden, gab es auch Reformansätze: Zeitweise wurden in den sechziger Jahren die Zügel gelockert, so daß flexibler reagiert werden konnte (Neues Ökonomisches System) – aber das Hauptübel, die rigide Kommandowirtschaft, ließ bei den Werktätigen keine Initiative aufkommen.

Das galt analog auch für die Landwirtschaft. Die Umwandlung von der privatwirtschaftlichen zur sozialistischen Agrarverfassung war 1960 abgeschlossesn. Die erste Phase sozialistischer Landwirtschaftspolitik, die bereits 1945 mit der Bodenreform begonnen hatte, war vorüber. 1971 tauchte das Schlagwort von der »Sozialistischen Intensivierung« auf. Es bedeutete nichts anderes als die »maximale Steigerung der pflanzlichen und tierischen Agrarproduktion je Flächeneinheit« und die »Einführung industriemäßiger Produktionsmethoden durch Konzentration und Spezialisierung der landwirtschaftlichen Produktion«.[60] Die gesellschaftliche Konsequenz: Die Arbeit auf dem Lande wurde der in der Industrie angepaßt, die Produktivität sollte gesteigert, der Lebensstandard der Landarbeiter dem von Industriearbeitern angeglichen werden. Auf die ökologische Konsequenz kann man im nachhinein hinweisen: Durch Überdüngung und reichlichen Gebrauch von Pestiziden und Insektiziden wurden Böden und Grundwasser verdorben, durch Rationalisierung in den Ställen die artgerechte Haltung von Nutztieren abgeschafft, durch Behandlung mit Medikamenten die Fleischqualität gemindert. Was Umwelt oder Tierproduktion angeht, so ähneln sich also kapitalistische und sozialistische Methoden in der Agrarindustrie. Der »Agrar-Industrie-Komplex« der DDR unterschied sich in seiner Effizienz und in seinen gesellschaftlichen Komponenten von der BRD. Der Landarbeiter sollte ein »sozialistischer Bauer« werden, besser gebildet und dadurch rationaler als sein Vorfahr.

Doch der »sozialistische Mensch« blieb ein durchgehendes Defizit in der DDR. Nicht nur der Wirtschaftsaufschwung im Westen und ständiger Konsum von Westfernsehen bremsten seine Entwicklung. Auch die Methoden, von der SED vorgegeben, verprellten die meisten. Planwirtschaft, die bald zur Kommandowirtschaft wurde, und Kollektivierung der Landwirtschaft vertrieben die Bauern. Von 1945 bis zum 13. August 1961 verließen etwa 3,5 Millionen Menschen die SBZ und spätere DDR. Die meisten waren Personen in arbeitsfähigem Alter.

Allein in den Jahren 1952 und 1953 flohen 51437 Bauern (einschließlich Familienangehörigen) aus der DDR. Es waren oft die Eigentümer der ertragreichen Betriebe, die sich nach Westen absetzten, weil sie sich nicht der SED-Agrarpolitik unterwerfen wollten. Wirtschafts- und Ernährungsengpässe waren die Folge. Wollte sie nicht an Auszehrung zugrunde gehen, mußte die DDR die Fluchtbewegung stoppen. Regierung und Staatspartei verordneten Stacheldraht und Todesstreifen, ließen die Deut-

sche Demokratische Republik von scharfen Hunden bewachen und legten »Selbstschußanlagen« gegen »GV«, »Grenzverletzer«, Flüchtlinge an. Die Berliner Mauer krönte 1961 das Festungswerk gegen den inneren Feind, das eigene Volk.
Den Menschen blieb in den letzten dreißig Jahren ihrer Republik keine andere Möglichkeit, als sich in ihrem Staat einzurichten. Sie nahmen das Schlechte in Kauf: längere Arbeitszeiten als im Westen, geringere Bezahlung, Unterversorgung mit höherwertigen Lebensmitteln und Gütern des täglichen Bedarfs, weniger Urlaub, keine Auslandsreisen in den Westen. Die »Errungenschaften« durch den Sozialismus wogen diese Mängel nicht auf: Die Gleichberechtigung der Frauen löste nicht das Problem der Doppelbelastung durch Arbeit und Familie, das verbriefte »Recht auf Arbeit« führte zwar zur Vollbeschäftigung aber nicht zu einer effizienteren Wirtschaft; und familienrechtliche Freiheiten (Fristenlösung bei Abtreibung), Scheidung, reichlich Kindergartenplätze und Schulen wurden zwar als gesellschaftlicher Fortschritt empfunden, änderten aber wenig an der allgemeinen Unfreiheit des Individuums, unter der das DDR-Volk litt.

Kultur und Gesellschaft

Im Herbst 1976 gab es in Köln ein denkwürdiges Konzert. Der Ost-Berliner Liedermacher Wolf Biermann sang auf Einladung der Industriegewerkschaft Metall in der Bundesrepublik. Die DDR-Behörden hatten ihm – wider Erwarten – ein Ausreisevisum erteilt, obwohl Biermann, der 1953 von Hamburg in die DDR emigriert war, dort seit langem nicht mehr auftreten durfte. Er sang viele seiner inzwischen auf Platten im Bundesgebiet verbreiteten Lieder. Die Honecker-Regierung, die wohl gewußt hatte, welche Töne der Liedermacher in Köln von sich geben werde, wies ihn aus bzw. ließ ihn nicht mehr einreisen: er habe die DDR verunglimpft.
Der Fall Biermann führte unter Schriftstellern, Schauspielern und Intellektuellen zu Protesten. Dabei wurde deutlich, daß die SED keine Liberalisierung von Kunst und Kultur Ende der siebziger Jahre zulassen wollte. Aufs neue wurde bestätigt, daß es – wie in anderen sozialistischen Staaten – auch in der DDR eine starke Minderheit von Systemgegnern gab. Nicht nur Intellektuelle und Künstler protestierten, auch in der Bevölkerung waren kritische Stimmen zu hören. Die westdeutschen Massenmedien, seit dem Grundlagenvertrag und der Ost-West-Annäherung auch in Ost-Berlin vertreten, sorgten für Meinungsumfragen. – Experimente in der Wirtschaft sind für totalitäre Regime relativ ungefährlich; Kritik an der Parteiideologie kann tödlich sein. Wenn Hochschullehrer oder Literaten, Publizisten, Liedermacher oder Schauspieler sich in aller Öffentlichkeit gegen den Staat wenden, wird die Kultur zur Gefahr für das innere Gefüge der Diktatur. Die DDR-Führung war nie so gefestigt, daß sie diese Kritik ertragen konnte. Sie maßregelte die Kritiker durch Hausarrest (Havemann), belegte sie mit hohen Geldstrafen wegen »Devisenvergehen« (Stefan Heym) oder verweigerte ihnen das Heimatrecht (Sarah Kirsch, Biermann). Die Ruhe im Lande konnte sie auf diese Weise nur an der Oberfläche stabilisieren.

Die DDR-Gesellschaft hatte sich nach dem Mauerbau von 1961 gewandelt. Wissenschaftler konstatierten eine Annäherung an die Standards der westlichen Industrienationen, an ihr Konsumverhalten, ihren Leistungsdruck und Streß. Auf der anderen Seite schotteten die Menschen sich ab gegen die Dauer-Indoktrinierung der SED, zogen sich in ihr privates Leben zurück, zeigten aber auch ein Selbstbewußtsein, das sich von dem der Westdeutschen unterschied. Günter Gaus, der erste Ständige Vertreter der Bundesrepublik in Ostberlin, sprach von einer Nischen-Gesellschaft. In der Bundesrepublik verwechselten viele diese Haltung mit einer spezifischen DDR-Identität. Aber nach der Wende bestätigte sich, daß es sich dabei um eine Variation des »kleinbürgerlichen«, konservativ-mittelständischen Lebensideals handelte, das trotz Sozialismus in der DDR-Gesellschaft überleben konnte.

Die DDR verstand sich immer als Klassengesellschaft. An der Spitze stand die Arbeiterklasse, »die am höchsten organisierte, am engsten mit dem Volkseigentum verbundene Klasse, die durch ihre körperliche und geistige Arbeit in Industrie, Bauwirtschaft, Verkehrs-, Post- und Fernmeldewesen, in der Landwirtschaft und sonstigen Bereichen den größten Teil der materiellen Werte schafft« (ZK-Mitglied Kurt Hager 1971). Doch das war nicht die Wahrheit. Denn an der Spitze des Staates stand längst statt der Vertreter der Arbeiter eine neue Klasse der Funktionäre und Spezialisten. Diese Diktatur der SED-Elite durchdrang mit ihren Kadern Wirtschaft und Gesellschaft. Sie suchte das sozialistische Selbstbewußtsein zu vermitteln, das helfen sollte, den Abstand zur Bundesrepublik zu vergrößern und ein neues nationales Identitätsgefühl herbeizuführen.

Das sozialistische Selbstbewußtsein sollte in der Tradition des *Antifaschismus* stehen, der zur Staatsräson der DDR wurde. Der einzige »antifaschistische Staat« auf deutschem Boden, so die SED-Ideologie, sei die DDR. In ihren Grenzen seien Nationalsozialismus und Faschismus zwar überwunden, aber der Kampf dagegen dauere an, da der erste ausländische Nachbar im Westen, die Bundesrepublik Deutschland, noch immer ein Hort revanchistisch-faschistischer Machenschaften sei.

Doch das sozialistische Bewußtsein konnte sich in der DDR nur mühsam entwickeln. Für die meisten Menschen war die BRD kein richtiges Ausland. Zwar konnten nur die Menschen im Rentenalter die DDR legal verlassen; aber auch bei vielen Jüngeren war die Bundesrepublik die bessere deutsche Alternative. Künftige Historiker werden feststellen, ob es die demokratischen Freiheiten des Geistes, der Rede, der politischen Überzeugung waren, die 1989 schließlich den Massenexodus von DDR-Bürgern hervorriefen, die »Freiheit von Sozialismus« und »zur Entfaltung ökonomischer Möglichkeiten« im »Wirtschaftsparadies Bundesrepublik« mit Aussicht auf ein dickes Bankkonto – oder nur die Freiheit, reisen zu können, wohin man will.

Das sozialistische Bewußtsein jedenfalls zerstob 1989 wie ein Phantom. Die Vereinigung der beiden deutschen Staaten, vierzig Jahre lang als Utopie gehandelt, wurde Ende der achtziger Jahre zur gemeinsamen Ultima ratio der deutschen Parteien in Ost und West. Die Vermutung, die der Verfasser in der letzten Auflage dieses Buches 1979 äußerte, nach dreißig Jahren DDR gebe es noch zu viele Gemeinsamkeiten zwischen den Deutschen in Ost und West, erwies sich nach vierzig Jahren als richtig. »Trauen Sie keinem Deutschen, der Ihnen sagt, die nationale Frage sei gestorben«, soll Egon Bahr einmal gesagt haben. »Denn der ist entweder falsch oder dumm.«

Die Erhebung des Volkes 1989

Das waren die Hauptursachen, so konnte man nach der Wende lesen, die die DDR zu Fall gebracht hätten: rigorose Parteiherrschaft der SED und Diktatur einer Funktionärselite, Zentralismus, Technologiedefizite seit Beginn der achtziger Jahre (verpaßter Anschluß an die Entwicklung des Westens z. B. in der Elektronik) und damit verbundene Konkurrenzunfähigkeit auf den Weltmärkten, hohe Westverschuldung, veraltete zentrale Wirtschaftslenkung (»Kommandowirtschaft«), Reformunfähigkeit der nationalen und übernationalen Wirtschaftsinstanzen (COMECON), die Nichteinhaltung des »Sozialvertrages« zwischen Führung und Bevölkerung sowie die Aufkündigung der Garantie der Staatlichkeit durch die UdSSR und schließlich die unbewegliche Gerontokratie an der Spitze des Staates.

Die Ereignisse überstürzten sich erst 1989. Bis dahin verliefen die Staatsgeschäfte in der DDR relativ normal. Auffällig waren die höheren Zahlungen der Bundesrepublik an den deutschen Nachbarn: 1983 »fädelte« der bayerische Ministerpräsident Franz Josef Strauß einen Kreditvertrag über eine Milliarde DM ein (DDR-Verhandlungspartner war der Honecker-Vertraute und Staatssekretär Alexander Schalck-Golodkowski); die Pauschalleistungen im Post- und Fernmeldeverkehr wurden um 115 Mio. DM von 85 Mio. auf 200 Mio. DM angehoben. 1984 billigte die Regierung in Bonn einen weiteren Kredit von 950 Mio. DM. 1985: Erhöhung des »Swing« (zinsloser Überziehungskredit, den die BRD der DDR gewährte) um 250 Mio. DM von 600 Mio. auf 850 Mio. DM. 1988: Erhöhung der Transitpauschale zur Verbesserung des Verkehrs von der Bundesrepublik nach Westberlin um 335 Mio. DM von 525 auf 860 Mio. DM (allerdings sollte die Erhöhung erst ab 1990 fällig werden). Außerdem verdiente die DDR Millionen am Handel mit politischen Häftlingen, für deren Freilassung die Bundesregierung Kopfgelder zahlte. Diese »Finanzhilfen« durch die Bundesrepublik brachten meistens »Erleichterungen für die Menschen in der DDR« mit sich, wie die generalisierende Formel in den Medien hieß: 1983 Abbau von Selbstschußanlagen an der innerdeutschen Grenze; 1984 Erleichterungen im innerdeutschen Grenzverkehr; 1985 Räumung der Minenfelder an der innerdeutschen Grenze; 1986 Kulturabkommen zwischen BRD und DDR; 1987 neue Erleichterungen im Reise- und Postverkehr.

Auch das Verhältnis von Regierung zu Regierung war relativ entspannt: Im Dezember 1981 trafen sich Bundeskanzler Helmut Schmidt und Erich Honecker am Werbellinsee. 1986 kam Volkskammerpräsident Horst Sindermann nach Bonn (auf Einladung der SPD-Fraktion) und wurde auch von Bundeskanzler Kohl und anderen CDU-Politikern empfangen. Den Höhepunkt bildete der Staatsbesuch des Staatsratsvorsitzenden Erich Honecker vom 7. bis 11. September 1987 in Bonn.

Als DDR-Bürger in der Ständigen Vertretung der Bundesregierung in Ost-Berlin (1984) und in der BRD-Botschaft in Prag (1985) um Ausreise nachsuchten, kam es zu Verhandlungen zwischen den beiden deutschen Staaten. Die Ausreiseanträge der »Botschaftsflüchtlinge« sollten genehmigt werden. Die Beziehungen zwischen der CDU/CSU/FDP-Koalition hatten sich auf einem reserviert-freundlichen Niveau zwischen den beiden deutschen Regierungen eingespielt.

Dann verkündete Gorbatschow in der UdSSR den Reformkurs. Die DDR reagierte zurückhaltend. Das tägliche Leben verlief in den gewohnten Bahnen: 1986 wählten bei den Volkskammerwahlen fast alle die Einheitsliste, 99,94 Prozent der Wahlberechtigten. Dann aber gab es einige schwere Ausschreitungen: Am 7. Juni 1987 prügelte die Ostberliner Polizei Jugendliche in der Nähe des Brandenburger Tores nieder, die ein Rockkonzert am 300 Meter entfernten Reichstag in Westberlin verfolgen wollten, und zwei Tage später forderten rund 3000 Demonstranten »Unter den Linden« den Abriß von Stacheldraht und Mauer. Gorbatschow-Rufe sollen dabei laut geworden sein. Die Reaktion des SED-Staates war wie erwartet: Die Demonstrationen wurden gewaltsam aufgelöst. Auch bei einer Gedenkveranstaltung zum 69. Jahrestag der Ermordung von Rosa Luxemburg und Karl Liebknecht am 17. Januar 1988 verhaftete die Volkspolizei 120 Demonstranten. Einige wurden in die Bundesrepublik abgeschoben.[61] Schließlich kam es zu Protesten wegen Manipulationen der Behörden bei den Kommunalwahlen im Mai 1989.

Die stalinistische DDR suchte dem Druck der Moskauer Reformer auszuweichen. Im September 1988 traf Honecker mit Gorbatschow zusammen. Eine spürbare Kurskorrektur aber gab es nicht. Im Januar und März 1989 wurden in Leipzig wiederum Demonstrationen für mehr Demokratie und gegen Reisebeschränkungen von der Polizei gewaltsam aufgelöst. In den vornehmlich evangelischen Kirchengemeinden, die in den letzten Jahren zu Stätten des Protestes geworden waren, versammelten sich nun immer mehr Menschen, die der Führung ihres Staates entgegentraten. Doch die SED-Spitze reagierte noch immer nicht mit Reformen. Im Gegenteil: Ostentativ begrüßte sie das harte Eingreifen der KPCh, als es nach Demonstrationen auf dem »Platz des Himmlischen Friedens« in Peking zu einem blutigen Massaker gekommen war, und deutete damit an, daß es auch in der DDR weder Perestroika noch Glasnost geben werde.

Die Ereignisse überstürzten sich. In die bundesdeutschen Botschaften zu Prag und Budapest drangen immer mehr ausreisewillige DDR-Bürger ein. Die Ungarn ließen allein im August etwa 3000 »Republikflüchtlinge« über die »grüne Grenze« nach Österreich entkommen. In der Ostberliner Ständigen Vertretung der Bundesrepublik wuchs die Zahl der »Botschaftsflüchtlinge« so, daß sie zeitweilig geschlossen werden mußte.

Am 11. September 1989 öffnete Ungarn als erstes sozialistisches Land seine Grenze zu Österreich. Der »Eiserne Vorhang« begann durchlässig zu werden.

Die DDR-Regierung war jetzt nicht mehr in der Lage, den Strom zurückzuleiten. Ihre Bürger stimmten mit den Füßen ab. Zehntausende meist junger Menschen verließen ihre Heimat, manchmal nur in der dünnen Freizeitkleidung des Sommers und mit Reisegepäck, Männer, Frauen und Kinder, weniger die Alten. Ab Oktober 1989 ergoß sich eine Flüchtlingsflut aus der DDR in die Bundesrepublik. Sonderzüge voller Flüchtlinge kamen aus Prag, wurden in Dresden gestoppt, wo weitere Ausreisewillige zuzusteigen versuchten und noch einmal mit Gewalt von der DDR-Macht daran gehindert wurden. Kolonnen von »Trabant«-Autos knatterten über Österreich in den Westen. Auch in Warschau bekamen über 600 DDR-Bürger, die sich in der bundesdeutschen Botschaft aufhielten, die Ausreisepapiere.

Am 20. Oktober 1989 wurde Erich Honecker von Egon Krenz abgelöst – der Staatsratsvorsitzende trat offiziell aus Gesundheitsgründen zurück. Honecker hatte sich im Sommer 1989 einer Gallenblasenoperation unterziehen müssen. Noch am 7. Oktober hatte er an der Seite eines versteinert blickenden Gorbatschow die Parade der Volksarmee zum vierzigjährigen Bestehen der Deutschen Demokratischen Republik abnehmen dürfen. Die Demonstrationen gegen den SED-Staat und seine Führung nahmen nicht ab. Aber am 9. Oktober 1989 schoß die versammelte Staatsmacht in Leipzig den wohl mächtigsten Protestmarsch nicht mehr zusammen. Das Einlenken kam zu spät, und auch ein neues Reisegesetz, das Freizügigkeit gestattete, griff nicht mehr. Am 9. November 1989 gab die Bundesregierung bekannt, daß fast eine Viertelmillion DDR-Bürger ihre Heimat verlassen hatte. Am gleichen Abend verkündete DDR-Regierungssprecher Günter Schabowski die Öffnung der Grenzübergänge nach Westberlin und zur Bundesrepublik Deutschland.

»Wer zu spät kommt, den bestraft das Leben« oder »Wir sind das Volk«

Es gab einige Diskussionen über die Frage, ob das Ende der SED-Herrschaft in der DDR durch eine friedliche Revolution des Volkes erreicht worden sei oder ob es nicht doch die Ereignisse in der Sowjetunion waren und die Vorgänge in Polen oder Ungarn, die zur Aufgabe der Macht zwangen. Für die Deutschen ist es schmeichelhaft, nach 1848 und 1918 endlich von einer Revolution sagen zu können, sie habe Erfolg gehabt *und* sie habe auch noch die fast ungeteilte Sympathie von rechts und links. Mut und Entschlossenheit hatten Zehntausende von DDR-Bürgern zum Widerstand auf die Straße getrieben. Sie setzten ihr Leben aufs Spiel in der Gewißheit, sich einer brutalen Staatsmacht gegenüberzusehen. Ihr Aufstand war gewaltlos, was ihnen nicht hoch genug angerechnet werden kann. Er wurde unblutig beendet, weil Armee und Polizei der DDR schließlich nicht mehr eingriffen. Der SED-Staat hatte den Rückhalt der Schutzmacht UdSSR verloren. Die Revolution des DDR-Volkes wäre sonst wohl ebenso blutig niedergeschlagen worden wie die Erhebungen von 1953 in Berlin, 1956 in Budapest oder 1968 in Prag. Auch die DDR-Regierung hatte einsehen müssen, daß der Kalte Krieg zu Ende war. Eine der beiden Supermächte hatte aufgegeben in dem zuletzt doch sehr ungleichen Kampf um die Vormacht auf der Welt. Die Sowjetunion wollte das Wettrüsten beenden, das ihre Ressourcen vernichtete, und sie wollte ihre Wirtschaft sanieren, die durch Fehlplanung, ineffiziente Bürokratie und Zwang nicht mehr funktionierte. Gorbatschow setzte sich das Ziel, das Leben der Sowjetmenschen lebenswert zu machen. Die Sowjetführung darf für sich beanspruchen, der sinnlos gewordenen Konkurrenz in dem unsinnigen Kalten Krieg ein Ende gesetzt zu haben.

Das Volk der DDR hatte die Repression seiner Führung ertragen, hatte gelebt und gearbeitet in Kommandowirtschaft und unter Bespitzelungen der unwürdigsten Art.

Es hat in einem Land leben müssen, das die Idee des Sozialismus desavouierte und pervertierte. Und doch haben aus diesem Leben so viele die Kraft gezogen, Widerstand zu leisten. Die friedlichen Freiheitskämpfer in der DDR gleichen nicht dem herkömmlichen Bild vom Revolutionär. Mit den aufständischen Bürgern der Französischen Revolution von 1789 haben sie 200 Jahre später eines gemeinsam: Sie lösten den Umsturz zum richtigen Zeitpunkt aus. Aber sie stürmten nicht die Bastille, um sich zu bewaffnen, sie legten keine Bomben und schossen nicht auf Menschen, auch nicht auf ihre Peiniger. Anfangs zündeten sie vor den Kirchen, die sie zu unbewaffneten Festungen des Widerstands gemacht hatten, Kerzen an. Dann gingen sie in langen Zügen, die eher Prozessionen glichen, durch die Straßen von Leipzig, Karl-Marx-Stadt oder Dresden. Sie ertrugen die zunächst noch knüppelnden Volkspolizisten. Schließlich forderten sie mit dem Ruf »Wir sind das Volk« die Freiheit, die ihre Führer ihnen so lange vorenthalten hatten. Die »herrschende Klasse«, die »Werktätigen« forderten ihre Macht als eigentlicher Souverän des Staates DDR. Oder, um ein von Marxisten gern gebrauchtes Zitat zu gebrauchen: Sie stellten ihren Staat vom Kopf auf die Füße.

Ihre Sprecher ähnelten eher Exoten: Wenn sie in den bundesrepublikanischen Medien auftraten, gaben sie sich bescheiden, dachten nach, bevor sie antworteten, verkündeten weder Binsenweisheiten noch große Programme. Im Gegensatz zu den Wortkaskaden, die Politiker aus BRD und DDR gleichermaßen von sich gaben, hörte man von ihnen keine leeren Worte, keine Platitüden. Manche wirkten erschreckend naiv, andere erstaunlich zerbrechlich. Vorsichtig formulierten sie ihre Ansichten, zurückhaltend, bescheiden. Würden sie den aalglatten Politikprofis aus dem Westen, die nun einfielen in die offen gewordene Republik, standhalten können? Jenen »Besserwessis«, denen es kaum oder nur mühsam gelang, den Triumph über einen Sieg zu verbergen, den sie nicht errungen hatten? Neben den DDR-Frauen und -Männern, die aus ihren konspirativen Wohnzimmern und den Gemeindesälen ihrer Kirchen auf die Straße gegangen waren und sich eher zurückhaltend äußerten, erschien die westliche Politikerprominenz deplaziert. Die Besitzergreifung der ostdeutschen Revolution durch den bundesrepublikanischen Polittourismus und die Berichterstattung des Fernsehens über die Vorgänge in der DDR wirkten peinlich. In dem Medienspektakel, das im Herbst 1989 über die Bildschirme flackerte, standen die Revolutionäre nicht sehr lange im Vordergrund. Die Namen ihrer Vereinigungen waren schnell bekannt geworden: »Demokratie jetzt«, »Neues Forum«, »Demokratischer Aufbruch«. Mancher Zuschauer aus dem Westen, der am heimischen Fernseher die endlosen Diskussionen, »Specials« oder »Brennpunkte« verfolgte, fürchtete um diese DDR-Elite: Sprechen so die Führer einer Revolution? Sie vertraten sehr glaubhaft ihre demokratische Gesinnung: die Malerin Bärbel Bohley und der Musiker Kurt Masur, die evangelischen Geistlichen Rainer Eppelmann, Manfred Stolpe oder Günter Krusche. Andere gerieten in die Strudel der Beschuldigungen und Verdächtigungen, gingen unter, tauchten wieder auf, bekamen die Verletzungen noch einmal zu spüren, die ihnen der Staatssicherheitsdienst beigebracht hatte, dem sie – vielleicht sogar in bester Absicht – gedient hatten.

Viele der später verdrängten oder nicht mehr »relevanten« politischen Köpfe fanden sich noch am »Runden Tisch«, einer typischen Einrichtung dieser merkwürdigen Revolution. Seit dem 7. Dezember 1989 ließen sich Vertreter der alten und neuen Organisationen in der DDR daran nieder. Neben der Volkskammer wurde der Runde Tisch zu einer Art zweiter Kammer und zum Debattierklub über den Bestand der DDR. Über eine neue Verfassung wurde ebenso diskutiert wie über einen »Dritten Weg« zwischen Kapitalismus und Sozialismus oder über die mögliche Vereinigung mit der Bundesrepublik.

Abgesang und Übergang

Es gab im Herbst 1989 viele, die die Deutsche Demokratische Republik am Leben erhalten wollten. Doch eine Mehrheit, die ihren Wohnsitz nicht nur im Osten hatte, bemühte sich um ihre Liquidation. Die noch existierende DDR war zum Tummelplatz politischer Eitelkeiten, mehr noch: sie war Zentrum deutscher Macht- und Einigungspolitik geworden.

Die Ankündigungen des neuen Staatsratsvorsitzenden Egon Krenz und des Vorsitzenden des Ministerrates Hans Modrow, die Staatlichkeit der DDR zu wahren, das Land zu reformieren, die Wirtschaft zu sanieren, aus dem realsozialistischen ein demokratisch-sozialistisches Land zu machen, waren schon deshalb irreal, weil beide hochrangige Angehörige des alten Regimes waren, weil man ihnen nicht glaubte und weil das »Volk«, der Souverän, die Diktatur der SED beendet hatte. Der SED-Staat brach folgerichtig 1989 de jure zusammen, seine Funktionäre zogen die Konsequenzen: Die Politbüro- und Zentralkomitee-Mitglieder traten am 2. Dezember zurück, der Staatsratsvorsitzende Egon Krenz resignierte am 6. Dezember. Die Sozialistische Einheitspartei nannte sich nun SED-PDS, seit Februar 1990 heißt sie nur noch PDS *(Partei des Demokratischen Sozialismus).*

Der letzte SED/PDS-Ministerpräsident, Hans Modrow, dem die Bevölkerung einige Sympathien entgegenbrachte, hatte kaum Chancen, das Ende der DDR hinauszuzögern. Dennoch brachte er seine Regierungszeit mit Anstand zu Ende. Die Vorbedingung für eine Übergangsregierung konnte gerade noch geschafft werden: die Trennung von Partei und Staat. Es gab jedoch Beschlüsse, die die »Abwicklung« der SED-Herrschaft auch für diejenigen erträglich machen sollte, die jahrzehntelang den Boden für Diktatur und Mißwirtschaft bereitet hatten. Diese Absicherungsmaßnahmen für ehemalige SED-Funktionäre wurden Modrow nicht allzusehr zum Vorwurf gemacht. Staatserhaltende Reformen aber, vor allem Wirtschafts- und Finanzreformen, konnte die Modrow-Regierung nicht auf den Weg bringen. Gewiß gab es Menschen, die für einen »Dritten Weg« zwischen Sozialismus und Kapitalismus plädierten. Aber sie waren in der Minderheit. Das Experiment war keine Alternative zur Sozialen Marktwirtschaft. Die zentrale Planwirtschaft hatte versagt, eine Zwischenform hätte erprobt werden müssen: Wer in der gebeutelten DDR-Bevölkerung hätte einer solchen Politik seine Zustimmung gegeben?

Ein anderes Problem packte die Modrow-Regierung nur zögernd an: die Auflösung des *Ministeriums für Staatssicherheit (Stasi).* Es nistete wie ein Krebsgeschwür im Körper der DDR. Mit Zorn und Erbitterung stürmten 1989/90 Tausende die Zentralen des Spitzelunternehmens, vernichteten Akten und das Mobiliar – aber das Stasi-System hatte überall Metastasen. »Seilschaften« bildeten sich, »Führungsoffiziere« lieferten Agenten, Mitarbeiter, Gewährsleute ans Messer: Ibrahim Böhme, Lothar de Maizière, Wolfgang Schnur zählten zu den prominentesten Opfern. Was sollte mit den Relikten der Stasi geschehen? Selbst der westdeutsche Bundeskanzler dachte halblaut über eine Amnestie von Stasi-Angehörigen nach, andere diskutierten, ob man die Akten vernichten, der Justiz zur Verfügung stellen oder nur archivieren solle. Enttarnt wurden durch sie Spione in der bundesdeutschen Verwaltung, in Ministerien und der Wirtschaft. 1991 war der Moloch Stasi noch nicht unter Kontrolle – und man muß fürchten, daß es noch lange so bleiben wird.

Das Leben in der DDR vom November 1989 bis zum März 1990 hatte chaotische Züge. Mit den kleinen Geschäftemachern und Ganoven, die nach dem Mauerfall in den »Wilden Osten« strömten, um für wenige DM-West das Land umzukrempeln, wären die DDR-Behörden vielleicht fertig geworden. In das entstehende wirtschaftliche Vakuum strömten aber auch seriöse westdeutsche Geschäftsleute. Sie sondierten das Terrain, engagierten sich in den Betrieben, die ihnen einst gehört hatten, oder steckten einfach nur ihre Claims für spätere Zeiten ab. Investitionen, gar großen Stils, gab es kaum. Die DDR-Administration wußte nicht, wie man mit diesen »Interessenten« umgehen sollte. Clevere Verwaltungsfunktionäre und Betriebsleiter boten ihre Kenntnis der Verhältnisse für spätere Dienste an. Die meisten Menschen in der DDR erwarteten wohl ein vereintes Deutschland.

Das euphemistische Wort Willy Brandts, daß nun zusammenwachsen müsse, was zusammengehöre, war bereits überholt, als es ausgesprochen wurde. Brandt mochte das ahnen. Denn die Politiker der westdeutschen Parteien füllten das politische Vakuum von Anfang an, die CDU an der Spitze. Sie hatte dabei einen unschätzbaren Vorteil: Sie konnte auf die intakte Verwaltung der Ost-CDU zurückgreifen, die nun wieder eine »Schwesterpartei« und keine »Blockflöte« mehr war. Energisch betrieb die gewendete CDU-Ost die Integration in die führende Koalitionspartei CDU-West – und es zahlte sich aus. Die CDU bildete mit dem Demokratischen Aufbruch und der Deutschen Sozialen Union (DSU, eine Art Schwesterpartei CSU des Ostens) die *Allianz für Deutschland* – und gewann die Volkskammerwahlen. Das Wahlbündnis hatte auf die noch immer vorhandenen nichtsozialistischen Konservativen, in erster Linie aber auf die nach ökonomischer Freiheit lechzenden Facharbeiter und die nationalistisch gesinnten DDR-Bürgerinnen und -Bürger gesetzt. Das nationalkonservative Konzept hatte gegriffen.

Die SPD hatte es auf längere Sicht schwerer, obwohl sie am Anfang eher geeignet erschien, eine »gewendete« DDR zu führen. Sie litt zwar am Trauma der Zwangsvereinigung mit der KPD zur SED 1946, hatte aber den besseren Zugang zu einem großen Teil der DDR-Bevölkerung, der für demokratischen Sozialismus und Soziale Marktwirtschaft gleichermaßen offen war. Oskar Lafontaine, der sozialdemokratische Kanzlerkandidat der BRD 1990, verschreckte trotz realistischer Finanzierungsprognosen das DDR-Volk bereits im Volkskammerwahlkampf mit seiner europabezogenen Politik, und Willy Brandt, der den Stellenwert nationalistisch-vaterländischer

Gefühle sehr wohl einzuschätzen wußte, konnte sich nicht gut gegen seinen Parteifreund wenden. So setzte sich die SPD (bis zum Parteitag im Januar 1990 SDP = *Sozialdemokratische Partei der DDR)* gegen den nationalistischen Kurs der CDU nicht durch.

Als die Stimmen zur Volkskammerwahl ausgezählt waren, hatte sich eigentlich nur eine Prognose erfüllt: Eine SED-Regierung würde es nicht mehr geben. Die anderen Voraussagen lagen ziemlich daneben: Die SPD, der viele den Sieg prophezeit hatten, konnte nur fünfeinhalb Prozent mehr Stimmen als die PDS für sich verbuchen.

Ergebnisse der Volkskammerwahlen zur DDR am 18. März 1990[62]

SPD	21,84 Prozent	87 Sitze
PDS	16,33 Prozent	65 Sitze
CDU	40,91 Prozent	164 Sitze
DA	0,92 Prozent	4 Sitze
DSU	6,32 Prozent	25 Sitze
Bündnis 90	2,90 Prozent	12 Sitze
Liberales Bündnis	5,28 Prozent	21 Sitze
Grüne/Frauen	1,96 Prozent	8 Sitze
Sonstige	3,57 Prozent	16 Sitze

Die CDU, die so unerwartet hoch gewonnen hatte, stellte den letzten DDR-Ministerpräsidenten: Lothar de Maizière. Von Anfang an waren es Lippenbekenntnisse, wenn er für die Erhaltung der DDR eintrat. Aus dem Wahlergebnis war nicht klar herauszulesen, ob es eine überwältigende Mehrheit für die Einheit in der DDR gab. Aber daß man enger mit der Bundesrepublik verbunden sein, vor allem an ihrem Reichtum teilhaben wollte, darf wohl angenommen werden. Bereits zwei Monate später, am 18. Mai 1990, wurde der *Vertrag über die Schaffung einer Währungs-, Wirtschafts- und Sozialunion zwischen der Bundesrepublik Deutschland und der Deutschen Demokratischen Republik* unterzeichnet. Hinter dem Vertrag stand die breite Regierungskoalition des CDU-Ministerpräsidenten aus den Parteien des Wahlbündnisses zwischen CDU, DA und DSU, der auch die SPD beigetreten war.

Am 1. Juli 1990 trat der Vertrag in Kraft, die DDR-Bevölkerung bekam die D-Mark. Mit der Umstellung im Verhältnis 1:1 (für größere Guthaben war das Verhältnis 2:1 vorgesehen) hatte die DDR einen Teil ihrer Staatlichkeit bereits aufgegeben. Finanzpolitisch war die Aktion nicht unumstritten – so hatte der Bundesbankpräsident Karl Otto Pöhl schwerwiegende Bedenken, die er aber aus politischen Erwägungen schließlich zurückstellte. Die Bundesregierung erhoffte sich einen Stopp der Übersiedler, die zu Tausenden noch immer in den Westen strömten.

Treibende Kraft für den Beitritt der DDR zur Bundesrepublik Deutschland (also juristisch im Sinne des Grundgesetzes der ostdeutschen Länder gemäß Artikel 23) war der CDU-Vorsitzende und Bundeskanzler Helmut Kohl. Der große Taktierer war zum Strategen geworden: Im sommerlichen Rußland handelten Kohl und Außenminister Genscher mit Präsident Gorbatschow die Bedingungen für die Entlassung der DDR aus dem Machtbereich der UdSSR aus. Das Treffen dürfte als ein welthistorisches Datum in die Geschichte eingehen. Wieder einmal spielten Russen und Deutsche politisches Schicksal: wie 1812 in Tauroggen, wo das russisch-preußische Bündnis den Untergang Napoleons einleitete; wie in Rapallo 1922, als Deutschland und Sowjetrußland sich über die Ergebnisse des Ersten Weltkriegs verglichen, ohne daß die Westalliierten, die den Deutschen den Versailler Vertrag diktiert und die Sowjetrussen dazu gar nicht erst eingeladen hatten, von diesem Vergleich vorher erfahren hätten; wie schließlich 1939 in Moskau, wo Hitler seinen Außenminister Ribbentrop einen Nichtangriffsvertrag mit Stalin unterzeichnen ließ. Im Juli 1990 gab der sowjetische Präsident Gorbatschow die DDR zur Vereinigung mit der Bundesrepublik frei. Er benötigte die Westdeutschen als Partner zur Sanierung des eigenen Landes: Die beiden Staatsmänner der Bundesrepublik Deutschland, Kohl und Genscher, sagten Milliardenbeträge zu – für den Unterhalt der noch auf dem Territorium Ostdeutschlands verbleibenden Sowjetsoldaten, für den Bau von Wohnungen, in denen sie nach ihrer Rückführung in die Sowjetunion Unterkunft finden sollen, für die Sanierung der Sowjetwirtschaft. Für die Vereinigung opferte der Christdemokrat Kohl sogar einen bis dahin gewahrten völkerrechtlichen Grundsatz und vergrätzte seine Vertriebenenklientel: Mit der endgültigen Anerkennung der deutschen Ostgrenze an Oder und Neiße gab der Kanzler auch sämtliche heimlichen, inneren oder sonstigen Vorbehalte auf und akzeptierte endgültig den Verlust der 1945 vom Deutschen Reich abgetrennten Teile Pommerns sowie von Westpreußen, Schlesien, Ostpreußen und des Memelgebiets.

Die *Zwei-plus-Vier-Verhandlungen*, die Gespräche zwischen den vier Weltkrieg-II-Alliierten Frankreich, Großbritannien, USA und der UdSSR sowie BRD und DDR, welche die in der Bundesrepublik wie in der DDR eingeschränkte Souveränität beenden und alle Rechte und Verantwortlichkeiten der Alliierten aufheben sollten, kamen nun zügig voran. Sie wurden mit der Unterzeichnung des *Vertrages über die abschließende Regelung in bezug auf Deutschland* (12. September 1990) abgeschlossen. Die Urkunde mit dem merkwürdig unpathetischen Titel war eine Art Friedensvertrags-Ersatz. Parallel dazu liefen Verhandlungen über gesamtdeutsche freie Wahlen (*Vertrag zur Vorbereitung und Durchführung der ersten gesamtdeutschen Wahl des Deutschen Bundestages zwischen der Bundesrepublik Deutschland und der Deutschen Demokratischen Republik*, 3. August 1990) und schließlich über den Einigungsvertrag (*Vertrag zwischen der Bundesrepublik Deutschland und der Deutschen Demokratischen Republik über die Herstellung der Einheit Deutschlands*, 31. August 1990).

Seit dem 22. Juli 1990 gab es auf dem Territorium der DDR wieder eine föderative Struktur: Die Länder Brandenburg, Mecklenburg-Vorpommern, Sachsen, Sachsen-Anhalt und Thüringen wurden wiederhergestellt, und der Einheitsvertrag sah vor, Ost- und Westberlin zu einem eigenen Land Berlin zu vereinen. In der zweiten Septemberhälfte 1990 waren damit alle Voraussetzungen geschaffen, um die DDR auf-

zulösen. Die Volkskammer hatte einen entsprechenden Beschluß bereits am 23. August 1990 gefaßt.
»Mit dem Wirksamwerden des Beitritts der Deutschen Demokratischen Republik zur Bundesrepublik Deutschland gemäß Artikel 23 des Grundgesetzes am 3. Oktober 1990 werden die Länder Brandenburg, Mecklenburg-Vorpommern, Sachsen, Sachsen-Anhalt und Thüringen Länder der Bundesrepublik Deutschland.« So heißt es in Artikel 1 des *Vertrages zwischen der Bundesrepublik Deutschland und der Deutschen Demokratischen Republik über die Herstellung der Einheit Deutschlands – Einigungsvertrag.*
Fünfundvierzig Jahre nach dem Sieg der Alliierten über das Deutsche Reich gab es im Reichstag zu Berlin am 3. Oktober 1990 einen feierlichen Staatsakt aus diesem Anlaß.
Die Deutsche Demokratische Republik war in der Bundesrepublik Deutschland aufgegangen.

Ansichten einer deutschen Revolution

IX. Deutschland nach 1990

Einheit ohne Opfer?

Die erste gesamtdeutsche Bundestagswahl brachte der CDU/CSU-FDP-Koalition den erwarteten Sieg. Helmut Kohl (CDU) wurde erster Bundeskanzler des vereinigten Deutschland. Die SPD erlitt starke Verluste, die Grünen erlebten ein Debakel. Sie zogen nicht mehr ins Parlament. Hans Jochen Vogel (SPD) blieb Oppositionsführer, der unterlegene SPD-Kandidat, Ministerpräsident Oskar Lafontaine, ging zurück ins Saarland. Der letzte DDR-Ministerpräsident, Lothar de Maizière, kehrte nicht mehr in die Regierung Kohl-Genscher zurück. Zwischen der Vereinigung am 3. Oktober 1990 und der Bundestagswahl am 3. Dezember 1990 hatte Kohl einige DDR-Politiker als Minister »ohne Geschäftsbereich« in sein Kabinett geholt, unter ihnen auch de Maizière. Der aber war inzwischen der Zusammenarbeit mit der Stasi beschuldigt worden und für die Regierung nicht mehr tragbar.

Statt der 518 Abgeordneten im alten Bundestag saßen nun 656 im Bonner Parlament. Im *Wahlvertrag*, den die Bundesregierung mit der frei gewählten, der letzten DDR-Regierung noch geschlossen hatte, war eine Möglichkeit gegeben worden, die Fünf-Prozent-Klausel zu relativieren. Diese Bestimmung wurde vor dem Bundesverfassungsgericht angefochten. Das Gericht bestätigte die Fünf-Prozent-Klausel, ließ aber für die neuen Länder in der ersten Bundestagswahl eine Ausnahme zu. Auf diese Weise gelang es dem *Bündnis 90/Die Grünen* und der *PDS*, mit acht bzw. 17 Abgeordneten in den Bundestag einzuziehen.

Der gesamtdeutsche Staat hatte nun ein frei gewähltes Parlament. Aber noch immer herrschte die Regierungskoalition der alten Bundesrepublik aus CDU/CSU und FDP, und auch die Verfassung war im wesentlichen dieselbe geblieben – von einigen Korrekturen in Präambel und Artikeln des Grundgesetzes abgesehen, die durch die Vereinigung nötig geworden waren. Die Deutschen im Westen nahmen kaum Veränderungen wahr. Die kollektive Verwunderung über den raschen Untergang des DDR-Staates wich dem Gleichmut, mit dem die meisten schon in der alten Bundesrepublik dem politischen Alltag begegnet waren.

Auf den ersten Blick schien ja auch das meiste beim alten geblieben zu sein. Die gesamtdeutsche Politik wurde von den alten westdeutschen Parteien, Institutionen und

Politikern bestimmt. Es gab zwar ostdeutsche Bundestagsabgeordnete, auch eine Ministerin und Minister aus der ehemaligen DDR - aber die alten Bonner Garnituren und Mentalitäten beherrschten weiterhin die gesamtdeutsche Politik. Waren dies die Voraussetzungen, unter denen zusammenwächst, was zusammengehört?

Vielleicht hätte der Chronist einen anderen Eindruck gewonnen, wenn der erste gewählte gesamtdeutsche Bundestag sogleich in Berlin seine Tätigkeit aufgenommen hätte; wenn er den Reichstag oder gar den alten DDR-»Palast der Republik« zur Tagungsstätte erkoren hätte; wenn der Bundespräsident und die Regierung bereits 1991 nach Berlin umgezogen wären - wenn die Bonner Politik auf diese oder ähnliche Weise das Neue markiert hätte. Den ehemaligen DDR-Bürgern hätte dies vielleicht ein Gefühl von Nähe zum neuen Staat vermittelt, das Gefühl, jetzt Teil jener Gesellschaft zu sein, die sie vierzig Jahre lang fast ausschließlich nur durch Fernsehen und Rundfunk beobachten konnten - und in der zu leben sich die meisten so sehr gewünscht hatten. Es wird noch eine Weile dauern, bis eine distanzierte Beurteilung des gesellschaftlichen Verhaltens nach der deutschen Einigung möglich ist. Ohnehin entzieht sich der neue deutsche Staat zum jetzigen Zeitpunkt noch der historischen Betrachtung, entscheidende politische Prozesse haben erst begonnen. So können zwar Bonner Kontinuitäten verfolgt und Politik kommentiert, Entwicklungslinien aufgezeigt und Tendenzen entdeckt werden. Aber kaum kann aus diesem Anfang das gefiltert werden, was als Geschichte bleiben wird.

Der neue Abschnitt in der deutschen Geschichte begann also ziemlich nüchtern. Die CDU/CSU-FDP-Regierung schien mit der Erfüllung des *Einigungsvertrages* einem Sanierungskonzept zu folgen. Eine seiner schwerwiegenden Folgen war der Beschluß des schnellen Übergangs, der raschen Integration des DDR-Staates in die Bundesrepublik Deutschland. Die Koalition hatte sich auf den FDP-Wunsch geeinigt, sofort bundesdeutsches Recht in den neuen Ländern einzuführen, obwohl der westdeutsche Verhandlungsführer, Innenminister Schäuble (CDU), noch ein allmähliches Zusammenwachsen befürwortet hatte. Die Regierung hatte nun mit klassischen Integrationsproblemen zu kämpfen: Der Gang der Dinge in den *Fünf Neuen Ländern,* wie das Gebiet der ehemaligen DDR jetzt genannt wurde, mußte so schnell wie möglich nach rechtsstaatlichen Gesichtspunkten neu geregelt werden. Während die Sprecher der Regierung die Menschen in nationalem Überschwang als Deutsche im Hause der Deutschen begrüßten, rückten Verwaltungs-, Wirtschafts- und Politikfachleute aus dem Westen in die Amtsstuben des Ostens.

Mancher Bericht über diese »Invasion« liest sich wie die Geschichte der Besetzung eines annektierten feindlichen Territoriums. Es waren ja nicht nur die Verwaltungen eines totalitären Staates, an dessen Spitze alles geregelt und verfügt wurde, auf welche die fremden westlichen »Helfer« trafen. Es waren die Menschen in diesen Behörden, Gerichtssälen, Industriebüros mit ihren so ganz anderen Gewohnheiten und Denkweisen. Auch diese Geschichte der Empfindungen bei der Infiltration der alten Bundesrepublik Deutschland in den absterbenden Staatskörper der DDR wird später zu schreiben sein.

Die Grenzzäune, Todesstreifen, Wachtürme rings um die ehemalige DDR waren schnell beseitigt. Das Territorium Deutschlands reichte von Aachen bis Frankfurt an der Oder, von Görlitz bis Kehl am Rhein, von der Insel Rügen bis zum Bodensee. Der

Einigungsvertrag hatte Berlin zur Hauptstadt bestimmt. Die Bundestagsdebatte über die Frage, ob Berlin anstelle Bonns auch Regierungssitz werden sollte, drohte gelegentlich zu einer nationalistischen Veranstaltung abzugleiten. Ihr Ausgang war keineswegs vorauszusagen. Immerhin stimmte noch eine starke Minderheit für Bonn – sicherlich auch aus Gründen der Sparsamkeit. Im Zusammenhang mit den Kosten, die die deutsche Einheit insgesamt verursachen würde, entbrannte dann in der Öffentlichkeit eine andere Debatte. Im Bonner Regierungsviertel wurde noch kräftig gebaut – ein neuer Plenarsaal für den Bundestag war noch nicht bezogen. Der Umzugs-Diskurs ist auch im Frühjahr 1993 noch nicht abgeschlossen. Immer phantastischere Zahlen werden genannt. Zwei- bis dreistellige Milliardensummen würden ausgegeben sein, bis auch der letzte Möbelwagen ausgeladen wäre. Aber genau kennt wohl noch niemand die endgültige Summe.

Im Einigungsvertrag stand nahezu alles, was zur Verschmelzung der beiden deutschen Staaten staats- und völkerrechtlich für nötig erachtet wurde. In dürrem Juristendeutsch war formuliert, was die beiden Unterhändler, der Innenminister der Bundesrepublik, Wolfgang Schäuble, und der Staatssekretär bei der DDR-Regierung, Günther Krause, über des vereinigten Deutschland Zukunft im Sommer 1990 vereinbart hatten, was bei der Integration zu beachten sei und wie die DDR in die Bundesrepublik übergeführt werden sollte. Der Vertrag liest sich stellenweise wie das Diktat eines Käufers, der ein abgewirtschaftetes Unternehmen erwirbt – wobei freilich der Preis offen blieb. Gewiß: Die Menschen in der DDR sollten nach der Vereinigung in einem Rechtsstaat leben und – jeder nach seinen Fähigkeiten – Teilhaber werden am Überfluß der sozialen Marktwirtschaft. Aber welche Möglichkeiten der Vertrag vor allem den Ostdeutschen ließ, was es sie kosten würde, dieses so heiß ersehnte Westleben, an Mark und Pfennig auf der einen und an sozialer Befindlichkeit auf der anderen Seite – das lasen vermutlich nur die zwischen den Zeilen des Vertrages, die sich auf die Auslegung solcher Dokumente verstehen. Und von denen schwiegen diejenigen darüber, die in der Regierungsverantwortung standen und den Vertrag mitgestaltet und akzeptiert hatten. Wieviel Geld nötig sein würde, um die gesamtdeutsche Gesellschaft zu schaffen, die soziale Marktwirtschaft im Osten aufzubauen, die rechtsstaatliche Ordnung in den fünf neuen Ländern zu errichten – darüber gingen die Meinungen auseinander. Der Bundeskanzler verkündete noch lange nach seinem Wahlsieg im Dezember 1990, daß die Westdeutschen für die Einigung nicht extra zur Kasse gebeten würden – Steuererhöhungen kämen nicht in Frage. Einen Fond »Deutsche Einheit« werde es geben, mit dem die neuen Länder ihre Übergangskosten würden decken können; im Vertrag stehe geschrieben, wie sich diese Milliarden aus dem Steueraufkommen in die neuen Länder ergießen sollten. Dennoch mußten bald »Umbuchungen« vorgenommen werden: Mit Geldern der Rentenversicherung wurden z.B. seit 1991 Kosten für die Einheit gedeckt, verstärkt Kredite aufgenommen und außerordentliche Etats eröffnet. Propagandistisch begleitet wurden die Tricks des Finanzministers von vaterländischen Parolen. Die Regierung setzte auf das deutsche Nationalgefühl, auf die Solidarität zwischen Ost und West, auf den unternehmerischen Elan der deutschen Wirtschaft. Um ihre Zurückhaltung zu überwinden, wurden ihr Investitionshilfen und Zinssubventionen versprochen. Sie habe nun ja ganz neue Märkte, nicht nur in Ostdeutschland, sondern auch im ehemaligen Ostblock zu bedienen und daher Wachstum zu erwarten. Und natürlich rechnete der Kanzler mit den ehemaligen DDR-Bürgern und -Bürgerinnen, deren freigesetzte Eigeninitiative auch steigende Produktivität zur Folge haben werde. Der alte Spruch aus den Anfangszeiten der konservativ-liberalen Koalition war zu hören: Leistung wird sich wieder lohnen! – Doch jenes legendäre Wirtschaftswunder der fünfziger und sechziger Jahre schien sich in Ostdeutschland nicht zu wiederholen.

Oskar Lafontaine, der SPD-Kanzlerkandidat aus dem Saarland, hatte bereits im Wahlkampf 1990 anhand einiger Eckdaten vorgerechnet, daß die Einheit nicht ganz so billig zu haben und keineswegs aus dem laufenden Haushalt zu bezahlen sei. Doch erlitt er das Schicksal derer, die unbequeme Wahrheiten zum falschen Zeitpunkt unters Volk bringen: Vor allem die Wähler aus dem Osten glaubten lieber den Versprechungen Helmut Kohls als den Analysen Oskar Lafontaines, dem es auch noch an vaterländischer Gesinnung zu mangeln schien, weil er immerzu einem »europäischen« Deutschland das Wort redete. Dabei gab es anfangs sogar in der Koalition Bedenken gegen eine schnelle Übernahme der DM-Währung durch die DDR. Bis Anfang Februar 1990 hatte die Bundesregierung sie noch ausgeschlossen. Aber dann schwenkte der westdeutsche CDU-Parteivorsitzende und Bundeskanzler Kohl um: er versprach den DDR-Bürgern das heißersehnte Zahlungsmittel, und die CDU gewann mit Bravour die ersten freien Wahlen in der DDR.[64]

Lafontaine hatte bei seinen Prognosen noch nicht einmal die Kosten mitgerechnet, die dem vereinigten Deutschland in der »Völkergemeinschaft« erwachsen sollten, wie die Welt nach dem Ende des Sowjetimperiums genannt wurde. Nicht nur die finanzielle Einigungslast, sondern auch die Gelder, die zur Unterstützung der Alliierten im Golfkrieg fällig wurden, nahm Finanzminister Theo Waigel Anfang 1991 zum Anlaß, von Steuererhöhungen zu reden. Eine auf die Dauer eines Jahres begrenzte Sonderabgabe von zehn Prozent auf die Steuerschuld sollte die Kassen füllen – und natürlich komme der »Solidaritätszuschlag« dem Aufbau der neuen Länder zugute. Wie Kohl und Waigel es versprochen hatten, wurde die Sondersteuer 1992 auch wieder abgeschafft. Das erhöhte die Glaubwürdigkeit von Kanzler und Finanzminister in der Öffentlichkeit, paßte aber auch in ihr Kalkül. Zum 1. Januar 1993 sollte es nämlich wieder eine Steuererhöhung geben. Die Mehrwertsteuer mußte wegen der Anpassung an die EG-Norm um ein Prozent auf 15 Prozent angehoben werden.

Da die tatsächliche Höhe der Einigungskosten sicherlich schwer zu ermitteln gewesen wäre, schwieg man sich in der Regierungskoalition darüber aus. Als jeder bemerkte, daß Betriebsschließungen, Arbeitslosigkeit, Sozialkosten und dergleichen zunahmen und die Länderpolitiker im Osten immer mehr Geld forderten, mußte grundsätzlich über neue Finanzquellen gesprochen werden. Eine Zeitlang versuchten die Beamten von Wirtschaftsminister Jürgen Möllemann (FDP) und Finanzminister Theo Waigel (CSU) die Milliarden über eine Kürzung der Subventionen zu beschaffen – Möllemann wollte sogar sein Amt zur Verfügung stellen, wenn es nicht gelinge, erhebliche Subventionsmittel zu streichen. Aber er blieb Minister und eine nennenswerte Reduzierung der staatlichen Zuschüsse für Landwirtschaft, Bergbau, Stahlindustrie, Industrieforschung usw. gab es auch nicht. Der Bundeshaushalt wurde im wesentlichen durch erneute Kreditaufnahme ausgeglichen.

Die unklare Finanzpolitik rief die Kritiker auf den Plan. Die Steuervergünstigungen

Das deutsche Wochenende

DEUTSCHE WÄHRUNGS UNION 1990

Die D-Mark rollt in die DDR

Samstag, 30. Juni 1990 50 Pf

Bild

Mit Lokalteil!

UNABHÄNGIG · ÜBERPARTEILICH

Weizsäcker: Ich bin für Berlin

Franz gelobt Volle Pulle gegen die Tschechen

Der Traum vom Paradies

Der Mythos der Südsee auf dem Prüfstand — taz-special auf Seiten 21 – 27

Müll-Volksbegehren

Schlappe für Bayerns SPD und CSU — Seite 4

3 oder 5 %

Wahlqual — Seite 5

Währungsunion und die sexuelle Bedeutung des GELDES

TAGESTHEMA SEITE 2 & 3

die tageszeitung

SAMSTAG 30.JUNI 1990 TAZ ÜBERREGIONAL DM 1.50

DM-Day: Der Schein bestimmt das Bewußtsein

Die letzten chaotischen Tage der DDR / Am Sonntag Warteschlangen für den Empfang des neuen Geldes, am Montag erste Einkäufe auf Westmark-Basis / BRD-Minister lassen Ostberliner Kollegen Romberg abblitzen: Mehr Mittel gibt's nicht / Stationierungskosten der Roten Armee gesichert / Kapitalistische Konzerne halten sich mit Einstieg zurück / DDR-Regierung geht von 430.000 Arbeitslosen bis zum Jahresende aus / Entlassungen werden verzögert / Wie heiß

Eintritt ins Wirtschaftsparadies

für die Bürger der alten Bundesrepublik aus den beiden Reformen der christlich-liberalen Koalition (vgl. S. 718) waren bereits im Sommer 1991 wieder weitgehend rückgängig gemacht worden. Bundesbank und Wirtschaftswissenschaftler befürchteten Rezession und Inflation und was derartige Folgen einer fehlerhaften Wirtschafts- und Finanzpolitik mehr sind. Aber die Regierung änderte ihren Kurs kaum, setzte auf die Wirtschaft und baute weiterhin auf die nationale Solidarität der Deutschen. Damit setzte sie eine problematische Entwicklung in Gang.
Bereits der *Währungsvertrag* aus dem Jahre 1990 beruhte auf der Voraussetzung, daß Geld gleich Geld sei. Doch nichts unterschied sich so sehr wie die Deutsche Mark und die Mark der Deutschen Demokratischen Republik. Während das Geld im Westen frei konvertierbar und in aller Welt von höchstem Wert war, war die DDR-Mark eine Binnenwährung, eine Art Bezugschein, mit der der DDR-Bürger sich gerade vorrätige Waren beschaffen konnte. Hätte er seine DDR-Mark an einem westdeutschen Bankschalter eintauschen können, wären ihm vielleicht fünf Prozent des Wertes in DM-West geblieben. Dennoch wurde die Ostmark am 1. Juli 1990 in vielen Bereichen

(Löhne, Mieten, Renten, bei Bank- und Sparguthaben bis zu einer gewissen Höhe etc.) mit der DM-West gleichgesetzt bzw. im Verhältnis 2 zu 1 auf DM umgestellt. Das war riskant, aber politisch ohne Alternative: Hätte man den Deutschen im Osten das Westgeld verweigert, wäre es zur neuerlichen Massenflucht in den Westen gekommen.

Während der Wechsel zur DM bei den Ostdeutschen Beifall hervorrief, sollte sich der Übergang von der realsozialistischen Staatswirtschaft in eine Marktwirtschaft für sie schmerzlicher gestalten. Im DDR-System wurde jede wirtschaftliche Initiative von der politischen Zentrale geplant, angeordnet und überwacht. Das Geld spielte dabei überhaupt keine Rolle. In der Marktwirtschaft dagegen bestimmt das Geld und damit der Kredit den Lauf der Dinge: Der Unternehmer erhält nur Kredit, wenn er seinen Kreditgebern – das sind die Kapitaleigner (und damit auch die Sparer) – Erfolg, d.h. eine ordentliche Verzinsung versprechen kann. Die Marktwirtschaft funktioniert nur, wenn die Investoren genügend Geld von den Sparern bekommen, um Waren zu produzieren, die auf einem Markt mit Gewinn verkauft werden können.

Doch auch einen freien Markt gab es in der DDR nicht. Das COMECON, der Wirtschaftsverbund des sozialistischen Systems, der die internationalen wirtschaftlichen Beziehungen regelte, zerfiel mit dem Untergang des Sowjetimperiums sehr schnell. Selbst wenn die ehemals sozialistischen Staaten nach der Währungseinheit genügend Bedarf an ostdeutschen Waren gehabt hätten, selbst wenn es außer Lebensmittel-, Gebrauchsartikel- und Wochenmärkten dort einen Markt auch für alle anderen Güter und Dienstleistungen gegeben hätte – die ehemaligen Partner der DDR hätten nicht kaufen können, da sie die DM-Preise nicht bezahlen konnten.[65]

Zwischen Eigeninteresse und Solidarität

Es sind vor allem die Wirtschafts- und Finanzprobleme, die so schwer zu lösen sind. Die alte Bundesrepublik subventioniert die neuen Länder, und die nach Osten fließenden Geldströme dienen hauptsächlich zur Befriedigung des Konsums. Der Fond »Deutsche Einheit« (Infrastrukturmaßnahmen, Subventionen etc.), die Treuhandanstalt, Arbeitslosenunterstützung oder Arbeitsbeschaffungsmaßnahmen dienen als Kanalsysteme zur Deckung des finanziellen Bedarfs. Wieviel Geld auf welche Weise wohin fließt, ist schwer auszumachen, die Mitteilungen darüber sind sehr unterschiedlich, oft zufällig und manchmal deutlich interessengesteuert. Wieviele der Milliarden tatsächlich der wirtschaftlichen und gesellschaftlichen Erneuerung zugeführt und wieviele durch Sozialmaßnahmen oder Konsum verbraucht werden – darüber darf spekuliert werden.

Die Ostdeutschen jedenfalls bezahlten nach Währungseinheit und Vereinigung zunächst einmal mit dem Geld des (vornehmlich westlichen) Steuerzahlers die Waren, die größtenteils ebenfalls aus dem Westen kamen. Das hatte einen doppelt schädlichen Effekt: Der Import aus dem Westen verhinderte die Produktion gleichwertiger Waren in den neuen Ländern, und die Gewinne flossen an die Firmen aus der alten

Bundesrepublik zurück. Die vornehmlich westlichen Unternehmer investierten aber nur in geringem Maße ihre so gewonnenen Gewinne im Osten. Man kann daraus folgern, daß der Staat mit dem zur Verfügung gestellten Geld durch den Konsum der Ostdeutschen die (westlichen) Unternehmen subventionierte. Unter diesen Bedingungen kann der »Aufschwung Ost« nicht erfolgen. Er setzt eine verantwortungsbewußte Kooperation von Staat und Wirtschaft voraus. Neben der Bundesregierung verloren folgerichtig die westdeutschen Unternehmer an moralischer Glaubwürdigkeit. Dabei gelten doch gerade sie bei vielen Zeitgenossen als die großen Wundertäter, die die Ostwirtschaft schon wieder in Schwung bringen würden. Schließlich sei es ihnen ja auch gelungen, die alte westdeutsche Bundesrepublik zum reichsten Staat Europas zu machen. Und dürften sie als Garanten des marktwirtschaftlichen Systems nicht auch das Hauptverdienst am Sieg über den stalinistischen Sozialismus der SED beanspruchen? Richtig ist, daß das marktwirtschaftliche System mit seiner vor allem in Westdeutschland höchst effizienten sozialen Komponente (soziale Marktwirtschaft) dem Staatskommunismus der ehemaligen DDR überlegen war. Wenn die deutschen Unternehmer den wirtschaftlichen Aufbau der neuen Länder *und* den sozialen Frieden wirklich wollen, müssen sie darlegen, wo sie ihre beträchtlichen Gewinne in den Jahren 1990, 1991 und 1992 investierten. 1991 z.B. waren es 550,4 Milliarden DM. Im gleichen Jahr betrugen die Brutto-Investitionen in Ostdeutschland insgesamt knapp 75 Milliarden.[66]

Immerhin sind einige Industrieanlagen mit westlichem Kapital und Know-how, eben mit dem fast sprichwörtlichen deutschen unternehmerischen Elan, in kurzer Zeit auch zu erfolgreichen Betrieben aufgestiegen: Opel in Eisenach zum Beispiel oder die Zeiß-Werke in Jena, an deren Spitze Lothar Späth steht, der nicht ganz ohne Blessuren aus dem Amt geschiedene ehemalige Ministerpräsident von Baden-Württemberg (vgl. S. 741).

Die großen Investitionsschübe aber sind bisher ausgeblieben. Rechtsunsicherheit in Eigentumsfragen, fehlende Infrastrukturen, kein funktionierender Markt, heruntergewirtschaftete Fabrikanlagen, Umweltschäden in ungeahntem Maße und mit enormen Folgekosten, geringe Produktivität in den Betrieben und die an Westdeutschland orientierten Löhne werden 1993 von den Unternehmern noch immer als Ursache für ihre Zurückhaltung genannt. Die Voraussetzungen für die Marktwirtschaft seien in den neuen Ländern noch immer nicht gegeben. Dafür aber habe die Regierung den Boden zu bereiten. Dann erst gehe die Saat der Investitionen aus dem Westen auf. Hinter vorgehaltener Hand wird aber auch ein anderes Argument genannt: Mit dem Aufbau einer modernen Industrie in Ostdeutschland mache sich die westdeutsche Wirtschaft selbst Konkurrenz - eine nicht nur in Zeiten der Rezession bedenkenswerte Ansicht.

Eine Institution wird im Zusammenhang mit der ökonomischen Misere in Ostdeutschland zwischen 1990 und 1993 immer wieder genannt: die *Treuhandanstalt,* die bereits im Zuge der Währungseinheit zwischen BRD und DDR per DDR-Gesetz am 17. Juni 1990 gegründet worden war. Sie hatte den Auftrag, »die früheren volkseigenen Betriebe zu strukturieren und zu privatisieren« (Einigungsvertrag, Art. 25). Die Treuhand verwaltet seit 1990 das Staatsvermögen der DDR bzw. der ehemaligen DDR, die Kombinate und Produktionsgemeinschaften ebenso wie die »volkseigenen« Immobilien. Sie ist inzwischen eine Art kombinierter Konzern mit Investitionsbank geworden, die die Betriebsleitungen überwacht und mehr oder minder florierende ostdeutsche Unternehmen mit Krediten versorgt. Ihrem eigentlichen Auftrag, das ehemalige DDR-Staatseigentum zu verkaufen und in privaten Besitz zu überführen, also ein »Abwicklungsbetrieb« zu sein, hat sie in den drei Jahren ihres Bestehens nur teilweise erfüllt. Oft war sie gezwungen, das Unverkäufliche nicht zu liquidiren, sondern aus sozialpolitischen Gründen zu erhalten.

Das nun hat mit der »Solidarität« zu tun. Der Begriff wurde Anfang der neunziger Jahre in Regierungskreisen zum Modewort. Aber das rechte Solidaritätsgefühl konnte im vereinten Deutschland bisher nicht aufkommen. Wer sollte sich solidarisch zeigen mit wem? Die Ost- mit den Westdeutschen, »abgewickelte« DDR-Manager mit West-Kapitalisten, marxistische Hochschullehrer mit »bürgerlichen« West-Professoren, Ostmieter mit Hausbesitzern aus dem Westen, die ihr früheres Eigentum reklamierten? Solidarität setzt gemeinsame Interessen oder politische Ziele, die übereinstimmende soziale Lage voraus. Nicht einmal ein durchgehend positives deutsches Nationalgefühl existierte nach vierzig Jahren Trennung mehr. Solidarität kann nicht par ordre de Mufti hergestellt werden, wie der Bundeskanzler und andere meinten. Was so genannt und gefordert wird, ist in Wirklichkeit eine Umschreibung für die finanziellen Opfer, die den Westdeutschen für den Aufbau Ostdeutschlands abgefordert werden.

Statt Solidarität gibt es bisher eher Entfremdung. Auch zwischen den Tarifpartnern. In der von Wirtschaftsexperten vorausgesagten und tatsächlich im Frühjahr 1993 eingetretenen Rezession ist wohl jedem klar geworden, daß sich weder mit patriotischen Gefühlen noch mit staatlichen Finanzmaßnahmen allein der soziale Friede bewahren läßt. Auch in der neuen Bundesrepublik Deutschland stehen die ökonomischen Probleme in der Politik an hervorragender Stelle. Der Ministerpräsident von Sachsen, Kurt Biedenkopf, hat erkannt, welche Folgen ein Streik für die neuen Länder hätte. Als die Metallarbeitgeber den Tarifvertrag mit der IG Metall kündigten, weil eine 26prozentige Lohnerhöhung den Bestand der Betriebe gefährden würde, war damit die Angleichung der Ost- an die Westlöhne blockiert. Biedenkopf versuchte zu vermitteln. Er hatte keinen Erfolg. Die organisierten Metallarbeitgeber beharrten auf ihrer Kündigung, die IG Metall leitete die Urabstimmung ein: 90 Prozent der Arbeitnehmer der ostdeutschen Metall- und Elektroindustrie stimmten für den Arbeitskampf. Am 3. Mai 1993 begann der Streik im ehemaligen deutschen Arbeiter- und Bauernstaat.

Die Abwicklung

Im Einigungsvertrag wird die »Überführung oder Abwicklung« der untergegangenen DDR den Regierungen der neuen Länder zugewiesen. Für Industriekombinate, Landwirtschaftliche Produktionsgenossenschaften, Volkseigene Betriebe u. ä. bedeutet der Doppelbegriff Überführung in Privateigentum. Für Institutionen, von den staatlichen Behörden bis zu den Gerichten und Universitäten, bedeutet Überführung Demokratisierung und Integration in die Institutionenwelt der Bundesrepublik. Während das Wort »Überführung« zum kalten Wortschatz jedes Bürokraten gehört und weder im Osten noch im Westen besonders auffällt, drückt die Vokabel »Abwicklung« ein besonderes sozialpsychologisches Befinden in der ostdeutschen Gegenwart aus. Abwicklung heißt u.a. Prüfung, Auflösung, Umwandlung. Für den ehemaligen DDR-Bürger, der nicht in ein neues Amt übernommen wird, kann es aber auch Umlernen oder Entlassung, im schlimmsten Fall Arbeitslosigkeit bedeuten. Die Umwandlung des sozialistischen Staates, seines Verwaltungsapparates, seiner Wirtschaft, seiner Justiz oder seiner Lehranstalten in bundesrepublikanische Institutionen, die Übernahme der gesamten Rechts-, Staats- und Verwaltungsordnung der Bundesrepublik Deutschland hat zur Folge, daß die marxistisch-leninistische Praxis der DDR gegen parlamentarisch-demokratische und rechtsstaatliche Verfahrensweisen ausgetauscht wird. Dieser Prozeß, der unter westdeutscher Beteiligung in Gang gesetzt wurde, dauert an und ist sicherlich nötig. Doch weil sich im Gedächtnis der daran beteiligten Menschen auch scheinbare oder wirkliche Ungerechtigkeiten oder Verletzungen verankern, wird die Zeit der »Abwicklung« in der kollektiven Erinnerung Ostdeutschlands Spuren hinterlassen.

Die DDR-Vergangenheit wird auf spektakuläre Weise in der politischen Gegenwart immer wieder lebendig. Ein Bundestagsausschuß ist seit der Vereinigung bemüht, die Verbindungen des DDR-Devisenbeschaffers Schalck-Golodkowski mit Politikern der alten Bundesrepublik herauszufinden; illegale Handlungen werden vermutet, sind aber bisher nicht nachzuweisen. – Der ehemalige DDR-Staatsratsvorsitzende Erich Honecker war im Juli 1992 mehr oder minder freiwillig aus dem Exil in der Moskauer Botschaft Chiles zurückgekehrt, bei seiner Ankunft in Berlin verhaftet und in Untersuchungshaft genommen worden. Ein Berliner Gericht bemühte sich darum, ihm die Mitschuld am gemeinschaftlichen Totschlag in 49 und am versuchten Totschlag in 25 Fällen sowie Untreue und Vertrauensmißbrauch nachzuweisen. Nach einigen Verhandlungsmonaten wurde das Verfahren »aus humanitären Gründen« eingestellt. Der an Krebs erkrankte Honecker durfte zu Frau und Tochter nach Chile ausreisen. – Andere Prozesse wurden oder werden gegen ehemalige Soldaten der Grenztruppen geführt, die der Erschießung Flüchtender an der DDR-Staatsgrenze angeklagt sind. Auch ehemalige Minister, Angehörige des Ministeriums für Staatssicherheit sowie Politiker der SED wurden vor Gericht gestellt. In Leipzig sitzt seit April 1993 z.B. der ehemalige Vorsitzende des Ministerrates der »gewendeten« DDR und spätere Bundestagsabgeordnete der PDS, Hans Modrow, wegen Fälschung der letzten Kommunalwahl-Ergebnisse (1989) auf der Anklagebank.

Das rechtsstaatliche juristische Vorgehen ist zu begrüßen. Im Prozeßverlauf kann die eventuelle Schuld des einzelnen festgestellt werden, und der juristische Prozeß kann sogar politisch aufklärend wirken. Er schildert und benutzt in der Regel nur den politischen Hintergrund, um individuelle Schuld nachzuweisen. Es ist nicht die Aufgabe der Justiz, historische Prozesse darzustellen oder gar Urteile über die Geschichte zu fällen. Die Justiz kann also auch der Gesellschaft die Verarbeitung der Vergangenheit nicht abnehmen. Diese Erfahrung haben die Westdeutschen bereits nach 1945 mit der Entnazifizierung und den Prozessen gegen Nazi-Verbrecher machen müssen.

Eine weitere Form der »Abwicklung« ist die Beseitigung steingewordener Erinnerungen aus DDR-Zeiten. Im Gegensatz zu anderen Völkern im sowjetischen Machtbereich haben die sanften Revolutionäre der DDR nicht sofort die Denkmäler ihres Regimes gestürzt. Dies besorgen nun Kulturpolitiker des vereinten Deutschland. Über Lenin und Ernst Thälmann z. B. hat der Berliner Senat bereits entschieden, über Marx und Engels und den »Palast der Republik« in Ostberlin, der ehemaligen »Hauptstadt der DDR«, wird im Frühjahr 1993 noch nachgedacht. Experten prüfen, ob die Erinnerung an das »Unrechtsregime« wirklich durch solche steingewordenen Ungetüme wachgehalten werden solle. Sie fragen sich auch, ob es sich wirklich um Kunst handelt bei den monumentalen Zeugnissen der kommunistischen Vergangenheit oder ob man sie nicht besser als ideologischen Kitsch brandmarken und beseitigen solle. Andere meinen, sie verschandelten nur die Landschaft und müßten weg. Diese Argumente könnte man auch gegen Denkmäler Bismarcks oder des Hohenzollernkaisers Wilhelm II. anführen, die so manchen Demokraten an die dunkleren Seiten des deutschen Obrigkeitsstaates und an preußischen Militarismus erinnern; Kanzler und Kaiser aber genießen Standrecht in Deutschland. Man sollte auch die DDR-Denkmäler nicht alle in die Luft sprengen und auf die kritischen Stimmen hören. Sie geben zu bedenken, daß Berliner Mauer und Grenzbefestigungen keinen Anschauungsunterricht in Geschichte mehr geben können, weil sie bis auf geringe Reste bereits weggeräumt sind. Positive Gedanken an das stalinistische Regime würden die noch vorhandenen Denkmäler bei dem Betrachter ja doch nur selten auslösen. Schon eher könnten sie zum Nachdenken an die Verhältnisse im vordemokratischen Deutschland anregen, nicht nur an die in der DDR. Das Betrachten eines steinernen Marx oder Engels wäre ohnehin ein Akt bewußter Geschichtserfahrung. Auf diese Weise würden die historischen Persönlichkeiten, anders als ihre Schöpfer es sich dachten, zum Anschauungsmaterial kritischer staatsbürgerlicher Erziehung.

Krise und Politikverdrossenheit

Hans Dietrich Genscher trat am 17. Mai 1992 zurück. Achtzehn Jahre Amtszeit als Außenminister, davon zehn Jahre in der Koalition mit der CDU/CSU, seien genug – so die offizielle Begründung. Genschers Demission leitete eine Reihe von Regierungsumbildungen ein, die für die Krise von Koalition, Regierung und Kanzler bezeichnend sind.

Die Kür von Genschers Nachfolger gestaltete sich als Burleske. Nachdem die FDP-Spitze die neue Außenministerin Irmgard Schwaetzer der Presse bereits vorgestellt hatte, erhob sich in Partei und Fraktion erfolgreicher Protest: Die Parteioberen schickten Frau Schwaetzer wieder zurück ins Bundesbauministerium, Justizminister Klaus Kinkel wurde Außenminister. Das war nicht die einzige Peinlichkeit, die der FDP-Vorsitzende Otto Graf Lambsdorf aushalten mußte. Wirtschaftsminister Jürgen Möllemann, der im Kabinett seit Mai 1992 in der Nachfolge Genschers als »Vizekanzler« fungierte, trat wegen Verwandtenbegünstigung im Amt zur Jahreswende 1992/93 zurück.

Die Führungsschwäche Helmut Kohls ist im Frühjahr 1993 sicherlich auch auf die Koalitionsschwierigkeiten zurückzuführen. Die wechselnde Ministerriege in seinem Kabinett vermag kaum großes Vertrauen und Zuversicht in die Zukunft zu vermitteln. Aber die Hauptverantwortung trifft doch wohl den die Richtlinien der Politik bestimmenden Kanzler.

Die Konzeptionslosigkeit der Innenpolitik ist nicht mehr zu verbergen. Herausragendes Opfer ist der Sozialetat. Abbau, nicht – wie verkündet – Umbau und Reform des Sozialstaats ist zu verzeichnen, so z.B. bei der Diskussion um die Einführung der Pflegeversicherung, bei der zunehmenden Beteiligung der krankenversicherten Patienten an den Gesundheitskosten, bei den Arbeitsbeschaffungsmaßnahmen für Erwerbslose usw.: Das Gezänk um das »Föderale Konsolidierungsprogramm«, griffiger *Solidarpakt* zur Sanierung Ostdeutschlands genannt, beschäftigte die Öffentlichkeit monatelang. Zwar wurden zwischen SPD, den Länderregierungen und der Bundesregierung Vereinbarungen getroffen, doch werde der Pakt bald wieder obsolet, meint nicht nur Altbundeskanzler Helmut Schmidt. Die Übereinkunft ist brüchig. Nur die Regierungen von Bund und Ländern, die Koalitionsparteien sowie die SPD unterzeichneten die Abmachungen. Sie spielten sich sozusagen als Alleinrepräsentanten des Volkes auf. Gewerkschaften und Arbeitgeber haben nicht an den Beratungen teilgenommen, Vertreter der Kommunen fehlten ebenso wie die beiden anderen Bundestagsparteien PDS und Bündnis 90/Grüne oder die Bundesbank. Ob das, was verabredet wurde, wirklich greifen wird, hängt von den Steuereinnahmen ab, die in der Rezession 1993 um zweistellige Milliardenbeträge geringer ausfallen dürften. Täglich erfährt der Zeitgenosse im Frühjahr 1993 beängstigendere Zahlen: Allein die Neuverschuldung des Bundes dürfte bei 70 Milliarden Mark liegen.

In der *Asylantenfrage* sind die Meinungen in der Gesellschaft ebenso kontrovers wie in Regierung und Opposition. Fast sechs Millionen Ausländer lebten Ende 1991 in Deutschland, hinzu kamen die deutschstämmigen Aussiedler aus der ehemaligen Sowjetunion, aus Polen oder Rumänien. In den folgenden Jahren hielt der Zustrom an. Die Menschen beantragen politisches Asyl – und es muß ihnen gewährt werden, wenn sie politisch verfolgt sind. Aber sind auch alle politisch verfolgt? Oder kommen viele, weil sie in ihrer Heimat »nur« wirtschaftliche Not leiden? Wer entscheidet, wo politische Verfolgung anfängt? Es besteht kein Zweifel, daß Deutschland ein Einwanderungsland ist – aber entsprechende Gesetze existieren nicht. Statt dessen verabredeten Regierung und Oppositionspartei SPD eine Grundgesetzänderung zum Asylrecht. Sie könnte dem Ruf der Bundesrepublik Deutschland schaden, ein Staat größter Liberalität zu sein. Vor allem die Nachbarn an den Grenzen im Osten werden zu Bütteln deutscher Interessen gemacht – zu bezahlten Bütteln. Denn sie sollen die Menschen wieder »zurücknehmen«, die über ihr Territorium das Fluchtziel Bundesrepublik Deutschland erreicht haben und denen Asyl nicht gewährt wurde.

Unter *Arbeitslosigkeit* leiden die meisten Industrieländer, und die westliche Zweidrittelgesellschaft scheint sie hinzunehmen wie ein Gottesurteil. Dem deutschen Kapitalismus, der gegen alle Bedrohungen seiner gesellschaftlichen Position erfindungsreich reagierte und auch soziale Innovationen wie z.B. die Mitbestimmung akzeptierte, fällt zum Problem ebenso wenig ein wie Gewerkschaften und Politikern. Das Heer der Erwerbslosen steigt schneller als die Zahl der Asylbewerber. In der Hoch-

Zeit der wirtschaftlichen Rezession können beide schließlich zur Bedrohung des sozialen Friedens werden.
Wie kann man der steigenden Arbeitslosigkeit Herr werden? Mit Umverteilung der Arbeit, wie Gewerkschaften und Politiker fordern? Mit Kürzung der »übertrieben« hohen Löhne (Arbeitgeber) oder der Arbeitszeit (Gewerkschaften) oder der Abschaffung von Überstunden (Politiker)? Es gibt viele Vorschläge, kaum einer ist konsensfähig - und viele sind unrealistisch. Die Regierung allein kann das Problem nicht lösen. Das Management der Wirtschaft ist schon eher gefordert. Statt in größeren sozialen Zusammenhängen und vor allem innovativ zu denken, suchen die Unternehmer ihre Gewinne zu retten und fordern mit ihren Interessenvertretern und der FDP unisono Steuerabbau, Lohnkostenverringerung, Abbau von Arbeitsrechten, Nichteinführung der Pflegeversicherung etc. - nachzulesen in einem Zehnpunkteprogramm des FDP-Wirtschaftsministers Günter Rexrodt und einer Rede des Arbeitgeberfunktionärs Klaus Murmann vom 12. Mai 1993. Die Unternehmer investieren nicht in den Aufbau der Ostmärkte. Sie riskieren - wie die ostdeutschen Metallindustriellen im Frühjahr 1993 durch Kündigung der Tarifverträge - lieber den Streik und die Konfrontation mit Arbeitnehmern und Gesellschaft. Sie predigen »lean production« und meinen den Stellenabbau, »verschlanken« ihre Unternehmen, u. a. mit Hilfe mikroelektronischer Rationalisierungen, und sie »setzen« Millionen von Arbeitslosen »frei«. Wer aber soll diese »Freiheit« von Arbeit bezahlen? Es scheint, als gelte die Binsenweisheit nicht mehr, daß wirtschaftliche Stabilität und damit auch hohe Arbeitgebergewinne nur erzielt werden, wenn die Waren auf den Inlandsmärkten von gutverdienenden Verbrauchern und damit Arbeitnehmern auch gekauft werden können.
Vor allem beklagt die deutsche Industrie, den Anschluß an die internationale technische Entwicklung zu verlieren. Mit Vorliebe wird dabei als Beispiel die in der Bundesrepublik durch Gesetz eingeschränkte Entwicklung der Gentechnik genannt. Aber die Chemie schneidet im Vergleich mit anderen Branchen wie Maschinen- und Anlagebau, Eisen- und Stahl- oder der Automobilindustrie bei dem Verlust an Welthandelsanteilen noch glimpflich ab. Das Management der deutschen Wirtschaft entdeckt die Splitter in den Augen der anderen - die Balken in den eigenen: Managementfehler beim Ausbau von Produktpaletten, Einfallsreichtum beim Marketing sieht sie nicht. Sie reagiert auf solche Befunde statt erfindungsreich mit Innovationen eher mit restriktiven konservativen Mitteln und Schuldzuweisungen. Betriebe werden ins Ausland verlagert, weil zuhause die Lohnnebenkosten die Gewinne schmälern, draußen aber die Löhne niedriger sind. Den Arbeitnehmern und ihren Organisationen, den Gewerkschaften, wird die Verantwortung für die Rezession und die andauernden Konkurrenzschwächen auf den Auslandsmärkten zugeschoben.
Wichtig wäre, die durchaus nicht einseitigen Schuldzuweisungen zurückzustellen und die dafür genutzten finanziellen und geistigen Ressourcen zum Nachdenken zu verwenden. Dabei gerät die Bildungs- und Wissenschaftspolitik des Bundes ins Blickfeld. Kanzler Kohl scheint ihr kein großes Gewicht beizumessen, obwohl doch Vorschläge zur Beendigung der länger dauernden Krisen in der Bundesrepublik auch von den Universitäten und gutausgebildeten jungen Fachleuten kommen könnten. Vor allem über den Stellenwert der Arbeit in der Gesellschaft sollten sich alle Gedanken machen. Was bedeutet Arbeit für den einzelnen? Was passiert mit ihm, wenn er sie ver-

liert? Warum genügt es so vielen nicht, einen materiellen Ausgleich für den Arbeitsverlust zu bekommen, warum reagieren viele mit Krankheit, die der Gesellschaft auf andere Weise wiederum Kosten verursacht? Arbeit bestimmt den sozialen Rang des Menschen. Verliert er sie, verliert er einen Teil seines Lebens. Von einem grundsätzlichen Diskurs über den Rang von Arbeit und ihrer Veränderung in der computerisierten hochtechnisierten Gesellschaft ist nur bei Sozialwissenschaftlern, nicht aber unter den Tarifpartnern und Politikern viel zu hören. Doch allein Politik und Wirtschaft wären in der Lage, einen Dialog einzuleiten, neue Erkenntnisse aus Wissenschaft und unternehmerischer wie gewerkschaftlicher Praxis zu bündeln, den Menschen eine Perspektive zu eröffnen. Die Regulierung der gesellschaftlichen Kosten (Arbeitslosenunterstützung, Arbeitslosenhilfe, Sozialhilfe) durch die Regierung genügt nicht mehr. Die Regierung löst das Problem nicht, ja sie bürdet den größten Teil der Lasten auch noch den Arbeitnehmern auf – in der wohl irrigen Annahme, daß man mit höheren Verbrauchssteuern, Fürsorgeentzug, Konsumverzicht und Sparen eine moderne Marktgesellschaft in Gang halten könne.

Am Asylantenproblem und an der Arbeitslosigkeit scheiden sich die Geister in Deutschland; mehr als die Asylanten könnten die Arbeitslosen die innere Sicherheit gefährden. Erwerbslosigkeit trifft in der Hauptsache noch immer die weniger qualifizierten Arbeitskräfte, die Älteren, die Frauen. Wenn die Öffentliche Hand ihre Bedürfnisse nicht mehr befriedigen kann, stehen sie bald an der Schwelle zur Verarmung. Bereits jetzt werden sie zum Objekt der politischen extremen Rechten.

Der *Rechtsradikalismus* mit seinen diffusen nationalistischen und rassistischen Parolen infiziert gerade diejenigen, die sich von den demokratischen Parteien im Stich gelassen fühlen. Sie geben ihnen keine realistische Lebensperspektive. Die Armen beginnen, ihren Haß auf die noch Ärmeren zu übertragen, auf Asylanten, auf Ausländer – auch auf Behinderte oder (wieder) auf Juden. Hoyerswerda, Rostock, Hünxe, Mölln, die angezündete Baracke des Konzentrationslagers Sachsenhausen, die toten Türkinnen von Solingen – Namen, die für die schlimmsten Ausschreitungen stehen. Hier wurden »Neger platt gemacht«, »Ausländer aufgeklatscht« und wie die widerlichen rassistischen Parolen der jungen Rechten lauten. Frauen und Kinder wurden in ihren Wohnungen verletzt oder verbrannt, also ermordet. Zu oft hielt sich dabei das Ordnungs- und Verfassungsbewußtsein der Polizeihierarchie in Grenzen. Gewiß, es waren keine flächendeckenden Verbrechen, und die Mehrheit der demokratisch gesinnten Deutschen war nicht bereit, sie widerspruchslos hinzunehmen. Der Bundespräsident und die Politiker demonstrierten 1992 in Berlin. Hunderttausende bildeten Lichterketten, Veranstaltungen von Künstlern in allen Teilen Deutschlands folgten. Sie alle protestierten gegen Rechtsradikalismus und Ausländerhaß. Doch Protest allein ist keine Therapie. Wie der soziale Friede im vereinigten Deutschland gesichert werden kann, wie ausländische Menschen in unsere Gesellschaft integriert werden können, wie verhindert wird, daß die Kluft zwischen arm und reich immer größer wird, wie eine positivere Einstellung gegenüber Politik und Staat herbeizuführen ist – über diese Fragen wird in den nächsten Jahren zu debattieren sein, wenn der Krise und der Politikverdrossenheit Einhalt geboten werden soll.

Politikverdrossenheit ist auch Parteienverdrossenheit. Da die Parteien in der Bundes-

Theorie ...

Kundgebung gegen Ausländerhaß und Gewalt

republik Deutschland nach wie vor die Politik bestimmen, muß die Parteienlandschaft auch in diesem Kapitel besichtigt werden.
Der FDP-Politiker Möllemann soll einmal gesagt haben, daß es genüge, wenn zehn Prozent der deutschen Wähler für seine Partei stimmten. Dann sei sie immer in der Regierung. In der Tat: Die kleine Koalitionspartei FDP hat seit 1949 nahezu in jeder Regierung gesessen. »Waagscheißerle« hatte der erste Bundespräsident Theodor Heuss (FDP) die mehrheitsschaffende politische Kraft in vielen Bundesregierungen mit konservativer und sozialdemokratischer Führung einmal genannt. Neuerdings ist die Partei der Freien Demokraten für viele Deutsche der wahre Hort der Politikverdrossenheit. In der Außenpolitik ist der Glanz der Genscher-Ära längst verblaßt. Durch ihren zeitweiligen Vorsitzenden Genscher hatte die FDP mit großer Kompetenz eine Schlüsselposition der bundesdeutschen Politik besetzt. Genschers Nachfolger Klaus Kinkel kann diesen Eindruck nicht vermitteln. In der Innenpolitik gebärdet sich die kleine Partei nahezu reaktionär. Die Freien Demokraten setzen bei der Konsolidierung Deutschlands besonders stark auf den Abbau des Sozialstaates. Das hängt mit ihrer Klientel zusammen. Beamte, erfolgreiche Angestellte, vor allem aber

mittelständische Freiberufler und die Unternehmer bedürfen weder der Arbeitslosen- noch der Pflegeversicherung. Die FDP-Spitzenpolitiker – unter denen durchaus fähige Vertreter des Liberalismus sich befinden – fallen in der Öffentlichkeit dann auf, wenn sie für die Interessen der Wirtschaft und für den Umbau des Sozialstaates auf Kosten der Arbeitnehmer plädieren. Zur Weiterentwicklung des gesamtgesellschaftlichen Wohlbefindens im Sinne der *sozialen* Marktwirtschaft fällt den meisten FDP-Politikern nichts ein.
Auch die größte Oppositionspartei steckt Anfang 1993 in einer tiefen Krise. Björn Engholm, Ministerpräsident von Schleswig-Holstein, sollte nach dem Willen der Sozialdemokraten 1994 den konservativen Helmut Kohl als Bundeskanzler ablösen. Aber 1993 gab es ein Nachspiel zur Barschel-Affäre (vgl. S. 741). Der Kieler Sozialminister Günther Jansen (SPD) mußte zugeben, daß er dem tief in den Fall verstrickten und finanziell in Bedrängnis geratenen Gewährsmann Barschels, Reiner Pfeiffer, Geld »aus eigener Tasche« zugesteckt habe. Ein Untersuchungsausschuß sollte klären, ob Engholm von der Sache gewußt hat. Die Presse behauptete, daß er nicht immer und überall die Wahrheit gesagt habe. Engholm mußte eingestehen, daß er entge-

. . . und Praxis

Von Rechtsradikalen in Brand gesetztes Asylantenheim in Rostock gen früheren Behauptungen bereits vor dem Wahlabend 1987 von den Unternehmungen Barschels gegen ihn mehr gewußt hatte als er bisher zugab. Er zog die Konsequenzen. Am 3. Mai 1993 trat Björn Engholm von seinen Ämtern als SPD-Vorsitzender, Ministerpräsident von Schleswig-Holstein und als Kanzlerkandidat der SPD zurück.

Die Sozialdemokraten sind nicht nur in personeller Bedrängnis. Auch zur Regierungspolitik entwickelten Parteispitze und Bundestagsfraktion wenig Alternativen. Die Linke warf ihr deshalb zu große Kooperationsbereitschaft mit der Regierungskoalition vor. Prominente Genossen, unter ihnen Helmut Schmidt, boten der Führung hochmütig die Unterstützung der »alten Garde« an. Der Altbundeskanzler nannte Namen, u. a. Hans Matthöfer und Manfred Lahnstein, beide ehemalige SPD-Bundesminister und 1993 führende und erfolgreiche Wirtschaftsmanager. Die herablassenden Belehrungen des alten Exkanzlers setzten das Ansehen der SPD in der Öffentlichkeit nochmals herab. Dennoch änderten sie nichts an dem Gesamtbild der Partei: Die SPD ringt im Frühjahr 1993 nicht nur um einen neuen Parteivorsitzenden und um die Nominierung eines Kanzlerkandidaten – sie vermittelt auch kaum Perspektiven für eine neue in die Zukunft weisende Politik.

Zeitweise ist die Fraktionsgemeinschaft von CDU und CSU ebenfalls starken Belastungen ausgesetzt – nicht nur wegen des Parteivorsitzenden der CSU, Theo Waigel, der als Bundesfinanzminister eine eher bedauernswerte Rolle spielt – die er sich nach Meinung der liberaleren deutschen Presse jedoch selber zuzuschreiben habe. Affären blieben in der bayerischen Regierungspartei auch nach dem Tod Franz Josef Strauß' an der Tagesordnung. Max Streibl, der Ministerpräsident, hat mit der »Amigo«-Affäre seine Ablösung provoziert und zugleich einen Kampf um seine Nachfolge zwischen dem CSU-Vorsitzenden Theo Waigel und Innenminister Stoiber heraufbeschworen. Solche Ereignisse tragen zur Politikverdrossenheit selbst der CSU-gläubigen Bayern bei.

Ein Jahr vor der entscheidenden Bundestagswahl blicken die Deutschen daher um so aufmerksamer auf die Politiker der CDU. Ein an der Regelung der deutschen Einheit nicht unbeteiligtes Politikerpaar steht stellvertretend für Skandal und Erfolg: Verkehrsminister Günter Krause und Fraktionschef Wolfgang Schäuble. Während der eine von einem Skandal zum anderen taumelte und schließlich im Mai 1993 von seinem Amt zurücktreten mußte, verkörpert der andere die Kontinuität der CDU im Staat. Schäuble gilt 1993 als Alternative zu Helmut Kohl. Würde der durch ein Attentat für immer an den Rollstuhl gefesselte Fraktionsvorsitzende Bundeskanzler, so wäre mit einer Stärkung des konservativen Parteiflügels zu rechnen.

1993 ist die Krise auf dem Höhepunkt – die Krise der Wirtschaft, die Krise der Politik. Vielen Deutschen ist dies noch nicht bewußt geworden, doch die meisten glauben wohl nicht mehr an die alten Rezepte. Sie warten auf neue Ideen. Vielleicht müssen die Eliten des Staates sich doch dazu bequemen, ihre Vorstellungen zu überdenken und neue Theorien zu diskutieren. Perspektiven sind gefragt, Entwürfe für die Zukunft.

Deutschland in der Welt

Im August 1991 putschten Altkommunisten in Moskau gegen den sowjetischen Präsidenten Gorbatschow. Die ohnehin bis fast zur Ohnmacht geschwächte Supermacht drohte zu kollabieren. Boris Jelzin rettete seinen Gegner, leitete aber nach Beendigung der Unruhen die Auflösung der UdSSR ein: Gründung der *Gemeinschaft Unabhängiger Staaten* (GUS, 8. 12.) – elf ehemalige Sowjetrepubliken schlossen sich zu einem lockeren Staatenbund zusammen –, Rücktritt des sowjetischen Präsidenten Gorbatschow (25. 12.), Selbstauflösung des Obersten Sowjet (26. 12.). Die rote Fahne wurde vom Kreml geholt, die Union der Sozialistischen Sowjetrepubliken gab es nicht mehr, die »glorreiche Sowjetunion« war untergegangen.

Der Ost-West-Konflikt hatte nun zwar endgültig sein Ende gefunden, doch das Verschwinden der Sowjetunion beseitigte keines der großen internationalen Probleme. Vor allem in der Dritten Welt (Machtkämpfe, Bürgerkriege, Unterentwicklung, Hunger etc.), in den angrenzenden islamischen Staaten der GUS und in ihr selbst (Kampf zwischen gemäßigten Regierungen und Fundamentalisten, Vormachtkämpfe in den Ölregionen u.a.) war das Fehlen des internationalen Ordnungsfaktors Sowjetunion spürbar. Das globale Machtvakuum, das die Sowjetunion hinterlassen hatte, konnten die USA nicht nur wegen ihrer durch die Reagan-Administration geschwächten ökonomischen Lage nicht ausfüllen; als obersten Schiedsrichter wollten die wenigsten Staaten den amerikanischen Präsidenten sehen.

So fiel nun den Vereinten Nationen eine herausragende Rolle bei der Lösung von Weltkonflikten zu. Doch diese Rolle konnte nur Gewicht bekommen, wenn vor allem die Resolutionen des Sicherheitsrats als verbindliche Anordnungen für politische und militärische Aktionen angesehen würden. Die Probe aufs Exempel wurde 1990/91 gemacht: der Konflikt am Golf. Die übriggebliebene Weltmacht, die Vereinigten Staaten von Amerika, beanspruchte dabei seit Mitte 1990 ihren Rang als führende Ordnungsmacht im Auftrag der UNO. Nachdem der irakische Diktator Saddam Hussein das Emirat Kuwait hatte besetzen lassen, eskalierte der Konflikt bis zum *Golfkrieg* im Januar 1991. Da der Irak die Resolutionen des Sicherheitsrates nicht beachtete, wurden sie von den USA, unterstützt von einigen anderen Staaten, mit militärischen Mitteln exekutiert. Für das umfassende Engagement der USA war die Annexion Kuwaits durch Saddam sicherlich nicht das Hauptmotiv, eher schon die Bedrohung Israels durch irakische Raketen. Die Vereinigten Staaten und andere Industriestaaten mitsamt ihren arabischen Verbündeten sahen aber auch ihre ökonomischen und Vormacht-Interessen in der Golfregion gefährdet, zumal kleinere arabische Staaten dem Irak durchaus Sympathien entgegenbrachten. Der Golfkrieg war ebenso kurz wie grauenhaft. Die von den Amerikanern angeführten Luftwaffen der »Völkergemeinschaft« führten ihn nicht nur mit gezielten Spezialeinsätzen, sondern auch mit Flächenbombardements. Tausende von irakischen Soldaten und Zivilisten wurden verwundet, verstümmelt oder getötet. Als die Armee Saddam Husseins aus Kuwait vertrieben war, brannten die Ölfelder. Was die Bomben nicht schafften, vollendete der irakische Diktator mit dem Prinzip der Verbrannten Erde. Flora und Fauna großer Bereiche der Golfregion wurden zerstört.

Der Golfkrieg war ein erstes Beispiel für die globalen Auseinandersetzungen nach dem Ende des Kalten Krieges. In Deutschland protestierten Friedensbewegung und Umweltorganisationen: gegen den Krieg, gegen das Bombardement von Städten, in denen Zivilisten ums Leben kamen, gegen die Umweltzerstörung. »Kein Blut für Öl!« lautete eine der Parolen. Aber in Deutschland kam es auch zu weitergehenden Diskussionen. Wie sollte die gesamtdeutsche Bundesrepublik sich an der »Polizeiaktion« gegen den Irak beteiligen? War es jetzt, wo die »Völkergemeinschaft« einen Aggressor zur Ordnung rief, noch möglich, militärisch »neutral« zu bleiben, keine Kampfflugzeuge und Soldaten an den Golf zu schicken? Sollte in einem solchen Fall nicht auch der Krieg wieder ein Mittel der Politik sein in Deutschland?
Das Grundgesetz verbietet es der Bundeswehr, außer im Verteidigungsfall und eingebunden in das NATO-Bündnis, an Kampfhandlungen teilzunehmen. Diese Vorschrift wird von manchen Politikern als Einschränkung der Souveränität empfunden. Andere dagegen begrüßen sie als Schutz vor erneuten militärischen Aktionen Deutschlands, wie man sie aus dem Zweiten Weltkrieg kennt und an deren Grausamkeit man sich in aller Welt auch heute noch erinnert. Sicherlich hat die Bundeswehr in der langen Phase demokratischer Eingewöhnung kaum mehr Ähnlichkeiten mit ihren aggressiven Vorläufern. Dennoch übten sich die Bundesregierungen in Selbstbeschränkung. Nach dem Fall der Sowjetunion ist in Regierung und Gesellschaft die Meinung geteilt über die Frage, ob deutsche Soldaten wieder als Kampftruppen eingesetzt werden sollen, vor allem, wenn es um den Einsatz in Staaten geht, deren Territorien im Zweiten Weltkrieg von deutschen Truppen und Waffen-SS okkupiert oder Kampfgebiet gewesen waren.
Im Frühjahr 1993 verursachte der Streit um den Einsatz deutscher Soldaten in Krisen- und Kriegsgebieten fast einen Bruch der Koalition. Der die Richtlinien der Politik bestimmende CDU-Kanzler Kohl setzte einen Kabinettsbeschluß durch, deutsche Luftwaffensoldaten in international besetzten AWACS-Aufklärungsflugzeugen der NATO[67] bei der Exekution eines UNO-Beschlusses gegen Serbien Dienst tun zu lassen. Koalitionspartner FDP stellte den Beschluß sogleich in Frage. Er ließ durch seine Bundestagsfraktion beim Bundesverfassungsgericht eine Klage einreichen und beantragen, eine Einstweilige Verfügung gegen den Kabinettsbeschluß zu erlassen. In gleichem Sinne wie die FDP klagte auch die SPD. Das Gericht lehnte den Antrag auf Erlaß einer Einstweiligen Verfügung ab und gestattete es dem Kanzler und der einsatzbefürwortenden CDU/CSU, den deutschen Soldaten den Dienst in den NATO-AWACS-Aufklärern befehlen zu lassen. Es stellte aber ausdrücklich fest, daß das Problem damit nicht gelöst sei und der Einsatz deutscher Soldaten so lange nicht zur Staatspraxis werden dürfe, bis ein endgültiges Urteil gefällt sei. Offensichtlich hält sich die Regierung nur bedingt an die Weisung des Gerichts: denn strittig ist inzwischen auch ein UNO-Bundeswehr-Einsatz in Somalia.
Die Bundesregierungen früherer Zeiten mußten sich um den Einsatz ihrer Armee kaum Gedanken machen. Er war durch das Westbündnis geregelt, und diesen Regelungen lagen die Erfordernisse des Kalten Kriegs zugrunde. Die alte Bundesrepublik war stärker in das Westbündnis eingebunden als andere Atlantikpakt-Staaten, ihre Souveränität war eingeschränkt (vgl. S. 668 f.). Andererseits genoß sie als unmittelbar an den Eisernen Vorhang grenzendes Gebiet einen besonderen Status. Weil West-

deutschland nach 1945 ein bevorzugtes Interessengebiet der Vereinigten Staaten war, legten die USA Wert auf möglichst geordnete Verhältnisse im Inneren der Bundesrepublik. Die Amerikaner waren bereit, für diese innere Stabilität Westdeutschlands Leistungen zu erbringen. Ihre wirtschaftliche Stärke verdankt die Bundesrepublik u.a. dem Marshall-Plan, der ihr die Grundlage für ein relativ ungehindertes und stetiges Wachstum bescherte (vgl. S. 671 f.). Diese »Freundschaft« wurde nicht von allen Westdeutschen begrüßt, wohl aber von allen Bundesregierungen gepflegt – was der Bundesrepublik zwischen 1949 und 1989 einen hohen Stellenwert im außenpolitischen Kalkül der USA einbrachte. Die Bundesrepublik konnte diesen Rang seit der Ostpolitik Willy Brandts wegen ihrer Randlage und wegen der seitdem geknüpften diplomatischen Beziehungen zu den »Ostblock«-Staaten noch erhöhen. So war sie ein geschätzter Partner nicht nur im Westen, sondern auch im Geflecht der empfindlichen Beziehungen zum sowjetischen Osten – also sowohl zu den sozialistischen Staaten von der DDR über Polen, Ungarn, der ČSSR bis zu Rumänien und Bulgarien wie auch zur Sowjetunion selbst.
Während der Zerfallszeit des »Ostblocks« schien die Bundesrepublik als kleinerer, doch wirtschaftlich starker Partner des Westens den Staaten im Osten geeignet, eine besondere Rolle zu spielen. Nach der Wende wurden die Beziehungen stabilisiert, denn die Bundesregierung begann mit ihrer Politik der sicheren Grenzen (Anerkennung der Oder-Neiße-Linie, Verzicht auf ehemals deutsche Gebiete), auch die Altlasten des Zweiten Weltkriegs zu beseitigen. Indem sie damit innenpolitisch heikle Themen einer Lösung zuführte, schuf sie zugleich eine Basis für gute Nachbarschaft im Osten: Sie erkannte die territorialen Verluste von 1945 an und nahm die Vertreibung von Millionen Deutscher aus ihrer Heimat im östlichen Mitteleuropa hin. Die neue Ära deutscher Politik und Geschichte sollte ohne die Hypotheken beginnen, die das »Dritte Reich« hinterlassen hatte.
So bot sich die vereinigte Bundesrepublik Deutschland gegenüber den mittel- und osteuropäischen Staaten als zuverlässiger Partner an, zumal sie auch im Westen fest in Europäische Gemeinschaft und NATO integriert war. In der Euphorie der Wende hatte vor allem der Begriff *Europa* eine große Rolle gespielt. Die Völker im Osten sahen in Europa und der Europäischen Gemeinschaft das Dorado ihrer Zukunft. 1993 ist es um dieses Ziel wieder stiller geworden – obwohl ein neuer Schritt zur politischen Einheit getan wurde, auch in den Ländern der EG: Die Europäische Gemeinschaft hat sich zwar im Dezember 1991 in Maastricht verpflichtet, zur Jahrtausendwende die Währungs- und Finanzeinheit herbeizuführen. Doch diese Vereinbarung wurde in den einzelnen Ländern unterschiedlich aufgenommen. Die nationalen Eigeninteressen der EG-Staaten treten gelegentlich wieder deutlicher in den Vordergrund. Obwohl ein Vereinigtes Europa noch für viele der zahlreichen neu entstandenen Nationalstaaten wenigstens wirtschaftlich eine Verlockung ist: Die mittel- und südosteuropäische Wirklichkeit heißt Partikularismus. In Europa wird das Übel des Nationalismus mit allen Schrecklichkeiten wieder lebendig: Fremdenhaß und Ausgrenzung, Minderheitenverfolgung, Rassismus, Vergewaltigung, Mord und Totschlag (»Ethnifizierung«, wie der Völkermord in Jugoslawien genannt wird). Die Grenzen sind fließend. Toleranz wird zum Fremdwort.
Die Bundesregierung entschloß sich früh, die aus der Erbmasse des Sowjetimperiums

entstehenden Staaten diplomatisch anzuerkennen. Schwierig wurde die Situation Deutschlands, als sich die *Jugoslawien-Frage* zum europäischen Problem ausweitete. Der Konflikt berührte die Interessen der Europäischen Gemeinschaft zunächst nur indirekt. Bis zum Vorpreschen der Bundesrepublik in der Anerkennungsfrage versuchten EG und die *Konferenz für Sicherheit und Zusammenarbeit in Europa* (KSZE), unter den streitenden Parteien zu vermitteln. Dieser Versuch war mühsam und letztlich ziemlich erfolglos. Er zeigte, daß ein außenpolitischer Konsens in der Europäischen Gemeinschaft noch immer schwer zu erreichen ist.

Obwohl der jugoslawische Staat nicht zu vergleichen war mit den stalinistischen Systemen in der DDR oder in Rumänien, erwies sich die Umwandlung der kommunistischen Konföderation und deren serbisch dominierter Spitze in einen demokratischen pluralistischen Bundesstaat als nicht durchführbar. Wirtschaftliche Interessen sowie nationale und historische Vorbehalte standen dagegen, Konfessionsunterschiede und kulturelle Mentalitäten. Spätestens nach der Unabhängigkeitserklärung der Republiken Slowenien und Kroatien (Juni 1991) gab es de facto das alte Jugoslawien nicht mehr.

Prototypen des Zerfalls sind zwei auch im Frühjahr 1993 noch führende Politiker: der Serbe Slobodan Milošević und der Kroate Franjo Tudjman. Der eine überzeugter kommunistischer Polit-Technokrat, der den serbischen Nationalismus zum Treibmittel des Bürgerkriegs machte und mit dem Schlachtruf »Wo Serben leben, ist Serbien« unzählige Brandherde im ehemaligen Jugoslawien legte; der andere ein ehemaliger Partisanengeneral, der in den sechziger Jahren gegen Tito rebellierte, als Dissident im Gefängnis saß und sich anschließend als Historiker jahrelang auf die Führung der Nation Kroatien vorbereitete. Beide geschickte politische Taktiker, ausgestattet mit populistischen Begabungen, aber auch mit der unübersehbaren Neigung zu totalitären Regierungsmethoden.

Tudjman gelang es früh, mit der Bundesrepublik Deutschland eine Führungsmacht der Europäischen Gemeinschaft für die kroatische Sache zu gewinnen. Unter den Deutschen kam es deswegen zu teilweise erregten Debatten über das Verhalten der Bundesregierung. Von den jugoslawischen Gastarbeiter-Kolonien, die seit den sechziger Jahren in Deutschland entstanden waren, gingen propagandistische Impulse aus. Dabei waren ohne Zweifel die Kroaten am erfolgreichsten und gewannen große Teile der öffentlichen Meinung für sich. Seit den ersten Angriffen der serbisch dominierten jugoslawischen Volksarmee auf Slowenien und in Kroatien lebender Serben sowie serbischer Freischärler auf kroatische Miliz und Zivilbevölkerung im Frühsommer 1991 hatte der deutsche Außenminister Hans Dietrich Genscher die völkerrechtliche Anerkennung der Republiken Slowenien und Kroatien befürwortet. Er wurde unterstützt von großen Teilen der deutschen Medien. Auf den Vorschlag Genschers reagierten die USA und die EG-Partner Deutschlands äußerst zurückhaltend. Erst zum 15. Januar 1992 erfolgte die völkerrechtliche Anerkennung Kroatiens und Sloweniens durch die EG-Staaten.

Deutschland hatte damit nach langer Zeit wieder offensiv in die Weltpolitik eingegriffen – mit höchst zweifelhaftem Erfolg. Nicht allein der ehemalige Bundeskanzler Helmut Schmidt nannte es einen Fehler, daß Bonn sich »demonstrativ beeilt« habe, »die Republik Kroatien anzuerkennen und die anderen EG-Staaten dazu zu drängen«. Wer die Grenzziehung Kroatiens kenne und das Problem der Minderheiten in Kroatien und anderswo in Jugoslawien, der »mußte mit serbischen Angriffen auf den neuen Staat rechnen«. Obwohl in solchen Fällen prokroatische Sympathien verständlich seien, habe der deutsche Außenminister genau gewußt, »daß die Entsendung deutscher Truppen nicht in Betracht kam; seine Geste hat unerfüllbare Erwartungen geweckt und überdies die Befürchtung, das vereinigte, größere Deutschland wolle zukünftig eine eigene politische Rolle auf der Balkanhalbinsel spielen«.[68]

Deutschland 1993

Die beiden deutschen Staaten haben in den ersten Jahren nach der Vereinigung ihre Vergangenheit noch nicht verarbeiten können. Die Grenzen sind gefallen, aber neue, unsichtbare Trennungslinien verlaufen jetzt quer durch die deutsche Gesellschaft. Sie beeinflussen die Befindlichkeiten der Nation. Parlament und Regierung, Koalition und Opposition sind gebeutelt von den unterschiedlichen Interessen der gesellschaftlichen Gruppen, geplagt von der Politikverdrossenheit des Souveräns, des Volkes, erschüttert von Kabinettskrisen und Skandalen. Die Parteien, die doch den Anspruch erheben, die Politik zu gestalten, erschöpfen sich im Krisenmanagement des Alltäglichen. Arbeitgeberverbände und Gewerkschaften finden nur schwer zu Kompromissen in der Arbeitswelt. Kapital und Arbeit sind sich fremder denn je.

Das Selbstverständnis der neuen Bundesrepublik Deutschland ist noch nicht gefestigt. Ihren ökonomischen Platz in der Welt hat sie behalten: sie gehört auch nach 1990 zu den reichen Industrienationen der westlichen Hemisphäre. Doch ihren weltpolitischen Standort hat sie noch nicht gefunden. Jahrzehntelang waren die beiden deutschen Staaten, jeder auf seine Weise, eingebunden in die gegensätzliche Politik von USA und UdSSR. Diese Einschränkungen der staatlichen Souveränität sind weggefallen. Und gefallen sind auch die daraus abgeleiteten außenpolitischen Entscheidungszwänge. Nach dem Pragmatismus des Kalten Krieges muß jetzt die staatstheoretische Basis der vergrößerten Bundesrepublik Deutschland gelegt, müssen die Zielsetzungen der deutschen Politik erkennbar werden.

Westdeutschland hatte nach der Niederlage des Nationalsozialismus die Chance, sich zu einem demokratischen Staat höchster Liberalität zu entwickeln. Seine Wirtschaftsform, die soziale Marktwirtschaft, gilt als vorbildlich in Europa. Nach dem Zusammenbruch der SED-Herrschaft hatte die vereinigte Bundesrepublik Deutschland die gleiche Chance. Eher lustlos haben Regierung und Gesellschaft sie genutzt.

Vor hundert Jahren schrien die deutschen Nationalisten, daß »am deutschen Wesen die Welt genesen« möge. Kein vernünftiger Mensch wünscht sich diese Zeiten zurück. Zu viele haben unter deutscher Anmaßung, unter deutschem Größenwahn, unter deutscher Gewalt gelitten. Im heißen Frühjahr 1993, in dem Türkenhäuser brennen und nationalistische Hitzköpfe Menschen ermorden, nur weil sie Ausländer sind, scheint der gute Vorsatz verdrängt. Rechtsextreme Deutsche offenbaren wieder ihren

Auf der Suche nach neuen Anfängen

Kampf um die soziale Marktwirtschaft

schlechten Charakter, indem sie rassistische Ideologie zum Maßstab politischen Handelns machen.

Die meisten Deutschen haben dafür kein Verständnis. Doch zu viele stehen abseits, wissen keinen Rat. Vielleicht sollten sie sich an die besseren deutschen Traditionen erinnern: an 1848, an die Weimarer Republik, an die alte Bundesrepublik. Und aus diesen Traditionen könnte ein anderes Deutschland erwachsen. Das Krisenjahr 1993 bietet die Chance auch für einen neuen Aufbruch. Aus dem toleranten und kompromißbereiten Umgang miteinander im eigenen Staat, aus dem anzustrebenden Ausgleich divergierender Interessen in ihrer Gesellschaft könnte den Deutschen die Fähigkeit zuwachsen, die Bundesrepublik Deutschland zu einem Modell demokratischer Stabilität inmitten einer sich nationalistisch und rassistisch gebärdenden Welt zu machen. Deutschland hätte damit eine neue Legitimation für seine Außenpolitik gewonnen. Gemeinsam mit den anderen Staaten der Europäischen Gemeinschaft könnte es den Menschen in der europäischen Mitte beistehen, ihre eigenen Staaten demokratisch zu entwickeln. In die Bemühungen um die Wiederherstellung des Friedens auf dem Balkan und seine Sicherung auch in anderen Teilen der Welt würde sich

Deutschland dann ebenfalls einmischen können, ohne in den Ruch zu geraten, wieder imperialistische Politik betreiben zu wollen.
In der Zeit der toten Utopien erscheint ein solcher Aufbruch wie ein Traum. Doch wenn die Deutschen ihn nicht verwirklichen, wird die Welt nicht die Gewißheit haben, daß sie ihre Macht nie mehr mißbrauchen.

Ostdeutsche Resignation nach drei Jahren Bundesrepublik

Anmerkungen

1 Frankreich hatte in der »Europäischen Beratenden Kommission«, einer alliierten Einrichtung, die seit 1943 die Einzelheiten zur Besetzung Deutschlands ausarbeitete, keinen Einfluß. Die Franzosen waren auf alliierter Seite bis Mai 1944 überhaupt nicht durch eine Exilregierung vertreten, nur durch die von General de Gaulle geführte Bewegung »Freies Frankreich«.
2 Wolfgang Benz, Von der Besatzungsherrschaft zur Bundesrepublik. Stationen einer Staatsgründung 1946–1949. Frankfurt am Main, 1984, S. 31.
3 Benz, a.a.O., S. 27.
4 Vgl. A. Mitscherlich und F. Mielke (Hg.), Medizin ohne Menschlichkeit. Frankfurt am Main 1960, passim.
5 Benz, a.a.O., S. 59.
6 Benz, a.a.O. S. 33, Becker, Stammen, Waldmann (Hg.): Vorgeschichte der Bundesrepublik Deutschland, München 1979, S. 167.
7 Thilo Vogelsang: Das geteilte Deutschland, München 1966, S. 44.
8 Vogelsang, a.a.O., S. 44.
9 Ulrich Borsdorf, Lutz Niethammer (Hg.), Zwischen Befreiung und Besatzung. Analysen des US-Geheimdienstes über Positionen und Strukturen deutscher Politik 1945. Wuppertal 1976, S. 48f.
10 Borsdorf/Niethammer, a.a.O., S. 150f.
11 Friedrich Meinecke, Die deutsche Katastrophe. Wiesbaden 1946.
12 Hermann Glaser (Hg.), Bundesrepublikanisches Lesebuch, Frankfurt/M. 1980.
13 Vgl. Heinrich Vormweg, Literatur. In: Wolfgang Benz, Hg.: Die Bundesrepublik Deutschland, Band 3: Kultur, S. 52.
14 Wilfried Loth: Die Teilung der Welt 1941–1955. München 1989 (7. Aufl.), S. 344.
15 W. Loth, a.a.O. S. 346.
16 W. Loth, a.a.O. S. 350. Die folgenden Zitate ebenfalls a.a.O. S. 350.
17 Vgl. W. Benz, a.a.O., S. 122f. Dort auch mehr zur Entstehung des Begriffs »Soziale Marktwirtschaft« (S. 125ff.)
18 Carlo Schmid in seinen Erinnerungen. Zitiert nach W. Benz, a.a.O., S. 163.
19 Benz, a.a.O., S. 167.
20 Vgl. »Stalins gewagtes Spiel«. Interview mit dem sowjetischen Deutschlandexperten Daniil Melnikow, in: *DER SPIEGEL, Nr. 49, 44. Jahrgang, 3. 12. 1990, S. 185–190.*
21 Vgl. W. Loth, a.a.O., S. 298–304.
22 Lt. I. Geiss, Geschichte griffbereit, Begriffe: S. 687 »Hallstein-Doktrin«.
23 Vgl. dazu und zum folgenden: Peter Bender, Neue Ostpolitik. Vom Mauerbau bis zum Moskauer Vertrag. München, 1986 passim.
24 Abgedruckt in Peter Bender, Neue Ostpolitik, München 1986, S. 233.
25 Vgl. Peter Bender, a.a.O., S. 197ff.
26 Abgedruckt in Peter Bender, a.a.O., S. 239.
27 Vgl. *Der Spiegel,* 11, 1991, S. 47ff. Der CDU-Abgeordnete Julius Steiner soll danach nicht von dem SPD-Fraktionsgeschäftsführer Wienand, sondern vom DDR-Ministerium für Staatssicherheit bestochen worden sein.
28 Peter Bender, a.a.O., S. 179.
29 In: *Zeitschrift für Sozialforschung,* Jahrgang 6, 1937. dtv-Nachdruck der Librairie Felix Alcan, Paris. München 1980, S. 245ff.

30 Helga Haftendorn, Sicherheit und Stabilität. München 1986, S. 36.
31 Helga Haftendorn, a.a.O., S. 53.
32 So Helga Grebing »Die Parteien«, in: Wolfgang Benz (Hg.), Die Bundesrepublik Deutschland, Band 1, Frankfurt 1983, S. 162.
33 Ich folge hier im wesentlichen Helga Haftendorn, a.a.O., passim.
34 Helga Haftendorn, a.a.O., S. 172.
35 Abgedruckt in: Thomas Ellwein, »Krisen und Reformen, Die Bundesrepublik seit den sechziger Jahren«. Deutsche Geschichte der neuesten Zeit. München 1989, S. 176ff.
36 Die folgenden Zitate bei Helga Haftendorn, a.a.O., S. 180ff.
37 Über die politischen Auswirkungen solcher Geschichtsinterpretation und weitere Aspekte des Historikerstreits vgl. Hans-Ulrich Wehler, Entsorgung der deutschen Vergangenheit? Ein polemischer Essay zum »Historikerstreit«. München 1988.
38 Vgl. Thomas Ellwein, Krisen und Reformen. Die Bundesrepublik seit den sechziger Jahren. München 1989, S. 118ff.
39 Vgl. David Riesman, The lonely crowd, 1950. Dt. 1957.
40 Ellwein, a.a.O., S. 139.
41 Ellwein, a.a.O., S. 131 und Hübner/Rohlfs (Hg.), Jahrbuch der Bundesrepublik Deutschland. München 1990, S. 341 und 344.
42 Der Fischer Weltalmanach 1989. Frankfurt am Main 1988, S. 798. Dort auch Zahlenangaben.
43 Vgl. Heinrich Senfft, Glück ist machbar. Der bayerische Spielbankenprozeß, die CSU und der unaufhaltsame Aufstieg des Doktor Friedrich Zimmermann. Köln 1988.
44 Ellwein, a.a.O., S. 95.
45 Aus Françoise Barthélemy und Lutz Winckler (Hg.), Mein Deutschland findet sich in keinem Atlas. Frankfurt am Main 1990, S. 64.
46 Jürgen Habermas, Die Zerstörung der Vernunft. Über die Defizite der deutschen Vereinigung und über die Rolle der intellektuellen Kritik. Aus der Niederschrift eines Gesprächs (mit Michael Haller), *Die Zeit*, 10. Mai 1991, S. 63.
47 Dietrich Staritz, Die Gründung der DDR. Von der sowjetischen Besatzungsherrschaft zum sozialistischen Staat. Deutsche Geschichte der neuesten Zeit. München 1984, S. 7.
48 Staritz a.a.O., S. 8.
49 Zitiert nach Wolfgang Leonhard, Das kurze Leben der DDR. Stuttgart 1990, Motto S. 11.
50 Leonhard, a.a.O., S. 26.
51 Carola Stern, Ulbricht. Eine politische Biographie. Köln 1964, S. 136f.
52 Vgl. zur Verfassung Hermann Weber, Geschichte der DDR. München 1985, S. 385–388.
53 Zitiert nach Hermann Weber, Von der SBZ zur DDR. Hannover 1966.
54 Carola Stern, a. a. O., S. 180.
55 Vgl. Hermann Weber, Geschichte der DDR. München 1985, S. 396.
56 Carola Stern, a.a.O., S. 263.
57 Vgl. Hermann Weber, Geschichte der DDR. München 1985, S. 460ff.
58 Vgl. *Der Spiegel*, 13, 25. 3. 1991, S. 66ff.
59 Hermann Weber, Geschichte der DDR. München 1985, S. 427.
60 Vgl. Konrad Merkel, Die DDR nach 25 Jahren. Berlin 1975.
61 Alle Fakten nach »Der Fischer Weltalmanach«, Sonderband DDR, Frankfurt am Main, Mai 1990. *Der Spiegel*, diverse Ausgaben 1989/1990.
62 Quelle: DDR-Journal »Die Wende der Wende«, Hrsg. *TAZ*, Berlin 1990.
63 *Der Spiegel*, Nr. 16, 15. April 1991, S. 125.
64 Vgl. Wilhelm Hankel, Die sieben Todsünden der Vereinigung. Berlin 1993, S. 27.
65 A. a. O., vor allem das zweite Kapitel.
66 Statistisches Jahrbuch 1992 für die Bundesrepublik Deutschland.
67 AWACS = Airborne Warning and Control System (US-amerikanisches und NATO-Luftaufklärungs- und Frühwarn-System).
68 Helmut Schmidt, Handeln für Deutschland. Berlin 1993, S. 204.

Zeitfolge

Die Gründung des Deutschen Reiches

768–814	Karl der Große. Mitteleuropäisches Kaiserreich.
772–814	Sächsische Kriege.
843	Vertrag von Verdun; das Reich wird geteilt.
870	Vertrag von Mersen; erneute Teilung des Reiches.
876	Tod Ludwigs des Deutschen.
899	Tod Kaiser Arnulfs von Kärnten.
ca. 900	Hildebrandslied, Heliand; Otfried von Weißenburg; Anfänge der deutschen Literatur.
911	Herzog Konrad von Franken wird ostfränkischer König.
918	Tod König Konrads I.; Zusammenbruch der karolingischen Zentralverwaltung.

Die sächsischen Herrscher

919–36	Heinrich I.; Stammesherzöge gegen Königreich.
933	Die Ungarn werden an der Unstrut geschlagen.
936–73	Otto der Große; der Gedanke eines Mitteleuropas lebt wieder auf.
951	Otto heiratet Adelaide von Burgund; Vorrechte für die Kirche.
955	Schlacht am Lech, die Ungarn werden geschlagen.
962	Otto, schon König der Lombarden, wird zum Kaiser gekrönt.
976–1246	Österreich unter den Babenbergern.
983	Krieg mit den Arabern; Tod Ottos II.
1000	Gründung des Erzbistums von Gnesen.
1002–24	Heinrich II.; Krieg mit den Polen.

Die salische Dynastie

1024–39	Konrad II.; das Königreich von Burgund wird erworben; die kleineren Lehnsträger werden gestärkt, indem man die kleinen Lehen erblich macht; starke Monarchie ohne kirchlichen Einfluß.
1039–56	Heinrich III.; Begriff des obersten Herrschers als höchster geistlicher Autorität; Nachlassen der weltlichen Autorität.
1043–76	Adalbert von Goseck, Erzbischof von Bremen.
1056–1106	Heinrich IV.; Kampf mit dem Papsttum; die Macht der Fürsten wird gestärkt.
1077	Kaiser und Papst treffen sich in Canossa.
1105	Die Besiedlung von Ostdeutschland beginnt.
1106–25	Heinrich V.; Konkordat von Worms; der Kaiser zwingt den Papst zu Zugeständnissen, Vorherrschaft der Fürsten.

Die Hohenstaufenzeit

1115–53 Bernard von Clairvaux.
1125–37 Lothar von Sachsen-Supplinburg als Kaiser; Nachgiebigkeit gegenüber dem Papsttum; Kreuzzüge..
1137–52 Konrad III.; die Zentralmacht wird schwach, die kleinen Fürsten stark; stärker werdende Konflikte zwischen hohenstaufischen und guelfischen Interessen.
1146 Österreich tritt als Herzogtum hervor.
1149–57 Rainald von Dassel, Erzbischof von Köln.
1152–90 Friedrich Barbarossa; Personalunion mit Burgund; Kampf mit lombardischen Städten.
1178 Vergleich mit dem Papst und den Lombarden wird in Venedig abgeschlossen.
1181 Unterdrückung der guelfischen Interessen, die durch Heinrich den Löwen vertreten werden.
1190–97 Heinrich VI.; der Traum der Hohenstaufen von einem Weltreich zerbricht; der Deutsche Ritterorden wird gegründet.
1198–1212 Doppelte Wahl; Vorschlagsrecht der Fürsten; Bürgerkrieg; nationale und örtliche Mächte übernehmen die Führung der allgemeinen und autoritären Dinge.
1212–50 Friedrich II.; das Papsttum beansprucht die weltliche und geistliche Herrschaft.
1215 Laterankonzil; das Ansehen von Papst Innocenz III. im früheren byzantinischen Kaiserreich so groß wie im Westen.
1229 Kreuzzug; Königreich Jerusalem.
1230 Den Deutschen Ritterorden erhält Preußen als Lehen vom Papst.
1231 Worms erhält das Vorrecht; Friedrich gibt die Idee einer erblichen deutschen Monarchie auf.
1235 Kaiserlicher Erlaß zur Vereinheitlichung des Rechts in Deutschland wird vom Reichstag in Worms gegeben. Absolutismus im Königreich von Sizilien.
1236 Das Kaisertum nimmt Österreich von den babenbergischen Herzögen zurück.
1237 Kampf mit dem Papst und den Lombarden; Sieg für Friedrich in Cortenuova.
1241 Einfall der Mongolen; Tod Heinrichs des Frommen, Herzogs von Niederschlesien, in der Schlacht bei Liegnitz.
1245 Konzil in Lyon; Friedrich endgültig verbannt und abgesetzt. Gegenkönige. Bürgerkrieg in Deutschland und Italien.
1246 Tod des letzten babenbergischen Herzogs von Österreich.
1250 Der Hohenstaufen-Anspruch auf das Weltreich vernichtet; Ende der deutschen Oberherrschaft in Mitteleuropa. Vereinigung der Interessen zwischen Frankreich und dem Papst.

Deutsche Zivilisation im Mittelalter

1186 Der Rittergürtel wird den Bauern verboten.
ca. 1200 Nibelungenlied, Gudrunlied.
1212 Verpflichtung des Königs von Böhmen, sofort vor dem kaiserlichen Hof zu erscheinen.
1220 Einsetzung von Kurfürsten.
ca. 1220 Sachsenspiegel (Gesetzbuch).
ca. 1230 Tod Walthers von der Vogelweide.
1235 Landgräfin Elisabeth von Thüringen wird heiliggesprochen.

ca. 1240 Hartmann von der Aue, Gottfried von Straßburg, Wolfram von Eschenbach.
1248 Grundsteinlegung zum Kölner Dom.
1250 Beginn des Baues des Straßburger Münsters.
1254 Bund der rheinischen Städte wird in Worms gebildet.

Die Dynastien der Habsburger, Wittelsbacher und Luxemburger

1250 Deutsches Handelszentrum in Novgorod errichtet.
1273 Ende des Interregnums; Wahl Rudolfs von Habsburg.
1278 Ottokar von Böhmens ausgedehntes östliches Reich zerfällt; Beginn der habsburgischen Macht im östlichen Mitteleuropa.
1280 Vereinigung von Lübeck, Riga und Wismar; Ursprung des hanseatischen Bundes.
1291 Immerwährende Vereinigung der drei Schweizer Urkantone.
1294 König Adolf von Nassau macht einen Geldvertrag mit England für einen Krieg gegen Frankreich.
1308 Ermordung König Albrechts I. Die Idee einer erblichen Habsburger Dynastie im Kaiserreich wird aufgegeben.
1309 Marienburg wird Residenz des Großmeisters des Deutschen Ritterordens.
1310 Kaiser Heinrich VII. vom Hause Luxemburg vereinigt Italiens Politik. Johann von Luxemburg heiratet die letzte Prinzessin des Hauses der Premysliden. Böhmen ist das Zentrum der mitteleuropäischen Macht.
1314 Eine andere Doppelwahl; Ludwig von Bayern und Friedrich der Schöne.
1315 Schweizer Sieg bei Morgarten; Ursprung des Schweizer Bundesstaates.
1328 Ludwig der Bayer wird von Vertretern der Stadt Rom zum Kaiser gekrönt; der Papst tut ihn in den Bann und erklärt ihn als Ketzer.
1337 Bündnis zwischen Ludwig dem Bayer und König Eduard III. von England.
1338 Kurfürsten-Konferenz in Rense; die Kurfürsten beanspruchen das Recht bei ihrer Wahl, kaiserliche und königliche Vorrechte zu verleihen.
1341 Lübeck ist führende Macht im hanseatischen Bund; Vertrag mit Dänemark.
1346–78 Karl IV.; Anspruch auf Böhmen.
1347–51 Pest. Verfolgung der Juden.
1348 Gründung der Universität von Prag.
1354 Untergang von Cola di Rienzi; Traum von einer Wiedererstehung der römischen Republik.
1356 Goldene Bulle; die Zahl der Kurfürsten wird festgesetzt; Wittelsbach und Habsburg verlieren an Bedeutung.
1364 Kaiser Karl IV. erreicht eine Einigung über die Erbfolge mit den österreichischen Herzögen.
1371 Entwicklung der königlichen Rechtsprechung, besonders in Westfalen; Femegerichte anerkannt.
1378 Karl IV. übergibt die Verwaltung des Königreichs Arles dem französischen Kronprinzen; die deutsche Oberherrschaft in Burgund und im kaiserlichen Italien ist nur noch Formsache.

Das Ende des Mittelalters in Deutschland

ca. 1250	Der König von Ungarn siedelt Deutsche aus der Moselgegend in Siebenbürgen an.
1351	Winrich von Kniprode, Großmeister des Deutschen Ritterordens, auf dem Höhepunkt der Macht.
1370	Weber-Aufstand in Köln, die Macht wird von den Zünften ausgeübt.
1376	Der schwäbische Städtebund bildet sich.
1381	Der rheinische Städtebund.
1386	Gründung der Universität Heidelberg.
ca. 1400	Theologia deutsch, geschrieben von einem Mitglied des Deutschen Ritterordens aus Frankfurt.
1410	König Wenceslaus wird von einer Anzahl rheinischer Kurfürsten abgesetzt.
1411	Sigismund von Luxemburg, Gatte der Erbin des ungarischen Thrones, wird zum Kaiser und König gewählt.
1414–18	Ratssitzung in Konstanz; es wird über eine durchgreifende Kirchenreform beraten; Johann Huss wird als Ketzer verbrannt.
1415	Friedrich von Hohenzollern wird Kurfürst von Brandenburg.
1419–36	Hussitenkriege.
1431	Bauernaufstand in Worms.
1431–49	Konzil von Basel; Reformationsprogramm des Kardinals Nicholas von Cues.
ca. 1439	Die Reformation des Kaisers Sigismund.
1443	Luxemburg wird Provinz von Burgund.
1452	Friedrich III. vom Hause Habsburg; letzte Kaiserkrönung in Rom.
1453–56	Gutenbergs Bibel.
1460	Vereinigung von Schleswig und Holstein unter dem König von Dänemark als Herzog von beiden; Holstein bleibt beim Reich, Schleswig gehört nicht dazu; ewige Unzertrennlichkeit der Herzogtümer gewährleistet.
1465–1536	Erasmus von Rotterdam.
1466	Zweiter Friede von Thorn; der Deutsche Ritterorden erkennt die polnische Oberhoheit an.
1471–1528	Albrecht Dürer.
1477	Maximilian von Habsburg heiratet Maria von Burgund; Tod Karls des Kühnen von Burgund im Kampf mit der Schweiz.
1479–1573	Hans Holbein der Jüngere.
1488	Der Schwäbische Bund; eingeschlossen Fürsten und Ritter, leistet Wittelsbach Widerstand. Es entsteht eine Bewegung zur Wiederherstellung des Kaiserreiches, geführt von Berthold von Henneberg (gestorben 1515), Kurfürst von Mainz; »Rheinisch« wird Reichsgedanke.
1493–1519	Kaiser Maximilian I.
1495	Ewiger Landfriede; dauernde Herrschaft des Rechts wird errichtet, mit Rechtsprechung am kaiserlichen Gerichtshof über alle Meinungsverschiedenheiten über Reichsbelange.
1499	Die Unabhängigkeit des Schweizer Staatenbundes wird anerkannt.
1500	Reichsregiment, ein ständiges Vermögensverwaltungskomitee, wird gebilligt.
1508	Maximilian, der den Titel eines römischen Wahlkaisers annimmt, verzichtet auf die Krönung durch den Papst.
1511–20	Reuchlins Auseinandersetzung mit Pfefferkorn. Epistolae Obscurorum Virorum.

Die deutsche Reformation

1483–1546 Martin Luther.
1515 König Franz I. von Frankreich schlägt die Schweizer bei Marignano.
1517 Auseinandersetzung über Ablaß; Luther schlägt in Wittenberg seine 95 Thesen an. Hans Sachs schreibt sein erstes Faschingsspiel.
1519–56 Karl V. (gestorben 1558).
1520 Drei Schreiben Luthers über Reform.
1521 Reichstag zu Worms. Luther übersetzt die Bibel.
1522 Ende der Fehde Franz von Sickingens; Schwächung des kaiserlichen Rittertums mit zunehmendem Aufstieg der Fürsten.
1523 Tod Ulrich von Huttens.
1523 Schweizer Reformation; Ulrich Zwingli.
1524–25 Bauernkrieg; Untergang von Thomas Münzer.
1526 Reichstag zu Speyer; jus reformandi wird den Landesfürsten eingeräumt; die evangelische Kirche wird begünstigt.
1529 Religionsstreit in Marburg, der zu keiner Einigung führt. Luthers beide Katechismen. Sultan Soliman vor Wien. König Ferdinand von Deutschland wird König von Böhmen und Ungarn.
1530 Reichstag zu Augsburg. Karl V. wird in Bologna zum Kaiser gekrönt, Schmalkaldischer Bund der protestantischen Reichsfürsten.
1531 Zwingli fällt bei Kappel.
1532 Religionsfriede zu Nürnberg; gesetzliche und finanzielle Fragen, die von den Protestanten erhoben werden, werden aufgeschoben.
1534 Wiedertäufer in Münster.
1535 Karl V. überfällt Tunis.
1537 Jürgen Wullenweber, Bürgermeister von Lübeck, ein demokratischer Vorkämpfer, wird als Opfer fürstlicher Eifersucht hingerichtet.
1541 Tod des Theophrastus Paracelsus.
1543 Copernicus' Buch über das Sonnensystem wird veröffentlicht.
1546–47 Schmalkaldischer Krieg.
1551 Habsburgischer Familienvertrag. Vertrag zwischen protestantischen Fürsten und König Heinrich II. von Frankreich, der Reichsverweser von Lothringens drei Reichsstädten wird; Auflösung der Westgrenze Deutschlands. Empörung und früher Tod (1553) des Kurfürsten Moritz von Sachsen.
1552 Vertrag von Passau; den Protestanten werden Zugeständnisse gemacht.
1555 Religionsfrieden von Augsburg; Zugeständnisse für die Lutheraner, jedoch nicht für die Reformierten; den Untertanen der kaiserlichen Reichslande ist es nicht gestattet, auszuwandern; »kirchliches Eigentum«: geistliche Stände können nur evangelisch werden durch Aufgabe von Ländern und Einkünften; diese Klausel wurde von den Lutheranern nicht anerkannt.

Die Gegenreformation und der Dreißigjährige Krieg

1544 Gründung der ersten deutschen Jesuitenschule in Köln.
1548 Die Kaiserliche Gesetzgebung für alle siebzehn niederländischen Provinzen wird preisgegeben.
1560 Tod Philip Melanchthons, des großen protestantischen Humanisten.

1562 Waffenstillstand Kaiser Ferdinands mit dem Ottomanenreich, dem Tribut gezahlt werden muß. Entwicklung besonderer österreichischer Interessen.

1563 Meinungsverschiedenheiten der Protestanten über die Lehre; Heidelberger Katechismus; der Kurfürst von der Pfalz geht zu den Reformierten über. Der Reichstag von Trient wird geschlossen; Aufblühen eines neuen Katholizismus.

1573 In Rom wird das Collegium Germanicum gegründet, das Priester ausbildet, die gegen die Reformation in Deutschland kämpfen sollen.

1576–84 Religionsstreit wegen Köln, der von den Protestanten verloren wird.

1580 Konkordienformel und Konkordienbuch als Grundlage der protestantischen Lehre.

1591 Erste Bemühungen zur Vereinigung der protestantischen Fürsten des Reiches.

1597–1651 Herzog Maximilian von Bayern (später Kurfürst), geistiger Führer der deutschen Gegenreformation.

1608 Protestantische Union im Reich wird gebildet; sie wird bekämpft (1609) von der katholischen Liga, die vom Herzog von Bayern geführt wird.

1609 Zwölfjähriger Waffenstillstand zwischen Spanien und den Aufständischen der nördlichen Niederlande. Kaiser Rudolfs Majestätsbrief über Religionsfreiheit für Böhmen.

1610 Ermordung König Heinrichs IV. von Frankreich.
Wendung im Streit über Jülichs Erbfolge.

1617 Geheimvertrag zwischen Spanien und Österreich; rheinischer Pufferstaat gegen Frankreich geplant.

1618 Brandenburg erhält das Herzogtum Preußen als Lehen von Polen. Die böhmischen Stände brechen mit den Habsburgern; Friedrich, Kurfürst von der Pfalz, wird zum König von Böhmen gewählt; die kaiserlichen Gesandten werden aus dem Hradschin in Prag hinausgeworfen.

1620 Schlacht am Weißen Berge; Böhmens Zusammenbruch.

1623 Bayrisch-österreichisch-spanischer Zusammenschluß; Kampf gegen den internationalen Protestantismus; absolute Regierungsform als Programm gegen das Wiederaufblühen der Stände, Protestantismus als Verkünder für den Kampf um die Freiheit der Stände.

1625 Wallenstein stellt ein kaiserliches Heer zusammen. Der König von Dänemark mischt sich ein.

1626 Bauernaufstand in Oberösterreich.

1628 Wallenstein erhält Mecklenburg als Lehen.

1629 Restitutionsedikt; unbeschränkte Herrschaft des Habsburger Katholizismus in Mitteleuropa.

1630 Krieg wegen der Erbfolge von Mantua; Streben von österreichischen und französischen Interessenten nach dem Auslöschen der Gonzaga-Familie. Frankreich begünstigt die protestantische Sache. Kurfürstentag in Regensburg. Wallensteins Sturz; König Gustav Adolf von Schweden greift an.

1631 Französisch-schwedischer Subsidien-Vertrag.

1632 Wallenstein wird zurückgerufen. Gustav Adolf fällt bei Lützen.

1634 Ermordung Wallensteins. Schlacht von Nördlingen.

1635 Der Sonderfrieden von Prag wird geschlossen zwischen dem kurfürstlichen Sachsen und dem Kaiser; die Gegenreformation wird in allen habsburgischen Ländern anerkannt; die Fürsten von Südwestdeutschland werden aufgegeben, auch die Reformierten. Bündnis in Heilbronn zwischen Schweden und Süddeutschland. Zerfall des Reiches. Richelieu nimmt öffentlich Partei und erklärt Spanien den Krieg.

1638 Frankreich erklärt dem Kaiser den Krieg.

1639 Tod des Herzogs Bernhard von Weimar. Der Gedanke einer oberrheinischen Herrschaft scheitert.

1648 Friede von Westfalen; 1624 als annus decretorius (Normaljahr) festgesetzt; Anerkennung der Reformierten; Schweden wird Reichsstand; Frankreich erhält die habsburgischen Länder mit Elsaß als Entschädigung. Sieg des Partikularismus; Ende der Bestrebungen zur Gründung eines deutschen Zentralstaates; das deutsche Übergewicht in Mitteleuropa bricht zusammen.

Der Ursprung der beiden großen deutschen Reiche

1640–88 Friedrich Wilhelm von Brandenburg, der Große Kurfürst.

1650 Die Fürsten des Reiches planen sich zu vereinigen, um ein Gegengewicht gegen die Macht der Kurfürsten zu haben; Graf Georg Friedrich von Waldeck. – Otto von Guericke; Luftpumpe und Magdeburger Halbkugeln.

1654–68 Erster Rheinischer Bund; Frankreich und Schweden nehmen daran teil. Ideal deutscher Libertät.

1659 Pyrenäen-Friede; Spanien gibt seine Pläne für Mitteleuropa auf.

1660 Friede von Oliva; das Herzogtum Preußen, das für eine Zeit als Lehen von Schweden galt, wird als unabhängiger Besitz der Hohenzollern bestätigt.

1663 »Immerwährender Reichstag« von Regensburg einberufen.

1666 Ludwig XIV. schließt Sonderverträge mit westdeutschen Fürsten ab; Angriffskrieg vorbereitet.

1668 Erster Geheimvertrag zwischen Österreich und Frankreich, die spanische Erbfolge betreffend. Vertrag zwischen Kurfürstentum Brandenburg und Ludwig XIV.

1670 Bündnis zwischen Frankreich und Bayern. Ludwig XIV. macht weitere Verträge mit deutschen Fürsten.

1673–74 Krieg zwischen dem Reich und Frankreich.

1675 Krieg zwischen Brandenburg und Schweden; Sieg Brandenburgs bei Fehrbellin.

1679 Vertrag von Saint-Germain. Geheimbund- und Geldbeihilfe-Vertrag zwischen Frankreich und Brandenburg.

1679–85 Reunionskammern. Frankreich nimmt Straßburg ein. Neuer militärischer Aufbau des Reiches; der Kaiser bildet eine Verteidigungsfront gegen Frankreich. Die Türken vor Wien; Waffenstillstand zwischen dem Kaiser und Frankreich; Ungarn fällt den Habsburgern zu.

1685 Aufhebung des Ediktes von Nantes; viele Hugenotten siedeln sich in Deutschland an.

1686 Bund von Augsburg gegen Frankreich; Bayern beteiligt sich. Schutzbündnis des Kaisers mit Brandenburg. Streit wegen der Erbfolge in der Pfalz; Frankreich kämpft dagegen.

1692 Die neunte Kurwürde wird errichtet für Herzog Ernst August von Hannover.

1693 Heidelberg wird das zweitemal zerstört.

1697 Friede von Rijswijk. Prinz Eugen schlägt die Türken bei Zenza. Friede von Karlowitz; die Habsburger erwerben Ungarn, ausgenommen Teile des Banats von Temesvar, Siebenbürgens und Teile von Kroatien und Slavonien. Polnische Königswahl; Personalunion von Sachsen und Polen.

1698 Francke-Stiftung in Halle, Bollwerk des deutschen Pietismus.

1698, 1700 Teilungsverträge in der spanischen Erbfolge.
1700–21 Zweiter Nordischer Krieg.
1701 Kurfürst von Brandenburg wird König in Preußen.
1701 Das Haus Hannover sichert sich die Thronfolge in Großbritannien.
1701–15 Spanischer Erbfolgekrieg.
1703 Kaiser Leopold I. überläßt seine Rechte auf Spanien seinem jüngeren Sohn Karl. Habsburger Familienvertrag, die Erfolge betreffend; Grundlage der Pragmatischen Sanktion.
1704 Prinz Eugen und Marlborough triumphieren bei Hochstädt und Blenheim.
1706 Der Kaiser verbannt die beiden wittelsbachschen Kurfürsten; das böhmische Kurfürstentum wird reaktiviert.
1706–07 Karl XII. von Schweden in Sachsen. Das Bündnis zwischen Schweden und Frankreich versagt; die Lutheraner in Schlesien werden geschützt.
1707 Das erste Dampfschiff auf der Fulda.
1709 Böttger stellt das erste europäische Porzellan in Meißen her.
1709–10 Erfolglose Vertragsverhandlungen mit Ludwig XIV.
1711 Tod Kaiser Josephs I.; Karl von Spanien wird sein Nachfolger. Der Bau des Zwingers in Dresden wird begonnen.
1712 Der Sonderfriede von Utrecht wird geschlossen zwischen Frankreich und Großbritannien und ihren Verbündeten; die britische Idee des politischen Machtausgleichs triumphiert über die der politischen Vorherrschaft.
1713 Pragmatische Sanktion; Unteilbarkeit Österreichs; weibliche Erbfolge beim Erstgeburtsrecht.
1713–40 König Friedrich Wilhelm I. von Preußen; Militarismus und Bürokratie.
1714 Frieden von Rastatt zwischen Kaiser und Frankreich; Frieden von Baden (Schweiz) zwischen dem Reich und Frankreich.
1719–21 Friedensverträge beendigen den Nordischen Krieg; Schweden zieht sich aus Ost- und Mitteleuropa zurück.
1720 Regelung zwischen den spanischen Bourbonen und den Habsburgern. Ausgezeichnete Stellung für die Österreicher.
1723 Karl VI. gründet die Ostender Gesellschaft für Überseehandel.
1723–50 Johann Sebastian Bach in Leipzig.
1724 Wittelsbacher »Hausunion«; führende Stellung dieser Dynastie im katholischen Deutschland.
1726–28 Nebenbuhlerschaft zwischen Österreich und Preußen; Annäherung und Bruch zwischen Preußen und Großbritannien.
1727 Graf Zinzendorf und die Mähren.
1733–38 Polnischer Erbfolgekrieg; das Herzogtum von Lothringen geht auf den polnischen König Stanislaus Lecynski über, um nach seinem Tode an Frankreich zu fallen. Bündnis zwischen Österreich und Rußland.
1737–39 Österreichisch-türkischer Krieg; große Landverluste. Frieden von Belgrad.

Friedrich der Große und Maria Theresia

1740 Tod Kaiser Karls VI.; habsburgische Erbteilung, Böhmen und Ungarn kommen an Maria Theresia (gestorben 1780).
1740–45 Kaiser Karl VII. aus dem Hause Wittelsbach.
1745 Friede von Füssen zwischen Österreich und Bayern; Österreichs Vorherrschaft im Reich bestätigt.

1740–48 Österreichischer Erbfolgekrieg; Erster und Zweiter Schlesischer Krieg. Bedenklicher Zeitpunkt in Mitteleuropa; österreichisch-preußische Spaltung behauptet sich. Spannung zwischen den alten Teilen Deutschlands und den neu besiedelten Gebieten. Frieden von Aachen; Österreich verliert den größten Teil von Schlesien an Preußen.

1740–86 Friedrich der Große.

1745 Franz I., Herzog von Lothringen, der Gatte Maria Theresias, wird Kaiser. Beginn des Baues von Schloß Sanssouci bei Potsdam.

1753 Fürst Kaunitz wird österreichischer Kanzler.

1756 Westminster-Vertrag; Zusammenarbeit Preußens und Großbritanniens. Vertrag zwischen Österreich und Frankreich, an dem auch Rußland teilnimmt.

1756–63 Der Siebenjährige Krieg.

1757 Friedrichs Siege bei Roßbach und Leuthen.

1758 Friedrich macht einen Geldhilfe-Vertrag mit England.

1759 Englisch-preußisches Friedensangebot.

1762 Sonderfrieden zwischen Rußland und Preußen. Englisch-spanisch-französischer Sonderfrieden (vorläufiger Frieden von Fontainebleau). Das Reich erklärt sich neutral.

1763 Frieden von Hubertusburg zwischen Österreich, Preußen und Sachsen; Preußen wird europäische Großmacht.

1764 Bündnis zwischen Preußen und Rußland.

1765–90 Joseph II. als Mitregent und Kaiser.

1772 Österreich erwirbt die Bukowina. Erste Teilung Polens.

1773 Goethes »Götz von Berlichingen«.

1774 Goethes »Werther« gewinnt internationalen Ruf.

1776–77 Deutsche Truppenkontingente werden nach Amerika gesandt, um dort gegen die Revolution zu kämpfen; fürstlicher Handel mit Soldaten.

1778–79 Bayerischer Erbfolgekrieg. Friede von Teschen mit Frankreich und Rußland als Bürgen; Österreichs Verzicht auf Bayern bewahrt den Machtausgleich zwischen ihm und Preußen im Einklang mit den allgemeinen europäischen Bedürfnissen.

1779 Lessings »Nathan der Weise«.

1781 Kants »Kritik der reinen Vernunft«. Schillers »Räuber«.

1781–82 Abschaffung der Leibeigenschaft in Österreich.

1785 Josephs Plan für Belgien und Bayern schlägt fehl. Friedrichs Fürstenbund.

1786 Vereinbarung von Ems; Versuch, die Macht der deutschen Bischöfe zu stärken; die Staatskirche trifft auf die Gegnerschaft des päpstlichen Hofes.

1787 Tod Glucks. Mozarts »Don Giovanni«.

Deutschland und die Französische Revolution

1790 Unabhängigkeitsbewegung in Belgien. Erfolgloser österreichischer Krieg gegen die Türken; Josephs Zentralisierungsbestrebungen gehen unter. Spannung zwischen Österreich und Preußen; Hertzbergs »Großer Plan«.

1791 Das Brandenburger Tor in Berlin wird von Langhans vollendet.

1792 Österreich-preußisches Bündnis; Bewegung gegen die Französische Revolution.

1793, 1795 Zweite und dritte Teilung Polens.

1794 Preußens Allgemeines Landrecht kodifiziert.

1795 Sonderfrieden von Basel zwischen Frankreich und Preußen, bei dem das linke Rheinufer abgetreten wird. Kants Abhandlung vom ewigen Frieden.

1797 Napoleon Bonaparte siegreich. Frieden von Campo Formio; Österreich übergibt linksrheinischen Besitz; Angriff auf die politische Macht jenseits der deutschen Grenzen.

1798 Ende des Friedenskongresses von Rastatt. Erneuter Krieg. – Jenner führt die Blatternimpfung ein.

1799 Schillers »Wallenstein«.

1800 Fichte tritt ein für den sich selbst genügenden Handelsstaat.

1801 Frieden von Lunéville; Frankreich triumphiert über Mitteleuropa.

1803 Reichsdeputationshauptschluß; das Reich zerbricht.

1804 Napoleon als französischer Kaiser; als Antwort erklärt sich Österreich als selbständiges Reich im Gegensatz zum alten Reichsrecht.

1805 Austerlitz. Österreich schließt mit Frankreich Sonderfrieden in Preßburg. Französisch-preußisches Bündnis. Schillers Tod; »Wilhelm Tell«, sein letztes Drama. Beethovens »Fidelio«.

1806 Zweiter Rheinbund unter Napoleons Führung. Das Heilige Römische Reich wird aufgelöst. Demütigung für Preußen.

1808 Freiherr vom Stein wird verbannt. Kongreß von Erfurt; Frankreich und Rußland gemeinsam gegen England; Mitteleuropa wird unterjocht und ausgenutzt. Erscheinen von Goethes »Faust I«.

Befreiungskrieg gegen Napoleon

1807–08 Fichtes »Reden an die deutsche Nation«. Die Leibeigenschaft wird in ganz Preußen grundsätzlich abgeschafft.

1808 Neuordnung in Österreich; Graf Philipp Stadion; Erzherzog Karl und das Volksheer. Preußens Gemeinde-Verordnung.

1809 Napoleons erste Niederlage bei Aspern; Sieg bei Wagram. Österreichs Befreiungskrieg schlägt fehl; seine Machtstellung ist gebrochen.

1810 Andreas Hofer, Tiroler Freiheitsheld, wird von den Franzosen in Mantua erschossen. Gründung der Universität von Berlin. Preußen rüstet im geheimen; Beginn einer nationalen Bewegung; Arndt; Jahn, Begründer der Leibesübungen.

1812 Befreiung der Juden in Preußen. Napoleon in Rußland; Preußen erhebt sich gegen Frankreich.

1813 Napoleon weist Friedensangebot zurück; er wird in Leipzig geschlagen; der Rheinbund zerbricht; das französische Reich zerfällt.

1814 Erster Friede von Paris; Eröffnung des Wiener Kongresses.

1815 Napoleon kehrt zurück; Waterloo. Zweiter Friede von Paris; europäische Neuordnung; die beiden großen deutschen Mächte wiederhergestellt; der Deutsche Bund nimmt die Stelle des alten Reiches ein, und Mitteleuropa bildet eine konservative überstaatliche Gemeinschaft.

Die Restauration in Deutschland

1773–1859 Fürst Clemens Metternich.

1815 Heilige Allianz. Gründung der Burschenschaften.

1817 Fest auf der Wartburg. Preußische Union (Verschmelzung der Lutheranischen und Reformierten Kirche in Preußen).

1819 Karlsbader Erlasse; Verfolgung der bekannten Führer. Zollunion für ganz Preußen; man plant einen Deutschen Zollverein. Gründung der Firma Krupp.

1820 Schlußakt des Wiener Kongresses; Maßregeln gegen deutsche Vorrechte. Manuskript aus Süddeutschland; das Streben nach einem vereinten und verfassungsmäßigen Deutschland bildet eine Gefahr für die beiden halbausländischen deutschen Großmächte.

1825 König Ludwig I. von Bayern besteigt den Thron; München wird Mittelpunkt der Kunst. Hallers Restauration der Staatswissenschaften. Liebigs chemisches Laboratorium in Gießen. Grillparzers »König Ottokar«.

1826 Beginn von Arbeiterunruhen in Westdeutschland. Heines »Buch der Lieder«.

Die ersten beiden deutschen Revolutionen

1830 Juli-Revolution; Aufruhr in mehreren kleineren Staaten. Aufstand in Polen. Deutsche Zollunion.

1832 Tod Goethes. Nationalfest in Hambach.

1833 Erfolgloser Putsch in Frankfurt gegen den Bundestag; erneute Verfolgung der Aufwiegler.

1834 Minister der deutschen Staaten verhandeln in Wien; Programm für die Reaktion.

1835 Erste deutsche Eisenbahn zwischen Nürnberg und Fürth.

1837 Staatsstreich in Hannover; sieben Göttinger Professoren entlassen.

1840 Ende des ersten Kulturkampfes. Friedrich Wilhelm IV. von Preußen besteigt den Thron.

1842–43 Karl Marx gibt die »Rheinische Zeitung« heraus.

1844 Beginn einer deutsch-katholischen Bewegung. Hebbels »Maria Magdalena«.

1845 Richard Wagners »Tannhäuser«.

1846 Aufstand schlesischer Weber.

1847 Preußens Vereinigter Landtag. Versammlung der süddeutschen Liberalen in Offenburg; Herausgabe der »Deutschen Zeitung« (Heidelberg). Der Kommunistenbund faßt die linksgerichteten Vereinigungen zusammen; Marx und Engels veröffentlichen in London das »Kommunistische Manifest«.

1848–49 Revolutionäre Bewegungen in Mitteleuropa. Metternichs Sturz; Krise in Österreich. Nationale Bewegung in ganz Deutschland; örtliche Verbesserungen. Polnischer Aufstand. Krieg wegen Schleswig-Holstein. Nationalversammlung in der St.-Pauls-Kirche in Frankfurt; nationale Verfassung; Verteidiger eines großen Deutschland und eines kleinen Deutschland; revolutionäre Aufstände werden niedergeschlagen; Friedrich Wilhelm IV. lehnt die Reichskrone ab, die ihm im Namen des Volkes angeboten wird. Franz Joseph wird Kaiser von Österreich.

1849 Preußens Einigungspolitik; Konflikt zwischen Österreich und Preußen.

1850 Fruchtloses Unions-Parlament in Erfurt. Vertrag von Olmütz; Preußen steht allein in seiner Innen- und Außenpolitik. Schleswig und Holstein im Stiche gelassen.

Bismarck

1815–98 Otto von Bismarck.

1850 Preußens Verfassung mit dem Dreiklassen-Wahlrecht, eingeführt von Friedrich Wilhelm IV.; Sieg der Reaktion.

1851 Bismarck als Preußischer Gesandter beim Bundestag (wiedereinberufen in Frankfurt im Jahre 1850).
1852 Tod des Prinzen Schwarzenberg. Londoner Protokoll über die Schleswig-Holsteinische Erbfolge.
1853 Deutscher Nationalverein gegründet.
1854 Österreich-preußisches Bündnis während des Krimkrieges zur Garantie gegenseitiger Besitzansprüche.
1855 Gottfried Kellers »Der grüne Heinrich«; Gustav Freytags »Soll und Haben«.
1858 Prinz von Preußen wird Regent; eine »neue Ära« beginnt. Entstehung einer katholischen Partei, die später als Zentrum bekannt wird.
1859 Österreichs Krieg in Italien; Preußen wirbt und arbeitet für eine militärische Einheit in Deutschland. Entwicklung einer neuen deutschen nationalen Bewegung.
1860 Bunsen und Kirchhoff entwickeln das Prinzip der Spektralanalyse.
1861 Gründung der Fortschrittspartei in Preußen.
1862 Konflikt in Preußen wegen der militärischen Reform; Bismarcks Kampfministerium.
1862–88 Wilhelm I., König von Preußen, später auch deutscher Kaiser.
1863 Ferdinand Lassalle gründet den Allgemeinen deutschen Arbeiterverein. Aufstand in Polen; Alvensleben-Konvention zwischen Preußen und Rußland. Zusammenkunft der deutschen Fürsten in Frankfurt; Franz Josephs Versuch zur Bundesreform schlägt fehl.
1864 Die beiden deutschen Großmächte beginnen Krieg mit Dänemark über Schleswig-Holstein; Spannung zwischen Preußen und England. Gründung der ersten internationalen Arbeitervereinigung in London.
1865 Vertrag von Gastein; vorläufiges österreichisch-preußisches Übereinkommen wegen Schleswig-Holstein.
1866 Bündnis zwischen Preußen und Italien. Bismarck drängt auf Reform der Bundesverfassung; Bruch zwischen Österreich und den Mittelstaaten. Königgrätz. Vorläufiger Friede von Nikolsburg; preußische Besitzergreifungen; Gründung des Norddeutschen Bundes. Friede von Prag; Frankreich und Rußland werden daran gehindert, sich einzumischen. Gründung der National-Liberalen Partei.
1867 Gründung der Freien Konservativen Vereinigung (später Deutsche Reichspartei). Erste Sitzung des Zollparlamentes, an der das ganze nichtösterreichische Deutschland teilnimmt. Krise wegen Luxemburg; Enthüllung der geheimen Militärverträge Preußens mit süddeutschen Staaten. Österreichs Neubildung als österreichisch-ungarische Doppelmonarchie. Annäherung zwischen Frankreich, Italien und Österreich. Veröffentlichung des ersten Bandes von Marx' »Kapital«.
1868 Wagners »Meistersinger«.
1869 Sozialdemokratische Partei.
1870 Prinz Leopold von Hohenzollern-Sigmaringen Anwärter auf den spanischen Thron. Bismarck ist bereit; Napoleon mischt sich ein. Depesche von Ems; Kriegserklärung Frankreichs. Napoleon wird bei Sedan gefangen; Belagerung von Paris.
1871 Rußland sichert sich die Londoner Konferenz wegen der Schwarzen-Meer-Klausel des Friedens von Paris (1856); Bismarck arbeitet gegen Nichteinmischung anderer Mächte in den französisch-deutschen Krieg. Friede von Frankfurt. Neues Deutsches Reich mit Elsaß-Lothringen als Reichsprovinz. Bürgerkrieg in Frankreich; Dritte Republik.
1872 Gründung des Vereins für Sozialpolitik.
1873 Bündnis zwischen den Herrschern von Deutschland, Österreich und Rußland. Festigung des Reiches. Der zweite Kulturkampf beginnt.

1875 »Krieg-in-Sicht«-Krise; Drohung einer großen Einkreisung Deutschlands durch Frankreich, England und Rußland. Bismarck versucht, sich Großbritannien zu nähern. Gotha-Programm der deutschen Sozialdemokratie.
1878 Berliner Kongreß; Bismarck als »ehrlicher Makler«. Attentate auf das Leben Kaiser Wilhelms. Sozialisten-Gesetz.
1879 Deutsch-österreichischer Bund. Bestreben zur Einführung von Schutzzöllen. Reaktion gegen den Liberalismus; Beginn einer antisemitischen Bewegung.
1882 Italien tritt dem deutsch-österreichischen Bündnis bei.
1884 Deutschland erwirbt Kolonien; Kongo-Konferenz in Berlin.
1887 Mittelmeer-Entente zwischen England, Österreich und Italien; Bismarck strebt weiter nach der Gunst Englands. Spannung zwischen Deutschland und Rußland; Rückversicherungsvertrag.

Wilhelm II. und der imperialistische Weltkrieg

1888 Tod Wilhelms I.; Kaiser Friedrich III. folgt ihm nach.
1888–1918 Kaiser Wilhelm II.
1890 Bismarck wird entlassen. Helgoland-Abkommen. Soziale Wohlfahrtseinrichtungen. Das Sozialisten-Gesetz fällt. Das Theater »Freie Bühne« wird in Berlin gegründet.
1892 Herabsetzung der Schutzzölle; neue Handelsverträge. Gründung des Bundes der Landwirte. Gerhart Hauptmanns »Die Weber«.
1894 Entlassung Caprivis; Prinz Hohenlohe wird an seiner Stelle Kanzler. Freundschaft zwischen Wilhelm II. und Zar Nikolaus II. Gründung des Alldeutschen Verbandes.
1895 Schimoneseki; Deutschland, Rußland und Frankreich protestieren gegen die japanischen Friedensbedingungen für China.
1896 Wilhelm II. Glückwunschtelegramm an Präsident Krüger von Transvaal nach Jamesons Angriff. National-sozialer Verein; Friedrich Naumann.
1897 Verordnungen wegen der in Böhmen zu sprechenden Sprachen; der Streit zwischen den Nationalitäten in der Doppelmonarchie wird heftiger.
1898 Deutschland erwirbt die Mariannen und Karolinen; pachtet das Tsingtau-Gebiet in China. Kaiser Wilhelm II. bietet in seiner Rede in Damaskus allen Mohammedanern seine Hilfe an. Kampf um die Bagdad-Eisenbahn. Erstes Flottengesetz. Erste Haager Friedenskonferenz. Gründung des »Wandervogel«; Anfang der Jugendbewegung.
1899–1901 Versuche einer deutsch-englischen Einigung.
1900 Boxer-Aufstand; militärische Einmischung der Großmächte in China; Yangtse-Abkommen zwischen Deutschland und England. Bernhard von Bülow, Außenminister seit 1897, wird Kanzler. Zweites Flottenabkommen.
1901 Thomas Manns »Buddenbrooks«.
1902 Geheimvertrag zwischen Italien und Frankreich. Schwächung des Dreibundes.
1902–03 Vereinte deutsch-englische Aktion gegen Venezuela.
1903 Mürzsteg-Übereinkommen zwischen Rußland und Österreich-Ungarn wegen des Balkans.
1904 Englisch-französischer Kolonialvertrag wegen Marokko und Ägypten. Anfang der deutschen Marokko-Politik.
1905 Landung in Tanger. Der Entwurf von Deutschlands Björkö-Vertrag mit Rußland fällt durch. Plan eines kontinentalen Dreibundes.

1907 Einführung des allgemeinen Wahlrechtes in Österreich. Zweite Haager Friedenskonferenz. Persien-Vertrag zwischen Rußland und Großbritannien. Richard Strauss' »Salome«. Einsteins besondere Relativitätstheorie (allgemeine Theorie 1915).

1908 Interview des »Daily Telegraph«; Unwille in Deutschland gegen Wilhelm II.

1908–09 Krise wegen der Annektion von Bosnien und der Herzegowina durch Österreich-Ungarn; deutsche Note an Rußland, eigentlich ein Ultimatum.

1909 Fürst Bülow weicht Theobald von Bethmann-Hollweg im Kanzleramt. Vorläufiger Vertrag mit Frankreich wegen Marokko.

1910 Freuds grundlegende Arbeit »Über Psychoanalyse«.

1910–11 Deutsch-russische Verträge von Potsdam und St. Petersburg.

1911 Zweite Marokko-Krise; deutsches Kanonenboot wird nach Agadir gesandt; Lloyd Georges Rede; Übereinkommen wegen Marokkos und des Kongos. Italien besetzt die kleinasiatischen Inseln und greift Tripolis an. Weitere Schwächung des Dreibundes.

1912 Balkankrieg. Geheimes russisch-japanisches Übereinkommen. Spannung zwischen Österreich und Rumänien. Frankreich und England wechseln im geheimen Beistandsnoten aus. Versagen einer deutsch-englischen Annäherung; Lord Haldane bespricht in Berlin Flottenfragen.

1913 Österreichisches Ultimatum an Serbien wegen Albanien. Zabern-Affäre.

1914 Krise wegen der Türkei durch General Liman von Sanders. Prinz zu Wied wird Beherrscher von Albanien. Die Spannung zwischen Deutschland und Rußland verschärft sich. Entwurf eines deutsch-englischen Kolonialvertrages. Ermordung des österreichischen Thronfolgers in Sarajewo; österreichisches Ultimatum an Serbien; Rußland mobilisiert; England versucht zu vermitteln; befristetes deutsches Ultimatum an Rußland; Frankreich scheint unbeteiligt zu sein. Kriegsausbruch; Einfall in Belgien; erste Schlacht an der Marne; die Russen werden nicht nach Deutschland hereingelassen; die Kreuzer-Flotte ist außerstande, die deutschen Kolonien zu verteidigen. Japan besetzt Kiautschou; Bulgarien und die Türkei nehmen Partei für Deutschland.

1915 Deutsche Eroberung Polens und der baltischen Staaten; Niederlage bei Verdun. Italien nimmt Partei für die Entente; Vertrag von London.

1916 U-Boot-Kriegsführung. Schlacht an der Somme; Schlacht von Jütland. Rumänien wird eingenommen. Auf Franz Joseph folgt Kaiser Karl. Deutsche Friedensvorschläge; Wilson als Vermittler.

1917 Uneingeschränkte Unterseeboot-Kriegsführung; Bruch zwischen Deutschland und den Vereinigten Staaten. Revolution in Rußland; Kerensky-Regiment wird gestürzt; Bolschewismus. Deutsche Sonder-Friedensverträge: Brest-Litowsk (mit Rußland); Bukarest (mit Rumänien). Englisch-japanisches Abkommen wegen der deutschen Kolonien.

1918 Deutsche Offensive in Frankreich schlägt fehl; Gegenoffensive. Wilsons 14 Punkte und andere Äußerungen. Zusammenbruch Deutschlands und seiner Verbündeten; Deutschland bittet um sofortigen Frieden; Wilhelm II. flieht; Proklamation der Deutschen Republik.

Die dritte deutsche Revolution und die Weimarer Republik

1919 Nationalversammlung; Weimarer Verfassung. Verträge von Versailles (mit Deutschland) und Saint-Germain (mit Österreich). Republik Österreich. Neue deutsche Parteien; Gefahr des Kommunismus; Rote Räterepublik in München.

1920 Die Franzosen besetzen das Rheinland. Kapp-Putsch. Kommunistischer Aufruhr in Mitteldeutschland.

1921 Die vereinigte Kommunistische Partei Deutschlands tritt der Dritten Internationale bei. Londoner Ultimatum wegen der Reparationen. Ermordung Erzbergers. Weltwirtschaftskonferenz in Genua. Rapallo-Vertrag mit Rußland. Deutsche Arbeiterpartei von München und die Deutsch-völkische Freiheitspartei vereinigten sich zur Nationalsozialistischen Deutschen Arbeiter-Partei unter der Führung von Adolf Hitler.

1922 Ermordung Rathenaus.

1923 Französische und belgische Truppen besetzen das Ruhrgebiet; eine Aktion, die in autoritären englischen Kreisen als Bruch des Versailler Vertrages bezeichnet wird. Passiver Widerstand; Politik der Erfüllung. Gustav Stresemann wird Reichskanzler. Ende der Inflation. Der letzte wichtige Kommunistenaufstand wird niedergeschlagen; Ausbruch des reaktionären Putsches in Küstrin; Münchner Bierkellerputsch.

1924 Französisch-tschechoslowakisches Bündnis. Konflikt zwischen Bayern und dem Reich wird aus dem Wege geräumt. Dawes-Plan. Stresemann wird Außenminister. Gründung des Reichsbanners Schwarz-Rot-Gold. Thomas Manns »Zauberberg«.

1925 Tod des Reichspräsidenten Ebert; Hindenburg wird gewählt. Locarno-Konferenz; Rheinland-Verträge. Deutschland wird zum Völkerbund zugelassen.

1926 Deutsch-russischer Freundschaftsvertrag. Streitigkeiten um die Enteignung der Fürsten und um die Flagge. Anwachsen der Rechtsparteien; alte Parteien lösen sich auf.

1927 Internationale Wirtschaftskonferenz in Genf.

1928 Deutschland wird durch internationale Wirtschaftskrisen erschüttert. Young-Plan; Versuch, die Reparationsfrage abzuschließen.

1929 Stresemanns Tod. Severing löst den Rotfrontkämpferbund auf.

1930 Dr. Hjalmar Schacht wird als Reichsbank-Präsident entlassen.

Nationalsozialismus

1930 Erstes Brüning-Kabinett. September-Wahl; die Nazis werden die zweitstärkste Partei in Deutschland.

1931 Krise in der Deutsch-österreichischen Zollunion. Entlassung des Außenministers Curtius; zweites Brüning-Kabinett.

1932 Hindenburg wird wieder zum Reichspräsidenten gewählt; Hitler erhält 13 000 000 Stimmen, 36,8 % der Wähler. Gesetzgebung und Verwaltung durch häufige Verordnungen. Gröner, der nach dem Verbot der SA. aufhört, Reichswehrminister zu sein, bleibt als Innenminister. Entlassung Brünings mit seinem gesamten Kabinett; Franz von Papen wird Reichskanzler, General von Schleicher Reichswehrminister. Staatsstreich in Preußen; die sozialistischen Minister werden verdrängt. Auflösung des Reichstages; die Nazis sind mit 230 Sitzen die stärkste Partei; Göring wird Reichstagspräsident. Zweite Reichstagswahl (November); die Nazis verlieren 2 000 000 Stimmen und 34 Abgeordnete. Schleicher wird Reichskanzler. Gregor Strasser wird aus der Nazipartei ausgeschlossen.

1933 Papen, Thyssen, Hugenberg und der Landbund, eine landwirtschaftliche Organisation, vereinigen sich gegen Schleicher. Hitler wird Reichskanzler (30. Januar); das erste Kabinett besteht aus 3 Nazis und 9 Nicht-Nazis. Verfolgung der deutschen Kommunisten; Reichstagsbrand; Wahl (März) unter Terror. Erster Boykott jüdischer Geschäfte (1. April). Ermächtigungsgesetz vom Reichstag gutgeheißen; später ungesetzlich fortgeführt. Stalin erneuert mit der Hitler-Regierung den Berliner Vertrag von 1926 und den Schlichtungsvertrag von 1929. Die Konzentrationslager werden eine ständige Einrichtung in ganz Deutschland. Alle deutschen Parteien außer der Nazipartei werden aufgelöst; nur Nazi-Kandidaten bei der Novemberwahl zugelassen. Gleichschaltung; Totalitarismus; Einführung der Diktatur; Bildung eines Reichswirtschaftsministeriums.

1934 Hitlers Blutrausch; 1186 Opfer ermordet. Strenge Verfolgung der Juden, Liberalen, Marxisten und Freimaurer. Göring schafft die Luftwaffe.

1935 Neuer Wirtschaftsvertrag mit Rußland. Vergrößerung der Armee auf 300 000 Mann; die allgemeine Wehrpflicht wird durch Hitler wiedereingeführt. Saar-Volksabstimmung ergibt eine überwältigende Mehrheit für die Vereinigung mit dem Reich.

1936 Einseitige Abschaffung des Locarno-Paktes durch Hitler; das Rheinland wird wieder militarisiert. Scheitern weitschweifiger Verhandlungen, die neue Verträge schaffen sollten. Carl von Ossietzky, ein führender deutscher Pazifist und Märtyrer der Naziverfolgung, erhält den Nobel-Friedenspreis zuerkannt.

1937 Heinrich Himmlers terroristisches Programm wird den Offizieren der Wehrmacht vorgelegt; die Nazifizierung der Armee beginnt. Thomas Manns historisches Schreiben an die Fakultät der Universität zu Bonn.

1938 Österreich wird von den deutschen Nazis genommen; Hitler in Wien. Beschleunigung der Krise wegen der Sudetendeutschen; Hitler wird vom britischen Premierminister Neville Chamberlain besucht; Konferenz in München; das Reich übernimmt die deutschsprechenden Teile von Böhmen; schlechte Grenzen für die anerkannte tschecho-slowakische Republik. Ermordung eines jüngeren deutschen Diplomaten in Paris; scharfe Verfolgung der Juden in Deutschland.

1939 Hitler bricht alle Abmachungen über Böhmen; Besetzung Prags; deutsches Protektorat wird den Tschechen auferlegt; Sonderabmachung für die Slowakei. Britische Garantien für Polen, Rumänien und Griechenland. Polnische Krise; scharfe Einmischung Deutschlands. Abschluß neuer Militärverträge mit Italien und Japan. Berlin-Moskauer Abkommen; neue Teilung Polens. Hitler überfällt Polen, statt es zu warnen, ohne Kriegserklärung; Britannien und Frankreich erklären Deutschland den Krieg; völliger Zusammenbruch des polnischen militärischen Widerstandes. Rußland greift Finnland an.

1940 Finnland weicht Rußland, mit territorialen Opfern. Die Nazis fallen in Norwegen und Dänemark ein, besetzen die Niederlande, greifen Belgien und Frankreich an; Blitzkrieg. Die britische Armee entkommt nach England über Dünkirchen. Italien erklärt Frankreich den Krieg; der französische Widerstand gegen die Nazis bricht zusammen; deutsch-französischer Waffenstillstand; die Deutschen besetzen Nordfrankreich; feierliche Gründung der Bewegung »Freies Frankreich« durch General de Gaulle in London. Deutsche Luftangriffe auf England; Krieg in Nordafrika. Einführung der allgemeinen Wehrpflicht in den Vereinigten Staaten. Italien greift Griechenland an.

1941 Präsident Roosevelt verkündet die vier Freiheiten. Ungarn, Finnland und Bulgarien treten der Achse bei. Die Nazis besetzen Jugoslawien, Rumänien und Griechenland. Rudolf Heß fliegt nach Britannien. Spannung zwischen der Sowjetunion und Deutschland; deutscher Angriff auf Rußland. Atlantik-Charta durch Präsident Roosevelt und Premierminister Winston Churchill verkündet; die Vereinigten Staaten verlängern die Leih- und Pachthilfe für Rußland. Japan greift die Flotte der Vereinigten Staaten bei Pearl Harbour an; Deutschland und Italien erklären den Vereinigten Staaten den Krieg; die Vereinigten Staaten erklären Deutschland und Italien den Krieg.

1942 Bund der Vereinten Nationen. Feldmarschall Rommel bedroht Ägypten. Die deutsche Besetzung wird auf ganz Frankreich ausgedehnt. Die Armeen der Alliierten landen in Nordafrika. Die alliierte Luftwaffe beginnt die meisten deutschen Großstädte zu zerstören. Belagerung von Leningrad; Angriff auf Moskau; die Verteidigung von Stalingrad ist der Wendepunkt des Krieges.

1943–44 Casablanca-Konferenz. Die Armeen der Alliierten landen in Sizilien; Sturz Mussolinis; Italien kapituliert. Kairo-Konferenz. Stalin, Roosevelt und Churchill treffen sich in Teheran. Die Armeen der Alliierten landen in Frankreich; Befreiung von Paris; amerikanische Truppen nehmen Aachen, ihre erste deutsche Stadt. Vereinigung »Freies Deutschland« in Rußland. Marschall von Rundstedt führt die deutsche Gegenoffensive in den Ardennen. Die Deutschen geben Rom auf. Goerdeler-Witzleben-Attentat auf Hitlers Leben, die dritte und wichtigste Verschwörung gegen ihn schlägt fehl. Russische Kräfte erreichen Warschau. Yalta-Konferenz. Die Alliierten überschreiten den Rhein. Amerikanische Kräfte erobern Bayern und erreichen die Elbe.

1945 Tod Hitlers und Himmlers. Admiral Dönitz Nachfolger des Führers. Die Russen nehmen Berlin. Deutsche Streitkräfte kapitulieren in Italien, den Niederlanden, Norwegen und Norddeutschland; die deutsche Schlußkapitulation wird im amerikanischen und russischen Hauptquartier angenommen. Militärische Besetzung Deutschlands durch die Alliierten; Einrichtung einer britischen, amerikanischen, französischen und russischen Zone; die Russen regieren im nördlichen Ostpreußen, die Polen im südlichen Ostpreußen, Teilen von Pommern, Posen und Schlesien; zeitweilige Aufhebung der deutschen Souveränität. Potsdamer Konferenz. Beginn des Nürnberger Prozesses gegen die Nazi-Kriegsverbrecher.

Deutsche Geschichte seit 1945

1945 7. Mai: Deutsche Gesamtkapitulation in Reims. (9. Mai: Wiederholung der Kapitulation in Karlshorst bei Berlin [sowjet. Hauptquartier]).
Juni: Übernahme der Regierungsgewalt durch die Siegermächte. Zulassung von Parteien und Gewerkschaften in der SBZ.
17. Juli–2. Aug.: Postdamer Konferenz.
Juli: Einzug der Westalliierten in Berlin. Errichtung von fünf Ländern in der SBZ.
Aug.: Zulassung von Parteien und Gewerkschaften in den Westzonen. Beginn der Vertreibung von Deutschen aus Polen, Ungarn, CSSR und den von Polen bzw. der UdSSR besetzten Gebieten.
Sept./Okt.: Londoner Außenministerkonferenz (über Deutschland). Konstituierung von Bayern, Württemberg-Baden, Hessen; Errichtung von 11 Zentralverwaltungen in der SBZ.

Okt.: Kurt Schumacher »Beauftragter der SPD für die Westzonen«. Anklage gegen 24 Hauptkriegsverbrecher durch das Internationale Militärtribunal in Nürnberg. Errichtung des Länderrats in Stuttgart.
Dez.: »Reichstagung« der christl. Parteien in Bad Godesberg.

1946 Jan.: Gemeindewahlen in der US-Zone.
April: Vereinigung von KPD und SPD zur SED in der SBZ.
April/Mai und Juni/Juli: Pariser Außenministerkonferenz.
Mai: Einstellung der Reparationslieferungen aus der US-Zone an die UdSSR.
Juni: Wahlen zu Verfassunggebenden Versammlungen in den US-besetzten Ländern.
Aug.: Gründung von Nordrhein-Westfalen und Rheinland-Pfalz.
Sept.: Byrnes-Rede in Stuttgart.
Nov.: Gründung von Niedersachsen. SED veröffentlicht Entwurf für die Verfassung einer künftigen »Demokratischen Republik Deutschland«.
Dez.: Ausgliederung des Saargebiets aus der französischen Zone.

1947 Jan.: Vereinigung von US- und brit. Zone zur Bizone.
Febr.: Ahlener Programm der CDU.
März: Einführung der paritätischen Mitbestimmung in der Montanindustrie.
März/April: Moskauer Außenministerkonferenz (keine Einigung über Deutschland).
April: Landtagswahlen in der brit. Zone.
Mai: Einrichtung von Wirtschaftsrat (»Parlament«), Exekutivrat (»Quasi-Regierung«) und Verwaltungen in der Bizone.
Juni: Münchner Ministerpräsidentenkonferenz. »Deutsche Wirtschaftskommission« in der SBZ. Verkündung des Marshallplans (ERP).
Nov.: Londoner Außenministerkonferenz. Gewerkschaftsrat in der Bizone.
Dez.: »Deutscher Volkskongreß für Einheit und gerechten Frieden« in der SBZ.

1948 Febr.: Londoner Sechs-Mächte-Konferenz (schließt im Juni mit »Londoner Empfehlungen«).
März: Auszug des sowjet. Vertreters aus dem Alliierten Kontrollrat.
April: Berliner Blockade (bis April 1949). Gründung der OEEC in Paris.
Juni: Währungsreform.
Juli–Sept.: Frankfurter Dokumente. Verfassungskonvent auf Herrenchiemsee. Zusammentreten des Parlamentarischen Rats in Bonn.
Nov.: Spaltung des Magistrats von Groß-Berlin.
Dez.: Gründung der FDP in Heppenheim.

1949 Jan.: Gründung des »Rats für gegenseitige Wirtschaftshilfe« (RGW, im Westen auch COMECON genannt).
April: Zusammenschluß der Bizone mit der französ. Zone zur »Trizone«. Abschluß des Nordatlantikpaktes (NATO). Ruhrstatut. Abkommen über Besatzungsstatut und Dreimächtekontrolle.
Mai: Europarat. Genehmigung und Verkündigung des Grundgesetzes für die Bundesrepublik Deutschland. Gründung der Bundesrepublik (Hauptstadt: Bonn). Pariser Viermächtekonferenz.
Juli: Düsseldorfer Leitsätze der CDU.

Bundesrepublik Deutschland

1949 Aug.: Wahlen zum 1. Deutschen Bundestag.
Sept.: Bundesrat und Bundestag nehmen ihre Tätigkeit auf. Theodor Heuss erster Bundespräsident, Konrad Adenauer (CDU) erster Bundeskanzler. Inkrafttreten des Besatzungsstatuts.
Okt.: Gründung des DGB in München.
Nov.: Petersberger Abkommen.

1950 Mai: Schumannplan.
Juni: Beginn des Koreakrieges.
Juli: Bundesregierung bietet Verteidigungsbeitrag an.
Sept.: Tätigkeitsverbot für Angehörige von KPD, VVN, FDJ u. a. im öffentlichen Dienst. Aufnahme diplomat. Beziehungen mit dem Ausland.
Okt.: Pleven-Plan (EVG) sieht Beteiligung von BRD-Truppen in einer Europa-Armee vor. Rücktritt des Bundesinnenministers Heinemann (CDU). Einrichtung des Amtes Blank.

1951 März: Adenauer übernimmt Außenministerium.
Juli: Beendigung des Kriegszustandes mit den Westmächten.
Sept.: Washingtoner Außenministerkonferenz (Vorbereitung des Deutschlandvertrags).

1952 Febr.: Billigung des Wehrbeitrags durch den Bundestag.
März: Sowjet. Deutschland-Noten an die Westmächte (Wiederherstellung der Einheit Deutschlands; Friedensvertrag und Abzug aller Besatzungstruppen ein Jahr nach Abschluß; keine antidemokratischen Organisationen auf dem Territorium Deutschlands; Neutralität des wiedervereinten Deutschland; Grenzen wie bei der Potsdamer Konferenz festgelegt; Armee zur Landesverteidigung).
April: Bildung des Bundeslandes Baden-Württemberg aus den Ländern Baden, Württemberg-Baden und Württemberg-Hohenzollern.
Mai: »Zeitungsstreik«. Betriebsverfassungsgesetz. Montan-Union-Vertrag tritt in Kraft.
Aug.: Tod des SPD-Vorsitzenden Kurt Schumacher; Nachfolger: Erich Ollenhauer.
Sept.: Wiedergutmachungsabkommen zwischen der BRD und Israel.
Okt. Verbot der SRP.

1953 März: Bundestag verabschiedet EVG- und Deutschlandvertrag.
Sept.: Wahlen zum 2. Deutschen Bundestag.

1954 Jan.: Berliner Vier-Mächte-Konferenz (März: keine Einigung in der Deutschlandfrage).
März: Grundgesetzänderung: 1. Wehrergänzung. Wiederwahl von Bundespräsident Theodor Heuss.
Aug.: Ablehnung der EVG durch die französ. Nationalversammlung.

1955 Jan.: UdSSR reagiert auf die Pariser Verträge, beendet den Kriegszustand mit ganz Deutschland, drängt auf Gespräche zwischen DDR und BRD und bietet Verhandlungen an, falls die BRD auf die Ratifizierung der Verträge verzichtet.
Febr.: Ratifizierung der Pariser Verträge. »Paulskirchen-Manifest«: nichts dürfe unversucht bleiben, die sowj. Deutschland-Versuche zu prüfen.
Mai: Souveränität. NATO-Mitglied.
Juni: Theodor Blank (CDU) Verteidigungsminister.
Juli: Genfer Vier-Mächte-Konferenz der Regierungschefs.

Sept.: Moskau-Besuch Adenauers: Freilassung der deutschen Gefangenen in der UdSSR, Aufnahme diplomat. Beziehungen. Hallstein-Doktrin verschärft Alleinvertretungsanspruch.
Okt.: Ablehnung des Saarstatuts. Genfer Außenministerkonferenz.
1956 Jan.: Bundeswehr-Aufbau (zunächst 1000 Freiwillige).
März: Grundgesetzänderung: 2. Wehrergänzung.
Juli: Wehrpflichtgesetz.
Aug.: Verbot der KPD durch das BVG.
1957 Jan.: Eingliederung des Saarlandes in die BRD (wirtschaftlich: Juli 1959).
Febr.: Rentenreform.
März: Römische Verträge (EURATOM und EWG).
April: Göttinger Erklärung von 18 Atomforschern. Einberufung der ersten 10 000 Wehrpflichtigen (Jahrgang 1937) zur Bundeswehr.
Mai: Ablehnung des DDR-Vorschlags einer Konföderation.
Juli: Verabschiedung des Kartellgesetzes.
Sept.: Wahlen zum 3. Deutschen Bundestag.
1958 März: Bewegung »Kampf dem Atomtod«.
Juli: Feststellung der Verfassungswidrigkeit einer Volksbefragung zur Atombewaffnung der Bundeswehr durch BVG.
1959 Jan.: Privatisierung von Teilen des Bundesvermögens (Preussag-Volksaktien). Vorschlag eines Friedensvertrages durch die UdSSR.
Febr.: Vorschlag der Westmächte für eine Außenministerkonferenz mit Beteiligung von deutschen Beratern.
Mai–Aug.: Genfer Außenminister-Konferenz.
Juli: Heinrich Lübke (CDU) Bundespräsident.
Sept.: Treffen Chruschtschows mit US-Präsident Eisenhower in Camp David: Vereinbarungen zu Berlinverhandlungen. Chruschtschow fordert von Adenauer Abschluß eines Friedensvertrages und Status einer Freien Stadt für Berlin.
Nov.: Godesberger Programm der SPD.
1960 Juni: Außenpolit. Debatte im Bundestag: Herbert Wehner stellt Übereinstimmung der SPD mit der Westintegrationspolitik der Bundesregierung fest.
Aug./Sept.: Sperrung des Zugangs nach Ostberlin durch DDR-Behörden. BRD-Pässe der Westberliner werden von der DDR nicht mehr anerkannt. Kündigung des Interzonenhandelsabkommens durch die BRD (1961 wieder in Kraft).
1961 April: Teilprivatisierung des Volkswagenwerks: VW-Volksaktien.
Aug.: Berliner Mauer.
Sept.: Wahlen zum 4. Deutschen Bundestag.
1962 Jan.: Integration der Landwirtschaft in den Gemeinsamen Markt.
Febr.: Wehrpflichtdauer auf 18 Monate verlängert.
Sept.: UdSSR erklärt den Vier-Mächte-Status für Berlin für beendet.
Okt.: Beginn der *Spiegel*-Affäre.
Dez.: Regierungsumbildung infolge der *Spiegel*-Krise.
1963 Jan.: Deutsch-französ. Vertrag.
März: Handelsvertrag Polen-BRD.
April: Erstmalige Aussperrungen im Metallarbeiterstreik in Baden-Württemberg.
Juli: Atomteststopp-Abkommen zwischen USA, Großbritannien, UdSSR. Beitritt von BRD und DDR.
Sept.: BRD-Handelsmission in Warschau eröffnet.
Okt.: Ludwig Erhard (CDU) Bundeskanzler.

Nov.: Neues DGB-Grundsatzprogramm.
Dez.: Passierscheinabkommen zwischen Westberlin und DDR.

1964 Febr.: Tod des SPD-Vorsitzenden Ollenhauer; Nachfolger: Willy Brandt.
Sept.: 2. Passierscheinabkommen zwischen Westberlin und DDR.

1965 Juli: Frankreich verläßt den EWG-Ministerrat.
Sept.: Wahlen zum 5. Deutschen Bundestag.
Nov.: 3. Passierscheinabkommen zwischen Westberlin und DDR.

1966 Febr.: Briefwechsel SPD–SED zum Redneraustausch.
März: Austritt Frankreichs aus der militär. Organisation der NATO. 4. Passierscheinabkommen.
Okt.: Austritt der FDP aus der Bundesregierung. Kurzarbeit und Entlassungen im Ruhrgebiet.
Nov.: Große Koalition zwischen CDU/CSU und SPD. Kurt Georg Kiesinger (CDU) Bundeskanzler.
Dez.: Verhandlungen über Passierscheinabkommen in Berlin scheitern.

1967 Jan.: Aufnahme diplomat. Beziehungen mit Rumänien.
Febr.: Bildung der Konzertierten Aktion. Über eine halbe Million Arbeitslose in der BRD.
April: Tod Konrad Adenauers.
Mai: Briefwechsel Kiesinger–Stoph über Annäherungsbedingungen der beiden deutschen Staaten. Stabilisierungsgesetz.
Juni: Demonstration gegen das Terror-Regime des Schahs von Persien anläßlich seines Staatsbesuchs in Berlin. Auslösung einer Demonstrationswelle durch die Erschießung des Studenten Benno Ohnesorg durch einen Polizisten.
Okt.: Che Guevara in Bolivien von Regierungstruppen getötet. Der Kubaner wird zum Revolutionsidol der unzufriedenen Jugend.

1968 März: Rücktritt des CSSR-Staatspräsidenten Nowottny. »Prager Frühling«.
April: Brandanschläge in Frankfurter Kaufhäusern. Attentat auf den Studentenführer Rudi Dutschke in Berlin löst Demonstrationswelle gegen den Springer-Konzern aus (»Oster-Demonstrationen«). Gesetz zum Austausch von Zeitungen mit der DDR.
Mai: »Pariser Mai«. Nach Generalstreiks und Fabrikbesetzungen sprengen Truppenkonzentrationen um Paris das Arbeiter-Studenten-Bündnis. Neuwahlen im Juni: Gaullisten erhalten absolute Mehrheit. – Demonstrationen gegen Notstandsgesetze in der BRD. Annahme der Notstandsgesetze durch den Bundestag mit Mehrheit der SPD- und CDU/CSU-Stimmen.
Juni: Erlöschen der alliierten Vorbehaltsrechte nach Inkrafttreten der Notstandsgesetze.
Juli: Zollunion der EWG.
Aug.: Einmarsch von Warschauer-Pakt-Truppen (einschl. DDR) in die CSSR.
Sept.: Gründung der DKP.
Dez.: Ausweitung des Interzonenhandels.

1969 März: Gustav Heinemann 3. Bundespräsident.
Mai: Verabschiedung der Strafrechtsreform. Verzicht auf Hallstein-Doktrin.
Sept.: Wahl zum 6. Deutschen Bundestag.
Okt.: SPD/FDP-Koalition. Willy Brandt (SPD) Bundeskanzler, Walter Scheel (FDP) Außenminister.
Nov.: Atomwaffensperrvertrag.
Dez.: EWG-Gipfelkonferenz in Den Haag: Neue Impulse zur polit. Integration Europas.

1970 Jan.: Vertragsverhandlungen mit der UdSSR in Moskau.
Febr.: Vertragsverhandlungen mit Polen in Warschau.
März: Erfurter Treffen von Bundeskanzler Brandt und Ministerpräsident Stoph.
Mai: Begrenzte Straffreiheit für Demonstrationsteilnehmer. Treffen Brandt–Stoph in Kassel. Veröffentlichung des »Bahr-Papiers«.
Juli: BRD-Bürger erhalten ab 18. Lebensjahr aktives, ab 21. Lebensjahr passives Wahlrecht.
Aug.: Unterzeichnung des deutsch-sowjet. Vertrags in Moskau. Übergabe des Briefs »Zur deutschen Einheit«.
Nov.: Beginn der Verhandlungen BRD–DDR.
Dez.: Unterzeichnung des deutsch-poln. Vertrags in Warschau.

1971 Jan.: Wiederaufnahme des Telefonverkehrs zwischen Berlin Ost und Westberlin.
Mai: Rücktritt von Finanzminister Alex Möller (SPD). Neuer Wirtschafts- *und* Finanzminister: Karl Schiller (SPD).
Sept.: Vier-Mächte-Abkommen über Berlin. Beginn der Verhandlungen Westberlin–BRD–DDR über Berlin.
Okt.: Friedens-Nobelpreis für Bundeskanzler Willy Brandt. Rainer Barzel CDU-Vorsitzender.
Nov.: Metallarbeiterstreiks in Baden-Württemberg; Aussperrung; umfangreichste Streiks in der Geschichte der BRD.
Dez.: Unterzeichnung von Abkommen und Verträgen bzw. Paraphierung a) über Reise- und Besucherverkehr zwischen Westberlin und der DDR; b) des Transitabkommens zwischen Westberlin und der DDR, c) über das Transitabkommen zwischen BRD und DDR.

1972 Jan.: Beschluß des Bundeskanzlers (Brandt [SPD]) und der Ministerpräsidenten der Länder über die Beschäftigung im öffentlichen Dienst (sog. »Radikalenerlaß«).
April: Ablehnung des Konstruktiven Mißtrauensvotums gegen Bundeskanzler Brandt.
Mai: Terroranschläge deutscher »Stadtguerillas«. Unterzeichnung des Verkehrsvertrages mit der DDR.
Juni: Inkrafttreten der gesamten Berlinregelung.
Juli: Rücktritt Karl Schillers. Helmut Schmidt Doppelminister.
Okt.: Verkehrsvertrag mit DDR tritt in Kraft.
Nov.: Wahl zum 7. Deutschen Bundestag.
Dez.: Unterzeichnung des Grundlagenvertrags BRD-DDR in Ostberlin.

1973 Jan.: Unterzeichnung des Vertrages zur Erweiterung der EG durch Dänemark, Großbritannien, Irland.
Mai: Ratifizierung des Grundlagenvertrags BRD-DDR.
Juli: Europäische Sicherheitskonferenz in Helsinki (KSZE).
Sept.: BRD und DDR werden UN-Mitglieder.
Nov.: Ölkrise durch Boykott der arabischen Staaten.

1974 Jan.: Streik im öffentlichen Dienst bringt 11 % Lohnerhöhungen.
Mai: Rücktritt Willy Brandts. Helmut Schmidt (SPD) Bundeskanzler. Walter Scheel Bundespräsident.
Nov.: Ermordung des Berliner Richters v. Drenkmann durch Terroristen.
Dez.: Seit Mitte der 50er Jahre wieder mehr als 1 Mio. Arbeitslose (erst 1976 wieder unter 1 Mio.). Konjunkturprogramm.

1975 Jan.: Änderung des Straf-Verfahrensrechts: Verteidiger können ausgeschlossen werden.

Febr./März: Freipressung von Terroristen nach Entführung des Berliner CDU-Vorsitzenden Lorenz. Beginn der Demonstrationen gegen Atomkraftwerke (Wyhl, Kaiserstuhl).
Juni: Bundesumweltamt in Berlin.
Aug.: Unterzeichnung der KSZE-Schlußakte in Helsinki.
Dez.: Hochschulrahmengesetz.

1976 Febr.: Bruch der SPD-FDP-Koalition in Niedersachsen. Ernst Albrecht (CDU) neuer Ministerpräsident.
Mai: Mitbestimmungsgesetz. (Der Einspruch der Arbeitgeberverbände gegen das Gesetz wird 1978 vom BVG abgelehnt.)
Aug.: Anti-Terror-Gesetz stellt Bildung krimineller terrorist. Vereinigungen unter Strafe.
Okt.: Wahlen zum 8. Deutschen Bundestag.
Nov.: Kreuther Beschlüsse: CSU kündigt Fraktionsgemeinschaft mit CDU. Der Beschluß wird rückgängig gemacht (Dez.).

1977 April: Ermordung von Generalstaatsanwalt Buback.
April: Kündigung der Konzertierten Aktion durch den DGB nach Verfassungsklage gegen das Mitbestimmungsgesetz.
Juli: Ermordung des Bankiers Ponto.
Sept.: Entführung des Arbeitgeberfunktionärs Hanns Martin Schleyer (Tötung seiner Begleitung bei der Entführung).
Okt.: In Mogadischu (Somalia) wird ein von Terroristen entführtes Lufthansa-Flugzeug mit Touristen an Bord von Bundesgrenzschutzeinheiten befreit. Die Bundesregierung war auf die Forderungen der Terroristen nicht eingegangen. Hanns Martin Schleyer ermordet aufgefunden. Inkrafttreten des »Kontaktsperre-Gesetzes« (Isolierung der des Terrorismus verdächtigten Häftlinge). Tod der in Stammheim inhaftierten verurteilten Terroristen Andreas Baader, Jan-Carl Raspe und Gudrun Ensslin (der angenommene Selbstmord wird von in- und ausländ. Gutachtern bestätigt).
Nov.: Bundeswehroffiziere in München wegen neofaschist. Äußerungen entlassen.

1978 Febr.: Druckerstreik (und Aussperrungen) um Sicherung der Arbeitsplätze. Kabinettsumbildung. Annahme des Anti-Terror-Gesetzes im Bundestag (245 gegen 244 Stimmen; die Opposition hält das Gesetz für nicht ausreichend scharf).
März: Metallarbeiterstreik (und Aussperrungen) in Nordrhein-Westfalen.
April: Wehrdienstreform-Gesetz vom BVG für verfassungswidrig und nichtig erklärt. Verabschiedung eines weiteren Anti-Terror-Gesetzes (252 gegen 243 Stimmen).
Juni: Rücktritt des Innenministers Maihofer (FDP) wegen der im Entführungsfall Schleyer entstandenen Pannen. Gesetze zur Verbesserung der vorbeugenden Terrorismusbekämpfung vom Bundestag beschlossen. Kündigung des NDR-Staatsvertrags durch Ministerpräsident Stoltenberg (CDU) von Schleswig-Holstein. Gefahr für das öffentlich-rechtliche Rundfunksystem.
Juli: Konjunkturprogramm der Bundesregierung. Steuererleichterungen.
Aug.: Rücktritt des baden-württemberg. Ministerpräsidenten Hans Karl Filbinger (CDU) wegen von ihm in seiner Eigenschaft als Marinerichter nach der Kapitulation 1945 ausgesprochenen Todesurteile.
Nov.: Neues Verkehrsabkommen mit der DDR. CSU-Vors. Franz Josef Strauß wird bayerischer Ministerpräsident. Streik in der Stahlindustrie.
Dez.: Europäisches Währungssystem (EWS) beschlossen.

1979 März: Verfassungsmäßigkeit des Mitbestimmungsgesetzes durch BVG bestätigt.
Mai: Karl Carstens (CDU) Bundespräsident. Rücktritt des NRW-Agrarministers Deneke aus Protest gegen Umweltzerstörung durch weiteren Autobahnbau.
Juni: Erste Direktwahl zum EG-Parlament (BRD 69,9 % Wahlbeteiligung).
Juli: Franz Josef Strauß Kanzlerkandidat der CDU/CSU. Weltweite Ölkrise bringt enorme Verteuerungen von Benzin und Heizöl.
Okt.: Die Grünen ziehen zum erstenmal in ein Länderparlament (Bremen).

1980 März: Die Grünen im Landtag von Baden-Württemberg.
April: Abkommen mit der DDR zur Verkehrsverbesserung.
Mai: Die SPD erhält in Nordrhein-Westfalen die absolute Mehrheit. Boykott der Olympischen Sommerspiele in Moskau.
Juni: Wirtschaftsgipfel in Venedig.
Sept.: Sprengstoffattentat eines Neonazis auf dem Münchner Oktoberfest; über hundert Tote und Verletzte.
Okt.: Bundestagswahl. CDU/CSU 44,8 %, SPD 42,9 %, FDP 10,6 %.
Nov.: Wiederwahl Helmut Schmidts zum Bundeskanzler.

1981 Jan.: Hans-Jochen Vogel Regierender Bürgermeister von Westberlin.
Mai: Rücktritt des Hamburger Bürgermeisters Hans-Ulrich Klose (SPD). Nachfolger: Klaus von Dohnany (SPD).
Juli: BRD-DDR-Gespräche über Rüstungskontrolle.
Okt.: Friedensdemonstration in Bonn.
Dez.: Verabschiedung des 1,73-Mrd.-DM-Programms »Stabilitätsgerechter Aufschwung« durch den Bundestag.

1982 Jan.: Auseinandersetzungen um die Startbahn West am Rhein-Main-Flughafen in Frankfurt am Main.
Febr.: Vertrauensvotum für Bundeskanzler Helmut Schmidt im Bundestag. Beginn der staatsanwaltlichen Ermittlungen gegen Bonner Politiker wegen Begünstigung des Flick-Konzerns und der Entgegennahme von Bestechungsgeldern.
Juni: NATO-Gipfel in Bonn.
Sept.: Die FDP verläßt mit ihren Ministern die sozial-liberale Koalition. Bundeskanzler Helmut Schmidt bildet ein Kabinett nur aus Sozialdemokraten. CDU wird stärkste Partei in Hessen, aber Börner (SPD) bleibt Ministerpräsident; die FDP scheitert an der Fünf-Prozent-Klausel.
Okt.: Konstruktives Mißtrauensvotum gegen Helmut Schmidt (SPD). Bundeskanzler wird Helmut Kohl (CDU). Koalition aus CDU/CSU und FDP. Rücktritt (aus Protest gegen den FDP-Schwenk) des FDP-Geschäftsführers Günter Verheugen u. a.
Dez.: Bundeskanzler Kohl verliert verabredungsgemäß ein Vertrauensvotum, damit der Bundestag aufgelöst werden kann. Bei den Hamburger Bürgerschaftswahlen gewinnt die SPD die absolute Mehrheit.

1983 Jan.: Hans-Jochen Vogel wird Kanzlerkandidat der SPD.
März: Bundestagswahl: CDU/CSU 48,8 %, SPD 38,2 %, FDP 7 %, Grüne 5,6 % (zum erstenmal im Bundestag); CDU/CSU-FDP-Koalition; Bundeskanzler Helmut Kohl (CDU). In Schleswig-Holstein erringt der Kandidat für das Ministerpräsidentamt, Uwe Barschel (CDU), für seine Partei bei der Landtagswahl die absolute Mehrheit.
Juli: Milliardenkredit für die DDR; anschließend u. a. Abbau von Selbstschußanlagen.
Sept.: Demonstration gegen die Pershing-II-Stationierung in Mutlangen.

Okt.: Demonstration gegen NATO-Nachrüstung; Menschenkette von Stuttgart nach Ulm.
Nov.: Bundestag stimmt der Stationierung von Mittelstreckenraketen in der BRD zu.
Dez.: Bundesverfassungsgericht verwirft das Volkszählungsgesetz.

1984 April/Mai: IG-Metall fordert den Einstieg in die 35-Stunden-Woche; Streik in Baden-Württemberg. Demonstration gegen den Bau der Startbahn West am Rhein-Main-Flughafen.
Juni: Grüne unterstützen das Minderheitenkabinett von Ministerpräs. Holger Börner in Hessen. Rücktritt des Bundeswirtschaftsministers Graf Lambsdorff nach Erhebung der Anklage wegen Bestechlichkeit.
Mai: Richard von Weizsäcker (CDU) wird zum Bundespräsidenten gewählt.
Okt.: Bundestagspräsident Rainer Barzel (CDU) tritt wegen Verstrickung in die Flick-Affäre zurück.

1985: Febr.: MTU-Manager Ernst Zimmermann in Gauting von Terroristen ermordet. Martin Bangemann Vorsitzender der FDP.
März: Oskar Lafontaine (SPD) Ministerpräsident des Saarlands. Eberhard Diepgen (CDU) Regierender Bürgermeister von Westberlin.
April: Attentate (Sprengstoffanschläge) in Hamburg, Iggingen, Köln und Düsseldorf.
Mai: US-Präsident Reagan und Bundeskanzler Kohl im ehem. KZ Bergen-Belsen; umstrittener Besuch der beiden auf dem Soldatenfriedhof von Bitburg (dort liegen auch Waffen-SS-Angehörige begraben). Rede Bundespräsident von Weizsäckers zum 40. Jahrestag des Kriegsendes: Auch für Deutschland sei der 8. Mai 1945 ein Tag der Befreiung. Die SPD erringt in NRW wiederum die absolute Mehrheit.
Juni: Bombenanschlag auf dem Frankfurter Rhein-Main-Flughafen (drei Tote). Der Bundestag beschließt das »Vermummungsgesetz«.
Aug.: Bombenanschlag (vermutlich der RAF) auf den US-Flugstützpunkt Frankfurt a. M. (2 Tote, Verletzte). Bombenanschlag auf US-Militäreinrichtungen beim NATO-Hauptquartier in Mönchengladbach. Beginn des Prozesses gegen Graf Lambsdorff, Hans Friderichs und den Flick-Bevollmächtigten Eberhard von Brauchitsch wegen Verdachts der aktiven und passiven Bestechung.
Sept.: Anschläge auf US-Anlagen im Saarland. NRW-Ministerpräs. Johannes Rau Kanzlerkandidat der SPD. Atomrechtl. Genehmigung für die Wiederaufbereitungsanlage in Wackersdorf durch bayer. Landesregierung.
Okt.: Demonstration gegen Wackersdorf in München. Erste Grünen-SPD-Koalition in Hessen.

1986 Jan.: Räumung des durch Atomkraftgegner besetzten Geländes bei Wackersdorf (Einsatz von 2000 Polizeibeamten).
März: Bundestag verabschiedet das geänderte Arbeitsförderungsgesetz: kein Arbeitslosengeld an Personen, die an einem Streik direkt oder indirekt beteiligt sind. Polizeieinsatz von Reizgas durch die bayer. Polizei bei Wackersdorf-Demonstration.
April: Bombenanschlag auf ein von US-Soldaten frequentiertes Lokal in Westberlin. Die bei einem Reaktorunfall in Tschernobyl (UdSSR) freigesetzte Radioaktivität erreicht das Bundesgebiet.
Mai/Juni: Demonstrationen in Brockdorf und Wackersdorf.
Aug.: SPD beschließt stufenweisen Ausstieg aus der Atomenergie.
Sept.: Bombenanschlag auf das Bundesamt für Verfassungsschutz in Köln.

Okt.: Ministerialdirektor Gerold von Braunmühl von Terroristen erschossen. Die Grünen ziehen in den bayerischen Landtag.
Nov.: Bundeskanzler Kohl distanziert sich von einem Interview, in dem er Michail Gorbatschow mit Goebbels verglichen hat. Vergiftung des Rhein durch einen Brand im Baseler Chemiekonzern Sandoz.

1987 Jan.: Bundestagswahl: CDU/CSU 44,3 %, SPD 37,0 %. FDP 9,1 %, Grüne 8,3 %.
Feb.: Otto Graf Lambsdorff, Hans Friderich und Eberhard von Brauchitsch im Parteispenden-Prozeß verurteilt.
März: Rücktritt Willy Brandts als SPD-Vorsitzender.
April: CDU-FDP-Regierung in Hessen.
Aug.: Erhöhung des Begrüßungsgeldes für DDR-Bürger in der Bundesrepublik auf einmalig 100.– DM.
Sept.: SPD-FDP-Koalition in Hamburg. SPD-Regierung in Bremen. In Schleswig-Holstein entsteht Pattsituation: SPD/Grüne und CDU/FDP haben je 37 Mandate. Barschel-Affäre: Nach Mitteilung eines Vertrauten (Reiner Pfeiffer) ließ der schleswig-holsteinische Ministerpräsident Uwe Barschel (CDU) seinen SPD-Rivalen Björn Engholm bespitzeln; mit seinem Ehrenwort wies B. die Beschuldigungen gegen ihn zurück; ein Ermittlungsausschuß bringt schwere Belastungen Barschels zutage; B. am 11. Oktober tot in einem Genfer Hotelzimmer gefunden. – Besuch des DDR-Staatsratsvorsitzenden Erich Honecker in Bonn.
Okt.: Die Hanauer Nuklearfabrik Nukem hat 12 Jahre lang aufgrund vorläufiger Übergangsbestimmungen gearbeitet. Demonstration in Wackersdorf (25 000 Atomkraftgegner).
Nov.: Demonstration an der Startbahn West in Frankfurt (zwei Polizisten erschossen); Verschärfung des Demonstrationsrechtes gefordert. Konflikt um die besetzten Häuser in der Hamburger Hafenstraße friedlich beigelegt.
Dez.: FDP beschließt Verschärfung des Vermummungsverbotes. Bundesregierung einigt sich auf die Gesundheitsreform. Hanauer Transnuklear (Tochterunternehmen der Nukem) gibt zu, rd. 2000 Fässer mit Atom-Müll nach Belgien verbracht zu haben.

1988 Jan.: Aussetzung der Betriebsgenehmigung für die Hanauer Nukem.
Feb.: Kein verbleites Normalbenzin mehr in der BRD.
März: Tod Kurt Georg Kiesingers (Bundeskanzler 1966–1969).
Mai: Landtagswahl in Schleswig-Holstein: SPD 54,8 %, CDU 33,3 %. FDP und Grüne scheitern an der Fünf-Prozent-Klausel; Ministerpräs. Björn Engholm (SPD). Manfred Wörner (CDU) Generalsekretär der NATO.
Juni: Rücktritt des Hamburger Bürgermeisters Klaus von Dohnany (SPD); Nachfolger: Henning Voscherau (SPD). Verabschiedung des Steuerreformgesetzes im Bundestag.
Aug./Sept.: SPD beschließt die Quotenregelung: Spätestens ab 1998 sollen 40 % der Parteiämter und Mandate mit Frauen besetzt sein. Beginn des Abzugs von Pershing-II-Raketen aus der BRD.

1989 April: Hamburgs Bürgermeister Voscherau (SPD) erklärt das Hafenstraßen-Experiment für gescheitert. Bundeskartellamt untersagt Fusion von Daimler-Benz und MBB, per Ministerialerlaß der Bundesregierung am 8. 9. 89 mit wenigen Einschränkungen doch genehmigt. Bundestag verabschiedet verschärfte Demonstrationsgesetze und Kronzeugenregelung.
Mai: Memminger Abtreibungsprozeß: Frauenarzt Horst Theissen in einem umstrittenen Prozeß zu zweieinhalb Jahren Gefängnis verurteilt. Wiederwahl Ri-

chard von Weizsäckers zum Bundespräsidenten. Staatsakt zum 40jährigen Bestehen der Bundesrepublik Deutschland. Treffen des SPD-Vorsitzenden Hans-Jochen Vogel mit dem DDR-Staatsratsvorsitzenden Erich Honecker.
Juni: Bayer. Landesregierung und Bundesregierung geben bekannt, daß die Aufbereitungsanlage in Wackersdorf nicht weitergebaut wird. Staatsbesuch des sowjetischen Präsidenten Gorbatschow in der BRD. Reg. Bürgermeister Walter Momper vereinbart mit Erich Honecker Reiseerleichterungen für die Westberliner. Atom-Untersuchungsausschuß des Bundestags moniert Fehler bei Exportkontrollen von Nuklearprodukten. Bundestag verurteilt Hinrichtung von Arbeitern und Studenten in China; Bundesregierung kündigt Einstellung von Kapitalhilfen und Hermes-Bürgschaften an.
Juli: Kanzleramtsminister Rudolf Seiters bei Erich Honecker. Lufthansa erhält Erlaubnis, zweimal wöchentlich Leipzig anzufliegen.
Aug.: Schließung der Ständigen Vertretung in Ost-Berlin wegen der wachsenden Zahl potentieller »Republikflüchtlinge«. Gespräche mit der DDR-Führung über Ausreisewillige in den deutschen Botschaften von Budapest und Prag enden ergebnislos. Kälbermastskandal in Nordrhein-Westfalen: rd. 7000 Tiere wegen Hormoneinspritzungen amtlich getötet. Konflikt in der CDU-Führung durch Vors. Helmut Kohl abgewehrt: CDU-Generalsekretär Heiner Geißler abgelöst (Nachfolger: Volker Rühe). Bundespräsident von Weizsäcker erklärt in einer Botschaft an Staatspräsident Jaruzelski, daß die BRD jetzt und in Zukunft keine Gebietsansprüche mehr an Polen stellen werde.
Sept.: Flüchtlingsstrom aus der DDR in die BRD hält an. Ungarn gestattet ca. 6800 DDR-Bürgern in den Auffanglagern die Ausreise. Innerhalb von drei Tagen ca. 15 000 Ausreisewillige über Ungarn in die BRD. 3000 Flüchtlinge aus der Prager Botschaft dürfen ausreisen. SED-Reform-Politiker Hans Modrow besucht Baden-Württemberg.
Okt.: 11 000 DDR-Flüchtlinge aus Prag in die BRD. Bundeskanzler Kohl bietet der DDR umfassende Wirtschaftshilfe an, wenn Reformen eingeleitet werden. Keine Ausreisegenehmigung an den Friedenspreisträger des deutschen Buchhandels, den tschechoslowakischen Schriftsteller Vaclav Havel. Willy Brandt spricht mit Gorbatschow über die Entwicklung in der DDR. FDP-Fraktionsvorsitzender Wolfgang Mischnik trifft in Berlin mit DDR-Staatsratsvors. Egon Krenz zusammen.
Nov.: Öffnung der DDR-Grenzen. Verabschiedung einer Resolution des Bundestages zur Garantie der polnischen Westgrenze. Bundeskanzler Kohl besucht Polen. Sondergipfel der EG in Paris: Hilfe für Ostblockländer. Zehnpunkteplan Bundeskanzler Helmut Kohls mit dem Ziel zur Schaffung einer bundesstaatlichen Ordnung für ganz Deutschland. Ermordung des Vorstandssprechers der Deutschen Bank, Alfred Herrhausen, durch die RAF.
Dez.: Vereinbarungen zur Vereinfachung des Reiseverkehrs mit der DDR: Abschaffung von Zwangsumtausch und Visumpflicht zum 1. 1. 1990. Sondierungsgespräche zwischen den Weltkrieg-II-Alliierten in Berlin. Verstärkte Kontakte von bundesrepublikanischen und Westberliner Politikern mit DDR-Politikern. Bundeskabinett beschließt Verschärfung des Ausländerrechts. USA und NATO unterstützen das Ziel der Vereinigung der beiden deutschen Staaten. Verabschiedung des Grundsatzprogramms der SPD. Treffen Bundeskanzler Kohl und Ministerpräs. Modrow in Dresden; Eröffnung des Grenzübergangs Brandenburger Tor in Berlin durch Kohl und Modrow. Außenminister Dienstbier (ČSFR) und Genscher

(BRD) durchschneiden gemeinsam den Stacheldraht an der deutsch-tschechoslowakischen Grenze bei Waidhaus. Jubelfeier zum Silvesterabend am Brandenburger Tor.

1990 Jan.: Zweite Stufe der Steuerreform tritt in Kraft. Tod des langjährigen SPD-Fraktionsvorsitzenden Herbert Wehner. Sieg der SPD bei der Landtagswahl im Saarland.

Feb.: Zusage der Sowjetunion für die Vereinigung der beiden deutschen Staaten. Zusage für eine Zwei-plus-Vier-Konferenz (Außenministerkonferenz der Siegermächte mit den beiden deutschen Staaten).

März: SPD-Papier »Schritte zur deutschen Einheit«. Bundestag garantiert die polnische Westgrenze. KSZE-Wirtschaftskonferenz in Bonn. Oskar Lafontaine Kanzlerkandidat der SPD. Gesetz zur Regelung von Fragen der Gentechnik.

April: SPD-Kanzlerkandidat Oskar Lafontaine durch Attentat auf einer Wahlveranstaltung in Köln schwer verletzt.

Mai: Landtagswahlen in Nordrhein-Westfalen: SPD 50 %, CDU 36,7 %, FDP 5,8 %, Grüne 5 % (Ministerpräs. Johannes Rau, SPD) und Niedersachsen: SPD 44,2 %, CDU 42,0 %, FDP 6 %, Grüne 5,5 % (SPD-Grüne-Koalition, Ministerpräs. Gerhard Schröder, SPD). Bildung eines 115-Mrd.-DM-Bund-Länder-Fonds »Deutsche Einheit«. Unterzeichnung des Staatsvertrags zur Währungs-, Wirtschafts- und Sozialunion.

Juni: Verhaftung von RAF-Mitgliedern in Ost-Berlin. Jürgen Hippenstiehl-Imhausen gibt Beteiligung seiner Firma am Bau einer Giftgas-Fabrik in Libyen zu. Gemeinsame Veranstaltung der beiden deutschen Staaten zum Gedenken an den 17. Juni 1953.

Juli: Währungsunion der BRD mit der DDR. Abschaffung der Personenkontrolle an der innerdeutschen Grenze.

Okt.: Beitritt der fünf Länder der Deutschen Demokratischen Republik nach Artikel 23 Grundgesetz zur Bundesrepublik Deutschland (3. 10.).

Dez.: Wahl zum Bundestag für die vereinigte Bundesrepublik Deutschland: CDU/CSU 44,1 %, SPD 33,5 %, FDP 11 %, die Grünen scheitern an der Fünf-Prozent-Klausel (4,2 %), Bündnis 90/Grüne 1,9 %, PDS 1,9 %.

Deutsche Demokratische Republik

1949 Okt.: 9. Tagung des Deutschen Volksrats, der sich zur provisor. Volkskammer der Deutschen Demokratischen Republik erklärt (Gründung der DDR). Otto Grotewohl Ministerpräsident.

1950 Jan.: Konstituierung der Nationalen Front. Bis Mitte der fünfziger Jahre propagiert sie die Volksabstimmung über Wiedervereinigung, Abzug der Besatzungsmächte, Friedensvertrag.

Juli: Anerkennung der Oder-Neiße-Grenze durch die DDR.

Sept.: Aufnahme in den Rat für Gegenseitige Wirtschaftshilfe (RWG/COMECON).

Okt.: Wahlen zu Volkskammern, Landtagen, Kreistagen und Gemeindevertretungen nach Einheitslisten.

1951 Juni: Volksbefragung: gegen Remilitarisierung und für den Abschluß eines Friedensvertrags.

Sept.: Interzonen-Handelsabkommen mit der BRD.

1952 April: Rückgabe von 66 »Sowjetischen Aktiengesellschaften« (SAG) und Umwandlung zu Volkseigenen Betrieben (VEB).
Juli: Parteikonferenzbeschluß der SED: »Planmäßige Errichtung der Grundlagen des Sozialismus in der DDR«.

1953 März: Tod Stalins.
April: Erhöhung der Lebensmittelzuteilungen.
Mai: Umbenennung von Chemnitz in Karl-Marx-Stadt. Auflösung der sowjet. Kontrollkommission. Semjonow wird Hoher Kommissar der UdSSR in Deutschland. Erhöhung der Arbeitsnormen.
Juni: Einleitung des »Neuen Kurses«. Streik der Bauarbeiter der Stalin-Allee. Volksaufstand in der DDR. Niederschlagung durch sowjet. Militär.
Juli: Beendigung des Ausnahmezustandes in Ostberlin.
Aug.: Ende der Reparationszahlungen an die UdSSR.

1954 Jan.: Rückgabe der letzten 33 SAG-Betriebe.
Okt.: Volkskammerwahlen.

1955 Jan.: UdSSR erklärt den Kriegszustand mit Deutschland für beendet.
Mai: Warschauer Pakt.
Sept.: Volle Souveränität der DDR.

1956 Jan.: Volkskammer beschließt »Schaffung einer Nationalen Volksarmee«.
Okt.: »Tauwetter« in Polen.

1957 Jan.: Volksaufstand in Ungarn. 45-Stunden-Woche in 12 Großbetrieben probeweise eingeführt.
Febr.: Ulbricht schlägt Konföderation BRD-DDR und »Gesamtdeutschen Rat« vor.
März: Truppenvertrag mit der UdSSR.

1958 Mai: Abschaffung der Lebensmittelkarten.
Nov.: Wahlen zur Volkskammer.
Dez.: Auflösung der Länderkammer, der bisherigen 2. Kammer.

1959 Jan.: Note der UdSSR mit Entwurf eines Friedensvertrags für ganz Deutschland.
April: Bitterfelder Kulturkonferenz (»Greif zur Feder, Kumpel! Die sozialistische Nationalkultur braucht dich!«).
Okt.: Siebenjahresplan.
Dez.: Gesetz über die sozialistische Entwicklung des Schulwesens.

1960 Sept.: Konstituierung des Staatsrats der DDR. Vorsitzender: Walter Ulbricht.

1961 Aug.: Berliner Mauer.
Sept.: Gesetz zur Verteidigung der DDR.

1962 Jan.: Frauenkonferenz des ZK der SED. Gesetz über die Allg. Wehrpflicht.
Aug.: Sowjet. Stadtkommandantur in Ostberlin aufgelöst.
Dez.: Ulbricht unterbreitet »Prinzipien für friedliche Koexistenz und einen nationalen Kompromiß in Deutschland«.

1963 Jan.: Aufnahme diplomat. Beziehungen mit Kuba.
Juli: Staatsrat bestätigt das »Neue ökonomische System der Planung und Leistung«.
Okt.: Volkskammerwahlen.

1964 Jan.: Personalausweise mit dem Vermerk »Bürger der Deutschen Demokratischen Republik«.
März: Robert Havemann von seinen Lehrverpflichtungen entbunden.
Aug.: Gesetz über die Nichtverjährung von Nazi- und Kriegsverbrechen.
Sept.: Tod Grotewohls. Willi Stoph Vorsitzender des Ministerrats.

1965 Febr.: Gesetz über einheitliches sozialistisches Bildungssystem und Gesetz über das Vertragssystem in der sozialistischen Wirtschaft.
Dez.: Handelsabkommen DDR-UdSSR.

1966 Mai: Erstes Atomkraftwerk in Rheinsberg in Betrieb genommen.

1967 Febr.: Gesetz über die Staatsbürgerschaft der DDR.
März: Freundschafts- und Beistandspakte mit Polen und der ČSSR.
Mai: Freundschaftsvertrag mit Ungarn.
Juli: Volkskammerwahlen.
Aug.: Einführung der 5-Tage-Woche.
Sept.: Freundschaftsvertrag mit Bulgarien.

1968 Jan.: Neues Strafgesetz und neue Strafprozeßordnung.
April: Volksentscheid über eine neue DDR-Verfassung.
Juni: Einführung von Paß- und Visazwang im Verkehr mit der BRD und Westberlin.

1969 April: Diplomat. Beziehungen mit dem Irak.
Juni: Zweiter Frauenkongreß.
Juli: Diplomat. Beziehungen mit der Vereinigten Arabischen Republik.
Sept.: Bund der evangelischen Kirche in der DDR nimmt Tätigkeit auf. Atomwaffensperrvertrag ratifiziert.
Dez.: Briefwechsel Bundespräsident Heinemanns mit Staatsratsvorsitzendem Ulbricht über Aufnahme gleichberechtigter Beziehungen.

1970 März: Treffen Bundeskanzler Brandt mit DDR-Min.-Rats-Vors. Stoph in Erfurt.
Mai: Diplomat. Beziehungen mit Algerien. 2. Treffen Brandt–Stoph in Kassel.
Sept.: Gesetz über die Zivilverteidigung.

1971 Jan.: Volkszählung: 17,04 Mio. Einwohner.
März: Erhöhung von Löhnen und Renten. Diplomat. Beziehungen mit Chile.
Mai: Rücktritt Ulbrichts als Erster Sekretär der SED; Nachfolger: Erich Honecker.
Juni: Honecker Vorsitzender des Nationalen Verteidigungsrates.
Sept.: Viermächteabkommen (über Berlin über ungehinderten Verkehr zw. BRD und Westberlin. Vorauss. für Grundlagenvertrag).
Nov.: Volkskammer- und Bezirkstagswahlen. Preisstopp für Konsumgüter, Dienstleistungen, Gaststättenpreise.

1972 Okt.: Amnestie für politische und kriminelle Straftäter. Diplomat. Beziehungen mit Indien. Gesetz zur Regelung der Staatsbürgerschaft. Meinungsaustausch DGB-FDGB.
Dez.: Unterzeichnung des Grundlagenvertrags mit der BRD. Diplomat. Beziehungen mit 20 weiteren Staaten (insgesamt 58 Auslandsvertretungen).

1973 Jan.: Diplomat. Beziehungen mit weiteren 13 Staaten. Vorschlag an westeurop. Länder, gemeinsame Truppenreduzierungen durchzuführen.
März: Akkreditierung westdeutscher Journalisten.
Aug.: Tod von Walter Ulbricht.
Sept.: Aufnahme in die Vereinten Nationen. Unterbrechung der diplomat. Beziehungen zu Chile.
Okt.: Willi Stoph neuer Staatsratsvorsitzender; Vorsitzender des Ministerrats: Horst Sindermann.

1974 Mai: Kommunalwahlen.
Sept.: Verfassungsänderung (der Begriff »deutsche Nation« kommt nicht mehr vor).

1975 Jan.: Nachfolger von Außenminister Winzer: Oskar Fischer.

1976 Jan.: Neues Zivilgesetzbuch (ZGB).
Mai: Honecker Generalsekretär der SED.
Juni: Aktives und passives Wahlrecht für Bürger ab 18 Jahre. Legislaturdauer der Volkskammer von vier auf fünf Jahre verlängert.
Aug.: DDR-Grenzsoldaten erschießen den ital. Fernfahrer Benito Corghi. Selbstverbrennung des evang. Pfarrers Brüsewitz aus Protest gegen die DDR.
Nov.: Vatikan gliedert Kirchenprovinzen auf DDR-Territorium aus der Deutschen Bischofskonferenz aus und in Berliner Bischofskonferenz um. DDR bietet Israel Entschädigung von jüd. NS-Opfern an. Israel lehnt wegen »lächerlich geringer« Summe ab. Bekenntnis Stophs zur KSZE-Schlußakte. Ausbürgerung des Liedermachers Wolf Biermann während einer BRD-Tournee.
Okt.: Honecker Vorsitzender des Staatsrats und des Nationalen Verteidigungsrates.
Dez.: Ausweisung des in Ostberlin akkreditierten ARD-Korrespondenten Loewe.

1977 Juni: Austausch des chilen. KP-Senators Montes gegen 11 polit. Gefangene in der DDR. Neues Arbeitsgesetzbuch.
Aug.: Veröffentlichung von Auszügen aus dem Buch *Die Alternative* von Rudolf Bahro im *Spiegel*. Verhaftung und Verurteilung Bahros (Juni 78) zu 8 Jahren Freiheitsentzug.
Sept.: Aufhebung von Einschränkungen für Genußmittel im Reise- und Geschenkverkehr.
Dez.: *Spiegel* veröffentlicht angebliches Manifest »Demokratischer Kommunisten Deutschlands«, daraufhin Schließung des *Spiegel*-Büros in Ostberlin.

1978 Juli: Verurteilung des Ostberliners Nico Hübner zu 5 Jahren Freiheitsentzug wegen Wehrdienstverweigerung aufgrund des entmilitarisierten Berlin-Status.
Sept.: Einführung des Wehrunterrichts an Schulen.
Okt.: Neues Verteidigungsgesetz.

1979 April: DDR-Bürger können in Intershop-Läden nur noch mit Wertschecks der Banken für frei konvertierbare Währung kaufen. Verordnung und neue Durchführungsbestimmungen über Tätigkeit ausländ. Korrespondenten in der DDR.
Mai: Kommunalwahlen: Einheitsliste 99,83 %.
Sept.: Energieabkommen mit der BRD.
Okt.: KPdSU-Generalsekr. Breschnew zu 30-Jahr-Feiern der DDR in Ostberlin.

1980 Jan.: DDR wird für zwei Jahre Mitglied im UNO-Sicherheitsrat. Straßenbenutzungsgebühren bei Transitfahrten entfallen.
Mai: Anläßlich der Trauerfeierlichkeiten für Tito in Belgrad Gespräche zwischen Bundeskanzler Schmidt und Staatsratsvors. Honecker.
Okt.: Erhöhung des Mindestumtauschsatzes auf 25.– DM pro Person. Besucherrückgang.

1981 Jan.: Konsularvertrag zwischen DDR und USA. Rechtsbeihilfevertrag mit Großbritannien.
Feb.: Staatssekr. Klaus Bölling (SPD) löst Günter Gaus als Leiter der Ständigen Vertretung in Ostberlin ab.
April: X. Parteitag der SED in Ostberlin. Außer dem »Kernstück der Sozialpolitik«, dem Wohnungsbau, keine neuen sozial- und konsumpolitischen Entscheidungen; drei Forderungen Honeckers: keine Reform des starren Zentralismus, Leistungssteigerungen in der Wirtschaft, verstärkte Parteiarbeit in der Bevölkerung.

Juni: Volkskammer-, Bezirkstags- und Ostberliner Stadtverordnetenwahlen: Einheitsliste 99,86 %.

Aug.: »Kampf«-Aufmarsch in Ostberlin zum 20. Jahrestag des Berliner Mauerbaus. Gespräche Honeckers mit Repräsentanten der evangelischen Kirche.

Okt.: Im Rahmen einer Agenten-Austausch-Aktion wird der Kanzleramts-Spion Günter Guilleaume in die DDR entlassen.

Dez.: Treffen Bundeskanzler Schmidt mit Staatsratsvors. Honecker in der DDR (Werbellinsee).

1982 April: Friedensinitiativen der evang. Kirche von der Regierung abgeblockt.

Mai: Hans Otto Bräutigam wird Leiter der Ständigen Vertretung in Ostberlin.

Juli: Stationierung von SS-21-Kurzstrecken-Raketen durch die sowjet. Armee in der DDR.

Nov.: Bei der Trauerfeier zum Tode Breschnews Treffen von Bundespräs. Carstens und Staatsratsvors. Honecker in Moskau.

1983 Feb.: In Dresden Demonstrationen für den Frieden (rd. 100 000 Teilnehmer); Forderung der Einführung eines zivilen Ersatzdienstes.

April: Verschärfung des innerdeutschen Verhältnisses durch Tod eines Transitreisenden am Kontrollpunkt Berlin-Drewitz. Internationales Symposium anläßl. des »Karl-Marx-Jahres« in Ostberlin. Absage des geplanten Besuchs Honeckers in der BRD.

Mai: Luthertag auf der Wartburg bei Eisenach.

Juni: BRD-Kredit von 1 Mrd. DM. Bisher Abschiebung von 20 Mitgliedern der Friedensbewegung in die BRD.

Juli: Besuch des bayer. Ministerpräs. Franz Josef Strauß (CSU) in der DDR (Treffen mit Honecker).

Sept.: Friedenswachen in Ostberlin von Polizei »aufgelöst«. Unterzeichnung des Madrider KSZE-Schlußdokuments. Treffen des Westberliner Reg. Bürgermeisters Richard von Weizsäcker (CDU) mit Staatsratsvors. Honecker.

Nov.: Luther-Festakt. Honecker Vors. des Luther-Komitees der DDR.

Dez.: 1983 insgesamt 11 343 DDR-Bewohner in die BRD übergesiedelt.

1984 Jan.: In die US-Botschaft bzw. Ständige Vertretung geflohene DDR-Bürger dürfen ausreisen. Übernahme der S-Bahn auf Westberliner Gebiet durch den Berliner Senat.

Feb.: Honecker übergibt die seit 1971 fertiggestellte zweimillionste Wohnung. Am Vorabend der Beisetzungsfeierlichkeiten anläßlich des Todes von Generalsekr. Andropow Gespräche zwischen Staatsratsvors. Honecker und Bundeskanzler Kohl in Moskau.

Mai: Kommunalwahlen: Einheitsliste 99,88 %. DDR sagt Teilnahme an den Olymp. Spielen in Los Angeles ab.

Juni: Egon Krenz und Günter Mittag zu Stellvertretenden Staatsratsvorsitzenden gewählt.

Juni/Juli: Div. Staatsbesuche westlicher Staatsmänner in Ostberlin. BRD-Kredit (950 Mio. DM). Vorübergehende Schließung der Ständigen Vertretung wegen steigender Zahl von Ausreiseanträgen.

Sept.: Absage des Honecker-Besuchs in Bonn.

Dez.: Erhöhung der Mindestrenten auf 300.– Mark monatlich.

1984 mehr als 36 123 DDR-Übersiedlungen in die BRD.

1985 Jan.: DDR-Botschaftsflüchtlinge in Prag erhalten Zusage der Straffreiheit und Prüfung ihrer Ausreiseanträge. Treffen Honeckers mit Ministerpräs. von NRW, Johannes Rau (SPD).

Feb.: Alt-Bundeskanzler Schmidt (SPD) und Niedersachsen-Ministerpräs. Ernst Albrecht (CDU) bei der Eröffnung der Semper-Oper in Dresden.
März: Staatsratsvors. Honecker und Bundeskanzler Kohl treffen sich zu Gesprächen am Rande der Trauerfeiern anläßlich des Todes von Generalsekretär Tschernenko.
Mai: Erstes Treffen DDR-Staatsratsvors. Honecker und Generalsekr. der KPdSU, Michail Gorbatschow, in Moskau.
Juli: Erhöhung des »Swing« (zinsloser Überziehungskredit der Bundesrepublik für die DDR) auf 850 Mio. DM.
Sept.: Treffen Staatsratsvors. Honecker mit dem bayer. Ministerpräs. Franz Josef Strauß (CSU) in Leipzig. Willy Brandt besucht auf Einladung Honeckers die DDR.
Nov.: Entfernung der Bodenminen entlang der Grenze zur BRD. Treffen Honeckers mit dem saarl. Ministerpräs. Lafontaine (SPD). Gipfeltreffen der Warschauer-Pakt-Staaten: Gorbatschow berichtet über sein Treffen mit US-Präs. Reagan in Genf.

1986 Feb.: Auszeichnung des Ministeriums für Staatssicherheit mit dem Karl-Marx-Orden und einem Ehrenbanner des ZK der SED (»für vorbildliche Pflichterfüllung ... im Interesse des ganzen werktätigen Volkes«). Volkskammerpräs. Horst Sindermann (SED) in der BRD; Treffen mit Bundestagspräs. Philipp Jenninger (CDU) und Bundeskanzler Kohl.
Mai: Kulturabkommen mit der BRD.
Juni: Volkskammerwahlen; Einheitsliste 99,94 %.

1987 Feb.: Der Vorsitzende des Ministerium für Staatssicherheit, Markus Wolf, tritt auf eigenen Wunsch von seinem Amt zurück.
Juni: Schwere Auseinandersetzungen zwischen Jugendlichen und Polizei in Ostberlin (7. 6.). Weitere Ausschreitungen und Festnahmen (9. 6.) bei einer Demonstration »Unter den Linden«.
Juli: Abschaffung der Todesstrafe.
Sept.: Staatsbesuch des Staatsratsvors. Erich Honecker in der BRD.
Nov.: Erleichterungen im Reiseverkehr und im Paketverkehr. U. a. können diverse Arzneimittel und Schallplatten in die DDR eingeführt werden.

1988 Jan.: Demonstration zum 69. Jahrestag der Ermordung von Rosa Luxemburg und Karl Liebknecht; 120 Personen werden von der Polizei festgenommen, weil sie u. a. Transparente mit der Aufschrift »Freiheit ist auch immer die Freiheit der Andersdenkenden« mit sich getragen hatten. Freya Klier, Stephan Krawczyk, Vera Wollenberger werden mit anderen aus dem Bereich der Ostberliner Getsemanekirche in die BRD ausgewiesen.
Feb.: Demonstration von 100 000 Menschen anläßlich des 43. Jahrestages der Zerstörung Dresdens durch alliierte Bomber.
Mai: Privatreise des Bundeskanzlers Helmut Kohl in die DDR.
Juni: Interflug bestellt drei Airbus-Flugzeuge.
Aug.: Aufnahme diplomat. Beziehungen zur EG.
Sept.: Verbesserungen im Transitverkehr. Honecker sagt nach Gesprächen mit Michail Gorbatschow in Moskau die »Unterstützung für den Kurs der Erneuerung der sowjet. Gesellschaft« zu.

1989 Jan.: Neue Reiseordnung für DDR-Bürger trifft auf Kritik der Bevölkerung. Bei einer Demonstration zum 70. Jahrestag der Ermordung Karl Liebknechts und Rosa Luxemburgs werden in Leipzig 80 Demonstranten festgenommen.
März: In Leipzig demonstrieren 600 Ausreisewillige.

Mai: Kommunalwahlen. Einheitsliste 98,85 %. Zum erstenmal sprechen Oppositionelle und Kirchen offen von Wahlfälschung.
Juni: Das »Neue Deutschland«, Zentralorgan der SED, verteidigt das Massaker auf dem »Platz des himmlischen Friedens« in Peking. DDR-Volkskammer zeigt sich einstimmig solidarisch mit der chinesischen Partei- und Staatsführung.
Juli: Unterzeichnung eines Umweltabkommens zwischen BRD und DDR.
Aug.: Reiseerleichterungen für Reisende aus der BRD. Sie erhalten, wenn sie mit Reisegruppen fahren, ein Visum für die ganze DDR. Verstärkung der Fluchtbewegung aus der DDR. In Budapest, Prag und der Ständigen Vertretung in Ostberlin halten sich mehrere hundert Ausreisewillige auf. 3000 Flüchtlinge reisen über Ungarn aus.
Sept.: Bürgerbewegungen (»Demokratie jetzt«, »Neues Forum«) treten in die Öffentlichkeit. Demonstration von 8000 Menschen in Leipzig; zahlreiche Festnahmen (25. 9.) – Ungarn öffnet die Schlagbäume an seiner Grenze nach Westen (11. September 1989). 7000 DDR-Flüchtlinge verlassen Ungarn. Einige Flüchtlinge aus der Prager BRD-Botschaft kehren in die DDR zurück. Die DDR verhandelt mit der BRD, nachdem die Zahl der Ausreisewilligen in den Botschaften der BRD in Prag und Warschau sowie über Ungarn anwächst.
Am Rande der UNO-Vollversammlung in New York erreicht BRD-Außenminister Genscher bei den Außenministern der ČSSR und der DDR die Ausreisebewilligung für die Flüchtlinge in Prag.
Okt.: »Demokratischer Aufbruch« gegründet. Gewaltsame Auflösung einer Demonstration von 25 000 Menschen in Leipzig und weiterer in Magdeburg und Dresden. Die Feiern zum 40. Jahrestag der DDR-Staatsgründung beginnen. Staatsratsvors. Erich Honecker bezeichnet die DDR als »Sperriegel gegen den Antifaschismus«. Generalsekr. der KPdSU Michail Gorbatschow in Berlin (6. 10.). Letzte Parade vor den Spitzen der SED und den Staatsgästen (7. 10.). Vor der Presse mahnt Gorbatschow Reformen an (»Wer zu spät kommt, den bestraft das Leben«). Gegendemonstrationen im ganzen Land, z. T. mit großer Brutalität aufgelöst; mehr als tausend Festnahmen. »Wir sind das Volk – keine Gewalt«: seit 17. Juni 1953 größte Demonstration (9. 10. Karl-Marx-Platz in Leipzig). Die Staatsmacht greift nicht mehr ein. Verhaftete Demonstranten freigelassen. Rücktritt des Staatsratsvorsitzenden Erich Honecker »aus gesundheitlichen Gründen« (18. 10.). Nachfolger: Egon Krenz (24. 10.). Amnestie für Republikflüchtlinge. Die Demonstrationen dauern an. DDR-Bürger verlangen Diskussionen mit verantwortlichen Politikern in Städten und in der Staatsspitze. – Im Okt. hält die Massenausreise von DDR-Flüchtlingen über die ČSSR und Ungarn an. In Dresden kommt es bei der Durchfahrt von Flüchtlingszügen aus Prag zu gewalttätigen Auseinandersetzungen. Mit LOT-Flugzeugen und einem Sonderzug der DDR-Reichsbahn werden DDR-Flüchtlinge aus Warschau in die BRD gebracht. SED-Politbüro und Ministerrat empfehlen, künftig alle Ausreisewilligen ziehen zu lassen. DDR-Staatsrat verkündet Amnestie für Flüchtlinge und Demonstranten.
Nov.: Weitere Demonstrationen in der DDR. Staatsratsvors. Egon Krenz trifft Michail Gorbatschow in Moskau. Absetzung von Margot Honecker (Volksbildungsmin.), Harry Tisch (FDGB-Vors.), u. a. »Aktionsprogramm für die Erneuerung in Politik, Wirtschaft und Gesellschaft« verabschiedet. Entwurf für ein neues Reisegesetz. Geschlossener Rücktritt des Kabinetts Willi Stoph und des Politbüros. BRD beziffert die Zahl der Flüchtlinge bis zum 9. November 1989 (Öffnung der Grenzen zur BRD) auf 225 233 Personen. Volkskammer wählt Hans Modrow

(SED) zum Ministerpräs. Aufhebung der Sperrzonen entlang der Grenzen, Abschaffung des Schießbefehls für die Grenztruppen. Verstärkte Zollkontrollen (gegen »Leerkauf der DDR«). DDR-Bewohner können ohne Ausreisevisum in jedes Land fahren.
Dez.: Volkskammer streicht Führungsanspruch der SED aus der Verfassung. Rücktritt des Politbüros mit Egon Krenz (3. 12.). Erich Honecker unter Hausarrest. Rücktritt des Staatsratsvors. Egon Krenz (6. 12.). Der »Runde Tisch« nimmt seine Arbeit auf (Vereinigte Linke, SDP [ab 30. 1. 90 SPD], Demokratie jetzt, Neues Forum, Grüne, Bäuerl. unabh. Frauenverb., Demokrat. Aufbruch, SED [ab 4. 2. 90 PDS] und die »Blockparteien« LDPD, NDPD, DBD, CDU sowie der FDGB). Gregor Gysi SED-(später: PDS-)Vors. Staatsanwaltl. Ermittlungen gegen Honecker, Mielke, Stoph, Kleiber, Krolikowski, Axen. »Arbeitsbesuch« Bundeskanzler Kohls in Dresden. Aufhebung des Visumzwangs für Bundesbürger bereits zum 24. 12. Besuch Präs. Mitterands in Ost-Berlin. Silvesterfeier am Brandenburger Tor, das nach 28 Jahren am 22. 12. 1989 wieder geöffnet wurde.

1990 Jan.: »Deutschland, einig Vaterland« (Text der DDR-Hymne von Johannes R. Becher) darf wieder gesungen werden. Verhaftungen von SED-Politikern (u. a. Hermann Axen) und schneller Zerfall SED-staatlicher Macht. DDR verkauft Stücke aus der Berliner Mauer über die DDR-Außenhandelsfirma »Limex«. Gewerbefreiheit. Ausländ. Kapitalbeteiligungen in der DDR wieder erlaubt. Erich Honecker verhaftet und wieder freigelassen.
Feb.: Wahlbündnis von CDU, DA und DSU (*Deutsche Soziale Union*, protegiert von der CSU). Konferenz über »Zwei-plus-Vier-Gespräche« beschlossen. Ministerpräs. Modrow in Bonn (wichtigstes Ergebnis: »baldige Vereinigung von DDR und BRD zu einem deutschen Bundesstaat«).
März: Gesetz zur Gründung privater Unternehmen. Volkskammerwahlen (18. 3. 90, Ergebnis s. S. 763) Koalition aus CDU, DSU, DA, SPD. Ministerpräs.: Lothar de Maizière (CDU).
Juli: Währungs-, Wirtschafts- und Sozialunion mit der BRD, Einführung der DM-West in der DDR.
Aug.: Volkskammerbeschluß zur Auflösung der DDR.
Sept.: Zwei-plus-Vier-Vertrag.
3. Oktober 1990: In einem Staatsakt im Berliner Reichstag treten lt. Artikel 23 des Grundgesetzes die Länder der DDR (Brandenburg, Mecklenburg-Vorpommern, Sachsen, Sachsen-Anhalt und Thüringen) der Bundesrepublik Deutschland bei. Die Deutsche Demokratische Republik existiert nicht mehr.
Dez.: Streit um Steuer- und Abgabepolitik in Regierungsparteien und Opposition. Rücktritt Lothar de Maizières als stellvertretender CDU-Bundesvorsitzender und als CDU-Landeschef von Brandenburg. Gauck legt die vorläufige Benutzerordnung für das Aktenmaterial des Ministeriums für Staatssicherheit von über sechs Millionen Menschen vor. Konstituierende Sitzung des 12. Deutschen Bundestages im Berliner Reichstagsgebäude. Erste gesamtdeutsche Konferenz der Ministerpräsidenten aller 16 Länder seit 1947 in München.

1991 Jan.: Konstituierung des freigewählten Stadtparlamentes in Berlin, Eberhard Diepgen (CDU) Regierender Bürgermeister. Rücktritt des Ministerpräsidenten von Baden-Württemberg Lothar Späth (CDU), Nachfolger: Erwin Teufel (CDU). Beginn des Golfkrieges »Operation Wüstensturm« (17. 1.). Bundeskanzler Helmut Kohl wird in die dritte Amtsperiode gewählt. Landtagswahlen in Hessen: SPD 40,8%, CDU 40,2%, Grüne 8,8%, FDP 7,4%, Sonstige 2,8%; SPD-Grüne-Koali-

tion, Ministerpräsident Hans Eichel, SPD). 200000 Menschen demonstrieren in Bonn gegen den Golfkrieg (26.1.). Kontroverse zwischen den Parteien über den »Bündnisfall« während des Golfkrieges.
Febr.: Ende des Golfkrieges (27.2.). CDU/CSU und FDP stimmen umfassenden Steuererhöhungen zu.
März: Ratifizierung des Zwei-Plus-Vier-Vertrags durch den Obersten Sowjet. Erich Honecker wird in ein Moskauer Militärkrankenhaus geflogen. Streit um die Frage einer Entschädigung oder Rückgabe von Eigentum an frühere Besitzer aus den Ländern der ehemaligen DDR. Bundesbankpräsident Karl-Otto Pöhl kritisiert vor dem Wirtschafts- und Währungsausschuß des Europäischen Parlaments die überhastete Einführung der deutschen Währungsunion.
April: Ermordung des Treuhand-Chefs Detlev-Karsten Rohwedder durch die RAF; Birgit Breuel wird neue Chefin der Treuhand. Die 12 Mitgliedsstaaten der EG, die Europäische Investitionsbank, die EG-Kommission und 27 europäische und außereuropäische Staaten gründen in London die Europäische Bank für Wiederaufbau und Entwicklung (EBRD). Bundesversammlung der Grünen: Radikalökologen verlassen die Partei. Landtagswahlen in Rheinland-Pfalz: SPD 44,8%, CDU 38,7%, FDP 6,9%, Grüne 6,5%, Republikaner 2,0%, Sonstige 1,1% (SPD-FDP-Koalition, Ministerpräsident Rudolf Scharping, SPD).
Mai: Im Zusammenhang mit dem Schießbefehl werden in Berlin vier führende Repräsentanten des SED-Staates festgenommen: Heinz Kessler, ehemaliger Verteidigungsminister; Willy Stoph, Ex-Ministerpräsident; General Fritz Streletz, ehemaliger Sekretär des Verteidigungsrats; Hans Albrecht, ehemaliger SED-Chef von Suhl. Bundesparteitag der SPD in Bremen, Björn Engholm neuer Vorsitzender der SPD.
Juni: Bürgerschaftswahlen in Hamburg: SPD 48%, CDU 35,1%, Grüne/GAL 7,2%, FDP 5,4%, Sonstige 4,3% (knappe Mehrheit der SPD bei der Wahl des Hamburger Senats, Henning Voscherau Erster Bürgermeister). Informelle Tagung der EG-Außenminister in Dresden – zum ersten Mal auf ostdeutschem Boden. Symposium über das kulturelle Erbe der 34 Teilnehmerstaaten der KSZE im Slowaki-Theater in Krakau. Unterzeichnung des Vertrags über gute Nachbarschaft und freundschaftliche Zusammenarbeit zwischen der BRD und der Republik Polen in Bonn. Bundestagsdebatte über den künftigen Sitz der Regierung. Der Bundestagsausschuß für die Treuhandanstalt veröffentlicht eine Bilanz über die Schuldenlast der DDR (300 Mrd.) und die Sanierungsaufwendungen der Treuhand.
Juli: 17. Weltwirtschaftsgipfel in London (17.7.) – erstmals unter Beteiligung der Sowjetunion. Treuhand kontrolliert PDS-Vermögen. Klage der PDS zum Fraktionsstatus abgewiesen. Rücktritt des Ministerpräsidenten von Sachsen-Anhalt, Gerd Gies (CDU); Nachfolger: Werner Münch (CDU). Streit um die Bebauung (Supermarkt) des KZ-Geländes in Fürstenberg-Ravensbrück. Gesetzentwurf der Regierung über eine Rehabilitierung und materielle Entschädigung der SED-Opfer. Der SPD-Vorsitzende Engholm stellt einen Acht-Punkte-Plan für die Sanierung der ostdeutschen Wirtschaft vor.
Aug.: Helmut Schlesinger Nachfolger von Karl-Otto Pöhl als Chef der Deutschen Bundesbank. Bundesinnenminister Wolfgang Schäuble schlägt eine international abgestimmte Strategie zur Abwehr gegen den stärker werdenden Strom von Asylbewerbern nach Deutschland vor. Gedenkveranstaltung für die Opfer an der Berliner Mauer am 30. Jahrestag des Mauerbaus (13. 8.). Beisetzung der Sarkophage

der Preußenkönige Friedrich II. und Friedrich Wilhelm I. im Ehrenhof von Schloß Sanssouci in Potsdam im Beisein von etwa 60 000 Menschen.

Sept.: Lothar de Maizière erklärt seinen Rücktritt von allen Parteiämtern. Seit Ende August häufen sich Überfälle rechtsradikaler Jugendlicher auf Asylbewerber- und Aussiedlerwohnheime (Saarlouis, Hoyerswerda). Bürgerschaftswahlen in Bremen: Alleinregierung der SPD nicht möglich, Erfolg der rechtsextremen DVU. Ende Sept. weitere Gewalttaten gegen Ausländer in verschiedenen Städten (Ilmenau, Gotha, Jena, Recklinghausen, u. a.).

Okt.: Feiern zum Ersten Jahrestag der Vereinigung (3. 10.). Internationaler Währungsfond (IWF) kritisiert die deutsche Haushaltspolitik. Gedenkveranstaltung in der Schlucht von Babi Jar bei Kiew/Ukraine für die Opfer des Massakers von 1941 in Anwesenheit von Bundestagspräsidentin Süssmuth (5. 10.). Ratifizierung der deutsch-polnischen Verträge (über die endgültige völkerrechtliche Anerkennung der Oder-Neiße-Grenze und über gute Nachbarschaft und freundschaftliche Zusammenarbeit). Unterzeichnung des deutsch-bulgarischen Vertrags über freundschaftliche Zusammenarbeit und Partnerschaft in Europa. Vertreter der 12 EG-Staaten und der 7 EFTA-Staaten einigen sich in Luxemburg auf die Bildung des Europäischen Wirtschaftsraums (EWR) zum 1.1.93; diese größte Freihandelszone der Welt umfaßt 19 Länder mit 380 Mio. Einwohnern. Innen- und Justizminister aus 27 europäischen Ländern beraten über das Problem der illegalen Grenzübertritte.

Nov.: Gipfelkonferenz der 16 NATO-Staaten in Rom. Bundesparteitag der FDP in Suhl; Otto Graf Lambsdorff bleibt Bundesvorsitzender. Hans-Ulrich Klose wird Nachfolger des ausscheidenden SPD-Fraktionsvorsitzenden Hans-Jochen Vogel.

Dez.: Gipfeltreffen der 12 EG-Staaten in Maastricht; Einigung über eine Wirtschafts- und Währungsunion; Unterzeichnung eines Vertrags über die Europäische Union. »Ampelkoalition« (SPD-FDP-Grüne) in Bremen. Rücktritt des Staatsministers Lutz Stavenhagen wegen einer Affäre um getarnte Waffenlieferungen. Erich Honecker flüchtet in die Moskauer chilenische Botschaft, wo ihm Exil gewährt wird.

1992 Jan.: Prozeß in Dresden gegen den früheren Oberbürgermeister Wolfgang Berghofer wegen Wahlfälschung und Anstiftung zum Wahlbetrug. Völkerrechtliche Anerkennung der Republiken Slowenien und Kroatien durch Deutschland (15.1.). KSZE-Außenministerkonferenz in Prag: Genscher befürwortet eine wirksamere Konfliktverhütung durch die Aufstellung einer KSZE-Friedenstruppe in Jugoslawien. Die Verfolgten in der früheren DDR, in Berlin und den früheren 14 Bezirkshauptstädten der DDR erhalten die Möglichkeit zur Einsicht in Akten und Aufzeichnungen des Ministeriums für Staatssicherheit. Der Regierende Berliner Bürgermeister Eberhard Diepgen eröffnet im Beisein von Bundestagspräsidentin Süssmuth die erste zentrale Gedenkstätte für die Geschichte des Völkermordes an den Juden. PDS-Vorsitzender Gregor Gysi weist Vorwürfe zurück, als Informeller Mitarbeiter für die Stasi tätig geworden zu sein. Ebenfalls Vorwürfe wegen Stasi-Mitarbeit gegen den brandenburgischen Ministerpräsidenten Stolpe; Kontroverse um dessen Tätigkeit im SED-Staat und um die Rolle der ev. Kirche. Erste Urteile im Mauerschützenprozeß: ein Angeklagter wird zu dreieinhalb Jahren Haft verurteilt, ein weiterer zu zwei Jahren Haft mit Bewährung, in zwei Fällen gibt es Freisprüche.

Feb.: Unterzeichnung des deutsch-ungarischen Vertrags über freundschaftliche Zusammenarbeit und Partnerschaft. Wirtschaftsminister Möllemann besucht die drei größten Republiken der GUS: Rußland, Kasachstan und die Ukraine. Bernhard Vogel (CDU) neuer Ministerpräsident in Thüringen. Im Osten 17,8%, im Westen 6,8%, insgesamt 3,15 Millionen Arbeitslose. Unterzeichnung des deutsch-tschecho-slowakischen Vertrags über gute Nachbarschaft und freundschaftliche Zusammenarbeit in Prag.
März: Rücktritt des Ministerpräsidenten von Mecklenburg-Vorpommern, Alfred Gomolka (CDU); Nachfolger: Bernd Seite (CDU). Staatsbesuch des polnischen Staatspräsidenten Lech Walesa in der Bundesrepublik. Anklage gegen den PDS-Ehrenvorsitzenden und ehemaligen DDR-Ministerpräsidenten Hans Modrow wegen des Verdachts der Fälschung der DDR-Kommunalwahlen im Mai 1989. Der Deutsche Bundestag verabschiedet das neue Bundesbankgesetz, das die Zahl der Landeszentralbanken von bisher elf auf neun reduziert.
April: Das Bundesverfassungsgericht erklärt die derzeitige Praxis der Parteienfinanzierung in Teilen für verfassungswidrig. Aufgrund der illegalen Waffenlieferungen an die Türkei Rücktritt des Bundesverteidigungsministers Gerhard Stoltenberg (CDU); Nachfolger: Volker Rühe (CDU). Landtagswahlen in Baden-Württemberg: CDU 39,6%, SPD 29,4%, Republikaner 10,9%, Grüne 9,5%, FDP/DVP 5,9%, Sonstige 4,7% (Große Koalition aus SPD und CDU, Ministerpräsident Erwin Teufel, CDU). Landtagswahlen in Schleswig-Holstein: SPD 46,2%, CDU 33,8%, DVU 6,3%, FDP 5,6%, Grüne 4,97%, Sonstige 3,2% (Ministerpräsident Björn Engholm, SPD). Unterzeichnung des deutsch-rumänischen Vertrags über freundschaftliche Zusammenarbeit und Partnerschaft in Europa. Hans-Dietrich Genscher (FDP) kündigt nach achtzehnjähriger Amtszeit seinen Rücktritt als Außenminister zum 17. Mai an. Nachfolger: Klaus Kinkel (FDP). Sabine Leutheusser-Schnarrenberger (FDP) wird Justizministerin (Nachfolgerin Kinkels). Rücktritt von Gesundheitsministerin Gerda Hasselfeld (CSU).
Mai: Neuer Gesundheitsminister wird Horst Seehofer (CSU), der eine umfassende Gesundheitsreform vorbereitet. Bundesweiter Streik der ÖTV (27.4.–7.5.). Ost-West-Wirtschaftskonferenz in Münster/Westfalen über den Reform- und Wiederaufbauprozeß in Mittel- und Osteuropa (veranlaßt durch Wirtschaftsminister Möllemann, FDP). Teilnehmer u.a.: Vertreter der westlichen Wirtschaftsmächte (G 7), der GUS, der Tschechoslowakei, Polens, Ungarns, der EG. Der SPD-Bundesvorsitzende Björn Engholm veröffentlicht ein Finanzkonzept der SPD zur Bewältigung der Kosten der Deutschen Einheit. Die Innenminister von Bund und Ländern beschließen Erleichterungen für Flüchtlinge aus den Staaten des früheren Jugoslawien, die vom Bürgerkrieg in ihrer Heimat betroffen sind. Bundeskanzler Kohl und die Ministerpräsidenten der Länder beraten über ein Mitspracherecht der Bundesländer in der Europapolitik. Erstmals finden in Berlin seit 1946 die Wahlen zu den Versammlungen aller 23 Berliner Stadtbezirke statt (SPD 31,8%, CDU 27,5%, PDS 11,3%, Grüne 8,8%, Bündnis 90 4,5%, FDP 4,8%, Republikaner 8,3%). Der Freistaat Sachsen verabschiedet eine neue Verfassung. Die Staatsanwaltschaft beim Berliner Kammergericht erhebt Anklage gegen den früheren DDR-Staatsratsvorsitzenden und SED-Generalsekretär Erich Honecker (Verantwortung für den Tod von 49 Flüchtlingen, den versuchten Tod von 25 Personen an der innerdeutschen Grenze sowie Vorwurf der Untreue und des Vertrauensmißbrauchs); angeklagt werden u.a. außerdem der ehemalige MfS-Chef der DDR, Erich Mielke, der frühere DDR-Ministerpräsident Willi Stoph und der frü-

here DDR-Verteidigungsminister Heinz Kessler. Tod des früheren Bundespräsidenten Karl Carstens.
Juni: Der Bundestag beschließt mit den Stimmen der Abgeordneten der Koalitionsparteien sowie fast aller SPD-Abgeordneten das Asylbeschleunigungsgesetz, das am 1. Juli in Kraft treten soll (Abschiebung von Ausländern, deren Asylantrag als unbegründet abgelehnt wurde, innerhalb weniger Monate). Tagung des WEU-Ministerrates in Bonn; Bereitschaft zur Bereitstellung von Militäreinheiten im Auftrag von UNO oder KSZE zur Unterstützung friedenserhaltender Maßnahmen und zu (in Deutschland umstrittenen) Kampfeinsätzen. Beschluß einer Reform des Abtreibungsrechts. Der Deutsche Bundestag entscheidet, daß Sanktionen im Handel zwischen der Bundesrepublik und China bis zum Jahresende suspendiert werden. Öffentliche Kritik des Bundespräsidenten Richard von Weizsäcker an dem Zustand der politischen Führung. In einem Manifest wenden sich 60 deutsche Wirtschaftswissenschaftler an die Öffentlichkeit und warnen vor einer Umsetzung der EG-Verträge von Maastricht und der geplanten Gründung der europäischen Währungsunion.
Juli: Staats- und Regierungschefs der sieben führenden Industrienationen (G7) treffen sich zu ihrem 18. Wirtschaftsgipfel in München. Der CDU-Politiker Peter-Michael Diestel und der PDS-Vorsitzende Gregor Gysi veröffentlichen ihren Aufruf zur Gründung einer Bürgerbewegung in den neuen Bundesländern (Komitee für Gerechtigkeit); Ziel dieser Bewegung: stärkere Einbeziehung der Interessen der Bürger Ostdeutschlands in politische, soziale und kulturelle Angelegenheiten. Der Zentralbankrat der Deutschen Bundesbank beschließt in Frankfurt die Anhebung des Diskontsatzes von 8,0 auf 8,75%. Erich Honecker verläßt die chilenische Botschaft in Moskau und kehrt nach Deutschland zurück. Die Bundesregierung beschließt die Teilnahme der Bundesmarine an den internationalen Kontrollmaßnahmen im Mittelmeer, mit denen die Einhaltung des Embargos der Vereinten Nationen gegen Serbien und Montenegro überwacht wird. Der Landtag von Sachsen-Anhalt verabschiedet die neue Verfassung.
Aug.: Schwere ausländerfeindliche Krawalle im Rostocker Stadtteil Lichtenhagen (22.–27.8.). 15 000 Menschen aus dem gesamten Bundesgebiet demonstrieren in Lichtenhagen friedlich gegen die Ausländerfeindlichkeit (29.8.). Bundeskanzler Helmut Kohl und der Regierende Bürgermeister von Berlin, Eberhard Diepgen, unterzeichnen den Hauptstadtvertrag des Bundes mit dem Land Berlin. Die Führung der Sozialdemokraten beschließt eine Änderung des Grundgesetzes, die die Teilnahme der Bundeswehr an friedenserhaltenden Maßnahmen der Vereinten Nationen regeln soll. Unterzeichnung eines Rückübernahmeabkommens, in dem sich die Bundesrepublik Deutschland und Rumänien mit Wirkung vom 1. November verpflichten, eigenen Staatsangehörigen, die sich illegal im jeweils anderen Land aufhalten, die Rückkehr in ihre Heimat zu gestatten. Maria Jepsen als erste Frau in ein Bischofsamt der evangelisch-lutherischen Kirche eingeführt.
Sept.: Die Bundesanwaltschaft in Karlsruhe erhebt Anklage wegen Landesverrats in Tateinheit mit Bestechung gegen den langjährigen Spionagechef der DDR Markus Wolf. Durch einen Brandanschlag wird das Museum der Gedenkstätte des früheren nationalsozialistischen Konzentrationslagers Sachsenhausen zerstört.
Okt.: Durch einen Brandanschlag in Hünxe werden am 3. Oktober zwei libanesische Mädchen lebensgefährlich verletzt. Tod des früheren Bundeskanzlers, langjährigen SPD-Vorsitzenden und Trägers des Friedensnobelpreises Willy Brandt (8.10.). Auf dem Parteitag der CDU in Düsseldorf kündigt Bundeskanzler Kohl

Steuererhöhungen für das Jahr 1995 an. Die fünf führenden Wirtschaftsforschungsinstitute konstatieren in ihrem Herbstgutachten einen weiterhin bestehenden Abwärtstrend der deutschen Wirtschaft in den alten wie in den neuen Bundesländern und die Gefahr des »Abgleitens in eine Rezession«.

Nov.: Brandanschlag von Mölln (23.11.), bei dem drei in Deutschland lebende Türkinnen getötet werden. Unter dem Eindruck der Ereignisse und angesichts des Drängens von seiten der Bevölkerung und der Regierungsparteien beschließen die Sozialdemokraten auf einem Sonderparteitag in Bonn, die Neufassung des Asylrechtsartikels 16 des Grundgesetzes im Bundestag mitzutragen. Eine Großkundgebung gegen Fremdenhaß, die im wesentlichen friedlich verläuft, findet in Berlin statt. Prozeßbeginn gegen den früheren Staats- und Parteichef der DDR, Erich Honecker.

Dez.: Der Deutsche Bundestag billigt mit überwältigender Mehrheit den EG-Vertrag von Maastricht. Etwa 400 000 Menschen versammeln sich in München (6.12.), um mit Lichterketten gegen Fremdenhaß und Ausländerfeindlichkeit in Deutschland zu demonstrieren. Rücktritt von Bundespostminister Christian Schwarz-Schilling (CDU), der sein Ausscheiden mit einer scharfen Regierungskritik verbindet. Koalitionsparteien und Sozialdemokraten finden zu einem Kompromiß in der Asylfrage; Verhandlungen über vertragliche Abmachungen sollen mit den Regierungen Polens und der CSFR zur Bewältigung des Ausländerzustroms aufgenommen werden. Das Bundeskabinett beschließt die Entsendung bewaffneter Bundeswehrangehöriger nach Somalia, die ab Ende Januar 1993 an der humanitären Aktion der UNO teilnehm sollen. Die Bundesrepublik gewährt der russischen Regierung die zinslose Stundung von Schulden in Höhe von 17,6 Milliarden Mark bis zum Jahr 2000; im Gegenzug sichert Moskau zu, den Abzug der russischen Truppen von deutschem Boden bereits bis zum August 1994 zu beenden.

1993 Jan.: Der EG-Binnenmarkt für über 340 Millionen Bürger tritt in Kraft. Rücktritt von Bundeswirtschaftsminister Jürgen Möllemann (FDP); Nachfolger Günther Rexrodt (FDP). Kabinettsumbildung: Bundesminister für Post und Telekommunikation (Wolfgang Bötsch, CSU), Bundesminister für Landwirtschaft, Forsten und Ernährung (Jochen Borchert, CDU), Bundesminister für Forschung und Technologie (Matthias Wissmann, CDU). Auf Beschluß des Berliner Verfassungsgerichtshofs wird der frühere Staats- und Parteichef der DDR, Erich Honecker, nach 169 Tagen aus der Haft entlassen. UNO-Generalsekretär Boutros-Gali hält sich zu Gesprächen in Bonn wegen der Teilnahme von Bundeswehreinheiten bei Friedensmissionen der UNO auf. Regierung und Opposition einigen sich auf einen gemeinsamen Textentwurf bezüglich der Neuformulierung des Asylrechtsparagraphen im Grundgesetz. Aus Anlaß des 60. Jahrestages der Machtergreifung durch die Nationalsozialisten (30.1.) rufen Bonner Politiker zur Verteidigung der Demokratie in Deutschland auf. Die PDS wählt einen neuen Vorsitzenden: Lothar Bisky wird Nachfolger von Gregor Gysi. »Rotlicht-Affäre«: Dem Saarländischen Ministerpräsidenten Lafontaine werden Verbindungen zur Unterwelt vorgeworfen. Kritik am bayerischen Ministerpräsidenten Max Streibl (CSU) aufgrund der Annahme von Einladungen zu privaten Ferienreisen (»Amigo-Affäre«).

Febr.: Debatten über Flüchtlings-, Menschenrechts- und Minderheitenfragen. Konferenz des Europarates in Budapest über illegale Einwanderung. Umstrittener Beschluß zur Einführung einer Autobahngebühr mit Wirkung zum 1.1.1994. Die Zahl der Arbeitslosen liegt im Osten bei 16,2%, im Westen bei 8,3% (insgesamt 3,47 Millionen Arbeitslose).

März: Einigung über den Umfang und die Details des Solidarpakts als Maßnahmenprogramm zur Finanzierung der Folgen der deutschen Einheit. Angesichts der wirtschaftlichen Rezession in Deutschland beschließt die Bundesbank eine Senkung der Leitzinsen.
April: Beschluß des Deutschen Bundestags, die Vereinten Nationen in befriedeten Regionen Somalias mit Soldaten der Bundeswehr bei humanitären Einsätzen zu unterstützen, ebenso Billigung der AWACS-Einsätze deutscher Soldaten.
Mai: Nach Urteil des Landesverfassungsgerichts in Hamburg muß die Bürgerschaftswahl wegen eines Fehlers bei der Aufstellung von CDU-Kandidaten wiederholt werden. Beginn des Streiks in der ostdeutschen Metall- und Stahlindustrie (3. 5.). Rücktritt des SPD-Vorsitzenden, Kanzlerkandidaten und Ministerpräsidenten von Schleswig-Holstein Björn Engholm von all seinen Ämtern. Rücktritt von Bundesverkehrsminister Günther Krause (CDU). Kabinettsumbildung: Bundesverkehrsminister Matthias Wissmann (CDU), Bundesminister für Forschung und Technologie Paul Krüger (CDU). Unterzeichnung des deutsch-polnischen Abkommens über die »Zusammenarbeit hinsichtlich der Auswirkungen von Wanderungsbewegungen«. Das Bundesverfassungsgericht erklärt das neue Abtreibungsgesetz für verfassungswidrig. Änderung des Grundgesetzartikels 16 (mit den Stimmen der SPD): Politisch Verfolgte genießen nicht mehr in allen Fällen die Garantie des Asylrechts. Ermordung von zwei türkischen Frauen und zwei Kindern in Solingen durch Brandanschlag rechtsextremer Deutscher (29./30. 5.). Weitere Anschläge auf türkische Wohnungen und Restaurants in deutschen Städten lösen Demonstrationen aus, bei denen es auch zu Ausschreitungen von türkischen Extremisten kommt.

Register

Bildnachweis

Archiv der sozialen Demokratie, Bonn-Bad Godesberg S. 546, 561, 571, 583, 588, 598

Archiv Gerstenberg, Frankfurt S. 62, 69, 89, 99, 145, 160, 164, 181, 195, 212, 220, 255, 273, 277, 299, 340, 341, 360, 362, 379, 393, 421, 435, 446, 484, 502, 523, 526, 527, 531, 541, 545, 565, 574, 594, 602, 604, 608, 636, 638, 639, 640, 641

Bildarchiv Foto Marburg S. 52, 122, 180, 226, 294

Bildarchiv Preußischer Kulturbesitz, Berlin S. 26, 30, 36, 40, 42, 48, 57, 65, 71, 79, 83, 85, 93, 96, 102, 109, 110, 114, 137, 138, 139, 142, 146, 148, 153, 157, 162, 175, 179, 187, 192, 203, 207, 233, 238, 246, 247, 250, 251, 264, 265, 267, 269, 276, 288, 304, 319, 322, 323, 330, 333, 335, 338, 348, 352, 353, 358, 363, 365, 372, 386, 392, 396, 401, 403, 405, 412, 416, 417, 420, 423, 428, 440, 447, 452, 454, 459, 464, 467, 480, 490, 494, 497, 500, 508, 522, 530, 539, 550, 556, 564, 569, 578, 584, 591, 595, 600, 606, 612, 614, 622, 623, 630, 637

Bundesarchiv Koblenz S. 684, 685

Associated Press Bilderdienst, Frankfurt/Main S. 783

Deutsche Presse-Agentur, Düsseldorf S. 698, 699, 766, 767

Österreichische Nationalbibliothek, Wien S. 130, 282, 283

Stadtarchiv Bochum S. 662, 675

Ullstein Bilderdienst, Berlin S. 656, 657, 674, 694, 695, 696, 697, 708, 709, 719, 726, 727, 766, 767, 773, 782

Zeitgeschichtliches Bildarchiv, München S. 566

Zenit-Bildagentur, Berlin S. 790f.

Die Karten »Der preussische Staat im Jahre 1640« und »Im Jahre 1688« auf den Seiten 216/217 stammen aus dem Koenigl. Kartograph. Institut Berlin um 1850.

Die Karten auf S. 664 und 665 wurden von Eitel Schwarzer gezeichnet.